# 现代社会与犯罪治理

## ——中国犯罪学学会年会论文集（2018年）

XIANDAI SHEHUI YU FANZUI ZHILI

主　编◇黄　河　高扬捷
副主编◇徐　然　陈凤华

中国检察出版社

# 编　委　会


主　　　编：黄　河　高扬捷

副　主　编：徐　然　陈凤华

编委会主任：王　牧　黄　河

编委会成员：（按姓氏笔画排序）

王大为　王晓东　车承军　皮　勇

刘仁文　刘晓梅　张　凌　应培礼

严　励　吴宗宪　时延安　周光权

郭立新　赵国玲　袁　林　徐　岱

魏昌东

# 编写说明

中国犯罪学学会第二十七届学术研讨会将于2018年10月18日至19日在泉州市召开。本届年会由中国犯罪学学会主办，福建省泉州市人民检察院承办。

党的十九大对党和国家发展历史方位作出了精辟地概括，我国社会主要矛盾已经转化为人民日益增长的美好生活需要和不平衡不充分的发展之间的矛盾，中国特色社会主义进入新时代。必须认识到，社会主要矛盾是关乎中国特色社会主义新时代我国发展全局的大问题，社会主要矛盾的新特点、新变化指引了历史方位，锚定了时代坐标，也对建设中国特色社会主义提出了许多新任务、新要求。有鉴于此，中国犯罪学学会决定从本届学术研讨会起，以“现代社会与犯罪治理”作为今后一个阶段的年会核心主题，鼓励引导犯罪学的理论研究重点关注现代社会中的热点犯罪现象及其动向趋势，更好地服务新时代国家发展的战略大局，实现现代社会的良性治理，促进犯罪学理论研究的学术繁荣，提升犯罪学理论在现代社会和法治国家中的话语权和公众认同。

“现代社会与犯罪治理”（2018），从方法论和实践论的层面，分别对四个分议题加以审视和研究：（1）犯罪学基础理论与研究方法；（2）扫黑除恶专题研究；（3）智慧社会背景下的犯罪治理；（4）“一带一路”与跨国犯罪治理。第一个分议题为“犯罪学基础理论与研究方法”，既着眼于犯罪学基础理论的探索和创新，又对犯罪学研究方法进行反思与总结，相对于具体政策下的犯罪治理而言，更为宏观和全局，强调犯罪基础理论和研究方法的系统性和整体性，因而在此次学术研讨会中发挥着全景概览、奠定基础、凝聚共识、提纲挈领的作用。第二个分议题为“扫黑除恶专题研究”，明确扫黑除恶的政策背景和法律意义，针对当前涉黑涉恶问题新动向，归纳扫黑除恶过程中的重点难点问题，为切实把专项治理和系统治理、综合治理、依法治理、源头治理结合起来提供理论指引和方向保证。第三个分议题为聚焦“智慧社会背景下的犯罪治理”。当前，世界正处在新技术革命和产业革命的交汇点上。随着信息化、工业化不断融合，以机器人科技为代表的智能产业蓬勃兴起，成为当今时代科技创新的一个重要标志。未雨绸缪，犯罪学必须要提前关注这场以大数据、互联网和人工智能为支撑的智能革命，为其可能带来的犯罪风险提供必要的防范策略，为人类社会筑牢安全的篱笆。第四个分议题是“‘一带一路’与跨国犯罪治理”。“一带一路”是国家级顶层合作倡议，是促进共同发展、实现共同繁荣的合作共赢之路，是增进理解信任、加强全方位交流的和平友谊之路。犯罪学的研究要服务国家发展的大局，在“一带一路”合作的大背景下，积极预测跨国境、跨区域的犯罪现象，捕捉跨国境、跨区域的犯罪热点，聚焦问题、研究对策，为国际合作和全球治理发出中国声音、提供中国方案。

秉承自第十九届年会以来的优良传统，本届学术研讨会亦于年会举办前将各位学者提交的论文择优正式结集出版。这不仅为年会的顺利召开提供了研讨的基础，更重要的是为我国犯罪学领域的学术交流提供了一个有益的平台。也希望此举可以为进一步提高犯罪学研究水平和我国法治建设作出应有贡献。至主题征文截稿之日，学会共收到论文 151 篇。经过认真审查和筛选，最终我们从中选取了 74 篇优秀论文结集出版，这些论文基本上反映了我国犯罪学领域内相关问题的最新研究状况。衷心感谢所有惠赐稿件的作者对本届学术研讨会的热心关注与支持，对犯罪学研究事业的无私奉献与真诚关爱！

本文集能够及时、高质量地出版，得益于中国检察出版社领导的鼎力支持和编辑同志的辛勤劳动，我们在此表示由衷的感谢和崇高的敬意！

中国犯罪学学会

2018 年 9 月 5 日

# 目　录

## 犯罪学基础理论与研究方法

社区矫正知识生产路径探析
——兼论犯罪学研究方法 …………………………………… 崔会如 / 3
从事实、规范到价值
——论实证犯罪学的可能性视野 ………………………………… 林毓敏 / 11
CPTED 理论继承与创新研究 ………………………… 杨　涵　赵　亮 / 16
对近年来性侵害未成年人犯罪的实证分析
——对某省检察机关五年来办理案件的调研 ……………………… 朱艳菊 / 34
犯罪学研究伦理之争议与遵循原则 ……………………………… 杨士隆 / 43
被害人语义表达对犯罪认定的影响
——以诈骗罪中交付行为为视角 ………………………………… 梁　康 / 53
在司法改革背景体制下的未成年人的社会感化教育
——以 S 省 Q 市基层法院刑事案件非监禁刑情况为视角 ……… 巫元理 / 64
新近以来女童被害的原因分析及预防对策探究 …………………… 仝其宪 / 70
引入新“蜂窝理论”探索犯罪治理新模式 ……………………… 虞　浔 / 79
中国犯罪学知识体系检讨与重构论纲 …………………………… 王燕飞 / 90
通过程序法的犯罪控制：英国重罪预防令的评析与启示 ………… 师　索 / 98
从传统监管改造经验中探索预防女性再犯罪的实现路径 ……… 陈　珏 / 111
从刑罚的严厉性走向刑罚的确定性
——以腐败犯罪为视角的分析 ……………………… 张兆松　赵　越 / 118
试论高龄犯罪研究的缺陷及其对策 ……………………………… 史振郭 / 125

## 扫黑除恶专题研究

恶势力的概念流变及其司法认定 ………………………… 刘仁文　刘文钊 / 137

扫黑除恶专项斗争的基本法律界限：黑社会性质组织成立时间 … 叶小琴 / 151
黑恶势力的畛域："扫黑除恶"中"枫桥经验"的运用 ……… 庄明源 / 159
黑社会性质组织犯罪所得没收保全制度研究 ………… 沈 威 徐晋雄 / 174
论黑社会性质组织经济特征的认定及其意义 ………… 张志钢 曹良德 / 190
黑社会性质组织与恶势力的实质甄别
——兼论扫黑除恶中的定罪边界问题 ………………………… 杨 俊 / 199
扫黑除恶专项斗争中的"村霸"治理 ………………… 荆国良 张筠丽 / 212
黑恶势力犯罪的成因及治理 ………………………… 郭泽强 谢昊轩 / 221
当前黑恶势力犯罪特点和打击对策研究 ……………… 陈灿辉 陈一峰 / 234
黑恶势力界定的必要性及基本特征的认定 …………… 孙燕山 王义鹏 / 240
黑社会性质组织犯罪涉案财物的处置困境及应对 …… 郭 研 张向东 / 248
民警涉黑犯罪问题研究
——以社会学习理论为视角 ………………………………… 张应立 / 262
农村黑社会性质组织的特殊性及防治对策 …………… 聂立泽 刘林群 / 271
恶势力之认定问题思考 ……………………………………… 刘宪章 / 278
如何理解包庇、纵容黑社会性质组织罪中的"明知" … 肖 洪 程肇勇 / 285
扫黑除恶刑事政策人权保障原理研究 ………………………… 彭瑞楠 / 293
扫黑除恶刑事政策三题 ……………………………………… 杨方泉 / 300
扫黑除恶刑事政策与相关犯罪定性量刑的关系 ……………… 李卫红 / 307
涉黑组织企业化背景下涉案财产认定问题研究
——以我国台湾地区没收新制为镜鉴 ……………………… 傅晓彤 / 315
涉嫌黑社会犯罪组织发展形态认定的法理分析
——以三个维度的组织性特征为切入点 ………… 李克勤 张洪峰 / 325
审视与构造：黑恶势力"软暴力"入罪的法教义学分析
——以P市法院五年来黑恶势力犯罪案件为研究样本
…………………………………………………… 臧冬斌 李 征 / 333
黑社会性质组织犯罪的现状、成因与惩治对策
——基于39起涉黑典型案例的统计分析 ………… 于 阳 张 鹤 / 341
校园霸凌黑恶化的治理路径
——以司法保护的检察职能为视角 ………………………… 董凌楠 / 349
资助恐怖活动犯罪行为与对策考察
——比较视野下的刑事立法展开 …………………………… 李 恒 / 359
"村霸"等黑恶势力犯罪现象与遏制 ………………… 陈紫凡 李燕萍 / 379

扫黑除恶专项行动中辩护律师“依法”维权的实体与程序边界
…………………………………………………………………… 雷　堂 / 386
黑社会性质组织犯罪的治理对策 ………………………… 王良顺　夏　娜 / 395
枫桥经验在基层扫黑除恶专项斗争中的实践思考 …… 江　建　刘　蓉 / 406
论黑社会性质组织犯罪中的“非法控制” ……………………… 纪　康 / 415
扫黑除恶语境中的实证考察与启示
——从检察机关扫黑除恶司法实践为切入点 ……… 张振作　林艳红 / 424

## 智慧社会背景下的犯罪治理

灰色推广手段在典型网络犯罪中的作用及普遍性研究
——基于对598份判决书及325份调查问卷的分析
……………………………………………………… 陈奕屹　皮　勇 / 435
打造检察版“枫桥经验”
——“网格化+社区检察官”的探索与实践
…………………………………… 福建省石狮市人民检察院课题组 / 450
世俗化网络社会安全的现实风险及治理
——论当前个体被害聚集型现象的生成 ……………………… 岳　平 / 462
论网络黑产的防控对策 ……………………………………………… 任彦君 / 471
合理地组织对人工智能犯罪的反应 …………………… 叶良芳　马路瑶 / 480
犯罪心理测量全过程监视研究 ……………………………………… 孙多金 / 491
大数据时代下电信诈骗犯罪之分析与防控
——以欧某等人“你猜我是谁”电信诈骗案为切入点
……………………………………………… 黄基伟　高　柳　杨　萌 / 497
基于城市建设的犯罪预防与居民安全感研究
——以厦门市新阳街道为例 ………………………………… 陈清霞 / 505
困境与路向：网络文化视域下知识产权的刑法保护 … 程　莹　孟文玲 / 516
“互联网+”时代网络犯罪的惩治和预防
——以中国裁判文书网发布的95个网络犯罪案件为样本
……………………………………………………… 梁　康　杨　英 / 530
涉众型金融犯罪视野下的“民间标会”行为责任认定
——以福建省J市“民间标会”运行情况为蓝本 … 王加贺　吴潮阳 / 543
挑战与应对
——论大数据背景下我国网络犯罪治理模式的选择
……………………………………………………… 傅跃建　朱剑冰 / 550

微商合法多层经营与传销辨析 …………………………… 吴仁义　韦新红 / 558
现代社会未成年人网络犯罪原因探析与治理对策
…………………………………………… 漆泽民　赵海燕　王晓雯 / 569
支付方式变革背景下传统财产犯罪防治措施的调整与应对
…………………………………………… 王志远　齐一村　张笑天 / 576
智慧社会背景下的智慧监狱建设初探 ………………………… 贾洛川 / 590
智慧社会背景下电子商务诈骗犯罪治理对策初探 …… 苏本茂　李　波 / 600
网络参与行为刑事归责的"风险犯"模式及其反思 … 敬力嘉　王晓晓 / 609
网络犯罪的特征及层级式治理体系
——基于中国裁判文书网444份裁判文书为样本 …………… 段　威 / 620
论智慧社会背景下校园欺凌行为的认定与综合治理 ……………… 陈珊珊 / 630
浅析政法系统信息共享协同机制 ……………………………… 蔡均钧 / 641
智慧社会背景下我国公民个人信息安全之保障 ………………… 荣　月 / 655
司法判决实证分析下的网络诈骗犯罪特点与治理 ……………… 赵学军 / 663

## "一带一路"与跨国犯罪治理

"一带一路"建设下的企业职务犯罪及检察作为 …………………… 高扬捷 / 675
区域合作组织与恐怖主义犯罪防控
——以上海合作组织为例的分析 ……………………………… 胡　江 / 687
云南民族边境地区"三非"人员犯罪问题及对策研究 ………… 钟　华 / 702
打击恐怖人员偷越国（边）境犯罪跨境警务合作与治理 ……… 赵桂民 / 711
"一带一路"倡议下毒品犯罪合作治理机制研究 ………………… 王　天 / 718
"一带一路"视域下基层检察机关的困境与出路
——以N市检察院为视角 ………………………………………… 叶银河 / 725
"一带一路"战略背景下恐怖主义犯罪治理对策探究
——以中巴经济走廊为例 ………………………………………… 陈美荣 / 732

# 犯罪学基础理论与研究方法

# 社区矫正知识生产路径探析

## ——兼论犯罪学研究方法

崔会如*

社区矫正作为我国犯罪治理体系的一个重要环节，目前已经由局部试点、全面试行进入到全面展开阶段。作为刑事法学领域的一个新兴话题，社区矫正研究伴随国家和社会双本位犯罪预防模式实践的推进而热度攀升。的确，作为国家“善治”的组成部分，社区矫正研究具有独特的价值。因为“知识是一种社会产品，但也是造就社会变迁的关键因素”。① 因此，本文拟从知识社会学的视角，结合社区矫正研究现状，对社区矫正知识生产的路径进行探析，以提高社区矫正知识产品的内在品质，并进而为提升犯罪学整体研究水平略尽绵薄之力。

## 一、确立社区矫正研究的正确立场

### （一）社区矫正研究的兴起是“现代化”价值取向的自然展开

通过考察社区矫正研究的历史，我们会发现，社区矫正在中国学术界是一个新兴的话题。从中国期刊网上刊载的信息来看，在 1999 年以前，社区矫正是一个无人涉足的领域。社区矫正的研究，最初是作为行刑社会化、监狱行刑改革的相关话题进入到学术界视野的。并自 2003 年 7 月社区矫正试点以后得到迅猛发展。在中国知网以“社区矫正”为篇名进行查询，截至 2018 年 4 月 8 日，共搜索到期刊论文 3540 篇。专门的论著也不断出现。社区矫正研究的兴起，反映了时代背景下对犯罪治理理论的呼唤。因为“在什么时候出现某一个特定的问题并非偶然，既定的情况决定着问题，也决定着回答”。②

---

* 崔会如，天津工业大学法学院教授，法学博士。

① ［法］阿里·卡赞西吉尔：《治理和科学：治理社会与生产知识的市场式模式》，黄纪苏编译，载俞可平主编：《治理与善治》，社会科学文献出版社 2000 年版，第 134 页。

② ［德］H·科殷（Helmut. Coing）：《法哲学》，林荣远译，华夏出版社 2002 年版，第 5 页。

改革开放以来，我国的犯罪态势非常严峻、复杂。在回应时代要求，寻求犯罪治理的过程中，以社会化处遇为特征的社区矫正所以能够脱颖而出，笔者认为是现代化的价值取向在行刑领域自然展开的结果，是学者们在传统——现代分析框架之下对刑罚现代化所做出的路径选择。的确，“现代化以及追求现代性的热望，或许是当代最普遍最显著的特征”。[①] 即使“现代主义概念本身作为一种很有意义的理论范畴或许会遭到许多经典理论家的摈弃，正如它一直受到许多后来者的攻击一样。然而构筑一种现代性概念的问题依然存在”。[②] 20 世纪 80 年代以来，中国社会科学关注的大课题是探索具有中国特色的现代化道路及其所面临的种种问题。

社区矫正命题的确立，离不开一定的理论土壤，尤其是离不开一定的犯罪观和刑罚观的引领和启发。首先从犯罪观来看，针对当前的犯罪态势，很多学者以我国正处于全面的社会转型期为背景，对犯罪与现代化的关系进行分析，并形成了不少有独到见解的理论观点。如“同步论”“反比论”“阵痛论”“正负效应论”等，在这些观点中，犯罪与现代化的相关性受到了大多数学者的肯定。而在应对犯罪的刑罚反应方式中，社区矫正能够作为一种方案被选择，与其自身与现代刑罚观的深度契合密不可分。社区矫正的研究是伴随着刑罚改革、行刑改革的话语兴起的，而对于这些改革的方向，又毫无例外地以实现“刑法现代化”“行刑现代化”为指归。储槐植教授认为，“现代化是我国社会主义建设和各项改革事业的方向。刑法现代化应当是刑法修改的价值定向”。[③] 而“刑法现代化的核心是刑罚现代化。刑罚现代化的基本点是刑罚结构朝着文明方向发展。从宏观历史演变角度观察，刑罚结构变化有一条明显的轨迹，刑罚趋轻与合理化是刑罚变化的必然趋势”。[④] 而社区矫正无疑是对这一趋势的体现。可见，社区矫正研究的兴起离不开两个预设前提：一是我国正处于全面的社会转型期；二是实现包括刑罚现代化在内的全面转型是我们的应然追求。“现代化”的价值取向是社区矫正研究得以兴起的深层思想基础。

### （二）慎重处理社区矫正的“西方话语”与“中国现实”的关系

从知识社会学的角度观察和分析，与现代性实际进展相伴随的是它的反思

---

① 谢立中、孙立平主编：《二十世纪西方现代化理论文选》，上海三联书店 2002 年版，第 164 页。

② ［美］昂格尔：《现代社会中的法律》，吴玉章、周汉华译，中国政法大学出版社 1994 年版，第 33 页。

③ 储槐植：《刑事一体化》，法律出版社 2004 年版，第 349 页。

④ 储槐植：《刑事一体化》，法律出版社 2004 年版，第 349 页。

层面。20世纪90年代，拉什撰文指出，在当前及未来21世纪的社会变迁情境中，只有“反思性现代化”理论才能充分发挥一种批判理论的作用，它创造性地背离了现代主义者和后现代主义者之间似乎永无休止的争论，为现代化的转折提供了另一种可能性。为相对于我们的自然、社会和心智环境的自主的主体性开启了积极的可能性。① 所以，在诸多的“法制现代化”范式中，笔者赞同“反思性法制现代化”（reflective modernization of law）道路，并试图对以“法制现代化”为深层理念支撑的社区矫正知识生产进行方法论的思考。

1. 避免以价值判断取代事实判断

在社区矫正的研究中，往往通过比较的方式架起东西方知识沟通的桥梁。笔者曾选取中国期刊网350篇论文进行研究，发现有114篇文章运用了比较的研究方法，占全部论文的33%，其中的110篇文章都是中外比较。比较法是我国法律研究的一种重要方法，在法律现代化过程中发挥着重要的作用。但是，在当前比比皆是的比较研究中，有一种令人忧虑的倾向——“优位比较法”，即以比较的“本体”为中心，通过比较“客体”的参照和衬托，证明比较“本体”的优越性。② 时至今日，绝大多数的现代化理论可以说都是“西方现代化历程的精华”。③ 在社区矫正的研究中，我们看到了俯首可拾的比较研究，看到了洋洋洒洒的对于西方经验的介绍。学者们在论证、构建我国社区矫正制度的过程往往以“西方法律”为参照物，法律移植的品格比较突出。

的确，无论作为一种法律制度还是一种知识形态，社区矫正都源自西方，我们也无多少本土资源可以利用。所以在社区矫正知识的构建中，借鉴吸收国外的法律制度无可厚非，关键是要保持清醒的反思意识，慎重处理社区矫正的“西方话语”与“中国现实”的关系，在东西方社区矫正知识的比较中，我们应该避免以价值判断取代事实判断，以至于造成“事实”与“价值”的混淆。实际上，无论是近代以来中西文化的相互撞击，还是传统向现代的转型，都是我们必须面对的历史“事实”，但是，从历史发展的客观事实中并不能理所当然地产生相应的价值。④ 在社区矫正知识生产过程中，西方只不过是一个最具比较意义，不得不进行比较的文化系统。所以针对社区矫正的西方话语，我

① 谢立中：《吉登斯、贝克和拉什：“自反性”或“反思性”现代化》，载谢立中、阮新邦主编：《现代性、后现代性社会理论：诠释与评论》，北京大学出版社2004年版，第619～653页。

② 尹伊君：《社会变迁的法律解释》，商务印书馆2004年版，第21～22页。

③ 朱荣贤：《现代化理论研究综述》，载《学术论坛》2005年第10期。

④ 强世功：《迈向立法者的法理学——法律移植背景下对当代法理学的反思》，载《中国社会科学》2005年第1期。

们应保持学术上的自信，必要的反思，避免西方中心主义对我们思想的束缚。

2. 避免以西方理论裁剪中国现实

法律是社会的产物，西方理论首先是西方经验的产物，它体现的是西方文明成果，表征了西方人认识世界、诠释世界的视角和方法。所以在引进西方社区矫正知识的过程中，应立足于中国实际，客观全面地进行比较，避免生硬地照搬西方的经验，以至于削足试履，造成水土不服的现象发生。即“研究中国问题，持有世界眼光”。①

埃尔曼指出，在决定司法改革的迫切性或小心翼翼的诸因素中，政治和法律文化的多样性是比较研究的一个重要题目。② 法律移植如果仅仅是纯技术的，很难得到社会的广泛认同并取得良好效果。在社区矫正研究中，不少学者引用美国、英国、加拿大等国的实例来说明社区矫正的成功，并论证了在我国全面开展社区矫正的必要性、可行性与现实意义。虽然社区矫正所具有的正面效应不容质疑，它代表着刑罚执行的发展趋势，我国也必须顺应历史潮流，但也要充分考量本土现实。西方发达国家普遍采用社区矫正，以其拥有相对成熟的社区体系密不可分。而我国二元结构社会远未发育成熟，在国家权力从某些社会领域退出后，相应的社会自治机制没有及时跟进，民间组织的发育也需要一定的时间，而社会公众重刑主义观念的转变更是一个艰难的过程。由此可见，社区矫正在我国的发展任重而道远。所以在社区矫正的知识生产过程中，对西方经验的关注不应仅仅局限于制度层面，还要对制度赖以存在的社会背景和文化背景进行全面的分析与介绍，以便有选择地吸收、借鉴。

## 二、整合社区矫正研究资源

### （一）促进社区矫正研究中多学科知识的融合

美国学者华勒斯坦等在所著《开放社会科学》一书中，积极倡导对社会科学进行开放式研究，即通过对社会科学的学术活动组织、研究者来源、研究主题的范围、研究方法等方面的全方位开放，达到重建社会科学的目标。而社区矫正作为刑罚执行的组成部分，具有极强的应用性，其良好矫正效果的实现，有赖于法学、社会学、管理学等诸多社会科学知识。事实上，就社区矫正的具体过程而言，绝对不单纯是社会科学的融合问题，而且需要吸收生命科学

① 陈瑞华：《问题与主义之间——刑事诉讼基本问题研究》，中国人民大学出版社2003年版，第517页。

② ［美］埃尔曼：《比较法律文化》，贺卫方、高鸿钧译，清华大学出版社2002年版，第187页。

领域、计算科学领域的最新成果。尤其是大数据与社区矫正的结合，将会起到如虎添翼的作用。所以，为了提升社区矫正研究内在品质，取得突破性进展，社区矫正的研究也应呈现一种开放之势。

在吸收、借鉴其他学科理论、创新社区矫正理论的过程中，一个切实可行的方案是促使不同经历、不同学科背景的学者的横向联合。社区矫正基础理论探索尽管具有重要的意义，但绝大部分研究具有应用性、对策性的特点，所面临的问题具有相当程度的综合性、复杂性，单一的学科知识很难解决，需要相关学科的联合攻关，以便不同学科背景学者能够优势互补，形成一股合力。以达到对某一问题全面的、系统的研究，取得具有科学性、可操作性的研究成果。

社区矫正研究中，虽然不乏联合攻关，但合作还未达到普及的程度。而且，就已有的合作而言，也远未达到广泛深入的程度。所谓学术资源的整合是指不同学科间的相互融合、不同研究方法的相互补充以及合作者之间的相互交流。在整合性的研究中，不仅要打破部门界限，还要明确问题的指向，只有提出明白、确切的问题，才有创新的可能，否则只是理论的堆砌，并没有表现真正的知识互动与吸收交流，对研究产生实际的影响。所以在社区矫正的研究中，要在一定目标的指引下，从法学、社会学、心理学、管理学等诸多的学科中分离出真正对社区矫正研究有意义的理论和方法，以推动社区矫正研究的繁荣，而不是制造虚假的学术泡沫，学术上的豆腐渣工程。

### （二）促进社区矫正理论部门与实务部门的结合

社区矫正作为具有一个高度实践性的话题，对其进行基本概念的澄清、基础理论的探讨虽然非常必要，但其研究的重心应在实务操作方面，因此理论部门与实际部门相互合作、互通有无就显得尤为必要。但就社区矫正研究的现状来看，社区矫正研究部门化趋势明显，学术交流不畅，目前社区矫正的合作局限于高等院校内部或不同院校之间，还有就是实务部门本身的联合，不同的研究主体缺乏沟通，各自为战，没有在发挥各自优势的基础上，形成一股合力，以推动社区矫正研究向纵深的方向发展。以至于高校研究人员在社区矫正研究方面由于缺乏对实际情况的了解而易犯盲人摸象的错误，而实务部门由于缺乏专门的学术素养和训练而难以对实践经验进行提升，提出高屋建瓴的理论。因此，推倒围墙，走向联合、尤其是促进研究机构与实务部门的联合，是社区矫正研究需要解决的一个问题。因为“组织内部没有调查、研究能力，就不可能实现合理的目标。而各个研究单位的产生、发展，使组织更为复杂，引起了新的协调问题的产生。对研究方法的研究表明，解决这些问题的方法与解决其他单位组织之间矛盾的方法并没有什么区别。如果研究人员和职业管理人员之间组成一个工作队共同解决问题，那么研究所起的作用是非常重要的。其原因在于管理人员对于研究单位的信任支持态度”。① 可见，研究部门与实务部门的合作是一个双赢的选择。在这个过程中，应加大政府对“智力”的采购力度，以促进政府管理方式的社会化。当然，在合作的过程中，由于双方追求的不同，在研究过程中可能也会出现一些分歧，这就需要二者在合作过程中不断磨合，逐渐实现良好的互动。

## 三、加强社区矫正实证研究

社区矫正作为一个应用性很强的课题，应当建立在对其实践充分认识的基础上，在资料收集的过程中，基础理论固然重要，但深入实际进行调查不可或缺，所以实证研究方法的运用就显得尤为必要。实证研究作为一种自然科学取向的研究方法，有着一套严格的操作规程，需要很高的学术素养。而这些素养，需要专业化的训练才能够获得。而矫正学领域的研究者由于普遍缺乏系统的社会科学研究方法训练，实证调查研究的技法还比较粗糙，亟待进一步提高。与此同时，为了获取科学的数据，还需要在相应的制度环境改善的情况下，走出书斋，与社区矫正实践紧密结合。

### （一）完善刑事司法统计制度

官方统计，是社区矫正数据资料的重要来源，而官方统计的缺陷，是我国社区矫正实证研究，乃至整个犯罪学学科研究难以开展的一个重要原因。目前在我国，名义上由国家统计局社会统计司来统筹国家犯罪统计工作，但实际上公、检、法、司等部门各有一套犯罪统计制度，在统计指标上既不规范，也不统一。有鉴于此，根据犯罪统计工作的特点，联系我国的实际情况，笔者赞同在司法部内设犯罪统计局，专门负责领导和协调全国的犯罪统计工作。在此基础上，规范犯罪统计的范围与标准。② 我国可在对犯罪统计科学分类的基础上，设定统计项目及指标体系。就社区矫正而言，其统计项目至少应当包括：(1) 社区服刑人员的绝对数量与相对数量；(2) 社区服刑人员的结构特征，包括年龄、性别、文化程度、犯罪类型、矫正类别、矫正时间等；(3) 社区服刑人员的动态特征，如在一年以上的时间内，社区服刑人员的数量、结构的发展变化；(4) 社区服刑人员重新犯罪情况等。在数据收集过程中，除了通

---

① ［美］大卫·F. 杜菲：《美国矫正政策与实践》，吴宗宪等译，中国人民公安大学出版社1992年版，第605页。

② 冯卫国、刘莉花：《论我国犯罪信息公开制度的构建》，载《河南公安高等专科学校学报》2007年第2期。

过汇总报表的方式收集汇总数据以外，应该重视收集单元数据记录，以便在数量、频率、百分比等描述性统计分析以外，能够开展置信区间、相关、方差分析、回归、趋势分析等推理性统计分析。

犯罪统计最终是为犯罪预防的理论与实践服务，并满足公众知情权的需要，为此应建立起积极、开放、有效的犯罪统计资料发布、出版制度。从国外的情况来看，当今世界各国都十分重视犯罪信息公开工作，许多国家都定期向社会公布有关犯罪的统计资料。例如，法国自 1925 年起就正式出版、公布《刑事司法统计》年刊。在日本，政府每年都发布《犯罪白皮书》。[①] 目前，我国刑事司法统计资料的发布出版问题已引起了有关部门的重视，当然，在意识觉醒以后，还需要建立具体的制度以进行操作。

（二）充分发挥地缘优势

在社区矫正实证研究中，进行全国范围内的调查，或者跨省范围内抽样，固然是每个研究者所追求的，但囿于人力、财力及其他诸多因素的限制，很难做到这一点，出于实务操作的便利，笔者建议，在社区矫正实证研究的过程中，研究者可利用本地资源、充分发挥地缘优势。这种选择至少具有以下两个方面的便利：

首先能够比较容易获得社会支持。在社区矫正实证研究中，为了获取具有统计学意义的数据资料，需要采取多种方式进行调查，而各种调查能否获得成功，很大程度上取决于能否得到有关方面的支持。比如问卷的内容需要在试测的基础上进行调整；样本的确定需要有关人员的协助；问卷的发放需要调查人员的配合。这些调查活动作为一种民间行为，其有效性的获得，在于能够引起官方机构的重视，能够获得民间力量的支持。经过十余年的发展，社区矫正已经积累了相当丰富的地方性经验。所以，研究者利用地缘优势，选取本地社区矫正实践活动进行调查，无疑能够激发有关部门的合作兴趣，为研究的进行提供帮助。而且，地缘的便利，为研究者与有关人员近距离接触创造了条件，有利于在合作过程中进行情感的沟通、彼此信任的达成，为调查的深入进行奠定基础。

其次是有助于理论与实践之间的良好互动。社区矫正实证研究依托于本地资源，有助于研究者对社区矫正实践活动的深入观察与亲自参与，从而实现理论与实践之间的融和局面。从我国的社区矫正实践观察，我们会发现传统的知

---

① 周勇：《美国刑事司法统计制度及其借鉴》，载《河南司法警官职业学院学报》2006 年第 2 期。

识生产者的形象已经变得模糊了，很多人走出书斋，参与到当地社区矫正实践中去，比如作为社区矫正社会志愿者为社区服刑人员提供服务、作为专家对社区矫正活动进行指导，而这种活动本身，既可以激发社区矫正知识生产者的研究灵感，又有助于理论研究在实际应用中的及时反馈，促进社区矫正理论与实践的良性发展。的确，社区矫正是一个漫长的过程，社区矫正实证研究，也不是一次性能够完成的，研究者对于当地社区矫正实践的依托，就可以避免浮光掠影、蜻蜓点水式调查研究造成的肤浅，提高研究质量。

综上所述，作为犯罪学领域的一个新兴研究方向，社区矫正源起于严峻的犯罪现实带来的理论诉求，是在传统与现代分析框架下对刑罚人道、民主、效益等价值积极探索的结果。在研究的过程中，与犯罪学的其他分支一样，既分享着法学乃至社会科学、自然科学研究成果的滋养，也面临着犯罪学发展中的共同困境。从而要求包括社区矫正研究在内的犯罪学界，在审慎对待犯罪学“西方话语”与“中国现实”关系的基础上，加强实证研究，并以开放的心态，联合攻关，广泛吸纳国内外一切优秀的研究成果，生产出对犯罪治理真正有益的产品。

# 从事实、规范到价值

## ——论实证犯罪学的可能性视野

林毓敏 *

观察中西方犯罪学的发展历程及其在不同阶段的成果，可以发现其呈现出一种庞杂的景象。学者们为理清这种庞杂，做出很多努力和贡献。在中国，影响较大的成果有王牧教授对于“犯罪本体论”的阐述、储槐植教授的“犯罪场”理论、白建军教授的“关系犯罪观”等。在前人的启发下，笔者开始思考，是否实证分析只能研究实然范畴，而不能研究应然范畴？假如答案是肯定的话，根据实然不能推导出应然的规则，犯罪学为刑法学提供立法依据是一个应然性地推导，那么犯罪学的所谓提供立法依据的说法是否也就不能成立？而犯罪学是否仅是一个之于刑法学可以提供应然性判断基础的辅助性学科？

### 一、休谟法则的提出

首先要解决的是，实然与应然（事实与价值）之间的二分问题。休谟在其《人性论》的第三卷中提到一个可谓哲学上重大发现的问题，他说，“在我遇到的每一个道德学体系中，我一向注意到，作者在一个时期中是照平常的推理方式进行的，确定了上帝的存在，或是对人事作了一番议论；可是突然之间，我却大吃一惊地发现，我所遇到的不再是命题中通常的‘是’与‘不是’等联系词，而是没有一个命题不是由一个‘应该’或一个‘不应该’联系起来的。因为这个应该或不应该既然表示一种新的关系或肯定，所以就必须加以论述和说明；同时对于这种似乎完全不可思议的事情，即这个新关系如何能由完全不同的另外一些关系推出来的，也应当举出理由加以说明”。①

休谟对于事实与价值的二分，源于他思想中隐藏的反启蒙因子。怀疑主义

---

* 林毓敏，天津社会科学院法学研究所助理研究员，法学博士。

① ［英］休谟：《人性论》（下），关之运译，郑之骧校，商务印书馆1980年版，第509~510页。

在他这里虽然还未大盛，但是也显露无疑：不仅在于他对于发现人类终极理性的怀疑，也在于他对于必然因果关系的质疑。而他之所以站在事实与价值二分的立场上，可能在于他倾向于相信人类的“印象”而不是“观念”。虽然观念基于印象的基础上，但是印象更为可信，而印象基础上如何能形成观念，他并未得知。这种印象与观念之间的断层，导致他对于原因到结果之间必然联系的不信任，进而导致他对实然与应然、事实与价值之间架构方式的否定，因而休谟得出二者不能连接的结论。

那么休谟是否就决然认为，事实就一定不能推导出价值？休谟本人也说，“这个新关系如何能由完全不同的另外一些关系推出来的，也应当举出理由加以说明”；这句话并没有表明他认定事实与价值之间必定不能联结，而他反对的其实只是事实与价值之间的直接推导。如果事实与价值之间不能架构，那么价值又从何而来：自为自有的，抑或是被发现创造的？而如果是自为自有或者被发现创造的，就也可算作是事实。基于本文事实与价值概念间互不涉的立场①，价值不同于事实，就不是自为自有或者被发现创造的，而是隐于事实背后的；亦即，价值可以从事实从推导出来，也应该可以从价值从推导出来。

事实与价值二分法发展到今天，经受了一定的冲击，冲击的路径可以总结为两种思路，一是事实与价值之间的互相渗透，事实中也有价值的要素②；二是事实中可以抽象出价值，或者可以推导出价值，令人讶异的是，这种推导模式不是归纳推理，反而是演绎推理的模式。观察这些推导模式，有的认为事实的本质就蕴含着价值或者惯例事实背后的规则蕴含着价值；有的在事实与价值之间介入新的因素，这个因素为评价判断或为主词分析，其实都是将人置于事实因素之后，再将人与事实联结之后，推导出价值。③

## 二、实证犯罪学的双重性质

白建军在《关系犯罪学》一书中，提到犯罪学可分为两种范式：古典犯罪学和实证犯罪学，并将古典犯罪学视为一种应然犯罪学，而将实证犯罪学归

① 这里又涉及到事实的概念和范畴，到底是一种狭隘的客观存在（可分割的物理存在?)，还是所有能被感知的能在人脑中投射形成印象的普遍存在？如果是后者，也可以说价值的存在也是一种实然的事实。本文倾向于采用事实是狭隘的客观存在的说法，将其与价值和下面要探讨的规范区分开。

② 也被阐释为“事实与价值的缠结”，参见［美］希拉里·普特南：《事实与价值二分法的崩溃》，应奇译，东方出版社2006年版，第37页。

③ 参见韩东屏：《实然·应然·可然——关于休谟问题的一种新思考》，载《江汉论坛》2003年第11期。

结为实然犯罪学。① 而实证研究显然属于实证犯罪学的研究方法，因而实证犯罪学所针对的似乎也应该是实然的研究。问题是，实证犯罪学只能是实然犯罪学吗？“应然犯罪学的理论资源主要来自于古典犯罪学研究，但古典犯罪学研究中也在一定程度上包含着实然犯罪学的成分；同理，实然犯罪学的理论资源主要来自于意大利学派，但意大利学派的研究也在不断地回答着应然犯罪学提出的某些问题”②，虽然这种包含或回应不足以形成一体。

既然实证犯罪学包含应然的内容，而实证犯罪学同样具有应然的属性，也同样可以对应然的对象进行研究；犯罪学中全部应然之义其实都可以体现在实证犯罪学中。尽管面临被指责的风险，笔者始终认为，实证犯罪学以前没有犯罪学研究，实证犯罪学足以包含古典犯罪学，无论这种包含是肯定性的吸收还是否定性的排斥。实证犯罪学的双重性质即体现在此，它不仅是对实然的理论理性的追求，也是对应然的实践理性的假设和检验；而通过后者，实证犯罪学可以实现对古典犯罪学的包容，尽管这种包容更多指的是解构。

实证犯罪学的实然含义不言自明，最初的龙勃罗梭对于天生犯罪人的研究就是一种实然的研究。而中国尽管起步晚，在这方面仍有一定的成果，如著名社会学家严景耀的《中国的犯罪问题与社会变迁的关系》，严景耀（1905 - 1976）在其中对于中国的犯罪统计、犯罪类型、犯罪原因等等均有论述；③ 另外，新中国成立之后，尤其是 90 年代以后，学者们在犯罪实证研究中也卓有建树，如戴宜生的青少年犯罪大调查，白建军的罪刑均衡实证研究，赵国玲先生的被害人调查研究，天津社科院的大型犯罪调查等。这些实证研究不仅是对犯罪规律或者犯罪原因等理论理性的探索，也包含对犯罪防控等实践理性的假设与验证。在严景耀《中国的犯罪问题与社会变迁的关系》看似纯粹属于实证犯罪学的一书中，还体现其对犯罪基本理论的探索。

实证犯罪学的应然含义体现在两个方面：一是其自身合目的性，二是其也可以有应然的研究对象。这也是实证犯罪学在应然范畴进行可能性扩张的两个重要方面。

## 三、实证犯罪学在应然领域的可能性扩张

其一，实证犯罪学的自身合目的性，即对人性的探索欲望和对美好人性的

① 参见白建军：《关系犯罪学》（第二版），中国人民大学出版社 2009 年版，第 4 页。

② 白建军：《关系犯罪学》（第二版），中国人民大学出版社 2009 年版，第 115 页。

③ 参见赵国玲、兰全军：《二十世纪的中国犯罪学》，载《中外法学》1998 年第 1 期。

追求。犯罪不再是简单的一种规范性的标定，而是深藏人性之中的自然表现。而实证犯罪学本身自有其价值体系，该价值体系是一种潜在的假定，对于诸如犯罪本源等应然性问题的假定。“潜在于犯罪学实体理论中关于研究对象的意向性定”，由犯罪观、工具性知识框架和犯罪学典范等形式表现出来。① 实证犯罪学自身价值体系的建构，其实与古典犯罪学相差无二，都包含对犯罪根本属性的基本假定，也包含对犯罪——社会关系的某种期许。而且可以说，到了实证犯罪学，才体现了犯罪学的独特品格和价值，这种价值不再是罪刑法定原则暗含的对犯罪的标定，而是对人性的还原。赵宝成先生认为，“犯罪学的基本功用和价值之一，在于基于一定的人性假设和社会本质的假设来观察和解释犯罪现象发生与存在的原因。犯罪学为我们提供了认识社会的另一个视角，帮助我们认识了社会的另一个侧面。当人类为自己所取得的巨大的物质和文化上的进步而欢欣鼓舞的时候，为了更大的进步和更加美好的未来，理智、科学地认识和应对社会内部恶的、破坏性的一面，是必要的。犯罪学在观察和解释犯罪的过程中，总是力图保持价值中立和社会批判态度，这成为了它的固有性格。换言之，犯罪学的任务主要是以一种批判的眼光，找出人性的弱点和社会的弊端，解释在特定的社会条件下为什么会产生犯罪，而不是为某种社会体制和社会价值的合理性做辩解。正是由于这种固有的社会批判性格，使得犯罪学同时充满了人文关怀和社会进取精神——它对犯罪现象所做的观察和解释，为预防犯罪决策提供了科学依据，从而有助于对犯罪这种恶的克服和避免，使人性和社会实现最大程度的完善。犯罪学的终极价值就体现在这里”。② 以上所谓犯罪学的基本功用和价值，都是假实证犯罪学以实现的。

其二，实证犯罪学的应然研究对象。古典犯罪学的关于“犯罪的本源是什么、社会希望犯罪应当是什么以及法律应当如何对犯罪做出反应”③ 等问题，都在实证犯罪学这里得到了解答，尽管解答的方式或者答案各有不同，而这正是实证犯罪学的魅力所在。对于价值（应然）的性质，也存在着争议，是另类的事实、是情感、还是规范、抑或兼而有之？因此，实证犯罪学的研究对象兴许正因为（应然）价值的属性不明，而被简单归属于对实然的探索。实证犯罪学之所以能研究应然的对象，是因为它所具备的假定和验证功能，该

---

① 白建军：《论犯罪学范式》，载《青少年犯罪研究》1994 年第 1 期。

② 赵宝成：《犯罪学与刑法学的理念反差及其沟通——杰弗瑞犯罪学及刑法学思想评介》，载《中国人民公安大学学报》2004 年第 6 期。

③ 参见白建军：《关系犯罪学》（第二版），中国人民大学出版社 2009 年版，第 59 页。

二种功能更是实证犯罪学的生命力所在。它的应然研究对象除了段落开头的问题，也可以包括对立法模式、司法模式的检验，甚至可以包括对执法模式、“企业司法”① 的检验，这种检验完全是应然的实践理性的呈现。对于这一点的阐述，还有待进一步的思考。

值得注意的是，关于规范的实证研究，到底属于犯罪学之列还是比较刑法学之列，是个很有趣的问题。白教授的罪刑均衡实证研究大抵也处在这种有趣的无奈之中。这不仅源于规范的事实、价值二重性，还源于不同学术背景对于实证研究的不同态度。德国跟美国（是否可以扩展到大陆法系跟英美法系还不得而知）对于犯罪学的态度差别甚大，主要集中体现在对于犯罪的概念的描述以及犯罪学与刑法学的学科关系迥异。犯罪学的学科氛围在两个国家学者对于犯罪学与刑法学的学科关系认识上可见一斑。德国的学者更倾向于强调其与刑法学的相互关系（尽管这种相互关系其实还是是一种附属关系），用德国犯罪学家施奈德的话说，就是“ 犯罪学将其理论型和经验型的研究成果转变成犯罪对策的建议 ，提供给立法者和执法者实际使用”②；但美国学者更倾向于强调其自身的独立性，从芝加哥学派开始，犯罪学其实就是“对不断出现的城市社会问题的一种自然反应”③，萨瑟兰对于犯罪学的本土化更是如此。也可以说，这与两国学者对于犯罪概念的认识也有关系，德国学者强调的是犯罪的规范属性，而美国学者强调的则是事实属性。

## 四、结论

该反思的是犯罪学的工具性价值是否就是犯罪学价值的全部。答案一定是否定的。同时，更多体现工具性价值的实然研究不是犯罪学的全部，不是实证犯罪学的全部；应然也是实证犯罪学的应有之义。犯罪学学说的这种纷繁也好，庞杂也好，都是因为它本身的双重性质。虽然其庞杂的著作未免让人感到气馁和恐慌，但这也是犯罪学的魅力所在，因为它为大家提供了不同的探索人类共性的路径。

---

① 参见汉斯－海因里希·耶赛克、周遵友：《一个屋檐下的刑法学和犯罪学》，载《刑法论丛》2010 年第 2 期。

② 赵宝成：《犯罪学与刑法学的关系——兼谈犯罪学的性质与特点》，载《政法论坛》2001 年第 5 期；相同的观点还见于汉斯－海因里希·耶赛克、周遵友：《一个屋檐下的刑法学和犯罪学》，载《刑法论丛》2010 年第 2 期。

③ 曹立群、吴宗宪：《第三只眼睛看中国的犯罪学》，载《福建公安高等专科学校学报》2005 年第 1 期。

# CPTED 理论继承与创新研究

杨　涵　赵　亮*

通过环境设计预防犯罪（Crime Prevention through Environmental Design，以下简称为 CPTED）理论起源于 20 世纪 60 年代，在犯罪学理论体系中占据重要地位，对犯罪预防实践具有显著的指导作用。

联合国《预防犯罪准则》（Guidelines for the Prevention of Crime）规定，"各国政府和民间社会，在适宜时包括企业界，应当支持制定从环境方面预防犯罪的方案"。① 在联合国毒品与犯罪问题办公室（UNODC）与联合国人类居住规划署（UN - HABITAT）联合发布的《城市空间警务入门手册》（Introductory Handbook on Policing Urban Space）中，CPTED 成为警方治理城市空间安全问题的一项主要策略。② CPTED 理论的应用范围不仅局限在英国、美国、澳大利亚等少数国家，从学术文献上看，中国、韩国、伊朗、加纳、阿联酋等国均已开展以 CPTED 理论为指导的实践活动。③ 由此可见，CPTED 理论已经广泛应用于世界范围内的多个国家，并在减少犯罪发生概率和降低犯罪引发的恐惧感方面具有很多成功性的案例。④ 在当今犯罪学界重视"犯罪—地点"相关关系，提倡基于地点的犯罪预防、"热点警务"、犯罪热点治理的背景下，

---

* 杨涵，中央司法警官学院监狱学学院讲师。研究方向：犯罪预防与控制；赵亮，中央司法警官学院法学院副教授，法学博士（后）。研究方向：刑法学、犯罪学。

① See Economic and Social Council Resolution 2002/13, Annex.

② UNODC, UN - HABITAT. Introductory Handbook on Policing Urban Space ［R］. New York: UN, 2011: 38 - 39.

③ 参见李春雷、姚巍：《城市化进程中我国城市住区犯罪空间防控探索——基于 CPTED 理论视角下对我国城市住区的个案考察》，载《中国人民公安大学学报（社会科学版）》2011 年第 4 期；Gibson V L. Third Generation CPTED? Rethinking the Basis for Crime Prevention Strategies ［D］. Newcastle: Northumbria University, 2016: 74.

④ 参见 Crowe T D.：《环境设计预防犯罪（第 3 版）》，陈鹏、苏国锋、李一静等译，中国人民公安大学出版社 2015 年版，第 8 页。

CPTED 理论具有广阔的适用空间。本文试图梳理现存的三代 CPTED 理论，以期为我国的犯罪预防理论与实践研究提供宝贵经验。

## 一、第一代 CPTED 理论：物理要素搭建起的“可防卫空间”

学界对于第一代 CPTED 理论构成要素的数量存在不同观点，采用的专业术语也不尽相同。如 Poyner 的“四要素说”、Armitage 的“五要素说”、Moffatt 的“六要素说”、Cozens 的“七要素说”等。① 根据主流观点，第一代 CPTED 理论由六项要素构成。

（一）领属性（territoriality）

Jacobs 主张“在公共空间与私人空间之间必须要界线分明”②，Jeffery 确立“公共—半公共—半私人—私人”可防卫空间的四个等级，旨在通过明晰地域归属的方式确定地点管理主体，并借助主体意识（sense of ownership）的提升强化合法使用者与地点之间的心理联系，进而培养其实施犯罪预防的责任意识，促进其犯罪预防行为的实施。针对这一要素的性质，学界曾有争议：（1）设计属性说，即“建筑形式通过使用象征性或实际的屏障清晰界定空间归属以形成所有权观念的能力”③；（2）意识说，即“环境中的居民或工人所具有的占有意识（the sense of possession）以及防止犯罪在此地与周边发生的倾向（tendency）”④；（3）行为说，即“包含个性化（personalisation）、占据（occupation）、防御（defence）在内的行为模式”⑤ 或“有机体对某一地区主张权利、抵御同类侵袭的具有典型性的自然行为（natural behaviour）”⑥；

---

① See Monchuk L. Crime Prevention Through Environmental Design (CPTED): Investigating its Application and Delivery in England and Wales [D]. Huddersfield: University of Huddersfield, 2016: 47.

② 简·雅各布斯：《美国大城市的死与生》，金衡山译，译林出版社 2005 年版，第 35 页。

③ Cozens P, Love T. A Review and Current Status of Crime Prevention Through Environmental Design (CPTED) [J]. Journal of Planning Literature, 2015, 30 (4): 3.

④ McCrie R. Security Operations Management (Third Edition) [M]. Butterworth - Heinemann, 2016: 326.

⑤ Marzbali M H, Abdullah A, Razak N A, et al. The Influence of Crime Prevention Through Environmental Design on Victimisation and Fear of Crime [J]. Journal of Environmental Psychology, 2012, 32 (2): 80.

⑥ Gibson V, Johnson D. CPTED, but not as we know it: Investigating the Conflict of Frameworks and Terminology in Crime Prevention Through Environmental Design [J]. Security Journal, 2016, 29 (2): 267.

(4) 机制说，Johnson 等学者在对现有 CPTED 框架进行重构时主张，“不应将领属性视为与其他 CPTED 元素并列设置、地位相同的一个元素，或者将其指定为设计之目的，而是要将其作为最高层级的机制（top level mechanism）对待，犯罪预防的整体目标借助该机制得以实现”。[①] 以上观点从不同角度对该要素加以理解，均具备一定的合理性。第一代 CPTED 理论运用自然环境设计影响人类行为，将领属性理解为设计属性与该阶段的理论基础相符合，但设计属性的价值终究需要依靠具有目的、意识的人类行为实现，几种不同角度的理解表现出研究视角由单纯结果向结果与过程综合考量的转变。种植灌木丛、安置篱笆、建造围墙或门廊、张贴警示标志等都可视为该要素的实际运用。

（二）监控（surveillance）

监控要素与“街道眼”（eyes on the street）理论一脉相承。Jacobs 认为，“必须要有一些眼睛盯着街道，这些眼睛属于我们称为街道的天然居住者”。[②] 监控的目的在于及时发现潜在犯罪人、犯罪及其相关异常行为，增加犯罪人的感知风险以起到震慑作用，并为犯罪的早期干预提供基础。根据主体差别，可将监视分为三种类型：(1) 非正式/自然（informal / natural）监视，这是一般公民实施的监视，由于通常在日常生活过程中无意间完成，故又称为被动监视（passive surveillance）；(2) 正式/有组织的（formal / organised）监视，这是警察、保安等专业人员进行的监视，由于职责所系且具有明确的目的性，故又称为主动监视（active surveillance）；(3) 机械（mechanical）监视，随着科学技术的发展，CCTV 等科技手段正在发挥越来越强大的犯罪预防作用，机械装置监视成为新划分出的一种类别。但考虑到科技手段背后的主体控制因素，严格意义说来，机械监视应该归入正式监视一类。从建筑设计角度来看，监控要素的设计需为不同主体提供、创造监控机会，削弱或消除阻碍监控的不利因素。比如合理安排围栏高度、树丛密度、规划门窗朝向、配备适宜强度的灯光、清理空间盲区与死角等。可见，领属性和监控两项要素在 CPTED 的实际运用过程中可能存在一定程度的冲突，设计人员应注重两者协调共存。

---

① Johnson D, Gibson V, McCabe M. Designing in Crime Prevention, Designing out Ambiguity: Practice Issues with the CPTED Knowledge Framework Available to Professionals in the Field and its Potentially Ambiguous Nature [J]. Crime Prevention and Community Safety, 2014, 16 (3): 155.

② 简·雅各布斯：《美国大城市的死与生》，金衡山译，译林出版社 2005 年版，第 35 页。

### （三）出入控制（access control）

出入控制通过限制犯罪人的活动路线、提升犯罪风险与难度加强对特定空间以及置于其中的目标的保护，具有悠久的历史。依据控制方法，可将其分为：（1）自然性出入控制（natural access control），即通过界定空间归属与边界当然性地表征进出权限，这与领属性要素具有相似内涵；（2）组织性出入控制（organized access control），警察、保安、门卫等主体可以通过盘问、核实证件、检查随身物品等手段允许或阻止进出特定空间；（3）机械性出入控制（mechanical access control），这是目前使用范围最广的控制手段，从传统的门锁门栓发展到现代的建筑物入口电话、电子门禁卡、指纹、虹膜识别系统等。

### （四）目标强化（target hardening）

有论者认为，“关于目标强化是否属于 CPTED 的要素之一，学界现有诸多分歧”，其理由在于，目标强化和出入控制从保护对象与保护方式而言具有一定的相似性，目标强化可视为微观层面上的出入控制。① 笔者认为，应当维持目标强化在 CPTED 理论体系中的独立地位，一方面，目标强化和出入控制的保护重心不同，前者主要针对具体目标，而后者是在保护特定空间的同时附随性地保护位于其中的具体目标；另一方面，鉴于目标强化的内容包含目标本身的坚固程度与接触目标的难度两个部分，目标本身坚固与否同样依靠强化性环境设计，这部分游离于出入控制范围之外。但要合理控制出入控制与目标强化的过度使用，避免形成堡垒心态（fortress mentality），削弱居民之间的交往与联系，阻隔居民在个体或群体层面上的犯罪预防参与。

### （五）景象/维护（image / maintenance）

该要素是可防卫空间理论中景象/环境（image / milieu）要素的时代发展。作为其理论基础的破窗理论主张，物理性失序现象（physical disorder，如随地丢弃的垃圾、废弃的建筑、墙面上的涂鸦等）和社会性失序行为（social disorder，如在公共场合大喊大叫，随地大小便等）会引发人们犯罪恐惧感的产生，进而退出社会管理事务，导致非正式社会控制力度的弱化，当该现状为犯罪人捕捉到时就会最终导致更为严重违法犯罪的爆发。② CPTED 的景象/维护要素主张清除环境中暗示、吸引犯罪人的失序现象，保持环境整洁，维护环境中基础设施的正常运转。CPTED 其他要素功能的正常发挥有赖于此，也是 CPTED

---

① Cozens P, Love T. A Review and Current Status of Crime Prevention Through Environmental Design (CPTED) [J]. Journal of Planning Literature, 2015, 30 (4): 398.

② 参见李本森：《破窗理论与美国的犯罪控制》，载《中国社会科学》2010 年第 5 期。

长效成果得以实现的保障。

（六）活动支持（activity support）

活动支持要素针对的是某些人流较少的空间。当合法活动充斥某一区域时，能够在三个方面起到犯罪预防的作用：首先，合法活动参与人群的增加提升监控水平；其次，合法活动的开展能够压缩犯罪人群的活动空间；最后，合法活动的引入有利于维护空间日常功能运作，“防止出现衰败混乱景象，努力营造欣欣向荣的景象”。① 活动支持要素不仅要求增设吸引群众的活动安排和相关设施，还应当给不同的居民群体（如父母、孩童、老人和青少年）提供适合他们的“专属空间”（dedicated spaces），减少居民之间在空间使用方面的冲突。② 之所以将活动支持归入第一代 CPTED 理论中，原因在于，该要素更为强调关注承载合法活动的场所与空间而非活动的具体内容，即如何通过环境设计吸引合法活动的开展，归根到底仍然属于物理层面的安排。因此，Saville 认为，“第一代 CPTED 理论中的环境支持概念并不能培育社区凝聚力”，“只不过是通过自然监控实现目标强化的另一种形式罢了”。③

## 二、第二代 CPTED 理论：自然社会环境的相互融合

Crowe 认为，“环境”指的是人们及其生活的自然和社会环境；而“设计”一词包括自然、社会、管理和执法等方面的各种指令、规范和准则。④ 为了弥补第一代 CPTED 理论过于偏重自然环境设计带来的不足，20 世纪后期，融入社会环境考量的第二代 CPTED 理论逐渐形成。第二代 CPTED 理论形成的主要原因在于“建立与传统 CPTED 理论相一致的社会策略，复归 CPTED 理论先驱最初的社区建设意图，为 CPTED 实践中的城市规划和社会项目重新确立更为均衡的地位”。⑤

---

① 赵秉志、金翼翔：《CPTED 理论的历史梳理与中外对比》，载《青少年犯罪问题》2012 年第 3 期。

② 亚当·苏通、阿德里恩·切尼、罗伯·怀特：《犯罪预防：原理、观点与实践》，赵赤译，中国政法大学出版社 2012 年版，第 96 页。

③ Saville G. The Missing Link in CPTED Theory [M] // Teasdale B, Bradley M S. Preventing Crime and Violence. Springer, 2017: 300.

④ Crowe T D：《环境设计预防犯罪（第 3 版）》，陈鹏、苏国锋、李一静等译，中国人民公安大学出版社 2015 年版，第 21 页。

⑤ Saville G, Cleveland G. Second - Generation CPTED: Rise and Fall of Opportunity Theory [M] // Atlas R I. 21st Century Security and CPTED: Designing for Critical Infrastructure Protection and Crime Prevention (Second Edition). CRC Press, 2013: 93.

## （一）第二代 CPTED 理论的策略内容

第二代 CPTED 理论共包含四项策略。①

1. 促进社会凝聚（social cohesion）

社会凝聚是第二代 CPTED 理论中的核心内容，旨在密切居民之间的关系。社会凝聚包含信任、价值规范、社会网络和身份认同四个维度。② 身份认同，对所处地域和群体的心理归属有助于主体意识的确立与责任感的塑造，强化为了公共利益进行犯罪预防的意愿，积极参与犯罪问题的分析与解决活动。价值规范，即社会成员之间享有的共同的目标要求、道德规范和行为准则，明确可为、应为、勿为的行为内容及其后果。一方面，约束行为人在个体层面不去实施犯罪行为；另一方面，价值规范中的利他观念还能促成集体层面的犯罪预防行为；信任能够预设环境中其他主体的行为方式，并对行为内容及结果做出合理期待。社会网络建设赋予行为人在组织中的身份，并使其有能力得到来自于家庭成员、邻里的帮助，两者从社会支持（如情感支持、工具支持、信息支持等）角度为犯罪预防（特别是面对现行犯罪行为的直接干预时）行为提供便利条件，免去了预防主体的后顾之忧。因此，社会凝聚从心理和物质两个层面为非正式社会控制提供了先决条件，这迎合了 Jacobs 提出的“首先要弄明白的是，城市公共区域的安宁——人行道和街道的安宁——不是主要由警察来维持的，尽管这是警察的责任。它主要是由一个互相关联的，非正式的网络来维持的，这是一个有着自觉的抑止手段和标准的网络，由人们自行产生，也由其强制执行”。③

2. 维持外部联系（connectivity）

社区在发展过程中并不能完全做到自给自足，为了保持发展的可持续性，社区必须与相关的外部机构维持积极联系。在实施犯罪预防活动中，社区可

---

① See Saville G, Cleveland G. Second Generation CPTED: An Antidote to the Social Y2K Virus of Urban Design [C] . 3rd International CPTED Association Conference, Washington DC, 1998; Saville G, Cleveland G. Second - Generation CPTED: Rise and Fall of Opportunity Theory [M] // Atlas R I. 21st Century Security and CPTED: Designing for Critical Infrastructure Protection and Crime Prevention (Second Edition) . CRC Press, 2013; Cozens P, Love T. A Review and Current Status of Crime Prevention through Environmental Design (CPTED) [J] . Journal of Planning Literature, 2015, 30 (4) .

② 武艳华、黄云凌、徐延辉：《城市社会凝聚的测量：深圳社会质量调查数据与分析》，载《广东社会科学》2013 年第 2 期。

③ 简·雅各布斯：《美国大城市的死与生》，金衡山译，译林出版社 2005 年版，第 32 页。

能面临资金、技术、经验等多方面的短板，以分析实际需要为基础，维持外部联系能够使得社区有能力获得充分资源，推进问题解决方案，高效率地开展包括 CPTED 在内的多项犯罪预防活动。如果说促进社会融合是从社区自身寻求发展动力，那么维持外部联系则是从社区外部收获发展支持。维持外部联系可以从物理和社会两个方面展开。前者比如修建与外部机构的联通道路，共享交通设施等；而后者包括与外部机构建立常态化沟通、联络、协商、活动机制等。

3. 培育社区文化（community culture）

培育社区文化能够从价值观念层面促进社会凝聚。培育社区文化与第一代 CPTED 联系紧密：首先，社区文化通过价值导向功能引导居民形成包括社区安全在内的统一的社区观念，这正是领属性的应有之义；其次，社区文化通过教育功能提高公民的文明程度与综合素质，自觉抵制社会性失序行为发生，防止“破窗”出现，维护社区景象；最后，社区文化通过娱乐休闲功能丰富群众的精神文化生活，充分利用社区地域空间，借助行为支持预防犯罪。第二代 CPTED 理论涉及的社区文化策略包括：举办艺术展览、体育活动、庆祝节日、开展诸如预防针对妇女暴力的基于性别的项目（gender - based program）、推进种族平等的项目等。

4. 控制阈值容量（threshold capacity）

阈值容量控制策略中包含两个重要概念：一是“临界点”（tipping point），即任何特定活动或空间足以支撑其特定用途的容量，当临界点被突破时，社会活动或地域空间承载的犯罪预防功能无法正常发挥，犯罪率就会上升。此概念要求：（1）严格控制犯罪发生地（crime generators）[①] 的数量，例如将社区内酒吧数量控制在阈值之下；（2）避免社区内出现规模庞大而又发生迅速的变革。芝加哥学派描述的“侵入、统治、接替”过程反映出当社区居民发生大面积更迭时，社会传统与社会控制削弱瓦解引发犯罪问题；二是“社会稳定器”（social stabilizer），社会稳定器通过安排均衡的或更为多样性的土地利用模式以及社会活动来促成居民形成强烈的归属感与相互联系。[②] 这就要求分析土地利用主体之间存在的利益冲突，及时采取措施解决矛盾，促成互相包容与

---

① “犯罪发生地”是指“该区域提供许多犯罪者与目标物在同一时间、地点聚集的机会，进而产生犯罪与失序问题”。陈鹏、刘择昌、张平吾等：《犯罪制图与警务优化》，清华大学出版社 2018 年版，第 76 页。

② Schneider S. Crime Prevention：Theory and Practice（Second Edition）［M］. CRC Press，2014：78.

理解。此概念的实际应用例证为当年轻人的滑板娱乐场地临近老年人家庭时，规划社会项目使双方相互认识，并要求年轻人邀请对方观看滑板表演。并不协调的土地利用矛盾被双方结成的友谊关系所化解。

除此之外，以下内容均与第二代 CPTED 理论相关：第一，合理安排地区大小、人口密度、建筑物差异性；第二，提供城市聚会场所；第三，设立青年俱乐部；第四，促进居民参与；第五，强化居民责任。①

### （二）两代 CPTED 理论的体系化思考方法

#### 1. 第一代 CPTED 理论：静态属性的预设

Ekblom 曾经在 CPTED 理论重构的过程中指出，“在每个案例中区分环境导向的任务（environmentally - oriented tasks）、表现性行为（expressive actions）与支持与妨碍这些任务环境特征（environmental properties）是有帮助的”。他进一步主张，CPTED 理论中的有些核心活动是人们为自己或他人在未来承担犯罪预防任务所做的环境上的准备（preparing the environment），另一些则是现实运行的预防活动（operational prevention）。② Johnson 等学者提出与之类似的观点，对 CPTED 理论构成要素进行“准备任务”（preparatory task）和“操作任务”（operational task）的区分。前者是指运用物理设计打造一种增进领属性行为（terrirorial behaviour）的环境，而后者则是通过满足所需的社会条件，运用自下而上方式全天候实施保卫行为（guardianship）以保持监视公共场所的目标。③ 简而言之，仅有“机会”还不足够，“行为”必不可少。

借助上述思维模式，笔者将第一代 CPTED 理论中的六项要素限定在静态属性的预设层面，包含三项内容：（1）环境物理属性（静态）。即能够起到减少犯罪及犯罪恐惧感作用的、对环境的恰当设计。可以理解为环境设计创造出的犯罪预防机会或其本身具有的犯罪预防能力。比如窗户位置的合理安排为监控创造机会，将贵重物品上锁使其具有抵御盗窃犯罪侵袭的能力；（2）环境

① Saville G, Cleveland G. Second Generation CPTED: An Antidote to the Social Y2K Virus of Urban Design ［C］. 3rd International CPTED Association Conference, Washington DC, 1998.

② Ekblom P. Deconstructing CPTED … and Reconstructing it for Practice, Knowledge Management and Research ［J］. European Journal on Criminal Policy and Research, 2011, 17 (1): 12, 16.

③ Johnson D, Gibson V, McCabe M. Designing in Crime Prevention, Designing out Ambiguity: Practice Issues with the CPTED Knowledge Framework Available to Professionals in the field and its Potentially Ambiguous Nature ［J］. Crime Prevention and Community Safety, 2014, 16 (3): 155.

使用主体（静态）。第一代 CPTED 理论不再将警察等专业安保人员视为犯罪预防的唯一主体，普通公民在日常生活中承担着大量领属性强化、监控、活动支持等任务，犯罪预防主体呈现多元化形态。在静态属性预设中必须考虑行为主体，空间环境可能会被犯罪人利用，成为具有危险性和侵犯性的“逆防卫空间”（Offensible Space）。[①]（3）行为模式（静态）。将环境属性与主体形象连接起来构成第一代 CPTED 理论的行为模式，即不同类别的犯罪预防主体利用环境物理属性，形成基于犯罪预防机会的静态、类型化行为模式。

2. 第二代 CPTED 理论：动态行为的激活

（1）属性预设与动态行为的分离

犯罪预防的属性预设与其实际效果的显现可能存在一定程度的分离，究其原因在于动态行为尚未被激活，这种情况逐渐引发学者关注。Barr 和 Pease 认为，“监控机会的存在基本无法表明居民是否在事实上加以利用对居住空间开展日常的、主动的监控行为”。[②] Reynald 提出了“实况保卫”（guardianship in action，GIA）概念，将日常活动理论中的保卫者行为细化为三项，即保卫者在场/占据住宅（availablity / occupancy）、监控（monitoring）以及干预（intervention）。实证研究表明，同时能够完成三项行为的人员比例极低，在美国某城市、荷兰海牙以及澳大利亚布里斯班郊区，分别只有为 2.5%、9.0% 和 3.6%。[③] 理论上的犯罪预防主体还可能实施与其预设属性相悖的行为。以旁观者（bystander）为例，这是负有“一般性责任”的犯罪控制者，不仅能够实施自然监视，而且能够针对校园欺凌、性侵、家庭暴力等类型的犯罪起到预防效果。但是其一，社会心理学知识提醒我们“旁观者效应”的存在，当处于有他人在场的紧急情境下，个体的利他行为就会明显减少。而且旁观者的数量越多，利他行为减少的程度就会越明显。包含犯罪预防在内的利他行为容易受到“旁观者效应”的抑制。其二，对于群体性事件的心理机制研究发现，“情绪感染具有催化和发酵的作用，其情绪的亢奋和激动，足以吸引原来无动

① 马瑞：《城市“易犯罪”空间研究》，载《清华大学》2010 年。

② See Reynald D M. Translating CPTED into Crime Preventive Action: A Critical Examination of CPTED as a Tool for Active Guardianship [J]. European Journal on Criminal Policy and Research, 2011, 17 (1): 71.

③ Hollis - Peel M E, Reynald D M, Welsh B C. Guardianship and Crime: An International Comparative Study of Guardianship in Action [J]. Crime, Law and Social Change, 2012, 58 (1): 8; Moir E, Stewart A, Reynald D M, et al. Guardianship in Action (GIA) Within Brisbane Suburbs: Examining the Relationship Between Guardianship Intensity and Crime, and Changes Across Time [J]. Criminal Justice Review, 2017, 42 (3): 261.

于衷的旁观者，使他们的情绪也激动起来，关注所发生的事情，并参加到激动的人群中去”①。此外，在欺凌场景中，旁观者的实际角色分为四种：欺凌者援助者（assistant）、欺凌者强化者（reinforcer）、局外人（outsider）、被害人守护者（defender）。② 旁观者的实际行为在某些情况下不仅未能预防犯罪，反倒可能促成犯罪发生。

根据理性选择理论，犯罪人能够认识到自己的行为及其后果，在对自己的行为可能带来的利益与将要付出的风险进行权衡后决定是否犯罪。不同类型的犯罪人利益与风险感知自然有所不同，单纯的预设属性展示可能对初犯、偶犯起到有效震慑，但若缺乏现实的动态行为，就惯犯而言，震慑作用大打折扣，致使可防卫空间并没有积极地起到防卫作用，成为“不可防卫空间”（Undefended Space）③。

因此，值得引起注意的是，属性预设并不会当然地通过现实行为的转化实现其期望效果，犯罪预防政策的制定主体理应重视参与意识淡薄、参与制度缺失、参与程度不足、参与范围狭窄等制约公众参与有效开展的问题，综合考虑社会（区）政治、经济、文化等深层原因以及特定犯罪情境下犯罪预防主体的行为机制。

（2）多级犯罪机会理论：CPTED 运行个体层面与社会层面的综合考量

犯罪机会对于犯罪生成具有重要意义。“机会在每种类型的犯罪中都扮演着重要角色，即使是暴力犯罪也不例外。”④ CPTED 理论与犯罪机会紧密相连，一方面，CPTED 以犯罪学中的“新机会主义”（主要包括日常活动理论、理性选择理论和犯罪形态理论）理论为基础；另一方面，“环境设计预防犯罪的目标是减少犯罪机会，这些犯罪机会也许就是缘于建筑设计或者邻里设计的缺陷”。⑤ Wilcox 等人提出了“多级犯罪机会（multilevel criminal opportunity）”

---

① 梅传强、徐伟：《群体性事件之心理动因、心理机制与预防对策新论》，载《中国人民公安大学学报（社会科学版）》2015 年第 2 期。

② See Salmivalli C, Lagerspetz K, Björkqvist K, et al. Bullying as a Group Process: Participant Roles and Their Relations to Social Status Within the Group ［J］. Aggressive Behavior, 1996, 22（1）.

③ 马瑞：《城市“易犯罪”空间研究》，载《清华大学》2010 年。

④ Felson M, Clarke R V. Opportunity Makes the Thief Practical Theory for Crime Prevention ［R］. London: Home Office, The Policing and Reducing Crime Unit, 1998: 9.

⑤ 崔海英：《实例解读美国环境设计预防犯罪》，载《上海公安高等专科学校学报》2011 年第 5 期。

理论。该理论的主要内容可以归纳为以下几点①：第一，犯罪机会决定着犯罪事件的分布。由此，犯罪机会这一概念有助于理解犯罪热点的形成原因；第二，犯罪机会具有不同的来源。被害人、犯罪人以及潜在保卫者的日常活动及生活方式、物理环境的设计与样态、不同水平的正式与非正式社会控制均对犯罪机会起到塑造作用。借助日常活动理论，可将犯罪机会理解为“个体（individual）或环境（environmental）场景下，有动机的犯罪人、合适的目标、有能力保卫者缺失三元素在时空中的聚合”②；第三，犯罪机会存在于不同层级之上。个人、地点（place）、街道、社区甚至更为宏观的层面均可作为犯罪机会的载体。我国学者王发曾教授也曾提出，犯罪机会包括三个要素，即“目标机会”、“场景机会”以及“氛围机会”③；最后，不同层级的犯罪机会既可独立发挥作用，亦可相互影响发挥作用。不同层级的犯罪机会有时会同向发生递增效应，有时则会逆向发生冲突效应。个体层级的犯罪机会指标的主效应在不同的环境场景下差异显著，环境层面的犯罪机会指标有助于解释这种差异的存在。④ 亦即我们不仅要关注个体层级犯罪机会的主效应，更要认真对待环境层级犯罪机会的调节效应。比如，个人或地点层面的犯罪风险因素在犯罪机会较多的环境中作用更为明显，而个人或地点层面的犯罪保护因素在犯罪机会较多的环境中作用难以全部发挥。

多级犯罪机会理论将位属于不同层级的犯罪机会研究整合起来，克服了传统犯罪学孤立研究单一层级犯罪机会的不足，打通了以日常活动理论为代表的环境犯罪学理论与以社会解组理论为代表的犯罪社会学之间的界限，促成了犯罪情境预防与社会预防的贯通，也要求我们不能单纯聚焦具体情境下 CPTED 要素的应用情况，还要充分考虑更为广阔的社会（区）背景对其造成的影响。社会（区）背景一方面从形式上影响犯罪机会的数量，叠加或者削减微观自然环境与社会环境中的犯罪风险；另一方面从实质上影响犯罪预防行为实施的自愿性与充分程度。仍以“实况保卫”研究为例，结果显示，保卫强度水平

① Wilcox P, Gialopsos B M, Land K C. Multilevel Criminal Opportunity [M] // Cullen F T, Wilcox P. The Oxford Handbook of Criminological Theory. New York: Oxford University Press. 2013: 585 -586..

② Wilcox P, Land K C, Hunt S A. Criminal Circumstance: A Dynamic Multi - contextual Criminal Opportunity Theory [M]. Walter de Gruyter, 2003: 61.

③ 王发曾：《城市犯罪空间》，东南大学出版社 2012 年版，第 130 ~ 132 页。

④ Wilcox P, Land K C, Hunt S A. Criminal Circumstance: A Dynamic Multi - contextual Criminal Opportunity Theory [M]. Walter de Gruyter, 2003: 98.

与邻里间社会交往（social interaction）具有正向相关关系。①

（3）推进第一代 CPTED 要素由形式理解向实质理解的转变

第一代 CPTED 理论本身蕴含着对于要素的形式理解，即严格遵循字面含义的平义理解；而第二代 CPTED 理论则是全面基于犯罪预防目的、机制以及效果对第一代 CPTED 理论要素所做的实质理解。第二代 CPTED 理论的创始人 Saville 和 Cleveland 强调，“雅各布斯‘街道眼’理论中的重点内容不在于视线，甚至不在于街道，而在于眼睛，这点已经被人们遗忘了。第二代 CPTED 理论承认，安全社区最有价值的方面不在于‘铜墙铁壁’式的建筑结构，而在于家庭、观念，以及更为重要的行为结构”。②

以 CPTED 理论为支撑的犯罪预防机制表现为：

发现犯罪现象，定位犯罪地点（特别是犯罪集中的“热点”地区）

→犯因性因素（个人因素、社会因素、情境因素）分析

→寻找适当的犯罪预防理论

→将犯因性因素及犯罪预防理论投射至有能力承接的环境物理属性（静态，机会条件）/犯罪预防制度载体（静态，一般载体）/犯罪预防主体（静态，抽象形象）/行为模式（静态，类型化模式）

→选择适当的行为激励手段，将静态预设属性转化为动态行为，体现为环境物理属性（动态，事实利用）/犯罪预防制度载体（动态，特定载体）/犯罪预防主体（动态，具体形象）/行为（动态，实际执行）。

笔者认为，第二代 CPTED 理论展现出由环境设计至犯罪数量降低、公众安全感提升的完整动态过程。所提出的四项具体策略具有犯罪预防行为的激励价值，通过社会（区）建设激活的犯罪预防行为无疑更加具有稳定性与持续性。

3. 第二代 CPTED 理论与实践价值

明确第二代 CPTED 的理论价值，重点在于理顺其与犯罪社会预防理论之间的关系，两者固然存在交叉，毕竟四项具体策略均为后者的研究对象；同时两者也存在一定差别，一方面，第二代 CPTED 理论并不纠结于社会结构因素的全面改变，亦非期盼社会制度的迅速重建与完善；另一方面，根据笔者上文提出的体系化研究方法，把握第二代 CPTED 理论对第一代 CPTED 理论的承接

① Reynald D M. Guardianship in action: Developing a new tool for measurement [J]. Crime Prevention and Community Safety, 2009, 11 (1): 12.

② Saville G, Cleveland G. Second Generation CPTED: an Antidote to the Social Y2K Virus of Urban Design [C]. 3rd International CPTED Association Conference, Washington DC, 1998

关系。Ekblom 指出，第二代 CPTED 理论中“范围广阔的干预措施冲淡了独特的‘环境设计’要素”。[①] 但笔者认为，第二代 CPTED 理论促进对于传统 CPTED 理论要素的实质理解，使政策制定人员树立犯罪预防属性预设与现实效果分离而需设计动态行为激励手段的观念，架设起情境犯罪预防与社会犯罪预防之间沟通的桥梁，在犯罪深层与表层原因、犯罪预防的长期与短期效果、犯罪预防行为操作的复杂与便捷程度、犯罪预防措施的普遍性与特殊性之间寻找到恰当的平衡点。

第二代 CPTED 理论的实践价值在于为犯罪社会学理论提供了具体化、操作性强的政策建议。无论是早期的社会解组理论还是目前的集体效能理论、社会资本理论，均能从不同角度论述犯因性社会条件与犯罪之间的关系，但针对条件改善的政策建议显得较为抽象与概括。第二代 CPTED 理论改变了这一局面，不仅提出四项具体策略，还能通过项目展示为犯罪社会学理论的实践应用提供丰富的现实经验。

## 三、第三代 CPTED 理论：可持续发展理念主导下的时代发展

相比前两代 CPTED 理论，第三代 CPTED 理论尚属新生事物，目前相关文献资料较为缺乏，因而笔者仅作简要介绍。第三代 CPTED 理论源于联合国跨区域犯罪和司法研究所（UNICRI）与麻省理工学院（MIT）感知城市实验室（Senseable City Lab）合作、在 2011 年发布的一份名为《为城市安全注入新能量——通过绿色环境设计提升城市安全性》（New Energy for Urban Security：Improving Urban Security Through Green Environmental Design）的研究报告[②]，该理论将能源局势紧张与科学技术飞速发展这两大时代主题融入犯罪预防活动设计之中，其核心思想为在城市中从地点、人类、技术、网络四个维度推行绿色、可持续、技术促进型（technology enhanced）设计策略，旨在提升城市居民的生活水平与安全感以及城市的友好、安全形象。

第三代 CPTED 理论对第一代 CPTED 理论的发展集中反映在“监控”要素方面，如（1）运用自然能量收集技术支持路灯照明、安装节能的 LED 灯具以强化机械监控；（2）通过绿地植入提升城市友好形象以强化自然监控；（3）

① Ekblom P, Armitage R, Monchuk L, et al. Crime Prevention Through Environmental Design in the United Arab Emirates：A Suitable Case for Reorientation? ［J］. Built Environment, 2013, 39（1）：94.

② See UNICRI. New Energy for Urban Security：Improving Urban Security Through Green Environmental Design［R］. Turin：UNICRI, 2011.

借助合作、基于位置、数字化的事件描述（storytelling）城市平台建设贡献、获取数字内容以改善监控方式。第三代 CPTED 理论对于新兴科技发展成果的重视有助于第二代 CPTED 理论中提出的社会（区）发展建设，如（1）建设获取实时信息、调处矛盾、富有成效讨论的渠道来强化公民的归属感；（2）掌握城市实时动态信息以提升城市的透明、妥善管理、安全形象；（3）充分利用在线社会网络形成归属感，培育合作文化，将个体城市居民的“自我”心态（me - mentality）转变为群体城市成员的“我们”心态（us - mentality）；（4）城市导航技术的发展致力于城市构造的清晰展现，便利城市居民的空间感知，提升城市的友好、安全形象。

从以上内容来看，与其说新一代理论是对既有 CPTED 理论原理的变革，不如说是在绿色可持续发展理念指导下对 CPTED 策略具体实施方式的创新。现在已经开始有学者对犯罪预防措施的环境影响进行评估，例如 Skudder 等人估算最为常用的入室盗窃犯罪预防措施，如门窗锁具、防盗报警装置、灯具以及 CCTV 摄像头的碳足迹（carbon footprint）。① 犯罪预防措施的评判标准由过去单纯的犯罪数量升降效果过渡到近年来运用成本效益分析方法得出的犯罪预防效率，再转向新近产生借助环境影响指标形成的犯罪预防可持续性评价。这就提醒我们，犯罪学理论发展必须紧跟时代发展潮流，关注其他学科前沿动态，汲取先进成果。

## 四、CPTED 理论发展对我国犯罪预防的启示

### （一）加强 CPTED 理论研究

其一，加强 CPTED 本体理论研究。Armitage 总结了 CPTED 理论存在的问题，即缺乏灵活性（flexibility）、难于澄清特定 CPTED 原则上的混乱状态、不具备标准化的推行形式（Non - standardized delivery）、理论边界不明、与其他事项存在冲突、未能创新与适应变革等。② 可见，CPTED 本体理论尚存充分的优化空间，具体而言，在第一代 CPTED 理论中，明确要素性质、深化内容理解、理顺要素之间的交叉重叠关系、重构要素层级、便利要素应用；在第二、三代 CPTED 理论中则应关注理论继承、推进理论创新、划定理论边界等。其

① See Skudder H, Brunton - Smith I, Tseloni A, et al. Can Burglary Prevention be Low - carbon and Effective? Investigating the Environmental Performance of Burglary Prevention Measures [J]. Security Journal, 2018, 31 (1).

② Armitage R. Crime Prevention Through Environmental Design [M] // Bruinsma G, Weisburd D. Encyclopedia of Criminology and Criminal Justice. Springer, 2014: 728 - 730.

二，加强 CPTED 理论循证研究。要着力推广实证研究方法，加强犯罪学理论研究人员与犯罪预防实务人员的交流与合作，检验 CPTED 理论的有效性。针对第一代 CPTED 理论实证研究较为充分的情况，生成高级别的系统综述与荟萃分析；而“时至今日，第二代 CPTED 的有效性尚未得到充分的实证检验，证据支持主要源自逻辑推演，而推演的依据在于能够证实某些社会干预措施起到减少犯罪作用的有限研究成果”。① 针对第二、第三代 CPTED 理论实证研究较为缺乏的情况，开始入手生成低级别证据，充实 CPTED 的证据基础。其三，创新 CPTED 理论研究方式。CPTED 实际效果的发挥一方面依靠犯罪预防主体将该理论的核心理念运用到环境设计与改造过程之中，形成对犯罪机会的控制；另一方面还需要犯罪主体对于具体环境中的犯罪机会进行感知，评判其中的风险程度。因此，CPTED 研究不仅需要研究人员的理论设计与知识体系构建，还需要充分考虑犯罪预防主体对于该理论的理解能力与应用程度以及犯罪主体身处特定环境中针对 CPTED 措施展开的理性选择过程。例如，有研究抽取“通过环境设计减少犯罪警察”（Designing Out Crime Officer，DOCO）与入室盗窃罪犯样本，要求其用自己的话描述与住宅区设计相关的犯罪风险。② 另可发掘现有犯罪学研究方法的内部潜力。比如视频监控录像传统上主要用于威慑犯罪人与辅助侦破案件，现在有学者利用录像内容分析犯罪人与犯罪预防主体在具体情境下行为实施的动态细节信息，把握犯罪发生的完整过程。③ 此外，还要密切联系当前“互联网 +”“人工智能 +”“VR +”“大数据 ×”的技术发展背景，实现新兴技术与犯罪学研究的完美结合。

（二）突出社区在犯罪预防活动中的关键地位

2018 年恰逢毛泽东同志批示学习推广“枫桥经验”55 周年，习近平同志批示坚持发展“枫桥经验”15 周年。及时发现、提前介入犯罪“苗头”事件，对社会矛盾纠纷予以“抓早、抓小”处置，阻断一般民事案件向刑事犯罪的恶性转化通道，实现犯罪治理理念由被动处置向主动先发的转变，这些均为当今所提倡的狭义犯罪预防概念的应有之义。犯罪是各种社会矛盾和消极因素的综合反映，“枫桥经验”中“依靠群众就地化解矛盾”这一精神实质凸显

① Cozens P, Love T. A Review and Current Status of Crime Prevention Through Environmental Design (CPTED) [J] . Journal of Planning Literature, 2015, 30 (4): 406.

② See Armitage R, Monchuk L. What Is CPTED? Reconnecting Theory with Application in the Words of Users and Abusers [J] . Policing: A Journal of Policy and Practice, 2017.

③ See Nassauer A. How Robberies Succeed or Fail: Analyzing Crime Caught on CCTV [J] . Journal of Research in Crime and Delinquency, 2018, 55 (1) .

当前理论与实务研究中的一项重要问题，即犯罪预防中的社区公众参与。

社区是犯罪学研究的重要指向，社区在犯罪预防中的地位和作用具有悠久的研究传统和丰硕的研究成果。不同类型的社区从两种角度揭示出犯罪水平的差异。从消极角度看，比如芝加哥学派借用生物界的“侵入、统治、接替”过程创制了城市社会问题和犯罪分布的同心圆模型（concentric zone model）。在五个同心圆区域中，犯罪聚集于过渡区（zone of transition）内，“人口构成的连续变化、传统文化的分解、分歧文化标准的扩散及渐进式的工业化导致社区文化和组织的衰败。常规社区传统和机构的连续性遭到破坏，但又缺乏一系列强烈而清晰的价值来代替原有传统”。① 社会控制（特别是非正式社会控制）被削弱或瓦解，形成“社会解组”局面，社区无法对其中居民的行为施加有效约束，犯罪水平较高。而从积极角度看，“集体效能”——社区成员间的社会融合程度以及他们为了社会公共利益进行干预的意愿——的水平与暴力犯罪之间具有负相关关系，“自然混乱和社会秩序混乱这两者都与贫困人口的集中和土地混用具有紧密关系。但是，在存在这种关系的情况下，在具有较强的凝聚力和较强的参与支持邻里实施社会控制的共同愿望的邻里中，犯罪也较少”。②

户籍制度的改革便利了人们的自由流动；单位制度的改革一定程度上松弛了个人与单位之间的依附关系，削弱了单位对于个体行为的管控力度；住房制度的改革“形成了本地人的自建住房、计划经济体制时代的单位住房、市场经济时代的商品房及政府主导建设的保障性住房等并存的格局”③。社区已成为犯罪预防的重要阵地，社区犯罪预防在犯罪预防活动中居于关键地位。

社区犯罪预防活动中要注重以下几个方面的问题：（1）社区环境建设。CPTED 理论从第一代转变到第二代的过程中清晰地反映出，社区环境建设不仅意味着运用出入控制、目标强化等物理因素搭建起的“可防卫空间”，通过清洁社区卫生、矫治社区居民不良行为习惯等方式对于“破窗”的修复，还包括通过促进社区凝聚、培育社区文化等途径实现的自然环境与人文环境的相互融合；（2）社区情感维系。“社区情感包括以下基本情感：社区认同感、归属感、熟知感、信任感、安全感、荣誉感、亲密感、依恋感等，其中社区归属

① 熊海燕：《社会犯罪学的原因理论》，知识产权出版社 2015 年版，第 40 页。

② 乔治·B. 沃尔德、托马斯·J. 伯纳德、杰弗里·B. 斯奈普斯：《理论犯罪学》，方鹏译，中国政法大学出版社 2005 年版，第 165 页。

③ 肖露子、柳林、宋广文等：《基于理性选择理论的社区环境对入室盗窃的影响研究》，载《地理研究》2017 年第 12 期。

感是核心，是在其它基本情感的基础上形成的。"[1] 维系社区情感回归了"社区"一词的本来意义，"Gemeinschaft"表征的即是"建立在自然情感一致基础上、紧密联系、排他的社会联系或共同生活方式，这种社会联系或共同生活方式产生关系亲密、守望相助、富有人情味的生活共同体"。[2] 社区情感的维系有助于社区群众主体意识的确立，提升追求社区公共利益的责任感与使命感，增强犯罪预防的思想自觉与行动自觉，拓展犯罪预防参与的广度与深度，促进犯罪预防行为落实的积极性与主动性。（3）社区活动开展。机构性社会控制是社会控制的主要组成部分。社区组织—以街道委员会为代表—的工作不能局限在行政事项的办理之中，而应关注群众不同层次的诉求，突出服务职能，重视社区活动的组织与开展。活动内容既可以是以促进社区居民之间的相互熟识、增强互动互信、营造和谐气氛为目的的一般性活动，此类活动对于犯罪预防的意义在于，及时发现犯罪嫌疑人与犯罪迹象、提高自然监视水平、弥补社区控制的缝隙；也可以是宣传法律规范、被害预防、犯罪应急处置等知识技能的专项活动。此类活动对于犯罪预防的意义在于，补足社区群众的犯罪预防知识短板，在犯罪面前做出适当的反应。

（三）重视 CPTED 理论的实践运用

CPTED 的理论价值能否在犯罪预防实践中得以实现依赖理论的实践转化。警察是犯罪预防的主体力量，在 CPTED 的推行过程中理应发挥骨干作用。在英格兰和威尔士，专门设有"建筑联络警察"（Architectural Liaison Officer, ALO）或"犯罪预防设计顾问"（Crime Prevention Design Advisor, CPDA），其职责在于"审议提交地方规划部门（local planning authority）的规划建议，提供 CPTED 建议以减少任何与规划项目相关的潜在犯罪风险"。[3] "建筑联络警察"首先要接受英国警务学院（College of Policing）两周以上的培训，每年还有机会参加"通过设计保障安全"（Secured By Design, SBD）项目组织的年度培训。大曼彻斯特警方采用了一种与众不同的模式，六位顾问和一位专职犯罪分析师组成"安全设计顾问团队"（Police Design for Security Consultancy, DfSC），其中顾问的身份为文职人员，且具有诸如设计、建筑、规划等方面环境建设专业知识背景。更为重要的是，"安全设计顾问团队"通过"犯罪影响声

① 邓遂：《现代城市社区情感障碍分析》，载《城市问题》2003 年第 4 期。

② 张志旻、赵世奎、任之光等：《共同体的界定、内涵及其生成——共同体研究综述》，载《科学学与科学技术管理》2010 年第 10 期。

③ Armitage R. Crime Prevention Through Housing Design: Policy and Practice [M]. Palgrave Macmillan, 2013: 28 - 29.

明”（Crime Impact Statement，CIS）制度将环境设计介入时间提早至规划前阶段。[①] 其优势在于根据专业的 CPTED 建议对设计进行的修改更易接受与执行，成本相对较低。在犯罪“治理”与“第三方警务”理念的引领下，警察并非犯罪预防的唯一主体，目标或被害人“有能力的保卫者”（capable guardian）、犯罪行为人“管控者”（offender handler）以及地点“管理者”（place manager）的犯罪预防价值日益凸显。特别是地点“管理者”与 CPTED 这样一种强调环境设计与控制的理论具有天然的契合性。“地点管理是地点所有者、雇员或其他人实行的一系列四项行为，目的在于组织某地点的物理或社会环境以实现该地点之功能。”[②] 这四项或单独或综合使用的行为可归纳为 ORCA 模式，分别是：（1）物理空间组织（physical space organization），涉及地点选择、建设、维修、保养；（2）行为管控（regulation of conduct），即行为的支持和禁止；（3）出入控制（access control），允许或排除某些人的进入；（4）资源获取（resource acquisition）。获取用于前三项行为及创收所需的资金或其他资源。地点“管理者”主动、自觉按照 CPTED 理论要求开展犯罪预防活动是最佳情形，但当其主动性不强、缺乏犯罪预防行为动力时，警务部门应当“综合运用民事法律、刑事法律与市场监管规则和法律等手段，促使（或迫使）第三方承担起更多的犯罪控制职责”。[③] CPTED 理论的形成与发展反映出多个学科的交流、借鉴与融合。因此 CPTED 的实务运用也需要警察、建筑、规划等不同部门的协调与配合，涉及信息传递、专业沟通、知识共享、意见整合等多项环节，在此过程中“需要任命一个计划管理者或者计划管理委员会来负责项目进行中出现的合作问题、进度问题和监督问题”[④]，还要依靠相关部门“沟通、妥协、达成共识”[⑤]。

---

① Armitage R. Crime Prevention Through Housing Design: Policy and Practice [M]. Palgrave Macmillan, 2013: 35 – 38.

② Madensen T D. Bar Management and Crime: Toward a Dynamic Theory of Place Management and Crime Hotspots [D]. Cincinnati: University of Cincinnati, 2007: 19.

③ ［澳］洛林·梅热罗尔、珍妮特·兰斯莉：《第三方警务》，但彦铮、刘莹、刘端等译：《中国人民公安大学出版社》2012 年版，第 3 页。

④ Crowe T D：《环境设计预防犯罪（第 3 版）》，陈鹏、苏国锋、李一静等译，中国人民公安大学出版社 2015 年版，第 161 页。

⑤ Armitage R. Crime Prevention Through Housing Design: Policy and Practice [M]. Palgrave Macmillan, 2013: 210.

# 对近年来性侵害未成年人犯罪的实证分析

——对某省检察机关五年来办理案件的调研

朱艳菊*

近年来，性侵害未成年人犯罪案件多发、频发，引发社会各界广泛关注。为全面掌握全省性侵害未成年人犯罪整体情况，减少性侵害未成年人犯罪，提高未成年人保护实效，笔者对全省 2013 年 1 月至 2017 年 12 月检察机关办理的性侵害未成年人犯罪案件进行了专项调研分析。

## 一、全省性侵害未成年人犯罪特点分析

五年来，全省共受理审查逮捕性侵害未成年人犯罪案件犯罪嫌疑人 3939 人，受理移送审查起诉 3613 人，生效判决 3345 人，其中判处管制、单处罚金、免刑 45 人，三年以下有期徒刑、拘役 1344 人，三至十年有期徒刑 1732 人，十年以上有期徒刑 210 人，无期徒刑 7 人，无罪 1 人。经分析，全省性侵害未成年人犯罪案件主要呈现以下六个方面的特点：

1. 数量逐年上升。2013—2017 年受理移送审查起诉数呈逐年上升趋势，从 400 至 1000 人，该类案件占全部侵害未成年人案件的比例也在逐年增加，占全部刑事案件的比例总体也呈上升态势。

2. 罪名相对集中。受理移送审查起诉的犯罪嫌疑人中，强奸、猥亵两类犯罪占 86.27%，且所占比例整体呈现逐年上升趋势。

3. 被害人呈现“两个偏低、两个突出”的特点。被害人大多年龄偏低，学历偏低，14 岁以下被害人超过 60%，初中以下学历超过 90%；农村户籍人员和在校生受侵害突出，比例分别达到 76.49% 和 63.35%。

4. 涉罪人员呈现“四个居多、两个集中”的特点。涉罪人员中，农村人员、无业人员、低学历人员、熟人作案居多，前三类人员比例均为 80% 左右，

* 朱艳菊，河南省人民检察院未成年人检察工作办公室副主任，三级高级检察官，中国犯罪学会常务理事。

熟人作案比例达到66.01%。同时，作案人员集中为男性和本地人员，比例分别为95.87%和82.39%。

5. 犯罪事实呈现“两个为主、两个明显、两个接近”的特点。该类犯罪作案形式以个人作案为主，比例为72.33%；作案手段以暴力、胁迫为主，比例为56.19%；作案地点校外明显多于校内、室内明显多于室外，校内、外比例约为9∶1，室内、外比例为3∶1；案发时间分布白天、夜晚相对接近，夜晚作案略多；案发地区分布城市、农村相对接近，农村稍多。

6. 凸显四个重点问题。一是被害人受侵害后多数没有报警，报警比例仅有22.59%；二是年幼无知受侵害占相当比例，占37.78%；三是未成年人犯罪日益突出，占29.17%，尤其是共同犯罪中，未成年人比例高达近80%；四是性侵害犯罪后果严重，约37.25%的案件造成了未成年被害人轻伤、怀孕、感染性病或重伤、死亡、严重精神或心理创伤等各种后果，治疗、疏导、救助和保护等工作任务艰巨。

## 二、全省性侵害未成年人犯罪原因分析

1. 个体原因。一方面，未成年被害人自我防范意识不足，自我保护能力缺乏。调研显示，66.01%的性侵害案件为熟人实施；被害人受侵害后不敢、不愿告发，易遭受多次、长期侵害；缺乏生理知识及自我保护技能，面对性侵害行为时无法迅速求助与自救。另一方面，涉罪人员大多法律意识淡薄，文化水平偏低，约80%为初中以下学历，对是否构成犯罪没有清晰认知。

2. 家庭原因。一方面，未成年被害人家庭教育、监护不到位，尤其是农村留守儿童监护缺失。调研显示，未成年被害人中缺少有效监护的占38.83%，农村留守儿童占28.11%。另一方面，涉罪人员家庭问题突出。一些涉罪未成年人由于家庭重组、父母一方死亡、服刑等原因，原生家庭被破坏，受到心理伤害，产生情绪障碍，易出现悲观、嫉妒、不满、反社会等心理而实施犯罪。

3. 学校原因。一方面，学校教育失衡。部分学校特别是乡村学校，在教学安排中基本都不安排性教育课程，孩子们无法接受正确的性教育。另一方面，学校管理疏漏。对老师监督管理和对学生监护不到位，使孩子出现脱管状态。调研显示，在校生被性侵害的有2039人，占63.35%。

4. 社会原因。一是基层社区综治工作不到位，治安条件较差的地方监控有盲点，地下游戏厅、网吧、宾馆等公共娱乐场所的违规经营，极易滋生犯罪；二是不良文化制品泛滥，各种含有暴力、色情淫秽内容的图书和音像制品，充斥文化市场；三是网络文化良莠不齐，不良网络文化飞速传播，对网络

不良信息缺少有效地审核、过滤、监管机制；四是重点人员监控力度不足，涉罪人员中1.05%有强奸、猥亵犯罪等前科。

## 三、办理性侵害未成年人犯罪案件存在的困难和问题

### （一）证据审查方面

1. 言词证据复杂多变。一是未成年被害人陈述具有不确定性。部分智力存在障碍或者年幼的被害人无法清楚地描述自己受侵害的事实；一些被害人的细节性证据难以获取；有些被害幼女的法定代理人出于各种原因，指使幼女改变陈述。二是犯罪嫌疑人零口供或者翻供情况较多。在案件缺乏证人或其他有力证据情况下，犯罪嫌疑人往往避重就轻，百般抵赖；公安机关通过突破犯罪嫌疑人心理防线取得的口供稳定性不强，后期翻供情形多发。三是同步录音录像制作不到位。部分案件只有犯罪嫌疑人的部分同步讯问视频，大多缺少被害人和关键证人的同步询问视频。

2. 客观证据严重缺失。一是因报案时间迟滞导致物证灭失。调研显示，受性侵害后，33.83%的未成年被害人不敢言说，选择告诉家长或老师的43.58%，及时报警的仅有22.59%。导致身体或衣物上的关键客观证据无法及时调取。二是人身检查不全面。往往忽略对未成年被害人、犯罪嫌疑人体液、毛发、被害人和犯罪嫌疑人指甲内的残留物等生物样本，指纹、足迹、鞋印等痕迹，衣物、纽扣等物品以及现场及周边监控录像等视听资料等的提取和固定。三是鉴定材料的提取、流转不规范。如提取DNA样本的相关笔录不完善，保管、流转过程不清晰、不连贯，有的没有提取笔录等。

3. 证据体系单薄。一些案件中直接证据仅有犯罪嫌疑人供述、被害人陈述，没有目击证人。如王某强奸案中，王某拒不供认，根据8岁被害人的陈述，无法确定王某是否具有作案时间，鉴定意见无法确定被害人去过王某家或受到王某侵害，被害人在家人的帮助下指认出被害人证明效力较低，检察机关作出事实不清、证据不足的认定。

### （二）办案程序方面

专门机制未能建立，未成年人警务机制缺失，未检队伍和少年审判队伍稳定性不强，公、检、法三机关办案衔接不顺畅；办案程序不规范，侦查取证过程中对合法性重视不够，检察环节过于重视事实、证据的审查判断，审判环节忽视未成年被害人的法律帮助权、法定代理人到场权等；特别程序落实不到位，尤其对未成年被害人的援助、救助开展不到位，未能有效贯彻“一次询问”原则，造成“二次伤害”。

（三）法律适用方面

主观认识对“明知”被害人为幼女的事实认定存在困难；“其他严重后果”界定不清，对于多次强奸同一幼女、强奸致被害人自杀、怀孕、精神失常等能否认定为“其他严重后果”存在分歧；犯罪形态及犯罪情节认定分歧，如介绍、帮助等行为是否构成共犯、轮奸行为是否存在中止形态等，实践中公、检、法机关认定存在较大分歧；心理专家等辅助人员诉讼身份目前没有明确法律依据。

（四）网络舆情应对方面

未成年人案件中，热点敏感案件多，社会关注度高，更易引发网络舆情，媒体导向和舆论压力易对案件处理产生不利影响。

## 四、实践中的探索与创新

（一）立足保护，建立特殊办案机制

一是建立专业化办理机制。目前全省 185 个检察院均已设立未检专门机构，组建了专业办案组，由女性办案人员专门办理性侵害案件。二是建立一站式调查取证制度。与公安机关紧密配合，提前介入侦查活动，引导侦查机关一次性询问到位，特别对性侵害案件受害人，做到由女性工作人员询问，除非必要不作二次询问，避免造成二次伤害；案件起诉后，未成年被害人一般不出庭，由法定代理人或援助律师代为出庭行使权利。4 个区县检察院分别牵头与公安、法院等相关单位会签了“一体化”取证的规范性文件，推动公安机关建立一站式取证场所。某市院还探索制订了性侵害案件未成年被害人询问笔录参考模版，规范相关询问工作。三是建立指定代理制度。与省司法厅会签文件，对愿意接受法律援助的未成年被害人，提供常态法律援助。有些基层院对于遭受性侵害的女性未成年被害人，做到由女性律师提供法律援助，充分保障被害人诉讼权益。

（二）综合施策，开展全方位保护救助

一是开展心理救助。办案中加强与专业心理咨询机构合作，在无偿、自愿、保密和尊重的前提下，对未成年被害人进行心理疏导和矫治。如一些检察机关相继成立了“未成年人心理辅导矫正中心”“小荷青少年维权中心”等组织。2013 年以来，全省检察机关共对未成年被害人开展心理测试 3245 人次，心理疏导 8824 人次，帮助他们重返学校和社会。二是开展医疗救助。一些检察机关依托当地医院组建未成年被害人医疗救助小组，签订保密协议，开辟绿色通道，建立了可以在 24 小时内对未成年被害人进行身体检查的专业法医师队伍。三是开展监护救助。对遭受监护人侵害的未成年被害人，积极建议、督促、支持有关机构、组织和人员向法院申请撤销监护人资格和提起人身、精神损害赔偿等。如在办理一件父亲性侵害亲生女儿的案件中，其父因强奸罪、猥亵儿童罪被判处有期徒刑12年，检察机关协调民政等相关部门为被害人家修缮房屋，办理低保，并出庭支持被害人撤销其父监护权，获得法院支持。四是开展学业救助。针对失学、辍学的未成年被害人，协调教育部门和学校，帮助解决就学问题。五是开展社会公益救助。推动建立以学校、企业、社区为依托的“三位一体”帮教帮扶体系，为未成年被害人提供工作机会。

### （三）源头防范，深化性侵害犯罪预防工作

一方面，强化特殊预防。试行性侵害未成年人犯罪人员信息公开制度，对符合特定条件的性侵害未成年人犯罪人员信息予以公开，预防未成年人遭受潜在性侵害。另一方面，深化普通预防。常态化开展“法治进校园”活动，对学生开展自护和犯罪预防教育；开设家长课堂，强化监护意识；依托互联网，建立帮教观护平台，智能、高效地开展帮教预防工作。

### （四）探索实践，创新社会化防范侵害措施

一是加强部门联合，推动健全社会化保护救助机制。主动加强与综治、民政、教育、卫生、共青团、社工组织等的联系配合，形成保护未成年人合法权益和救助被侵害未成年人的工作合力。二是拓展法律监督职责，积极参与社会治理。针对办案中发现的未成年人教育、管理等方面存在的问题，及时发出检察建议，提出纠正措施，促进相关部门规范管理文化娱乐场所，整治校园周边环境，加强对留守、闲散、流动、刑释解教、服刑在教人员子女等特殊未成年人群体的保护，为未成年人健康成长营造良好环境。如针对办案中发现民办中小学校招收聘用人员资格审查不严的问题，检察机关向某县教体局发出检察建议，帮助堵塞对民办中小学监管机制漏洞。三是探索建立与未成年人密切接触行业工作人员从业限制机制。将实施强奸、猥亵儿童、虐待被监护人、看护人等侵害未成年人身心健康的犯罪受到刑事处罚、治安管理处罚的人员，纳入从业限制范围。如某县院与县政府、法院等单位共同会签了《关于与未成年人密切接触行业工作人员从业限制实施意见（试行）》，在办理老师王某猥亵案中，提出从业禁止的检察建议。

## 五、加强性侵害未成年被害人保护的思考和建议

### （一）完善法网，实现对未成年人性权利的全面保护

1. 健全法律法规，精准打击性侵害未成年人犯罪。明确男性可作为强奸

罪的被害人，司法实践中强奸未成年女性的可按强奸罪判处十年以上有期徒刑甚至死刑，但强奸未成年人男性的案件几乎都只能按照强制猥亵他人罪进行处理，从定性和量刑上都存在不准确、不均衡的现象，建议将男性（包括未成年男性）列入强奸罪的保护范围；在立法层面重新界定“性行为”的内涵和外延，目前，我国立法对“性行为”的界定狭窄，建议在立法层面重新界定性行为内容，违背未成年人意愿与之进行所有类型的性行为都应认定为强奸而非猥亵。

2. 建立特殊职责人员严格准入及强制报告制度。特殊职责人员是指因业务关系，可以密切接触未成年人的监护、教育、训练、救助、看护、医疗等人员，因其职业的特殊性，其实施的侵害不易暴露，且存在反复、长时间侵害的可能。调研显示，实施性侵害犯罪的人员中老师有 71 人。因此，建议从立法层面上建立特殊职责人员严格准入制度，特殊岗位人员入职时必须同时审查其前科情况、日常表现、社会评价、婚姻状况、性格心理等。同时，建立特殊职责人员强制报告制度，负有特殊职责的人员发现未成年人受到包括性侵害在内的不法伤害，必须第一时间向主管部门或司法机关进行报告，防止因报告不及时导致违法犯罪事实难以查清、难以打击的情形出现。

3. 建立性侵害犯罪人员信息公开制度。调研显示，实施性侵害的犯罪嫌疑人中，有强奸、猥亵犯罪前科劣迹人员 38 人，性侵害犯罪者重复作案的现象应予以重视。建议建立性犯罪者信息公开制度，设立专门的性犯罪者信息公开网站进行登记，在校园内、社区、村庄等范围内进行公开。同时在立法上对信息公开的内容和区域作出限制，避免过度侵犯性犯罪者的隐私。

4. 建议将精神损害赔偿纳入附带民事诉讼赔偿范围。根据现行法规定，不管是刑事附带民事诉讼或是刑事案件结束后单独提起民事诉讼，都不支持精神损害赔偿。在我国刑事附带民事诉讼整体架构不做调整的前提下，建议将精神损害赔偿纳入附带民事诉讼的赔偿范围，最大限度抚慰未成年被害人及家人的精神伤害。

### （二）推动司法机关统一认定标准的建立

1. 召开联席会议。通过充分沟通交流，就取证程序、证据标准、案件审理、量刑幅度等实体及程序问题形成统一标准，指导本辖区内的案件认定和规范，厘清司法机关之间在认识上的差异。

2. 统一证据规则。建议联合出台办理性侵害未成年被害人案件的统一标准，制定具有规范性和指导性的办案手册。明确围绕起诉指控所需对取证、补证、固证提出侦查方向：立案后第一时间全面、充分对客观证据、视听资料的提取、固定、送检；全面、规范收集言词证据；对于直接证据欠缺的，间接证据如何收集、运用；犯罪嫌疑人翻供、证人翻证的情况下如何认定初始证据；被害人陈述真实性的采信标准；犯罪嫌疑人品格证据的应用等，以减少分歧，达成共识。

3. 统一定罪量刑标准。建议最高人民法院、最高人民检察院通过颁布《案例指导》的形式正式统一此类案件的定罪量刑标准，指导司法人员准确理解和正确把握性侵害未成年人案件的办理。

（三）推动形成专门惩戒力量和机制

1. 严格落实专业人员、专门机构的专办机制。目前，检察机关、审判机关对于未成年人案件已经实现了专门机构或专业力量办理，但公安机关在此项机制上比较滞后。建议公安机关成立专门机构，完善专办机制，建立性侵害案件专办模式。

2. 推动建立一站式取证场所，建立规范全面的证据收集机制。推动公安在有条件的医院或基层办案场所建立一站式取证专用场所，在对未成年被害人取证的第一线模拟家居环境，营造安全亲切的氛围，对未成年人被害人的人身进行全面、专业检查，第一时间提取固定痕迹物证；配备全程同步录音录像设备，全面规范询问，避免反复询问；设置监控室，由熟悉未成年人心理的专业人员全程掌握未成年被害人心理状况，给予必要疏导和帮助。

3. 形成打击性侵害犯罪的司法合力。建议公、检、法建立畅通的协商沟通机制，就取证标准、提前介入、量刑均衡等事项达成共识。对于疑难复杂性侵害案件，侦查机关在侦查初期即应当及时通报检察机关未检部门，充分发挥检察机关诉前指导、审前过滤功能。

（四）建立全面充分的性侵害被害人救助体系

1. 健全法律援助。法律援助中心应针对未成年被害人心理特点安排专业力量，为未成年被害人提供及时、全程、专业的法律咨询和法律帮助，维护其合法权益。

2. 健全心理帮护。通过购买服务，充分发挥心理咨询、医疗救助专家成员库的作用，对未成年被害人及其家长进行专业的伤害评估，对于需要接受心理医治的未成年被害人，为其提供专业的心理医师进行心理康复的治疗，并长期跟踪回访。

3. 健全司法救助。完善检察机关内部办案部门与救助部门的衔接机制，简化司法救助申请流程，共同实现对被害人的及时救助；政府应设立专门的未成年人司法救助基金，并将其纳入财政预算，保证救助工作持续有效开展。对不符合司法救助条件，或者经救助后仍有困难的被害人家庭，会同教育、民政、妇联、团委、社会团体、企业等给予帮助，提升救助效果。

4. 探索开展社会救助。对于因受性侵害遭受严重伤害的未成年人，建议建立由政府主导开展全程医疗协作救助机制；根据需要，由教育部门在其求学的过程中给予特殊帮助，对于符合条件的未成年人被害人，教育部门可通过绿色通道为其提供转学等帮助措施；民政部门通过低保及其他临时性保障资金的发放，保证其获得稳定的生活来源；在保护未成年被害人隐私的前提下，鼓励社会力量参与，对其提供职业教育、就业机会等多方面帮扶。

（五）构建多元参与、层次清晰的社会化预防体系

1. 畅通信息，建立多渠道的线索发现机制。推动建立健全性侵害未成年人犯罪案件线索发现机制，形成依托社会力量，通过各类维权平台，以及学校、社区、医院等有关部门的强制报告机制，建立严密的线索收集体系，将未成年被害人遭受性侵害的事实第一时间向公安机关或其他司法机关进行报告。

2. 整合力量，建立完整的未成年人性侵害介入机制。建立由政府为主导，司法力量、共青团、妇联以及家长、教师积极参与，联合社工组织、爱心志愿组织等未成年人保护力量共同参与、协同配合的体系，实现预防、惩罚、救济三位一体的保护效果。

3. 深入宣传，构筑全方位犯罪预防体系。司法机关可以通过法治讲座、法治漫画宣传册、“两微一端”等宣传方式，提高未成人安全防范意识；针对办案中发现的社会管理漏洞和缺陷，向相关部门及时提出检察建议，减少导致性侵害未成年人犯罪的外部因素；通过现有的“教育网”“校信通”等平台，定期向家长推送预防知识，培养家长防范性侵害案件的警觉意识；开展延伸帮教，推动建立社会观护基地、警示教育基地、开展心理疏导、组织社区服务等，矫正行为的同时，帮助涉罪人员尤其是涉罪未成年人顺利回归社会。

（六）推动社会治理体系的完善

1. 建设统一的未成年人保护平台。发挥政府部门协调统一各方的优势，整合各方力量，成立集发现、转介、处置为一体的未成年人保护专门机构。如教育部门、公检法司等机关在工作及执行公务中、各类医疗机构对在日常工作中发现的侵害未成年人的相关线索，及时通报平台，由平台根据需要统一调配救助力量进行有效帮扶，并及时在平台上进行反馈。

2. 加强文化监管，净化外部环境。积极运用政策、法律等手段，加大对损害青少年身心健康的暴力、黄色、恐怖传媒行为的控制力度，依法予以查处和打击；通过学校教育主阵地，推动未成年人性教育和自我保护教育纳入教学计划，并发挥新媒体传播引导及医疗机构专业力量，正面引导未成年人性意识

的培养；持之以恒加强校园周边环境的净化和安全防范。

3. 完善监护制度，实行有效监护管理。建立监护监督机制，由政府相关部门对监护人履行监护职责的情况实行有效监督，对于失去监护能力、怠于履行监护职责或侵犯被监护人权利的，督促并监督监护权的变更、撤销，或者直接确定监护人，情节严重的移交司法机关处理，确保未成年人处于有效监管和保护之下，减少监护缺失及由此带来的失管人员犯罪现象；设立国家监护制度。对于流浪乞讨、留守失管等没有适格监护人以及监护缺失的未成年人，必要时由国家担任监护人，民政部门以及福利机构或村委会、居委会承担具体监护义务；提升家庭监护教育能力，加强父母作为监护人的责任和义务，试行网格化、全程化监督，加强对问题家庭的监护干预，通过教育、监督，全面提升父母的监护意识和监护能力。

# 犯罪学研究伦理之争议与遵循原则

杨士隆[*]

## 一、前言

学者稍早曾指出犯罪学研究方法与伦理议题即使在科学实证取向关注甚重之美国刑事司法与犯罪学界并未深入被探讨与正视。① 惟历经数十年犯罪学实证研究之蓬勃发展，以及学术界各领域不断发生违反研究伦理之案例，因此许多学者开始针对此项议题予以评判,② 并认为犯罪人与刑事司法议题研究均应由独立之伦理委员会审查，以确实保护被研究个人及群体并强化研究质量。③ 而相关犯罪学专业学会如美国犯罪学学会（American Society of criminology）、美国刑事司法科学研究协会（Academy of criminal Justice ）及台湾地区犯罪学学会等亦纷纷订定伦理守则（codes of ethics），以提升犯罪学研究质量与专业。本文将检视国际间违反研究伦理之争议，引述文献说明犯罪研究人员面临之主要研究伦理议题及应遵循之伦理原则，最后并综合个人从事犯罪学实证研究之心得，说明未来提升犯罪学研究伦理遵循之方向。④

---

* 杨士隆，美国纽约州立大学（SUNY - Albany）刑事司法博士（1992）、台湾中正大学犯罪防治系暨研究所特聘教授兼犯罪研究中心主任，台湾犯罪学学会名誉理事长。

① Rhineberger, Gayle M. (2006), Research Methods and Research Ethics Coverage in Criminal Justice and Criminology Textbooks. Journal of Criminal Justice Education, Volume 17, Number 2 (October).

② Mark Israel and Iain Hay, Research ethics in criminology (2011). Sage Handbook of Criminological Research Methods. London: Sage, 500 - 509. Malcolm Cowburn, Malcolm, Loraine Gelsthorpe and Azrini Wahidin (2017), Research Ethics in Criminology: Dilemmas, Issues and Solutions. London: Routledge.

③ Brown, Penelope (2018). Ethical challenges to research in justice system, Criminal Behaviour and Mental Health28: 5 - 12.

④ 本文摘录并修改自杨士隆：《刑事司法与犯罪学研究伦理》，载《刑事司法与犯罪学研究方法》，五南出版社2016年版，第17~44页。

## 二、违反研究伦理之重大案例

在近代期间欧美各地域中不乏有部分违反研究伦理之个案发生,[①] 有不少受害者是具受刑人之身分,[②] 局限于篇幅，本研究列举以下四个个案供参考：

### （一）第二次世界大战纳粹之实验

在第二次世界大战期间，纳粹医师 Josef Mengele（戏称死亡天使），对于被掳之战俘进行恐怖之非人性化实验亦为违反研究伦理之重大案例，其对人犯以医学之研究加以凌虐并杀害，这些战俘被依带有传染病而须以药物（毒药）加以实验治疗，而终究导致死亡。此项罪行在战后之纽伦堡大审判（Nuremberg Trial）中被界定为战争犯罪（war crime）及违反人性之犯罪（Crimes against humanity）。根据学者 Wexler 之撰述，纽伦堡法案订定从事人类行为相关研究之“自愿参与”（Voluntarily consent）原则，要求所有研究人员遵循此项原则。[③]

### （二）Humphreys 的“茶坊交易”（Tearoom Trade）[④]

“在研究生 Laud Humphreys 之‘茶坊交易’研究中（有关男同性恋在公共洗手间接触的研究），其佯装成窥淫者与把风下，观察了约一百位男性的性行为。受试者的汽车被跟纵、牌照号码被秘密地记下。他们的姓名与住址也被假扮成市场研究员的韩福瑞从警察记录中取得。一年之后，透过乔装，韩福瑞运用一个关于健康调查的动人说词到家里访问受试者。韩福瑞小心翼翼地将名单藏在保险箱中，并将受试者的辨识注记销毁掉。他大幅地增进我们对常在茶室出入之同性恋的认识，扭转了之前对他们错误的看法。这个研究也一直受到争议：受试者从不曾答应、也用了欺骗、名单可能被用来勒索受试者结束婚

---

① Annas GJ, Grodin MA (1992) The Nazi Doctors and the Nuremberg Code: Human Rights in Human Experimentation. Oxford: Oxford University Press. Pressel, DM (2003) Nuremberg and Tuskegee: Lessons for contemporary American medicine. Journal of the National Medical Association 95: 1216 - 1225.

② Hornblum, AM (1997) They were cheap and available: Prisoners as research subjects in twentieth century America. BMJ [British Medical Journal] 315: 1437

③ Wexler, 1990, P. 81.

④ Humphreys, Laud (1975), The Tearoom Trade. Enlarged edition with perspectives on ethical issues. Chicago: Aldine.

姻、或是提出犯罪检举”①

（三）于女士之对羁押被告进行“咨商”并出版专书发布访谈内容

1998 年 7 月，于姓女士将其台湾重大犯罪被告陈之心理咨商辅导内容与纪录，交付独家报导出版社发行《疯 O－陈某》一书亦属违反专业咨商与研究伦理之重要案例。该事件引起社会各界之质疑。包括各专业学会以及许多咨商辅导学者专家都质疑于女士利用知名犯罪人营销的做法，认为她的行为明显违背专业伦理。盖接受心理咨商服务的当事人，其权益应被尊重与保障，而提供此等服务的咨商师、心理师或其他专业助人工作者，则应善尽专业责任并遵守伦理规范，包括遵守保密原则、客户隐私权等②及不应违背客户（陈某）对他专业的信任。③ 显然于女士之“咨商”作法，成为“疯 O”一书之营销策略与手法，属违反专业研究伦理之个案。

（四）在职研究生请受刑人代笔 EMBA 硕士论文

2018 年 3 月 31 日，“正在攻读科大 EMBA 的台湾某监狱教化科长，被检举利用受刑人专业代笔写 EMBA 硕士论文。该科长原找上一名受刑人撰写毒品案的量化分析，探讨有关毒犯的累进处遇，准备利用在狱中之资源及自己工作上专长，以毒品受刑人为分析主题进行问卷调查，不料该受刑人仅起纲意旨，还未完成细目章节即假释出狱。因该科长无法独立完成论文，另将题目变更成网络世代的交易风险问题，同时商请女教诲师再介绍适合的受刑人帮忙代写，进而找上曾在某大学任教、涉及性侵案的受刑人代笔”。④ 本案经台湾法务部矫正署开会决议该科长记过 2 次并调整非主管职务，另教诲师亦记过 1 次。

---

① 王佳煌、潘中道、郭俊贤、黄玮莹译：《当代社会研究法——质化与量化途径》，W. Lawrence Neuman 原著，Social Research Methods：Qualitative and Quantitative Approaches. 台北市学富文化发行。另参阅 Maxfield，Michael G. and Earl Babbie，E. （2005），Research Methods for Criminal Justice and Criminology（4th edition）. Belmont，CA：Wadsworth. 及陈文俊译：《社会科学研究法》，Earl R. Babbie 原著，The practice of Social Research，10th edition，Wadsworth，台北市汤姆生出版。

② 王智弘：《现代人的心灵大师：心理医生》，载《消费者报导》1998 年。

③ 叶匡时：《论专业伦理》，发表于「现代化与实践伦理研讨会」，暨南国际大学，1998 年 9 月。

④ 自由时报记者魏瑾筠，2018 年 3 月 31 日桃园报导之内容摘要，载 http：//news.ltn.com.tw/news/society/breakingnews/2382910。

## 三、犯罪学研究人员从事研究面临之伦理议题

根据 Diener 之析见,① 犯罪学研究人员从事研究可能面临之伦理道德争议主要可区分为以下四项:②

### (一) 潜在之伤害 (Potential Harm)

任何一项研究均可能带来潜在之危害，包括研究结果之危害以及对参与研究人员之伤害等。分述如下：

1. 研究结果之危害

基本上研究之结果并不必然对整体之社会有益，甚至部分研究可能在偏见或无意间导致潜在之巨大伤害。例如，从事监狱受刑人非法行为之研究结果，可能促使监狱当局下令紧缩受刑人之接见权利，而行政责任亦必须承担。针对此项发展，研究带来之行政冲击或对受刑人权益之伤害系巨大且影响深远的。

2. 对接受研究者之伤害

如同前述，受试者倘因研究坦露其其他罪行而为研究人员所利用，极可能面临更多之矫治处遇，如心理测验、电擎或戒治，或遭受更严重之刑罚处分，如发现更多之犯罪型态。受试者基本上有避免遭受这些伤害之权利，不应为研究之名让研究人员肆无忌惮、为所欲为。

### (二) 访谈同意 (Informed Consent)

在从事刑事司法与犯罪研究中另一值得关注之议题为受试（访）者之访谈同意，此意味着受试者系自愿的（voluntarily）参与研究且了解其参与研究面临之风险（risk），同时在研究期间倘觉不适可自由的退出研究。一般而言，在从事研究时，对象为儿童、受刑人或精神病患，其较容易因身份（status）关系而受剥削或无法拒绝，因此从事相关研究时宜予特别说明与考虑。倘未征得受访对象之同意，而径予研究调查或施予非法手段取得资料并予发布研究内容，均属严重违反学术伦理案例。

---

① Diener, Edward and Rick Crandall (1978), Ethics in Social and Behavioral Research. Chicago: University of Chicago Press.

② Vito, Gennaro F., Edward J. Latessa, Deborah G. Wtlson (1998), Introduction to Criminal Justice Research Methods. 另参见 Adamitis, James A., Bahram Haghghi (1989), "Ethical issues confronting criminal justice researchers in the United States, 235 – 242; Jones, J. A. (2012)." Ethical Considerations in Criminal Justice Research: Informed Consent and Confidentiality." Inquiries Journal/Student Pulse, 4 (08). Retrieved from http://www.inquiriesjournal.com/a? id = 674.

（三）欺瞒（Deception）

在研究中亦可能有意无意涉及欺瞒而衍生伦理议题。例如，研究人员可能对男性与女性警察人员在处理家暴反应之差异有兴趣，为使研究臻于真实现况，其可能未将此项重点予以告知参与研究之警察人员，而在研究结果后，再予发布研究之重点，而令参与者错愕。

欺瞒之手段在田野调查（Field study）中常被使用，例如未告知对方而混入帮派、毒品圈、应召站、同性恋或其他特殊群体中，予以记录。虽可获得珍贵数据，但亦可能在曝光后，造成严重后果，显然未能诚实与真诚获取信息，涉及伦理问题。

（四）隐私权（privacy）

在现代民主法治社会中，个人拥有一定程度之隐私权是重要之指标，但在刑事司法与犯罪学研究中却常碰触此项伦理议题，盖受试者被调查之资料多数是极具敏感性的信息。例如：受试者从事之犯罪活动、被害型态、次数、是否有贪污、买春、行贿、参与帮派、吸毒不法或游走法律边缘之行为，均涉及极度敏感之隐私权议题，亟待研究人员重视与小心谨慎处理，避免侵犯其隐私，并坚守匿名（anonymous）原则①，倘未能匿名保密，径自对外公布，将造成受试者个人、团体组织、机关之重大伤害，而使得未来之犯罪学研究更臻于困难无法开展。

## 四、犯罪学研究人员面临之基本学术伦理议题：剽窃抄袭

熊博安在学术伦理（Academic Honesty）一文中指出论文抄袭（Plagiarism）亦为违反学术伦理之常见案例。② 抄袭主要系指“没有适当引用他人的文字与构想据为己有”，抄袭主要型态有下列六项③：

（1）没有适当的引注使用他人撰写的文字，例如虽有引注来源但却没有给予加注记号。

（2）窃用别人的构想没有适当的引注。

（3）借用他人撰写文句之结构而未注明原作者之贡献。

（4）借用他人全部或一部分撰写的报告，或者使用他人撰写的大纲成为

① Fobbs, K. (2011). Ethics in Criminal Justice Research. Retrieved August 2018 from http://www.justiceacademy.org/iShare/TenMinute/Cass - Ethics.

② 熊博安：《学术伦理（Academic Honesty）》，“国立”中正大学教师发展中心，载 http://140.123.40.40/fdc/show.asp? number = 69.

③ 部分修改自：http://depts.washington.edu/grading/issue/honesty.htm。

自己的文章。

（5）借用他人撰写的文章成为自己的报告或者妥托他人代写报告。

（6）从计算机中复制或盗取他人撰写的论文报告，未引注而抄袭据为己有。

熊博安①引述阳明大学神经科学研究所教授洪裕宏之见解，“严格来说，只要引用别人的文句却未注明出，都算是抄袭；以自然科学杂志来说，他们规定只要一个句子内有七个英文字来自别人，就必须注明出处，代表‘一个英文句子中超过七个字与别人相同就是抄袭’，但国内学术界经常逾越这个尺度”。至于图表抄袭的标准为何，洪裕宏表示“根据国外学术界惯例，只要是引用他人图表一律要注明出处，且需要取得当事人同意，或者取得拥有该图表版权的出版社或期刊同意，在图表下方标期‘本图表已经征得某某人同意刊登’等文字，因为图表还涉及个人知识产权”。②

## 五、犯罪学研究伦理规范：以美国为例

在研究伦理规范方面，强调民主与科学研究蓬勃发展之美国有着健全之发展可供参考。③ 例如，在发展上，美国研究伦理守则最重要之文件为 1971 年之健康教育与社会福利部门（the Department of Health, Education and Welfare′s，简称 HEW）之保护人类主体（human subject）之机构守则，在其后之修订中，其主要要求“访谈同意书”（Informed consent）之签署及“机构审查委员会”（Institutional Review Board，简称 IRBs）之预先审查。并为联邦及相关研究所普遍援用。在获取访谈同意书之签署上，HEW 之规定有下列六项④：

（1）非常清楚的描述解释应遵循之程序，及研究目的，包括任何实验程序之认可。

（2）描述参与者参与研究任何可能发生之不舒服及风险。

① 王佳煌、潘中道、郭俊贤、黄玮莹译：《当代社会研究法——质化与量化途径》，W. Lawrence Neuman 原著，Social Research Methods: Qualitative and Quantitative Approaches. 台北市学富文化发行。另参阅 Maxfield, Michael G. and Earl Babbie, E. （2005），Research Methods for Criminal Justice and Criminology（4th edition）. Belmont, CA: Wadsworth. 及陈文俊译：《社会科学研究法》，Earl R. Babbie 原著，The practice of Social Research, 10th edition, Wadsworth，台北市汤姆生出版。

② 数据源：http://www.epochtimes.com/b5/5/2/3/n802270.htm。

③ Hagan, Frank E. （2003），Research Methods in Criminal Justice and Criminology. Pearson Education, Inc. pp. 44－49.

④ Code of Federal Regulations, 1975, pp. 11854－11858.

（3）描述研究可被期待之任何好处。

（4）透露任何可能对研究者合适之替代程序。

（5）须提供回答研究程序之任何问题。

（6）告知任何人可在任何时间自由退出及终止同意研究，而且免于遭到歧视。

1974 年美国通过“国家研究法案”（National Research Act），并成立了保护人类主体之国家委员会（National Commission for the Protection of Human Subject，简称 NCPHS），其在评量 HEW 准则后，发展出修正之准则，称为贝尔蒙报告（The Belmont Report），主要内容包括研究人员须遵循以下三项原则：（National Commission for the Protection of Human Subjects，1978），包括：（1）尊重个人（自主原则）：包括每个人应以具有自主能力的原则之前提加以对待及对自主能力有所欠缺的人应极力保护。（2）善待受试者（为善原则）：待人如待己及伤害降自最低。（3）公平正义（正义原则）：对风险与可能得到的好处与需要的人，即可能得到利益的人中，公平分配之。[①]

此外，刑事司法与犯罪学研究相关之专业学会亦订定研究伦理规范，要求研究人员遵循，限于篇幅仅摘要介绍美国犯罪学学会之伦理守则[②]：

美国犯罪学学会（American Society of Criminology）强调犯罪学学家（criminologists）应该努力去维持实施刑事司法研究之客观性（objectively）与统整性（integrity）。其亦采美国社会学协会（the American Sociological Association）之伦理守则，提出其伦理守则，包括一般准则及伦理守则合计 40 条，摘要重点如下：

（1）研究执行期间，犯罪学家应尽可能地坚持最佳之技术标准。

（2）发表研究成果时，犯罪学家有义务报告完整之研究发现。犯罪学家不应扭曲研究发现或遗漏重要资料。另须详细报告支持其研究发现之理论、方法与研究设计等细节。

（3）犯罪学家须于报告中详列所有经费与其他赞助来源。

（4）犯罪学家不应接受明显可能违反本伦理规范之补助、契约或研究；若发现有违反之可能且无法修正时，应拒绝继续研究。

（5）研究之执行若是与他人共同合作，含学生、研究助理与受雇人员，

---

① 戴正德：《研究伦理之理念与实践》，载戴正德、李明滨主编：《人体试验：研究伦理之理论与实践》，台北“教育部”编印 2012 年版。

② Diener，Edward and Rick Crandall（1978），Ethics in Social and Behavioral Research. Chicago：University of Chicago Press，pp. 52－61

应于起始阶段即明确界定职责内容、津贴、资料之可接近性（access to data）、著作权、及其他相关之权利与义务。当计划内容变更时，原分派内容也须加以变动。研究成果或产品之著作权利应反映研究过程中，如资料收集、分析、正文编撰、起始工作等阶段以及其他非专业但有贡献者，研究内容本质上若大部分属于学生之硕、博士论文，则学生通常被列为主要作者。

（6）排除可能伤害个案（clients）、共同研究者、及其他研究参与者、违反机密性之规范或承诺、或研究发现之所有权于正式或非正式之同意下，犯罪学家有权利公开其研究发现。

（7）基于科学的要求、大众信赖与公共政策要求，犯罪学家被要求与他人分享研究资料与文件。研究成果经公开后，除个人资料等具机密性信息不得公开外，主要作者有义务使研究资料能一再被分析。

（8）一般研究成果之作者排列顺序须依研究之贡献度，对于研究无贡献者不应纳入。

（9）研究过程中，犯罪学家不应滥用权势对任何人包括学生有金钱上之强索或性霸凌之要求。

（10）ASC 会员必须谨慎地引述他人已出版或未出版之著作、讲话之内容及研究工具、量表及统计软件。（www. ASC41. com）

## 六、犯罪学研究应遵循之伦理原则

林天佑在“认识研究伦理”一文中引述文献指出，从事教育研究应遵守包括尊重个人的意愿、确保个人隐私、不危害研究对象之身心、遵守诚信原则，以及客观分析及报告等。[①] 学者 Hagan 则认为犯罪学学家应负起之伦理规范包括：避免可能会伤害受试者（respondents）之程序、对受试者诚实与尊重对等性（reciprocity）、执行与报告研究成果时保持客观与专业完整性、保护受试者之机密性与隐私权。分述如下：[②]

### （一）应回避可能会伤害受试者之研究（Avoid research that may harm respondents）

通常，以科学之名义，研究者不应对受试者造成伤害，特别是没有先对其解释可能存在之风险以及未征得知后同意下。故 The National Advisory Commit-

① 林天佑：《认识研究伦理》，载《研究论文与报告手册》，台北市立师范学院学生辅导中心编印 1996 年、2002 年版，第 77～84 页。

② Diener, Edward and Rick Crandall（1978）, Ethics in Social and Behavioral Research. Chicago: University of Chicago Press, pp. 56 – 59

tee on Criminal Justice Standards and Goals 建议让受试在了解整个过程后填写同意书。①

研究进行中若有可能会对受试者造成伤害，研究者应担负此一责任。假若，在考虑研究伦理之后，仍有所疑虑，研究人员应征询大学、专业人员、或管理委员之意见以确保合适的处理方法。无法获得知后同意或公开完整之研究内容都将增加机密性之需求。因此当研究需要对受试者隐瞒时，使受试者避免受伤害更是责无旁贷，另研究完成后也释必须对受试做到保密、再保证与解释②。

（二）对研究对象之名誉保证与尊重对等性（Honor commitment to respondents and respect reciprocity）

于研究期间与结束后，研究者在道德上均有责任与个案维持期间任何曾应允之承诺或协议。对等性（reciprocity）包含互信、与研究者与研究对象间的义务。如果研究者让参与者有感受到所提供之数据可能会被不适当之利用、可能会受伤害、或会感觉到羞愧等情况之下是无法获取数据。

（三）在施行与报告研究时均要做到客观性与专业的诚实（Exercise objectivity and professional integrity in performing and reporting research）

诚实（honesty）、正直统整（integrity）、与客观性（objectivity）是执行伦理专业之基本期待。研究者应该企图维持价值中立（value - free）。个人与主观性之感受应与所欲研究之对象分离。研究者首先与最重要的其是一个调查研究者，不是骗子、吹擂推销的小贩、推销员、或政客。研究者应要约束自己不要对研究对象或主题有主观操控之行为或者有偏好而偏离客观之立场。

执行研究期间，研究者之坦白与诚实态度有其重要性。研究者不应虚称其研究能力或扭曲所得之信息，除了正确性之外，研究者应要避免对研究成果做任何统计上的虚构或扭曲，或有目的性的选择技术以故意获取想要的结果。不合伦理的执行或企图控制研究结果的赞助者也应避免。最后，研究者有责任与相关之专业者交流所得之研究发现请其对研究发现做适当的评价，而调查研究者也应该要对协助计划执行者所执行的状况做适当确认。

（四）保护研究研究对象之隐私性（Protect privacy of respondents）

在执行刑事司法研究时应采取严格标准。当要进入研究对象之私领域时而有预期可能会被拒绝时，也应避免蓄意隐瞒研究身份。隐匿身份而进行研究是

① National Advisory Committee, 1976, p. 38.

② Roger Homan, The Ethics of Social Research, 1991.

不合伦理，虽然这样的标准不一定都适用在任何研究情况，然大多数研究下仍有其适用性。

（五）确保研究资料之机密性（confidentiality）

所有社会科学研究者，包括刑事司法调查者，有一特别的义务在于要保护资料之机密性。研究者很少需要登录个人或组织之身份数据，即使在一开始有纪录但之后也会加以消除或者销毁，或者要将这些可辨识之个人资料存放于不容易取得且能确保安全性之处。①

## 七、结论

相较于其他社会科学领域，刑事司法与犯罪学研究领域面临更多且复杂之研究伦理议题。包括研究进行与产出后之可能抄袭、欺瞒、诈骗与各项潜在冲击与伤害等，这些缺失均有待正视与关注。目前台湾在经过多年之努力，已于2011年12月28日公布施行“人体研究法”，而政府机关与医疗机构陆续设立审查委员会（Institutional Review Board，IRB）及各学术机构纷纷成立研究伦理委员会（Research Ethic Committee，REC），以审查涉及伦理议题之相关研究，而域外专业学会如APA，ASC，ACJS等亦订定专业之标准以求研究人员遵循。台湾亦于2012年通过犯罪学学会研究伦理规范，显见刑事司法与犯罪学研究伦理议题已受重视。犯罪研究人员与其他研究领域相同，于从事研究时均应尊重当事人（受试者）个人的意愿、确保个人隐私、不危害研究对象、诚实与尊重受试者，以及客观分析报告与发布研究成果时保持客观与专业完整性等。或在搜集资料时尽可能寻找替代之方案，以减少伦理之争议。② 这些原则均有待研究人员采纳与遵循，落实“负责任的研究行为”（Responsible conduct of Research，RCR）③，如严重违反研究伦理，其对研究者与受试者均将构成巨大伤害且影响深远。

① National Advisory Committee, 1976, pp. 42 - 43.

② 廖秀娟：《刑事司法研究之伦理困境》，发表于2015犯罪防治学术研讨会，中央警察大学犯罪防治学系暨研究所主办。

③ 台湾学术伦理教育资源中心（2015/09），研究伦理的专业规范与个人责任，教育部校园学术伦理教育与机制发展计划。

# 被害人语义表达对犯罪认定的影响

## ——以诈骗罪中交付行为为视角

梁　康*

## 一、问题与方法

长期以来，我国法学理论界对犯罪的研究主要集中在行为人犯罪行为的性质认定上，但对被害人参与犯罪①的关注较少，司法实践中也主要围绕行为人的行为是否构成犯罪，以及成立此罪还是彼罪等问题展开争辩。显然，在刑事诉讼中只关注被告人的行为而不考虑被害人参与犯罪的情况，对被告人而言是不公平的，而且在一定条件下也是极其危险的。

对案件事实客观、全面的掌握，是裁判公正的基本保障，只关注被告人或者被害人的行为都是违背公正裁判要求的。尽管同情弱者的怜悯之心应当获得肯定和尊重，但对被告人合法权益的保护也是当今刑事诉讼的价值追求。然而，理论界和实务部门共同忽略了被害人影响犯罪现象。现实生活中被害人参与犯罪的情况是大量存在的，在某些场合，甚至对案件的认定起到决定性的作用。

一般来说，被害人参与对犯罪的影响主要体现为对犯罪进程、定罪和量刑三个方面。可见，被害人参与犯罪会对犯罪的各阶段产生十分重大的影响，其中一些问题甚至长期困扰司法实践。譬如，诈骗罪中，被害人交付财产构成犯罪的场合，究竟是以被害人交付财产所有权为犯罪成立条件，还是仅仅转移财产占有就成立犯罪。亦即，对该交付行为的不同理解，会导致罪与非罪，此罪与彼罪截然不同的结果。由此，对被害人参与犯罪行为的理解，必然面临认识

* 梁康，四川省成都市新都区人民法院研究室审判员。

① 本文所指的被害人参与犯罪，并非是指被害人与行为人一起共同实施犯罪，而是指行为人在实施犯罪过程中，因为被害人的行为加入，进而对犯罪进程产生影响，使得对犯罪状态以及犯罪行为的性质认定和量刑产生影响。下文中提到的被害人参与犯罪与此意相同。

方法的选择。

本文以被害人语义表达为研究方法，以诈骗罪中被害人交付财产行为研究对象，具体说明被害人交付财产行为如何体现语义表达，语义表达对交付行为性质认定的影响，进而对诈骗罪中被害人交付财产行为作出正确解读，以回应理论和实践中对该问题的争议。本文希望通过语义表达这种解释方法对诈骗罪中被害人交付财产行为作出合理解读，进而为司法实践中一些特殊疑难复杂案件提供一种可能的解决路径。

## 二、语义表达的内涵

何谓语义，语义是语言学上的概念，最广泛的语义是人类通过某种形式表达的东西，只有作为表达的内容才能看作语义。①语义表达是语义外化的形式。语义通常是在表达过程中形成和产生的，没有表达……也就无所谓语义了。② 外化的手段，是表达告知内容的形式，即语义的表达形式，一般来说包括语言形式和非语言形式。③ 从上述定义可以看出语义表达包含表达资格、表达内容和表达效果三个方面的内容。

### （一）表达资格

语义表达资格，也叫语义表达能力，它代表了主体的表达能力的大小。一般来讲，根据表达能力的大小可以将表达能力分为有表达能力、无表达能力和表达能力欠缺三种类型。这种划分类似民事行为能力大小的划分，但二者之间也有显著的区别。

首先，划分标准不同。语义表达能力的大小主要依据表达主体的年龄、受教育程度、掌握专业知识的程度，甚至一定条件下的心理状态等因素来确定。民事行为能力的大小则直接依据法律的规定来确定。④

其次，适用范围不同。民事行为能力是指自然人以其自己的行为独立享有

---

① 于恒园：《浅析语义表达的优点和不足》，载《陕西师范大学学报（哲学社会科学版）》2009 年第 1 期。

② 于恒园：《浅析语义表达的优点和不足》，载《陕西师范大学学报（哲学社会科学版）》2009 年第 1 期。

③ 于恒园：《浅析语义表达的优点和不足》，载《陕西师范大学学报（哲学社会科学版）》2009 年第 1 期。

④ 按照最新颁布的《民法总则》有关规定，八岁以上的未成年人为限制民事行为能力人，十八岁以上的成年人为完全民事行为能力人。

民事权利，承担民事义务的资格。[①] 民事行为能力只有当民事主体在参与民事活动中才会产生，在其他法律关系或者社会生活中则并不适用。作为人参与社会的一般活动能力，语义表达能力不会随着表达主体所处的法律关系不同而有所变化。应当说，语义表达能力非但不会因为表达主体所处的法律关系不同而随之变化，即使在复杂的社会关系中表达能力也不存在适用“禁区”。[②]

最后，法律效果不同。具有民事行为能力的主体参与民事活动后可以引起民事法律关系的产生、变化甚至消灭。语义表达能力在任何情况下都不会引起法律关系变化，它只是对特定人的语义表达能力的客观描述。

以上对比可以发现，影响语义表达能力因素的多样性导致语义表达能力具有不稳定性，尤其是在一些意外因素的作用下，语义表达会产生明显的波动。同时，语义表达能力广泛地存在于社会生活的方方面面，而不仅限于法律关系中。亦即，语义表达能力既可以存在于一般社会生活中也可以存在于特定的法律关系中，置言之，法律关系中不只有法律行为，还可以有语义表达。对法律不予评价的行为，进行语义表达分析，从而得出被害人在该行为中表达的语义，再对其进行法律上的评价，正是语义表达的价值所在。

### （二）表达内容

语义通常是在表达过程中形成和产生的，没有表达、没有表达要求，就没有语言，也就更无所谓语义了。语义是可以告知、需要告知、已经告知的内容，采用某种形式加以外化，进行表达。[③] 语义只有通过表达才能被外界所感知，才能对社会和他人关系产生影响，否则，只是表达主体内在的心理活动，对他人而言这是没有意义的。因此，语义必须被表达出来。如前所述，语义的表达是通过语言或者非语言形式实现的。

首先，语言是语义表达最直接、最重要的形式。在没有语言交流障碍的语言共同体中，个体之间不会因为语言差异造成语义表达困难，在交流中语言也是最经济、最直接的表达形式，而且语言表达具有直观性，容易被理解。即使在复杂的犯罪环境中也是如此。例如，一被害人发现他人盗走自己的手机，大声喊“不许跑，把手机还回来!”，盗贼慌忙逃走。又如，某甲欲抢劫，持匕

① 王利明：《民法总则研究》，中国人民大学出版社 2012 年版，第 233 页。

② 这并不是说语义表达可以随意而为之。表达主体在作出表达时需要根据所处的环境遵守一定的表达规则。例如，在公共区域禁止大声喧哗，不得在网络上传播谣言，具有特定身份的人不得发表不相适宜的言论等。

③ 于恒园：《浅析语义表达的优点和不足》，载《陕西师范大学学报（哲学社会科学版）》2009 年第 1 期。

首在路口拦住从此经过的某乙，某乙求饶道“放过我吧，我没有钱!”，某甲信以为真遂放走某乙。上述案例中，被害人通过语言形式表达的语义内容是丰富多样的，盗窃案中被害人想要取回被盗手机，抢劫案中被害人则机智的躲过财物被抢。

其次，在非语言的表达方式中，肢体动作是最为重要的一种表达方式。其他常见的非语言的表达方式还包括表情、神态等。被害人通过肢体动作在犯罪中的语义表达主要有三种形式，分别是主动配合、积极反抗和沉默忍受。

1. 主动配合。被害人通过语义表达主动配合行为人的犯罪行为的现象并不多见，但并不是不存在。例如，行为人持枪进入珠宝店要求店员交出柜台内的珠宝，店员害怕行为人会对自己开枪，于是交出了柜台内的珠宝。此例中，店员交出珠宝的行为看似主动配合行为人完成抢劫，但这并不是说店员成为了行为人的共犯。店员交出珠宝的行为只是在客观上完成了语义表达，但其表达的内容并非是愿意将珠宝交给行为人，而是在其胁迫下，被迫交出的。这个例子很贴切地说明在认定犯罪的过程中不能仅仅关注语义表达，还应特别注意关注语义表达的内容是什么，否则容易出错。被害人主动配合犯罪最典型的例子莫过于诈骗罪中被害人交付财产行为的语义表达。①

2. 积极反抗。被害人通过肢体行为表达对犯罪行为的反抗是犯罪中被害人语义表达最常见的现象。反抗是被害人处于法益即将遭到破坏时的本能反应，它表明被害人对犯罪行为的反对和不接受。在不同犯罪中被害人对犯罪行为的反抗行为虽然千差万别，但表达的语义内容都是一致的，都体现了对法益的保护。例如，被害人看见他人正手持一把西瓜刀朝自己砍来，一脚将其踢倒在地，就是通过正当防卫行为来表达对伤害行为的反抗。又如，飞车抢夺案件中，被害人随身携带的钱包被抢夺后，牢牢抓住不放，最终夺回钱包，就是想通过自力救济恢复被破坏的法益。

3. 沉默忍受。在肢体动作的前两种表现形式中，都是通过被害人肢体的积极行为表达了对犯罪行为的某种态度。而沉默忍受则是被害人肢体的另一种典型表达。沉默忍受，看似没有语义表达，实则不然。被害人在犯罪中保持沉默忍受，不刺激犯罪分子，是为了避免法益遭受更大的破坏。例如，抢劫罪中对行为人取走自己财物的行为不加制止，任由其劫财，是为了保护被害人的人身安全。相反，如果被害人采取积极反抗有可能遭受行为人的暴力伤害。

### （三）表达效果

语义表达的效果，是指体现在表达内容中的表达主体的行为目的。换言

① 被害人交付财产行为的语义表达下文会有详细论述，此处不再赘述。

之，即行为主体希望通过行为实现的目的。一般来讲，主体希望通过自己行为实现的表达效果会因个人的不同需求而有所差异，很难一概而论，需要结合实际具体判定。下文笔者将结合诈骗罪中被害人交付行为的表达效果具体展开讨论，此处不再赘述。

## 三、语义表达对犯罪的影响

如前所述，在被害人参与犯罪的场合，被害人通过自己的语义表达能够在一定条件下对正在发生的犯罪形态进行修正，导致这些犯罪不再按照法律规定的样态发展，最终增加了司法认定犯罪的难度。

### （一）对犯罪进程的影响

犯罪进程中，因为被害人语义表达的加入对犯罪的影响主要有以下几种情形。

1. 犯意转化。犯意转化，系犯意的转变、改变，也就是犯意从此犯意转变、改变为彼犯意，其应有之义为转变之后的原犯意不复存在，而是以新的犯意的形式存在。① 例如，某甲以为某乙外出不在家遂携带工具趁夜色翻窗进入某乙家中欲行盗窃，不料某乙提前返程，某甲在翻找财物过程中惊醒某乙，某乙上前阻止，某甲掏出随身尖刀威胁某乙交钱出来。该案，某甲因为盗窃进入某乙家中，某乙遂行阻止，某甲持刀威胁某乙交出钱。在盗窃过程中因为被害人某乙行为的加入，行为人改变盗窃的犯罪故意，产生抢劫的犯罪故意，其犯罪故意由盗窃罪转变为抢劫罪。此即被害人语义表达对行为人犯意犯意转化的影响。

2. 另起犯意。犯罪过程中另起犯意，系在原来的犯意基础上另外产生犯意，其应有之义为另外产生犯意后，原犯意与新产生的犯意均存在，即包含多个犯意的情况。例如，某甲抢劫某乙的财物后，某乙极力反抗并表示要告发某甲的行为，某甲害怕某乙告发自己，遂产生杀人灭口的想法，将其杀害。

3. 犯罪未遂。被害人语义表达对犯罪形态的影响中，犯罪未遂是最常见的形态之一。因为被害人的参与导致行为人的犯罪行为不能完成在量刑上具有重要意义，司法者对于此种现象当然不能忽视。在法庭上展示的不仅只是对被告人如何定罪和追责的证据和事实，还包括对被告人定罪和量刑有利的事实和

① 王鹏飞：《论犯意转化、另起犯意与转化犯》，载《云南警官学院学报》2016 年第 1 期。

证据。在行为人实施犯罪过程中，因为加入被害人的行为，导致犯罪行为不能继续完成的，成立犯罪未遂。一般来说，犯罪未遂在司法实践中并不难以认定，只有特殊情况下①未遂状态认定起来较为困难，囿于篇幅，对此问题本文不展开讨论。

（二）对犯罪结果的影响

被害人语义表达对犯罪结果的影响主要体现在对犯罪行为的性质认定和量刑两个方面。

1. 对行为性质的影响。被害人语义表达对犯罪行为的影响，主要体现在行为人的行为是否构成犯罪以及构成何种犯罪的问题。在被害人参与导致行为人的行为不构成犯罪的情况下对于社会防卫具有积极意义。

被害人通过反抗和承诺这两种语义表达方式是阻止行为人的行为成为犯罪的重要形式。例如，被害人对于行为人的非法侵害积极反抗，最终行为人未对被害人造成轻伤及以上的伤害后果，那么对于行为人而言就不构成故意伤害罪。② 同样，在取得被害人承诺的前提下，行为人的行为尽管在他人看来具有社会危害性但仍不以犯罪处理。例如，在征得被害人同意的前提下损毁被害人新买车辆的行为就不构成犯罪。③ 尽管将自己新买的车交由他人任意损坏不符合常理，这也有存在的理论价值，但这种自由处置的权利也有限制，安乐死即是适例。④

---

① 例如，实践中对于实行行为终了的未遂与未实行终了的未遂的区分认定问题就存在很大的争议。实行行为的起点是着手，行为人已经着手是犯罪未遂必不可少的首要特征，对其如何认定是司法实务中的难点。参见李希慧、林卫星：《并合主义：犯罪未遂的应然立场》，载《法律科学（西北政法大学学报）》2010 年第 5 期。

② 故意伤害属于刑法理论上的结果犯，需在出现特定的犯罪结果后才认定为犯罪，否则不以犯罪论处。

③ 当然，在未取得被害人同意的场合下，故意损毁被害人车辆的行为可能构成故意毁坏财物罪。这可以理解为是被害人对自己财产的自有处置权利，当然这种财产的自由处置以不影响他人和社会公共利益为前提。

④ 在支持和反对安乐死的讨论中，人是否对自己的生命健康具有自由处置的权利是争论的焦点。安乐死反对说强调生命具有绝对价值，认为包括安乐死在内的任何否定生命的行为都是不正当的。支持安乐死的观点则认为，自我决定权是宪法中具有最高价值的个人尊严的核心内容，是宪法所规定的各种自由的上位概念，只有在其将要“危害他人”或“毁灭本人的自律生存可能性”这两种情况之下，才能限制自我决定权。参见刘建利：《死亡的自我决定权与社会决定权——中日安乐死问题的比较研究》，载《法律科学（西北政法大学学报）》2013 年第 5 期。

在上述被害人参与导致行为人犯意转化和另起犯意的场合，因为行为人产生了多个犯意，使得行为人的行为符合多个犯罪构成，就要根据具体情况来认定其行为性质。实践中对上述案例中被告人的行为定性的争议主要表现在两个方面。一方面，体现在被告人触犯几个罪名的问题上。另一方面，在罪数处理上也存在“科刑上一罪”与“并罚的数罪”观点的交锋。①

2. 对量刑的影响。被害人语义表达对行为人犯罪的影响最终体现在量刑上，换言之，量刑上的影响是被害人语义表达的必然结果。同样是在上述案例中，因为被害人语义表达引起犯罪行为性质和罪数形态发生变化，在量刑环节需要给予充分评价。在盗窃故意转化为抢劫罪的案例中，应当以抢劫罪定罪量刑；在抢劫后另起杀人灭口犯意案中，应当以抢劫罪和故意杀人罪并罚处理。②

## 四、诈骗罪中的语义表达

### （一）表现形式

通常认为，诈骗罪的基本逻辑构造为：行为人实施欺骗行为—对方（受骗者）产生错误认识—对方基于错误认识处分财产—行为人或者第三人取得财产—被害人遭受财产损失。③ 由逻辑推演可以看出，被害人在陷入错误认识之后交付财产行为是诈骗罪中被害人语义表达的具体形式，不仅如此，该交付财产行为也是诈骗罪成立的“不成文构成要件要素”，④ 同时，还是区分盗窃罪的显著特征。可以说，处分行为的有无，划定了诈骗罪与盗窃罪的界限。⑤

诈骗罪中，被害人交付财产的行为属于被害人语义表达内容中的主动配合。即被害人陷入行为人虚构的事实后，自愿主动将自己的财产交付给行为人。被害人将财产交付给行为人是积极主动地对财产作出某种处分，这种处分体现了被害人对财产的自由安排。从实践看，交付行为主要体现为对财产控制状态的改变，包括转移财产所有权和转移占有两种形式。转移财产所有权，就是将财产为自己所有转变为他人所有，转移所有权后所有权人丧失对财产享有

① 陶建平、吴波：《犯意转化情境下司法适用标准的界定》，载《法学》2012 年第 7 期。

② 对抢劫后又故意杀人灭口的定罪处理，可以具体参考《最高人民法院关于抢劫过程中故意杀人案件如何定罪问题的批复》。

③ 马卫军：《论诈骗罪中的被害人错误认识》，载《当代法学》2016 年第 6 期。

④ 林山田：《刑法特论（上册）》，三民书局 1998 年版，第 320 页。

⑤ 李怀胜：《从调包案件看盗窃罪与诈骗罪的区分》，载《中国检察官》2010 年第 7 期。

的全部权利。转移占有，就是将财产由自己控制转移至他人控制之下，但并不放弃其他物权。占有迟缓是占有转移的特殊情形，尽管此时财产为他人占有，但仍然处于权利人实际控制之下。

（二）理解分歧

理论和实践中，对诈骗罪被害人交付行为语义表达的理解存在广泛争议，具体表现在交付行为体现的语义表达内容和交付行为体现的语义表达效果两个方面。

在交付体现的语义表达内容的理解上，一种观点认为交付财产行为表达的语义内容体现了被害人对交付财产后引起财产占有转移的认识。另一种观点则认为，被害人无需对交付财产行为表达的语义内容有具体认识，只要客观上交付财产即可。可见，被害人对交付财产是否具有认识是二者的根本分歧。支持交付行为具有认识的观点认为，诈骗罪的成立仅仅只是由于错误产生损害是不够的，其中还必须介入被害者的意思所决定的财产转移。① 反对的观点则认为，诈骗罪之成立，只要客观上转移财产占有即可，而无需处分意思。②

在交付体现的语义表达效果的理解上，一种观点认为交付行为体现的语义表达效果必须是放弃财产所有权，另一种观点则认为，被害人只要让度一定程度的占有即可，不必放弃对财产的所有权。支持转移所有权的观点认为，应当结合民法上处分行为的相关理论，对诈骗罪中的处分行为清晰定义。③ 反对的观点认为，如果要求受骗者具有转移财产所有权的意思，那么，诈骗罪的成立范围会明显过于狭窄，不符合司法实践的要求。④

可见，诈骗罪中被害人交付行为的语义表达内容和语义表达效果是认定诈骗罪交付行为成立的最为重要的两个因素，这也是理论和实践中争议最多的两个问题，对此问题的不同看法，是造成实践中同类型案件不同判决结果的根本原因。

## 五、对交付行为语义表达的应然理解

我国刑法未对诈骗罪的交付行为作明确规定，但理论通说认为交付行为是诈骗罪成立的必要条件。既然刑法立法未对交付行为作具体规定，又不能完全

① 刘明祥：《论诈骗罪中的交付财产行为》，载《法学评论》2001 年第 2 期。

② 王立志：《认定诈骗罪必须“处分意思”——以“不知情交付”类型的欺诈性取财案件为例》，载《政法论丛》2015 年第 1 期。

③ 柳叶：《“处分”视角下盗窃罪与诈骗罪的界分》，载《广西政法管理干部学院学校》2009 年第 5 期。

④ 张明楷：《诈骗罪与金融诈骗罪研究》，清华大学出版社 2006 年版，第 150 页。

按照民法上交付（处分）行为来理解，那么借助语言学上语义表达的概念，结合行为所处的具体法律语境，进而作出符合法律规律的应然解释，成为一种可能的选择。

（一）交付意思

被害人是否需要对交付行为具备交付意思的认识，从语义表达的角度来看是必须的。如上所述，表达行为是主体内在想法的外在体现，如果认为被害人对交付行为不具有认识，被害人属于为欺诈者所利用“无意识的工具”，[①] 就不会出现“被害人陷入错误认识交付财产”，从而对长期以来形成的诈骗罪的犯罪构成产生重大冲击。

首先，具有表达资格的人才能作出正确的语义表达，同理，只有对交付意思有正确认识的人才能作出正确的交付行为。如果认为被害人无需具备表达能力，就会出现骗取幼龄儿童或者精神病人财物的行为也构成诈骗罪，这显然违背了正常认知。

其次，如学者所言“处分行为必须基于认识错误而做出。”[②] 可见，陷入错误认识与交付财产之间具有因果关系。尽管此时被害人陷入了错误认识，但正是在这种认识下才产生了交付行为，所以被害人对错误认识和交付行为都具有认识。如果否认二者之间的因果联系，就会出现被害人识破行为人的骗局但基于同情交付财产的行为也构成诈骗罪，这也是被实践否认的。

最后，被害人对交付意思的认识也是诈骗罪与盗窃罪相区别的重要条件。学术界将侵财型的犯罪划分为交付型和取得型两种，[③] 二者最重要的区别就是行为人在取得财产时，被害人对交付意思有无认识。实践中对欺骗行为的错误认识争议不大，争议主要体现在被害人对交付财产的错误认识上，笔者将以三个例子来具体说明。例 1，行为人将名贵手表放入三袋方便面中收银员没有发现，只收取了方便面的价钱。例 2，上例中行为人多放了两袋方便面，收银员没有发现只收取了三袋方便面的价钱。例 3，牲畜交易市场，行为人指着被害人的马说这是一头驴，后通过各种说辞被害人信以为真以驴的价格卖出一匹马，行为人赚取较大差价。

---

① 王立志：《认定诈骗罪必须“处分意思”——以“不知情交付”类型的欺诈性取财案件为例》，载《政法论丛》2015 年第 1 期。

② 刘行星等：《处分行为视野下诈骗罪和盗窃罪的界限》，载《黑龙江社会科学》2014 年第 5 期。

③ 吕梁等：《财物处分权对盗窃罪和诈骗罪认定的影响》，载《中国检察官》2011 年第 1 期。

上述三个案例中，行为人都是通过隐瞒真相的手段取得财产，但并非全部构成诈骗罪（详见表1），对行为的具体认定需结合被害人的认识来分析。

例1中，收银员没有发现方便面中混入手表，结账时收银员对方便面是有认识的，但对混入其中的手表毫不知情，最终只收取了方便面的价钱。收银员没有处分手表的意思，对交付的手表行为没有认识。故本案不应认定为诈骗罪而应定盗窃罪。

例2中，收银员对多放入的2袋方便面没有收钱，但收银员对结账的商品种类认识是正确的，只是对商品的具体数量不了解，“不了解”即是收银员陷入了行为人隐瞒真相后的错误认识，也正是基于此种错误认识收银员只收取了3袋方面的价钱。故本案应认定为诈骗罪而非盗窃罪。

例3，“指马为驴”案例中，行为人通过欺骗手段使得被害人对处分的对象种类产生错误认识，以驴的价格卖掉马，行为人从中骗取较大差额，本案应以诈骗罪论处。需要特别指出的是，被害人陷入诈骗罪的种类认识错误需要具备两个条件，一是对处分的财物知情，二是种类的认识错误必须是行为人虚构错误种类相同。

**表1　交付意思对行为定性的影响**

| 案例 | 物品属性 | 欺诈类型 | 被害人的认识 | 结果定性 |
|---|---|---|---|---|
| 例1：名表混入方便面案 | 属性不同 | 隐瞒真相 | 对名表种类和数量均没有认识 | 盗窃罪 |
| 例2：方便面加入方便面案 | 属性相同 | 隐瞒真相 | 对方便面种类有认识，对数量没有认识 | 诈骗罪 |
| 例3：“指马为驴”案 | 属性不同 | 隐瞒真相 | 对处分的对象知情，但对种类认识错误 | 诈骗罪 |

（二）交付效果

诈骗罪中被害人交付行为的语义表达效果，是诈骗罪中另一个重要且争议较大的问题。交付效果体现了被害人交付财产的目的，实践中对被害人交付财产的目的有不同认识。一种观点认为，被害人交付财产必须认识到自己将转移财产的所有权；另一种观点则认为，被害人只需转移对财产的占有即可成立诈骗罪。

支持的观点认为，处分权是所有权四项权能中的一项，它的行使攸关财产的命运。①“只要具备客观上转移财产所有权的交付行为，…… 也应当归属于

① 程生彦：《处分财产行为是区分诈骗罪与盗窃罪的关键》，载《中国检察官》2010年第9期。

诈骗的范畴”。[①] 相反的观点则认为，“处分行为”并不仅限于处分财物所有权的情况，……财产的单独占有者乃至辅助占有者，都可能处分财产。[②]

笔者认为，被害人交付行为的语义表达效果既可能转移财产所有权也可能转移财产占有。转移所有权当然成立诈骗罪，在仅转移财产的情况能否成立诈骗罪值得讨论。首先需要明确一组概念占有转移和占有迟缓。占有转移，是将自己占有的财物交由他人占有，但不转移财产所有权。例如，行为人骗取被害人的信任后，代替保管财物，后逃走构成诈骗罪。占有迟缓，虽然没有实际占有但财产仍处于自己的控制之下。例如，假借打电话向路人借手机，趁人不备转身逃离，应构成盗窃罪。可见，交付效果对诈骗罪的结果定性具有重要影响（详见表2）。

**表2　交付效果对行为定性的影响**

| 交付效果 | 财物状态 | 被害人对交付效果的认识 | 结果定性 |
| --- | --- | --- | --- |
| 所有权转移 | 失去被害人控制 | 自愿交付财产，放弃所有权 | 诈骗罪 |
| 占有转移 | 失去被害人控制 | 转移财产占有，不放弃所有权 | 诈骗罪 |
| 占有迟缓 | 仍然处于被害人控制 | 占有迟缓，不放弃占有和所有权 | 盗窃罪 |

## 六、结语

诈骗罪中引入被害人语义表达分析方法，能够帮助司法者更好地探寻被害人交付行为蕴含的语义表达的真实内容，从而对交付行为做出更加准确的判断。从语义表达的角度来看，作出交付行为的被害人首先应具有表达资格，同时还须处于表达自由的状态，否则该交付不能被认定为诈骗罪中的“交付”；其次，交付意思体现了被害人对交付对象的知情，哪怕这种“知情”已经陷入错误认识，没有交付意思不成立诈骗罪；最后，交付效果体现了被害人对交付财产的权利处分，在占有迟缓的情况下一般不认定诈骗罪。司法实践中，对被害人交付行为语义表达内容的理解还需结合被害人所处的具体环境综合认定。

① 甘添贵：《体系刑法各论》，台湾瑞兴图书股份有限公司2000年版，第575页。

② 苏慧渔：《刑法学》，中国政法大学出版社1999年版。

# 在司法改革背景体制下的未成年人的社会感化教育

## ——以S省Q市基层法院刑事案件非监禁刑情况为视角

巫元理*

## 一、S省Q市未成年人犯罪案件基本情况

### （一）未成年犯罪总体情况

S省Q市系县级市，位于成都平原西部，下辖2个街道18个镇4个乡，居民以农村和乡镇人口为主。从S省Q市基层人民法院未成年犯罪的总体情况来看，近三年来未成年犯罪案件数量与涉案人数与上一个三年相比，案件数量与犯罪人数均有所下降，但形势依然严峻。2016年S省Q市基层人民法院受理审结未成年人犯罪案件13件，涉案人数16人；2017年受理审结未成年人犯罪案件14件，涉案人数19人。2018年截至6月受理审结未成年人犯罪案件4件，涉案人数4人。2016年至2018年6月共审结未成年犯罪案件31件39人。从犯罪类型来看，占较大比重的犯罪类型为容留他人吸毒罪、盗窃罪、聚众斗殴罪和贩卖毒品罪。

### （二）刑罚判处及执行情况

从判处刑罚的情况来看，2016年至2018年6月，S省Q市法院共判决未成年被告人39人，其中实刑25人，缓刑、免处及单处罚金14人。缓刑及免处率大大高于成年人犯罪案件，体现了《刑法》对未成年被告人从轻减轻及适用缓刑的基本原则。同时，近年来检察机关在审查起诉阶段坚持“教育为主、惩罚为辅”和“教育、感化、挽救”的方针下，制定了一系列的帮教措施，并对部分符合条件未成年犯罪嫌疑人作出不起诉决定。2016年至2018年6月，S省Q市人民检察院对未成年被告人作出微罪不起诉决定1案4人，作

---

* 巫元理，四川省邛崃市人民法院审判委员会委员，员额法官。

出不起诉决定10案24人。

但同时可以看到，判处实刑的未成年罪犯数量仍然很大，对于被判处实刑的未成年被告人，尤其是判处三年以下有期徒刑、管制、拘役的轻罪未成年犯罪，其未能宣告缓刑的原因大致有以下几个方面：一是不符合法定条件。如宣告刑期在三年以上、或有累犯前科等情节，此处略过不再赘述。二是犯罪类型限制。从上文的统计数据看，未成年犯罪类型多集中在毒品犯罪，判处实刑的未成年罪犯也集中在毒品犯罪。近年来，司法机关对毒品案件保持高压态势，即使对未成年人毒品犯罪适用更加包容性的刑罚原则，在是否宣告缓刑时也会采取更加审慎的态度。同时，毒品案件再犯率高、吸毒人员流动性大，判处未成年毒品罪犯时也需考虑打击毒品传播的需要而谨慎适用缓刑。三是监管条件限制。在司法实践中对未成年适用缓刑，除满足一般条件外，“具备监护、帮教条件”亦是重要前提。落实到具体的案件中，是否有监护人、监护人能否对其进行有效监管均需进行考量。有的未成年犯没有亲属对其进行监管，而对于单位能否对其进行监管，虽然在民事法律上规定单位可以担任未成年的监护人，但其多以临时监护的形式出现；而在刑事领域虽未有明确规定，但实践中因其明显更高的监管标准而极少考虑单位监管，这对部分未成年罪犯构成了适用缓刑的障碍。同时有效监管对监护人本身的状态有一定的要求，人身自由状态、健康状况、平时表现、与未成犯相处状态等都决定着其是否可以对未成年罪犯进行有效的监管。实践中，大多数未成年罪犯往往缺少有力的监管，也是影响其宣告缓刑的一个重要原因。

### （三）判决后表现

上文统计判决的39人，其中2人系重复犯罪，统计2次，实际人数37人。37人中，缓刑期间再犯罪的1人，如案例中的元某某，刑满释放后再犯罪的1人，统计时本身就是重新犯罪的1人，重新犯罪率为8.1%。本次统计时间段仅为两年半，统计法院仅为S省Q市基层人民法院本院的判决情况。因为可能存在以上人员在外地法院被判决的情况，如果将时间延长，统计范围扩大到全国法院，未成年人重新犯罪率则可能更高。未成年人重新犯罪率居高不下，预防未成年人犯罪，教育感化未成年罪犯，预防重新犯罪，仍任务艰巨。

## 二、对未成年罪犯存在“关”或“放”的两难局面

未成年人社会经验少，心智不成熟，易受外界影响，且大多数无独立生活能力，在违法犯罪后，更是需要正确的引导。每一次审判、每一份判决背后都可能承载着一个少年或少女的两种截然不同的命运。现在回到本文开头提出的

问题：在司法中如何把握教育和惩罚的尺度？一个更加现实的问题是：当一个未成年罪犯的判决结果可能处于监禁刑和非监禁刑之间时应该如何抉择？司法机关面临的两难局面是，如果判处监禁刑，则是让其与社会脱节，背负坐牢的污点，甚至有可能让其在关押中受到不良影响，反而让其失去一个改过自新的机会；如果判处非监禁刑，则有可能放纵犯罪，让其有恃无恐，同时在大多数未成年罪犯既没有读书又因年龄不够不能工作只能在社会上闲耍的现实情况下，这部分人甚至可能成为社会的不稳定因素。

此两难问题的出现，其实最终仍然暴露了未成年罪犯缺少有力监管的问题。

家庭对未成年人的作用不言而喻，即使未成年罪犯作为一个特殊群体，有司法机关、社区矫正机构对其进行监督、帮教，但其父母对其的监管仍有不可替代的重要性。但父母监管缺位，而社会缺少其他有力的监管途径是司法实践中常见的现象。有的因夫妻离异或外出务工等原因未能尽到父母对孩子的抚养教育责任，有的因疾病、犯罪等原因无力监管子女，而父母能够对其进行有效监管的寥寥无几。家庭对未成年子女没有凝聚力，致使其沉溺于网吧甚至浪迹社会，并逐渐走上了犯罪道路。从未成年罪犯父母对其的教育方式来看，管教方式简单粗暴，多采取限制、说教、惩罚等形式，在子女出现问题时，更是出现彻底放弃孩子或无限制溺爱孩子两种极端情形。曾有父母这样向司法机关表示：请求从重处罚，不要缓刑，因为“我们管不了他了，放他出来我们也管不了，还给我们惹事”。另有父母对孩子予求予取，无限满足其要求，在孩子出现问题时，仍然包庇纵容。

家庭残缺和家庭教育缺位使一些未成年人在犯罪前有不良行为时缺少及时有效的教育引导。而在未成年罪犯后，无论是缓刑考验期内还是刑满释放后，则更是需要加强引导及监管的时期，但家庭教育缺位及社会监管不力的情况突出，而社会监管，如司法机构、学校、社区等虽做了大量工作，但对未成年人监护人的教育以及对家庭问题的社会干预仍显得十分薄弱。我国未成年人犯罪问题十分突出，未成年人犯罪也呈现出了团伙化、低龄化、危害大等特点。未成年人是社会的未来，国家的希望，正确引导未成年人，预防犯罪，对未成年罪犯进行有效监管、帮扶、矫正，使其回归社会，是解决全社会和谐稳定问题的重要组成部分。正确有效地对未成年罪犯进行帮扶、矫正，首先应当从未成年人的犯罪心理及犯罪原因进行分析。

## 三、未成年人犯罪心理及犯罪原因分析

### （一）自身原因

一是未成年人心智不够成熟，缺少判断力，易受外界影响，且情绪化严重，往往具有叛逆的性格特质，对传统的说教式教育具有天然的反感和抵触，同时对外界的诱惑没有足够的抵抗力，很容易误入歧途，走上犯罪道路。有过犯罪经历的未成年犯身边更容易聚集有过不良经历的朋友，更容易重新犯罪。二是文化程度低，无法适应学校教育，辍学现象严重，又缺少谋生技能，导致对生活丧失信心，更容易自暴自弃，以犯罪为谋生手段；此外部分未成年人自身享乐情绪、畏难情绪严重，S省Q市相关单位曾制定帮扶计划，安排缓刑未成年罪犯进行技能培训，但因其拒不上课而均以失败告终。

### （二）家庭原因

家庭残缺、无人监管是未成年犯罪中的常见现象，家庭教育缺位使未成年人不能得到正确引导；即使有家庭引导，但家长教育能力低下的情况亦较为普遍，或缺少沟通、放任自流，或指责辱骂、棍棒加身，或一味溺爱，纵容包庇，都无法对未成年人形成有力监管。另外，“其身不正，上行下效”，父母自身的言形也容易给子女做出错误示范。

### （三）学校教育原因

学校教育过分追求升学率，高压的学习环境让部分学生产生厌学情绪，久而久之成为所谓的“差生”，对学习失去兴趣；校园管理总有不当之处，校园霸凌现象的频发，让部分学生对校园不再留恋，继而失学进入社会，成为“社会闲散人员”，而闲散未成年是未成年犯的主要群体；部分学校对抵制不良风气进校园工作做得不到位，甚至对于未成年人退学情况核实不足，也造成未成年人过早在社会上闲耍并沾染不良习气。

### （四）社会原因

未成年人判断力不足，在社会上受不良风气影响，思想及行为易产生偏差；信息爆炸时代的社会大环境本身越加复杂，宣传社会负能量的偏激言论、网络暴力、网红暴利等复杂的网络环境易影响未成年价值观，社交软件让未成年人更容易接触到社会不良人员；对未成年犯而言，被判非监禁刑或被释后，构建正常的社交圈是预防重新犯罪的一个重要元素，但是由于社会帮扶的不足、社会包容度的欠缺、自身就业能力不足等原因，使得未成年犯重返社会变得艰难，进而导致重新犯罪的概率增加。

## 四、司法改革前景下对成年罪犯教育感化的对策思考

司法改革对司法职能提出了新的要求，司法应该服务大局、着眼全局、展望未来。重视未成年犯罪问题，加强教育感化实施力度与效果，加强社区矫正建设，促进各部门联结，协力打造未成年罪犯良好的教育帮扶环境是适应司法体制改革目标的有力举措。

### （一）完善未成年人社区矫正专门制度，加大帮扶力度

2012 年，最高人民法院、最高人民检察院、司法部、公安部等联合制定发布了《社区矫正实施办法》，第 33 条第 1 款的规定从多个方面对未成年人罪犯的缓刑执行，也就是社区矫正进行了多方面的规定，包括身份信息、档案等材料的保密，参与矫正人员、矫正手段等的特殊性，营造良好的外部环境使其进入正常生活状态等，可以说是从进入社区矫正的环节到矫正工作开展到重新融入社会的各个环节均予以特殊考量，充分尊重了未成年人的社区矫正区别于成年人的特点。但实践过程中，很难在达到规定的要求。我国的社区工作者的队伍建设处于起步和摸索阶段，社会矫正机构人员配置不足、人员素质参差不齐，缺乏青少年社区矫正的专业人员，难以适应新形势下青少年矫正帮扶工作。在今后的工作中，要更加重视未成年人社区矫正工作，加大投入，协调资源，有条件的情况下，逐步建立一支高素质、相对稳定的专业队伍，让未成年人社区矫正人员重回校园，或帮助青少年社区矫正人员就业创业，有针对性地制定矫正措施，确保有效矫正。

### （二）重视对监护人的教育及问责

现实中的很多案例让我们意识到，比起未成年人来，更该受教育的，是未成年人的父母或监护人。如同目前特别流行的“原生家庭”的观念，孩子的不是都是父母的不是。在未成年人犯罪的影响因素和犯罪预防中，监护人的地位是不可替代的，但是普遍父母的做法和前述的元某某的家人如出一辙。一方面对孩子一句“我管不了”就想放任自流，对孩子的教育没有耐心，不能够体会孩子在犯罪以后也会有想要改过自新的一面，以为的用“反正他就这样”来予以打击；另一方面又在行动上没有教会孩子为自己行为负责的具体含义，忙不迭的为孩子在物质上付出并夹杂着孩子难以承受的指责。在这样的大环境下，对父母或监护人的教育是不能绕开的必经之路。事实上，在我国的《未成年人保护法》和《预防未成年人犯罪法》中都有对父母或者其他监护人进行教育的条款。但是多年来，对监护人的教育并不尽如人意。监护人作为成年人，思想的转变难以发生，需要强有力的制度约束以增加家庭教育指导工作执

行力度。然而现实是成年人不仅仅世界观已经定型，其在生活中的状态也难免僵化，监护人要么挣扎在高压的养家糊口的压力下，无暇顾及其他；要么就是本身也是问题累累，难以尽到监护人监护教育的职责。欲从制度上改变这一现象，可以探索建立未成年人和监护人一同履行矫正义务，将监护人的工作状态等一并予以考量，减少监护人对抗阻力，强化监护人的责任意识。

### （三）关爱留守儿童、孤儿或"事实孤儿"

留守儿童、孤儿或"事实孤儿"处于社会弱势地位，若不能得到合理的照顾和引导，更易走上违法犯罪道路。目前部分地区的经济和社会发展水平低，观念比较陈旧落伍，对孩子能做到物质保障都属不易，更难以保障其心理需求和其他需求。多年来，政府部门制定政策、采取措施关爱这类儿童，各类官方或民间的社会救助也不断向他们送爱心和温暖，部分地区留守儿童、孤儿或"事实孤儿"的处境已有了明显改善，但少数偏远地区少年儿童的处境仍然恶劣，学龄儿童失学情况仍然存在，城乡差距进一步加大，自身处境和外界诱惑对比强烈，使青少年心理落差巨大，影响其形成正确的人生观、世界观和价值观。

### （四）建立未成年人违法犯罪心理干预机制

最高人民法院《关于适用〈中华人民共和国刑事诉讼法〉的解释》第477条规定："对未成年人刑事案件，人民法院根据情况，可以对未成年被告人进行心理辅导；经未成年被告人及其法定代理人同意，也可以对未成年被告人进行心理测试。"该规定的初衷是想要通过对未成年人罪犯进行心理干预机制，达到挽救未成年人并将其扳回正轨的效果。但由于目前我国的心理咨询的社会氛围并不浓，心理咨询需要有一定的经济和时间保证，是一个长期的过程，难以实现立法的目的。S省Q市中级人民法院也联合相关教育研究机构制定了关于未成年人心理干预机制的运行规则，从实际运行情况看，对未成年人罪犯的心理干预未能达到预期效果，其主要原因表现在相关部门意识淡薄，未认识到未成年人违法犯罪心理干预机制的重要意义，该程序适用率极低；客观上运行程序复杂，耗时漫长，与办案效率冲突；专业心理辅导人员紧缺，且短时间、突击式的心理干预并不能起到作用。真正行之有效的未成年人违法犯罪心理干预机制应该常态化、经常化，在学校、社区法制宣传犯罪预防阶段、未成年人刑事案件侦查起诉审理阶段及判后监管阶段均应配备。心理干预机制的建立需司法机关与社会力量相结合，人力、物力的投大量入需各部门共同努力解决。未成年人违法犯罪心理干预机制的建立完善虽任重而道远，但在司法改革前景下，为顺应新时代新形势对司法职能的要求，仍需得继续负重前行。

# 新近以来女童被害的原因分析及预防对策探究

仝其宪*

为实现国家治理体系和治理能力现代化，逐步迈入良法善治新时代的征程，必须进一步促进和谐社会的构建，确保一方平安。随着社会经济的发展，男女平等观念的逐步深入人心，女童出生率趋于上升，女童群体日益壮大。然而与此同时，女童被害现象也呈逐步上升趋势，成为不容忽视的社会问题。新近以来，女童被害案件的急剧曝光不断触动着人们悲天悯人的道德良知，探讨此类案件滋生的原因，并提出切实可行的预防对策，是犯罪学界乃至社会学界研究的一个重要课题。

## 一、女童被害案件基本情况及特点

近年来，全国女童被害案件发案居高不下，一桩桩令人震惊的案件不时见诸报端。通过这些鲜活的个案分析，可以发现女童被害案件呈现以下明显的特点：

### （一）女童被害案件主要集中于“三类型”

1. 性侵女童案件。例如，2009 年贵州习水官员嫖宿幼女，2012 年河南永城官员强奸 11 名未成年女学生，2013 年海南万宁校长带女生开房，安徽潜山一校长 12 年性侵 9 名女童等，诸如此类的案件在不同地区均有发生，而且还有一些隐案并没有曝光。

2. 被虐女童案件。社会上有一种极不正常的现象，就是将毫无反抗之力的女童作为宣泄愤懑的“出气筒”。例如，山西平顺县一名年仅 5 岁的女童被继母残忍殴打致死，福建厦门一名 3 岁女童被父母虐待致死，贵州金沙县一名

* 仝其宪，忻州师范学院法律系副主任，副教授，法学博士，主要研究方向为刑法学、犯罪学。

11岁女童遭父亲虐待已持续5年以及幼儿园被曝光的“针刺”案件等等，还有大量的隐案被沉积。

3. 意外伤害女童事件。社会飞速发展在带给人们诸多便利的同时，也暗藏着许多风险，对于无防范意识的女童来说尤其如此。例如，2012年深圳福田区一名3岁女童在校车上跌落身亡，2013年广东英德市一名女童被锁校车内闷死。根据近5年对14周岁以下儿童意外伤害或致死的数据，可知意外伤害是14周岁以下儿童伤亡的第一大杀手。

（二）女童被害案件主要呈现“三突出”

1. 女童被害案件上升态势突出。司法实践中发生的女童被害案件涉及的范围很广，并且呈上升趋势。就全国各地投诉的女童性侵案件来说，近三年期间此类案件就猛增了近10倍；就14周岁以下儿童意外伤害来说，近三年平均每年有40000名儿童，也就是说平均每天近140名儿童因意外伤害而丧生，而在这每一名死亡者背后，还有近百名儿童因意外伤害而不同程度地致残。这些数据中虽然男童所占比率较女童高，但女童因意外伤害而致死或致残的数量也不可忽视。

2. 女童被害案件熟人作案突出。在众多的女童被害案件中，大都为周围的邻居、朋友、同事、亲属或老师等熟人作案。就作案地点而言，大多集中在女童被害人的住所附近或其生活学习的地方，也有将女童被害人诱骗至宾馆酒店、宿舍或郊外作案的情形；就女童被害人所在地区而言，农村留守女童被害案件较多，而在城乡结合部，流动人口中女童被害案件较多；在女童被虐案件中，亲属施暴情况更是令人触目惊心。北京青少年法律援助与研究中心对近几年来全国发生的300例虐童案件进行分析，父母施暴的案件占86.33%，其中亲生父母施暴的占76%。

3. 女童被害案件人为因素突出。如果说女童遭遇意外伤害案件属于不可控的“天灾人祸”的话，那么，近几年来发生的女童被害案件人为因素明显。屡屡曝光的女童性侵案件和女童被虐案件等都是犯罪分子胆大妄为、故意作案。据广东省佛山市南海区法院统计，在2011－2013年上半年期间，该院审理的未成年被害人案件共计95件，涉及113名被害人，都是人为所致，其中性侵案件占了47.4%，超九成的性侵案件未成年被害人为异地务工人员子女，大多数犯罪分子与被害人之间存在熟人关系。①

① 《南海法院公布未成年人受侵案件：怎么保护我的娃》，载《广东日报》2013年10月31日。

### （三）女童被害案件造成“三不幸”

1. 对家庭造成不幸。孩子是家庭维系情感的纽带和家庭发展延续的希望。一旦孩子遭遇突如其来的劫难，不仅仅伤害了孩子自身，更成为家庭永远抹不掉的痛。有的父母因无法忍受失去爱女的悲痛，或精神失常，或自杀身亡，或终日以泪洗面而不能自拔，导致无数家庭支离破碎乃至家破人亡。即使是父母虐待自己孩子的案件中，事发之后父母往往也会后悔不已，这不仅给女童造成莫大的伤害，也使自己身陷囹圄，给家庭造成不可估量的破坏。

2. 对社会造成不幸。屡屡曝光的女童被害案件不时地刺激着人们原本脆弱的神经，不同程度地引发人们的恐慌，严重影响了人们的正常生活和工作，引发社会秩序的混乱。同时女童被害案件的上演也会给社会的经济发展造成重大损失。负有维护安定秩序责任的政府形象也蒙受“打击不力”的阴影，破坏了政府在公众中的良好形象。

3. 对国家造成不幸。毫无疑问，儿童是国家的未来和希望，女童被害案件的发生不仅是家庭和社会的悲剧，更是国家的不幸。儿童今天是国家的花朵，明天是国家的栋梁，国家的繁荣富强得益于一代代儿童的茁壮成长。正如德国教育家福禄贝尔所言：“国家的命运与其说操纵在掌权者手中，倒不如说是掌握在母亲手中”。[①] 今天的女童就是未来的母亲，一旦她们遭此不幸，国家将失去许多未来的建设者和接班人。同时无数伤残儿童的不幸也国家发展的沉重包袱。

## 二、女童被害案件原因分析

女童被害案件的发生既有女童自身的各种因素，也有家庭和社会环境的影响，是多种因素相互作用的产物。

### （一）女童自身危险认知缺乏

儿童正处于身心发育期，其生理和心理各方面发育尚未成熟。她们的人生观、世界观、价值观和荣辱观远未形成，社会经验和阅历基本处于空白，辨别是非和控制自我的能力有限，对外在世界的认知仍然是粗放性的、模糊性的，甚至有些是扭曲性的，对很多事物的是非曲直缺乏明确的判断能力。然而，儿童对事物又充满好奇心，活泼好动而且模仿性较强，但其自制力很低，行为容

① 王俊梅：《未成年人犯罪的家庭原因与预防》，载《北京建筑工程学院学报》2009年第1期。

易受外界不良影响或诱惑，具有单纯性、盲从性、易受暗示性和易变性等特点。[①] 因而，儿童对潜在的危险基本没有判断能力，更没有抵御危险或躲避危险的意识，在违法犯罪分子的引诱与暗示下，往往会“自觉”地赶赴违法犯罪现场而遭受被害。就女童角度而言，除具有上述儿童一般特点之外，女童还具有不同于男童的特点：一方面，女童不如男童淘气，也没有男童身体壮实，性格相对文静、温顺，比较听大人的话，胆子相对更小一些；另一方面，女童天生喜欢打扮，爱穿新衣服，爱佩戴饰物，爱吃零食。女童一般较男童独立性稍差，一旦遭遇不测，往往只是哭鼻子，不知道或不敢寻求外界的帮助，从而导致重复被害或多次被害。女童生理发育与心理发展往往不同步，心理发展相对滞后，但性机能发育较早，而性意识处于懵懂状态，性道德观念形成较晚，如果家庭或学校不能够正确引导，在外界环境的引诱下，往往易遭受侵害。可见，女童所呈现的这些身心特点存在着诸多易致害因素，如果缺乏良好的成长环境和成人的细心呵护，违法犯罪分子就会利用女童在社会化过程中这些所谓的“弱点”和天真来伤害女童。

### （二）家庭必要管教缺失

从宏观上说，家庭作为社会的细胞，是儿童成长经历的第一站，也是她们社会化过程的起跑点。父母又是儿童不可或缺的第一启蒙老师，孱弱无知的女童更需要父母的精心呵护才能健康成长。家庭在儿童社会化过程中起着举足轻重的作用。遗憾的是有些女童并无如此的幸运，不同程度地缺乏家庭的良好管教。结合当下社会发展的情势分析，可将有问题的家庭区分为以下几种类型：

1. 放任型家庭。此类型家庭或忙于自己的工作而不顾孩子，或忙于自己的生计而远离孩子，或忙于自己的兴趣爱好而忽视孩子（如有些父母整日沉溺于赌博或网络游戏等）。这些家庭没有尽到对孩子的监护责任，对孩子放任不管。尤其是进城务工人员往往将孩子托付给年迈的老人或亲戚抚养，而这些人往往只是承担了孩子的基本生活，无法尽到更多的教育责任，这些远离父母的孩子不仅忍受着思念父母的煎熬，而且在情感交流、道德引领、心理疏导以及安全教育等方面缺乏帮助。女童在12周岁左右就已进入生理发育期，这一时期会充满诸多困惑和疑问，更需要母亲的教育与引导。如果母亲缺位，转而让隔代的奶奶或其他亲属代替，因为她们相对比较保守，女孩也不愿意向她们诉说，使得女童心中的诸多困惑和疑问无人解答。[②]

---

① 张蓉：《未成年人保护与我国累犯制度的完善》，载《人民检察》2005年第12期。

② 段成荣、杨舸：《中国农村留守儿童状况研究》，载《妇女研究论丛》2008年第6期。

2. 溺爱型家庭。现今的家庭中，城市户籍的大多数为独生子女，农村户籍的大多数为两个以下的孩子。因而很多家庭对孩子疼爱有加，将其捧为掌上明珠，物质上有求必应，行动上百依百顺，对孩子百般溺爱，久而久之，使孩子养成自私、脆弱、蛮横、霸道、任性、偏执、攀比的性格，还有唯我独尊、好吃懒做、不求进取的习惯。

3. 暴力型家庭。此类家庭管教孩子的方法简单粗暴，孩子稍不听话，轻者谩骂挖苦，重者大打出手。这不但给孩子造成身体上的伤害，更会给孩子幼小的心理上造成难以愈合的隐痛。在这类家庭中成长的孩子久而久之会形成暴力、自私、多疑、诡异、孤僻、自闭等不良人格。例如，2011 年福州警方侦破一起亲生母亲故意伤害 5 岁女儿致死案，母亲性格暴躁，因女儿不肯吃饭而用手将女儿嘴捂住导致女儿窒息死亡。

4. 残缺型家庭。此类家庭的情况不一，有的女童在成长时期，呵护他们的父母一方或双方或因病或意外事故离世，成为无人照顾的孤儿；有的因父母离婚导致家庭破裂而成为招人嫌弃的孩子；有的因父母一方或双方体残或智障，而使女童缺乏管教。这些都会使女童形成自卑、内向、仇恨、敏感、孤僻等不良人格。

5. 问题型家庭。这里是指狭义上的问题家庭，此类家庭中有的父母关系不和谐，整日分分合合，争吵不断，无暇顾及孩子，更有甚者，将孩子作为出气或要挟对方的工具。还有的父母好吃懒做，道德品质低下，有不良违法犯罪行为。这直接影响女童的健成长，甚至直接造成严重后果。例如，2013 年 6 月南京发生因母亲吸毒外出，导致两个女童饿死家中案件。

从众多的案例分析显示，处于上述五种类型家庭中的女童往往缺失管教，不同程度地存在不健全人格，在其成长过程中往往比正常家庭的女童受伤害的几率相对要大。从微观上说，目前在家庭教育方面存在的缺陷主要在于：在许多家庭中，家长对女童的安全教育不是没有，而是过于笼统与抽象，总是以“小心”“当心”“注意安全”等诸如此类的套话予以提醒，由于女童年幼，认知能力有限，这些笼统话语根本达不到预防女童被害的效用；另一方面，我们东方人的思维方式与处事方式不同于西方人，受传统文化的影响，讲究含蓄，比较忌讳直白的说话和处事方式，语言的含蓄性贯穿于日常生活。尤其是耻于谈“性”，谈“性”色变，对于“性”知识父母对子女一般避而不谈，孩子的性知识习得不是来源于父母或学校，而大多源自于媒体等其他途径，这些途径往往裹挟着过分渲染的气息而缺少必要的正能量，这对于处于身心发育期的女童来说极为不利。

（三）法律制度规定笼统

当下我国关涉女童权利保护的法律法规为数不少，从国家层面的法律到行政法律法规，再到我国31个省、自治区、直辖市制定的关涉女童权利保护的地方性法规，可谓复杂多样。但纵观这些法律法规关于女童权利的保护均存在以下不足：其一，有关女童权利保护的法律法规太过于分散，规定内容过于笼统或相互冲突；其二，有关女童权利保护的法律法规缺乏具体而详尽的保护措施。例如，《未成年人保护法》可谓未成年人保护法律体系中的“小宪法”，本法很多条款都是根本性和原则性的规定，缺乏可操作的具体规定；其三，缺乏防止儿童被害、强化儿童福利待遇和儿童司法保护等方面的法律法规；其四，对于侵害儿童权利突出的问题，像女童被害问题、留守儿童问题、流浪儿童问题、残疾儿童问题等并无特别关注；其五，缺乏对于违反儿童权利保护的法律责任的规定；其六，目前有关我国儿童保护的社会组织较少，且其管理制度较为混乱。

（四）外部环境失范

第一，我国已步入社会转型发展快速期，传统道德伦理的滑坡，使得不正之风和社会上一些丑恶现象悄然泛起，加之各大媒介对暴力色情、江湖习气以及社会阴暗面过分渲染或误导，在这种情势下，一些违法犯罪分子将魔爪伸向孱弱无知的女童；第二，现代社会是充满着风险的社会，随着社会经济的快速发展与科技的飞速进步，人类社会正经历着一场深刻的变革。在这场变革中，风险渗透到社会的方方面面。其中有些风险人们不可预测，也无法控制，但有些风险是人为因素所致，一些女童在社会各种消极因素和外部环境交互作用下导致被害；第三，幼儿园、学校对女童教育不到位。就幼儿园而言，目前我国没有将幼儿教育纳入国家义务教育体系之中，而且国家对幼儿教育投入的财政资甚少，导致许多地方公办幼儿园少之又少，满足不了日益增多的幼儿教育需求。于是，私立幼儿园遍地开花，这些私立幼儿园良莠不齐，办学条件好一点的收费很高，收入一般的家庭只能“望园兴叹”，而办学条件一般的设施简陋，更缺少经验丰富的幼儿师。无论怎样，很多幼儿园往往只是尽力灌输幼儿文化知识，多认字，多算数等以迎合家长的功利心理。但对幼儿安全意识的教育，像如何避免危险，如何识别危险等安全问题则教育引导得很不够就学校而言，虽然我国一直在倡导素质教育，但学校依然片面强调升学率。这使得学生在升学竞争的压力之下，两极分化严重。成绩好的女童，被学校和老师宠爱，表扬赞许不断，但这些被宠惯了的孩子有时候情感脆弱，对困难和问题的心理承受力很差。成绩不好的女童受到学校和老师的冷落，久而久之产生厌学情绪，这样其不良行为与心理很容易乘虚而入，从而导致被害的风险大幅增大。

## 三、女童被害的预防对策

女童成长及被害预防问题是一项复杂的系统工程，直面女童频繁被害的现状及原因，需要全社会关注与参与，共同构筑女童权益保护的坚固屏障。

### （一）加强家庭建设，增强女童自身保护意识

为防止女童被害的悲剧发生，首当其冲的是充分发挥家庭教育的积极作用，构筑预防女童被害的第一道防线。因为家庭是社会的有机组成部分，父母是孩子的第一任教师，也是接孩子与社会的纽带。

首先，应当营造良好的家庭环境。家庭环境和父母的言行直接影响着孩子的心理、性格、爱好以及思想品德，对孩子起着潜移默化的作用。

其次，明确父母对女的法定监护责任。如果父母因种种原因无法承担此责任时，应依据《民法总则》的相关规定明确由亲属或居民委员会承担，细化对女童的法定监护义务，切实贯彻责任追究制。在家庭教育中，父母要给孩子普及必要的安全教育，对安全教育的内容越具体越具有可操作性，也就越管用，这样能够让她们逐步建立自我保护意识。我们可以借鉴英国教育儿童的一些具体内容：（1）平安成长比成功更重要。家长应当告诉孩子，安全重于一切，远比成功重要得多；（2）背心、裤衩覆盖的地方不许别人摸。家长应当告诉孩子，身体属于自己，身体的某些部分应被衣服所覆盖，不仅不许别人看，而且不许别人触摸。儿童有拒绝亲吻、触摸的权利；（3）生命第一而财产第二。家长应当告诉孩子，遇到暴徒时应当寻求外界的帮助或拒绝暴徒的要求，许多暴徒表面凶狠，其实是个“纸老虎”，色厉内荏，他们内心也很胆怯，遇到他不要害怕，要冷静，想办法对付他们。还要给孩子讲清楚，身体安全比财产重要得多，不要担心财产被抢或被毁而回家挨打，任何父母都不会这样做；（4）小秘密要告诉父母。家长向孩子讲清楚，无论发生什么事情，只要孩子向父母讲明真情，父母不但不会怪罪孩子，反而会尽力帮助孩子；（5）不喝别人特别是陌生人的饮料，不吃别人特别是陌生人的糖果，也不上别人特别是陌生人的车；（6）一般不要与陌生人说话。家长应当告诉孩子，一般不要和陌生人说话。当陌生人与孩子说话时，孩子可以假装没听见，马上跑开。单独在家时生人敲门可以不回答，不开门；（7）遇到危险可以打破玻璃，破坏家具等。家长应当告诉孩子，一旦遇到危险，为了保护自己，可以打破常规。在紧急时刻，孩子可以大叫、大闹、踢人、咬人等，也可以打破玻璃，破坏家具，寻求逃生的机会；（8）遇到危险可以自己先跑。家长应当告诉孩子，遭遇危险要果断逃生，遇到坏人、地震、大火等，孩子应当拔腿就跑，可以不

要等大人的到来和指挥，首先要自救或自助；（9）不保守坏人的秘密。家长应当告诉孩子，面对不法侵害者，即使曾发誓不告诉别人，也应当不遵守给坏人的诺言。遇到坏人欺负一定要告诉家长，寻求解决的办法，这些秘密千万不要埋藏在心里；（10）可以欺骗坏人。家长应当告诉孩子，遇到坏人可以不讲真话，机智应对才是好孩子。这10个方面的内容非常具体，家长以此教育自己的孩子很有效。

（二）完善法律制度，减少或消除制度漏洞

鉴于当前有关女童权利保护的法律法规的诸多不足，笔者认为应该从以下几个方面对其予以完善：第一，在有关法律法规中具体增设有关儿童权利保护的具体条款，使之更有可操作性；第二，坚持多元立法模式，可以尝试在地方性法规中设立专门针对女童权利保护的规定；第三，建立常规性女童权利保护的执法制度。针对近年来“扎堆式”的女童被害案件，进行集中式、专项式打击治理整顿固然重要，但这种运动式的打击执法不能治本，常规性的女童权益保护执法制度非常必要，一方面，继续坚持以公安为主的打击治理侵犯女童权利的违法犯罪行为；另一方面，民政部门应建立儿童权益保护救助中心，对潜在危险女童进行积极预防，并对被害女童进行积极干预，给予必要的心理辅导和物质救助；第四，建立保护儿童权益的民间组织。虽然我国有国家和地方设立的妇女儿童工作委员会和地方成立的未成年人保护委员会及其办公室，但这两个机关属于议事协调机关，没有行政执法职能，而且未成年人保护委员会办公室的工作职责并无涉及未成年被害人保护的具体内容。[①] 这对女童被害人的权利保护非常不够。为此，可以尝试以地方的民政、妇联、共青团等为主导、以社区服务人员、儿童保护志愿者、退休干部、工人等为主力发挥全社会的力量，建立儿童权益保护协会或组织，关注和预防女童被害问题。

（三）优化外部环境，营造女童健康成长的良好氛围

第一，充分发挥幼儿园、学校教书育人的作用。幼儿园、学校的工作好坏是关涉女童健康成长的一个重要因素。首先，落实女童受教育权利，尤其是异地务工人员家庭女童受教育的权利。确保让每一个女童都有学上，各地教育行政部门要起到监督管理的作用。其次，将安全教育、预防被害等放在重中之重。安全教育无小事，幼儿园、中小学应该有专任的心理辅导老师、生理卫生老师以及法制老师，对女童进行生理卫生教育、心理健康教育、人身安全教育

① 刘向宁、黄淘涛：《论未成年人保护机构的设置》，载《中国青年研究》2007年第10期。

以及法制教育等，以提高女童的自我保护能力。第二，营造良好的社会环境。首先，加强文化市场的管理，防止一些低级庸俗或黄色的书刊流入社会，为儿童提供一个良好的文化环境。其次，加强社区建设，营造安全社区。在社区内，针对弱智女童、无人关照女童或问题女童等潜在危险女童，应该由社区服务人员或社区志愿者提前予以干预，帮助其解决现实存在的问题，以防患于未然，未雨绸缪。

# 引入新“蜂窝理论”探索犯罪治理新模式

虞　浔*

## 一、引言

党的十九大报告提出，加强社会治理制度建设，完善党委领导、政府负责、社会协同、公众参与、法治保障的社会治理体制，提高社会治理社会化、法治化、智能化、专业化水平。新时代，如何立足上海这座拥有2400多万人口、中国经济中心城市的功能定位，结合特大型城市、国际化建设发展实际，传承发展“枫桥经验”，推动“枫桥经验”由促进乡村治理体系建设向促进特大型城市治理体系建设延伸，是摆在政法综治学界和实务界面前的一项重大课题。

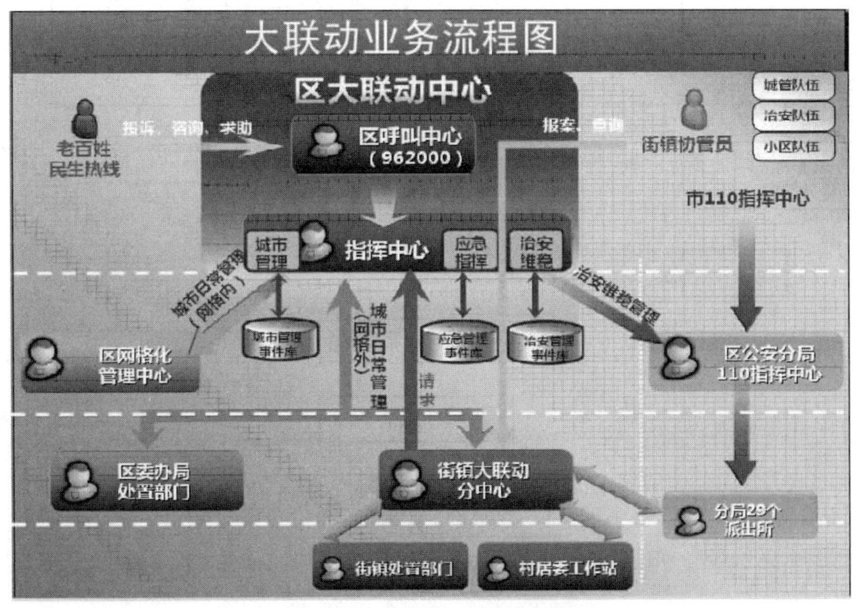


图1　闵行区大联动业务流程图

* 虞浔，华东政法大学刑事司法学院副院长、副教授，中国犯罪学学会理事。

早在2009年前后，伴随着上海作为长三角地区城市群龙头“虹吸效应”的逐渐显现，特别是人口数量快速增长、人口倒挂现象尤为突出及人口结构的日趋复杂，给社会稳定和社会管理带来了巨大挑战。[①] 上海部分区县为了解决日益复杂的社会问题和提高政府对民众需求的回应性，在现有体制框架内，创新城市社会管理的机制，将源头治理、动态管理、应急处置三者有机结合，探索城市综合管理“大联动大联勤”模式，以新思路破解社会管理难题，以闵行区“大联动”、嘉定区“大联勤”为代表的新生基层治理模式迅速显露出旺盛的生命力，成为引领沪上基层治理创新的标杆。

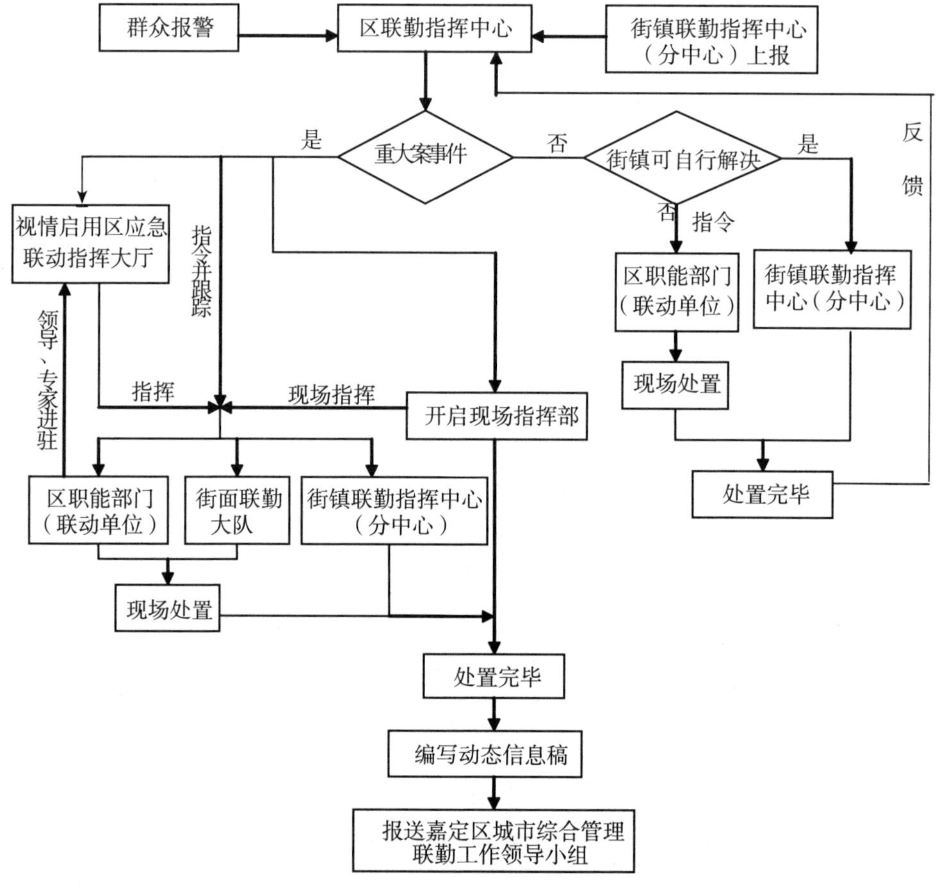


**图2　嘉定区联勤指挥中心指挥调度流程**

① 董幼鸿：《大城市基层综合治理机制创新的路径选择——以上海城市网格化管理和联动联勤机制建设为例》，载《上海行政学院学报》2015年第6期。

为了更好地提炼、固化提高城市社会管理科学化水平的经验和做法，2014年，上海市委把“创新社会治理、加强基层建设”列为“一号课题”，并在此基础上形成了“1+6”文件，主要解决街镇体制机制、基层队伍力量建设、管理执法的治理资源配置、基层组织基本经费托底保障等四大突出问题。其中明确提出了“深化拓展网格化管理、提升城市综合管理效能”的新要求。[①] 2014年3月5日，习近平总书记在参与十二届全国人大二次会议上海代表团的审议中，专门肯定上海市委将“创新社会治理、加强基层建设”列为“一号课题”的现实意义。他指出，社会治理“核心是人、重心在城乡社区、关键在体制机制创新”，要更加注重“系统治理、依法治理、综合治理、源头治理”。2015年上海市政府工作报告中明确要深化城市网格化管理，设立街镇城市网格化综合管理中心，推动网格化管理向城市住宅小区和农村地区拓展，推进网格化管理与大联动、大联勤、“12345”市民服务热线的融合互动。

近年来，上海高度重视基层治理工作，投入了大量人力、物力，特别是在基层街道乡镇城市网格化综合管理中心信息化技术建设和辖区现代化技防建设上舍得花钱，大量资金投向基础设施，实现了联动联勤硬件装备水平的大飞跃。可以说，正是依托着基层街镇城市网格化综合管理中心的普遍建成并显现实效，上海传统固化城市综合治理模式正在升级为现有具有网络化、信息化特征的新型基层治理创新模式。实践证明，基层网格化综合管理模式突出强调主动发现问题，健全矛盾隐患排查机制，通过日常网格化联勤和小联勤巡防，及时发现、快速处置，突出源头治理、前端管理，不仅实现了由被动整治向主动治理的转变，将矛盾控制在萌芽状态，而且实现了突击整治向常态管理的转变，有效强化了对城市管理老大难问题的长效工作机制建设，掌握城市社会管理的主动权，满足民众的社会需求，为民众提供有效的公共服务产品，提高政府对民众诉求的回应性。[②]

必须看到，在社会治理工作中，基层基础一直是重点和难点问题。考虑到现有网格化综合管理硬件配置基本到位、在一定时期内基本适应实战需求的情况，推进基层治理创新，应当把工作的重点放在提升网格化综合管理软件水平上，引入“蜂窝理论”对现有大联动大联勤进行变革、整合、提升，充分利用互联网新技术等手段，发挥社会共治共享的精神，着力打造权威、高效、多

① 杨秀菊、刘中起：《推进多元协同共治：社会治理精细化的实践与创新——以上海城市网格化综合管理为例》，载《行政科学论坛》2017年第6期。

② 文军：《从单一被动到多元联动——中国城市网格化社会管理模式的构建与完善》，载《学习与探索》2012年第2期。

能的联动联勤指挥中心，依托信息技术支撑，设立便利、高效的信息收集、分析通道，打通发现问题和解决问题两个关卡之间的通道，延伸网格化综合管理工作触角，丰富网格化综合管理工作内容。唯有如此，才能巩固现有的网格化综合管理工作成果，极大促进多元主体间的开放、合作与共享，跨越时间与地域的鸿沟，保持大联动大联勤的蓬勃生机和应用实效，使传统“枫桥经验”在新时代焕发出新的生机和活力，进而最大限度释放改革红利，让基层政府管控驾驭能力与复杂多变的社会形势相匹配。

## 二、基层网格化社会管理、犯罪治理基础呈现弱态

这些年来，虽然大联动、大联勤工作取得了一些成绩，但是由于受到城市治理体制的约束以及治理理念、治理能力的不适应，当前的基层网格化综合管理基础难掩弱态，其功能并没有得到充分的发挥，面临瓶颈。

### （一）在思想认识上没有形成一致，直接削弱网格化综合管理联勤联动效能发挥

由于近年来地方政府机构改革变动较多，很多部门对“网格化综合管理”存在多种误解：或是认为联动联勤是个筐，什么都可以往里装，平时忽略本部门主动依法履责，将本属于自己部门的事情推诿到“网格化综合管理”，或是工作中存在畏难心理，一旦遇到棘手问题就求助于联动联勤，进而出现弱化本部门职能的现象，影响了职能部门正常管理工作。目前，虽然基层街镇相继配备了综治社保、禁毒社工、矫正社工、巡逻社保等多支队伍，基层社会治理力量不可谓不强。但由于权、责、利关系不统一，各部门的队伍专业化要求与基层的综合性要求存在矛盾，面对基层许多交叉、复合型的工作问题，各支队伍之间缺乏协同管理、资源共享的协作配合机制，信息沟通交流不够，往往存在“单打一”现象，工作效能难以实现最大化。其实，“网格化综合管理”作为新生事物，其诞生之初就不是为了取代相关职能部门，而是致力于关注管理部门之间出现职能盲区、职能交叉或疑难问题的区域，解决交叉扯皮推诿等老大难问题。

### （二）在编制定位上没有彻底破题，势必影响网格化综合管理联勤联动正常运转

目前，基层网格化综合管理队伍建设已有一定的基础和规模，各街镇均配备了分管领导、责任人员、工作力量，达到了“有人管事”。但是，受制于人事编制部门的制约，尚未出台全市范围内的专门规定，可以说，基层网格化综合管理机构的定位不明确，缺乏权威性和规范性的依据和规定，甚至称得上是

临时性的组织，无固定的人员编制，制约了大联动、大联勤的稳定发展。即使2014年以来部分区县进行机构体系调整，例如一些区增挂了城市网格化综合管理的牌子。但是，这只解决了区级层面的人事编制问题和身份问题，基层街镇存在的问题依旧。实际上限于基层编制长期没有增加，网格化综合管理队伍列编人员较少，主要依靠借调人员、聘用人员弥补缺口，造成借调人员人心不稳、专职人员严重不足，挫伤了联动联勤中心人员工作积极性。

### （三）在权威地位上没有得到确立，平添诸多网格化综合管理联勤联动工作掣肘

“任务实、地位虚”一直以来都是基层治理部门的尴尬处境，协调的对象有强有弱、处理的问题有重有轻，但赋予的职权始终有限，解决问题更多地倚重于干部个人的资历、威望、人缘等，难有长效。目前，政府信息化平台绝大多数都是基于各条线本位职能建设，其基础信息维护更新不及时且互不开放，加之实践中对街道乡镇网格化综合管理中心的权威性持观望态度，认为调动具体职能部门资源的依据不充分，难免在基层形成一个个信息孤岛，重复建设导致新的浪费的出现。尽管一些地方的“大联动”“大联勤”“网上信访大厅”等信息平台虽很大程度上整合了条线资源，但分散的管理格局在整合各类社会资源时还是显得力不从心，推诿扯皮现象仍有发生。即使工作触角已进市场、进社区、进“城中村”，但其主要优势仍在街面，街面以外的地方很难做到全覆盖、无死角。操作中每项事件的发现、处置、反馈、结案都是同一部门操作，平台只起到信息记录作用，缺乏有效监督，无法进行公平公正准确的考核；同时，各级领导也无法在第一时间快捷掌握事件处置动态和常规工作开展落实情况。

## 三、“蜂窝理论”在基层犯罪治理新模式中的应用价值

“蜂窝理论”顾名思义，是指一群蜜蜂只有一个蜂王，所有的蜜蜂均由蜂王统一管理和统一指挥，通过合理分工，明确责任，使得分散、弱小的蜜蜂个体达到惊人的协调性，整合成为强大的团队。同时，蜜蜂筑巢方式快捷、结构精细、扩展性好、节省材料，并且有多少只蜜蜂就可以筑多大的巢穴，不但不改变原来结构，同时更好的加强巢穴的防御能力。其实，这种生物现象与我们现实生活中的很多事情都非常的相似。引入这一理论于改造基层社会治理工作，具有非常实用的现实价值。

### （一）清晰界定和发挥“蜂王”“蜜蜂”的角色功能

街镇基层网格化综合管理联动联勤中心（以下简称“联勤指挥中心”）可

以被看作基层社会治理网络中的“蜂王”，分布在街镇基层辖区内的众多政府、社会、企业投资安装的视频监控设备可视为基层社会治理网络中的“蜜蜂”。

首先，通过政府政策上的支持和网络技术手段，实现街镇基层辖区内各种视频监控资源的联网整合，统一接入街镇基层联勤指挥中心统一监管，打造一个标准化、通用化、智能化的“基层社会治理信息平台”。充分发挥联勤指挥中心各种先进技术平台的优势，综合利用和处理监控视频、地理信息、电子警察和卡口识别等与联勤相关的信息资源，以不同联勤单位的业务应用为导向，通过信息采集处理和数据交换，在一个平台上实现对不同联勤业务的应用服务和资源共享。

其次，通过联勤指挥中心建立一套完善的监控技术服务及应用标准，统一规范每一个视频监控设备的使用要求。在目前监控领域模拟信号与数字信号各行其道的基础上，充分发挥两者的优势，实现模拟信号向数字信号的兼容；可以在优化单个监控设备应用价值的同时，把单一的报警系统及其服务转变成有视频复合的多重报警机制，实现辖区内所有监控资源的功能叠加倍增效应，提高街镇基层监控体系的利用率，扩大监控技术的应用范围。

### （二）充分发挥基层社会治理“蜂窝”网络的经济性、实用性

随着社会治安状况的日益复杂和平安建设的不断推进和深入，目前的监控系统多而散，不成体系不成网、系统品牌各一，互不通讯、报警服务未考虑警视联动和视频复核手段、监控系统官民分家，各自为战，大量社会视频资源无法实现资源共享，而另一方面政府却不得不投入大量财力去建设，完全依靠政府投入，将是一笔庞大且没有边界的开支。

通过摸清、整合辖区内已建好的各类社会、企业监控资源，利用社会力量解决持续的图像监控硬件建设和维护支出，以最小的代价获得更多的监控资源，不仅能够扩大基层社会治理视频监控的覆盖面，盘活公私投入存量，而且还可以减轻政府在这方面的资金压力，节省一大笔资金支出，增强工作发展后劲。

本着经济实用的原则，可以根据实际需求随时调整、组合辖区内的各类性质的视频监控设备，对于一些特定区域、无社会资源可以利用的地方，如存在治安安全隐患，政府再考虑针对性的投资建设监控设备，最终实现街镇基层范围内视频监控系统和监控探头对社会治安动态全方位、全天候、无缝隙覆盖。围绕联勤指挥中心这一“蜂王”信息综合管理平台，把过去大大小小的分散系统连接起来，实现视频监控资源从独立分散的小系统到集成大系统的转变；在对过去系统改造升级的基础之上，同时建立新的系统，设法把所有的前期投

入和资源保护利用起来，避免造成资源浪费和重复建设。依托逐步扩大直至全覆盖的街镇基层视频监控网络，在技术上把各种品牌、各种协议的系统互通互联互控，实现报警监控系统的兼容和无缝连接，变分散、孤立的“视频信息片段”为联通、联系的“视频信息链条”，拓展视频监控行为轨迹描述、实时图像对比预警等新增功能，提升基层社会治理整体功能。

（三）引导企业树立新型的现代化服务理念

实施“蜂窝整合”计划，将街镇基层辖区内各企业周边自行投资建设的视频监控资源，统一整合到联勤指挥中心进行监管和调配，并不是仅仅有利于政府单方面的一项举措。其实，这项工作是双赢互利。企业的视频监控资源接入街镇基层联勤指挥中心，一方面打破传统企业安防建设的理念，利用科技手段畅通封闭化、没有生命力的技防孤岛信息出入通道，有力地促进了具有延展性、生命力的街镇基层范围社会防控网络建设；另一方面使得企业技防接通基层社会治理工作网络，方便快捷地引入政府提供的现代化安全保障服务，更有效地加强企业安保力量，为企业营造一个安全稳定的投资环境。

（四）打下区域城市应急联动体系的信息技术根基

城市应急联动体系就是处理城市特殊、突发、紧急事件和向公众提供社会紧急救助服务体系，主要特征是实现跨区域、跨部门、跨警种之间的统一指挥，快速反应、统一应急、联合行动，为城市的公共安全提供强有力的保障。

“蜂窝整合”计划着力实现街镇基层联勤指挥中心统一指挥和调度，整合治安和社会视频监控资源、区域报警联网系统资源、社区安防系统资源、警用地理信息系统资源、交通状况监控系统资源、交通导引系统资源、卡口车辆识别系统资源、灾害预报系统资源、环境污染监控系统资源等所有与城市安全密切相关的各类资源，通过信息互通、资源共享、城市管理机制创新和业务流程的重构，构建稳定可靠、功能强大的城市应急信息指挥体系。同时，进一步加强对联勤部门的问题发现、应急处置实时进行指挥和监督，实现“大联勤”各类信息采集、流转、反馈、督办的流程化、规范化运作，进一步提高信息资源利用率，切实增强城市日常综合管理与应急反应能力。

当这一系统建成后，市民的任何报警、急救、求助或发生了突发险情时（如水灾、火灾、地震等），联勤指挥中心均能立刻启用应急联动预案（通过语音广播指引和疏导人群，利用联勤信息平台调动人员物质救灾），视情指派职能部门立刻介入。同时也能够及时搜集掌握第一手资料，便于相关领导快速、稳妥地作出应变决策，从而对一些特殊、突发、应急和重要事件作出有序、快速而高效的反应。

## 四、“蜂窝理论”在基层犯罪治理新模式中的发展趋向

福斯特和凯塞尔曼德将网格看作基于互联网基础之上的一种新技术，并能作为城市管理信息系统的一种补充手段。① 作为基层联勤机制的基础，各类信息技术手段应当成为提升街镇基层管理效能的重要切入口。当务之急是立足本区域特点和具体管理实际，抓紧研究街镇基层大联勤信息系统平台，推广应用融街镇综合管理和应急联动功能于一体的信息化综合联勤指挥信息系统，使各职能部门和各街镇将采集的各类信息通过联动指挥信息系统及时上传和流转，由管理职能部门按照规范要求和时限落实核查处理并反馈工作结果。②

### （一）统筹街镇基层范围内视频监控资源的合理配置

目前，上海各区街镇基层联勤指挥中心已建立了一套具有信息采集、GPS定位、快速调度等功能联勤信息指挥系统和具有智能视频识别预警、社会视频资源联网功能的监控系统，为地区的社会资源联网增添了有力的兼容保障。下一步，要充分利用视频监控资源“先整合、后移位、再增加”的操作方式，实现街镇基层范围内视频监控资源与联勤指挥中心联网，充分发挥视频图像的使用效能。

1. 整合。即把辖区企业和特种场所公共部位的视频监控整合到联勤指挥中心进行统一监管、统一分配。

2. 移位。即在接入社会视频监控设备，补充联勤指挥中心视频监控覆盖资源的基础上，具体分析已整合好的社会监控资源与目前政府所投入的监控点位是否有重复，对于有重复的监控点就及时把政府投入的视频监控设备移到辖区其他重点监看区域。

3. 增加。在摸清街镇基层视频监控资源底数，进行必要的整合调整之后，可以考虑政府对其他公共区域的视频监控的投入，在部分重点部位加装了智能化探头，弥补辖区的监控盲点。这些智能化探头具有布设电子警戒、检测活动轨迹、自动报警提示等功能，可以帮助值守人员发现非法侵入、聚众斗殴等治安问题和乱停车、乱设摊、跨门经营等城市综合管理问题，有效解决了监控显示屏数量少、人工值守效率低的问题，为各类问题的及时发现、处置提供了强大的科技支撑。

---

① I Foster, CKesselman. The Grid：Blue print for a new Com－puting Infrastructure［M］. San Francisco：Morgan Kaufman Publishers，1998：34－37.

② 蔡田：《深化完善城区综合管理“大联动”机制的实践与思考》，载《上海公安高等专科学校学报》2011 年第 6 期。

### （二）拓展街镇基层联勤信息技术的实战应用

图像监控应用的终极形式仍然是照片的提取和使用，计划通过技术升级，对现有所有视频监控设备进行自动抓拍设定，将监控图像中的车辆、行人图像进行抓拍存储，建立视频监控抓拍数据库和基础照片比对数据库，为图像自动比对打好扎实基础。整合数据采集、受理监督、指挥处置、综合评价、综合展示、应用维护、基础数据管理、数据交换等相关子系统，通过人像识别技术和车辆牌照辨识技术，对数据库中的照片进行自动比对，建立定期自动排查机制，自发排查辖区可疑人员和车辆，构建起多网协同、内容拓展、功能丰富的管理平台，将现有网格化管理信息系统进一步打造升级为涵盖城市综合管理各领域、各层级的综合性信息平台。

重点加强与“12345”市民服务热线、“110”指挥系统的有效对接，强化网格化综合管理信息系统与政府相关服务管理系统互联互通，通过手动排查功能，定期把辖区内违法犯罪涉案人员、社区矫正人员等高危人群的头像资料录入到基础照片比对数据库当中进行比对，融合“12345”市民服务热线、应急处置、联动联勤等职能，实现“法人库、人口库、地理信息库”落地，使人、地、事、物、房等多种数据整合共享、聚合使用，借助存储的信息资源串联形成重点对象行动路径线索链，方便公安机关快速掌握这些重点人群的现实行动轨迹，扩展功能和案件信息来源，进一步释放城市综合管理效能。

### （三）发挥联勤指挥系统平台在区域管控中的技术优势

依托现有的视频监控设备和线路网络，计划在街镇基层辖区内的重点区域和人流密集区域增设语音广播系统和紧急报警点，当联勤指挥中心通过视频巡逻发现区域违章事件或突发事件时，可利用增设设备以实时语音广播的形式进行警告、制止和人员疏散。此外，相关人员借助紧急报警点，可直接与联勤指挥中心做到实时通话，同步配置的视频监控设备实时把报警人图像和现场情况传输到联勤指挥中心的接警平台，帮助值班人员调动警力，及时到场处置。

随着网格化综合管理在全市范围推开，面对地域更为宽广的城乡结合部和农村地区，联勤队伍的巡逻密度和覆盖率相对下降，联勤工作对信息技术和科技手段的依赖则日益凸显。因此，一方面是要做好终端布点。居民小区内，可以安装具有人像采集功能的智能探头，对进出小区的人员全部截取图像上传到综合管理信息平台，这样联勤队员执勤时一旦发生当事人特别是违法犯罪嫌疑人潜入小区，联勤指挥中心可以迅速调取图像锁定位置，指挥联勤队员进行围堵。在主要道路上，可以安装卡口信息采集系统，对过往车辆牌照进行抓拍，联勤队员在工作中发现的违章驾驶、交通肇事或作案嫌疑车辆，指挥中心可以通过牌照信息立即掌握大致方位和逃窜方向，为及时截获车辆奠定基础。

## 五、“蜂窝理论”在基层犯罪治理新模式中的实用领域

社会治理说到底是对人的管理，尤其高危人群更是人口管理的重要对象。严格的定义上，高危人群是指对国家安全、社会治安构成高度危险的人员群体。目前对高危人群的管理方式比较单一，主要以帮教形式进行管理，并且管理措施缺乏强制力支持，往往流于形式、管理方法滞后，加之高危人群流动性大，管理难度高，直接影响了社会治安稳定和公安机关打击效果。

基层治理中引入“蜂窝理论”的重要设计目的之一，就是扩大社会视频监控资源管理防控网的覆盖面，充分利用政府投资建设的联勤指挥中心信息化系统平台，借助科技手段分析应用社会联网视频设备采集的图像信息，实现对高危人群、重点对象的图像实时监控、自动提示预警、行为轨迹描述等多种目的，强化辖区的基层治理管控效能。

### （一）建成辖区高危人群信息化管理机制

建立基层高危人员信息数据库。制定规章制度，要求相关部门定期将街道乡镇范围内涉及需要管制、剥夺政治权利、缓刑、假释、保外就医、少教所外执行人员；刑满释放人员；对社会政府强烈不满，扬言报复，可能铤而走险的人员；多次受到治安处罚人员、参与法轮功等邪教的人员和吸毒人员；无固定职业的社会闲散人员；昼伏夜出，行踪不定，收支反常人员的相关资料信息统一录入大联勤信息管理平台中新开的高危人员信息数据库，及时做好备案存档，确保对辖区内的高危人群做到底数清、情况明、更新快、信息全。

定期排查比对辖区内高危人群图像信息。“蜂窝理论”实战应用的两大创新就在于一是着力建设全覆盖的社会视频资源防控网；二是引入应用图像信息自动识别比对技术。通过综合运用这两个创新手段，可以在视频图像监控网络与海量高危人员信息数据库之间架设应用的桥梁，进行高危人群图像的视频自动识别，进而达到对高危人群行动轨迹的24小时管控。

及时落实对行为轨迹异常高危人员的管控措施。有了图像信息自动识别比对技术的支撑，大联勤信息平台不再依赖人工的操作监视，而是自动分析发现预设关注对象的异常行为轨迹，相关的记录分析即通过联勤信息平台自动社区小联勤信息平台，提醒社区社会帮教人员对那些行为异常或违规高危人员落实有针对性管控措施。

### （二）加强辖区外来人员管理和安全管理工作

利用现有的“大联勤信息平台”基础，开通“租赁房管理”和“外来人

员”信息库，逐步实现与原有实有人口信息管理系统的同步融合，利用科技手段把外来人员和出租房屋原始信息的采集、记录、存档和信息痕迹管理接入“大联勤信息平台”，实现联勤成员单位之间信息应用共享，为街道乡镇开展基层外来人员服务管理工作提供完善的信息保障，进一步提升工作效率和使用效果。同时，利用“社区信息屏”“基层治理信息发布屏”等信息载体，定期公布“大联勤信息平台”中发现、分析所得的外来人员违法犯罪信息，以利于对社区居民开展公开宣传和教育，拓宽城市综合治理的管理面。

把安全隐患排查与管理列入大联勤范畴。通过大联勤工作的多年实践，大联勤“1 + 1 > 2”的倍增效应获得越来越多职能部门的肯定。根据基层治理工作的实际需要，当务之急是适度拓展大联勤工作的辐射面，接受吸纳新的成员单位，着力做好与城市建设管理信息系统的兼容融合。在全面排查基层安全隐患风险点的基础上，建立安全隐患排查预警基础数据库，综合运用人防、技防、物防等多种手段，将基层社区内的安全隐患风险点尤其是重点单位、重点部位、重点行业的风险点纳入大联勤工作的常态监管之下，既要做到全面监控、实时掌控，也要落实安全隐患的排查与管理责任，确保发现得早，处理得好，逐步消灭辖区内的安全隐患。

# 中国犯罪学知识体系检讨与重构论纲

王燕飞[*]

中国犯罪学知识体系是中国犯罪学理论与经验知识按照一定秩序和内部联系组合而形成的整体，实质上包含着核心理念、逻辑结构、中心范畴、① 基本知识等多层面内容，主要受制于犯罪学研究对象界分与犯罪学学术发展状态。中国犯罪学知识体系经历了一个不断建构与累积的历史过程，截至今日处于一个相对固化阶段，没有很大的突破与推进。因此，从理论上对其进行整体性检讨与革新重构无疑是一项重要的学术反思推动性工作。

## 一、历史清理：形成、演化与特征

从 20 世纪 70 年代后期开始，中国犯罪学研究得到恢复和发展，② 约在 20 世纪 90 年代形成了以犯罪现象—犯罪原因—犯罪防治为核心的知识体系，③ 并一度在学界占据“通说”地位。④ 即便如此，这种体系也受到质疑与挑战：一方面是其具体的知识内容与范畴体系继续在不断创新发展，另一方面是一些全新的知识体系也不断出现。⑤ 究其历史，撷取代表，建构历程大致如下：

1. 罪前—罪中—罪后知识体系。这是新中国成立以来 1981 年刊出的第一

---

* 王燕飞，湖南大学犯罪学研究所所长，教授，中国犯罪学会理事、湖南省犯罪学会副会长，主要研究方向：犯罪学、中国刑法学。

① 参见张旭、单勇：《犯罪学基本理论研究》，高等教育出版社 2010 年版，第 26 页。

② 参见王牧主编：《新犯罪学》（第二版），高等教育出版社 2010 年版，第 63 页。

③ 参见康树华：《中国犯罪学研究之现状》，载王牧主编：《犯罪学论丛》（第一卷），中国检察出版社 2003 年版，第 35 页。

④ 参见魏平雄、赵宝成、王顺安：《犯罪学教程》，中国政法大学出版社 1998 年版，第 15 页；王祖清主编：《犯罪学》，中国政法大学出版社 2005 年版，第 17 页。

⑤ 参见白建军：《关系犯罪学》，中国人民大学出版社 2005 年版，第 23 ~ 31 页。

部犯罪学教材形成的知识体系。[①] 该体系建构基石为，依据犯罪的自然过程，将犯罪分为罪前、罪中、罪后三个阶段来研究，并以如何消除犯罪，为整个犯罪问题的归结。[②]

2. 绪论－犯罪原因－类型犯罪—犯罪预防知识体系。这种体系认为，犯罪学研究的对象可分为两大类即犯罪原因和犯罪预防，前者是犯罪学研究的中心内容和关键环节。[③] 这种体系对于“犯罪现象”的知识内容分别在绪论与类型犯罪中分散整合，尚没有形成独立一体的理论体系。[④]

3. 绪论—犯罪现象论—犯罪原因论—犯罪对策论知识体系。在这种体系中，“犯罪现象论”是作为一个独立而重要的部分，[⑤] “主要研究犯罪现象的构成、犯罪现象的分布，特别是我国现阶段的犯罪现象特点—这是建立中国社会主义犯罪学的基础，必须在调查研究基础上作出应有的概括”。[⑥] 这种体系形成，大致确立了犯罪现象、原因与对策三者之间为基础与前提、核心、归宿与目标的地位，[⑦] 并渐次成为犯罪学通论体系，被学界誉为“在犯罪学理论体系发展史上具有里程碑意义。”[⑧]

4. 关系犯罪学知识体系。这一体系是在关系犯罪观[⑨]的指引下进行学术创新而形成的一个融通理论犯罪学、移植犯罪学、对策犯罪学知识内容的、崭新的、综合性知识体系，在学界一度受到高度赞誉。[⑩]

5. 新犯罪学知识体系。这一体系是以犯罪现象存在为核心，研究犯罪现象的产生、本质、存在形态、发展变化规律和对策。[⑪] 这种体系尝试以犯罪原因为主的传统犯罪学知识组合改变为以犯罪现象存在形态和犯罪现象的规律作

① 参见王燕飞：《我国首部犯罪学教材知识谱系分析》，载陈兴良主编：《刑事法评论：犯罪阶层论》（第32卷），北京大学出版社2015年版，第240页。

② 参见陆伦章：《犯罪学》，华东政法学院犯罪学系编1985年版，第2页。

③ 参见葛文主编：《中国现代犯罪学》，陕西人民出版社1989年版，第12～13页。

④ 参见邱国梁：《犯罪学》，上海社会科学院出版社1989年版，第94～169页。

⑤ 参见王牧：《犯罪学》吉林大学出版社1992年版，第121页。

⑥ 辛明编：《犯罪学》，重庆出版社1991年版，第9页。

⑦ 参见张旭：《犯罪学要论》，法律出版社2004年版，第83、120、181页。

⑧ 张小虎主编：《中国犯罪学基础理论研究综述》，中国检察出版社2009年版，第51页。

⑨ 参见储槐植：《刑事一体化与关系刑法论》，北京大学出版社1997年版，第119页。

⑩ 参见王牧等：《“中国犯罪学基础理论高峰论坛”实录》，载陈兴良主编：《刑事法评论》（第21卷），北京大学出版社2007年版，第326、329页。

⑪ 王牧主编：《新犯罪学》，高等教育出版社2005年版，第9页。

为核心内容的“新犯罪学”知识组合，无疑是一个大胆有益的探索。①

6. 当代实证犯罪学知识体系。这种体系坚持在犯罪学领域中进行实证研究的特点，凸显了研究内容的思想灵魂——犯罪规律。这一体系突破了以理论证明、思辨演绎的论证犯罪学宏观逻辑架构，② 具体建构了当代中国的实证犯罪学形态的知识体系，具有很大的推动与创新性，受到了学界好评。③

综上所述，中国犯罪学知识体系形成、发展是该学科知识多维度、多层面不断型构、综合整合，渐进式地演化推进的历史过程，并呈现出复杂多样形态，至今仍处于亟待革新、反思构造之状态，从整体上，呈现出如下几个特征：

第一，中国犯罪学知识体系基本是在犯罪学教材体系层面进行不断建构与推进完善的。中国犯罪学知识体系基本上是在中国犯罪学教科书体系中加以固化并以这种形式呈现出来的。④ 从这个意义上，中国犯罪学知识体系建构一直徘徊在教科书时代，⑤ 主要集中体现在知识整体性逻辑结构关系上不断创造与创新。

第二，中国犯罪学知识体系内含具有一定独创性的整合内核与逻辑基点，思想性与学术性兼容并蓄，不同类型知识内容在整体上所占重心与地位有一定差别，呈现出多样性。在上述具有代表性的体系中，无论是犯罪自然过程的整合模式与逻辑结构，还是犯罪原因论核心地位整合结构，以及“群体犯罪现象”、“犯罪关系”、“犯罪规律”等中心范畴的建构，都一定程度上体现出不同形态知识体系内在的学术思想，独到的知识组合逻辑结构。

第三，中国犯罪学知识体系在对西方犯罪学知识融合的立场与程度上存在差异，总体上坚持建设有中国特色的社会主义的犯罪学知识体系的理论路径。

## 二、反思检讨：存在问题与缺陷

中国犯罪学知识体系从形成渐次走向成熟经历了多种理论建构，当下仍在

---

① 参见张小虎主编：《中国犯罪学基础理论研究综述》，中国检察出版社 2009 年版，第 51 页。

② 参见周密：《论证犯罪学》（增订本），北京大学出版社 2005 年版，第 27 ~ 28 页；周路主编：《当代实证犯罪学新编——犯罪规律研究》，人民法院出版社 2004 年版，第 6 页。

③ 参见康树华：《序》，载周路主编：《当代实证犯罪学新编——犯罪规律研究》，人民法院出版社 2004 年版，第 1 ~ 5 页。

④ 参见张小虎主编：《中国犯罪学基础理论研究综述》，中国检察出版社 2009 年版，第 44 ~ 63 页。

⑤ 参见陈兴良：《本体刑法学》，商务印书馆 2001 年版，第 927 ~ 928 页。

缓慢推进与渐次演化发展之中。学界所进行的一些检讨与批判无疑具有很大撼动性,[①] 但是依然存在不少问题与缺陷。因此，进行整体性反思检讨，可望全面推进其革新、完善。

1. 内在的专业槽尚没有完全建立起来，知识系统尚没有完全创立融合一体、具有统合张力的内在一致的理念或逻辑。

2. 内部结构不均衡、理论层次定位不合理，相互之间存在各种结构性矛盾与冲突，导致知识体系整体上不完整、不匀称、不自洽。在整体论的语境下，中国犯罪学知识体系结构存在不均衡问题，甚至存在结构性的缺失。

3. 国际化与本土化的知识建构路径简单、褊狭，没有促进内存的一般犯罪学知识系统与具有中国社会主义特色犯罪学的知识系统两者良性互动，相得益彰。在中国犯罪学知识体系中，国际化的知识建构路径非常单一，而且涉猎领域狭窄

4. 不能适应当代发展社会需求，知识体系封闭、刚硬缺乏开放性，张力与整合力不强，难以融通、吸纳最新发展的各学科知识。

## 三、分层重构：路径与框架

基于中国犯罪学知识体系进展及存在的不足、缺陷，突围的路径需要重新建构。在此，仅仅能够提出初步设想：在整体上对其知识体系在国际上的犯罪学成熟形态范式下进行分层解构、并革新创造，重新确立整合的基本理念与化解矛盾冲突的模式，从而型构出脱胎换骨、焕然一新的知识体系架构，为中国犯罪学国际化发展与特色发展理清思路和“破土动工”，为推进中国犯罪学知识体系完善、成熟指明方向与增添动能。

1. 在犯罪学三元形态视角下对中国犯罪学知识体系“分层”审视，重新进行理论切割与分流。从历史发展来看，犯罪学从诞生起经历了古典犯罪学、十九世纪的实证主义（Nineteenth - Century Positivism）、社会犯罪学（Sociological Criminology）、冲突犯罪学（Conflict Criminology）、当代犯罪学（Contemporary Criminology）演化发展历史阶段,[②] 形成了不同类型学术研究传统，累积型构出不同研究倾向的犯罪学知识体系形态。纵观历史，概括起来，在国际上大体存在着本体犯罪学、理论犯罪学、实证犯罪学三种较为成熟的学科

① 靳高风：《犯罪学的发展与中国犯罪学学科建设》，中国人民大学出版社 2013 年版，第 146 页。

② 参见 LarryJ. Siegel，Criminology；Theories，Patterns，& Typologies，Eighth Edition，Wadsworth2004p4 - 10.

形态。

所谓本体犯罪学，“从总体上看，意在探讨犯罪学的基本原理，建立起专有的话语体系，即专业槽和深刻而抽象的理论。这应该是犯罪学研究者首先所具有的知识体系。……。本体犯罪学意在讨论犯罪学的一般原理，形成统一犯罪学基础理论”。①

理论犯罪学（Theoretical Criminology）关注解释犯罪现象事实的犯罪学理论，而不是犯罪现象事实，② 其实是对犯罪理论的系统性研究形成的知识体系。如有美国学者以先后发展阶段的时间序列为轴对于犯罪学理论进行了系统化的体系建构，③ 形成如下体系。

**表一　犯罪理论体系表**

| N | 发展阶段 | 一 | 二 | 三 | 四 | 五 | F |
|---|---|---|---|---|---|---|---|
| 1 | 美国犯罪学基础 | 不同交往理论 | 失范理论 | | | | 2 |
| 2 | 在基础上建设 | 亚文化理论 | 标签理论 | | | | 2 |
| 3 | 现代犯罪学 | 冲突理论 | 基于性别理论 | 社会控制理论 | 社会学习理论 | 理性理论 | 5 |
| 4 | 当代学说 | 现代紧张理论 | 现代控制理论 | 现代发展理论 | 整合理论 | 后现代理论 | 5 |

实证犯罪学是以科学方法对犯罪现象进行实证研究的学科。犯罪学主要以“实证犯罪学”形态呈现，是其历史发展的现实选择。因此，从这个意义上，犯罪学是一门科学，一门实证主义科学。④

可见，上述犯罪学三种成熟形态显示出的各自内在规定性以及其形成、发展历史、学术功能是非常清晰、丰厚稳靠、持续发展的。因此，从三元犯罪学形态视角或框架对中国犯罪学知识体系进行分层审视，实现对其重新“分流加工”，以完善与构造各自层面的知识体系，探寻消除当下体系所存在的结构性缺失与内在相互抵牾冲突的问题。从总体上看，在中国犯罪学知识体系中，

① 严励：《再论犯罪学研究的路径选择——以中国犯罪学研究为视角》，载陈兴良主编：《刑事法评论》（第21卷），北京大学出版社2007年版，第400页。

② 参见乔治·B. 沃尔德、托马斯·J. 伯纳德、杰弗里·B. 斯奈普斯：《理论犯罪学》，方棚译，中国政法大学出版社2005年版。

③ Frank P. Williams III, Marilyn D. Mcshane. Criminology theory Sixth Edition [M]. Pearson Education, Inc2014. 1 – 233.

④ ［美］弗雷达·阿德勒、杰哈得·穆勒、威廉·拉斐尔：《遏制犯罪——当代美国的犯罪问题及犯罪学研究》，廖斌等译，中国民主法制出版社2006年版，第5页。

本体犯罪学知识脆弱不扎实；理论犯罪学知识缺失内在统一性、体系性；实证犯罪学知识缺失完整性、创新性，并且三者内在相互作用关系没有紧密融合一体，层层推进，最终未能形成“一瓣”具有源头活水、富有青春活力的蕴含科学理念的实证知识体系。

2. 三类模式整合。实行类型化、语境化、个别化立体型模式，实现对“分层”审视过的中国犯罪学知识体系重新整合。为消除中国犯罪学知识体系存在的不足、缺陷，化解内在矛盾与冲突，主要用以下三类模式实现融通式整合。

第一，类型化模式。在中国犯罪学知识体系中，西方犯罪学理论知识与中国犯罪学理论知识虽然在一个体系中，但是并没实现实质融合，需要对其进行类型化分析，从而在学术的历史长河中给予相应定位，实现相互联结。

第二，语境化模式。对于国外犯罪学知识体系的理念、中心范畴等内容在其形成或发展的特定社会历史背景语境或特定时期学术语境中探求与中国整合的共性基础、共存前提、统合路径或话语转换的多种方式。因此，对于各种知识语境化的理解与把握，在特定语境中进一步寻求共建基石，尤其是在当代全球化大背景下具有共享生活世界的物质基础上，推进共性化、普适性发展。

第三，个别化模式。在实证犯罪学知识层面对中国特色问题设立“特区”，确定中国犯罪史与当下实证研究具有的独特性与独创性，创建整合“特性”知识的包容时空与内在逻辑，实现知识大融合与突生增长。从这个意义上，这种“特区”既有着飘飘红旗，也生成了本土的国际知识话语，更重要的是在国际背景下更加独显了自我特色、自我创造。

3. 重构的结构框架。根据上述分析尝试重构一个中西全面融通、具有中国特色的综合性中国犯罪学知识体系，大致框架如下：

**表二　重构框架示范表**

| 第一部分引言 | 第二部分犯罪学本体论 | 第三部分犯罪哲理论 | 第四部分中国犯罪问题实证 |
|---|---|---|---|
| 犯罪出现 | 犯罪学界定论 | 犯罪人性论 | 中国犯罪：数据、方法与理论 |
| 法律起源 | 犯罪学历史论 | 犯罪本源论 | 中国犯罪史 |
| 刑法制定 | 犯罪学形态论 | 罪因体系论 | 中国犯罪现状与成因 |
| 犯罪学诞生 | 犯罪学认识论 | 犯罪理论 | 中国犯罪治理对策与完善 |
| 中国犯罪学形成 | 犯罪学方法论 | 犯罪治理 | 中国传统类型犯罪实证 |
|  | 犯罪学功能论 | 刑事司法 | 中国新颖类型犯罪实证 |

对于上述重构框架，需要作出进一步说明：

第一，“引言”是构建出推动犯罪学形成的漫长历史过程图景，是为重构整个知识体系提供宏大的社会历史事实背景，并勾勒出该学科“寄生”的具体历史环境。“无论是在国内、国外，犯罪学之所以开始普及，其中一个重要的因素是，在近十年来，政治环境的改变，以及社会大众的兴趣助长了有利于深入研究犯罪问题的社会气氛。大环境的时机一旦成熟，犯罪学自然而然就逐渐发展为一门专门的学科。”① 可见，在这里犯罪学客观存在不仅指涉了犯罪学诞生的社会历史过程，而且指涉中国犯罪学形成的具体时代环境。因此，从宏观与微观、整体与个体、抽象与具体两个不同层面解构出犯罪学与中国犯罪学出现的客观历史逻辑，从而为中国犯罪学知识体系形成与发展提供了宏观的历史背景与具体的社会环境。这种客观的社会基础是推进中国犯罪学知识体系革新与创新发展的外在社会契机与动力，因此具有重要的意义。

第二，中国犯罪学知识体系主体内容的内在结构逻辑为共性到个性的发展逻辑，思辨与实证依存作用的过程逻辑。前者是从犯罪学一般原理、犯罪哲理层面建立起专有的知识体系，构筑起该学科的专业槽，力求在规定性上统一，而所进行的中国犯罪问题具体应用，独创了中国特色。很明确，犯罪学本体论是从一般犯罪学建构起犯罪学内在规定性一般规律，具有最为普遍性抽象，而犯罪哲理论便是对于犯罪学研究的核心内容犯罪哲学与理论深刻认识，并且建立起一致性逻辑指向，也使得核心的理念—实证科学理念具有了一定哲理基础，从发展过程中显示出自己独特的价值。对于后者，表明思辨研究也为“科学”方法，其研究不再沦为玄学，在为实证研究夯实基础的航道上相互作用，促进各自发展。这实际上昭示，在中国改革开放所进行的犯罪原因论这种性质的大讨论，曾冲破了“左”的意识形态观念，为解放思想作出重大学术价值，还可望再度为推进学术发展提供方向，为实证研究提供更为长远的战略思考，这不能不为再次激活中国犯罪学界沉寂已久的罪因观“真理”大讨论所欢呼与期盼。②

第三，从整体上，这种重构的综合性中国犯罪学知识体系，既反对完全推翻已有中国犯罪学知识体系进行全面西化建构的学术走向，也不主张“中学为体、西学为用”态度进行中国犯罪学知识体系进行“洋务改革”的学术路径，而是在全面发展、融合的观念下，在全球化时代环境下，对于中国犯罪学知识体系与西方犯罪学知识体系进行共性理论建构基础上，立足西方犯罪学知

---

① 曹立群、周愫娴：《犯罪学理论与实证》，群众出版社 2007 年版，第 2 页。

② 参见翟英范：《热爱生命才会热爱犯罪学——皮艺军先生访谈》，载《河南警察学院学报》2016 年第 5 期。

识国际化、中国化推进的现实下①，推进中国犯罪学知识转换、创新发展，生成自己的特色，从而在中西学术发展双轨道路上，确立其具有中国特色、综合性、开放性中国犯罪学知识体系。或许，这是一个中国犯罪学人的中国梦，但愿同行诸君，不忘初心，共同努力，美梦成真。

① Liqun Cao, Ivan Y. Sun, and Bill Hebenton, The Routiedge Handbook Of Chinese Criminology, Routiedge2014.

# 通过程序法的犯罪控制：英国重罪预防令的评析与启示*

师　索**

## 一、预防性司法背景中的英国重罪预防令

从 20 世纪 70 年代晚期开始，资本主义世界经历了全球性政治、经济和文化的巨大变化。在此期间，对这些当时面临着多元主义和多样性管理重大课题的自由主义社会来说，犯罪及其有效管理成为核心难题。这个时期见证了西欧以及英语国家犯罪控制的不断政治化。惩罚优先于改造而存在，从而建立了惩罚与犯罪而非犯罪人的关联，将可以控制的犯罪可能性掌握在必要阈值之内，形成了惩罚的精算主义。“强硬地对待犯罪”“法与秩序”等理念强化了羁押中心地位，越来越多的危险犯罪人被施以预防性刑罚。”①

在过去十几年中，英国出台了一系列标志性的刑事法律与刑事司法政策。特别是在 1997 年 -2007 年间，是英国犯罪控制政策和议会批准刑事法律暴增的时期。在此之前的 100 年间，英国也才通过了 48 部刑事法律。这些暴增的法律引发了社会对于犯罪控制权力蔓延、犯罪控制手段更新以及由此带来的犯罪控制效果的深思。尽管社会对于被指控者的人权关注已经间接对这些法律的原则和效益产生了质疑，但在保护绝大多数守法公民和被指控者人权保障的平衡之间，现实的政治选择却是偏向于接受对犯罪控制的政治解释，而非找寻对预防性体系的替代性解释。毕竟 20 世纪以来，犯罪控制就成为执政者宣称政治合法性的工具之一，对犯罪控制的政治解释已形成一种假定：政治家和政治

* 【基金项目】重庆市人民检察院 2017 年重点课题《检察机关支持起诉工作机制研究》（CQJCY2017B16）

** 师索，西南政法大学博士研究生，重庆市南岸区人民检察院检察员，重庆廉政研究中心特聘研究员，主要研究刑事诉讼法、犯罪学、反腐败机制。

① 肯绍尔：《解读刑事司法中的风险》，李明琪等译，中国人民公安大学出版社 2009 年版，第 78 页。

机构将对刑事司法中的新动向负责。

总的来说，这些刑事法律将整个犯罪控制体系由事后的制度反思模式转向了事前的预防模式，其显著特征就是刑事法律所设置的预防性法令在犯罪控制中被程序性适用，呈现出对自由限制的阶梯体系，具体分为剥夺自由、限制自由与限制行为三个层次。第一，在剥夺自由层面，《刑事司法法 2003》确立的公共保护监禁令（Imprisonment for Public Protection order），将预防性监禁权力授予法院。针对嫌疑人的延长刑期，不定期刑与假释委员会作出的释放决定，均在分析公共安全风险的基础上作出。犯罪人的危险性自此促成法官运用法律措施时的预防性逻辑。这些规定导致被判处不定期刑的人员大增。社会各界广泛批评该政策导致的不公平。IPP 条款被《刑事司法与移民法 2008》修改，规定法官在满足特别条件时适用 IPP 可不再具有强制量刑要求。但是 IPP 的适用人数仍然在增加。第二，在限制自由层面，《预防恐怖主义法 2005》确立的恐怖主义控制令（Terrorism Control Order），取代了由《恐怖主义、犯罪与安全法 2001》确立的预防性羁押制度。恐怖主义控制令可以对涉恐人员实施 18 小时的软禁，这种措施被上议院认可。在适用初期，控制令中的条款被法院认可而用于剥夺自由，却违反了欧洲人权公约第 5 条之规定，后期采用相对较短的软禁时间后被视为低限度的限制措施。第三，在限制行为层面，《反社会行为法 2003》确立的反社会行为控制令（Anti - Social Behaviour order）、《足球骚乱法 2000》确立的足球禁业令（Football Banning Order）、《严重有组织犯罪与警察法 2005》确立的财务报告令（Financial Reporting Order）则相对缓和，旨在剥夺行为人的行为能力以及增加行为人的法律义务。

《严重犯罪法 2007》（Serious Crime Act 2007）是英国内政部在新世纪后通过的第 60 部法律，这部法律将严重犯罪被界定为毒品交易（drug trafficking）、涉枪犯罪（firearms offences）、奴役（slavery）、贩卖人口（people trafficking）、卖淫和儿童性行为（prostitution and child sex）、持械抢劫（armed robbery）、洗钱（money laundering）、欺诈（fraud）、贿赂（bribery）、伪造货币（counter-feiting）、税收犯罪（offences in relation revenue）、敲诈勒索（blackmail）、知识产权犯罪（Intellectual property）、环境犯罪（environment）、计算机滥用（computer misuse）、有组织犯罪（organised crime）。但该法的标志性意义在于设立了重罪预防令（serious crime preventive order）。重罪预防令，就是由法院签发的可以禁止、限制、干扰相关个人、企业、团体参与严重犯罪的法令。①

① Home Office . Improvements to Serious Crime Prevention Orders [R] . Serious Crime Act 2015 Fact sheet . 2015：1 - 4

2015年，英国对《严重犯罪法》进行修订，依然保留了重罪预防令，说明经过多年实践检验，重罪预防令具有制度合理性。重罪预防令相比英国的其他严重犯罪政策显得非常另类，将过去通过侦查、逮捕、公诉、审判、监禁的后置性回应机制逐渐转型为旨在干扰和规制严重犯罪风险的前置型预防机制上来。经过立法以及修订，《严重犯罪法》对于重罪预防令的适用已经形成了成熟的程序机制，包括程序启动、法令条款设置、执法机关措施保障、法令变更、法令解除、当事人上诉、违法程序性后果。整个程序设计将抗辩精神贯穿其中，在扩展国家权力时亦能兼顾当事人基本权利。并且，《严重犯罪法》在很大程度上象征着政策性措施的极致，内容也拓展至关联领域：教唆犯、协从犯，欺诈犯罪预防以及追赃。作为英国当下最重要的犯罪控制法令之一，重罪预防令基本可以涵盖英国控制严重犯罪的法律经验，即如何通过程序法去实现犯罪控制功能。

## 二、重罪预防令的程序化运行机制

### （一）法令启动与法令间关系

重罪预防令的启动通常有两种方式。第一种是依申请启动，即英格兰检察长、英格兰税务与海关检控办公室主任、反严重欺诈局主任、苏格兰检察长、北爱尔兰检察长可以根据案件情况向刑事法院或高等法院申请重罪预防令。若一个人已被确定犯有严重罪行，应该向刑事法院提出申请。刑事法院接到申请后，只能对在刑事法院被判处重罪，抑或是被治安法院判处重罪后移送给刑事法院量刑的人作出裁定；若一个人已经牵涉到严重罪行，则须要向高等法院提出申请。高等法院收到申请后，法官应当确信该人被指控的严重犯罪符合三个条件之一：该人在英格兰和威尔士犯下严重罪行；该人的行为促使他人在英格兰和威尔士犯下严重罪行；该人的行为可能有助于自己或他人在英格兰和威尔士犯下严重罪行，至于这种犯罪最终是否发生在所不问。第二种则是法官依职权启动。刑事法院和高等法院的法官有权裁决是否作出重罪预防令。英格兰和威尔士的法官在对被告人进行本体判决之外，可基于保护公共安全的合理理由对其适用重罪预防令，既可在法院（也包括治安法院）判决之后，也可在开庭前的案件审查阶段。值得注意的是，高等法院发出或变更的重罪预防令，并不能阻碍刑事法院基于同样的事实变更重罪预防令。同样的，刑事法院发出或变更的重罪预防令，也不能阻碍高等法院基于同样事实进行变更或解除。

### （二）法令的权力架构与适用路径

重罪预防令的申请者一旦获得法院授权，即可禁止、限制适用对象的行为能力及附加新的法律义务。自然人成为适用对象将会在以下方面受到限制：金融、理财、商业交易；工作安排；日常社交；任何能够使用的物品；在英国和国外旅行。法人团体、合伙企业以及非法人团体则将会在以下方面受到限制：金融、财产、商业交易及业务人员；与其有关的协议；提供货物或服务的规定；经营场所及对经营场所或物品的使用；被雇佣人员。

对适用对象行为结构的限制并不能明显体现国家权力对公民权利的正面入侵，真正的权力输出在于国家权力机关对适用对象附加新的法律义务。警察局、反严重有组织犯罪局、税务与海关总署以及反严重欺诈局的执法人员可以要求适用对象（如受贿人、行贿人、证人等）在指定的时间、地点接受侦查部门的强制讯问和强制取证。基于这样的权力架构，重罪预防令既可在前置的侦查、起诉阶段适用，也可在后置的审判、量刑阶段适用。通常情况下，重罪预防令会在严重罪行判决之后作出，但也可根据《皇家检察官法》规定，在评判现有证据不能准确提供定罪前景或起诉将不符合公共利益后作出不起诉决定，随后在不起诉决定基础上向法院申请对嫌疑人适用重罪预防令。政府表示："不起诉决定附带的重罪预防令并非以一个软的方法替代起诉，很多错误评论认为这些命令是执法机构圆满处理棘手起诉的一种方式，但这不是立法本意。"

后置阶段的适用相比前置阶段会减少异议，因为刑事审判为受审对象提供了诉讼权利保障措施，如传闻证据规则，交叉询问规则等。这些权利在前置阶段并不存在，因为《严重犯罪法》将重罪预防令的适用过程框定在民事诉讼范畴而采用民事程序证明标准，法庭在程序上认可传闻证据，也没有交叉质证，因此给公权力留下了空间。重罪预防令旨在提前一步对严重犯罪人的非法行为采取规制，事实上却借着预防名义向关联权利领域迈出了很多步。

（三）基于平衡制约的权利保障

重罪预防令力图在国家权力与公民权利之间寻求一个平衡点，而不至于让国家权力过分膨胀。《严重犯罪法》为重罪预防令的适用设置了限制性条款。第一，未满18周岁公民与属于国务大臣下令说明相关情况的人员不能成为重罪预防令的适用对象。第二，赋予适用对象陈述辩解权。无论是刑事法院还是高等法院，在作出、变更、解除重罪预防令之前，如果认为相应决定会给适用对象带来重大负面效应，就必须赋予适用对象陈述辩解权。这在上诉程序中同样适用。第三，为强制性权力设定排除条款。执法人员要求相关人员回答问题或提供信息时，相关人员可依法在特定领域拒绝回答执法人员的提问以及拒绝提供文件，比如基于诚信义务而拒绝披露相关信息给执法人员。第四，适用对象的程序豁免权。适用对象基于重罪预防令的强制要求而作出的陈述不得在刑事程序中作为对其不利的证据，但有例外。一是对适用对象的追诉是由其违背重罪预防令的相关行为而引发，或者与其他犯罪行为有关；二是适用对象在重罪预防令程序中所作供述与庭审举证过程中的供述相互矛盾，或者在庭审中基于其自身立场而提供供述。第五，规定了适用对象的听证权。任何受到重罪预防令不利影响的对象有权在作出、变更或解除法令前申请听证，也包括被影响的第三方人员或机构。

（四）两级上诉机制

《严重犯罪法》设置了较为完整的上诉体系，保证了适用对象及相关人员的申诉权。适用对象及相关人员可就刑事法院、高等法院与上诉法院就重罪预防令是否作出、变更与解除的决定上诉到上诉法院与最高法院，形成了两级上诉机制。各层级的上诉机制存在程序差异。针对刑事法院的上诉，上诉人只能是适用对象及相关的执法主体，上诉的内容包括刑事法院作出重罪预防令的决定以及任何有权在重罪预防令程序中进行陈述的人员所申请的法令变更。但上诉只有在得到上诉法院许可，或者得到作出决定的法官出具证明文件以证明他的决定具有可上诉性时，方有可诉效力。针对高等法院的上诉，上诉人则扩展至任何在重罪预防令程序中有权作出陈述辩解的人员以及根据《高等法院法1981》（Senior Courts Act 1981）规定有权上诉的人员。上诉内容包括高等法院是否作出、变更、解除重罪预防令的相关决定。值得注意的是，上诉法院管辖上诉的部门存在差异，针对刑事法院的上诉由其刑事上诉庭管辖，而针对高等法院的上诉则由其民事上诉庭管辖。除此以外，任何参与上诉法院程序的当事人均可以继续向最高法院提起上诉，但不服刑事上诉庭处理决定的当事人在上诉权上受到了一定限制。当事人的上诉申请只有得到上诉法院或最高法院许可方能行使，而这种许可只有在上诉法院证明其决定涉及到公共安全的重要法律问题，并且上诉法院或最高法院认为最高法院必须考虑这种观点的情形下，才能够被准许，避免了当事人滥用上诉权。

（五）违反法令的程序性后果

在重罪预防令作出以后，执法机关有责任对适用对象的执行情况进行合规性监督。任何适用对象没有合理理由而违反重罪预防令规定将会受到刑罚制裁。对于情节轻微构成简易罪的，可能被判处最高 12 个月的监禁，单处或并处不超过最高额的罚金。对于情节严重构成起诉罪的，则可能被判处最高 5 年的刑期，单处或并处罚金。违反法令的行为将由检察官提出公诉，发生在英格兰和威尔士的违令行为将在苏格兰统一起诉。除了以刑罚作为强硬的执行保障，法院可以追加如下制裁措施。第一，法院可以没收适用对象在违反重罪预防令期间的违法所得。第二，法院应检察长、税务与海关检控办公室主任以及反严重欺诈局主任请求，关停所涉令公司的经营。第三，追究法人团体、合伙企业以及非法人团体中相关人员的刑事责任。可见，违反重罪预防令的后果将不再基于预防目的，而是在动态平衡基础上实施惩罚性措施。《严重犯罪法》修订后，刑事法院有权针对五年法令期间内的违令行为再次作出新的重罪预防令。这种对法令的强制服从引发了学界的诸多争议。

## 三、重罪预防令的制度评析

### （一）以法益程序思路设计重罪预防制度

在英国，与严重犯罪有关的专门立法主要是《严重有组织犯罪与警察法2005》《严重犯罪法2007》。在这两部法律出台之前，严重犯罪的概念或者是与谋杀、强奸、恐怖主义以及国际法上战争罪等类似的常见犯罪，或者是通常法律论证上的事实严重程度、刑期长短、起诉标准（比如公诉罪抑或简易罪）。《严重有组织犯罪与警察法2005》在“严重”与“有组织”两个犯罪特征之间建立了法律联系，将两者等同使用，凡是涉及到有组织性质的犯罪均可归入严重犯罪范畴。《严重犯罪法2007》同样是以规制有组织犯罪为原旨，但基于这一关联逻辑，并未将有组织犯罪列入严重犯罪清单。该法通过对具有有组织特性的严重犯罪进行列举，以及对定义进行立法规范，为严重犯罪的分类提供了法律基础。但是概念意义上的有组织特性和法律适用上的有组织特性是两回事，给司法操作带来了模糊的麻烦。《严重犯罪法》在2015年修改时，在最后一项中增加了有组织犯罪（organised crime），从而真正还原了该法的立法精神。

《严重犯罪法》中的重罪并非首次被法律规定，一部分犯罪很早即被一些专门性立法所规定，比如贩卖人口罪（people trafficking）被《移民法1971》《性犯罪法2003》《庇护与移民法2004》规定。问题在于，为什么这些犯罪会在众多有争议的重罪中再次被单列出来，是否有浪费立法和司法资源之嫌？不难发现，特殊列举的严重犯罪在现代社会对执政合法性的冲击越来越大，甚至成为全球性难题，呈现出犯罪主体、犯罪行为、犯罪资本的跨国流动、全球联动等特征，反映出英国政治机构在过去几十年间对这些犯罪重视程度的逐渐提升，具有深刻的时代同步性。① 这些被列举的犯罪也经历了从一开始不被法律规定到成为“国家安全威胁”的演进，政府的选择逻辑在于更加便利地就民

① ASHWORSH A，ZEDNER L Preventive Justice［M］. Oxford University Press. 2014：34

众所关注的犯罪进行回应，从而在犯罪控制上实现政治沟通功能。另一方面，对单列的犯罪进行特定规制，反映出英国执政者对政治秩序与法律秩序之间如何平衡的深刻把握，一个简单的理路即是严重犯罪侵犯的法益较之于一般刑事犯罪内容更多、范围更广，由此在法律程序上，也应当对严重犯罪加以区别适用，体现出一种“法益程序”的设计理念。

### （二）重罪预防令与预防性羁押的关系

学界对预防性羁押的研究要远远早于预防性立法、预防性司法等新兴领域，那么重罪预防令与预防性羁押的关系就显得相对薄弱。重罪预防令与预防性羁押既有交叉领域，也有专属特性。在交叉领域，两者同属于预防性司法的宏观框架，具有相同的预防理念，均可基于预防再犯的目的对未被定罪的人员适用限制人身自由的强制措施，都要接受法律程序规制。

但重罪预防令所打造的预防机制在上述的预防性体系中更多偏向于对行为人行为能力的限制。第一，在限制自由方面，通常仅仅出现在执法机关申请重罪预防令进行案件调查时，限制时间不会过长。预防性羁押则是剥夺人身自由，通过强制措施限制人身自由数月甚至更长时间。第二，两者的研究路径存在逻辑上的倒置。预防性羁押是从犯罪学角度观察程序问题，而重罪预防令则是从程序法视角观察犯罪控制。第三，两者在程序属性上存在较大差异，重罪预防令属于民事程序，预防性羁押则是刑事程序。因此在适用对象的权利保障、程序抗辩、证据结构等方面并不是同一标准。第四，重罪预防令几乎覆盖了从侦查到刑事执行的所有程序阶段，而预防性羁押则不能在审查起诉和刑事执行阶段被适用。第五，在结构上，重罪预防令由三重核心要素构成：能对个体或者其他实体组织施以禁止或限制；能够预防特殊犯罪可能带来的危害或风险；违反预防令将会构成犯罪。预防性羁押由于已被实施最严厉的剥夺自由，不会再出现违背程序的情况。

### （三）民事程序性质的权利干预风险

《严重犯罪法》将重罪预防令界定为民事程序（civil procedure）性质，因此刑事法院在评判证据时就允许利用刑事程序中严禁进入的证据来评价适用对象，进而基于这种证据体系预测被告人的后续行为是否会危害公共安全。这无疑是在以民事指令限制适用对象的行为结构，而基于民事契约精神，适用对象并不能平等地同发令者进行商谈，也就不能就所设置的条款进行协商后拟定，只能被动服从。尽管《严重犯罪法》规定了上诉程序，但真正得到撤销的寥寥无几。另外，在执法机关向高等法院申请重罪预防令调查严重犯罪的参与者时，其限定时间、限定地点提供证据的强制程度更不是民事程序所能授权。

对于重罪预防令性质的探讨似乎并不多见，在相邻的预防性羁押领域，德国多数学说认为预防性羁押属于具有警察预防性质的保安拘禁（Sicherungshaft），美国联邦最高法院在 United States v. Salerno 案中认为预防性羁押应属“行政管理措施”。① 行政措施属性至少在逻辑上能够匹配重罪预防令中的限制性措施。从历史发展来看，美国在 1970 年施行的《欺诈干预与腐败组织法》（Racketeer Influenced and Corrupt Organisations Act）（RICOA）已经证明可以用民事法令来实施行为控制。② 英国内政部在 2006 年发布的绿皮书中写道，整个美国正在被这种民事法令所深刻影响。③ 于是，2007 年的《严重犯罪法》将重罪预防令界定为民事法令也就不足为怪。但在实践过程中，重罪预防令却与美国的民事法令大相径庭，尤其是在违反法令的结果上，重罪预防令实质上是以刑事制裁作为保障。由此来看，重罪预防令无疑在启动与执行过程中遵循着一套双重标准，即用宽松的民事证明标准启动程序，却以严厉的刑罚保障其执行效果。英国政府在重罪预防令的程序设计上折射出先发制人色彩，却无意规制可能给当事人权利带来的侵害风险。

### （四）重罪预防令是否成为新刑罚主义的驱动力

重罪预防令的概念框架将有助于理解英国使用预防性法令的扩张逻辑，在梳理预防性措施如何形塑刑事司法实践和体系的历史角色后，越来越多的犯罪学者已经观察到刑事司法的发展趋势正在朝着预防性司法的角色迈进。从历史发展来看，刑事司法体系很大程度上围绕着应激性的警务、侦查、审判而构建。然而，国民的安全需求迫使国家不得不在一定程度上将重心从传统的刑罚结构中转移出来，逐步强调主动性、前瞻性的安全治理理念。着眼于未来的预防性体系基于不确定信息而形成了一套新的风险技术，在逐步渗透刑事司法后成为新刑罚主义的驱动力。④

费雷和西蒙认为，刑罚理念与实践在 20 世纪 70 到 80 年代，甚至延伸到 90 年代都一直呈现出保守主义趋势。同刑罚政策的政治性转变同等重要，我们所言的新刑罚学（New penology）涉及三个明显的转变。第一，全新话语体

---

① 萧宏宜：《预防性羁押的应然与实然》，载《东吴法律学报》2015 年第 4 期。

② OGG J T . Preventive Justice and the Power of Policy Transfer [M] . Springer, 2015: 128 - 129

③ Home Office. New Powers Against Organised and Financial Crime [R] . GreenPaper. London: 2006a: 5

④ HUTCHINSON S, O' MALLEY P. A Genealogy of Fire Prevention. Legal Studies Research Paper [R] . Sydney Law School Research Paper 2009: 205 - 229.

系的生成。盖然性与风险话语很快取代了早期报应惩罚所形成的话语体系，“如何管理犯罪”和政治领域许多“严厉对待犯罪”的修辞形成鲜明对比。第二，新体系所构建的新目标，对于刑罚系统而言不是新生事物，很多目标都具有古老的前因铺垫，但在某种程度上却具有新的“系统性”，新的目标正在取代犯罪控制的传统目标。诸如“减少再犯”这类目标一直都通过诸多途径被内在定性。但是在新刑罚学的设定下，任何外在社会表征皆可预期的观念正在被强化。第三，全新精算技术的部署将犯罪人标定为一个集合进行类型化分析，从而可以预测具备相似特征的人群行为，这就取代了过去刑罚个别化及其创造出的平等环境。①

新刑罚主义总体来说并不是褒义词，因为暗示着越来越多的个体在未经刑事审判或在刑事执行已经结束后，正在或仍然被标定为危险人群而被国家施加类似于刑罚的强制限制措施，这无疑是在架空刑法的情形中实现预防目的。从表面看，重罪预防令弥散出的过度规制风险正在进一步模糊其基本主张与原始意图，将精算司法与新刑罚主义的特性体现得淋漓尽致，这也是重罪预防令受到学界批判的原因。然而，任何研究刑事司法的人都应积极参与对隐藏于立法与政策实践背后新指向的经验分析中，就会发现决策者的意图其实并没有想象的那么邪恶。正在扩张的预防令已经逐渐成为国家控制社会的程序性模式，折射了国家在预防犯罪策略中的早期干预与风险规制思维。事实上，多样化的刑事司法体系采用了预防措施，将预防权力作为犯罪控制功能的一个部分，这些预防功能在刑事司法体系内部运行，通过警务、法庭、精神医疗，以及社区矫正等得到体现。这些措施虽被视为分散的措施而并未得到统一评价，但本质上却在预防的整体框架下运行。与此不同的是，预防令模式则是伴随着犯罪控制的前置化策略对现有法律体系的挑战，将其放置在法律授权与限权之下的双轨运行中，在这种决策创新中缓解了国家战略与自由人权间的紧张状态。

## 四、英国重罪预防令对我国的启示

### （一）重罪预防令与刑事禁止令的比较

就目前而言，《刑法修正案（八）》规定了对判处管制、缓刑的被告人可以适用刑事禁止令，有针对性地禁止其在管制执行期间、缓刑考验期限内“从事特定活动，进入特定区域、场所，接触特定的人”。在刑事诉讼法中，国家机关也可以要求嫌疑人和保证人在取保候审期间遵循相应义务。但不管是

① FEELEY M, SIMON J. The New Penology: Notes on the Emerging Strategy of Corrections and Its Implications [J]. Criminology, 1992: 449 - 474

刑法还是刑事诉讼法的禁止性规定，均和英国重罪预防令存在差异。第一，在意识层面上，我国的刑事禁止令呈现出单向推进的国家主义色彩，被适用对象的权利义务明显不对称。而重罪预防令则体现出双向对合的控辩武装机制，被适用对象通过程序化设计实现了权利与义务的统一。第二，在适用范围上，我国的刑事禁止令主要对轻微刑事案件中的具有较小社会危害性的嫌疑人、被告人发挥作用，而重罪预防令则对《严重犯罪法》规定的严重犯罪产生效力。第三，在适用阶段上，我国刑事禁止令主要适用于法院的量刑阶段，侦查机关在侦查终结和检察机关移送起诉时拥有一定的适用建议权。重罪预防令则可以在侦查阶段直接适用，检察机关可以在作出不起诉决定后，甚至法院在被告人服刑完毕出狱后，均可对嫌疑人适用法令，其所覆盖的程序范围更为广泛。第四，在功能机制上，我国刑事禁止令主要通过附加禁止性义务，防止被告人在管制、缓刑考验期内重新犯罪，重罪预防令除此以外还具有保障侦查功能，对于欺诈犯罪、腐败犯罪具有较强的震慑作用。第五，在保障机制上，刑事禁止令主要靠检察机关监督纠正社区矫正机构的执行活动，违反禁止令且情节严重的撤销缓刑，执行原判刑罚。而重罪预防令则是依靠强硬的新的刑罚机制来维系执行效果。

（二）重罪预防令对我国预防性司法体系的启示

通过制度比较，预防性司法已经开始在我国刑事法体系中萌芽，刑事禁止令中的一些规定与重罪预防令具有相似之处，同时制度之间的差异仍然明显。正是基于这些差异，可为我国预防性司法体系的完善供给经验。

第一，注重预防性司法体系中权力与权利的平衡。重罪预防令的核心意蕴，即如何通过程序法去实现犯罪控制功能。也就是说，重罪预防令不仅是新自由主义再次崛起的政策产物，也是一项独立的程序。正是基于其程序属性，最大的优势就是将程序法中的控辩平衡精髓渗透进犯罪控制进程，而不再是以国家意志指令的形式来控制社会，这样的方式更加符合现代社会的发展方向，契合了法治精神，也降低了政治风险。从上述针对重罪预防令运行机制的分析也能看出，重罪预防令在程序推进过程中并非学界所担忧的权力过分扩张，而是将控辩平衡、审慎原则、最后原则等诉讼精髓融入其中，有效的制衡了国家犯罪控制权。

第二，对于整个刑事司法体系的制度逻辑而言，应当遵循一定的法益程序路径，即在犯罪本体、侵害法益、证据体系与程序设计之间需要具有匹配性。比如，针对口供依赖性较高的腐败贿赂犯罪，重罪预防令可为侦查机关提供较为充分的时间和空间进行讯问和强制取证，从而为反腐败提供了制度保障。而我国在监察体制试点之前，并未就职务犯罪，尤其是贿赂犯罪的侦查程序进行单列规定，而是将取证难度极高、高度依赖口供的贿赂犯罪放置于普通刑事犯罪程序中，最终出现刑事程序的自反性。简而言之，刑事诉讼程序不能保证侦查机关合理的侦查手段而导致侦查功能缺失，最终形成腐败犯罪立案率低、线索流失增多、腐败分子逃脱惩罚几率增大的困境。监察体制改革以后，监察委员会在查处腐败案件中适用国家监察法而不适用刑事诉讼法，就是国家对这种自反性困境的回应。下一步我国刑事禁止令的适用范围应扩大至法益侵害性较大的严重犯罪，而不限于管制、缓刑考验期。

第三，应当重视将犯罪人危险性的风险评估适当前置。我国的刑事禁止令无论是侦查机关、检察机关建议适用抑或法院直接决定适用，均只能在最终定罪量刑之后。这对于整个犯罪预防体系的贡献并不充分。重罪预防令则可在侦查机关取证与检察机关作出不起诉决定时向法院申请适用，从而实现了预防体系的全方位覆盖。这和英国较为发达的风险评估技术紧密关联，危险性的评定直接关系到能否适用重罪预防令。对于我国而言，真正的难题在于：在实体刑法未能对再犯风险进行规定时，必须通过刑事诉讼法来预测和实现其法律效果。但是，一旦允许程序法也开启对人身危险性的预测，不仅会让刑事司法体系受限于概率论而提升未来错误判决的风险，更是将实体刑法上已被前置的入罪门槛在程序介入时进行了二次前置。事实上，无论是刑法还是刑事诉讼法，都不可能在条文中间对被追诉人的人身危险性进行事无巨细的规定，对于人身危险性的评定只能依靠经验性的数据和案例进行支撑。更重要的是，程序法即便规定了法官的风险评估权，也不能保障法官的知识结构、生活经历与认知逻辑能够胜任该项权力而不出现预测偏差。由此，预防性司法体系构建要充分利用犯罪学研究成果，对可能再犯或者不稳定行为的风险进行提炼。犯罪学中的再犯预测技术基本在开放社会中所完成，与刑事司法中紧迫性的风险评价还存在一定隔阂。但是，犯罪学的风险管理方式将对我国预防性司法体系所要评定的犯罪人经历、犯罪类型、性格因子、药物历史等因素进行分析，从而从第三方角度规避实体与程序的双重风险。

第四，预防性司法程序应当遵循审慎原则。整体而言，《严重犯罪法》要求执法机关和司法机关在申请及适用重罪预防令过程中尽可能保持审慎态度。调查人员在申请重罪预防令之前，应当基于合理的理由和证据，证明适用对象确实与严重犯罪有关。检察官应当不断审查提出起诉的可能性。如果决定不起诉，必须尽到注意义务，不要误导被告人，使其认为证据不会用于申请针对他的重罪预防令。如果在被定罪之后要对被告人施加法令，检察官应首先考虑可以获得什么其他的辅助命令，以实现所期望的目标，例如驱逐出境或旅行限制。然后才应该对相关人员单独考虑重罪预防令。法院在决定适用重罪预防令时则需更加审慎，法院必须有合理理由相信，命令将通过禁止，限制或干扰该人参与在英格兰和威尔士的严重犯罪行为来保护公众，其中也隐含着更深层次的技术性要求，即法官需要评估该人是否存在真正的风险，即对于被告人而言，在经历了长期的监禁之后出狱，真正的风险是什么，或者更加极端的情形，被告人在服刑期间是否还将具有再犯风险。然而，在思考如何化解风险时，需要考量对行为人施加限制措施是否会对其正常回归社会造成阻碍。对于刑满释放人员来说，他们更需要来自社会帮助和支持，法官需要在限制权利与回归社会之间找到平衡点。

第五，应重视犯罪学与刑事程序法的功能融合。本文以英国重罪预防令为研究对象，观察现代预防性刑事司法中的程序性犯罪控制机制。在这种结构体系中，犯罪学的政策性与刑事诉讼法学的程序性得到良好结合，国家的犯罪控制策略不仅通过警务改革、社区矫正、监禁、刑事政策等方式输出，更是通过渗透刑事司法程序，以程序法的方式得到合法扩张，提高了刑事司法对犯罪控制的供给效能。但是，这种结构又悄然冲淡了程序法对于国家权力的制衡机制，增大了国家权力对于公民基本权利的侵蚀风险。于是如何来在制度贡献与权力风险之间进行平衡，就成为犯罪学与刑事诉讼法两学科之间的共同任务，应当进一步探索犯罪学与刑事程序法的关系问题。

若从理论法学与部门法学的分野方法来看，犯罪学无疑是在整个刑事科学体系中的具有基础理论性的“法理学”，因为犯罪学中“犯罪概念论、犯罪原因论、犯罪现象论”的结构功能就是更加清晰的理清犯罪运行脉络，从而为子学科群提供研究的基础性知识。以犯罪现象作为客体的刑事一体化总体可以分为两个领域。第一，是以犯罪学为中心的现实评价领域，即犯罪如何产生、如何运行、如何控制、如何消解。这种评价体系以现实主义作为指导原则，强调对犯罪控制的政治性、政策性与实用性，尝试通过对社会安全的宏观调控不断证成政治合法性。第二，则是以刑法、刑事诉讼法为中心的法律评价领域，即如何从法律上认定犯罪、如何追诉犯罪、如何实施犯罪处遇。这种评价体系则强调犯罪控制的正义性、程序性、人权性，尝试通过限制国家犯罪控制权而实现与人权保障的动态平衡。

然而与国外不同，犯罪学在我国并未形成与之相对应的具体法律制度而彰显政策实践性，绝大多数时候在于为刑事政策的出台提供话语支撑，并不能在实践中直接转换为制度生产力。与之相对，刑法、刑事诉讼法等子学科却形成了独立的从现象到制度的知识产出与应用体系，更是通过对国家立法体系施加决策影响而潜移默化的改变社会行为模式。刑事一体化的两个研究极并未形成国外学科融合后的“刑事司法研究”，而是在子学科间不断深入规范化研究后加速划清了学科边界。在国内，若犯罪学与刑法学之间还存在些许融合地带，那么犯罪学与刑事诉讼法学之间的完全隔离则直接阻碍着真正意义上刑事司法研究体系的形成。在逻辑构造上，标签意义的犯罪现象正是刑事诉讼程序的产物，刑事诉讼也从程序上反应出犯罪控制效果。刑事诉讼中控制犯罪与保障人权两个重心在不同国家、不同时期均处于动态变化过程中，通过这种动态转变可以侧视国家在某个时期对社会安全战略的政策思考，犯罪学恰好在基础理论方面为刑事诉讼战略重心选择提供良好的解释支撑，刑事诉讼程序功能与犯罪控制功能存在着巨大重合。鉴于此，通过对重罪预防令的解构，学界应当更进一步梳理和升华两学科间关系。

# 从传统监管改造经验中探索预防女性再犯罪的实现路径

陈　珏*

新中国成立以来，在监管改造工作上形成了很多行之有效的经验，如："教育人，改造人""依靠人民群众的力量"等工作方法，成功挽救了一批犯罪分子并为我国的监管改造工作积累了有中国特色的经验。随着社会的发展，对出狱人的重新违法犯罪率要求越来越高，这也是衡量一个国家罪犯改造质量的重要标准。虽然重新违法犯罪率与国家刑事政策、社会经济水平、出狱人自身状况具有决定性因素，但不可否认的是，监狱改造罪犯的原理、方法也起到相当重要的作用。当今社会，女性罪犯数量不断增多，从全国范围来看，女性犯罪由1995年的占全体罪犯3.08%上升到2008年的4.53%。[①] 因此，从已有的监管改造经验中汲取可用的原理和方法，结合监狱工作实践，探索预防女性再犯罪的有效实现路径既是改造创新再发展，也是提升对监狱女性罪犯管理和教育矫正水平的良好契机。

## 一、女性罪犯特点分析

### （一）犯罪人学历、个人经历差距大

女性犯罪人在学历和个人经历上差距非常大，以上海某女犯监狱为例，学历为初中及以下的罪犯占到罪犯总数的55.23%，而大学本科及以上的罪犯占到总数的7.37%。个人经历上，女性罪犯更是千差万别，有的是国家工作人员，有的是个体经营户，但更多的是无业人员，占到全体罪犯的55.11%。学历、个人经历的巨大差距意味着这些女犯在相处过程中会有很多互相不适应和矛盾，也意味着监狱统一的管理手段和传统的教育方式不能适用于每一个人。

---

* 陈珏，华东政法大学在读法学博士，上海市司法警官学校专职教官，主任科员。

① 《数说人民法院审判工作60年》，载 http://www.court.gov.cn/fabu-xiangqing-119.html。

所以，作为承担教育改造职能的监狱，需要有针对性地采取手段在监管和改造领域适应这一现象。

### （二）团伙犯罪多，受他人影响大

女性罪犯在犯罪过程中有一个比较显著的特点就是参与团伙犯罪的人数较多。以上海某女子监狱为例，团伙犯罪的女性占全体罪犯的30.09%，这其中又以诈骗犯罪、涉毒犯罪为主。除了经过法律角度认定的团伙犯罪之外，很多女性罪犯虽然是独自犯罪，但其实受到了外界他人非常大的影响。例如，在杀人和故意伤害犯罪中很多女性都是因为婚姻家庭关系不和睦，杀死了丈夫的第三者等；有些则因为第三者或受到虐待杀死丈夫、婆婆等。无论是犯意产生之前还是犯罪行为形成过程中，受到周围亲属、朋友，尤其是关系密切的人影响较大，这一特征明显区别于男性罪犯的激情犯罪、单独犯罪较多的特点。之所以将女性犯罪人参与团伙犯罪较多、犯罪受他人影响较大两个特征放在一起与男性犯罪人比较，是因为这两个特征共同体现了女性犯罪人在犯罪动机、犯罪手段、犯罪危险性等方面都是次于男性犯罪人的，这个特点是可以在制定监管和改造手段中予以考虑的因素。

### （三）犯罪人情感依赖重，改造效果受情绪影响大

无论是不是罪犯，女性群体有一个共同的特征，即情感依赖较重，做事容易受情绪影响。这一特征体现在女性犯罪人身上也同样适用。很多女性犯罪人在服刑改造的过程中非常重视父母、配偶和子女乃至兄弟姐妹对自己的态度，狱外亲属的情况也会严重影响到她们的改造生活和改造效果。有些女犯入狱后遇到配偶要求离婚、父母病故或子女意外等情况，往往会情绪失控。如果能够认识到女性犯罪人的这一特点并加以合理利用，在改造中有时可能起到事半功倍的效果。但是，如果没有认识到“情绪”在女性犯罪人改造中的重要作用，往往会忽略很多问题，甚至造成监管安全隐患。

### （四）重新犯罪以涉毒、诈骗类犯罪居多

纵观这几年的犯罪统计，女性重新犯罪逐渐成为趋势，越来越多的女性犯罪人回归社会后重新违法犯罪。据统计截止2018年4月，以上海某监狱为例，曾经有过前科劣迹的女犯占全体女犯的17.49%；这些重新犯罪的女犯中，比较多的犯罪类型是涉毒类犯罪和诈骗类犯罪，占到重新犯罪女犯的一半以上。有了这些基础数据，可以看出在罪犯改造过程中，必须对这类女犯加大力度，采取有针对性的改造措施，才能减少她们的重新违法犯罪率，实现有效改造的目标。

## 二、传统经验对于罪犯改造的影响

我国传统教育改造罪犯的经验非常多，成效也非常明显，总体上来看可以归纳为：劳动改造罪犯和教育改造罪犯两个方面。例如，曾经非常著名的枫桥经验就是劳动和教育改造罪犯的典型。这些传统经验对现今的监管改造有四点启发：

### （一）将“人本主义”思想融入罪犯改造工作

“人本主义”思想是指不要将犯错误的人一棍子打死，而是要本着教育和挽救的精神，尽可能的给予他们改正错误的机会。新中国成立到现在，社会治理方面人本主义的思想一直没有改变过，并且随着社会变迁显得越来越重要。在罪犯改造方面，社区矫正的出现、罪犯个别教育的发展、帮教工作走入大墙内都是人本主义思想的体现和深化。罪犯是触犯了刑法受到制裁进入监狱改造的人，执行刑罚是对他们之前犯罪行为的惩罚，这是刑法惩罚功能的体现。但是，也应当看到罪犯可以教育和改造的另一面。首先，从人员数量和刑期上来说，我国罪犯总数并不少，而且女性犯罪呈逐年上升的趋势，因此教育改造这类罪犯不仅关系到监狱安全，也关系到他们出狱后的社会稳定。其次，如前所述女性罪犯有着情感依赖重、心思细腻等特点，如果能够发挥人本主义思想，以关心和关怀的方式去解决女性罪犯遇到的一些问题，常常能够事半功倍。

### （二）重视罪犯家庭环境对改造的影响

原生家庭的印记是每个人在成长过程中都摆脱不了的，家庭对个人从童年开始的影响就极为重要。对于罪犯来说，家庭环境和家庭成员的状态对于改造效果有着非常大的影响。尤其是对于女性罪犯而言，如果在狱外有一个能起到支持和鼓励作用的家属配合监狱教育，她们的改造之路可能会顺畅很多。很多案例证明，如果家庭成员本身也在服刑或有一些不良经历，出狱回归后的罪犯重新犯罪率也会比其他罪犯要高。改造本身就是一门教育，枫桥经验告诉我们教育人、改造人需要环境、依赖环境，而与罪犯接触最密切的除了监狱本身，就是家庭成员。从长远来看，罪犯即便是在监狱教育得再好，回归后也会受到家庭环境的影响，甚至可能导致监狱教育成果功亏一篑。因此，帮助罪犯识别、了解家庭环境，吸收有利的因素，是从长远着手的一种改造手段。

### （三）正确面对群体效应对个体罪犯的作用

根据萨瑟兰的不同交往理论，犯罪行为是习得的，是在交往过程中通过他人的互相作用而习得的，而且这类犯罪行为的学习主要部分发生在亲密人的群体中。[1] 对于罪犯来说，其他同犯是他们在服刑改造过程中接触最多的人，互相影响的结果可能更甚于警官和家属。传统经验中“依靠和发动群众”的方法对罪犯改造工作的提示包括群体效应对个体的作用。因此，借助传统经验和犯罪学基本原理，正确面对群体效应对个体罪犯的作用，发挥群体罪犯在个体罪犯的积极改造优势，例如用整体氛围改造危险罪犯、顽固罪犯等。

（四）犯罪预防是改造中的重要方面

监狱工作的本质是教育人和改造人。因此，如果能将犯罪预防提前到罪犯教育环节，在一定程度上实现预防犯罪的目标，是监狱系统社会作用的重要体现。从传统观念来看，犯罪预防不是罪犯改造工作的因子，但是如果将犯罪预防纳入改造工作中，并给予足够重视，对于成功改造罪犯尤其是重新犯罪的罪犯有重要意义。

## 三、监狱环境下探索协同教育法

（一）协同教育改造之概念

协同一词来自古希腊语，所谓协同，就是指协调两个或者两个以上的不同资源或者个体，协同一致地完成某一目标的过程或能力。协同，按照康德关于范畴表中关于关系范畴的论述，协同至主动与受动之间的交互作用。协同论（synergetics）亦称“协同学”或“协和学”，是20世纪70年代以来在多学科研究基础上逐渐形成和发展起来的一门新兴学科，是系统科学的重要分支理论。其创立者是联邦德国斯图加特大学教授、著名物理学家哈肯（Hermann Haken）。协同论认为，千差万别的系统，尽管其属性不同，但在整个环境中，各个系统间存在着相互影响而又相互合作的关系。其中也包括通常的社会现象，如不同单位间的相互配合与协作，部门间关系的协调，企业间相互竞争的作用，以及系统中的相互干扰和制约等。协同效应（Synergy Effects），简单地说，就是“1+1>2”的效应。协同效应可分外部和内部两种情况，外部协同是指一个集群中的企业由于相互协作共享业务行为和特定资源，因而将比作为一个单独运作的企业取得更高的赢利能力；内部协同则指企业生产，营销，管理的不同环节，不同阶段，不同方面共同利用同一资源而产生的整体效应。

从监狱语境来看，协同理论也是有相当的可取之处的，如果运用得到运转流畅，所产生的协同效应更是对女犯改造有相当大的正激励作用。尤其是将协同理论运用到预防女性再犯罪的工作中，能够通过外部和内部的协同提高改造

① 吴宗宪：《西方犯罪学》（第二版），法律出版社2006年版，第300~301页。

效果。因此，在监狱语境下结合传统监管改造经验可以探索通过协同教育法预防女性再犯罪。

（二）协同教育改造的必要性和意义

将协同理论运用到预防女性再犯罪的工作中，既是对枫桥经验内涵和外延的再发展，也是转变思路构建大改造格局的创新教育改造新手段的体现。协同改造可以整合各类改造资源，将女犯的家庭成员和同犯一起纳入改造规划，或是通过社区矫正等资源进行内外结合的教育矫治。对于协同教育改造的理念，在监狱管理实践中其实早有体现，例如夫妻同在监狱服刑的可以有会见的机会，姐妹同在监狱服刑的可以一起参加家属接见等。只不过，这些都是协同教育改造的雏形，仅仅实施了协同教育改造中部分或某几种手段，有待提升和精炼。

（三）协同教育改造的设想及操作

通过前文分析和研究，回顾枫桥经验的精髓并结合协同理论和协同效应的基本原理对预防女性再犯罪的实现路径进行了简单的设想。很多学者认为，我国的监狱教育矫正工作中引进、修订和验证国外的矫正项目是一个长期过程，而培养我国本土化的矫正项目是解决我国监禁矫正的关键环节。协同教育改造的实质就是一项系统化的矫正项目，针对它的操作必须从本土化出发，结合我国实际尤其是发挥社区、帮教的力量来得以实现。

1. 创建协同教育的单元格，提升改造效果。有些女犯中家庭成员本身就在狱内服刑，有些夫妻在同地的不同监狱，甚至有些母女和姐妹在同一所监狱的不同监区。协同教育改造过程中，对这类情况要加以调查了解，并及时进行沟通，如果女犯有需要家人鼓励和支持时，可以有的放矢。例如，个别女犯狱内表现比较差，但同在其他监区服刑改造的姐妹却表现较好，就可以通过监区间组织互动活动，给她们交流的机会，通过后进带动先进。有些女犯和丈夫同在监狱服刑，由于女性感情比较细腻，会担心丈夫改造表现等情况，监狱也可以利用本系统内组织活动的机会给表现突出的女犯予以夫妻共同参与的尝试。在针对精神有异常表现女犯的心理矫治过程中，家庭成员是可以利用的对象，如果对女犯的精神状态不会产生较大刺激，可以尝试通过录音录像等手段让复兴的家人给予一定支持。有些监狱使用的激励手段在法律中没有给予明确规定，需要在法律层面确认和明确。文中前述的协同教育改造手段也同样需要得到法律的支持与规制，才能得以健康发展而不是被滥用或引起监管安全问题。狱内协同教育改造的目的并不是简单的工作联系和对接，而是首先要从根本上树立协同的理念和工作方针，铲除协同教育是增加工作负担等片面思想。其次，狱内协同教育改造不是仅仅以个案的协同为目标，而是需要系统化、标准化的工作方法，确定需要参加协同教育改造的对象和具体的方式，本着整合资源避免重复劳动和个别矫治相结合的原则进行。最后，狱内协同教育改造需要法律的确认，确保民警在工作中有章可循并且加强自我保护。

2. 锻造社区矫正桥梁，畅通改造渠道。社区矫正工作是近几年我国新兴发展的监狱外执行方式，也是恢复性司法的重要体现，并根据法律特别产生了专门的管理部门并集中司法力量以便更好的执行刑罚。但其实社区矫正工作并不是一个新型工作方式，而是可以追溯到枫桥经验的启示和发展。随着社区矫正工作的不断正规化、职业化，越来越多的罪犯可以涵盖到社区矫正范围内，也有越来越多的罪犯可以得到非监禁性的刑罚执行便于他们更好地在刑罚执行完毕后融入社会。从定义上看，社区矫正是非监禁性刑罚执行方式，在我国是指将符合法定条件的罪犯置于社区内，由专门的国家机关在社会团体、民间组织和社会志愿者的协助下，在判决、裁定或决定确定的期限内，矫正其犯罪心理和行为恶习，促进其顺利回归社会的非监禁刑罚执行活动。社区矫正工作中应该深度落实参与客体，有针对性地开展管教和帮扶。因此，女犯的协同教育改造过程中，社区矫正是一个不可忽视的力量。对于女犯来说，有些家庭成员可能正在接受社区矫正的管理和帮助，而自己也有可能因为域内表现较好获得假释而进入社区矫正工作范畴。了解社区矫正工作不仅可以增强她们狱内改造的信心，也可以增加对社区矫正工作的信任。信任是个体在社会网络之中资源交换的前提，多元互动下模式下的社区矫正，有助于服刑人员人际关系的加强。因此，调动多元主体共同参与社区矫正的尝试，是有理论基础和实际价值的。同时，以社区为桥梁进行协同教育改造有利于促进社区矫正工作以更加匹配监狱刑罚执行的模式健康发展。在美国，社区矫正工作发展至今，“最低限度的强制、第三次重罚、真实的判决”等原则都作为刑事政策原则写入法律，虽然在实施上各个州有不同的松紧度，但同样的矫正处遇模式也适用于监狱。将社区矫正纳入协同教育改造，对于实现刑罚执行的一致性和矫正处遇的互补性都有积极作用，也可以起到警示非监禁罪犯和鼓励监禁罪犯的作用。

3. 依托帮教工作，加大改造力度。帮教工作是狱内开展的较为广泛的教育改造方式之一，历时悠久涉及面较广，但很多帮教其实并没有起到实际作用，而是仅仅局限于当地司法所、社区来人对罪犯给予慰问、逢年过节送上礼物等，工作成效一直让人感觉隔靴搔痒。其实，如果能将帮教工作利用好，对罪犯改造无疑是有很大意义的。在女犯中开展帮教工作能够起到的积极作用更是尤为明显。因为一般来狱内帮教的女犯当地司法所等部门对她们的情况和家庭成员的情况都了如指掌。来监的帮教工作者可以以最便捷的方式向这些女犯传达家庭成员的情况。如果家庭成员表现情况平稳，可以以此激励女犯认真改造；如果家庭成员有不良行为，也可以及时提醒女犯在回归后减少与其接触。帮教工作人员的作用尤其体现在女犯即将回归社会时，既可以帮助她们制定回归计划、解决回归时的难题，也可以有针对性的帮助她们避免接触不良环境。帮教工作者对自己的态度，对于女犯来说也相当重要。人不仅需要在群体中找到归属感，而且还需要通过周围环境的反馈来确认自的作用，得到社会的赞许和他人的尊重。女犯的自尊心、受暗示性、虚荣心较强，耐挫力和意志力较差，当她们的思想、情感和行为得不到他人理解、承认和支持时，其内心便会产生痛苦的、消极的情感体验，其矫正的动力便会骤降。帮教工作者对家庭成员近期表现的肯定，可以鼓舞女犯积极改造，同时，他们给予的警示也能够为女犯敲响警钟。不但如此，通过帮教工作者带来的激励作用，也可以感染整个狱内文化，从而又反过来促进女犯改造。有学者说过：犯人亚文化就是在监狱服刑的犯人中间流行的信念、价值观和行为模式的总称。[①] 如果能够引导和利用这种群体文化，将他们认可的价值转变为积极有益的，对于罪犯改造是非常有用的，而帮教工作就是引进狱外积极文化和引导力量的重要依托。

传统的监管改造经验距今虽然已经有几十年的历史，但是“劳动改造”“以人为本”“密切联系群众”“教育感化相结合”等既有理论基础又有可操作性的原则为指导，加之其不断更新自身理念使之富有时代性，因此传统经验不但没有被时代所遗弃，反而更加焕发出可圈可点、有料可用的色彩。从传统监管改造经验的这些闪光点中吸取的协同教育改造法对于预防女性再犯罪的发生，也必然具有理论性和实用性并蓄的特点，可以在理论上和实践中不断得以发展和完善。

---

① 吴宗宪：《当代西方监狱学》，法律出版社2005年版，第507页。

# 从刑罚的严厉性走向刑罚的确定性

## ——以腐败犯罪为视角的分析*

张兆松　赵　越**

新中国成立以后，我国一直实行“重刑治腐”刑事政策。① 党的十八大以来，以习近平同志为核心的党中央，以强烈的历史责任感、深沉的使命忧患感、顽强的意志品质，铁腕惩治腐败，着力构建不敢腐、不能腐、不想腐的机制体制，形成了反腐败斗争压倒性态势。但我们同时也注意到：在中央强力反腐的形势下，贪贿犯罪分子受到的刑罚处罚力度大幅度下降，特别是“两高”2016年4月18日《关于办理贪污贿赂刑事案件适用法律若干问题的解释》（以下简称《解释》）颁布后，贪贿犯罪的刑罚力度成倍下降。主要表现在：（1）被判处死刑立即执行的贪贿案件渐趋消失。十八大后我国强力反腐，但至今没有任何贪贿罪犯被判处死刑立即执行。②（2）判处死缓、无期徒刑以上的贪贿罪犯人数大大减少。2008－2012年被判处无期徒刑以上刑罚的贪腐高官有20人，占同期已判贪腐高官的76.9%，而2013－2017年被判处无期徒刑以上刑罚的有26人，只占同期已判贪腐高官的26%。2012年之前，一般贪贿数额在1千万元以上应判处无期徒刑以上刑罚，现在则要贪贿数额在5千万元

* 本文系国家社科基金项目《贪污贿赂犯罪量刑规范化研究》（批准号：16BFX078）的阶段性研究成果。

** 张兆松，浙江工业大学法学院教授；赵越，浙江工业大学法学院2017级硕士研究生。

① 张兆松、王瑞剑：《实然与应然——我国腐败犯罪预防策略省思》，载赵秉志主编：《刑法论丛》（2017年第3卷），法律出版社2018年版，第506～524页。

② 2018年3月28日，山西省临汾市中级人民法院依法对山西省吕梁市人民政府原副市长张中生受贿、巨额财产来源不明案一审公开宣判，对被告人张中生以受贿罪判处死刑，剥夺政治权利终身，并处没收个人全部财产，以巨额财产来源不明罪，判处有期徒刑八年，决定执行死刑，剥夺政治权利终身，并处没收个人全部财产。但最终被告人是否能执行死刑，尚看后续的诉讼程序。

以上才能判处无期徒刑以上刑罚，1亿元以上才能判处死缓。（3）普通贪贿罪犯的刑罚处罚力度大幅度下降。胡冬阳博士实证调研报告指出：刑法修正后，受贿罪的量刑刑期整体呈下降趋势，分别降低244.8%和225.1%。[①] 在腐败犯罪刑罚处罚力度大幅度下降的情况下，及时调整我国腐败犯罪预防策略，增强腐败犯罪刑罚适用的确定性，具有重要的理论意义和现实意义。

## 一、腐败犯罪预防的有效性在于刑罚的确定性

所谓刑罚的确定性，其意义就是说有罪必罚。任何人，只要有了犯罪的行为，就必然受到刑罚的处罚，没有谁可以超脱法律之外，逃避所应受到的痛苦。刑法学、犯罪学之父贝卡利亚指出："对于犯罪最强有力的约束力量不是刑罚的严酷性，而是刑罚的必然性。"[②] 刑罚所具有的严厉的惩罚手段，是刑罚威慑力最直观的体现。但这种严厉性是以刑罚的确定性为基础的。

### （一）刑罚的威慑力根本上源于刑罚的确定性

刑罚带给人的痛苦有抽象性和现实性之分。刑罚的严厉究竟能够给人带来多大的痛苦和恐惧？死刑，是当今公认最为严厉的处罚措施。每个人都对死亡存在着恐惧。因为生命出现之前与生命消失之后，目前都是人类无法探测的领域。所以，死刑给人带来的恐惧只是抽象意义上的恐惧。通常来说，现实的恐惧是可以通过现身说法传播感知的，服刑犯人可以在很大程度上体会自由刑的痛苦，而财产刑的痛苦也是贯穿生活之中，唯独对死刑的痛苦感，并无人可以言传身教。有些被判处终身监禁的人宁愿自杀也不愿意忍受这一生的束缚，死亡对他们或许是一种解脱，正如古代成语所说的"生不如死"一般。因此，我们通过一些方式真切感受和想象除死刑外的刑罚，将抽象的恐惧感具像化，并通过刑罚的确定性来强化刑罚带来的痛苦之感。

贝卡利亚认为："即使刑罚是有节制的，他的确定性也比联系着一线不受处罚希望的可怕刑罚所造成的恐惧更令人印象深刻。"[③] 这句话无疑是十分精辟的。从犯罪人的心理来考究犯罪的动力，任何一个人，他实行犯罪行为，从功利的角度来看，都是经过计算的，他要计算犯罪带来的收益和受到的惩罚的

① 胡冬阳：《贿赂犯罪"数额十情节"模式运行实证研究》，载《湖北社会科学》2017年第10期。

② ［意］贝卡里亚：《论犯罪与刑罚》，黄风译，北京大学出版社2008年版，第62页。

③ ［意］贝卡里亚：《论犯罪与刑罚》，黄风译，北京大学出版社2008年版，第29页。

对比。但是，一个微小的侥幸，即哪怕是存在一丝可以逃避惩罚的希望，都可以将计算中惩罚消解于无形之中，将犯罪的收益扩展到最大，也使得犯罪冲动产生出巨大的诱惑力，从而很容易使人冲破道德的束缚。我们可以从近年来对酒醉驾驶的治理效果上看出端倪，未大幅增加严厉性而是保证确定的处罚就大幅降低了原来屡禁不止的问题。由此可以看出，刑罚的不确定性可以在一定程度上降低甚至完全瓦解刑罚严厉性带给人的心理上的震慑作用，刑罚的确定性优于刑罚的严厉性。

刑罚的严厉性会随着刑罚残酷程度的增加，降低刑罚的威慑效果。在法律经济学理论看来，刑罚的档次越多，档次之间的幅度越小，确定性越强，刑罚的威慑效用越能够充分发挥。① 刑罚的威慑力，在于犯罪人和潜在犯罪人对刑罚给其所造成痛苦。但是，痛苦不是无穷无尽的，同样，正如人类对痛苦的感觉存在极限一样，人们对刑罚痛苦的恐惧同样存在一个极限，如果刑罚的严厉性达到了或者超越了这个限度，刑罚的威慑效果将无法达到保证。古语中有一句“民不畏死，奈何以死惧之”，值得我们的思考。美国的刑法统计学认为，刑罚种类越多、量级越多，其确定性越强，也越能够发挥刑罚的威慑效力。②

（二）我国腐败犯罪的主要诱因是刑罚确定性难以实现

当下，腐败犯罪刑罚确定性面临的困境主要是犯罪发现难、查处难，定罪难。尽管我国不断加大打击腐败犯罪的力度，但由于腐败犯罪本身的特点和立法上的障碍，犯罪黑数大。犯罪黑数是指确已发生却未被发现的案件数。从案发规律来分析，腐败犯罪黑数要比其他犯罪黑数大得多。

普通刑事案件，一般有具体的被害人，一般会留下较明显的能被人的感官感知的犯罪现场、犯罪痕迹或犯罪结果，犯罪一般会因被害人报案、控告或被人发现而暴露，而贪腐案件由于侵害的是国家利益，一般不直接涉及个人的切身利益，犯罪行为与犯罪结果一般不会自行暴露。特别是行贿与受贿是利益共同体，往往属于“天知，地知，你知，我知”的“四知”案件，行贿人一般因获利而不会举报。如果行贿者不交代受贿行为，不提供证据，拒绝配合司法机关的侦查、起诉和审判活动，受贿行为也往往难以证实。这在“买官卖官”案件中表现得更加突出。这种带有偶然因素的反腐模式既达不到威慑效果，也损害法律的公正性和权威性。

① ［美］凯斯·R. 桑斯坦：《行为法律经济学》，涂永前等译，北京大学出版社 2006 年版，第 272 页。

② ［美］斯蒂文、萨维尔：《法律的经济分析》，柯庆华译，中国政法大学出版社 2009 年版，第 148 页。

## 二、腐败犯罪刑罚的确定性难以实现的主要原因

### （一）腐败犯罪构成过于严格

1. 腐败犯罪入罪的数额标准过高。《解释》将腐败犯罪的一般入刑门槛由5000元提高至3万元，明确了数额“较大”“巨大”“特别巨大”的认定标准分别是3万元、20万元、300万元。笔者认为，将城镇居民人均可支配收入作为确定腐败犯罪数额标准并不科学。①

2. 贿赂的对象仍然限制在财物范围内。随着人们生活水平的提高和价值多元化的客观存在，人们的需要和欲望日益多样化，贿赂对象已远非各种各样的“财产性利益”和“非财产性利益”。

3. 一些严重的贪腐违法行为没有纳入犯罪范围。如关于利益冲突问题，我国一直没有把它上升到刑事层面处理。如安徽省临泉县张新镇陶李村村村党支部书记陶某甲、村委会原主任陶某乙，对本村91岁老人朱某某（老伴去世多年，无儿无女）不闻不问，多年不为其申报五保供养，而陶某乙的四弟不符合低保政策，陶某乙却主动为其申请农村二类低保，2011年至2015年，其四弟一家5人违规享受低保金20520元，但最终陶某甲、陶某乙仅分别受到党内严重警告处分。②

### （二）腐败犯罪揭露机制不完善

目前，发现贿赂犯罪的途径主要有人民群众控告检举、犯罪分子投案自首、执纪执法单位移送案件、办案机关自主发现案件四个途径。当前，腐败犯罪揭露机制尽管在实践中发挥了重要的作用，但也存在不少问题。最主要的是举报成案率低和公众举报意愿。对包括贪贿犯罪的腐败现象，人民群众检举揭发的意愿并不是很强烈。有调查显示，掌握腐败问题线索的人群中，只有四成多一点明确表示会举报。在既有举报中，匿名举报又占大多数。

## 三、实现腐败犯罪刑罚确定性的路径选择

### （一）统一反腐败机构

2018年3月11日，第十三届全国人民代表大会第一次会议正式通过了《中华人民共和国宪法修正案》，在修正案中，在国家机构一章中专门增写了

---

① 张兆松：《腐败犯罪定罪量刑数额标准质疑》，载《理论月刊》2017年第7期。

② 《中央纪委公开曝光九起扶贫领域腐败问题典型案例》，载《人民日报》2016年11月8日第7版。

监察委员会一节，确立监察委员会作为国家机构的法律地位，这是对我国政治体制、政治权力、政治关系的重大调整，是对国家监督制度的顶层设计，必将为加强党对反腐败工作的统一领导，建立集中统一、权威高校的国家监察体系，实现对所有行使公权力的公职人员监察全覆盖，奠定坚实宪法基础、产生重大深远影响。广大民众期盼的一个类似于香港廉署政公署的统一、独立、权威、高效的反腐败机构有望在我国落地生根。2018 年 3 月 20 日，十三届全国人大一次会议表决通过了《中华人民共和国监察法》。共计 69 条，包括总则、监察机关及其职责、监察范围和管辖、监察权限、监察程序、反腐败国际合作、对监察机关和监察人员的监督、法律责任和附则等七个方面的内容，明确监察委履行的监督、调查、处置 3 项监察职责，可以采取的谈话、讯问、询问、查询、冻结、调取、查封、扣押、搜查、勘验检查、鉴定、留置等 12 项措施。《监察法》的出台，“将反腐的经验以法律固着下来，将党内监督同国家机关监督、民主监督、司法监督、群众监督、舆论监督融为一体，不仅强化了党和国家的监督效能，也让党风廉政建设和反腐败斗争更为可期”。①

（二）腐败犯罪构成宽泛化

近年来，尽管立法机关和司法机关不断严密腐败犯罪法网，但法网过于严格的特点没有得到实质性的改变，尤其是《刑法修正案（九）》虽然对贪贿犯罪作了比较系统的修改，但从修改内容看，“总体上并没有破除贪污受贿立法本来存在的结构性积弊，重新编织的贪污受贿刑事法网以及调整的惩治力度，不但没有提升刑法对贪污贿赂犯罪的规制能力，反而是‘名严实宽’，难以满足反腐败刑法供给的需要”。② 所以，如何编织严密的腐败犯罪法网，仍是今后腐败犯罪刑事立法的重点和方向。

1. 扩大贿赂的范围。从腐败的现实情况看。目前，腐败已由最基础的权钱交易，发展为权色交易（这里的“色”泛指一切非物质化的东西）、权权交易。这种权色交易、权权交易，一般很难查，而且法律条文上没有对照的惩罚条款。③ 与物质贿赂相比，非物质化贿赂的特点在于隐蔽性、温和性、多次性，其危害是“隐蔽性越来越深，潜伏期越来越长，投机性越来越强，对政

① 新京报社论：《监察法让反腐更高效，让监督更全面》，载《新京报》2018 年 3 月 16 日第 A02 版。

② 孙国祥：《贪污贿赂犯罪刑法修正的得与失》，载《东南大学学报（哲学社会科学版）》2016 年第 3 期。

③ 新京报：《李永忠与杨维骏共话反腐》，载《新京报 11 周年特刊》2014 年 11 月 13 日。

策法律的规避和肢解越来越大，社会危害性越来越烈”。① 从国外反腐败的立法潮流和国际公约看，随着腐败犯罪行为危害的不断加剧，世界各国普遍加大反腐败的力度。其中表现之一就是将其他非财产性利益纳入贿赂的范围。《联合国反腐败公约》第15条、第16条将贿赂界定为“不正当好处”。“不正当好处”=“财物”+“财产性利益”+“非财产性利益”。我国作为已签署《联合国反腐败公约》的国家有义务“采取必要的立法和其他措施”，使国内法达到《联合国反腐败公约》的基本要求。

2. 取消受贿罪中的“为他人谋取利益”要件。受贿罪的本质在于侵犯了职务行为的廉洁性。只要公职人员利用了职务上的便利收受贿赂，就构成收买职务行为的事实，至于“为他人谋取利益”意图有无以及行为实施与否，均不影响其实质。受贿罪的客体决定了其构成要件中不宜包括“为他人谋取利益”的要件。取消受贿罪中的“为他人谋取利益”要件，检察机关只要证明行为人非法收受他人财物，而不需要拿出足够的证据证明受贿人为请托人谋取利益的事实，这样就减轻了检察机关的证明责任，大大节约司法资源，降低反腐败成本，提高办案效率。

### （三）完善腐败犯罪揭露机制

加强反腐败宣传，鼓励人民群众控告举报。在犯罪的发生机理上，除了犯罪人因素外，还包含着对犯罪行为的社会反应系统，即正式社会反应和非正式社会反应。前者是执法机关对触犯刑律的行为进行追诉和处罚的过程，后者是社会群体及新闻媒体对犯罪行为所持的态度。② 针对我国现实社会中存在的对贿赂犯罪过度容忍的现象，要通过加强有针对性的反腐败宣传，普及举报知识，鼓励实名举报，规范举报行为，尤其是完善举报保护机制，以此营造人人抵制腐败、揭露腐败的文化环境。同时，完善刑事立法，严厉惩治报复陷害行为。为了加大对报复陷害行为的打击力度，保护公民的民主权利，鼓励检举控告，应将报复陷害罪的犯罪主体扩展至国家工作人员，明确“滥用职权、假公济私”的具体情形，降低报复陷害罪的追诉标准。对于实施打击报复行为情节轻微不构成犯罪的，也要严肃追究其党纪政纪责任。并且，完善举报奖励制度，加大举报奖励力度。举报人向国家机关提供案件线索，贡献自己的人力物力，承担了被打击报复的危险，减轻了国家机关查办案件的经济负担，增加了国家罚没款物的收入，理应根据社会经济状况的发展，适时提高奖励的数额

① 李永忠、董瑛：《警惕腐败新变》，载《南风窗》2011年第8期。

② 张远煌：《犯罪学》，中国人民大学出版社2011年版，第236页。

标准。应修改现行奖励数额与追回赃款挂钩的规定，根据案件是否属于大案要案来决定奖励数额，充分激发群众的举报积极性。①

2017 年 10 月 24 日，中国共产党第十九次全国代表大会通过的中纪委《报告》强调指出："在充分肯定成绩的同时，也要清醒看到，党风廉政建设和反腐败斗争形势依然严峻复杂，滋生腐败的土壤依然存在，消除存量、遏制增量任务依然艰巨繁重，全面从严治党依然任重道远。"② 这表明中央对当前贪腐形势是有足够清醒认识的。十九大结束后的 60 天内，又有 7 名中管干部落马。这既体现了中央反腐败的态度和决心，也体现了当前反腐败"遏制腐败增量、巩固反腐败压倒性态势"的新趋势。③ 在腐败犯罪刑罚日渐宽缓化的形势下，如何实现腐败犯罪刑罚的确定性就更为重要，也更值得我们研究和关注。

---

① 张远煌、彭德才：《论我国贿赂犯罪揭露机制的完善》，载赵秉志主编：《刑法论丛》（第 42 卷），法律出版社 2015 年版，第 504 页。

② 《十八届中央纪律检查委员会向中国共产党第十九次全国代表大会的工作报告》，载《人民日报》2017 年 10 月 30 日第 1 版。

③ 陈磊：《反腐败斗争如何应对严峻复杂形势》，载《法制日报》2018 年 1 月 25 日第 5 版。

# 试论高龄犯罪研究的缺陷及其对策

史振郭*

## 一、老龄社会不期而至、高龄犯罪日益凸显

目前，世界各国面临一个共同的课题：人口老龄化。所谓“人口老龄化”，世界卫生组织定义为；社会中≥60岁人口超过总人口的10%，或≥65岁人口超过总人口的7%。目前，美国65岁及以上高龄人占全国人口的12.5%左右，2050年将达到20.7%；日本人口的现状是“超高龄”，截至2015年10月，65岁及以上老人为2975万人，大约占总人口的23%，到2050年65岁以上的高龄人口将上升到33.7%；澳大利亚早在1940年就已步入老年型社会，据澳大利亚统计局的数据，至2010年65岁及以上老人就占总人口约13.6%；韩国国家统计厅预计，到2050年65岁以上的人口将占总人口的38.2%；欧盟委员会发表的欧盟人口绿皮书显示，到2030年欧盟65岁以上的老龄人口将增加至52.3%。①

另据穆迪的报告，到2020年13个国家将成为“超高龄”国，即65岁的人口超过20%以上；而到2030年，“超高龄”国家数量将升至34个。德国、意大利和日本是“现役”的“超高龄”国家，希腊和芬兰明年就将步入“超高龄”，包括法国和瑞典在内的另外8个国家会在2020年加入这个行列，加拿大、西班牙和英国则在2025年进入“超高龄”，随后是美国在2030年。该问题并不局限在欧洲和北美。新加坡和韩国也将在2030年加入该行列，同时中国也面临严重的人口老龄化压力。②

中国社会科学院发布《中国老龄事业发展报告（2013）》（蓝皮书），相关数据显示，中国将迎来第一个高龄人口增长高峰，截至2012年底，我国高

---

* 史振郭，福建师范大学法学院刑法教研室主任，教授、硕士生导师，中国犯罪学学会理事、福建省犯罪学研究会理事。

① 《2014年世界各国人口老龄化现状分析》，载 www. chinabgao. com。

② 王懿君：《全球正以惊人速度奔向人口老龄化》，载财经资讯华尔街见闻 App。

龄人口数量已经达到1.94亿，占总人口的14.3%；2013年高龄人口数量突破2亿大关，达到2.02亿，老龄化水平达到14.8%。① 据最新统计，2015年60岁及以上人口达到2.22亿，占总人口的16.15%。预计到2020年，老年人口达到2.48亿，老龄化水平达到17.17%，其中80岁以上老年人口将达到3067万人；2025年，60岁以上人口将达到3亿，成为超老年型国家。考虑到70年代末，计划生育工作力度的加大，在未来可以预见的10年20年人口没有负增长的话，这个比例一直在长，老年人的人数一直往上走。预计到2040我国人口老龄化进程达到顶峰。②

由于老龄社会的突然到来，各国政府包括中国政府在养老、医疗、社会保障、高龄人精神抚慰等方面措施准备严重不足，难以满足日益膨胀的高龄群体的各类现实需求，致使近年来高龄犯罪问题在全球各地日益严重，触目惊心的老人犯罪案件成为各类媒体争相报道的热点问题，成为政府解决的难点问题，也成为学术界、实务界关注的焦点问题。

## 二、高龄犯罪研究存在的主要缺陷

一直以来，学术界都在研究高龄犯罪问题，高龄犯罪的现状、原因、特征及其预防都是研究的内容，总体来说，研究卓有成效，成果颇为丰富，许多对策、措施已经为各国中央政府和地方政府所采用。但是，高龄犯罪的上升趋势、多发态势并未根本改变，犯罪形式愈发多样化，犯罪人数逐年增多，总体社会效果并不理想。虽有多种原因可究，但高龄犯罪研究方式方法存在严重缺陷，是一个现存的不容忽视的重要原因。笔者认为，高龄犯罪研究缺陷主要表现在以下几个方面：

### （一）数据表明高龄犯罪率总体仍然偏低，高龄犯罪逐年迅猛攀升的社会现状被研究者忽视

就世界范围看，权威数据显示，在整个社会的犯罪总数中，高龄犯罪的比例是很低的。根据我国公安司法部门对犯罪人年龄情况的统计，2000年以前，60岁以上的高龄犯罪约占全社会犯罪总数的2%以下，目前高龄人犯罪率约占犯罪总数的3%以下。国外的统计资料也表明了类似的情况，例如，根据1874年的统计，在意大利的犯罪人总数中，60岁以上的犯罪人占0.8%；在英国的犯罪人总数中，60岁以上的犯罪人占2.0%；在奥地利的犯罪人总数中，60

① 参见全国老龄工作委员会办公室：《中国人口老龄化趋势预测研究报告》。

② 2017年5月3日2017中国人口结构、人口老龄化现状、人口老龄化趋势、老龄化趋势背后原因及老龄化带来的问题分析预测，载产业网，www.chyxx.com/i.。

岁以上的犯罪人占12.4%。100多年之后的今天，这种低犯罪率变化并不是很大，统计资料显示，美国因杀人、强奸、抢劫、重伤害、夜盗、盗窃、盗窃汽车、纵火等8种严重犯罪而被逮捕的人中，60岁以上的人占1.5%；德国60岁以上的高龄人犯罪占犯罪总人数约2.5%；匈牙利60岁以上的犯罪人占犯罪人总数的2.0%。① 祖国大陆目前高龄人犯罪率约占犯罪总数的3%以下；我国台湾地区2013年高龄犯罪为8427人，仅占犯罪总人数的约0.31%；2014年高龄犯罪为10745人，占犯罪总人数的约0.38%，逐年上升。②

这些权威机构公布的数据足以说明，高龄人的犯罪率整体仍然不高，这些所谓的官方权威数据，麻痹了政府、麻痹了社会，也麻痹了研究犯罪的所谓学术界权威与专家，以至于政府部门也同样认为问题不是太严重，不必那么着急。然而事实却是高龄犯罪率总体虽然不高（尽管高龄犯罪存在较高的犯罪暗数），但上升趋势非常迅猛，并且已经是全球化的迅猛趋势。据权威媒体报道，从德国、英国、荷兰等西方发达国家，再到亚洲的韩国、日本，高龄犯罪率都呈现了迅猛攀升的迹象。

关于中国的高龄犯罪，尽管未见官方公布总体数据，但是，从各地司法部门公布的数据看，中国高龄犯罪呈逐年增长态势，也是不争的事实。数据一：据吉林省延边州检察统计系统的数据，从2009年至2013年10年期间，60周岁以上高龄犯罪嫌疑人共计252人，其中2009年为40人，占全年起诉人数的1.48%；2010年为33人，占全年起诉人数的1.21%；2011年为48人，占全年起诉人数的1.75%；2012年为64人，占全年起诉人数的2%；2013年67人，占全年起诉人数的2.10%。数据显示，该地区高龄犯罪五年间平均增长约35%！数据二：河南省社旗县检察院2010年至2014年上半年共办理高龄人犯罪案件65件67人，分别占年办案总量的2.87%、5.40%、5.04%、5.71%、6.92%，呈上升趋势。③ 数据三：2006年至2010年，重庆市巴南区人民检察院共办理高龄人犯罪案件91件，占总案件人数的16.2%，但高龄人犯罪人数从2006年的15人增加到了2010年的35人，增加一倍多。数据四：据福建省龙岩市两级检察机关统计数据显示，2001年至2003年，共批准逮捕50周岁以上的农村高龄犯罪嫌疑人194人，占批捕总人数的4%。其中2001

① 吴宗宪、曹健等：《中国高龄犯罪状况及其对策》，载《老龄问题研究》2010年第3期。

② 参见台湾“法务部”司法官学院编印：《犯罪状况及其分析》（2014年犯罪趋势关键报告）。

③ 李应敏：《高龄人犯罪呈现五大问题应予重视》，载《人民检察》2015年第5期。

年批准逮捕农村50周岁以上的犯罪嫌疑人66人，占全年批捕总人数的3.4%；2002年批捕77人，占全年批捕总人数的4.11%；2003年1月至10月共批捕51人，占批捕总人数的3.69%。这个数据虽然是该地区农村高龄人犯罪数据，但也说明在中国农村，高龄人犯罪人数和犯罪率同样呈现上升趋势。

（二）老龄犯罪类型的研究存在缺陷

研究者往往着眼于高龄人的生理因素，忽视特殊的心理因素和客观因素，特别是社会生活方面的客观因素，因此普遍得出高龄人实施暴力犯罪的可能性很小的错误结论。一种观点认为，高龄人因生理衰退，实施暴力犯罪的可能性相对较小，因此，高龄人犯罪涉及的主要是诈骗、诱骗等无需体力付出的犯罪行为。还有一种观点认为，高龄人有丰富的社会阅历，所知犯罪案件和犯罪方法甚多，其中有犯罪前科者还具有相当的犯罪经验。因而相对说来，高龄人实施暴力犯罪的较少，实施智能性犯罪的较多，而且往往教唆他人尤其是少年儿童实施犯罪行为，因此高龄人犯罪智能性、隐蔽性、间接性的特点较为突出。①

上述关于高龄人犯罪的类型的研究固然属于客观事实，但是由于老龄社会突然而至，政府关于养老保障的措施没有及时跟进，基于基本生活、养老保障等因素致使老龄人铤而走险实施的暴力劫财犯罪不断发生；基于生理需求而实施的性暴力犯罪也屡见不鲜；基于老龄心理的孤独失落感表现出固执、偏激、自私、多疑、易怒等性格因素导致感情爆发实施暴力杀人、伤害、纵火犯罪令人瞠目！特别是由于生活水平的提高，高龄人的体质相对以往增强了许多，从体力来看，现在的60多岁老人的体力与过去的40至50多岁人相差无几，高龄人体质的持续增强，为高龄人实施严重暴力犯罪提供了身体上的基本条件。无数的实例和统计数据足以说明，我们的确是大大低估了高龄人实施暴力犯罪的可能性，在研究高龄犯罪类型上存在缺陷。

中国近年来发生的高龄人严重暴力犯罪案件也在不断增多，犯罪类型呈现多样化趋势。据重庆某县法院统计，2003年高龄人犯罪类型为贩毒、诈骗、容留妇女卖淫、故意伤害四种类型；2004年犯罪类型猛增，增加了非法侵入住宅、破坏公用电信设施、窝赃、聚众扰乱社会秩序、破坏选举、奸淫幼女、盗窃等七种；2005年又增加了拐卖妇女、收赃、强奸、投放危险物质等四类。吉林省延边州检察机关2009年至2013年起诉的249名高龄犯罪人中，共涉及

① 赵秉志：《论高龄人犯罪的刑事责任问题》，载《法学家》1988年第2期。

危险驾驶罪、故意伤害罪、强奸罪、滥伐林木罪、盗窃罪、交通肇事罪、组织利用会道门邪教组织破坏法律实施罪、诈骗罪、贪污罪等43个罪名。

与此同时，高龄人实施的严重暴力犯罪也屡见不鲜。2013年“6·7厦门BRT公交爆炸案”就是典型案例。犯罪嫌疑人陈某某被当场烧死。该犯系男性，厦门本地人，60岁，初小文化，长期无业靠打零工维持生计，居住拥挤、生活贫困尚有妻子女儿需要抚养，由于生活拮据，且诉求未能得到满意的解决，遂绝望实施爆炸，报复社会。2014年七八月间，陕西户县一位78岁的老人，20天制造了四期爆炸案，致1人死亡、3人重伤，还有数起爆炸未遂案，公安机关指控其犯爆炸罪、非法持有枪支罪，审判时老人话都听不清楚。

### （三）高龄犯罪研究通常只注重犯罪侵害研究，忽视犯罪被害研究

犯罪被害研究本身就是犯罪学研究的薄弱环节，而现有的被害研究一般又局限于研究被犯罪行为侵害的被害人，对于犯罪人本身也是受害人的研究几乎属于“真空地带”！犯罪学理论上，称此为“犯罪被害”。[①] 从实质上看，“犯罪被害”的研究关系到犯罪者犯罪成因的深层揭示，也关系到针对性的犯罪预防措施的采取，以及对犯罪者进行犯罪矫正的正确途径和具体方式，具有重要的理论和现实意义。

如果深入分析，可以发现高龄被害研究包括两个层面的问题：一是遭受犯罪行为侵害的高龄犯罪被害问题，二是高龄犯罪人基于被害因素而成为犯罪人的问题。

1. 中国高龄犯罪被害研究不够，缺失犯罪被害法律保护制度。高龄被害人的犯罪学研究属于被害人研究的组成部分，主要是被害原因的研究，一般而言，在各个年龄层之中，高龄被害所占比率很小。1985年德国的警察刑案统计显示，年过60岁的老人成为强盗与谋杀的被害对象有较高的比率；美国的犯罪统计显示，高龄人成为“人身犯罪”的被害者，较诸平均数为低，然而在强制性交罪中，仍有2%至7%的被害人，有许多案例高龄人同时成为强盗和强制性交的被害人。对于高龄被害原因的研究显示，独居、离婚或者孤寡老人因遭受社会隔离，被害的危险最大。另外，由于担心养老资金的安全而导致金融诈骗的高龄被害案件正在逐年增加。中国近年来电信诈骗犯罪频发，受害者也以高龄人居多；例如，乌鲁木齐高新区人民法院自2008年12月审结首例非法吸收公众存款案件至2015年底，该院共受理此类案件8起，涉案金额上

① 林山田、林东茂、林燦章：《犯罪学（增订第五版）》，三民书局2012年版，第326页。

亿元，被骗群众上千人，其中老年受害人占80%以上。①

刑事被害人救助制度虽然在西方发达国家得到了广泛应用，但在中国仍处于起步阶段，根源在于缺乏全国性的立法予以制度保障。据悉，自2009年3月中央政法委、最高人民法院、最高人民检察院等八部门联合发布《关于开展刑事被害人救助工作的若干意见》后，全国各地检察院都加紧落实刑事被害人救助工作，江苏、浙江、四川、河南、湖南、辽宁、广东等地成效明显，并取得了一定成果。统计显示，从2009年3月至2010年8月，累计已有866人获得了刑事被害人救助，救助金额达1177万元。②

我国台湾地区对于犯罪被害的研究，以及制度的制定都远远走在祖国大陆的前列。我国台湾地区对犯罪被害问题比较重视，学界研究始于20世纪80年代，“犯罪被害人补偿法”的制定始于1993年，最终于1999年10月颁布实施，2014年台湾地区各地方法院检察署受理犯罪被害补偿案件计1662件，为近十年最高峰；审结申请犯罪被害补偿金案件1196件，决定补偿588件、751人，补偿金额3亿3096万1000元新台币，较十年前增长279.23%，平均补偿47万5080元新台币；2014年补偿高龄被害人179人，占14.82%。③目前，台湾地区已经形成完善的犯罪被害法律制度，包括犯罪被害统计制度、犯罪被害补偿申请制度、犯罪被害补偿办理制度、犯罪被害补偿实施制度、犯罪被害保护服务制度等具体制度。

2. 高龄犯罪人基于被害因素而犯罪问题，同样属于犯罪被害问题，从犯罪学上看，属于犯罪原因研究范畴。一般是指高龄犯罪人既是犯罪者又是被害者，他们之所以实施犯罪主要基于生理特征、心理失衡、社会救助、婚姻伦理、犯罪被害等因素，即高龄人是人体生理器官退化的被害者、是精神抚慰不足心理失衡的被害者、是政府社会救助不足的被害者、是传统婚姻家庭伦理道德礼教的被害者，也包括高龄人自杀问题。虽然近年来，犯罪学界对于犯罪原因的研究方法，已经从传统的行为学领域延伸到生理学领域、心理学领域、伦理学领域，以及人权的基本社会保障领域，但是，这一层面的高龄犯罪被害问题仍然是研究者、实务者严重忽视的弱势领域。统计数据足以说明高龄犯罪人基于被害因素而实施犯罪是严峻的现实问题，主要表现为以下几点：

① 杨舒涵、达妮雅：《高龄人成非法集资案主要受害者》，载《新疆日报》2015年12月14日。

② 王俊秀、高杨清：《刑事被害人救助制度开始试点》，载《中国青年报》2011年02月09日第3版。

③ 台湾“法务部”司法官学院：《犯罪状况及其分析》。

（1）高龄犯罪人是政府社会救助不足的被害者。韩国超过65岁的高龄人中有45%的生活水准处于贫穷线以下，这可能是犯罪的主要原因。2013年“6·7厦门BRT公交爆炸案”，也是同样的问题。

（2）高龄犯罪人是人体生理器官退化、心理失衡的被害者。高龄人身体与精神衰退，感官功能降低，反应迟钝，自控力差，使其人格心理发生了较大的变化，固执、促狭、幼稚、易怒，特别容易实施偶然性和情境性犯罪。

（3）高龄犯罪人是传统婚姻家庭伦理道德观念的被害者。目前，老年性犯罪是十分突出，就单一犯罪类型而言，性犯罪可能是所有高龄犯罪中所占比例最大的犯罪类型。某管教所对59名60－81岁的老年罪犯的调查显示：七成与性有关，其中40人属于强奸、嫖娼等性犯罪。丧偶未娶、终身未娶占有很大比例，而究其未娶的原因，除经济条件限制外，遭到子女干预、传统思想束缚是主要原因，在正常的性需求得不到满足时，高龄人极易走上嫖娼、猥亵、强制性交，甚至强奸至亲的犯罪道路，目前这类案件已经屡屡发生。

（四）高龄自杀问题的研究和实证调查存在缺陷

19世纪30年代以后，随着经济危机、人口老龄化、失业加剧等，世界范围内自杀率急剧增加，自杀成为一个世界性的社会问题。在自杀者中老人自杀现象非常突出，特别是新兴市场的亚洲国家，老人自杀率高于世界平均水平。据报道，中国是世界上自杀率较高的国家之一。值得注意的是，中国也是农村人口自杀率高于城市人口自杀率的极少数国家之一。据原卫生部2010年公布的数据显示，我国农村自杀率为10.01人/10万，中小城市是8.37人/10万，大城市是6.41人/10万，农村人口自杀率几乎是城市的3倍。武汉大学社会学系主持国家社会科学基金项目《农村高龄人自杀的社会学研究》，在湖北、山东、江苏、山西、河南、贵州等11个省份的40多个村庄进行调研，发现农村老人的自杀现象较为严重。

## 三、创新高龄犯罪研究及犯罪矫正的新思路

基于上述高龄犯罪研究领域存在的主要缺陷，笔者认为，必须从以下方面着手，创新高龄犯罪研究及矫正的新思路，尽快遏制高龄犯罪迅猛上升的势头，使即将到来的老龄化社会成为和谐社会、平安社会。

（一）建立高龄犯罪数据统计系统为高龄犯罪的实证研究奠定基础

高龄犯罪状况的研究必须辩证的看待犯罪统计的数据。在中国，必须高度重视高龄犯罪率总体偏低，但上升趋势迅猛的现实状况，同时要充分估计高龄犯罪统计存在较大的“暗数”问题。随着全球及中国老龄化趋势的迅速发展，

国家应当建立老龄犯罪数据统计系统，设立犯罪总人数、犯罪率、犯罪类型、处罚刑种、犯罪原因、男女比例、老龄犯罪年龄段、城市与农村犯罪数、监管羁押人数、社区矫正情况、犯罪被害情况、自杀人数、自杀原因等子项目，并且分为全国、省级、市级、县级四级统计系统。

### （二）亟需深入进行高龄犯罪精神病学实证研究

事实证明，高龄人犯罪与精神疾病有密切关系。统计数据表明，高龄人性犯罪与精神机能低下有着直接的关系，在高龄人性犯罪案例中有不少属于早期老年性痴呆患者；盗窃、暴力犯罪与精神疾病也存在密切联系，由于抑制能力减退或丧失，盗窃罪相当多见，所窃取之物多是缺乏实用价值的东西；通过对高龄人性格的调查，调查者发现疑病倾向、瘾病倾向、依赖和冲动倾向强的人与死的关系较密切，较容易自杀；感情的强度和持续度减弱，情感控制困难，记忆减退，固执个性，工作能力减退，新观念和新习惯的形成困难，以及保守性等性格倾向都容易发生与环境不适应感，容易发生伤人、自伤或自杀的行为。[①] 因此，准确、科学地认识高龄人精神障碍与犯罪的关系是犯罪学研究中一个重要的课题。研究、了解老年精神病患者犯罪的特点，旨在降低老年精神病患者凶杀行为的发生。犯罪精神病学研究成果在预防、控制老年精神病患者犯罪，给予老年精神疾病患者社会支持，减轻对社会的危害，促进社会和谐安宁方面能起到非常重要的作用。

### （三）广泛进行高龄犯罪人的生理学、心理学实证研究，为犯罪预防和矫正提供科学依据及其方法

调查发现，近年来老年性犯罪高发多发与心理健康有着密切的关系。心理健康问题是影响老年性犯罪的重要原因，绝大多数高龄人性犯罪都伴随着心理的失衡。据 2012 年福建龙岩市两级检察院的统计分析，2001 年以来龙岩市批捕农村高龄犯罪嫌疑人中涉及性犯罪 19 人，罪犯多是丧偶、离异、孤寂之人，缺少与他人的沟通交流，在不同程度上出现了人格障碍。笔者认为，生理、心理因素与高龄人性犯罪的内在联系在于：一是高龄人生理长期形成的性生活体验，仍促发生理上和心理上的性冲动，这是性犯罪的生物学因素；二是生活水平的提高，客观上刺激了高龄人的生理需求，体现出对性生活的需要；三是高龄人的体质相对以往也增强了许多，体力的充沛为高龄人实施性暴力型犯罪提供了身体上的便利条件。值得注意的是，心理、生理因素也是高龄人实施暴力犯罪的诱因，高龄人心理上容易产生孤独感和失落感，进而表现出固执、偏

① 董纯朴：《世界高龄犯罪研究特点综述》，载《犯罪研究》2013 年第 6 期。

狭、自我中心、易被激怒的心理特点，因而有时会因琐事而感情突然爆发并实施严重的杀人、伤害、放火、投毒等暴力犯罪。开展心理学、生理学的实证研究能够揭示高龄犯罪人形成犯罪心理和发生犯罪行为的原因过程和规律，为公安司法机关揭露和惩戒犯罪以及预防犯罪矫治犯罪提供心理科学依据和方法。

### （四）现阶段犯罪的社会学研究需要重点研究高龄犯罪现象与现代社会的相互关系

一是深入进行老人犯罪与社会经济状况之间关系的研究。从犯罪社会学的角度看，犯罪作为一种社会现象，是人类社会的产物，重点研究犯罪现象与人类社会的相互关系，关注犯罪的社会特征，是犯罪学研究永恒的课题。现阶段，尤其需要对高龄犯罪与社会福利之间的辩证关系进行深入的研究，强化高龄人的养老、医疗、基本生活条件、获取生活条件的途径等社会保障条件，防范和减少高龄犯罪。

二是开展老人犯罪与社会角色转变的理论研究。退休是社会中绝大多数成员生活中的必经过程，事实证明，退休对高龄人犯罪的产生具有较为直接的影响和密切的联系。退休高龄人感觉与社会脱节、孤单是导致高龄犯罪激增的原因之一。“活动性理论”认为，高龄人应该在退休后一直积极参与活动，这样不仅可以加强个人的自我意识，而且也可以使生活更加充实，既可以获得心理上的满足感，也可以体现出自身的社会价值。① 因此，应当更多的组织和激励老人参与各种社会活动，例如文化娱乐活动、行政执法活动、创造发明活动、文化技能传承活动、福利慈善活动等，实现社会角色的顺利转换，对于预防高龄人犯罪大有裨益。

三是进行高龄人心理抚慰、情绪疏导方法及途径的研究。统计资料表明，老年被害是高龄人犯罪的重要原因。在长期的社会工作、生活实践过程中，来自于政府、社会、单位、家庭的不公、冷漠、误解、遗弃等，对高龄人造成了深度的心理创伤，这些内心深处的伤害当诱因产生时极易导致犯罪。调查数据证实，仅有少部分高龄犯罪是纯粹的自身因素导致，更多的高龄犯罪是源于其长期以来的不满而逐渐形成的犯罪心理。因此，必须深入进行老年被害研究，及时对高龄人进行心理辅导、情绪疏导，化解高龄人内心累积的愤懑，消除犯罪的内心诱因，无疑是预防老人犯罪的有效途径。

① 王震、王鼎：《论退休对高龄人犯罪的影响——以马林恰克的经典理论为视角》，载《三峡大学学报》2012 年第 5 期。

# 扫黑除恶专题研究

# 恶势力的概念流变及其司法认定

刘仁文　刘文钊*

2018年1月，中共中央、国务院发出《关于开展扫黑除恶专项斗争的通知》（以下简称《通知》），提出在全国开展为期三年的扫黑除恶专项斗争。同年1月16日，最高人民法院、最高人民检察院、公安部、司法部联合印发了《关于办理黑恶势力犯罪案件若干问题的指导意见》（以下简称《指导意见》），进一步明确了扫黑除恶专项活动中办理黑恶势力犯罪案件的法律适用问题。在本次扫黑除恶专项斗争中，黑社会性质组织犯罪与恶势力犯罪被共同作为打击重点。半年多来，从各地发布的扫黑除恶"成绩单"中，我们发现恶势力犯罪实际上已经成为本次活动打击的主体，除恶的比例远远高于扫黑，甚至在有的省份、地区，恶势力犯罪在专项斗争中占比超过了90%，① 但是与黑社会性质组织犯罪具有明确的立法规定不同，恶势力犯罪仅规定在司法解释性质的文件②中，不仅条文数量少，而且在规范性、可操作性、权威性等方面

* 刘仁文，中国社会科学院法学研究所研究员、刑法研究室主任、博士生导师；刘文钊，中国社会科学院法学研究所博士研究生、天津市人民检察院第一分院助理检察官。

① 比如截至6月，天津共查处黑恶犯罪团伙153个。其中，恶势力犯罪团伙147个，占全部查处团伙的96%。（参见：http：//tjfy. chinacourt. org/article/detail/2018/07/id/3398947. shtml，访问日期：2018年8月5日）；又比如，截至3月28日，河北省唐山市共查处涉黑涉恶团伙23个，其中恶势力团伙21个，占全部涉黑涉恶团伙91%（参见：www. sohu. com/a/226782460_ 99958478，访问日期：2018年8月5日）；再如，截至7月12日，湖北省黄冈市共查处涉黑涉恶团伙139个，其中恶势力团伙137个，占全部涉黑涉恶团伙98.6%（参见：http：//www. sohu. com/a/241874831_ 268294，访问日期：2018年8月5日）。

② 根据《立法法》、《人民法院组织法》、最高人民法院《关于司法解释工作的规定》、《最高人民检察院司法解释工作规定》的相关规定，《指导意见》由两高两部以意见的形式联合发布，不符合司法解释的制定主体、制定程序、制定形式、发布程序等要件，不属于司法解释。但是由于《指导意见》提出了扫黑除恶专项斗争中的法律适用意见，故我们认为其属于司法解释性质的文件。

均有不足，由此产生了一定的司法风险，如何确保在法治轨道内除恶、在打击犯罪的同时兼顾人权保障，是当前需要认真对待的一件事情。

## 一、恶势力概念的逐步规范化

恶势力是一个具有中国特色的概念，其产生之初并不具有规范属性。无论1979《刑法》还是1997《刑法》，都没有直接规定恶势力犯罪，仅1997《刑法》规定了组织、领导、参加黑社会性质组织犯罪，入境发展黑社会组织罪，包庇、纵容黑社会性质组织罪等涉黑犯罪。但是，随着我国刑事立法的变迁、司法实践的发展以及刑事政策的完善，尤其是2000年以来在全国范围内开展的“打黑除恶”专项斗争的不断推进，作为普通共同犯罪向黑社会性质组织发展的过渡阶段，恶势力概念逐步规范化、法治化。特别是经过《指导意见》的发展，恶势力概念已经具有了相对明确的构成要件和法律效果，可以影响具体定罪和量刑，满足了法律规范的基本要求，并被司法机关不断运用。但是恶势力概念并未进入刑事立法，《指导意见》仅是司法解释性质的文件，效力层级较低，与共同犯罪、犯罪集团相比，仅属于半制度化的规范。①

在这个过程中，主要经历了以下三个阶段：

### （一）恶势力概念在新时期的源起②：1995－1997

恶势力概念源起于1995年时任总理李鹏在第八届全国人民代表大会第三次会议上所作的《政府工作报告》。他在“为改革和发展创造良好的社会环境”一节提出：“今年要采取更加强有力的措施，加大打击犯罪活动的力度，使社会治安状况得到改善。……二是深入开展打击暴力犯罪、毒品犯罪、车匪路霸、拐卖妇女儿童以及盗窃、破坏生产建设设施等严重犯罪活动，坚决铲除黑社会性质的犯罪团伙和流氓恶势力，扫除卖淫嫖娼、赌博等社会丑恶现象。”之后，1996、1997年《政府工作报告》以及1995、1996年《最高人民法院工作报告》均提及严厉打击流氓恶势力。

从上述文件中，我们可以发现这一时期官方对于恶势力犯罪的基本观点：

---

① 将“恶势力”作为半制度化规范的观点由黄京平教授首先提出。参见黄京平：《黑恶势力利用“软暴力”犯罪的若干问题》，载《北京联合大学学报》2018年第2期。

② 改革开放之前，“恶势力”也曾经被频繁使用。与“扫黑除恶”专项活动中“恶势力”含义不同，其主要泛指所有与社会主义国家为敌的人及组织，即包括“帝国主义侵略者、新的世界战争的挑拨者和一切反人民的势力”。所以，我们将改革开放“恶势力”再次提出作为规范意义上“恶势力”概念的源起。关于改革开放前“恶势力”的分析，参见邱格屏：《媒体视角下的黑社会组织六十年》，载《南京大学法律评论》2010年秋季卷。

(1) 恶势力更趋近于政治概念①，不具有规范属性、评价功能；(2) 在用语上，恶势力之前被冠以“流氓”的特征，说明恶势力的行为属性；(3) 基于社会综合治理的需要，严厉打击流氓恶势力；(4) 恶势力内涵不清，外延模糊。在上述文件中，并未明确说明“流氓恶势力”的内涵，构成要件更是无从谈起。在外延范围上，“流氓恶势力”是否包含黑社会性质的犯罪团伙也存在争议。②

### (二) 恶势力概念的发展：1997－2017

1997《刑法》将黑社会性质组织犯罪纳入犯罪圈，恶势力随之后的打黑除恶专项斗争逐步进入犯罪学、刑事政策领域，但这一阶段其仍不具有规范属性。2000年，全国范围内首次实施了打黑除恶专项斗争。配合此次行动，最高人民法院同期出台了《关于审理黑社会性质组织犯罪的案件具体应用法律若干问题的解释》，虽然专项斗争将打黑与除恶并列，但是司法解释仅规定了黑社会性质组织犯罪的法律适用问题，恶势力概念仍然被排除在规范之外。2006年，我国实施了第二次“打黑除恶”专项斗争。为了总结该次打黑除恶专项斗争的经验成果，最高人民法院、最高人民检察院、公安部于2009年12月9日出台了《办理黑社会性质组织犯罪案件座谈会纪要》(以下简称09《纪要》)，首次在司法解释中规定了恶势力概念，初步将恶势力引入规范领域。同时，09《纪要》还首次阐明了黑社会性质组织与恶势力的关系，认为恶势力是黑社会性质组织的雏形。但是09《纪要》仍未赋予恶势力独立的法律后果，认定恶势力犯罪并不影响定罪、量刑，其直接影响在于各地公安机关如何确定“打黑除恶”战果。实际上，09《纪要》中恶势力规定也是以全国“打黑除恶”专项斗争协调小组办公室指定的《“恶势力”战果统计标准》为基

---

① 从“恶势力”官方提出的背景看，此时其属于政治概念，而非犯罪学、刑事政策学、刑法学概念。类似观点参见李旭东、汪力：《地方恶势力犯罪的若干问题》，载《现代法学》1998年第1期。

② 肯定说，认为恶势力包含黑社会性质组织。官方文件中，典型如1995年《最高人民法院的工作报告》、1999年《全国法院维护农村稳定刑事审判工作座谈会纪要》在流氓恶势力的使用中包含黑社会性质组织。学者中，典型如张普华、邹孝也在恶势力含义中包含黑社会性质组织（参见张普华、邹孝：《流氓恶势力的概念与主要特征》，载《法学评论》1995年第1期）。否定说，认为恶势力与黑社会性质组织并立。官方文件中，典型如1995－1997年《政府工作报告》等相关文件中，通常将“黑社会性质犯罪团伙”与“流氓恶势力”相并立。学者中，典型如李旭东、汪力也将黑社会性质组织以及流氓恶势力相对立（参见李旭东、汪力：《地方恶势力犯罪的若干问题探析》，载《现代法学》1998年第1期）。

础，根据实践情况总结、归纳而来的。① 如果认为事实构成和法律后果之间的连结是完整的法律规范首要的、最重要的内容，② 那么09《纪要》对于恶势力的规定不具有规范性，更极少在刑事判决中予以认定。

实践中，即便公安机关认定恶势力团伙，人民检察院、人民法院也不会在起诉书、判决书中予以认定，更不会在说理过程中论述是否构成恶势力、是否予以从严惩处、从严惩处的程度。这样既剥夺了被追诉者的辩护权，又产生了打黑除恶流于形式、暗箱操作、脱离法治轨道等一系列法治风险。其中，具有典型意义的是黄某、潘某程、黄某勇强迫交易案③。该案判决书显示：2016年6月份开始，黄某、潘某程等人威胁采挖海螺渔民，采挖的海螺必须通过他们出售，以及威胁收螺老板符某师等四人只能在固定码头收购海螺，并限制价格为每斤3元，且额外每斤收取0.5元的保护费。截至当年8月4日黄某等人被抓获，共计收受保护费39654元。2017年3月17日，一审判决黄某、潘某程、黄某勇构成强迫交易罪，判处有期徒刑八个月。从一审判决书确定的事实看，这个团伙存续了2个多月，以威胁手段有组织的干预涉案码头海螺收购交易，控制交易流程，从中抽取保护费，扰乱经济、社会生活秩序，符合09《纪要》关于恶势力的认定标准。但是，本案仅有公安机关出具了《恶势力犯罪团伙认定书》认定为恶势力团伙，检察机关、审判机关均未在法律文书中予以表述，更没有对于该团伙是否从严处理、如何从严处理进行论述，也没有组织控辩双方就此进行辩论。这个案例显示09《纪要》中恶势力的规定只停留于书本之上，并没有成为行为上的法。

### （三）恶势力概念的进一步规范化：2018

本次“扫黑除恶”专项斗争是恶势力概念规范化进程中的又一重要时间节点。主要体现在以下几个方面：

1. 重申恶势力的特征，细化构成要件。在继承09《纪要》恶势力定义的基础上，进一步细化了恶势力的认定标准。从组织特征、行为特征、危害特征等角度，细化恶势力与普通共同犯罪、黑社会性质组织的区别。

2. 明确认定恶势力的法律效果，恶势力作为对特定组织及其行为的整体评价影响定罪、量刑。在定罪中，《指导意见》通过系统规定恶势力实施软暴力犯罪的法律适用及入罪标准，将恶势力评价为特定共同犯罪组织。只有黑社

---

① 高憬宏、周川：《〈办理黑社会性质组织犯罪案件座谈会纪要〉的理解与适用》，载《刑事审判参考》（总第74集），法律出版社2010年版，第185页。

② 伯恩·魏德士：《法理学》，丁晓春、吴越译，法律出版社2013年版，第61页。

③ （2017）琼9005刑初62号，文书来源于中国裁判文书网。

会性质组织与恶势力实施的滋扰、纠缠、吵闹等软暴力行为才能构成相应的犯罪。个人实施的软暴力行为不能被评价为恐吓或者威胁，也就不能构成相应犯罪。这无异于将恶势力评价纳入罪与非罪、此罪与彼罪的区分标准中，赋予认定恶势力影响定罪的法律效果。在量刑中，《指导意见》首次明确恶势力独立的法律后果，强调恶势力犯罪应当区别于普通刑事案件依法从严惩处。

3. 强调法律文书中恶势力表述，突出除恶的有效性与公开性。《指导意见》特别提出在相关法律文书中的犯罪事实认定部分可使用恶势力等表述。考虑到近期以审判为中心诉讼制度改革的深入推进，在法律文书中使用恶势力表述的前提条件是有足够的证据支撑恶势力认定，这样就会倒逼办案机关积极收集认定恶势力的相关证据，分析恶势力认定的构成要件，个案判断是否构成恶势力组织。另外，吸取以往个别地区“打黑除恶”专项斗争的经验教训，公开恶势力认定，可以缓解部分群众对打黑除恶扩大化的质疑。①

综上，《指导意见》的出台基本确立了恶势力作为特定组织的法律评价地位。与之前以共同犯罪、具体犯罪行为定罪处罚的模式不同，《指导意见》要求司法机关在具体定罪之前，先对共同犯罪进行整体评价，认定恶势力后以其作为行为主体判断共同犯罪行为的具体定罪，进而量刑。根据发展状态的不同，将有组织犯罪分为恶势力犯罪与黑社会性质组织犯罪，在刑法规定的范围内分别打击、相互补充、高低搭配，形成一个阶梯化惩治有组织犯罪的法律体系。对于发展成熟的黑社会性质组织打准打实，依法严惩；对于尚未发展成熟的恶势力犯罪组织或犯罪集团打早打小，仅根据所实施的犯罪依法从重惩处。

由于“扫黑除恶”专项斗争的强力推动，这种变化不仅体现为规范层面的变化，更直接引导司法实践的改变。典型的如徐某某、万某某、张某某等8人寻衅滋事、开设赌场、强迫交易、聚众斗殴案。② 根据该案判决书认定，2009年至2016年，徐某某、万某某、张某某等8人经常纠集在一起，形成以徐某某为首的恶势力集团，采取暴力、威胁等手段，有组织的实施了寻衅滋事、开设赌场、强迫交易犯罪活动，为非作恶，欺压百姓，扰乱经济、社会生活秩序，造成较为恶劣的社会影响。检察机关认定该团伙为恶势力犯罪集团，辩护人提出不构成恶势力犯罪集团的辩护意见。审判机关在犯罪事实认定部分明确表述构成恶势力犯罪集团，单独罗列、分析了证实形成恶势力犯罪集团的

① 典型的如2009年12月“李庄案”发生以来，外界对重庆打黑除恶的质疑。参见赵秉志、彭新林：《关于重庆“打黑除恶”的法理思考》，载《山东警察学院学报》2011年第1期。

② （2018）鄂0704刑初197号，参见中国裁判文书网。

证据。与前述黄某、潘某程、黄某勇强迫交易案不同的是，本案不仅在起诉书、判决书中明确认定恶势力犯罪集团，还在庭审阶段组织控辩双方就是否构成了恶势力犯罪集团进行了辩论。前后两个案例判决书的变化进一步印证了恶势力规范属性的变迁，说明恶势力犯罪规范已经从书本走向具体司法行为。

## 二、恶势力概念逐步规范化的原因及其不足

### （一）恶势力概念逐步规范化的直接原因是刑事立法不足造成的处罚困境

随着改革开放的不断深入，我国社会结构经历了深刻变动，有组织犯罪的打击需求进一步提升，但是刑事立法并没有随之改变。《刑法》第294条规定了黑社会性质组织相关犯罪，之后的司法解释、立法解释、《刑法修正案(八)》逐步明确了黑社会性质组织的基本特征，为打击黑社会性质组织提供了法律依据。但是没有犯罪学的刑法是盲目的，[①] 一切对有组织犯罪的立法均应当建立在科学认识这种特殊犯罪现象的基础之上。实践中，大部分黑社会性质组织不是成员直接设立的，而是经由普通共同犯罪、恶势力逐步发展壮大的。刑事立法忽视黑社会性质组织犯罪“打早打小”的刑事政策需求，片面强调打击黑社会性质组织犯罪这种高级形态，立法模式、前瞻性、系统性均存在不足。尤其是对已经具备了部分黑社会性质组织特征的恶势力组织，司法实践部门如果过分强调打早打小，片面从重从严，可能造成恶势力升格处理，认定黑社会性质组织扩大化，违反罪刑法定原则；另一方面，如果严守罪刑法定原则，简单按照共同犯罪处理，又会面临打击有组织犯罪力不从心的困境，不利于预防有组织犯罪，无法凸显犯罪组织自身的社会危害性，甚至造成罪刑不适当。为了填补这一立法不足，司法机关不断推动恶势力概念规范化，逐步赋予恶势力独立的评价功能，最终形成恶势力犯罪、黑社会性质组织犯罪阶梯化的打击模式。

### （二）恶势力概念逐步规范化的现实需求是本土有组织犯罪特征的多样性

当下，我国经济、社会发展不平衡，尤其是区域发展不平衡、城乡发展不平衡、行业发展不平衡，造成不同地区、重点行业中有组织犯罪差异较大。在地域上，广大农村和经济欠发达地区受在熟人社会、差序格局的影响，有组织犯罪呈现出熟人属性。这类社会中，由己向外推以构成的社会范围是一根根私

① 汉斯·海因里希·耶塞克等：《德国刑法教科书》，徐久生译，中国法制出版社2001年版，第61页。

人联系，每根绳子被一种道德要素维持着。[①] 这种维系私人联系的道德可以一定程度上代替有组织犯罪中的规约，增强了组织凝聚力。由于组织内部成员受“孝、悌、忠、信”这些道德因素联系和制约，组织者、领导者对组织的内部制约并不明显，导致组织形式扁平化、松散化。[②] 根据刑法规定，这种松散的组织不符合黑社会性质组织的组织特征，更趋近于团伙型犯罪组织。[③] 同时，在经济发达的地区，有组织犯罪又呈现出组织形式更加严密，公司化特征突出，暴力与软暴力倾向并存，向经济、政治领域深度渗透等特点。[④] 这类组织属于典型的黑社会性质组织，需要严厉打击。我国社会发展的不平衡、不充分，造成了有组织犯罪的多样性，分类处理、有效打击是必然之选。恶势力犯罪、黑社会性质组织犯罪阶梯化的打击模式就是在这一现实需求下逐步确立的。

### （三）恶势力概念逐步规范化的实践缺陷是规范明确性的不足

恶势力概念的规范化是司法实践的产物，而非立法设计的结果。经过多年的实践探索，惩治恶势力犯罪已初步实现有法可依。但是，根据明确性原则，刑法不仅要明文规定犯罪和刑罚，而且必须明确规定犯罪行为的刑事可罚性的先决条件和法律后果，即犯罪构成要件要明确、犯罪行为与非犯罪行为的范围和界限要明确、犯罪行为的刑种和刑度要明确。[⑤]《指导意见》在定义恶势力时采用了“经常纠集在一起”“一定区域或者行业”“一般为三人以上”等模糊表述会一定程度上危害了法律的明确性，为各地司法机关不当增减构成要件要素、过多考量地方域情、个案处罚需要、人为拔高或降低处罚提供了空间。另外，《指导意见》采取“为非作恶”“欺压百姓”“造成较为恶劣的社会影响”等描述性语言定义恶势力，体现了一般人对于恶势力的直观感受。但是上述语言规定在法律制度的构成要件中就不够明确了，会减损实践过程中的可操作性，也易于将法官从法律评价引向道德评价，进而脱离法治轨道。在

---

① 费孝通：《乡土中国》，人民出版社2008年版，第28页。

② 参见王烁：《中国的熟人社会与有组织犯罪的组织性特征》，载《犯罪研究》2014年第6期。

③ 这里的团伙型犯罪组织并不是刑法规定的法律概念，主要在警方文件和实践中使用，指三人以上为了多次实行犯罪而结合起来的、组织形式灵活多样、结构松散、成员不完全固定，只有一个或几个核心成员的、组织化程度很低的犯罪结伙。参见何秉松：《犯罪团伙、犯罪集团、黑社会性质组织、黑社会组织、有组织犯罪集团辨析》，载《浙江师范大学学报（社会科学版）》2002年第2期。

④ 参见康树华：《我国有组织犯罪的现状及其治理》，载《法学家》2008年第3期。

⑤ 刘仁文主编：《刑法学的新发展》，中国社会科学出版社2014年版，第46页。

《指导意见》发布之后，各地司法机关反映主要内容也在于恶势力认定缺乏客观、统一、可操作的标准，实践中不易把握，个案争议较大。这也说明了明确性不足对法律适用的具体影响。虽然上述缺陷还不足以达到违反罪刑法定原则的程度，但是恶势力的正确适用离不开明确的标准，有必要对其进行恰当的法律解释，补充现有规范不足。

（四）恶势力概念逐步规范化的发展制约是《指导意见》效力层级的限制

《指导意见》虽然推进恶势力的规范化，但其仅属于司法解释性质的文件，在效力层级上与刑法规范具有显著的差距。[①] 一切设定犯罪与刑罚的规范均应由法律规定，法律解释仅能在法律规定的范围内进行，不能超出法律规定类推解释。《指导意见》效力层级限制了恶势力规范的内容。比如《指导意见》仅规定在事实认定部分时可以使用恶势力表述。这并不意味着在“本院认为”部分不会涉及恶势力认定，而是因为该阶段属于法律适用阶段，仅适合分析法律确定的规则。由于我国《刑法》并未确立该规则，所以《指导意见》对“本院认为”部分能否表述没有规定。但是，司法实践认定犯罪时具有融贯性，一个构成要件要素只能在事实认定阶段确定，不能在法律适用阶段使用，违反了司法认定的规律。同时，效力层级较低限制了恶势力概念的进一步发展。恶势力概念若要进一步规范化，需要超越刑法总则共同犯罪、犯罪集团的规定，甚至增加新的罪名。这已经超出了法律解释的范围，进入立法层面的改变，需要由《刑法》具体规定。另外，《指导意见》的效力层级一定程度上影响了正确适用。《指导意见》的权威性低于《刑法》规定。在扫黑除恶背景下，迫于指标压力，超出《指导意见》将普通共同犯罪认定为恶势力犯罪的可能性增大[②]。比如邓某彬、彭某明、王某雄犯寻衅滋事案[③]仅因一次酒后持械随意追逐、殴打他人的寻衅滋事行为就认定恶势力犯罪，超出了《指导意见》中多人多次的认定标准，将不符合恶势力认定标准的情况认定为恶势力犯罪。

---

① 《指导意见》不属于司法解释。但《指导意见》毕竟是司法机关与其他部门就法律适用发布的成文解释，效力低于司法解释，但与司法解释一样，处于法律解释这一效力层级中。

② 需要说明的是并非将恶势力上升为刑法规范就可以杜绝扩大处罚的风险。但是权威性的提高，毕竟有利于降低该风险。

③ （2018）粤0232刑初16号，参见中国裁判文书网。

## 三、恶势力的司法认定

正确认定恶势力组织是扫黑除恶专项斗争有序开展的前提。09《纪要》、《指导意见》都对恶势力的概念进行了规定。值得注意的是，09《纪要》提出，各级人民法院、人民检察院和公安机关在办案时应根据本纪要的精神，结合组织化程度的高低、经济实力的强弱、有无追求和实现对社会的非法控制等特征，对黑社会性质组织与恶势力团伙加以正确区分。有学者认为这是用多特征综合分析的方法来区分黑社会性质组织与恶势力，应当延伸到区分恶势力犯罪与普通刑事犯罪的领域。① 我们认为这种多特征综合分析的方法较为妥善地解决了恶势力认定中不同特征存在交叉重叠、难以完全区分的问题，但是没有突出恶势力与普通共同犯罪的本质不同，因此应当采取类型思维的方式来认定恶势力。

### （一）类型思维在恶势力认定中的应用

根据要素关系不同，法律概念可以分为分类概念与类型概念。分类概念的构成要素之间不存在内在联系，某一要素的成立与否不受到其他要素是否成立、以多大程度成立的影响，只要构成概念的要素逐一达成即可认定。所以，分类概念可以精确地用列举出固定不变的组成特征来加以定义，具有封闭性、逻辑性、抽象性、精确性的特点。类型概念是有联系的、有意义的意义关联，普遍的事物在其自身中直观的、整体的被掌握。② 类型概念存在一个或多个可区分等级的要素，当一个可区分等级的要素在个案中越高程度地被实现，其他可分级的要素所必须被实现的程度便可随之降低。③ 通过对于类型概念与分类概念的对比，认定类型概念有两个条件：存在可区分等级的概念要素与概念要素之间的关联性。由此观之，恶势力概念属于类型概念。

恶势力的特征包括组织特征、行为特征、危害特征。上述三个特征均呈现出可分级的特性。比如组织特征。《指导意见》将恶势力分为恶势力组织和犯罪集团，说明组织特征可分级。普通共同犯罪到恶势力、黑社会性质组织的组织特征变化也具有等级性，呈现为从行为的组织性到结构的组织性；从临时、

---

① 参见黄京平：《恶势力及其软暴力犯罪探微》，载《中国刑事法杂志》2018 年第 3 期。

② 亚图·考夫曼：《类推与事物本质——兼论类型理论》，吴从周译，颜厥安校，学林文化事业有限公司 1999 年版，第 111 ~113 页。

③ 参见英格博格·普珀：《法学思维小课堂——法律人的 6 堂思维训练课》，蔡圣伟译，北京大学出版社 2011 年版，第 25 页。

松散的组织性，到固定、严密的组织性；从内部的组织性到内外结合的组织性；从人员、物质的组织性到精神、文化的组织性。[①] 恶势力的组织特征与黑社会性质组织的组织特征存在重合的可能，也就是说恶势力组织可能具备黑社会性质组织的组织特征，但因不具备其他特征或不同时具备其他特征而不构成黑社会性质组织。司法实践通常根据组织者、领导者、骨干成员和一般成员的关系是否稳定、紧密，将黑社会性质组织特征分为紧密型结构、半紧密型结构和松散型结构。[②] 恶势力组织的组织特征也可能包括上述三种情况，还包括不存在明显组织者、领导者、骨干成员分工，仅具有固定纠集者的情况。所以，恶势力的组织特征至少可以分为两类：犯罪团伙型恶势力组织与犯罪集团型恶势力组织，其中犯罪集团型恶势力组织又包括紧密型、半紧密型和松散型三级。

恶势力认定的三个特征具有关联性，各个特征之间、各特征与恶势力组织这个整体之间都具有不可分割的紧密联系。组织特征是恶势力组织认定的基础，但是实践中恶势力组织的成立并不是一蹴而就的，而是通过一次次的有组织的违法犯罪行为不断增强的。没有犯罪行为，就不可能形成恶势力组织。认定恶势力组织时不考虑犯罪行为无法勾勒出组织外形。甚至有的恶势力组织真正确定组织成立，是通过某次违法犯罪行为在一定地域、行业产生了“恶名”，造成了不良影响。不考虑恶势力组织整体的危害特征也无法判断组织特征。同样，在判断行为特征时，也要考虑组织特征、危害特征，否则无法认定犯罪行为到底是恶势力组织成员的个人犯罪还是恶势力组织的犯罪行为。另外，恶势力组织的危害特征也是通过有组织的实施犯罪行为逐步形成的。在判断时，也要考虑行为特征、组织特征。

可见，恶势力的构成要素具有可分级及相互关联的特性，属于类型概念。

分类概念与类型概念的分类对应着概念思维与类型思维的分野。通常认为，概念思维是传统刑法的思维方法，最大的优势在于能够较好地保持法律的稳定性和安全性。[③] 但也存在机械司法、内涵过渡抽象、意义空洞化、滞后于

① 杜宇：《刑法体系构建的三种思路》，载《浙江社会科学》2009 年第 7 期。

② 关于紧密型、半紧密型、松散型结构的分析，参见罗高鹏：《关于黑社会性质组织特征的若干问题》，载《刑事审判参考》（总第 107 期），法律出版社 2017 年版。

③ 吴学斌：《刑法思维之变革：从概念思维到类型思维——以刑法的适用为视角》，载《法商研究》2007 年第 6 期。

社会现实发展[①]等缺点。与之相对，类型思维具有价值导向性，介于抽象与具体之间的中间性、使法规范与生活现实相调适的开放性优势，但也不能忽视其对于法安定性的潜在侵害。我们无意于在此处比较两种思维方法的优劣，但不能否认的是恶势力认定中应用类型思维的优势。作为普通共同犯罪与黑社会性质组织之间的过渡形态，恶势力认定的具体标准是评价的，甚至是“流动的”[②]，经常是“或多或少”的问题，而非“非此即彼”的问题。虽然类型思维无法完全套用形式逻辑，赋予司法的价值评判空间，但是比起分类概念累加构成要素的做法，更能较为妥适地处理此类过渡阶段的认定难题。[③] 比如司法实践中常见的组织卖淫行为。如果机械的理解《指导意见》，则只要三人以上共同组织卖淫就可以认定为恶势力。因为三人组织卖淫符合恶势力的组织要素；组织卖淫的客观行为是招募、雇佣、纠集等手段，管理或者控制他人卖淫，符合恶势力的行为要素；组织卖淫造成多人嫖娼，也可能认定为造成较恶劣的社会影响。如果按照概念思维，此时应当认定为恶势力犯罪，这无异于扩大了恶势力的认定范围，背离了恶势力规定的初衷。根据一般人的公平正义观，显然三人组织卖淫不都是恶势力，需要进一步价值判断，这为类型思维提供了空间。

利用类型思维，首先要从法律规范中探求类型的“主导形象”，然后以此为基准来解释认定要素。[④] 在判断具体要素时，仅在个案中去确认这些要素已被实现还不够，还要分析这些要素达到了何种程度。然后，才能够将确定类型概念的比较规则运用到个案中。具体到恶势力认定中，第一步是判断的组织特征、行为特征、危害特征三个要素是否达成，以何种程度达成，如果要素最基本的条件都未满足，则不能构成恶势力。第二步，要比较三个要素达成的程度。根据要素的达成程度，结合“主导形象”黑社会性质组织的雏形进行价值判断，认定是否够成恶势力。如果三个要素均以最基本的条件满足，较黑社

---

① 关于概念思维的缺陷，参见齐文远、苏彩霞：《刑法中的类型思维之提倡》，载《法律科学》2010 年第 1 期；吴学斌：《刑法思维之变革：从概念思维到类型思维——以刑法的适用为视角》，载《法商研究》2007 年第 6 期；任彦君：《论类型思维在刑事疑案裁判中的运用》，载《法学评论》2015 年第 4 期，

② 关于“流动的”的解释，参见英格博格·普珀：《法学思维小课堂——法律人的 6 堂思维训练课》，蔡圣伟译，北京大学出版社 2011 年版，第 28 页。

③ 过渡概念适用类型思维的优势。参见英格博格·普珀：《法学思维小课堂——法律人的 6 堂思维训练课》，蔡圣伟译，北京大学出版社 2011 年版。

④ 参见卡尔·拉伦茨：《法学方法论》，陈爱娥译，商务印书馆 2003 年版，第 344 页。

会性质组织更趋近于普通共同犯罪，则一般不宜认定构成恶势力。如果三个要素中，某个要素已经趋近甚至符合了黑社会性质组织的程度，则其他要素达成的程度较弱，也不影响认定恶势力。

（二）恶势力的“主导形象”

恶势力的“主导形象”是黑社会性质组织的雏形，其逐步规范化的目的就是为了填补黑社会性质组织雏形阶段的处罚空白。恶势力犯罪与黑社会性质组织在经济特征上区别较大，在组织特征、危害特征上的区别体现在为“量变产生质变”，在行为特征上仅有量的差距，不具有质的不同。有学者将黑社会性质组织雏形特征归纳为恶势力违法犯罪追求的阶段性目的，即“为谋取不法利益或形成非法影响有组织地违法犯罪”①。这种观点剥夺“黑社会性质组织的雏形”这一“主导形象”对其他要素的价值判断作用，利用案件事实的逻辑判断代替价值判断，名义上限制了恶势力的认定标准，实质上造成了恶势力认定的僵化。比如，《通知》明确重点打击插手民间纠纷，充当“地下执法队”的黑恶势力。此类恶势力插手的民间纠纷大多为合法的债权债务纠纷。债权人因执行受阻，聘请恶势力，甚至为其出具合法的代理函，约定执行后的报酬。恶势力成员到达债务人公司后通常首先出示代理函，之后暗示自己的“黑社会”身份，有组织地采用滋扰、纠缠、哄闹、聚众造势等手段扰乱债务人正常的工作、生活秩序，威胁还款。这个过程中债权合法，且恶势力成员与债权人的约定真实有效，难以认定不法利益。另外，债务人散在各地，代理讨债无法认定为了形成对某一地区或者某一行业的非法影响而实施犯罪。如果按照分类概念的判断方法将黑社会性质组织雏形归纳为“为谋取不法利益或形成非法影响有组织地违法犯罪”无法得出妥当的结论。但是如果采取价值判断方法，此类恶势力在违法犯罪手段已经具有了黑社会性质组织的行为特征，组织形式也可能存在明确的分级、固定的成员及分工。随时可以采取暴力手段插手经济领域，获取经济利益，以黑养商，符合黑社会性质组织雏形的特征。

另外，黑社会性质组织雏形并非不具有限制恶势力认定的功能。比如少数上访人员为了不合理的利益，有组织的缠访缠诉，扰乱社会秩序。根据组织特征、行为特征、危害特征，也可能被认定为恶势力，按照软暴力涉恶案件处理。但是通过价值判断也可以发现，此类案件与黑社会性质组织雏形具有一定区别，因矛盾激化等原因组织实施的违法犯罪行为与恶势力具有明显的区别。

① 参见黄京平：《恶势力及其软暴力犯罪探微》，载《中国刑事法杂志》2018年第3期。

### （三）恶势力认定的具体要素

1. 组织特征

《指导意见》将恶势力的组织特征细化为恶势力一般三人以上，经常纠集在一起，纠集者相对固定。从表述看，上述内容缺乏客观的量化标准无法以形式逻辑认定，只能加入价值判断，在个案中补充标准。从实质上看，《指导意见》规定组织特征的规范目的是强调认定恶势力的前提是存在一个组织。这个组织并不要求达到黑社会性质组织的紧密程度，但也不能是临时性的聚合。如何判断达成一个组织呢？第一个因素是组织人数，必须是三人以上。这里的三人以上应当是相对固定的成员，而非被临时纠集者。第二个因素是纠集时间，需要经常纠集，而非临时纠集。第三个因素是组织结构，需要有相对固定的纠集者。这些因素是可以相互影响的，在认定时需要综合判断，而非分别判断。当组织结构非常明确，纠集者与被纠集者均固定时，纠集时间这个要素就可以相对减弱，也就是即便不是一般意义的经常纠集在一起，但是由于每次实施犯罪的人员、分工、纠集过程均是十分固定，也可以认定为符合组织特征，只不过这个组织的隐藏能力、反侦察能力更强。当纠集时间极长，纠集者固定这个要件就可以相对减弱。比如恶势力成员几乎天天自发到固定的广场聚集，在网上形成固定的QQ群、微信群，只要有成员提出实施敲诈勒索等违法犯罪行为，就全体出动。获得经历利益后，根据纠集与参与的不同分工分取利益。此时可能每次犯罪的纠集者均不固定或者无法查清，但是由于其长期自发纠集在一起也可以认为符合恶势力的组织特征。

2. 行为特征

《指导意见》将行为特征细化为以暴力、威胁或者其他手段，多次实施违法犯罪活动。根据司法实践及《指导意见》，恶势力的行为特征要素包括以下几点：第一，组织性。不能根据成员的个人犯罪认定恶势力组织。行为特征的判断依据必须是恶势力实施的违法犯罪行为，也就是为了确立、维护、扩大恶势力组织的势力、影响、利益或者按照恶势力组织的纪律规约、组织惯例实施的行为。在判断某起行为是否具有组织性时，应当注意判断前后行为的连续性、一贯性，行为动机、目的的统一性，行为是否按照相同惯例实施。第二，暴力性。恶势力的犯罪行为应当以暴力、威胁或软暴力等其他手段进行。第三，一定程度的公开性。《指导意见》列举了通常情况下恶势力犯罪的常见类型，包括强迫交易、故意伤害、非法拘禁、敲诈勒索、故意毁坏财物、聚众斗殴、寻衅滋事等惯常犯罪手段，以及实施开设赌场、组织卖淫、强迫卖淫、贩卖毒品、运输毒品、制造毒品、抢劫、抢夺、聚众扰乱社会秩序、聚众扰乱公共场所秩序、交通秩序以及聚众“打砸抢”等伴随违法行为。从这个列举中，我们可以发现恶势力实施行为应当具有一定的公开性。第四，多次性。恶势力实施的犯罪行为必须具有多次性，否则无法区分临时聚众犯罪与恶势力组织犯罪。《指导意见》要求多次实施违法犯罪行为，也就是说恶势力行为特征认定的基础即包括违法行为，又包括犯罪行为。应当注意的是，这里所指的多次实施违法犯罪行为是恶势力认定的条件，并非定罪条件，需要区分恶势力认定中多次实施违法犯罪行为与具体定罪中构成犯罪的入罪条件。比如恶势力犯罪通常实施的敲诈勒索行为的入罪条件包括“多次敲诈勒索”。司法解释规定“2年内敲诈勒索3次以上的”，应当认定为“多次敲诈勒索”。但是，认定恶势力行为特征的多次性不以每次行为均构成犯罪为条件，也不以2年为限。如果3次敲诈勒索行为不是在2年之内发生，不构成敲诈勒索罪，但是如果符合组织性条件，可以作为认定恶势力的认定情节。

以类型思维分析恶势力的行为特征，需要结合黑社会性质组织雏形这一“主导形象”，关注要素之间的内在联系，综合判断是否符合恶势力的行为特征。通常认为行为暴力性越强，对于公开性的需求越小。比如横行乡里、称霸一方、欺压残害百姓的“村霸”型恶势力。为了实现称霸一方的目的，多次其打击报复与其具有纠纷的群众。为了逃避侦查，打击报复的过程可能并不公开甚至隐瞒身份，但是由于村内社会属于熟人社会，此类报复很容易联想到“村霸”作案，形成恶劣的社会影响。此时虽然不具有典型的公开性，但是也符合恶势力犯罪的行为特征。与之相反，行为暴力性越弱，对公开性的需求越高。比如软暴力犯罪，暴力程度较低，则需要有滋扰、纠缠、哄闹、聚众造势等手段，对公开性需求较高。

3. 危害特征

《指导意见》将危害特征规定为在一定区域或者行业内，为非作恶，欺压百姓，扰乱经济、社会生活秩序，造成较为恶劣的社会影响，但尚未达到黑社会性质组织的破坏程度。需要区别的是此处的危害特征是恶势力自身的危害特征，而某种具体行为的危害结果，也不是对危害结果的简单累加。恶势力的危害本质是在一定区域或者行业产生影响的“恶名”。这种“恶名”可能以多种形式存在，个案之间具有差异性，需要结合恶势力的“主导形象”综合判断。需要强调的是恶势力的危害特征并不体现为被害人的内心恐惧、厌恶或者心理强制，而是对一定区域或者行业内其他人员的影响。所以，在证明危害特征时不仅要注意收集被害人的言词证据，还要注意收集其他与具体犯罪行为无关人员的言词证据，单独证实危害特征。

# 扫黑除恶专项斗争的基本法律界限：黑社会性质组织成立时间

叶小琴[*]

## 一、问题的提出

严格依法的一个最基础最重要的问题就是：黑社会性质组织（以下简称组织）成立时间有无明确的起点？黑社会性质组织相关罪名的刑事裁判文书通常不直接明确认定该问题的界限，一般在“组织、领导、参加黑社会性质组织的事实”部分采取间接认定的方式，组织、领导黑社会性质组织罪部分的犯罪事实发生时间起点即为裁判文书默认的组织成立时间。因为裁判文书认定被告人在组织意志之内实施的其他犯罪事实时，都以默认的成立时间至案发前为案发时段。裁判文书通过具体犯罪事实认定、组织特征概括认定两种方式间接认定组织成立时间。具体犯罪事实的间接认定方式，例如郑某某案件中，① 裁判文书在“组织、领导、参加黑社会性质组织事实”部分开篇认定“2000 年，被告人郑某某与林某某（已另案判刑）合伙在广东省阳西县开设赌场”，实际上 2000 年即为裁判文书默认的组织成立时间，之下的故意杀人罪、故意伤害罪、抢劫罪、开设赌场罪四个罪名所涉事实均为 2000 年至案发前。组织特征概括认定方式，例如连某某案件中，② 该部分开篇认定“2006 年以来，被告人连某某纠集……形成了以被告人连某某为组织、领导者，被告人郭某甲、肖某某为积极参加者，被告人郭某乙、章某某、郭某丙、王某某等人为参加者的黑社会性质组织”，同理该判决默认 2006 年为组织成立时间。总之，

---

* 叶小琴，武汉大学法学院副教授。

① 郑某某等犯组织、领导、参加黑社会性质组织案死刑复核刑事判决书，最高人民法院（2012）刑五复 13063362 号，判决日期 2012－11－13。

② 连某某、郭某甲等组织、领导、参加黑社会性质组织罪再审刑事判决，湖北省高级人民法院（2017）鄂刑再 6 号，判决日期 2017－10－25。

裁判文书形式上不直接明确认定组织存续的时间起点，实际上通常将组织成员实施第1起犯罪活动之日视为组织成立之日，并将此后的全部违法犯罪活动视为组织的罪行。但是，“对犯罪集团的首要分子是按‘集团’所犯的全部罪行处罚，不是按‘全体成员’所犯的全部罪行处罚，否则便违反了个人责任原则”。①

但是根据罪刑法定原则，组织成立时间对于认定组织、领导、参加黑社会性质组织罪即为重要，因为只有在这个时间点刑法规定的四项特征同时具备，才能认定组织成立，进而确定各成员的罪名以及刑事责任。但是，对大样本刑事裁判文书采取内容分析法对组织成立时间与定罪量刑关系进行定量研究的结果表明，刑事裁判文书长期以来忽视了该问题与定罪量刑的关系，司法实践中组织成立时间影响定罪或量刑的案例极少。以无讼案例作为来源数据库，以2018年7月25日作为基准日，根据2009年《最高人民法院、最高人民检察院、公安部办理黑社会性质组织犯罪案件座谈会纪要》（以下简称《2009年纪要》）、2015年《全国部分法院审理黑社会性质组织犯罪案件工作座谈会纪要》（《2015年纪要》）根据组织成立时间的司法文件提取关键词，② 分别输入以下高级检索指令，仅仅获得1个组织成立时间影响量刑的有效样本：（1）！黑社会性质组织成立，③ 检索结果为2个案例，④ 经人工复核，该样本系无效样本，只是法院认定被告人参加黑社会性质组织罪成立，并非认定组织的成立时间。（2）黑社会性质组织~成立时间、黑社会性质组织~，⑤ 检索结果为0。（3）黑社会性质组织~渐进，检索结果为1个案例（以下简称朱案），该

① 张明楷：《犯罪集团首要分子的刑事责任》，载《法学》2004年第3期。

② 2009年《最高人民法院、最高人民检察院、公安部办理黑社会性质组织犯罪案件座谈会纪要》规定：“普通犯罪集团、‘恶势力’团伙向黑社会性质组织发展是一个渐进的过程”。2015年《全国部分法院审理黑社会性质组织犯罪案件工作座谈会纪要》规定：“黑社会性质组织存续时间的起点，可以根据涉案犯罪组织举行成立仪式或者进行类似活动的时间来认定”。

③ 在输入的关键词前或后，输入“！”号限定搜索范围在裁判文书的“法院认为”部分包含关键词的案例。在输入的关键词之间，输入“~”号，限定搜索范围在同一自然段内，包含这些关键词的案例。

④ 朱某某参加黑社会性质组织、故意伤害、寻衅滋事一案一审刑事判决书，河南省南阳市宛城区人民法院（2011）南宛刑初字第298号，判决日期2011-12-22。管某某等三人参加黑社会性质组织、开设赌场罪、强迫交易、犯寻衅滋事一案一审刑事判决书，濮阳县人民法院（2010）濮刑初字第122号，判决日期2010-09-15。

⑤ 朱某某、唐某某等人组织、领导、参加黑社会性质组织等罪一审刑事判决书，江苏省南通市通州区人民法院（2013）通刑初字第0411号，判决日期2014-08-14。

案的辩护律师提出了组织为初始阶段的辩护意见。另外，辽宁的刘某某案区分了组织成立之前以及组织成立之后的违法活动（以下简称刘案），① 江西省还有1例组织成立时间影响定罪的样本（以下简称史案），② 论文将主要结合三个案例，分析组织起点与定罪量刑的关系以及具体认定标准。

## 二、黑社会性质组织成立时间与定罪量刑的关系

### （一）黑社会性质组织成立时间与定罪的关系

第一，组织成立时间是行为人在组织意志内实施的犯罪以及行为人个人实施犯罪的分水岭。目前有关黑社会性质组织的裁判文书，一方面将默认的组织成立时间至案发前的所有犯罪都视为组织意志之内实施的犯罪，另一方面又将这些犯罪作为论证组织、领导、参加黑社会性质组织的事实进行认定，实际属于重复评价。解决这种法律适用困境的思路就是明确认定组织的成立时间，以组织雏形阶段的违法犯罪活动认定组织的行为特征。总之，组织都有一个形成的过程，通常包括雏形阶段、形成阶段、消亡阶段，区分雏形阶段与形成阶段的标准即为组织成立时间。组织形成阶段的犯罪只能按照普通共同犯罪处理，属于个人实施的犯罪，如果组织、领导者没有共同犯罪故意，不能全部追究组织、领导者的刑事责任。

第二，组织成立时间是认定行为人是否构成累犯的再犯罪之日。根据《刑法》第65条的规定，一般累犯的成立条件之一是5年内再犯应当判处有期徒刑以上刑罚之罪。如果不严格依法认定组织成立时间，就可能在累犯方面适用法律错误。一种情况是可能应该构成累犯的，没有认定累犯。行为人除了当前组织相关犯罪行为之外，没有其他犯罪记录，如果依法认定组织存续的时间起点之前5年内有涉嫌的犯罪事实，则共同实施个人犯罪的行为人因为又涉嫌组织相关犯罪，均构成累犯。如夏案中，二审认定，2006年6月史某指使组织成员在永新县高桥楼故意伤害黄某等人一案应该为该黑社会性质组织的形成起点，因此2004年10日晚被告人史某伙同他人故意伤害夏某一案不属于黑社会性质组织所实施的犯罪，系史某等人实施的个人犯罪。因此，参加2004年故意伤害案的人员，包括史某等，如果此次也涉及组织相关罪名，均构成一

① 刘某某等组织、领导、参加黑社会性质组织案案再审刑事判决书，最高人民法院（2003）刑提字第5号，判决日期2003-12-20。

② 《史某某等人组织、领导、参加黑社会性质组织案［第1154号］——如何认定黑社会性质组织的形成时间》，最高人民法院刑事审判一至五庭主办：《刑事审判参考》（第107集），法律出版社2017年版，第24~33页。

般累犯。史案二审改判，组织成立时间节点认定到2006年，那么2004年10月之2006年5月期间的其他相关被告人，在累犯认定以及是否构成参加黑社会性质组织罪方面，也都得到改判。

第三，组织成立时间是确立追诉时效的起点。理论上而言，组织的形成阶段除了涉嫌违法行为，通常也会涉及犯罪，或多或少总会有犯罪属于组成成立之前的个人犯罪范围。此时，如果明确认定组织存续时间，则组织成立之前的犯罪应该根据《刑法》第87条独立确立追诉时效。而目前绝大部分裁判文书都认为组织的形成是一个阶段，因此不直接明确认定组织的成立时间；同时也似乎认定组织相关罪名具有《刑法》第89条的“连续或继续状态”，无论是组织罪名，还是组织意志之内实施的罪名，都不考虑追诉时效问题。组织、领导黑社会性质组织罪是否属于所谓连续犯或继续犯，还需要从法理层面论证，一律不考虑诉讼时效问题这并不符合罪刑法定原则。实际上，至少对于一般参加者而言，如果只是组织成立后参加过1-2件犯罪行为，对于参加黑社会性质组织罪，依法经过5年就不应该再追诉，而这实质上很可能需要通过明确组织成立时间，以确定追诉时效。

第四，组织成立时间是认定是否撤销行为人缓刑的关键因素。涉嫌组织犯罪的被告人往往都有犯罪前科，有的可能处于缓刑考验期限内。此时，组织成立时间的认定涉及《刑法》第77条的缓刑考验期限及缓刑撤销问题。如果准确认定组织的成立时间，可能就不应当撤销某些被告人 的缓刑。

第五，组织成立时间是追究积极参加者、一般参加者刑事责任的重要标准。积极参加者、一般参加者构成参加黑社会性质组织罪的前提条件，否则行为人就只能对其涉嫌的犯罪行为程度普通共同犯罪人的刑事责任。另外，相当多组织的一般参加者都是青少年，组织的成立时间涉及认定部分被告人构成参加黑社会性质组织罪的刑事责任年龄认定问题，必须明确。

第六，组织成立时间是认定组织的层级、规模的重要时间节点。根据《2015年纪要》对于组织的成员规模以及层级有准确的概括，认定黑社会性质组织应当具有一定规模，人数较多，组织成员一般在10人以上；组织应有明确的组织者、领导者，骨干成员基本固定，并有比较明确的层级和职责分工，一般包括组织者、领导者与积极参加者、一般参加者。如果对于组织的成立时间不进行认定，按照目前司法实践将第一起犯罪行为实施日默认为组织成立时间的做法，通常会过早的认定组织的成立时间，很可能出现组织形成阶段的成员仅有5-6人的情况，那么组织与普通犯罪集团的区分以及组织之内层级的划分将不准确。

第七，法律适用。对于《刑法》第294条，立法解释、刑法的修正、司法解释、司法文件一直层出不穷，组织的成立时间涉及法律及司法解释的适用问题。刑法通常的“从旧兼从轻”原则具体适用时是对照行为与新法施行两个时间节点的结果，因此组织的成立时间就是组织罪名的行为时。宋案中，辩护律师针对被告人唐某提出的其所犯组织、领导黑社会性质组织罪，提出了应当适用《刑法修正案（八）》之前刑法规定的辩护意见。法院判决认为，等13名被告人组织、领导、参加黑社会性质组织所犯罪行自2008年下半年起一直延续至2012年底，部分罪行或者是主要罪行发生在2011年5月1日之后，故对被告人唐某犯组织、领导黑社会性质组织罪，应当适用《刑法修正案（八）》修改后第394条关于组织、领导黑社会性质组织罪的规定，对被告人唐鹤的此项辩护意见，本院依法不予采纳。这个案件虽然判决并生效了，但是说理并不充分，而且所提出的问题仍然普遍存在。组织意志之内实施的具体犯罪，当然以具体犯罪的施行之日作为行为日并据此决定法律适用，但组织罪名本身也应当确立时间节点。法院在本案中的裁判并不一致，以主要罪行发生在2011年5月1日之后认定应该适用刑法，但组织的成立时间实际仍然默认为2008年下半年。那么，到底确立组织罪名适用法律标准的时间节点是以组织成立之日为准还是以组织成立之后的主要罪行施行日为准呢？该案判决书实际违背了有利于被告人原则，均采取了便利裁判的规则，而且采取了双重标准。

（二）黑社会性质组织成立时间与量刑的关系

实际上，组织成立时间对于行为人罪名、罪数的影响当然会间接影响量刑。不过，组织成立时间对于判断组织的发展阶段至关重要，也成为酌定量刑情节。朱案中，判决书认定：“关于辩护人提出的被告人朱某某、唐某某组织、领导的黑社会性质组织仅处于初始阶段，直至2012年才初具黑社会性质组织四个特征的辩护意见，本院认为，黑社会性质组织的形成和发展有个渐进的过程，辩护人此项辩护意见并没有否认被告人朱某某、唐某某组织、领导黑社会性质组织的事实，也不影响检察机关对被告人朱某某、唐某某组织、领导黑社会性质组织的指控，但在量刑时，本院将综合予以评判”。判决书认定13名被告人组织、领导、参加黑社会性质组织所犯罪行自2008年下半年一直延续至2012年底。前述判决表明法院一方面认为在判决认定的组织存续起始时间即2008年，组织的四个特征不明显；另一方面表明法院认为2011年5月1日至2012年底期间组织的特征更加显著，案发前组织尚处于成立后的初始阶段，这一点应该成为酌定量刑情节。实际上，判决书虽然在量刑部分的评判中明确组织处于初始阶段如何影响各被告人的量刑，不过该案的量刑相比其他涉黑案件的量刑不高。2名组织、领导者，组织罪名的量刑分别为8年、7年6个月；其余3名积极参加者，组织罪名的量刑分别为4年6个月、4年、3年；

8 名一般参加者，组织罪名的量刑分别为 2 年 6 个月至 1 年 9 个月不等。

## 三、认定黑社会性质组织成立时间的标准

综上所述，“黑社会性质组织一般都会有一个从产生、发展到逐步壮大的过程。随着组织的发展演变和犯罪行为的积累，其组织特征、经济特征、行为特征和非法控制特征逐渐形成、完备。严格来说，前述四个特征都具备了，才可称之为黑社会性质组织”,① 黑社会性质组织成立时间是侦查、起诉、审判机关必须查明、证明和认定的一项犯罪事实，否则组织犯罪不能成立，相关人员的罪名认定、刑事责任追究都将非常混乱。诚如《2009 年纪要》规定，黑社会性质组织一般在短时间内难以形成，而且成员人数较多，但鉴于普通犯罪集团、“恶势力”团伙向黑社会性质组织发展是一个渐进的过程，没有明显的性质转变的节点，故对黑社会性质组织存在时间、成员人数问题不宜作出“一刀切”的规定。但前述规定不能理解为对于裁判文书对于黑社会性质组织存在时间无需认定，而是说应采取综合判断的标准。如果没有明显证据能认定组织成立，那么根据《2015 年纪要》，存在、发展时间明显过短、犯罪活动尚不突出的，一般不应认定为黑社会性质组织。根据《2009 年纪要》或者《2015 年纪要》，并结合对真实案例的分析，笔者认为可以采取下列一项或者多项标准综合判断组织是否成立。

第一，成立仪式或者类似活动的发生时间。成立仪式或者类似活动是判断组织特征具备的重要标志。当然，目前黑社会性性质组织犯罪呈现组织上公司化及犯罪多元化的全新发展态势,② 组织活动具有高度隐蔽性，其成立仪式当然不能根据合法企业成立的登记、开业庆典之类，仅仅从形式方面判断。组织的成立仪式或者类似活动，必须采取形式结合实质分析的标准。形式方面，参考《2015 年纪要》，应该是具备 10 人以上比较稳定成员的时间。当然，这一点需要注意区分，所有的成员应该认定主观上的明知，即知道或者应当知道其所参加的是从事犯罪活动的组织。成员应该明知其所参加的组织主要是从事违法犯罪活动，或者该组织虽有形式合法的生产、经营活动，但仍是以有组织地

① 《史某某等人组织、领导、参加黑社会性质组织案［第 1154 号］——如何认定黑社会性质组织的形成时间》，最高人民法院刑事审判一至五庭主办，《刑事审判参考》（第 107 集），法律出版社 2017 年版，第 29 页。

② 参见姜涛：《当前我国黑社会性质组织犯罪若干问题研究》，载《中国人民公安大学学报（社会科学版）》2010 年第 4 期。

实施违法犯罪活动为基本行为方式。[①] 如果成员属于组织合法的生产、经营活动部分的普通雇员，认定组织规模时不能将其计入组织的成员人数。实质上则是初步确立核心人员（组织、领导者与骨干成员）层级及其内部非法利益分配方式的时间。在形式方面，可能表现为组织、领导者与骨干成员商议组织内部层级架构的聚会、组织领导者安排骨干成员管理组织非法利益的指令开始执行等多种形式。黑社会性质组织的组织结构使得其犯罪的实施者和组织者相对分离，使具体案件的侦查与组织、领导者者之间断裂了关系，因此涉海案件的取证过程中应当有意识地收集组织的组织结构内部分工、经济基础、洗钱途径等证据，切实把握具体犯罪之间的联系及犯罪成员之间的联系，弄清犯罪实施者和组织者,[②] 以此准确认定组织的成立时间。

第二，在一定区域或行业内初步形成核心利益或强势地位的重大事件发生时间。黑社会性质组织的核心特征是非法控制特征，因为组织是在成员因为利益聚拢并不断实施违法、犯罪活动，攫取非法利益的过程中动态形成的，因此非法控制特征初步具备之日通常表明步入形成阶段的尾声；此时一般也同时具备组织特征、经济特征、行为特征。

刘案的裁判重点考虑了非法控制特征。最高人民法院认定，1995 年底至 2000 年 7 月期间被告人刘某组织、领导黑社会性质组织实施违法活动 27 起；1989 年至 1992 年间在黑社会性质组织形成之前实施违法活动 4 起。虽然本案的争议焦点是侦查阶段的口供，不过法院这种对于组织成立前后犯罪的区分，实际就是默认组织的成立时间是 1995 年。而再审判决书认定组织成立时，理由为："再审被告人刘某某自 1995 年以来，先后纠集原审同案被告人宋某某、吴某某、董某某、李某某、程某某、张某某、刘某某等人，在原审同案被告人朱某某、刘某某、孟某某、房某某（均系警察）的参与及纵容下，逐步形成以其为首，以其建立的企业为依托的黑社会性质组织，采取暴力等非法手段聚敛钱财，收买国家工作人员马某某、刘某某、焦某某、高某某、凌某某、姜某某、杨某某（均另案处理）等人为其提供非法帮助，在一定区域和行业范围内有组织地进行违法活动"。这里侧重强调的初步形成非法控制的特征，是刘

① 最高人民法院刑三庭：《〈办理黑社会性质组织犯罪案件座谈会纪要〉的理解与适用》，载 http：//www. court. gov. cn/shenpan - xiangqing - 6612. html，发布时间 2014 - 07 - 31。

② 参见李栋：《黑社会性质组织犯罪的侦查难点及打击策略》，载《广西警察学院学报》2017 年第 6 期。

某通过1995年之前的违法活动逐步形成了组织的框架和“恶势力”的名声，1995年创办百佳连锁店期间霸占双兴购物中心，初步形成非法控制，形成了黑社会性质组织。因此，“非法控制是黑社会性质组织的最大特征。政府对社会控制是一种合法控制，而黑社会性质组织的非法控制总是对抗合法控制，并削弱合法控制，这就是黑社会性质犯罪的反社会与反政府性”,① 通过认定非法控制的初步形成就能对组织成立进行合法合理的判断。

第三，为维护、扩大组织势力、实力、影响、经济基础或按照组织惯例、纪律、活动规约而首次实施有组织违法犯罪活动的时间。组织由于经济特征的多元性，如果主要依托合法企业作为活动形式，其组织特征、非法控制特征往往不明显，此时就必须结合行为特征与经济特征来综合判断。例如，如果行为人通过排除其他竞争对手形成一定区域或者行业合法经营活动的垄断时，通常会有首次比较明显的建立垄断的违法犯罪活动。朱案即采取了此种判断标准。判决书认定，2009年初，被告人朱某纠集被告人唐某等人持钢管等器械在南通市通州区某某餐饮家纺城店对被害人郭某胜等人进行殴打，此后上述各被告人联系逐渐紧密，黑社会性质组织初步形成。

## 四、结论

组织、领导、参加黑社会性质组织的侦查工作的确面临很多难点，其中组织存续时间的起点就是其中之一。但并不能因为侦查难就降低法律适用标准，仍然应该扫黑除恶专项斗争中坚持宽严相济刑事政策。时间起点涉及定罪与量刑的方方面面，审判机关应该根据罪刑法定以及证据裁判原则，通过确实充分的证据认定组织何时具备《刑法》第294条的四个特征，以准确认定组织存续时间的起点。因此，应该根据成立仪式或类似活动、初步形成非法控制、为维护组织利益首次实施有组织违法犯罪活动的时间三个方面综合判断组织的成立时间。而且，组织必然经历从犯罪集团、“恶势力”团伙的萌芽阶段，萌芽阶段通常也会实施一些违法犯罪活动，而成立时间则是组织进入发展阶段的重要标志，所以打击组织犯罪时应该区分组织成立之前实施的犯罪、组织成立之后实施的犯罪，及时“打早打小”，形成扫黑除恶斗争的长效机制。

---

① 陈兴良：《关于黑社会性质犯罪的理性思考》，载《法学》2002年第8期。

# 黑恶势力的畛域：“扫黑除恶”中“枫桥经验”的运用

庄明源*

黑恶势力严重危害政治生活、社会经济等相关领域，近些年来，随着打击力度的不断加强，黑恶势力确有所收敛，但其组织结构日渐完善，活动形式趋于隐蔽，经济实力愈发强大，危害性不减反增。一直以来，从规范法学的角度来研究“黑社会性质组织犯罪”是主要的学术视角，不可否认，规范法学在论证制度正当性及严密法律体系方面具有无可撼动的学术地位，但无法描述黑恶势力的全貌，无法挖掘黑恶势力存在的原因，无法识别黑恶势力的内在规律，更无法提供准确妥适的路径设计。因此，本文拟结合中国裁判文书网上近五年来的36份黑社会性质组织犯罪的判决书，在提炼事实的基础上，向理论层面跃升，并借助于“枫桥经验”的视角，提升治理能力，完善治理体系，重新擘画“扫黑除恶”的新图谱。

## 一、事实概览：“扫黑除恶”的困局

### （一）概念界定

关于“黑恶势力”的定义，学界并没有统一的界定，从字面上来看，“黑”与“恶”相伴相生，可以说，“黑”即是“恶”，“恶”未必是“黑”，是低程度的、近似于“黑”的存在，因此，对于“黑恶势力”的理解，首要是明白“黑”的含义，即“黑社会”的含义，西方国家以“underworld”来指代“黑社会”，这为我们提供了一个十分有益的视角，“underworld”的直译就是“下层社会或下等社会”，《韦氏第3版新国际英语大词典》解释为：“被视为处于正常生活和经历之下的社会区域或者社会层，特别是有组织犯罪的社会。”① 也就是说，黑社会并非是独立于社会系统之外的存在，而是产生于社

* 庄明源，福建省泉州市人民检察院金融与知识产权犯罪检察部检察官助理。

① 《Webster’s Third New International Dictionary》，G&C MERRIAM COMPANY.

会系统内部的非正常的形态。

（二）事实提炼

承上所述，这种非正常的形态主要表现在以下几个方面，简称为“三错模型”：

一是经济手段的错配。市场经济的本质是追逐利益，下层社会努力实现利益的最大化，谋求发展，本无可厚非，关键采取了不相匹配的手段，少数人不愿意通过诚实劳动获取财富，从偷盗抢掠向转向恶意竞争、垄断经营，最终以有组织的违法犯罪行为来牟取暴利。从 36 份判决来看，相关涉案黑社会性质组织在“黄赌毒”、采石运沙、房屋拆迁、建筑工程、娱乐餐饮、交通运输等均有所涉足，纯粹以横行乡里、逞强斗气为乐的黑社会性质组织逐渐减少。

二是社会地位的错层。仅仅实现财富的积累，还远远无法实现社会地位的提升，社会地位是财富、文化素养、社会资源等的综合体现，黑恶势力的成员没有意识到这一点，自以为通过财富的积累，已经脱离了下层社会，渐渐骄奢淫逸起来，并以“暴发户”的心态试图获取话语权。从 36 份判决来看，黑恶势力获取财富后挥霍享乐的高达 94.4%。此外，一些意志薄弱的人受到黑恶势力的利诱，以为找到了一条快速脱贫致富，成为人上人的捷径，纷纷加入黑恶组织。

三是政治权力的错置。在获得一定的社会经济基础之后，黑恶势力开始参与国家利益的分配，尤其是从近几年的判决情况来看，黑恶势力的身影偶尔出现在人大代表选举及基层组织建设中，甚至公然收买国家干部和公职人员作为代理人。

综上来看，黑恶势力是一种以非法手段试图参与国家权力分配的阶层形态，某种程度上讲，黑恶势力本质是劣势的，由于缺乏资源优势而走上违法犯罪之路，这恰恰是很多论者并未加以关注的，而且正可为我们采取妥适的社会治理方式提供视角。如果只是一味地运动式“打黑”，充其量只是减少黑恶势力的存在，并无法真正实现黑恶势力的有效治理。

## 二、理论证成：“扫黑除恶”中枫桥经验的作用

“扫黑除恶”无法纯粹地依靠刑事打击的视角，在规范法学的场域内得到答案，需要结合社会治理，而枫桥经验作为社会治理中的经典范式，是否能够应用在“扫黑除恶”领域，不能仅仅通过治理范式的表象相似，就作出武断的推论，而应结合其真实内涵来证成。

1963 年，浙江省诸暨市枫桥镇的干部和群众在社会主义教育运动中创造出了“坚持发动和依靠群众，小事不出村，大事不出镇，矛盾不上交”的

“枫桥经验”。随后，毛泽东同志亲自批示“要各地仿效，经过试点，推广去做”。11月22日，毛泽东同志在《坚持人民民主专政，依靠群众，把绝大多数“四类分子”改造成为新人》的发言稿上批示：“要各地效仿，经过试点，推广去做。”由此，“枫桥经验”开始在全国推广。

“枫桥经验”产生于阶级斗争的特定年代，没有湮灭在滚滚历史长河中，反而不断与时俱进，持续丰富内涵，成为极少数产生于20世纪60年代却仍然保持生命力的理论典范之一，并长期作为政法工作战线的一面旗帜。但是，我们也注意到，往往只在逢五逢十的纪念活动上，才轰轰烈烈地推广“枫桥经验”，又或者是需要开展什么专项活动时，就将之包装成“枫桥经验”，这就造就了“要么被遗忘，要么很万能”的尴尬局面，这也侧面反映了学界对“枫桥经验”缺乏更为系统深入的研究，遑论寻找“枫桥经验”与不良贷款治理之间的衔接点。因而有学者认为“现有的研究论著，政策宣传倾向往往多于学术倾向，因而也就难以发现其中隐含的深层次的学理问题，从而无法看清‘枫桥经验’。这些研究所得出的结论，无论是强调‘枫桥经验’的民主、自治成分也好，还是强调其政治化、运动式的成分也好，都较为单一，实际上脱离了‘枫桥经验’本身的具体治理方式及真实运作状况。”① 这也就如另外学者所指出的“如果什么都是‘枫桥经验’，那么，‘枫桥经验’是什么；如果‘枫桥经验’什么都可以是，那么‘枫桥经验’什么也可以不是。‘枫桥经验’的是什么和不是什么的边界如果模糊不清了，那么，这面全国性旗帜不可缺少的鲜明性和可识别性就意味着在消退了”②。笔者亦有感于此，“枫桥经验”本身就根植于实践当中，并非我们可以擅加创造，而有待于我们细加发现，依循“枫桥经验”之历史发展脉络，深挖“枫桥经验”之理论谱系，还原“枫桥经验”之应然之义，把握“枫桥经验”之内在机理，望赋予“枫桥经验”之建设性阐释，证成“枫桥经验”之益于扫黑除恶。

那么，如何理解“枫桥经验”，有两个线索，一是考察其制度变迁的政治性和时代性，另一个是考察这些制度变革的动力和依赖。③ 这才能确保，我们所提炼出来的枫桥模式，不是我们生搬硬造，也非穿凿附会，而是有所历史遵

① 谌洪果：《“枫桥经验”与中国特色的法治生成模式》，载《西北政法大学学报》2009年第1期。

② 卢芳霞、戴大新：《枫桥经验与社会管理创新理论研讨会专家发言观点荟萃》，载《浙江警察学院学报》2013年第3期。

③ 谌洪果：《“枫桥经验”与中国特色的法治生成模式》，载《西北政法大学学报》2009年第1期。

循和学术依赖，这才是我们根据历史和变革动因所推导出来的。

（一）党政主导：掌握社会治理的阀门

虽然“枫桥经验”强调发动和依靠群众，这并不意味着不需要党政部门的参与，反而恰恰需要党政部门来发动群众，为群众的参与打造平台。“枫桥经验”源起于1963年2月在全国农村普遍开展的社会主义教育运动，当时，浙江省委社教工作团进驻诸暨，在枫桥区开展对敌斗争阶段试点，试点区域共有地、富、反、坏分子911名，其中有比较严重破坏活动的163名，要求逮捕45名。[①] 经过谈心说教，没有杀人，没有捕人，最后成功改造“四类分子”。虽然从事后的宣传来看，主要集中在“充分发动和依靠群众”这一点上，时任公安部副部长凌云在主持起草的《诸暨县枫桥区社会主义教育运动中开展对敌斗争的经验》中也称，“枫桥经验其主要精神是捕人少，矛盾不上交，依靠群众，以说理斗争的形式把绝大多数‘四类分子’就地改造成新人。”[②] 但是，我们所不能忽视的一点是，当时工作组的决定要报请省委批准，也就是说，工作组既要发动群众来对敌斗争，也要坚定主见以得到上级的批准，工作组不但要采取科学的方法开展工作，同时还要顶住压力，坚持正确的做法，这如果还不能称之为“主导”作用，那还能是什么。

当然，从此后的经验推广与发展来看，枫桥镇的干部发动并依靠群众，就地消化了大量纠纷矛盾，预防并解决了一批社会问题，创造了社会治安综合治理的新经验。进入21世纪以来，枫桥镇的干部进一步发挥基层群众自治组织的作用，推动社会治理的转型升级。“枫桥经验”五十余载的变迁中，始终离不开党政干部的智慧，也正是他们的努力和付出，不断推动群众从参与到自治，让自治的理念逐步在群众的内心觉醒，还在自治组织可能产生方向性错误的时候及时纠偏。

从“枫桥经验”来看，党政能够以正确的定位和国家强制力，对社会治理要素进行合理的规划、引领、协调和纠偏。一是创新组织形式。在不打破原有组织结构的前提下，由一个复合主体来承担某一具体的社会职能，从而避免治理力量的分散，毕竟扫黑除恶涉及司法、工商、税务、人行等方方面面。二是整合优势资源。政府能够协调财政性资源来加大对贫困地区的扶持，提升群众对自力更生、脱贫致富的信心。三是保障制度供给。在党政主导之下，对于制度产生新的需求，能够迅速作出反应，推动制度变迁以保障供给，提供良好

① 孟钧：《农村基层社会矛盾的调解模式及创新研究》，华东政法大学2011年硕士学位论文，第9页。

② 陈善平：《枫桥经验价值浅论》，载《公安研究》1994年第2期。

的政策基础和运行环境。四是打造参与平台。政府能够引导群众以独立平等的身份参与治理，并保障参与的稳定、有序。五是协调多方利益。政府能够平衡各方利益，达致良性目标。

"枫桥经验"中的党政主导是我国社会治理体系中的核心所在，在资源调度、执行效率、制度保障等方面的优势远非西方国家成立的半官方化组织可以比拟，说到底就是，虽然治理机制可能获得了特定的技术、经济、政治和意识形态职能，但国家（政府）还是要保留自己对治理机制开启、关闭、调整和另行建制的权力。①

### （二）群众自治：筑牢社会治理的基石

"枫桥经验"产生于缺乏自治的原初土壤，但是，枫桥镇的村民在政府的引导下，坚定地培育基层自治力量，形成了"三民主两公开一会议"的自治形态，自发地就地解决问题。"三民主"指的是民主选举、民主决策以及民主管理。一是建立健全村委会换届选举制度，配齐配强组织班子；二是完善村民大会和村民代表会议制度，按照少数服从多数的原则议决重大事务；三是形成民主管理的规则，制定自治章程、村规民约等。"两公开"分别是村务财务公开和决议事项、实施结果公开，即村委会定期将财务收支、工程建设、土地管理、计划生育以及重大事项的决议、实施情况等进行公开，接受群众监督。"一会议"是指民主恳谈会，广泛听取村民的意见，使社情民意及时体现在村务决策当中。

一直以来，基层群众自治组织都视自己"政府代理人"的身份优于自治主体的身份，"枫桥经验"则倡导还权于民，让那些与村务相关联的群众凭共同体成员的身份进行自治，一方面，通过自治，激发了群众的主动性、积极性和创造性，增强了社会责任感，从内心排斥黑恶势力的渗透。另一方面，建立起自我管理、自我发现、自我解决的机制，既是对日益精细的基层管理和不断分化的治理需求的回应，也决定其在贴近需求、快速应变、细致深入、个体关怀等方面具有政府无可比拟的优势。

### （三）社会协同：融合社会治理的力量

社会协同，主要是指发动群众参与到社会治理中，而群众自治亦然，所不同的是，群众自治中，群众是以成员的身份参与到与己相关的事务中，是以身份为前提的、在封闭的系统内的自我管理，而社会协同中的群众是基于民主权利而对他人事务进行管理，是以权利为前提的在开放的系统中的他人管理。一

① 王诗宗：《治理理论的内在矛盾及其出路》，载《哲学研究》2008 年第 2 期。

直以来，这两个不同属性的概念经常混用，二者事实上相互依存、并行不悖。早在敌我斗争期间，枫桥镇干部就已经依靠和发动群众来解决敌我矛盾，对地、富、反、坏“四类分子”的监督、教育、改造，这种零散的力量最终汇聚到一批民间组织中，在治安整治、调解矛盾、管理流动人口等方面发挥着积极作用。从改造敌对分子到社会治安综合管理，再到社会治理，有效地培育了民间自治力量，形成政府管理与社会协作互动的新治理局面。枫桥镇先后成立了治保会、联防队、消防队、人口协管员等四支群众性治安队伍；实行“五个依靠”，一是依靠群众就地化解民事纠纷；二是依靠群众就地挽救违法人员；三是依靠群众加强公共复杂场所管理；四是依靠群众强化企业内部防范；五是依靠群众侦破刑事案件。① 其中最为典型的应属调解工作，如枫桥镇的“老杨调解”，一方面，参与调解的力量本就生活在当地，容易把握当地的风俗人情和传统习惯，容易形成天然的亲和力，容易让当事人产生信任和共鸣。另一方面，成员的多元化能够为同一事件的处理提供多元视角，有助于调解的达成。

当前，社会治理中，政府塑造了全能强势的形象，试图掌控社会的方方面面，但是政府全能而非全会，强势而非顺势，“这就好比一台庞大机器可以在设计好的模式中有序运作，但面对社会出现的突发事件和具体矛盾，则需要每个部件、每个齿轮都随同这一机器系统调整方向，连带运行，失去了灵活多变、敏锐出击的应对能力”②。一是强调社会协同，不会仅仅局限于本群体的狭隘的利益关切，必将引入更为多元的视角，兼顾其他群体的权益，黑恶势力从本质上来说是劣势的，如果能在异化初期多行关照，并不必然会向黑恶势力转化。二是强调社会协同，能够监督群众自治组织的行为，以防被黑恶势力收买。三是强调社会协同，能够在政府与自治组织权力边界不清的地带，提供有力的救济，避免苦诉无门的群众转而寻求黑恶势力的帮助。四是强调社会协同，能够有效发挥民间防卫力量，如日本注重犯罪防范体系的构建，向町内会、防犯联络所、职业防犯团体等群众自治组织通报黑恶势力的情况，从而强化社区安全防卫措施。

### （四）以人为本：彰显社会治理的关怀

“以人为本”的思想，同样体现在省委枫桥工作队政法组对“四类分子”的改造中。“在激进的政治运动中，一些地方在对‘四类分子’改造中产生的

---

① 朱志华：《“枫桥经验”两种根本不同的解读——评尹曙生〈谢富治与“枫桥经验”〉一文》，载《浙江警察学院学报》2014 年第 5 期。

② 田毅鹏、张帆：《转型期社区组织的科层化及其走向——以 C 市 J 社区为例》，载《吉林大学社会科学学报》2014 年第 3 期。

过火、过激的行为，包括斗打、乱捕、乱杀事件十分严重。一些地方由开始时斗打个别‘表现不好’的‘四类分子’发展到斗打一批的“四类分子”，进而发展到斗打‘四类分子’的家属子女。一些地方的‘四类分子’被打死的事件并不鲜见。”① 然而，枫桥镇干部没有采取这类严酷斗打、抓人捕人的方式，而是通过说理教育，以人性化的方式达到改造的效果。在那个特殊的年代，枫桥人以非凡勇气创造新的方式，并以宽广的胸襟使“四类分子”免受无情的镇压，“在一个权利意识极度匮乏的年代所闪现出的这一人性光芒，尤其弥足珍贵”②。随后，这一经验逐步运用到改造流窜犯、帮教失足青年当中来，形成了“教育人、改造人、提高人”的原则。

既然在那个特殊的年代，枫桥人都能够以独到的眼界和非凡的勇气，将人视为社会治理的目的，而非手段，重视人民的权利和需求。而在当下人文关怀已然上升到一个新境界的时代，何尝不能如此。一方面，“枫桥经验”提倡不同群体的全面、自由、充分的发展，枫桥镇干部提出了“帮人要帮心、帮人要帮富”的口号，提供多元的诚实致富的路径，消除黑恶势力产生的社会土壤，真正有利于社会的稳定发展；另一方面，对黑于恶势力的成员，区分其主观恶性，避免“一棍子打死”，加大帮教力度，促成其尽快地回归并融入社会。

（五）关注治心：拓宽社会治理的视角

在“枫桥经验”产生的阶段，也就是“四类分子”的改造中，主要是通过说理方式，达到思想改造的目的，这也正是毛泽东所倡导的一种通过“治心”实现“治世”的基本原则。③ 也就是说，枫桥经验关注改造对象的心理，不是一味地说教，而是通过心理的触动，全面地影响心灵的建设与行为的走向。

我们在社会治理中往往埋头于制度的构建，忽视了人心是游离在制度之外的重要因素，即便我们的制度再精密，也容易被人心所轻易规避或洞穿。只要存在试图以组织化的暴力手段来对抗国家的人格，就必然有黑恶势力的存在，只要有黑恶势力的存在，哪怕短瞬时间内的消减，都不会影响其最终的危害性。而我们的学术研究，历来缺少从人心的角度入手，片面地认为，人的行为

① 吴锦良：《“枫桥经验”演进与基层治理创新》，载《浙江社会科学》2010 年第 7 期。

② 冯卫国：《转型期中国基层社会的犯罪治理——以“枫桥经验”为视角》，载《山东警察学院学报》2011 年第 7 期。

③ 卢芳霞、戴大新：《“枫桥经验”与社会管理创新理论研讨会专家发言观点荟萃》，载《浙江警察学院学报》2013 年第 3 期。

总是符合理性的驱动。然而在黑恶势力中，固然有大部分的人牟取暴利，但在他们的结合之初，更多地只是出于义气，甚或是抱团取暖，这些人本性不坏，而且随着时间的推移，不可能终日过着刀口舔血、胆战心惊的日子。意大利政府在与黑手党多年的周旋中，就敏锐地捕捉到了这一点，极恶对象往往只是首领及部分高层，其余人等并没有那么忠贞于此项“事业”，于是意大利政府出台《黑手党悔过法》，其中最为重要的一条规定就是：“脱离黑手党的悔过者及其家属可享受‘终身’由国家供养的待遇，而且不管犯过什么罪都可以立即释放。”通过国家层面的立法确认，推动并接纳黑手党分子的“悔过投诚”，达到了分化、瓦解黑手党的目的。

（六）预防：提升社会治理的效益

过去，国家治理中带有很强的国家本位主义的属性，对大量危害社会的隐患视而不见，偏重于从事后来解决事情，一旦危害显现，最终要投入大量的治理成本，且未必会取得对等的收效。过往的“扫黑除恶”即是如此，大张旗鼓地运动式“打黑”，片面追求看得见的效果，虽然也在一定程度上形成了经验，却要依靠巨额的财政开支及司法资源的投入来维持，而且无法阻遏黑恶势力周期性反复的趋势。

枫桥经验是成本低、效果好、节奏明的治理范式，注重轻重缓急，集中力量，优先化解苗头性的、容易激化的、经济类的、属于“三养”的、有倾向性、牵连性的以及影响生产的六类矛盾，建立健全“四前”工作法①以及“四先四早”工作机制②。有学者通过对比18年间浙江全省与诸暨市的刑事案件的发案率，证明诸暨市刑事发案率不但年年低于浙江省，而且有12年低于全国年均水平，且浙江是中国的经济大省，诸暨是浙江的经济强市，枫桥又是诸暨的经济强镇之一，保持如此良好的治安记录，坚持“枫桥经验”的功绩实不可没。③ 事实证明，运用“枫桥经验”能够以较小的投入获取最大的产出，这就是效益的题旨所在。“枫桥经验”强调对社会矛盾的及时发现，通过“抓早、抓小、抓苗头、抓源头”，将社会治理的关口前移，避免矛盾的激化及升级，能够减少成本投入，提高效益。如西方一些国家，推出了“邻里守

① 即组织建设走在工作前，预测工作走在防范前，防范工作走在调解前，调解工作走在矛盾激化前。

② 即预警在先，苗头问题早消化；教育在先，重点对象早转化；控制在先，敏感时期早防范；调解在先，矛盾纠纷早处理。

③ 朱志华：《“枫桥经验”两种根本不同的解读——评尹曙生〈谢富治与“枫桥经验”〉一文》，载《浙江警察学院学报》2014年第5期。

望计划”，引导邻居互相警护，以防控犯罪，重塑良好社区。①

除了在社区中加强防卫，还可以提前防止黑恶势力对有关行业的渗透，如美国的反黑恶势力斗争史中，有一个较为特别的现象是，黑恶势力很少参与到经济活动中，“黑社会组织很少有机会进入房地产和建筑业，或者是参与金融、证券行业，这主要得益于这些行业健全成熟的管理机制、风气以及国家的相关保护措施。”②

（七）法治完善：提供社会治理的保障

“枫桥经验”能够从三个层面上推动法治的完善，一是“枫桥经验”作为来源于地方的实践经验，是对法治知识体系的有益补充，“扫黑除恶”中，对于政治、教化等方式的综合运用，最终都将沉淀为经验；二是“枫桥经验”自下而上的参与方式，是对法治运行模式的丰富完善，在互动、合作与共生中，将源自本土的实践和真实的诉求向上传递，让未来法治运行更可操作。三是“枫桥经验”强调合法的内生约束，是法治实践的鲜活案例，“枫桥经验”的持续发展侧面印证了，其不单单是一种政治运动，同时也是符合法治要求的实践，可以为法治创造所吸纳。四是人民群众在解决矛盾过程中，充分挖掘可以利用的资源，理性地解决问题，这种民众主动寻求规则的过程，也为法治的形成打下坚实的基础。

（八）系统升级：完善社会治理的组织

近年来，枫桥镇以社会管理网格化为抓手，构筑起了“纵向到底、横向底边”和“纵向联动、横向整合”的社会管理网格系统。③ 枫桥经验在组织形式上同样有两个维度，即“部门协同，镇村联动”。以社会治安综合管理来看，“部门协同”在镇一级主要通过政府各职能部门加强横向联系与配合，并将综治部门、政法部门、行政执法部门相关人员都吸收到社会治安综合治理委员会，“镇村联动”是按镇、管理处、村三个层级，逐级下派民警、法官、调解员等综治干部，将综治工作阵地前移，通过细化层级、拓宽职能，形成“四横N纵”的治理网格（如下图）。第一层级为镇社会治安综合治理委员会，由镇党委书记、镇长和分管政法的副书记负责，党政主官直接领导，定期召开专题会议，对全镇的社会治安治理工作作出部署。第二层级为综治工作中心，

① 冯卫国：《转型期中国基层社会的犯罪治理——以“枫桥经验”为视角》，载《山东警察学院学报》2011年第7期。

② 许皆清：《台湾地区有组织犯罪与对策研究》，中国检察出版社2006年版，第46页。

③ 吴锦良：《“枫桥经验”演进与基层治理创新》，载《浙江社会科学》2010年第7期。

由党委副书记任主任，司法所、调委会、信访办、派出所、派出法庭工作人员组成，负责全镇社会治安综合治理的日常工作。第三层级综治治理服务处，内设公安警务室、司法工作室和综合调解室。鉴于枫桥是大镇，全镇共有84个行政村，故设立5个区分片管理。第四层级为村（居）企综治工作组，由党支部书记任组长，治保调解委员、村民小组长或工会主席为成员共同组成。此外，镇一级的综治办、调解办、维权办、派出所、司法所、信访办均加强对下指导，派驻检察室通过“四环指导法”① 提前预防化解矛盾；派出法庭对调解干部作培训并邀请当地调解干部参与法庭组织的调解活动；派出所通过召开现场会，邀请镇政府成员、党员、村民代表参加，当场公布重要事项的调处情况。如此一来，枫桥镇创设的社会治安综合治理的组织构架，将四个层级以及不同条线均纳入其中，从广度上覆盖了综治办、调解办、维权办、派出所、司法所、信访办、地税所、国税所、工商所、法庭、检察室等，从深度上直达村民小组、企业生产间的班组，分工明确、组织严密、上下贯通、责任清晰，自下而上地参与和自上而下地回应，高效、开放、透明地实现社会治安综合治理。②

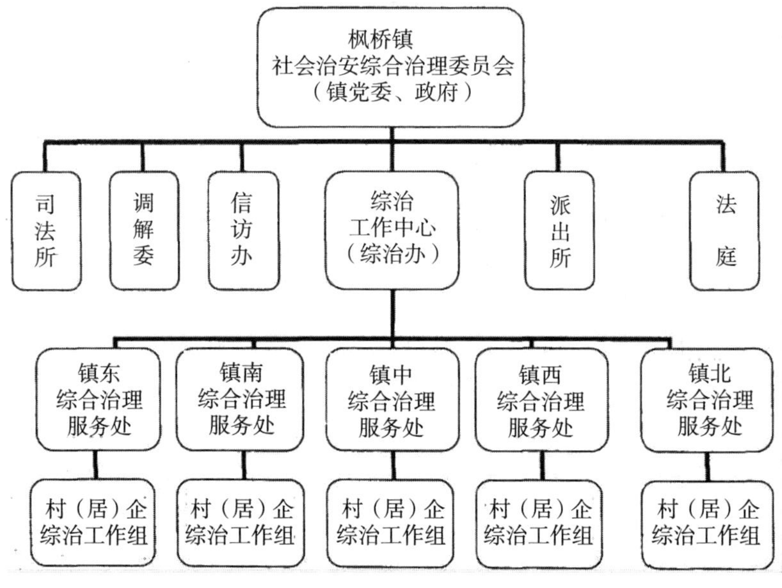


① 对普通民众实行诉前环节普遍指导，诉时环节跟踪指导，诉中环节个别指导，诉后环节案例指导。

② 参见陈承新：《公民社会与治理：以“枫桥经验”为例》，浙江大学2006年硕士学位论文，第15－16页。

"枫桥经验"主要是镇域治理之经验，将原本设在县区级的职权和资源进一步下沉到农村和社区，把各条块部门职权在更细微的层面重新进行布局，行政权力得以通过网格直达社会个体，打通所有联结的环节与通道，一旦需要进行治理，只须拉动网线，整个治理的脉络就可以清晰浮现，所有的信息、资源、政策都可以有序传导，起到提纲挈领、纲举目张的作用，实现治理体系的重构、规则的协调、条块的协同、资源的整合，充分调动各主体，建立起信息畅通，边界明确、有序参与、效率提高的长效联动机制。从某种程度上看，这种网格化治理暗合区块链的主旨，通过网格接入不同主体，从而达到"去中心化"的效果。这对于"扫黑除恶"尤有借鉴意义，农村或社区的网格员由于接近区域内黑恶势力的地缘优势，能够第一时间将黑恶势力的组织形态、人员构成、活动情况等录入到数据库中，有关部门则通过数据掌握黑恶势力的动态，排查风险、形成预案。

最后，应当指明的是，那些人为赋予的"枫桥经验"的内涵，可能并未真正站在"枫桥经验"本身来研究，那些所谓的"创新"、"更新"本身，并未细致考量"枫桥经验"的应然之貌，那些振奋人心的"展望"、"未来"脱离了"枫桥经验"实际运作得土壤，如此，这些研究只能是无本之末、无源之水，"想当然"地伤害了理论本身，让"枫桥经验"去承接那些本不属于自己的内容。"枫桥经验"应当从事实本身去提炼，从历史发展的脉络来考证，并从正反两面进行有效的证明和证伪，才能有助于理论的跃升和边界的确定。因为一项制度或经验的挖掘和解释本身也是极具理论意义的，其对我们解决当下问题的重要性，并不亚于制度本身，因而，从对"枫桥经验"历史运用和现实运作来看，"枫桥经验"确属社会治理范畴的理论，不能仅仅局限于"在党的领导下，依靠和发动群众，预防和化解矛盾纠纷，维护社会稳定的经验"，而应提炼其基本内涵和精神实质，亦即"党政主导、群众自治、社会协同、组织建设"的治理范式，在不同的历史时期丰富和发展。此外，这一社会治理的范式在"扫黑除恶"中并未有适用困难，可以为我们开启一片丰厚的本土理论资源，提供一个全新而应然的视角，寻找到一条能够经受起历史检验的治理道路。

这条道路上，我们既可以看到，管理与治理，自治与共治，目的与工具，威权与人性，稳定与发展等等之间，并不是简单的压制或替代的关系，是实践发展到一定程度之后需求自我满足的表现，并且可以逻辑自洽，我们还可以看到，群众自治、社会协同，不但是主体的扩展，还体现效益，人民的、社会的经验可以上升为政府的经验，丰富政府主导的内容，不但体现人性的关怀，也是促进发展的题旨所在，反过来又推动群众自治和引导社会协同，这些多元化的要素，保持内在理性张力，环环相扣，自成闭环，形成治理体系。

## 三、路径完善："扫黑除恶"的枫桥模式

"枫桥经验"有其丰厚的内涵，为我们"扫黑除恶"工作提供了一个可行的范式，受篇幅所限，本文仅就其中五个部分进行展开。

### （一）伦理塑造：基层自治的意识觉醒

"扫黑除恶"的直接目的就是挤压黑恶势力的生存空间，这在很大程度上必须依赖基层组织尤其是群众自治组织，这是铲除黑恶势力滋生土壤的关键之举，基层党组织要发挥战斗堡垒作用，如果这些战斗堡垒如果出现了空心化、软弱涣散的情况，一些黑恶势力往往会趁虚而入，扶植代理人。想要破解这一难题，必须将治理的触角向基层延伸、向纵深推进，净化基层土壤，恢复涵养生态，具体来说，可以从三个维度上入手，一是促成个人权利意识的觉醒，自觉承担社会责任；二是确立群众自治边界，防止黑恶势力借自治组织插手真空地带；三是普及社会契约精神，共筑群体道德伦理。

首先，促成个人权利意识的觉醒。费孝通先生在其《乡土中国》提出"差序格局"这个概念时举过一个例子：当年的苏州人家后门常有一条河，所以被称为"中国的威尼斯"，可是苏州城里的水道却极其肮脏。洗衣、洗菜、大小便都在这条河里。因为小河是"公家的"。从"差序格局"的角度来看，个人权利意识的匮乏是实现自治的基础性障碍。因而，必须培养人民群众对"公共性"所持有的信念与承诺，承担应有的责任与义务，主动防范黑恶势力的渗透。

其次，确立群体自治边界。一是合理规划组织内控制度，防止异化为黑恶势力的代理人；二是严格按照政府的赋权，对于权力以外的事项及时上报，理清归属；三是推动重大事项公示，让制度运行在阳光之下。

再次，提升整体伦理道德。人是一切制度运作的核心要素，要切实强化对基层工作人员、群众自治组织成员的道德教育，通过专门培训、宣誓，定期回炉，重塑基本价值养成。

最后，强调制裁手段始终在场。自治很难通过自我实现，也很难依靠自我长期保持。除了传统维度下的监管约束外，作为最后手段性的刑事制裁也应当始终在场，以形成有效的外部压力，促使相关人员自觉调适，不断进行自我纠错。《关于开展扫黑除恶专项斗争的通知》中指出，把扫黑除恶与反腐败斗争和基层"拍蝇"结合起来，深挖黑恶势力"保护伞"。纪检监察机关要将治理党员干部涉黑涉恶问题作为整治群众身边腐败问题的一个重点，纳入执纪监督和巡视巡察工作内容。

（二）场域建设：社会参与的力量依存

一是建设公共场域。我国的公民社会很没有自发形成的土壤，需要借助于政府的引导，引导公民参与的关键，在于有一个供公民表达意见并交换意见的公共场域，哈贝马斯认为，公共领域是指在政治权力之外、介于私人利益与国家权利领域之间的机构空间和时间，是一个公民自由讨论公共事务、参与政治的活动空间。① 网络空间是我们首要加强建设的公共领域，推动公民在虚拟平台上充分交流、沟通、协商，畅通公民诉求表达渠道，引导公民理性表达利益诉求，进而影响公共政策的制定决策。

二是强化中产阶级。每个阶层都应当有与之匹配的意识和判断力，中产阶级不仅要实现经济上的中产，还要实现意识上的中产，以应有的认识和相应的担当来参与到黑恶势力的治理中来，帮扶弱势群体，宣扬正能量。

三是发挥协会作用。众所周知，证人证言对指控黑恶势力具有十分重要的作用，相应的，其处境也十分危险，黑恶势力不仅会阻碍证人作证，还会危及其生命财产及家人安全。美国自 1970 年成立“保护证人协会”以来，累计为数千名证人及证人家属提供新的身份，迁移到一个不被认出的新环境，并保持一定的联络频率，充分发挥协会的作用，值得我们借鉴。此外，对于黑恶势力分子服刑后，还可以发挥协会在生活安置和再就业方面的作用，降低其再犯的可能性。

四是加强舆论引导。新闻媒体充分揭露黑恶势力和保护伞的黑腐现象，发挥群众评议讨论、批评等作用，通过社会的道德谴责，产生社会震慑力，形成对黑恶势力的否定性评价压力，挤压其正常生产、生活空间和社会舆论空间，加大违法成本。

五是借助群众力量。建立黑恶势力犯罪的举报制度，通过事先公布的举报通道和举报电话，负责接收来自群众的举报线索，特别是黑恶势力涉足经济活动、洗钱等线索。在美国，娱乐行业人员、学校辅导员、交通运输人员、房屋中介、社区人员等都是获取信息的重要渠道。

（三）关口前移：效益提高的双面体现

效益的提高主要从两个面向上开展工作，一方面是预防工作做在风险形成前，另一方面是化解工作做在刑事立案前。

一是做好治安整治，建立防控体系。加大对城中村、娱乐场所等场所及工

① 公维友、刘云：《当代中国政府主导下的社会治理共同体建构理路探析》，载《山东大学学报（哲学社会科学版）》2014 年第 3 期。

程招标、矿产资源、民间借贷等行业的整治力度，同时加强对流动人口、社会闲散青少年、刑满释放人员等人群的教育和管理。二是做实即时监控、逐个排查风险。拓宽信息渠道的来源，建立数据库，将黑恶势力成员的前科劣迹、指纹、刑事强制措施情况及社区人员变动等纳入其中，实现对风险点的动态排查。三是以问题为导向、深入挖掘风险。从某一风险线索或单一黑恶势力为切入，全面梳理其关联关系，深挖其利益交换对象及保护伞，延伸对风险传递路径深入排查。

对于刑事立案前的化解工作，一旦动用刑事手段，意味着司法机关要付出更大的成本，而且未必能够根除黑恶势力，反而逼使黑恶势力分子破罐子破摔，以各种方式对抗国家。对此，应当对黑恶势力及其有关成员的涉案性质作出初步认定，对于确属可以说理改造的，可以建立约谈机制，首先，由所在地镇（街道）政府牵头会同辖区公安派出所，主要向黑恶势力分子明确其所可能承担的法律后果，敦促其尽早悔改、退出黑恶势力。在多次约谈多次后拒不配合的，才由公安局介入，提出是否可以侦查的意见。

（四）共同富裕：发展目标的坚持守望

即便在那个斗争的年代，“枫桥经验”都不把改造视为最终目的，而是对人的发展给予了莫大的关怀，在有效控制犯罪的同时，最大程度地保障公民自由、促进经济繁荣，通过发展来预防和减少犯罪、追求社会动态稳定的思路①。正如当下，应当采取有效措施缩小贫富差距，完善收入分配调控，解决好收入分配不公的问题，进一步降低经济社会发展过程中的负效应，真正清除黑恶势力滋生的土壤。首先，要完善市场运行监管，努力营造诚实守信的营商环境；其次，增加就业机会，并积极引导低收入群体找准发展机会；最后，加大对弱势群体在医疗、教育、居住等方面的关照。

（五）去中心化：组织建设的纵横拓展

“枫桥经验”内涵的扩展依托于组织形式的完善，方能在不同的维度上作出贴合实际的演绎，因此要牢牢把握横纵两个维度，力争“横向到边、纵向到底”。

从横向上看，一是应当有明确的“扫黑除恶”的机构，个人虽然反对为某个专项行动而单设机构，但至少一项具体的职能必须有所依托，否则随着专项运动的结束，人员往往被抽调而机构空转，权责不清，依现有国情来看，

① 参见冯卫国：《转型期中国基层社会的犯罪治理——以“枫桥经验”为视角》，载《山东警察学院学报》2011年第7期。

“打黑除恶”的机构更适合挂靠在政法委综治部门之下，即便专项行动结束，也能依然保持一定的工作力度，不至于“扫黑”声势陡减。二是强化信息互通，打通数据壁垒，逐步推进信息在司法、侦查、工商、税务等部门之间的交换与共享，强化信息整合和宏观把握。

从纵向上看，主要是发挥乡镇在“扫黑除恶”中的作用，乡镇作为我国政权体系中与人民群众最紧密的层级，是推动“扫黑除恶”的前沿阵地。市一级要按时间节点细化任务，将压力传导到镇街一线，通过建立基层治理“网格”，从最基本的单元入手，实现基层管理服务全覆盖。以各社区、农村为原点，根据辖区地域、人口分布、综治情况等情况合理设置网格，并配备网格联络员，定期将黑恶势力有关信息或流动人口等信息输入网格中等。

从某种意义上讲，“枫桥经验”就是一套快速协调各种力量，以人性的、效益的、发展的、法治的方式解决矛盾的机制，能够发挥驯服、驾驭和逆转黑恶势力恣意扩张的功能，把正在脱嵌的社会劣势阶层导入正途。因而，我们将之适用于“扫黑除恶”之上，力图提供一个全新的理论视野和治理范式。

# 黑社会性质组织犯罪所得没收保全制度研究

沈　威　徐晋雄*

## 一、引言：黑社会性质组织犯罪打击的源头治理

犯罪所得的没收与追缴，是刑事诉讼中公检法等机关的重要职责之一，既事关刑事犯罪的一般预防，也与被害人、第三人的切身利益息息相关。若犯罪所得财物处置不当，不仅难以有效打击犯罪，也可能埋下公权力侵犯公民合法财产的隐患。这一点在黑社会性质组织犯罪的涉案财物处置上显得尤为突出。"具有一定经济实力"是认定黑社会性质组织的要件之一，也是黑社会性质组织逐渐坐大、为恶一方的基础，其发展过程呈现出"以黑促商，以商养黑"的循环特征，一方面通过违法犯罪手段掠取经济利益用于保障其组织活动，另一方面又积极向具有潜在商业价值的领域渗透，将非法收入转为合法收入，通过合法经营来巩固自己的经济基础。① 为了从根本上铲除黑社会性质组织犯罪的经济基础，法律和司法解释不断进行了修正和完善，如《刑法修正案（八）》对该类犯罪新增财产刑，又如2012年"两高三部"的司法解释首次明确了对于应当追缴、没收的财产无法找到等情形的，可以追缴、没收其他等值财产，② 并在2018年"两高两部"的指导意见中得到了再次确认。但由于该类犯罪涉案财物的复杂性，司法实践中对黑社会性质组织犯罪涉案财物的没收与扣押仍面临各种困惑和难题。与祖国大陆现状相似的是，一水之隔的台湾地区近年来也受困于社会关注的重大刑事案件剥夺犯罪利得没收制度的不合理，

* 沈威，福建省莆田市城厢区人民检察院副检察长；徐晋雄，福建省莆田市城厢区人民检察院公诉科副科长。

① 朱和庆：《黑社会性质组织犯罪涉案财物处置的若干问题》，载《人民法院报》2015年11月25日，第4版。

② 详见最高人民法院、最高人民检察院、公安部、司法部于2012年9月11日颁布的《关于办理黑社会性质组织犯罪案件若干问题的规定》（公通字〔2012〕45号）第21条。

于2016年7月修订了刑事没收及保全扣押的相关规定。因此，笔者试对两岸相关制度进行比较，分析问题，查找原因，防范短板，以求对完善祖国大陆黑社会性质组织犯罪所得没收与扣押制度有所裨益。

## 二、黑社会性质组织犯罪所得没收制度的特殊规定与困境

### （一）黑社会性质组织犯罪所得没收制度概述

2011年5月之前的《刑法》第294条并未对黑社会性质组织犯罪设置财产刑，司法机关只能依据《刑法》总则第64条对黑社会性质组织“聚敛的财产及其收益、违禁品与供犯罪所用的财物”予以追缴，由于黑社会性质组织既然能在某一地域坐大成势，往往具备组织从雏形到发展直至壮大的过程持续时间较长，组织与参与人员更新频繁，控制或涉及的行业领域较多，经济结构复杂且存在非法与合法形式混杂等特点。加之，我国金融监管与经济管控的系统机制还没有形成封闭式的完整锁链，对跨区域、跨境之间的合作没有相应的机制可以遵循，许多资金来往、流转以及去向均无从查证，对于黑社会性质组织所涉及的财物系非法手段“聚敛”而来的证明非常困难。因此，《刑法修正案（八）》对黑社会性质组织犯罪增设了财产刑，即对组织者、领导者应当“并处没收个人全部财产”，对积极参加者可以“并处罚金或者没收个人全部财产”，对其他参加者应当根据所参与的次数、作用、违法所得数额以及造成后果等情节，依法决定财产刑的适用。① 即，根据组织犯罪里的不同地位和作用，区分了没收财产刑和特别没收的适用，对于前者应当遵循罪刑法定原则，而对于后者则不需要，因为对违法所得、违禁品和犯罪工具的没收不是刑罚，而是国家根据“任何人不能从犯罪中获利”的基本原则对犯罪行为本身的强制干预。

### （二）黑社会性质组织犯罪没收“等值财产”制度的特殊规定

为了加大财产刑适用力度，铲除黑社会性质犯罪组织的经济基础，司法机关在历年办理黑社会性质组织犯罪案件的司法解释中均提出了具体贯彻落实措施，特别是于2012年9月“两高三部”《关于办理黑社会性质组织犯罪案件若干问题的规定》中，首次明确了追缴、没收“等值财产”的概念。为了更好地了解这个制度内容，笔者试对2009年至2018年间有关办理涉黑案件的相关规定作一列表分析，详见表一。

---

① 戴长林：《扫黑除恶案件法律适用问题》，载 http://mp.weixin.qq.com/s/DACfQykpMd0Tgf94gh7pUQ，访问日期：2018年5月4日。

**表一　2009 年—2018 年司法解释关于涉黑犯罪所得的处置比较表**

| 颁布时间 | 2009 年 12 月 | 2012 年 9 月 | 2015 年 10 月 | 2018 年 1 月 |
|---|---|---|---|---|
| 制定机关 | 两高一部 | 两高两部 | 最高法 | 两高两部 |
| 文件名称 | 办理黑社会性质组织犯罪案件座谈会纪要 | 关于办理黑社会性质组织犯罪案件若干问题的规定 | 全国部分法院审理黑社会性质组织犯罪案件工作座谈会纪要 | 关于办理黑恶势力犯罪案件若干问题的指导意见 |
| 涉黑犯罪财物及其收益的处置 | 对于涉黑犯罪财物及其收益以及犯罪工具，均应按照刑法第 64 条和《司法解释》第 7 条的规定予以追缴、没收。 | 依法应当追缴、没收的财产无法找到、被他人善意取得、价值灭失或者与其他合法财产混合且不可分割的，可以追缴、没收其他等值财产。 | 审理黑社会性质组织犯罪案件时，对于依法查封、冻结、扣押的涉案财产，应当全面审查证明财产来源、性质、用途、权属及价值大小的有关证据，调查财产的权属情况以及是否属于违法所得或者依法应当追缴的其他财物。 | 公安机关、人民检察院、人民法院根据黑社会性质组织犯罪案件的诉讼需要，应当依法查询、查封、扣押、冻结全部涉案财产。<br>依法应当追缴、没收的财产无法找到、被他人善意取得、价值灭失或者与其他合法财产混合且不可分割的，可以追缴、没收其他等值财产。 |
| 是否对等值财产没收作出具体规定 | 否 | 是 | 否 | 是 |

从前述《刑法修正案（八）》对黑社会性质组织犯罪的财产刑以及《刑法》第 59 条、第 64 条的没收制度规定来看，可以将该类犯罪的没收对象分为三类：一是对财产的全部没收，二是对财产的部分没收，三是对犯罪所得及其收益、违禁品和犯罪工具的没收。前两类指向的是合法财产，第三类则必须是与涉案直接相关的非法财产。对于第一类对象而言，因涉及的是全部财产，自然不存在“等值财产”的问题，而对于后两类而言就会有“等值财产”的替代没收问题。从逻辑上看，如果应没收的犯罪所得，因性质或其他事由无法没收，如丢失、挥霍殆尽、被他人善意取得或同类物混同（如非法手段取得的现金与自己原有现金混合）等，此时国家只能以追缴没收标的的等值财产来“收钱抵债”。这就是“等值财产”的概念与新型没收制度的提出，它从没收对象上将刑法没收区分为对犯罪所得的直接没收与对等价替代财产的追缴两种形式。从理论界的通说看，等值没收可区分为两种形态：一种是狭义说，即当

发生没收不能的情形时，按照该犯罪所得的价值，以冲抵的方式对犯罪嫌疑人的个人其他财产实行没收；另一种是广义说，即不以是否发生没收不能为限，可直接对犯罪嫌疑人可支配的其他财产进行没收。[①] 我国《刑法》第 64 条规定的“责令退赔”，指的是追缴不能，即没收对象被挥霍或者已灭失等情况下，应当责令犯罪分子退赔相应数额的财产，因此符合“狭义等值没收”的概念。黑社会性质组织犯罪的司法解释则更加明确了“没收不能”的具体情形，应属于特殊罪名下对《刑法》第 64 条规定的进一步细化。从上述司法解释与时俱进的变化过程来看，“两高两部”对等值财产没收制度的提出是紧随《刑法修正案（八）》的出台，而且规定也越来越细，至 2018 年时，不仅对不宜查封、扣押的经营性资产规定了由有关部门托管的相应措施，还对已将违法所得恶意转让给第三人的情形规定了追缴情形，力求彻底摧毁该类犯罪的经济来源与基础，防止其死灰复燃。

（三）黑社会性质组织犯罪没收制度与刑诉法扣押制度脱节的困局

很显然，司法解释专门针对黑社会性质组织犯罪所制定的“等值财产”没收追缴制度是对刑法没收制度的细化，但同时导致的一个问题是扣押制度的不适应。从刑事诉讼的流程上看，扣押属于侦查的强制措施，时间次序在前；没收属于判决的内容，时间次序在后，财产扣押的强制措施服务于没收判决的落实。如果判决没收而财产却被被告人在判决前转移，那么没收也可能只是一纸空文。因此，为了确保没收制度的落实，需要在侦查之初就应该扣押相应的犯罪所得或财产。2018 年“两高两部”的《关于办理黑恶势力犯罪案件若干问题的指导意见》（以下简称《指导意见》）已经注意到这个问题，并在第 27 条规定了 7 种应当查封、冻结、扣押并进而依法追缴、没收的情形。然而，《刑事诉讼法》第 139 条明确规定，扣押的对象必须与犯罪证明存在关联关系，否则不得适用查封、扣押措施。即，现行《刑事诉讼法》上的扣押仅指证据扣押而非财产扣押，这将产生以下弊端：

1. 对于犯罪嫌疑人将犯罪所得隐匿、转移或洗钱后购置的财产，一般在案件未全面查清的情况下就无法适用扣押；而等到案件查清之后，相应的财产可能已经被转移，导致判决落空。即，扣押的前置条件要求过高可能并不利于黑社会性质组织犯罪所得没收的执行。

2. 对于黑社会性质组织犯罪所特别规定的“等值财产”没收制度，无法

① 黄风：《犯罪资产追缴与没收制度需完善》，载《检察日报》2015 年 11 月 17 日，第 3 版。

适用扣押强制措施，因为等值财产没收的对象是犯罪嫌疑人其他的不属于犯罪所得的合法财产，而《刑事诉讼法》第139条已经明确排除了该类财产的扣押适用。即，侦查阶段无法采取对等值财产的扣押强制措施，该特别没收制度只能等待判决生效之后方可执行。

3. 与前两个问题形成另一个极端走向的问题是，侦查机关利用刑事手段干预经济纠纷，以扣押证据之名行扣押犯罪所得之实，甚至未区分扣押标的的属性而滥用扣押手段。① 这种情形很可能在解决前两个问题的基础之后将显得更为突出，因为一旦扣押对象可以是犯罪嫌疑人的合法财产，那么如何保证扣押强制措施不被滥用就成为设立该制度所必须考虑的问题。

综上所述，我国黑社会性质组织犯罪的司法解释所提出的“等值财产”没收制度初衷在于彻底摧毁涉黑组织的经济基础，试图赋予公检法等机关在刑事诉讼程序开启之初就可干预犯罪所得的权力，但是从制度设计上看，立法层级不够、与现行刑事法体系存有一定背离且相应的保全制度不匹配导致“等值财产”没收判决很可能成为一纸空文。因此，如果不修改相应制度，可能将导致该没收制度无法落实，不仅无法达到铲除涉黑组织经济基础的目的，而且也将对整个刑事法律体系的权威产生减损。

## 三、台湾地区犯罪利得保全扣押度述评

从目前祖国大陆打黑扫恶的刑事政策来看，“等值财产”没收制度势在必行，鉴于在立法层面尚未形成完整、规范的制度体系，仍需多层面综合因素的考量与构建。笔者试从台湾地区的相应制度入手，展开介绍与分析，以求对构建符合本土实际的没收保全制度有所启发。

### （一）台湾地区犯罪利得没收与扣押制度的立法沿革

台湾地区近年来因食品安全等引起社会密切关注的刑事案件判决结果，严重凸显剥夺犯罪利得相关没收制度的不合理性，因而促成“刑法”没收部分条文的修正，因实体法修正联动程序法修正，从而新增“刑事诉讼法”关于没收及保全扣押的规定。上述修法的新规定于2016年7月1日施行，且之前的其他关于没收、追徵、追缴、抵偿等规定不再适用。② 学者称此举为“台湾

① 欧阳红香：《论涉案财物刑事扣押制度的完善》，中南大学硕士论文2014年，第56页。

② “刑法施行法”第10条之3第2项：施行日前制定之其他法律关于没收、追徵、追缴、抵偿之规定，不再适用。

地区刑法前所未见的百年变革”。①

回顾台湾地区之前刑事司法实务运作，均多注重于起诉被告人，并以追求定罪为终极目标，却忽略剥夺犯罪利得的重要性，更遑论侦查中对被告人犯罪利得进行相关保全。② 被告人于犯罪得逞后往往转移处分资产或以各种途径洗钱，以规避法院判决之没收或被害人求偿，致使公平正义荡然无存。此次修法，首先从任何人不得享有犯罪利得的观点出发，重新定位没收的本质为“具有刑罚与保安处分之外的独立法律效果”，扬弃过往“主刑与从刑不可分原则”的定势，从而将犯罪利得没收范围扩张至被告与第三人（含自然人、法人及非法人团体），即便被告死亡或逃匿经通缉者，仍可单独宣告没收。其次，将犯罪利得的内涵从违法有责行为扩大至违法行为所得、其变价物或财产上的利益及其孳息，大幅度扩张了犯罪利得没收范围。再次，对于应没收的犯罪利得全部或部分不能执行者，设有追缴等值价额的规定。不论从彻底剥夺犯罪利得的思维，还是保障被害人求偿权的观点，新修正“刑法”的良法美意，均有赖于新修正“刑事诉讼法”的实践，尤其以利得没收保全程序为代表，可称得上是型塑公平正义之基石。③

### （二）台湾地区犯罪利得没收保全制度的基本内容

#### 1. 没收制度与保全程序

新修正“刑法”没收体系，其型态按照原因分为犯罪（所用、所生）物品的狭义没收（第 38 条）与犯罪所得的利得的广义没收（第 38 条之 1）以及没收不能时，可追缴其等值价额这三种对象。将追缴的对象扩展到犯罪所得及其收益的替代物上的规定见于“刑法”第 38 条第 4 项、第 38 条之 1 第 5 项规定，指的是：“因为不能或难以针对可罚行为实行或准备的工具、可罚行为的结果、违禁物以及可罚行为的所得没收，得追缴其价额。”在《贪污治罪条例》第 10 条第 4 项中也有相应规定：“为保全前三项财物之追缴、价额之追缴或财产之抵偿，必要时得酌量扣押其财产。”

“刑事诉讼法”上的保全程序，主要规定于第 133 条。该条第 1 项保留原

① 林珏雄：《综览没收新旧法（上）》，载《月旦法学教室》2016 年 4 月总第 162 期，第 52 页。

② 林宗志：《犯罪所得没收与保全制度之研究》，辅仁大学法律学系 2014 年博士论文，第 15 页。

③ 林珏雄：《利得没收新法之法律性质与审查体系》，载《月旦法学杂志》2015 年第 238 期，第 80 页。

文：“可为证据之物或可得没收之物，得扣押之。”并于第 2 项增订：“为保全追缴，必要时得酌量扣押犯罪嫌疑人、被告或第三人之财产。”可见，台湾地区修正后的“刑事诉讼法”遵循证据扣押与犯罪所得扣押合一的规范模式。“刑事诉讼法”的修正，使得犯罪所得保全程序不再散见于各刑事特别法，并得以一体适用于各种犯罪类型，立法体系简明精确，并产生一致性规范效果，杜绝适用限制与盲点。

2. 法官保留原则及例外

从台湾地区刑事诉讼程序的演变观察，羁押、搜索、通讯监察等强制处分，原本采取二分模式，即侦查中由检察官决定，审判中由法院决定。其后陆续修法而均改采法官保留原则。其中，除羁押采取绝对法官保留原则外，其余均考量侦查时效与侦查弹性等因素，采取相对法官保留原则。即，有关利得保全程序侦查中由检察官向法院声请扣押裁定，以法院事前审核为原则；但情况急迫时，赋予检察官、检察实务官、司法警察径行扣押的权限，检察官应于实施后 3 日内陈报法院，由法院作事后审核，法院认为不应准许者，应于 5 日内撤销。至于审判中的保全程序，则由法院依职权为之。

3. 执行机关与执行方式

新修正“刑事诉讼法”有关扣押保全规范，将证据扣押与没收保全扣押合二为一，本次修法又夹杂是否“附随于搜索之扣押”之要件，使得有关犯罪利得保全的执行机关呈现多元化特点。审判中的扣押，法官除了可以亲自实施外，也可命令司法警察执行；侦查中的扣押，检察官除了亲自实施或指挥检察事务官、司法警察执行外，也可由检察事务官、司法警察执行。①

对于执行方式，修正前的“刑事诉讼法”是以“物”为主要概念进行规范，但随着新修正“刑事诉讼法”有关犯罪所得及其替代价额追缴概念的引入，利得保全的财产类型包含动产、不动产、准不动产以及债权等类型。体现在新修正“刑事诉讼法”第 133 条第 4 项、第 5 项：对不动产、船舶、航空器的扣押执行，得以通知主管机关为扣押登记；对债权的扣押，得以发扣押命令禁止向债务人收取或为其他处分，并禁止向被告或第三人清偿。

4. 救济途径

有关判决前程序事项的救济，修正前“刑事诉讼法”于第 404 条、第 416 条分别设有抗告与准抗告的救济途径。新修正“刑事诉讼法”针对新增的“担保金缴纳”及“扣押物变价”等制度，亦相应赋予当事人及第三人的救济

---

① 参加台湾地区“刑事诉讼法”第 133 条之 1、2，第 136 条、第 137 条。

机会，该法第404条第1项第2款及第416条第1项第1款配合修正，以完备没收保全程序的相关救济途径。

### （三）台湾地区犯罪利得保全扣押制度之评价

1. 有益借鉴

台湾地区没收新制的出台颇受好评，主要解决了以下问题：（1）没收新制除了保留既有的利得没收保全程序外，新增利得追缴保全规范，并扩张扣押标的的范围，细化了执行方法。（2）有关正当程序保障不足部分，没收新制基于保全扣押属于强制处分的考虑，赋予侦查弹性，采取了相对法官保留原则，除提升犯罪利得保全效能外，也同步落实宪法保障人民财产权的要求。（3）在落实比例原则方面，没收新制新增担保金缴纳与扣押物变价制度，大幅减低国家保管扣押资产的风险，并达到物尽其用的目标。同时，修正了有关抗告和准抗告事由，逐步完善了相关救济途径。

2. 制度短板

尽管没收新制好评如潮，但也仍有学者心存担忧：依照目前“刑事诉讼法”现有规格，能否彻底贯彻没收新法的目的？换言之，保全没收的程序法配套是否到位？[①] 并提出以下疑虑：

（1）证据扣押与没收保全扣押合一的立法体例是否合理

我国台湾地区和日本在此方面的立法体例一致，将犯罪利得没收保全与证据保全合一，规定于同一法律条文之中，并不作区分。而德国则明确在刑事诉讼法里将扣押分为证据扣押和保全执行扣押，证据扣押在刑诉法第94条以下，保全执行扣押则在第111b条以下，二者之间间隔约有30个法条，从而形成不同的规范体系。毕竟证据扣押和财产保全扣押在诸多方面存在不同，从立法的精细程度而言，显然德国的做法更为先进，这一点台湾学者亦多有思考，祖国大陆将来若要引进立法时，应作慎重考量。

（2）罚金是否可以纳入扣押保全程序

新修正的“刑事诉讼法”并没有保全罚金执行的规定。实务上的操作是，没收剩余或追缴剩余的价值，在宣告判决罚金时应直接上缴国库。执行确定的罚金刑是对行为人财产的剥夺，虽然其不属于犯罪没收的对象，但在性质上同属于上缴国库的对象。从这个意义上看，用于保全没收的扣押也可以同样用来

① 王士帆：《犯罪所得没收与追徵之保全扣押》，载《月旦裁判时报》2016年6月第48期，第63页。

实现保全罚金刑的执行。事实上，德国刑诉法已经将罚金增列为假扣押的执行对象。就中国而言，没收财产与罚金同属财产刑，再作进一步分析的话，如果没收（部分）财产与犯罪所得均可适用保全扣押制度的话，罚金刑一并纳入该程序也属逻辑上的应然。

（3）救济途径是否完备

虽然新修正“刑事诉讼法”对没收保全采取相对法官保留原则，但扣押是对公民财产权的严格限制，不像搜索只是一次性干预，所以扣押裁定的通知时间、期限限制以及扣押裁定的撤销与失效等规范均有待细化和明确，对于司法实务的操作与保障人权具有相当的重要性。以扣押通知为例，当事人对没收保全的抗告以被通知为前提，否则当事人在无从知悉财产被扣押的状况下，无法启动相关救济机制。但新修正“刑事诉讼法”对扣押的裁定，并没有特别规定送达程序。如果执行机关依照刑诉法第 133 条之 2 第 3 项采取迳行扣押，除了扣押标的为动产的情形，当事人可以当场知晓扣押结果外，其他情形下，即使执行机关于扣押后的法定期限内陈报法院准许，也没有规定如何使当事人知悉相关财产被扣押的结果，从而可能会错失救济时效。

## 四、构建符合本土实际的黑社会性质组织犯罪所得保全扣押制度的若干思考

从台湾地区犯罪利得保全扣押制度的利弊考量可见，制度的初衷固然重要，但是更应该考虑的是相应的配套制度建设以形成系统的体系以达成立法者追求的目标，否则就可能形成“南辕北辙”的尴尬局面。因此，以台湾地区没收新制为镜鉴，以前述黑社会性质组织犯罪“等值财产”没收制度存在问题为解决对象，在构建符合本土实际的相关制度时应当关注制度可行性论证、比例原则以及救济保障等诸多关键问题的解决。

### （一）黑社会性质组织犯罪所得保全扣押制度设立的必要性

1. 我国现行的保全与扣押制度概述

保全制度多见于民事诉讼领域，如德国民事诉讼法明确指出：“保全制度是一种保障将来的胜诉债权人的程序。”我国则规定于《民事诉讼法》第 92 条、第 93 条。我国《刑事诉讼法》在 2012 年修订时在刑事附带民事诉讼的第七章里新增第 100 条关于保全的规定，行使主体为法院，且适用民事诉讼法的相关规定，但无法与扣押制度产生关联，因为《刑事诉讼法》第 139 条明确规定扣押制度仅适用于证据扣押。

2. 刑事诉讼保全扣押制度概述

所谓保全，是指保住使不受损失；① 所谓扣押，是指司法机关将可以用作证据或需要作其他处理的物品、文件予以留置的强制措施。② 因此，本文所指的保全扣押制度可以定义为：在刑事诉讼过程中，为保障权利人（国家及被害人）将来的判决利益不受损失，先行将相对人（犯罪嫌疑人）的财产予以扣押的制度。保全扣押制度与犯罪所得没收制度紧密相关，其目标共同指向“任何人都不得从犯罪中获利”的基本法律原则。依据《刑事诉讼法》第234条规定，犯罪物和犯罪所得及其孳息均在没收之列，虽然该规定也对扣押财物返还被害人作了规定，但无论如何，若要有效落实没收判决的执行，从侦查之初就有保全的必要，以确保日后没收判决的可执行性。保全扣押是以保障刑法犯罪所得没收顺利执行为主要目的，二者在逻辑上的关系可以简单归纳为以下两点：（1）启动保全扣押的实体要件取决于是否预期将来判决宣告没收；（2）扣押什么标的取决于预期没收什么标的或追缴多少责任财产。而这其中，扣押是一种保全应没收物的暂时执行措施，通过扣押，保全效果持续到没收判决的出现，以防止犯罪所得在追诉过程中被处分或贬值。综上，可以基本归纳出扣押制度的基本组织结构，如下图所示：

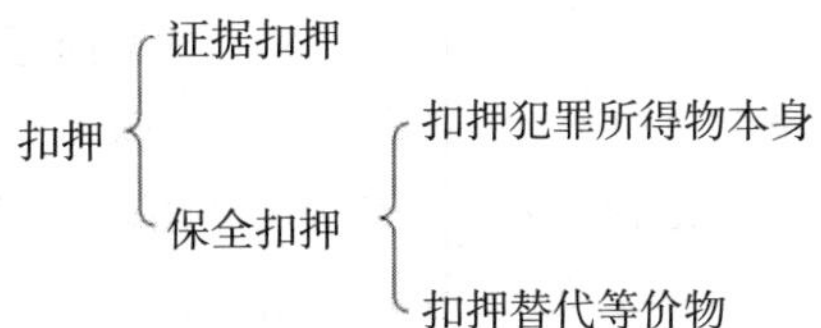


3. 保全扣押制度对于黑社会性质组织犯罪所得没收的必要性

设立保全扣押制度是实现犯罪所得没收与追缴的有力保障，是从经济源头上遏制犯罪、保障被害人权益的重要途径。基于“任何人不得保有犯罪所得”的基本法律原则要求，无论犯罪嫌疑人实施了多么隐蔽或高超的犯罪手段，还是采取了多么曲折或巧妙的洗钱方法，追缴其犯罪所得及其收益不仅是国家追诉犯罪、遏制犯罪发生的职责所在，也是恢复社会关系、稳定社会秩序的必然要求。然而正如本文前述的我国黑社会性质组织犯罪所得“等值财产”没收所面临的困局，其原因并非司法机关不努力，实为“心有余而力不足”。在涉黑组织犯罪进入刑事诉讼程序而最终可能没收落空的尴尬情境下，保全扣押制

① 中国社会科学院语言研究所词典编辑室：《现代汉语词典》，商务印书馆2005年版，第48页。

② 《法学词典》编辑委员会：《法学词典》，上海辞书出版社1980年版，第223页。

度不仅是众多刑事被害人的诉求，更是公检法等机关在办理此类案件时的期盼。根据德国学者2014年的统计，保全扣押措施在剥夺犯罪所得的实务适用上约占95%。① 无法想象的是，如果没有该项制度设计，德国犯罪所得没收与返还的实际效果将会是怎样一种惨淡景象。

### （二）黑社会性质组织犯罪所得保全扣押制度精细化的内容设计

#### 1. 证据扣押与财产保全扣押的区别

我国现行刑事诉讼法对于扣押的规定仅限于“与案件有关的财物和文件”等对象，而保全扣押则提出了全新的财产对象内容，二者的差别体现在以下三个方面：首先，二者保全目的不同，证据扣押是传统刑事诉讼法上的强制措施，其目的在于查明事实真相，具有犯罪证明上的功能；而保全扣押则是为了实现没收判决的可执行，具有法经济学上的意义。当二者的要件同时具备，当然可能同时进行，但这只是扣押竞合的偶然，而非逻辑上的必然。其次，二者范围全然不同，证据扣押必须与证明犯罪相关，而保全扣押对象可以是犯罪嫌疑人所有的财产，并不以动产或实体物为限。再次，二者的要式条件不同。证据扣押是为了保全用于证明事实的证据，其扣押执行以国家取得占有即可；保全扣押则是为了相对人脱产，所以保全扣押的标的具有禁止原权利人处分的效力，其执行需要有查封、冻结财产的公示要件，一方面阻止原权利人转移或破坏财产，另一方面是让第三人知悉扣押标的正处于国家暂时保管状态，进而维护经济秩序的稳定。因此，即便是同一标的出现证据扣押与保全扣押的竞合，虽然同属于限制财产权，但前者的规定并不能作为后者的法律依据，反之亦然，此时应各自适用各自的法律规定。

#### 2. 犯罪所得保全扣押与等值财产替代扣押的区别

在此基础上，进一步区分犯罪所得保全扣押与等值财产保全扣押，则是保全扣押制度的精细化表现，对于实现判决没收具有重要的支撑意义。在扣押措施的具体种类上，对应追缴替代等价物，域外制度规定了保全财产价值替代的扣押。德国为了区别于直接没收犯罪所得的扣押，将之称为“假扣押”，并于其刑诉法第111条e规定：“认为有没收价值替代的前提，为了保全执行，得对相对人的动产及不动产命令扣押；根据重大理由而有此认为时，应命令假扣押。”我国台湾地区也作了相应的规定（详见表二）。

① Wittg, Wirtschaftsstrafrecht, 3. Aufl., 2014, §9Rn. 28.

**表二　台湾地区保全扣押种类对比表**

| 保全种类 | 保全目的 | 判决确定之效果 |
| --- | --- | --- |
| 扣押 | 1. 犯罪物没收："刑法"第 38 条第 1 至第 3 项；<br>2. 犯罪所得没收（含直接利益与间接利益）："刑法"第 38 条之 1 第 1、2、4 项。 | 国家取得所有权或其他财产权："刑法"第 38 条之 3 第 1 项。 |
| 假扣押 | 1. 追缴犯罪物的替代价值："刑法"第 38 条第 4 项；<br>2. 追缴犯罪所得的替代价值："刑法"第 38 条之 1 第 3 项 | 国家取得金钱给付请求权。 |

将没收对象进行概念拓展的同时绑定原来民法上财产保全扣押的具体执行措施，德国因此将刑事犯罪所得的扣押法称之为"刑法追讨犯罪利得的程序法"，同时更进一步在立法上针对两类扣押分别规定了相互独立的执行措施规范，便于执行机关实务中的操作（详见表三）。正因为制度设计上的完善，犯罪所得的没收判决才具有惩治犯罪、保护正当权益的实质意义。

**表三　德国保全扣押执行方式对比表**

| 保全种类 | 保全目的 | 保全标的的执行方式 |
| --- | --- | --- |
| 扣押 | 没收犯罪所得原物，含直接与间接收益。（§73 StGB） | 1. 动产：查封（§111c Ⅰ StPO）<br>2. 不动产权利：扣押登记（§111c Ⅱ StPO）<br>3. 债权或其他财产权：冻结处分（§111c Ⅲ StPO）<br>4. 船舶、建造中船舶、航空器：查封 + 扣押登记（§111c Ⅳ StPO） |
| 假扣押 | 没收替代价额（§73a StGB） | 1. 动产：查封（§111d Ⅱ StPO；§930 ZPO）<br>2. 不动产权利：假扣押登记，国家取得保全抵押权（§111d Ⅱ StPO；§932 ZPO）<br>3. 债权或其他财产权：冻结处分，国家取得权利质权（§111d Ⅱ StPO；§930 ZPO）<br>4. 船舶、建造中船舶：查封 + 保全抵押权（§111d Ⅱ StPO；§931 ZPO）<br>5. 航空器：查封 + 质权登记（§99 LuftfzgG） |

### （三）黑社会性质组织犯罪所得保全扣押制度应当遵循比例原则

保全扣押制度的适度性，是在维护公共权益与保障犯罪嫌疑人合法权益之间取得平衡所应遵循的基本原则。保全扣押制度的本意在于保障未来没收判决的执行，其根本前提在于判决本身实现的可能性，这也是宪法上"任何人未经法院判决不得宣告有罪"基本原则的要求。一旦产生无罪判决的结果，则将导致保全扣押措施适用错误的国家赔偿。因此，保全扣押制度并不能无限制地扩张适用，其适度性表现在以下几个方面：

1. 保全扣押的数额与可能没收的犯罪所得价值具有相当性。这是没收判决决定扣押措施的本质关系所决定的，即对什么标的执行没收，判决确定前就是保全该预期将被没收的标的，替代等额价值扣押亦是同理。此点当无疑义，同时也为域外制度所普遍确认，如台湾地区“刑法”第 38 条第 4 项规定：“向行为人缴交与没收标的相当的金额。”第 38 条之 2 规定：“前条犯罪所得及追缴的范围与价额，认定显有困难时，得以估算认定之。”

2. 保全扣押的范围具有限定性。保全扣押的范围与没收、追缴范围一致，但仍有例外情形，如台湾地区“刑法”第 38 条之 2 规定：“没收或追徵，有过苛之虞、欠缺刑法上之重要性、犯罪所得价值低微，或为维持受宣告人生活条件之必要者，得不宣告或酌减之。”即，需要评估没收的经济成本与社会效果的多项因素平衡。该理论基础在于：扣押的强制措施可能对个人财产权造成密集且高强度的干预，过度禁止的原则就应该特别予以注意。同样的，德国刑诉法也规定不得对“执行费用”（§111e Ⅲ）进行扣押，也不得对执行对象属于“较少的金额”而命令财产扣押。对于何谓“较少数额”，德国实务上认为不得低于 125 欧元，文献上认为介于 100 和 200 欧元之间可属该数额所指范围。[①] 尽管该条在 2017 年修法时被删除，学者们仍然认为该种情形是符合比例原则的适当例子。

3. 随着诉讼进程的发展，对不同阶段的保全扣押必要性证明要求也呈与时间成正比的递进提高关系。保全扣押是对相对人财产权的持续性干预，这种持续将对相对人的经济活动造成巨大的负担。扣押由于发生于犯罪未被终局证明之前的刑事诉讼程序前阶段，在无法预见明确期限的判决确定之前，财产权干预便可能无止无尽。德国刑事法教授 Rogall 甚至表示，保全扣押在某些个案的侵害程度“可立即排在人身羁押之后”。[②] 在此意义下，保全扣押制度自然应当受比例原则的约束。因此不论是台湾地区，还是德国，均规定保全扣押的原因应限于保全必要方可继续扣押。这项要求体现在两个方面：一是如果欠缺扣押必要性，如无脱产的可能时，就不得（继续）扣押；二是随着扣押时间的推移，受干预人受到的财产不利益与日俱增，持续扣押的正当性门槛也就越来越高。换言之，扣押存续时长与预期宣告没收的可能性程度成正比关系提

① 吴俊毅：《2017 年德国刑事诉讼法为保全追徵与罚金执行的假扣押》，载《月旦刑事法评论》2017 年第 7 期，第 61 页。

② Rogall, a. a. O. (Fn. 11), Vor § 111b ff. Rn. 25.

升，追诉机关应当补强扣押必要性的说理依据，而不能满足于最初扣押决定时的初始嫌疑程度。对此，德国联邦宪法法院在一系列判决中表示，扣押财产在刑事诉讼程序的任何阶段均应遵守比例原则，于任何案件都应审酌国家保全利益与受干预人的财产状况。①

（四）黑社会性质组织犯罪所得保全扣押制度体系化的若干建议

建立完善的保全扣押相关配套制度是实现保障没收判决可执行与犯罪嫌疑人合法权益“双赢”的有力保障。事实上，无论对保全扣押决定权所采取的相对法官保留还是绝对法官保留模式，上述国家和地区在该制度的差异性上所透露出的实质问题在于：如何在“追缴犯罪所得弥补被害人经济损失”与“保障犯罪嫌疑人合法财产权”之间取得比例原则上的最佳平衡点？这也是“重庆打黑”专项行动留给法律人深刻思考的一个问题：当不计手段向可能的“涉黑对象”实施打击时，会不会可能造成对合法财产的“误伤”？如果会，那么救济途径又在哪里？换言之，比例原则的实现不应只是原则本身的写明，更重要的是需要在制度构建与设计上给予贯彻落实，方才具有实质意义。基于该思路，笔者认为保全扣押的相关配套措施包括但不限于以下几项：

1. 明确保全扣押期限。台湾地区因为保全扣押期限没有明文规定而饱受诟病，应为我国将来立法所特别关注。此项制度设计可以参照前述保全必要性证明标准随扣押时间推移而不断提高的做法来落实比例原则，具体可以借鉴德国刑诉法的设计：首先，应当区分“一般嫌疑”与“重大嫌疑”的概念，二者分别对应“刑事立案”和“核准羁押”两个刑事程序上的时间点和案件事实证明标准。在侦查初期，只需达到“一般嫌疑”程度，即可给予6个月的扣押期限；而一旦期满，对历时6个月之后侦查仍无法达到“重大嫌疑”的程度，即表示将来宣告没收的可能性不大，应予撤销。反之，法院在6个月期满审查认为存在重大理由，则原扣押效力继续。其次，对于扣押满6个月又无重大理由而侦查机关需要延长扣押期限的情况下，需要向法院申请并附有特殊理由，且最多只能延长一次，期限也为6个月。该特殊理由需要法定化，如犯罪嫌疑人逃匿导致案件查实进度缓慢或虽达不到重大嫌疑但有高度可能在后续侦查中获得关键性证据等。再次，无论是对于6个月还是延长之后12个月的期限，其计算方法应为累计计算，而不能重复计算，即先前扣押被撤销，而后又裁定扣押的，先前扣押期限应当计入总的扣押期限。即便侦查主体可能多次申请扣押，其累积的扣押期限最长不能超过12个月，以保障相对人财产权利

① BVerfG NStZ 2006, 639; NJW 2005, 3630; StV 2004, 409.

的稳定。

2. 建立替代金担保制度。所谓替代金担保制度是指，国家依被保全扣押人的请求并认为适当时，可以确定相当于保全财产价值的金额，允许被扣押人在缴纳该金额后发还被扣押财产标的的制度。该制度的积极作用体现在两个方面：一方面，该制度是财产权干预的比例原则体现，照顾到受干预人对扣押物有自由处分或暂时继续使用的利益或有作为生活其他正当目的使用的必要性，特别是对于易腐烂或变质的扣押物或在保管期间有严重减损的可能的扣押物（如汽车），将之发还给被扣押人更具经济上的意义。另一方面，则是考虑到该制度更利于减轻国家的负担，保全扣押标的不同于证据扣押对象所具有的不可或缺性，其本质是经济保全，因此以货币金额替代更具保管便利性。特别是在扣押物保管困难或需要保管费用数额巨大的情况下，替代金担保更能减轻国家的保管负担。在具体制度设计上可作两个方案考量：一是缴纳全额担保金立即发还；二是在无法（或不愿意）全额缴纳担保金的情况下，履行一定的负担条件后可随时要求取回的暂时发还。第二种情形类似于人身强制措施上的取保候审，发还物的禁止转移效力仍然还在。该种情形也可适用于扣押物的评估数额可能远超没收标的的情况下，扣押机关允许被扣押人缴纳较低的担保金后暂时取回扣押物，从而产生对被扣押人更小的财产权干预。

3. 建立扣押物变价制度。所谓扣押物变价制度，是指为避免保全扣押物有腐坏变质或价值重大减损的危险，在判决确定前可以转让变价并以变价金额作为保全标的的制度。该制度的设计初衷与替代金担保制度相似，保全扣押物的变价对于国家而言，可以降低保管难度、减少保管成本；对于被扣押人而言，不仅可以有效防止保全财产价值减损，也可以避免被扣押人因扣押物减损而导致其他财产再遭追缴的后果，特别是在被扣押人无力支付担保金而被扣押物又有随着时间推移而价值减损可能时，扣押物变价是其最后的选择。又如扣押物是奢侈品牌汽车的情况下，长期扣押必然导致价值减损，或者扣押财产是银行基金、股票等有价证券时，亦有价值剧烈动荡的危险时，扣押物变价应该是其最经济和合理的选择。因此，该制度对于国家、犯罪嫌疑人以及被害人而言是一个“三赢”的路径。

## 五、结语

如果在刑事诉讼过程中犯罪所得行为人已经脱产、无财产可供执行，没收判决只能换来一纸债权凭证，这也是铲除黑社会性质组织犯罪经济基础可能面临的窘境。反之，如果在刑事诉讼过程中，无限制扩大对财产强制措施的适用，对犯罪嫌疑人的所有财产均予扣押、冻结、查封甚至接管、托管乃至划拨，虽然的确可以保障没收判决的执行，但对犯罪嫌疑人的合法权益而言则不啻于是一场深重的灾难。这两个极端的走向，不仅造成司法权威的减损，还可能产生社会经济秩序不稳定的危机。犯罪所得保全扣押的目的在于确保最终没收判决的执行，但同时也需要有周密的制度设计，才能实现刑法犯罪所得没收的使命——既使得“无人可坐享犯罪所得”，又能够尊重和保障人权。设立该制度的必要性已迫在眉睫，本文仅就台湾地区的相关制度做了粗浅介绍，并就具体内容设计与配套措施构建提出了建议。不可讳言的是，刑事保全扣押交叉多层法律领域，除既有的刑事诉讼法理外，还涉及刑法（没收依据）、民法（财产权变动）、民事诉讼（保全及执行）以及破产法等，妥善处理它们之间的关系需要完整、高超的法律技术。面对此议题，展望我国刑事诉讼未来立法工程，实有赖于各领域人士群策群力，并参酌相关立法经验，制定出符合我国本土实际情况的周密规定，以回应理论和实务两方面的需求。

# 论黑社会性质组织经济特征的认定及其意义

张志钢　曹良德*

## 一、引言

黑社会（性质）组织不仅是犯罪学上的概念，也是刑法学上的概念。自1997年《刑法》第294条首次规定黑社会性质组织犯罪以来，黑社会性质组织的认定一直是司法实践中极具争议的问题。对此，全国人民代表大会常务委员会于2002年4月对《刑法》第294条第1款规定的“黑社会性质的组织”做出了立法解释，认为“黑社会性质的组织”应当同时具备组织机构特征、经济实力特征、行为特征和非法控制性特征。2009年12月最高人民法院、最高人民检察院、公安部《办理黑社会性质组织犯罪案件座谈会纪要》将四特征明确为“组织特征”“行为特征”“经济特征”“危害性特征”（同“非法控制特征”）。2011年通过的《刑法修正案（八）》将黑社会性质组织应同时具备的上述“四种特征”原封不动纳入《刑法》第294条第5款。至此，黑社会性质组织成为刑法中具有明确定义的立法概念。此后，2015年10月最高人民法院《全国部分法院审理黑社会性质组织犯罪案件工作座谈会纪要》（以下简称2015年《纪要》）、2018年“两高两部”《关于办理黑恶势力犯罪案件若干问题的指导意见》（以下简称《指导意见》）分别进一步明确了黑社会性质组织的特征。

我国对黑社会性质组织一贯坚持“打早打小”以防止其坐大成势的刑事政策，从“打黑除恶”到“扫黑除恶”的变化则进一步强化了这种惩治策略。但对黑社会性质组织的司法认定必须严格依据立法规定，做到既不“降格”，也不“升格”。这就需要我们在司法中认真审查黑社会性质组织上述四种特征之间的内在联系，准确评价涉案犯罪组织所造成的社会危害，做到“打准打

* 张志钢，中国社会科学院法学研究所助理研究员、法学博士，四川省江油市人民检察院党组成员、副检察长；曹良德，四川省江油市检察院员额检察官、研究室副主任。

实”，实现不枉不纵。[①]

从动态角度看，任何一个黑社会性质组织的形成、发展与壮大都有一个过程，四特征之间并非彼此分离，而是相互联系、相互促进，并且最终统一于黑社会性质组织这个有机整体中。自经济角度而言，黑社会组织是一群以金钱、财富为主要追求目标的人聚集而形成的犯罪组织，获取最大限度的经济利益是黑社会性质组织内在动因，它不仅作为预先确定的共同目标，促进黑社会性质组织自身的形成，而且自始至终引导者黑社会性质组织的行为，推动黑社会性质组织由低级向高级的发展。[②]质言之，经济实力是黑社会性质组织形成、维系与发展的物质基础，经济实力揭示了黑社会性质组织的贪利性，也是与恐怖活动组织、邪教组织等犯罪组织区分的重要指标。本文即讨论黑社会性质组织经济特征的司法认定及其在财产刑适用方面的意义。

## 二、黑社会性质组织的经济特征与其他特征的关系

### （一）与组织特征的关系

同任何其他社会组织一样，黑社会性质作为一个组织，具有一定数量的组织成员。这些组织成员的日常生活需求、对组织成员的内部控制以及组织对外活动都需要一定的经费，诸如，为组织成员及其家属提供工资、奖励、福利等生活费用，为支付组织成员因实施违法犯罪活动所产生的医疗费、丧葬费，为组织寻求非法庇护等。“经济利益就是其生存与发展的‘血液’，有了经济基础，黑社会性质组织才能更好的武装自己，才能使成员对组织保持忠诚，才能扩大‘经营’领域。”[③] 具有一定的经济实力，才可能不断地吸引成员的加

① 黑社会性质组织的认定与反证，理论上也多从以上四个特征展开分析，仅参见朱本欣、梁建：《论黑社会性质组织的司法认定》，载《法学评论》2008年第1期；古加锦：《黑社会性质组织的司法认定新探——兼谈黄某1、何某1黑社会性质组织案》，载《法律适用》2018年第6期。不过，2015年《纪要》却指出：“‘四个特征’中其他构成要素均已具备，仅在成员人数、经济实力规模方面未达到本纪要提出的一般性要求，但已较为接近，且在非法控制特征（危害性特征）方面同时具有2009年《座谈会纪要》相关规定中的多种情形，其中至少有一种情形已明显超出认定标准的，也可以认定为黑社会性质组织。”这似乎又暧昧承认了四种特征（至少是组织特征和经济实力特征）并非缺一不可。这就与以往“四个特征必须同时具备”的共识存有龃龉，进一步复杂化本就不一的黑社会性质组织认定。

② 何秉松主编：《黑社会犯罪解读》，中国检察出版社2003年版，第309页。

③ 张凯、熊敏：《黑社会性质组织的经济原因分析》，载陈泽宪等主编：《刑法理论与实务热点聚焦（下卷）》，中国人民公安大学出版社2010年版，第1219~1225页。

入、扩大组织规模，并不断提高组织的向心力、严密组织内部的结构。组织规模和组织内部纪律正是黑社会性质显著的组织特征。斩断黑社会性质组织的经济命脉，就等于从根基上瓦解了组织。

对此，日本在这方面有着成功的实践：20 世纪 80 年代初，日本政府为了惩治“暴力团”设立了“暴力取缔推进委员会”，又制定了《防止骚扰条例》。为了更有成效地取缔黑社会暴力集团，日本政府于 1992 年 3 月颁布专门的单行法《暴力团对策法》。该法的核心是“指定暴力性组织”，即某帮派如果符合一定的规定和条件，就宣布其为暴力不法团体，被宣布者将被限制活动甚至关闭事务所。此项规定的意义在于限制暴力团体成员以获取财产为目的的暴力威胁行为，同时禁止任何非暴力集团请求、委托或教唆暴力帮派成员实施暴力要挟行为并为此支付报酬，从而绝断暴力集团的“业务”来源和经济来源，斩断其经济命脉迫使其自动解体。①

（二）与行为特征的关系

黑社会性质组织作为社会经济生活中的现象，其组织同样遵循成本与收益等经济规律。如果说黑社会性质组织用于购买犯罪工具、维持组织运转、贿赂公权力、规避侦查与刑事追诉等所需的开支和费用是黑社会性质组织犯罪的成本，那么，黑社会性质组织凭借较强的经济实力，通过加大物质性成本投入，扩大组织规模，购买先进的通讯和交通工具，甚至枪支弹药，使犯罪规模不断扩大，犯罪水平不断提高的这些投资行为的最终目的，就是为了获取更大的经济利益。

实践中，黑社会性质组织为了最大限度的聚敛财富满足自己的贪欲往往不择手段。这些手段表现形式各种各样，既可能有违法犯罪的手段，也可能是合法经营的手段，还可能是二者共存与混合。为获取经济利益，黑社会性质组织不仅会通过实施赌博、走私、贩毒、敲诈勒索、诈骗、抢劫、绑架等违法犯罪活动实现资本的积累，② 同时扩大组织规模，获取更多的非法利益，也可能进入合法经济领域，通过开办公司、企业等方式将通过违法犯罪活动所获得的“黑钱”投入，又利用获得的利润从事更大规模的犯罪活动，实现“以黑养商”、“以黑护商”的膨胀式循环发展。这中间不乏公司型的黑社会性质组织，他们通常以合法的公司为幌子，以暴力、暴力相威胁或腐蚀为手段，以一定的政治身份或者背景为护身，进行合法经营、非法经营与违法犯罪相交织的活

① 参见卢建平主编：《有组织犯罪比较研究》，法律出版社 2004 年版，第 56 页。

② 参见苏敏：《王平等组织、领导、参加黑社会性质组织案——如何认定黑社会性质组织的经济特征》，载《刑事审判参考》（总第 74 期），法律出版社 2011 年版，第 81 页。

动，让人难辨“黑白”。

（三）与非法控制性特征的关系

黑社会性质组织除内部的组织控制外，还具有对经济的控制、对政治的渗透、对社会（主要是对某些区域、行业）的控制。①黑社会性质组织的这种对社会的非法控制性正是其反社会性与反政府性的体现。黑社会一词来源于英文Under - World - Society，可直译为“地下社会”。国家及其政府是对社会的管理活动是一种合法控制，地下社会则体现为对社会的非法控制。黑社会性质组织要想获得巨额的犯罪收益，单凭暴力手段打出一片势力范围，缺乏权力的支持与保护是很难长久的。因此，黑社会性质组织在发展到一定阶段时往往寻求权力的保护，向政治领域渗透。

黑社会组织实现非法控制的方式有两种：一是通过贿赂、引诱、威逼等方式拉拢引诱国家工作人员为其提供非法保护（“请人打伞”），使其包庇或者纵容黑社会性质组织的犯罪活动。二是黑社会性质组织的首要人物、骨干成员直接进入权力部门，获取某种政治身份（“自己打伞”）或者通过各种手段安插其成员进入国家机关（“派人打伞”），对国家机关进行渗透，影响司法机关的公正司法等。② 无论是“自己打伞”还是“请（派）人打伞”，都是为了保障黑社会性质组织能够在“伞下”做大做强，寻求政治庇护是犯罪组织发展到一定程度自我保护的必然要求。

黑社会的发展史也表明“黑社会性质组织一旦有了强大的经济基础，其犯罪能力也会不断提高”③。从消极方面来看，没有一定的经济实力黑社会性质组织难以持续存在，要想称霸一方或者形成对社会的非法控制也就无从谈起；从积极方面来看，经济实力也在一定程度上代表了该黑社会性质组织已经具备实施罪行的社会危害性，以及可能实施犯罪的潜在社会危害性，是其“为非作恶”的一个重要方面。④

① 高憬宏、陈兴良、吕广伦：《黑社会性质组织犯罪问题三人谈》，载《刑事审判参考》（总第74期），法律出版社2011年版，第187页以下。

② 参见江伟、黄河：《论黑社会性质组织犯罪的特征及其司法认定》，2002年刑法学年会论文。

③ 余捷：《黑社会性质组织犯罪若干问题研究》，载陈泽宪等主编：《刑法理论与实务热点聚焦（下卷）》，中国人民公安大学出版社2010年版，第1084～1092页。

④ 需要明确，两者并不是必然的对应关系，在此只是从经验上说明黑社会性质组织的经济实力和非法控制性特征的正相关关系。

## 三、黑社会性质组织经济特征的具体内容

《刑法》第294条第5款对经济特征的规定是，“有组织地通过违法犯罪活动或者其他手段获取经济利益，具有一定的经济实力，以支持该组织的活动”。据此，黑社会性质组织经济特征的认定涉及三个方面，也即资金来源问题、经济规模问题和资金去向问题。

### （一）资金来源问题

黑社会性质组织以获取经济利益为基本目标，为达成这一目标其手段具有选择性和多样性，不仅会通过实施赌博、敲诈、贩毒等违法犯罪活动攫取经济利益，而且还往往会通过开办公司、企业等方式“以商养黑”、“以黑护商”。需要指出，如果公司、企业并非专门或主要从事非法经营活动，而是以合法经营活动为主时，且只有部分收入用于违法犯罪活动的，后者在交易活动中尽管表达诉求方式不合理但并未通过有组织的违法方式（如部分成员临时起意单独进行的威胁或强迫交易），则不宜认定为黑社会性质组织，以防扩大打击面。①

2015年《纪要》明确了黑社会性质组织攫取经济利益的3种方式：（1）有组织地通过违法犯罪活动或其他不正当手段聚敛的资产；（2）有组织地通过合法的生产、经营活动获取的资产；（3）组织成员以及其他单位、个人资助黑社会性质组织的资产。对此，需要认识到两点：一是以上经济利益是黑社会性质组织“在形成、发展过程中”获取的，这就排除了黑社会性质组织形成之前获得的利益；二是以上经济利益需要通过“有组织地”获取，如果是组织成员基于个人行为（包括合法经营行为）获取的收益，同样不能计入组织的经济实力。

### （二）经济规模问题

由于我国不同地区、不同行业的经济发展水平、利润空间不同，认为黑社会性质组织所具有的经济实力必须达到特定的规模，即设定一定的数额标准，既不可能也无必要。但没有统一的数额标准并不等于没有要求。经济实力的规模应该足以支持该黑社会性质组织的生存、发展以及能够支持该组织的违法犯

---

① 黑社会性质组织认定陷入两难的现实司法困境在于：若将涉案公司、企业定性为单位犯罪，涉案人员所受处罚就会轻于自然人犯罪；若从“打早打小”视角抑制涉案组织“由灰转黑”，则公司管理层和直接实施犯罪的人员就会作为黑社会性质组织的领导者或积极参加者受罚。参见王利荣：《检视“打黑”对策》，载《法制与社会发展》2014年第3期。

罪活动。实践中破获的一些黑社会性质组织往往具有较大的或者强大的经济实力，动辄数百万、数千万甚至数亿元。典型例子是刘涌涉黑案。以刘涌为首的黑社会犯罪组织有“下属公司 26 家，资产 7 亿元”。其中，“非法经营 1 起，经营额人民币 7200 万元；向国家工作人员行贿 6 起，行贿金额人民币 41 万元、港币 5 万元、美元 95000 元，行贿物品价值人民币 25700 元，共计折合人民币 1275497 元”。

与黑社会性质组织的非法控制性特征相适应，黑社会性质组织的经济实力的认定不限于通过上述三种方式攫取的现实性的经济实力，也包括黑社会性质组织及其成员调动一定规模的经济资源用于支持该组织活动的能力。因此，经济实力也应计入由部分组织成员个人掌控的财产。“因为主要组织者、领导者手中掌控者足够的财产，就可以随时将其掌控的财产用于维系黑社会性质组织的存在和发展。”①

（三）资金去向问题

不断攫取非法利益，形成一定的经济实力，不仅是黑社会性质组织实施违法犯罪活动的主要目标，也是黑社会性质组织称霸一方、在某一区域或者行业形成非法控制的经济基础。在获取经济利益之后，是否将所获经济利益全部或部分用于违法犯罪活动或者维系犯罪组织的生存、发展，是认定经济特征的重要依据。

从黑社会性质组织攫取的经济利益中，扣除消费挥霍的部分，其余部分主要用于黑社会性质组织继续实施违法犯罪活动，即主要投入到扩大犯罪再生产中。犯罪的投入主要表现为三个方面：首先，用于支付成员报酬、豢养公关人员和从事非法活动的执行人员，包括为组织成员及其家属提供工资、奖励、福利、生活费用，为受伤、死亡的本组织成员提供医疗费、丧葬费；其次，购买现代通讯、交通工具和作案工具，提供作案经费，提高作案能力，拓展非法获利的途径；再次，将非法经济利益投入合法市场，通过各种洗钱手段转化为合法收入；最后，向政治势力渗透或者寻找保护伞，构建安全体系，主要表现为贿赂行政司法人员，为组织寻求非法保护。②无论获利后的分配与使用形式如何变化，只要在客观上能够起到豢养组织成员、维护组织稳定、壮大组织势力的作用即可。

实践中，对黑社会性质组织资金去向的证明是把握黑社会组织资金规模及

① 古加锦：《黑社会性质组织的司法认定新探——兼谈黄某 1、何某 1 黑社会性质组织案》，载《法律适用》2018 年第 6 期。

② 参见武和平：《黑社会犯罪新论》，中国人民公安大学出版社 2006 年版，第 57 页。

其来龙去脉的关键，也是区别对待黑社会性质组织组成人员并决定其刑罚适用的重要参考。黑社会性质的组成人员大多为无业人员，其经济来源主要来自于所在的组织，组织资金的分配状况，还有助于确定组织各成员在组织中的地位与作用，从而在量刑时区别对待。

## 四、黑社会性质组织经济特征的法律意义

### （一）经济特征推动财产刑的增设

1997 年《刑法》第 294 条对于黑社会性质组织犯罪并未规定财产刑。对此，有学者指出："最为令人费解之处是在广泛配置没收财产刑之时，对组织领导黑社会性质组织罪却没有配置。在行为人构成组织领导黑社会性质组织罪的情况下，通常因'为非作恶'而成立其他严重刑事犯罪如故意杀人罪、故意伤害罪、绑架罪等已经被判处了重刑，再对其组织领导黑社会性质组织罪判处 15 年以下的有期徒刑不关痛痒，倒是有必要适用罚金或没收财产刑剥夺其经济能力。"①这就导致司法实践中对黑社会性质组织组组成人员处以财产刑常常是因涉黑人员实施了其他犯罪。例如，黎某涉黑案中，黎某最终因数罪（组织、领导黑社会性质组织罪，非法经营罪，聚众扰乱交通秩序罪，寻衅滋事罪，隐匿会计凭证、会计账簿罪，行贿罪）并罚被判处"决定执行有期徒刑 20 年，并处罚金人民币 520 万元"。其中，520 万元的罚金是犯非法经营罪处 500 万元罚金与隐匿会计凭证、会计账簿罪处 20 万元罚金相加的结果，与组织、领导黑社会性质组织罪这一罪名无关。在刘涌涉黑案中，刘涌被判处的 1500 万元罚金源自非法经营罪，也不是因为其所触犯的组织、领导黑社会性质组织罪。

"就有组织犯罪而言，犯罪分子从事不法活动的主要目的通常是为了图利，对此类犯罪分子，如仅将其处以徒刑监禁于牢中，则因犯罪资产仍可由其他人继续运用，对犯罪行为或犯罪集团之组织活动并无影响，唯一之差别是不法集团内部人事进行调整，以新人取代被捕者之地位而已。因此，如能于破案后将嫌犯所有涉及不法运作之各种资产充公，将可祛除罪犯继续从事不法活动之动力或资金，可使其无东山再起之凭借或资本。因此，财产刑的适用对于从根本上遏制有组织犯罪具有不可忽视和不可替代的作用。"②因而，要想彻底摧

---

① 阮齐林：《再论财产刑的正当理由及其改革》，载《法学家》2006 年第 1 期。

② 转引自卢建平、郭理蓉：《有组织犯罪刑罚之比较研究——兼论我国刑法关于有组织犯罪刑罚规定的完善》，载《政治与法律》2004 年第 2 期。

毁有组织犯罪，必须从削弱和剥夺其经济基础入手。[①]基于此，2011 年的《刑法修正案（八）》通过第 294 条第 1 款对本罪增设了财产刑。

（二）经济实力的认定与财产惩罚的限度

依据《刑法》第 294 条第 1 款，对于组织者、领导者应当并科没收财产刑，对于积极参加者可以并处没收财产或者罚金，对于其他一般参加者可以并处罚金。由此，刑事司法机关削弱乃至根除黑社会性质组织经济基础的刑事制裁措施中，存在罚金刑、没收财产刑、刑事特别没收三种财产处置手段。

1. 财产刑的适用及其异化

依照罪责相适应的原则，对黑社会性质组织成员的罪责应区别对待：黑社会性质组织的组织者、领导者，应当按照该组织所犯的全部罪行承担刑事责任；黑社会性质组织的积极参加者和其他一般参加者，也应当按照其所参加的犯罪以及其在具体犯罪中的地位与作用，确定其应承担的刑事责任。无疑，在对于黑社会性质组织犯罪财产刑的适用以及数额的裁量在总体从严的基础上，也应当贯彻实践这一思想，区别对待。财产刑作为附加刑，与主刑一样都是犯罪人所承担的总体刑罚的组成部分。有疑问的是，基于财产刑的规定及其在刑事程序上的便利（即罚金刑无上限、没收个人全部财产），司法者更倾向于不区分涉黑成员的合法财产与不法财产，从而导致个人财产有被无节制剥夺的嫌疑——财产刑走向异化。遗憾的是，司法实践有强化这种异化倾向的趋势。2018 年《指导意见》第 13 条指出："对于组织者、领导者一般应当并处没收个人全部财产。对于确属骨干成员或者为该组织转移、隐匿资产的积极参加者，可以并处没收个人全部财产。"

2. 罚没涉黑财物的范围

根据《刑法》第 64 条对涉黑财物应当予以追缴和责令退赔。但涉黑案件中，犯罪分子往往极力掩饰、隐瞒违法犯罪所得的来源、去向，造成司法机关的追缴工作困难。实证研究也表明，对于不少公司、企业涉黑案件中，案发前是法人或者个体户的黑社会性质组织者、领导者，"案发后他们合法经营所得的所有资产被罚没或追缴，这表明犯罪组织的合法资产被视为对违法犯罪活动的支持"[②]。

在认定黑社会性质组织的"一定经济实力"时，涉黑人员可以调动一定规模的经济资源也被作为潜在的经济实力计算在内。在严惩涉黑人员的犯罪

① 卢建平主编：《有组织犯罪比较研究》，法律出版社 2004 年版，第 87 页。

② 李林：《黑社会性质组织经济特征司法认定实证研究》，载《中国刑事法杂志》2013 年第 4 期。

时，也应兼顾对其合法财产权益的保护。计入涉黑组织经济实力的合法财产如果未投入涉黑犯罪活动，就不属于罚没的对象。可以说，无论是遏制财产刑的异化还是罚没的范围限制来看，均应尽可能区分合法财产与涉黑财产。就此而言，2018 年《指导意见》第 27 条规定具有重要进步意义。该条指出："对于黑社会性质组织涉案财产的查封、冻结、扣押，应当全面收集、审查证明其来源、性质、用途、权属及价值大小的有关证据"，且详细列举出应当依法追缴、没收的各种情形。第 31 条则更是明确指出："对于依法查封、扣押、冻结的涉案财产，有证据证明确属被害人合法财产，或者确与黑社会性质组织及其违法犯罪活动无关的，应当予以返还。"这凸显了对个人——无论是涉黑犯罪的被害人，还是黑社会性质组织成员——的合法财产的保护。

# 黑社会性质组织与恶势力的实质甄别

## ——兼论扫黑除恶中的定罪边界问题

杨 俊*

## 一、问题的提出

黑社会性质组织犯罪，是国际社会公认的最为严重的有组织犯罪形态，与贩毒、恐怖主义活动一起，被联合国大会宣布为“世界三大犯罪灾难”。① 有鉴于此，从全世界范围来看，对于涉黑犯罪的打击往往都是不遗余力的，我国当然亦不例外。可以说，近年来黑社会性质组织犯罪在我国向着纵深方向发展，与各种社会治安问题相互交织，破坏力成倍增加，严重侵蚀维系社会和谐稳定的根基。正如有学者尖锐地指出，黑社会性质组织犯罪因其特有的组织性、残暴性、腐蚀性和破坏性，对我国的经济、社会生活和政治生活及公共治理等都构成严重威胁。②笔者认为这并非危言耸听，而鉴于黑社会性质组织犯罪特殊的危害性，刑法对其增强打击力度实属应有之义。

### （一）初步构建较为系统全面的刑法规制体系

针对涉黑犯罪，我国已经初步构建了较为系统全面的刑法规制体系，不仅《刑法》第 294 条明确规定了三项典型的涉黑犯罪罪名，③而且围绕此类犯罪的

* 杨俊，法学博士，博士后，苏州大学王健法学院副教授。

① 赵秉志主编：《有组织犯罪的防制对策》，清华大学出版社 2018 年版，第 21 页。

② 项继权、储鑫：《黑社会性质犯罪的政治影响、政治空间与防范》，载《江苏行政学院学报》2016 年第 1 期。

③ 《刑法》第 294 条包括的三项罪名分别是组织、领导、参加黑社会性质组织罪，入境发展黑社会组织罪，包庇、纵容黑社会性质组织罪。

司法适用，近年来先后出台了一系列的立法解释、司法解释、会议纪要等，[①]尤须值得关注的是，2011 年 2 月 25 日颁布的《刑法修正案（八）》对之前的 2002 年《立法解释》作出了充分的肯定，并将其吸收为刑法条文，也即目前的《刑法》第 294 条明确列举了黑社会性质组织犯罪所应具备的组织特征、经济特征、行为特征和危害性特征等四大特征。由此，对于黑社会性质组织犯罪的司法认定逐步有了明确的法律依据。

（二）扫黑除恶专项斗争

应当说，如上规范性法律文件的先后出台足以表明我国政府确实是高度重视对于涉黑犯罪的从严控制和有效打击。然而，黑社会性质组织犯罪本身就是相当复杂的犯罪类型，而且其始终处于一个动态的、不断发展变化的过程之中，尤其呈现出了犯罪方式隐蔽化、犯罪成员精英化、犯罪领域扩大化、因贫涉黑规模化、犯罪区域国际化等变化趋势。[②]尽管近年来在立法上和司法上作出了种种努力，并且经历了多次严厉打击和专项整治，但客观上无法否认的是黑社会性质组织犯罪的发展态势依然十分强劲。因此，从 2018 年伊始，在全国范围内开展为期三年的扫黑除恶专项斗争，这一行动与 2006 年开始的打黑除恶专项活动相比，表明了中央和国家对治理黑恶势力态度的转变以及专项整治斗争内涵的变化，这种转变是一种更为积极务实、着眼于长治久安、站位美丽中国建设战略高度的布局，其强调要在继续严厉打击黑恶势力犯罪的基础上，针对黑恶势力出现的新情况调整打击措施和应对策略，其影响更为深远。[③]诚然，目前涉黑犯罪的组织形态和行为模式等已随着时代发展而发生变化，且既有的法律规范在规制此类犯罪方面难免出现滞后和脱节，所以新一轮的扫黑除恶专项斗争正是中央和国家在面对涉黑犯罪所呈现的新情况新动向时所作出的科学谋划和精心部署，其深度和广度可谓是空前的，目的在于标本兼治，形成惩治涉黑犯罪的长效机制，同时，此次行动也是检验我国法治建设成

---

① 具体而言，与《刑法》第 294 条直接相关的法律文件先后包括：2000 年 12 月 5 日最高人民法院《关于审理黑社会性质组织犯罪的案件具体应用法律若干问题的解释》（以下简称 2000 年《司法解释》）；2002 年 4 月 28 日《关于〈中华人民共和国刑法〉第二百九十四条第一款的解释》（以下简称 2002 年《立法解释》）；2009 年 12 月 9 日最高人民法院、最高人民检察院、公安部《办理黑社会性质组织犯罪案件座谈会纪要》（以下简称 2009 年《纪要》）；2015 年 9 月 17 日最高人民法院《全国部分法院审理黑社会性质组织犯罪案件工作座谈会纪要》（以下简称 2015 年《纪要》）。

② 张远煌：《中国涉黑犯罪五大变化趋势》，载《人民论坛》2010 年第 8 期。

③ 康均心：《从打黑除恶到扫黑除恶》，载《河南警察学院学报》2018 年第 3 期。

果和水平的一次契机。与之相配套，2018 年 1 月 16 日最高人民法院、最高人民检察院、公安部、司法部公布了《关于办理黑恶势力犯罪案件若干问题的指导意见》（下文简称 2018 年《指导意见》），该指导意见乃是规制涉黑犯罪案件方面最新的细化性操作规则，可见，在扫黑除恶专项斗争的推进过程中，黑社会性质组织犯罪必然会进一步成为刑法打击的聚焦点。不过，笔者认为，目前针对黑社会性质组织犯罪的立法规定虽然堪称详尽细致，但在具体认定方面仍然具有一定的理论困惑和实践困境，尤其是对于黑社会性质组织犯罪四大特征的理解和运用上仍不乏争议和误区存在，如此一来，有可能会导致扫黑除恶过程中的定罪边界不清晰、不明确，进而对于黑社会性质组织犯罪的打击力度宽严不一，甚至会出现任意降格处理或人为拔高认定的状况，这从一定程度上也可能背离了开展扫黑除恶专项斗争的政策初衷。有鉴于此，为了实现对黑社会性质组织犯罪的精准打击，使扫黑除恶专项斗争契合于其应有的法律效果和社会期待，笔者拟参酌 2018 年《指导意见》的总体精神，并与之前的规范性法律文件相互印证和对照，就黑社会性质组织犯罪有关问题略陈管窥之见。

本次扫黑除恶专项斗争的总体目标是“有黑扫黑，无黑除恶，无恶治乱，确保专项斗争在法治轨道上运行”。[①]从此即可看出，扫黑除恶专项斗争的打击对象显然包括“黑”与“恶”两大方面，“黑”即为黑社会性质组织，而“恶”意指恶势力。在过往的历次专项行动中，“黑”与“恶”往往是交织在一起甚至是相提并论的。但对照本次扫黑除恶专项斗争的总体目标，很显然，虽然“黑”与“恶”有所关联，但实质上两者还是各自迥然有别的范畴，而且伴随着 2018 年《指导意见》的出台，更是进一步强化了黑社会性质组织与恶势力之间区分的必要性，因为“黑”的必然“恶”，“恶”的却未必都“黑”。[②]相比较而言，恶势力是一个跨度很大、涵义很广的政治概念而非法律概念。恶势力通常是一般的从事违法犯罪活动的团伙，其行为不一定都构成犯罪。在不构成犯罪的情况下，对恶势力的成员不能依照刑法的规定追究其刑事责任，因而不能在刑法上作出评价。在构成犯罪的情况下，恶势力的成员可能是一般的共同犯罪，也可能是犯罪集团，但却不能和黑社会性质组织天然地划上等号。[③]所以在扫黑除恶中假如将两者完全混淆，势必会导致黑社会性质组织犯罪的犯罪圈不当扩大，也会造成罚不当其罪的后果。

---

① 参见 http://politics.gmw.cn/2018-04/04/content_28222914.htm。

② 陈兴良：《关于黑社会性质犯罪的理性思考》，载《法学》2002 年第 8 期。

③ 王彦学：《黑社会性质组织犯罪侦防层次论》，中国人民公安大学出版社 2015 年版，第 40~41 页。

当然，既然黑社会性质组织和恶势力都是作为扫黑除恶的打击对象，说明两者在此次专项行动中受到了同等重视，均不可偏废，从某种程度上亦表明两者之间的确存在着天然的联系，这亦是不可忽视的。须知，恶势力是黑社会性质组织的预备和基础，黑社会性质组织是恶势力的蜕变和结果，二者征表了有组织犯罪的不同发展阶段和层次，由“恶”至“黑”，呈现出明显的渐进性。对此，有学者指出，恶势力团伙是在从一般犯罪团伙向黑社会性质组织犯罪的动态发展过程中处于较高级阶段的有组织犯罪形态，是黑社会性质组织的雏形（有少数可能发展为黑社会性质组织）。①应当说，正因为黑社会性质组织与恶势力有着上述联系，决定了有时候两者往往在组织形式、行为手段、活动内容、危害后果等方面极具相似性，因而殊难区分。基于此，有的学者甚至认为，黑社会性质组织与恶势力可被视作同一犯罪现象，在一定的条件下，恶势力犯罪会演变为黑社会性质组织犯罪，而且黑社会性质组织犯罪会反作用于恶势力犯罪，加速其转化过程。因此，没有必要专门讨论两者的区别。②但笔者认为，不能因为黑社会性质组织和恶势力具有一定的共性而忽视它们的差别，在实践中，由于犯罪组织或者团伙在其成立到发展的过程中，其性质也并非都是一成不变的，既有自始即为黑社会性质组织的，也有由恶势力团伙发展成为黑社会性质组织的，但正如上文所言，恶势力最终转化成黑社会性质组织的毕竟可能是少数，而且有的恶势力团伙并非一定实施的就是犯罪行为，但黑社会性质组织作为犯罪集团的高级形态，其所从事的当然无一例外地都是犯罪活动。所以，在扫黑除恶中，刑法规制的重点自然也就锁定于黑社会性质组织犯罪了。另外，值得关注的是，依法认定和惩处黑社会性质组织犯罪正是2018年《指导意见》中的核心内容之一，基于此，甄别黑社会性质组织与恶势力之间的界限就显得尤其重要了，或许这正是在扫黑除恶中明确定罪边界所需把握的重要前提之一。③

## 二、甄别黑社会性质组织与恶势力的根本标准

上文充分肯定了甄别黑社会性质组织与恶势力的必要性，然而，关于如何

① 周光权：《黑社会性质组织非法控制特征的认定——兼及黑社会性质组织与恶势力团伙的区分》，载《中国刑事法杂志》2018年第3期。

② 王志祥：《刑法问题探索》，中国法制出版社2016年版，第529页。

③ 需要指出的是，恶势力当然也会涉及犯罪认定的问题，所以2018年《指导意见》中也专门提到了依法惩处恶势力犯罪的相关内容。不过，毕竟黑社会性质组织从事的活动犯罪目的更加明显，犯罪性质更为严重，所以言及扫黑除恶中的定罪，首当其冲地指向的应该是黑社会性质组织犯罪。

甄别，虽多有学者表达看法，却仍然是一个聚讼盈庭、争论不休的问题。因此，笔者拟结合黑社会性质组织的构成特征再对其进行实质性地探讨。

## （一）组织特征、经济特征和行为特征无法成为甄别标准

### 1. 组织特征

从经由《刑法修正案（八）》修正后的《刑法》第294条来看，在其第5款中所列举的黑社会性质组织四大特征中，危害性特征应当作为本质特征，同时这一特征也是其区别于恶势力的关键所在。申言之，不可否认，黑社会性质组织既然冠以“组织”之名，就表明其得以成立的前提就是必须要有一个组织形态存在，因此组织特征当然是黑社会性质组织的重要特征，甚至可以说是其基础特征。毕竟，黑社会性质组织的实力既取决于其组织的规模，也取决于其组织的严密程度，一切黑社会性质组织都具有自我扩张的本性，都力求扩大自己的组织规模和提高自己的组织化程度。①但是，仅仅凭借组织特征，似乎尚不足以在黑社会性质组织与恶势力之间划清界限。就刑法条文、立法解释、司法解释以及会议纪要的内容来看，都对黑社会性质组织的组织特征概括描述为稳定性、层级性以及人数较多。② 正因如此，所以有观点认为从组织特征上就可以区分黑社会性质组织与恶势力，即与黑社会性质组织相比，恶势力往往表现为缺乏组织性，即其组织结构较为松散，成员多数不固定，只是在实施违法犯罪活动时才纠合在一起，而且成员之间一般没有明确的分工，组织者、领导者经常直接参与作案，因此恶势力属于时分时合、时聚时散的松散性群体。③此观点看似很有道理，其也的确关注了恶势力的常态表现，但笔者认为，应以发展变化的眼光去加以看待，尤其是黑社会性质组织和恶势力会呈现出新的表现形态，使得两者在组织结构方面的差别并不一定就那般泾渭分明。一方

---

① 何秉松：《黑社会犯罪解读》，中国检察出版社2003年版，第145页。

② 2000年《司法解释》规定为：“组织结构比较紧密，人数较多，有比较明确的组织者、领导者，骨干成员基本固定，有较为严格的组织纪律”；2002年《立法解释》及《刑法》第294条第5款规定为：“形成较稳定的犯罪组织，人数较多，有明确的组织者、领导者，骨干成员基本固定”；2009年《纪要》规定为：“黑社会性质组织不仅有明确的组织者、领导者，骨干成员基本固定，而且组织结构较为稳定，并有比较明确的层级和职责分工。”司法解释对组织特征的表述为“组织结构比较紧密”且“有较为严格的组织纪律”，而刑法条文及立法解释改为“形成较稳定的犯罪组织”，会议纪要则更加细致明确，在此基础上还强调了层级和职责分工。笔者认为，上述规范性法律文件虽然各自的表述不同，但只是侧重点的不同而已，其前后的基本精神应当还是一致的。

③ 贾凌、杨超：《黑社会性质犯罪专题整理》，中国人民公安大学出版社2011年版，第239页。

面，黑社会性质组织的组织形态出现多样化趋势，存在着紧密型结构、半紧密型结构和松散型结构三种组织样态，其中，尤须注意的是松散型结构的黑社会性质组织，其组织形态的存在，不是依靠严密的组织结构，而是基于各组织成员的共同的经济利益的追求目标。正是因为共同的经济利益的追求目标，使平时看似松散的个体在需要进行违法犯罪时却能紧密地走在一起，从而事实上形成一个随时可以聚拢在一起进行违法犯罪活动的黑社会性质组织。①对此，亦有2009年《纪要》的充分印证。②另一方面，笔者认为，当前随着社会的发展，恶势力也并不一定如传统观念中那样一概都是组织性较差的，不排除有的恶势力团伙也可能出现具有严密组织结构的新样态，例如其内部成员可能也是较为固定的，虽然是为实施违法犯罪活动而纠集起来，但这种纠集并不一定就是表现出非常松散、临时聚集的“散兵游勇”状态，其中有的成员之间联系也是非常紧密的，况且有时恶势力团伙中的成员所实施的违法犯罪活动也是在其首要分子的精心组织和领导下实施的，行为时亦具有明确的目标和分工，且有一定的规律可循。③据此，笔者认为，黑社会性质组织与恶势力在组织特征上有时存在着交集，或者说极有相似性，因而殊难区分。

2. 经济特征和行为特征

经济特征和行为特征似乎也很难充当甄别黑社会性质组织与恶势力的根本标准，因为恶势力团伙实施违法犯罪活动的目的往往是为了获取经济利益，而且其所获得的不法经济利益在很多情况下也是为进一步扩充、壮大团伙的本身实力所用，就此看来，其和《刑法》第294条第5款规定的黑社会性质组织的经济特征好像并无本质的差别。④另外，在司法实践中，黑社会性质组织犯罪这一母罪之下，一般都会牵连出一系列子罪，其中最多的就有寻衅滋事、强

---

① 古加锦：《黑社会性质组织的司法认定新探——兼谈黄某1、何某1等黑社会性质组织案》，载《法律适用》2018年第6期。

② 2009年《纪要》指出，当前，一些黑社会性质组织为了增强隐蔽性，往往采取各种手段制造“人员频繁更替、组织结构松散”的假象。因此，在办案时，要特别注意审查组织者、领导者，以及对组织运行、活动起着突出作用的积极参加者等骨干成员是否基本固定、联系是否紧密，不要被其组织形式的表象所左右。

③ 2018年《指导意见》第15条就指出，恶势力犯罪集团是符合犯罪集团法定条件的恶势力犯罪组织，其特征表现为：有3名以上的组织成员，有明显的首要分子重要成员较为固定，组织成员经常纠集在一起，共同故意实施3次以上恶势力惯常实施的犯罪活动或者其他犯罪活动。

④ 《刑法》第294条第5款对黑社会性质组织的经济特征规定为：“有组织地通过违法犯罪活动或者其他手段获取经济利益，具有一定的经济实力，以支持该组织的活动。”

迫交易、聚众斗殴、敲诈勒索等罪，而恶势力团伙的犯罪往往也夹杂着上述违法犯罪行为，有一定的社会辐射面，这就使得两者之间再次产生了交集。[①]由此可见，黑社会性质组织和恶势力在行为特征上的差别也不是特别地明显。

（二）危害性特征是甄别的根本标准

笔者认为，实质甄别黑社会性质组织和恶势力只能回归于其本质特征，因为所谓本质特征是事物本质的根本表现，正是一事物区别于其他事物的基本特点，而黑社会性质组织四大特征中的危害性特征恰恰符合了本质特征的要求，毕竟，危害性特征是通过组织特征、经济特征和行为特征表现出来的。事实上，不可能找出哪怕两个组织特征、经济特征和行为特征完全一样的黑社会性质组织，只有危害性特征是一切黑社会性质组织必须而且必然具备的根本特征。所以，组织特征、经济特征和行为特征只是构成黑社会性质组织的充分条件，危害性特征才是必要条件。[②]诚然，2009 年《纪要》亦充分肯定了危害性特征作为本质特征的地位，[③]另外，2015 年《纪要》更是在认可 2009 年《纪要》相关内容的基础上，进一步强调指出，根据实践经验，在黑社会性质组织犯罪案件中，“四个特征”中其他构成要素均已具备，仅在成员人数、经济实力规模方面未达到本纪要提出的一般性要求，但已较为接近，且在非法控制特征（危害性特征）方面同时具有 2009 年《纪要》相关规定中的多种情形，其中至少有一种情形已明显超出认定标准的，也可以认定为黑社会性质组织。由此可见，其明显强调了危害性特征作为甄别黑社会性质组织与恶势力之根本标准的适格性。换言之，在认定黑社会性质组织的过程中，如果某个犯罪集团符合了危害性特征，即使其他三个特征表现程度较弱，也应当将其认定为黑社会性质组织。反之，即使具备了组织特征、经济特征、行为特征，但不具备危害性特征，也不能认定为黑社会性质组织。[④] 因此，关于黑社会性质组织本质特征的定位目前应当是形成共识而没有太多异议的。

---

① 于冲：《黑社会性质组织与“恶势力”团伙的刑法界分》，载《中国刑事法杂志》2013 年第 7 期。

② 王志祥：《刑法问题探索》，中国法制出版社 2016 年版，第 54 页。

③ 2009 年《纪要》在关于黑社会性质组织的认定中强调指出，称霸一方，在一定区域或者行业内，形成非法控制或者重大影响，从而严重破坏经济、社会生活秩序，是黑社会性质组织的本质特征，也是黑社会性质组织区别于一般犯罪集团的关键所在。

④ 陈世伟：《黑社会性质组织基本特征的实践展开》，载《河南大学学报（社会科学版）》2012 年第 1 期。

## 三、危害性特征的实质理解

关于危害性特征，《刑法》第294条第5款将其规定为“通过实施违法犯罪活动，或者利用国家工作人员的包庇或者纵容，称霸一方，在一定区域或者行业内，形成非法控制或者重大影响，严重破坏经济、社会生活秩序”。2009年《纪要》则是在对2002年《立法解释》的精神予以结合和升华的基础上界定了危害性特征的具体内容，其文字表述与刑法条文虽略有差别，但前后对照，相互印证，可以看出其基本精神应当是一致的。概而言之，危害性特征的具体特点包含如下几个方面：一是称霸一方；二是对一定区域或者行业形成非法控制或者重大影响；三是严重破坏经济、社会生活秩序。其中，“称霸一方”可以视作是黑社会性质组织的控制范围，它是一个相对概念，必须有一个参照系，即相对于另外一部分组织或者公民，独立控制某个行业或某个地域或某个地域的某个行业。从这个意义上讲，“称霸一方”可以视为是“在一定区域或者行业内，形成非法控制”的一种同义反复，因此在具体司法实践的认定过程中没有必要专门证明这一要素。①并且恶势力往往也有明显的“称霸一方”的特点，例如从有的恶势力的活动范围上看，其一般在相对固定的区域或行业内活动并形成违法犯罪势力，包括地域性的恶势力和行业性的恶势力，如村霸、市霸、行霸、路霸等。这些恶势力在其活动区域内为害一方，欺压百姓，扰乱公共秩序，妨害社会管理秩序，使群众缺乏安全感，为一方百姓所痛恨。因此，以“称霸一方”这样相对比较模糊性、笼统性的概念作为黑社会性质组织和恶势力的区分标准不甚适宜。同理，“严重破坏经济、社会生活秩序”可以看作是黑社会性质组织的行为结果，也是其危害性的具体体现，但它也不妨作为黑社会性质组织“非法控制或者重大影响”这一要素的附随后果，起到的乃是修饰和征表的作用，而不是独立判定的作用。因为在笔者看来，恶势力实施的违法犯罪活动亦很难讲不会对经济、社会生活秩序造成同等程度的破坏。基于此，笔者认为，黑社会性质组织的危害性特征的核心内涵应当是“对一定区域或者行业形成非法控制或者重大影响”，对此应予以重点分析。

### （一）认定“一定区域”

“一定区域”表明了非法控制是黑社会性质组织在自己的势力范围内形成

① 陈世伟：《黑社会性质组织基本特征的实践展开》，载《河南大学学报（社会科学版）》2012年第1期。

一种排他性的统治地位，这种势力范围从空间上而言一般就呈现为一定的行政区域或自然区域，通常是在一个区、县或者乡镇范围内，有些较小的黑社会性质组织势力范围只有几个村庄或者是市场、码头、车站，少数发展时间较长的黑社会性质组织的势力范围能够扩展到一个较大的城市。①当然，有学者认为，区域不能简单机械地理解为特定的行政区域或自然区域，只要是符合群众生活的标准，能够以共同体的形式与外界交流并可推选出一定代表的地方，即可认定为“一定区域”。所以，黑社会性质组织的势力范围并不要求与行政区域或自然区域一一对应。②据此，所谓“一定区域”的空间范围并不一定强调如行政区域或自然区域那样必须限定于特定范围内，也不必刻意强调该区域面积的大小。那么对于“一定区域”究竟应如何理解和把握，似乎在 2009 年《纪要》中能找到相应依据，其明确指出：“区域的大小具有相对性，且黑社会性质组织非法控制和影响的对象并不是区域本身，而是在一定区域中生活的人，以及该区域内的经济、社会生活秩序。因此，不能简单地要求‘一定区域’必须达到某一特定的空间范围，而应当根据具体案情，并结合黑社会性质组织对经济、社会生活秩序的危害程度加以综合判断分析。”可见，2009 年《纪要》考虑到不同区域的经济发展、社会环境、资源及人口分布等存在的客观差距，要求不能机械的以特定的空间范围作为确定危害区域的绝对标准。不过，2015 年《纪要》却对“一定区域”作出了限制解释，即认为黑社会性质组织所控制和影响的“一定区域”，应当具备一定空间范围，并承载一定的社会功能。既包括一定数量的自然人共同居住、生活的区域，如乡镇、街道、较大的村庄等，也包括承载一定生产、经营或社会公共服务功能的区域，如矿山、工地、市场、车站、码头等。对此，应当结合一定地域范围内的人口数量、流量、经济规模等因素综合评判。如果涉案犯罪组织的控制和影响仅存在于一座酒店、一处娱乐会所等空间范围有限的场所或者人口数量、流量、经济规模较小的其他区域，则一般不能视为是对“一定区域”的控制和影响。但 2018 年《指导意见》可能出于对黑社会性质组织从严认定的考虑，对“一定区域”的规定又回归到了 2009 年《纪要》的立场上，对于区域的空间大小、

① 李文燕、柯良栋：《黑社会性质犯罪防治对策研究》，中国人民公安大学出版社 2006 年版，第 98 页。

② 傅跃建、胡晓景：《论黑社会性质组织的司法认定——以裴某为首的犯罪组织为样本》，载《江苏警官学院学报》2010 年第 5 期。

范围不再做特殊要求。①两相对比，笔者认为，就“一定区域”而言，既然是区域，那么肯定还是要有空间范围的要求的，不作任何要求也是不切实际的，况且笔者通过对2009年《纪要》和2018年《指导意见》的理解，其本意也不是说对区域的空间范围没有任何的限定，而是指不能机械地对应通常的行政区域或自然区域，单纯以面积大小作为决定因素。由于2009年《纪要》强调了黑社会性质组织对在其势力范围内的区域中生活的人，以及对这个区域内的经济、社会生活秩序的非法控制，那么必然要结合犯罪组织的侵害对象、影响范围、危害程度等因素综合审查判断，至于是否是某一特定的行政区域或自然区域只能作为次要和辅助的标准，不能划定一个统一的空间范围界限。申言之，对于“一定区域”，主要应当考量该区域内受控制和影响的人口情况，进而判断是否已达到严重破坏经济、社会生活秩序的程度。即便是一个自然村、一个贸易市场、一条街道等面积可能不大的区域，只要能容纳足够多的人口，对该区域进行非法控制足以严重破坏经济、社会生活秩序，就可以认定符合成立黑社会性质组织的区域条件。②应当说，上述对“一定区域”所涵盖的空间范围的理解是恰如其分的，而且最重要的是，“一定区域”必须和“非法控制或者重大影响”紧密结合起来进行考察，而不是孤立地理解，那就意味着有些场所或地域如果确实人口数量及流量较小，经济规模较小且占地面积确实有限的话，即便被有些犯罪组织所控制，但因无法产生重大的影响后果，那么这些场所或地域距离“一定区域”的要求就相去甚远，而控制这些场所或地域的犯罪组织充其量只能被认定为一般的犯罪组织甚至是恶势力团伙，却不能被直接认定为黑社会性质组织。

### （二）认定“一定行业”

对于“一定行业”，2009年《纪要》指出，黑社会性质组织控制和影响的行业，既包括合法行业，也包括黄、赌、毒等非法行业。这些行业一般涉及生产、流通、交换、消费等一个或多个环节。由此可见，通过介入社会经济生活来攫取不法利益，不仅是黑社会性质组织发展壮大的必要手段，也是其反社

---

① 2018年《指导意见》第11条规定：“鉴于黑社会性质组织非法控制和影响的‘一定区域’的大小具有相对性，不能简单地要求‘一定区域’必须达到某一特定的空间范围，而应当根据具体案情，并结合黑社会性质组织对经济社会生活秩序的危害程度加以综合分析判断。”

② 古加锦：《黑社会性质组织的司法认定新探——兼谈黄某1、何某1等黑社会性质组织案》，载《法律适用》2018年第6期。

会性的具体体现。①其中，无论是合法行业还是非法行业，只要涉足其中的人员能够通过付出取得收益、经营者能够进行投资并取得回报，即可满足“一定行业”的标准。像操纵、控制赌博、色情、高利贷、毒品等非法交易都属于“在一定区域或者行业内，形成非法控制或重大影响”。② 尤须值得关注的是，非法行业之所以成为黑社会性质组织危害的范围，在笔者看来，主要是因为从国内外黑社会组织的演变过程及发展现状来看，大肆操控黄、赌、毒等非法行业是黑社会组织积累巨额黑金的重要来源，也是其对抗政府执法权的具体体现。从社会危害程度来看，黑社会性质组织的危害性主要体现为对合法社会的对抗，通过非法手段控制非法行业，其控制手段、经营内容均为非法，体现了对社会合法管理秩序的双重对抗性，比通过非法手段控制合法行业的社会危害更重，更应当认定为黑社会性质组织犯罪予以从严打击。

（三）把握“非法控制或重大影响”

如何把握“非法控制或重大影响”，这是理解黑社会性质组织的危害性特征中最核心的内容。对此，2018 年《指导意见》详细列举了八种情形，足供参酌。③从此不难看出，所谓“非法控制或重大影响”，即指黑社会性质组织对于经济、社会生活的干预度和影响力。④而这种干预度和影响力显然是恶势力团伙并不具备的。可以说，黑社会性质组织的最大危害就体现于对社会的非法

---

① 周光权：《黑社会性质组织非法控制特征的认定——兼及黑社会性质组织与恶势力团伙的区分》，载《中国刑事法杂志》2018 年第 3 期。

② 傅跃建、胡晓景：《论黑社会性质组织的司法认定——以裴某为首的犯罪组织为样本》，载《江苏警官学院学报》2010 年第 5 期。

③ 2018 年《指导意见》第 11 条规定的八种情形如下：（1）致使在一定区域内生活或者在一定行业内从事生产、经营的多名群众，合法利益遭受犯罪或严重违法活动侵害后，不敢通过正当途径举报、控告的；（2）对一定行业的生产、经营形成垄断，或者对涉及一定行业的准入、经营、竞争等经济活动形成重要影响的；（3）插手民间纠纷、经济纠纷，在相关区域或者行业内造成严重影响的；（4）干扰、破坏他人正常生产、经营、生活，并在相关区域或者行业内造成严重影响的；（5）干扰、破坏公司、企业、事业单位及社会团体的正常生产，经营、工作秩序，在相关区域、行业内造成严重影响，或者致使其不能正常生产、经营、工作的；（6）多次干扰、破坏党和国家机关、行业管理部门以及村委会、居委会等基层群众自治组织的工作秩序，或者致使上述单位、组织的职能不能正常行使的；（7）利用组织的势力、影响，帮助组织成员或他人获取政治地位，或者在党政机关、基层群众自治组织中担任一定职务的；（8）其他形成非法控制或者重大影响，严重破坏经济、社会生活秩序的情形。

④ 周光权：《黑社会性质组织非法控制特征的认定——兼及黑社会性质组织与恶势力团伙的区分》，载《中国刑事法杂志》2018 年第 3 期。

控制，因为国家及其合法政府管理和控制是一种合法控制，而黑社会性质组织对社会的控制是非法的，其与合法政府的合法控制相对抗，具有反政府性和反社会性。黑社会性质组织为达到这种对社会的非法控制，除加强其内部控制外，主要还是对一定区域和行业形成控制。①此种控制完全可以看作是黑社会性质组织对经济、社会生活的一种强行干预，而此种干预正是黑社会性质组织意图在自己的势力范围内建立起非法的秩序，达到称霸一方的目的，之所以如此，更主要的是为了扰乱正常的社会秩序，从而削弱合法控制。不可否认，为了实现对一定区域或行业的非法控制，黑社会性质组织不断地以暴力、威胁为后盾，采用多种手段实施犯罪行为，例如敲诈勒索、欺行霸市、聚众斗殴、寻衅滋事、故意伤害等，但这些行为并非黑社会性质组织专有的，恶势力团伙实施的各项违法犯罪活动同样会对某一区域或行业造成恶劣影响，并且其违法犯罪活动涵盖的内容也大体包括上述行为，这可从 2018 年《指导意见》中得到佐证。②这说明黑社会性质组织与恶势力在"行为外观"上并无二致，但究其实质，恶势力实施违法犯罪活动并不以非法控制作为其追求的目标，也未实际形成对一定区域或行业的非法控制。③换言之，恶势力往往直接通过违法犯罪活动获取非法利益，尤其是攫取非法经济利益，但这也是其主要的行为目的，虽然在此过程中会对相应的经济、社会秩序造成破坏，但毕竟其没有非法控制的意图，所以不会形成一种与合法控制相对抗的非法社会秩序。而黑社会性质组织则不然，其更多的是凭借干预经济、社会生活所形成的非法控制状态来谋取非法利益，而且其目的并不仅仅在于单纯地获取非法利益，更主要的是通过非法利益的获取来进一步壮大自身的组织实力，从而增强对社会的自行控制，更有力地实施犯罪，得以维系或扩张自身的势力范围。申言之，黑社会性质组

① 徐跃飞：《黑社会性质组织犯罪研究》，中国人民公安大学出版社 2007 年版，第 80 页。

② 2018 年《指导意见》第 14 条规定："具有下列情形的组织，应当认定为'恶势力'：经常纠集在一起，以暴力、威胁或者其他手段，在一定区域或者行业内多次实施违法犯罪活动，为非作恶，欺压百姓，扰乱经济、社会生活秩序，造成较为恶劣的社会影响，但尚未形成黑社会性质组织的违法犯罪组织。恶势力一般为三人以上，纠集者相对固定，违法犯罪活动主要为强迫交易、故意伤害、非法拘禁、敲诈勒索、故意毁坏财物、聚众斗殴、寻衅滋事等，同时还可能伴随实施开设赌场、组织卖淫、强迫卖淫、贩卖毒品、运输毒品、制造毒品、抢劫、抢夺、聚众扰乱社会秩序、聚众扰乱公共场所秩序、交通秩序以及聚众'打砸抢'等。"

③ 陈建清、胡学相：《我国黑社会性质组织犯罪立法之检讨》，载《法商研究》2013 年第 6 期。

织在一定区域或行业内形成非法控制，即表明该组织在一定区域或行业内已经产生了公开的、广泛的“震慑力”，导致相关公众对该组织表现出“闻之色变”的恐慌心理态度。①反观恶势力团伙的行为，虽然也在一定区域或行业内造成恶劣影响，但其行为的效果显然还不足以同黑社会性质组织相提并论。

“重大影响”也是危害性特征的一种表现方式，其是指对于一定区域或者行业内的人们虽然没有达到非法控制的程度，但依然能够在相当程度上操控、左右、支配这些区域或行业，能够产生决定性影响。该区域或者行业内的人们之所以会按照对方的要求实施一定的行为或不实施一定的行为，或者接受对方提出的条件，或者对于对方的违法犯罪活动不举报，很重要的原因也是由于害怕对方会采取殴打、伤害、杀害、毁坏财物等报复手段。②可见，“重大影响”同“非法控制”一样，实际上也是对一定区域或行业内的人们心理上产生相当程度的影响，使之被迫处于被支配、被操控的状态之下。就此而言，恶势力团伙的行为尽管会对一定区域或行业有所影响，但与“重大影响”相比，自然不可同日而语。当然，究竟何种程度的影响可归于“重大影响”之列，目前似乎没有统一的界定标准，但在笔者看来，2018 年《指导意见》所列举的八种情形中所采用的“严重影响”、“重要影响”等表述，具有一定的参照作用，可期待今后进一步的细化性阐释，由此能够更为清楚、明晰地从危害性特征上实质地甄别黑社会性质组织和恶势力。

① 于冲：《黑社会性质组织与“恶势力”团伙的刑法界分》，载《中国刑事法杂志》2013 年第 7 期。

② 周光权：《黑社会性质组织非法控制特征的认定——兼及黑社会性质组织与恶势力团伙的区分》，载《中国刑事法杂志》2018 年第 3 期。

# 扫黑除恶专项斗争中的“村霸”治理

荆国良　张筠丽[*]

2018年1月，中共中央、国务院发布《关于开展扫黑除恶专项斗争的通知》（以下简称《通知》），决定在全国开展扫黑除恶专项斗争，要求把打击黑恶势力犯罪和反腐败、基层“拍蝇”结合起来，把扫黑除恶和加强基层组织建设结合起来。2月，最高人民法院、最高人民检察院、公安局、司法部联合发布《关于依法严厉打击黑恶势力违法犯罪的通告》，明确指出黑恶势力是经济社会健康发展的毒瘤，是人民群众深恶痛绝的顽疾，必须坚决依法予以打击，并且把“村霸”列为黑恶势力违法犯罪的突出问题。5月，全国扫黑除恶专项斗争领导小组会议再次部署扫黑除恶工作，矛头直指两类重点人员，一类是潜藏在组织内部的“保护伞”，另一类就是控制基层组织的“村霸”。频频出台的系列政策，为整治“村霸”提供了切实可行的工作指南。

## 一、“村霸”的定义、特征及危害

霸者，顾名思义，是指依仗权势或武力欺压他人的人或集团。“村霸”一般界定为：在一个村或一定区域内，仗势欺人，称霸一方，危害农村社会治安秩序，引起公愤，或诬告陷害、煽动群众、操纵闹事、制造事端，严重危害农村基层政权建设的违法犯罪分子或犯罪团伙的头子。[①] 乱政、抗法、霸财、行凶是“村霸”的“四宗罪”。

### （一）“流氓型村霸”——破坏农村秩序

“流氓型村霸”最为常见，在农村地区或城乡结合部，一些游手好闲、无所事事的人聚集在一起，他们通常年纪较轻、文化程度不高，但崇尚暴力、目无法纪，经常聚在一起偷鸡摸狗、打架斗殴，在一片区域内称王称霸、肆意妄

---

* 荆国良，福建省石狮市人民检察院业务管理部副主任、检察员；张筠丽，福建省石狮市人民检察院科员。

① 参见思想道德修养与法律基础编写组编写的教材，高等教育出版社2010年版。

为。其动机主要是争强斗狠心理作祟，行为具有一定的随意性和盲目性，实施的往往是一些小打小闹或者扰乱治安秩序的行为。就每一起单独的行为来看，社会危害性并不大，但聚沙成塔，长此以往则会严重扰乱村民正常生活和农村和谐稳定。“流氓型村霸”打击难度大，难以“斩草除根”，一方面因为这些行为往往未达到入罪标准，难以运用刑罚手段进行规制，寻常打击显得力度有些不够；另一方面在于打击的“度”也不好掌握，致使农村治安出现“真空地带”，助长了“流氓型村霸”的嚣张气焰。

（二）“黑社会型村霸”——扰乱农村经济

较之于“流氓型村霸”而言，“黑社会型村霸”可以说是“升级版”。当“流氓型村霸”发展到一定程度时，他们不再满足于用简单暴力来好狠斗勇，而是开始寻求“政治庇护”，以便在“大树下乘凉”，并图谋巨大经济利益。其发展历程如下：“在其成长的初期，主要就是靠拳头打天下，使用暴力威胁手段是他们进行违法犯罪的基本方式。在组织发展成型之后，特别是由较高文化层次的人加入进来以后，其行为方式也会发生变化。即更多的是利用合法形式进行违法犯罪，较少直接使用暴力、威胁手段。但暴力始终是他们实施违法犯罪的后盾。”① 甚至极少数基层党员干部本着“山高皇帝远”的态度，收受不法分子贿赂，与不法分子同流合污，沦为“保护伞”。

“黑社会型村霸”领导层次分明，组织纪律严明，骨干成员相对固定，通常以恐吓、胁迫、威胁等方式插手工程建设、垄断农村市场、从事“黄赌毒”活动、强买强卖，非法敛财，严重扰乱农村经济发展和社会秩序。如安徽无为县的“无为一霸”邢某某，吸收大量社会闲散人员开设赌场，多次实施有组织的违法犯罪活动，并运用暴力、威吓、“谈判”等非法手段维持赌场运转，其所开设的赌场覆盖无为县多个乡镇，对当地社会秩序和经济秩序造成了严重破坏；湖南省衡阳市蒸湘区的陆某某等 8 人聚集在一起，在强行承包当地民生工程公租房项目未果后，竟采取恶劣手段恶意阻碍施工，索要“协调费”，威胁施工方“不交协调费就不许开工”，被检察机关以涉嫌敲诈勒索罪案提起公诉。

（三）“村官型村霸”——妨害基层治理

“村官型村霸”是另外一种典型类型。由于农村基层公共安全产品相对缺乏，个别村干部作为主要安全力量，由于得不到有效监督，逐渐演变成为

① 李文燕：《社会性质犯罪防治对策研究》，中国人民公安大学出版社 2006 年版，第 94 页。

“村霸”。村官在此处摇身一变，成为横行千里、欺压百姓、吃拿卡要的代名词。如“最牛村主任”孟某某，利用手中职权私自砍伐集体林木、以他人名义骗取国家补助款、对村民进行敲诈勒索、殴打无辜村民、侵占他人财产；河南涉赌“九处处长”张某某，以大寨村治保主任身份，聚集团伙组成“治安队”敲诈勒索、寻衅滋事、开设赌场，还私自抬高电价，损害村民利益；村官张某某在任职伊始，尚能热心为村民办事，但在利益驱动下，开始利用手中权力大肆掠取公共资源，鱼肉乡里，甚至还以“万岁”自居；郑州市航空港区大寨村的张某某通过正当手段当选治保主任后，组建“治安队”向村民和商户收取卫生费、场地费、租金等，严重扰乱市场秩序，还利用村庄附近工厂员工大量聚集条件，经营赌场，暴力护赌，牟取暴利，成为“村霸”。可见，在村官蜕变为“村霸”的背后，不仅反映出农村治理的短板，更对党政威信带来难以挽回的负面影响。

（四）“宗族势力型村霸”——侵蚀基层政权

中国是农业大国，2016 年农村人口高达 5.8 亿。中国乡村自古就受宗族势力影响，地区越偏远，宗族势力越强大。费孝通先生在《乡上中国》中指出，从基层上看去，中国社会是乡土性的，中国乡土社区的单位是村落，人口流动性小，孤立、隔膜，富于地方性。特别在一些相对落后的地区，宗族势力对村庄控制力度更强。宗族势力就是通过加强族内事务的管理以达到巩固宗族凝聚力之目的，比如统理族内财产、教导族人、掌管婚丧等重大事务、会聚族人等。① 我国古代乡村社会是典型的宗法社会，即人与人之间都有着或远或近的宗族血缘关系，和睦族邻是以三纲五常为基础的封建伦理秩序的要求，同时也是维护基层乡村社会治安秩序的条件。② 因此，乡土社会在地方性的限制下成了生于斯、死于斯的社会，与法理社会相对，是一种礼俗社会，生活上被土地所囿住，平时接触的是与生而俱的具备一定宗族关系的村民。此种由血缘关系带来的亲近，使得宗族观念在农村根深蒂固、一时难以拔除③。而宗族势力一旦与“村霸”相结合，马上产生化学反应，产生的危害性更大，特别是在村民选举等政治活动中，宗族势力与“村霸”相互勾结，藐视律法，为选出利益“代言人”而操控选举、欺压打砸，霸占农村政治资源，让党纪国法和

① 史凤仪：《中国古代的家庭与身份》，社会科学文献出版社 1999 年版，第 34～36 页。

② 宋平：《传统宗族与跨国社会实践》，载《文史哲》2005 年第 5 期。

③ 肖唐镖：《当前中国农村宗族及其与乡村治理的关系》，载《文史哲》2006 年第 4 期。

上级政策无法在基层得到落实。

## 二、“村霸”滋生的原因

“村霸”层出不穷，原因是多方面的，既有“村民自治”在体制、功能、结构方面的困境桎梏，也有基层监管治理的匮缺难题，还与基层法治建设的薄弱密不可分。

### （一）“基层自治”边界不清

村民自治，是宪法规定的基本原则，也是村民自我管理、自我教育、自我服务、自我发展的必然途径。但是，目前村民自治存在界限不清、管理不力、监管缺乏、权力越位等诸多问题。村民自治的作用受限，是“村霸”存在的根本原因。一是基层自治运行不畅。乡镇党政与村民自治组织之间属于指导与被指导的关系。受自治观念影响，乡镇党政在对村居一级的指导上，显得有些束手束脚，加上有的乡镇领导干部欠缺管理能力，没有理顺双方的关系，应当指导的地方没有指导，不应当指导的地方却乱加干预，造成村居自治工作的混乱。可以说，乡镇指导与基层自治之间存在的矛盾，为“村霸”的“登台表演”提供了难得契机。二是传统习惯带来影响。中国素有“国权不下县”之说，过去社会中乡以下一般由乡绅来治理。即使到了今天，宗族势力在广大农村地区仍然拥有强大话语权、控制权。许多地区的宗规族约将封建的伦理纲常和国家法纪相糅合，以此为据控制基层乡村的治安管理。① 打个比方，农村地区发生纠纷后，公权力介入的调解村民往往不卖账，效果甚微，而由族长或当地有威信的人士组织的调解，效果却立竿见影。可见在历史长河中形成的乡村传统习惯，是“村霸”生存发展的肥沃土壤。三是村“两委”履职不力。“村霸”现象蔓延，与村民自治内在的体制困境也不无关系，这主要体现在村“两委”的职能履行上。村民委员会除完成自治工作外，它的另一项工作（约占 2/3）就是贯彻执行上级的方针和政策。② 这导致少数村干部只对上负责而不对下负责，如果乡镇干部有贪污和包庇的行为的话，必然造成“村霸”及宗族恶势力的形成。③

---

① 李山：《清代治安管理的当代启示》，曲阜师范大学马克思主义基本原理专业 2013 年论文。

② 李连江、熊景明：《中国大陆村级组织建设研讨会》，载《中国农村基层民主政治建设年鉴 2001》。

③ 龙立：《村民自治背景下的“村霸”治理》，载《西南民族大学学报（人文社会科学版）》2012 年第 4 期。

（二）惩治手段力度不够

惩治不力，是“村霸”长期存在的主要原因。“村霸”的产生和坐大，显然与当地相关部门的容忍和放任密切相关。在对村官的监督管理上，基层机关的手段方式也十分有限，对于由村民选举产生的村民委员会班子成员，监管的力度就更弱了。可以说，制度的漏洞、管理的缺位和失去监督的权力，是“村霸”现象久遏不止的根本原因。

（三）利益驱动引发恶果

“村霸”的出现也与利益驱动密切相关。近年来农村经济快速发展，多重利益冲突交织，加上农村社会治理的欠缺，一些不安分人员纠结在一起，干扰村“两委”选举、聚众扰乱讹诈钱财、插手重大工程建设，欺老凌幼，为害一方。特别是随着新农村建设步伐推进，大批工程项目在农村开展，多项惠农政策在农村实施，大量补贴资金流入农村地区，农村瞬间成为了巨额财富的集散地。巨大的经济利益，也让“村霸”蠢蠢欲动，有的目无法纪，在征地拆迁安置中漫天要价，意图“绑架”政府；有的插手农村工程建设，横加干涉项目施工，对施工方威逼利诱，图谋非法利益；有的把党和国家以及村民授予的自治权当成个人牟取非法利益的工具，肆意掠取公共资源，违犯党纪国法，损害村民利益，妨碍农村发展。

## 三、“村霸”治理对策探寻

十九大提出了“乡村振兴”战略，“乡村振兴”战略的实施离不开安定有序的农村发展环境。“村霸”严重影响农村经济发展和秩序稳定，影响农村基层政权运行和基层党政机关的威信，是“乡村振兴”战略实施过程中的巨大障碍。已在全国部署开展的扫黑除恶专项斗争，为职能部门从源头上治理“村霸”问题注入了一剂“强心剂”，提供了切实可行的遵循和指南。同时，也要对“村霸”治理工作的长期性、艰巨性和复杂性有清醒地认识，充分认识到这是一项长期复杂的社会化系统化工程，需要发挥各方作用，多措并举，综合施策，形成强大的治理合力。

（一）加强党的领导，夯实乡村治理根基

十九大报告指出，要加强基层组织建设，以提升组织力为重点，把基层组织建设成为宣传党的主张、贯彻党的决定、领导基层治理、团结动员群众、推动改革发展的坚强战斗堡垒。“村霸”问题的屡禁不止，主要源于“保护伞、选举漏洞和农村安全真空”三大方面，而这三个方面均与农村党建工作薄弱、基层组织涣散、村民自治不力密切相关。因此，要解决“村霸”问题，推进乡村治理，必须加强党对基层工作的领导，配强配齐村支部班子，选好任用村委会班子，推动全面从严治党战略向乡村一线延伸，让基层焕发出强大活力。一方面，要加强对村“两委”组建工作的领导。要坚持把村“两委”班子的组建工作作为乡村工作的头等重要任务来抓，严格村“两委”换届资格审查，建立候选人联审机制，加强对相关人选的把关力度，进村入户开展调查，既要查看有没有违法犯罪行为，又要注重对相关人选的道德审查，还要看人选的党性强不强，信仰坚定不坚定，群众基础好不好，群众口碑佳不佳，切实把基层工作做深、做细、做实，坚决防范村“两委”选举不民主、不透明等问题，坚决把不符合条件的人挡在门外，绝不让害群之马进入村“两委”班子，绝不让“村霸”成为“村官”。另一方面，要加强对村“两委”履职的领导。“村霸”的形成往往与基层从严治党不力，基层工作不公开、不公平，村级事务决策中没有充分发扬民主等因素密切相关。对此，要坚持把党的领导贯穿村“两委”履职全过程，严肃规范党内政治生活，严格落实“三会一课”要求，纳入巡视巡查的重点领域，加大整顿软弱涣散基层党组织力度，坚决遏制村级组织涣散化趋势，推动从严治党常态化，发挥出村党支部的坚强战斗堡垒作用。要紧盯涉及村民切身利益的集体决策、“一村一议”、村务公开、财务透明、村级资金分配等重点事项，切实加强对村“两委”领导督促力度，发现苗头及时提醒、发现问题及时纠正、发现违纪及时追责、发现违法及时惩处，以完善的制度、严密的措施、严实的作风推进乡村工作，绝不让“村官”沦为“村霸”。

（二）加大惩治力度，消除“村霸”生存土壤

《通知》明确要求：把专项治理和系统治理、综合治理、依法治理、源头治理结合起来，把打击黑恶势力犯罪和反腐败、基层“拍蝇”结合起来，把扫黑除恶和加强基层组织建设结合起来，这为治理“村霸”问题提供了切实可靠的行动指南。一要始终保持高压打击的工作态势。将“村霸”治理作为扫黑除恶专项斗争的重点，充分发挥政法委、综治办的牵头作用，公、检、法各机关密切配合，加强与乡镇机关、村居组织和基层群众的沟通联络，及时发现“村霸”线索，及时予以处置，综合运用刑事制裁、行政处罚和教育挽救等措施，坚决严厉打击“村霸”，发挥法治强大震慑作用、教育作用，真正做到让“村霸”无处遁行。要坚决把打击“村霸”背后的“保护伞”放到更加重要的位置来抓，司法机关、纪委监委和相关单位要加强沟通协作，建立健全问题线索快速移送反馈机制，将打击“保护伞”与侦办涉黑涉恶案件同步结合，突出打击“宗族势力”和“权力后台”两类“保护伞”，真正做到对于“村霸”现象发现一起查处一起，露头一起打击一起，坚决遏制其嚣张气焰，

同时也要严查彻究“村霸”背后的“保护伞”，确保农村干部队伍的纯洁性。[①] 要坚持实事求是的工作方针，将“村霸”现象与普通刑事案件、治安案件区分开来，不人为扩大打击面，不扩大社会矛盾。二要实现监督触角基层全覆盖。要充分发挥纪委监委的监督职能，将监督关口下沉到村居一线，强化督导检查、问责追责措施，突出对农村基础设施建设、涉农惠农补贴申领和发放、重大村级资金使用、重要民生项目建设、惠民补贴分配、征地拆迁补偿安置、救灾扶贫优抚、生态环境保护等重点领域的实时同步监督，重点治理涉黑涉恶和腐败长期、深度交织的案件以及“三大攻坚战”领域存在的问题，加强对“村霸”背后“保护伞”问题的执纪监督和巡视巡察力度，在村官头上始终保持利剑高悬，以有力监督督促村官履职尽责、服务村民，提升工作成效。要强化对村居组织的监督，加强对村级选举工作的指导，健全和规范农村基层民主选举程序，大力整治采取贿赂或者暴力、威胁等手段操纵村“两委”换届等村民选举的行为，确保把德才兼备、真正符合群众意愿的人员选进“两委”班子、选进自治组织，防止有前科劣迹人员把持基层政权，既为基层组织发挥作用扫除障碍，又为村民自治提供坚强的法律保障。三要积极帮助村级组织建设发展。要坚持从最基层发力，加强农村地区的法制宣传教育，健全完善基层民主制度、村民监督机制，加大村务公开力度，广泛接受社会各界监督，不断提升村民的民主意识、法治意识和依法维权意识，形成对“村霸”同仇敌忾的社会氛围，不断压缩“村霸”的滋生土壤和发展空间。

### （三）坚持综合施策，汇聚基层治理合力

农村社会生态复杂，“村霸”背后往往涉及上级党政机关、基层选举、治安管理、资金使用等一系列问题，诸多因素盘根错节，相互交织，加大了治理难度。可以说，“村霸”肆意横行的背后，折射出的是基层政权的弱化和法治建设的缺失。一方面，要始终坚持群策群治的工作原则。要严格按照十九大提出的“健全自治、法治、德治相结合的乡村治理体系”要求，坚持用发展和变化的眼光来看待“村霸”现象，落实系统治理、源头治理的各项措施，政法、综治、纪委监委、组织人事、法院、检察、公安、民政等部门加大沟通协作，加强信息共享，做到既各司其职，又共同发力，推动形成相关部门齐抓共管、群策群力的工作氛围。要综合运用经济建设、教育宣传、舆论引导等工作措施，多维度推动“村霸”治理。治安社会化本质上是治安主体的社会化，

---

① 钱立功：《不容“村霸”横行霸道》，载《人民法院报》2017年2月5日。

要求发挥社会组织、市场和公众个体在治安秩序维护中的作用。① 要坚持走群众路线，深化群防群治，广泛发动群众，积极打击和有效预防各类破坏、干扰和操纵换届选举的职务犯罪，让“村霸”陷于“人民战争”中，从根本上遏制“村霸”滋生蔓延。通过一系列手段的综合实施，必将有力加强和改进基层政权建设，推动农村地区民主法治建设与精神文明建设地不断深入，“村霸”现象将逐渐消除。另一方面，要积极探索创新社会治理新模式。笔者所在检察院创新推出“网格化＋社区检察官”工作模式，按照“属地管理、分级负责、无缝对接、全面覆盖、职责到人”原则，将检察机关参与社会治理的资源下沉至村（居）社区，在全市7个镇、2个街道办事处，102个村、25个社区建立“横向到边、纵向到底”的“网格化＋社区检察官”工作体系，在每个村（社区）选任一名网格联络员，每个检察官挂靠一个村（社区），并与该村（社区）网格联络员密切对接，通过不定期巡回加强与所在村（社区）群众的联系，让村民有了“主心骨”，当权益受到侵犯时或发现“村霸”的苗头倾向时，第一时间向社区检察官投诉和举报，检察机关接到投诉和举报后，会及时介入监督，协调法院、公安和乡镇党政机关共同解决，既能够有效防范“村霸”坐大坐强，也有利于杜绝基层党政干部和执法人员不作为、乱作为行为现象发生。

（四）振兴乡村经济，提升乡村治理能力

经济基础决定上层建筑，中国农村问题和“村霸”现象虽与农村法治不健全、村民素质不高、基层民主观念没有深入人心等密切相关，但也与农村贫穷、农民贫困的现实不无关系。托克维尔在《论美国的民主》中说过，民主思想的培养来自于生活，必须有民主文化的熏陶和训练，才能养成公民的参与意识和民主精神，否则，仅仅建立法律和政治制度是不会有太大用处的。② 政治发展的速度通常与国民的认知水平的提高相关联。③“仓廪实则知礼节”，根据马斯洛需求理论，只有当人从生理需要的控制下解放出来时，才能出现更高级的、社会化程序更高的需要，比如安全需要、爱和归属需要，尊重和自我实现需要。对此，要紧紧抓住党中央实施“乡村振兴”战略的难得契机，充分

① 宫志刚、李小波：《社会治安防控体系若干基本问题研究》，载《中国人民公安大学学报（社会科学版）》2014年第2期。

② 龙立：《村民自治背景下的“村霸”治理》，载《西南民族大学学报（人文社会科学版）》2012年第4期。

③ 闫小波：《中国近现代政治发展史》，载《中国近现代政治发展史》，高等教育出版社2003年版。

发挥服务农村发展的职能，保障农村基础设施建设，督促各项惠农利农政策在农村得到全面落实，助力农村地区城市化进程，大力发展农村经济，帮助农民增产增收，鼓励村民依法生产经营、发家致富，让每一个农民都富起来、强起来，让农民受到更好教育，努力消除贫富差距，加强监督，履职尽责，频频发力，依法惩治各类侵农害农的违法犯罪行为，为农村各项事业的建设发展提供坚强有力的法律保障，让农民彻底断去物质上和精神上的双重“穷根”，努力让“村霸”不再成为中国农村改革发展的困扰，让乡村振兴成为中国广大农村地区改革发展的最强音。

# 黑恶势力犯罪的成因及治理*

郭泽强　谢昊轩**

## 一、引言

黑恶势力犯罪概念所限定的并非特定的一类犯罪而是包括黑势力犯罪与恶势力犯罪两种违法犯罪类型。黑势力犯罪是指黑社会犯罪或黑社会性质组织犯罪，在我国刑法中具体涉及组织、领导、参加黑社会性质组织罪，入境发展黑社会组织罪，包庇、纵容黑社会性质组织罪三个罪名。从事黑势力犯罪的黑社会性质组织具有较稳定的组织结构、相当的经济实力、手段的暴力性和严重的社会危害性，这些组织特征、经济特征、手段特征及危害性特征是黑社会性质组织纳入刑法评价的关键因素并明确规定于刑法典及立法、司法解释中。相对而言，所谓恶势力犯罪是指由恶势力犯罪团伙实施的违法犯罪行为。关于恶势力的定义，2018 年最高人民法院、最高人民检察院、公安部、司法部印发的《关于办理黑恶势力犯罪案件若干问题的指导意见》（以下称《意见》）沿用了 2009 年最高人民法院、最高人民检察院、公安部关于《办理黑社会性质组织犯罪案件座谈会纪要》对恶势力的规定，即："经常纠集在一起，以暴力、威胁或其他手段，在一定区域或行业内多次实施违法犯罪活动，为非作恶，扰乱经济、社会生活秩序，造成较为恶劣的社会影响，但尚未形成黑社会性质组织的犯罪团伙。"

恶势力与黑社会性质组织既有相同点也有不同点。二者的相同之处在于都具备一定的组织特征、手段特征、危害性特征。在组织特征上，《意见》中"经常纠集在一起"、"多次实施违法犯罪活动"、"尚未形成黑社会性质组织的犯罪团伙"分别从形式和实质方面限定了恶势力相对稳定组织构成。在手段

---

* 本文受到湖北法治战略研究院 2018 年重大项目的支持，课题编号为 FZFZZB（2018）A04。

** 郭泽强，中南财经政法大学法治发展与司法改革研究中心教授；谢昊轩，中南财经政法大学刑事司法学院研究生。

特征上，《意见》采用与《刑法》第294条相同的规定，即“以暴力、威胁或其他手段”。在危害性特征上，恶势力需要能够达到造成较为恶劣的社会影响的程度。恶势力与黑社会性质组织的差别在于两方面。其一，恶势力与黑社会性质组织达致犯罪的程度不同。恶势力团伙仅要求人员基本固定，并未造成重大社会影响或形成对社会的非法控制，其组织化程度和社会危害性尚未达到黑社会性质组织的高度。其二，恶势力与黑社会性质组织涉及的罪名不同。在刑法中，恶势力并非独立概念而是犯罪团伙的一类，故恶势力所成立的犯罪多是在共同犯罪体系考量下的寻衅滋事、非法拘禁、故意伤害等，没有黑社会性质组织那样如组织、领导、参加黑社会性质组织罪，入境发展黑社会组织罪，包庇、纵容黑社会性质组织罪的独立罪名。比较可见，恶势力与黑社会性质组织具有一定程度的同构性，二者在本质上大同小异，恶势力是黑社会性质组织的雏形，恶势力犯罪是黑势力犯罪的前一阶段，“二者征表了有组织犯罪发展的不同阶段和层次，由‘恶’到‘黑’呈现出明显的渐进性”①。因此，进行黑势力犯罪治理与恶势力犯罪治理的讨论，二者具有相同的语境基础。

2018年1月，中共中央、国务院发布《关于开展扫黑除恶专项斗争的通知》昭示新一轮针对黑恶势力犯罪治理活动的展开。近年来，随着经济、社会的发展和国家对黑恶势力犯罪治理政策的不断调整，黑恶势力犯罪本身也在逐渐转型。黑恶势力犯罪从传统暴力型、帮派化、犯罪领域单一渐趋向暴力与软暴力相结合、公司化运行、犯罪领域多元的方向发展，更深层次地渗透并腐蚀正常社会，给国家打击黑恶势力犯罪提出了更大挑战。面对此种现状，必须调整以往单纯注重刑事打击而忽视综合治理的策略，改变以短期成效评判治理效果的标准，深入挖掘黑恶势力犯罪的成因，消除黑恶势力犯罪的社会生存空间，方能实现对黑恶势力犯罪的有效遏制，完成全面扫黑、除恶务尽的目标。

## 二、黑恶势力犯罪之成因分析

任何一种犯罪背后都蕴含着复杂的社会整体与个体的互动，黑恶势力犯罪尤其如此。探究黑恶势力犯罪的成因总归绕不开社会整体与个体如何互动以及互动过程中的影响因素。默顿的社会紧张理论与萨瑟兰的区别交往理论以犯罪学视角分别从社会整体侧面和个体心理侧面回答了以上问题。

### （一）黑恶势力犯罪之社会成因

分析黑恶势力犯罪的社会成因自然要将犯罪看作一种社会现象，以若干生

① 白欢：《组织领导参加恶势力也应划入犯罪圈》，载《检察日报》2018年7月23日，第3版。

活要素为基础推演该社会现象出现的过程，并通过这一过程反映犯罪原因。长久以来，犯罪社会学建构了众多描述犯罪现象形成过程的模型，其中对于黑恶势力犯罪而言，由于其是一种全面反社会的犯罪类型，以默顿为代表的社会紧张理论所建构的犯罪过程模型在重现黑势力犯罪时具有相对的理论优势。

在默顿的社会紧张理论体系中，文化目标与制度手段①是两个重要基石，它们之间的互动表现为："当社会成员拥有合法手段以实现文化目标时，文化目标与合法手段之间便存在着一定平衡状态。但是，如果社会成员意愿达成文化目标却没有合法手段，或者拥有合法手段却对文化目标不感兴趣，或者对文化目标和合法手段都不重视，那么，文化结构与社会结构之间便产生了断裂或脱节现象，即所谓'失范'"②。易言之，良好的社会状态需要目标体系与制度体系的协同运作，一旦体系失衡，社会便容易陷入一种失范的紧张状态，各种违法犯罪活动由此大量滋长。以社会紧张理论的视角观之，黑恶势力犯罪的诱因主要反映在以下三个方面：

1. 城乡二元结构下的社会不公

我国是一个在社会结构与经济结构上的二元社会，长期以来以户籍制度为依托的城乡二元体系造成的社会资源分配不公，是黑恶势力犯罪滋生蔓延的原因之一。城乡二元结构对黑恶势力犯罪的作用以人口是否流动为标准，可以划分为静态和动态两个方面。

其一，所谓城乡二元结构对黑恶势力犯罪的静态作用是指在不考虑城乡人口流动带来的社会资源二次分配的情况下，社会资源在农村与城市初次分配比重对黑恶势力犯罪的影响。以往我国人口的80%居住在农村，随着经济发展，一部分农村人口由于外迁或城市扩张而成为城镇居民。据统计，至2017年年末，我国城乡人口分别为81347万人和57661人，城镇人口规模超过农村。即便如此，城乡人口结构的变化依然不能改变我国农村人口数量依然庞大而社会资源相较城市匮乏的现实，这一点从城乡居民人均可支配收入上可见端倪。2017年我国农村居民人均可支配收入为13432元，城镇居民人均可支配收入为36396元③，后者为前者的2.7倍。造成这种倍数差距的原因在于农村产业限制和基础设施的落后。首先，农村的经济活动主要集中在传统农业和承接产

① 所谓文化目标是指大众社会生活期望达到的精神和物质程度，而制度手段是上述生活程度赖以实现的路径。

② 公丕祥：《西方的犯罪社会学和犯罪社会学的革命》，载《社会学研究》1988年第5期。

③ 以上数据均来源于《中华人民共和国2017年国民经济和社会发展统计公报》。

业转移的工业，这些第一产业和第二产业经济效益低、运营周期长，导致农村居民收入来源受限。其次，农村在医疗卫生、道路交通、社区服务和教育等基础设施建设上较城市有较大差距，进一步削减了农村追赶城市发展的空间。以上社会资源在城乡初次分配的差异诱发的城乡发展机会失衡，让长期居住在农村的居民难以获得与城市相当的生活质量，当发生城乡比照时，部分农村居民的相对剥夺感增强，从而促使他们实施黑恶势力犯罪等越轨行为。

其二，城乡二元结构对黑恶势力犯罪的动态作用是指以城乡人口流动为线索，考察人口流动带来的社会资源再分配对黑恶势力犯罪的影响。科学技术进步及体制改革在解放生产力的同时也在农村形成了大量的剩余劳动力，“大量的农村剩余劳动力涌向城市，但户籍制度和文化差异强化了‘城里人’与‘农村人’的敌视心理，在得不到疏导的情况下便容易通过犯罪的极端方式表现出来。同时，相同的地位、地域文化背景产生的亲和力使他们更容易聚集，在犯罪活动中更容易相互联系和照应，经演化便有可能发展为黑社会性质组织”①。

2. 市场竞争制度之问题

黑恶势力犯罪本身并非典型的逐利性犯罪，其最主要的犯罪客体是社会管理秩序。但是黑恶势力犯罪多数摆脱不了经济因素，这也是刑法将经济特征作为黑社会性质组织认定标准之一的原因。易言之，黑恶势力犯罪与市场经济具有一定的联系，这种联系最明显地反映在市场经济的竞争环节。市场经济的本质是竞争，即通过公平竞争对市场参与者进行优胜劣汰，以达到市场的体系优化。遗憾的是目前我国尚未形成较为完善的市场竞争机制，成为在经济领域黑恶势力犯罪的诱因之一。

不完善的市场竞争机制诱发黑恶势力犯罪同样是一个封闭的逻辑循环。首先，由于市场机制不完善，市场主体之间的竞争往往处于无序状态，一些市场参与者为了获得更多的市场机会，便通过笼络雇佣或者组织成立黑恶势力对同业竞争者的生产经营进行滋扰、破坏。其次，血缘关系一直以来是维系中国社会人际关系的纽带之一，而“亲密的血缘关系限制着若干社会活动，最主要的是冲突和竞争②”。因此，由于血缘观念社会竞争机制更加难以建立，而且以血缘为基础的地域性和亲缘性黑恶势力在不正当市场竞争中更加肆无忌惮。最后，由于黑恶势力在市场竞争中的消极作用，市场竞争进一步失灵。本应被

① 参见赵颖：《当代中国黑社会性质组织犯罪分析》，辽宁人民出版社2009年版，第108页。

② 费孝通：《乡土中国·生育制度·乡土重建》，商务印书馆2011年版，第77页。

淘汰的市场主体依靠黑恶势力顽固生存，市场空间进一步被挤压从而导致更多的市场参与者借助黑恶势力维持生产经营。

市场竞争机制不完善引起不正当竞争进而诱发黑恶势力犯罪并最终进一步破坏市场竞争机制，这样一条逻辑循环常见于民营企业和娱乐行业。民营企业由于在参与市场竞争中相较国有企业在实力上具有固有劣势，且以往非公有制经济所占市场份额较少，因此大量的民营企业只能在较小的市场空间内同其他民营企业竞争，导致一些民营企业为获得更大市场份额不惜通过黑恶势力进行不正当竞争。而娱乐行业由于本身涉及人员复杂，因此少数正规的娱乐场所和多数非正规的娱乐场所为了自身经营会选择黑恶势力作为“保护伞”。

3. 贪腐犯罪与黑恶势力犯罪互利共生

黑恶势力犯罪作为有组织犯罪的典型由于涉及的犯罪主体多样而形成了与其他犯罪天然且紧密的关系，贪腐犯罪与黑恶势力犯罪之间的联系就是其中一种。就某种意义而言，贪腐犯罪成为黑恶势力犯罪的“保护伞”和“催化剂”。关于造成黑恶势力犯罪的政治原因存在政治失控说、政治勾结说①等主张。虽然这些学说提供了不同的思考角度，但是却局限于对政治与黑恶势力犯罪互动关系的片面描述，并未全面分析二者互利共生的犯罪生态模式，如政治失控说仅关注到政治动荡对黑恶势力犯罪的作用，却忽视了黑恶势力犯罪对政治的反作用。因此，在讨论黑恶势力犯罪的政治原因时，必须完整观察贪腐犯罪与黑恶势力犯罪的连接。

在贪腐犯罪与黑恶势力犯罪的逻辑链条中并无孰先孰后的问题，二者互为因果关系。一方面，贪腐犯罪不可避免对正常的国家公务员评价考核体系和选人用人制度造成不良影响，这时在社会环境中便出现了目标体系与制度体系的失衡，少数官员由于难以通过正当途径获得晋升，便将目光投向掌握一定政治资源的黑恶势力，寻求“合作”。另一方面，黑恶势力发展到一定程度必然暴露于国家打击的视野中，为了逃避打击，黑恶势力在对自身进行伪装的同时也可能向政治领域渗透。它们或者动用资源将内部人员送入公权力体系，或者拉拢国家官员将其捆绑在自己的犯罪马车上。可见，贪腐犯罪需要黑恶势力犯罪，黑恶势力犯罪对贪腐犯罪同样存在依赖，在二者你情我愿的交互中贪腐犯罪与黑恶势力犯罪形成了“同心异体”的组合。

① 政治失控说认为有组织犯罪的产生和发展离不开一定的政治气候，有组织犯罪的几率和规模与国家的政治稳定程度成反比；政治勾结说认为国家政权与有组织犯罪的勾结为有组织犯罪的发展壮大提供了政治环境和社会空间。

### （二）黑恶势力犯罪之个体原因

犯罪形成的原因从社会到个体是一个宏观到微观的过程，同时也是犯罪社会学与犯罪心理学的分野。一般来说，犯罪社会学与犯罪心理学的关注焦点是泾渭分明的，前者注重社会整体环境对犯罪的影响，后者则通过分析个体活动得出犯罪原因。但是以萨瑟兰为代表的区别交往理论却在研究个体活动的基础上将文化等社会要素引入进来，实现了犯罪心理学与犯罪社会学的融合。因此，选择差别交往理论分析黑恶势力犯罪的个体原因，能够在默顿社会紧张理论的基础上进一步说明处于同一社会环境中的人对黑恶势力犯罪产生不同态度的原因。

“萨瑟兰的区别交往理论的核心是强调犯罪是习得的，这种犯罪习得发生在具有亲密关系的个体或群体之间，并受到接触的时间、频率和强度等变量的影响。”① 具体到黑恶势力犯罪，不良文化及不同社会成员之间的区别交往成为黑恶势力犯罪的主要个体原因。

1. 不良文化环境对个体之影响

影响黑恶势力犯罪的个体心理基础通过接触与学习不良文化形成。这里的不良文化既有传统文化中的落后部分，也有外来文化中不适应中国社会现实的部分。当社会成员长时间、高强度地受这些不良文化潜移默化地影响后，其主流价值观被扭曲，抑制违法犯罪行为的心理防线荡然无存。

黑恶势力犯罪心理基础在传统文化中的落后部分，主要围绕封建帮会思想中的“江湖义气”展开。黑恶势力犯罪作为有组织犯罪，无论是拥有高度组织化的黑社会性质组织犯罪还是组织化程度较低的恶势力犯罪，连接成员之间心理纽带多是所谓的“义”。讲义气一直以来都是中华传统美德，只是在权力不以民主为基础的中国古代社会中，法律的疏漏允许个人私权的弥补，行侠仗义、劫富济贫的行为因此在当时颇受称道。但是随着社会民主与法治的健全，私权、私刑不再被赋予积极意义，“义”作为传统文化保留了诚信的时代内核，祛除了刀光剑影的草莽色彩。但是一些社会成员对于传统文化的学习落后于时代，良莠兼收，且以不良文化为个人信条。此外，具有相似价值观念的人员往往纠集一起互相验证、强化其扭曲心理。

黑恶势力犯罪之形成也受到外来文化中“金钱至上”的拜金主义的影响。改革开放与市场经济更新了中国社会的金钱观念，经济在社会生活中的比重逐

---

① 参见王冠：《西方犯罪学理论百年嬗变脉络梳理》，载《中州学刊》2006 年第 1 期。

渐增大。一些社会成员在社会经济急速发展的浪潮中社会主流价值丢失，拜金主义狂热，以为金钱是社会生活的全部内容，并为了追求金钱不择手段，拉帮结伙形成黑恶势力。

江湖义气、拜金主义等成为黑恶势力犯罪形成的心理基础，主要作用在于通过群体责任分担，形成相对主流文化的亚文化认同来消弭犯罪行为的心理负担。“与其他违法犯罪的人相比，认同亚文化犯罪群体的成员，其违法犯罪活动和反社会倾向，由无意识到有意识、由不自觉到自觉、由无理论到有理论”①，这样一个潜移默化的渐进过程是黑恶势力犯罪产生并加强其组织性的过程。

2. 区别交往促成黑恶势力犯罪之蔓延

黑社会性质组织和恶势力团伙的人员活动大多有固定的地域范围，在一定的空间范围内形成相应的影响力，一旦黑恶势力组织的活动超出原有地域，其影响力也会随之扩张并在该地形成新的黑恶势力。

恶势力团伙作为黑社会性质组织的雏形，除某些地域性、亲缘性的恶势力团伙外，其团伙人员的流动性较大，组织结构较为松散，团伙以流窜式的抢劫、抢夺、盗窃等活动作为主要行为方式。这类恶势力团伙具有波及地域广、涉案人员多的特点，他们在进行流窜作案时较易吸收当地社会闲散人员或者与当地的一些黑恶势力形成勾结。可见，流窜式的恶势力团伙通过跨地域的人员往来与互动，传播了不同的犯罪价值观和犯罪手段，撒下了新的罪恶之种。

对于黑社会性质组织犯罪的产生同样有一个不可忽视的问题，即域外黑社会组织对我国社会的渗透。随着改革开放逐渐深入，中国与各个国家人员交流的频次与数量也跃升了几个量级。在此背景下，境外黑社会组织借此时机通过各种方式渗透到中国发展黑社会势力。域外黑社会组织在中国发展其势力主要通过散播其组织的病态思想和传播相关犯罪手段两种方式。“域外黑社会组织的渗透一方面严重危害社会治安，刺激和诱发境内黑社会性质组织的形成与发展，促使境内黑社会组织势力合流；另一方面使境内的黑社会性质组织的组织结构更加严密，犯罪手段更加狡猾，承受打击的能力更强，并使它们的犯罪危害性加大。”②

---

① 何秉松：《有组织犯罪研究：中国大陆黑社会（性质）犯罪研究》，中国法制出版社 2002 年版，第 119 页。

② 赵颖：《当代中国黑社会性质组织犯罪分析》，辽宁人民出版社 2009 年版，第 113 页。

## 三、黑恶势力犯罪治理之检讨

从2000年底全国公安机关开展第一次“打黑除恶”专项行动到2018年1月中共中央、国务院印发《关于开展扫黑除恶专项斗争的通知》，我国与黑恶势力的专项斗争进行了将近18年之久，在此期间我国针对黑恶势力的政策方针历经多次调整，逐渐形成了以刑事制裁为主，以治安处罚为辅，着力打击较为明显的黑恶势力犯罪的周期性治理模式。依靠这种模式，我国在打击黑恶势力犯罪的斗争取得了优秀的成绩。但是随着社会法治进程的推进和黑恶势力犯罪方式的转型升级，原本的黑恶势力犯罪治理模式表现出一定的缺陷。

### （一）强调短期治理效果

针对黑恶势力的周期性治理模式以若干周期性的专项斗争为节点，分别针对某一时期黑恶势力犯罪进行专门化的重点打击，具有重、快、灵的特点。所谓“重”是指针对黑恶势力违法犯罪行为在坚决贯彻依法严惩方针下，选择最为严厉的刑事制裁为主要手段。比如针对黑社会性质组织犯罪分子，法院要依法加大资格刑、财产刑的适用力度，严格把握相关人员的减刑、假释条件。所谓“快”是指依法加快黑恶势力犯罪案件在公、检、法之间的传递速度，针对黑恶势力犯罪案件，公安机关优先立案、快速侦破，检察机关优先审查起诉，法院优先审理判决。所谓“灵”是指周期性治理模式能够在精确分析相应时期黑恶势力犯罪较为猖獗的地域、领域，采取针对性较强的打击策略，实现良好的打击效果。

周期性治理模式的以上特点反映其在打击黑恶势力犯罪的优势时，从另一侧面表现出该模式单纯强调短期治理效果，欠缺机制长效性的缺陷。第一，既然周期性治理模式通过部署专项行动进行短期打击，其必然存在针对黑恶势力治理的空当期。虽然所谓的治理空当期并不意味着对黑恶势力犯罪治理的绝对真空，但仅通过地方性、行业性的小规模打击一方面由于黑恶势力组织具有流动性，而难以真正形成对黑恶势力的震慑，另一方面考虑到不同地方和行业的打击政策的尺度与标准存在差异，容易形成碎片化治理，进而损害法律与政策的统一性。

其二，缺乏长效性的短期治理相对于生命力顽强且社会适应能力较高的黑恶势力犯罪而言，实为以静态手段应对动态犯罪，造成该模式对新型态的黑恶势力打击捉襟见肘。在周期性治理模式中，当一定时期的专项行动结束之后，一部分受到打击黑恶势力极易死灰复燃，另一部分侥幸逃脱打击的黑恶势力趁机迅速发展。此外，由于对黑恶势力犯罪中非首要分子的量刑一般不会太重，当这些一般人员刑满释放后且难以顺利进行再社会化时，极易重操旧业，而周期性的治理模式往往也给了他们重新堕落的机会。

（二）治理范围存在局限

周期性治理模式长期贯彻“打早打小”、“露头就打”的政策方针，导致该模式在进行黑恶势力犯罪治理时存在范围的局限性，这种局限性具体表现在以下三个方面：

1. 治理限于已然之罪

虽然周期性治理模式强调对黑恶势力“打早打小”，注意到黑恶势力犯罪组织化程度较高，容易与各类社会治安问题交织，严重影响经济、社会发展，形成较为恶劣的社会后果的特点，并由此着眼于黑恶势力犯罪的提前打击，扼杀黑恶势力发展的可能性。尽管提出对黑恶势力提早治理，但这里“早”与“小”的时间界线最多只能提前到黑恶势力已经形成之时，也就意味着这里的治理只限于黑恶势力的已然之罪。这一点也可以通过“露头就打”的方针体现出来。

正因如此，周期性治理模式由于对象范围限定为已然的黑恶势力犯罪，该治理模式中实质仅有“控制”功能在发挥作用，而对犯罪的恶“预防”功能则无从体现和施展。从某种程度而言，针对黑恶势力的周期性治理模式由于对象限于已然之罪，而徒有治理之名。

2. 对恶势力犯罪缺乏精准定位

长期以来在对黑恶势力的治理中，黑势力犯罪一直是打击的主要对象，而恶势力犯罪由于缺乏准确法律定位且涉及的犯罪类型在刑法中分布较为分散的原因，并未获得与黑势力犯罪同样的关注度。但恶势力犯罪拥有与黑势力犯罪近乎相同的社会危害性，并且随着农村和城市社区建设进程的加快，相关的政策红利也诱使恶势力为攫取利益向基层政权渗透，严重危害社会安宁。对于恶势力此类直接威胁人民生活的违法犯罪活动，应当给予相应程度的重视。

3. 对关联犯罪缺乏全局治理意识

黑恶势力犯罪本身作为主体众多、行为多样的犯罪类型，与其他犯罪往往存在紧密的联系，如毒品犯罪、贪腐犯罪、洗钱犯罪等。黑恶势力犯罪与关联犯罪构成的犯罪链条既在一定程度上成为该链条中每种犯罪的动因，又通过这种犯罪的链式反应产生更大的社会危害性。比如黑恶势力犯罪与贪腐犯罪的结合，贪腐犯罪帮助黑恶势力犯罪寻找“保护伞”，黑恶势力犯罪为贪腐犯罪提供保障，二者互相配合，严重破化政治生态和社会生产生活秩序。因此，在进行针对黑恶势力犯罪的治理中，将其他关联犯罪一并纳入治理范畴是实现治理效果的重要途径，而周期性治理模式在这方面显然存在不足。

（三）治理模式法治化程度不高

过去针对黑恶势力犯罪的专项打击多表现为刑事政策的安排。但是由于政策的灵活性和原则性，容易使执法人员和司法人员在理解政策时过于片面和主观，进而可能导致专项行动过程中出现违背法治精神，破坏法治秩序的现象。此外，治理模式对法治可能形成的冲击也可以成为黑恶势力犯罪的诱因。

## 四、完善黑恶势力犯罪治理之设想

犯罪治理是一个动态持续的过程，完整的治理模式应当包括“预防”与“控制”两个方面，二者是犯罪治理的鸟之双翼、车之两轮。“事实上，如果只采取控制犯罪政策，全不考虑预防措施的优点，或如果一味强调震慑手段，将之作为唯一的预防形式，那么刑事司法制度将变得不胜负担，从而降低效率。①”周期性治理模式之所以在治理的长效性、全面性和法治性方面存在一定的缺陷，原因一方面在于没有彻底形成“打”、“防”结合的完整治理模式，另一方面在于相关策略方式没有结合黑恶势力犯罪产生的原因，故在进行黑恶势力犯罪整治时难以做到标本兼治。因此，改进和完善现有的周期性治理模式就必须针对黑恶势力犯罪产生的原因进行全面的犯罪预防与打击，具体而言可以从以下四个方面着手：

（一）推进城乡一体建设

推进城乡一体建设意在尽力消除二元社会结构，进一步实现社会公平公正，挤压黑恶势力的现实生存空间。

首先，实现城乡共同发展，弥合城乡差异，需要国家加大对农村的财政支持力度。虽然国家针对“三农”的财政投入逐年增多，但从现实情况来看并不能较好弥补城乡差距。造成这种现象的原因在于，一方面国家给农村财政支持的同时，城市也获得了同样甚至更多的财政投入，城乡差距受此影响不大；另一方面，国家财政针对农村的重点在于保障居民的基本生活，对于改进生产方式，激发农村产业活力倾斜不够。因此，国家财政在推动城乡共同发展的过程中既要进一步加大向农村的倾斜，又要转变侧重方向，在保障居民生活水平的基础上，大力扶持农村产业发展，鼓励农村居民进行生产方式创新。

其次，推进城乡一体建设要逐步提高农村的法治化水平。在广大农村人际关系较为稳定，传统的亲缘观念较重，导致部分农村居民在处理问题时存在先

---

① 何秉松：《有组织犯罪研究：中国大陆黑社会（性质）犯罪研究》，中国法制出版社 2002 年版，第 467 页。

讲关系，后讲法律行为定式。对此，一方面要在农村加强普法宣传教育，提升居民的法律意识；另一方面可以尝试建立城乡公、检、法的工作人员交流、交换机制，通过人员的流动提高基层司法行政机关的工作水平。

最后，城乡一体化建设是一项长期工程，需要着眼未来进行体系化布局。其一，乡村建设需要以教育引领未来。面对农村教育水平较低的现状，应当引进优秀教育资源，大力进行教育教学设施建设，培养既有农村生活根基又有丰富学识的乡村建设人才。其二，乡村建设要以养老保障未来。农村青壮年劳动力外流的趋势在短期内不会改变，大量老人留守造成农村人口的老龄化程度比城市更为严重。因此，建设完善的养老保障设施和制度是乡村建设的重要环节。

### （二）完善市场运行机制

由于黑恶势力犯罪公司化运作的趋势日益突出，其通过非法方式参与市场经济活动来获取收入的几率也逐渐增大。因此，治理黑恶势力犯罪从市场运行的角度而言可以从两个方面进行：其一，建立健全公开、透明的市场竞争机制。市场竞争的力量是强大的，只要保证竞争过程的公开、透明，披上公司外衣的黑恶势力在参与市场竞争过程中，将面临或者被淘汰或者露出违法犯罪马脚的命运。通过健全的市场竞争机制，一方面可以将部分公司化的黑恶势力通过市场自净而剔除，另一方面能够逼迫这类黑恶势力主动暴露犯罪线索。其二，完善市场监管机制。在市场监管中要强调税收监管的作用，原因在于公司化的黑恶势力为了伪装其收入来源，可能借助虚假公司账目进行相关洗钱活动，但是通过细致、严密的企业税收监管可以对这些活动进行侦测。

### （三）治理模式之法治化

法治是全部社会治理活动的基石，即便是针对黑恶势力犯罪的治理也不能逾越法治的红线。在全面依法治国背景下，“扫黑除恶”问题必须始终坚持在法治轨道上进行，这意味着罪刑法定原则必须始终贯穿于“扫黑除恶”的整个过程。同时，一个治理模式的法治化程度越高，则该模式就越能实现治理的效果。因此，在进行黑恶势力治理中应当严格遵守法治要求，不断提高治理模式的法治程度。

首先，提高治理模式法治程度要注重程序法治。“从快从严”是打击黑恶势力犯罪的指导方针之一，其中“从快”打击的要求体现了程序法治中对时效的重视，但是在具体理解和执行过程中，却容易出现单纯追求案件处理速度而忽视程序规则的问题。对此，公、检、法等办案机关应当在深刻理解政策法治精神的基础上，在侦查、起诉、审判等环节严格依照程序进行相关活动。具体而言，在侦查阶段公安机关对涉嫌黑恶势力犯罪的相关人员进行讯问时，要严格遵守《刑事诉讼法》对时间、地点的规定，且在收集证据时不得非法取证、刑讯逼供甚至伪造证据。由于部分黑社会性质组织犯罪的手段隐蔽性较高，犯罪人员反侦查能力强需要进行特殊技术侦查时，公安机关应当严格按照程序报请批准。在审查起诉阶段，检察人员要充分了解案件事实，讯问嫌疑人，听取辩护人等相关人员意见，独立形成判断，排除外界干扰，依法作出起诉或不起诉的决定。

其次，提高治理模式法治程度要注重实体法治。其一，对于黑恶势力的行为要首先判断罪与非罪、此罪与彼罪。“扫黑除恶”所指向的并不仅仅是黑社会性质组织犯罪，还包括大量的恶势力违法犯罪行为，其中有一些使用暴力或软暴力的行为，由于情节显著轻微、危害不大而并不属于犯罪。对于此类行为要严格按照非罪化处理，对于符合治安管理处罚条件的给予行政处罚即可，一味强调刑事制裁并不一定能够产生好的治理效果。同时，黑恶势力犯罪可能涉及众多罪名，要在准确把握具体人员在犯罪活动中行为的基础上，判断其成立的犯罪，明确罪数，做到罚当其罪。其二，治理黑恶势力犯罪要贯彻宽严相济的刑事政策精神。“宽严相济”作为一直以来我国刑事政策的精神内核，指导对犯罪的打击在法治范围内实现张弛有度、收放自如。在黑恶势力犯罪治理中，依法严惩虽是主要基调，但并不排除政策宽宥的一面，如《关于开展扫黑除恶专项斗争的通知》中规定：“自本通告发布之日起至2018年3月31日前，主动投案自首的，依法从轻、减轻或者免除处罚。”该规定虽然是对《刑法》第67条关于自首规定的重申，但是其作用不仅在于鼓励相关黑恶势力人员主动投案，节约司法资源，更重要的是彰显刑事政策宽严相济的弹性，同时也提醒办案人员在处理案件时注意依法严惩与依法宽赦的结合。

### （四）治理贪腐犯罪

贪腐犯罪是黑恶势力犯罪猖獗的一大诱因，形成和维持良好的政治生态对于建设一支强硬的扫黑除恶队伍以及消除黑恶势力在政治上的生存空间具有重大意义。

首先，治理贪腐犯罪需要从现有的腐败现象入手，形成对现行贪腐犯罪的全面高压态势，既关注典型的腐败行为，同时也不能忽视“微腐败”现象，做到“打虎”与“拍蝇”相结合。对于黑恶势力“保护伞”的打击可以通过对已查出的黑恶势力犯罪为线索，深入挖掘，一查到底，对黑恶势力背后的政治力量予以坚决肃清。近来，部分基层政权组织软弱涣散、基础工作薄弱的缺陷被黑恶势力抓住，出现了黑恶势力向基层政权渗透，侵蚀国家权力体系的现象。因此，在广大基层营造良好的政治环境还要加强基层政权的建设，提高基层政权工作人员的政治意识、法律意识，强化上级政府对基层政权工作的指导、监督。

其次，治理贪腐犯罪要进一步完善公权力机关的选人用人制度。完善针对公职人员的评价考核体系，一方面能够一定程度消除权力体系内部对黑恶势力的需求；另一方面，通过定期考核可以及时发现相关公职人员存在的问题，防止出现部分公职人员依靠黑恶势力“带病提拔”以及在受到处理之后不降反升的恶劣现象出现。

最后，治理贪腐犯罪需要形成长效化的监督机制。权力天然扩张的属性既导致依靠权力的自我约束具有较高难度，又使权力极易被私欲所裹挟而进行权力寻租。因此，打击“黑金政治”，确保权力在轨运行，需要建立针对权力的长效制约监督机制。对权力进行监督，一方面需要充分发挥权力体系内部各种不同权力的相互制约，在中国就是要做到以监察权为主导，行政权、司法权、检察权之间互相配合、互相监督；另一方面要依靠群众、社会媒体等外部力量，广泛听取社情民意，开拓线索渠道，通过外部声音发现内部问题。

# 当前黑恶势力犯罪特点和打击对策研究

陈灿辉　陈一峰*

习近平总书记在党的十九大报告中指出："我国社会主要矛盾已经转化为人民日益增长的美好生活需要和不平衡不充分的发展之间的矛盾"，"人民美好生活需要日益广泛，不仅对物质文化生活提出了更高要求，而且在民主、法治、公平、正义、安全、环境等方面的要求日益增长。"黑恶势力犯罪不仅破坏社会秩序，更严重威胁人民群众的生命财产安全。当前开展的扫黑除恶专项斗争，正是对人民群众美好生活需要的一个正面回应。检察机关具有执法办案、法律监督的职能，在这次专项斗争中具有重大作用，应研究和总结黑恶势力犯罪的特点，有的放矢的制定相应的打击对策，才能做到既严厉打击黑恶势力犯罪，保障人民群众的安全感，幸福感，又不枉不纵，杜绝冤假错案，让人民群众在每一个司法案件中感受到公平正义。

## 一、黑恶势力犯罪的定义

黑恶势力犯罪，顾名思义是黑社会性质组织犯罪和恶势力犯罪的合称。将黑社会性质组织犯罪与恶势力犯罪作为一个集合概念，既是应对现实打击工作的需要，也反映出黑社会性质组织犯罪与恶势力犯罪具有一定的联系：恶势力是黑社会性质组织的预备阶段和社会组织基础；黑社会性质组织是恶势力发展的高级形态，是恶势力做大的必然结果，其在危害程度、存活周期、组织严密程度均高于恶势力。黑恶势力的主要特征有：（1）有一定的势力范围，有的在光天化日之下进行犯罪活动；（2）犯罪职业化，较长期从事一种或几种犯罪；（3）人数一般较多且相对稳定；（4）反社会强、作恶多端、残害群众；（5）有一定的经济实力，暴力垄断经营；（6）千方百计拉拢腐蚀党政干部，

* 陈灿辉，福建省南安市人民检察院公诉部主任；陈一峰，福建省南安市人民检察院行政见习。

寻求保护。[1]

黑社会性质组织，即以非法控制社会为主要目的，凭借有组织的暴力手段和其他违法犯罪手段控制一定的地域和行业，从而获取一定的经济实力，并且有高度严密组织性的暴力犯罪集团。[2] 我国《刑法》第294条对涉及黑社会性质组织犯罪规定了三个罪名：组织、领导、参加黑社会性质组织罪，入境发展黑社会组织罪，包庇、纵容黑社会性质组织罪。该条法律同时从组织结构，经济目的、暴力表现和势力范围四个方面规定了黑社会性质组织罪具备的特征：一是形成较稳定的犯罪组织，人数较多，有明确的组织者、领导者。骨干成员基本固定。二是有组织地通过违法犯罪活动或者其他手段获取经济利益，具有一定的经济基础，以支持该组织的活动；三是以暴力、威胁或者其他手段，有组织地多次进行违法犯罪活动，为非作恶，欺压、残害群众；四是通过实施违法犯罪活动，或者利用国家工作人员的包庇或者纵容，称霸一方，在一定区域或者行业内，形成非法控制或者重大影响，严重破坏经济、社会生活秩序。

恶势力是指经常纠集在一起，以暴力、威胁或者其他手段，在一定区域或者行业内多次实施违法犯罪活动，为非作歹，扰乱经济、社会生活秩序，造成较为恶劣的社会影响，尚未形成黑社会性质组织的犯罪团伙。[3] 恶势力人数一般在3人以上，且组织者和骨干成员相对稳定。恶势力是黑社会性质组织的雏形，最终可能发展成黑社会性质组织。本着“打早打小”的原则，及时严惩恶势力犯罪，有利于“釜底抽薪”遏制黑社会性质组织的生长土壤，防止违法犯罪活动变本加厉，给社会造成更大危害。恶势力并非一个严谨的法律概念，我国《刑法》也并未对恶势力犯罪作专门规定，从恶势力的违法犯罪活动表现来看，常涉及寻衅滋事、故意伤害、聚众斗殴、敲诈勒索、开设赌场、强迫交易、非法拘禁、故意毁坏财物及“黄赌毒”、“盗抢骗”等犯罪。恶势力根据其组织的严密程度、稳定程度，可以区分为恶势力团伙和恶势力集团两大类，其中，恶势力集团可以看作恶势力团伙向黑社会性质组织的过渡形态，相对于恶势力团伙，恶势力集团已经出现明显的组织者、领导者，主要成员也比较稳定，其实施的违法犯罪活动策划更为周详，分工更为细化，造成的社会

---

① 康树华：《论黑恶势力犯罪概念、现状与治理对策》，载《曲折磨难追求——首届中国法学名家论坛学术文集（上)，第366页。

② 徐跃飞：《黑社会性质组织犯罪研究》，中国人民公安大学出版社2007年版，第43页。

③ 吉安研：《遏制恶势力向黑社会性质组织演变的对策研究》，载《公安研究》2008年第11期。

影响也更为恶劣。

## 二、当前黑恶势力犯罪的特点和趋势

### （一）黑恶势力组织成员复杂化

一是从犯罪主体的年龄结构来看，黑恶势力组织成员总体较为年轻化，多为80后、90后。如笔者所在的N市检察院2018年起诉的侯某某恶势力犯罪集团一案，该案已起诉的9人中，年龄在40岁以下共8人，其中4人年龄在30岁以下。二是黑恶势力组织成员多有违法犯罪前科，如侯某某恶势力犯罪集团一案，有4名成员曾因故意伤害、寻衅滋事、危险驾驶、强奸等犯罪被判处刑罚。三是黑恶势力组织成员文化程度普遍较低，如侯某某恶势力犯罪集团一案9名犯罪嫌疑人文化程度均在初中以下。

### （二）黑恶势力犯罪行为多样化

黑恶势力犯罪除涉及故意伤害、寻衅滋事等暴力犯罪外，还有意识地利用其势力谋取经济利益，从事开设赌场、敲诈勒索、暴力讨债等违法犯罪活动。如笔者所在的N市检察院办理的周某某参加黑社会性质组织罪、开设赌场罪，寻衅滋事罪一案，该组织主要通过开设赌场、敲诈勒索、寻衅滋事、利用组织的淫威替他人逼讨债务等手段进行敛财，在一年多的时间内敛聚了数百万元人民币的不义之财，并以此维持组织的生存发展，并凭借其经济后盾日渐壮大，为害一方。

### （三）黑恶势力反侦查意识增强

随着打击工作的深入，黑恶势力的反侦查意识也不断增强，不断变换手法掩饰其有组织的犯罪本质。一些黑恶势力头目趋于“幕后化”，较少直接出面从事具体的违法犯罪活动；一些黑恶势力有从传统暴力向“软暴力”演化的趋势，除了传统的打打杀杀，还有意识的使用言语恐吓、电话滋扰、出场摆势等手段，如只有单起事实，难以认定构成犯罪，造成查处、打击的困境。如笔者所在的N市检察院办理的周某某参加黑社会性质组织罪、开设赌场罪，寻衅滋事罪一案，该组织有意识的通过威胁“要在他家吃住，让他家不得安宁，让他没脸面，要打他及家人，砸他家的门窗，逼他和他们去赌场赌”等方式实施事实逼债的不法行为。

### （四）团伙内部具有一定的组织管理形式

黑恶势力为达到牢牢控制该组织的目的，常采取了多种方法进行管理：一是采取以暴力相威胁、谩骂等惩戒手段控制组织成员，树立个人威信，对不听话的成员予以孤立、疏远；二是通过金钱利诱、共享利益的方法拉拢组织成员，在实施违法犯罪行为后，一般会组织集团成员出去吃喝玩乐；三是对组织成员严格管理，订立纪律，要求集团成员遵守。如笔者所在的N市检察院办理的杨某某组织、领导黑社会性质组织案，该组织虽然没有制定明确的规章制度，但有诸如“团结一点，同伴有事要互相帮忙”、“做事情及时到场，如果有事叫要马上赶到”、“要听从安排”等规矩约束。

### （五）黑恶势力呈现出一定的地域性和行业性

黑恶势力的生存与发展，往往与一个地区的经济繁荣程度、社会开放程度、当地文化传统等息息相关，呈现出一定的地域性。如笔者所在的N市检察院办理的侯某某恶势力犯罪集团一案，该恶势力犯罪集团主要活动在侯某某所在乡镇及周边几个乡镇，且该涉恶犯罪集团的9名犯罪嫌疑人均为当地人。黑恶势力寄生、侵扰的对象主要是娱乐场所、餐饮服务、集贸市场等经营性盈利场所。这些场所在管理上的漏洞和现行市场经济条件下的某些经营环节不规范，给黑恶势力团伙的寄生及犯罪活动提供方便，[①] 如侯某某恶势力犯罪集团一案中，有多起违法犯罪事实发生在酒店、KTV等场所。

## 三、现阶段黑恶势力犯罪打击对策

### （一）完善立法，有效打击黑恶势力

我国《刑法》对于黑恶势力犯罪的规定仍有一些不完善之处。如《刑法》中对恶势力犯罪缺乏专门规定，对恶势力犯罪的打击不够到位，如恶势力实施聚众摆势、言语恐吓非法讨债等软暴力行为，实践中往往只能追究较轻的刑事责任，甚至以治安案件加以处罚，一些恶势力犯罪常以个案进行处理，未对整个犯罪集团定罪量刑。又如《刑事诉讼法》中对证人人身、财产保障的相关规定不够完善，导致证人不愿、不敢作证。“罪刑法定原则是法治在刑法领域的表现”[②]，笔者认为应考虑制定整治黑恶势力犯罪的专门法律，或者在现有法律中作专门规定，一是明确认定标准，尽可能做到具体化、标准化，避免部门之间出现理解不一的情况。二是强化对黑恶势力犯罪的财产刑，以摧毁其经济基础。三是进一步建立完善证人保护制度，保护证人的人身、财产安全。

### （二）严格证据审查，强化诉讼监督

黑恶势力犯罪具有涉案人员多、犯罪环节多、法律适用难的特点，因此，

① 柴艳茹：《黑社会性质犯罪侦查防范与控制》，载《政法学刊》2008年第4期。

② 张明楷：《刑法的基本立场》，中国法制出版社2002年版，第52页。

涉恶势力犯罪案件往往较为疑难、复杂、敏感，笔者认为，检察机关办理黑恶势力犯罪，应更严格审查证据，确保案件质量。一要坚持对证据的全面审查原则，依照证据标准认真审查、仔细甄别每一个在案证据，严把案件证据进口关、出口关，通过退回补充侦查机制和自行补充侦查机制，依法排除非法证据，补强瑕疵证据，完善案件证据体系，确保适格证据进入诉讼环节，强化庭审指控效果。二要实事求是，把握好法律政策界限，既不降格处理，也不人为拔高，不为追求打击成效而牵强成案，确保把每一起案件都办成经得住历史和实践检验的铁案。三要建立疑难案件会商机制。对于疑难、复杂的涉黑恶案件，组织业务经验丰富的员额检察官就案件定性、证据认定等问题进行深入研究，确保办案质量。四要加强对“在逃”、“另案处理”或只有“绰号”等身份不清、去向不明的涉黑恶犯罪嫌疑人的审查，建立个人信息档案，从强制措施、犯罪主体、犯罪事实等方面入手，审查是否有遗漏，及时追捕、追诉。五要充分发挥派驻公安派出所检察工作室的作用，提前介入引导侦查，构建公诉引导侦查机制，提升办案质效。如笔者所在的 N 市检察院，2018 年来提前介入涉黑恶案件 2 件，帮助公安机关厘清案件难点，对证据的收集、辨别、排除、补充、固定以及对证据的适用转换提出了合理化建议。

### （三）建立长效工作机制

笔者认为，对黑恶势力犯罪的打击不能“一阵风”，应建立长效工作机制，持续打击，才能取得实效。一要强化内外协作，如内设机构之间可以探索建立信息集中收集共享、案件线索处理结果多向反馈、办案协作等制度；与公安机关、法院，可以探索建立联席会议制度，定期对扫黑除恶斗争中遇到的疑难问题进行探讨，达成共识，形成合力；与纪检监察机关可以探索建立问题线索快速移送、反馈机制。二要夯实办案力量。可以指定办案经验丰富的员额检察官组成扫黑除恶办案组，专门负责该类案件的审查逮捕和审查起诉工作，同时完善培训机制，进一步提升办案能力。三要完善线索摸排，深挖专项斗争死角。要针对已经办理的涉黑涉恶案件开展回头看，排查已经办理的涉黑涉恶案件中是否存在在逃人员、尚未认定的违法事实等问题线索，并将相关情况分类登记，统一核查。四要进一步强化对“保护伞”的排查和打击力度，严防黑恶势力向政治领域渗透，与腐败分子同流合污，尤其在乡镇换届选举等重要时期，应对村两委候选人是否犯罪，是否涉及黑恶势力犯罪进行逐人审查，严防“村霸”、涉黑涉恶人员进入村“两委”班子。

### （四）强化法治宣传，营造社会声势

扫黑除恶专项斗争开展以来，社会各界都高度重视，开展了形式多样的宣

传活动，取得一定的成效，但其中也存在一些问题值得关注。如宣传形式上比较单一，宣传的内容也不够丰富、生动，群众对扫黑除恶专项斗争的知晓度、理解度不高，对黑恶案件的定性一知半解、似懂非懂。实践中一些群众把一般的邻里纠纷当成涉恶案件进行举报；有的信访老户把原来的信访事项“改头换脸”，生硬“戴上”黑恶的帽子进行举报；有的个人举报没有任何事实依据；有的群众法治观念淡漠，面对侵害时习惯于息事宁人，不愿、不敢作证，担心举报、作证后犯罪分子得不到应有的惩罚，出来后遭打击报复。个别青少年受到不良文化的影响，存在以“混江湖”为荣的错误思想。笔者认为，检察机关可以结合检察职能，进一步丰富宣传的载体和形式，如积极通过微信公众号、官方微博等新兴媒体，以漫画、动画等通俗易懂的艺术形式，宣传，解释扫黑除恶斗争涉及的法律问题。使更多的群众知道、了解并参与到扫黑除恶专项斗争中来，并通过加大打击力度，办理一些典型案例，加强群众对专项斗争的信心，消除顾虑，积极提供涉黑涉恶线索，形成人人知晓、全民参与的浓厚氛围。同时，社区、媒体、教育机构等应进一步加大力度强化主流文化的宣传，大力弘扬健康向上的文化，增强公众尤其是青少年抵制淫秽、暴力等不良文化的自觉性和能力。

# 黑恶势力界定的必要性及基本特征的认定

孙燕山　王义鹏*

## 一、问题的提出

2018年年初，中共中央、国务院下发《关于开展扫黑除恶专项斗争的通知》（以下简称《通知》），依据《通知》要求，全国将开展为期三年的扫黑除恶专项斗争，掀起了由"打黑除恶"到"扫黑除恶"的历史新篇章，国家将动员社会各界力量，采取更加彻底、全面、系统的方式向黑恶势力"亮剑"。《通知》强调，政法各机关要明确政策法律界限，统一执法思想，加强协调配合，既坚持严厉打击各类黑恶势力违法犯罪，又坚持严格依法办案，确保办案质量和办案效率的统一，确保政治效果、法律效果和社会效果。从《通知》属性而言，《通知》属于国家政策性文件，具有全面、明确、系统的统领和指导作用，对当前和今后一段时间内国家展开"黑恶势力"斗争具有重要的引领作用，但本身不具有法律的规范性，不能直接用于司法判决。所以，为贯彻《通知》部署，准确打击"黑恶势力"违法犯罪行为，必须从法律角度分析并界定"黑势力"与"恶势力"。

## 二、界定"黑恶势力"的必要性

### （一）贯彻宪法"国家尊重和保障人权"的精神

2004年宪法修正案，将"国家尊重和保障人权"写入宪法，各部门法必须严格落实。当前，我国《刑法》第294条对"黑势力"涉及的犯罪作出明确的规定，但尚未对"恶势力"作出明确的界定。当"扫黑除恶"的"利剑"斩来时，在刑法未对"恶势力"明确的情况下，以"恶势力"之名定罪量刑，既于法无据，又可能降低入罪门槛，致使刑法打击面的扩大，甚至导致

---

* 孙燕山，河北师范大学法政与公共管理学院法律系主任，教授、硕士生导师；王义鹏，河北师范大学法政与公共管理学院16级刑法学硕士研究生。

“口袋罪”泛化，不符合刑法的谦抑性，本质上与宪法“国家尊重与保障人权”的理念相冲突。

（二）刑法任务与刑法目的实现

我国《刑法》第2条规定了刑法的基本任务，同时，我国刑法的目的即“为了惩罚犯罪，保护人民”。从第一次“打黑除恶”到迄今为止的“扫黑除恶”，从国家政策层面上确定了“黑恶势力”这一称谓，并提出“有黑打黑、无黑除恶、无恶治乱”的治理理念。但审慎思之，我国刑法层面只对“黑社会性质组织犯罪”作出了立法规制，并未对“恶势力”作出规定，这并不利于在司法实践中打击“黑恶势力”犯罪，反而在未明确前提下容易造成实践中定性歧义。究竟何为“恶势力”事关刑法任务与刑法目的能否有效实现，如果“恶势力”无法在刑法上明确界定，怎么才能实现有效打击犯罪？怎么样保护公民私人财产，保护公民的人身权利、民主权利和其他权利？政治上的“扫黑除恶”必须做到于法有据，才能在法律上实现对“黑恶势力”犯罪行为的有效惩处，实现对刑法保护法益的有效维护。所以，从实现刑法任务与目的角度而言，必须对“恶势力”在刑法上的界定，才能使刑法任务与目的做到准确落实而不空位。

（三）贯彻“宽严相济”刑事政策的要求

根据《通知》规定，“要严格贯彻宽严相济的刑事政策，对黑社会性质组织犯罪组织者、领导者、骨干成员及其‘保护伞’要依法从严惩处，对犯罪情节较轻的其他参加人员要依法从轻、减轻处罚”。当前，全国上下已经展开“扫黑除恶”斗争行动，在行动上采取从严从快、打早打小，一定程度上给“黑恶势力”造成了强大的震慑，但从严从快、打早打小的惩处模式，并不能脱离刑事政策，跨越刑法的藩篱。一方面，“恶势力”通常视为黑社会性质组织犯罪的雏形，如果不加打击，随着时间的推移，极有可能发展成为“黑社会性质组织”并实施犯罪。就二者而言，“黑势力”的社会危害性要显著大于“恶势力”，在刑法规定“黑势力”相关犯罪下，为防止罪刑的失衡，必须对“恶势力”进行准确定性。另一方面，贯彻“宽严相济”要求，在打击黑恶势力的司法实践中，必须坚持以事实为依据、以法律为准绳，准确界定“黑势力”与“恶势力”，严格按照证据采纳规则对案件事实、性质、情节、主观恶性、社会危害性、认罪态度等作出认定，切实实现当宽则宽、当严则严、宽严相济。所以，从贯彻“宽严相济”刑事政策出发，有必要对“黑势力”与“恶势力”作出准确界定。

### （四）刑法基本原则的应有之义

首先，我国刑法明确规定了“法无明文规定，不为罪；法无明文规定，不处罚”。从刑事立法角度看，刑法仅对“黑势力”进行了相关立法，罪名分别为：组织、领导、参加黑社会性质组织罪，入境发展黑社会组织罪，包庇、纵容黑社会性质组织罪，以及下游犯罪——洗钱罪，等等。但未对“恶势力”进行立法，也未进行权威解释，更未对“黑势力”与“恶势力”作出界定，这就容易导致实践中打击“黑恶势力”犯罪，可黑不黑的，为了从严惩处就可能定为黑了，可恶不恶的，在没有规定情形下，就有可能定为恶了，无形之中扩大了刑法打击面。在司法自由裁量的权利下，为了打击犯罪，可能会出现入罪门槛的降低、出罪门槛的提高，并不符合罪刑法定原则的基本精神。其次，在未对“黑势力”与“恶势力”界定下，中国三千多个法院分属于全国不同地域，不同的法院在法律未明文规定下，可能导致“黑势力”与“恶势力”的事实认定存在差异，进而导致相同的案件在不同的地区、不同的法院产生不同的判决，导致案件不公现象出现，有违法律面前人人平等原则。最后，当刑法没有对“黑势力”与“恶势力”作出界定情形下，无法实现罪的准确界定，更无从谈起刑的合理分配。例如，一个案件若在难以定性情况下，两个不同法院分别认定为“黑势力”、“恶势力”，那二者的法定刑便会存在差异。在现今法律规定下，“黑势力”除了定黑势力相关罪名外，还要按照所触犯的具体罪名定罪，然后再实行数罪并罚，但是“恶势力”只按照触犯的具体罪名进行定罪量刑，并不一定会出现数罪并罚，若出现数罪并罚，也与黑社会性质组织犯罪无关。因此，从法定刑量刑幅度看，“黑势力”比“恶势力”的刑罚要严重。如果不能做到黑恶势力的有效界定，甚至将二者混同，就无法践行罪刑相适应的基本原则。

## 三、我国“黑势力”与“恶势力”的历史考察及基本特征

### （一）“黑恶势力”一词的历史演变

通过字典考证，可知在中国古代词语中，黑与恶并未同时用之，不存在现在所称谓的“黑恶”；“黑”“恶”单列有多种含义，其中黑字有“秘密、非法”“狠毒、反动”之意，词汇如“黑道”、“黑帮”等；[①] 恶字有“凶狠”、

① 魏建功：《在线新华字典》，载 http：//xh.5156edu.com/html3/22169.html，访问日期2018年8月6日。

"犯罪"之意，词汇如"恶霸"、"恶贯满盈",① 在南朝齐丘迟《与陈伯之书》一书中，有"恶积祸盈"之句，恶在此语义为罪恶。② 在封建社会中并未有"黑恶势力"等词汇，但是，我国古代已经存在一些帮会组织，例如唐宋时期的佛教净土宗的分支"白莲教"、北宋时期以乞丐组成的"丐帮"和清朝出现的反清复明的"天地会"等都带有一定组织性和目的性，在当时并非以经济利益为目的，不属于为非作恶的组织；此外，最早的商业帮会出现在唐朝时期，唐朝随着大运河的开通，漕运的兴盛，带动了商贸的发展，这些商人背离故土为了自己安全和利益自发的结成了商业帮会，这类商帮带有一定经济性，但并不作恶，本质上不属于"黑恶势力"范畴。晚清民国时期，随着西方国家入侵，封建势力逐步瓦解，各种帮会组织逐渐向黑社会转变，尤其是在20世纪20年代后，出现了洪门分支青洪帮、哥老会、袍哥、斧头帮等组织，这些组织有的在当时成为抗日的重要组织，如斧头帮；有的逐渐黑化，成为黑社会组织或特务组织，如青洪帮被日本帝国主义把控，成为统治和压榨中国人民的工具。③

新中国成立后，在中国共产党的领导下进行了镇压反革命，重点打击了土匪、特务、恶霸、反动会道门头子和反动党团骨干分子，取缔了旧社会的娼妓、吸毒、赌博等丑恶现象，整肃社会风气；随后进行了社会主义"三大改造"，实现了新民主主义社会向社会主义社会顺利过渡，私有制变成公有制，彻底消灭了黑恶势力存在的经济土壤。改革开放后，市场经济发展及境外黑势力渗透，各类涉黑性质犯罪逐渐增多，为了打击各类犯罪，尤其是组织类犯罪，深圳特区政府在1982年发布《关于取缔黑社会活动的通告》，首次提出"黑社会"这一称谓。1983年在全国开展第一次为期三年的"严打"，全国共查获各种犯罪团伙19.7万个，查处团伙成员87.6万人。④ 1989年深圳政府颁布《关于取缔、打击黑社会和黑社会性质帮派组织的通告》，首次针对"黑社会"和"黑社会性质组织"在概念上作出了界定。1994年中央政法委员会发出了各地"应当注意研究当前农村黑恶势力现象"的通知，这是首次从中央层面上提出"黑恶势力"这一称呼。⑤ 随着犯罪率的上升，1996年中央开展

① 魏建功：《在线新华字典》，载 http：//xh.5156edu.com/html3/13662.html，访问日期：2018年8月6日。

② 陶然：《现代汉语形容字辞典》，国际广播出版社1995年版，第168页。

③ 李静怡：《中国帮会文化对黑社会性质组织的影响》，西南大学2011年论文。

④ 张志超：《"黑恶势力"与农村纠纷解决》，载《法治论坛第21辑》，第89页。

⑤ 张志超：《"黑恶势力"与农村纠纷解决》，载《法治论坛第21辑》，第91页。

了新一轮“严打”，随后应公安部要求，在1997年修订《刑法》时，第294条中规定了“组织、领导、参加黑社会性质组织罪”，这为当时我国打击黑社会性质组织犯罪提供了法律支撑。值得注意的是，王汉斌同志在全国人大五次会议上所作的《关于〈中华人民共和国刑法（修订草案）〉的说明》中明确指出：“无论从组织规模，还是从犯罪能量来看，目前中国大陆还不存在实质意义的黑社会组织，其活动只具备黑社会犯罪的某些痕迹和特征，即黑社会性质犯罪。”①新世纪元年开展第三次“严打”，严打中以“打黑除恶”为重点，开展暴力犯罪和侵财犯罪专项斗争，2000年12月最高人民法院通过了《最高人民法院关于审理黑社会性质组织犯罪的案件具体应用法律若干问题的解释》，明确了黑社会性质组织一般应具有的四个基本特征，2002年全国人大常委会做出了立法解释。时至今日，中央政法委员会已经开展多次“打黑除恶”活动，但至今未对“恶势力”与“恶势力”在法律上进行明确的界定。

（二）“黑势力”与“恶势力”的基本特征

1. “黑势力”的基本特征

全国人大常委会对《刑法》第294条中的“黑社会性质的组织”作出了立法解释。认为黑社会性质组织应当同时具备以下四个特征：（1）形成较稳定的犯罪组织，人数较多，有明确的组织者、领导者，骨干成员基本固定；（2）有组织地通过违法犯罪活动或者其他手段获取经济利益，具有一定的经济实力，以支持该组织的活动；（3）以暴力、威胁或者其他手段，有组织地多次进行违法犯罪活动，为非作恶，欺压、残害群众；（4）通过实施违法犯罪活动，或者利用国家工作人员的包庇或者纵容，称霸一方，在一定区域或者行业内，形成非法控制或者重大影响，严重破坏经济、社会生活秩序。

2. “恶势力”的基本特征

“恶势力”在法律上未明确规定，但这并不妨碍学者们的探讨。一般认为“恶势力”是黑社会性质组织的雏形和初级阶段，如果不加惩处，极有可能最终发展为黑社会性质组织。“恶势力”一般为3人以上，纠集者、骨干成员相对固定，违法犯罪活动一般表现为敲诈勒索、强迫交易、欺行霸市、聚众斗殴、寻衅滋事、非法拘禁、故意伤害、抢劫、抢夺或者黄、赌、毒等。② 概而言之：（1）有一定的组织和人数，人数至少为3人；（2）在一定地区或行业公开实施暴力性违法犯罪行为；（3）对一定地区或行业造成严重扰乱，产生

① 陈明华：《有组织犯罪问题对策研究》，中国政法大学出版社2004年版，第13页。

② 康均心：《从打黑除恶到扫黑除恶》，载《河南警察学院学报》2018年第3期。

了恶劣的社会影响。除这三点基本特征外，“恶势力”也有腐化基层政权，存在“保护伞”的现象存在。

3. 当下“黑恶势力”的特征

当前，随着社会发展，“黑恶势力”出现新的外在特征：(1) 形式“合法化”。为了逃避法律制裁，有些黑恶势力逐渐提升活动的隐蔽性，穿上了隐身的外衣，增加打击的难度。① 现在更多“黑恶势力”采取注册公司或个体工商户的形式，通过合法的企业形式来掩饰行为的违法性。(2) 手段多样化。除了传统的暴力、胁迫外，更多地采取软暴力或非暴力形式，采用监听、跟踪、电话、网络媒体等看似“合法的手段”对被害人心理产生影响，达到心理强制的状态，进而实现违法的目的。例如：校园贷或网贷平台，并不需要借款人资质，只需要身份证、学生证，有的只需要女生裸照即可，再利用签订形式合法的借贷合同，采取利滚利的方式提高贷款利息，当借款人无法还款时，便采用打电话、发短信、发裸照等方式进行骚扰或威胁，进而迫使借款人还款。(3) 涉足范围广泛化。传统的“黑恶势力”主要控制采矿、交通、建筑、商贸、赌场、娱乐场所，现如今“黑恶势力”已经渗透到基层政权选举、医疗、物流、农村资源、民间金融、旅游、中介服务、网络空间等众多领域。

(三)“黑势力”与“恶势力”的比较

1. “黑势力”与“恶势力”相比，人员组织结构固定性与层级性更强

从二者的组织结构和人员上看，“黑势力”组织结构一般为金字塔型，组织体系严密，层次分明，通常由领导者、组织者、骨干成员、积极参与者与普通参与者等构成，具备一定的等级性、层级性和纪律性，高层人员基本固定不变，参与者对上级的人身依附和经济依附性强，黑势力的组织力量强大。“恶势力”在组织结构上并不十分明显，更多具有团伙性质，基本上没有层级和纪律，成员对组织人身依附性弱，成员固定性差，有时候多有时候少。

2. “黑势力”与“恶势力”相比，经济实力和目的上存在较大差异

从经济实力上看，“黑势力”比“恶势力”要具有很大的优势，这体现在一般查出的“黑势力”都有一定的行业依托或存在一定产业，他们一般垄断一定的行业或地区，通过非法手段，大发横财，具有相当充足的经济来源，可以满足活动所需要的资本。而“恶势力”在经济上并不一定具有强有力的财力支持，在同一地区或同一行业内，“恶势力”无法与“黑势力”在经济上匹

① 李少平、朱孝清、李伟：《公检法办案标准与适用（第3卷）》，人民法院出版社2014年版，第2516页。

敌。从活动的目的上看，“黑势力”一般对经济利益具有很强的非法掠夺性和直接目的性，通常表现为“以商养黑、以黑护商”。而“恶势力”可能有一定的非法经济利益需求，但通常达不到“以商养恶、以恶护商”程度，此外，“恶势力”不一定为了攫取经济利益，可能只是为了耀武扬威或彰显自己强大权势。

3. “黑势力”与“恶势力”相比，“黑势力”必须达到非法控制程度

从控制时间上分析，有的学者认为，黑社会性质组织必须在时间上纠集在一起达到半年以上，一般打掉的“黑势力”从萌芽到做大，要经历很长的时间，不可能在短短的三五个月内完成。这确实有一定的道理，同时不仅要看纠集时间，更要看控制时间，短时间的控制是不能体现黑社会的严重社会危害性，所以从控制时间上看，必须达到一定期限。期限的长短仁者见仁智者见智，有学者认为三个月，有学者认为半年，有学者认为一年，究其而言具体控制时间长短不应以具体时间为标准，而应从特定行业或区域的被害人现实的感知角度去考虑，即该行业或地区大分部群体能切实感知社会秩序被严重扰乱；反观“恶势力”则并不一定要求在纠集时间上达到特定时限，控制时间更不用考虑。从非法控制程度看，“黑势力”具备强大的组织结构和经济实力，人员众多、纪律性强，必须有能力且已经实现对一定行业和地区强有力的非法控制，进而为自己谋取更大的非法利益，影响十分巨大，性质上更加恶劣。如：四川黑社会组织头目刘汉、刘维，从20世纪九十年代末纠集打手，控制采矿、工程等众多领域攫取大量非法利益，在广汉、绵阳、成都无人不知无人不晓。而“恶势力”由于组织结构松散、经济势力弱小、人员不固定、纪律性差，虽然可以在一定行业和地区为非作恶，但不具有强有力的控制能力，无法实现非法绝对的控制，影响较小，危害程度相对较低。恶势力主要是通过它们在一定区域内为非作歹、横行霸道树立暴力的淫威。① 如；河北定州最牛女村主任孟某某蛮横霸道、欺压百姓、鱼肉乡邻、祸害一方，致使村民敢怒不敢言，严重影响了当地百姓生活秩序和生产经营秩序。②

4. “黑势力”与“恶势力”相比，政权关系依附性更强、互动更为频繁

从政权关系依附角度上而言，“黑势力”性质的组织具有向政权领域强烈渗透的特性，背后一定具有“保护伞”。《刑法修正案（八）》对“保护伞”问题进行了重新规定，“通过实施违法犯罪活动，或者利用国家工作人员的包

---

① 于天敏：《黑社会性质组织犯罪理论与实务问题研究》，中国检察出版社2010年版，第67页。

② 耿建扩：《河北定州一“村霸”获刑20年》，载《光明日报》2017年2月20日。

庇或者纵容，称霸一方，在一定区域或者行业内，形成非法控制或者重大影响，严重破坏经济、社会生活秩序”。这在一定意义上被众多学者认为，“黑势力”构成黑社会性质组织犯罪并不需要“保护伞”的存在，但是通过实践来看，一般没有“保护伞”的直接包庇或间接纵容，“黑势力”很难发展壮大。此外，由于自身特性具有很强的政权依附性，为了获得掩护，“黑势力”更多的是通过物质利益或其他方面利益，如金钱、美色、古玩、字画、玉石、房产等，向某些地区或某些行业的中高层政权进行腐化和收买，进而实现自己保护。此外，很多“黑势力”组织的领导者通过金钱或关系运作，明目张胆让自己成为国家政权中的一份子，进而为自己的非法活动提供庇护。“恶势力”团伙则并不一定存在“保护伞”，即使存在向政权渗透情形，其所依附的权势也是相对较低，并不具有控制一定地区或领域的能力。

当然，也有观点认为：“黑”、“恶”没有明显的质变节点和拐点，恶势力是黑社会性质组织的组织基础之一。[①] 这类观点有其合理的地方，确实恶势力是黑社会性质组织的组织基础，但这不能否定“黑与恶”可以进行有效的界定；此外，针对一些团伙，仅偶发实施一次、两次的违法犯罪行为是否构成“恶势力”呢？一般应当结合团伙组织结构、人员构成、时间长短、是否有前科、是否累犯、是否严重扰乱公共秩序和社会秩序，妥善认定是否构成“恶势力”，防止仅因一次偶发的违法犯罪即被认定为“恶势力”。在司法实践中若确实难以有效界定时，应当从刑事宽严相济的政策和有利于犯罪嫌疑人、被告人原则出发，贯彻刑法谦抑性和轻刑化理念，妥善定罪量刑。

## 四、结 语

任何事物均有其两面性，刑法也不例外，刑法并非打击犯罪的“万能钥匙”，当过度依赖刑法时，可能扩大打击面，导致社会上人人自危，不利于社会和谐稳定，进而有损司法威严。因此，针对“黑势力”与“恶势力”的界定应当以具体案件为支撑，从各项标准着手，整体把握分析，不可脱离实际而过度追求理论的界定，唯通过理论与实践的反复检验，才能促进理论的深化和实践的进步，进而保障人民安居乐业，维护社会和谐稳定，实现国家长治久安。

---

① 王彦学：《黑社会性质组织犯罪侦防层次论》，中国人民公安大学出版社 2015 年版，第 46 页。

# 黑社会性质组织犯罪涉案财物的处置困境及应对*

郭　研　张向东**

## 一、黑社会性质组织犯罪涉案财物处置的特殊性

黑社会性质组织犯罪涉案财物的处置当然从属于刑事诉讼涉案财物的处置。① 2012年刑事诉讼法修改前，规范涉案财物处置的法律规范主要有《刑法》第64条、1996年《刑事诉讼法》第198条及相关司法解释。2012年《刑事诉讼法》第234条增加了人民法院应当对查封、扣押、冻结的财物及其孳息作出处理的规定，最高人民法院《关于适用〈中华人民共和国刑事诉讼法〉的解释》（以下简称《刑事诉讼法解释》）第十六章对涉案财物处置问题作了细化规定，"六部委"《关于实施刑事诉讼法若干问题的规定》也专门就涉案财产的处理明确了政法各机关的职责，解决了实践中的部分难题。然而我国对涉案财物处置的法律规定较为庞杂、内容规定较为模糊，相关规定散布于刑法、刑事诉讼法及政法各部门的规范性文件中，② 导致司法实践对涉案财物

* 本文是中国法学会部级法学研究课题：《被害人解释学视域下的犯罪成立问题研究》，课题批准号：CLS（2017）D47阶段性研究成果。

** 郭研，西北政法大学讲师，中国人民大学访问学者，法学博士；张向东，最高人民法院刑三庭法官，北京师范大学博士后研究人员。

① 本文依据我国《刑法》第294条的规定采"黑社会性质组织犯罪"的提法，不同于"黑社会犯罪"。成立黑社会组织必然符合黑社会性质组织的标准，但是黑社会性质组织则不一定就是黑社会组织。

② 2015年3月，中共中央办公厅、国务院办公厅印发了《关于进一步规范刑事诉讼涉案财物处置工作的意见》（以下简称《意见》），就进一步规范刑事诉讼涉案财物处置工作提出了指导性的要求；2015年最高人民检察院印发了《人民检察院刑事诉讼涉案财物管理规定》；2014年最高人民法院印发《关于刑事裁判涉财产部分执行的若干规定》；2013年最高人民法院作出《关于适用刑法第六十四条有关问题的批复》……文件均与刑事诉讼涉案财物直接相关。此外，有关刑事诉讼涉案财物的处置还散落于个别类型（接下页）

处置十分混乱。

黑社会性质组织犯罪涉案财物的处置一方面从属于刑事诉讼涉案财物处置的一般规定，另一方面黑社会性质组织犯罪区别于其他刑事案件，具备一定的特殊性，对其涉案财物的处置应当符合其自身规律。可以说，中华人民共和国成立前就存在黑恶势力；中华人民共和国成立后到20世纪70年代黑恶势力基本绝迹；至20世纪90年代黑恶势力死灰复燃；至21世纪初黑恶势力开始猖獗；21世纪初至今黑恶势力犯罪处于活跃期。①现今黑社会性质组织犯罪较之个体犯罪而言，具有高度组织化、暴力化、隐蔽化特征，是危害极其严重的高级犯罪形态。②近年来，黑恶势力与黄赌毒、涉枪涉爆犯罪、非法金融活动以及经济行业中的违法犯罪活动相交织，严重扰乱社会经济秩序，威胁人民群众生活安全。③当前黑社会性质组织犯罪又具备了与违法行为相互交织的行为方式多元化特征，增加了区分涉黑财产与其他财产的难度。

---

（续上页）案件的办理过程中，如最高人民法院、最高人民检察院和公安部2014年印发《关于办理非法集资刑事案件适用法律若干问题的意见》关于涉案财物的追缴和处置问题规定，“向社会公众非法吸收的资金属于违法所得”；最高人民法院2012年公布的《关于适用〈中华人民共和国刑事诉讼法〉的解释》第364条规定，法庭审理过程中，对查封、扣押、冻结的财物及其孳息，应当调查其权属情况，比如是否属于违法所得或者依法应当追缴的其他涉案财物；“两高”2007年印发《关于办理赌博刑事案件具体应用法律若干问题的解释》第8条规定，对赌博犯罪分子所有的专门用于赌博的资金、交通工具、通讯工具等应予没收；1998年最高人民法院、最高人民检察院、公安部、安全部、司法部、全国人大常委会法工委联合制发的《关于〈中华人民共和国刑事诉讼法〉实施中若干问题的规定》第48条规定，“对于赃款赃物，除依法返还被害人的财物及依法销毁的违禁品外，必须一律上缴国库。任何单位和个人都不得挪用或者私自处理。”这就从制度上确立了赃款如数上缴国库的原则；最高人民法院1993年印发的《关于贪污、挪用公款所生利息应否计入贪污、挪用公款犯罪数额的问题的批复》称“贪污、挪用公款所生利息，不应作为贪污、挪用公款的犯罪数额计算。但该利息是贪污、挪用公款行为给被害单位造成实际经济损失的一部分，应作为被告人的非法所得，连同贪污、挪用的公款一并依法追缴”。可见对于涉案财物的处置既有原则性的总括规定，还有针对不同类型犯罪的具体规定，而这其中又存在交叉规定、重复规定的问题。

① 参见彭新林、王天保：《我国打黑除恶工作的法治检视和思考》，载《有组织犯罪的防制对策》，清华大学出版社2018年版，第40~44页。

② 参见赵国玲、徐然：《黑社会犯罪组织形成机制研究》，载《国家行政学院学报》2012年第2期。

③ 参见靳高风：《中国犯罪形势分析与预测（2017－2018）》，载 http：//www. 360doc. com/content/18/0411/00/49056811_ 744603206. shtml，访问日期：2018年7月15日。

2018年1月24日，中共中央、国务院下发了《关于开展扫黑除恶专项斗争的通知》，决定在全国开展扫黑除恶专项斗争，要求针对涉黑涉恶问题的新动向、新特点，聚焦问题突出的重点地区、重点行业、重点领域，持续组织开展扫黑除恶，全面铲除黑恶势力产生发展的经济基础和社会基础，达到基层社会治安好转的目标。黑社会性质组织作为有组织犯罪的高级形态，具备“有组织地通过违法犯罪活动或者其他手段获取经济利益，具有一定的经济实力，以支持该组织的活动”的经济特征，必然涉及大量涉案财物处置的问题；另一方面，黑社会性质组织涉案财物来源多元化、形态多样化，涉案财产规模大，动辄上千万元、数亿元，客观上增加了涉案财物的法律定性难度，以及查处涉案财物的难度。可以说，处理好涉黑财产的处置问题是铲除黑恶势力经济基础的关键。鉴于黑社会性质犯罪形态的特殊性及涉案财物的复杂性，现有立法及规定在执行时尤显不足，审判实践中对涉案财物处置仍面临各种困惑和难题：首先，必须查清涉案财物的来源、权属、价值，这是对涉案财物进行处置的前提和起点，涉及证据问题；其次，涉案财物要在公检法等部门移交和执行，又涉及相关程序问题；此外，涉案财物处置的关键是甄别，即哪些财物属于涉黑财产、违法所得，哪些属于案外财产、合法财产、第三人财产等，则涉及认定标准问题；最后，涉及涉案财物的处置执行问题，需要进行阐明并予以解决。

## 二、黑社会性质组织犯罪涉案财物的处置困境分析

### （一）涉案财物处置的证据难题

根据刑事诉讼法的职责分工，公安机关在侦办案件时，既要查明犯罪事实，也可以对在侦查活动中发现的可用以证明犯罪嫌疑人有罪的各种财物采取查封、扣押、冻结等强制措施。在具体的侦查活动中，侦查机关为全面查清犯罪事实，在侦办案件过程中大量采取上述强制措施。对于一般刑事案件，由于涉案财物来源、权属、性质等较易甄别，即使查封错误，或者发现与犯罪事实无关，根据《公安机关办理刑事案件程序规定》第228条的规定，“对查封、扣押的财物……经查明确实与案件无关的，应当在三日以内解除查封、扣押，退还原主……”而黑社会性质组织兼具组织特征、经济特征、行为特征、危害性特征。[①] 涉黑财物的来源、权属、性质等难以甄别。在证明对象方面，需要根据不同没收对象明确相应的证明对象；在证明责任分配方面，应当规定检

① 陈建清、胡学相：《我国黑社会性质组织犯罪立法之检讨》，载《法商研究》2013年第6期。

察机关就程序法事实与犯罪嫌疑人、被告人的行为是否构成犯罪、申请没收财物是否属于可没收财物等实体法事实承担证明责任。① 在涉黑案件中，基于此类案件自身的特性，实践中涉案财物证据难题非常突出，主要存在以下问题：

1. 侦查机关取证的定罪倾向往往导致疏于对涉案财产来源、权属、性质的调查取证

侦查机关办理刑事案件，首先应当坚持全面取证原则，即有利于被告人的证据和不利于被告人的证据都要全面调取。具体到涉黑犯罪的案件中，侦查机关要收集三类证据：一类是能够证明构成黑社会性质组织犯罪的证据；第二类是黑社会性质组织及其成员所实施的具体个罪是否成立的证据；第三类是对前期查封、扣押、冻结的涉案财物的来源、权属、性质的全面调查取证。在具体办案中，由于黑社会性质组织犯罪案件被告人数多、犯罪事实多、波及面广，法律关系复杂，侦查工作必须抓住重点，实现突破，这往往导致侦查机关更重视前两类证据的调查取证，客观上弱化了对查封、扣押、冻结涉案财产来源、权属、性质的调查取证，加之侦查机关仍普遍存在重定罪证据，往往从犯罪构成方面收集证据，将侦查重点确定在个罪以及该组织是否成立黑社会性质犯罪组织上，对黑社会性质组织的财物及其收益方面的证据并不注重收集。即使予以收集，实践中也很难对涉黑组织及其成员的每一笔财产均做到有证据认定其来源、权属、性质，证明涉案财物来源，权属，性质的证据不充分，为之后的司法处置埋下了隐患。

2. 当前“涉黑财产”的主体多元化、资产状况多样化、所涉法律关系复杂化特征加大了调查取证的难度

攫取经济利益、扩充经济实力，不仅是黑社会性质组织有组织地实施违法犯罪活动的主要目标，也是其坐大成势、称霸一方，实现非法控制并向黑社会发展过渡的物质基础。非法控制是黑社会性质组织犯罪的本质特征、最大特征。② 非法控制的含义是支配，形成对社会秩序和合法管控权的冲击。从有组织犯罪发展形态看，黑社会性质组织初期往往靠暴力起家，以抢劫、绑架、“看场子”（提供非法保护）、收取“保护费”、代人讨债、敲诈勒索等方式完

① 吴光升、南漪：《违法所得没收程序证明问题研究》，载《中国刑事法杂志》2018年第2期。

② 参见陈兴良：《关于黑社会性质犯罪的理性思考》，载《法学》2002年第8期；周光权：《黑社会性质组织非法控制特征的认定——兼及黑社会性质组织与恶势力团伙的区分》，载《中国刑事法杂志》2018年第3期；陈建清、胡学相：《我国黑社会性质组织犯罪立法之检讨》，载《法商研究》2013年第6期。

成资产原始积累，待到发展到一定阶段，特别是在一定地区和行业形成非法控制或重大影响以后，更多采取非暴力犯罪，通过金融犯罪、组织卖淫、开设赌场、走私等方式获取经济利益，或以形式上的合法经营为掩护，广泛涉足房地产、矿产等高利润行业，并以多种手段排挤、打击竞争对手，获得垄断地位，走“以黑护商”、“以商养黑”的道路。此外，我国当前黑社会性质组织犯罪具有“国家工作人员参与其中的现象较为普遍”的突出特点，黑白勾结、警匪一家决定了黑社会性质组织犯罪的发展规模、速度以及存在的时间长短。①黑社会性质组织从成立到案发被查获，短则数月，长则达数十年，其间黑社会性质组织所获得的一系列经济利益是否全部应当认定为涉黑财产，或者在什么情况下属于组织成员的合法所得，难以合理区分。尤其是当黑社会性质组织经济实力达到一定程度和规模后，以合法形式掩盖违法所得，造成一种财产“来源合法、手段正当”的假象，增加了对黑社会性质组织经济实力和规模的认定难度，也为其后认定和处置涉黑财产增加了障碍，增加了对涉案财产来源、权属、性质的调查取证的难度。

（二）涉案财物处置的程序难题

2012年修改后的《刑事诉讼法》虽然修改了查封、扣押、冻结财物的处理规定，如增加“制作清单、随案移送”制度，并规定“人民法院作出的判决，应当对查封、扣押、冻结的财物及其孳息作出处理”等，有助于防止涉案财物未经审判即被随意处置的现象出现，具有积极意义，但我国对刑事诉讼涉案财物的处置机制仍存在不完善之处，主要集中在以下方面：

1. 缺乏相对独立的处理程序

黑社会性质组织涉案财物种类繁多，如组织成员的轿车、房产、游艇、账户、枪支、各类珍贵古玩字画等，均可能是犯罪所得及其收益，上述财物是否均系涉案财物，组织成员名下账户内的资金及其他非涉案人员账户名下的资金是否均系违法所得或者组织成员转移的资金等，均需通过法庭调查逐一查清并作出处理。但我国刑事诉讼法尚没有关于涉案财物处理程序的规定，法庭对涉案财物来源、权属、性质的调查完全依附于对案件事实、证据等的调查，没有作为一个相对独立的环节凸显出来。在法庭调查阶段，审判实践中基本上不对涉案财物处置的事实进行专门调查，即便有进行调查，大多数也都是以附带的形式展开，难以要求检察机关出示证据确证涉案财物的权属与案件的关联情

① 参见彭文华：《黑社会性质组织犯罪若干问题研究》，载《法商研究》2010年第4期。

况，也未对涉案财物属性的证明标准作出明确。在法庭辩论阶段，合议庭也较少组织控辩双方、被害人等诉讼参与人针对涉案财物处置发表相关辩论意见，导致相关涉案财物的权属难以查清。①

2. 审前返还制度存在局限

《刑事诉讼法》第198条规定“对被害人的合法财产，应当及时返还”；相关司法解释第360条明确规定公安机关、检察机关可以在审判前返还财物，即“对被害人的合法财产，权属明确的，应当依法及时返还”。2015年1月，中共中央办公厅、国务院办公厅印发了《关于进一步规范刑事诉讼涉案财物处置工作的意见》（以下简称“‘两办’《意见》”）又对此予以强化，即“对权属明确的被害人合法财产，凡返还不损害其他被害人或者利害关系人的利益、不影响诉讼正常进行的，公安机关、国家安全机关、人民检察院、人民法院都应当及时返还”。可以看出，国家应当针对已然犯罪，恢复、救济现实被害人的权益，以个人为本位，防控、减少个人权利被犯罪所侵害，以及个人权利被侵害后的恢复。② 对于追缴和退赔的违法所得确属被害人的合法财物，应当及时返还。审前返还虽有助于及时弥补被害人的损失，恢复因犯罪所遭受侵害的社会关系。但在操作层面，何谓“权属明确的被害人合法财产”？谁来判断是否权属明确？没有进入审判阶段又如何认定审前返还不损害其他被害人或者利害关系人的利益、不影响诉讼正常进行？均无定论，这就导致刑事诉讼涉案财物处置主体多元，由公安机关等在审前返还财物的正当性不足、处置程序不清。

此外，对于审前涉案财物的返还，既涉及被害人的权利救济，也涉及告人的权利保护。黑社会性质组织犯罪手段多样化及其自身的经济特征决定了涉案财物的来源、权属、性质甄别困难。实践中已经出现一些组织成员拥有股份的企业财产和家庭财产，在侦查阶段被处置，后经法院审查，认定不属于“涉黑财产”，意味着此前侦查机关的先行处置行为已造成组织成员合法财产的巨大损失，侵犯了被告人的合法财产权。一旦出现返还错误就很难通过合理途径追回涉案财物。③ 审前返还缺乏监督、错误返还后难以进行救济等问题不利于案件公正处理和公民、法人合法财产权益的保护。可以说，涉案财物的审前返

---

① 参见福建省厦门市中级人民法院刑二庭课题组：《刑事涉案财物处理程序问题研究》，载《法律适用》2014年第9期。

② 参见张旭、单勇：《犯罪学研究范式论纲》，载《法学评论》2005年第4期。

③ 参见吴光升：《审前返还刑事涉案财物的若干问题探讨》，载《中国刑事法杂志》2012年第1期。

制度局限，制约了审判阶段对涉案财物的处置。涉案财物的返涉及公安机关、检察机关、法院之间的职责分工，但实践操作中审前返还仅由侦查机关作出处断，缺乏司法审查的弊端十分明显。

3. 先行拍卖、变卖程序尚待完善

“六部委”《关于实施刑事诉讼法若干问题的规定》及刑事诉讼法解释对刑事诉讼涉案财物的先行拍卖、变卖程序均作了具体规定，即审判期间，权利人申请出卖被扣押、冻结的债券、股票、基金份额等财产，人民法院经审查，认为不损害国家利益、被害人利益，不影响诉讼正常进行的，以及扣押、冻结的汇票、本票、支票有效期即将届满的，可以在判决、裁定生效前依法出卖。但依据上述规定，实践中可拍卖、变卖的财物范围十分有限，仅限于被扣押、冻结的“债权、股票、基金份额”等财产以及“汇票、本票、支票”等有价证券。黑社会性质组织犯罪案件办案周期长、涉案财物多，涉案财物的价值随着市场波动而变化，一些涉案物品折旧得快，如果仅依据上述规定的财物范围进行拍卖、变卖的，则大部分涉案物品难以保值。实践中已经出现查封、扣押的涉案豪华车辆等物品因扣押时间过长导致价值大幅度贬值等现象，造成国家或当事人、案外利害关系人等的财产损失。

（三）既有的“涉黑财产”认定标准较为原则，极大增加了涉黑财产认定的难度

我国《刑法》第64条对犯罪物品的处理作了原则规定，即“犯罪分子违法所得的一切财物，应当予以追缴或者责令退赔；对被害人的合法财产，应当及时返还；违禁品和供犯罪所用的本人财物，应当予以没收。没收的财物和罚金，一律上缴国库，不得挪用和自行处理”。在适用《刑法》第64条有关追缴、没收的条款时应遵循该宪法规范，即在追缴、没收违法所得、违禁品和犯罪工具时，不应对犯罪人的合法私有财产形成侵犯。[①] 实践中对涉案财物的返还或者退赔不存在大的争议，但对于违法所得财物或者供犯罪所用的本人财物的追究或者没收，则存在较大争议，实践操作也较为混乱。目前我国关于涉黑财产的认定，主要依据2009年最高人民法院、最高人民检察院、公安部《办理黑社会性质组织犯罪案件座谈会纪要》（以下简称2009年《纪要》），2015年最高人民法院《全国部分法院审理黑社会性质组织犯罪案件工作座谈会纪要》（以下简称2015年《纪要》）和2018年最高人民法院、最高人民检察院、公安部、司法部《关于办理黑恶势力犯罪案件若干问题的指导意见》（以下简

① 时延安：《刑法规范的合宪性解释》，载《国家检察官学院学报》2015年第1期。

称2018年《指导意见》)。上述三个规范性文件，从整体上对涉黑财产的认定提供了规范依据，但在审判实务中，也面临着标准模糊，重复规定的标准不一致等问题。

1. “涉黑财产”的标准仍较为模糊

关于涉黑财产的认定，根据2009年《纪要》规定：“在黑社会性质组织的形成、发展过程中，该组织及组织成员通过违法犯罪活动或其他不正当手段聚敛的全部财物、财产性权益及其孳息、收益。”也就是说，无论其财产是通过非法手段聚敛，还是通过合法的方式获取，只要将其中部分或全部用于违法犯罪活动或者维系犯罪组织的生存、发展即可认定为涉黑财物。但实践中该规定不易操作，如被告人先后成立多家公司，资产数亿元，能够认定用于违法犯罪活动或者维系犯罪组织生存、发展的费用却不足百万，在认定该组织是否系黑社会性质组织时，其经济规模应按照其全部资产，还是按照实际用于违法犯罪活动或者维系犯罪组织生存、发展的费用计算，实践中存在争议。有的黑社会性质组织的犯罪行为，如欺行霸市、敲诈他人钱财、为害一方等行为又与一般违法行为相混淆，难以受到打击。① 2015年《纪要》尽管具体细化了涉黑财产的几种情形，2018年《指导意见》又基本上继承了2015年《纪要》的内容，但该问题并没有得到解决。此外，如果组织成员多数为该公司员工，公司在工作中提供的正常工资、奖金、福利、慰问金等能否认定为2013年《纪要》中规定的“用于违法犯罪活动或者维系犯罪组织的生存、发展”，实践中也存在不同认识，还应认真审查涉案财产的来源和取得方式。

2. 涉黑财产与成员合法财产的界限模糊

从世界范围来看，包括黑社会性质组织犯罪在内的有组织犯罪均面临类似的犯罪组织的非法利益与组织成员的合法利益混合的问题。“在实践中，犯罪收益的形态往往不断变化，而且经常表现为可替代物。例如，某一账户中的资金，既可能是由犯罪分子存入的，也可能是由企业合法发放的薪金，但是，这些资金一旦混合在一起即难以区分。”② 此外，还存在涉案财物与赃款赃物等同，无限制扩大疑赃财物范围的问题。③ 针对这一难题，虽然2009年《纪要》

① 参见贾宇、舒洪水：《黑社会性质组织犯罪的经济分析》，载《现代法学》2005年第1期。

② 参见黄风：《澳大利亚2002年犯罪收益追缴法》，张磊等译，中国政法大学出版社2008年版，第5页。

③ 参见杨胜荣：《刑事诉讼中涉案财物的认定与处理》，载《湘潭大学学报（哲学社会科学版）》2015年第3期。

明确了黑社会性质组织及其成员通过犯罪活动聚敛的财物及其收益，“是指在黑社会性质组织的形成、发展过程中，该组织及组织成员通过违法犯罪活动或其他不正当手段聚敛的全部财物、财产性权益及其孳息、收益”。但由于近年来黑社会性质组织的运作模式呈现出新变化，开始出现以“正当权利”为支持，以“合法实业”为载体，以非法运营为本质的运作模式，带有违法性的“黑色经济”的因素比重下降。此类组织的财产，既有违法所得，又有合法所得。一些组织成员为了隐匿、“漂白”犯罪所得，有意将合法利益与非法利益相互流动，例如通过合伙、入股、并购等公司经营手段有意将非法所得与其他公司、企业或者个人合法财产混合，导致审判中难以准确区分涉黑财产与组织成员合法财产、组织成员家属财产以及公司、企业合法财产。此外，从纵向看，由于黑社会组织的形成需要一个过程，其成立前或成立之初的资产尚未支撑其犯罪活动，甚至该组织成立后也有相当一部分收入是合法经营所得，如何从巨额涉案财物中甄别出这部分合法财产在实践中存在很大争议，给司法机关处置涉案财物增加了极大难度。

## 三、黑社会性质组织犯罪涉案财物处置的应然进路

为进一步规范刑事诉讼涉案财物的处置工作，“两办”《意见》提出要健全处置涉案财物的程序、制度和机制，规范涉案财物查封、扣押、冻结程序，建立办案部分与保管部门、办案人员与保管人员相互制约制度，规范涉案财物保管制度，探索建立跨部门的地方涉案财物集中管理信息平台，完善涉案财物先行处置程序，审前返还程序，明确利害关系人诉讼权利，完善权利救济机制，健全责任追究机制，着力解决涉案财物“保管不规范、移送不顺畅、信息不透明、处置不及时、救济不到位”等刑事诉讼涉案财物处置工作存在的“通病”和“老大难”问题。其后，公安部修订《公安机关涉案财物管理若干规定》、最高人民检察院制定《人民检察院刑事诉讼涉案财物管理规定》，结合部门职责对“两办”《意见》作了细化规定。上述规定对法院处置涉案财物提供了指引和参照，具有积极意义。但考虑到法院对涉案财物处置具有终局性，法院对涉案财物的处置一方面建立在公安机关、检察机关的调查取证及起诉、举证的基础上，同时，法院的裁判结果又为公安机关、人民检察院判后处置涉案财物提供了依据。因此，法院对涉案财物的处置，特别是对黑社会性质组织案件涉案财物的处置应特别审慎。

### （一）全面审查涉黑财产的来源、权属、性质等基本情况

黑社会性质组织犯罪涉案财物多种多样，根据我国现行涉案财物处置机制，侦查机关应当把作为证据使用的实物（包括作为物证的货币，有价证券

等）随案移送，但对于其他大量财物则仅移送财物清单。2012 年《刑事诉讼法》增加了“制作清单、随案移送”制度，即侦查阶段对查封、扣押、冻结的犯罪嫌疑人、被告人的财物及其孳息，不仅要履行妥善保管的职责，还应当列出清单，根据诉讼程序的进展，将清单随案移送，有助于后续办案机关准确了解和掌握涉案财物的种类、数量，便于监督，维护犯罪嫌疑人、辩护人的合法权益。关于涉案财物的处理统分为两个方面，其一，赃物、罚没财物统一拍卖的变价处理要保证罚没财物实现变现价值的最大化；其二，赃款赃物和罚没财物的归属要对被害人的合法财产及时返还，没有被害人或被害人不明确的需上缴国库，特殊珍贵文物、珍贵动物等制品及时移交相关职能部门处理。[①] 当前，侦查机关在移送案件时基本做到了移送涉案财物清单，但法院在调查涉案财物来源、权属、性质时，仅有涉案财物清单难以查清上述事实，如一辆车是否系涉案车辆，一笔银行账户资金是否系非法所得，还需要在案其他证据予以证实。

实践中，一些黑社会性质组织的领导者、组织者同时也是公司、企业的负责人，一旦黑社会性质组织性质被证成，不但其犯罪组织成员的经济利益将被全部罚没，其公司、企业中未参与黑社会性质组织犯罪员工的合法权利也难免受到影响。在此情况下，既要查清涉案财产种类、数量，该组织的经济来源、经济实力规模和组织成员所获得利益的情况，也要查清敛财的目的、方式、手段，对组织财产的分配、使用情况及用途等，从而对涉案财产作出准确认定并依法处置。这也同时要求公安机关、检察机关在侦查环节、审查起诉环节认真审查涉案财产的来源、性质，明确区分参加黑社会性质组织犯罪分子的个人财产和涉黑公司、企业资产情况、产权情况并对相关证据进行收集、固定，及时采取扣押、冻结、查封等措施，保障涉案财产处置能够顺利进行。

### （二）准确认定黑社会性质犯罪组织的成立时间

黑社会性质组织的成立时间是认定“涉黑财产”的起始点，是查清“涉黑财产”的前提。组织成立前的财产，包括组织成员及相关经济实体的财产，除其后用于组织犯罪，否则应认定为组织成员及相关经济实体的合法财产，依法应予保护。《纪要》规定：“在黑社会性质组织的形成、发展过程中，该组织及组织成员通过违法犯罪活动或其他不正当手段聚敛的全部财物、财产性权益及其孳息、收益”，属于黑社会性质组织及其成员通过犯罪活动聚敛的财物

① 参见孙国祥：《刑事诉讼涉案财物处理若干问题研究》，载《人民检察》2015 年第 9 期。

及其收益。但黑社会性质犯罪组织的成立时间在具体个案中并不容易认定。从犯罪成立的角度，黑社会性质组织必须同时具备法定的组织特征、经济特征、行为特征和危害性（非法控制）这四个特征，才成立该类犯罪。[①] 我国《刑法》第 294 条规定的黑社会性质组织，既包括黑社会性质组织，还包括黑社会组织（初级形态、中高级形态），也即初级形态的黑社会组织也属于该范畴。[②] 但一个犯罪团伙最终演变为黑社会性质组织，一般都经历了从小到大，从特征不明显到特征明显的发展、壮大过程。在黑社会性质组织成立过程中一般没有明确的同时具备“四个特征”的时间节点，这就增加了认定的难度。审判时，可以将涉案犯罪组织举行成立仪式或者确立核心利益、强势地位的时间作为审查判断黑社会性质组织形成时间的依据。如果没有前述标志性事件的，也可以将部分组织成员为维护、扩大组织势力、影响、利益而首次实施有组织的犯罪活动的时间作为审查判断依据。在认定了黑社会性质组织成立时间节点后，该组织及其组织成员通过违法犯罪活动或其他不正当手段聚敛的全部财物、财产性权益及其孳息、收益，即属于涉黑犯罪财物，应予以追缴、没收。

### （三）厘清黑社会性质犯罪组织“涉案财产”的范围、保护组织成员的合法财产

《纪要》虽然规定了黑社会性质成立后，该组织及其组织成员通过违法犯罪活动或其他不正当手段聚敛的全部财物、财产性权益及其孳息、收益属于“涉黑财产”，但当黑社会性质组织采取公司化方式运作，或者组织成员通过其他途径获得的合法财产又与“涉黑财产”混合后如何认定，我国相关立法及司法解释、《纪要》等并未作出进一步明确规定。可以认为组织者、领导者及组织成员的私人财产，如房产，如果没有用于犯罪活动或维系组织生存，则不能视为黑社会性质组织的财产。例如，现有证据足以证实组织者、领导者通过违法犯罪活动和不正当手段非法获利一定数额的财产，其中部分财产用于了购置汽车等作案工具，或者给团伙成员发放工资、支付赔偿费用等的，则可以属“涉黑财产”，并予以追缴、没收。但如果组织者、领导者本人原有一辆轿车，现有证据难以证实该轿车曾被用作犯罪工具的，则不应将该辆轿车认定为“涉黑财产”。

① 参见古加锦：《黑社会性质组织的司法认定新探》，载《法律适用》2018 年第 6 期。

② 参见张小虎：《有组织犯罪的事实特征与刑法规定》，载《法学家》2008 年第 3 期；参见张小虎：《有组织犯罪的犯罪学类型考究》，载《江西社会科学》2016 年第 6 期。

本文认为黑社会性质组织涉案财产包括以下几类：（1）有组织地通过违法犯罪活动或其他不正当手段聚敛的资产；（2）有组织地通过合法的生产、经营活动获取的资产；（3）组织成员以及其他单位、个人资助黑社会性质组织的资产。通过前述前两种方式获取的经济利益，即便由部分组织成员个人掌控，也应计入黑社会性质组织的“经济实力”。涉黑财产与个人合法财产混合的，应借鉴我国已经加入的《联合国打击跨国有组织犯罪公约》的相关规定予以处置，即“犯罪所得”系指直接或间接地通过犯罪而产生或获得的任何财产；如果犯罪所得已经部分或全部转变或转化为其他财产，则应对此类财产适用本条所述措施。如果犯罪所得已与从合法来源获得的财产相混合，则应在不影响冻结权或扣押权的情况下没收这类财产，没收价值可达混合于其中的犯罪所得的估计价值。对于来自犯罪所得、来自由犯罪所得转变或转化而成的财产或已与犯罪所得混合的财产所产生的收入或其他利益，也应适用本条所述措施，其方式和程度与处置犯罪所得相同。

### （四）完善黑社会性质组织犯罪涉案财物处置机制

#### 1. 加强推进涉案财物的审前返还制度

庭前返还制度的核心在于明确性和及时性，而尤以及时性最关乎被害人等权利人的切身利益。修改后《刑事诉讼法》第234条规定，“被害人的合法财产，应当及时返还。”但对于“及时”的时点认定则存在争议，有学者认为“及时返还并不意味着在诉讼过程中随时返还，司法机关应当在作出终结诉讼程序的决定后才能将赃款赃物返还给被害人，即先定案，后返还。”① 这种观点有违被害人权利救济的司法保护初衷，也有违立法本意。“及时返还”，应当理解为在刑事诉讼的任何环节，司法机关只要查明追缴和退赔的违法所得是属于被害人的合法财物，都应当及时返还，无须等到刑事判决生效后再予返还。② 此外，根据最高人民法院2013年施行的《关于适用〈中华人民共和国刑事诉讼法〉的解释》第360条规定，“对被害人的合法财产，权属明确的，应当依法及时返还，但须经拍照、鉴定、估价，并在案卷中注明返还的理由，将原物照片、清单和被害人的领取手续附卷备查”。“两办”《意见》也明确规定，对于权属清楚，且不影响犯罪嫌疑人或者其他利害关系人权益的案件，可直接由公安、检察机关返还被害人，对权属是否清楚，公安、检察机关应该严格审查，错误返还的，检察机关应当进行监督并提出纠正意见。可以看出

① 李江海、曹浩俊：《论赃款赃物》，载《人民检察》2007年第16期。

② 参见最高人民法院执行局：《最高人民法院关于刑事裁判涉财产部分执行的若干规定理解与适用》，中国法制出版社2017年版，第17页。

"及时"返还的时点不能也不应该限定在诉讼程序终结后，只要任何司法机关查清财产权属均可返还被害人其合法财产。在存在着被害人的犯罪中，赃款赃物首先应用于返还合法所有的被害人。"判决前已经发还被害人全部或者部分财产的，人民法院应当审查先行返还是否合理合法，尤其对于被告人、其他被害人或者第三人对先行返还提出异议的，应当在法庭上查证清楚，并在判决主文中予以明确。"① 对于犯罪嫌疑人或者其他利害关系人对涉案财物提出权属异议，即使不作为证据使用，公安、检察机关亦应当查明存在争议财产的来源、性质，并随案移送，公安、检察机关不得直接返还，法院经法庭查证，对异议财物权属作出裁判，依法应该返还被害人或者利害关系人的，判决返还，判决前已经发还被害人的财产，应当在判决中注明；② 依法应该追缴或者罚没的，则判决予以追缴或者罚没。

2. 进一步扩大涉案财物的先行拍卖、变卖种类、范围

先行处置是以容易毁坏、易于贬值等特定刑事涉案财物为对象，于判决前通过拍卖、变卖等方式予以提前处分的措施。我国先行处置制度虽经过数次演变，但依然未摆脱实体性要件虚化、权力行使恣意化、程序性处分实体化的现实困境，有必要推广刑事涉案财物集中统一管理制度。③ 为了实现涉案财物保值增值，实现"物尽其用"，维护公民的合法财产权益，在遵循正当程序原则的前提下，建议适当扩大先行处理的涉案财物范围：（1）对于势必折旧、贬值且容易毁损、灭失的财物，如机器设备、汽车船舶等动产，可以视为"不易长期保存的物品"，在征得权利人同意的情况下，可以先行变卖、拍卖等。（2）对于未必贬值且不易毁损的财物，如公司股份、知识产权、土地房产、金银珠宝等，非经权利人申请，不得先行变卖、拍卖、处理等。此外，先行处置必须进行限制，即符合其明确性，只有经权利人申请，并经审查，不会损害当事人及其他利害关系人利益，不会影响诉讼正常进行的，才可以先行处理。

3. 建立相对独立的涉案财物处理程序

有学者建议，"庭审中，应当将犯罪资产的处置纳入庭审内容，允许控辩双方对被扣财产的性质，查封、扣押行为的合法性、必要性及合理性等进行调

---

① 参见黄应生：《〈最高人民法院关于适用刑法第六十四条有关问题的批复〉的解读》，载《人民司法》2014 年第 5 期。

② 依据 2013 年最高人民法院作出的《关于适用刑法第六十四条有关问题的批复》规定。

③ 参见方柏兴：《刑事涉案财物的先行处置》，载《国家检察官学院学报》2018 年第 3 期。

查、讯问、举证及辩论，最后由合议庭评议后统一作出裁定。"① 本文认为，鉴于涉案财产处置在黑社会性质组织犯罪案件审判中的重要性，可以参照量刑规范化改革内容，将涉案财物纳入庭审程序，建立相对独立的财物处理程序。首先，检察机关提起公诉时，应将已采取强制措施的财物品种、数量、位置等情况列出清单，移送法院，且要同时移送能够证明涉案财物系违法所得或者系犯罪工具的证据材料，在起诉书中列明涉案财物的处理意见。其次，法院原则上应当在刑事判决中一并对涉案财物作出处理并阐明理由。但是，涉案财物种类繁多、数量巨大，难以在审限内查清权属关系并作出处理的，为了防止刑事案件审判的过分拖延，可以先作出定罪量刑的判决，而后再由同一审判组织对涉案财物作出处理。

## 四、结语

财产权是公民基本人权的重要组成部分，是公民享有自由权、平等权和人格尊严的物质保障。我国《宪法》第 13 条第 1 款明确规定"公民的合法的私有财产不受侵犯"。当然包括被告人的合法财产不受侵犯，也包括被害人的合法财产不受侵犯。在现代法治国家，对涉案财物的处置，包括查封、扣押、冻结财物等应极为审慎，且须遵循正当法律程序。刑事诉讼中的涉案财物处置，既是程序问题，更是实体问题。对涉案财物的处置不仅关乎被告人的基本权利，更与被害人的财产权紧密相连，也关乎公权力行使的正当性及司法公信力的维护。犯罪学的研究目的一方面旨在引导社会行为，预防犯罪发生；另一方面，还要针对已然犯罪，恢复、救济现实被害人的权益。

对涉案财物的处置要首先厘定涉案财物的范围，妥善区分违法所得及其孳息、犯罪所得、犯罪工具、违禁物品及与案件有关的财物，划分财物的权属进行实体定位，侧重于评价被告人行为同涉案财物之间的关系；在明确权属之后，应当及时通过法定程序返还被害人，尤其对于具有毁损、灭失风险等特殊属性的财物，应当有条件的扩大适用审前返还制度，切实救济被害人的权益。同时，在涉案财物处置的执行层面，应遵循司法实践办案的客观实际，在遵循法定程序的前提下，将规范文件内化为具体的办案方法，进一步细化办案步骤，规范办案方式，保证涉案财物处置的合法有效进行。

---

① 李林：《黑社会性质组织犯罪司法认定研究》，法律出版社 2013 年版，第 168 页。

# 民警涉黑犯罪问题研究

## ——以社会学习理论为视角

张应立*

民警涉黑犯罪是最严重的民警职务犯罪，研究其特点规律，做好预防控制民警涉黑犯罪对于纯洁公安队伍改善党和政府及公安机关形象，铲除黑恶犯罪保护伞，坚决贯彻执行党中央国务院“扫黑除恶”政策均具有重要意义。民警涉黑犯罪是广大人民群众及社会舆论关注的热点问题，但学界对此研究不够。犯罪的社会学习理论是社会学习理论的重要组成部分，是美国心理学家艾伯特·班都拉（AlbertBandura）20 世纪 70 年代在萨瑟兰的不同交往理论及伯吉斯和艾克斯的不同强化理论基础上发展起来的一种犯罪社会心理学理论。该理论认为：个人的犯罪行为是在社会生活中通过实施或观察犯罪行为而习得的。① 社会学习理论能为我们深化民警涉黑犯罪研究，揭示其产生机理及科学预防提供新的视角。

## 一、民警涉黑犯罪的概念

民警涉黑犯罪不是一个严格的法律概念，是学界为研究的方便根据犯罪主体职业身份不同而提出的一种涉黑犯罪的类型，是一个犯罪学概念。笔者认为民警涉黑犯罪有广狭义之分，狭义是指民警组织领导积极参加黑社会性质组织或者包庇、纵容黑社会性质组织的犯罪；广义上指民警组织领导积极参加或包庇纵容黑恶势力的犯罪。本文研究的是狭义的民警涉黑犯罪。

民警涉黑犯罪既是一种严重的职务犯罪，也是民警队伍腐败的一种重要表现。从司法实践来看，涉黑犯罪的民警主要是指公安机关的民警。一个地区公安机关一旦发生民警涉黑犯罪，不仅意味着该地区打黑除恶第一道防线的失守

* 张应立，浙江省宁波市公安局北仑分局办公室副主任，公安部研究室特约研究员，中国犯罪学学会理事，宁波大学兼职教授硕导。

① 吴宗宪：《西方犯罪学》（第二版），法律出版社 2006 年版，第 320 ~ 321 页。

和黑社会性质组织犯罪在该地区的做大做强，同时也意味着该地区民警违法违纪问题和民警腐败现象的升级与严重，民警涉黑犯罪的发生也是该地区民警队伍建设和队伍管理中存在突出问题和薄弱环节的集中反映。民警涉黑犯罪虽是极少数，但对其决不能掉以轻心。民警涉黑犯罪不仅对党和政府形象，尤其是对公安队伍形象造成了极其严重的损害，也是一个地区社会治安形势恶化的重要根源，人民群众的安全感和对公安工作的满意度也会因此而大打折扣。民警涉黑犯罪的发生也意味着该地区公安机关政治建警和法治建警方面发生了严重的责任事故。

## 二、当前民警涉黑犯罪特点

根据司法实践，当前民警涉黑犯罪主要有以下特点：

### （一）从警种分布上来看，涉黑犯罪的民警以刑侦、治安、派出所等担负打黑除恶职责的警种为主

从近年来已经披露出来的民警涉黑案件来看，虽然青岛及温州等地黑社会个案中暴露出来的涉黑民警有团委、纪委等其他部门，但实践中受职责权限分工的限制其他警种民警涉黑犯罪发生较少，更多的是直接担负着打击查处黑社会犯罪职责的刑侦、治安、派出所、巡特警等部门的民警，所谓“近朱者赤，近墨者黑”，在与黑恶势力打交道过程中抵挡不住黑社会性质组织的拉拢腐蚀，成为黑社会的盟友充当起保护伞。应当注意的是，正是这些肩负着打击查处黑社会违法犯罪职责的民警涉黑犯罪的出现及增多，使得公安机关及其民警社会角色发生了变化，由“打黑”变成“护黑”，进而使得该地区黑社会犯罪更加有恃无恐肆无忌惮，黑社会犯罪对人民群众生命财产安全的危害不断加重。

### （二）从有无职务来看，近年来担任领导干部的民警涉黑犯罪明显增多

无论是辽宁沈阳刘涌黑社会案件，山东青岛的聂磊黑社会案件，浙江温岭张畏、王秀方黑社会案件，还是四川广元的刘维、刘汉黑社会案件等，均出现了一些担任公安机关领导职务的民警涉黑犯罪问题。担任领导职务民警涉黑犯罪问题的出现，实际上也是黑社会性质组织犯罪发展过程中对保护伞需求升级的反映，也可以说在黑社会性质组织犯罪活动严重化过程中，依靠普通民警无法摆平黑社会性质组织可能遭受打击的“灭顶”之灾时，需要手中握有更大权力的担任领导职务民警才能摆平，于是黑社会组织就会想方设法拉拢腐蚀更高层级民警，进而出现极少数意志薄弱的担任领导职务的民警涉黑犯罪。还有一种情况是民警在涉黑犯罪中因黑恶势力的资助帮忙职务得到不断晋升，进而

更加死心塌地为黑恶势力服务。

民警涉黑犯罪与黑社会性质组织的关系不单纯是黑社会对涉黑民警的需求，涉黑民警有时也有求于黑社会组织，正是这种相互需求的存在，加剧了民警队伍的腐败也助长了黑社会犯罪的猖獗与危害。黑社会需要民警提供保护，使他们避免或者逃脱打击；也有极少数民警甚至是担任领导职务的民警理想信念出现偏差，沉迷于享受纸醉金迷，需要黑社会提供巨额资金，或者在包养情人时喜新厌旧无法摆脱旧情人，或者收受贿赂又没有帮行贿人办成所请托之事遭要求退钱又无钱可退，等等，总之他们惹上了无法通过正当途径摆平的麻烦，需要黑社会组织出面帮助摆平麻烦而有求于黑社会组织，正是在这种互动关系中民警就会一步步陷入包庇纵容等涉黑犯罪的深渊①，黑社会性质组织的负能量上升，对社会的危害性加剧。

### （三）从在黑社会组织滋生发展过程中所发挥作用来看，涉黑民警在黑社会犯罪中作用逐步提升

初期出现的是民警为黑社会通风报信，帮助黑社会逃避打击，不履行打击职责变相纵容包庇黑社会组织犯罪，逐渐发展到积极参加，甚至组织、领导黑社会性质组织犯罪。聂磊黑社会案件中的特警支队一副大队长驾车冲撞抓捕的民警，就是一种积极参加黑社会性质组织活动的犯罪。山西阳泉市城区原巡特警大队长组织领导黑社会性质组织犯罪案件，吉林通化市公安局原副局长王禹帆组织黑社会性质组织案件，吉林长春梁旭东黑社会案件等，民警在涉黑犯罪中的作用由包庇、纵容黑社会性质组织犯罪的一般参与者作用上升到组织、领导黑社会组织层面，一方面体现出民警在黑社会组织性质犯罪中作用的提升，另一方面标志着民警涉黑犯罪的升级。

### （四）有民警涉及的黑社会性质组织其存续时间往往更长，对社会造成的危害后果更严重

从司法实践来看，我国黑社会性质组织绝大多数由恶势力团伙发展演变而成，恶势力没有得到及时打击，就会发展壮大演变成为黑社会性质组织。黑社会性质组织存续时间及危害性与民警是否涉黑呈正相关，民警涉黑且涉黑程度越深，黑社会存续时间就越长其所造成的危害后果就越严重。黑社会性质组织存续时间越长发展越迅速就越需要保护伞，首要的保护伞就是站在打黑除恶第一道防线的公安机关民警，没有肩负打击黑社会任务民警的保护则绝大多数情况下恶势力在向黑社会演变发展过程中就会胎死腹中。

---

① 张应立：《论腐败与黑社会犯罪》，载《山东警察学院学报》2015年第1期。

（五）民警涉黑犯罪均与职务有关，民警涉黑犯罪是最严重的民警职务犯罪

黑社会很讲究实用主义，拉拢谁腐蚀谁主要是看其有没有利用价值，而民警对于黑社会有没有价值关键就在于是否掌握黑社会的生杀大权。正是从这一角度，民警涉黑犯罪均与职务便利有关，可以是直接有关，也可以是间接有关。直接有关，如担负打击黑社会职责的民警，或者担负黑社会非法经营行业查禁任务的民警，前者如刑侦民警，后者可以是治安、禁毒、派出所、巡特警等警种的民警。直接有关可以表现为跟黑社会关系密切，应当履行打黑除恶、查禁赌博吸贩毒涉黄等职责，而徇私枉法不去履行这些法定职责，任由其发展危害社会；也可以是在公安机关采取查禁或打击行动时通风报信，让打击查禁行动落空。间接有关，就是利用领导地位或朋友同学关系，影响或者左右担负有打击查禁职责任务的民警不去履行职责，实现包庇纵容黑社会犯罪的作用。

## 三、民警涉黑犯罪因素的社会学习理论解析

社会学习理论认为，个人的犯罪行为是在社会生活中通过实施或观察犯罪行为而习得的，深受社会环境中的有关因素的制约。这一理论虽是班都拉在研究少年攻击性行为时提出的，但也可以用来解释白领等犯罪，① 笔者认为犯罪的社会学习理论为我们认识民警涉黑犯罪提供了新的视角。

（一）不良社会交往，培养了民警涉黑犯罪的兴趣和经验

社会学习理论认为犯罪不是天生的，犯罪是人们后天学习来的。人们并不是生来就知道攻击行为的全部技能，而必须通过学习掌握这些技能；一些简单的攻击行为一学就会，但是大多数攻击则需要复杂的技能，这些技能只有通过广泛的学习才能够掌握。社会学习理论认为犯罪技能获得机制有两种方式，一种是观察学习，即通过观看他人而习得复杂行为技能的过程，被观察者称为示范者，模仿或示范影响是形成攻击行为的重要机制，大多数观察学习发生于家庭、亚文化及符号三种示范中；另一种是亲历学习，即通过亲身参加犯罪活动而进行的犯罪学习，是一种强化的学习，通过犯罪行为的实施获得奖励性后果，如在犯罪行为实施过程中获得快感，通过犯罪行为取得所需财物社会地位等，他就会习得这种犯罪行为而再次实施。②

---

① 王慧博：《社会学习理论视角的我国白领犯罪解析》，载《河南社会科学》2012 年第 8 期。

② 吴宗宪：《西方犯罪学》（第二版），法律出版社 2006 年版，第 315～316 页。

民警涉黑犯罪行为往往是在不良交往中习得的。一是在单位里小圈子学习，物以类聚人以群分，因交往密切程度，民警在单位里也容易形成不同的圈子，有的可能传播业务技能等正能量，也有的搞团团伙伙传播负能量。进什么小圈子往往左右着民警走什么样路有什么样发展，民警涉黑犯罪行为的发生往往是因进了亚文化小圈子，这种小圈子讲江湖义气哥们感情，在法律规定与哥们感情冲突时甚至置法律规定而不顾，这种圈子里呆久了就会胆大妄为起来，直至徇私枉法甚至纵容包庇黑社会犯罪。二是跟社会上不良人员的交往中逐步形成涉黑犯罪动机实施涉黑犯罪行为。我国的黑社会犯罪绝大多数是由流氓恶势力团伙演变而来的。在其演变过程中我们的一些民警交友不慎，与这些流氓恶势力骨干成员交往，收受好处，一起赌博吸毒嫖娼，一旦流氓恶势力犯案，这些平日交往较深的民警就会出手相助，让流氓恶势力所犯罪行大事化小小事化了，成为流氓恶势力向黑社会演变的重要推手。山东青岛聂磊黑社会案件侦破后青岛公安机关成为民警涉黑犯罪重灾区，仅第一批就宣布有 14 名民警涉案，最终包括市局的前后两任局长、四个分局局长、几个支队长均涉案。与聂磊黑社会涉及的民警，两个圈子的交往均有。冯某某是首批 14 名涉聂磊黑社会案件民警的两名层级最高者之一，曾担任青岛市李沧区公安分局局长，指使掌控的黑恶势力参与拆迁是其重要敛财方式，被称为聂磊黑社会的“哼哈”二将之一①。冯某某先后任主要领导的部门，有一些民警自觉或不自觉围绕在其周围，因圈子核心涉黑这个圈子里的一些民警也在效仿过程中从事了涉黑犯罪。

### （二）榜样消极示范，滋生了民警对涉黑犯罪行为的正面预期

社会学习理论认为一定的环境前提会增加以后攻击行为和违法犯罪行为的可能性，也就是说具体的违法犯罪是由环境因素激起的，班都拉称这种激发攻击行为的环境因素为鼓动者，班都拉认为激起攻击行为或违法犯罪的因素或鼓动者主要有五类：厌恶性鼓动者、诱因性鼓动者（当人们期待能从攻击行为中得到好处时，对未来可能得到的好处的这种预期，也会激起攻击行为）、示范性鼓动者、知识性鼓动者、妄想性鼓动者。② 社会环境中的不良示范使民警对涉黑犯罪形成正面预期。不良示范有三种情况：

一是领导干部涉黑的示范作用。在青岛聂磊黑社会案件、浙江温岭张畏王秀方黑社会案件和沈阳刘涌黑社会案件等案件中表现都较明显。青岛市公安局

---

① 王海鹰、刘宝森：《“黑老大”聂磊保护伞是谁?》，载《中国青年报》2012 年 3 月 21 日。

② 吴宗宪：《西方犯罪学》（第二版），法律出版社 2006 年版，第 317 页。

前后两任局长均与聂磊关系密切，并从这种密切关系中获得财物金钱及女色上的巨大利益。万某某任青岛市公安局长期间，其儿子参与聂磊赌场活动，在公安部接获重大赌博线索后统一指挥的抓赌行动中，万某某竟然擅改行动时间并通风报信，致使重大抓赌行动失败，万某某后来在省纪委“双规”期间畏罪自杀身亡。后任局长王某某在任安全局局长时就因有关领导打招呼为聂磊团伙办事获得回报，调任公安局长后更是聂磊的座上宾，经常关照聂磊团伙，从中收获金钱和女色。一些民警看到市局主要领导与聂磊打成一片并从中渔利就竞相效仿，甚至有民警通过聂磊找王某某获得提拔，进而更死心塌地为聂磊黑社会效力。浙江温岭张畏王秀方黑社会案件，因公安机关主要领导与黑社会老大关系密切，导致少数民警竞相与黑社会拉关系，为黑社会消灾解难。

二是民警涉黑犯罪经常被从轻处理，使一些民警感觉到涉黑犯罪风险小收益巨大，刺激了民警涉黑犯罪动机。1996 年修订并于 1997 年实施的刑法第 294 条第 4 款明确规定了包庇纵容黑社会性质组织罪，2000 年最高人民法院也专门发布司法解释明确了什么是包庇纵容黑社会的行为，什么情况下是情节严重的包庇纵容黑社会行为，然而司法实践中涉黑民警被认定为包庇纵容黑社会罪的极少，往往定徇私枉法罪，两个罪名量刑差异大，导致涉黑犯罪民警被轻判。此外，民警涉黑犯罪中大量受贿行为不被认定。如果涉黑民警最后只被判处三年以下徒刑，而收获了数百万甚至数千万上亿的财产，犯罪成本过低，在拜金主义思想作用下，会引起一些民警羡慕，诱发甚至刺激了民警的涉黑犯罪心理。

### （三）教育惩戒缺位，助长和固化了民警涉黑犯罪的心理脱敏

班都拉认为自我强化是个人摆脱因攻击行为产生的内心不安和自责，使攻击行为合理化，从而心安理得地进行后继攻击行为。班都拉认为攻击行为不仅受直接观察或体验到的外部结果的调节，而且受自我诱因的调节，在这种自我调节的过程中，人们通过接受教诲和示范来获得一定的行为标准，并对自己的行为进行自我奖赏和自我惩罚，从而实现对行为的自我调节。自我调节有四种方式：一是对攻击行为的自我奖赏；二是对攻击行为的自我惩罚；三是内部控制的解除而实施了应受到谴责的行为；四是逐渐的抑制解除，违法道德法律的活动通常要经过一个逐渐脱敏过程才能将一个有修养的人变成一个残忍的攻击者，最初当他们被促成进行攻击或违法犯罪时，他们可能忍受着不过分的自我谴责，当经过反复的活动使他们的不安与自我谴责减弱时，攻击或违法犯罪水

平随之提高。[①]

民警都是经过专门的法律知识学习，都了解涉黑犯罪的法律后果和风险，因而大多数民警踏入涉黑犯罪后往往要经历克服内心不安、恐惧，到内心逐步认同，心理上将其合理化，并脱敏的过程，也就是说要经历外部强化、替代强化和自我强化交互作用的过程，经历这样过程民警涉黑犯罪就会持续下去。通化市公安局原副局长王某某组织领导的黑社会性质组织，山西阳泉市城区巡特警大队原大队长关某某组织领导的黑社会性质组织，作为公安机关领导或部门领导在组织领导黑社会组织犯罪的过程中大肆巧取豪夺迅速聚敛起巨额财富，生活奢靡，在长达十余年之久的涉黑犯罪中，没有及时受到惩处，使得他们的涉黑犯罪意识不断强化，也影响了他们所在公安机关的风气，甚至关系密切的民警产生涉黑犯罪的心理冲动，追随他们走上涉黑犯罪之路。民警涉黑犯罪一开始都会有心理不安的，毕竟自身是肩负打黑除恶职责的，会有一种良心谴责，但多次实施涉黑犯罪且没有及时受到应有法律制裁后这种不安与谴责就会减轻，进而对自己涉黑犯罪产生合理化认知，逐步降低了自身的负罪感，逐步解除了自己内部心理控制机制，使自己对涉黑犯罪产生心理脱敏，在涉黑犯罪道路上越走越远。如果在涉黑犯罪中，外部及时的思想教育和相应惩戒，民警内心良心谴责不断增强，涉黑犯罪的内心合理化、心理脱敏过程就会中断，民警的涉黑犯罪也会因此而中（终）止。一个地区公安机关一旦出现民警涉黑犯罪，没有受到及时严厉的惩处，往往就会产生民警涉黑犯罪前腐后继现象。

总之，民警涉黑犯罪也是行为、认知和社会环境三者及其相互作用的结果。极少数民警在打击犯罪中禁不住拉拢诱惑而充当黑社会保护伞，当这极少数涉黑民警没有被及时问责查处时，就为其他民警涉黑提供了观察模仿和亲历学习的途径。其他民警在见证已经涉黑民警收获丰厚回报甚至职务不断晋升情况下，产生社会对民警涉黑犯罪赞许的假象，形成参与涉黑犯罪的正面预期，在观察模仿和亲历学习两种方式获取涉黑犯罪的技能与经验后，再通过内心合理化认知、心理脱敏进行自我心理调节降低负罪感与心理不安，减少良心谴责，不断强化涉黑犯罪意识，与客观存在的黑社会犯罪及其他保护伞三者等环境因素的相互作用，民警就会在涉黑犯罪上越陷越深。

## 五、社会学习理论视野下遏制民警涉黑犯罪的对策思考

根据社会学习理论，遏制民警涉黑犯罪也需要在预防控制黑社会性质组织

① 吴宗宪：《西方犯罪学》（第二版），法律出版社 2006 年版，第 318~319 页。

犯罪、减少民警观察模仿和亲历涉黑犯罪的机会、中断民警涉黑犯罪心理合理化和脱敏过程等方面下功夫，结合司法实践笔者认为具体应当从以下几方面着手：

（一）坚持零容忍，对黑恶势力露头就打，减少直至消除滋生民警涉黑的土壤

社会学习理论认为犯罪是行为、认知和环境因素交互作用的结果，缺一不可。黑恶势力犯罪的存在是民警涉黑犯罪的重要环境因素，皮之不存毛将焉附，没有黑恶势力的存在，哪来的民警涉黑犯罪的滋生。消除这些滋生民警涉黑犯罪的环境因素要求我们对黑恶势力犯罪必须始终坚持零容忍、露头就打的高压态势，在常态化严打高压情况下黑恶势力犯罪就无法形成气候。对黑恶势力犯罪坚持零容忍、露头就打：一要高度重视黑恶势力赖以生存的“黄、赌、毒”、寻衅滋事、聚众斗殴等违法犯罪的查处，及时发现并铲除寄生在其中的黑恶势力；二要强化黑恶势力违法犯罪情报线索的分析研判，由区县级以上公安机关的情指部门全面监控几类黑恶势力违法犯罪的警情、案情情况，及时反馈给刑侦支（大）队及区县级以上公安机关主要领导、分管领导，提升情报在扫黑除恶行动中导侦能力；三要健全黑恶势力打击机制，完善黑恶势力认定标准，一旦认定为黑恶势力的实行上提一级公安机关侦办的原则，避免黑恶势力查处中的地域因素干扰；四是强化黑恶势力违法犯罪案件侦办的监督，黑恶势力案件的撤案、取保需经集体讨论，必要时商上级公安机关法制部门，黑恶势力案件办理实行终身追责制度，不管经过多少年，一旦发现应当立案的没有及时立案，应当及时采取强制措施的没有及时采取的，不应当取保而取保的，一律追究办案人、审核人、审批人的责任，属于水平问题纪律处分，有徇私情节的追究相关法律责任直至刑事责任。

（二）坚持依法严肃查处民警涉黑犯罪，使其他民警从中产生负面预期，减少榜样示范和亲历学习机会，抑制其涉黑犯罪倾向和冲动

榜样示范和亲历学习是民警涉黑犯罪行为的两大重要习得机制，这两大习得机制能否兑现取决于我们对民警涉黑犯罪的态度，如果我们对民警涉黑犯罪始终坚持零容忍，始终保持高压状态，就会减少直至消除滋生民警涉黑犯罪的习得机制，阻断他们学习涉黑犯罪技能经验途径，形成心理上高压，震慑一些在涉黑犯罪问题蠢蠢欲动的民警，使他们不敢越雷池一步。为此：

1. 完善民警涉黑发现机制。重视从信访、举报等入手，公开公安机关领导干部电话，拓宽民警涉黑犯罪线索举报途径，定期汇总内外部信访、举报线索。建立民警涉黑线索的上提一级查办制度，由上一级公安机关纪检部门认真

核实查处每一起民警涉黑线索，一经查实坚决依法依规严肃惩处，构成犯罪的及时移送监察委查处，对情节尚轻的，依纪依规予以惩处，始终坚持对民警涉黑的零容忍态势。实行民警涉黑线索核查首问责任制，对不及时不认真履行查处民警涉黑的，实行严格的责任倒查，终身追责。

2. 严格执行刑法的涉黑犯罪规定，确保涉黑民警罚当其罪，发挥刑罚应有的震慑效应。法院、检察院要坚持独立办案，自觉排除各种干扰，保证公正司法。同时要强化对法院办理民警涉黑犯罪案件的个案监督，排除对民警涉黑案件审理的干扰，保证审判公正。只要民警涉及的团伙被认定为黑社会性质组织，就应对涉案的民警适用第 294 条第 4 款的规定定罪量刑，发现有受贿或巨额财产来历不明的，在定罪的同时依法收缴其非法财产，防止其利用赃款行贿干扰司法。要发挥舆论监督和群众监督作用，媒体要敢于曝光并追踪民警涉黑案件，对媒体及群众提供的民警涉黑案件侦查、审理不公线索，相关职能部门要及时受理核实，以便及时发现并纠正对民警涉黑案件量刑偏轻定罪不当的现象。

### （三）强化思想政治教育，提升民警坚守道德底线和法律红线的能力，增强内心控制机制，消除心理脱敏

民警涉黑犯罪的发生，实际上就是民警道德底线和法律红线的全面失守，也是民警免疫力下降所致。因而有效地提升底线意识和红线意识，是预防和减少民警涉黑犯罪的思想基础，也是强化心理控制防止涉黑犯罪心理脱敏现象发生的重要措施。为此，一要改进目前普遍存在的思想政治虚化弱化的现状，要真正重视思想政治工作，把思想政治工作列入各级公安机关党委的重要议事日程，经常性分析民警的思想动态，采取个别家访谈心和集体警示教育相结合等方式，切实关心民警的思想动态和生活、工作中困难，着力提升教育宣传的针对性和实效性，通过深入细致的思想政治工作，使广大民警坚守道德底线和法律红线，进而为有效预防和减少民警涉黑等犯罪奠定坚实的思想基础。二要完善教育培训机制，提升教育培训效果。要在公安院校及警衔晋升培训里开设公安队伍管理法律法规教育课程，经常性开展纪律作风教育，做到警钟长鸣。

# 农村黑社会性质组织的特殊性及防治对策

聂立泽　刘林群*

农村黑社会性质组织无论在人员构成、活动范围、保护伞等领域均有别于城市黑社会性质组织，只有在充分分析农村黑社会性质组织的特殊性及成因的基础上，才能对农村涉嫌黑社会性质组织进行正确定性并提出相应对策。有鉴于此，笔者试图通过研究农村黑社会性质组织的特殊性及成因，以探究对农村黑社会性质组织的准确定性及对策。

## 一、农村黑社会的重新萌发

### （一）建国后农村黑社会的消亡

中华人民共和国成立以后，政府出于保障革命成果的目的，一方面通过对在新中国成立前依附于国民政府的反动帮会、黑社会势力予以打击，逐步消灭了反动政权、反动帮派和黑社会等势力；另一方面，则通过在农村各地建立乡、村、人民公社等基层政权机构来实现对农村的管理，使官方权力控制了农村基层社会的治理。而在农村基层政权的变革中，人民公社存在的时间最长、影响最大。由于旧中国遗留的黑社会势力被消灭殆尽，加上人民公社在管理上的半军事化性质，以及因农村人“同样贫困”的社会现实等原因，农村黑社会失去“东山再起”的基础并一度进入“空白期”。

### （二）改革开放后农村黑社会的萌发

改革开放之后，国际贸易、人员、资本流动的频繁，以及国内市场经济的逐步确立，都为黑社会势力的重新萌发与壮大提供了经济上的诱因和基础。此外，随着中国政治体制的改革，农村的治理模式也从以往人民公社管理下的半军事化管理模式改为村民自治模式。正是随着农村人民公社政权的退出以及村委会作为自治性组织的建立，使得国家官方权力从农村治理中退出，农村很大程度上恢复过往的自治自管状态。农村原有治理模式已经废除，却未能以另一

* 聂立泽，中山大学法学院教授；刘林群，中山大学法学院硕士研究生。

种成熟的治理模式来替代，这一农村治理模式改变上的缺位使农村中本土黑社会势力乘势而起并集结壮大。而境外黑社会势力的渗透也成为我国黑社会萌发的外在因素。正是因为这些因素，使得在改革开放的短短三十多年间，全国各地的农村黑恶现象频繁发生，成为现代化推进过程的重大隐患。

由于农村黑社会势力的生存土壤有别于城市黑社会势力，导致农村黑社会势力的发展模式呈现出不同于城市黑社会势力的特殊性。加上我国立法模式上关于涉黑类有组织犯罪仅规定了“黑社会性质组织”类犯罪，因此需要正确分析农村黑社会性质组织的特殊性以准确定性和提出对策。

## 二、农村黑社会性质组织的特殊性及成因

### （一）多为兄弟式或家族式结构

农村黑社会性质组织在结构上多为兄弟式结构或家族式结构，呈现出宗亲关系为纽带的家族式有组织犯罪的特点。由于农村社会主要是以血缘关系纽带连接在一起的宗族社会，这种依靠血缘关系形成的关系纽带使农村黑社会性质组织的成员不仅在农村黑社会性质组织的萌发阶段具有天然的聚集性，而在农村黑社会性质组织的发展过程中彼此之间的信任度与依赖度也更强、结构上也比较严密。相关研究显示，正是兄弟式或家族式的黑社会性质组织中存在的血缘关系纽带使得成员之间的团结性更高，而社会危害性及势力范围更更大。无论是“宁夏固原丁飞黑社会性质组织案”还是“河南新郑张中彦黑社会性质组织案”等农村黑社会性质组织案件中无一例外的都是靠家族势力、亲属、朋友关系来聚集成员并保持组织间的纽带链接。相比之下，城市黑社会性质组织成员之间由于人员来源广泛，很难依靠血缘关系增强成员间的向心力或作为成员间的连接纽带。也正因为血缘宗亲纽带的聚集性和向心性，城市黑社会性质组织在没有实际血缘关系的情况下也采用拟制的兄弟关系来作为彼此之间的连接纽带。

此外，农村黑社会性质组织在结构上的特殊性也为侦察、抓捕农村黑社会性质组织成员带来了严峻挑战。由于很多农村黑社会性质组织成员之间甚至与村民之间都具有血缘宗亲关系，中国传统的“亲亲相隐”思想不仅存在于农村黑社会性质组织成员之间，也存在于诸多本地村民之间。加上有些农村黑社会性质组织中存在深厚的农村传统的义利观念，比如解决乡邻纠纷、不欺负本村人等思想和行为。因此甚至出现部分农村黑社会性质组织即便对外为非作歹，对内却仍受到诸多本村村民的拥护，在村民中享有较高威望的现象。这也导致村民不愿意向侦察、抓捕人员透露这些成员的信息，甚至主动予以包庇，并将侦察人员视为对立面。

## （二）规模较小、组织性较弱

由于受地域、经济、文化、人员等多方面因素的影响，农村黑社会性质组织的规模一般较小，组织性也较弱。首先，农村在地域上分散隔离的乡村布局以及落后的交通虽然一方面阻止了中央政治权力的渗透，出现“皇权不下县，县下唯宗族”的局面。但另一方面，这种单个农村或者基层固有面积较小、不同农村之间分散隔离的状态，也决定了农村黑恶势力很难将势力范围渗透、拓展到其他乡村、乡镇。实务中，农村黑社会性质组织的势力亦一般局限于所在乡村、乡镇。其次，虽然城市化进程的推进以及市场经济的确立使农村经济得到较快的发展，也为农村黑社会性质组织提供了经济上的诱因，但农村的经济模式依旧以传统的农耕经济、农贸经济为主，辅之城市产业转移建设的部分工厂，以及现代化进程中由于乡镇基础设施建设出现的工程建设行业、由于资源开发而引起的采矿等经济模式，这种经济模式以及规模决定了农村黑社会性质组织所能获取的经济利益较少，从而导致农村黑社会性质组织进行犯罪活动所需要的人员以及能供养的人员数目都较少。

与此同时，由于农村普遍的文化水平比城市较低，在一些内地农村尤其如此，这也导致了农村黑社会性质组织成员的文化程度普遍偏低，而成员的文化程度低又进一步决定了其组织性较弱。即便是帮规，亦多是不成文。但不成文的帮规却都是靠“恩威并重”来达到既保持成员之间的向心力又维护领导者权威的目的。此外，囿于成员中亲友关系的普遍存在，组织内部人员的关系不仅仅是简单的组织者、领导者、参与者关系，更血缘夹杂着宗亲关系，这导致农村黑社会性质组织的等级性不仅仅取决于组织内的分工与能力，也与宗族辈分息息相关。也正因为宗亲血缘关系的存在，农村黑社会性质组织的组织性不会过于严格。

正如安徽砀山的王军、王强案中，法院正是因为考虑到农村黑社会性质组织在规模、成员、组织性上均有别于城市黑社会性质组织，而以“成员相对固定的犯罪组织”来认定其组织性特征。[①]最高人民法院、最高人民检察院、公安部、司法部亦于2018年联合发布《关于办理黑恶势力犯罪案件若干问题的指导意见》要求考虑农村黑社会性质组织在规模、成员、组织方面的特殊性，而不宜对黑社会性质组织存在时间、成员人数问题做出“一刀切”[②]的规定。

---

① 参见（2018）皖1321刑初115号刑事判决书。

② 参见2018年最高人民法院、最高人民检察院、公安部、司法部印发《关于办理黑恶势力犯罪案件若干问题的指导意见》的通知。

### （三）保护伞级别低：多为村委会、基层政权派出机构人员

城市黑社会性质组织由于组成人员、经济实力等自身因素较为高级，加上城市政府官员级别、犯罪领域等外部因素更为高级的原因，其保护伞级别往往较高，有的甚至有省部级官员作为保护伞。而农村黑社会性质组织则囿于经济实力、势力范围、成员人数等因素而普遍性的规模较小，其保护伞往往停留在村委会领导、国家政权机关的派出机构如司法所、派出所等机构的人员。农村黑社会性质组织在保护伞层面上的特殊性可归结于两方面的原因，即农村黑社会性质组织本身规模较小，以及基层自治性组织及基层政权派出机构人员的权力寻租。

首先，农村黑社会性质组织的经济实力以及控制范围决定了其难以收买高级别党政领导，也无需收买高级别的党政领导。相比之下，基层自治性组织及基层政权派出机构的人员则无论是在层次等级、经济实力等方面均与农村黑社会性质组织更为契合。其次，农村村委会采取村民选举方式产生，因而农村村委会组成人员的产生容易被操纵、控制，农村黑社会性质组织往往利用这一点，采取“黑转白”“黑白勾结”等方式为自己网罗政治上的保护伞；另外，国家政权机关的派出机构由于身处基层，组成人员的采用及要求往往不高，加上工资收入均较低，导致这部分人员更容易产生与黑社会性质组织成员勾结的动机，进行权力寻租。

有研究表明，“在存在保护伞的案件中，黑社会性质组织起初是以行贿方式贿赂政府官员，随后，政府官员发现在与黑社会性质组织交往中，官员物质欲望膨胀的心理与黑社会性质组织的‘糖衣炮弹’契合，从黑社会性质组织犯罪的本质特征来看，离不开地方公权力的支持，导致了黑社会性质组织的犯罪案件中‘保护伞’的存在”。① 农村黑社会性质组织寻求政治上的保护伞往往与基层自治组织及基层政权组织的权力寻租相吻合，“G 村基层行政，即对村落社会的政治、经济管理主要由以下几类政权组织各自去执行。其一是县属政府及相关的派出机构，如管理村内土地、治安、交通的土地所、派出所、交管站等；其二是乡镇政府及相关一些机构；其三是行政村的党支部与村委会。前两种或是‘国家工作人员’，或是聘用者，在村民眼中都属于‘政府的人’，手中不仅握有一定的权力，而且本身还都蕴藏了丰富的社会关系资源，一般与上下左右甚至与当地的宗族都存在着千丝万缕的联系，常常牵一发而能够动全

---

① 陶云飞：《安徽省黑社会性质组织犯罪特征研究》，载《理论建设 · 国内外政治思想研究动态》2016 年第 5 期。

身，故一般百姓是惹不起的。关于村级管理组织的人员，作为乡镇一级政权的延伸，作为国家最基层一级的政府组织代表，其权力在缺少监督的情况下，更加便于谋利，如计划生育指标、土地承包、宅基地的审批等，都是其一锤定音”。① 正是由于村民自治制度及基层政权所存在的缺陷、或者说下层组织的局限性，与农村黑社会性质组织寻求政治保护的需求相契合，导致黑白合流。“在一些地方，村霸已成村干部的代名词，有的村干部竟然成了与群众对立的乡匪村霸。”②

### （四）侵害领域多局限于农村社会政治、经济等领域

城市的黑社会性质组织由于规模、经济实力、成员构成等原因，其经济犯罪领域渗透到社会经济领域的方方面面，其政治渗透更是将触角伸到了党政界的高层，所保护伞级别往往较高。相比之下，由于生存土壤迥异，农村黑社会性质组织的犯罪行为往往局限对农村基层政治、对个人财产、农村经济领域的侵害。

一方面，农村黑社会性质组织通过操纵村委会选举、收买基层政权派出机构人员来腐化农村政治生态；另一方面，在现代化、城市化的大力推进下，许多农村被城市的发展挟裹，自有的经济模式被打破，除了固有的毒品买卖等犯罪活动外，也出现了很多工程承包、拆迁等现代化城市进程中特有的挥动，而这些活动也成为农村黑社会性质组织新的敛财方式。但农村黑社会性质组织与城市黑社会性质组织相比有显著的不同，这也决定了对农村黑社会性质组织的认定有别于城市黑社会性质组织。有研究认为村霸从“暴力犯罪转为非暴力性犯罪”，但实际上黑社会性质组织仅仅是通过注册公司实施“以黑护商”“以商养黑”等活动，本质上仍是通过暴力手段进行犯罪活动的。

## 三、农村黑社会性质组织的治理对策

### （一）系统性认定黑社会性质组织

农村黑社会性质组织由于在规模、人员构成、保护伞等方面有别于城市黑社会性质组织，实践中往往出现法院片面强调黑社会性质组织的规模特征而将农村黑社会性质组织仅仅认定为“村霸”、“黑恶势力”等非涉黑犯罪势力。这种现象不仅放纵了对农村黑社会性质组织的打击，也使受害村民对司法权威

---

① 郭太友：《村落社会中的混混势力与社会秩序——以滇东北一个多民族杂居村为表述》，西北民族大学 2011 年硕士学位论文。

② 钱立功：《不容“村霸”横行霸道》，载《人民法院报》2017 年 2 月 5 日第 2 版。

失去信心。实际上，关于黑社会性质组织的有组织特征说、有组织的暴力特征说、组织行为特征说等学说仅仅是从某一个方面去强调黑社会性质组织的特征。而实践中各地的黑社会性质组织的特征各不相同的现实，却决定了对于黑社会性质组织的认定决不可能仅仅依靠某一个特征。以上关于黑社会性质组织本质特征的观点，从黑社会性质组织认定的司法实践来看，均不真正具有黑社会性质组织本质特征所应具有的界分功能。[①] 因此，对于黑社会性质组织的四个特征应当进行系统认定，“由于实践中许多黑社会性质组织并非这‘四个特征’都很明显，在具体认定时，应根据立法本意，认真审查、分析黑社会性质组织‘四个特征’相互间的内在联系，准确评价涉案犯罪组织所造成的社会危害”。[②]

就农村黑社会性质组织而言，村霸现象本质上也是黑社会现象，只不过是农村的黑社会现象。有学者通过对安徽省黑社会性质组织犯罪进行调研发现，“在调研的案例中，有27个案例中的黑社会性质组织或犯罪团伙的势力范围在县级或乡镇一带，占案例总数的56.25%，也就表明了安徽省的黑社会性质组织半数以上在县级或乡镇一带活动。县乡的治理问题也是中国需要关注的处于城乡结合部的社会治理问题则更为突出”。[③] 按照我国现行刑法及司法解释的规定，农村黑恶势力只要符合黑社会性质组织的四个特征即可认定为“黑社会性质组织”，而在认定过程中要时刻注意到农村黑社会性质组织的特殊性，而不能因为农村的这一特性而认定为“农村混混”“村霸”便排除“黑社会性质组织”的认定。易言之，即使认定为“农村混混”“村霸”，也并不意味着排除其“黑社会性质组织”的性质，只能说因为其农村黑恶势力的身份而导致两个身份兼具。

（二）利用参照自首酌情从轻处罚的规定

鉴于农村黑社会性质组织所普遍存在的血缘宗亲关系，在侦查、抓捕农村黑社会性质组织成员的过程中往往出现当地村民、亲友不予配合的情况。对此，应当积极利用刑法及司法解释中关于“犯罪嫌疑人被亲友采用捆绑等手段送到司法机关，或者在不明知的情况下被亲友带领侦查人员前来抓获的……

① 石经海、李佳：《黑社会性质组织本质特征之系统性理解与认定》，载《法律适用》2016年第9期。

② 参见2018年最高人民法院、最高人民检察院、公安部、司法部印发的《〈关于办理黑恶势力犯罪案件若干问题的指导意见〉的通知》。

③ 陶云飞：《安徽省黑社会性质组织犯罪特征研究》，载《理论建设·国内外政治思想研究动态》2016年第5期。

参照法律对自首的有关规定酌情从轻处罚"[①] 的相关规定，对其亲友进行劝解，鼓励其积极协助抓捕农村黑社会性质组织成员，并依法对有法定、酌定从轻、减轻处罚情节的农村黑社会性质组织成员予以从轻、减轻处罚。与此同时，也能起到良好的法制宣传作用、并有效避免暴力、野蛮执法所导致的农村维稳事件。

（三）发挥监察委对农村自治组织的检察作用

以往，我国农村地区的村委会选举由于缺乏有效监督，以及村民自治热情不高等原因，贿选、暗箱操作、村委会干部与村匪勾结等不良现象层出不穷。现在我国设置了中华人民共和国监察委员会，并规定对包括"基层群众性自治组织中从事集体事务管理的人员"在内的公职人员进行监察。对此，应当充分发挥监察委对农村村委会日常运行及村委会选举的监督，避免暗箱操作、打击暴力选举、贿选等情况，进一步提高村民参与基层自治活动的热情与能力，才能从根本上解决农村村委会的涉黑现象。

① 参见2010年最高人民法院印发的《〈关于处理自首和立功若干具体问题的意见〉的通知》。

# 恶势力之认定问题思考

刘宪章*

2018年1月11日，中共中央、国务院下发《关于开展扫黑除恶专项斗争的通知》，部署在全国开展为期三年的扫黑除恶专项斗争。从以往的“打黑除恶”到现在的“扫黑除恶”，提法虽一字之差，但内涵发生重大变化，表明要更全面、更深入地扫除黑恶势力，不但要打击犯罪，还要打击违法行为，是有黑扫黑、无黑除恶、无恶治乱。在黑恶势力中，黑社会性质组织是最为严重的犯罪组织，一般从恶势力发展而成，恶势力是黑社会性质组织的雏形，因此及时严惩恶势力，是遏制黑社会性质组织滋生，防止违法犯罪造成更大社会危害的有效途径。扫黑除恶专项斗争中“扫黑”是重点，但从犯罪预防的角度出发，“除恶”是关键。本文中，笔者试就认定恶势力的一些问题提出个人见解，以求教于同仁，希望对“除恶”有所裨益。

## 一、恶势力的特征问题

根据最高人民法院、最高人民检察院、公安部、司法部《关于办理黑恶势力犯罪案件若干问题的指导意见》（法发〔2018〕1号）（以下简称两高两部《指导意见》），恶势力是指经常纠集在一起，以暴力、威胁或者其他手段，在一定区域或行业内多次实施违法犯罪活动，为非作恶，欺压百姓，扰乱经济、社会生活秩序，造成较为恶劣的社会影响，但尚未形成黑社会性质组织的违法犯罪组织。福建省高级人民法院、福建省人民检察院、福建省公安厅《关于办理恶势力违法犯罪案件若干问题的意见》（闽公综〔2018〕132号）（以下简称福建《意见》）进一步明确恶势力所具有的三方面特征，笔者试将其概括为：

一是组织特征。要求成员一般三人以上，有相对固定的纠集者。据此，对于单人单独（或者两人共同）实施的暴力、威胁行为，不能认定为恶势力。

* 刘宪章，福建省惠安县人民检察院检察委员会专职委员。

恶势力成员的范围包括：（1）纠集者，在共同违法犯罪中起组织、指挥、策划、召集作用的，在共同犯罪中是主犯，在共同违法中是起主要作用的人员；（2）一般成员，以有充分证据证明实施违法犯罪为标准，涵盖至尚未归案、因法定原因不予追究刑事责任（如未成年人实施或者经调解、赔偿等程序后不进入刑事司法程序的等）以及已受到行政或刑事处罚的违法犯罪人员。

二是行为特征。要求在一定区域或行业内实施三次以上违法犯罪活动（其中至少一次行为构成刑事案件）。恶势力所实施违法犯罪活动的范围：（1）主要行为，包括强迫交易、故意伤害、非法拘禁、敲诈勒索、故意毁坏财物、聚众斗殴、寻衅滋事等违法犯罪行为；（2）伴随行为，伴随以上主要行为实施的开设赌场、组织卖淫、强迫卖淫、贩卖毒品、运输毒品、制造毒品、抢劫、抢夺、聚众扰乱社会秩序、聚众扰乱公共场所秩序或交通秩序、聚众"打砸抢"等违法犯罪行为。

三是危害特征。要求所实施的违法犯罪行为通常具有一定的暴力性和公开性，造成较为恶劣的社会影响，客观上对该违法犯罪组织在一定区域或行业内确立强势地位能发挥积极作用。

中国人民大学法学院教授、博士生导师黄京平提出恶势力具有第四方面特征——发展特征，即恶势力为谋取不法利益或形成非法影响有组织地违法犯罪，已具有黑社会性质组织雏形的特征，或者具有演化、渐变为黑社会性质组织的极大可能性。①

认定黑社会性质组织，公检法三机关需要围绕"组织特征""经济特征""行为特征"和"危害性特征"这四方面，认真审查、分析事实与证据，特别是要准确评价涉案犯罪组织行为所造成的社会危害，方能确保不枉不纵。同样，明确了恶势力犯罪所具有的全部特征，也就为恶势力的认定提供了一个具体标准，从而更精准高效地打击恶势力。

作为更高层级的恶势力，恶势力犯罪集团是符合犯罪集团法定条件的恶势力犯罪组织。福建《意见》给出恶势力犯罪集团的四方面特征：一是组织成员一般三人以上；二是有明显的首要分子；三是重要的组织成员较为固定；四是组织成员共同故意实施 3 次以上恶势力惯常实施的犯罪活动或者其他犯罪活动。对应恶势力的四方面特征，以上第一至第三方面可归纳为组织特征，即恶势力犯罪集团要求组织成员一般三人以上，有明显的首要分子，重要的组织成员较为固定；第四方面归为行为特征，即恶势力犯罪集团组织成员共同故意实施 3 次以上恶势力惯常实施的犯罪活动或者其他犯罪活动。在危害特征与发展

① 黄京平：《恶势力及其软暴力犯罪探微》，载《中国刑事法杂志》2018 年第 3 期。

特征两方面上，恶势力犯罪集团较之普通恶势力，有明显的不同，危害特征上给社会造成的危害更大，发展特征上更接近发展成黑社会性质组织。

## 二、违法犯罪行为的范围问题

由于认定恶势力需要“三次以上违法犯罪”且至少一次行为构成刑事案件，就有了恶势力所实施违法犯罪行为的主要行为与伴随行为之分。根据两高两部《指导意见》及福建《意见》对恶势力行为特征的表述，主要行为是指恶势力惯常实施并成立恶势力犯罪刑事案件的违法犯罪行为，亦有人称“主罪行为”，主要为聚众斗殴、寻衅滋事、强迫交易、故意伤害、非法拘禁、敲诈勒索、故意毁坏财物等七类。而伴随行为，顾名思义，是伴随上述七类主要行为同时实施的开设赌场、组织卖淫、强迫卖淫、贩卖毒品、运输毒品、制造毒品、抢劫、抢夺、聚众扰乱社会秩序、聚众扰乱公共场所秩序、交通秩序、聚众“打砸抢”等十二类违法犯罪行为。

仅就字面表述判断，伴随行为应是在实施主要行为过程中同时实施的附随行为，即恶势力实施的主要行为构成犯罪，伴随主罪行为同时实施的其他行为也构成违法乃至犯罪，似乎有主次关系。根据福建《意见》，为把持基层政权、操纵破坏基层换届选举、垄断农村资源、侵吞集体资产，或者在建筑工程、交通运输、矿产资源、渔业捕捞等行业、领域，商贸集市、批发市场、车站码头、旅游景区等场所，或者在征地、租地、拆迁、工程项目建设等过程中，实施七类主要行为之一构成刑事案件，并实施十二类伴随行为至少构成2起治安案件，成立恶势力。但同时，福建《意见》还规定，对于聚众斗殴等七类之外的非主要行为，包括主要从事涉黄赌毒活动、非法放贷及“套路贷”，“职业医闹”、组织或雇佣网络“水军”在网上实施威胁、恐吓的，只要行为构成刑事案件，同时因使用暴力、威胁或“软暴力”手段讨债至少构成2起治安案件的，同样可以认定为恶势力。综上，福建《意见》里的主要行为指出了恶势力常见、多见违法犯罪，但并非全部，对恶势力经常实施的七类之外的其他违法犯罪，只要符合福建《意见》规定，同样可以认定恶势力。可见，恶势力违法犯罪的主要行为与伴随行为之间并非是主次关系，对于恶势力的认定，还要回到对其概念与全部特征的判断，并结合具体区域、行业下实施具体违法犯罪行为的具体情况，对照《意见》内容标准进行综合判断。

根据两高两部《指导意见》及福建《意见》，认定恶势力要求主要行为构罪，其他行为至少2起构成治安案件，但治安案件的处罚有否强度（程度）限制，比如治安处罚种类范围如何？文件未给出明确的标准，需要我们结合《治安管理处罚法》，对照“扫黑除恶”专项斗争的政策要求与两高两部《指导意见》、福建《意见》文件规定，进行分析判断。

根据《治安管理处罚法》第10条规定，治安管理处罚的种类分警告、罚款、行政拘留、吊销公安机关发放的许可证等四类，其对违法者的处罚程度是不同的。由于缺乏对治安管理处罚的种类范围的具体限定，在有主罪条件下，只要受到其他两次以上的治安管理处罚，哪怕警告之类的处罚，就有可能被认定为恶势力，这样的门槛显然过低。笔者认为，应当以治安管理处罚对被处罚者的影响程度为尺度，对判断认定恶势力进行必要的条件限制。对于行政拘留，其直接强制被处罚者的人身自由，对被处罚者权益的影响较为严厉，说明违法程度较为严重，应纳入认定的判断范围。对罚款应区别对待，其中较大数额的罚款，根据《治安管理处罚法》的规定，公安机关作出处2000元以上罚款的治安管理处罚，被处罚者有权要求举行听证，可见对其权利影响较大，2000元以上作为较大数额的罚款，应纳入认定的范围。较小数额的罚款及警告等，只适用简易程序就可对违法者进行处罚，可见其对违法者的权益影响较轻，亦说明违法程度较轻，因此，无须将这类处罚纳入认定范围。吊销公安机关发放的许可证的处罚规定在《治安管理处罚法》第54条第3款："取得公安机关许可的经营者，违反国家有关管理规定，情节严重的，公安机关可以吊销许可证"，根据《治安管理处罚法》第98条的规定，公安机关作出吊销许可证的治安管理处罚的，被处罚者有权要求举行听证，可见其对违法者的权利影响同样较大，应纳入认定的范围。

## 三、软暴力行为的入罪与认定问题

软暴力是相对于硬暴力而言的，表现为围而不打、打而不伤、伤而不重，既能给受害人造成心理强制而达到不当目的，又对政法机关打击处理造成一定的困难。① 扫黑除恶专项斗争"点名"严打软暴力，两高两部《指导意见》首次对黑恶势力实施软暴力的违法犯罪专门作出规定，为谋取不法利益或形成非法影响，有组织地采用滋扰、哄闹、聚众造势等手段侵犯人身权利、财产权利，破坏经济秩序、社会秩序，符合刑法规定的相关犯罪构成条件的，应当分别以寻衅滋事罪、强迫交易罪、敲诈勒索罪等定罪处罚。具体包括以下三方面：一是有组织地采用滋扰、纠缠、哄闹、聚众造势等手段扰乱正常的工作、生活秩序，使他人产生心理恐惧或者形成心理强制，分别属于寻衅滋事罪中的"恐吓"、强迫交易罪中的"威胁"。二是以非法占有为目的强行索取公私财

① 黄国荣：《扫黑除恶专项斗争专题解读》，载 http：//10.35.1. 179/iweb/minfo/index. jsp？DMKID = 113。

物，有组织地采用滋扰、纠缠、哄闹、聚众造势等手段扰乱正常的工作、生活秩序，同时符合敲诈勒索罪的其他犯罪构成条件的，应当以敲诈勒索罪定罪处罚。三是有组织地多次短时间非法拘禁他人的，应当认定为《刑法》第 238 条规定的“以其他方法非法剥夺他人人身自由”，非法拘禁他人 3 次以上、每次持续时间在 4 小时以上，或者非法拘禁他人累计时间在 12 小时以上的，应以非法拘禁罪定罪处罚。尽管对恶势力以软暴力手段实施的违法犯罪行为，有了具体的入罪与认定恶势力的标准，但在具体司法实践中，还应注意以下两个问题：

1. 是否必须以硬暴力为后盾问题。恶势力的危害特征方面，要求所实施的违法犯罪行为通常具有一定的暴力性和公开性。两高两部《指导意见》在严打黑恶势力犯罪的大背景下细化软暴力入罪的具体标准，规定入罪寻衅滋事、强迫交易、敲诈勒索的第 17 条规定也是在“黑恶势力为谋取不法利益或形成非法影响，有组织地采用……”的前提下规制的。也就是说，两高两部《指导意见》对软暴力行为的入罪是专门针对黑恶势力作出的规定。第 18 条规定有组织地多次短时间非法拘禁他人构成非法拘禁罪的也要求是黑恶势力组织所为。这是因为，以暴力性行为为基础，或者暴力性行为在全部违法犯罪活动中占据优势地位，不仅是恶势力形成应当符合的基本特征，也是恶势力行为构成具体犯罪的行为特征，仅有软暴力行为，没有暴力性行为作为支撑或者说以硬暴力为后盾，硬暴力在所有行为中不具有支配地位，没有重要影响力，不宜认定恶势力，即使构罪，也不宜认定是凭借恶势力的影响力。为防止被滥用错用，《部分省级检察院深入推进扫黑除恶专项斗争工作座谈会纪要》特别强调，认定利用软暴力实施的犯罪，客观上系以既往所实施的暴力、暴力威胁为基础，或以未来可能随时付诸实施的暴力为条件，有组织地利用软暴力实施犯罪，对社会公众形成心理强制。

2. 互为前提的循环认定问题。诚如前述，软暴力入罪寻衅滋事等罪的前提是黑恶势力所为，也就是说，要认定这些软暴力构成具体犯罪，须先认定软暴力行为的实施者也就是犯罪主体必须是黑恶势力组织，至少是恶势力。类似情况还有《指导意见》第 17 条的规定，同时由多人实施或者以统一着装、显露纹身、特殊标识以及其他明示或者暗示方式，足以使对方感知相关行为的有组织性的，应当认定为“以恶势力名义敲诈勒索”。而认定恶势力须先认定“3 次以上违法犯罪”且至少一次行为构成刑事案件。在其他条件均符合恶势力特征，就缺一行为直接定罪时，对有可能构罪的软暴力行为，是先据此认定恶势力，再判利用恶势力影响力实施的软暴力行为构罪？还是先判认定利用恶势力影响力实施的软暴力行为构罪，再据此认定恶势力？即产生“先有鸡或先有蛋”的循环认定问题。笔者认为，破解的关键在于全面客观取证，把好证据关，通过多起违法犯罪行为的综合判断，查找出案件所具备的恶势力的全部特征，即在符合3人（组织特征）3起（行为特征），给社会造成的严重危害（危害特征），有发展成黑社会性质组织的极大可能（发展特征）。其中，对违法行为次数的综合判断，比如按照寻衅滋事、敲诈勒索等罪名的定罪标准，将多次（至少3次以上）实施相同性质违法行为（非软暴力），直接评价为构成犯罪。当然，对于确实构不上认定恶势力，或者有证据证明的软暴力违法行为，确实构不成具体犯罪，综合判断也难成立的情况下，我们也决不能为打击而打击，人为降低入罪与认定标准。

## 四、违法犯罪的间隔时间问题

所谓违法犯罪的间隔时间，就是恶势力多次实施的违法犯罪相邻行为之间间隔的时间长度。恶势力是经常纠集在一起的违法犯罪组织，对于这里的“经常”要多“常”，就是多次实施违法犯罪活动的间隔时间要求多长？目前相关文件没有直接给出具体的时间长度，而福建《意见》明确提出，实施的违法犯罪活动间隔时间较长的，认定恶势力应特别慎重。笔者认为，为达到精准“除恶”，以下两方面需要注意把握：

1. 相同性质，多次违法行为构成犯罪的间隔时间。两高两部《指导意见》在定罪上非常突出“打早打小”的刑事政策，包括累“小恶”为“大恶”，直接以犯罪追究，体现在：(1）两年内实施寻衅滋事行为三次以上，或者两年内多次实施不同种类寻衅滋事行为的，直接以寻衅滋事罪追究刑事责任。(2）非法拘禁他人3次以上、每次持续时间在4小时以上，或者非法拘禁他人累计时间在12小时以上的，以非法拘禁罪定罪处罚。2011年《刑法修正案（八)》直接将“多次敲诈勒索”上升为犯罪，两高在《关于办理敲诈勒索刑事案件适用法律若干问题的解释》第3条中明确，“二年内敲诈勒索三次以上的，应当认定为刑法第二百七十四条规定的‘多次敲诈勒索’”。高检院与公安部《关于公安机关管辖的刑事案件立案追诉标准的规定（一)》第28条规定，强迫交易3次以上或者强迫三人以上交易的应予立案追诉。而对于故意毁坏财物罪案件，尽管没有多次违法直接以犯罪认定的规定，但多次故意毁公私坏财物，损失累计达到定罪数额标准的，亦直接定罪处罚。定性恶势力的七类主要行为，除聚众斗殴与故意伤害外，均有以多次违法构成犯罪的定罪标准。而聚众斗殴属行为犯，一旦实施即对首要分子和其他积极参加处予刑罚。故意伤害罪属结果犯，造成至少一人轻伤二级以上方定罪。对于故意伤害罪，理论界曾有人提出以三次或者造成三人轻微伤也予以定罪的建议，尚未得到立法与司法界的认可，但根据两高《关于办理寻衅滋事刑事案件适用法律若干问题的解释》，随意殴打他人致二人以上轻微伤的，或者多次随意殴打他人的，作为破坏社会秩序的恶劣情节，以寻衅滋事定罪处罚。综上，除聚众斗殴与故意伤害的入罪标准较宽，且不受行为次数与间隔时间限制外，以多次违法行为直接认定犯罪的，构罪的间隔时间一般为两年，这是受《行政处罚法》两年处理时效规定的影响，符合刑罚与行政处罚的时效衔接。但有一个需要例外，即非法拘禁罪，如以两年累计非法拘禁次数和非法拘禁小时数，不足以达到强制他人人身自由与产生恐惧效果，间隔时间上应更短，但《指导意见》未给出时间限度，需要我们在司法实践中结合恶势力非法行为给被拘禁者造成的外表伤害（身体疼痛），与内心伤害（心理恐惧）进行综合判断。

2. 主罪成立，多次违法行为定性恶势力的间隔时间。两高两部《指导意见》要求在相关法律文书中的法律事实认定部分，可适用“恶势力”等表述加以描述，实际将非法律用语的“恶势力”由非正式制度上升至准正式制度的地位，有学者称为“半正式制度”。① 因此，在已有一个罪名成立的前提下，就多起违法行为认定恶势力成立，需要把握实施的间隔时间，以严惩恶势力。就生活常识而言，时间越短实施的违法行为越多，给社会所造成的危害性肯定越严重，越容易认定恶势力。但法律既有宽度也有长度，刑法同样如此，这里的“长度”就是多次违法行为实施的间隔时间，需要与其他法律规定的“长度”保持均衡。根据《治安管理处罚法》第 22 条规定：“违反治安行为在六个月内没有被公安机关发现的，不再处罚。”以此为参照，笔者建议，可以将多次实施违反治安管理行为的间隔时间限定在六个月内。对与之前、后起违法犯罪行为均超过六个月的，一般不以恶势力行为评价。当然，如恶势力在面临打击的重压之下，或者其他非自愿因素的停止行为，在“偃旗息鼓”六个月甚至更长时间后，又实施恶势力惯常实施的违法行为的，则应予以一并评价。

① 黄京平：《黑恶势力利用“软暴力”犯罪的若干意见》，载《北京联合大学学报》（人文社会科学版）2018 年第 2 期。

# 如何理解包庇、纵容黑社会性质组织罪中的“明知”*

肖　洪　程肇勇**

黑社会性质的组织犯罪是我国近年来日益猖獗的犯罪现象，其原因是多方面的。其中，一些国家机关工作人员在黑社会性质组织的政治渗透、拉拢腐蚀下，成为黑社会性质组织的政治靠山和保护伞，对黑社会性质组织及其进行的违法犯罪活动予以包庇、纵容，是一个相当重要的原因。2018 年 1 月，中共中央、国务院发出《关于开展扫黑除恶专项斗争的通知》（以下简称《通知》)，决定在全国范围内开展“扫黑除恶”专项斗争，《通知》指出，《通知》指出，把扫黑除恶与反腐败斗争和基层“拍蝇”结合起来，深挖黑恶势力“保护伞”。中央政法委书记郭声琨也指出，要把扫黑除恶与反腐败斗争、基层“拍蝇”结合起来，坚决打掉黑恶势力“关系网”“保护伞”。中央的指示完全符合当下的司法实践。目前，在全国开展轰轰烈烈的扫黑除恶的专项斗争中，司法机关努力打击黑社会犯罪的同时，也有发现司法工作人员包庇、纵容黑社会性质犯罪的案件。这主要是因为黑社会性质组织在萌芽、发展的初期，作为一个“黑”的社会的存在，就必然与“白”的社会相对，就必然与“白”社会代表——国家、政府相对抗。但由于其初期经济实力、控制能力都比较弱，没有国家机关工作人员的包庇和纵容，尤其没有作为打击黑社会性质犯罪的主力军的司法工作人员的包庇、纵容，一般很难发展强大。因此，收买司法工作人员就成为黑社会性质组织初期的必然选择。为此，《刑法》第 294 条第 4 款设立了包庇、纵容黑社会性质组织罪。正确适用这一罪名，对于严厉惩治黑社会性质组织的犯罪有着重要的意义，因为只有打击掉黑社会性质组织背后的“保护伞”，才能真正对黑社会性质组织的犯罪予以打击。否则，没有

---

* 基金项目：国家社会科学基金 2013 年西部项目“司法工作人员职务犯罪预防研究”(13XFX016)。

** 肖洪，重庆大学法学院副教授；程肇勇，重庆市荣昌区公安局法制支队支队长。

惩治黑社会性质组织背后的“保护伞”，黑社会性质组织即使短时间被打击了，必然会死灰复燃。但是，在惩治包庇、纵容黑社会性质组织罪时，犯罪嫌疑人最多的辩护理由是：“我不知道对方是一个黑社会性质组织”“我不明知我包庇的是一个黑社会性质组织”等。这样的理由比比皆是、随处可见。因为根据本罪是故意犯罪，故意犯罪是以犯罪行为人要“明知”为基本前提，因此，犯罪嫌疑人“不明知”的辩解振振有词、辩护人的辩护意见铿锵有力，这样的话，对这些犯罪嫌疑人就不能以包庇、纵容黑社会性质组织罪论处。那么，这个罪名几乎处于立法虚置状态，在司法实践中就无法适用。对此，本文重点探讨包庇、纵容黑社会性质组织罪中对“明知”的理解，试图找到一条解决包庇、纵容黑社会性质组织罪的新的思路。

## 一、山重水复疑无路——对本罪“明知”的学术争鸣

包庇、纵容黑社会性质组织罪的犯罪行为人在主观上只能出自故意，不可能出自过失，对此是毋庸置疑的。但是，在犯罪行为人包庇、纵容的主观故意中，是否必须包含“明知包庇、纵容的对象是黑社会性质的组织”这一认识因素呢？理论界对此有几种不同的看法。

第一种观点，大多数学者认为本罪故意的成立，必须以行为人主观上明确认识到其所包庇、纵容的是黑社会性质的组织或黑社会性质组织的违法犯罪活动为不可缺少的条件，“本罪的主观方面只能是故意，即行为人明知对方是黑社会性质的组织而予以包庇，或明知是黑社会性质组织进行的违法犯罪活动而予以纵容”①，若行为人“不明知是黑社会性质的组织及其活动而实施包庇、纵容行为的，不成立本罪”。②

第二种观点认为，本罪的主观构成要件是故意，“即明知是黑社会性质的组织、黑社会性质的组织所进行的违法犯罪活动，而故意予以包庇、纵容，但不要求行为人像司法工作人员那样确切地认识到对方属于刑法意义上的黑社会性质的组织”。③这种观点的潜台词就是，本罪的行为人如果是非司法工作人员，就只要认识到对方是一个组织就行了，不需要确切地认识到对方属于刑法意义上的黑社会性质的组织，但是，如果犯罪行为人是一个司法工作人员，如公安、检察或者审判人员，在包庇、纵容该组织的犯罪行为时就需要确切地认识到对方属于刑法意义上的黑社会性质的组织。

---

① 高铭暄、马克昌：《中国刑法解释》，中国社会科学出版社 2006 年版，第 2047 页。

② 梁华仁、裴广川：《新刑法通论》，红旗出版社 1997 年版，第 319 页。

③ 张明楷：《刑法学》（第五版），法律出版社 2016 年版，第 1073 页。

第三种观点认为，对本罪的“明知要做宽泛的理解”，只要行为人在实施包庇、纵容时明知其所包庇、纵容的是一个犯罪组织或犯罪组织所实施的违法犯罪活动，一旦该犯罪组织日后被认定为黑社会性质组织的，即可成立本罪。①

面对这些不同的观点，在司法实践中会带来不同的认识与处理结果。

按照第一种观点的结论，在司法实践中可能很难有包庇、纵容黑社会性质组织罪的成立，这个罪名真的就可能成为立法虚置。

在司法实践中，正如前面所述，犯罪嫌疑人最多的辩护理由是“我不知道对方是一个黑社会性质组织”、“我不明知我包庇的是一个黑社会性质组织”等。这样的理由比比皆是、随处可见。当然，我们可以找到其他证据来证明犯罪嫌疑人是“明知”对方是黑社会性质组织，但是，黑社会性质组织从萌芽状态的“恶势力”发展壮大为“黑社会性质组织”过程中，许多为其提供包庇、纵容的“保护伞”的国家机关工作人员很可能确实不知道对方能够发展壮大到一个黑社会性质组织的程度，只知道对方在从事一些违法犯罪的行为，但出于经济利益的考虑或者其他的考虑而为其提供“保护伞”。但这些最初为“恶势力”或者一些非法组织能够成长壮大为黑社会性质组织，其“保护伞”的作用甚大，甚至可以说，没有“保护伞”，就不可能有黑社会性质组织的存在。从司法实践来看，一般来说，最初当“恶势力”或者非法组织欺压普通民众时，普通民众不可能坐以待毙，而是会向相关部门控告或者申诉，正是由于这些相关部门的某些人是“保护伞”，包庇、纵容这些组织违法犯罪行为的发生，对普通民众的受害诉求置之不理甚至予以打击，才导致这些组织发展、壮大为黑社会性质组织。因此，如果强求其必须“明知”对方是黑社会性质组织才能够成立本罪的话，那么，只能对这些“保护伞”无罪释放。这样的结论是民众无论如何都无法接受的，因为民众对“保护伞”的反感比对黑社会性质组织的反感更甚。因此，对“保护伞”包庇、纵容黑社会性质组织的行为予以严惩既是还民众以公平，也是法律正义的彰显。

按照第二种观点的结论，对普通的国家机关工作人员而言，由于“不要求行为人像司法工作人员那样确切地认识到对方属于刑法意义上的黑社会性质的组织”，因而这些国家机关工作人员可以成立包庇、纵容黑社会性质组织罪。但是，对于司法工作人员而言，由于要求“确切地认识到对方属于刑法意义上的黑社会性质的组织”，正如上述理由，很多司法工作人员在对方还处

① 刘宪权、吴允峰：《黑社会性质组织犯罪司法认定中若干疑难问题探讨（下）》，载《犯罪研究》2002年第2期。

于萌芽状态、还是“恶势力”或者从事一些违法犯罪的非法组织时，对其行为人予以包庇或者纵容，才导致最终这些非法组织发展壮大为黑社会性质组织的，对于这些包庇、纵容者，同样应该严惩。即使有些组织已经发展壮大为黑社会性质组织，但司法工作人员在还没有对其进行立案侦查时，很多司法工作人员同样可能不知道对方是黑社会性质组织，只是知道对方在从事一些违法犯罪活动，出于各种原因的考虑而对其违法犯罪行为予以包庇、纵容，如民事法官对黑社会性质组织利用强迫交易获取的利益予以保护等包庇、纵容行为等，此时如果要求“确切地认识到对方属于刑法意义上的黑社会性质的组织”，同样会导致对这些司法工作人员的放纵。

第三种观点的结论有一定道理，因为其主张行为人在实施行为时仅仅意识到其所包庇、纵容的是一个犯罪组织或者犯罪组织所实施的违法犯罪活动，一旦该犯罪组织日后被认定为黑社会性质组织的，即可成立本罪。但是，如果完全不考虑行为人在实施包庇、纵容当时对其包庇、纵容对象很可能是一个黑社会性质组织的认识，而以司法机关事后对犯罪组织性质的认识和判断作为代替行为人本人在行为当时对所包庇、纵容的对象的认识和判断，就是对“明知”的放弃，这似乎是一种客观归罪的方式，违背了主客观相统一原则。①

## 二、柳暗花明又一村——对本罪“明知”的认识

综上，笔者认为，本罪故意的成立，并不以任何犯罪行为人（包括司法工作人员或者非司法工作人员）主观上必须明确认识到对方是黑社会性质的组织为条件。只要行为人明知对方是经常性的从事违法犯罪活动或者从事严重犯罪活动的组织，仍然对该组织及其成员予以包庇，或者纵容其实施违法犯罪活动，就具备了成立本罪故意所必需的认识因素。主要理由如下：

第一，根据罪刑法定原则，只有当法律有明文规定的情形下，才能认为某种犯罪必须以行为人“明知”某种特定的对象或者“明知”自身的状态等作为其主观方面不可或缺的认识因素。我国《刑法》第144条对于生产、销售有毒、有害食品罪，明文规定行为人在主观上必须“明知掺有有毒、有害的非食品原料的食品”。《刑法》第360条对于传播性病罪，明文规定行为人在主观上必须“明知自己患有梅毒、淋病等性病”。《刑法》第311条对于拒不提供间谍证据罪，明文规定行为人在主观上必须“明知他人有间谍犯罪行为”等等。对于这些犯罪，只有明确规定其主观方面的明知的内容才能准确地揭示

① 黄京平、石磊：《论包庇、纵容黑社会性质组织罪的主体和主观方面的若干问题》，载《法制现代化研究》2004年第9期。

行为人的主观恶性以及行为的社会危害性，才能准确地区分罪与非罪、此罪与彼罪的界限。《刑法》第 310 条对于包庇罪，明文规定行为人在主观上对于其犯罪对象必须“明知是犯罪的人”。但是在《刑法》第 294 条第 4 款对包庇、纵容黑社会性质组织罪规定中，却并未作出行为人必须“明知”其犯罪对象是黑社会性质组织、黑社会性质组织的违法犯罪活动的规定，并且在最高人民法院的司法解释中也未作出这样的规定。因此，根据罪刑法定原则的要求应当认为，本罪故意的认识因素，仅就对于对象的认识而言，只须具备了普通包庇罪所要求的“明知是犯罪的人”即为满足。而认为必须以行为人主观上明确认识到其所包庇、纵容的是黑社会性质的组织或黑社会性质组织的违法犯罪活动为不可缺少的条件的观点，是没有法律依据的。

第二，如果要求“确切地认识到对方属于刑法意义上的黑社会性质的组织”才能成立本罪的话，但是，在司法实践中，判断某一组织是否为“黑社会性质组织”，比较复杂困难，会导致很多包庇、纵容黑社会性质组织罪无法处理。因为，“黑社会性质组织”是一个复杂法律概念，是一种高级的共同犯罪的组织形式，有着比普通犯罪集团更为严格的法律特征。在司法实践中，针对黑社会性质组织罪是否成立众说纷纭，争执不下。虽然我国《刑法》第 294 条规定，要构成黑社会性质组织罪要包括四个要素：组织特征、经济特征、行为特征、危害性特征。但什么情况下成立“组织特征”，人数要求具备多少才能符合黑社会性质组织罪的要求、符合本罪规定的“人数较多”？是否 3 人以上就可以算作符合组织特征、符合人数较多等问题困扰着司法实践。① 其次，“危害性特征”的理解，什么程度才能达到“非法控制或者有重大影响”？②

① 黑社会性质组织要多少人才能构成？重庆以往的司法实践中有某种观点说要 10 人以上才能符合组织特征，才能作为认定黑社会性质组织的“组织标准”。但笔者认为不能单单以人数的多少作为标准。即使只有五六人，只要符合黑社会性质组织的其他标准，也可以认定为黑社会性质组织。当然，作为一个组织，最起码还是要达到刑法所要求的犯罪集团的要求，即“人数较多”的特征。

② 对黑社会性质组织所要求的非法控制或者重大影响的理解问题。笔者认为，黑社会性质组织的控制区域应当以“乡、镇”控制的区域为起码标准。因为黑社会性质组织罪作为与“白”相对抗的“社会”的存在，而“白”政府的控制的最基层政府组织就是“乡、镇”，因此，如果黑社会性质的犯罪控制的区域连基层政府组织的区域都无法控制，那就谈不上与“白”相对抗的“社会”的存在了。

这些问题都让理论学界和司法实践争执不下。[1] 既然连学术界和司法工作人员在事实清楚的前提下可能对是否构成黑社会性质组织罪都有一些不同的看法的话，作为包庇、纵容者在一般不完全清楚[2]被包庇、纵容者的全部犯罪违法事实的情况下，就更不可能认识到自己包庇、纵容的这个组织就已经是黑社会性质组织。更何况，是否成立黑社会性质组织罪的最终认定是要依靠法院的判决，因此，在法院的判决之前，是否成立黑社会性质组织罪都是一个问号。因此，此时就要求包庇、纵容者要明知自己包庇、纵容的是一个黑社会性质组织是不现实的。正是由于黑社会性质组织在认定上的严格性，使得实施包庇、纵容行为的国家机关工作人员，在通常情形下也很难根据上述四个特征来“明知”其包庇、纵容的对象是黑社会性质组织或黑社会性质组织的违法犯罪活动。

第三，要求主观上以明确认识到其所包庇、纵容的是黑社会性质的组织或黑社会性质组织的违法犯罪活动为不可缺少的条件，将给司法认定造成困难，为犯罪分子规避法律提供理由。如上所述，“黑社会性质组织”是一个复杂法律概念，如果把明知“黑社会性质组织”作为主观上的必备要件的话无疑会给司法人员带来沉重的压力。在所包庇、纵容的是黑社会性质的组织的犯罪中，犯罪分子往往以不知道对方是黑社会性质组织为由来替自己开脱。一旦主观上的认识因素规定为明知是黑社会性质的组织，那么司法工作人员就必须用证据证明，犯罪分子对于所包庇、纵容的是黑社会性质的组织是明知的。把主观的想法用客观证据来证明无疑是一个很大的难题，会给司法认定造成不必要的麻烦。

## 三、不得不说的话——对“明知”的准确理解

在这里，需要说明的是，这里的“明知”不能理解为“知道或者应当知

---

① 笔者认为，我们在认定黑社会性质组织罪上一定要慎重。我们不能将任何“恶势力”也理解为黑社会性质的犯罪，因为黑社会性质组织罪是一个非常严重的犯罪，即使没有其他严重的犯罪行为，光构成组织、领导黑社会性质组织罪都要判处7年以上有期徒刑，积极参加人员要判处3~7年有期徒刑。这是一个非常严重的刑罚处罚。试想想，一般情节的抢劫、强奸都才判处3~10年的有期徒刑。那要多么严重的行为才能被判处7年以上的有期徒刑？因此，根据罪刑相适应原则，对认定黑社会性质组织罪当然要慎重！刑法修正案（八）就是为了避免将黑社会性质组织罪作为一个大框，什么都往里面装的情形，就将寻衅滋事、敲诈勒索、非法拘禁、强迫交易等行为提高法定刑，告诫我们，当仅仅是“恶势力”时，用这些罪名足以。

② 因为包庇纵容者一般不可能知晓黑社会性质组织的全部违法犯罪事实，更不可能参与这些违法犯罪事实，否则其本身就是组织、领导、参加黑社会性质组织罪的共同犯罪的问题了。

道”。虽然刑法学界很多学者都这样来理解“明知”的，我国相关司法解释也是这样来理解“明知”的，例如2002年最高人民法院、最高人民检察院、海关总署在《关于办理走私刑事案件适用法律若干问题的意见》中第五条明确规定：“走私主观故意中的‘明知’是指行为人知道或者应当知道所从事的行为是走私行为。”基于这种一致的态度，在最高人民法院、最高人民检察院、公安部于2009年7月联合发布的《办理黑社会性质组织犯罪案件座谈会纪要》中就明确规定：“包庇、纵容黑社会性质组织罪主观要件的认定中，主观方面要求必须是出于故意，过失不能构成本罪。会议认为，只要行为人知道或者应当知道是从事违法犯罪活动的组织，仍对该组织及其成员予以包庇，或者纵容其实施违法犯罪活动，即可认定本罪。”

但是，笔者认为，这种规定或者理解是不符合刑法规定的，因为，“应当知道”这是对过失犯罪的要求，而本罪是一个明显的故意犯罪。按照《刑法》第17条的规定，故意犯罪的认识因素是指明知自己的行为会发生危害社会的结果，“会”包含一定或者可能。因此，这里的明知就应该理解为是知道“一定是或者可能是”黑社会性质组织。[①] 同时也要注意的是，犯罪故意中的“可能是”只能理解为是“较大可能”或者可能性的概率相对比较高的“可能”。[②] 因此，“明知”是黑社会性质组织就只能理解为明知对方“一定是或者可能是”黑社会性质组织为认识因素的。

要求行为人认识到包庇、纵容的对象有较高概率是黑社会性质组织，这不是凭空设想的，要有法律根据，否则就会扩大打击面，违反刑法的补充性。判断对方是否是较高概率是黑社会性质组织，首先，行为人至少要认识到包庇、纵容的是有一个组织的存在。如果认识到对方仅仅是一个人或者几个人的共同犯罪，或者仅仅是为了获取利益实施的不正当竞争行为，而对其提供方便，当然就不能说认识到对方可能是一个黑社会性质组织，也就无法认定为包庇、纵容黑社会性质组织罪了。其次，行为人要认识到对方是在实施违法犯罪行为，要么是在经常性的实施违法犯罪行为，要么是在实施社会危害比较严重的犯罪

① 实际上，我国也有司法解释将“明知”做这样的理解。如原来还存在嫖宿幼女罪的时候，2001年6月最高人民检察院在《关于构成嫖宿幼女罪主观上是否需要具备明知要件的解释》中规定：“行为人明知被害人是或者可能是不满14周岁幼女而嫖宿的，适用刑法第三百六十条第二款的规定，以嫖宿幼女罪追究刑事责任。”

② 这就是故意犯罪与过于自信的过失的区别。过于自信的过失刑法法条规定的是“已经预见”，这说明其认识到自己的行为会发生犯罪的社会危害性的可能性比较小；相反，故意犯罪是“可能”，说明其认识到自己的行为会发生犯罪的社会危害性的可能性比较大。

行为，这样才能说行为人认识到对方“很可能”是黑社会性质组织。如果只认识到对方仅仅实施一次较轻的违法犯罪行为，并不知道该组织还在实施其他的违法犯罪行为或者其他的严重的犯罪行为，此时，就不能说行为人“很可能”认识到对方是黑社会性质组织，此时就不能以包庇、纵容黑社会性质组织罪论处。这样才符合主客观相统一原则。

## 四、余论

包庇、纵容黑社会性质组织的行为对社会的危害极大，这些行为不仅助长一个小小的非法组织能够发展壮大为黑社会性质组织，使国家、社会和民众深受其害；也使民众对国家机关工作人员完全丧失信心、失去信任。因为正是由于这些国家机关工作人员为了包庇、纵容黑社会性质组织，会残忍地打击、报复受到黑社会性质组织侵害的民众，使民众“上告无门”，失去了基本救济的渠道，只能“默默无语两眼泪”。尤其是司法工作人员充当黑社会性质组织的“保护伞”时，那危害更甚。英国哲学家培根说：“一次不公正的审判，其恶果甚至超过十次犯罪。因为犯罪虽是无视 法律——好比污染了水流，而不公正的审判则毁坏法律——好比污染了水源。”司法工作人员为了包庇、纵容黑社会性质组织而采用司法途径打压受害民众，将使民众对社会公正完全失去信心，直接威胁到整个社会的诚信基础。因此，对包庇、纵容黑社会性质组织罪的惩处非常必要。正是由于惩处的必要性和重要性，对于包庇、纵容黑社会性质组织罪中故意犯罪的“明知”的理解就不能机械地理解为“必须以行为人主观上明确认识到其所包庇、纵容的是黑社会性质的组织或黑社会性质组织的违法犯罪活动为不可缺少的条件”，也不能理解为司法工作人员要“确切地认识到对方属于刑法意义上的黑社会性质的组织”，否则很难对这些包庇、纵容者予以打击。只有理解为行为人知道对方一定是或者可能是黑社会性质组织，即意识到对方是经常性的从事违法犯罪活动或者从事严重犯罪活动的组织，仍然对该组织予以包庇、纵容，就可以成立本罪。只有做这样的理解，既可以严厉打击这种危害极大的犯罪，又可以有效地保障人权①，不随意扩大打击面，真正实现罪刑法定原则和罪刑相适应原则。

---

① 刑法所要保障的人权是全体公民的基本人权，其中包括了被害人、犯罪人和一般的公民的基本人权。因此，就不仅仅是保护犯罪人的人权，同时对被害人和其他一般的公民的人权也要进行保护。当然，我们现阶段是对犯罪人人权的保障做的是不够，但是，也不能就一味地强调对犯罪人人权的保障而忽视被害人和社会一般的公民的人权的保障。参见肖洪：《论刑法的调整对象》，中国检察出版社 2008 年版，第 39 页。

# 扫黑除恶刑事政策人权保障原理研究

彭瑞楠*

## 一、人权保障应是扫黑除恶刑事政策的组成部分

“所谓刑事政策是国家机关通过预防犯罪、缓和犯罪被害人及社会一般人对于犯罪的愤慨，从而实现维持社会秩序的目的的一切政策，包括立法、司法及行政方面的对策。”① 因此，无论是“打黑除恶”还是“扫黑除恶”，都应将其归结为刑事政策的范畴。其基本目的仍是实现防止犯罪，具体而言乃为防止黑恶性质类犯罪。从“打黑除恶”到“扫黑除恶”，由“打”到“扫”一字之差，便意味着针对黑恶性质类犯罪的刑事政策本身之转变，已由运动式的“打击”到制度式的“扫除”。换言之，自2018年年初，中共中央、国务院发布《关于开展扫黑除恶专项斗争的通知》之日起，经过三年专项斗争后，黑恶性质的犯罪发案数绝不能出现大规模的反弹，甚至要基本压制住此类犯罪的发案，应是该刑事政策的追求目标之一。这就意味着，扫黑除恶绝不仅仅是一场战役，而更应成为常态化的治理模式，即成为制度化的治理。将刑事政策落实形成为一套成体系的制度，完备性应当是最基本的要求，对于扫黑除恶而言，针对犯罪行为加强打击的同时，并不能松懈对犯罪嫌疑人的人权保障。

从很大程度上说，加强扫黑除恶工作中的人权保障，是从历史经验中得出的结论。于中国法治而言，即对“严打”经验与教训的反思。“严打是以社会保护为使命的，对此没有异议。通过严打斗争，使犯罪分子受到有效惩治，以保护被害人，保护人民利益，因而严打是以保护社会绝大多数人的利益为诉求的，对此也没有怀疑……在一个法治社会里，打击犯罪是受到罪刑法定和无罪推定等法治原则的限制与规范的，并且以对被告人的合法权利保护为前提的。这里存在一个如何正确理解人权保障之人权的问题。我国学者往往在一般意义上理解刑事法中的人权，将人权泛化。将其主要理解为广大人民群众的权利或

---

* 彭瑞楠，中国政法大学研究生院2016级博士。

① ［日］大谷实：《刑事政策学》，黎宏译，法律出版社2000年版，第3页。

者被害人的权利，因而一般地肯定严打与人权保障并不矛盾。实际上，刑事法中的人权保障之人权应当是被告人的权利。就此而言，不能认为打击犯罪与人权保障并不矛盾……当打击犯罪与人权保障的价值相冲突的情况下应当如何选择？在一个法治社会，正确的选择应当是将人权保障放在第一位，打击犯罪不能以牺牲人权保障为代价。严打是强调对犯罪的严厉惩治的，它把打击犯罪放在一个重要的位置上。但是，如果我们忽视人权保障，严打就会出现偏差，这是我们必须警惕的。"① 打击犯罪应以保障人权为底线，这是法治社会的基本要求。且"严打"本身的社会效果也值得反思："改革开放以来实施的多次严打运动和犯罪率同时增长的事实促使我们反思转型期中国的刑事政策…… 严打中的同罪重罚不仅有损法律尊严，更为重要的是削弱了惩罚的威慑效果……潜在罪犯也可能会避开严打的风头，并在运动过后进行补偿性作案。这种可能在一定程度上被严打后更高的犯罪增长率所证实因此，严打极有可能仅带来犯罪在时间上的再分布，而没有实现威慑作用并阻止犯罪。"② 事实上，保护人权对于打击犯罪的目标实现，也并非总是矛盾。如上文中引用之所述，出于趋利避害的本能，犯罪者会选择躲避风头，而等待"风头过后"再伺机而动，犯罪组织更是如此，不尊重人权保护与同罪重罚都会加重这一点。反之理论上，加强对犯罪嫌疑人人权之保护，则会减少其对抗心理，甚至在利害对比中，选择投案自首以求得从宽处罚。

扫黑除恶中有关人权保障制度的构建，应建立在相关原理的释明之上。特别是对相关犯罪学以及刑法学中刑罚论之有关内容的把握之上。"毕竟从形式上看，两个学科（刑事政策学与犯罪学）是独立的、平等的学科。但是，与大多数学科之间的联系不同，这两个学科更具有内在的逻辑联系，狭义犯罪学只研究犯罪原因而不研究犯罪对策，把犯罪对策给刑事政策学研究。刑事政策学不研究犯罪原因，而把犯罪原因留给犯罪学研究。它们在逻辑上是互为补充的。"③ 与之相关的，也需要对刑罚论中，诸如刑罚目的等有关理论进行深刻把握，才能将现象性理论上升至法理高度。

## 二、与保护人权相关的犯罪学原理

自龙勃罗梭提出天生犯罪人说，并将犯罪学定性为"关于犯罪人的科学"

---

① 陈兴良：《严打利弊之议》，载《河南省政法管理干部学院学报》2004 年第 5 期。

② 陈硕、章元：《治乱无需重典：转型期中国刑事政策效果分析》，载《经济学》2014 年第 4 期。

③ 王牧：《新犯罪学》，高等教育出版社 2005 年版，第 15～16 页。

后，犯罪学的概念或者说研究领域以及关注对象，便处于不断丰富发展中。如菲力主张："要研究现行社会中影响犯罪产生与变化的各种因素，并针对这些因素进行实际改良。"并认为导致犯罪的原因可以归结为三类：（1）人类学因素；（2）地理因素；（3）社会因素。而李斯特则反对将自然因素作为犯罪的原因之一，而主张犯罪学必须研究社会环境本身的病态与缺陷。萨瑟兰的"不同交往论"则认为一个人犯罪行为的形成，主要是其社会交往（特别是同犯罪人的交往）的结果。迪尔凯姆却将关注点集中在犯罪行为之行为本身。① 综上，可以看出犯罪学概念的内容庞杂，与研究思路宽广。如同邦格所言："犯罪学是一门归纳型科学，如同其他的归纳型科学那样，它用有可能最准确的方法观察事物，利用一切可能的方法探讨这类现象原因。因此，犯罪学这门科学的研究对象，就是犯罪，即所实施的犯罪与实施犯罪的人们。"②

因而，在多层次归纳总结的视角下，集中关注于"扫黑除恶"针对的对象，即黑恶性质类犯罪的产生原因，特别是该犯罪中犯罪人、社会、刑罚三者之间的关系。并且考虑到此刑事政策的目标之一，是防止此类案件的事后反弹。就必须思考这样两个问题，该类型犯罪嫌疑人在接受刑罚处罚后，是否会再犯？以及就某一地区而言，当一个或数个本身存在的黑恶性质类组织被摧毁后，是否会再次形成新的黑恶性质类组织以"弥补"其空当？其中，第一个问题与人权保护有着密切的关系。第二个问题则更多涉及社会领域本身，也许对这个问题的思考可以使人意识到："犯罪与社会生活的基本条件相联系，它产生并变化于社会生活的基本条件……犯罪是社会的一种基本现象，就如同病痛于人体是一种基本的生理现象。"③ 便会了解到，即使是令人谈虎色变的黑恶性质类犯罪，也是一种社会现象，因而有助于理性看待有关罪行下的犯罪人之责任与权利。保障人权不但是法治社会的应有底线，本身对于防止犯罪人再犯也有巨大的作用，其有利于弥补刑罚对犯罪预防的局限。

刑罚对于犯罪的预防而言并非是一剂万能之药。其固有的局限性首先在于，刑罚预防只能暂时遏止犯罪。"刑罚与犯罪原因的复杂性具有不对称性……对于抑制或减少诱发犯罪的环境因素不会发生丝毫的作用。""再犯预防的真正实现，绝非单单是刑罚范畴内的事情，它更有赖于前后相继的各项社会工作的展开。"其次在于，刑罚预防也具有负面功能。"监禁刑的适用易使犯罪

① 赵翔、刘贵萍：《犯罪学原理》，中国言实出版社2009年版，第4~8页。

② ［荷］W. A. 邦格：《犯罪学导论》，吴宗宪译，中国公安大学出版社2009年版，第1页。

③ 张远煌：《犯罪学原理》，法律出版社2008年版，第149~150页。

人学习犯罪心理和犯罪战术”，此即所谓的“交叉感染”。“定罪和刑事处罚本身很可能成为犯罪者再次犯罪的重要原因。”关于这一点即所谓犯罪学中“标签理论”下文将有所论述。而刑罚预防真正能取得所谓的成功则在于：“抑止或消除犯罪人的反社会心理和行为倾向，使其能够重返社会。”① 对于扫黑除恶工作而言，虽然针对黑恶势力的打击仍是工作重点，但其目标达成与否还有赖于社会层面本身的改善。因此扫黑除恶政策需要与之相配合的“后续矫正”政策。对于此类犯罪中已接受完刑罚处罚的犯罪人，应当给予其重归社会的机会。其中，最为核心的就是如何解决此类人员再就业的问题，显然如果这个问题没有能够得到很好的结局，是难以杜绝其“重操旧业”的可能性的。“任何仔细阅读大量犯罪记录的人，都肯定会相信，失业是一种极其重要的因素。”② 当然在扫黑除恶这一刑事政策内，也应当考虑到犯罪人矫正与重归社会的问题，并采取相关措施。对此，犯罪学中的紧张理论与标签理论具有启发作用。

### （一）紧张理论与扫黑除恶刑事政策中的人权保护关系

“紧张理论认为，犯罪是人们确立的目标与可以用来实现这些目标的合法手段之间发生冲突的产物；这种冲突引起心理紧张，而紧张又会导致犯罪行为。”③ 该理论看似与扫黑除恶刑事政策中的人权保护并无太多关联，实则有着紧密的联系。“任何社会的文化都有两个共同特征：（1）确立目标，即任何社会的文化都确立一些它认为值得追求的目标——成功目标，鼓励每个社会成员为追求这样的目标而奋斗；（2）规定手段，即任何社会的文化都以规范、制度等形式规定了达到目标的合法手段。”紧张理论的关键词莫过于目标、手段、紧张。通过于观察分析，比如作为此次扫黑除恶打击重点的“乡村恶霸”“职业医闹”等黑恶性质类犯罪组织。其所确立的目标不外乎对金钱、权力、社会地位等当下世俗社会所认可的成功标准。金钱、权力、社会地位很大程度上代表了其是否能够获得他人的认可。而现实生活中对于绝大多数普通百姓而言，成为“高官巨贾”这样的人生目标无疑是渺茫的。当然对此，绝大多数人都能以一个平静的心态泰然处之，并在生活中始终使用合法的手段追求目标。但对于已经处于目标与手段不能，所造成的心理紧张之下的犯罪人员，类似于刑讯逼供的侵害人权行为，并不利于缓解此类紧张心理，因而不利于此类犯罪人员的矫正。对此要真正发挥刑事司法的教育矫正功能，便在于树立法的

---

① 张远煌：《犯罪学原理》，法律出版社 2008 年版，第 501 ~ 506 页。

② ［荷］W. A. 邦格：《犯罪学导论》，吴宗宪译，中国公安大学出版社 2009 年版，第 76 页。

③ 王牧：《新犯罪学》，高等教育出版社 2005 年版，第 100 页。

权威性的同时，能够完成犯罪人的思想转变。既然合法手段是必须要坚持的，那么所确立的目标是不是能够改变？回答是肯定的，成功的定义本身就是多元化的，但凡能够“高尚其事”都可谓之成功，当下对将权力、金钱的狂热，只不过是一种社会价值观的扭曲。但在事实上，看守所以及监狱的一些看似合理的管理方式，也并不有利于这样的思想转变。看守所以及监狱本应采取的是一种扁平式的管理方式，即管理者与被限制人身自由人员所组成的两阶层结构。但却由于警力不足，只能在被管理人员之间形成新的管理结构，这当然本也无可厚非，但在这样一个所谓“犯人管犯人”的结构形成和发展中，却往往使得被监管者再次意识到权力的好处。而这一切恰是由于在相关改造过程中，人权保障的缺失所造成的。人权保障，在于维持住一个做人的尊严，而这需要于生命、健康等基本权益的保障，以及平等对待。

（二）标签理论

“标签理论力图揭示这样的事实：一个人的社会角色是由对人的行为的分类方式而造成和加强的，个体被动地去接受和扮演这些角色，是由于不可抗力的社会期望，个体基本上服从社会为他提供的形象模式。因此，一旦一个人被贴上了犯罪的标签，其个人经历就会发生重大变化，社会给它加上的坏名声，这常常迫使他与其他越轨行为者结为伙伴。”① “面对公众谴责和坏人的标签，犯罪人很难保持一种积极的自我形象。他们会对公众的谴责和坏人的标签产生消极认同，产生更加严重的犯罪行为。”② 标签理论是具有实证基础的理论。扫黑除恶工作如果想取得胜利，就必须考虑到标签理论所推导出矛盾：刑罚适用的本身反而加重了有关犯罪的多发。特别是在扫黑除恶的刑事政策下，所形成的“黑恶势力”犯罪人标签，对社会而言，会显得更加刺目而对其难以接纳。而避免将犯罪人标签化，应当在制定刑事政策之时，便划定保障人之尊严的底线正义，并制定严格措施，以保护嫌疑人的声誉。譬如为宣传扫黑除恶战果，而进行必要的媒体报道时，必须隐去犯罪嫌疑人的姓名，不得曝光犯罪嫌疑人肖像等等，从而减少标签效应的扩大化。

## 三、与保护人权相关的刑罚目的论之探讨

如前文所述，站在犯罪学的角度分析扫黑除恶刑事政策下的人权保护，更多的是从现象入手分析原因。但要对此进行更深入的思考，则需要回答刑罚目

① 张远煌：《犯罪学原理》，法律出版社2008年版，第137页。

② 王牧：《新犯罪学》，高等教育出版社2005年版，第103页。

的这样的法哲学意味深重的问题。

关于刑法目的——报应论的说法显然不是当今学界主流。因为其只关注于过去，而缺乏关注于未来，因此对比预防说而显的消极。事实上在当今社会，重视科学而轻视形而上学的氛围中，报应论也缺乏相应的信仰支持。而作为主流的刑法目的预防论也存在着自身所固有的问题。

作为一般预防的逻辑起点的假设，是将人（犯罪人）作为工具而看的，而这与“人是目的而不是工具”的康德哲学显然相互违背。费尔巴哈就曾对消极一般预防有过以下充满矛盾的论述。“法律威慑的有效根据，在这方面，如果没有它，该威慑就会苍白无力……通过法律实现对公民的威慑……”“对一个人施加恶害，仅仅因为他受到的痛苦对于国家有用，我们怎么能够同意这一点？意味着将一个人当作一种物品来对待，可是犯罪人也是人。”且如果将一般预防中的对一般人的威慑进行理解，就会发现这样一个问题：“雅克布斯（Jakobs）举了一个例子，对于一个为了几百欧元财务策划谋杀的人，以数千欧元确定会发生的罚金刑就会长久地遏阻；而需要阻止一个为维持某种人际关系或谋求晋升而计划恶意诽谤的人，为期数年的自由刑才有可能是足够的恶害。但就两个人的不法内容来说，这样的刑罚绝对是不公平的。”即会发现刑罚威慑的方法和目的也许并不匹配。

特别预防也存在着理论基础方面的漏洞——有关于特别预防执行合法性：“它（特别预防）只是或者说主要是涉及对单个犯罪人的帮助，对他的社会性缺陷进行治疗。但是，在刑法理论层面，特别预防思想的这种片面解读是一定不能被维持的，因为它不能说明，应该以强制来实现的、人们所希望的治疗措施，为什么能够得到执行。”须知，作为一种“治疗”绝大多数的情况下都要尊重“患者”的“自由意志”，即一般只能在“患者”自愿的情况下进行。而刑罚显然具有很大程度的强迫性，这样的强制治疗，其目的只能归结为公共利益。而这又一次进入了“人到底是目的还是工具”的争论之中。且“社会必须要防卫不能被改善的人；而且由于我们不愿意砍其头或者是绞其首，也不能加以驱逐，就只能处以其终生的监禁。这种‘特别预防的丑陋一面’使人们注意到，特别预防论中的再社会化没有标明它自身具有的目的，仅仅反映了一种在社会政治层面有用的策略”。方法与目的的不匹配的问题也存在于特别预防之中：“对实施了严重犯罪却无再犯危险的行为人，不会有特别预防处遇的利益，与此相反，对一个‘不会改善的’轻微犯罪人则必须要考虑持久地无害化。”

如果可以对刑罚目的做更为开放的理解，就如同将刑事责任作为让犯罪人重新履行社会责任的范式那样，问题便可以迎刃而解。“刑罚是要制裁公民的不法，并且通过证实履行忠诚义务与享有自由之间的相互性，得以将法进行恢复……在作为公民的角色中，行为人要承担他对共同体的合法的共同责任。在这种共同责任里，他与刑罚联系在了一起。因此，他在刑罚中——最后引用一次黑格尔的话——作为理性之物受到尊重。”①

刑罚目的便在于让犯罪人重新回归社会，并对社会履行自己应对社会所尽的责任，在这个过程中犯罪人必须得到应有的尊重，即人权的保障。刑罚作为刑事政策落实的终极手段，况且秉持此目的，刑事政策当然不能不考虑犯罪嫌疑人的人权保障，并以此为途径完成犯罪人的社会回归。扫黑除恶工作当然也不能例外，笔者对此之所以会有隐忧，便在于刑事司法工作者的意识中可能忽视了人作为理性存在的尊严，而将犯罪人当作了工具，即人的物化。而这也并非是危言耸听，比如说随着打黑除恶刑事政策地推进，各地公安机关纷纷制定了属于自己的任务计划，且在这些计划中总会存在这样的考核形式，即俗称“打击处理数”的数字考核。即规定相关单位在一定时间内都要刑事拘留或逮捕一定数目的黑恶性质类犯罪分子。客观而言，这也许实现了量化管理，但将人当成数字本身就是对人的物化，这与保护人权的要求也格格不入。

综上，本文分别利用犯罪学和刑罚论的有关原理，分析了在打黑除恶刑事政策中保护人权重要作用，虽然对有关制度建设只有只言片语的论述，但作为整体配套的措施，还是希望决策者能够审慎思考。

① ［德］米夏埃尔帕夫利克：《人格体　主体　公民——刑罚的合法性研究》，谭淦译，中国人民大学出版社2011年版，第18～25页、第79页。

# 扫黑除恶刑事政策三题

杨方泉*

当前，扫黑除恶专项斗争正在进行，受到理论界和实质界的重点关注，有关扫黑除恶的刑事政策也引起了不少的讨论，比如说“打早打小”，如何理解，如何运用，见仁见智；又如扫黑除恶与此前的打黑除恶在刑事政策上有何区别。此外，扫黑除恶专项斗争虽然强调严格依法进行，不搞排名，不定指标，但实践当中很难避免，因为司法机关常常需要对扫黑除恶进行阶段性的检查和总结，而检查和总结就必然涉及数量指标和排名。由此，如何避免以往“严打”刑事政策中偏离法治主义和科学主义的问题并不是多余的担心。

## 一、“打早打小”的政策疑虑

“打早打小”作为一种刑事政策，是指对于违法犯罪活动要在其一出现或者还没有发展到严重之前就打击或整治，所谓将其消灭在萌芽状态。有人总结“打早打小”最早是从针对一般刑事犯罪的“严打”总结出来，到打黑除恶才正式提出。① 其实，“打早打小”就是针对黑社会犯罪而提出的一种犯罪对策，早在1996年现行刑法编纂的时候，时任全国人大常委会副委员长的王汉斌在刑法草案的说明中指出，对于黑社会性质组织的犯罪，必须坚决打击 ，一定要消灭在萌芽状态，防止其蔓延。到2010年，中央政法委在指导文件中提出打黑除恶要坚持“打早打小，露头就打，除恶务尽”的坚持，至此，“打早打小”正式成为打击黑社会组织犯罪的一个刑事政策。

为什么对于黑社会组织犯罪需要提出“打早打小”这么一个刑事政策呢？这是因为黑社会组织犯罪都有一个发展演变的过程，由最初的黑势力犯罪团伙发展为黑势力犯罪集团，最后形成称霸一方的黑社会组织。一般的共同犯罪往

---

* 杨方泉，中山大学法学院副教授、博士生导师。

① 莫晓宇、刘畅：《黑社会性质组织犯罪视角下“打早打小”刑事政策解读》，载《法制建设》2011年第5期。

往不具有这一明显的发展演变的特点，这一特点是“打早打小”刑事政策的社会事实基础。其实不仅仅是黑社会组织犯罪，对于其他的有组织犯罪，如有组织的恐怖犯罪、有组织的危害国家安全犯罪等，都有一个“打早打小”的问题。那么，“打早打小”的内涵有哪些，如何运用，有没有限制条件？这些问题是我们在讨论“打早打小”这一刑事政策中必须研究清楚的。

黑社会组织犯罪包括所谓“戴帽”的黑社会组织犯罪即刑法规定的组织、领导、参加黑社会性质组织罪、入境发展黑社会组织罪、包庇、纵容黑社会组织罪三个罪名，也包括其他涉黑犯罪，即黑社会组织及其成员实施的敲诈勒索、寻衅滋事、强迫交易等犯罪，前三个犯罪尤其是前二个犯罪是典型的黑社会组织犯罪，其余的是黑社会组织及其成员所实施的一般刑事犯罪。“打早打小”主要是针对典型的黑社会组织犯罪而言的，因为作为非法结社类的组织性犯罪，组织、领导、参加黑社会性质组织罪与入境发展黑社会组织罪的成立要求形成刑法规定的黑社会性质组织，而刑法规定的黑社会性质组织一般而言在短时间内难以形成，往往有一个发展演变的过程，所以，刑事政策上才强调打早打小，以求事半功倍的效果。对于黑社会组织及其成员实施的敲诈勒索、寻衅滋事、强迫交易等犯罪，笔者认为，只要构成犯罪，当然就要依法惩治，无须强调打早打小。

由此，我们可以看到，当前司法实践特别关注黑社会性质组织、恶势力犯罪集团以及恶势力犯罪团伙三者的区分，因为一方面刑事政策上强调“打早打小”，另一方面又要求依法扫黑除恶，就必然要对上述三者进行界分，以分别适用刑法对应的规定。对于黑社会性质组织，适用《刑法》第294条，对于恶势力犯罪集团，适用刑法总则有关犯罪集团的处罚规定，对恶势力犯罪团伙，适用刑法总则有关共同犯罪的处罚原则。对于一般的恶势力犯罪集团和犯罪团伙，其实就是适用刑法有关共同犯罪的处罚原则，谈不上打早打小。与打早打小有关系的就是《刑法》第294条规定的组织、领导、参加黑社会性质组织罪和入境发展黑社会组织罪，但这两个罪在刑法上有严格的犯罪构成，即黑社会性质组织应当具备法定的条件，如果达不到这些条件，则不能以组织、领导、参加黑社会性质组织罪定罪处罚。有关黑社会性质组织的成立条件在司法实践中经过几次变化，到现在也没有完全解决，有待司法人员在具体案件中把握。所谓“打早打小”，就只好在黑社会性质组织的成立条件上做文章，比如放宽条件就意识着“打早打小”，所以有学者提出降低有组织犯罪的法定规格，降低犯罪的入罪门槛①，但无论如何，刑法上黑社会性质组织的标准不能随意变更，降低标准也有一个限度，为了强调“打早打小”，还有的学者提出增设相关的罪名，如资助黑社会性质组织罪、参加境外黑社会组织罪、入境从事黑社会犯罪活动罪等。②

综上，从刑事实体法的角度来看，“打早打小”刑事政策可适用的空间极其有限，不管是恶势力犯罪团伙还是恶势力犯罪集团，在刑法上主要是共同犯罪的处罚问题，而如何处罚刑法上有明确的规定，不能为了强调“打早打小”而置刑法总则的相关规定不顾。至于黑社会性质组织，刑法的规定就更加严格，相关司法解释也多次强调在实践中不能随意将不具备黑社会性质组织的犯罪团伙或犯罪集团拔高为黑社会性质组织。所以，“打早打小”就主要在刑事程序以及行政处罚方面发挥作用了，对此，很多学者都认为要强调对有可能发展为黑社会性质组织的犯罪团伙或集团的资料研判以及行政处罚。如有学者认为，所谓“露头就打”就是当一个一般犯罪团伙开始发展为流氓团伙时，就露头了，虽然所犯的是打架斗殴、寻衅滋事的行为，还不是黑社会，但是此时应将其违法犯罪事实记录、整理、归档，密切关注，为及时打击该团伙打下基础。③ 笔者认为，“打早打小”不是降低刑法黑社会组织犯罪的入罪标准，而应当着眼于犯罪情报的完善，此外，对有可能发展为黑社会组织犯罪的违法行为及时适用行政处罚手段，防止坐大，这才是“打早打小”刑事政策题中应有之义，也是“打早打小”发挥政策作用的用武之地。

## 二、扫黑除恶的法治化

刑事政策的法治化涉及刑事政策与刑事法律的关系，法治化要求刑事政策不得超出法律的界限，正所谓刑事法律是刑事政策不可逾越的藩篱。有的国家如德国把法治化叫作“法治国”原则，英美国家则称之为“正当法律程序”条款，在我国，刑法确定了罪刑法定原则，刑事诉讼法规定了“任何人未经人民法院判决，不得确定有罪”的条款，这些原则和条款的规定就是我国刑事领域法治化的集中体现。我国刑事法治化的进程既历时较长，又充满了艰难曲折。

---

① 李洁：《打击有组织犯罪：“打小”的立法期待》，载《河南省政法管理干部学院学报》2011 年第 5 ~ 6 期。

② 莫晓宇、刘畅：《黑社会性质组织犯罪视角下“打早打小”刑事政策解读》，载《法制建设》2011 年第 5 期。

③ 黄立：《打黑除恶 铲除和谐社会的毒瘤》，中山大学出版社 2008 年版，第 298 页。

对于犯罪防控来说，没有刑事法律的限制，比如我国自1949年至1980年三十年之久，可以说没有什么刑法和刑事诉讼法，也没有监狱法，但这并没有妨碍政府惩治犯罪的效率。立法者在1979年制定刑法和刑事诉讼法时采取“宜粗不宜细”的原则，原因也在于怕法律规定得太细，束缚了政府的手脚。所以，问题的关键是为什么还要制定刑事法律呢？换言之，这个刑事法律是干什么的？笔者认为，刑事法律主要是用来限制国家刑罚权的，主要不是用来惩治犯罪的，刑事法律的制定和实施，进而实现刑事法治，是我国长期的历史经验的总结。

对于当前扫黑除恶专项斗争，大家都认为应依法进行，没有人认为可以突破刑事法律的限制来推进此次“严打”。从前述对“打早打小”刑事政策的讨论来看，存在着所谓对“打早打小”的立法期待，即降低黑社会性质组织犯罪的成立条件，说白了就是降低刑法上组织、领导、参加黑社会性质组织罪以及其他涉黑犯罪的入罪标准，在修改立法无法达成的情况下，会不会在司法中为了定罪处罚而降低入罪标准？从历年来有关黑社会性质组织的司法解释来看，存在着降低标准的趋势，所以，不能说前述的担心毫无根据。从刑法的角度来看，“打早打小”的提法并不妥当，因为刑法对黑社会组织犯罪均有明确的规定，严格依照刑法定罪处罚自然就无所谓“打早打小”，只有对刑法规定的犯罪构成降格以求，才谈得上“打早打小”，而这显然违反了罪刑法定原则。

在刑事程序法上，司法实践中有一种将恶势力犯罪团伙拔高认定为恶势力犯罪集团的做法，如果认定为犯罪集团，则对共犯的指控在证据上就可以放宽，比如说一个犯罪集团的主犯其犯罪事实有证据可以认定，但某一从犯未有确凿的证据认定其参与了某一具体犯罪，因为他们属于一个犯罪集团，所以就概括地以主犯的证据来认定从犯也实施了该具体犯罪。笔者认为，这种做法违反了法治主义，因为刑法只规定了犯罪集团的首要分子对集团的所有犯罪负刑事责任，其他人只对其组织、指挥或参与的犯罪负责，对于从犯参与的具体犯罪当然应当有确凿的证据来证明。

在扫黑除恶具体犯罪的认定上，也存在着一些有违法治化的现象，比如对于参加黑社会性质组织罪的认定，个别地方司法机关任意扩大黑社会性质组织的外围成员的范围。如有的地方将没有加入黑社会性质组织的意愿，临时受雇参与一两次黑社会性质组织的违法犯罪活动的人认定为参加黑社会性质组织罪，在实践中最常见的就是有的嫌疑人只参与一两次聚众造势，即俗称的“摆场”，没有实施其他犯罪行为，这样的人能否认定为黑社会性质组织的外围成员叫呢？笔者认为不能认定，这些人只是为了金钱，受人邀请参与黑社会性质组织的违法活动，不要说这些人没有加入黑社会性质组织的意愿，就是有加入黑社会性质组织的意愿，也应当以《刑法》第13条“但书”之规定，认定其情节显著轻微危害不大，不构成犯罪。当然，如果这些人多次（3次以上）参与同一黑社会性质组织的违法犯罪活动，则可以认定为黑社会性质组织的其他参加者。还有的地方对于未参与黑社会性质组织的违法犯罪行为，只是本人的违法犯罪行为与黑社会性质组织的违法犯罪行为具有密切联系，也将这类人认定为参加黑社会性质组织罪，比如经营“六合彩”档口的人，黑社会性质组织的成员向其买六合彩，但其本人也要向黑社会性质组织交纳保护费；又比如村治安队队员，由于黑社会性质组织在村中开设赌场，为了赌博的顺利进行以及避免受到查禁，向村治安队员送钱行贿。对于这两类人员，如果司法机关认定其为黑社会性质组织的其他参加者显然不对，因为不管是他们本人还有黑社会性质组织的人都不认为他们是黑社会性质组织的成员，不能仅仅因为他们的犯罪行为与黑社会性质组织的犯罪具有密切联系，就将其行为认定为参加黑社会性质组织罪。此外，不少黑社会性质组织本身具有公司、企业、社团的形式，受雇为其工作的人是否一律认定为参加黑社会性质组织罪呢？显然不能，为此，相关司法解释明确规定：虽然知道或者应当知道对方是以实施违法犯罪为基本活动内容的组织，受雇到其组织开办的公司、企业、社团工作，未参与黑社会性质组织违法犯罪活动的，不应当认定为参加黑社会性质组织罪。

## 三、扫黑除恶的科学化

刑事政策的科学化是指刑事政策的制定和实施要建立在经验科学的基础上，得到经验科学的检验并修正。首先，刑事政策是对犯罪的合理反应，为此对犯罪应当有正确的认识，而有关犯罪的认识必须依赖经验科学的研究成果来达成。犯罪学的一个常识性认知是犯罪是社会的正常现象，有什么样的社会必然存在什么样的犯罪，犯罪饱和法则说的就是这个道理。所以，刑事政策要建立在正确的犯罪观即犯罪原因的基础上。

长期以来，我们的犯罪观很难说是正确的，比如我们曾经认为犯罪是历史遗留的，新中国建立之初，我们认为当时的毒品犯罪、卖淫、赌博等社会现象是旧社会遗留下来的丑陋现象，与新生的新民主义社会无关，此即所谓的“历史遗留论”。建国后我们的确在很短时期内消灭了这些现象，这可能强化了犯罪的“历史遗留论”。后来，随着阶级斗争的扩大化，我们又将犯罪视为阶级斗争的产物，是资产阶级等剥削阶级的问题。改革开放以来，我们又提出“犯罪外来论”，认为国人的犯罪是受外国资产阶级腐朽思想和生活方式的影响。此外，十年“文革”造成遗毒的说法也可以说是另一种版本的“历史遗留论”。

可见，我们对犯罪的基本认知先后提出了“历史遗留论”、“阶级斗争论”以及“外来论”，惟独没有认识到我们社会本身会产生犯罪，相反，我们曾经认为新生的社会主义社会机体本身不会产生犯罪。基于此，决策者将我们的刑事政策目标定位于消灭犯罪或者大幅度减少犯罪在逻辑上就是可行的，为达到这个目标，在具体对策措施上，就可能采取任何方法。但实际上，这样的刑事政策目标和对策措施是不切实际的，不符合科学主义。

扫黑除恶与打黑除恶虽然只有一字之差，但反映了决策者对此次专项斗争的美好期待，即扫除黑恶势力和犯罪，还社会一片清静的天地，这里隐含着消灭黑社会犯罪的意思，至少也包含着大幅度减少黑社会犯罪的目标。我们知道，黑社会的存在与一个社会的政治、经济、社会文化有着不可分割的联系，可以说是由后者所决定的。正如美国犯罪学费要诺与瓦宁说的，有三种状况会助长黑手党的发展：一个虚弱或贪污，以致不愿意（或无能）去保护日常交易的政府；有可以获得暴利的犯罪机会；政府当局决策时有过度的官僚权力及太大的裁量空间，以致决策过程不透明，令外界难以监督。① 又如我国有的学者所说，黑社会的存在有其合法性基础，如可以满足部分社会成员的利益希求，在形式主义和地方主义价值观的视角下，有时表现出与社会主要价值观的一致性等。② 在以上决定黑社会组织犯罪存在的社会土壤没有多大变化的情况下，寄希望于扫黑除恶专项斗争这样的“严打”就可以根本上铲除黑社会组织犯罪，其结果可想而知。经过三年的强力扫荡，我们可能将一大批黑社会犯罪分子关进了监狱，但是原来的黑社会小角色也会很快趁机崭露头角，成长为黑社会的中间力量。

从科学主义的角度看，我国刑法有关黑社会组织犯罪的规定也存在着一些不妥之处，比如组织、领导、参加黑社会性质组织罪的法定刑过重、数罪并罚有重复处罚之嫌。各国刑法很少规定像我国刑法第二百九十四第一款非法结社类的犯罪构成，将原来意义上的犯罪预备行为作为实行行为来处罚，并且规定了很重的法定刑，不管是从法治主义还是科学主义的角度来看，都不够妥当，坠入了重刑主义的陷阱。犯罪人构成组织、领导、参加黑社会性质组织罪，又

① Funckenauer, James and Elin Waring, Russina Mafia in America, Boston: Northeastern University Press, 1998, 22.

② 雷冬文：《论黑社会性质组织的合法性问题》，载《湛江师范学院学报》2007 年第 2 期。

实施其他犯罪的，实行数罪并罚，这样的规定涉嫌重复评价。在认定黑社会性质组织罪当中，行为人往往都构实施了其他具体犯罪，如敲诈勒索、寻衅滋事、强迫交易等犯罪，其实这些具体犯罪也往往是行为人维系黑社会性质组织运行的组织行为。从处罚的合理性来看，以竞合犯的原则来处断可能更加妥当。有学者认为，由于黑社会性质组织成员为实现对某区域或某行业的非法控制所实施的故意伤害、敲诈勒索及强迫交易等犯罪行为已被刑法单独评价，他们为其组织形式另行买单时，罚量就应予限制①。

其实，刑事政策的透明也是科学主义的要求，因为不透明的刑事政策无法接受经验科学的质疑和检验，很容易成为不受制约的个人恣意。有的国家如美国，象打击黑社会这样的扫黑行动非常透明，并且对犯罪学家开放，以方便观察和研究。比如，警察机关可能会给某一个犯罪学家一笔数目可观的经费，他拿到这笔钱，同时可以向国家科学基金会申请同样数目的经费，以便有条件来研究。在实践中，如果警察机关打算对某个地方如某一街区进行为期一个月的扫黑行动，会事先告知该学者，这样这个犯罪学家可以提前一个月进入这个街区进行观察和研究，他的研究会持续到警方的扫黑行动结束后一个月，这样，他就可以比较全面地研究警方扫黑之前、之中、之后该街区的黑社会组织及其活动情况，从而对警方的扫黑行动进行评估。通过第三方独立的研究，一项扫黑的刑事政策到底效果如何，当然了解得更全面和透彻。反观我们，如果没有作为第三方的学者进行独立的研究结论，只是由作为扫黑主事方的公检法机关和人员来评估，很难说符合刑事政策的科学主义。

① 王利荣：《检视“打黑”对策》，载《法制与社会发展》2014年第3期。

# 扫黑除恶刑事政策与相关犯罪定性量刑的关系

李卫红*

理论上，刑事政策与罪刑法定是一种天然的对抗关系，或许为了弥补罪刑法定的先天不足，先贤们试图以刑事政策作为补充，以更完美地解决犯罪问题。但是，正如人自身不完美却依然不懈地追求完美一样，对于与生俱来的对立，人力难以彻底攻克这一难关，只能在某种程度上实现理论上的自圆其说，先是说服自己，然后说服他人。即便德国的殿堂级大师，从费尔巴哈到李斯特再到罗克辛，古典刑事政策及现代刑事政策都无法绕开它与罪刑法定的关系，涉及到具体个罪如何定性量刑，更是考量每个国家解决刑事政策与罪刑法定关系的秤杆与秤砣，它能称出一个国家法治化的斤两以及解决社会问题的智慧水平。

## 一、问题的提出

本来刑法规定所有犯罪的定性量刑，刑事诉讼法规定定罪量刑程序，司法机关工作人员依照刑法与刑事诉讼法的规定即可对行为人的行为进行认定，从而作出相应的判决，确定罪与非罪、此罪或彼罪、刑或非刑。问题是即便在现代的任何一个国家，政治一定会渗透到法律中，只是各国以不同的形式存在与展开。中国特色的社会主义国家在中国共产党的英明领导下，取得了辉煌的成果，国家稳定人民幸福。在刑事领域，体现中国共产党的领导方式即是刑事政策。

2018 年 1 月，中共中央、国务院发出《关于开展扫黑除恶专项斗争的通知》（以下简称《通知》），这是刑事政策的内容。党中央提出扫黑除恶的刑事政策，严厉打击“黑”与“恶”，以让人民群众享有获得感、安全感及幸福感。2018 年 1 月 16 日，最高人民法院、最高人民检察院、公安部、司法部印

* 李卫红，中国社会科学院大学政法学院教授。

发《关于办理黑恶势力犯罪案件若干问题的指导意见》（以下简称《指导意见》），这是司法解释，虽然就解释主体尚存争议，但它是具有中国特色的司法解释。随着社会的不断发展，“黑”与“恶”的内容需要不断增减，司法机关对于黑与恶的认定存有疑义，是否可将其认定为刑法上的罪与适用刑法规定的刑罚面临新的挑战。刑事政策能否渗入到定罪量刑之中，一直考验着司法人员的法商、智商与情商，宏观上，既要打击犯罪又要保障人权，当两者一致时没有异议，但万一陷入两难境地，如何选择，这是我们必须面对的问题。微观上，刑事政策在刑法来不及修正增设相关内容时，它对刑事司法有无影响，即是否可将其纳入构成要件要素以确定行为人的犯罪性质及量刑的轻重？这些要素可否重复评价，既涉及定性也参与量刑，我们必须深入研究。

## 二、刑事政策的内容

### （一）扫黑除恶

《通知》指出，为深入贯彻落实党的十九大部署和习近平总书记重要指示精神，保障人民安居乐业、社会安定有序、国家长治久安，进一步巩固党的执政基础，党中央、国务院决定，在全国开展扫黑除恶专项斗争。《通知》指出，要坚持党的领导、发挥政治优势；坚持人民主体地位、紧紧依靠群众；坚持综合治理、齐抓共管；坚持依法严惩、打早打小；坚持标本兼治、源头治理。这一扫黑除恶的刑事政策决定了相关法律的来源，现代法治国必须依法对犯罪分子进行定性量刑，其间贯彻刑事政策。

其中的“打早打小”是下位刑事政策，或者说是扫黑除恶刑事政策的具体化，“早”是阶段问题，在整个犯罪过程中，刑法理论及立法将犯罪阶段划分为犯罪的预备、未遂、中止、既遂，如果用线段表示，预备是起点，既遂是终点，中间的各点是未遂与中止。犯罪预备非常难以认定，有些国家的立法干脆取消犯罪预备的规定，其难点在于犯罪的主观方面难以被推定。都是同样的买刀行为，判断不出其主观上是想杀人还是想在厨房切菜切肉使用。因此，“早”的确定标准还是应当以着手实施实行行为为限，只有出现了实行行为，才可以判断或认定行为人的犯罪事实，太“早”有可能侵权，可在行政或民事方面处理，而不能运用刑事手段解决。

“小”是程度问题，难点在于罪与非罪的界限。立法与司法的沿革对于罪与非罪的规定不断扩大或限缩，犯罪化与非犯罪化交叉进行，再加上案情复杂，构成要件不齐备而具有严重的社会危害性，使得对犯罪节点的把握更为困难。社会危害性是罪与非罪的关键点。从贝卡利亚提出社会危害性以来，不管哪个法系，这一软性标准一直存于立法与司法实践中，理性不能以直觉来衡量，同理，人心也不可以理性来观测，因此，偶然的交叉或许有些意义，如打牌时的牌感，不仅仅是理性地运用数学方法算牌，内心深处的直觉有时更为重要，或者说更为准确，当然生活中还有许多，比如跳舞时的舞感、打麻将时的麻感、打球时的球感等，对于社会危害性也应当有感觉，我们称之为法感，它是理性之外帮助立法与司法工作人员衡量社会危害性大小的一种方法，不在逻辑推理范畴，属于心理学意义上的一种活动，只起辅助作用，不可体现在刑事判决文书中。

在司法实践中与之相配合的是“打准打实”，刑事政策的纲领性文件性质必须转化成立法与司法的行动才可落实下来。“准”是指司法机关的司法要准确，不可以办冤假错案；“实”是指被打的对象确实构成黑恶势力犯罪，而不是简单的违法行为。在中国式的运动方法打击犯罪的历史背景下，一定避免或最大程度地减少错案的发生，“准”与“实”也是标准，党中央要求严厉打击黑与恶，但一定要准与实，不能出现扩大化、完成任务指标化、以政治政策取代严格的法律标准，从实体法与程序法及办案人员的法律政治政策水平上严控“黑”与“恶”的认定。依法办案永远是中央的刑事政策应有之义。

### （二）宽严相济

虽然是专项严打，严多宽少，但还是要贯彻宽严相济的刑事政策。《通知》指出，要严格贯彻宽严相济的刑事政策，对黑社会性质组织犯罪组织者、领导者、骨干成员及其“保护伞”要依法从严惩处，对犯罪情节较轻的其他参加人员要依法从轻、减轻处罚。

《指导意见》35 规定，犯罪嫌疑人、被告人，积极配合侦查、起诉、审判工作，在查明黑社会性质组织的组织结构和组织者、领导者的地位作用，组织实施的重大犯罪事实，追缴、没收赃款赃物，打击“保护伞”等方面提供重要线索和证据，经查证属实的，可以根据案件具体情况，依法从轻、减轻或者免除处罚，并对其参照证人保护的有关规定采取保护措施。前述规定，对于确属组织者、领导者的犯罪嫌疑人、被告人应当严格掌握。这是对宽严相济的司法注解。

### （三）以审判为中心

十八届四中全会通过的《中共中央关于全面推进依法治国若干重大问题的决定》提出要“推进以审判为中心的诉讼制度改革”，学者们对此进行了深入的研究，对于以审判为中心的刑事诉讼改革具有积极的推进意义。要保证庭审在查明事实、认定证据、保证诉权、公正裁判中发挥决定性作用。黑与恶的案件必须以审判为中心，所有非法证据必须经过法庭排除。

实践中由于没有遵照以审判为中心的司法原则审案而导致冤假错案的发生，念斌案就是一典型案例，侦查机关不求甚解，办案相对较为粗糙，在现场的勘验检查、物证的提取和鉴定都被辩护律师发现了不少疑点的情况下，依然起诉、审判，长达8年的诉讼，福建法院最终以事实不清、证据不足为由宣判念斌无罪。以审判为中心的司法机制，有利于倒逼侦查机关加强证据的收集，提升执法的规范性，提高办案质量，确保侦查、审查起诉的案件事实证据经得起在法庭上质证、认证的检验。发挥审判守护公正的作用，更严密地防范冤假错案的发生。司法权力在三机关之间博弈，司法生态决定了被告人权益保障的程度。即便专项严打，也不得违背诉讼规律，必须以审判为中心，保障黑恶势力犯罪人的诉讼权利。这既是刑事政策的内容，也是法律的精神。

## 三、刑事政策对犯罪构成要件的渗透

刑事政策能否渗透到犯罪构成要件中从而重构罪刑法定，一直存有悖论。当保障人权与保卫社会两种价值观一致时没有问题，但当两者发生冲突时，近代以来的刑法与刑事诉讼法大多时候选择保障人权，只有两者水火极不相溶并涉及全人类命运时，许多国家选择保卫社会，比如，对于极端的恐怖主义分子是否可适用刑讯逼供？对于警察在现场抓错、杀错的被误认为是极端恐怖分子的普通公民如何认定其责任？同理，当刑事政策与罪刑法定发生对抗时，如何解决后者的固定性与前者的灵活性之间的矛盾，也是我们必须面对的问题。以德国为例，费尔巴哈主张刑事政策是指导立法的总纲领，李斯特认为罪刑法定是刑事政策不可逾越的樊篱，刑事政策只针对犯罪后对犯罪人的处遇，罗克辛虽然致力于将目的理性纳入犯罪构成要件，但一直被国内学者争议，有学者认为只能作出罪的解释而不能作入罪的解释①，有学者认为“罗克辛的刑事政策本身就像是一个筐，它代表的是对立于形式的、实证的一种实质的价值内容。”② 这些研究价值可供参考。

我国解决刑事政策入罪问题正如解决罪刑法定入法一样，通行的罪刑法定原则是“法无明文规定不为罪、法无明文规定不处罚”，而我国《刑法》第3

---

① 参见苏永生：《德国刑事政策与刑法关系借鉴》，载《检察日报》2018年8月9日。

② 参见陈兴良：《刑法教义学与刑事政策的关系：从李斯特鸿沟到罗克辛贯通》，载梁根林主编：《当代刑法思潮论坛（第三卷）——刑事政策与刑法变迁》，北京大学出版社2016年版，第94页。

条作了双重规定，不仅仅从否定层面还从肯定层面规定了罪刑法定原则，即“法律明文规定为犯罪行为的，依照法律定罪处刑；法律没有明文规定为犯罪行为的，不得定罪处刑”。这一变通的罪刑法定原则对于出罪设置了障碍。同样，不管国外学者对于刑事政策渗透到构成要件的研究如何，我国在司法实践中已经做到了将刑事政策纳入到构成要件体系中，成为构成要件要素。黑恶势力与普通犯罪相比，在犯罪构成上的要求门槛降低，从某种程度上扩大了犯罪圈。以下从涉及的相关罪名入手进行分析论证。

（一）敲诈勒索罪

1. 增加了软暴力行为要素

《指导意见》第17条关于黑恶势力利用软暴力犯敲诈勒索罪的规定，在明确规定“有组织地采用滋扰、纠缠、哄闹、聚众造势等手段”的基础上，进一步细化规定：同时由多人实施或者以统一着装、显露纹身、特殊标识以及其他明示或者暗示方式，足以使对方感知相关行为的有组织性的，应当认定为《关于办理敲诈勒索刑事案件适用法律若干问题的解释》第2条第5项规定的“以黑恶势力名义敲诈勒索”。该规定中“足以使对方感知相关行为的有组织性的”认定规则，事实上承认了软性恶害的有组织通告方式，就意味着软性恶害具有了与暴力性手段几乎程度相等的危害作用，此类已经转换为软暴力的软性恶害，甚至可以成为适用较低的入罪门槛和升档量刑标准的事实基础。

2. 数额降低

以最高人民法院、最高人民检察院《关于办理敲诈勒索刑事案件适用法律若干问题的解释》（以下简称《敲诈勒索解释》）为例，其中的第2条第5项明确规定，以黑恶势力名义敲诈勒索的，“数额较大”的标准可以按照该解释第1条规定标准的50%确定。《敲诈勒索解释》第4条明确规定，敲诈勒索公私财物，具有“以黑恶势力名义敲诈勒索的”情形的，数额达到该解释第1条规定的“数额巨大”“数额特别巨大”80%的，可以分别认定为《刑法》第274条规定的“其他严重情节”“其他特别严重情节”。司法解释规定的精神十分明确，“以黑恶势力名义敲诈勒索的”情形，就是敲诈勒索罪入罪门槛降低、量刑幅度提升的酌定情节。换言之，恶势力实施敲诈勒索行为，非罪行为可以认定为犯罪，且升档量刑标准相对较低，轻罪可以重处。

当然对于恶势力的认定存有较多争议，其中组织性的问题在逻辑上有难以自洽的地方，即相互印证，随后形成了循环论证。

3. 刑罚加重

上面两个司法解释均有规定，相对于不是以恶势力名义进行敲诈勒索的，量刑幅度有所提升。比如，广西壮族自治区高级人民法院《〈关于常见犯罪的量刑指导意见〉实施细则》明确规定：敲诈勒索公私财物，具有“以黑恶势力名义敲诈勒索的”情形（已确定为基本犯罪构成事实的除外），可以增加基准刑的30%以下。寻衅滋事，具有“带有黑社会性质或者恶势力性质的”情形，可以增加基准刑的20%以下。湖北省高级人民法院《〈关于常见犯罪的量刑指导意见〉实施细则》也有相同的具体规定。足见，依据具有事实约束力的地方量刑细则的明确规定，被认定为恶势力，是对该恶势力组织（包括恶势力团伙、恶势力犯罪集团）成员构成的敲诈勒索罪、寻衅滋事罪从重处罚的酌定情节，并且从重处罚的幅度有量化的规定。

### （二）非法拘禁罪

《指导意见》第18条规定，黑恶势力有组织地多次短时间非法拘禁他人的，应当认定为《刑法》第238条规定的“以其他方法非法剥夺他人人身自由”。非法拘禁他人3次以上、每次持续时间在4小时以上，或者非法拘禁他人累计时间在12小时以上的，应以非法拘禁罪定罪处罚。

这里有三点应当注意：

1. 非法拘禁的主体是黑恶势力

这一主体不同于一般的非法拘禁主体。

2. 软暴力是否属于非法拘禁行为

软暴力是否属于《刑法》第238条规定的“其他方法”，存有肯定说与否定说两种，笔者认为，《指导意见》颁布之前不能属于，《指导意见》颁布以后应当属于其他方法的范畴。

3. 拘禁时间缩短

2006年7月26日最高人民检察院《关于渎职侵权犯罪案件立案标准的规定》规定“非法拘禁罪是指以拘禁或者其他方法非法剥夺他人人身自由的行为。国家机关工作人员利用职权非法拘禁，涉嫌下列情形之一的，应予立案：1. 非法剥夺他人人身自由24小时以上的……”这一立案标准从某种司法解释意义上说明了非法拘禁的时间要求，虽然强调主体是国家机关工作人员利用职权实施的行为，类比一下，特殊主体相对于一般主体而言，应当有更为严格的规定，入罪标准更低处罚更严重，因为他们手中有国家赋予的职权，立法有许多如此的规定，一般主体至少非法剥夺他人人身自由24小时以上才可构成，但黑恶势力却只要求两种情况之一即非法拘禁他人3次以上、每次持续时间在4小时以上，或者非法拘禁他人累计时间在12小时以上的，即可构成非法拘禁罪。

### （三）寻衅滋事罪

《指导意见》第17条规定：“黑恶势力为谋取不法利益或形成非法影响，

(1) 有组织地采用滋扰，纠缠，哄闹、聚众造势等手段扰乱正常的工作、生活秩序，使他人产生心理恐惧或者形成心理强制，分别属于《刑法》第二百九十三条第一款第（二）项规定的‘恐吓’、《刑法》第二百二十六规定的“威胁”，同时符合其他犯罪构成条件的，应分别以寻衅滋事罪、强迫交易罪定罪处罚。”《关于办理寻衅滋事刑事案件适用法律若干问题的解释》第 2 条至第 4 条中的“多次”一般应当理解为“二年内实施寻衅滋事行为三次以上。二年内多次实施不同种类寻衅滋事行为的，应当追究刑事责任”。

1. 黑恶势力

只要是黑恶势力主体从事的“恐吓”法定行为，不同于单个人实施的犯罪行为，软暴力可以成为“恐吓”的方式。

2. 行为要件要素降低

《指导意见》之前，在办理寻衅滋事案件时，根据第 293 条规定的四项内容，应当分别成立才可认定，如多次随意殴打他人，《关于办理寻衅滋事刑事案件适用法律若干问题的解释》第 2 条至第 4 条中的“多次”一般应当理解为二年内实施寻衅滋事行为三次以上，比如第 2 条规定的“多次随意殴打他人”，指二年内三次以上随意殴打他人，这是同一种类的行为；第 3 条规定的“多次追逐、拦截、辱骂、恐吓他人，造成恶劣社会影响的”指二年内三次以上实施追逐、拦截、辱骂、恐吓他人同一种类的行为，如果二年之内实施三次以上不同种类的行为，如上述恐吓或追逐、拦截、辱骂、恐吓他人各两次，则不能成立寻衅滋事罪。

而《指导意见》规定“二年内多次实施不同种类寻衅滋事行为的，应当追究刑事责任”，其前提是黑恶势力实施的行为，如果是一般共同犯罪或个人犯罪，应当严格按照多次同种类寻衅滋事行为进行认定，否则就会超出罪刑法定的范畴。

（四）黑社会性质组织罪

组织、领导、参加黑社会性质组织罪，是指组织、领导以暴力、威胁或者其他手段，有组织地进行违法犯罪活动，称霸一方，为非作恶，欺压、残害群众，严重破坏经济、社会生活秩序的黑社会性质的组织，或者其他参加黑社会组织进行违法犯罪活动的行为。关于黑社会性质组织的认定标准，2002 年 4 月 28 日全国人大常委会公布了《关于〈中华人民共和国刑法〉第二百九十四条第一款的解释》，规定了四项特征，2011 年 5 月 1 日施行的《刑法修正案（八）》吸收了该四项特征，为此增设了《刑法》第 294 条第 5 款，规定黑社会性质组织应当同时具备组织特征、经济特征、行为特征、非法控制特征（危害性特征）。其中的行为特征应当有具体 3 个罪以上的构成才可认定但《指导意见》第10条对于黑恶势力的违法犯罪活动规定有所更改，只要有违法活动即可。“符合以下情形之一的，应当认定为是黑社会性质组织实施的违法犯罪活动：（1）为该组织争夺势力范围、打击竞争对手、形成强势地位、谋取经济利益、树立非法权威、扩大非法影响、寻求非法保护、增强犯罪能力等实施的；（2）按照该组织的纪律规约、组织惯例实施的；（3）组织者、领导者直接组织、策划、指挥、参与实施的；（4）由组织成员以组织名义实施，并得到组织者、领导者认可或者默许的；（5）多名组织成员为逞强争霸、插手纠纷、报复他人、替人行凶、非法敛财而共同实施，并得到组织者、领导者认可或者默许的；（6）其他应当认定为黑社会性质组织实施的。”上述规定与在此之前的立法与司法解释相比，也是扩大了黑社会性质组织的认定范围，加大了打击力度。

以上述四个罪名为例，说明黑恶势力已入罪入刑，但仅仅限于司法解释范畴，相比非黑恶势力的相同行为，或者成为构成要件要素或者加重刑罚处罚。总之，中共中央要求严打的黑恶势力在广义的刑法中体现出来，虽然立法尚未作出相关规定，但司法解释虽然是扩张解释但只要在逻辑范围内也可说得通，但一定还会有许多争议。

扫黑除恶是一项长期的工作，运动式的严打只在一时，专业反黑恶势力应当成为一种趋势。世界上很多国家或地区都已在反黑斗争中，在组织机构建设方面积累了很多经验，如意大利的“反黑手党调查局”、我国香港地区的“反黑总部”及“有组织犯罪及三合会调查科”，在打击黑恶势力及与其相伴的惩处涉黑警察犯罪方面起到了重要作用。我国在中国共产党的领导下，可以发挥并调动一切力量，通常我们说举全国之力办好一件事，三年时间专项严打，一定会取得全方位战果。

# 涉黑组织企业化背景下涉案财产认定问题研究

## ——以我国台湾地区没收新制为镜鉴

傅晓彤*

## 一、由“袁诚家组织、领导黑社会性质组织案”引发的思考

曾先后任辽宁省本溪市政协委员、鞍山市人大代表，同时拥有22家企业的民营企业家袁诚家，被指控组织、领导、参加黑社会性质组织犯罪。2014年1月由辽宁省营口市中级人民法院作出一审判决；2015年11月，辽宁省高级人民法院对该案进行了二审判决。值得关注的是，该两份判决对涉案财产的判定结果不同。一审判决追缴、没收袁诚家实际控制的22家企业及企业账户内的资金及车辆30余台；而二审判决则认为，现有的证据不能证实被告人袁诚家名下的17家企业及企业账户资金等财产，系用于实施违法犯罪活动，或者是违法犯罪所得，或者与黑社会性质组织犯罪相关联，无法排除合理怀疑，因此判决依法返还这17家企业及企业账户内资金、车辆以及在侦查阶段被不当冻结、扣押的资金。可见，一审判决认定为被告人袁诚家名下的22家企业及企业账户内的资金等财产均属于违法所得的做法，混淆了法人财产和犯罪财产，在认定和处置犯罪所得这一环节侵害了法人财产，显有当时“打黑除恶”背景下扩大化打击的嫌疑。法人在法律上拥有特殊的地位，享有特殊的保护，财产对于法人资格和生命具有重要意义，没收全部财产将产生消灭法人资格的结果，其适用应该严格遵守罪刑法定和罪责刑相适应的原则。

对黑社会性质组织犯罪而言，处以财产刑罚的目的在于隔断其再生命脉。而上述案例则显现了，对涉案财产的认定和处置是当前打击黑社会性质组织犯罪的“老大难”问题。尤其是随着社会转型，黑社会性质组织企业化已然成

* 傅晓彤，福建省莆田市城厢区人民检察院公诉科检察官助理。

为一个发展趋势，以公司（企业）形式存在的黑社会性质犯罪团伙不在少数，通过注册的合法公司作为掩护或依托从事犯罪活动，比起传统意义上的靠“打砸抢”黑社会性质组织，具有更大的隐蔽性、复杂性和危害性，给司法机关认定和处置涉案财产带来挑战。

## 二、黑社会性质组织犯罪经济特征及企业化发展概述

按照《刑法修正案（八）》的规定，黑社会犯罪组织具有组织结构紧密性、非法控制性、经济实力性及行为恶劣性等四个特征。其中经济实力特征与黑社会性质组织犯罪涉案财产的处置问题紧密相连。经济实力，是指黑社会性质组织在产生和发展的过程中，有组织、有计划地通过违法犯罪活动或者其他手段获取的经济利益，是维护黑社会性质组织日常生活和进一步发展壮大的基础。① 经济性是判断黑社会性质组织的重要特征，巨额的经济利益是黑社会性质组织追求的终极目标。从全球黑社会性质组织犯罪发展概况不难看出，该类型的组织犯罪总要经历从低级松散到高级严密的发展过程，并且随着社会的转型不断变化发展方式，通过自身组织的升级以逃避打击，获得更多的利益。② 从沈阳刘涌案、河南宋留根犯罪集团、福建陈凯犯罪集团、重庆打黑过程中抓获的一系列犯罪集团以及本文前述的辽宁袁诚家案来看，黑社会性质犯罪组织与公司企业相结合的犯罪形态已经成为现实样态，且有不断强化的发展趋势。究其原因，可归纳为市场环境、企业趋利本性以及政策制度缺陷三方面原因，具体分析如下：

1. 我国改革开放正在深入进行，市场经济正在快速速发展，公司企业的市场准入门槛不高，这是涉黑组织企业化的外部大环境。与传统通过“打砸抢”等暴力手段聚敛经济利益的犯罪手段比较，通过融入市场经济，利用结构更严谨的企业组织去谋求更广阔的生存空间对于涉黑组织来说，更能帮助其获取更多的利益、赢得市场竞争、掩饰犯罪活动，是当下较优的选择。

2. 企业自身的趋利性形成“以商养黑，以黑护商”的发展形态。与黑社会性质组织勾结对于公司企业来说有可能会带来灭顶之灾，经营状况正常的公司企业也许不会通过这样的方式自找麻烦。而当企业出现难以解决的经

① 李林：《黑社会性质组织经济特征司法认定实证研究》，载《中国刑事法杂志》2013 年第 4 期。

② 蔡军：《我国有组织犯罪企业化的现状、特点及原因探析》，载《河南大学学报》2015 年第 6 期。

营困难之际，也是企业动摇之时，比如袁诚家，起初他确实是位本分的民营企业家，后因经济纠纷问题与黑社会组织勾结，走上了“以商养黑，以黑护商”的道路。

3. 涉黑组织企业化发展是相关制度洼地共同作用的结果。当代中国的公司企业涉黑犯罪，从表面上看不过是公司企业与犯罪组织的竞合，然而通过持续的统计研究，还发现其中存在“制度洼地”的影响。所谓“制度洼地”，是指有效制度供给严重不足抑或制度不能平等顾及的层面就像地表塌陷的地方抑或地表的低洼之处。① 在社会转型的背景下，旧制度不断被打破，而新的制度尚未健全，社会控制体系弱点的暴露和政府机构管控的失灵是不可避免的现象，“制度洼地”的产生为黑社会性质组织企业化的异军突起滋生土壤。内外部因素的共同作用促使黑社会性质组织要发展就要适应社会的转型，融入市场经济的潮流当中，黑社会性质组织的企业化俨然已经成为“扫黑除恶”专项行动必须谨慎面对和处理的新样态。

## 三、我国黑社会性质组犯罪财产刑的立法沿革及理论基础

因我国对“扫黑除恶”工作历来重视，刑法以及司法解释、刑事政策对此均处于应对打黑形势发展而不断修改的状态，涉及相关文件规定较多，笔者试对黑社会性质组织犯罪财产刑设置的立法沿革及处置规定列表梳理如下：

立法沿革一览表

| 历年法规 | 具体规定 | 简要分析 |
| --- | --- | --- |
| 1997 年《中华人民共和国刑法》 | 犯罪分子违法所得的一切财物，应当予以追缴或者责令退赔；对被害人的合法财产，应当及时返还；违禁品和供犯罪所用的本人财物，应当予以没收。 | 未设置黑社会性质犯罪：<br>分则亦缺乏财产刑的规定 |
| 2002 年最高人民法院《关于审理黑社会性质组织犯罪的案件具体应用法律若干问题的解释》 | 对黑社会性质组织和组织、领导、参加黑社会性质组织的犯罪分子聚敛的财物及其收益，以及用于犯罪的工具，应当依法追缴、没收。 | 无财产刑规定；<br>未界定“聚敛的财物”的范围 |

① 周建军：《中国民营企业犯罪治罪的刑事政策研究》，载《政治与法律》2012 年第 7 期。

续表

| 历年法规 | 具体规定 | 简要分析 |
|---|---|---|
| 2009 年两高一部《关于办理黑社会性质组织案件座谈会议纪要》 | 黑社会性质组织及其成员通过犯罪活动聚敛的财物及其收益，是指在黑社会性质组织的形成、发展过程中，该组织及组织成员通过违法犯罪活动或其他不正当手段聚敛的全部财物、财产性权益及其孳息、收益。在办案工作中，应认真审查涉案财产的来源、性质，对被告人及其他单位、个人的合法财产应依法予以保护。 | 确定了“聚敛的财物及收益”的范围区分涉案财产及合法财产 |
| 《刑法修正案（八）》 | “组织、领导黑社会性质的组织的，处七年以上有期徒刑，并处没收财产；积极参加的，处三年以上七年以下有期徒刑，可以并处罚金或者没收财产；其他参加的，处三年以下有期徒刑、拘役、管制或者剥夺政治权利，可以并处罚余。” | 增设了财产刑；针对黑社会性质组织不同层级的成员分别设置财产刑 |
| 2012 年两高两部《关于办理黑社会性质组织犯罪案件若干问题的规定》 | 依法应当没收、追缴的财产无法找到、被他人善意取得、价值灭失或者与其他合法财产混合且不可分割的，可以追缴、没收其他等值财产。 | 特殊情形下等值财产没收制度 |
| 2015 年《全国部分法院审理社会性质组织犯罪案件工作座谈会议纪要》 | 各高级人民法院可以根据本地区的实际情况，对黑社会性质组织所应具有的“经济实力”在 20～50 万元幅度内，自行划定一般掌握的最低数额数额标准。<br>但因犯罪分子转移、隐匿、毁灭证据或者拒不交代财产来源、性质，导致违法所得以及其他应当追缴的财产难以准确查清和追缴的，对于组织者、领导者以及为该组织转移、隐匿财产的积极参加者可以并处没收个人财产。 | 在认定黑社会性质组织“经济实力”方面划定了数额标准；<br>扩大财产刑处罚范围 |
| | 属于下列情形的，依法应当予以追缴、没收……以及合法获取的财产中实际用于支持该组织存在、发展和实施违法犯罪活动的部分。 | |
| 2018 两高两部《关于办理黑恶势力犯罪案件若干问题的指导意见》 | 由于不同地区的经济发展水平、不同行业的利润空间均存在很大差异，加之黑社会性质组织存在、发展的实践也各有不同，在办案时不能一般刑地要求黑社会性质组织所具有的经济实力必须达到特定规模或特定数额。 | 取消了认定黑社会性质组织“经济实力”方面划定了数额标准 |

综观上表，我国刑法条文及相关司法解释对黑社会性质组织的财产刑设置的立法沿革呈现出以下特征：

1. 从无到有。从原先只有刑法总则的指导性规定到在分则条文中增设财产刑。我国1997年刑法并未设置财产刑，处理犯罪财产的主要依据来源于刑法总则的规定。2011年2月通过的《刑法修正案（八）》将黑社会性质组织的四个特征纳入刑法条文当中，并增设了财产刑的规定，根据黑社会性质组织内部结构层级以及不同层级成员犯罪情节的不同，分别设置了财产刑，加强了对黑社会性质犯罪组织惩治力度。

2. 从粗犷性规范到精细化评价。第一阶段的司法解释一般性地回应刑法总则的要求，规定黑社会性质组织聚敛的财物进行追缴和没收；第二阶段的司法解释则界定了追缴和没收财物的范围；第三阶段的司法解释针对黑社会性质不同层级的成员设置不同的财产刑，体现罪责刑相适应；随后根据现实的发展和变化不断对追缴和没收的范围进行补充和修正，回应实践的需要。

3. 扩大财产刑的处罚力度。2012年两高两部《关于办理黑社会性质组织犯罪案件若干问题的规定》的等值财产没收制度、2015年《全国部分法院审理社会性质组织犯罪案件工作座谈会议纪要》中的因犯罪分子的原因导致违法所得难以准确查清和追缴的，对于组织者、领导者以及为该组织转移、隐匿财产的积极参加者可以并处没收个人财产的规定均呈现出我国正在扩大处罚黑社会性质组织财产刑的范围和力度。

4. 降低经济实力认定标准，加大打击力度。2015年最高法的《座谈会纪要》对黑社会性质组织所应具有的“经济实力”规定了最低数额的认定标准，而2018年两高两部的《指导意见》则取消了该“经济实力”的门槛标准，不再有数额标准，要求各地根据具体情节予以认定，从量化标准层面减少黑社会性质组织的经济特征的认定分歧，从而形成更为严厉的打击合力。

## 四、黑社会性质组织企业化的涉案财产判定实务困境及对策研究

前述立法及司法解释、规范性文件的本意旨在于通过没收、追缴违法所得和判处罚金的方式打击黑社会性质组织犯罪的经济基础。但基于现实经济形态的复杂性，新情况和新问题总是层出不穷，给法律的适用带来挑战。对犯罪财产认定问题的研究不仅关系到对公司企业的管理，更关系到市场经济和法治建设的发展。而在探讨实践出路的时候，适当借鉴其他地区的经验也许能给我们带来新的思路。

### （一）关于法人财产和犯罪财产混淆与厘清的问题

1. 实务困境

当黑社会性质组织与公司企业产生融合，整个组织的资产形态将呈现出资产来源复杂化、财产主体多元化、资产状况多样化等特点。① 实务中经常遇到这样一个问题：黑社会性质组织出资设立并合法、独立经营的企业，该企业资产能否全部被认定为违法所得？这种类型企业的原始注册资本来源于犯罪所得，但是另一方面，这些企业的生产、经营活动与黑社会性质组织无关，其经营、积累的资产也没有用于支持黑社会性质企业的发展，在这种情况下如何准确认定涉案财产的范围？我们回过头来看本文开篇举例的“袁家诚组织、领导黑社会性质组织犯罪案”，一审判决简单化地把袁家诚名下所有企业都判了“经济死刑”，而二审判决拨乱反正之后，至今仍有部分案件财产未处理，其根源就在于法人财产与犯罪所得产生混合时没有具体理清各自的所属性质与范围。

2. 文本分析

根据2015年《全国部分法院审理黑社会性质犯罪案件工作座谈会议纪要》中关于“涉案财产处置问题”的规定，属于下列情形的，依法应当予以追缴、没收：（1）黑社会性质组织形成、发展过程中，该组织及其组织成员通过违法犯罪活动或其他不正当手段聚敛的财产及其孳息、收益，以及合法获取的财产中实际用于支持该组织存在、发展和实施违法犯罪活动的部分；（2）其他单位、个人为支持黑社会性质组织存在、发展以及实施违法犯罪活动而资助或提供的财产；（3）组织成员通过个人实施的违法犯罪活动所聚敛的财产及其孳息、收益，以及供个人犯罪所用的本人财物；（4）黑社会性质组织及其组织成员个人非法持有的违禁品；（5）依法应当追缴的其他涉案财物。有观点认为，基于上述规定，这种类型的企业资产属于违法所得孳息，应当予以追缴和没收。② 笔者认为其实不然。首先，上述会议纪要规定所透露的精神在于：涉黑财产不论来源何处，关键特征是有没有服务于黑社会性质组织。如果没有用于支持黑社会性质组织及其活动，就不具有涉黑财产的经济特征。辽宁省高院对袁家诚案的二审判决中所指出的，“不能证实被告人袁诚家名下的17家企业及企业账户资金等财产，系用于实施违法犯罪活动，或者是违法犯罪所

① 王文兴、孔祥雨：《关于黑社会性质组织犯罪财产刑之思考》，载《山东审判》2011年第5期。

② 罗翔：《黑社会性质组织的经济特征——以重庆黎强案为视角》，载《法制与经济》2010年第2期。

得或者与黑社会性质组织犯罪相关联”，要表达的也是这个意思。其次，基于公司企业的独立法人人格权益，出资的资产在法人成立之后，即成为法人的财产，公司企业对自身的财产享有处分权，这种处分权来源于法人独立的人格，由公司股东会、董事会来启动。假如一个黑社会性质组织出资设立了 A 公司，A 公司正常经营期间成为上市公司并收购了多家企业，那么假如这些企业资产并未服务于黑社会性质组织，仅仅因为“出身”涉黑而被认定属于违法所得孳息，应予全部没收，则势必将引起大量社会资源的浪费和市场经济的动荡。

3. 对策研究——由经济特征着手判定财产属性

根据前述分析，黑社会性质组织出资设立的，合法经营的企业，该企业资产能否被认定为黑社会组织涉案财产，关键在于该企业资产是否用于服务黑社会组织的发展。黑社会性质组织所依托的合法公司，只是它们借以进行非法经营活动的一个平台，是它们获取巨额经济利益和发展壮大经济实力的一种手段。对这一点的认识，是保护涉黑性质组织所依托的公司的合法权益以及准确认定涉黑性质组织的关键。① 一般来说，我们可以通过以下两个方面来界定企业资产是否属于黑社会性质组织涉案财产。

（1）获取经济利益的手段。当前涉黑企业不是单纯靠暴力获取经济利益，其主要渗透进暴利行业，比如金融、娱乐、运输等行业，通过非法经营或者在经营过程中有组织地实施故意伤害、寻衅滋事、聚众斗殴、敲诈勒索等违法犯罪活动，在一定区域或者行业内形成非法控制。② 因实施这些行为而获取到的利益，就不是涉黑公司企业的经济利益而应当被认定为黑社会性质组织的非法利益。

（2）利益归属。无论其积累的经济利益来源如何，只要其聚敛财产的目的和最终的归属是将其中部分或全部用于违法犯罪活动或者维系黑社会性质犯罪组织的生存、发展，即可以认定该部分财产为黑社会性质组织犯罪的非法财产，而非关联公司企业的资产。

（二）关于黑社会性质组织违法所得流向与打击洗钱的问题

1. 实务困境

上述我们分析了黑社会性质组织出资设立的并合法经营的企业，该企业资产在特定情况下才能被认定为违法所得。反之，在该企业资产被判定合法的情

① 石经海：《当前涉黑犯罪的特点与成因调查——以重庆 11 个典型案件为杨蓓》，载《现代法学》2011 年第 3 期。

② 石经海：《当前涉黑犯罪的特点与成因调查——以重庆 11 个典型案件为杨蓓》，载《现代法学》2011 年第 3 期。

形下，又产生一个新的问题，黑社会性质组织通过设立合法企业的方式将违法所得合法化，漂白违法所得的行为该如何评价？根据《刑法》第 191 条的规定，明知是黑社会性质的组织犯罪，而为其掩饰、隐瞒来源和性质，使其合法化的行为构成洗钱罪。即我国目前将洗钱罪的追诉对象界定为“为他人洗钱”的人，普遍认为犯罪分子自己将自己上游犯罪违法所得洗白的行为是犯罪行为的延续，属于“事后不可罚行为”，它可以被上游犯罪所吸收，不应当再被评价，否则就触及一行为双重评价的禁忌，因此就产生了上述困境。照此规定，黑社会性质组织自己将自己的违法所得合法化的行为似乎并不构成洗钱罪，那么涉及到的违法所得便可以逃之夭夭，这一漏洞将严重不利于对犯罪的打击，成为黑社会性质组织为保护财产逃避法律追责的灰色地带。

2. 我国台湾地区的经验借鉴

洗钱行为就是使不法资金流入合法资金市场中，使其合法化并得到再利用。洗钱的本质就是“洗白”违法所得的性质。参考我国台湾地区的“洗钱防治法”，该防治法第 2 条规定洗钱行为是指“掩饰或者隐匿自己重大犯罪所得财物或者财产利益者”，和“掩饰、收受、搬运、寄藏、故买或者牙保他人因重大犯罪所得财物或财产利益者”，依照该规定，为自己重大犯罪所得洗钱的行为也构成洗钱罪，有力打击了重大犯罪对金融秩序的破坏以及社会经济利益的损失。

3. 对策研究——将黑社会性质组织自行洗钱行为纳入洗钱罪评价体系

类比我国台湾地区的“洗钱防治法”，在重大犯罪中，将自行洗钱纳入我国洗钱罪的评价范畴具有合理性。首先，事后不可罚的本质在于，后行为并无触犯新的法益，因此可以被前行为吸收而作一次评价即可。但是在重大犯罪如组织、领导黑社会性质组织犯罪中，事后的洗钱行为并不能认为是上游犯罪的事后帮助行为而成为上游犯罪的延续，相反，洗钱行为是独立于上游犯罪的存在，并触犯了新的法益，即正常的金融管理秩序，这决定了它无法被上游犯罪所吸收和包含。其次，在重大犯罪的条件下，自行洗钱行为如果不用承担责任，则会导致量刑与犯罪情节不相符，即违反了罪责刑相适应原则，将会严重影响打击重大犯罪的法律效果和社会效果。因此，将黑社会性质组织犯罪等重大犯罪中自行洗钱的行为纳入洗钱罪的评价体系中，对上游犯罪和洗钱罪数罪并罚，一方面提高了扫黑除恶的实效，另一方面也能通过提高犯罪成本起到震慑犯罪分子的作用。

### （三）关于来源不明财产的处置问题

1. 实务困境

当黑社会性质组织与公司企业产生竞合时，其资产呈现出复杂化的特点，极大地挑战侦查机关的取证能力。案件审理和裁判最基本的原则在于“以事实为依据，以法律为准绳”，案件的事实来源于证据，在取证难的情况下，在司法审判实践也遭遇了如何界定企业资产哪些是合法财产，哪些是犯罪收益的困境。如若按照证据“存疑有利于被告人”的原则，则会造成罪责刑严重不向适应的怪象，使得更多的涉黑企业逃离法网。

2. 我国台湾地区的经验借鉴

参考我国台湾地区的经验，台湾地区针对有组织犯罪的法律规定有“刑法”第154条参与犯罪结社罪以及“组织犯罪防制条例”。该条例扩大了没收财产的范围，规定不仅可以没收犯罪组织的财产，还可以没收犯罪组织的成员在参加组织以后所取得的财产，同时规定了“未能证明合法来源者，亦同”。该条例的规定证明两点：（1）在犯罪嫌疑人参加组织后获得的财产，法律直接推定其性质是非法的；（2）举证责任倒置，犯罪嫌疑人若要免责，则需要自己举证证实自己的财产与犯罪组织没有关系。相较于我国目前的举证责任分配，台湾地区在组织犯罪中设置来源不明财产的举证责任倒置制度则表明了严厉打击有组织犯罪的决心。

3. 对策研究——增设特别的举证责任制度

台湾地区通过来源不明财产举证责任倒置的制度有力地打击了组织犯罪的经济基础。而我国在2015年最高法《座谈会议纪要》中规定，“因犯罪分子转移、隐匿、毁灭证据或者拒不交代财产来源、性质、导致违法所得以及其他应当追缴的财产难以准确查清和追缴的，对于组织者、领导者以及为该组织转移、隐匿财产的积极参加者可以并处没收个人财产”。这一规定在内容上有向这方面靠拢的倾向，但是本质上举证责任仍在司法机关的模式没有发生变化。参考我国职务犯罪中的巨额财产来源不明罪，① 在严厉打击职务犯罪的背景下，立法将国家工作人员置于特殊地位，提高其在刑事诉讼中的举证义务以规制其履行国家公权力的廉洁性。那么同理可得，在严厉打击黑社会性质组织犯罪的当下，对于黑社会组织犯罪分子，我们也可以赋予其举证义务。因为在这类犯罪当中被告人身份地位的不同，其对于自己财产的属性比司法机关要更加清楚，相较于一般犯罪者有更强的反侦察手段和意识，若黑社会性质组织的犯罪财产无法得到处理，则是主动为其提供了死灰复燃的机会，建立举证责任倒

---

① 《刑法》第395条第1款规定：“国家工作人员的财产、支出明显超过合法收入，差额巨大的，可以责令该国家工作人员说明来源，不能说明来源的，差额部分以非法所得论，处五年以下有期徒刑或者拘役；差额特别巨大的，处五年以上十年以下有期徒刑。财产的差额部分予以追缴。”

置的证据制度能够起到有效打击黑社会性质组织经济基础的作用，解决当下黑社会性质组织财产认定困难的问题。

## 五、结语

刑法具有惩罚犯罪和保护法益的双重机能，在遏制犯罪的同时还应注意到合法权益的保护问题。对涉黑公司企业涉案财产判定和处置问题的探讨，不仅在于在涉黑组织企业化背景下有效打击涉黑企业，也在于保护法人合法财产，从根本上遏制司法机关在认定和处置涉黑企业涉案财产的随意性问题，不因为缺乏具体可执行的法条而在扫黑除恶的大背景下突破罪行法定和罪责自负基本原则，随意拔高黑社会性质组织的认定标准而对合法的企业予以打击。

# 涉嫌黑社会犯罪组织发展形态认定的法理分析

## ——以三个维度的组织性特征为切入点

李克勤　张洪峰*

当前，我国正在实施“扫黑除恶”专项打击，而黑社会犯罪性质的认定则是司法实践中一个长期性的难点。2002 年全国人大常委会对黑社会犯罪规定了需要同时具备的四个要件，分别是组织特征、经济特征、行为特征、控制性特征（危害特征）①，后吸收到 2011 年的《刑法修正案（八）》第 294 条，成为我国刑法典中为数不多的，规定多个条件必须同时具备的叙明罪状法条。② 但是在司法实践当中，又产生了新的问题，一些犯罪组织究竟是处于低级状态，还是已经发展为成熟的黑社会组织，各地认定分歧很大。2015 年 9 月，最高人民法院在《全国部分法院审理黑社会性质组织犯罪案件工作座谈会纪要》（以下简称 2015 年《纪要》）中提出，要正确把握“打早打小”与“打准打实”的关系，不得对尚处于低级形态的犯罪组织不加区分地一律按照黑社会性质组织处理，对于不符合黑社会性质组织认定标准的，应当根据案件事实依照刑法中的相关条款处理。

那么，在司法实践中，应当如何认定涉嫌黑社会犯罪组织的发展形态呢?

---

* 李克勤，浙江省金华市人民检察院原副检察长；张洪峰，浙江省金华市人民检察院检察官。

① 分别是：(1) 形成较稳定的犯罪组织，人数较多，有明确的组织者、领导者，骨干成员基本固定；(2) 有组织地通过违法犯罪活动或者其他手段获取经济利益，具有一定的经济实力，以支持该组织的活动；(3) 以暴力、威胁或者其他手段，有组织地多次进行违法犯罪活动，为非作恶，欺压、残害群众；(4) 通过实施违法犯罪活动，或者利用国家工作人员的包庇或者纵容，称霸一方，在一定区域或者行业内，形成非法控制或者重大影响，严重破坏经济、社会生活秩序。

② 除了第 294 条，其他类似的如 224 条之一的组织、领导传销活动罪。

为此，笔者与部分一线办案人员进行了交流，在浙江省某监狱对涉黑犯罪案件进行了调研，并结合自己的办案经验，就这个问题进行了深入研讨，供大家分析评判。

## 一、涉嫌黑社会犯罪组织发展形态认定的主要难点

司法办案中，典型的黑社会组织比较容易识别，较难认定的是发展形态不够明确的犯罪组织。从《刑法》第 294 条规定的四要件来分析，更多的是两到三个要件比较明确，另外一到两个比较模糊或者不典型，不少案件公检法三机关对某些案件争议很大，导致各地执法尺度不一，同类的案件在不同的地方可能做不同的处理。具体来讲，在四个要件中，行为特征的判断比较直观，经济性特征也不难识别，难点主要集中在组织性特征和非法控制特征（危害性特征）两个方面。

在组织性特征的认定上，办案中的难点突出表现为三点：一是组织规模和结构。黑社会组织一般要求 10 人以上，骨干成员比较基本固定，层级清楚。一些犯罪组织达不到这个数量但骨干成员比较固定，或者有些犯罪团伙人数在十人以上，但结构比较松散，有事临时叫人的情况很多。有论者认为，黑社会犯罪组织分为松散型、半紧密型和紧密型，但这种分析仍然不具有操作性。二是组织内部的组织性和纪律性。黑社会组织要求在对内的管理上，具备成文或者不成文的组织纪律或者活动规矩。但有些犯罪团伙是否存在规约，或者有些内部规则是否属于组织规约不易判断。例如有一个组织卖淫案，涉案人员在同一个街区各自经营卖淫店面，遇到外部干扰相互支持，并规定了统一的卖淫价格、卖淫时长，相互之间不得抢客等，这些是否属于组织内部规约，办案部门意见不统一。三是犯罪组织本身和其行为的持续性。一般而言，一个黑社会组织需要一定的时间才能成型，组织行为须具有持续性。但这些条件在判断时有较大的弹性，有些犯罪团伙成立的时间不长，或者有组织实施犯罪的次数较少，或者犯罪的目的和对象比较特定，各地是否认定为黑社会犯罪情况不一。调研中有罪犯提出，他们开赌场仅两周，为抢生意与其他赌场发生了斗殴，对被判为黑社会犯罪难以接受。

典型案例如最高法院发回重审的牛子贤等人犯罪案件，最高法院认为，涉案成员多系被临时纠集参与作案，尚没有形成稳定的组织体系，牛子贤要求手下人交纳“保证金”系其经营赌场时管理雇员的必要手段，难以认定为组织纪律或者活动规约，也不存在明显的层级关系，反映不出组织性，因此，现有

证据不能认定牛子贤犯罪团伙具备黑社会性质组织的组织特征。①

在控制性特征的认定上,《刑法》第294条规定了两个具有递进关系的特征,其一是实施违法犯罪或利用国家工作人员的包庇,这也是一个基础性的特征;其二是通过这种非法手段对一定的区域和行业形成了实际的控制,这是一个结果性的特征,2015年《纪要》和2018年两高两部《关于办理黑恶势力犯罪案件若干问题的指导意见》(以下简称2018年《指导意见》)中规定了八种情形。②

一般而言,第一个特征即非法手段特征应具有违法犯罪的多样性和持续性(有利于形成控制),并以达成非法控制为目的。而第二个特征即非法控制则必须是非法手段的结果,且必须形成了实际的控制后果。但在实际办案中,由于对这两个特征的判断存在不同的观点,在认定黑社会犯罪时形成了偏差。

例如在2012年河南西平县焦海涛涉嫌黑社会犯罪一案中,法院认为,焦海涛等人是因为中央花园项目才聚集在一起,并未染指其他拆迁工程,这些因素决定了他们的犯罪对象和犯罪手段具有特定性,他们并不是段依靠非法手段获得该项目征地拆迁业务,而是受项目部雇佣从事暴力拆迁活动,其既没有对当地经济、社会生活进行非法控制的意图,也没有以非法控制为目的实施相应的违法犯罪活动,实际上并不具有真正意义上的黑社会性质组织的行为特征,因此不够成黑社会犯罪。③

笔者在浙江某监狱调研时,罪犯南某某认为,他们有正当职业,有合法收

---

① 详细案件情况参见《牛子贤等人绑架、敲诈勒索、开设赌场、重婚案〔第1160号〕——如何准确把握黑社会性质组织的认定标准》,载《刑事审判参考》2017年总第107集。

② 这八种情形是:(1)致使在一定区域内生活或者在一定行业由从事生产、经营的多名群众,合法利益遭受犯罪或严重违法活动侵害后,不敢通过正当途径举报、控告的;(2)对一定行业的生产、经营形成垄断,或者对涉及一定行业的准入、经营、竞争等经济活动形成重要影响的;(3)插手民间纠纷、经济纠纷,在相关区域或者行业内造成严重影响的;(4)干扰、破坏他人正常生产、经营、生活,并在相关区域或者行业内造成严重影响的;(5)干扰、破坏公司、企业、事业单位及社会团体的正常生产,经营、工作秩序,在相关区域、行业内造成严重影响,或者致使其不能正常生产、经营、工作的;(6)多次干扰、破坏党和国家机关、行业管理部门以及村委会、居委会等基层群众自治组织的工作秩序,或者致使上述单位、组织的职能不能正常行使的;(7)利用组织的势力、影响,帮助组织成员或他人获取政治地位,或者在党政机关、基层群众自治组织中担任一定职务的;(8)其他形成非法控制或者重大影响,严重破坏经济、社会生活秩序的情形。

③ 详细案情参见《焦海涛等人寻衅滋事案〔第1156号〕——如何根据违法犯罪活动的多样性把握黑社会性质组织的认定标准》,载《刑事审判参考》2017年总第107集。

入，虽然有聚众斗殴、寻衅滋事行为，但没有向他人收取保护费什么的，也没有残害过老百姓，对认定自己涉黑犯罪不服。这实际上也是反映了该案犯罪组织在控制力的可持续性、对合法秩序实际破坏程度上的薄弱。

## 二、“有组织的非法控制”是黑社会犯罪成熟形态的核心要素

目前，学术界对于黑社会性质组织的本质特征存在四种不同的观点。分别是非法控制说①、有组织的暴力特征说②、组织行为特征说③和组织特征说④。其中，非法控制说属于主流，该观点认为，非法控制是黑社会组织的本质特征，其将黑社会性质犯罪与集团犯罪、恶势力团伙犯罪、单位犯罪区分开来。

我们不否认控制性是黑社会的核心特征之一，但仅有非法控制是不周延的，它忽视了组织性特征作为黑社会犯罪的基础和不可或缺性。

笔者认为，成熟的黑社会犯罪的核心要素是“有组织的非法控制”。如果尚未达到这个要求，则属于黑社会犯罪组织的低级形态，如恶势力犯罪，或者属于其他团伙犯罪。理由如下：

首先，组织性特征是黑社会犯罪的基础，贯穿于整个犯罪过程。《刑法》第294条规定的四个特征，第一个规定属于组织性特征本身，第二和第三个分别是“有组织地”获取经济利益和“有组织”地实施违法犯罪活动，第四项的控制性特征，依然是以该犯罪的组织性为基础的。因为，作为游离于政府之外的持续性非法控制，不可能通过少数几个人来完成，必须以一个稳定的、严密的组织实体为根基。从逻辑上来讲，组织性特征可以独立于非法控制特征存在，而非法控制特征却不能离开组织性特征单独存在。因此，对于涉嫌黑社会犯罪的形态和发展阶段而言，对组织性特征的考察和评价是前提和基础。⑤一般来讲，黑社会犯罪组织的前身是恶势力组织，而恶势力也必须具备组织性特征，有论者认为，“包含行为目的特征和组织阶段特征的发展特征，才是恶势

---

① 参见陈兴良：《关于黑社会犯罪的理性思考》，载《法学》2002年第8期；周光权：《黑社会性质组织非法控制特征的认定——兼及黑社会性质组织与恶势力团伙的区分》，载《中国刑事法杂志》2018年第3期。

② 何秉松：《中国有组织犯罪研究》（第1卷），群众出版社2009年版，第230~231页。

③ 黄京平、石磊：《论黑社会性质组织的法律性质和特征》，载《法学家》2001年第6期。

④ 李文燕：《黑社会性质组织特征辨析》，载《中国人民公安大学学报》2001年第3期。

⑤ 有的学者会说，其他的有组织犯罪也具有这个特征，我们说这是两个层面的问题，我们这里所论述的是在判断黑社会性质犯罪的语境中进行的分析，如果它也构成其他有组织的犯罪，那涉及到的是法条竞合的问题。

力的本质特征，是标志恶势力与普通共同犯罪相区别的决定性要素”。[①] 关于组织特征的阶段性特点，我们将在第三大部分进行论述。

其次，在组织基础上达成非法的实际控制是成熟形态黑社会组织的核心标志。一个组织性特征明显的犯罪团伙是否已经发展为黑社会组织，重点是考察其是否具有对某行业或者某区域进行非法控制的目的，并进而达到实际的非法控制的结果。[②] 然而，非法控制并不是一蹴而就的，它是犯罪组织以非法控制为目的，通过持续不断、多样性的违法犯罪或者其他手段，而逐步达成目标的。这个持续的过程使得非法控制从无到有、从弱到强，是一个从量变到质变的过程。因此，在组织性特征判断的基础上，将之与控制性的强度判断相结合，是区分犯罪组织形态的主要依据。如果已经达到了非法控制的既遂状态，则成立黑社会犯罪。那么达到什么样的强度才是非法控制的既遂状态呢？笔者基本同意“非法支配”论，该观点认为，“非法控制的含义是支配，凡是不能形成对他人的功能性支配、行为性支配或意思支配，不能在相当程度上形成对社会秩序和合法管控权的冲击的，就谈不上在一定区域或者行业内形成非法控制”。[③]

## 三、从三个维度判断“有组织的非法控制”

前文论述了司法实践中判断黑社会犯罪的主要难点为组织特征和非法控制特征，又从组织特征与非法控制特征的逻辑关系，论述判断黑社会犯罪成熟形态的核心要素是“有组织的非法控制”。[④] 那么，具体应当如何对涉案犯罪组织的发展形态进行研判呢，我们认为，可以从犯罪团伙的组织结构方式（静态）、组织行为学（动态）、组织控制学（结果）三个维度进行综合性判断。

第一个维度，是看该组织的结构方式。这个维度是一个静态的维度，相对比较直观。总体而言，仍然是从组织规模（一般要求10人以上）、骨干分子是否固定、层级和分工是否清楚，是否有内部的纪律和规约、组织的稳定性等方面，来分析有无形成一个具有内在联系的组织体。如果不符合这些条件，无疑属于萌芽状态的犯罪组织，或者是普通的犯罪团伙。例如人员内部比较松

① 参见黄京平：《恶势力及软暴力探微》，载《中国刑事法杂志》2018年第3期。

② 当然，并不是说一定要组织特征完全形成后才会图谋非法控制，两者也可以同时进化。

③ 参见周光权：《黑社会性质组织非法控制特征的认定——兼及黑社会性质组织与恶势力团伙的区分》，载《中国刑事法杂志》2018年第3期。

④ 在2009年《全国部分法院审理黑社会性质组织犯罪案件工作座谈会纪要》也曾明确规定，在办案时应当结合组织化程度的高低、经济实力的强弱、有无追求和实现对社会的非法控制等特征，对黑社会性质组织与“恶势力”团伙加以正确区分。

散，如有事的时候临时凑在一起，或者人员多为发小、同学等关系，平日以正常交往为主，偶尔发生了几件事情合伙进行犯罪，就不能认定为符合黑社会的组织结构方式。但对于已经发展到高度组织化的恶势力犯罪而言，在组织结构方式上，黑社会性质组织与普通犯罪集团、恶势力团伙存在诸多联系与相似之处，区分起来确有难度，实践中不乏成员人数较多，组织者、领导者明确，骨干成员相对固定，且有一定形式组织纪律、活动规约的恶势力团伙。因此我们认为，从这个维度来讲，主要是用于分辨恶势力犯罪与处于萌芽状态的犯罪组织或者其他普通共同犯罪的，如果要分辨恶势力组织与黑社会犯罪的区别，还要借助于以下二个维度的分析。

第二个维度，是在从组织行为学的角度进行分析。恶势力组织与黑社会组织虽然从静态的结构上看可能区别不明显，但从组织行为学上来讲，尤其是组织成员的犯罪心理、犯罪目的、相互之间的配合与联系上，恶势力组织与黑社会组织还是有一定的区别的。

所谓组织行为学，根据美国学者布鲁斯·塔克曼的定义，是指研究在团队（或组织）中以及团队与环境相互作用中，人们从事工作的心理活动和行为的反应规律性的科学。他把一个团队的发展阶段分为五个时期，分别是组建期、激荡期、规范期、执行期和休整期（解散期）。① 这种对于团队发展的分析，对于犯罪组织分析具有重要的参考价值，犯罪组织也可以看作一个团队。从组织行为学观察，有助于我们观察到组织从随机性到目的性、从偶发性到计划性、从自发性到自觉性的转变。

例如，在组建期，属于酝酿阶段，成员行为具有相当大的独立性，缺乏团队目的，还有可能表现出不稳定、忧虑的特征。在激荡期，形成各种观念激烈竞争，成员更想要展现个人性格特征，对于团队目标、期望、角色以及责任的

---

① 具体来说：(1) 组建期。团队酝酿，团队成员行为具有相当大的独立性，这一时期他们缺乏团队目的、活动的相关信息。部分团队成员还有可能表现出不稳定、忧虑的特征。(2) 激荡期。形成各种观念，激烈竞争、碰撞的局面。团队获取团队发展的信心，但是存在人际冲突、分化的问题。团队成员面对其他成员的观点、见解，更想要展现个人性格特征。对于团队目标、期望、角色以及责任的不满和挫折感被表露出来。(3) 规范期。规则、价值、行为、方法、工具均已建立，团队效能提高，团队开始形成自己的身份识别，团队成员调适自己的行为，以使得团队发展更加自然、流畅。有意识地解决问题，实现组织和谐。动机水平增加。团队领导允许团队有更大的自治性。参与式领导。(4) 执行期。团队能量积聚于一体，团队成员对于任务层面的工作职责有清晰的理解，没有监督，自治，即便在没有监督的情况下自己也能做出决策，互助协作。(5) 休整期。任务完成，团队解散。

不满和挫折感被表露出来。如果一个犯罪团伙处于这两个阶段，那么明显还是属于萌芽或初级阶段，不属于黑社会犯罪，也可能处于属于低级阶段的恶势力犯罪。

到了第三阶段规范期，规则、价值、行为、方法、工具均已建立，团队效能提高，团队开始形成自己的身份识别，成员调适自己的行为，以使得团队发展更加自然、流畅。在第四阶段执行期，团队能量积聚于一体，成员对于任务层面的工作职责有清晰的理解，即便在没有监督的情况下自己也能做出决策，互助协作。

笔者认为，从组织行为学上来讲，恶势力犯罪组织与黑社会犯罪更有可能分别处于第三阶段规范期和第四阶段执行期。但毕竟这些组织阶段分析是对针对正常社会组织的，犯罪组织作为一个“非正常”或者说见不得光的组织，还是有一些自身的特点的。两者在组织行为学上的区别可以从四个方面来分析：其一，犯罪的心理与目的。恶势力犯罪成员的心理多数是为了追求一个较小的利益，短期的利益，其目的并非对某区域或行业进行长期非法控制，来谋取更大的利益。其二，行为出现的原因。恶势力犯罪的行为方式是自发的，他们多是从个人本身考虑的，对组织本身的认同感还不强。而黑社会犯罪组织则自觉的行为，是从组织利益本身思考的，对组织本身具有高度的认同感，组织行为体现出较强的集体意志。有时单个犯罪成员就代表了组织，单个人出面就可能对某种活动形成控制。其三，从成员行为之间的内在联系来看，各成员之间行为的配合与支持程度不同。如果以体育运动做比喻的话，黑社会犯罪组织的成员之间，就像团队项目如足球一样，高度的配合与支持，形成一个整体，而恶势力犯罪在内部配合方面明显松散。其四，在犯罪行为手段和犯罪的对象上，黑社会犯罪的对象具有不特定性，手段具有多样性和持续性，而恶势力犯罪在这方面具有特定性，有时候还具有偶发性。通过这些分析，我们就比较容易解决对组织性特征理解上的一些难点了，例如人员数量和稳定性问题、内部规约的认定问题等。

需要说明的是，当恶势力犯罪进一步发展，它与黑社会犯罪在组织行为学上的界限也将越来越模糊（当然，也并不是每一个恶势力组织必将发展为黑社会犯罪）。那么，恶势力组织发展为黑社会犯罪的标志是什么呢，其实上文也已经提到，也是接下来要详细分析的——组织的控制力。

第三个维度，是从组织控制力来进行考察。笔者认为，在第一和第二个维度分析的基础上，判断犯罪组织发展阶段的第三个维度，就是该组织实体的影响力是否已经对特定区域和行业构成了实际的控制。笔者认为，在组织性分析基础上的非法控制，存在三个方面：

其一，在形成组织实体的基础上，该组织既要有非法控制的意图，也要有非法控制的行为。正如有论者所言，“从某种意义上说，恶势力团伙与黑社会性质组织实际上只隔着一层‘窗户纸’，一旦恶势力团伙开始有意识、有计划、有组织地通过违法犯罪活动试图在正常社会里建立非法秩序，那么其就跨越了向黑社会性质组织升级转型的鸿沟，剩下的只需要完成量的积累”。①

其二，这种非法控制必须具有持续性，并获得较大的经济利益。如果犯罪组织通过违法犯罪活动，所谋取的只是短期的、随机性的，甚至一次性的非法控制，那可能属于恶势力犯罪而不是黑社会犯罪。短期的非法控制，如在实施团伙抢劫的情形中，就是一种短期或者一次性的非法控制。同时，这种非法控制必须是为了给该组织带来较大的经济利益（与经济特征的联系，不做展开）。

其三，该组织通过持续的不断谋求影响力，最终逐渐削弱了合法政权的控制力。犯罪组织通过持续的非法手段，不断破坏、侵蚀正常的经济、社会生活秩序，最终形成黑社会性质组织掌控的非法秩序。在2015年《纪要》和2018年《指导意见》中，规定了八种常见的形成非法控制的情形。笔者认为，判断形成实质性非法控制主要看两个方面：第一，是对目标区域和行业形成了精神或物质性的支配，并能够为其带来实质性的利益，而这种利益具有一定的排他性。第二，对合法的执法行为形成了阻断。这种阻断或者是导致被控制的对象不敢寻求合法的保护，或者是因为国家工作人员的包庇、纵容甚至暗中参与而被非法的阻断。

① 参见《焦海涛等人寻衅滋事案〔第1156号〕——如何根据违法犯罪活动的多样性把握黑社会性质组织的认定标准》，载《刑事审判参考》2017年总第107集。

# 审视与构造：黑恶势力“软暴力”入罪的法教义学分析

## ——以P市法院五年来黑恶势力犯罪案件为研究样本

臧冬斌　李　征*

2018年年初，最高人民法院、最高人民检察院、公安部、司法部下发《关于办理黑恶势力犯罪案件若干问题的指导意见》（以下简称《指导意见》，首次系统的对“软暴力”的各项特征及其在具体罪名中的定位做了正式规制，为惩处黑恶势力利用“软暴力”实施犯罪提供了法律依据。但是对于“软暴力”，尚无一个明确的标准，本文就“软暴力”的认定标准，从法教义学的角度进行探讨。

## 一、实证考察——黑恶势力“软暴力”现状分析

“软暴力”犯罪和“村霸”、宗族恶势力、“保护伞”一起被列入扫黑除恶严厉打击的范围，“村霸”“保护伞”这些名词相对容易理解，比较而言，公众对“软暴力”的概念还比较陌生。为了更直观的展示“软暴力”，笔者首先选取两个案例予以说明。

案例一，自2015年开始，每逢荔枝成熟产销季节，被告人崔某豪便在荔枝生产示范村一带，组织同村的被告人崔某乙等二十余名社会闲散无业人员，采取坐、随意吃拿收购点荔枝，或成群结队驾摩托车在收购点附近游荡、砸车玻璃、挖坑堵路等让人产生心理强制的威胁方式给该荔枝收购点施加压力，使在该荔枝收购点的工人及商户产生恐惧，以便可以强行以高于市场的价格推销冰砖给收购商，达到非法控制和垄断示范村一带荔枝收购点的冰砖交易市场的目的。

案例二，自2015年起，被告人卢某便利用自有资金开始对外发放高利贷，并逐渐形成以自己为首要分子，被告人崔某、张某等人有组织的参与高利放贷

* 臧冬斌，河南财经政法大学刑事司法学院教授；李征，河南省平顶山市中级人民法院审判员。

并采用“软暴力”方式催收的恶势力犯罪集团，对孙某某、刘某某等6名被害人，先后多次有组织地采取泼油漆、砸玻璃、拉横幅、大喇叭吆喝、到被害人家中强行居住、放哀乐、言语威胁等多种“软暴力”手段恐吓被害人，严重扰乱了被害人正常的工作和生活秩序，造成恶劣的社会影响。

以上案例从一个角度揭示了“软暴力”的真面目。所谓“软暴力”，是指黑恶势力在实施违法犯罪活动过程中所使用的除暴力及暴力相威胁的一切行为。包括不使用武力手段或使用微武力手段（即未达到法律惩处）作用于行为对象，引起行为对象心理恐惧，形成精神强制，从而屈服于行为人，使行为人达到逃避法律惩处的目的。

此外，笔者选取了2014年以来，中部某省P市两级法院审理的黑恶势力案件为样本，并对相关数据进行了统计分析。

2014年以来，P市两级法院审理黑社会性质组织犯罪案件13件182人，恶势力犯罪案件109件373人，共涉及罪名18个，违法犯罪事实427起，其中，利用“软暴力”手段实施违法犯罪的案件87件，违法犯罪次数达336次。“软暴力”的具体表现形式如下：

| 方式 | 2014年 | 2015年 | 2016年 | 2017年 | 2018上半年 | 合计 |
|---|---|---|---|---|---|---|
| 聚众哄闹 | 8 | 6 | 7 | 5 | 2 | 28 |
| 侮辱 | 1 | 3 | 4 | 3 | 1 | 12 |
| 恐吓 | 4 | 2 | 9 | 6 | 6 | 27 |
| 放鞭炮 | 2 | 7 | 5 | 4 | 2 | 20 |
| 砸玻璃 | 7 | 3 | 6 | 8 | 4 | 28 |
| 跟贴靠 | 4 | 9 | 6 | 5 | 3 | 27 |
| 泼油漆 | 6 | 5 | 9 | 7 | 2 | 29 |
| 变相体罚 | 3 | 8 | 6 | 7 | 3 | 27 |
| 电话、短信骚扰 | 8 | 3 | 7 | 9 | 2 | 29 |
| 放毒蛇 | 5 | 3 | 4 | 2 | 1 | 15 |
| 谈判 | 5 | 7 | 9 | 5 | 2 | 28 |
| 协商 | 5 | 9 | 4 | 7 | 1 | 26 |
| 非法拘禁 | 8 | 9 | 6 | 7 | 5 | 37 |
| 挖坑填埋 | 0 | 1 | 0 | 1 | 1 | 3 |

上表直观地展示了五年来P市黑恶势力犯罪案件的“软暴力”表现形式。一是雇佣社会闲散人员、老年人及妇女等，采取“聚众哄闹”“静坐”的方式，向被害人施加压力。二是采取“跟贴靠”“呼死你”“上门谈心”及与被

害人同吃同住等方式，严重影响被害人的正常生活，给被害人造成精神强制。三是用放鞭炮、砸玻璃、泼油漆、刷标语、放毒蛇等方式，不断挑战受害人的心理承受底线。四是采取变相体罚的方式，如挖坑填埋、不让受害人睡觉、逼受害人喝尿的方式迫使受害人接受其不法要求。

## 二、适用困境——“软暴力”犯罪之异化表现

关于“软暴力”的入罪，在《指导意见》中列举了“恐吓”“威胁”的表现形式，对其在寻衅滋事罪、强迫交易罪、敲诈勒索罪及非法拘禁罪中的具体表现做了较为详细的规定，但在实践中，由于“软暴力”的表现形式复杂多变，现有刑法条文及规范性文件规定得不够具体和明确，给司法实践造成了诸多问题和困惑，从近五年审理的黑恶势力案件中，可以审视出当前“软暴力”入罪还存在以下问题。

### （一）具体罪名的认定上差异化明显

**表二　“软暴力”在具体案件中的罪名统计分析表**

<table>
<tr><th>行为类型</th><th>认定罪名</th><th>认定次数</th><th>总计</th></tr>
<tr><td rowspan="3">多次有组织的采取聚众哄闹、静坐、滋扰、放鞭炮等方式以群众施加压力，逼迫群众接受拆迁协议</td><td>聚众扰乱社会秩序罪</td><td>3</td><td rowspan="3">9</td></tr>
<tr><td>寻衅滋事罪</td><td>5</td></tr>
<tr><td>组织、领导、参加黑社会性质组织罪</td><td>1</td></tr>
<tr><td rowspan="3">组织多人多次以在菜中吃出虫子和收取保护费为名，向饭店索要财物</td><td>敲诈勒索罪</td><td>4</td><td rowspan="3">7</td></tr>
<tr><td>寻衅滋事罪</td><td>2</td></tr>
<tr><td>诈骗罪</td><td>1</td></tr>
<tr><td rowspan="5">有组织的采取“跟贴靠”“呼死你”等让被害人产生心理恐惧、极度厌烦、严重影响工作和生活的方式，强行索要债务</td><td>寻衅滋事罪</td><td>2</td><td rowspan="5">16</td></tr>
<tr><td>非法拘禁罪</td><td>4</td></tr>
<tr><td>敲诈勒索罪</td><td>4</td></tr>
<tr><td>非法侵入住宅罪</td><td>1</td></tr>
<tr><td>诈骗罪</td><td>5</td></tr>
<tr><td rowspan="3">有组织的采取威胁、围堵、辱骂、恐吓方式，强行推销商品给商户，垄断某一地区某一商品的供货渠道</td><td>聚众扰乱社会秩序罪</td><td>1</td><td rowspan="3">6</td></tr>
<tr><td>强迫交易罪</td><td>4</td></tr>
<tr><td>寻衅滋事罪</td><td>1</td></tr>
</table>

可以看出，在“软暴力”的刑法评价方面存在不小差异。以现在频发的“套路贷”为例，诈骗罪对“套路贷”的规制很有限，导致对很多“套路贷”

行为都无法以诈骗罪起诉。[①] 敲诈勒索罪、非法拘禁罪、寻衅滋事罪、非法侵入他住宅罪、虚假诉讼罪等罪名也不能完全规制“套路贷”犯罪，被害人使用“软暴力”手段追讨债务时，由于可能存在的合法因素及民刑交叉问题的混同，使得案件在作出最终裁决时，法官们只能凭借自身经验和社会的一般评价进行判断，导致司法认定存在差异，同案不同判的现象时有发生。

（二）黑社会性质组织犯罪认定的重复评价

“刑法上的禁止重复评价原则是指针对同一事实的同一属性或侧面进行定性处罚上的二次或二次以上的法律评价，包括进行定罪情节与定罪情节的评价、定罪情节与量刑情节的评价、量刑情节与量刑情节的评价。”[②] 在司法实践中对《刑法》第294条第4款进行理解和适用时，通常的做法是只要被告人在实施了黑社会性质组织犯罪的同时，又触犯了其他的犯罪行为，均予以数罪并罚。例如P市审理被告人薛某某组织、领导黑社会性质组织罪一案时认为，薛某某构成组织、领导黑社会性质组织罪、寻衅滋事罪、敲诈勒索、非法拘禁罪、窝藏罪、赌博罪、开设赌场罪、妨害公务罪和盗窃罪并予以数罪并罚。其中，以“软暴力”实施的违法犯罪行为12次，以寻衅滋事和敲诈勒索为主，该12次行为中，有7次行为仅成立违法，不构成犯罪，但法院在作出最终裁决时，既将该7次“软暴力”实施的违法行为认定为冯某某黑社会性质组织犯罪中的客观行为，又将其作为具体寻衅滋事罪、敲诈勒索罪和非法拘禁罪的事实行为予以单独评价，实行数罪并罚。显然，这违背了刑法禁止重复评价的原则。

（三）司法实践中法律适用的泛化

**表三　“软暴力”的法律适用泛化情况**

| 年份 | 普通团伙犯罪被认定为恶势力犯罪团伙 | 恶势力犯罪被认定为黑社会性质组织罪 | 合计 |
|---|---|---|---|
| 2014年 | 3 | 1 | 4 |
| 2015年 | 1 | 1 | 2 |
| 2016年 | 2 | 0 | 2 |
| 2017年 | 2 | 0 | 2 |
| 2018年上半年 | 2 | 1 | 3 |
| 总计 | 10 | 3 | 13 |

① 于冲：《黑社会性质组织与“恶势力”团伙的刑法界分》，载《中国刑事法杂志》2013年第7期。

② 石经海：《黑社会性质组织犯罪的重复评价问题研究》，载《现代法学》2014年第6期。

从《指导意见》的本意上来讲，“软暴力”之所以能够入罪，是由于其在黑恶势力犯罪中所起的作用、使用的频率和危害后果的严重性已经到了必须用刑罚来规制的地步。① 但在实践中，由于对法律理解的偏颇和对现代司法理念的把握不到位，“软暴力”在实践中出现法律适用的泛化，把普通刑事案件中利用“软暴力”实施的行为作为黑恶势力的犯罪手段来处理，人为地降低了黑恶势力认定的标准，导致普通犯罪集团、恶势力犯罪团伙被拔高认定为黑社会性质组织犯罪，或将普通团伙性犯罪认定为恶势力犯罪集团。据统计，P市两级法院2014年以来审理的122件黑恶势力犯罪案件，有13件属于因政策把握不到位将“恶”拔高为“黑”，将普通犯罪团伙定性为“恶”。

## 三、刑法教义学视角下黑恶势力犯罪“软暴力”构成要件的构造

“软暴力”规模化入罪还存在诸多困难，究其根源，主要是在司法过程中，执法者在法律适用方面缺乏整体性的“法典思维”，没有充分运用刑法条文与刑法原则之间的内在联系。一方面，“现有规范性文本的有限性与语义的模糊性这对天生的矛盾体决定了刑法教义学外延之广阔”。另一方面，“软暴力”入罪的目的不难理解，其打击典型案例的意图也显而易见，但“某些行为缺乏条文的某个或某些要素时，就会引发异议”。由于在适用法律过程中，执法者忽略了刑法条文与刑法原则的内在联系，导致在对违法事例进行定性分析时，就会违背法教义学的基本原理。② 笔者尝试对黑恶势力“软暴力”的构成要件进行分析和构造。

### （一）“软暴力”之主观特征——为谋取非法利益或形成非法影响

“软暴力”手段的主观特征并非是指故意或过失等犯罪构成的主观方面，而是指在司法解释或者规范性文件中明文规定的主观违法要素，也可以称之为目的要素，是指行为人通过实施犯罪行为达到的某种危害结果的希望或追求。目的要素在现有刑法条文中有较多的体现，如敲诈勒索罪、诈骗罪、盗窃罪的以非法占有为目的，开设赌场罪的以营利为目的，拐卖妇女、儿童罪的以出卖为目的等等，这些都并非是故意或者过失的主观形态，而是表现为犯罪目的的主观要件。通说认为，成立犯罪必须具备构成要件的该当性、违法性与有责性，而目的要素就是判断违法性存在的根据。

---

① 陈建清、胡学相：《我国黑社会性质组织犯罪立法之检讨》，载《法商研究》2013年第6期。

② 何秉松：《犯罪团伙、犯罪集团、黑社会性质组织、黑社会组织、有组织犯罪集团辨析》，载《浙江师范大学学报》2002年第2期。

就黑恶势力来说，追求巨大的经济利益是其最终的目的，虽然对于恶势力来讲，在发展初期可能不单单或者是并非为了获取经济利益，同时也有在社会上“争强好胜”“扬名立万”的意图，但是随着其不断的壮大组织力量，朝着黑社会性质组织发展时，最终还是要回归到追求经济利益，实现非法控制的终极目标上，因此，为谋取不法利益或形成非法影响，就是黑恶势力实施犯罪的目的要素，也就是黑恶势力利用“软暴力”入罪的主观要件，这是区分黑恶势力“软暴力”犯罪与普通刑事案件中“软暴力”的本质区别。举个例子，如果一个团伙，为了寻求精神刺激、填补精神空虚，或者仅仅是为了证实自己的能力和胆量，多次使用“软暴力”手段对群众进行骚扰，严重破坏了社会秩序，侵犯他人的人身权利，但该团伙由于并非是为了追求不法利益，或者形成非法影响，因而不能定性为黑恶势力。①

（二）“软暴力”之行为特征——以暴力或暴力威胁为基础

暴力性是黑社会性质组织行为特征中必备特征，“无暴力不成黑”。即便是黑社会性质组织的非暴力行为，也是以暴力或以暴力威胁为后盾的，其之所以能够实现对人民群众的心理强制或者威慑，进而实现非法控制，依靠的正是暴力血腥的违法犯罪手段。黑社会性质组织并不排斥非暴力性手段，甚至当其发展到一定阶段后会以非暴力性的违法犯罪手段为主要活动，但这并不是说黑社会性质组织会自动放弃使用暴力手段，更不是说在黑社会性质组织发展过程中可以没有明显的暴力性违法犯罪活动。在黑社会性质组织的犯罪中，无论如何变换“软暴力”手段的使用方法，暴力仍然是其能够对社会公众产生心理强制的重要原因。基于此，对于“软暴力”在黑社会性质组织犯罪中的入罪，是否以暴力或以暴力相威胁这一行为特征，是“软暴力”入罪是否准确的基石。

问题在于，恶势力利用“软暴力”实施犯罪，是否也应当以暴力作为后盾呢？笔者认为，首先，根据《指导意见》关于恶势力的定义可以看出，恶势力与黑社会性质组织的行为特征并无区别，恶势力是黑社会性质组织发展的初级阶段，黑社会性质组织是恶势力发展的高级形态，一旦恶势力开始有意识、有计划、有组织地通过犯罪活动试图在正常社会里建立非法秩序，实现非法控制，那么其就跨越了向黑社会性质组织升级转型的鸿沟，剩下的只需要完成量的积累，因此在讨论黑恶势力的“软暴力”入罪标准时，无论是“黑”

① 李林：《黑社会性质组织经济特征司法认定实证研究》，载《中国刑事法杂志》2013年第4期。

还是“恶”，均应当以暴力或暴力威胁作为基础。其次，从宽严相济的刑事政策的角度出发，在认定恶势力利用“软暴力”实施犯罪时，如不考虑是否以暴力作为基础和后盾，那么势必将导致恶势力认定标准的降低。[①] 如此一来，不仅在立法上缺失规范依据，违背了罪行法定原则，同时也会使刑事政策调控功能出现失调，造成黑恶势力打击泛。因此，以暴力和暴力相威胁为基础，作为黑恶势力“软暴力”入罪的门槛，既符合罪行法定原则，也顺应了刑事政策的要求。

（三）“软暴力”之组织特征——坚持法定标准

组织特征是黑恶势力的特有特征，这也是为什么在中国，黑社会性质组织和恶势力被统称为“有组织犯罪”的根本原因，也正是由于该特征，有组织犯罪才比普通的共同犯罪和犯罪集团具有更大的社会危害性。实践中，对于黑恶势力组织特征的把握往往存在较大争议。不过，本文要讨论的组织特征，不是指黑恶势力组织的形成时间、严密程度、组织形式和帮规纪律等，而是指黑恶势力利用“软暴力”实施犯罪时是否是“有组织地”，即是否有明确的组织者、领导者和纠集者，组织者、领导者和纠集者是否固定，组织成员分工是否明确，手段、目标是否一致等问题。这不仅是罪刑法定的要求，也是刑事政策和司法处理技巧的要求。[②] 例如，王某甲等人“涉恶”案，检察机关指控及一审法院审理后认定：王某甲等 4 人为从新农村建设的道路硬化工程中谋取非法利益，雇佣多人利用“软暴力”手段实施了一系列的违法活动，形成了一个较为固定的团伙，该团伙已经构成了恶势力犯罪集团。二审法院经审理后查明，该案虽然人数较多，实施了一系列的寻衅滋事、强迫交易、敲诈勒索等违法活动，但由于各被告人之间没有组织性，缺乏紧密联系，无论是承包工程，还是实施违法活动，都不是基于统一的组织目标，涉案人员均是各为其利、各行其是，纠集者也不固定，随意性较强，在实施违法活动时，大多数人都是临时纠集而来，组织成员之间也没有明确的分工，不应当认定为恶势力。因此，笔者认为，认定“软暴力”犯罪，“有组织”实施是必备要件。关于“有组织”，应该从以下三个方面进行理解：第一，必须是以组织的名义或者是为了组织的利益，由组织成员有计划、有分工地实施违法犯罪活动，在司法实践中，一般表现为争夺势力范围、排除竞争对手、确立强势地位、谋取经济利

① 刘守芬、汪明亮：《试论黑社会性质组织的概念与特征》，载《北京大学学报》（哲学社会科学版）2002 年第 3 期。

② 姜涛：《当前我国黑社会性质组织犯罪若干问题研究》，载《中国人民公安大学学报》（社会科学版）2010 年第 4 期。

益、维护非法权威等；第二，组织者、领导者和纠集者相对固定，能较为明确的区分组织中的主从犯、首要分子等；第三，组织成员的目标应当是一致的。①

### （四）“软暴力”之精神强制特征——以受害人感受为主，以法益侵害和一般人的认知为辅

黑恶势力利用“软暴力”实施犯罪，主要是想对被害人实施精神强制，从而实现其不法目的。精神强制是一个主观性很强的描述性词语，在实际案件审理过程中，法官如何对精神强制进行判断，精神强制的程度要达到刑法规制的范畴的标准应该如何界定，在司法实务中，尤其考验司法者的智慧。

“软暴力”的本质要素是精神强制，这是“软暴力”与暴力、威胁的根本区别。所谓精神强制，是行为人通过某种行为，追求对受害人造成恐惧、屈服等心理影响。从前文的统计分析可知，“软暴力”的表现形式复杂多变，每种行为都会造成受害人不同程度的精神强制，那么如何对受害人精神强制的程度进行判断呢？笔者认为，可以从以下三个方面对精神强制程度进行分析：一是受害人是否因心理恐惧丧失了自主表达意志的自由，导致不能反抗、不敢反抗；二是受害人是否基于心理恐惧处分了自己的合法权益，导致法益受到侵害，而该法益的侵害与心理恐惧之间具有刑法上的因果关系；三是该精神强制程度符合一般人的社会认知。也就是说，应当以受害人的主观感受为标准，在法益受到侵害的情况下，结合社会大众的一般性认知作出合理判断。

① 陈兴良：《关于黑社会性质犯罪的理性思考》，载《法学》2002 年第 8 期。

# 黑社会性质组织犯罪的现状、成因与惩治对策*

## ——基于39起涉黑典型案例的统计分析

于　阳　张　鹤**

黑恶势力犯罪威胁社会大众的生命财产安全，阻碍社会经济的持续稳定发展，具有极大的危害性和极强的破坏性。2016年2月，中央政法委部署开展全国“打黑除恶”专项斗争；2018年1月，中共中央、国务院发出《关于开展扫黑除恶专项斗争的通知》。两者将打击黑恶势力犯罪作为首要任务，以更好保障政治、经济、社会全面良好发展；较之2006年“打黑除恶”专项行动，“扫黑除恶”专项斗争更加全面深入。当前开展的“扫黑除恶”专项斗争，沉重打击了黑恶势力的嚣张气焰，有效遏制了黑恶犯罪的滋生蔓延，但黑恶势力犯罪仍然比较活跃，现阶段我国黑社会性质组织犯罪更加隐蔽、更加多样，直接侵害人民权益，严重破坏社会稳定，扰乱社会经济秩序。因此，仍然需要纵深推进扫黑除恶，有必要严厉打击黑社会性质组织犯罪，彻底肃清黑恶势力，保障人民安居乐业，维护社会安定有序，保证国家长治久安。本文通过搜集整理中国裁判文书网39起黑社会性质组织犯罪的典型案例①，总结黑社

* 本文系2018年天津市社科规划一般项目“‘扫黑除恶’刑事政策下涉黑犯罪刑法完善与司法适用问题研究”（项目编号：TJFX18－006）的阶段性研究成果。

** 于阳，天津大学法学院副教授，天津大学刑事法律研究中心研究员；张鹤，天津大学法学院2017级法律硕士研究生。

① 39起黑社会性质组织犯罪的典型案例，参见中国裁判文书网。具体裁判文书文号如下：（2017）粤1973刑初2118号、（2017）粤5302刑初386号、（2017）粤5302刑初443号、（2018）粤1502刑初70号、（2017）粤0105刑初623号、（2018）湘1002刑初25号、（2018）粤03刑初105号、（2016）粤刑终298、299号、（2018）粤0604刑初313号、（2018）豫01刑终293号、（2017）豫14刑终289号、（2018）皖1321刑初115号、（2018）粤1322刑初257号、（2017）粤0981刑初549号、（2017）黑0822刑（接下页）

会性质组织犯罪的主要特征，分析黑社会性质组织犯罪形成的主要原因，进而通过与社会治理、反腐斗争、法律制度三个维度相结合防范与惩治黑社会性质组织犯罪，有力打击震慑黑恶势力犯罪，有效铲除黑恶势力滋生土壤，保障人民利益，维系社会稳定，巩固党的执政根基。

## 一、惩治黑社会性质组织犯罪的司法现状

根据《刑法》第 294 条第 5 款规定，黑社会性质组织应当同时具备组织特征、经济特征、行为特征以及非法控制特征，即黑社会性质组织较为稳定，人数较多，有明确的组织者、领导者，骨干成员基本固定；有组织地通过违法犯罪活动或者其他手段获取经济利益，具有一定的经济实力，以支持该组织的活动；以暴力、威胁或者其他手段，有组织地多次进行违法犯罪活动，为非作恶，欺压、残害百姓；通过实施违法犯罪活动，或者利用国家工作人员的包庇或者纵容，称霸一方，在一定区域或行业内，形成非法控制或者重大影响，严重破坏经济、社会生活秩序。[①]

司法机关应当严格按照法定特征认定黑社会性质组织，不应当扩大黑社会性质组织的范围，排除普通犯罪集团或恶势力团伙。为此，本文特别选取中国裁判文书网公布的 39 起黑社会性质组织犯罪，以法定的黑社会性质组织的特征为基础，分析典型案例中黑社会性质组织的具体特征。

### （一）黑社会性质组织的成员构成

黑社会性质组织的成员关系以及成员数量影响该组织的发展，成员关系越紧密，成员数量越众多，组织发展就越好。组织层级结构在一定程度上能够反映该组织的成员关系，根据黑社会性质组织的层级划分是否确定，将黑社会组

（续上页）初 132 号、（2017）粤 0811 刑初 185 号、（2017）粤 0881 刑初 659 号、（2018）粤 1226 刑初 31 号、（2018）冀 0426 刑初 17 号、（2017）湘 1024 刑初 114 号、（2017）赣 09 刑终 271 号、（2018）冀 0283 刑初 57 号、（2018）粤 1284 刑初 91 号、（2017）粤 1972 刑初 2473 号、（2016）粤 13 刑初 127 号、（2018）豫 1626 刑初 294 号、（2018）粤 0881 刑初 272 号、（2018）鄂 2822 刑初 54 号、（2018）鲁 0705 刑初 30 号、（2018）豫 1423 刑初 101 号、（2018）粤 1721 刑初 41 号、（2016）赣 0521 刑初 131 号、（2017）湘 0725 刑初 259 号、（2017）粤 1323 刑初 484 号、（2017）豫 0726 刑初 465 号、（2018）吉 0104 刑初 3 号、（2017）粤 1972 刑初 2655 号、（2017）桂 0331 刑初 219 号、（2018）粤 1972 刑初 56 号，http：//wenshu. court. gov. cn/，访问日期：2018 年 8 月 18 日。

① 张明楷：《刑法学》（第五版），法律出版社 2016 年版，第 1071 ~ 1073 页。

织的形态分为紧密型和松散型。[①] 统计结果表明，紧密型黑社会性质组织层级分明、从属明确，典型案例中有 14 个类似组织，占总数的 35.9%，其中包括以陈某为首、下有五个层级的黑社会性质组织；[②] 松散型的黑社会性质组织由组织者、领导者统一指挥，其他成员各具分工，典型案例中的类似组织数量为 25 个，占总数的 64.1%。另外，根据黑社会性质组织的成员数量进行分类，成员在 50 人以上（包括 50 人）的大规模黑社会性质组织的数量为 6 个，占总数的 15.3%，其中包括以唐氏三兄弟为组织者、领导者的黑社会性质组织，涉及人数众多，组织势力庞大，影响范围深广；[③] 成员少于 50 人的中小规模黑社会性质组织数量为 33 个；占总数的 84.7%。

### （二）黑社会性质组织的犯罪活动

黑社会性质组织通过违法犯罪活动获取经济利益或形成非法控制，故其在构成黑社会性质组织犯罪外，亦构成其他类型犯罪，主要涉及非法持有枪支罪、强迫交易罪、故意伤害罪、非法拘禁罪、抢劫罪、敲诈勒索罪、聚众斗殴罪、寻衅滋事罪、开设赌场罪等等。根据黑社会性质组织的犯罪类型统计典型案例，涉及非法持有枪支罪的数量为 16 个；涉及强迫交易罪的数量为 10 个；涉及故意伤害罪的数量为 21 个；涉及非法拘禁罪的数量为 11 个；涉及抢劫罪的数量为 12 个；涉及敲诈勒索罪的数量为 22 个；涉及聚众斗殴罪的数量为 13 个；涉及寻衅滋事罪的数量为 26 个；涉及开设赌场罪的数量为 18 个。除以上罪名外，部分黑社会性质组织还构成破坏选举罪、组织卖淫罪、行贿罪、盗窃罪、聚众扰乱社会秩序罪等。根据黑社会性质组织的犯罪活动，联系黑社会性质组织成员的文化程度，成员总体受教育程度较低导致犯罪活动呈现出简单、暴力的特点。

### （三）黑社会性质组织的非法控制

黑社会性质组织对某一行业或某一区域实施非法控制，主要依靠实施暴力犯罪活动或者国家工作人员庇护。典型案例中黑社会性质组织通过威胁形成非法控制的案例为 24 起，通过恐吓形成非法控制的案例有 14 起，几乎所有黑社会性质组织在非法控制的过程中运用软暴力手段；典型案例中黑社会性质组织

① 张翔、李康震：《广东省黑社会性质组织犯罪实证调查研究——基于已判刑的 25 个黑社会性质组织的考察》，载《江西警察学院学报》2018 年第 3 期。

② 本案例参见中国裁判文书网，具体裁判文书文号为（2018）粤 03 刑初 105 号，http://wenshu.court.gov.cn/，访问日期：2018 年 8 月 11 日。

③ 本案例参见中国裁判文书网，具体裁判文书文号为（2018）湘 1002 刑初 25 号，http://wenshu.court.gov.cn/，访问日期：2018 年 8 月 13 日。

在非法控制的过程中运用硬暴力手段的仅有23起。面临严厉打击和专项行动，黑社会性质组织转换犯罪策略，有意规避杀人、抢劫等构成直接伤害的硬暴力手段，更多采用恐吓、威胁等造成严重影响的软暴力手段。[①] 另外，国家工作人员利用权力包庇或纵容黑社会性质组织犯罪，亦会导致黑恶势力长期作恶而不受制裁。典型案例中部分黑社会性质组织利用相关国家工作人员的职权以形成非法控制，例如，以张某为首的黑社会性质组织通过贿赂公安分局民警获得公安巡逻或群众举报信息以逃脱查处，从而控制垄断地区的赌博行业及啤酒批发市场，严重影响当地经济、社会生活秩序。[②]

## 二、黑社会性质组织犯罪成因分析

### （一）社会治理工作有所欠缺

当前我国社会正处于重大转型时期，社会关系发生巨大调整，社会管理与社会变化不符，导致社会机制控制相对弱化，借机黑恶势力得以发展壮大，为非作歹，称霸一方，严重侵害人民生命财产的安全，极大威胁人民生产经营的稳定。

社会帮扶制度的欠缺同样容易导致黑恶势力组织的产生与发展。分析典型案例中黑社会性质组织的成员职业以及文化程度可知，多为社会闲散人员（即无业、杂工）且文化程度普遍低下（即小学或初中文化）。因缺乏完善的社会帮扶制度，部分社会闲散人员无固定职业，缺乏正当合法的经济来源，在黑社会性质组织的利益诱导下，极易参加黑社会性质组织犯罪活动，以满足其对财富、权力的追求。除此之外，刑满释放人员因缺乏社会合理引导，在社会歧视犯罪前科的背景下，无法重新融入社会，极易加入黑社会性质组织再次犯罪。分析典型案例中黑社会性质组织成员的身份背景，相当数量的组织成员曾被行政拘留或者刑事拘留，释放后因受到歧视无法获得工作机会，故参加黑社会性质组织进行犯罪活动。

### （二）涉黑保护伞悄然再现、死灰复燃

习近平总书记在中国共产党第十九届中央纪律检查委员会第二次全体会议上明确指出，要把扫黑除恶同反腐败结合起来，既抓涉黑组织，也抓后面的“保护伞”。黑恶势力发展壮大的主要原因之一，便是国家工作人员充当“保

---

① 卢建平：《软暴力犯罪的现象、特征与惩治对策》，载《中国刑事法杂志》2018年第3期。

② 本案例参见中国裁判文书网，具体裁判文书文号为（2018）粤1972刑初56号，http：//wenshu. court. gov. cn/，最后访问日期：2018年8月13日。

护伞”，为其滋生蔓延提供权利堡垒。黑社会性质组织严重腐蚀国家机关部门以及国家工作人员，通过贿赂、拉拢部分相关国家工作人员，利用国家工作人员的职权以便其生存发展或逃避惩罚。除此之外，国家工作人员呈现黑社会化趋势，积极参加黑社会性质组织犯罪，甚至组织、领导黑社会性质犯罪，利用自身权力从事犯罪活动，依靠非法手段暴敛钱财，非法控制某一行业或某一区域，严重破坏社会公平正义，严重败坏国家政府机关的威信。

黑恶势力在农村通常体现为“村霸”“村匪”，无视基层政权组织或控制基层政权组织，欺压农民，横行乡里，威胁基层农村的社会稳定，破坏基层农村的经济秩序，影响基层农村的文化建设。分析典型案例可知，部分黑社会性质组织正严重侵蚀农村基层政权蚀。例如，黑社会性质组织领导者黄某通过威胁、恐吓等非法手段操纵农村“两委”选举，其当选后安排组织成员担任村委主要职务，以此实现对该村以及周边地区的非法控制；① 又如，部分黑社会性质组织通过贿赂、收买村干部，得以在该村及周边地区实行违法犯罪活动。农村基层政权的黑社会化，挪用侵占集体资产，私自截留国家补贴资金，甚至随意殴打他人，极大侵害广大农民切身利益，严重阻碍乡村振兴战略实现。

### （三）相关法律制度本身存在漏洞和瑕疵

法律制度存在漏洞和瑕疵极易导致涉黑犯罪得不到有效遏制。法律制度的漏洞和瑕疵主要表现在法律制定层面不完善、法律实施层面不严谨。《刑法》第 294 条、相关法律解释以及座谈会纪要为打击黑社会性质组织犯罪提供立法保障，但在司法运用过程中仍反映出法律制定层面的不完善。主要表现为以下两个方面②：一是未根据罪责刑相适应原则对黑社会性质组织成员设置法定刑，不考虑犯罪危害性而直接适用确定法定刑，有失法律公平正义；二是未考虑国家工作人员利用权力或影响组织、参加、领导黑社会性质组织犯罪的情形，国家工作人员具有身份特殊性，参加此类犯罪应当从重处罚。法律制定的不完善在一定程度上导致刑罚畸轻畸重，影响涉黑违法犯罪的打击力度。

法律实施层面的不严谨同样不能有效遏制涉黑违法犯罪。法律实施层面的疑难问题主要表现为以下方面：一是目前涉黑组织的犯罪模式逐渐转变为“软暴力”手段，通过恐吓、威胁等手段获得非法利益，因其具有较强的隐蔽性以及影响长久性等特点，司法机关难以准确判定是否构成涉黑犯罪的暴力性

---

① 本案例参见中国裁判文书网，具体裁判文书文号为（2018）粤 1322 刑初 257 号，http：//wenshu. court. gov. cn/，访问日期：2018 年 8 月 12 日。

② 石经海：《黑社会性质组织犯罪的重复评价问题研究》，载《现代法学》2014 年第 6 期。

特征;① 二是当前部分黑社会性质组织借助合法外衣掩盖犯罪活动，通过成立“公司”“企业”作为合法外衣，在合法名义下进行非法活动以躲避侦查。由于黑社会性质组织犯罪法律关系相对复杂，犯罪手段存在多样，犯罪行为逐渐隐蔽，故在司法过程中是否构成黑社会性质组织犯罪存在质疑，故应当结合黑社会性质组织犯罪的具体特征，厘清法律关系，确定犯罪类型。

## 三、黑社会性质组织犯罪的惩治对策

### （一）惩治黑社会性质组织犯罪与社会治理紧密结合

强化社会控制能力，应当提升基层组织控制能力以及行政组织执法能力。基层组织应当严格把控社会经济环境，及时清除黑恶势力产生发展的条件，保证社会持续稳定发展。例如，加强对娱乐场所的监管，一旦发现黑恶势力的存在可能，便要不定期的重点排查；行政组织应当及时监管处置社会中的不良现象，采取严格措施打击潜在犯罪行为，避免其发展转化为黑社会性质组织。要把握“打早打小”的涉黑犯罪惩治对策。例如，严格打击赌博、吸毒等行政违法行为，一旦放纵不良现象的产生发展，便有可能转化为涉黑犯罪。

健全社会帮扶制度，应当加强对社会闲散人员关爱以及对刑满释放人员的监管。帮扶社会闲散人员使其远离涉黑组织，阻断其接触涉黑组织的条件，最大程度避免其加入黑社会性质组织。例如，对其进行法制教育，宣传积极健康文化；帮助刑满释放人员重新融入社会，尽量减弱其他社会成员的歧视，最大可能促进其正常工作与生活。例如，帮助其安置生活，对没有基本生活来源的给予救济。社会闲散人员和刑满释放人员是黑社会性质组织的主要人员来源，如不加强对其的社会帮扶，便有可能在利诱下参加涉黑组织。

### （二）惩治黑社会性质组织犯罪与反腐拍蝇紧密结合

《关于开展扫黑除恶专项斗争的通知》明确指出，把打击黑恶势力犯罪和反腐败、基层“拍蝇”结合起来，深挖黑恶势力的幕后保护伞，有力打击震慑黑恶势力犯罪，有效铲除黑恶势力滋生土壤，从根本处惩治黑社会性质组织犯罪。②

加快推进反腐斗争，坚决杜绝国家工作人员包庇或纵容黑社会性质组织犯罪。黑社会性质组织拉拢贿赂国家工作人员，以便组织的生存发展或者躲避惩罚；国家工作人员利用权力放纵涉黑犯罪，以期获得涉黑组织更多的非法利

---

① 黄京平：《恶势力及其软暴力犯罪探微》，载《中国刑事法杂志》2018年第3期。

② 康均心：《从打黑除恶到扫黑除恶》，载《河南警察学院学报》2018年第3期。

益。两者结合，涉黑势力更加猖獗，腐败现象更加严重。因此，应当充分调动人民群众的积极性，严格行政执法和刑事司法措施，将打击涉黑犯罪与反腐斗争紧密结合、共同推进，彻底铲除黑社会性质组织以及其背后的保护伞，保障社会经济秩序，维护社会生活稳定。

落实基层反腐斗争，全面清除保护黑社会性质组织的基层政权。[①] 农村的黑恶势力无视基层政权组织、联合基层政权组织抑或控制基层政权组织，违法侵占集体资源、侵害农民切身利益。整治群众身边腐败问题，扫除涉黑涉恶犯罪组织，切实保障人民权益，维护社会持续发展，是“扫黑除恶”专项行动目的所在。将打击黑恶势力犯罪与基层“拍蝇”有机结合，深入基层清除黑恶势力，铲除“村霸”“村匪”，净化基层社会治理，巩固基层政权领导，推动社会主义现代化新农村建设。

（三）惩治黑社会性质组织犯罪与法律完善紧密结合

完善黑社会性质组织犯罪的立法，严格黑社会性质组织犯罪的司法，能够有效遏制涉黑违法犯罪行为。借鉴域外黑社会性质犯罪的立法模式，结合我国打击涉黑涉恶犯罪的经验，健全我国涉黑犯罪的法律制定，严谨我国涉黑犯罪的法律实施。

针对我国黑社会性质组织犯罪法律制定层面的不完善，可从以下角度进行改进：一是考虑黑社会性质组织中成员的作用大小以及犯罪的危害程度等多方面因素，按照罪责刑相适应原则，不同的组织成员适用不同幅度的法定刑，而不应当仅根据成员在组织中位置直接适用法定刑；二是结合当前我国黑社会性质组织的特点，部分国家工作人员利用权力或影响，直接组织、领导、参加黑社会性质组织犯罪，建议增设国家工作人员涉黑犯罪从重或加重处罚，加大国家工作人员涉黑犯罪的犯罪成本。

针对我国黑社会性质组织犯罪在法律实施层面的疑难问题，可从以下角度解决：一是打击黑恶势力犯罪应当依法进行，正确把握黑社会性质组织的四项特征，明确区分黑社会性质组织与恶势力团伙，避免将黑社会性质组织认定范围扩大化；[②] 二是高度重视涉黑犯罪“软暴力”这一新的犯罪形态，挖掘涉黑犯罪“软暴力”手段背后的社会危害性，结合涉黑犯罪采取的“软暴力”方法，惩治黑社会性质组织犯罪；三是剥掉黑社会性质组织合法外衣，深入打击

① 王牧、张凌、赵国玲：《中国有组织犯罪实证研究》中国检察出版社 2011 年版，第 313 ~ 314 页。

② 周光权：《黑社会性质组织非法控制特征的认定——兼及黑社会性质组织与恶势力团伙的区分》，载《中国刑事法杂志》2018 年第 3 期。

黑社会性质组织的犯罪活动，维护社会经济秩序稳定发展。

## 四、结语

黑社会性质组织犯罪是影响社会安定、阻碍社会发展的“毒瘤”，打击黑社会性质组织犯罪，扫除黑恶势力组织犯罪，具有现实紧迫性和情势必要性。本文通过总结中国裁判文书网黑社会性质组织典型案例的主要特征，分析黑社会性质组织犯罪的主要成因，建议惩治黑社会性质组织犯罪应当与社会治理相结合、与反腐斗争相结合、与法律制度相结合。在社会治理方面，强化社会控制能力，建立社会帮扶制度；在政治领域方面，加快推进反腐斗争，落实基层反腐斗争；在法律制度层面，完善涉黑犯罪立法，严格涉黑犯罪司法。以期有力打击震慑黑恶势力犯罪，有效铲除黑恶势力滋生土壤，保障人民利益，维系社会稳定，巩固党的执政。

# 校园霸凌黑恶化的治理路径

## ——以司法保护的检察职能为视角

董凌楠*

## 一、校园霸凌黑恶化之现状、特点与发展趋势

### （一）一起典型性校园黑恶性质案件的特点分析

2016年以来，以林某程、林某海、郑某等三人为首的未成年人团伙多次向福建省P市A区十余所中学的在校生强行收取保护费，先后实施非法拘禁、寻衅滋事、敲诈勒索、抢劫、强奸等多起刑事犯罪。与普通的校园霸凌现象不同的是，该案涉案规模之广、涉案人员之多、危害程度之深在该地区近年来极为罕见。梳理案情脉络，本案主要呈现如下特征：

1. 涉案主体和被害人多为未成年人。该团伙共有三十余名成员，其中大部分成员是未成年人，人员呈现四级架构，为首的三名犯罪嫌疑人在作案时均是未成年人。该团伙以中学生为主要的作案目标，即被害人也均是在校未成年人。更为特殊的是，数名被害人被勒索后逐渐转化为该团伙的第四级人员，充当团伙的眼线、耳目，帮助其挑选合适的作案目标，有选择地向同班同学索要保护费。

2. 组织性不强，但具有明显的暴力性。该团伙虽然具有成形的架构，但同一层级的分工不明确，层级之间的管理较为松散，没有严明的组织纪律，嫌疑人常常出于江湖义气血性，积极响应其他成员的号召进而实施犯罪活动。该团伙通过打架斗殴、逞凶斗恶建立势力范围，并在辐射区域内通过扇耳光、殴打等暴力手段威胁恫吓被害人，迫使其交纳保护费，暴力性显著。

3. 犯罪程度渐广渐深，呈现黑恶化。两年来，该团伙的犯罪广度和深度上均有延伸。除了向中学生强拿硬要、索取保护费，该团伙还主动受雇于社会人员，承接为讨债站台、打群架等业务，迅速扩大势力范围和名气，同时在控制的区域内肆无忌惮实施敲诈勒索、非法拘禁、抢劫、强奸等恶性犯罪，逐渐

* 董凌楠，福建省莆田市城厢区人民检察院公诉部检察官助理。

向高暴力、高恶性犯罪演化。根据两高两部《关于办理黑恶势力犯罪案件若干问题的指导意见》（以下简称《指导意见》）第15条规定，该团伙已经具备了恶势力犯罪组织的特征表现，形式上符合了扫黑除恶的打击要求。

（二）校园霸凌黑恶化引发的思考

一直以来，学校往往被视为需要特别保护的地方，久而久之对于刑事违法行为的发生较为迟钝。和一般校园霸凌案件不同的是，本案中的犯罪团伙已经形成了长期、固定的组织，不断吸纳周边学校的学生成员，并由城区学校不断向郊区其他学校扩张。令人疑惑的是，这样一个组织是如何在一个福建省经济中游水平的地级市的经济、文化中心城区形成？又是如何成功地避开网格化管理，存续长达两年之久？

在核对嫌疑人的身份信息时我们发现，11名嫌疑人曾经有过前科、劣迹，3名嫌疑人曾经因未成年人身份被检察机关作出不起诉决定。也就是说，这个校园霸凌黑恶化组织有着丰富的前科记录，因此具备一定的反侦查能力，知道如何避开公安机关的侦查措施。因此，司法机关对未成年团伙作案的主观恶性估计不足、社会危害性认知不够。这个组织的未成年人犯罪不再是因为法律意识淡薄，而是在对法律知识有一定了解的基础上对其进行规避，对被害人施暴时选取偏僻、没有监控的角落，打群架时身穿一样的衣服、佩戴口罩。案件涉及到的城区学校恰恰是部分未成年嫌疑人所在的学校，即嫌疑人刚开始选择被害人时态度谨慎，基本是有一定了解的同校学生，在屡次得手后试探性地和他校霸凌者串联，恶行愈演愈烈。在这一过程中无论是社区的网格化管理还是司法机关都滞后反应，治理资源的投入显然不足。

（三）校园霸凌黑恶化区别于普通黑恶势力的特点分析

校园霸凌黑恶化虽然符合黑恶势力的表征，但直观地看，其发生场所、涉案人员年龄的特殊性均有别于普通的黑恶势力案件。进一步看，校园霸凌黑恶化的行为模式和普通黑恶势力的形态亦不相同。只有明晰二者区分，才有利于检察机关更好地发挥职能，对症下药地治理校园霸凌黑恶化现象。

1. 非法获利的手段与规模不同。案件中，嫌疑人多采取威胁恐吓、强拿硬要、半哄半骗等街头暴力，利用未成年被害人力量的薄弱和心态的不稳定，对其造成心理上的强制，从而达到非法目的，手段较为单一；同时，嫌疑人以城区学校为中心向周围学校扩散，虽然有一定的势力范围，但威慑对象和犯罪对象仅仅限于中学学校，具有一定的局限性；成员虽有三十余人，但来去自由，纪律性不强，稳定性不足。而成熟的黑恶势力攫取利益的手段更加多样、隐蔽，规模更大。例如，以刘汉、刘维为首的黑社会性质组织，除了暴力犯罪外，还通过开办公司、企业等经济实体进行合法经营，借助其黑社会性质组织的威慑力，对一些行业进行垄断经营，有计划地向合法经济领域渗透；同时，组织还将目光瞄向了政治领域，通过贿赂、腐蚀等手段，拉拢国家工作人员作为“保护伞”。① 组织的核心成员多达三十余人，稳定成员亦有一百来人。

2. 危害性特征不同。通说认为，黑社会性质组织区别于普通犯罪集团的关键就在于危害性特征，即“称霸一方，在一定区域或者行业内，形成非法控制或者重大影响，从而严重破坏经济、社会生活秩序”。② 而本案中的嫌疑人在城市中心城区的学校里，对在校生重复收取保护费，当在校生无法缴纳保护费时对其拳打脚踢，威胁、哄骗其提供经济条件较好、反抗能力较弱的其他同学，扩大危害群体，严重危害校园安全，腐蚀未成年人心理健康。即校园霸凌黑恶化的危害性特征在于在中小学校园内，通过威胁、恐吓、物理暴力，对未成年被害人形成心理控制或者重大影响，从而严重破坏校园管理秩序。

3. 暴力形式不同。本案的校园霸凌现象，多采取打架斗殴、扇耳光、拳打脚踢等物理暴力，与香港九十年代的古惑仔、帮派等团伙的街头暴力极为相似，即结伙暴力是校园霸凌的核心特征。但事实上，成熟的黑社会性质组织已经逐渐摆脱传统的有组织暴力，代之以符号化形态存续，即具有易辨识、特定化的身份、形象、举止、仪式等外在元素，并刻意将前述标志显性化、外观化。③《指导意见》第 9 条也明确规定，暴力不再是黑社会性质组织的标志特征。换言之，校园霸凌黑恶化现象只能称为黑恶势力的雏形，其发展态势仅仅是黑恶势力的初期阶段。

4. 案发后处理各方态度有异。对于黑恶势力，无论是有关部门、被害人还是广大群众均是严厉打击的态度。2018 年扫黑除恶专项活动以来，涌现了“黑恶必扫，除恶务尽”“扫黑恶，净环境，促稳定，保平安”等一系列口号，体现了各方严打黑恶势力的决心。鉴于校园霸凌环境、主体的特殊性，案发后各方往往态度不一。如本案中部分学校因为担心校园安全考评、学校声誉等，对校园霸凌现象遮遮掩掩、息事宁人；有未成年被害人因害怕事后被报复，往往忍气吞声，其家长则认为多一事不如少一事。各方对校园霸凌现象无可奈何又讳莫如深，从而给校园霸凌黑恶化提供了滋长的土壤。

---

① 参见田美晶：《我国黑社会性质组织犯罪发展态势初探——以刘汉、刘维组织领导的黑社会性质组织为例》，载《辽宁师专学报》（社会科学版）2016 年第 4 期。

② 参见两高一部《办理黑社会性质组织犯罪案件座谈会纪要》。

③ 莫晓宇：《仪式炫耀、功能检视与规制应对——论黑社会性质组织的符号化样态及其治理启示》，载《河南大学学报》（社会科学版）2017 年第 1 期。

## 二、校园霸凌黑恶化案件之成因与困局分析

刑事诉讼法增设了未成年人刑事案件诉讼程序，确立了保护、处理未成年人刑事犯罪的司法原则、程序。检察机关的法律监督职能决定了在诉讼过程中承担司法保护者的角色，即检察机关从事未检工作时，身份定位是国家监护人，而非简单的国家公诉人。① 因此，在面临校园霸凌黑恶化时，检察机关应当更多地思考并探索治理模式。不同于以往的黑恶势力案件，作为P市首例校园霸凌黑恶化案件，该案涉及多起刑事案件、多种刑事罪名。令人忧虑的是，在司法机关未查获的校园里，是否还有更多的校园霸凌势力存在？撕开校园霸凌的冰山一角，触目惊心的霸凌现象不禁让人反思：检察机关在治理校园霸凌黑恶化现象时有无正确履行检察职能，有无发挥检察机关作用？

### （一）宏观层面检校联动之实务检视

从宏观层面上看，一个校园霸凌团伙存续长达两年之久，却迟迟未能被发现，相关的预防发现机制显然存在漏洞。其中，检察机关在面对校园霸凌黑恶化的情况下定位不明、与相关部门的联动性不足，在制度机制上未能有效发挥作用，是预防校园霸凌黑恶化过程中的短板之一。

1. 各部门的联动性不足。当前，检察机关虽然不定期会到各个学校进行法制宣讲、普法教育，但是这显然不能解决检察机关和学校联动性不够的问题。一是联动范围不全面且存在重合现象。仅P市A区辖区范围内就共有46所幼儿园、70所小学、12所中学；而在2018年上半年，A区院检察官法制宣传进校园的活动共举办了9次，幼儿园1次，小学6次，中学2次（每名检察官至少两次，共3名检察官）。其中，在小学宣讲过程中有两次去的是同一所学校；此外，还出现公、检、法三家均在同一学校进行过法制教育。这样造成部分学校重复性接受法制教育，部分学校却没有获得法制教育，资源未得到有效整合、分配不平衡。可以看到，仅依靠检察官的法制教育根本无法覆盖辖区内的全部学校，成本耗时费力，效果雾里看花。二是联动合作片面且不深入。检察机关与学校的联动基本止步于一对一的“碎片化”合作，停留在进校宣讲的活动，忽略了整体性的规划，没有通过借助社会各个爱护未成年人组织的力量，也没有整合教育行政机关等部门的力量，统一布局、一致发力，多样化、多维度、多层次深入挖掘校园安全隐患。

2. 网格化管理参与度不高。网格化管理作为一项创新社会管理的制度，

---

① 张寒玉、王英：《未成年人检察问题研究》，中国检察出版社2017年版，第301页。

近年来被各个地区迅速推广，尤其在学校环境下，网格化的学生安全管理机制以信息平台为基础，将学生和职能管理资源体系规划为以单元格管理。① 但这一创新式管理在实施过程遭到了各方质疑，认为其管控功能不足，服务意蕴缺失。② 尤其在服务对象为学校时，这一不足尤为突出。而检察机关对校园网格化管理参与度不高，资源成果吸收不足，造成这项创新制度未能利用最大化，检察机关创新社会管理的路径受阻。例如，检察机关和学校对存储学生信息的侧重点有差异，因此，如果没有在网格化管理过程中有意识引导采集信息的方向，就无法在需要时获得有效的学生信息。反过来说，立足检察职能参与网格化管理，恰恰可以改善其一直被人诟病的缺点，依托信息平台分析学生特点，多维度丰富未成年人犯罪预防手段、沟通渠道，从网格化管理迈向网格化治理，服务校园。

3. 心理疏导渠道未畅通。检察机关曾经对涉案的几个校园均有进行法制宣讲活动，但现实的反馈是，多名在校被害人没有主动向检察机关反应有受到威胁恐吓、敲诈勒索的情况，这一矛盾意味着检察机关的校园普法吸收度不高，这归根结底还是心理疏导渠道的不通所致。学生对检察机关的职能不理解，认同度不高，信任感不强。检察机关在宣讲过程中和学生建立的联系不够紧密，这并非是检察机关宣讲的内容不好，而是这种进班宣讲的模式，单对多、点对面的联系学生接受度如何难以预估，而就已发生的案件情况反馈来看，效果并不理想。

### （二）微观层面案件办理困局之探析

从案情看，侦查机关移送检察机关的证据材料之间难以完全印证。口供等主观性证据多，监控视频等客观性证据少。嫌疑人口供供述的事实多，相关被害人的口供收集少，证据不扎实的问题较为突出。

1. 案件事实发现难。本案中，组织成员参与的已经立案的刑事案件共计 21 起，但根据嫌疑人的口供，该团伙涉及到的未报案的其他刑事隐案多达 46 起。难以指责的是，在有限的警力下，校园一直不是侦查机关打击刑事犯罪的主要目标。因此，在没有报案人提供线索的情况下，侦查机关几乎无法自行侦查发现校园犯罪行为。此外，已发现的两起事实早就在不同的两个派出所各自立案，时间相隔不到两个月，但侦查机关未合并侦查。组织的不同成员在不同城区实

① 方丽娟：《基于网格化管理的学生安全机制探析》，载《河南工业大学学报》2013 年第 2 期。

② 何瑞文：《网格化管理的实践困扰》，载《苏州大学学报》（哲学社会科学版）2016 年第 1 期。

施犯罪，导致侦查机关难以发现两者的共性，从而通过串联案件侦办团伙犯罪。

2. 客观性证据缺失。由于侦查时距离多起刑事案件的案发时间长达几个月甚至几年，证据的搜集、固定难度更高，尤其是客观性证据基本已经全部灭失，如监控视频、微信聊天记录、通话记录等基本已经难以提取。在故意伤害案件中，数名未成年被害人因没有及时报案和鉴定伤情，导致最终难以给嫌疑人定罪。故本案的多起事实最终只能依赖嫌疑人和被害人的口供等主观性证据认定，证据方面存在天然的缺陷。

3. 相关人员取证配合度低。案发后，涉及到的学校、教育行政机关大部分第一时间均是质疑甚至否认存在校园霸凌，即使在侦查人员出具相关文书要求配合调取证据时，学校的态度多是推脱敷衍，甚至暗中阻拦被害人配合调查。此外，当被害人不是老师眼中的“好学生”时，即使向老师反映霸凌现象，老师也并未引起重视，更有甚者，认为被害人自身存在一定问题，才会导致其成为嫌疑人的霸凌对象。因此，事后老师常常因为怕被追责而回避侦查人员的取证要求。另外，经发现的46起刑事隐案中有近半的被害人反对出面作证，这说明嫌疑人对其实施的行为已形成长期较深的心理压制，被害人即便明知嫌疑人已经落网仍然心有余悸。而即便被害人克服心理障碍的情况下，其家长常常会担忧被害人遭受二次伤害而出面干预。

## 三、检察机关在校园霸凌黑恶化治理路径中的履职发挥思考

检察机关在办理未成年人刑事案件过程中负有审查逮捕、审查起诉、社会调查等职责，作为参与绝大部分未成年人诉讼程序的机关，检察机关对治理校园霸凌黑恶化具有义不容辞的责任。根据最高检颁布的《检察机关加强未成年人司法保护八项措施》（以下简称《八项措施》），检察机关既应最大限度教育挽救涉罪的未成年人，又应推动完善与政府部门、未成年人保护组织等跨部门合作和未成年人司法借助社会力量的长效机制。

### （一）治理手段应当有别于普通涉黑涉恶案件

根据我国《刑事诉讼法》第266条的规定，对犯罪的未成年人实行的是教育、感化、挽救的方针，原则上以教育为主、惩罚为辅。最高检的《八项措施》也规定检察官对涉罪未成年人应当教育为主、惩罚为捕。这意味着，在面对未成年人犯罪时，打击力度和惩罚力度都有别于成年人犯罪案件。2018年我国空前集中地打击黑恶势力，两高两部的指导意见指出，对黑恶势力要加大惩处力度，坚决打击、打早打小、打准打实。从打黑除恶到扫黑除恶，我国对恶黑势力的打击和处理力度可以说不亚于反腐斗争。依据前述分析，本案校园霸凌现象已经具备了黑恶化趋势，但显然不能用指导意见的精神来处理适

用。一方面，两高两部的指导意见里并未提及未成年人黑恶势力应当如何处罚，也未提到黑恶势力团伙有未成年人成员时应当如何对待，也就是说，未成年人涉黑涉恶并不是扫黑除恶专项活动的打击重点。另一方面，指导意见关于黑恶势力的处理思路和刑事诉讼法关于未成年人犯罪的治理方针、原则明显相悖，因此，不能因为校园霸凌黑恶化形式上符合黑恶势力的特征就盲目地将其作为普通涉黑涉恶案件用打、扫的方式处理。

（二）比较借鉴我国台湾地区治理校园霸凌黑恶化的实践经验

在我国台湾地区，校园霸凌现象也极为严重。据统计，1998 年至 2001 年期间，台北市共有 288 人违反台湾地区组织犯罪条例者，其中具学生身份者就有 131 人，已经接近半数。① 在台湾，未成年人加入帮派十分常见，通过帮派制造校园霸凌亦不鲜见。例如“四海帮海和会”吸收 15 名辍学少年参与聚众斗殴、倚强凌弱、恐吓财物等行为，“新庄黄家尊圣会馆”招募在校学生，从事暴力讨债、贩毒、斗殴等行为。②

为应对日益严重的校园霸凌现象，台湾地区于 2012 年制定“校园霸凌防制准则”（以下简称“准则”），完整地规定了校园霸凌事件的处理程序和救济方式。处理过程分为发现期、处理期、追踪期。一旦校内外人员发现疑似校园霸凌事件，学校须向教育部门专案通报，并交由防制校园霸凌因应小组处置，因应小组须在法定期限内进行受理、评估。一旦确认事件属于校园霸凌，则需通过辅导机制针对霸凌涉入者（包括霸凌者、受凌者、旁观者等）进行个别化专业辅导，并适时评估与追踪成效，以确立其状况改善。最后，再向相关行政单位解除通报列管。③ 该制度的优点在于对已发生的校园霸凌的处理十分周到，无论是霸凌涉入者的分类还是事后的评估追踪，具有相当的可行性和科学性。但准则也存在一定的疏漏，一个是因应小组的成员没有包括检察官，而是包括校长、导师代表、学务任务、学生家长等。这相当于把检察机关排斥在校园霸凌的治理之外。校园霸凌不仅仅是一个心理问题，常常会触及到刑事犯罪，而检察机关是司法保护的主力军，对校园霸凌黑恶化的治理责无旁贷。另一个是霸凌防制缺乏整体性、系统性的方案推广。准则虽然规定了处理霸凌的一系列流程，但台湾地区各个学校在校园霸凌防制上缺乏一个整体性规划的霸凌防制方案，例如与社区、有关部门的统一行动由谁主导，各部门的联动沟通如何实现。而无论是理论依据抑或法律规定，检察机关均有能力实现上述方案

① 台北市第 22 次治安会议资料，摘自吴嫦娥、余汉仪：《青少年加入成人帮派之探讨》。

② （台）张芳绮：《新北市少年参与帮派之探讨》，硕士毕业论文。

③ （台）宋宥贤：《如何促进校园霸凌防止效益再现：台湾校园霸凌防制之反思与建议》。

的推广。

### （三）检察机关治理校园霸凌黑恶化的思路与对策

1. 完善与教育行政机关、学校等跨部门合作的长效机制。学校是校园霸凌发生的场所，加强与学校的联动合作有利于及早发现校园霸凌，遏制其走向黑恶化。这要求检察机关要加强与教育行政机关、学校等部门的沟通协调，成立校园霸凌防治小组，畅通信息渠道，共享网格化信息成果，促成各部门携手联动、一体化的工作局面，为校园霸凌的防治构建一个有效的运行体系。具体来看，一要将普法对象从学生扩大到老师。作为学生人格引导者的老师，亦有可能成为校园霸凌的从事者或间接参与者，而正是因为老师之于学生的特殊影响，使得老师如果作为校园霸凌的从事着，造成的伤害往往更甚于同学之间的霸凌。老师如果一旦得知学生受到霸凌而放任不顾时，无疑是校园霸凌者的帮凶，不仅助长了校园霸凌者的嚣张气焰，更给学生造成一种错误的认识：校园霸凌是正常的同学间的嬉闹，反应是一种不当行为。二要整合专业人员力量、组建防制校园霸凌小组，邀请心理辅导人员、法官、警察等专业人员，一方面多维度对未成年人进行法律知识输出和心理问题救助，另一方面在校园霸凌发生时邀请上述专业人员成立防制校园霸凌小组，针对霸凌者、受凌者进行个别化专业辅导计划直至状况有所改善。三要建议教育行政机关将校园霸凌的治理果效纳入学校考评内容，并由检察机关进行监督。敦促学校重视校园霸凌现象，主动自查校园内是否存在疑似校园霸凌，并积极联动检察机关携手治理，治小治早。四要设置联络员负责各部门的信息沟通，加强各部门的联系，及时沟通、反馈，面对问题及早反应、及早联动应对。

2. 引入校园网格化管理模式。网格化管理创新之处在于为城市社会服务提供一套行之有效的治理思路和框架，实现了以城市管理部件静态物为主体到网格内精细服务以人为主体的动态变化。[①] 检察机关参与网格化管理是与学校紧密联系的一种手段，通过网格化管理之工具检察机关可以实现对在校学生的心理追踪，并对回归校园的未成年人跟踪评估，即网格化管理在预防和治理校园霸凌黑恶化均有裨益。由于校园霸凌往往十分隐蔽，当前的校园管理中检察机关难以第一时间获知或发现第一手信息，只能依靠学生主动向老师、家长请求帮助或各种偶然的途径获知校园霸凌现象的存在。即便已经查获多次敲诈勒索他人的嫌疑人，也难以周延全部的犯罪事实。将网格化管理理念引入校园，

① 陈荣卓、肖丹丹：《从网格化管理到网格化治理——城市社区网格化管理的实践》，载《社会主义研究》2015 年第 4 期。

既能发挥其依托信息平台处理、分析、发现校园霸凌的能力，又能克服传统学生安全管理模式的不足。一要以班级、年级、学校为层级分级建网，明确各个层级的责任人员、职责分工，确保校园范围全覆盖无盲区，发现学生身上伤情不明、心理波动较大时及时逐层反馈。二要建立多种应急处理机制协同发力。建立学生安全管理预警机制、学生心理安全评估机制、学生心理安全修复机制，助力网格化管理更好发挥作用。三要成立建立校园网格检察官模式，以学校为单位划片包干，无缝对接校园网格化管理信息平台的反馈内容，及时发现学生身体、心理问题，并借助社会力量和公法两家的力量共同介入。

3. 启动对未成年人被害人的一站式救助。校园霸凌发生后，言语的恐吓、行动的暴力已经给未成年被害人的心理留下不可磨灭的创伤。在治理校园霸凌黑恶化过程中，如何打开被害人的心扉获得证据成为难题。检察机关必须要保证，在获得被害人口供的同时，不得造成二次伤害，并且应当竭尽所能地修复其受到的创伤，一站式救助制度的功能恰恰契合了这一要求。为应对未成年人被性侵案件的增长，台北市于 2007 年最早探索该项制度，以跨网络整合性处理、专责处理为核心概念，强调以被害人为中心，结合警政、社政、医疗团队、检察官各系统集中提供服务，一改过去必须分别在医院、警察局、地检署等地往返奔波等不便，减少被害人重复陈述案情，并在同一地点由检察官亲临或传真指挥警政及社政人员进行侦讯，侦讯过程中同步进行录音、录影，完整提供于检察官及法官，避免再次询问被害人相同问题，并减少传讯次数，给予被害人全程陪护、专业对待，并迅速进入司法侦办程序。① 本案中遭遇校园霸凌黑恶化的未成年被害人大多受到的是心理强制、精神恐吓，个别被害人遭受到被殴打、被性侵的身体、心理伤害。二者相同的是未成年被害人心理创伤难以磨灭，需要外界的心理干预、减少二次伤害。台北市一站式服务在这一方面的实践卓有成效，对一般未成年人被侵害的案件也极具借鉴意义。一般未成年人被侵害主要是心理方面的问题，一个是检察官提前介入未成年人被侵害案件，整合社会各方力量，提供一间背景温馨、功能多样的特殊房间，必要时请来法律援助机构，引导侦查机关一次性、有针对地询问案件核心内容，进行同步录音录像，避开不断重复回忆的二次伤害；请来专业的心理辅导人员，就询问内容为被害人做一对一的心理疏导、修复工作，由网格化管理员将未成年人创伤情况、疏导恢复情况记录在案并严格保密，再通过社区工作人员后续跟踪未成年人的心理恢复状况，并将结果反馈给检察官。另一个是检察官对一站式

① 霍春亨、王淑慧：《性侵害案件一站式服务内涵之初探——以台北市为例》，载《犯罪学期刊》，民 102 年第 16 卷第 2 期。

服务的各个环节进行近距离、可纠正的监督，不定期对受助未成年人进行回访，对心理辅导、社工陪护、回归校园的效果进行评价，在发现未成年人仍然存在心理隐患时根据信息平台上的疏导信息进行分析，对薄弱环节提出检察建议并督促纠正。

4. 提前介入引导侦查。检察机关的提前介入是行使侦查监督职能的重要方式，一般情况下，检察机关在严重暴力犯罪、案情复杂的经济犯罪、涉黑涉恶犯罪等较为重大复杂的案件提前介入较多。但正如前文所述，检察机关是司法保护的主力军，在未成年人诉讼过程中提前介入有利于更好地监督侦查机关的侦查行为。这种参与式监督是一种同步、动态的监督，其效果显然更优于静态、滞后的外在式监督。因此，在校园霸凌黑恶化案件中提前介入有利于案件的侦破和被害人的心理修复。一方面，提前介入有利于证据的固定。未成年人犯罪案件中，许多证据的程序有别于普通案件，例如合适成年人在场制度，录取口供时没有合适成年人在场，即便口供系自主作出也应排除，即提前介入有助于提升证据的合法性。此外，提前介入有利于口供的获取。事实上，一站式服务就包含了提前介入引导侦查。检察机关引导侦查机关在特定布置的房间询问被害人并同步录音录像，从而获得可靠被害人的口供。另一方面，提前介入有利于未成年被害人心理状态的恢复。检察机关是能够整合社会各界爱护未成年人力量的作为机关，提前介入意味着能够在案发后第一时间联动各个部门、社会力量对未成年被害人进行心理干预，降低校园霸凌造成的心理伤害，修复损害，使其重新回归校园。

## 四、结语

随着校园霸凌不断被媒体曝光，各界越来越重视这种发生在未成年人之间的恶。在校园霸凌不断恶化延伸的当下，已然呈现规模化、黑恶化趋势，其危害性已经远远超过了一般的校园霸凌，不断向高恶性、高暴力犯罪进化。但由于校园霸凌主体、环境的特殊性，意味着不能和普通黑恶势力案件一样看待，其治理路径也应当有别。检察机关作为参与未成年人刑事诉讼程序的重要机关，负有法律监督职能，应当对涉罪未成年人进行挽救、教育，对未成年被害人进行身体、心理救助。同时，根据最高检的八项措施，检察机关有义务、有能力联动各部门、整合社会各界力量，更好地服务校园。因此，检察机关在治理校园霸凌黑恶化具有正当性和可行性。通过提前介入引导侦查固定证据、启动对未成年人被害人的一站式救助、引入校园网格化管理模式、完善与教育行政机关、学校等跨部门合作的长效机制，多管齐下，从预防和修复两个维度治理校园霸凌黑恶化。

# 资助恐怖活动犯罪行为与对策考察

## ——比较视野下的刑事立法展开

李　恒*

## 一、引入规范：将资助恐怖活动行为界定为刑事犯罪

恐怖主义一词源自于18世纪法国大革命期间的白色恐怖政治活动，现代恐怖主义则始于1960年代晚期中南美洲国家劫机事件。恐怖活动原为毫无组织的反叛阴谋，后来被民族主义者、叛乱分子及流氓国家所利用，近年来有转变为激进宗教极端组织或叛乱团体的“政治武器”。联合国《威胁、挑战和改革问题高级别小组报告》曾提出：“凡是有绝望、屈辱、贫穷、政治压迫、极端主义和侵犯人权现象存在的地方，恐怖主义就会盛行；在区域冲突和外国占领的局势下，恐怖主义也会盛行；凡是国家能力虚弱，不能维持法律和秩序的地方，恐怖主义便会乘虚而入。”任何恐怖活动组织与个人的存在和运作都需要资金支持，防止恐怖活动组织与人员为其活动和策划的袭击提供资金是任何成功的全球反恐行动的重要组成部分。

联合国《制止向恐怖主义提供资助的国际公约》（International Convention for the Suppression of the Financing of Terrisom）（以下简称《公约》）要求各国将恐怖主义、恐怖活动组织与个人的行动予以刑法罪行化进行法律规制，并指出任何提供帮助筹集资金而用以资助或明知资金会被用于进行任何恐怖活动的行为均属犯罪行为。《公约》不仅规定惩罚向恐怖主义行为提供资金等帮助行为，还本着对恐怖主义行为进行全面谴责的精神，授权各国应当对不论是何种性质的恐怖主义行为的组织与个人提出司法审判。《公约》还呼吁各缔约国采取相关措施对于合法筹集资金的公益性慈善募捐、公益活动及教育文化活动等，或是非法毒品交易、绑架人质及走私武器弹药等违法犯罪行为，均应当制

* 李恒，西北政法大学反恐怖主义法学院2016级法学博士研究生，台湾大学法律学院、台湾中正大学法学院访问学者。

止恐怖活动组织与个人从中获得资金。此立法开启了国际社会打击资助恐怖活动犯罪的先河。

《公约》对资助恐怖活动犯罪行为定义为："任何人以任何手段直接或间接及故意提供帮助或筹集资金，意图将全部或部分资金用于实施恐怖主义犯罪，致使平民或在武装冲突情形下为未积极参与敌对行动的其他人死亡或重伤的行为，最后达到威胁个人或迫使一国政府或一个国际组织采取或不采取任何行动的目的。"按照此定义，资助恐怖活动行为背后的犯罪要件包含两个层面的内容：第一，行为人实施的具体行为须是出于主观故意。第二，行为人的主观故意是将资金用于为未来实施恐怖主义行为而提供资助为目的。《公约》第5条规定，每一缔约国有义务采取必要措施，以使当一个负责管理或控制设在其领土内或根据其法律设立的法律实体（Alegal Entity）的人，在以该身份犯下了本公约第2条所述罪行时，得以追究该法律实体的责任，这些责任可以是刑事、民事或行政责任，要求缔约国有义务追究法人（Legal Persons）及其他组织的责任。可以看到，国际文书特别为缔约国规定了采取实质性刑法措施和刑事诉讼法措施惩治各种恐怖主义犯罪行为，采取刑事或行政措施惩治资助恐怖活动行为的相关义务。

联合国安理会随后通过的第1373号决议指出，"资助"是指提供资金、物质支持和其他相关物质服务的一切帮助行为，包括为其洗钱、从事庇护、提供通信与网络支持，甚至直接参与活动等行为。同时，1373号决议也要求各国将该行为定义为犯罪行为："本国国民或在本国领土内，以任何手段直接间接故意提供或筹集资金，意图将这些资金用于实施恐怖主义行为或明知这些资金将用于实施此种行为。"① 除要求各国将资助恐怖主义行为刑法罪刑化外，还要求缔约国采取下列立法行动：一是拒绝以任何形式支持恐怖组织，防范和制止资助恐怖主义行为发生。二是禁止提供庇护或支持恐怖分子，包括冻结涉及恐怖行动的个人、组织或法人团体的财产；冻结参与恐怖活动者直接或间接拥有的实体单位资金、资产等，包括所产生的孳息。三是禁止主动或被动协助恐怖分子；禁止本国或外国国民以任何直接或间接手段，故意提供并筹集资金，意图将该类资金用于恐怖活动或明知资金将用于恐怖活动的行为。四是国家（地区）之间对预备性恐怖主义犯罪开展调查及情报共享合作。但可以看到，由于恐怖主义活动对各国在政治、宗教和民族方面的影响存在很大差异，恐怖主义的含义也并不被普遍接受，并非所有缔结公约的国家都对具体来讲哪些行为构成恐怖主义达成了共识，加之因量刑幅度属于各国家立法机关的职责范畴，所以各缔约国需要根据本国社会实际和惩治恐怖主义犯罪的国际义务，

① 参见联合国第1373（2001）号决议。

制定相应的刑事法律措施予以规范。同时，《打击跨国组织犯罪公约》（Convention against Transnational organized Crime）提出了恐怖活动组织内部举报人阻止恐怖活动组织或个人实施恐怖行动等刑事责任问题。一些国家的立法机关在量刑方面规定给予该类个人宽大处理，例如法国、意大利、英国等把悔过作为免除刑罚或减轻刑罚的理由。目前，国际社会呼吁要求各国将针对恐怖活动组织与个人的反恐行动，扩展到非营利性社会组织（简称“NGO”），以便开展打击资助恐怖分子，特别针对公益慈善事业、替代性金钱交易或跨境汇款等行为，以确保 NGO 不被直接或间接利用于资助恐怖活动。

基于此，《中华人民共和国国家安全法》第 28 条规定：“国家反对一切形式的恐怖主义和极端主义，加强防范和处置恐怖主义的能力建设，依法开展情报、调查、防范、处置以及资金监管等工作，依法取缔恐怖活动组织和严厉惩治暴力恐怖活动。”第 77 条也规定：“……任何个人和组织不得有危害国家安全的行为，不得向危害国家安全的个人或者组织提供任何资助或者协助。”同时，《中华人民共和国反恐怖主义法》于 2016 年 1 月 1 日起在全国施行，该法是我国第一部全面、系统规范反恐怖主义工作的法律，对贯彻落实总体国家安全观，构建反恐怖主义法治体系，防范和惩治恐怖活动，维护国家政治稳定、公共安全和人民生命财产安全，具有现实意义。该法从法律层面对涉及恐怖融资的监管、调查和资金冻结作出了相关规定，明确授权中国人民银行（以下简称“人民银行”）、国务院有关部门等依法对反洗钱义务机构履行反恐怖主义融资情况进行监督管理；人民银行发现涉嫌恐怖主义融资的，可以依法进行调查，采取冻结等措施；国务院有关部门可以根据国务院授权参与反恐怖融资国际合作。2015 年，中国反洗钱监测分析中心接收涉及恐怖融资类可疑交易报告 1529 份，向国内有关部门移送和通报可疑资金交易线索 140 份，协助相关部门开展涉及恐怖融资等资金核查 41 件；人民银行各级分支机构经分析调查向侦查机关移送线索 134 份，协助侦查机关调查涉及恐怖融资案件 338 起。检察机关批准逮捕涉嫌资助恐怖活动罪的案件 92 起 181 人，提起公诉 71 起 167 人。审判机关以资助恐怖活动罪审结案件 55 起，生效判决 51 人。① 目前，国际恐怖组织体系更加严密，自筹财源与国际性网络组织联系密切，宗教等意识形态主导趋向明显，行动侧重于不同恐怖主义组织跨国联系、军事训练、筹集资金、技术转移、独狼袭击等愈发突出，世界各国面临的恐怖袭击威胁空前加大，没有一国能够独善其身。法治要求一国的法律全面、明确、确定并可以实施；法律内容在立法和政治方面及其适用方面必须合理，并且必须平衡兼顾

① 参见《中国人民银行反洗钱报告（2015 年版）》，载《中国人民银行金融服务报告》2016 年第 2 期。

稳定性和灵活性。加强反恐刑事立法、预防和打击恐怖主义犯罪是法治国家的必要之举也是大势所趋。

## 二、现实比较：资助恐怖活动犯罪行为性质之考察

### （一）恐怖活动组织与个人的资金来源与用途性质之考察

恐怖主义活动的资金流动可以分为上、中、下游三个阶段。上游是资金的供给与筹集，中游是资金用于恐怖分子的招募与训练，下游是资金用于恐怖活动的实施。其中，最为重要的阶段是对恐怖活动资金的供给与筹集。一旦恐怖组织获得资金资助，并不一定急于使用，因为部分资金很可能来源于非法渠道，恐怖组织必须通过正常金融流通抑或通过洗钱实现“漂白”，才能将该资金转变为正常资金，以便实施后续计划。恐怖活动组织常常使用表面合法的商业手段筹集资金，比如设立空壳公司、海外信托机构等筹集资金、隐藏财产、隐匿身份、隐藏其他资助者的信息。例如，新加坡内政部发现，伊斯兰祈祷团下所经营的企业必须提存全部盈余的10%，供应其组织购买武器弹药、执行日常活动、支援菲律宾及阿富汗等恐怖组织训练基地。① 又如，“基地组织”本身除了依靠伊斯兰公益慈善组织捐助外，还使用贵重金属交易、进出口贸易、金融商业投资等多种方式，建构灵活、缜密、多样的融资、洗钱网络来筹集资金。② 据报道，自20世纪90年代中后期，恐怖组织已使用黄金、钻石及其他贵重宝石作为筹集、保值与转移资金的主要载体。③ 另据联合国伊拉克援助团估计，2016年，恐怖组织“伊斯兰国”来自非法石油销售的收入2.6亿美元（主要来自叙利亚代尔祖省的油田），而2015年的这一收入多达5亿美元。无论资金的来源是否合法，隐匿资助恐怖活动的资金来源渠道十分重要。一旦资金来源被成功隐匿，这些资金将会源源不断地提供给恐怖活动组织。因此，恐怖活动组织若能隐匿对这些资金的使用途径，则整个恐怖活动的资金流动将难以被侦查机关发现。④ 在全球化趋势下，国际金融交易流动性显著增

---

① Aurel Croissant & Daniel Barlow: “Terrorist Financing and Government Responses in Southeast Asia,” in Jeanne K. Giraldo & Harold A. Trinkunas, Terrorism Financing and State Responses - A Comparative Perspective) (Stanford: Stanford University Press, 2007, pp. 211 ~ 212.

② Basile: “Going to Source: Why Al Qaeda' s Financial Network is Likely to Withstand the Current War on Terrorist Financing,” pp. 171 ~ 174.

③ Jeanne K. Giraldo, & Harold A. Trinkunas: “The Political Economy of Terrorism Financing,” p. 15.

④ Paul Allan Schott: “Reference Guide to Anti - Money Laundering and Combating the Financing of Terrorism” (Washington, D. C.: The International Bank for Reconstruction and Development/World Bank/International Monetary Fund, 2006), pp. 1 ~ 5.

强，使得恐怖组织的资金转移变得更加迅捷。恐怖主义的资助透过国际金融体系、境外金融中心与非正式地下金融通道，严重危害国际金融市场的正常运行，也给国际社会打击资助恐怖主义犯罪带来了新挑战。①

恐怖组织的金融流动包括以下四个层次：一是恐怖活动资金的筹集；二是维持与保护这些资金来源，以免被司法机关侦查；三是将资金分配到全球恐怖组织的分支机构；四是为资金用于恐怖活动的执行。② 恐怖组织对资金的需求，包括恐怖组织日常生存、基础设施的维护，及执行恐怖活动的费用。依据学者威廉姆斯（Williams）的观点，恐怖组织对资金需求又可细分为五大类：一是恐怖活动组织与个人的基本生活开销；二是日常特殊训练的学费；三是武器弹药的经济花费；四是其他必要支出；第五是通讯等其他费用等。③ 据国外智库研究发现，恐怖主义的支持者利用公益慈善组织筹集、移转非法资金或通过地下钱庄资助恐怖分子，然而这些资金尚难以支撑恐怖组织的日常训练、成员招募、武器购买、交通工具、生活住所、网络宣传及执行恐怖行动等活动经费，仍需另辟财源才能维持。因毒品在任何国家都有市场需求，尤其是通过贩毒可使恐怖组织快速获取庞大资金，近年毒资已成为恐怖组织的主要资金来源。如“基地组织”曾长期从事有组织犯罪活动，包括毒品买卖、钻石买卖、制造伪钞、伪变造证件、经营二手车、操纵股汇市以诈骗巨额款项等。④ 恐怖主义的资金使用，主要用于准备实施恐怖行动和恐怖组织日常开销等。

（二）资助恐怖活动犯罪与洗钱犯罪行为性质之比较

金融行动特别工作组（Financial Action Task Force，以下简称 FATF）作为专门打击洗钱犯罪和打击资助恐怖主义的国际组织，设定了相关国际法准则，并根据全球经金融形势及时改进策略。随着网络科技的飞速发展，恐怖活动组织日常行为包括资金筹集、个人招募、技术训练、技能养成、行动实施等，特

① 林泰和：《国际恐怖主义的资金流动》，载《问题与研究》2011 年第 1 期。

② 2016 年 7 月 26 日，被告人马胜利使用“马龙师傅”的微信号与被新疆阿瓦提县公安局以分裂国家案列为网上追捕对象的境外涉恐人员吐尔洪在微信通联中确认相互身份，并商定由马胜利向其提供资金帮助。2016 年 7 月 30 日至 7 月 31 日，马胜利使用自己开户的云南省农村信用社银行卡通过手机网银转账的方式，先后向微信中提供的两个银行账户进行转账 14 次，每次 1000 元，因账户与姓名不符，未转账成功。后马胜利通过微信转账的方式，两次向吐尔洪所使用微信号转款，并于 8 月 1 日 16 时 23 分，成功由对方接收人民币。经查，吐尔洪多次煽动并帮助他人出境，且使用微信号接款成功后，使用该资金向其他多名涉恐关系人员提供通讯等资金帮助。

③ Phil Williams：“Warning Indicators and Terrorist Finances”，pp. 80 ~ 81.

④ 汪毓玮：《恐怖分子金融与美国反制作为的研究》，载《台湾“2010 非传统安全 - 反洗钱、不正常人口移动、毒品、扩散”学术研讨会论文集》。

别通过洗钱方式资助恐怖活动犯罪更具复杂性。《联合国反洗钱与打击资助恐怖主义特别建议》要求缔约国针对资助恐怖活动刑法罪行化；建立冻结、扣押没收资助恐怖分子的机制；加强金融监理，预防金融机构遭到恐怖分子利用并发掘异常金融交易线索；提高海关执行跨越国境现金转移检查，发挥金融情报中心分析与发掘资助恐怖分子犯罪线索的能力；强化国际司法互助及国际对等单位情报交换等协作。FATF 于 2012 年发布《防制洗钱及打击资助恐怖主义与武器扩散国际标准》40 项建议，其中第 3 项建议专门将洗钱行为的处置（Placement）、分层化（Layering）与整合（Integration）三种阶段纳入洗钱行为模式，建议内容包括风险识别、政策统合与协调、法制与执法、预防与监理、法人及信托透明化、国际合作等六大方面，特别以提升洗钱犯罪追诉可能、建构透明化资金流轨迹、提升洗钱防制体制机制、强化国际合作与契机为主要目标。例如，《美国法典》第 18 章第 2339A 节规定了“向恐怖主义分子提供物质支持”罪名，该罪不仅包括《公约》所禁止的提供或者筹集资金的行为，还扩大到针对所有形式的物质支持和隐瞒这种支持的行为。该条认为：凡提供物质支持或者资源，或者隐瞒或者掩盖物质支持或者资源的性质、地点、来源或者所有权系的，如果知道或者今后将其用于准备或者实施一项违法行为……或者准备、实施隐瞒或者逃避所犯下的任何这种行为。该条中，“隐瞒或者掩盖物质支持或者资源的性质、地点、来源或者所有权关系的”构成资助恐怖主义罪。① 洗钱与资助恐怖活动均会隐匿资金来源，洗钱者通过各种洗钱通道“漂白”不法收益，其目的是要与“上游犯罪”分离，而资助恐怖活动亦通过同样方式进行洗钱，让他人无法追踪资金来源，两者最大不同是洗钱者的洗钱标的来自犯罪所得，而资助恐怖活动的洗钱标的可能来自合法收益或其他违法所得。

洗钱犯罪行为可能为恐怖活动及其他犯罪提供途径。跨国洗钱与资助恐怖主义已形成全球化、组织化、区域化、网络化等特征。例如，恐怖组织所筹集的资金，若为非法犯罪所得，则必须经过洗钱行为的“漂白”过程才能转化为“正当收入”，以便用于各类消费、储蓄与再投资。若资金来源为合法所得，合法资金通过转移变成非法资助恐怖活动的资金，被称为“反向洗钱”。② 银行等金融机构会成为恐怖分子洗钱及资金转移的最佳工具，银行应承担打击

---

① 于志刚：《恐怖活动犯罪中资助行为入罪化的价值取向—与传统洗钱罪的冲突与整合》，载《中国检察官》2006 年第 6 期。

② 蓝家瑞：《国际社会打击资助恐怖分子要求标准与执行情形的探讨》，载《台湾第三届恐怖主义与国家安全学术研讨会论文集》。

洗钱及资助恐怖主义之重任。欧盟理事会通过《打击利用金融系统洗钱以及资助恐怖主义》法令，该法令在第1条第1项规定："成员国有义务禁止洗钱以及资助恐怖主义"。第2条第2项将下列行为认定为洗钱行为：一是对于财物的交换或移转，明知其为犯罪所得或参与此种行为或对于违法财物的来源隐匿、掩饰或帮助参与该犯罪行为的人不受法律的追诉。二是对于源自违法行为或参与该行为的财物的真正的本质、来源、状态，提供、隐匿、掩饰或移动该财物、权利、所有权。三是取得、占有或使用该财物，若在当时已知该财物源自于违法所得或参与该行为的财物。四是参与上述行为者，包括共同实施该行为、未遂、帮助、教唆或对于该行为提供咨询建议或使其更容易达成该行为。另外，该法令第2条第3项规定，资助恐怖主义包括资金的提供或筹集、实施的方式、直接或间接、对于全部或部分行为的意图及认识的认定均有详细规定。为防止并遏制对恐怖活动组织与个人的资助行为，维护国家安全和社会经济安全，打击资助恐怖分子应当以资金流动轨迹为重心，避免因资金流断点产生资助恐怖活动及洗钱风险。我国制定了《反洗钱法》等相关法律法规，规定了金融机构负有客户身份识别制度、客户身份资料和交易记录保存制度、大额交易和可疑交易报告制度等，刑法也对洗钱犯罪进行了立法规定。①

① 为惩治恐怖活动犯罪，维护国家安全和经济社会稳定，2001年12月29日第九届全国人大常委会第25次会议通过了《刑法修正案（三）》，将《刑法》第120条第1款修改为："组织、领导恐怖活动组织的，处十年以上有期徒刑或者无期徒刑；积极参加的，处三年以上十年以下有期徒刑；其他参加的，处三年以下有期徒刑、拘役、管制或者剥夺政治权利。"《刑法》第120条后增加1条，作为第120条之一："资助恐怖活动组织或者实施恐怖活动的个人的，处五年以下有期徒刑、拘役、管制或者剥夺政治权利，并处罚金；情节严重的，处五年以上有期徒刑，并处罚金或者没收财产。单位犯前款罪的，对单位判处罚金，并对其直接负责的主管个人和其他直接责任个人，依照前款的规定处罚。"2003年9月和12月，中国先后加入了《联合国打击跨国有组织犯罪公约》和《联合国反腐败公约》，为了顺应国际潮流，也为严格履行国际公约的义务，2006年6月29日第十届全国人大常委会第22次会议通过了《刑法修正案（六）》，将《刑法》第191条第1款修改为："明知是毒品犯罪、黑社会性质的组织犯罪、恐怖活动犯罪、走私犯罪、贪污贿赂犯罪、破坏金融管理秩序犯罪、金融诈骗犯罪的所得及其产生的收益，为掩饰、隐瞒其来源和性质，有下列行为之一的，没收实施以上犯罪的所得及其产生的收益，处五年以下有期徒刑或者拘役，并处或者单处洗钱数额百分的五以上百分的二十以下罚金；情节严重的，处五年以上十年以下有期徒刑，并处洗钱数额百分的五以上百分的二十以下罚金：（一）提供资金账户的；（二）协助将财产转换为现金、金融票据、有价证券的；（三）通过转账或者其他结算方式协助资金转移的；（四）协助将资金汇往境外的；（五）以其他方法掩饰、隐瞒犯罪所得及其收益的来源和性质的。"

### （三）资助恐怖活动犯罪与跨国有组织犯罪之比较

恐怖活动组织与普通跨国有组织犯罪具有相似性，对资金的供给和资金来源渠道均来自非法所得。比如贩毒、走私等，涉案数额都十分庞大。恐怖活动组织与个人利用网络筹集资金的趋势明显，恐怖分子擅长在政府控制较薄弱的地域尤其是偏远、贫穷等地，通过国际金融机构合作银行（Correspondent Banks）从事非法洗钱等金融活动。[①] 跨国有组织犯罪与恐怖活动组织的差异在于犯罪动机，跨国有组织犯罪的犯罪动机侧重于金钱或报复社会；而恐怖活动组织的犯罪动机在于宗教信仰、民族问题以及意识形态等主张。以美国全国情报理事会（National Intelligence Council）报告为例，恐怖活动组织与跨国组织犯罪者的关系仍是基于部分共同特征而相互利用。比如，跨国有组织犯罪个人可以提供伪造文件、走私武器弹药或为恐怖组织提供资金等帮助，但不可能与恐怖组织形成长期合作关系。[②] 另外，一些恐怖主义组织得到各种形式的跨国有组织犯罪人员的资助。例如，2004 年西班牙马德里火车爆炸案就得到了跨国有组织财产犯罪和毒品交易犯罪人员的资助。但与跨国有组织犯罪不同的是，阻截对恐怖主义的资助如果仅限于非法来源将是无效的。要实现这项预防性目的，《公约》要求，如果提供或筹集资金用于恐怖主义行为，则临时性冻结和扣押措施及没收惩罚措施适用于任何资金，不管其来源是否合法。

恐怖活动组织与跨国有组织犯罪行为最大差别在于恐怖活动资金的流向最后进入实际行动和下级分支组织中，主要用于执行恐怖袭击计划；而普通跨国犯罪组织的资金最后流向正常的经济实体或个人。目前，必须注意到恐怖主义和跨国有组织犯罪之间的可能联系，以及遵守《联合国打击跨国组织犯罪公约》的条款，例如第 8 条要求建立一套允许冻结、扣押和没收恐怖分子资产的完整机制；第 12 条规定在本国法律制度范围内，尽最大可能采取必要措施规定等。跨国有组织犯罪资助恐怖主义行为包括：一是传统类型犯罪与毒品犯罪竞合取得资金。一些恐怖组织通过传统犯罪手法而取得所需活动经费；或是

---

① Ed Jurith："Acts of Terror, Illicit Drugs and Money Laundering", Journal of Financial Crime, Vol. 11, No. 9 (2003), pp. 158 ~ 159; R. Barry Johnston & Oana M. Nedelescu, "The Impact of terrorism on financial markets," Journal of Financial Crime, Vol. 13, No. 1 (2006), p. 18; Winer & Roule, "Fighting Terrorist Finance", pp. 89 ~ 91; Patrick Hardouin & Reiner Weichhardt, "Terrorist fund raising through criminal activities", pp. 306 ~ 307.

② National Intelligence Council, Mapping the Global Structure, National Intelligence Council's 2020 Project, Dec. 2004, p. 96. 〈http://www.foia.cia.gov/2020/2020.pdf〉, accessed on May 3, 2010.

与毒品犯罪组织合作牟利实施洗钱。二是通过偷越国边境等组织犯罪而取得资金。恐怖主义组织通过偷越国边境、走私武器弹药以及帮助他人非法偷渡出境等取得所需活动经费。三是为涉恐个人或极端个人提供所在控制地区的日常生活安全保护而取得活动资金。四是非法录制、传播、贩卖暴恐极端音视频，以及侵犯知识产权等高利润而低风险的活动。有案例显示，恐怖分子也介入贩卖盗版影片以取得活动所需经费，使用盗版影片通过网络媒体进行宣传，以招录支持者、训练成员、发布信息等行为。①

## 三、对比审视：国内外资助恐怖活动犯罪之立法考察

### （一）《公约》对资助恐怖活动犯罪的立法考察

《公约》对资助恐怖活动行为纳入刑事处罚有两大内容：第一，明确将资助恐怖活动行为列入《公约》的主要内容并进行细化阐释。比如：明确将资助恐怖活动组织、实施恐怖活动的个人的；或者资助恐怖活动培训的；资助危险敏感物品、提供武器训练、筹集资金；为恐怖活动组织、实施恐怖活动或者恐怖活动培训招募、运送个人提供资助的；为实施恐怖活动资助凶器、危险物品或者其他工具的等，这些资助或帮助行为应当被刑法规定为独立犯罪。由于并非全球所有国家都是该《公约》的缔约国，所以该《公约》对某一国家而言，只适用于该国所批准的犯罪行为。第二，针对资助的任何下述行为都应定为恐怖主义犯罪：采用或者主张采用暴力、破坏、恐吓等手段，引发社会恐慌、影响政府决策，企图分裂国家、颠覆政权、制造民族仇恨、传播宗教极端的思想、主张和行为。就其性质和背景而言，该行为旨在恐吓民众，或迫使某个政府或国际组织完成或放弃完成某一主张和行为。就主体要件而言，资助恐怖活动有两个层面：首先，行为必须是故意；其次，行为人必须是故意将资金用于资助恐怖活动的行为，或者明知资金将要用于实施恐怖活动之目的。简单来说，即故意和知情是两个必要条件。在对象方面，可以追究组织、领导、参加恐怖活动主要成员或首要分子的刑事责任，前提是行为明知资金的用途；也可以追究提供资助恐怖活动的行为人，只要行为人明知自己实施了以恐怖活动为目的的资助行为，而不论是以有价证券形式还是以实物资助形式，也不论其是否为个人或单位。《公约》第 2 条第 5（c）款还规定，任何人如有以下行为，也构成犯罪：协助以共同目的行为团伙实施犯罪；这种协助是故意的，或者是为了促进该团伙犯罪活动或犯罪目的，而此种活动或目的涉及本《公约》

① Gregory F. Treverton, Carl Matthies, and Karla J. Cunningham, et al., Film Piracy, Organized Crime, and Terrorism, RAND Corporation, 2009, p. 18.

规定的一项犯罪行为；或明知该团伙意图实施本《公约》规定的一项犯罪行为。在处罚方面，第4、5、8条均规定各国应制定相关法律，将打击资助恐怖活动行为列入犯罪，并制定严厉的处罚措施进行惩治。其中第5条敦促各国应根据国内法律对单位、法人进行刑事制裁，且不能出于政治、宗教、种族或其他因素为资助恐怖活动犯罪进行辩护。

（二）《德国刑法》对资助恐怖活动犯罪的立法考察

《德国刑法》立法者认为恐怖主义犯罪是极其严重的犯罪行为。资助恐怖活动行为实质上是针对尚未进入实际着手阶段而加以事前帮助恐怖活动实施的行为。为阻止和预防恐怖主义犯罪的发生，国家希望通过刑法和刑事诉讼法相关条文让侦查机关可以提早进入侦查阶段，并对资助恐怖活动在刑事处罚上加以前置化规范。《德国刑法》认为，应当将准备出境到外国的参战或参加训练、资助恐怖活动等出于恐怖主义动机的犯罪前置阶段纳入抽象危险犯领域，但要惩罚恐怖主义行为人必须按照法定程序实施。司法机关先期采取措施时应具备刑事法律授权的正当性，涉恐违法犯罪嫌疑的证据存在与否，都应按照“证据确实充分”或“排除合理怀疑”的标准实施。

《德国刑法》针对资助恐怖主义犯罪的立法规定引起了理论界和实务界的争议，部分认为将资助恐怖主义犯罪行为可罚性前置化，存在一定的风险刑法实施危险，有安全政策取代刑事政策的潜在目的。如安全政策一旦取代刑事政策，将会出现刑法可罚性不断前置化，任何司法机关的先期侦查行为很可能对刑法惩罚犯罪目的与立法初衷产生风险挑战。由于实施恐怖主义的行为人大多出于政治、民族、宗教等意识形态为动机，部分“独狼式”恐袭按照自己的意志主张实施暴恐行为，借以此制造人心恐惧，影响公共安全的社会效果，即可认定恐怖分子的标准，并非在客观上以手段凶残与否作为认定依据。对比我国，根据权力性质的不同，我国采取的是行政认定与司法认定的“双轨制”认定模式，目的是确认恐怖行为的性质，追究行为人的刑事责任。①

刑法作为国家强制力保证实施的最后手段，行为人即便尚未造成危害社会的结果，但只要实施了刑法分则规定的前置化的推定危险行为，以惩罚犯罪为目的的刑事司法力量可以按照程序发动，就可以被认定具有恐怖活动犯罪嫌疑，进而通过法定程序对行为人采取相应的刑事处罚。② 目前，资助恐怖活动的行为

---

① 贾宇、李恒：《恐怖活动组织与人员认定标准研究——从恐怖主义再界定谈起》，载《西北大学学报（哲学社会科学版）》2017年第3期。

② 吴俊毅：《犯罪、资助恐怖活动与洗钱——如何有效追诉犯罪?》，新学林出版社2017年版，第91页、第131页。

已被《德国刑法》纳入洗钱犯罪的前置行为。在我国，恐怖主义犯罪也被刑法界定为洗钱犯罪的“上游犯罪”。依德国联邦最高法院对刑法第89a条的解释，行为人必须在出境时就具有涉恐犯罪故意，明知自己将要实施恐怖主义等危害国家安全、公共安全等暴力犯罪，或在外国恐怖组织接受训练。恐怖分子可能因为他们实施了更接近损害法益的行为而被定罪，但只要这些涉恐行为人已经着手实施了刑法分则条文中规定的推定具有恐怖主义危险行为，司法机关就将按照刑事诉讼有关程序启动侦查措施，包括实施技术侦查、跟踪监听等措施。

德国联邦内政部出版的联邦宪法保护局的报告将恐怖主义界定为：“为了达到政治目标，意图通过恐怖手段攻击他人的生命与财产，而所采取的持续性斗争行为，特别是根据《德国刑法》第129条第a款所定义的重大犯罪攻击，或是透过其他攻击行为。”依《德国刑法》第129条和第129条a项立法，清楚而明确地规定成立恐怖组织是非法的，对恐怖活动个人并不需要着手实行恐怖犯罪活动，只要成立加入、支持、帮助以恐怖主义犯罪为目的行为，就符合该犯罪构成要件。《德国刑法》第89a条第2a项“基于恐怖活动为目的而出境罪”，限定了可罚的预备行为范围包括：为恐怖主义分子提供恐怖活动技能训练和参与恐怖活动技能训练；生产、自制、转让或保管武器或特定物品；出于制造犯罪活动需要的武器、物质及前期预备的目的，自制或保管对犯罪行为起根本作用的物品或基本物质；为恐怖袭击提供资金。① 再从第89c条“资助恐怖主义罪”立法来看，《德国刑法》已将前置犯罪扩展到基于恐怖活动为目的而出境以及资助财物等行为，相较于早期犯罪数额的规定，资助恐怖主义犯罪行为不再排除较小数额的财产资助，犯罪客体可能是资助价值不大的制爆原材料等。例如，在资助的财产价值大小和实施恐怖行动之间并不需要存在必然的关联性。在打击其他恐怖主义犯罪方面，针对恐怖主义犯罪刑事处罚完全体现在预备行为实行化即推定危险行为积极入罪化。

（三）我国针对资助恐怖活动犯罪立法规范

第一，关于资助恐怖活动犯罪的构成要件。资助恐怖活动是指故意资助恐怖活动组织、实施恐怖活动的个人，或者资助恐怖活动培训，以及为恐怖活动组织、实施恐怖活动或者恐怖活动培训招募、运送个人等提供帮助的行为。（1）资助恐怖活动的组织；（2）资助实施恐怖活动的个人；（3）资助恐怖活动组织与个人的日常培训；（4）为恐怖活动组织招募、运送个人提供帮助。

① 参见［德］帕特里克·M·平他斯克：《全球化时代下与恐怖主义不同表现形式入罪化问题相关的德国刑事实体法规范》，载何秉松主编：《后拉登时代国际反恐斗争的基本态势和战略》，中国民主法制出版社2012年版，第235页。

所谓“资助”，是指筹集资金和提供资金，既可是直接或间接地向恐怖活动组织或者实施恐怖活动的个人提供资金，也可以是以任何手段为其募集资金。①更加详细分析，“资助”包括为恐怖活动组织、实施恐怖活动的个人或者恐怖活动培训筹集、提供经费、武器装备与技术、物资（如通讯设备、设施）或者提供活动场所、训练场地、交通运输工具等支持、协助以及其他物质便利的行为。资助的具体方式没有限制，国际社会普遍认为利用经济手段资助是主要表现形式。但精神上的帮助不属于本罪的资助行为。恐怖活动组织，既包括境内的恐怖活动组织，也包括境外的恐怖活动组织；既括由联合国安理会、国际社会普遍认定的恐怖活动组织，也包括未经司法机关或行政机关认定的恐怖活动组织。实施恐怖活动的个人，包括预谋实施、准备实施和实际实施恐怖活动的个人，不论其国籍、民族、种族、宗教信仰等。资助恐怖活动日常训练，既包括为实施恐怖活动而资助组织培训的行为，也包括资助参加接受恐怖活动培训的行为，不论恐怖培训组织是否接受提供的资助行为。资助“招募”是指通过各种途径、方法、渠道，面向特定或者不特定的群体筹集、征集、吸纳个人并为之提供资助的行为。资助“运送”是指利用交通工具为恐怖组织招募的个人而提供资助的行为。②

本罪只能由故意构成。不管实施哪一种资助或帮助行为，行为人都必须认识到所资助的是恐怖活动组织、实施恐怖活动的个人或者为恐怖活动训练培训；为招募、运送个人等提供帮助行为。必须明知自己是为恐怖活动组织、实施恐怖活动或者恐怖活动培训而招募、运送个人而提供资助或帮助行为，自己的行为会造成危害社会的结果，希望或放任危害结果的发生。行为人若能故意隐瞒资金来源渠道，对后续资助恐怖活动具体行动便具有实际意义。同样地，恐怖分子隐匿其资金来源及用途，便可避免在筹资过程中被侦查机关发现。“倘若行为人或其中间人试图将犯罪所得加以掩饰或将金钱传递资助给恐怖活动组织或恐怖分子，将使得金融体系的国际声誉及信任度受到严重的损害。”③我国《刑法》第120条之一：“资助恐怖活动组织、实施恐怖活动的个人的，或者资助恐怖活动培训的，处……为恐怖活动组织、实施恐怖活动或者恐怖活动培训招募、运送个人的，依照前款的规定处罚。”恐怖活动罪的罪状规定较

① 王新：《零适用的审判现状：审视资助恐怖活动罪的适用》，载《政治与法律》2012年第7期。

② 张明楷：《刑法学》（第五版），法律出版社2016年版，第704～705页。

③ 马耀中：《两岸洗钱刑法的比较研究》，载《2009年海峡两岸刑事法学新趋势学术研讨会论文集》。

为抽象，“两高”发布的《关于执行〈中华人民共和国刑法〉确定罪名的补充规定（六）》将原罪名“资助恐怖活动罪”改为“帮助恐怖活动罪”。由此，根据我国刑法规定，行为人只要主观上有资助恐怖活动的主观目的，而为之提供金钱、财物或其他资助行为，就符合犯罪构成要件。①

第二，关于资助恐怖活动犯罪的认定。我们知道，恐怖主义犯罪行为一旦着手实施或既遂，反恐工作可以说也就失败。反恐部门应当尽可能将犯罪行为打击在行为着手前置阶段，侦查机关就可按照法定程序提前通过技术侦查或预防性羁押等措施让潜在的恐怖分子无法实施行动。刑法理论界将以预防为导向的刑法思想和法规范前置化现象称为“预防性刑法”(Preventive Criminal Law)，以区别于传统以法益损害事实发生后才被动介入的“事后干预性刑法”。②“预防性刑法”在资助恐怖活动犯罪适用中，主要体现在资助恐怖活动行为可罚性前置化和资助行为正犯化两方面。

一方面，资助恐怖活动行为可罚性前置化，即通常所说的犯罪预备行为入罪化。预防刑法在《刑法修正案（九）》对于恐怖主义犯罪的相关规定中就得到了突出的规范化、类型化、整体性呈现。③ 对于那些资助、帮助或准备实施恐怖活动的前期行为定为独立的犯罪构成要件。根据罪刑法定和罪责刑相适应原则，涉恐嫌疑人在真正实施的恐怖活动犯罪之前，就存在可能被刑事追诉的情形，并且可以据此形成合理性怀疑。通过可罚性前置化，让侦查机关在获取确切情报信息后，提前采取刑事诉讼法上的技术侦查措施，例如隐匿身份侦查和控制下交付等，以便及时固定犯罪证据。

另一方面，资助行为正犯化。可以认为，资助恐怖活动罪的主要内容是帮助行为的正犯化。因此，资助行为本身就是正犯行为。这种行为对国家安全、公共安全、人民生命财产安全虽然只存在抽象的危险，但由于恐怖主义犯罪具有极大的法益侵害性和恶劣社会影响性，加之恐怖活动组织本身具有实施恐怖主义犯罪的极大危险性，一般预防与特别预防的必要性明显增大，所以将这种抽象的危险行为规定为刑事犯罪具有正当性。资助恐怖活动的行为性质就是正犯行为，因此，关于帮助恐怖活动罪中资助行为的成立，以恐怖活动组织或个人是否具体实施的恐怖活动为犯罪构成要件之前提。例如，只要行为人实施了提供资金的行为；抑或资助恐怖活动组织或个人偷越国边境等行为就成立本罪的既遂。又如，只要恐怖活动组织或个人接收了行为人所提供的资金等，行为

① 黎宜春：《论帮助恐怖活动罪的法律适用——以反恐怖主义融资为视角》，载《学术论坛》2016 年第 5 期。

② 何荣功：《“预防性”反恐刑事立法思考》，载《中国法学》2016 年第 3 期。

③ 何荣功：《预防刑法的扩张及其限度》，载《法学研究》2017 年第 4 期。

人就成立本罪的既遂犯；如行为人所提供的资金等资助行为没有被恐怖活动组织或个人接收的，也应当成立本罪的未遂犯。基于同样的理由教唆或者帮助他人实施本罪的资助行为成立本罪的教唆犯与帮助犯。① 刑法由野蛮迈向文明的标志就是刑法的触角退出思想领域，不再惩罚思想犯。②

## 四、借鉴完善：国内外刑事打击资助恐怖活动犯罪对策考察

### （一）国际公约刑事打击资助恐怖活动犯罪对策考察

通过对国际社会打击资助恐怖活动立法考察发现，要成功侦查和起诉向恐怖主义提供资助的活动，必须迅速识别来自银行、其他金融机构和商业企业或其他企业的有关情报信息，并且只有切断资金流通渠道，才能有效遏制资助恐怖活动的发生，最有效的方式就是扣押、冻结、没收和追缴违法所得。《公约》要求各缔约国采取措施来确认（Identification）、破获（Detection）、冻结（Freezing）、没收（Seizure）、扣押（Forfeiture）用于或准备用于实施《公约》要求各国认定为恐怖主义犯罪的资金。《公约》同时确立了普遍义务，即各缔约国应要求金融机构采取一切切实可行的措施确认客户和受益人背景信息，对于可疑交易予以重点关注，及时检举可疑交易行为，要求各缔约国积极开展合作，包括在必要时修改其国内立法，防止和遏制在其境内或境外实施这些罪行进行准备工作。③ 1373 号决议规定了冻结涉恐资产一般性义务，类似于《公约》中所包含的内容，要求各缔约国采取措施冻结用于或准备用于实施恐怖活动行为的资金，并通过法律程序禁止向恐怖主义提供任何资助。在制定冻结、扣押和没收制度上，1373 号决议要求冻结疑似恐怖活动组织与个人的有关资产；同时，获得、分析和使用有关恐怖主义组织的情报信息对于防止资助恐怖活动犯罪行为至关重要。又如，欧盟理事会通过的《打击恐怖主义共同立场》第 8 条指出："任何资助、筹划、准备、参与或支援恐怖行动的人员都应接受司法制裁，恐怖行动在法律上应被视为严重的刑事犯罪，欧盟会员国应对恐怖行动予以适当的法律责任与刑责。"④ 特别针对调查资助恐怖主义的个人或团体，各会员国必须冻结、清查各项资助恐怖袭击行为的个人财产或资金来源，以限制恐怖行动。

---

① 张明楷：《刑法学》（第五版），法律出版社 2016 年版，第 703～708 页。

② 赵秉志，牛忠志：《〈反恐怖主义法〉与反恐刑法衔接不足之探讨》，载《法学杂志》2017 年第 2 期。

③ 汪毓玮：《恐怖主义威胁及反恐政策与作为》，元照出版社 2016 年版，第 1277～1288 页。

④ 张福昌：《欧盟司法与内政合作》，台湾商务印书馆 2011 年版，第 98～99 页。

FATF 颁布 40 项建议和打击资助恐怖活动犯罪 9 项特别建议，要求各缔约国做好打击资助恐怖活动犯罪立法对策。第一，各国将资助恐怖活动组织或个人的行为罪刑化并列为洗钱犯罪的前置犯罪。第二，各国针对反恐进行司法互助或情报交换的合作，必须基于有关司法互助条约、协定，对于有关恐怖活动或提供恐怖活动资金的刑事、民事执行或行政上调查、询问或法律程序，采取对其他国家最大可能的协助。第三，各国应拒绝提供恐怖活动或提供恐怖活动资金犯罪嫌疑人安全的庇护所，并订定相关程序以引渡犯罪嫌疑人。第四，各国应监督、管理非营利单位或公益慈善机构等资助恐怖主义的行为，并重新评估有关组织的法令是否有被提供恐怖活动资金而不当利用，并应确保非营利组织无被不当利用的情形。监控个人携带现金或无记名可转让金融工具跨国流动，权责机关有权要求携带者提供有关该笔现金或无记名可转让金融工具具体来源等。

《公约》还将利用金融机构资助恐怖活动列为打击恐怖主义对策。银行等金融机构打击洗钱与资助恐怖行为机制概括为：一是风险管理及内部控制。包括风险评估、内部控制制度和建立“三道防线”。内部控制制度包括确认客户身份；客户交易有关对象的姓名及名称审核；账户及交易的跟踪监控；往来银行业务的汇款记录；记录保存；大额金额交易申报；疑似洗钱或资助恐怖活动可疑交易申报；制定防制洗钱和打击资助恐怖活动专责责任；员工遴选和任用程序；持续性员工训练计划；测试防制洗钱及打击资助恐怖活动系统有效性的审核功能等。“三道防线”包括银行各单位就其自主权限及业务范围承担各自日常事务为第一道防线；法律遵循与风险管理为第二道防线；单位内部核查则为第三道防线。第一道、第二道防线进行风险监控，第三道防线进行内部监督。① 二是确认客户身份及客户履职调查。依照巴塞尔银行监理委员会发布的“银行客户调查”（Customer Due Diligence For Banks）文件来看，包括客户是否接受文件所规定的法律政策；客户身份信息识别；对账户和交易持续监控和客户风险分析与管理。三是针对可疑交易监控及资金轨迹记录跟踪。包括交易监控措施、交易记录留存、记录跟踪管理等。四是展开调查、申报及处置。包括可疑大额交易报告、可疑交易申报、扣押与冻结措施等。比如，采用通过相互关联的金融调查锁定有组织犯罪集团和恐怖主义组织的资产的侦查方式，并进行有关金融情报信息和分析、共享而制定各种侦查策略。

### （二）典型国家和地区刑事打击资助恐怖活动犯罪对策考察

美国于“9·11”后颁布的《国际打击恐怖主义宣言》呼吁各国落实 1373 号决议以便共同打击资助恐怖活动犯罪。美国海关部门开展针对机场、港口及

---

① 杨云骅，王文杰：《新洗钱防制法——法令遵循实务分析》，元照出版社 2017 年版，第 60～70 页。

入境旅客的随身行李检查，并配合FBI清查恐怖分子及可疑人员的洗钱、资助恐怖活动行为等。税务部门针对可疑恐怖活动组织的收益、税款及大额资金流向等进行监管追踪，以了解有无进行洗钱、资助恐怖活动可疑交易。缉毒部门负责调查、搜集国外及中东地区等恐怖组织贩卖毒品、从事洗钱及资助恐怖活动活动情报，呼吁执法单位应紧密配合，压缩涉恐嫌疑分子以洗钱、资助恐怖活动空间。在涉恐资金情报搜集研判方面，美国《爱国者法案》对反恐情报信息进行有效管理和改革，完善了反恐情报的具体框架，重新设立反恐情报的分析综合和协调机制，积极扩大跨区域、跨国情报交流机制。① 美国还积极推动建立全球反恐联盟网络、切断恐怖分子资金来源、扩大国际引渡与合作、拓宽国际间恐怖分子相关情报合作等司法国际协作，力争切断恐怖分子资金来源，禁止对恐怖活动组织与个人实施资助行为，同时赋予执法部门冻结涉恐可疑资产等权力。

美国移民与海关执法局推广的贸易透明交易系统（Trade Transparency Unit）及韩国海关建构的可疑交易自动识别系统（Suspicious Trader Selecting System、Automatic Targeting）等，由海关实行即时线上监控、比对分析可疑交易数据，防止跨国洗钱与资助恐怖活动行为发生。韩国海关的可疑交易识别系统和美国贸易透明交易系统都运用红色警示措施（Red Flags），从交易的资金流动来侦查发现洗钱、资助恐怖活动等可疑行为。该红色警示措施包括：一是关注交易本身。包括货物价值与报关实际价值是否存在差异；货物的数量与申报数量是否一致；是否经由涉恐高风险地区或高危避税地区从事交易；交易物是否属于从事洗钱、资助恐怖活动活动的敏感管控产品，如贵重金属、稀有金属、电子产品、非法出版物、暴恐音视频光盘、制爆原材料等；接受资金或开展贸易所载明的收货人重大可疑或缺乏密切关系。二是关注可疑资金交易动向。包括由无密切关系的可疑第三人代为付款；信用证承兑、托收与其他交易资料单证不符；频繁更换使用多个银行账户交易；大量资金在多个不相关联的个人与公司账户间异常流动；同一笔交易有数个存款人；资金接收账户设在涉恐高危或避税地区；交易人拒绝透露资金合理来源；账户资金交易不同于一般客户模式；资金的数额与申报的商业经营业绩不符等进行刑事打击。②

欧盟在过去十几年中提出三项反洗钱、反资恐法案以便开展刑事打击措施：（1）1991年6月欧盟颁布第一个防制洗钱指令，目的在强化欧盟会员国

① 李恒：《反恐怖警务工作实践研究》，中国人民公安大学出版2017年版，第69～70页。

② 杨云骅、王文杰：《新洗钱防制法——法令遵循实务分析》，元照出版社2017年版第45～49页。

银行等金融系统与禁止资助任何恐怖主义活动等。（2）2004年6月欧洲执行委员会提出第二防制洗钱建议案，内容包括扩大洗钱的最初定义、防止合法资金被用于资助恐怖主义活动等。（3）2006年8月欧盟通过第三个防制洗钱指令，欧盟“反洗钱金融行动专案小组”（Financial Action Task Froce on Money Laundering；FATF）于2003年拟定的反洗钱与打击资助恐怖主义行动策略，强调欧盟未来防止资助恐怖主义的重点工作包括扩大观察名单的范围，将慈善机构、律师、法官等专业团体与人士列为监控目标等。[①] 为防止恐怖事件发生，日本也专门针对资助恐怖活动资金等帮助行为修订了《恐怖主义特别措施法》。日本刑法认为，没收、冻结诸如资助恐怖活动罪的对象包括构成犯罪行为的财物；供犯罪行为使用或将要供犯罪行为使用的财物；犯罪行为发生过程中产生、取得的财物；作为犯罪行为的报酬而获得的孳息等财物；通过实施犯罪行为产生对价所取得的财物等。[②] 日本先后通过《处罚提供协助公众为目的犯罪行为资金法》及《金融机构确认顾客法》，并修订《组织犯罪处罚法及规范犯罪收益法律》，特别将提供资助恐怖活动行为列为犯罪。日本随后再制定《犯罪收益移转防制法》，防止组织犯罪所得收益进行非法转移，通过公权力实施没收、追缴等程序来剥夺犯罪收益，并详细规定了特定个人对顾客身份的识别、交易记录的保存及因应疑似洗钱、资助恐怖活动交易处理流程等。

### （三）我国刑事打击资助恐怖活动犯罪对策考察

危害安全的犯罪和扰乱秩序的犯罪均具有重大社会影响性，也是刑法惩治的重点。[③] 我国《刑法修正案（六）》和《刑法修正案（九）》制定了有关洗钱罪、掩饰隐瞒犯罪所得罪、帮助恐怖活动罪的规定，为打击洗钱和恐怖融资犯罪奠定了法治基础。《反恐怖主义法》制定了反恐怖融资监管和涉恐资产冻结制度。《反恐怖主义法》第14条规定：“金融机构和特定非金融机构对国家反恐怖主义工作领导机构的办事机构公告的恐怖活动组织和人员的资金或者其他资产，应当立即予以冻结，并按照规定及时向国务院公安部门、国家安全部门和反洗钱行政主管部门报告。”第24条第2款规定：“国务院反洗钱行政主管部门发现涉嫌恐怖主义融资的，可以依法进行调查，采取临时冻结措施。”《反洗钱法》第16条规定了金融机构应当按照规定建立客户身份识别制度。金融机构应对客户基本信息、交易内容等情况充分掌握，如客户是否有特殊职业身份，交易是否符合客户以往的交易惯例，开户者是否为未成年人开户使用等。执法部门和金融机构应当建立资金流轨迹协作共享机制，将客户信息背景

① 张福昌：《欧盟司法与内政合作》，台湾商务印书馆2011年版，第188页。

② 西田典之：《日本刑法总论》，元照出版社2012年版，第13页。

③ 陈兴良：《虚拟财产的刑法属性及其保护路径》载《中国法学》2017年第2期。

审查、交易记录保存、大额通货交易通报及可疑交易查控进行规范。应大力推进反洗钱、反资恐数据信息共享机制建设。将反洗钱、反资恐信息共享的主要政务信息纳入企业注册信息、税务登记信息、公安综合信息、征信信息、海关申报信息等数据资源。

我国台湾地区“洗钱防制法”第11条规定：“为配合防制洗钱及打击资助恐怖活动国际合作，金融主管机关得自行或经法务部调查局通报，对洗钱或资助恐怖活动高风险国家或地区，采取下列措施：第一，令金融机构强化相关交易的确认客户身份措施。第二，限制或禁止金融机构与洗钱或资助恐怖活动高风险国家或地区为汇款或其他交易。第三，采取其他与风险相当且有效的必要防制措施。前项所称洗钱或资助恐怖活动高风险国家或地区是指下列之一者：一是经国际防制洗钱组织公告防制洗钱及打击资助恐怖活动有严重缺失的国家或地区。二是经国际防制洗钱组织公告未遵循或未充分遵循国际防制洗钱组织建议的国家或地区。三是其他有具体事证认有洗钱及资助恐怖活动高风险的国家或地区。”运用正规渠道或非正规渠道将违法犯罪所得资金跨境“漂白”转移是洗钱和恐怖融资活动逃避法律制裁的惯用伎俩，一旦洗钱所得资金或涉恐资金转移出境，相关执法机关的监控和追缴难度大增。由此，跨境资金转移交易长期以来是反洗钱、反恐融资资金监测的重点。

为规范我国金融机构大额交易和可疑交易报告行为，人民银行制定了《金融机构大额交易和可疑交易报告管理办法》（简称《办法》），该《办法》于2017年7月1日起施行，其中第11条规定：“金融机构发现或者有合理理由怀疑客户、客户的资金或者其他资产、客户的交易或者试图进行的交易与洗钱、恐怖融资等犯罪活动相关的，不论所涉资金金额或者资产价值大小，应当提交可疑交易报告。”① 打击资助恐怖活动的主要措施包括诸如资助恐怖活动名单筛查与预警、资助恐怖活动交易行为的侦查与辨识、资助恐怖活动交易的申报与认定、资助恐怖活动财物的扣押与冻结等。同时，执法机关应当强化监管资源保障，建立对非营利性组织、房地产中介机构、贵重金属经营机构、会

① 《金融机构大额交易和可疑交易报告管理办法》第18条规定：“金融机构应当对下列恐怖活动组织及恐怖活动个人名单开展实时监测，有合理理由怀疑客户或者其交易对手、资金或者其他资产与名单相关的，应当在立即向中国反洗钱监测分析中心提交可疑交易报告的同时，以电子形式或书面形式向所在地中国人民银行或者其分支机构报告，并按照相关主管部门的要求依法采取措施。（一）中国政府发布的或者要求执行的恐怖活动组织及恐怖活动个人名单。（二）联合国安理会决议中所列的恐怖活动组织及恐怖活动个人名单。（三）中国人民银行要求关注的其他涉嫌恐怖活动的组织及个人名单。恐怖活动组织及恐怖活动个人名单调整的，金融机构应当立即开展回溯性调查，并按前款规定提交可疑交易报告。”

计师事务所、律师事务所和公证机构的反洗钱、反恐融资监管机制。因此，我国执法机关和金融机构应完善跨境异常资金流动监控机制，综合运用跨境人民币交易监测、外汇交易监测、可疑交易监测和反洗钱、反恐融资资金交易监测等情报信息，健全完善各类资金交易监测分析数据模型，提高反洗钱、反恐融资等资助恐怖活动违法犯罪行为的发现能力，阻断恐怖活动组织与个人和恐怖训练等资金供给。同时，执法机关应当会同人民银行等金融机构，协调开展涉恐资金流动转移的动态监控机制，运用“大数据”“云计算”等信息化技战法，依法加强可疑交易线索分析研判、调查和线索移送，依照法定程序对洗钱和资助恐怖活动等犯罪行为开展侦查、起诉和审判，加大对各类犯罪资产、收益和工具没收力度，严厉打击资助恐怖活动等犯罪行为。

还要看到，情报工作是打击资助恐怖活动的关键。现代恐怖主义活动的一个显著特点是其拥有充足、稳定的经济资源。个人和经济组织捐助、大财团资助、国家（组织）资助、洗钱是恐怖活动筹集资金的主要来源。反恐工作实践证明，金融跟踪调查是掌握反恐工作主动权的有效途径。财务和金融调查、跟踪调查资金流向是发现恐怖组织（人员），掌握恐怖活动线索的有效措施。通过跟踪大额资金流向，不仅能发现恐怖活动组织与人员，还能够及时发现恐怖活动的相应地区，为有效预防和控制恐怖犯罪明确方向、节约资源。因此，要提高反恐情报质量，加强对情报的搜集、分析、研究和利用，必须注重高新技术的应用，实现相关部门的情报共享及世界各国反恐情报资源的整合。①

法律是社会政策的片段，当前对恐怖主义犯罪的治理应强调社会政策的结构性反应，而非仅倚重刑法手段。鉴于当前全球反暴恐形势，对于每个国家而言，有效打击资助恐怖分子措施不论是对国际或国内都具有现实意义。对我国而言，反洗钱与打击资助恐怖活动犯罪是建设中国特色社会主义法治体系和现代金融监管体系的重要内容，是推进国家治理能力现代化、维护经济社会安全稳定的重要保障，履行国际公约的重要义务，也是参与全球治理的重要手段，我国当前自身面临的洗钱、恐怖主义等风险不应忽视。据统计，2016 年我国进出口贸易总额达 24 万亿元人民币，随着“一带一路”沿线国家投资贸易、经济建设等金额的快速增长，资金跨境流动中也潜藏着一些洗钱、资助恐怖活动等非法资金流动，可能对我国安全的金融秩序甚至宏观经济造成不利影响。因此，需要做到包括打击恐怖主义犯罪和跨国组织犯罪，完善金融机构申报制度有利于执法机关掌握相关基础信息、搜集固定违法犯罪证据，维持好金融机构和经济市场的持续稳定，提供国内金融机构风险管理技术、增进自由市场交

① 曹凤：《公安情报学》，中国人民公安大学出版社 2015 年版，第 236 页。

易秩序及抑制恐怖犯罪行为发生等具有重要作用。

## 五、结语

法律是制度化的政治过程中的产物。打击资助恐怖活动是一场智慧较量，亦是跨国性与团体性合作的组织战，要构建一个打击资助恐怖分子的有效机制，必须由法律架构、金融情报、强力执法与国际合作等方面齐头并进，让金融单位和私人企业都能深刻认识到洗钱与资助恐怖分子的重大危害性。① FATF 已于 1989 年成立，是迄今国际上最具影响力的政府间反洗钱和反恐怖融资国际组织，其发布的国际标准已经获得联合国、国际货币基金组织、世界银行等充分认可，并在全球 190 多个国家（地区）施行。我国于 2007 年正式加入 FATF，并在 2012 年成功完成第三轮互评估工作。FATF 于 2014 年正式启动了新一轮互评估工作。接受 FATF 相互评估是每个成员国应尽的义务，也是检验各成员依法打击洗钱和恐怖融资犯罪是否完善的重要手段。反洗钱和反恐怖融资互评估是指国际金融行动特别工作组（FATF）按照其制定的国际标准，由加入的成员国之间定期开展的相互评估机制，以便提升各成员国提升反洗钱、反恐融资工作水平。我国应积极参与反洗钱国际标准的制定、研究、监督与执行，积极参与国际反洗钱、国际反恐组织的重大决策。拓宽与部分重点国家的反洗钱、反恐怖主义双边和多边交流与合作机制。配合“一带一路”倡议，做好与沿线国家（地区）的沟通协调，利用国际金融情报交流协作平台，拓展情报来源渠道，扩大司法合作渠道，进一步强化反恐刑法和《反恐怖主义法》的贯彻与执行，为维护我国国家安全和推动总体国家安全战略奠定坚实基础。②

① 马耀中：《经济刑法——全球化的犯罪抗制》，元照出版社 2017 年版，第 397 页、第 421 页。

② 贾宇、李恒：《恐怖活动对“一带一路”倡议实施的威胁评估与对策研究》，载《宁夏社会科学》2017 年第 1 期。

# “村霸”等黑恶势力犯罪现象与遏制

陈紫凡　李燕萍*

2018年1月，国务院因应群众需求，发出《关于开展扫黑除恶专项斗争的通知》，宣布开展扫黑除恶专项斗争。目前，全国扫黑除恶专项斗争督导组奔赴全国各地开展督导工作，铲除12类黑恶势力和25类帮凶，全力开展新一轮扫黑除恶工作。与其他类型的黑恶势力相比，“村霸”型黑恶势力所造成的负面影响尤为严重，它侵蚀党的执政根基，影响基层政治安全和制度安全，影响农村安宁秩序，破坏了群众对党和政府的向心力。目前的“村霸”型黑恶势力更具隐蔽性，朝着黑恶势力被包装合法化及村级自治组织人员涉黑化方向发展，而“村霸型黑恶势力”与保护伞相交织更容易攫取非法经济利益，垄断农村生产资源，危害效果更甚。遏制“村霸”等黑恶势力的强度及效果，直观反映了该国基层政治生态平衡发展的可能及限度，是体现社会公平正义的重要指标。

“村霸”等黑恶势力犯罪问题由来已久、错综复杂，是农村治理一大难点。2017年1月，最高人民检察院回应群众关切，印发《关于充分发挥检察职能依法惩治“村霸”和宗族恶势力犯罪积极维护农村和谐稳定的意见》，强调各级检察机关要坚决依法惩治“村霸”和宗族恶势力犯罪，突出打击采取贿赂或者暴力、威胁等手段操纵农村“两委”换届选举，以及放纵、包庇“村霸”和宗族恶势力，为其充当“保护伞”的职务犯罪。2018年1月，最高人民法院、最高人民检察院、公安部、司法部印发《关于办理黑恶势力犯罪案件若干问题的指导意见》① 的通知，为办理黑恶势力犯罪案件提供依据。②

---

* 陈紫凡，福建省晋江市人民检察院党组成员、副检察长；李燕萍，福建省晋江市人民检察院办公室司法行政人员，科员。

① 最高人民法院 最高人民检察院 公安部 司法部印发《关于办理黑恶势力犯罪案件若干问题的指导意见》的通知，法发〔2018〕1号。

② 《指导意见》规定的恶势力7类典型案件和11类常见伴生行为（案件）包括：7类典型案件：(1) 非法拘禁；(2) 敲诈勒索；(3) 寻衅滋事；(4) 强迫交易；(5) 聚众斗殴；(6) 故意毁坏财物；(7) 故意伤害。11类常见伴生行为（案件）：(1) 开设赌场；(2) 组织卖淫；(3) 强迫卖淫；(4) 贩卖毒品；(5) 运输毒品；(6) 制造毒品；(7) 抢劫；(8) 抢夺；(9) 聚众扰乱社会秩序；(10) 聚众扰乱公共场所秩序或交通秩序、聚众“打砸抢”。

## 一、"村霸"等黑恶势力犯罪问题

"村霸"并非专业法律术语，泛指农村利用家族、宗族势力横行霸道，侵犯群众利益的黑恶势力。"村霸"等黑恶势力不仅破坏基层政治生态平衡还破坏了农村长治久安。"村霸"案件以犯罪主体为划分标准，主要可以分为"流氓型村霸""宗族恶势力型村霸""村官型村霸"，并呈现出乱政、抗法、霸财和行凶四大特点。① 涉及"村官型"村霸的案件行为多与职务犯罪挂钩，涉及宗族恶势力的案件，暴力性质更强。

### （一）操纵选举，扰乱基层政治稳定

在农村，以人缘关系、地缘关系及血缘关系为纽带，形成大姓主导型和多姓均衡型基本势力格局，一旦宗族势力参与到农村基层换届选举中会极大地影响村官选任，造成了同一批的村干部同姓人员居多，并且，三缘关系越紧密，宗族势力的恶性发展影响越恶劣。宗族势力参与的农村村级选举以村民自主选举为表象，实质上是各宗族势力的博弈，同宗同姓形成的宗族势力往往此消彼长，其中不乏通过贿选、控选、暴力干预选举等手段操作选举。比如为了当选抓住群众需求点，见缝插针式地作出虚假或违法承诺，允诺当选后按人口分土地或其他村集体财产，允诺照顾发展党员事宜，置国家利益、集体利益于不顾。这可能造成两个后果，一是基层政策执行的不力。国家政策在农村的贯彻实施需要农村基层组织干部的推动配合。宗族背景强大的村干部，会操纵农村权力系统运作，使其独立于政府影响之外，单向势力做大，致使"上情不能下达"；更有甚者不仅影响到村级权力运作，还会通过贿赂、胁迫等手段影响乡镇干部，"双向"势力做大，导致"欺上罔下"，以自身利益为导向，影响国家政策的施行，掣肘农村全面发展，具有深层组织性问题。

### （二）无视法纪，以暴力或者非暴力手段抗法

"村霸"抗法主要包括对抗政府，煽动闹事。暴力对抗政府可异化为缠访型村霸，一方面鼓动、欺骗村民，制作、散播舆情，采取不正当的手段使其影响扩大化，缠访闹访；另一方面假托协助政府工作，了解工作情况，善用基层维稳压力，欺瞒甚至勒索基层干部，谋取不当利益。

### （三）欺行霸市，侵占资财

宗族势力影响下选出的村干部优先考虑的是自身利益和宗族利益，难免会和群众利益相悖。当村务公开监督体系不够完善，在公共资源开发、基础设施

① 郑风田：《讨论为村霸的村干部必须严惩》，载《人民论坛》2017 年第 10 期。

建设、集体土地使用审批、征地补偿、专项资金、惠农补贴、项目审批等高危领域，宗族势力操纵下的村官极易沦陷为“村霸”，或是直接侵吞农村集体资产或是强揽工程滥开滥采，损耗集体资源。

（四）违法乱纪，逞凶斗恶

“村霸”行凶主要集中表现为地痞流氓在村居内恃强凌弱、无事生非、打架斗殴、聚众闹事，或者受雇于人、充当打手等侵害群众安宁权的行为，群众不敢惹、乡镇干部不敢管。无讼案件数据库中的“村霸”案件以此类居多。此类“流氓型村霸”严重扰乱农村正常生产生活秩序，为农村治安带来较大的安全隐患。

## 二、打击“村霸”等黑恶势力犯罪的现实格局

笔者以“村霸”为关键词从无讼案例库中检索裁判时间为 2015 年至 2017 年的刑事案例共计 76 件，其中寻衅滋事案 21 起，占 27.6%；故意伤害案 18 起，占 23.7%，敲诈勒索案 10 起，占 13.2%。笔者认为，因为文字表述的不同，这些数据并不能涵盖所有“村霸”等黑恶势力案件。

以 A 市为例①，据统计，2015 年至 2017 年 A 市检察院查办具有“恶势力”特征涉嫌开设赌场案 17 件 167 人，该类案件的共同点是犯罪嫌疑人众多，内部形成等级分工，在开设赌场同时非法高利放贷，同时安排人员维持赌场秩序，部分嫌疑人还涉嫌诈骗、非法拘禁、非法持有枪支等；查办具有“恶势力”特征涉嫌非法拘禁案 5 件 35 人，犯罪事实多为违背犯罪嫌疑人意愿或者催收债款未果便纠结多人拘禁、殴打嫌疑人；查办具有“恶势力”特征涉嫌寻衅滋事案 8 件 29 人，犯罪事实多为犯罪嫌疑人强索财物未果或者无事生非、纠集多人无故殴打被害人。其他类型案件不再赘述。类似“恶势力”案件特点为犯罪嫌疑人身份相对固定，有一定家族背景，靠着拉帮结派仗势欺人；敛财手段强硬粗暴，直接从事或参与“黄、赌、毒”活动等。

长期以来，A 市农村的治安状况良好，但是相关涉法信访显示，“村霸”等黑恶势力的苗头不容忽视。虽然近年来，A 市范围内“村霸”等黑恶势力破坏选举、贿选犯罪以及祸害一方、组织、参加黑社会性质组织等犯罪案件为零，但是具有“恶势力”典型特征案件仍然存在，要预防其涉黑化演变趋势，同时要避免为了逃避打击，将危害行为“化整为零”或者“刑转民”化，加

① 笔者根据《关于办理黑恶势力犯罪案件若干问题的指导意见》规定的恶势力典型案例和常见伴生行为进行案例搜索。

大打击难度。

## 三、“村霸”等黑恶势力形成的原因

### （一）相关法律制度不完善

如前所述，“村霸”一词是不是专业法律术语，定义模糊，很多罪名与之相关但又无法囊括，如故意伤害、寻衅滋事、聚众斗殴、敲诈勒索、强迫交易、非法拘禁、故意毁坏财物、聚众扰乱社会秩序等罪名均有可能涉及。并且，犯罪主体因政策的变化而出现扩容。现有法律法规对“村霸”行为的界定与惩治针对性不强。如，在村级选举中，对扰乱选举的认定标准及惩治措施不够具体，对于使用贿选、宗族势力控选、黑恶势力渗透等手段影响到村民行使选举权的情况难以举证，相应的法律责任不清晰。又如现有立法中缺乏对村委会村务管理问责机制的细化规定，容易发生某些需要集体决定的事项被村委会主任或者村支书通过代为签名或者暗箱操作一手遮天却无法有效追责的情况；财务管理、制度的不健全导致了出现村级贪腐案件时取证难的问题。这些制度的灰色地带导致了村霸的横行。

### （二）监督体制不健全

权力的规范运行以健全的监督体制为基础。目前，很多农村村委会存在“一套班子，身兼数职”现象，村委会、监委会自成一家，村务公开形同虚设，内部监督流于形式。村民委员会、村民代表大会和村民大会如何就村级组织干部的履职行为进行有效监督，监督权限和程序如何，民主评议村干部的结果如何使用，如何保证公开透明，不被人为操纵均有待进一步规范。同时，关于线索举报人保护制度的缺失导致群众监督力量不足。在村霸当道的村居里，群众敢怒不敢言或是碍于情面或是事不关己，害怕被打击报复不愿监督。网络监督也存在群众不信任、信息真伪莫辨的难题。监督体制的缺失造成执法、司法部门无从了解“村霸”相关违法犯罪行径，直接导致了打击效果不理想，表现在流氓型村霸上，以“打游击战”的形式为非作歹，组织没有根除，治标不治本；表现在“村官型”村霸上，占用农村集体土地，与部分乡镇干部沆瀣一气，结成利益共同体，抱团贪腐。群众因为信息不对称，权益受到侵害无从知晓，法律救济手段匮乏，追责困难。当群众的法律诉求被部分乡镇干部无视，产生了现实的虚置，容易采用过激的手段如越级访来解决，严重影响基层政治生态平衡。

### （三）利益驱使

国家大力发展农村带来的是惠农政策的普及以及建设资金的流入，农村土地的价值、农村市场的开发和公共服务产品供给得到重视。当相关的财务管理机制、决策机制与之不匹配，村民的决策主体地位缺失，“村官型村霸”容易通过非法使用手中权力支配农村集体土地，控制集体经济组织，占用国家政策红利。一些“流氓型”村霸会强揽工程建设项目或者侵占惠农补贴，谋取非法利益。而当农村建设与“村霸”利益相悖时，还会煽动不明真相的群众以暴力或者非暴力的手段阻挠项目施工，维护自身利益。同时，有相当一部分“村霸”组织参与“黄、赌、毒”等非法活动，谋取不当利益，扰乱社会风气。

## 四、对“村霸”等黑恶势力犯罪的体系化规制

“村霸”等黑恶势力犯罪的猖獗容易造成群众对党和政府信任危机。根本上来说，“村霸”等黑恶势力犯罪已成为影响我国基层政治生态平衡发展的关键所在，妨碍与延缓了和谐社会的有序构建。故强化“村霸”等黑恶势力犯罪治理、构建多维度监督机制显得尤为重要。

### （一）优化法制供给

打击“村霸”等黑恶势力目前存在着一些制度上的难题。如关于“村霸”的认定标准是否因不同地区经济条件、人文风俗的不同存在差异？认定充当“保护伞”的职务犯罪是否以认定帮助“村霸”的存在为前置条件，同时，“村霸”的界定是否由法院来进行？“村霸”涉黑涉恶犯罪的证据收集及审查认定的标准如何？打击“村霸”涉黑涉恶犯罪中的证人保护制度规范等。这需要加强对法制供给的顶层设计，真正做到群众有所呼，法治有所应。

### （二）加强外部监管

一是多部门联动，预防与打击并重。在村级换届选举时，纪检监察部门、组织人事部门和相关换届选举机构要互相配合，协同合作，维护换届正常工作秩序。延伸职能，深入辖区对可能存在宗族势力干涉的重点难点村进行下访寻访，加大对农村两委班子成员的背景审核和民意调查，从源头上防范村干部异化为“村霸”或者“村霸”通过贿选、强拉选票成为村干部，严厉排查有刑事违法记录者，做到零容忍、不宽宥；严格审查信访、举报线索对象，做到不枉不纵。未雨绸缪，提升制度标准，对干扰、操纵、破坏选举的行为严加防范；刚性抑制，防止黑恶势力向基层政治组织渗透。

二是突出重点，强化震慑效应。要强化检察、公安、纪检监察委的协作配合，多角度掌握涉及“村霸”和宗族恶势力的社情动向，将处置“村霸”等黑恶势力与基层反腐相结合，加大对破坏农村基层选举行为的惩治力度。公安

局、司法局[1]要做好日常监管，做好信息联动，构建风险防控体系，改善执法环境。纪检监察委应做好基层干部和村“两委”干部的职务犯罪预防警示教育工作，防控“村霸”和宗族恶势力操纵选举的苗头和现象，对有违法犯罪苗头的党员干部及时教育处分。

三是加强农村重点领域巡查，关注“重点人员”。要加强对农村重点自然资源、重点项目工地、重点农业生产基地等领域的现场巡查，切实加大对农村河砂、林地、矿产等自然资源的保护力度，防止“村霸”等黑恶势力垄断农村资源。关注涉案的农村闲散人员、无业青年等“治安重点人群”，重视举报线索，加强对“村霸”线索的摸排，顺藤摸瓜，纵横时间广度和行为宽度内，多方核实，及时打击和管控，将“村霸”和农村宗族恶势力违法犯罪行为的影响控制在最小范围内。

（三）强化内控管理

一是强化村级权力制衡。村级权力组织内控松散，容易导致干群冲突，外部治理成本相对提高。为了减少这些弊端，意味着治理结构和内控体系要先行，要重塑村级自治组织合乎权力运作规律的职权配置，厘清村级委会、村民代表大会、村民大会的角色设定，提高对权力固化风险的预判、评估、防控水平，弱化宗族因素的干预与侵犯，推进村级组织的有序发展。同时，把握乡镇基层政权对村级权力运作指导与约束的尺度，做到权力与制衡相匹配，越权者必追究。突出构建民主监督、司法监督、群众监督、媒体舆论监督四位一体的监督模式。完善村委公开、党务公开、财务公开制度，细化农村“一把手”的权力清单，明确激励机制和问责机制，推动完善农村治理。规范农村集体资产管理，切断政治权力与黑恶势力结合的利益链条，达到有效控制目的。

二是发挥村级调解组织的作用。基于刑法的谦抑性原则，很多轻伤害及软暴力伤害阻却了违法犯罪的认定，很多侵犯群众生活安宁的行为无法得到刑法上的规制，受害人容易采取自力救济措施，出现了以暴制暴的恶性局面。正如陈兴良教授所言：“我们在确定某一危害行为是否应当规定为犯罪并予以刑罚处罚时，一方面应当确认该行为具有相当程度的社会危害性，另一方面又应当确认，作为该行为的法律反应，刑罚具有无可避免性。”[2] 对于群众生活安宁权，因为农村治安力量不足及司法手段受限等原因存在法律保护不力的现实困境。因此必须加强村民集体组织的力量，发挥村级调解组织的作用，发生纠纷

① 此处公安局和司法局主要需要做好对监外执行人员、社区矫正人员等的日常监管。

② 陈兴良：《刑法哲学》，中共政法大学出版社 2004 年版，第 8 页。

后重视安全隐患的双侧性质和风险发展平衡关系，加强隐患的事前整合管理，软化、化解矛盾，防止量化向质化的转变，防止纠纷恶化为刑事案件。

（四）推动群众参与

一是加强对“村霸”线索举报人的保护。农村群众对“村霸”等黑恶势力的危害往往有最为直接的体会，各种“隐形胁迫”“软暴力”立案难，取证难，维权难，但是由于信息不对称，不了解基层的权力运行体系，不信任乡镇干部和司法人员，遭遇侵权后往往忍气吞声，打击“村霸”等黑恶势力参与度极为有限。当下群众参与的不彻底，导致了打击效果不明显的问题。在可预期的未来，要加强对村霸线索举报人的保护，保障举报人个人信息安全和证人人身安全，真正发挥群众在提供违法犯罪线索、遏制村级腐败等方面的重要作用。

二是利用“两微一端”加强农村普法宣传。公布执法部门举报热线，健全群众举报机制和渠道。要遵循群众参与监督的基本规律，鼓励群众依法行使自治权和监督权，及时发现和举报“村霸”现象和行为。及时曝光惩处“村霸”的典型案件，以案释法，向群众展示中央惩治“村霸”等黑恶势力的决心和成效，改变信访不信法的现状，帮助群众树立信心，促进其自觉运用法律武器来维护自身权益，进而主动参与打击“村霸”工作，实现办案效果与社会效果的统一。

# 扫黑除恶专项行动中辩护律师“依法”维权的实体与程序边界*

雷　堂**

在现代刑事诉讼中，控诉、辩护、裁判三方共同参与其中是最基本要求，而诉讼各方特别是辩护方依法享有法定的诉讼权利，是实现诉讼目的的基本保证。因此，不断提升辩护方的诉讼地位，并使之形成与控诉方的实质性对抗，是各国刑事诉讼立法与司法实践努力的方向，在此基础上形成了以辩护权为核心的辩护制度。该项制度是被追诉人有权获得辩护原则在刑事诉讼中的体现，也是现代国家法律制度的重要组成部分。在我国，它还是中共中央在《关于全面推进依法治国若干重大问题的决定》中提出的“推进以审判为中心的诉讼制度改革”不可分割的内容之一，是该项改革目标得以达成的重要保证。据此，我们认为，不论什么性质的刑事案件，也不论是什么身份的犯罪主体，在行为人受到刑事追究时，理应依法享有尚未被限制或者被剥夺的合法权益。这也是我国当下奉行的惩罚犯罪与保障人权相结合、实体公正与程序公正并重等诉讼理念的要求和体现。

也就是说，“依法”保障被追诉人的合法权益，在扫黑除恶专项行动中当然也不例外。相关的司法解释与权威文件，也充分说明了这一点。2018 年 1 月，中共中央、国务院联合发布的《关于开展扫黑除恶专项斗争的通知》（以下简称《通知》）中，就先后 13 次提及“依法”这一关键词。“依法”一词的频频亮相，为此次扫黑除恶专项行动定下了法治基调。此后，为贯彻落实《通知》精神，“统一执法思想，提高执法效能，依法、准确、有力惩处黑恶势力犯罪，严厉打击‘村霸’、宗族恶势力、‘保护伞’以及‘软暴力’等犯罪”，最高人民法院、最高人民检察院、公安部、司法部联合颁发的《关于办

* 本文系河北师范大学重点科研基金项目《法治视野下我国辩护制度再完善研究》（S2014Z04）的研究成果。

** 雷堂，河北师范大学法政与公共管理学院教授，硕士生导师。

理黑恶势力犯罪案件若干问题的指导意见》（以下简称《指导意见》）也强调，要“正确运用法律规定加大对黑恶势力违法犯罪以及‘保护伞’惩处力度……坚持依法办案、坚持法定标准、坚持以审判为中心，加强法律监督，强化程序意识和证据意识”。2018 年 2 月，该四部门又在联合发布的《关于依法严厉打击黑恶势力违法犯罪的通告》（以下简称《通告》）中再次指出，全国政法战线要以“零容忍”态度，坚决“依法”从严惩治。可见，“依法”是“严厉”惩处黑恶势力违法犯罪的前提。历史经验也表明，越是重大的专项行动和集中整治，就越要依法进行。否则，就可能会顾此失彼，危及到我国宪法和法律的权威，进而践踏社会主义法治。

对此，有学者也明确指出：“扫黑除恶必须在法律框架下进行，执法机关一定要明确政策法律界限，统一执法思想，在机制上坚持司法机关依法独立办案。既要坚持严厉打击各类黑恶势力，又要守住依法办案的底线，既要坚守执行处罚的标准和法律程序，又要依法保障当事人的正当权利。刑事辩护更应该尊重法律权威，维护法律尊严。”①

如何“依法”办案，是值得进行深入探讨的课题。有鉴于此，本文拟从实体和刑事两个维度，就扫黑除恶专项行动中，辩护律师应如何“依法”维权的相关问题，进行粗浅阐发，以期抛砖引玉。

## 一、“依法”维护涉黑涉恶案件被追诉人的合法权益

当今社会，“有权获得辩护原则不仅在西方获得普遍认可，在我国法律体系中亦得到确认”。② 在我国，犯罪嫌疑人、被告人的辩护权，“是宪法和法律赋予犯罪嫌疑人、被告人的一项重要的诉讼权利，它在犯罪嫌疑人、被告人各项诉讼权利中，居于核心地位”；③ 同时，也是刑事诉讼法规定的基本原则。

毋庸置疑，这一权利和基本原则在刑事诉讼中具有普适性，对于涉黑涉恶案件也不例外。正是基于此，《通知》《指导意见》《通告》等相关司法解释和法律文件多次强调，“既坚持严厉打击各类黑恶势力违法犯罪，又坚持严格依法办案，确保办案质量和办案效率的统一，确保政治效果、法律效果和社会效果的统一”。然而，“这些实现，从诉讼规律及诉讼职能分工看，离不开律

① 王比学：《专家、律师提醒：扫黑除恶办铁案，依法辩护不可缺》，载人民网，http://legal.people.com.cn/n1/2018/0131/c42510－29798636.html，最后访问时期：2018 年 8 月 19 日访问。

② 易延友：《刑事诉讼法精义》，北京大学出版社 2013 年版，第 31 页。

③ 卞建林：《刑事诉讼法学》，中国政法大学出版社 2012 年版，第 129 页。

师辩护职能的发挥。律师辩护职能发挥得越好，发挥得越充分，就越能帮助公安司法机关正确认定案件事实，准确适用法律”。[①] 我们认为，辩护律师“依法”维护涉黑涉恶案件被追诉人的合法权益，主要从刑事实体法、刑事程序法两个维度展开。

### （一）实体辩护：恪守罪刑法定原则

从理论上讲，以宪法为根据制定的刑法，作为掌握公民生杀予夺之权的基本法，不仅是“善良公民的大宪章”，还是“犯罪人的大宪章”，[②] 保障被追诉人的自由和权利，是罪刑法定原则的价值所在。因为，“刑罚如双刃之剑，用之不得其当，则国家与个人两受其害”。[③] 事实证明，国家在动用刑罚权来维护权利之时，倘若不慎重就有可能导致刑罚权的滥用，不仅不会实现其良好的初衷，反而会伤及个人权利。为了限制国家凭借其在地位上、力量上的优势而随意扩大自身权力、侵犯公民个人权利的可能性，就应该交给个人尤其是被追诉人一把有力的武器，即罪刑法定——通过“法定之罪”与“法定之刑”，来限制国家刑罚权的恣意发动，以保护个人权利。

正是由于罪刑法定原则在发对封建司法擅断、维护个人自由和权利方面的特殊价值，才在刑法发展史上树立了一块丰碑。而今，正是由于各国都坚持这一原则，才使保障被追诉人人权的主张得到国际社会的普遍认同，并在刑事立法、司法中真正付诸实践。

据此，辩护律师在参与涉黑涉恶案件的诉讼时，对于何为黑社会性质组织犯罪，首先应该查明依据现有事实和证据，犯罪嫌疑人、被告人所实施的行为是否符合我国现行《刑法》第 294 条规定的“黑社会性质组织”的基本构成要件，特别应注意是否同时具备该条第 5 款规定的“组织性”“经济性”“行为性”和“危害性”等四个特征。这四个特征，要同时具备，缺一不可；但不要求全部突出。因此，在刑事诉讼中，这四个特征中的任何一个，辩护律师均需认真仔细地核实，逐字逐句地比对推敲。否则，哪怕缺少或者误判一个特征，也可能对被追诉人的合法权益和辩护工作造成致命打击。同时，还应参酌《通知》《指导意见》《通告》等司法解释的相关规定及其制定的精神，科学理解黑社会性质组织的组织者、领导者、参加者及其行为的认定；准确把握黑社

① 袁志：《“扫黑除恶”，律师要敢辩、能辩和善辩》，载重庆律师网，http://www.cqlsw.net/business/theory/2018030523427.html，2018 年 8 月 19 日访问。

② ［日］木村龟二：《刑法学词典》，顾肖荣等译，上海翻译出版社 1991 年版，第 10 页。

③ 林山田：《刑罚学》，台湾商务印书馆 1985 年版，第 127 页。

会性质组织的存续时间、成员人数、组织纪律、违法所得与合法财产以及“软暴力”与“硬暴力”的关系等的认定。只有这样，才能依据罪责刑相适应原则与宽严相济刑事政策，依法针对黑社会性质组织的不同成员，分清主从，区别对待；该依法从严惩处的从严，该依法从宽处理的则从宽，避免扩大打击范围。

与黑社会性质组织罪不同，刑法中对于涉恶案件并没有一个概括的罪名。对于何谓“恶势力”与“恶势力犯罪集团”，目前尚无专门的法律依据。一般而言，恶势力团伙是介于黑社会性质组织和普通犯罪团伙之间的一种组织，其层次性不强，影响范围较小，无法对当地的经济、生活秩序形成非法控制。涉恶成员涉嫌具体犯罪的，辩护律师可以依据《刑法》第25～29条关于共同犯罪以及《指导意见》第14～16条①规定的认定标准来从严把握，并根据相应罪名的构成要件认真准备辩护。

至于“保护伞”之称谓，实乃是一种文学性语言。从其主体来看，广义上应包括所有国家工作人员，但我国《刑法》第294条第3款规定的主体限定为国家机关工作人员，即是在狭义上使用的。从行为方式来看，包括包庇、纵容黑社会性质组织两种行为。依据《指导意见》第22条规定，“《刑法》第294条第3款中规定的‘包庇’行为，不要求相关国家机关工作人员利用取务便利。利用职务便利包庇黑社会性质组织的，酌情从重处罚。包庇、纵容，事先有通谋的，以具体犯罪的共犯论处”。

我们认为，辩护律师在为涉黑涉恶案件辩护时，在定罪方面，应准确把握相关罪名的构成要件，严格界分罪与非罪、此罪与彼罪的界限；在量刑方面，则注重从犯、自首、立功、取得被害人谅解等从宽情节的综合运用，以确保涉黑涉恶案件的被追诉人能得到公正的处罚。

这就要求，辩护律师不仅要熟谙我国刑法的相关规定，还应深刻领会扫黑除恶《指导意见》等司法解释以及文件的规定和精神，进而认真核实公安、

① 《指导意见》第14条对“恶势力”作了如下规定：“经常纠集在一起，以暴力、威胁或者其他手段，在一定区域或者行业内多次实施违法犯罪活动，为非作恶，欺压百姓，扰乱经济、社会生活秩序，造成较为恶劣的社会影响，但尚未形成黑社会性质组织的违法犯罪组织。恶势力一般为三人以上，纠集者相对固定，违法犯罪活动主要为强迫交易、故意伤害、非法拘禁、敲诈勒索、故意毁坏财物、聚众斗殴、寻衅滋事等，同时还可能伴随实施开设赌场、组织卖淫、强迫卖淫、贩卖毒品、运输毒品、制造毒品、抢劫、抢夺、聚众扰乱社会秩序、聚众扰乱公共场所秩序、交通秩序以及聚众‘打砸抢’等。”第15条则规定：“恶势力犯罪集团是符合犯罪集团法定条件的恶势力犯罪组织，其特征表现为：有三名以上的组织成员，有明显的首要分子，重要成员较为固定，组织成员经常纠集在一起，共同故意实施三次以上恶势力惯常实施的犯罪活动或者其他犯罪活动。”

司法机关在认定被追诉人涉嫌的黑恶势力犯罪活动及其“保护伞”的罪与非罪、此罪与彼罪、罪轻与罪重的过程中，是否符合罪刑法定原则的要求，以及是否存在打击扩大化（如是否将群体性事件视为黑恶势力加以打击）等违法情形。

（二）程序辩护：遵循程序法定原则

我们知道，刑事程序法既是实现刑事实体法的一种手段，又追求着自己的特有价值，并因之独立于实体法。刑事程序法的实施及其独立价值的实现，必须贯彻程序法定原则。“程序法定原则是现代刑事诉讼的基本要求，它包括两层含义：一是立法方面的要求，即刑事诉讼程序应当由法律事先明确规定；二是司法方面的要求，即刑事诉讼活动应当依据国家法律规定的刑事程序来进行。”①

尽管所有案件在刑事诉讼中均须坚守程序法定原则，但对于涉黑涉恶刑事案件而言更具现实价值和政治意义。因为，涉黑涉恶案件极其复杂、敏感，其社会危害性往往较大，社会公众对其深恶痛绝。为了还一方平安，震慑黑恶势力犯罪，完成既定“任务”，在以往“打黑除恶”专项活动中，曾存在“黑打”的现象，造成了极坏的社会影响。特别是这次在全国开展的为期三年的扫黑除恶专项行动直接关系到人民获得感、幸福感、安全感的提升，关系到社会和谐稳定的维系以及党的执政基础的稳固，乃至实现伟大梦想，因而具有非同寻常的政治意义。

汲取以往“打黑除恶”的经验教训，《通知》特别强调，在这次扫黑除恶专项行动中，政法各机关“要主动适应以审判为中心的刑事诉讼制度改革，切实把好案件事实关、证据关、程序关和法律适用关，严禁刑讯逼供，防止冤假错案，确保把每一起案件都办成铁案”。可见，遵循法定程序，是这次扫黑除恶专项行动的基本要求之一，也是实现其实效的重要保证。

那么，如何才能在现有的法定程序要求下达成上述旨趣呢？在《通知》发出后的一次“新形势下涉黑案件的依法辩护”研讨会上，“专家、律师一致认为，在涉黑案件的刑事诉讼过程中，律师依法辩护是确保每一起案件都办成铁案、确保让当事人在每一个案件中都体会到公平正义的重要保障”。②

我们认为，作为辩护律师，在参加刑事诉讼过程中，应重点核查公安、司

① 宋英辉等：《刑事诉讼原理》（第三版），北京大学出版社 2014 年版，第 71 页。

② 王比学：《专家、律师提醒：扫黑除恶办铁案，依法辩护不可缺》，载人民网，http://legal.people.com.cn/n1/2018/0131/c42510-29798636.html，最后访问日期：2018 年 8 月 19 日。

法机关在侦查、审查起诉、审判乃至行刑等各个诉讼环节上是否存在非法行为，特别是是否存在非法证据与是否需要申请排除；同时，还应尽职尽责地依法做好会见、阅卷、调查取证、出庭辩护等工作，依法切实维护犯罪嫌疑人、被告人合法权益。我们赞同这样的主张：就辩护策略而言，“辩护律师要充分运用专业技能维护当事人的合法权利。在坚持以往有效辩护方法的基础上，针对专项行动本身的特点，要更加重视程序辩护的基础性价值，从管辖、逮捕条件、会见、阅卷等方面，充分利用法律给辩护人的权利，做好辩护工作。特别是要充分利用‘宽严相济刑事政策’区分不同案件、不同地位和作用，提出对犯罪嫌疑人、被告人从宽处理的意见”。①

为此，辩护律师也需要加强自身专业素质和业务能力，使之“能够支撑辩护职能的充分发挥，实现有效辩护，而不是流于形式、走过场。否则，既有悖当事人的重托，损害到当事人的利益，也难以通过辩护职能的充分发挥，防范冤假错案，维护法律的正确统一实施”；同时，“要认真学习程序法知识，提高证据审查判断、事实认定、程序辩护的能力，主动适应以‘审判为中心’的诉讼制度改革。做到在辩护过程中，能有效发问、有效质证、有效排除非法证据、有效辩论，以有力的辩护，充分维护当事人合法权益和保证程序公正合法”。②

综上所述，我们认为，依据扫黑除恶专项行动相关司法解释和文件的规定，这次扫黑除恶特别强调要在实体法和程序法上依法进行。辩护律师，既可以依法进行实体辩护，也可以依法从非法证据排除等诸方面进行程序辩护；既要通过自己的辩护活动使涉黑涉恶案件达到刑事诉讼法所要求的证据确实、充分的证明标准，又要确保被追诉人的合法权益得到切实有效的保障。

## 二、“依法”维护辩护律师自己的合法权益

辩护律师作为依法取得律师执业证书，接受委托或者指派，为犯罪嫌疑人、被告人提供法律服务的执业人员，在刑事诉讼中扮演着双重角色：一方面，律师一经接受委托或者指派，担任犯罪嫌疑人、被告人的刑事辩护人，就应当依法维护其合法权益，维护法律正确实施，维护社会公平和正义；另一方面，作为诉讼参与人，在刑事诉讼中，辩护律师还“具有独立的诉讼地位，

---

① 王比学：《专家、律师提醒：扫黑除恶办铁案，依法辩护不可缺》，载人民网，http：//legal. people. com. cn/n1/2018/0131/c42510 - 29798636. html，2018 年 8 月 19 日访问。

② 袁志：《“扫黑除恶”，律师要敢辩、能辩和善辩》，重庆律师网，http：//www. cqlsw. net/business/theory/2018030523427. html，2018 年 8 月 19 日访问。

而不纯粹是犯罪嫌疑人、被告人利益的代理人，其辩护行为不受当事人意志的约束”①。

据此，在涉黑涉恶案件的刑事诉讼中，辩护律师在办案期间，既要依法维护被追诉人的合法权益，也要维护自己的合法权益。在一定意义上，可以说，辩护律师的合法权益得以有效维护，是维护被追诉人合法权益的必要前提。

### （一）“依法”维护自己的实体权益

辩护律师享有人身自由和基本权利，是其实现依法辩护的基本要求，也是其必备的条件。正是基于此，我国《刑事诉讼法》第32条第2款规定，“正在被执行刑罚或者依法被剥夺、限制人身自由的人，不得担任辩护人”。《律师法》第37条第1款、第2款也规定，“律师在执业活动中的人身权利不受侵犯”，“律师在法庭上发表的代理、辩护意见不受法律追究（但是，发表危害国家安全、恶意诽谤他人、严重扰乱法庭秩序的言论除外）”。第九届全国律协常务理事会第八次会议于2017年8月27日审议通过的《律师办理刑事案件规范》（以下简称《律师规范》）第3条也重申了这一内容。不仅如此，最高人民法院、最高人民检察院、公安部、国家安全部、司法部《关于依法保障律师执业权利的规定》（以下简称《两高三部规定》）还强调指出，公检法三机关、国家安全机关、司法行政机关“应当尊重律师，健全律师执业权利保障制度，依照刑事诉讼法及律师法的规定，在各自职责范围内依法保障律师的各项执业权利，不得阻碍律师依法履行辩护、代理职责，不得侵害律师合法权利。上述机关和律师协会，还应当建立健全律师执业权利救济机制；律师因依法执业受到侮辱、诽谤、威胁、报复、人身伤害的，有关机关应当及时制止并依法处理，必要时对律师采取保护措施”。

总之，我国宪法关于公民基本权利的规定，《律师法》《刑事诉讼法》等相关法律的规定以及《两高三部规定》等相关司法解释的规定，是辩护律师依法维护自己合法权益的主要法律依据。

退一步讲，即使律师在担任涉黑涉恶案件被追诉人的刑事辩护人时，触犯了《刑法》第306条第1款规定的辩护人、诉讼代理人毁灭证据伪造证据、妨害作证罪，也应严格按照该条款所规定的犯罪构成要件，由公安司法机关依法追究其刑事责任和处以刑罚，而不应依职权恣意行使自由裁量权。而该条第2款关于“辩护人、诉讼代理人在刑事诉讼中，由于失误而提供、出示、引用了虚假证明，但不属于伪造证据”的规定，则主要是为了划清罪与非罪的界

① 陈卫东：《刑事诉讼法学》，高等教育出版社2017年版，第75页。

限，保护辩护人、诉讼代理人的合法权利，使其依法履行职责，从而保证刑事诉讼的正常进行。换言之，本款规定的情形，因为法律明确规定不属于伪造证据行为，也就不构成本条所规定之罪。不可否认，本罪的设立，从规范辩护人、诉讼代理人在刑事诉讼中的活动角度讲，实属必要；但辩护律师在担任辩护人、诉讼代理人过程中，涉嫌《刑法》第 306 条之罪被起诉、审判并引起广泛争议的案件时有发生，也折射出我国现有法律制度存在的缺陷和不足。

我们认为，在此次扫黑除恶专项行动中，为了避免陷入“出师未捷身先死”的尴尬境地，辩护律师不仅要有勇气敢于为此类案件被追诉人进行有效辩护，还更应加强自身业务素质、业务能力的提升。如前文所述，作为辩护律师，不仅应认真学习现有相关法律规定以及此次专项行动的相关司法解释，而且还应认真领会此次专项行动的有关政策的精神和新的指导意见，做好知识储备。与此同时，还要提高办案的风险识别和判断能力。因为，目前，涉黑涉恶犯罪的组织形式及其活动方式等方面均已呈现出新情况、新特点、新变化，如从过去的显性存在到隐性发展、从使用硬暴力变为更具隐蔽性的软暴力。这些现象的存在，就需要辩护律师在办理此类案件过程中应不断提高自己的风险识别和判断能力，避免受到涉黑涉恶被追诉人与其他组织成员及其家人的误导和欺骗，“从而触及法律的底线，无意之中沦为黑恶犯罪者的帮凶”。①

从依法维护现辩护律师合法权益角度出发，作为法律共同体之一员，辩护律师还应与公安、司法人员一道依法构建平等相待、相互尊重、相互支持、相互监督、正当交往、良性互动的新型关系。恰如斯言：“律师对法官的尊重程度，体现了一个国家的法治发达程度；法官对律师的尊重程度，体现了一个国家的司法公正程度。要积极构建司法人员和律师的新型关系，共同促进社会主义法治文明进步。”②

### （二）“依法”维护自己的诉讼权利

我国现行《刑事诉讼法》《律师法》以及《两高三部规定》《律师规范》等相关司法解释和文件，都不同程度地规定了辩护律师在刑事诉讼中依法享有会见权、阅卷权、调查取证权、申请收集调取证据权、申请排除非法证据权、提出建议权、在庭审时的发问权、质证权、辩论权、责任豁免权（律师“法庭言论”不受法律追究）以及知情权、代理申诉权等一系列诉讼权利；同时，

---

① 袁志：《“扫黑除恶”，律师要敢辩、能辩和善辩》，载重庆律师网，http：//www. cqlsw. net/business/theory/2018030523427. html，2018 年 8 月 19 日访问。

② 孟建柱：《法官对律师的尊重程度体现一个国家司法公正程度》，载法制网，http：//www. dffyw. com/fazhixinwen/sifa/201508/39019. html，2018 年 8 月 19 日访问。

还规定其辩护的权利依法受到保障。此外，针对刑事辩护中的律师会见难、阅卷难、调查取证难等“老三难”问题，以及律师发问难、质证难、辩论难等“新三难”问题，中央政法机关还建章立制，积极回应，充分保障律师执业权利。《指导意见》第32条也明确要求，“办案机关应当依法保障律师各项诉讼权利，为律师履行辩护代理职责提供便利，防止因妨碍辩护律师依法履行职责，对案件办理带来影响。对黑恶势力犯罪案件开庭审理时，人民法院应当通知对辩护律师所属事务所具有监督管理权限的司法行政机关派员旁听”。

不仅如此，辩护律师在进行刑事诉讼活动中涉嫌犯罪的，也规定了处理的法定程序。例如，《刑事诉讼法》第42条第2款还规定，当辩护律师涉嫌《刑法》第306条规定之罪时，应当由办理辩护人所承办案件的侦查机关以外的侦查机关办理，并应当及时通知其所在的律师事务所或者所属的律师协会。《律师法》第37条第3款规定，律师在参与诉讼活动中涉嫌犯罪的，侦查机关应当及时通知其所在的律师事务所或者所属的律师协会；被依法拘留、逮捕的，侦查机关应当依照刑事诉讼法的规定通知该律师的家属。

总之，上述法律以及相关司法解释的规定，为辩护律师“依法”维护自己的诉讼权利提供了可依之“法”。

## 三、“依法”约束辩护律师自己的行为

诚然，不管是维护涉黑涉恶案件被追诉人的合法权益，还是维护辩护律师自己的合法权益，均须在“依法”的前提下、在法治的框架下进行，否则就背离了“权利”本身的存在价值，也违背了罪刑法定、程序法定的基本理念和原则。

就当下办理涉黑涉恶案件而言，因为此类案件的特殊性，辩护律师更应严格“依法”、合规地维护被追诉人的实体权利和诉讼权利，依法履行法定的刑事诉讼义务；同时，还应增强自己的红线、底线意识；依法保守案件涉及的秘密，既不应在媒体上大肆炒作案情，更不要迎合被追诉人及其亲属的不合理要求去妨害作证、违法取证。

在自己的合法权益受到侵犯时，辩护律师也应理性维权，依法救济，即通过正当、合法的途径提出申诉和控告，而不能采用过激行为，更不应通过诉诸媒体和制造舆论的方式维权。

# 黑社会性质组织犯罪的治理对策

王良顺　夏　娜*

黑社会性质组织犯罪是一种危害性极大的有组织犯罪，严重侵害社会公共安全和公民人身安全。2018 年 1 月，中共中央、国务院发出了《关于开展扫黑除恶专项斗争的通知》，决定在全国开展扫黑除恶专项斗争，严厉打击各类黑恶势力违法犯罪，最大限度挤压黑恶势力滋生空间，以保障人民安居乐业、社会安定有序、国家长治久安。① 基于实证研究的视角，本文以中国裁判文书网判决书为依据，对 2017 年 7 月至 2018 年 6 月一年间已判的涉黑社会性质组织犯罪的 81 份判决书进行分析，总结黑社会性质组织犯罪的规律及特点，并依据黑社会性质组织犯罪的理论依据，提出黑社会性质组织犯罪的治理对策，以期对我国黑社会性质组织犯罪的预防和控制有所裨益。

## 一、黑社会性质组织犯罪的状况

### （一）黑社会性质组织犯罪的地域分布

本文收集了 2017 年 7 月至 2018 年 6 月涉黑社会性质组织犯罪的 81 份判决书，涉案达 1400 人。从黑社会性质组织犯罪的地域分布来看，广东和河南两省发生的案件数量最多，分别为 36 件和 14 件，分别占全部案件数量的 44.45% 和 17.28%，其涉案人数分别为 690 人和 158 人。其他省份详见表 1。

---

* 王良顺，中南财经政法大学刑事司法学院教授，博士生导师。夏娜，中南财经政法大学刑事司法学院博士研究生。

① 《中共中央、国务院发出〈关于开展扫黑除恶专项斗争的通知〉》，载新华网，http://www.xinhuanet.com/legal/2018-01/24/c_1122309773.htm，2018 年 7 月 16 日。

表1 黑社会性质组织犯罪地域分布统计

| 省份 | 案件数量 | 占比 | 涉案人数 |
|---|---|---|---|
| 天津市 | 1 | 1.23% | 18 |
| 河北省 | 2 | 2.47% | 20 |
| 内蒙古自治区 | 1 | 1.23% | 14 |
| 吉林省 | 1 | 1.23% | 10 |
| 黑龙江省 | 1 | 1.23% | 30 |
| 江苏省 | 4 | 4.95% | 70 |
| 浙江省 | 1 | 1.23% | 19 |
| 安徽省 | 4 | 4.95% | 59 |
| 福建省 | 1 | 1.23% | 11 |
| 江西省 | 2 | 2.47% | 49 |
| 山东省 | 1 | 1.23% | 27 |
| 河南省 | 14 | 17.28% | 158 |
| 湖北省 | 4 | 4.95% | 73 |
| 湖南省 | 6 | 7.41% | 125 |
| 广西壮族自治区 | 1 | 1.23% | 11 |
| 广东省 | 36 | 44.45% | 690 |
| 四川省 | 1 | 1.23% | 16 |
| 总计 | 81 | 100% | 1400 |

### （二）黑社会性质组织犯罪的犯罪结构

1. 犯罪行为结构。在81份判决书中，黑社会性质组织犯罪的涉案罪名包括非法持有枪支罪、强迫交易罪、非法拘禁罪、故意伤害罪、故意杀人罪、绑架罪、非法侵入住宅罪、敲诈勒索罪、故意毁坏财物罪、盗窃罪、抢劫罪、妨害公务罪、聚众斗殴罪、寻衅滋事罪、聚众扰乱社会秩序罪、聚众冲击国家机关罪、开设赌场罪、赌博罪、容留他人吸毒罪、贩卖毒品罪等20项。其中，以寻衅滋事罪、故意伤害罪、开设赌场罪、聚众斗殴罪、敲诈勒索罪涉案的数量最多，分别为38件、22件、19件、16件以及12件，占全部案件的46.91%、27.16%、23.46%、19.75%和14.81%。其他详见表2。

以刑法分则规定的类罪名为划分标准，对上述具体罪名进行归类：（1）危害公共安全罪，包括非法持有枪支罪等，涉案数1件；（2）破坏社会主义市场经济秩序罪，包括强迫交易罪等，涉案数6件；（3）侵犯公民人身权利、民主权利罪，包括故意伤害罪、非法拘禁罪、绑架罪、非法侵入住宅罪等，涉案数34件；（4）侵犯财产罪，包括抢劫罪、盗窃罪、故意毁坏财物罪、敲诈勒索罪等，涉案数22件；（5）妨害社会管理秩序罪，包括妨害公务罪、聚众斗殴罪、寻衅滋事罪、聚众扰乱社会秩序罪、赌博罪、开设赌场罪、容留他人吸毒罪、贩卖毒品罪等，涉案数 82 件。可以发现，黑社会性质组织犯罪涉及最多一类罪是妨害社会管理秩序罪。

**表 2　黑社会性质组织犯罪所涉罪名统计**

| 所涉罪名 | 案件数 | 占比 |
| --- | --- | --- |
| 非法持有枪支罪 | 1 | 1.23% |
| 强迫交易罪 | 6 | 7.41% |
| 非法拘禁罪 | 9 | 11.11% |
| 故意伤害罪 | 22 | 27.16% |
| 故意杀人罪 | 1 | 1.23% |
| 绑架罪 | 1 | 1.23% |
| 非法侵入住宅罪 | 1 | 1.23% |
| 敲诈勒索罪 | 12 | 14.81% |
| 故意毁坏财物罪 | 6 | 7.41% |
| 盗窃罪 | 2 | 2.47% |
| 抢劫罪 | 2 | 2.47% |
| 妨害公务罪 | 1 | 1.23% |
| 聚众斗殴罪 | 16 | 19.75% |
| 寻衅滋事罪 | 38 | 46.91% |
| 聚众扰乱社会秩序罪 | 2 | 2.47% |
| 聚众冲击国家机关罪 | 1 | 1.23% |
| 开设赌场罪 | 19 | 23.46% |
| 赌博罪 | 2 | 2.47% |
| 容留他人吸毒罪 | 2 | 2.47% |
| 贩卖毒品罪 | 1 | 1.23% |

2. 犯罪手段结构。在实施黑社会性质组织犯罪的过程中，犯罪人使用枪支弹药、爆炸物、各种刀具等危险性较高的犯罪工具。在 81 起黑社会性质组织犯罪中，使用枪支弹药的有 23 起，使用爆炸物的有 0 起，使用各种刀具的有 49 起。（详见图 1）至于“其他手段”指的是在实施犯罪过程中，使用镐把、石块、灭火器、钢管、鱼叉等其他犯罪工具。值得注意的是，除上述硬暴力外，还有大量以“软暴力”手段实施的。

3. 犯罪对象结构。黑社会性质组织犯罪的犯罪对象分为四类：特定个人、不特定个人、单位、公务人员或机构。以特定个人为犯罪对象的有 255 个，占全部的80.68%；以不特定个人为犯罪对象的有25个，占全部的7.92%；以单位为犯罪对象的有30个，占全部的9.49%；以公务人员或机构为犯罪对象的有6个，占全部的1.91%。（详见图2）

4. 犯罪空间结构。大约74.07%的黑社会性质组织在县区级及其以下的行政范围内实施犯罪活动；2.47%的黑社会性质组织在省级范围内活动；本文所考察的黑社会性质组织没有出现跨省活动的情况。（详见图3）

5. 犯罪行业结构。黑社会性质组织犯罪的犯罪行业领域分为：涉工程领域（建筑工程等）、涉高利放贷领域、涉黄赌毒领域、涉自然资源领域（指采砂、煤矿等）、涉垄断市场（指水产批发市场、啤酒市场等各类市场）和其他领域。经考察发现，涉黄赌毒领域是以"赌"为主，且涉"赌"是黑社会性质组织实施犯罪所涉的重要领域之一，而涉赌几乎都伴随着涉高利贷，因此，涉黄赌毒领域与涉高利贷领域几乎持平。（详见图4）

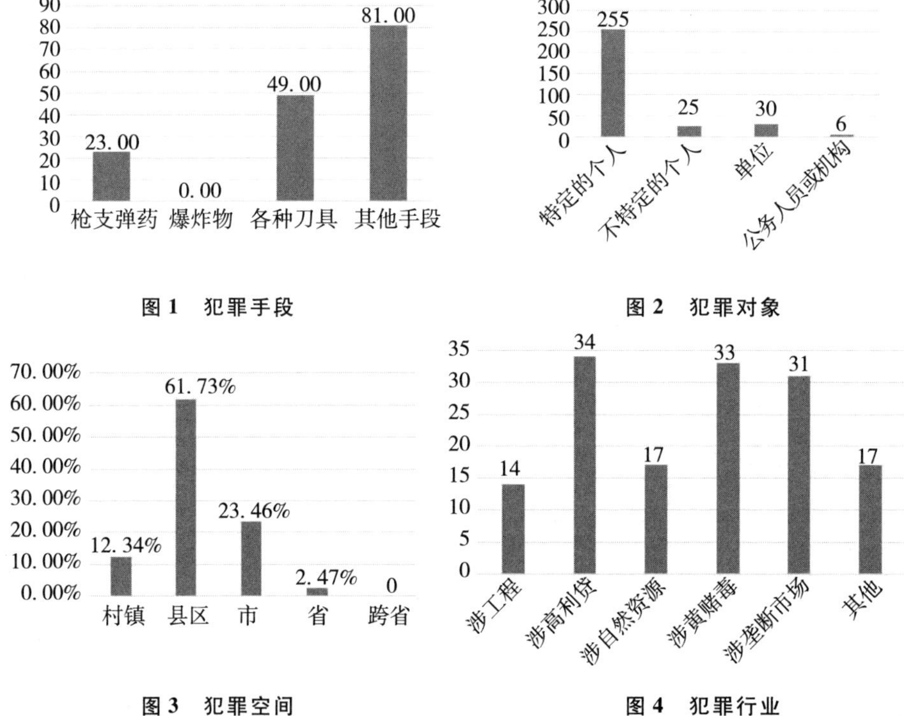


**图1 犯罪手段**

**图2 犯罪对象**

**图3 犯罪空间**

**图4 犯罪行业**

### （三）黑社会性质组织犯罪的犯罪人结构

1. 年龄结构。从犯罪人的年龄结构进行研究，本文将黑社会性质组织犯罪的犯罪人划分为6个年龄组。黑社会性质组织犯罪的犯罪人的年龄明显集中分布于28～38岁，占全部人数的52.8%。其他犯罪人的年龄分布详见表3。

表 3　犯罪人的年龄构成统计

| 人数<br>年岁 | 60 岁以上 | 48～60 岁 | 38～48 岁 | 28～38 岁 | 18～28 岁 | 18 岁以下 | 总计 |
|---|---|---|---|---|---|---|---|
| 人数 | 2 | 8 | 29 | 66 | 20 | 0 | 125 |
| 占比 | 1.6% | 6.4% | 23.2% | 52.8% | 16% | 0 | 100% |

2. 职业结构。黑社会性质组织犯罪的犯罪人的职业大致可分为五大类：一是个体经营；二是职工；三是务工；四是农民；五是无业。从表 4 中的统计结果可以看出，黑社会性质组织犯罪的犯罪人超过 60% 是无业，接近 30% 是农民，两者共计超过犯罪人总人数的 90% 。

表 4　犯罪人的职业构成统计

| 人数/职业 | 个体经营 | 职工 | 务工 | 农民 | 无业 | 总计 |
|---|---|---|---|---|---|---|
| 人数 | 3 | 2 | 6 | 33 | 69 | 113 |
| 占比 | 2.66% | 1.77% | 5.31% | 29.2% | 61.06% | 100% |

3. 文化程度结构。黑社会性质组织犯罪的犯罪人的文化程度分为五个层次：文盲/半文盲、小学、初中、高中中专技校、大专本科以上。在 81 份判决书中，涉及了犯罪人的文化程度的共计 129 人。从表 5 的统计结果可以发现，超过 62% 的黑社会性质组织犯罪的犯罪人的文化程度处于初中水平，约 26% 的黑社会性质组织犯罪的犯罪人的文化程度处于小学水平。总体而言，初中及小学水平的约占全部人数的 88%，高中中专水平不足 9%，大专本科以上水平没有。

表 5　犯罪人的文化程度统计

| 人数/文化程度 | 文盲/半文盲 | 小学 | 初中 | 高中中专 | 大专以上 | 总计 |
|---|---|---|---|---|---|---|
| 人数 | 5 | 33 | 80 | 11 | 0 | 129 |
| 占比 | 3.88% | 25.58% | 62.01% | 8.53% | 0 | 100% |

4. 性别结构。本文对 81 份判决书中犯罪人的性别进行分析，发现犯罪人的性别差距是非常明显的，男性犯罪人明显多于女性。在 134 名犯罪人中，除 3 名犯罪人性别不详以外，男性犯罪人有 129 名，占全部人数的 96.27%；女性犯罪人仅有 2 名，占全部人数的 1.49%。（详见表 6）

表 6 犯罪人的性别统计

| 人数/性别 | 男 | 女 | 不详 | 总计 |
|---|---|---|---|---|
| 人数 | 129 | 2 | 3 | 134 |
| 占比 | 96.27% | 1.49% | 2.24% | 100% |

5. 户籍结构。从省份的角度考察，黑社会性质组织犯罪的大部分犯罪人是本地人，仅广东省、浙江省两地的黑社会性质组织犯罪中的外地人超过了本地人，其中广东省的黑社会性质组织犯罪的当地人是 18 人，外地人是 33 人；浙江省的黑社会性质组织犯罪的当地人是 4 人，外地人是 16 人。(详见图 5)

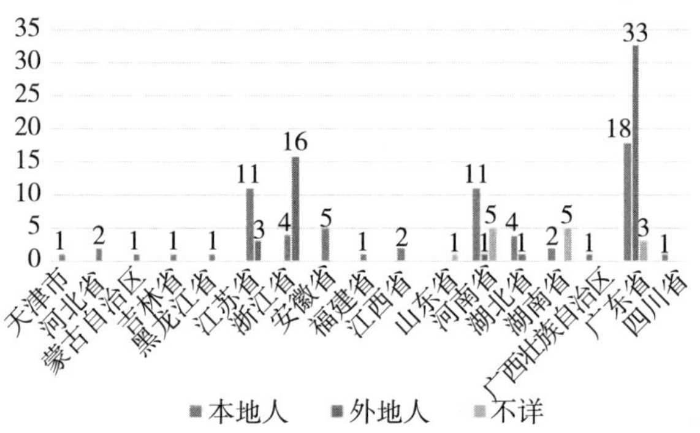


图 5 犯罪人的户籍统计

6. 初犯再犯结构。在本文所考察的 81 份判决书中，不具有任何违法犯罪记录也即初犯占大部分，其有 87 人，占全部比例的 64.93%；而再犯有 47 人，占全部比例的 35.07%；初犯人数几乎是再犯人数的两倍。由此可见，实施黑社会性质组织犯罪的行为人并不是人们观念印象中的“劣迹斑斑”。(详见图 6)

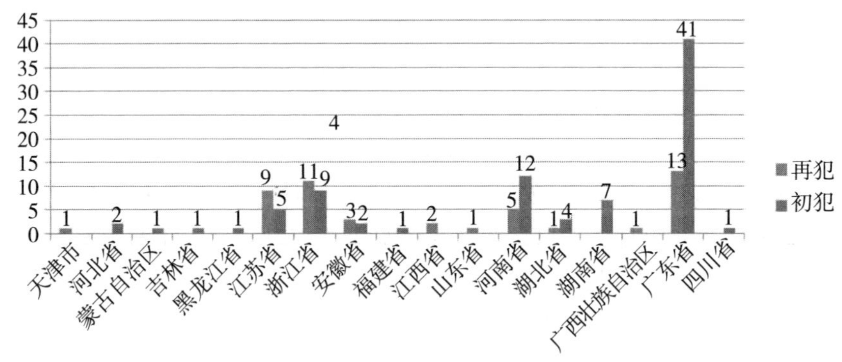


图 6 犯罪人的初犯再犯统计

## 二、黑社会性质组织犯罪的规律及特点

犯罪规律是指犯罪状况的变化、犯罪行为的实施和犯罪主体的条件等诸多关系的内在的、本质的联系，是犯罪现象的内在、本质关系的体现，是犯罪现象必然性的反映。① 认识和把握黑社会性质组织犯罪的规律及特点，有助于构建科学合理的黑社会性质组织犯罪治理对策。本文通过对 81 份涉黑社会性质组织犯罪的判决书的实证研究，了解近一年来我国黑社会性质组织犯罪的状况。总体而言，本文认为，其主要体现为以下几个方面的规律及特点：

1. 少数省份的黑社会性质组织犯罪比较严重。广东省和河南省两地的黑社会性质组织犯罪比较严重，究其原因，本文认为，主要是地理环境和经济因素。广东省在改革开放以后，经济快速发展，其又地处沿海，邻近香港等地区，而香港等地区有浓厚的帮会文化，对广东地区有深刻影响。帮会文化与黑社会性质组织不仅同生共灭，而且形影相随，为利而生的帮会文化恰好促进了黑社会性质组织的形成和发展。② 河南省地处中原，其作为全国人口最多的区域，同时也是农业人口最多的区域，工业基础弱、经济底子薄、人均水平低，随着经济高速发展、社会急剧转型，人口、资源与环境发展现实情况复杂，总体仍处于紧张和失衡状态。③ 这种紧张和失衡是长期存在的，也就给黑社会性质组织的孕育、形成和发展提供了一定的机会空间，促使黑社会性质组织犯罪率上升。

2. 黑社会性质组织犯罪以手段暴力为其普遍特征。根据《刑法修正案(八)》的规定，黑社会性质的组织特征之一是“以暴力、威胁或者其他手段，有组织地多次进行违法犯罪活动，为非作恶，欺压、残害群众”。这一组织特征强调黑社会性质组织犯罪手段的暴力性。有形的或简单的硬暴力是黑社会性质组织犯罪最初发展的基本特征。但随着黑社会性质组织犯罪的发展，黑社会性质组织犯罪开始出现了“以硬暴力方式为基础，软暴力方式不断滋生发展”的现象。所谓“软暴力”，是指暴力、威胁手段之外能够对他人形成心理强制或足以影响、限制人身自由、危及人身财产安全或者影响正常生产、工作、生

---

① 周路：《当代实证犯罪学新编——犯罪规律研究》，人民法院出版社 2004 年版，第 40 页。

② 汪力等：《帮会文化与黑社会（性质）组织关系探析》，载《上海师范大学学报》（哲学社会科学版）2015 年第 5 期。

③ 王玲杰：《中原经济区人口 、资源与环境持续协调发展研究》，载《黄河科技大学学报》2011 年第 3 期。

活的手段，其具体特点是：（1）暴力形式主要为语言暴力、精神或心理强制，形式上具有非暴力性；（2）以有形的硬暴力为后盾；（3）本质在于通过软暴力的形式对被害人形成心理强制，其行为方式表现为以强硬的态度、威胁的言语对他人进行恐吓；长期滋扰他人生产、生活；集体展示黑恶势力的组织力量、标识，暗示自己具有一定的黑恶势力背景等。[①] 在本文所考察的黑社会性质组织犯罪中，存在大量以“软暴力”方式实施违法犯罪。例如河南省王某某、骆某某黑社会性质组织，“积极发展、吸收艾滋病人加入，利用人们对艾滋病的恐惧心理，采取携带针管子、殴打和咬、抓、挠等暴力手段，以患有艾滋病、能传染给他人相威胁”实施各种违法犯罪。

3. 黑社会性质组织犯罪的活动空间主要集中于县区级及其以下的行政区域。县区级及其以下的行政区域是公共权力管理比较薄弱的地方，而公共权力管理的薄弱为黑社会性质组织的形成和发展提供了一定的土壤和空间。从实践来看，黑社会性质组织最初往往生长于社会、市场以及管理的“边缘地带”，如危及社会的“黄赌毒”、新兴的工程建设市场等。[②] 正如本文所考察的黑社会性质组织犯罪容易发生在中涉工程、涉高利放贷、涉黄赌毒等行业领域，尤其是涉赌领域在黑社会性质组织犯罪发展过程中占据着重要的作用和地位，而且涉赌活动也必然伴随着涉高利贷活动。

4. 黑社会性质组织犯罪多与腐败现象相联系。“保护伞”是黑社会性质组织犯罪蔓延、猖獗的重要因素。黑社会性质组织通过贿赂、竞选等方式，将黑恶势力延伸到政府机构，致使政府机关工作人员对其包庇、通风报信等，从而逃脱了法律的制裁，助长了黑恶势力的嚣张气焰。在81份涉黑的判决书中，存在不少黑社会性质组织腐蚀基层干部的现象。例如湖南省杨某某黑社会性质组织“网络国家工作人员和对基层政权进行渗透”。

5. 黑社会性质组织犯罪的犯罪人主要为农民和无业人员，且普遍文化程度较低。随着城市经济的迅速发展，很多农民工进城“淘金”。但在城乡二元结构下，农民工群体的文化程度较低，没有专业技能，进城就业就呈现为临时工和严重失业的特征；基于临时工的地位，农民工的工资待遇极差、从事高危险行业、工作强度高、基本权益保障缺失、经常遭受政府部门的管制与处罚等。长期处于这样的社会环境中，促使一种依附于农民工群体基本生存方式的

---

① 卢建平：《软暴力犯罪的现象、特征与惩治对策》，载《中国刑事法杂志》2018年第3期。

② 项继权、储鑫：《黑社会性质犯罪的政治影响、政治空间与防范》，载《江苏行政学院学报》2016第1期。

农民工犯罪亚文化逐渐生成。① 这种农民工犯罪亚文化成为黑社会性质组织犯罪的酵母。

## 三、黑社会性质组织犯罪的治理对策

2018 年 1 月，中共中央、国务院发出的《关于开展扫黑除恶专项斗争的通知》改正了过去“打黑除恶”的方针，提出了“扫黑除恶”新思路。从“打”到“扫”虽只一字之差，却意义深远。其由点及面，反映了国家对黑社会性质组织犯罪彻底惩治、系统治理的坚决态度。基于此，本文结合上述关于黑社会性质组织犯罪的实证研究规律及特点，分析治理黑社会性质组织犯罪所存在的理论依据，从而提出治理黑社会性质组织犯罪的具体措施。

### （一）治理黑社会性质组织犯罪的基本理论依据

1. 紧张理论（Strain Theory）。紧张理论主要是指默顿的失范理论（Theory of Anomie）。而默顿的失范理论是根据对法国社会学家迪尔凯姆所提出的失范观点的应用，提出自己的失范理论。其基本观点认为，获取财富的合法手段在不同阶层和地位的人中是不同的。那些几乎没有受过教育和经济条件差的人没有能力用合法的手段获得金钱和其他成功的标志。当这些人无法用合法的手段实现社会承认的目标时，就会产生挫折感、愤怒等紧张情绪，这种紧张情绪在那些缺乏合法机会的人中造成一种失范状态时，使他们有可能用犯罪的手段去实现目标。② 简言之，紧张理论的核心观点是因教育、经济等因素限制，无法运用合法手段达到目标，从而产生了紧张情绪，进而实施犯罪行为。紧张理论之与黑社会性质组织犯罪的契合之处在于：其一，黑社会性质组织犯罪的犯罪人主要为农民和无业人员，而农民和无业人员的明显特征是经济条件差、文化水平低；其二，黑社会性质组织犯罪中的腐败现象，腐败犯罪本质上是经济犯罪，其犯罪动机源于获取可观的经济利益。也就是说，黑社会性质组织犯罪的犯罪人因经济条件、文化水平的限制，无法运用合法手段达到自己的目标，从而产生紧张情绪，实施犯罪行为。

2. 不同机会理论（Theory of Differential Opportunity）。不同机会理论的代表者是美国社会学家克洛沃德和奥林。其基本观点认为，犯罪是由个人对获得成功的合法机会和非法机会的不同接近程度决定的；当个人谋求成功的合法机

---

① 单勇：《农民工犯罪的文化冲突论》，载《国家检察官学院学报》2009 年第 4 期。

② 吴宗宪：《西方犯罪学史》（第三卷，第二版），中国人民公安大学出版社 2010 年版，第 1035 ~ 1036 页。

会受到阻碍时，就会利用非法的机会追求成功，从而导致越轨及犯罪行为的产生。① 不同机会理论发展的主要是关于少年犯罪，其核心在于为了缓解紧张情绪，少年所面临的机会差别和参加犯罪亚文化的差别。这一观点理论亦可拓展至成年人犯罪范畴中去。那些不能通过合法机会追求成功的人，有可能与那些有类似心理状态的人聚集在一起，形成犯罪亚文化群。在犯罪亚文化群中，群众的心理支持可以帮助他们消除因从事非法活动而产生的羞耻感、恐惧感和罪恶感；而加入到什么样的犯罪亚文化群，取决于周围的环境。② 换言之，黑社会性质组织犯罪是一种有组织犯罪。这种有组织犯罪必然存在同一的犯罪帮伙文化，也即某一特定类型的犯罪亚文化群，正如上文所提到农民犯罪亚文化、无业人员犯罪亚文化，甚至是帮会犯罪亚文化等，而这些特定类型的犯罪亚文化是基于周围的特殊地域或者特殊条件而形成的。

3. 社会控制理论（Social Control Theory）。社会控制理论的代表者是美国著名的犯罪学家赫希，赫希的社会控制理论又称作“社会联系理论”（Social Dond Theory）。该理论的基本观点认为，任何人都是潜在的犯罪人，个人与社会的联系可以阻止个人进行违反社会准则的越轨与犯罪行为，当这种联系薄弱时，个人就会无约束地随意进行犯罪行为，因此，犯罪就是个人与社会的联系薄弱或受到削弱的结果。社会控制理论的重心在于社会联系，社会联系是指个人与传统社会之间的联系，社会联系由依恋、奉献、卷入及信念四个方面组成。③ 将社会控制理论应用于黑社会性质组织犯罪中去，则是黑社会性质组织犯罪的犯罪人与传统社会之间的联系是薄弱的。从奉献的角度理解，黑社会性质组织犯罪是没有将时间、精力奉献于传统的活动，而是奉献于黑社会性质组织犯罪活动，利用黑社会性质组织犯罪活动代替传统的活动。从信念的角度理解，黑社会性质组织犯罪是对传统价值理念和道德信念的反对与否认，对黑社会性质组织犯罪亚文化的赞同和支持。

### （二）治理黑社会性质组织犯罪的具体措施

1. 经济层面的治理措施。一是推进职业教育和技能培训，鼓励自主创业。黑社会性质组织犯罪的犯罪人大部分是农民和无业人员，而农民和无业人员的

---

① 吴宗宪：《西方犯罪学史》（第三卷，第二版），中国人民公安大学出版社 2010 年版，第 1046 页。

② 吴宗宪：《西方犯罪学史》（第三卷，第二版），中国人民公安大学出版社 2010 年版，第 1048 ~ 1049 页。

③ 吴宗宪：《西方犯罪学史》（第四卷，第二版），中国人民公安大学出版社 2010 年版，第 1161 页。

本质问题就是“就业”，“无事”容易“生非”。根据紧张理论，提高农民和无业人员的教育水平，解决农民和无业人员的就业问题对治理黑社会性质组织犯罪具有重要的意义。不同国家和社会应该继续大力推进农民和无业人员的职业教育和技能培训，鼓励农民和无业人员自力更生、自主创业、自主经营，获得更好的职业。二是缩小贫富差距，平衡各种社会利益。黑社会性质组织犯罪的特征之一在于通过各种非法手段攫取大量的经济利益。实践表明，贫富差距容易引发各种紧张情绪的滋生蔓延，导致各种利益冲突，进而影响社会秩序的稳定，特别是诱发各种违法犯罪行为。缩小贫富差距，正确引导低收入劳动者，并提高低收入劳动者的收入，减少低收入劳动者对国家和社会的紧张情绪，从源头上遏制黑社会性质组织犯罪。

2. 政治层面的治理措施。基层政权组织成为黑社会性质组织不断侵蚀的重要对象，损害了国家政府在人民群众中的形象与权威。依据社会控制理论，犯罪人并没有将时间精力奉献到民主表达的活动中去，而是利用黑社会性质组织犯罪活动代替人民民主的表达活动。基于此，要把治理黑社会性质组织犯罪与反腐败斗争、基层“拍蝇”结合起来，坚决打掉黑恶势力“关系网”“保护伞”。加强基层政权建设、民主法治建设，为铲除黑恶势力滋生土壤提供坚强保障。① 对基层涉黑腐败进行专项治理、重点治理，避免黑恶势力腐蚀干部，腐蚀基层政权。

3. 文化层面的治理措施。文化与犯罪之间存在联系，绝大部分黑社会性质组织犯罪的犯罪人的文化程度偏低。依据不同机会理论，黑社会性质组织是基于相似的环境一群相似的心理状态的人聚集在一起所形成的犯罪亚文化群。因此，治理黑社会性质组织犯罪，就需要阻隔犯罪亚文化，维护主文化。人的文化性是治理黑社会性质犯罪一股重要的支配性力量。应该弘扬社会主义核心价值观，营造良好的文化氛围；加强扫黑除恶的宣传教育，使人们正确认识黑社会性质组织犯罪的危害性，提高全民的反黑意识。

4. 法律层面的治理措施。黑社会性质组织大量吸收刑满释放人员，刑满释放人员成为黑社会性质组织成员的重要组成人员，这表明对犯罪人教育改造的不足。我国之所以将对犯罪人的教育改造作为刑罚的功能之一，主要目的是希望犯罪人弃恶从善、改过自新、遵纪守法，进而预防犯罪人再次犯罪。因此，基于社会控制理论的原理，应当加强对犯罪人的教育改造工作，提高刑满释放人员与社会之间的联系程度，避免刑满释放人员加入黑社会性质组织，重新犯罪，从而增加黑社会性质组织犯罪的治理负担。

---

① 李海洋：《结合惩治腐败 扫黑除恶全方位出击》，载《中国商报》2018 年 2 月 8 日第 1 期。

# 枫桥经验在基层扫黑除恶专项斗争中的实践思考

江　建　刘　蓉*

1963年11月20日，毛泽东同志批示“提到诸暨的好例子，要各地仿效，经过试点，推广去做”，距今已有55年。“枫桥经验”要求我们坚持党政组织，依靠群众，创新工作方法，运用法治思维将矛盾化解在基层。“枫桥经验”历经时代变迁，依然焕发生机，对于如今的扫黑除恶专项斗争，依然能够发挥巨大作用。此次扫黑除恶专项斗争是以习近平同志为核心的党中央作出的一项重大决策部署，作为扫黑除恶专项斗争一线的基层组织，如何利用已有经验，结合实际，夺取扫黑除恶专项斗争的伟大胜利，成为一个重要课题。本文将浅析当前黑恶势力犯罪基本情况，列举黑恶势力犯罪主要特点，结合“枫桥经验”，提出基层扫黑除恶专项斗争的对策建议，以期能铲除恶势力生长土壤，遏制恶势力发展为黑社会性质组织，并严厉打击黑社会性质组织犯罪，最终将矛盾化解在基层。

## 一、当前涉黑涉恶犯罪基本情况分析

根据四部门①联合发布的《关于办理黑恶势力犯罪案件若干问题的指导意见》，本次专项斗争的主要内容包括依法认定和惩处“黑社会性质组织犯罪”、依法惩处“恶势力”② 犯罪。“黑社会性质组织犯罪”的犯罪特征在我国《刑

---

* 江建，四川省简阳市人民法院党组成员、副院长；刘蓉，四川省简阳市人民法院刑事审判庭法官助理。

① 四部门包括最高人民法院、最高人民检察院、公安部、司法部。

② “恶势力”是指经常纠集在一起，以暴力、威胁、或者其他手段，在一定区域或者行业内多次实施违法犯罪活动，为非作恶、欺压百姓，扰乱经济、社会生活秩序，造成较为恶劣的社会影响，但尚未形成黑社会性质组织的违法发罪组织。

法》第 294 条第 1 款中有明确规定。[①]“恶势力”犯罪由于涉及到不同的刑事罪名，无法做准确的统计，且恶势力发展壮大后最终会成为黑社会性质组织，故本文仅列举黑社会性质组织犯罪案件。

笔者通过中国裁判文书网进行检索，S 省法院近 3 年审结黑社会性质组织犯罪案件为 2 件，案由为组织、领导、参加黑社会性质组织犯罪。[②]

案例 1[③]：2008 年以来，形成了以马某某为组织、领导者，以邬某、邬某文等人为骨干，以马某、王某等人为一般成员的黑社会性质组织。2014 年 6 月，被告人马某某带邬某文、邬某等人与杨某、范某 1 以及韩某科等人聚众斗殴，并致范某 1 死亡。2008 年至 2010 年，被告人马某某为贩卖沙石牟利，分别向经营沙石厂的王某 1 提出以低于市场价的价格购买沙石，向经营沙石厂的刘某 1 提出赊购沙石。马某某殴打王某 1，并带领被告人钟某龙打砸刘某 1 经营的沙石厂开票室，迫使王某 1、刘某 1 答应。2009 年至 2013 年期间，被告人马某某安排被告人钟某龙、王某等人在某市一河道内便桥处设置路障，通过威胁手段，强行收取过往车辆“过桥费”共计 10 万余元。2013 年至 2014 年 6 月期间，被告人马某某先后租房开设赌博场所，聚众赌博，从中牟利，并安排被告人邬某、邬某成等人管理守护，并指使邬某、邬某成等人在赌博场所免费提供甲基苯丙胺（冰毒）、吸毒工具及场地，容留赌博人员吸毒。2014 年 3 月至 6 月，被告人马某某、邬某、邬某文、王某在某市一河道内非法开采沙石贩卖获利。2014 年 2 月，马某某、邬某因索要高利贷，对被害人梁某进行殴打并挟持，迫使梁某答应三日内还账才让其离开。2011 年至 2014 年马某某单独或伙同钟某龙等人数十次对他人进行殴打或打砸财物。另马某某等人长期制造、买卖并持有枪支，且团伙人员之间互相包庇、窝藏，逃避抓捕。

本案涉及罪名：组织、领导、参加黑社会性质组织罪，故意杀人罪，聚众斗殴罪，强迫交易罪，敲诈勒索罪，开设赌场罪，容留他人吸毒罪，盗窃罪，

---

① 黑社会性质的组织应当同时具备以下特征：（1）形成较稳定的犯罪组织，人数较多，有明确的组织者、领导者，骨干成员基本固定；（2）有组织地通过违法犯罪活动或者其他手段获取经济利益，具有一定的经济实力，以支持该组织的活动；（3）以暴力、威胁或者其他手段，有组织地多次进行违法犯罪活动，为非作恶，欺压、残害群众；（4）通过实施违法犯罪活动，或者利用国家工作人员的包庇或者纵容，称霸一方，在一定区域或者行业内，形成非法控制或者重大影响，严重破坏经济、社会生活秩序。

② 数据来源于中国裁判文书网，四川省法院 2016 年至 2018 年生效的案由为组织、领导、参加黑社会性质组织犯罪的裁判文书。载 http：//www. wenshu. court. gov. cn，2018 年 3 月 15 日访问。

③ （2016）川刑终 151 号，来源于“中国裁判文书网”。

非法制造枪支罪，非法持有枪支罪，非法拘禁罪，寻衅滋事罪，窝藏罪。

案例2①：被告人严某某网罗社会闲散人员，逐渐形成以其为组织、领导者，朱某辉、欧某雷为骨干成员，田某、卢某海为积极参加者，层级分明，结构比较紧密、稳定的黑社会性质组织。严某某自2008年通过在某市承揽危房拆除、维修加固、风貌打造等工程以及在某市以挖砂为名采金和在城区开办赌博机电玩城、伙同他人开设赌场等方式获取暴利，并网罗社会闲散人员，一方面为其在其河坝工地上工作，另一方面安排人员在其开设的赌场内放高利贷和管账，并安排人非法持有枪支保护其人身安全。2013年，严某某与欧某雷、严某等二三十余人均持砍刀、钢管等械具与刘某、谢某等人发生聚众斗殴。导致一人腹部中枪，多人被砍伤。2009年至2013年严某某等人多次殴打、滋扰他人。并多次采取拳打脚踢、威胁、限制人身自由的方式向他人索要债务。

本案涉及罪名：组织、领导、参加黑社会性质组织罪、聚众斗殴罪、故意伤害罪、开设赌场罪、敲诈勒索罪、寻衅滋事罪、非法持有枪支罪、非法拘禁罪、抢劫罪。

以上两个案件的共同之处在于，黑社会性质组织犯罪涉及数罪。首先，黑社会组织有自己的经济收入来源，其“谋生”行为往往涉嫌犯罪，如开设地下赌场、强买强卖、敲诈勒索等；其次，有相对稳定的组织成员和一定的组织形式，若出现组织内部与外部矛盾，则可能出现两方聚众斗殴或一方故意打砸、捣乱等寻衅滋事行为；再次，主要通过暴力手段、违法活动维护组织势力和威望，如抢夺地盘、巩固地位的故意伤害、故意杀人行为；最后，对社会有普遍的危害性，破坏社会秩序，导致群众缺乏安全感。结合以上分析，笔者认为涉黑涉恶势力具有以下主要特征：

### （一）涉黑涉恶团伙插手特定领域或行业

涉黑涉恶团伙通常具有较为固定的组织结构，其参与的行业也具有一定的同一性。房屋征地拆迁、维修加固、风貌改造、挖沙采矿、地下赌场、色情等行业交易量大、需要大量人手、技术含量不高、利润丰厚，涉黑涉恶团伙大都插手其中，采取打压竞争对手、垄断经营、躲避监管等方式，牟取不正当经济利益，再以非法所得维持组织或团伙的运行和发展。

### （二）涉黑涉恶团伙组成人员以社会底层或边缘人群为主

从已打击处理的犯罪案件情况来看，参与涉黑涉恶的被告人大都文化程度不高，无正当职业、有犯罪前科、有吸毒或嗜赌等不良嗜好。这些群体中，还

① （2017）川08刑终43号，来源于“中国裁判文书网”。

有部分未成年人，由于父母离异、留守家乡，家庭教育缺失，过早辍学，缺乏专业技能，经济困难，存在厌世情绪，心理失落压抑，由于放纵自身欲望，最终走上了拉帮结伙的违法犯罪道路。

### （三）犯罪手段以暴力犯罪为主

黑恶势力的犯罪活动具有多样性，甚至有的利用国家工作人员的包庇或放纵进行违法犯罪活动，但是最主要的犯罪手段依然是暴力行为，其依靠暴力维护自己的最根本利益。涉黑涉恶犯罪也许身披合法经济组织的外衣，但其暴力性依然体现在强迫交易、违法放贷、暴力追债等多方面，因此对社会产生极大危害，让受害群众“敢怒不敢言”，严重破坏了社会秩序和政府公信力。

### （四）黑恶势力内部具有某种组织形式

黑恶势力团伙具有某种组织形式。从恶势力团伙发展为黑社会组织，具有一定的社会背景和时间历练。恶势力一般为三人以上组成，首要人员相对固定，对其他人员有一定的号召力，可以临时组织参与违法活动。黑社会组织则以“老大”为首的层级明显，分工明确，有骨干分子和重要成员，组织内部有一定规矩或纪律，成员对“老大”要保持绝对忠诚。

### （五）涉黑涉恶犯罪团伙可能寻求政治“保护伞”

在涉黑涉恶犯罪形成的各个阶段，犯罪团伙能够愈加发展壮大，与政治腐败有着很大关系。① 初期，犯罪团伙通过收买国家工作人员，逃避法律制裁，降低犯罪成本；中期，利用各种手段拉拢一些国家工作人员，编织政治“保护伞”；后期，黑恶势力具备了一定的经济实力，逐渐演变为黑社会性质组织，政治“保护伞”与“老大”往来密切，“老大”甚至会培养和安插自己人侵入政治系统，进而控制基层政权。

## 二、“枫桥经验”对开展“扫黑除恶专项斗争”的启示

### （一）“枫桥经验”的缘起和发展

20 世纪 60 年代初期，新中国面临着严峻复杂的国际国内形势。国际上，外国对我国进行经济封锁和军事打击；国内，我国遭遇三年自然灾害，加之“大跃进”运动受挫，整个国民经济和社会发展举步维艰。在如此特定的历史时期，如何将有违法行为的“四类分子”② 改造成为维护社会主义的新人、减少国内矛盾，成为一个重大时代课题。浙江省诸暨县枫桥区广大干部群众遵循

① 吕长贵：《涉黑涉恶犯罪问题初探》，载《公安研究》2011 年第 2 期。

② 四类分子指地主、富农、反革命、坏分子

中央的指导精神，坚持通过沟通交流、思想教育、劳动改造的工作方法，没有逮捕一个人，就将有违法行为的“四类分子”发展成为维护社会主义的新人，创造并总结出“依靠和发动群众，坚持矛盾不上交，就地解决，把绝大多数‘四类分子’改造成新人，实现捕人少，治安好”的成功经验。

20 世纪 80 年代，枫桥区干部群众在发展经济的同时，创造并建立化解矛盾的“四前”工作法和“四先四早”工作机制①，形成“党政动手，各负其责，依靠群众，化解矛盾，维护稳定，促进发展，做到小事不出村，大事不出镇，矛盾不上交”的成功经验。“枫桥经验”经历了 55 年的时代考验和实践检验，有了新的变化和发展。浙江省将“枫桥经验”作为深化“平安浙江”建设的载体，通过做好社会基层基础管理工作，深化基层平安建设，从源头治理，群策群力，既减少社会矛盾、又促进地区和谐稳定，极大地丰富了“枫桥经验”的内涵和外延，开辟了“枫桥经验”新境界。② 可以看出，“枫桥经验”的主要内容就是坚持党和政府的领导、充分依靠群众、将矛盾化解在基层，维护社会稳定和谐。

（二）“枫桥经验”在基层扫黑除恶斗争中的致用

通过对“枫桥经验”的缘起与发展，可以看出“枫桥经验”维护社会治安和谐稳定的本质没有变，其基本方法依然是坚持党政领导、充分依靠群众，最终目的是达到基层治理的稳定发展。此次扫黑除恶专项斗争，事关社会大局稳定和国家长治久安，事关人心向背和基层政权巩固，事关进行伟大斗争、建设伟大工程、推进伟大事业、实现伟大梦想。③ 枫桥经验的方法与目标刚好与此次扫黑除恶专项斗争不谋而合。基层组织作为扫黑除恶专项斗争的一线力量，应从“枫桥经验”中吸取经验和方法。结合“枫桥经验”的本质内容，笔者认为学习借鉴的关键应从党政组织、依靠群众、化解矛盾三方面入手，最终将黑恶势力化解在基层。

1. 打破“基层治理内卷化”难题

“基层治理内卷化”是指基层组织由于自身定位不明和治理缺位，造成治理危机，危机会在基层组织内部变得更加复杂。其产生的原因则包括基层组织

① “四前工作法”指组织建设走在工作前、预测工作走在预防前、预防工作走在调解前、调解工作走在激化前，“四先四早工作机制”指预警在先，苗头问题早消化；教育在先，重点对象早转化；控制在先，敏感问题早防范；调解在先，矛盾纠纷早处理。

② 金伯中：《新思想孕育新经验——对新时代“枫桥经验”的一点认识》，载《公安学刊》（浙江警察学院学报）2018 年第 1 期。

③ 《扫黑除恶专项斗争》，载《人民日报》2018 年 1 月 25 日刊。

援引黑恶势力介入基层治理，为达到此目的，基层组织让渡部分权力或利益给基层黑恶势力，使得基层组织与黑恶势力形成利用、强大、再利用、再强大的恶性循环的互动形态。①“基层组织内卷化”导致基层组织的治理权威和治理资源丧失，基层治理灰色化，丧失合法性，与黑恶势力分割国家的福利政策，最终剥夺群众的合法权益。

2. 依靠群众获取涉黑涉恶线索

扫黑除恶专项斗争开始以后，我国各地均公布了扫黑除恶举报电话以及举报信箱、官方网站等，以S省C市为例，“市扫黑办公室”已开通举报电话和网络与信件举报，并指定专人、设立专卷进行管理，并对举报的内容线索逐一核查，巡线深挖。

**表1　S省C市涉黑涉恶举报电话接收情况**

| | 举报电话 | 反映涉黑涉恶犯罪线索 | 反映其他社会问题和咨询法律政策 | 经排查确定的有效线索 |
|---|---|---|---|---|
| 数量 | 38 | 38 | 0 | 2 |
| 比例 | 100% | 100% | 0 | 5% |

（注：从2018年2月公布举报电话和公告至今，S省C市扫黑除恶专项斗争领导小组办公室收到的线索来源于电话、信件和网络举报，因各区市县亦设有举报电话和信箱，最后均以收到的书面材料为准，故此处列举的市级机关搜集的线索较少。）

从表1可以看出，人民群众积极参与此次专项活动，提供了大量的线索。虽然通过群众提供的线索，查获的实际涉黑涉恶或者团伙较少，但目前工作尚处于初始阶段，随着专项斗争的进一步深入，群众对黑恶势力的进一步认识和了解，能够预见群众将向司法机关提供更多的线索和帮助。

3. 挖掘黑恶势力产生发展的根源

经济上，相关机构的监管不力，导致黑恶势力对特定行业形成独霸垄断。人员上，基层组织对社会边缘人群的教育改造不到位，导致黑恶势力大肆网罗社会边缘人群，利用这些人发展和壮大黑恶势力团伙。文化上，“犯罪亚文化”在社会中滋生蔓延，社会对于这种文化并未显示出明确的观点站位，导致被部分人员追捧传播，黑恶势力形成结构组织稳定，并拥有自己的文化与认同。这种犯罪亚文化，主要内容包括金钱至上的价值观念、自我为中心的行为模式等，表现为对老大的忠诚和盲目的崇拜、对暴力犯罪行为的认同与勇气的

① 李祖佩：《混混、乡村组织与基层治理内卷化——乡村混混的力量表达及后果》，载《青年研究》2011年第3期。

赞赏，组织内部的兄弟义气、金钱至上的思想、自我否定的标签效应等①，形式上也表现为帮规、入伙仪式、暗语绰号等形式。

## 三、结合“枫桥经验”开展扫黑除恶专项斗争的对策

### （一）加强基层党政组织建设

面对基层组织治理的客观问题，本次“扫黑除恶”专项行动可以按照先破后立的方法，分三步走。首先，需要收集基层地区特定的区域或行业涉及的黑恶势力信息，包括在征地、租地、拆迁、工程项目建设等领域煽动闹事，交通运输、矿产资源、渔业捕捞等行业欺行霸市的信息，重点收集把持基层政权、操纵破坏选举、垄断农村资源、侵吞集体财产的黑恶势力信息。其次，集中力量处理“村霸”“市霸”“行霸”等恶势力，将扫黑除恶与反腐败斗争，基层“拍蝇”结合起来，严惩“保护伞”与“关系网”。② 最后，加强对基层党政组织的建设，赋予基层组织一定治理权力和治理责任，选择适合基层社会性质和现实的治理形式和政治原则，同时改进干部工作风气，提倡依法行政，服务百姓，重塑基层组织和基层社会的正气和正义。

### （二）全方位依靠群众，获得扫黑除恶的群众基础

目前通过群众举报，扫黑除恶工作已经取得初步的成效，S省各市州开展集中收网行动，先后破获了L市J县宋某等人寻衅滋事案、S市S区何某等人涉黄涉恶团伙案、G市L区代某某等人涉枪涉恶团伙案。通过群众的积极参与和公安的迅速行动，能够在全社会形成对黑恶势力“人人喊打”的浓厚氛围。在扫黑除恶开展过程中，还应注意重点关注群众反映最强烈的涉黑涉恶问题；组织群众旁听黑恶势力犯罪案件的审理，做好法治宣传；依靠群众做好劳教人员、社区矫正人员、缓刑假释等人员的教育和改造，让他们重新进入社会，得到群众的认可。

### （三）“化解矛盾”，有效铲除黑恶势力滋生土壤

古语有云“夫以铜为镜，可以正衣冠；以史为镜，可以知兴替；以人为镜，可以明得失”。如何化解矛盾，铲除黑恶势力，还要以史为鉴。西汉初期，赵广汉三条计策平颍川，其一广泛发动、形成扫黑除恶强大舆论声势；其

① 刘惠春、王永和、唐树开：《黑社会犯罪亚文化浅析》，载《法治博览》2015年第12期。

② 四川省高级人民法院《关于全省法院开展扫黑除恶专项斗争的实施方案》第三点第二项的规定。

二擒贼先擒王，先除首恶；其三分化瓦解、各个击破。① 最终彻底扫除了颍川的黑恶势力，社会治安得到根本改观，乡风民风为之一新 。

1. 扫除首恶，切断黑恶势力的经济基础和政治庇护

对于涉黑涉恶的首要分子，坚决按照法律的规定，严惩不贷，让其没有喘息的机会；对涉黑涉恶组织的经济基础彻底切断，依法予以追缴、没收、并处以罚款，从经济上摧毁黑恶势力；坚决打击黑恶势力“保护伞”，将有关线索及时移送有关主管部门和其他相关部门。

2. 对内部成员分化瓦解、各个击破

对于黑恶势力的一般成员，或受欺骗、引诱、胁迫参与的成员，引导其自首和立功，依法从轻、减轻处罚；对于仅参与少量违法活动的从犯或系未成年人起次要、辅助作用，主观恶性不深，社会危险性不大的。可以依法从轻或减轻处罚，从组织内部分化瓦解黑恶势力，遏制黑恶势力的进一步发展壮大。

3. 教育和改造涉黑涉恶人员

上文提到参加涉黑涉恶组织的成员大都属于社会底层或边缘群体，想让其远离犯罪，是一个巨大的社会问题，需要全社会的努力。一方面家庭教育和社会教育至关重要，另一方面社会管理和经济保障是基础。对于未成年人基础教育是关键，对于曾经犯罪的人员让其重新融入社会是重点，对于外来务工人员和无业人员，帮助解决基本经济保障和就业问题是中心。

4. 抑制犯罪亚文化滋生蔓延

经济发展能够促进社会进步，促进各种文化交融，但负面文化对精神空虚、厌恶社会或有不良嗜好的人，特别是未成年人影响较大，为犯罪亚文化的蔓延提供了条件。如钱穆先生所言：“一切问题，由文化问题产生。一切问题，由文化问题解决 。”抑制犯罪亚文化，首先，要加强主流文化理念灌输。加强公众对社会主义核心价值观等主流文化的理解宣传，树立道德榜样，对已纳入“重点人员动态管控系统”的人，除了行动管控，还应该加强思想教育。其次，降低犯罪亚文化的负面效应。犯罪亚文化的传播途径很多，包括图书、影像制品等途径，应对这类传播途径涉及的内容做相关限制和分级，减少传播途径，避免对未成年造成不良影响。最后，重构社会文化控制机制。加大对社会文化管控的资金投入，对与犯罪亚文化相关的消极思想，做好顶层管控和监督。

综上，笔者通过对当前黑恶势力犯罪案件的分析，列举了黑恶势力犯罪特

① 郑学富：《赵广汉扫黑除恶的智慧与谋略》，载《人民法院报》2018 年 3 月 30 日第 5 版。

点，并结合“枫桥经验”的追溯、发展与在基层扫黑除恶斗争中的致用，提出“枫桥经验”对于扫黑除恶专项斗争的启示。笔者将“枫桥经验”的启示运用于此次扫黑除恶专项斗争中，从“党政组织”方面提出加强对基层党政组织的建设，打破基层治理内卷化；从“依靠群众”方面，提出通过群众获取扫黑除恶的相关线索；从“化解矛盾 ”方面，提出建议铲除黑恶势力滋生土壤等内容。笔者希望能够以浅薄的力量让“枫桥经验”在更多的政法综治斗争中继续发光发热，为扫黑除恶专项斗争尽绵薄之力，也希望“扫黑除恶”让群众获得更多幸福感安全感！

# 论黑社会性质组织犯罪中的“非法控制”

纪　康*

黑社会组织犯罪是危害极其严重的一种犯罪形态，与贩毒、恐怖主义活动一起被联合国宣布为当今人类的三大灾难性犯罪。① 我国刑法也对黑社会性质组织犯罪给予了高度关注，从1997年刑法颁布以来，立法解释、司法解释、刑法修正等立法、司法活动总是紧密围绕着黑社会性质的犯罪进行。特别是进入到2018年以来，一系列“打黑除恶”活动正在如火如荼地进行。

2018年1月16日，最高人民法院、最高人民检察院、公安部、司法部联合发布《关于办理黑恶势力犯罪案件若干问题的指导意见》，依法、准确、有力惩处黑恶势力犯罪。紧接着，中共中央、国务院于1月24日发出《关于开展扫黑除恶专项斗争的通知》，将反黑斗争提高到同反腐斗争相同的政治高度。更有甚者，在山东省内召开的全省检察院会议上，就明确了每个基层检察院至少办理1起涉嫌黑社会性质组织犯罪案件或恶势力犯罪集团案件。

在这样的社会背景下，刑法条文被赋予了新的历史使命：如何在严守涉黑犯罪构成要件的前提下，保证扫黑除恶活动的顺利展开。根据《刑法》第294条的规定，黑社会性质组织成立与否，应当从其组织特征、经济特征、行为特征以及非法控制特征四个方面进行判断。其中，非法控制特征是黑社会性质组织的本质特征，也是其区别于恶势力和一般犯罪组织的根本。因此，对“非法控制”的理解，将直接决定《刑法》第294条的函射范围。对于黑社会性质组织的非法控制特征，有必要结合刑法本体与刑事政策进行解释。

## 一、“非法控制”特征的刑事法沿革

“非法控制”特征并非自始便出现在涉黑犯罪中，而是在刑事政策的指引下，经历了一个不断演化的过程。对“非法控制”的“前世今生”加以梳理，

* 纪康，华东政法大学2018级刑法学博士生。

① 叶高峰、刘德法：《集团犯罪对策研究》，中国检察出版社2001年版，第432页。

可以窥探立法者和司法者对黑社会性质组织认定的基本态度。

### （一）“非法控制”特征之出现

《刑法》第294条首次确立了组织、领导、参加黑社会性质组织罪，其中对于黑社会性质的组织采取了如下定义：有组织地进行违法犯罪活动，称霸一方，为非作恶，欺压、残害群众，严重破坏经济、社会生活的组织。为了对这一定义加以明确，2000年最高人民法院颁布了《关于审理黑社会性质组织犯罪的案件具体应用法律若干问题的解释》（以下简称2000年《解释》）。该解释虽然对黑社会性质组织的认定进行了明确，但最高人民检察院却认为最高法院的司法解释是在《刑法》第294条规定之外对认定黑社会性质的组织附加了条件，不利于“严打”惩治斗争的进行。

基于最高人民检察院的请求，全国人大常委会于2002年4月28日公布了《关于〈中华人民共和国刑法〉第二百九十四条第一款的解释》。该立法解释罗列了黑社会性质犯罪的四个特征，并将“非法控制”特征界定为：通过实施违法犯罪活动，或者利用国家工作人员的包庇或者纵容，称霸一方，在一定区域或者行业内，形成非法控制或者重大影响，严重破坏经济、社会生活秩序。由此，“非法控制”特征首次出现，并成为判断黑社会性质组织的实质条件。立法解释的“法律释义”功能在此次解释过程中得到了淋漓尽致的体现，它不但起到了定分止争的作用，还将未来司法解释从定义黑社会性质组织的基本特征到具体阐释这四大基本特征的轨道上来。

### （二）“非法控制”特征之演变

2002年立法解释颁布后，黑社会性质组织的四大特征得以确立，而此后的司法解释都致力于对具体特征的解释。

2009年最高人民法院、最高人民检察院、公安部《办理黑社会性质组织犯罪案件座谈会纪要》（以下简称2009年《纪要》）对危害性特征中的“一定区域”和“一定行业”进行了解释。具体说来，“一定区域”的范围不限于某一特定的空间范围，而应主要分析判断黑社会性质组织对经济、社会生活秩序的危害程度；“一定行业”既包括合法行业，也包括黄、赌、毒等非法行业。此外，为了加强司法机关对于“非法控制”的理解，2009年《纪要》还列举了区域垄断、插手民间纠纷、干扰他人正常生产经营等八种非法控制的具体情形。

2015年最高人民法院再次召开座谈会，并形成《全国部分法院审理黑社会性质组织犯罪案件工作座谈会纪要》（以下简称2015年《纪要》）。2015年《纪要》再次对“一定区域”“一定行业”以及非法控制的八种具体情形进行了界定。不同于2009年《纪要》，2015年《纪要》要求“一定区域”应当具备一定空间范围，并承载一定的社会功能。如果涉案犯罪组织的控制和影响仅限于一座酒店、一处娱乐会所等空间范围有限的场所或者人口数量、流量、经济规模较小的其他区域，则一般不能视为是对“一定区域”的控制和影响。2015年《纪要》对于“一定行业”的范围同样进行了限缩，仅包括一定区域内存在的同类生产、经营活动，而非控制所有合法行业都可以构成“非法控制”。此外，本次座谈会也对八种情形的具体适用提供了更为明确和清晰的标准。例如，第二种情形中“形成垄断”是指可以操控、左右、决定与一定行业相关的准入、退出、经营、竞争等经济活动。

近日，2018年“两高”又再次颁布了《关于办理黑恶势力犯罪案件若干问题的指导意见》（以下简称2018年《意见》）。2018年《意见》对“一定区域”的范围回归到2009年《纪要》的规定，即不限于特定的空间范围。而对于“一定行业”，此次意见并未加以规定，因此等于沿用了2015年《纪要》中“同类行业”的规定。此外，对于八种情形的认定，《意见》大体沿用了2009年《纪要》和2015年《纪要》的规定，司法机关可以沿用2015年《纪要》中“八种情形”的具体适用标准。

## 二、“非法控制”的刑事政策意涵

综观有关“非法控制”的刑事立法和有权解释，他们都在致力于明确“非法控制”的内在意涵，但基于黑社会性质犯罪表现形式的多样化，刑法难以形成“非法控制”这一要件的类型化。对此，有必要结合司法解释的演变，来明确其中的刑事政策意涵。

### （一）“非法控制”的刑事政策探微

在刑法日益刑事政策化的背景下，刑事政策上的需求成为刑法制定与解释的指导性存在。[①] 改革开放以来，对于黑社会性组织等有组织犯罪的打击便成为我国政治工作中的重点。1986年的“严打”活动中，公安部明确把黑社会行贿的犯罪团伙列为最主要的打击重点，特别强调此次战役打击“黑社会性质的流氓团伙和各种霸头”。1996年4月，中央决定再次组织一场全国范围内的“严打”斗争，主要任务之一就是铲除黑社会性质犯罪团伙和流氓恶势力，坚决揭露和惩治他们的后台和保护伞。进入21世纪以来，针对黑社会性质组织的“严打”更是此起彼伏，从2001年4月到2002年12月以及2006年2月

① 劳东燕：《刑事政策与刑罚体系关系之考察》，载《比较法研究》2012年第1期。

的两此次“严打”斗争中，对黑社会性质组织的打击都成为重要内容。2006年的“严打”斗争结束以后，我国便没有再次进行过“严打”。但对于黑社会性质犯罪的打击，依然没有任何地松懈。

在这样的背景下，2009年《纪要》、2015年《纪要》以及2018年《意见》都试图以列举的方式明确“非法控制”的基本情形，但这样的努力最多只能算得上是为审判实践提供尽可能清晰和便于操作的指导意见，而很难提出一条广为适用的标准。作为复合型的犯罪，组织、领导、参加黑社会性质组织罪往往与寻衅滋事、故意杀人、故意伤害等其他犯罪并发，因而经常表现出各式各样的行为方式。鉴于此，最高人民法院最大限度地兼顾了原则性、灵活性和可操作性的统一，更多采用“一般性要求”“提示性规定”的方式，并有针对性地设置了兜底条款，为满足惩治犯罪的需要留出了余地和空间。①

（二）“非法控制”认定的实质化

鉴于法律条文更多地采用了抽象性和原则性的表述，对于非法控制的理解应当加入裁判者的主观价值判断。因而相较于其他司法解释，有关“非法控制”的相关规定具有更多抽象性和模糊性的表述，只能通过探究法条的立法原意而进行判断。这样一来，有关“非法控制”的认定标准便倒向了实质解释的立场，这与实质解释的灵活化也是密不可分的，“实质论者则与法律现实主义的立场具有相当的亲缘性，倚重法官在法解释方面的自由裁量权，强调解释者的能动性，相信依靠解释者的内心正义与解释技能，能够确保个案中得出合理的结论”。② 对此，笔者拟从“一定区域”“一定行业”以及“具体情形”三个层面来论证司法解释的实质化。

如前所述，对于“一定区域”的理解经历了从“不要求区域范围”到“应当具备一定范围”再到“不对范围做硬性要求”一段反复的过程。从这段反复中我们不难发现，对于“一定区域”的认定，司法机关并未进行概念的阐释，而是通过列举的方式进行说明，比如2015年《纪要》罗列了乡镇、街道、较大的村庄、矿山、工地、市场、车站、码头等。但列举难以穷尽，如同“立法者不可能在立法上采用事无巨细的客观具体化之立法模式”③，司法者也

---

① 戴长林、朱和庆等：《〈全国部分法院审理黑社会性质组织犯罪案件工作座谈会纪要〉的理解与适用》，载《刑事审判参考》2017年总第107集，法律出版社2017年版，第138页。

② 劳东燕：《刑法解释中的形式论与实质论之争》，载《法学研究》2013年第3期。

③ 赵春玉：《刑事立法的类型化逻辑与路径》，载《甘肃政法学院学报》2014年第5期。

难以将社会上有关空间范围的用语全部予以条文化。正是基于这个原因，三次司法解释都规定了“根据具体案情和危害程度加以综合分析判断”的条款，法官也将充分发挥自由裁量权，以决定是否构成“一定区域”。

对于“一定行业”的理解同样存在这一问题，由于2018年《意见》对于“一定行业”未作规定，因此等于沿用了2015年《纪要》的规定。2015年《纪要》所规定的行业，是指在一定区域内存在的“同类”生产、经营活动。这里的“同类”如何把握，也不能仅就其字面意思进行理解。同类的生产、经营活动不意味着“经营范围”完全相同，即使两个公司或企业的经营范围完全不同，也有可能出现公司超出工商登记的范围而从事其他行业的经营。① 此外，根据2002年版的国民行业分类与代码（GB/4754－2011），国民经济行业分：A. 农、林、牧、渔业；B. 采矿业；C. 制造业；D. 电力、热力、燃气及水生产和供应业；E. 建筑业；F. 批发和零售业等行业。以B类采矿业为例，还分为煤炭开采和洗选业、石油和天然气开采、黑色金属矿采选等六类。那么，同属于采矿业的煤炭开采和石油开采是否属于同类行业呢，这个问题也应当进行综合分析和实质判断。

司法解释对于八种具体情形的认定采用了列举的情形，其中第八种情形为兜底条款。并非不符合前七种情形的就不属于“非法控制”，而是需要达到与前面七种情形“同质”的程度，即行为类型或实质方面的相同特征与该罪明示的行为类型同质性特征完全等同。但这样的判断并不容易，且不论具体情形的实质化判断标准之模糊，连七种情形之间是否“等质”，以及在什么范围内等质都难以判断。例如，第（2）项垄断行为与第（4）项干扰、破坏行为存在行为性质上的差异；而第（4）项干扰他人生活与第（6）项干扰党政机关工作秩序则存在行为程度上的区别，两对组合都存在一定程度上的“等质”与“非等质”。因此，对于具体控制行为等质性的判断，只能依赖审判者的主观价值评判，而很难有具体的规则加以参考。正如学者所言，“这种‘同质性’标准显然已深入实质的判断，偏离了只含同类规则所秉承的‘文本原则’”。②

## 三、“非法控制”特征的具体认定

对于黑社会性质组织的认定呈现出实质化的趋势，标准的模糊化和不确定

① 参见卢建平、李有星：《非法经营同类营业罪研究》，载《河南省政法管理干部学院学报》2004年第1期。

② 王安异：《对刑法兜底条款的解释》，载《环球法律评论》2016年第5期。

性也给司法机关适用法律带来了极大的自由裁量权。因此，对于“非法控制”的认定，还应当从词汇本身的含义出发，结合实际情形加以判断，避免司法裁判过度主观流露所造成的司法擅断。

（一）“非法控制”的内在意涵

根据《刑法》第294条的规定，黑社会性质组织的非法控制特征，是指“通过实施违法犯罪活动，或者利用国家工作人员的包庇或者纵容，称霸一方，在一定区域或者行业内，形成非法控制或者重大影响，严重破坏经济、社会秩序”。对此，周光权教授认为，非法控制的实质是进行支配，即形成对他人（团队成员以及其他同类行业竞争者）的功能性支配、行为支配或意思支配。①

笔者同意这一观点，因为犯罪行为的本质就在于控制。控制，是指使一定对象处于自己的占有、管理和影响之下。根据美国学者胡萨克的观点，把刑事责任施加于人们无法控制的事态为不公正。② 只有在行为人控制范围之内的危害行为及结果才能归责于本人。黑社会性质组织之所以具备刑事可罚性，在于其通过违法犯罪行为所形成的对区域内的支配。无论是对于一定区域内的人，还是对于一定区域内的社会秩序，黑社会性质组织都可能形成功能性支配、行为支配或者意思支配。例如，在黄某、何某等黑社会性质组织案③中，行为人以强迫交易的方式强占被害人村内的沙场，同时对被害人实施故意伤害行为。通过这一系列的行为，黄某、何某既达到了对本村地域的控制，又对村内居民形成了心理上的强制。基于此，法院认定黄某、何某符合黑社会性质犯罪中的“非法控制”特征。因此，通过违法犯罪等活动形成的对特定区域的支配，成为认定“非法控制”的关键因素。

（二）对“非法控制”的认定应当从严把握

对于黑社会性质组织犯罪的从严整治，并不意味着组织、领导、参加黑社会性质组织罪构成要件的松动，而是对于已经被认定为黑社会性质组织犯罪分子的，依法加大惩治力度。根据2018年《通知》的总体要求，严惩主要表现为“正确运用法律规定加大对黑恶势力违法犯罪以及“保护伞”惩处力度，在侦查、起诉、审判、执行各阶段体现依法从严惩处精神，严格掌握取保候

① 参见周光权：《黑社会性质组织非法控制特征的认定——黑社会性质组织与恶势力团伙的区分》，载《中国刑事法杂志》2018年第3期。

② ［美］道格拉斯·N. 胡萨克：《刑法哲学》，谢望原等译，中国人民公安大学出版社2004年版，第159页。

③ （2017）粤06刑终777号。

审，严格掌握不起诉，严格掌握缓刑、减刑、假释，严格掌握保外就医适用条件，充分运用刑法总则关于共同犯罪和犯罪集团的规定加大惩处力度，充分利用资格刑、财产刑降低再犯可能性”。即便是在重点打击黑恶势力的时代，也应当严格把握“非法控制特征”，只是从诉讼程序或责任认定上予以适度地区别对待。

具体到“非法控制”的认定中来也是如此，应当根据一系列犯罪事实来进行综合把握，不可因为插手了民间纠纷或者干扰、破坏了他人正常生活就认定其非法控制了一定区域，而是要求在相关领域或者行业内造成严重影响。例如，在《刑事审判参考》第1159号指导案例“王云娜等人故意伤害、寻衅滋事、非法拘禁、敲诈勒索案”中，法院查明的王云娜等人实施的违法犯罪活动中，只有很少的犯罪属于该团伙的犯罪，且团伙存在时间明显果断、犯罪次数明显偏少，而且侵害对象仅针对一家公司实施，只是为了争夺石家庄市维也纳小区建设开发项目的材料供应业务，因此，不存在王云娜犯罪团伙欺压、残害当地普通群众、称霸一方的问题。①

### （三）结合其他三个特征对非法控制进行理解

2018年《通知》指出，“由于实践中许多黑社会性质组织并非四个特征都很明显，因此，在具体认定时，应根据立法本意，认真审查、分析黑社会性质组织四个特征之间的内在联系，准确评价涉案犯罪组织所造成的社会危害，确保不枉不纵”。鉴于“非法控制”特征的不明确性，我们除了应当选择实质解释的立场外，还应当结合黑社会性质组织的组织特征、经济特征、行为特征来进行认定。

例如，在汪秀成、毕德颖等组织、领导、参加黑社会性质组织罪、故意伤害罪等案②中，检察机关指控，被告人汪秀成纠集毕德颖、代青锋等六人，利用在临清市唐园镇汪堤村成立的龙投装饰公司为依托，有组织地通过经济活动获取经济利益，逐渐形成了以被告人汪秀成为组织、领导者，以被告人毕德颖等为骨干成员，以被告人汪峰等为一般成员的黑社会性质组织。该组织采用暴力、威胁、殴打等手段，有组织地多次实施故意伤害、抢劫、寻衅滋事等违法犯罪活动，欺压、残害百姓，严重破坏当地经济、社会生活秩序。但法官在审理过程中否认了汪秀成等人已经达到了对该区域“非法控制”的程度，因而不成立组织、领导、参加黑社会性质组织罪。这样的结果是可接受的，但令人

① 参见《刑事审判参考》2017年总第107集，法律出版社2017年版，第87~88页。

② （2015）临刑初字第74号。

遗憾的是，在陈述理由时，判决书中只提到了被告人汪秀成等人并没有达到在一定区域或行业内非法控制或重大影响，严重破坏当地经济、社会秩序的程度，因而无法达到“非法控制”。这样的说理方式显然采用了循环论证的方式，且几乎没有说理的内容，对于被告人的行为为何达不到“非法控制”的程度缺乏有效的论证。

其实，在笔者看来，审判人员完全可以通过说明是否符合前三项特征来论述“非法控制”成立与否。因为组织特征、经济特征、行为特征完全能够作为评判危害性特征的具体内容。易言之，在没有出现司法解释规定的八种具体情形时，应当通过其他三个特征来判断危害性特征构成与否。同样的，对于其余三个特征的判断，也应当结合非法控制特征来进行。这也能够解释为什么在黑社会性质犯罪的判决书中，“非法控制”的四个特征要么都成立，要么都不成立，呈现出“一荣俱荣，一损俱损”的态势。究其本质，还在于“非法控制”是黑社会性质组织的本质特征。

此外，由于黑社会性质犯罪为复合型犯罪，成立本罪必然会触犯寻衅滋事、故意伤害等其他犯罪，因此在结合认定非法控制特征的过程中，还应当注意非法控制特征与组织特征、经济特征、行为特征的形成时间并非固定，控制地位的形成，有可能通过经济实力来完成，也有可能通过暴力、威胁等强制手段。而当他们形成了控制地位后，往往又会通过控制地位来巩固自己的经济实力或从事违法犯罪活动，进而形成更加稳固的控制，周而复始，从而形成严重的社会危害性。由此可见，一个违法犯罪组织从无到有、规模从小到大，直到形成对一定区域的控制，并无一个明显的时间分界点。

例如，在马锋、翟亚龙等组织、领导、参加黑社会性质组织罪、故意伤害罪等一审案①中，被告人马锋等人通过多起违法犯罪活动建立了自己在永济市的影响，然而，这种影响并无稳定的组织支撑，因而很难称得上是“重大影响”，故而还不能称其为“黑社会性质组织”。但是，马锋等人可以利用这种影响力，逐步拉拢组织成员，进一步实施违法犯罪活动，进而逐步实现了对当地的控制。在这种情形下，法院将其认定为黑社会性质的组织便具有了合理性。

## 四、结语

尽管司法解释一再对“非法控制”予以明确，但每次新的司法解释颁布之后，我们又总是能听到司法实务工作者对“更加明确的标准”的呼吁。究

① （2015）运中刑一初字第62号。

其本因，就在于“非法控制”和“重大影响”的判断标准本身就难以被量化。因此，司法解释也难以避免地出现了兜底性条款，以供审判者进行或“宽”或“严”的把握。如果仅从“扩大打击面”的角度来理解和贯彻扫黑除恶专项斗争的精神，无疑是片面的；如果仅是基于严重危害后果的考量而将不符合《刑法》第249条语义范围的行为解释为犯罪，那更是对实质刑法观的误读。正确的做法是：从刑法条文出发，充分考察行为的法益侵害程度，进而得出当罚与否的结论。因为只有这样，才能将打黑除恶的刑事政策贯彻到刑法条文中来，从而实现李斯特鸿沟到罗克辛贯通的转变。

# 扫黑除恶语境中的实证考察与启示

## ——从检察机关扫黑除恶司法实践为切入点

张振作　林艳红[*]

黑恶势力一直以来都是我国推进法治建设中的一个痛点和难点，由于其固有的特性，有别于一般犯罪，忽视之下易坐大成势、盘根错节、为害一方，近年来大量的涉黑涉恶犯罪案件曝光，冲击、刺痛着人民群众的神经，影响群众的安全感，对社会和谐甚至是国家的长治久安造成严重危害。2018 年中共中央、国务院决定开展扫黑除恶专项以来，在对黑恶势力的高压打击态势和司法机关的快速反应、联动协作之下，全国各地对黑恶势力的打击均取得了初步成效。以 Q 市为例，开展专项斗争以来，Q 市检察机关共办理提前介入涉黑恶势力案件 21 件，受理公安机关提请批准逮捕涉黑恶势力犯罪案件 36 件 197 人，受理审查起诉 14 件 126 人。① 但是案件办理过程中，对于黑恶势力的认定、证据规定的认识等各类问题也相继发生，引发司法实务界和法学理论界对扫黑除恶专项斗争的关注与思考，检察机关作为扫黑除恶专项斗争的中间环节，在如何应对、推进扫黑除恶专项斗争的浪潮中，将扮演至关重要的角色。

笔者拟从司法实践角度分析当前开展扫黑除恶专项斗争中的刑事样态，剖析此类案件办理中所存在的与以审判为中心的刑事诉讼制度改革不相适应的情况、民刑问题交织案件中如何保障公民权利等，以期为更加合理、高效推进扫黑除恶司法工作提供可能的参考解决路径。

### 一、扫黑除恶专项斗争的现实语境

提到扫黑除恶专项斗争，许多人都会将其与此前的“打黑除恶”② 行动进

---

* 张振作，福建省泉州市人民检察院科员；林艳红，福建省南安市人民检察院科员。

① 数据统计区间截止至 2018 年 6 月 30 日。

② 在中共中央、国务院发布《关于扫黑除恶专项斗争的通知》之前，在惩处黑恶势力中长期使用“打黑除恶”的提法。

行比较，二者均是我国长期坚持严厉打击黑恶势力的产物，但“扫”与“打”一字之差又存在着明显的区别。首先，“扫黑除恶”更加强调打击黑恶势力犯罪的外延性，要求相关责任部门要积极、主动去发现各种黑恶势力并予以痛击，体现国家惩处黑恶势力的全面性、主动性和扎实性，也更加具有广度和深度。其次，“扫黑除恶”专项斗争是中国特色社会主义进入新时代后面临新形势新挑战下一项新的重大决策部署，与“运动式执法”有着本质上的区别，与一般的刑事司法专项行动强调对违法犯罪的“打击”不同，“扫黑除恶”专项斗争还蕴含着社会综合治理的特性，是将刑事司法与社会综合治理相结合的产物，号召的是全社会都动员起来，各部门都要打破资源壁垒，而不仅仅是司法机关的刑事打击，要用最大的合力来实现对黑恶势力的综合治理。最后，“扫黑除恶”更加强调不仅要打击黑恶势力，更要将“扫除”黑恶势力背后的腐败势力和基层“拍蝇”① 相结合，从源头上铲除黑恶势力的滋生土壤。

## 二、“扫黑除恶”专项斗争中黑恶势力的认定内涵

涉黑涉恶案件常常是司法机关标记具备黑社会性质组织或恶势力团伙性质的犯罪案件的称呼，但从严格意义上看，涉黑涉恶案件的定义过于宽泛笼统，实践中不利于精准定义案件性质和科学惩治犯罪，因此无论是理论研究还是实践操作，势必要对黑恶势力犯罪组织进行准确的定义。

黑社会性质组织与黑社会组织、犯罪集团、恶势力本质上都是有组织犯罪，但因为处于有组织犯罪的不同发展阶段而相互区分，组织化状态和程度有所差别。根据我国《刑法》第 26 条规定，犯罪集团是指 3 人以上为共同实施犯罪而组成的较为稳定的犯罪组织。而黑社会性质组织和黑社会组织则是“特殊的犯罪集团，具有犯罪集团的规模性、组织性、目的性和稳定性四个特征，黑社会组织是黑社会性质组织的高级形态”②。由于尚未出现典型的黑社会组织，我国刑法只规定了黑社会性质组织犯罪，而未规定黑社会组织犯罪。

恶势力实际上不是严格的法律概念，从发展形态上分析，其是集团犯罪的一种，是黑社会性质组织的雏态。2009 年，最高人民法院、最高人民检察院和公安部关于《办理黑社会性质组织犯罪案件的座谈会纪要》中，对于“恶势力”概念的界定是，经常纠集在一起，以暴力、威胁或者其他手段，在一

① 主要指身处基层的腐败官员，尤其是村级政权极易沦为黑恶势力的“靠山”，长期横行欺压村民且不易被发现。

② 宋洋：《我国黑社会性质组织犯罪若干问题研究》，中国政法大学 2011 年博士学位论文。

定区域或者行业内多次实施违法犯罪活动，为非作恶，扰乱经济、社会、生活秩序，造成较为恶劣的社会影响，但尚未形成黑社会性质组织的犯罪团伙。恶势力和黑社会性质组织犯罪是同一事物发展阶段的不同形态，因此呈现出很多相同之处。黑社会性质组织往往由恶势力团伙坐大成势发展而来，二者源于相同的思想基础，形成相似的价值体系，反社会倾向明显，在组织结构和活动方式上，恶势力团伙在恶性程度和影响力上虽逊色于黑社会性质组织，但实施的寻衅滋事、敲诈勒索、聚众斗殴、妨害公务、非法侵入他人住宅、故意伤害、贩卖运输毒品等违法犯罪行为上是相类似的。在司法实践中，需要对二者加以区别，以防止非黑恶势力犯罪拔高为涉黑涉恶案件处理、恶势力犯罪案件拔高为黑社会性质组织犯罪案件处理。

关于黑社会性质组织的认定，2015 年，最高人民法院关于《全国部分法院审理黑社会性质组织犯罪案件工作座谈会纪要》认为，黑社会性质组织的“组织特征”是组织成员在 10 人以上，具备一定规模，人数较多，有明确的组织者、领导者，骨干成员基本固定，有较为明确的层级和职责分工，成员有共同遵守的组织纪律或活动规约；“经济特征”表现为具有一定的经济势力，组织形成、发展过程中所获取的经济利益能够豢养组织成员、维护组织稳定、壮大组织势力；“行为特征”包括暴力或以暴力相威胁的手段，也包括非暴力性的违法犯罪活动，对未体现出实施暴力或以暴力相威胁特征的组织，定性上应特别慎重；“非法控制特征”（也称“危害性特征”）体现在控制和影响一定的区域或行业，该区域或行业具备一定的空间范围，承载一定的居住、服务、生产、经营等社会功能，若犯罪组织控制和影响的空间犯罪有限，如一处娱乐场所，所涉及的人口数量、流量、经济规模较小的话，一般也不视为具有非法控制特征。

依托上述规定，笔者认为恶势力团伙和黑社会性质组织区别主要体现在：

一是组织结构的严密性、规模化不同。相较于恶势力团伙，黑社会性质组织组织结构更为紧密，人数上和规模上多于恶势力团伙，人员之间有更为明确而的角色分工和等级划分，有成文或虽未成文但在组织内部广泛适用的规矩、规则，骨干成员相对固定，有固定的聚集时间。

二是经济实力不可同日而语。黑社会性质组织经济来源相对固定，犯罪所得上交组织并统一管理、分配和使用，这些经济收入支持和维系着组织的生存、发展。恶势力团伙则无稳定的经济来源，非法收入大都来源于临时的违法犯罪活动，且未用于组织发展，往往被团伙成员即时瓜分。

三是危害影响控制成势。恶势力团伙在危害范围和影响力上明显小于黑社会性质组织，而这种程度的差别笔者认为主要反映在是否形成区域或行业控制力，对于一定的人员、资源产生束缚。且这种控制力可能伴随着政治力量的非法保护。

## 三、扫黑除恶专项斗争司法实践中存在的几个问题

### （一）认定标准不统一，“降格”打击频繁出现

在司法办案中，由于受“扫黑除恶”专项斗争的政策影响，部分地区出现了扩大打击范围的倾向。以Q市为例，分析专项斗争以来查处的涉黑涉恶案件情况可以发现，在初期公安机关移送检察机关提请批准逮捕的涉黑涉恶中，经初步审查后不予认定为涉黑涉恶的案件占比高达53.5%，公安机关认定黑恶势力犯罪较为宽泛，有的甚至明显不符合司法解释的规定，有部分地区的公安机关简单地将属于三人以上团伙犯罪的九类案件①，均认定为黑恶势力团伙犯罪。诚然，加大对违法犯罪行为的打击力度固然有利于保障社会的安宁稳定，但由于刑法区别于普通犯罪地将黑社会性质组织犯罪进行特别规定，并制定了严厉的刑罚措施，“降格”认定黑社会性质组织犯罪无疑与罪刑法定原则相违背。在形势趋严的背景下，将非恶势力犯罪认定为恶势力犯罪同样也会产生法律意义上的实体、程序非正义。

“降格”打击问题不仅体现在将非黑恶势力犯罪认定为黑恶势力犯罪的由非向是上，也体现在一旦认定为黑恶势力犯罪很难逆转为非黑恶势力犯罪的由是向非上。具体而言，“扫黑除恶”专项斗争是一项从中央到地方，涉及众多职能部门的工作，公安机关、检察机关、审判机关需要将所办理的涉黑涉恶案件情况向地方党委进行通报。因此，中央与地方之间、地方各部门之间、司法机关与其他单位之间，在对内和对外两条线上建立起了多条信息交互通道，以报告、汇报、通报等形式。信息的交互有利于工作情况的上传下达和政策的适时调整，但同时也在于上级机关监督下级机关对工作的落实情况，在司法层面体现为对自由裁量权的限制。故一旦某个案件被定性为涉黑涉恶案件后，当司法机关在进一步侦查、审查、审理后发现并非具有涉黑涉恶性质，严格的刑事政策和繁琐的报告、说明程序往往使得司法办案人员对于“出非”“出恶”更加保守。

### （二）“扫黑除恶”背后“保护伞”难以深挖

黑恶势力能够存在或者说能够长期存在，没有公权力的袒护是做不成的，

① 即聚众斗殴、敲诈勒索、寻衅滋事、强迫交易、非法拘禁、故意毁坏财物、组织卖淫、强迫卖淫、开设赌场。

“保护伞”一日不除，黑恶势力便一日难绝，如果要解决黑恶势力，必须从根本上要打掉，所谓它后面支持他、保护他或者说掩护他的公权力。而从现实来看，长期盘踞的黑恶势力背后往往都有政治权力为支撑，经由利益交换，形成以黑养官、以官护黑的复杂局面。在开展专项斗争的司法实践中，我们也发现，虽然查办的黑恶势力案件不在少数，但挖出“保护伞”却极鲜见。以Q市检察机关为例，截至目前，对于黑恶势力背后的“保护伞”虽然也采取了一些措施，但从最直观的数据来看仍为0，一方面，由于当前检察机关打击黑恶势力“保护伞”主要通过侦监、公诉办案过程发现，但与申诉、刑事执行检察等的协作配合较少，机制落实得不够到位，一些线索不能及时发现或者发现之后未能有效深入挖掘。另一方面，由于“保护伞”往往在当地具有较深根基，其中最为突出明显的在于基层政权，尤其以村镇级更为突出，一些村主任、村支书更是直接成了黑恶势力的“代言人”，由于较为偏远，且村民法治意识不强，加之村主任、村支书把控上访申诉关卡，致使被压迫下的村民求助无门，也没有有效途径可以向司法机关反映，即便是在“扫黑除恶”的高压态势下，仍然有一些偏远的村落未能及时接受到相关讯息，即便对黑恶势力“保护伞”恨之入骨，也无从反抗。

## 四、关于扫黑除恶专项斗争的几点再思考

### （一）“公平”与“效率”的平衡

“公平”和“效率”一直是寻求法律正义需要平衡的问题，所有与司法办案有关的改革都离不开这一个问题，“扫黑除恶”也不例外，不可否认，“扫黑除恶”专项斗争基于其特殊性，对于提高对该类案件的司法办案效率确实具有其现实意义和价值，但如何正确处理好“公平”和“效率”两者的关系，仍然是这场斗争中需要反思的问题，遗憾的是，当前司法实务及理论界，更多地将目前集中在解读如何更好地保障“扫黑除恶”斗争的推进效率之上，而忽略了实体正义、实体权利的供给不足。我们没有理由说，为了确保能够尽快打掉一些黑恶势力，就能赋予司法权力闯红灯的自由，在每一个案件中都要讲事实、讲证据，不能为追求所谓的“效率”而牺牲公平公正，运动式的肃清，或许可能求得一时的秩序，但却可能遗祸久远，甚至背离法治精神。

### （二）绝对正义与有限正义的博弈

罗尔斯认为，正义论可以分为两个部分：第一部分是理想部分，确立了那些在有利环境下一个良序社会的原则；第二部分是非理想部分，面对的是现

实，主要由解决不正义问题的原则组成。① 长期以来，中国社会秉承的关于正义的法律思想倾向于理想型，如罪责刑相适应的刑法理念。在这样的社会背景下，正义是一种理想和追求，蕴于对理想社会的追求之中。从纯粹法治的角度来看，我们希望一切的执法、司法行为能够百分之百地在法治的圈圈里进行，可以说，这是一种绝对的正义，也是我们对于法治的理想追求，但现实世界并没有办法让这种绝对的正义得以完整实现，我们不得不承认，在更多时候，正义是有限的，“扫黑除恶”斗争就是这样一种有限的正义，它所实现的是整个社会的稳定和人民的安居乐业，“扫黑除恶”专项斗争本质上可以说是一项“民生工程”，它不仅仅是维护社会治安的问题，也是重要的民生问题和政治问题。从本质上来看，它与纯粹的法治有所出入，并不符合法学学者、法律工作者对于绝对正义的严格标准，但从实质上来看，它又符合人民对于法治的朴素追求，即“安全感、幸福感”，我们不得不思考，如果纯粹法治下所谓的绝对正义并不能带来国家的安定、社会的和谐，也不能保障人民的安居乐业，即便从历史的理想的眼光，它符合法治社会的要求，但它的实际意义却也值得我们打上一个问号。

## 五、法治思维下推进扫黑除恶专项斗争的路径探索

任何打击违法犯罪的行动其根本原则都是“依法”两个字，“扫黑除恶”也不例外，既是对过去“打黑除恶”行动中暴露出的一些经验教训的汲取，也是中国特色社会主义新时代全面推进依法治国的必然要求，在一个健康的法治社会，要真正赢得这场斗争的彻底胜利，关键点在于要切实运用法治思维去推进这项行动，使“扫黑除恶”专项斗争始终在法治的轨道上奔驰，真正实现法律效果、社会效果和政治效果的统一。②

### （一）恪守法治原则，科学把握“严打”与刑法基本原则的关系

绝对不能运动化和扩大化，上世纪“严打”浪潮下造成的错案还历历在目，直到现在法治社会的推进还不时要为当时的盲目买单，因此如果“扫黑除恶”专项斗争出现运动化倾向，直接导致的后果便是会在短时间内扫除一批黑恶势力，但过后又会不了了之，甚至留下一堆烂摊子予以后来的司法解决。因此，要推进这项斗争，就需要厘清两个方面的关系：一是“扫黑除恶”专项斗争要求必须全方位地“严打”，以“零容忍”的态度对各类影响社会稳

① 约翰·罗尔斯：《正义论·译者前言》，何怀宏、何包钢、廖申白等译中国社会科学出版社 2009 年版，第 3 页。

② 彭新林：《扫黑除恶的时代意义和法治内涵》，载党建网，2018 年 3 月 29 日。

定、人民群众生活安定的黑恶势力进行打击，在短时间内形成压倒性的打击态势并长期保持下去，直至黑恶势力无能复辟，并且要将锋芒指向最影响群众的、群众最深恶痛绝的涉黑涉恶类型，不留死角，不留禁区。二是要把握宽严相济的刑事政策及罪刑责相适应的刑法基本原则，即使是对于黑恶势力，也要严格适用该刑事政策，既要体现“严打”的一面，也要体现“从宽”的一面，不能因为专项斗争的因素而有所偏颇。对于积极、主动的黑恶势力主要分子和组织者，要坚决予以从重、从快、从严打击，绝不手软，绝不退让，但对于一些轻微参与者，特别是实际被胁迫参与的及未成年人，需要审慎进行认定，在法定的幅度范围内该从宽处理就从宽处理，绝不因涉及“扫黑除恶”而人为地拔高刑罚标准。

### （二）“扫黑”结合“扫灰”，扫除黑恶势力“保护伞”

在“98第1号黑社会案件”① 中，涉案的人员包括警察10人，检察官5人，法官4人，这些人利用职权成为黑社会集团的背后靠山，使得该黑社会团伙在当地横行无阻，直至犯下杀死4人、杀伤33人、抢劫财物数百万元的罪行，因此，必须严防“黑金政治”势力的渗透，特别对于基层政权，要将其与惩治“村霸”和宗族恶势力犯罪相结合②，扫除村干部这种“灰色地带”，正是由于在我国村干部具有浓重的特殊色彩，既游离于公务员体系，又实际掌握地方权力，且长期在本村就职管理，属于土生土长的“官员”，治理农村离不开他们，处理起来又很麻烦，而长期生存在“管理”之下的村民，由于许多事务需要经由村干部处理，则容易处处退让，不敢反抗。开展“扫黑除恶”一定要将打击“保护伞”与侦办涉黑涉恶案件结合起来，除了摧毁隐藏在党政部门、司法机关、村镇里的“保护伞”，摧毁黑恶势力再生的可能，才能取得斗争的最终胜利。

### （三）强化程序及证据意识，保障嫌疑人、被告人诉讼权利

在法治成为时代主旋律的今天，“扫黑除恶”专项斗争更应当适应审判中心主义，严格树立程序正义和证据高标准要求。1983年至今，中国也经历过

① 1998年初，长春市公安局一举挖出了以梁旭东为首的，集杀人、抢劫、敲诈勒索、绑架、聚众殴斗、设赌抽红、组织卖淫等多种犯罪于一身的特大黑社会性质有组织犯罪集团。

② 2017年1月，最高检给全国各地检察机关下达的任务，是坚决依法惩治“村霸”和宗族恶势力刑事犯罪，突出打击为“村霸”和宗族恶势力充当“保护伞”的职务犯罪。

多次“严打”[①]，主要目的在于保障人民群众的生命财产安全，在不同的时代背景发挥出特殊的时代作用，但随着法治社会的推进，保障人权逐渐成为全社会的一种共识，在刑事诉讼中，保障人权与打击犯罪被放在了同等的位置，也越来越强调在刑事诉讼中要充分保障嫌疑人、被告人的诉讼权利以维护司法公正。此次“扫黑除恶”是在我国以审判为中心的刑事诉讼制度改革的背景下进行的。因此，不管是对于司法机关还是律师来说，都面临着新的挑战。对于涉黑涉恶案件，要严格按照审判中心主义要求，坚持好疑罪从无、非法证据排除、证据裁判等基本原则，重视庭审实质化要求，严禁侦查时的刑讯逼供，严禁公、检、法三家使用“流水线办案”方式，公、检、法也应当针对涉黑涉黑案件的办理形成统一意见，将分歧降到最小，确保办案质量，最大限度地避免和防范冤假错案的发生。

（四）整顿司法队伍保障“扫黑除恶”专项斗争公正推进

在党的十九大报告中，习近平总书记提出“打铁必须自身硬”，同样适用于“扫黑除恶”专项斗争，总的来看，我国司法队伍是一支战斗力高、有信仰的队伍，绝大多数的公安干警、检察干警及法官都能较好地维护司法公正，但对于其中异化的分子的危害也不可忽视，近年来揭露出的“保护伞”[②]问题触目惊心，如果不能从司法队伍本身先行整顿纯净，那黑恶势力的泛滥就更加不可收拾。因此，要将司法队伍自身的建设当作“扫黑除恶”头等大事来抓。要切实纯净队伍，不能寄希望于加强思想政治建设去教育“不想腐”，而更应当着眼于建立、健全相应的监督纠正机制，使司法人员“不敢腐”，纪检、监察部门也要敢于碰硬，对于发现的苗头性问题要及时查处，决不护短，对于不适宜在司法队伍工作的人员，必须不留情面，严格清除出去。

## 六、未决话题与展望

当前“扫黑除恶”专项斗争正在深入展开并且将长期推进，对于它的现实意义，我们应当给予充分肯定，对于它的进一步深化，我们应当坚定配合，但司法作为维护公平正义的最后一道防线，那么“让人民群众在每一个案件中都能感受到公平正义”就是我们应当坚守的准则，发现真相，尊重真相，恪守法律，寻求正义与理想的最佳契合点，是每一个法律从业者的深切盼望，

---

① 如1996年“严打”、2004年“严打”、2010年“严打”，主要针对杀人、抢劫、强奸、投毒、绑架、盗窃、拐卖妇女儿童等犯罪活动。

② 如湖北荆门市公安局原副局长邹平、刑侦支队原支队长罗芝林、交警支队原支队长阳勇充当郭华为首的29人黑社会性质组织保护伞。

也人民群众所期待的法治体现。如何在确保程序正义的前提下，实现实体正义及人权保障，还有待学界及司法实务界严谨而广泛的继续探讨。而碍于学术水平及篇幅，本文仅能对“扫黑除恶”专项斗争的一些问题进行浅鄙的阐述，只求不贻笑大方，且当抛砖之事，以盼美玉实出。

# 智慧社会背景下的犯罪治理

# 灰色推广手段在典型网络犯罪中的作用及普遍性研究

## ——基于对598份判决书及325份调查问卷的分析*

陈奕屹　皮　勇**

与其他犯罪相比，网络犯罪拥有犯罪成本低、传播速度快、波及范围广、涉案人员多的特征。① 而这些特征则来源于网络犯罪拥有其独有的网络推广手段。网络推广是以互联网为基础，利用信息和媒体技术进行企业和产品推广的一种新型的营销方式。② 一般情况下，网络营销人员会利用独立网站、搜索引擎、论坛、正常广告③等方式进行推广，推广的效果直接关系到网页的访问量、营销信息的传递范围，与营销人员的收益息息相关。然而，由于其自身的非法性，网络犯罪的行为人往往不能使用上述这些完全合法的方式进行营销和推广，只能使用一些虽有巨大的社会危害性但尚未纳入法律规范或在司法实践中无法很好规制的灰色手段。

据统计，网络犯罪行为人常用的灰色推广手段主要包括三种：非法、虚假网页，社交软件以及非法广告。其中，使用非法、虚假网页的方式是指为了使得普通网民可以在使用互联网的过程中接收到非法信息的推广，行为人建立非

* 598份判决书随机抽取于中国裁判文书网发布于2013年1月至2018年5月的全部相关案例，325份调查问卷为网络随机发放。

** 陈奕屹，武汉大学法学院刑法专业博士研究生；皮勇，武汉大学法学院教授、博士生导师。

① 关玉军：《浅谈网络犯罪特点及侦查对策》，载《网络安全技术与应用》2016年第9期。

② 李雨杭、马众：《中小企业网络推广问题分析与对策研究》，载《企业导报》2016年第2期。

③ 指在大流量合法网站上正规购买的广告。

法、虚假网站，并通过对网页的优化①使其可以被搜索引擎检索到并出现在检索页面的前几页。使用社交软件的方法是指行为人通过 QQ、微信、微博等社交软件传播推广信息。使用非法广告进行推广则一般有两种方式：在非法网页（多为赌博、色情网站）上发布广告信息以及破坏主流网站插入弹窗广告。

显然，这三种灰色推广方式或本身就涉嫌违法犯罪或处于互联网安全管理的灰色地带。如前所述，网络犯罪依赖于网络推广增加其知名度、辐射范围及收益，灰色推广的猖獗则会助长网络犯罪的发展的气焰。因此，研究各类灰色推广方式对典型网络犯罪的影响及其普遍性，并探究其遏制手段对减少网络犯罪的收益、加大犯罪难度、减少犯罪数量有十分重要的意义。

## 一、灰色推广手段在典型网络犯罪中的作用

根据对已公布判决书的统计，2013 年 1 月至 2017 年 12 月，网络犯罪的数量逐年上升（图 1）。

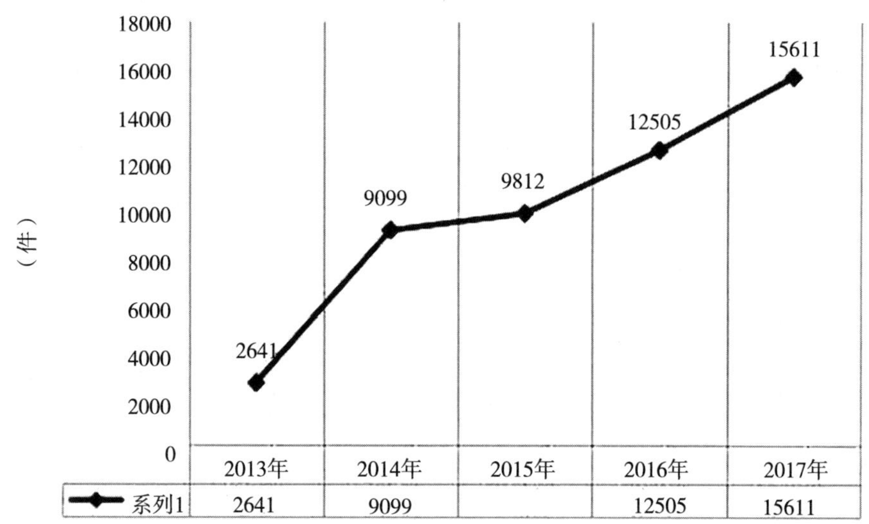


**图 1 网络犯罪总数**

其中，2017 年，网络犯罪一审判决书 15611 份，包括网络诈骗、盗窃类犯罪 6410 起，网络赌博类犯罪 1459 起，网络色情类犯罪 597 起，网络传销类犯罪 492 起，侵犯公民个人信息类犯罪 354 起（图 2）。

① 与正规网站的优化方式不同，非法、虚假网页的优化并不是通过更新、维护网页而是通过关键词堆砌、建立黑链等手段。

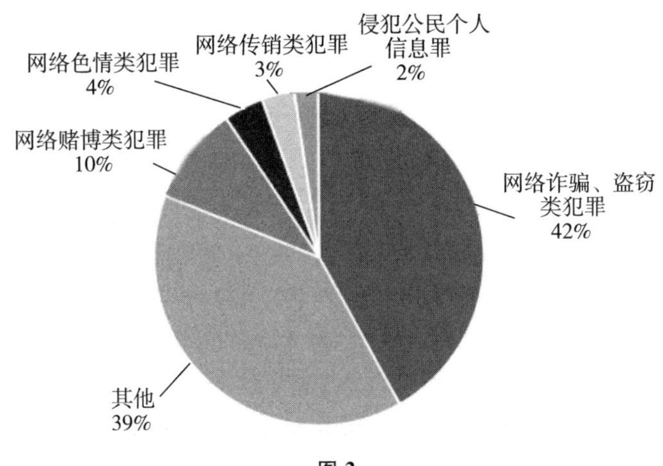


**图 2**

因此，本文选择网络诈骗、盗窃类、网络赌博类以及网络色情类三种最为典型的网络犯罪进行犯罪学研究，探究不同的灰色推广手段对这三类犯罪的作用。

（一）灰色推广手段在网络诈骗、盗窃类犯罪中的作用

在随机抽取的200例网络诈骗、盗窃类犯罪中，明确提到行为人使用灰色手段进行推广的有80例。其中使用虚假、非法网页进行推广的47例，使用社交软件（以QQ、微信为主）的27例，使用非法广告的7例①，犯罪所得及被害人人数与推广手段密切相关。据统计，在120例未使用灰色推广手段的案例中，涉案金额平均值为203924元，被害人最大值为20043人，被害人平均数为29人；在使用灰色推广手段的80例案例中，涉案金额平均值为20811元，被害人最大值为2300人，被害人平均数为37人，所有数值均明显大于未使用灰色推广手段的案例（图3、图4）。

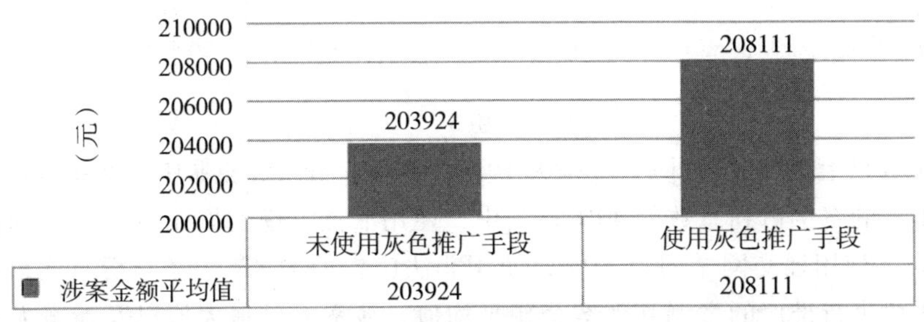


**图3 诈骗、盗窃类网络犯罪涉案金额平均值**

① 有个别案例使用多种方法。

| | 未使用灰色推广手段 | 使用灰色推广手段 |
| --- | --- | --- |
| 被害人数平均值 | 29 | |
| 被害人量大值 | 200 | 2300 |

**图 4　诈骗、盗窃类网络犯罪被害人数**

在使用灰色推广手段的案例中，利用非法、虚假网页进行推广的案例被害人数平均值为 30 人，涉案金额平均值为 208112 元；利用社交软件进行推广的案例被害人数平均值为 24 人，涉案金额平均值为 198167 元；利用非法广告进行推广的案例被害人平均值为 32 人，涉案金额平均值为 207974 元（图 5）。

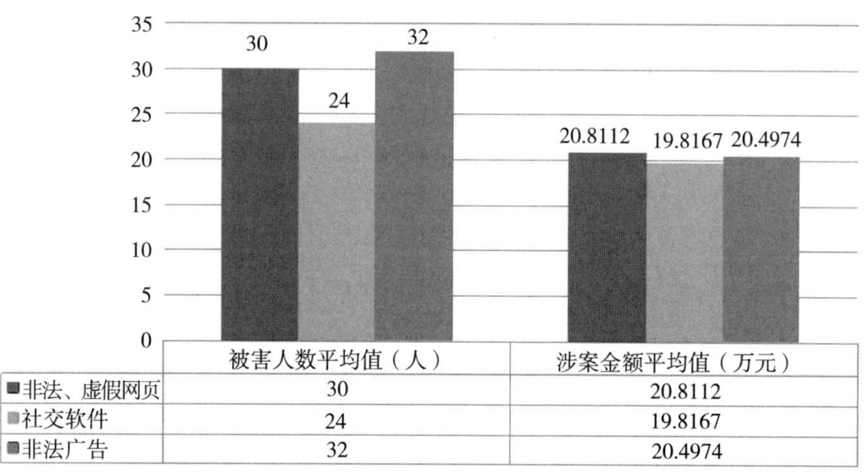


| | 被害人数平均值（人） | 涉案金额平均值（万元） |
| --- | --- | --- |
| 非法、虚假网页 | 30 | 20.8112 |
| 社交软件 | 24 | 19.8167 |
| 非法广告 | 32 | 20.4974 |

**图 5**

结合以上统计数据可知，在 200 例网络诈骗、盗窃类犯罪中，使用灰色手段进行推广的案例占到总数的 40%，其中，使用非法、虚假网站进行推广的占比为 59%，使用社交网站的为 33%，使用非法广告的为 8%。经分析对比，使用灰色手段进行推广的案例其涉案金额平均值、涉案人员最大值以及涉案人员平均值均显著大于未使用灰色手段进行推广的案例。同时，在使用灰色手段进行推广的案例中，三种手段的被害人数平均值和涉案金额平均值差异不明显。

综上所述，在网络诈骗、盗窃类犯罪中，灰色推广手段的应用普遍，灰色推广手段对涉案金额被害人数起到了较为重要的积极作用。

（二）灰色推广手段在网络赌博犯罪中的作用

在随机抽取的 198 例网络色情类犯罪中，明确提到行为人使用灰色手段进行推广的有 57 例。其中使用虚假、非法网页进行推广的 8 例，使用社交软件（以 QQ、微信为主）的 49 例，使用非法广告的 0 例，但犯罪所得及被害人人数与推广手段没有密切相关。据统计，在 141 例未使用灰色推广手段的案例中，涉案金额平均值为 479793 万元，涉案人员[①]最大值为 2041162 人，涉案人员平均数为 102110 人；在使用灰色推广手段的 57 例案例中，涉案金额平均值为 436236 万元，涉案人员最大值为 321778 人，涉案人员平均数为 36057 人，所有数值均小于未使用灰色推广手段的案例（图 6、图 7）。

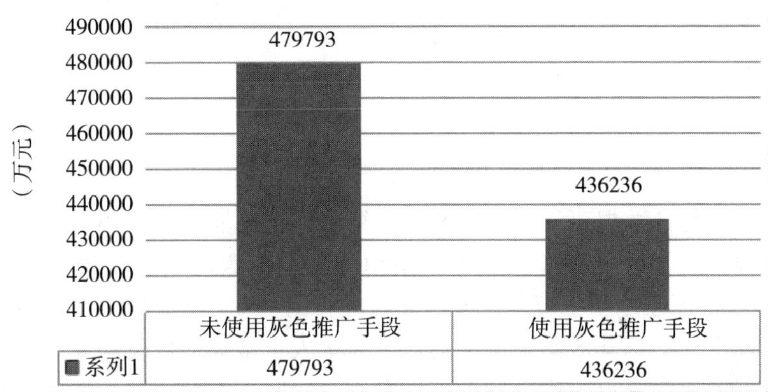


| | 未使用灰色推广手段 | 使用灰色推广手段 |
|---|---|---|
| 系列1 | 479793 | 436236 |

**图 6　赌博类网络犯罪涉案金额平均值**

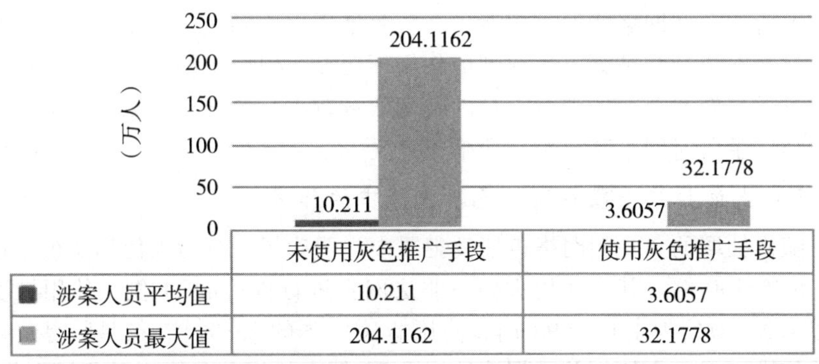


| | 未使用灰色推广手段 | 使用灰色推广手段 |
|---|---|---|
| 涉案人员平均值 | 10.211 | 3.6057 |
| 涉案人员最大值 | 204.1162 | 32.1778 |

**图 7　赌博类网络犯罪涉案人员人数**

① 此处涉案人员为参赌人员。

在使用灰色推广手段的案例中，利用非法、虚假网页进行推广的案例涉案人员平均值为 160892 人，涉案金额平均值为 4470.3 万元；利用社交软件进行推广的案例被害人数平均值为 389 人，涉案金额平均值为 522589.4 万元（图 8）。

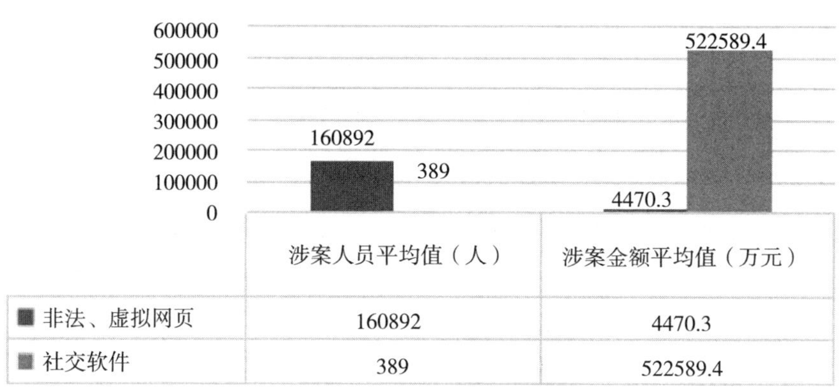


**图 8**

结合以上统计数据可知，在 198 例网络赌博类犯罪中，使用灰色手段进行推广的案例占到总数的 29%，其中，使用非法、虚假网站进行推广的占比为 13%，使用社交网站的为 87%，使用非法广告的为 0。经分析对比，使用灰色手段进行推广的案例其涉案金额平均值、涉案人员最大值以及涉案人员平均值均显著小于未使用灰色手段进行推广的案例。同时，在使用灰色手段进行推广的案例中，使用社交软件进行推广案例的涉案人员平均值小于利用虚假、非法网页进行推广的案例，但涉案金额则相反。

综上所述，在网络赌博类犯罪中，灰色推广手段的应用并不普遍，灰色推广手段对涉案金额和被害人数起到的作用不明显。但由于抽取的样本中明确标注推广方式、涉案金额、涉案人员的案例数量较小，此统计结果并不能完全说明灰色推广手段对网络赌博类犯罪毫无意义。

（三）灰色推广手段在网络色情犯罪中的作用

在随机抽取的 200 例网络色情类犯罪中，明确提到行为人使用灰色手段进行推广的有 130 例。其中使用虚假、非法网页进行推广的 11 例，使用社交软件（以 QQ、微信为主）的 98 例，使用非法广告的 23 例①，犯罪所得及被害人人数与推广手段密切相关。据统计，在 70 例未使用灰色推广手段的案例中，

① 有个别案例使用多种方法。

涉案金额平均值为 113382 元，涉案人员①最大值为 100298 人，涉案人员平均数为 355 人；在使用灰色推广手段的 130 例案例中，涉案金额平均值为 6257617 元，涉案人员最大值为 679812 人，涉案人员平均数为 18947 人，所有数值均明显大于未使用灰色推广手段的案例（图 9、图 10）。

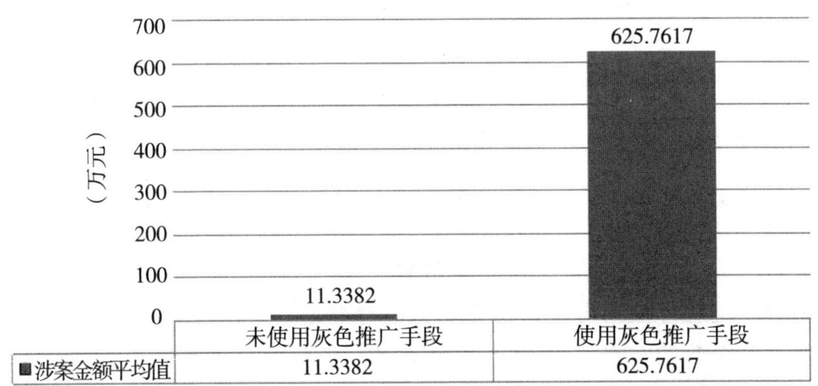


| | 未使用灰色推广手段 | 使用灰色推广手段 |
|---|---|---|
| ■涉案金额平均值 | 11.3382 | 625.7617 |

**图 9　色情类网络犯罪涉案金额平均值**

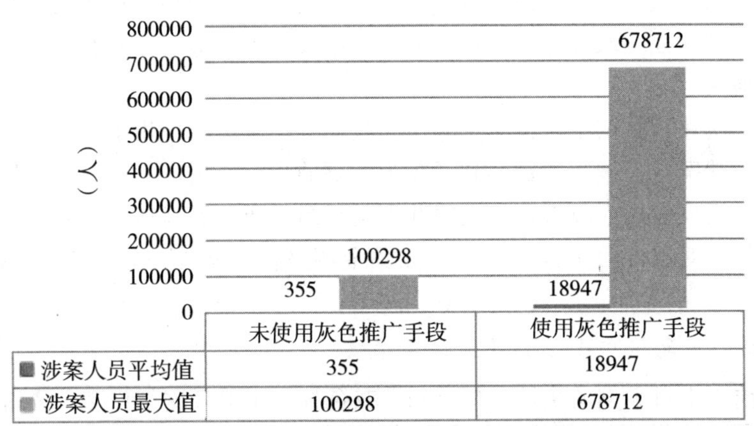


| | 未使用灰色推广手段 | 使用灰色推广手段 |
|---|---|---|
| ■ 涉案人员平均值 | 355 | 18947 |
| ■ 涉案人员最大值 | 100298 | 678712 |

**图 10　色情类网络犯罪涉案人员人数**

在使用灰色推广手段的案例中，利用非法、虚假网页进行推广的案例涉案人员平均值为 195557 人，涉案金额平均值为 336904 元；利用社交软件进行推广的案例被害人数平均值为 254 人，涉案金额平均值为 19510 元；利用非法广告进行推广的案例被害人平均值为 53378 人，涉案金额平均值为 28433199 元（图 11）。

① 此处涉案人员为点击、观看色情文件，加入传播网络群的人员。

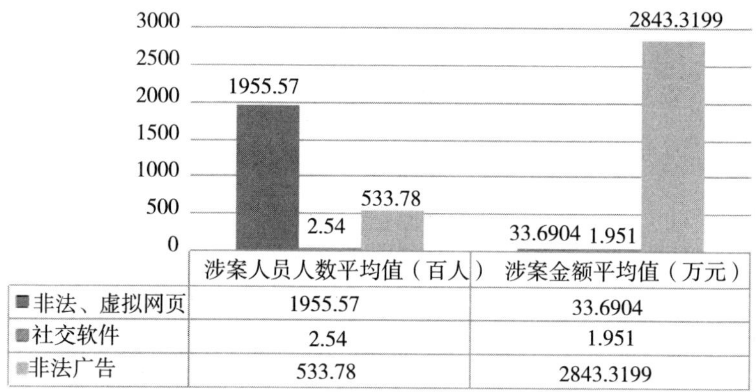


**图 11**

结合以上统计数据可知，在200例色情类犯罪中，使用灰色手段进行推广的案例占到总数的65%，其中，使用非法、虚假网站进行推广的占比为8%，使用社交网站的为75%，使用非法广告的为17%。经分析对比，使用灰色手段进行推广的案例其涉案金额平均值、涉案人员最大值以及涉案人员平均值均显著大于未使用灰色手段进行推广的案例。同时，在使用灰色手段进行推广的案例中，使用社交软件进行推广案例的涉案人员平均值、涉案金额平均值显著低于其他两类。

综上所述，在网络色情类犯罪中，灰色推广手段的应用十分普遍，灰色推广手段对涉案金额被害人数起到了较为重要的积极作用。其中，社交软件的使用虽然广泛但涉案人员人数及金额并不是很高；非法、虚拟网页和非法广告的使用虽然相对较少但是涉案人员人数及金额极高，不能忽视其较大的社会危害性。

### （四）灰色推广手段的普遍性及危害

从前文中对案例的统计分析可知，灰色推广手段对网络诈骗、盗窃类犯罪和网络色情类犯罪的犯罪数额、涉案人员拥有积极影响。

基于此，笔者通过网页、微信公众号等方式向不特定网民发放了325份调查问卷①（均有效）。填写问卷的网民年龄集中在18～35岁（77%），318人（97.8%）使用互联网的时间超过三年，可以较好的反应普通网民接收灰色推广信息并受其影响的现状。

在填写问卷的325位普通网民中，意外检索到过色情网站的占73.54%，

① 附录1。

线上赌博网站占55.08%，诈骗网站占50.46%，仅有65人（20%）从未检索到过上述三类网站（图12）；收到过色情网站弹窗广告的占87.69%，线上赌博网站弹窗广告占65.85%，诈骗网站弹窗广告占57.23%，仅有30人（9.23%）从接收到过上述三类弹窗广告（图13）；在使用社交软件时，收到过色情类垃圾信息的占49.23%，线上赌博类垃圾信息占42.46%，诈骗类垃圾信息占49.85%，有106人（32.62%）从未通过社交软件收到上述三类垃圾信息（图14）。

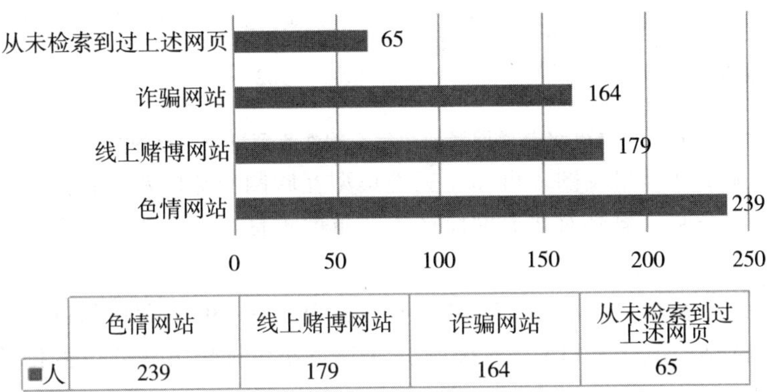


| | 色情网站 | 线上赌博网站 | 诈骗网站 | 从未检索到过上述网页 |
|---|---|---|---|---|
| ■人 | 239 | 179 | 164 | 65 |

**图12　325名普通网民使用搜索引擎无意检索到非法、虚假网页的情况**

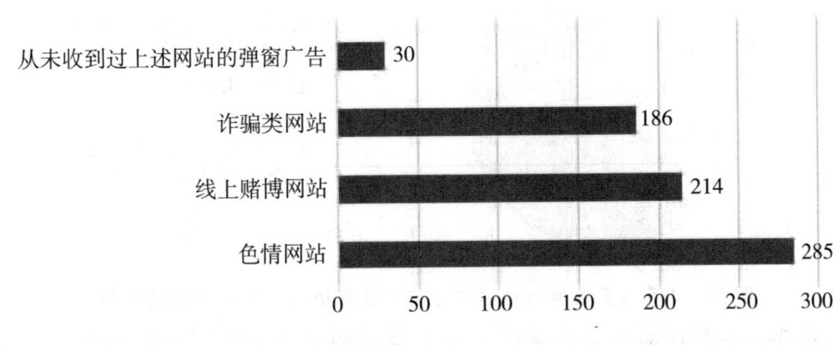


| | 色情网站 | 线上赌博网站 | 诈骗类网站 | 从未收到过上述网站的弹窗广告 |
|---|---|---|---|---|
| ■人 | 285 | 214 | 186 | 30 |

**图13　325名普通网民在使用互联网过程中接收弹窗广告的情况**

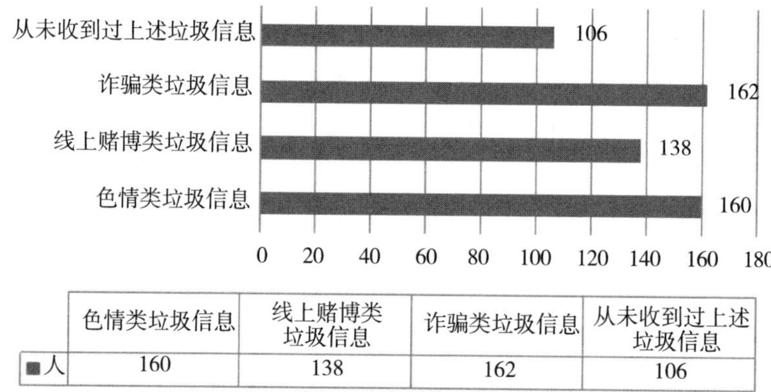


| | 色情类垃圾信息 | 线上赌博类垃圾信息 | 诈骗类垃圾信息 | 从未收到过上述垃圾信息 |
|---|---|---|---|---|
| ■人 | 160 | 138 | 162 | 106 |

**图 14　325 名普通网民使用社交软件收到垃圾信息的情况**

由上述统计结果及图表可知，三类典型互联网犯罪的灰色推广信息在网络空间中十分普遍，势必对普通网民产生严重的不良影响，为后续犯罪提供土壤和契机。

据统计，在填写问卷的 325 名普通网民中，有 180 人曾访问过色情、赌博或诈骗类网站，其中，115 人（63%）是通过灰色推广方式获得链接并访问的（图 15）。

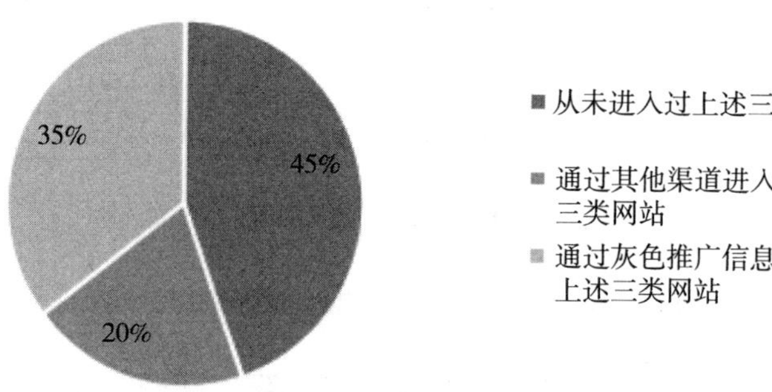


**图 15　325 名普通网民通过灰色推广信息进入三类非法网站的情况**

此外，笔者还对网络诈骗这一最典型的网络犯罪进行了问卷调查。虽然，在 325 名普通网民中仅有 28 人拥有被网络诈骗的经历，但其中 25 人都是由于轻信灰色推广信息受骗（图 16）。

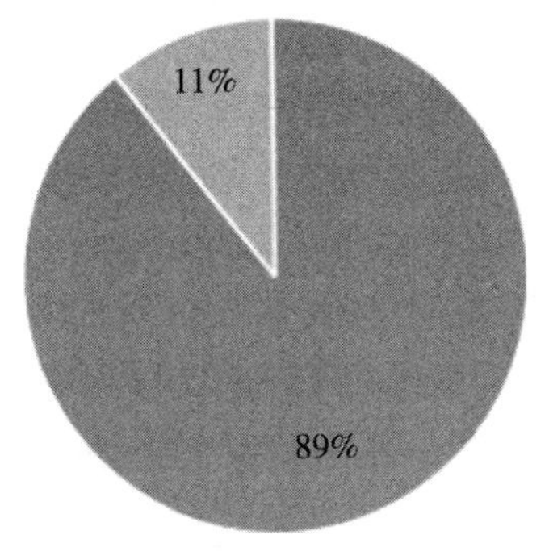


**图 16**

综上所述，三类典型互联网犯罪的灰色推广信息在网络空间中十分普遍，不仅会给普通网民正常使用互联网带来困扰还会给后续犯罪提供便利条件，被统计的网络诈骗犯罪被害人虽然样本数量有限，但仍然能反映出灰色推广手段对典型网络犯罪的推进作用及给普通网民带来的巨大危害。

## 二、灰色推广手段猖獗的原因及其治理

结合上文中关于灰色推广手段普遍性、危害性及其对三类典型网络犯罪的积极作用，笔者认为应当从开发者、管理者和立法者三个不同的层面对灰色推广手段猖獗的原因进行分析并对此提出治理方案。

### （一）开发者层面：应对互联网犯罪的灰色推广进行筛查，对灰色推广信息的发布者进行快速处理

无论是搜索引擎、普通网站还是社交软件，其开发者和运营者都是保障互联网空间安全的第一道防线，在典型互联网犯罪的灰色推广信息传播的过程中也不例外。如果搜索引擎、网站社交软件的开发者和运营者可以通过技术手段对灰色推广信息进行充分筛查，其带来的恶劣影响将大大降低。然而，事实并非如此。

以搜索引擎为例，在前文提到的检索到过非法、虚假网页的 260 名普通网民中，以百度为搜索引擎的占 93.85%，以谷歌为搜索引擎的占 14.62%，以 360 搜索为搜索引擎的占 50.38%，使用其他搜索引擎（如搜狐、搜狗等）的占 3.08%（图 17）。

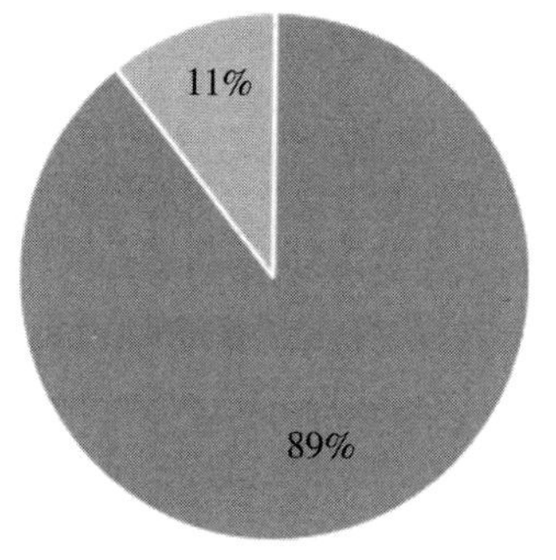


**图 17**

不难发现，以百度为搜索引擎无意检索到过非法、虚假网站的网民远远多于其他几类，除了百度应用的普遍性之外，其排名算法的不严谨也是导致这一现状的重要原因。

百度的排名方式主要有两种：竞价排名和自然排名。竞价排名是就是各个网站通过竞争出价的方式获得网站排名的位置，实际上就是网络广告的一种。这种排名方式主要存在的问题在于获得排名的网站的内容是否具有真实性，如果网站运营者没有对排名网站进行严格筛查不仅会导致网络犯罪的发生还会给轻信该网站的人带来严重的危害，轰动一时的魏则西案就是最典型的案例。自然排名则是各个网站通过自身优化的方式，依靠关键词、点击率等获得网站排名。目前，百度的排名规则主要依照以下几个数据：关键词相关性、网站评价、页面体验（包括访问速度等）。① 这种排名方式存在的主要问题则是，非法、虚假网页可以通过黑帽 SEO 这种灰色推广手段对网页进行优化，使其排名迅速靠前。

为了解决上述问题，以百度为典型的搜索引擎网站和其他普通网站应当对竞价广告进行严格的审核，同时改进算法，对关键词堆砌、黑链等行为尽量筛查，对非正常弹窗广告进行拦截，主动承担社会责任，通过技术筛查和人工审核两种方式过滤灰色推广信息，为普通网民提供更健康的互联网环境，不给互联网犯罪提供蔓延的土壤。

社交软件的管理者同样拥有这样的社会责任。在前文提到的通过社交软件收到过灰色推广信息的 219 名普通网民中，使用 QQ 的占 54.34%，使用微信的占 35.62%，使用微博的占 49.29%，使用陌陌的占 11.42%，使用探探的占

① 东盛科技：《百度搜索排名规则》，载 https://www.sohu.com/a/210667631_99890735，最后访问时间：2018 年 8 月 10 日。

8.68%，使用抖音的占6.39%，使用快手的占10.5%，使用其他社交软件（包括iMessage、line、支付宝等）的占13.7%（图18）。

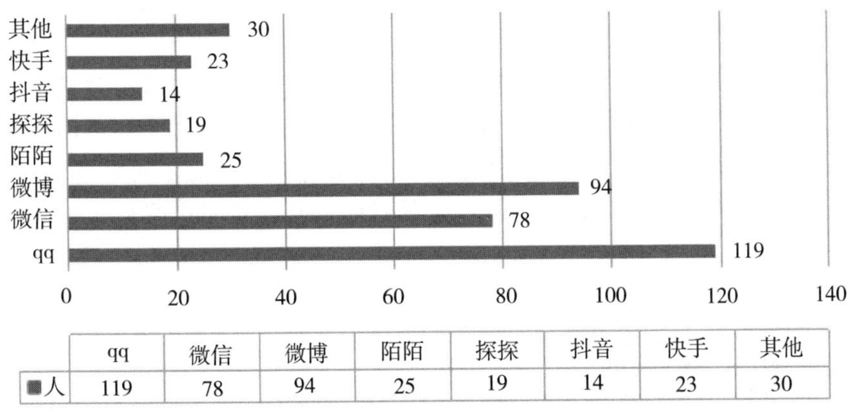


| | qq | 微信 | 微博 | 陌陌 | 探探 | 抖音 | 快手 | 其他 |
|---|---|---|---|---|---|---|---|---|
| ■人 | 119 | 78 | 94 | 25 | 19 | 14 | 23 | 30 |

**图18　219名普通网民通过社交软件接收三类典型网络犯罪灰色推广信息的情况**

与搜索引擎相比，使用不同社交软件收到三类典型互联网犯罪的灰色推广信息的渠道相对比较分散，在使用微博、微信、QQ三类普通网民最常用的社交软件的过程中手段灰色推广信息的普通网民数量基本相当。

由于社交软件拥有网民数量广泛、使用频率高及包含信息数量大、内容杂的基本特征，通过技术手段对灰色推广信息进行自动筛查容易出现误差影响普通网民的正常使用①，而人工审核又会侵犯到用户的隐私权。因此，社交软件的运营者，只能通过充分发挥使用者的监督作用对灰色推广信息进行管理，对用户关于灰色推广信息的投诉予以积极应对并对信息发布者进行删除、封号处理，有必要时应联系警方介入。

（二）管理者层面：应加大对互联网犯罪的灰色推广进行管理

依照我国目前的法律规范，行政、司法机关可以从以下几个层面对互联网犯罪的灰色推广手段进行直接管理：

第一，对虚假广告的管理。目前，由于网络虚假广告是新生事物，管理者

① 美国知名科技博客Gizmodo（https：//gizmodo.com/）曾报道，AI图像识别系统多次将沙漠图片当作色情图片进行处理。这种误差出现在普通网页时可以被快速发现并及时修正，但如果用于社交软件则不易被发现修正，给普通网民带来困扰。

对其的处理主要以行政处罚为主，刑事制裁明显不足①，这样的处理方式不仅导致虚假广告自身的猖獗，同样还给互联网犯罪的灰色推广信息提供了绝佳的载体，给后续犯罪提供了便利。对此，司法机关应加重刑法的介入，对虚假广告进行更为严格的管理和制裁，避免危害结果的发生。

第二，对非法网页、网站的管理。在接收到过有关三类典型互联网犯罪推广信息的弹窗广告的295名普通网民中，大部分网民接收弹窗广告的网站为合法网页（对这类网页、广告的治理前文中以详细论述，此处不再赘述），但仍有一部分承载灰色推广信息的弹窗广告其载体本身就是非法网页、网站（图19）。

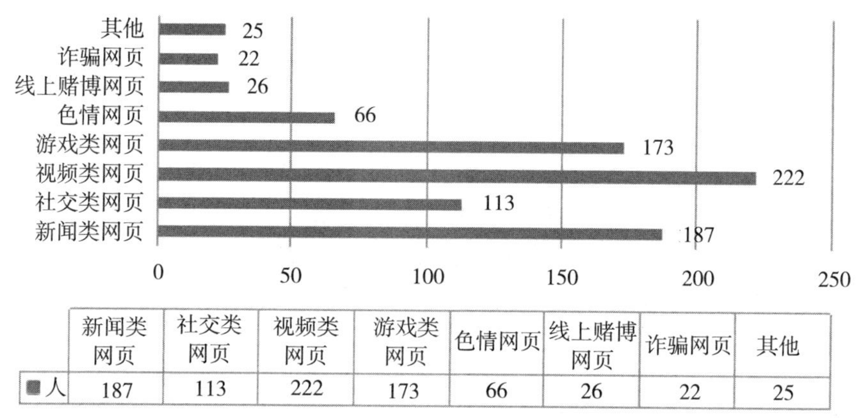


| | 新闻类网页 | 社交类网页 | 视频类网页 | 游戏类网页 | 色情网页 | 线上赌博网页 | 诈骗网页 | 其他 |
|---|---|---|---|---|---|---|---|---|
| ■人 | 187 | 113 | 222 | 173 | 66 | 26 | 22 | 25 |

**图19　295名普通网民通过弹窗广告接收三类典型网络犯罪灰色推广信息的情况**

对于这类非法网页、网站，虽然各类法律法规早已明确其非法性及可罚性，但在管理过程中仍存在困境。例如：管辖权归属不明、嫌疑人难以认定、网络执法人员能力不足等问题。对此，在对非法网页、网站进行治理的过程中，首先应当明确管辖权的归属（包括地域归属、部门归属），并提高电子证据的效力，提高网络执法人员的技术水平和执法能力。②

第三，对其他灰色、低俗信息进行管理。除了显著违法的网页、广告之外，典型互联网犯罪在进行灰色推广的过程中往往会使用并不违法但仍有巨大危害的低俗信息。例如，一些淫秽色情、赌博、诈骗网页在各大网站进行推广

① 孙道萃：《虚假广告犯罪的网络化演变与立法修正思路》，载《法治研究》2018年第2期。

② 郭渐强、袁光：《我国网络执法面临的困境及其出路》，载《当代经济管理》2016年第12期。

的过程中往往会使用裸露的图片或有性暗示的文字吸引眼球。然而，这样的信息并不符合刑法中淫秽物品的标准，无法对其进行严格的规制，其发布的单位也并不完全属于《互联网文化管理暂行规定》互联网文化单位。对此，网络安全管理部门应当出台更为详细的互联网低俗信息的标准，加大整治互联网低俗信息行动的力度。

### （三）立法者层面：应意识到灰色推广手段对互联网环境的污染，考虑对其进行明确的法律规制

上述两种网络犯罪对灰色推广手段的治理方法，都是在现行法律法规的规定下通过提高技术水平、监管力度、管理办法等方式对其进行规制。然而，由于行为人的技术手段在不断革新，这些方法均只能缓解当下的问题，并不能从根本上解决灰色推广手段对互联网犯罪的推动。同时，无论是 SEO 黑帽优化、黑链植入、低俗信息群发还是低俗弹窗广告的投放，这些行为本身都是对互联网环境的污染，或是影响企业网络广告的良性竞争或是给青少年的成长带来不利影响。因此，笔者认为，立法者应当对各种灰色推广手段进行详细的分析、分类，针对其危害性、危害对象进行分类规制和管理。只有从立法层面将灰色推广手段纳入法律的管理范围，才能从根本上解决其带来的严重社会危害。

# 打造检察版“枫桥经验”

## ——“网格化+社区检察官”的探索与实践

福建省石狮市人民检察院课题组*

“枫桥经验”是1963年浙江省诸暨市枫桥镇确立的社会治安综合治理经验，经由毛泽东同志批示而推广全国。在不同的历史时期，“枫桥经验”一直作为社会治安综合治理的一面旗帜发挥着引领作用。随着经济社会的快速发展，各种利益冲突交织，社会转型期的刑事案件数量激增，社会矛盾更加多元化，矛盾化解工作成为政法机关的“重头戏”。在刑事诉讼架构中，检察机关处于诉讼的中间环节；民事诉讼中，检察机关的监督属于事后监督。按现有的诉讼模式构造，检察机关无法及时掌握跟踪相关案件的信息动态，存在一定的滞后性。为此，各地检察机关纷纷探索社区检察官工作机制，通过加强与基层单位、案件当事人和群众的密切接触，来进一步推动解决上述问题。

## 一、关于社区检察官工作的探索

2016年12月6日21时许，犯罪嫌疑人李某在石狮市祥芝镇溢达酒店五楼包厢和被害人蔡某喝酒时发生纠纷，犯罪嫌疑人李某与进入电梯的田某、“阿国”（均另案处理）用拳脚共同殴打被害人蔡某，致蔡某头面部受伤。经鉴定，蔡某属轻伤二级。犯罪嫌疑人李某于2016年12月7日在石狮市祥芝镇中心渔港准备出海时被公安人员抓获。案发后李某如实供述自己的罪行，并有悔罪表现。2018年4月16日，公安机关以李某涉嫌故意伤害罪移送检察机关审查起诉。2018年5月7日，案发地石狮市祥渔村的网格联络员蔡清筑向社区检察官林建檀反映，李某有意与被害人和解，希望检察机关能够主持双方和解，对李某从轻处理。社区检察官林建檀了解到该信息后，随即将情况反馈给承办该案的检察官。承办检察官在社区检察官和网格联络员的协助下深入社区

---

* 课题组组长：陈林，福建省石狮市人民检察院检察长；课题组成员：谢国军、陈长沙、荆国良、张群胜、毕昌东。

了解李某平时表现，结合本案案情开展释法说理，最终促使双方达成和解协议，李某等人赔偿被害人蔡某人民币 8.5 万元，取得了被害人谅解。承办检察官深入社区召开不起诉公开听证后，在综合考量本案犯罪情节及李某悔罪表现的基础上，依法对李某作出相对不起诉决定。该案的处理，实现了案结、事了、人和，取得了较好的社会效果和法律效果。

这是泉州市检察机关开展“网格化 + 社区检察官”的一个缩影。早在 2011 年，泉州市检察机关便开始探索社区检察官工作，泉州市各区、县（市）检察机关因地制宜，结合各地实际，分别采取巡回检察、设立检察工作联络点、检察官工作室等方式，深入乡镇、社区了解社情民意，开展检察监督服务。为进一步深化社区检察官工作，泉州市检察机关借鉴综治网格化管理理念，按照“网中有格，格中有人，人中有责”工作思路，将“网格化”和“社区检察官”深度融合，开启“网格化 + 社区检察官”工作模式，使“网格化 + 社区检察官”工作模式成为拓宽民意表达渠道、延伸监督服务触角、促进社会综合治理的重要载体。该项工作于 2018 年 4 月在石狮正式启动，随后在全市全面铺开。

关于社区检察官工作，全国各地亦不乏相关探索。江苏省常州市金坛区检察院 2014 年在所有镇村（社区）设立群众工作联系站，每人挂钩联系一个村（社区），全区 6 个镇的 67 个行政村（社区）都有一名检察人员保持常态联系，及时发现和解决群众司法诉求。江苏省南京市检察机关 2016 年开始探索社区检察官工作，该市两级检察院依托设立在基层的派驻检察室、检察工作站，根据人员状况和派驻检察室、检察工作站覆盖区域内的社区数量，分配人员编入派驻检察室、检察工作站，对接基层社区，确保每个社区都有 1—2 名社区检察官直接联系。依托检察工作站、检察官工作室开展工作，有平台、有载体，但是投入的人力、财力较多，成本较大，效果如何不得而知。巡回检察工作，虽然节约了司法成本，有一定的成效，但是由于流动性较强，检力无法触及到一些偏远地区，无法实现全覆盖，存在先天不足。因此，如何做到“小投入、大产出”，值得进一步深思和探索。立足新时代、新特点，探索将检察工作与网格化相结合，引入“网格化 + 社区检察官”新模式，依托综治网格推进社区检察官工作，不仅“投入小”，而且“见效快”，既能有效解决检察机关信息不畅、消息不灵等先天不足，又可以帮助检察机关更好地掌握社情民意，推动社会矛盾在诉讼中甚至在进入诉讼前便得到化解，无疑是“依靠和发动群众、坚持矛盾不上交，就地解决、实现捕人少、治安好”的“新枫桥经验”在现代刑事法治工作中的实现路径。

## 二、“网格化+社区检察官”模式简介

网格化管理是提升社会治理水平的重要载体和不可或缺手段，是社会治理方式的重要嬗变。① 作为检察机关延伸法律监督触角的创新举措，“网格化+社区检察官”模式在推动检察工作向基层延伸、促进检力下沉方面，将发挥不可替代的作用。

### （一）工作目标

为探索检察工作融入社会治理新模式，切实把检察机关执法为民要求落实到基层和执法一线，不断提升检察机关履职能力和人民群众满意度，对此泉州市检察机关立足区位特点，进一步强化“网格化管理、组团式服务”思维，延伸“检察监督+社会治理”理念，创新建立了“网格化+社区检察官”工作新模式，通过引入网格化管理模式，进一步丰富和完善社区检察官工作平台和内容，建立起全员参与、全市覆盖的社区检察官工作体系，将法律监督触角延伸到执法办案、社会管理、法治服务的各个方面，延伸到基层一线，有效提升了检察机关服务大局、维护民生、执法为民的能力水平。这种模式既是预防再犯罪、化解社会矛盾的有效路径，也是检察机关对“枫桥经验”的继承、发展和创新。

### （二）功能作用

在“网格化+社区检察官”建设过程中，需要以基层群众的需求为导向，通过整合社会资源，打破信息孤岛，建立城乡一体的网络化平台，实现网格之间的互联互通、数据之间的无缝对接，以便更快更准把握社情民意和公众需求，为政府更好地进行社会管理和服务提供重要参考。②

一是架设“覆盖网”。“网格化+社区检察官”工作模式充分吸收借鉴政法系统综合治理网格化工作经验，结合自身实际，有计划、有步骤地将社会治安、环境保护、法律咨询、矛盾调处等工作纳入网格化的检察监督中，实现社会治理工作与网格化体系建设的相融共促。特别是对于一些涉及基层的刑事案件，易引发群体性事件，案件当事人到检察机关申诉控告、反映情况也屡见不鲜，案件承办人不仅要办理案件，还要疲于应对错综复杂的涉检信访问题。相对而言，网格联络员多为乡镇干部、村干部或在基层有较高威望的人士，他们

① 汪永清：《推进多层次多领域依法治理》，载《中共中央关于全面推进依法治国若干重大问题的决定》辅导读本，人民出版社2014年版，第227页。

② 参见杨宗辉、田野《网格化管理的再思考》，载《暨南学报》2017年第12期。

扎根基层，与群众接触多、联系紧、对基层情况更加熟悉了解，作为矛盾化解的第一站，能够与社区检察官共同开展基层轻微刑事案件的调处工作，真正把矛盾纠纷化解在基层，把和谐稳定留在基层。

二是激活“单元格”。习近平总书记强调，虽然当前面临的形势任务都发生了变化，党的群众路线依然需要坚持，检察机关依然需要坚持走群众路线不动摇。走群众路线同样也是“网格化＋社区检察官”工作的核心和根本之所在，它借助网格联络员，发挥检察机关“眼睛”和“末梢”作用，及时发现刑事案件、黑恶势力犯罪的立案监督信息、污染环境、食药安全事故等侵害国家或社会公共利益的公益诉讼线索、羁押必要性审查、社区矫正人员监督管理、涉检信访等情况，打通基层联系服务群众的“最后一公里”。

三是提升“实时性”。网格化管理作为一种新型社会治理方式，“兴起于公共管理难题、基层维稳压力、管理技术革新等综合推动”①。“网格化＋社区检察官”工作中，坚持问题导向，社区检察官定期跟踪网格联络员提供的线索信息，及时核实，快速处理，确保筛选信息高效，查找问题精准，处理问题到位。对于能够在网格层面解决的问题就地解决，不能解决的及时上报、及时流转、及时应对、及时反馈，切实增强工作主动性。

四是推动“长效化”。立足法律监督主业，充分运用“网格化＋社区检察官”优势，主动融入共建共治共享的社会治理格局，前移监督关口，积极衍生网格功能、拓展网格职能、实现网格效能，加强对特殊群体监管工作的监督与服务，积极开展“送法进社区、进农村”等活动，推动法律监督服务职能前伸后延，提升基层治理水平。

## 三、“网格化＋社区检察官”的运行模式

随着时代的变迁和社会的转型发展，各种社会矛盾日益凸显，“网格化＋”管理模式在社会治理中发挥了积极作用，如“网格化＋综治”“网格化＋环保”“网格化＋食药”“网格化＋国土”等都在各自领域发挥着重要作用。坚持以社区检察官工作为切入点，依托现有综治“网格化”管理模式，将“网格化”与“社区检察官”紧密结合，努力探索一条具有地方特色的社区检察官工作模式。

### （一）网格化架构

网格化管理借助于现代信息技术系统，通过数字化、网络化的技术手段收

① 吴晓燕、关庆华：《从管理到治理：基层社会网格化管理的挑战与变革》，载《理论探讨》2016年第2期。

集社情民意，通过对数据进行分析和整合，从而更好更快地了解民众需求，达到提升公共服务与管理的效果。① 如何发挥网格化作用，让“网格化”与“社区检察官”深度融合并发生化学反应，是亟待解决的问题。以石狮市检察院为例，其按照“属地管理、分级负责、无缝对接、全面覆盖、职责到人”原则，将检察机关参与社会治理的资源下沉至村（居）社区，建立“纵向区分级别、横向划分网格”的立体网格化管理体系。横向网络上，将该市 9 个乡镇、127 个社区全部纳入“网格化 + 社区检察官”的覆盖范围。纵向网络上，采取“三级网格”划分法：院领导挂钩镇（街道），为一级网格；各内设机构负责人挂钩该镇（街道）下辖的片区，为二级网格；检察官挂钩片区内的村（社区），为三级网格。同时，该院还在各镇（街道）设立社区检察官联络点，聘任网格联络员，与社区检察官一对一联络：各镇（街道）分管综治的副书记为一级网格联络员；各镇（街道）片长（点长）为二级网格联络员；各村（社区）推荐的人员为三级网格联络员。通过横向、纵向网络的分布，真正实现检察监督服务网络在村居全覆盖。

（二）社区检察官的职责

“网格化 + 社区检察官”模式下，首先要明确检察官在社区工作中承担的角色。检察官开展社区工作，要围绕检察机关的主责主业来开展，即如何更好地加强和改进法律监督工作。结合新时代社会主要矛盾的变化以及检察职能的转型，社区检察官可以围绕以下几个方面开展工作：受理群众举报、控告、申诉，及时掌握扫黑除恶、涉检信访等影响社会稳定的信息动态；深入基层村居、社区，广泛摸排立案监督、公益诉讼、虚假诉讼等案件线索；加强与行政机关、人民法庭、律所、司法所等基层办案单位的沟通与联系，依法开展法律监督；加强对社区矫正工作的监督，保障刑罚依法规范执行；协调基层组织开展刑事和解工作，协助开展送法下乡、检察宣告、以案释法等法制宣传活动，并结合办案帮助基层组织建章立制、堵塞漏洞；联系服务企业，有力服务地方经济社会发展；走访人大代表、政协委员等社会各界，倾听各届人士的意见和建议等。

（三）网格联络员的职责

社区检察致力于在检察院、执法机构、社区以及公私机构间构建起长期而主动的合作，其中检察权在解决现实问题、提高公共安全以及增强社区生活品

① 参见渠敬东：《从总体支配到技术治理：基于中国 30 年改革经验的社会学分析》，载《中国社会科学》2009 年第 6 期。

质等方面发挥着至关重要的作用。[①] 开展网格化的社区检察工作，关键在于充分利用网格化的优势。网格联络员作为网格化的基础单元，在“网格化+社区检察官”模式中应发挥什么作用，发挥的作用如何，均直接影响工作实际成效。为此，要厘清网格联络员的职能定位。基于检察工作需求及网格优势的考虑，网格联络员的职责可以定位为以下几个方面：发挥信息员作用，做好信息搜集、反馈等工作，采集录入社区内发生的民事、行政、刑事等案件线索、突发事件等信息；了解社情民意，及时排查上报矛盾纠纷、不安定因素、不安全隐患等涉及社会稳定的信息动态；协助社区检察官对接基层群众，摸排扫黑除恶、立案监督、公益诉讼、虚假诉讼等案件线索；协助社区检察官开展刑事和解、检察宣告、以案释法等释法说理工作，做好涉检信访矛盾纠纷排查化解工作；协助社区检察官开展法律进社区、法治宣传进企业等法制宣传工作；协助社区检察官办理其他事项。

（四）信息化平台构建

为提高网格信息的处置效率，需要建立专门的信息化平台。据了解，目前多数地区的综治部门都建立了网格化的信息管理平台，更加积极主动地与各地综治部门对接，借助综治网格化服务管理信息平台，对“网格化服务管理信息平台”统一升级改造，嵌入“社区检察”版块，对平台子项目的功能进行细化、合理化设置。工作推进中，还要逐步建立“网格化+社区检察官”管理平台，开发专门的APP应用，使之更贴近基层需求，更具实用性和操作性。网格联络员、社区检察官可依托APP应用，实现信息线索的网上录入、流转、处置、反馈工作，运用大数据提升工作成效。对于还未建立综治网格化平台的地区，条件许可的可以联系软件公司设计开发；经费不足的可以先建立微信工作群，或由社区检察官与网格联络员点对点、一对一联络来开展工作。

（五）配套工作机制

“网格化+社区检察官”模式建立后，还要辅之以相应的机制，才能确保运行顺畅。目前来看，主要包括以下几个方面：定期工作例会制度，定期召开社区检察官工作例会研究部署工作，一般一个季度召开一次；基础台账制度，按照工作职责进一步细化工作目标和措施，规范履职方式和工作程序，对开展的每项工作均要建立基础台账，做到底数清、情况明；工作联系和信息通报制度，检察机关各内设机构应加强与社区检察官的协作配合，及时解答社区检察官的业务咨询，对工作中遇到的热点难点问题及时调研，共同研究解决；网格

① 张鸿巍：《美国检察制度研究》，人民出版社2009年版。

联络员考核奖励制度，推动综治部门将网格信息的录入情况作为各镇、村（社区）综治考评的依据，网格联络员提供的线索信息被采纳的，视情况给予一定奖励；建立定期报告工作制度，社区检察官应当向社区检察官办公室按月报告工作情况及下月工作计划，并报备相关材料，社区检察官办公室按季度对工作情况进行总结分析，并向院领导报告工作开展情况。

（六）网格线索处置

网格联络员反馈的信息能否及时得到妥善处置，直接关系到“网格化+社区检察官”工作实效。网格联络员发现辖区内有涉检线索信息的，应当及时将线索信息录入“社区检察”工作平台，联系社区检察官共同做好处置工作。社区检察官要深入社区，关注社区的生活质量，积极与社区的各机构、团体、个人建立合作关系，并保持良好的沟通。案多人少矛盾突出的地方，可以把有关调解、和解以及与此相关的不捕不诉风险评估、案后跟踪回访等工作交接到检察室。[①] 对于网格联络员发现的线索信息或相关问题，无法自行处置的，应及时上报二级网格，由内设机构负责人、二级网格联络员共同处置；二级网格无法处置的，应及时上报一级网格，由挂钩院领导、一级网格联络员协调处置。因情况紧急或不适宜录入“社区检察”工作平台的线索信息，各级网格联络员要及时联系挂钩的社区检察官，按照网格线索处理程序处置，在三级网格的密切配合下共同做好处置工作。线索信息得到妥善处置后，社区检察官应及时将处置情况反馈给对应的网格联络员。

## 四、“网格化+社区检察官”模式的探索实践

检察权就其本质而言是法律监督权，其法律监督的性质也决定了检察改革的方向，与检察权有关的一切改革举措，都应当以是否有利于强化法律监督为检验其正确与否的标准。[②] “网格化+社区检察官”模式在泉州市检察机关全面铺开以来，既有效夯实了检察监督平台、拓展了检察监督渠道，又进一步增进了与基层群众的沟通联系，提升了检察工作的社会影响力。

（一）刑事诉讼监督上——力度更大

一是推进了立案监督工作。立案监督是刑事诉讼监督的重心，运用“网格化+社区检察官”机制，能够增进与行政执法机关的联系，并充分利用街

① 陈云龙：《基层检察室建设的法理基础和制度构建》，载《人民检察》2010年第22期。

② 张智辉：《检察权与法律监督》，载《检察日报》2004年2月14日第3版。

道综治、犯罪预防、人口管理等平台，重点关注和监督在村社开展的食品安全、医疗卫生、环境保护等涉及民生热点的行政执法活动。同时，社区检察官与建立在公安法制部门、基层派出所“侦查监督工作室”等监督平台紧密对接，通过社区检察官、网络联络员的对口联络、台账查阅、材料调阅、情况了解以及听取公安派出所不立案或立案理由等方式，延伸检察监督触角，敏锐捕捉立案监督线索，推动监督常态化、实时化。此外，社区检察官还可以就公安派出所执法中的普遍性、典型性问题，如书证物证收集合法性、办案区安全规范使用、涉毒犯罪证据标准等开展专项检察活动，通过开展工作座谈、发送检察建议、纠正违法通知书等方式促进执法规范化。

二是加强了侦查活动监督。监督期限短、监督手段单一、力量匹配不够是检察机关侦查活动监督中存在的普遍性问题。检察机关侦查监督部门是承担侦查活动监督的主要力量，除少量提前介入的案件外，绝大多数案件都是在公安机关提请批准逮捕后检察机关才得以接触。根据刑事诉讼法的规定，对于犯罪嫌疑人被羁押的提捕案件，检察机关的审查期限为 7 天，扣除周末后实际审查时间只有 5 天，无法在时间上保证监督效果。从检察机关司法办案实践来看，随着司法体制改革的深入推进，检察人员分类管理已经到位，侦查监督部门配置的员额检察官、检察官助理并不多，进一步削弱了检察机关侦查监督的力量，因疲于应付案件而影响了监督职能的发挥，甚至对于在案件审查中已经发现的一些违法违规问题，也会因为时间不够、精力不够、人手不够而睁一只眼、闭一只眼，从而错过监督的最佳时机。此外，当前的侦查监督模式存在事后性、被动性，监督线索多通过信访举报、审查卷宗材料和讯问（询问）当事人来实现，监督线索来源单一，成为制约监督成效的重要因素。采取“网格化 + 社区检察官”模式，社区检察官与网格联络员紧密对接，充分利用网格联络员与案件当事人的家属、基层群众等联系密切的优势，实时动态掌握监督事项，从而破解检察机关监督人手不够、监督时限不够、监督力度不够等不足，推动以往的个案监督、被动监督、事后监督为常态监督、主动监督、全程监督，加大检察监督的力度和刚性。“网格化 + 社区检察官”模式启动后，全市检察机关已发现并及时监督纠正违法违规侦查情形上百件次。

三是促进了社会矛盾化解工作。“网格化 + 社区检察官”模式下，在网格联络员深度参与下，进一步促进了轻微刑事案件引发的社会矛盾化解工作。该项工作机制启动以来，就石狮市检察院而言，已对犯罪情节较轻、社会矛盾得到化解的 34 名犯罪嫌疑人作出不批准逮捕的决定，对 8 名犯罪嫌疑人作出不起诉的决定，化解矛盾的成效明显。

### （二）民行检察监督上——渠道更畅

民事行政检察监督上，普遍存在的监督渠道狭窄、线索来源单一、监督工作滞后问题，是制约民事行政检察工作的重要瓶颈，“网格化＋社区检察官”能够有效解决上述问题。

一是深化检察机关民事行政检察职能的宣传。结合民生服务热线、社区检察室等平台载体的功能作用，深入开展检察官进社区、进企业、进乡村活动，社区检察官进村入户，广泛宣传检察机关民事行政检察职能，增进基层群众对该项工作的了解，方便群众在家门口反映诉求，既增进了检察机关与基层群众的沟通联系，也进一步拓展了检察机关发现和收集案件线索来源的渠道。

二是围绕保护国家利益和社会公共利益，积极开展督促起诉和公益诉讼工作。对涉及国有资产流失、环境污染、危害食品药品安全等案件和行为，开展督促起诉工作。针对欠缴国有土地出让金、财政周转金、人民防空异地建设费、重大环境污染事故开展督促起诉专项活动或者开展公益诉讼诉前程序，坚决维护国家利益和社会公共利益。围绕保障和改善民生，坚决监督纠正严重损害群众切身利益的错误裁判，对涉及人身损害赔偿、社会保障、医疗服务、劳动争议等申诉案件优先审查，快诉办理。对妇女儿童、进城务工人员、下岗失业人员开展支持起诉工作，保护其合法权益。

三是提升案件调处效果和释法说理成效。依托“网格化＋社区检察官”工作模式，对可能激发矛盾、影响社会稳定的民事行政申诉案件，在作出处理决定前及时评估风险，制定科学预案，加强与基层单位的协调配合，共同开展化解矛盾工作。主动融入大调解格局，加强与人民调解、行政调解、司法调解的衔接配合，积极引导和促成双方当事人达成和解。在作出不予受理、不立案、不抗诉等决定时，详细说明理由和法律依据，促使相关当事人消除疑惑。在办理征地拆迁、公共服务、行政确权等行政申诉案件的过程中，注重分析案件发生的深层次原因，针对办案中发现的社会治理问题，及时向有关单位和部门提出完善制度、强化管理、改进工作的检察建议，促进社会管理法治化、规范化。

### （三）刑事执行监督上——效果更佳

“网格化＋社区检察官”模式有助于推动刑事执行监督从主要依靠自身力量监督向协作配合转变，推动检察机关“单打独斗”的监督向“借势借力”的监督转变。

一是羁押必要性审查更加全面。羁押必要性审查中，以往主要依托审查书面材料、听取相关人员意见、听取办案机关意见等方式进行，但是对于被羁押人的社会危险性变化情况、个人悔罪情况、与被害方达成和解协议及履行情况、社会矛盾化解情况等事项掌握不够全面及时，无法保证羁押必要性审查工作的科学性、精准性和全面性。“网格化 + 社区检察官”工作模式下，网格联络员充分发挥来自基层群众的优势，实时动态掌握被羁押人的相关信息，发现无羁押必要情形后第一时间向社区检察官报告和反馈，进而迅速处理。

二是社区矫正监管工作更加有力。如何提升对社区矫正人员监管工作监督的有效性，是检察机关刑事执行工作的一项重点。运用现代信息技术，虽然可以实现对矫正对象空间上的精密管控，但无法掌握矫正对象的具体工作生活情况。在充分运用科技手段的基础上，依托“网格化 + 社区检察官”工作模式，将社区矫正人员监管工作列为社区检察官和网格联络员的职责范围，利用网格联络员贴近矫正对象的优势，全面掌握矫正对象的生活、工作和接受监管的情况，提升监督效果。

三是财产刑执行监督和强制医疗执行监督更加科学。财产刑执行监督和强制医疗执行监督是刑事执行检察监督中的“老大难”问题。与检察机关相比，网格联络员更加清楚被执行人的财产情况、精神疾病的治疗情况、精神病人的人身危险性等相关信息，有利于更好地开展该项工作。

四是刑事被害人救助工作开展更加有利。通过该工作模式，进一步加强与刑事被害人的直接联系沟通，便于及时对刑事被害人进行司法救助，彰显司法人文关怀。

## 五、“网格化 + 社区检察官”模式的完善路径

检察活动的司法属性决定了检察权的配置必然受司法规律的制约，各项检察改革举措的施行必须符合司法规律的内在要求。[①]“网格化 + 社区检察官”模式正是遵循检察工作规律，加强和改进检察监督服务的新探索。但是，在运行初期也遇到了一些问题和困难。

### （一）实践中存在的问题

一是网格联络员的工作积极性还未得到充分调动。部分网格联络员对自身职责认识不清、重视不够，认为“网格化 + 社区检察官”工作只是走形式、走过场，对社区网格化工作消极应付，即使发现案件信息也不及时报告和录入系统。另外，网格联络员作为检察机关的“眼睛”和“末梢”，需要协助检察机关及时发现刑事案件、黑恶势力犯罪的立案监督信息，发现环境资源破坏、

① 向泽选、谭庆之：《司法规律与检察改革》，载《政法论坛》2009 年第 5 期。

食药安全事故等侵害国家或社会利益的公益诉讼线索，发现社区矫正人员监督管理情况以及涉检信访动态等，必须具备一定的法律专业知识。但是，目前职业化、专业化的网格联络员队伍尚未建立，而且网格联络员趋于老龄化，知识层次偏低，缺少专业培训，对特定网络技术难于掌握，给“网格化 + 社区检察官”工作带来不小挑战。

二是网格化信息平台和技术使用尚需完善。“网格化 + 社区检察官”工作，需要依托信息平台来实现社区检察官、网格联络员之间的有效对接。从某种意义上讲，这种检察监督服务向基层延伸的工作模式，构建起了与基层的互知、互信、互动的良好关系。由于目前“网格化 + 社区检察官”工作还处于起步阶段，虽然吸收了泉州政法系统社会综合治理网格化管理平台的有益经验，石狮还在该市“民情宝”APP 中嵌入了“社区检察”板块，但是实际使用还处于初步阶段，系统性的使用、调试还不成熟，工作成效还没有充分发挥出来。

三是网格联络员绩效考核和保障体系有待健全。“网中有格，格中有人，人尽其责”是网格化管理的运作机理和鲜明特色，网格联络员的积极参与是“网格化 + 社区检察官”工作模式正常运行的基础和保障。根据“网格化 + 社区检察官”相关工作规定，网格联络员上报的信息线索并被检察机关采纳的，给予一定的奖励，但相应配套考评机制还没有建立起来。“网格化 + 社区检察官”模式下，如何创新绩效考核机制，如何建立起自下而上的监督体系，还需要持续改进和完善。另外，虽然对网格联络员的职责进行了一些明确，但是有关社区检察官、网格联络员履行职责的机制还不够完善，比如还未对事务公开、一次性告知、限时办结等重点内容作出明确规定，相关的履职保障体系也需要进一步健全和完善。

（二）意见和建议

一是重视网格队伍建设，提高人员素质。针对目前网格联络员趋于老龄化、知识层次偏低、专业能力不足等问题，建议通过政府购买服务的方式，向社区招聘一定数量的专职人员作为网格联络员，有效改变网格联络员主要由社区综治维稳人员兼任的现状。要加大教育培训力度，对网格联络员进行集中培训，精细设置课程，不断提高网格联络员的综合素质和履职能力，确保工作落地生根。

二是加强信息平台建设，提高运用水平。“网格化 + 社区检察官”模式下，信息平台为工作开展提供强大的技术保障，能够有效提升发现—录入—处理—反馈的时效性。对此，积极争取财政支持，强化经费保障力度，研究开发内容更加丰富、操作更加快捷、更加贴近实际的 APP 应用，突出以下几个方面：平台应简明扼要，增强实用性和有效性；平台操作方面，尽量让更多年龄偏大的网格联络员愿意了解、使用平台；信息共享方面，实现社区检察官与网格联络员之间、各相关部门之间的信息共享，方便更好地记录问题、分析问题、处理问题和反馈问题。

三是完善激励保障机制，调动积极性。科学的绩效考核机制，能够有效调动网格联络员工作积极性，推动“网格化+社区检察官”工作有序开展。要建立绩效评估机制，明确考核标准、考核方式、考核内容、考核程序，对网格联络员发现线索、协调处理等评估内容进行全面考核和分析，加强各网格之间横向比对，对表现突出的网格联络员进行表彰和奖励，充分调动网格联络员的工作积极性，有效夯实“网格化+社区检察官”工作模式的根基。

# 世俗化网络社会安全的现实风险及治理

## ——论当前个体被害聚集型现象的生成

岳　平*

## 一、互联网的世俗化：监视者缺位与个体被害的风险

互联网所构造的网络平台随着世俗化的不断推进，在社会运行中扮演着越来越重要的角色。而网络世俗化的发展，彻底打破了传统的"面对面"之熟人社会习俗，将工业社会开端的"背靠背"之陌生人社会①的社会形态极端化。而近年来频繁揭露和报道的关于传销诈骗、电信诈骗以及金融诈骗等涉众型高发网络犯罪，正是主要借助网络平台而得逞。往往一起诈骗的得逞，涉及的被害面宽广、波及社会多个层面群体从而生成个体被害聚集的现象，并对社会安定造成重大隐患。尤其是当前，我国一些互联网较为发达的城市正积极探索"无币化"的社会目标，助推了网络平台更多的介入到人们的日常生活中并逐渐取代传统社会生活模式，进而成为人们赖以生存的新的社会空间，互联网功能将实现全面的世俗化。因此，关注并防范网络社会带来的个体被害聚集性的风险及网络安全与犯罪治理尤显重要。

个体被害性聚体与涉众型犯罪密切相关。当前涉众型犯罪被害多发生在网络平台求职、应聘以及理财过程中。仅就网络诈骗而言，据中国互联网信息中心发布的数据显示：2016 年在网络诈骗事件中，不法分子就有 34.5% 是通过虚假招工信息进行诈骗，40.8% 是通过网络兼职作案。网络平台俨然成为犯罪最为便利的得手工具。例如在高发的网络型涉众犯罪中容易陷入被害陷阱的传销犯罪而言，热门的网络招聘就极易被不法分子所利用。个体被害陷阱几乎出

---

* 岳平，上海政法学院教授，中国犯罪学学会常务理事。

① 在自然经济为主导的农业社会中，人们的社会活动依赖于相互熟悉的群体关系而展开，因此称为熟人（面对面）社会；在以流水线为主导的工业社会中，则进入了陌生人（背靠背）社会。由此，熟人社会以面对面审视构成信任机制，陌生人社会则是以契约生成信任机制。

现在网络招聘流程的每个环节并极易奏效。由于应聘者无需频繁面见，在网络平台即可完成所有程序。而对750万①普通高校毕业生而言，简捷的招聘方式自然会受到普遍追捧和运用。网络招聘形式虽然省去了较为繁杂的面对面应聘程序，却给不法分子制造了可乘之机。现实中，不乏不法分子及组织利用网络平台的安全疏漏，伪造各类公司在网络平台发布招聘信息，以达到不可告人的非法目的。事实上，由于“无审核与事后担责，互联网招聘平台的乱象由来已久。坊间关于招聘公司贩卖用户数据的信息层出不穷，此前，也有多次用户爆料平台信息失实的案例。”② 面对庞大的应聘群体，网络平台监控的疏漏，则使人们在互联网的活动面临个体性被害的巨大风险。从李文星案所揭露的情节来看，似乎“一家互联网公司的失职，最终害死了一个求职少年。在大数据和互联网支配现代人的时代里，这是移动网版的惊悚故事。”③ 但现实中，该案的揭示和报道并没有阻止不法分子的脚步。据中国网报到，即使李文星案在当年7月底8月初经媒体揭露、公安机关介入的情况下，在8月11日，同样具有招聘平台功能的某招聘平台仍然出现大量认证为“上海迪斯尼乐园”“川沙游乐园”等伪信息的企业报道，一天内多达百余名求职者上当受骗。而据有关记者采访调查发现：近年来，传销组织正从传统传销转向网络传销，大学生成了这些传销组织的重点围猎目标。尤其是“传销组织通过网络招聘平台，冒充企业，虚构招工信息，把人骗进去后对其进行人身控制和精神控制”。据亲历者描述：“被同样情况骗至传销的人多到想象不到”。④

因网络的便利性而高发的各类诈骗犯罪中，金融诈骗犯罪者更是精心策划，炮制名目繁多的关于民生，贴近生活、追逐利益的金融投资项目，将犯罪目标锁定为数量庞大的普通民众，尤其在经济活动中处于弱势的投资者，投机心理，在犯罪目标上以少聚多形成巨额财富，一旦得手，受害者众。犯罪分子借此获取大量不法钱财。如近几年来，全国公安机关的涉众性金融犯罪立案中，大部分个案涉及的金额都在亿元以上，涉及百亿元及以上的多起。尤以P2P网贷平台形式的非法集资案被害人聚集最为典型。据有关统计，2015年到2017年间的网络金融犯罪覆盖了网友们生活、工作、娱乐、社会关系的方

① 根据教育部公布的数据，2017年普通高校的毕业生为795万人左右，较2016年增长了近30万人。

② 《全雅伦》，载大众网 http：//www. dzwww. com/2017 - 08 - 02.

③ 《全雅伦》，载大众网 http：//www. dzwww. com/2017 - 08 - 02.

④ 来源于社会万象 - 澎湃新闻“李文星事件背后的‘网聘陷阱’：审核漏洞与传销套路”。

方面面。尤其是有的犯罪分子结合新的通讯信息工具和社会热门等趋势，也使得骗局更难以识别。

根据最高人民检察院在本年7月12日举行的主题为“加强案例指导，依法惩防金融犯罪”新闻发布会上指出，涉众型金融犯罪案件持续高发，金融犯罪手段呈现网络化、专业化发展趋势。例如证券期货交易类犯罪，往往是精通证券期货方面知识的专业人员作案，善于捕捉作案时机，也懂得采取各种手段来掩盖犯罪活动，逃避查处。非法集资类犯罪，往往借助互联网开展宣传，其所谓“理财产品”的销售、资金支付和归集都借助互联网完成，网上资金互助平台与线下代理中心、服务中心相结合，辐射全国，资金归集流转迅速，导致集资参与人数、犯罪金额迅速扩张。这些类型的网络犯罪，更使受害者众。

作为同为犯罪高发期的电信诈骗犯罪，不法分子更是利用在网络、电话等传输媒道采取广撒网、编造各类骗点的犯罪手段使犯罪得逞。该类犯罪诱使受骗上当者众、被害面涉及广，尤其是受害者遍布多年龄层和社会各阶层。根据《2015反信息诈骗大数据报告》数据显示，2015年全国接到诈骗信息的人数高达4.38亿，占总人口的32%，相当于每3人中就有1人接到过诈骗信息。其中，往往40岁以上的中老年人最容易“中招”，占受骗人数的62%，其中男性居多，是女性受害者的1.75倍。职业则多为事业单位职工、无业和离退休人员，文化水平较高。

根据由知道创宇、腾讯、搜狗发起的第三方公益组织——安全联盟发布相关的网络诈骗数据报告显示，2017年前三季度的电信网络诈骗涉案金额达126亿元。有些个案甚至对被害人人身或财产造成了严重伤害。例如：清华大学某教授被冒充公检法的诈骗电话骗走1760万元；曾经的大学新生徐某某，因9000元学费被电信诈骗而伤心过度导致心脏骤停身亡等。而电信诈骗因其犯罪成本低、可异地操作、互联网存取款的便捷性等特点，该类犯罪蔓延速度极快，成为了与传销诈骗、金融诈骗等并齐的当前高发的犯罪类型之一。而电信诈骗所涉及的版图已遍及全国二十几个省市。因犯罪的便利性和低成本，在有的地方甚至出现了诈骗村的犯罪地域现象。

## 二、信任机制：世俗化网络社会急需的利器

日常活动理论的倡导者是现代犯罪学家菲尔逊和科恩。这一犯罪行为发生机制包含了犯罪发生必备的三大要素：（1）有潜在的犯罪人；（2）有合适的

犯罪目标。[①]"菲尔逊提出的目标与犯罪的合适性这一命题，为后来西方的学者所支持。后来者将具有犯罪适合性的目标称为热点产品。"[②]（3）缺乏监视者。而监视者既包括自然监视也包括正式监视。[③]所以，如果存在着有能力的监视者即会生成有效力的监控力。可以对潜在的犯罪人起到威慑和阻碍的预防作用。监控力的有效性的发挥，即使存在适合的犯罪目标，犯罪也未必发生。所以，有能力的监视则构成社会活动的安全机制。在长期的犯罪现象研究中，人们的日常活动理论工具的帮助下，发现大量的犯罪机会就潜伏在人们的日常生活中。而一旦犯罪目标（潜在被害人）处于毫无戒备的状态就会引发犯罪行为的实施。

早期的日常活动理论主要注重破解传统性财产性犯罪，如盗窃、抢劫等犯罪行为的发生。该理论认为，被害风险的差异与不同的生活方式具有联系，他们将这种生活方式表述为，被害的发生，既包括职业活动（上班、上学、家务等等）也包括娱乐活动。现代社会的某些变化为带有动机的犯罪人提供了更大的犯罪机会。[④]这一观点通常用来揭示在日常活动中为犯罪带来机会的原理解释。而该命题，也契合了网络涉众型犯罪被害聚集所需要的个体因素。首先，现代社会中的网络平台正处在活跃状态，人们从购物、求学、经济等活动中已离不开网络。网络已全面介入社会生活。但世俗化的网络却尚未有与之匹配的安全保障机制。网络所具有的天然缺陷即监管者机制的单元结构、缺失自然监视功能，加之正式监视疏漏等特点和现状，成为不法分子利用并易得手的便利条件。这些缺憾，正是不法分子寻求的犯罪机会。加之网络诈骗类型所锁定的被害目标又契合了当今社会较为活跃的群体在求职、谋求财富等方面的信息需求，正所谓，犯罪手段的新发展和变化离不开社会和科学技术的进步和发展。网络诈骗性犯罪，在网络平台大行其道，在手段上多采取广撒网的方式，诱惑并欺骗的目的一旦得逞，就会产生庞大的个体性被害群体。

除了日常活动理论能够解释个体性被害聚集的生成机制外，犯罪预防理论体系中的"死角理论"（犯罪区位理论）对于揭示被涉众性诈骗所侵害的个体以及社会心理、普遍存在的忽视犯罪发生危险性警觉有着显著的作用。"死角

---

① 这些犯罪目标是犯罪发生的前提条件之一，包括人、物、地点等。

② 张远煌主编：《犯罪学》（第三版），中国人民大学出版社 2015 年版，第 280 页。

③ 自然监视是指无需花费正式机构的资源，即可达到监视的效果。比如目击者、开阔的空间、灯光等。而正式监视则是正式机构采取的各项保障措施，比如设置街面障碍、安保措施、各项规则制度、警方配备、监控视频等。

④ ［美］乔治·B. 沃尔德等：《理论犯罪学》，方鹏译，中国政法大学出版社 2005 年版，第 259 页。

理论”为日本学者伊藤滋于1982年创立。该理论认为城市的现代化进程造就了大量为城市犯罪的发生提供条件的城市死角，这些死角既有客观性的空间死角、时间死角，也有主观性的心理死角和社会死角。而该理论所列举的心里死角是指人们所具有的忽视犯罪的危险性、对犯罪丧失必要的警惕性等心里倾向；社会死角的形成则是因居民的不关心、互不联系，对社会治安和他人缺乏应有的责任感，削弱了社会关系中对犯罪的无形监视力而形成的有利于犯罪发生的社会条件。该理论认为，死角的存在是犯罪发生的诱发因素，也是推动犯罪发生的有利条件。同理，对死角的控制和改善，就是有效的犯罪预防思路。而在当前泛滥的高发的网络诈骗中，对可能遭受犯罪侵害警惕性的忽略，也是个体性被害风险生成的重要因素。若个体和社会保持犯罪可能发生的警惕性，在网络社会中加强遭受犯罪风险的预警，是免于网络社会生成被害情境的重要预防方法。

## 三、监控力：世俗化网络社会的风险防范基石

如果说，日常活动理论从加害—被害的社会互动机制的角度揭示对犯罪发生机制的解释；死角理论则是从被害人心理角度分析对犯罪发生的警惕性丧失与个体性被害聚集的关联解释。而形成个体性被害聚集的社会现象则与社会所承担的监控乏力密切相关。按照日常活动理论的观点，哪些地方缺乏监控力，那些地方被害人与加害人就容易聚合，而这些经常出现的地点，必然有其原因或特点。因为犯罪行为与被害行为有关，所以，“凡是可以用来解释犯罪行为的变量，应该也可以解释被害行为。”① 而无论是传统社会还是网络社会，缺乏监管力的后果，则是个体和社会受到犯罪的侵害。就当前而言，之所以涉众性诈骗的被害风险聚集，社会监控的乏力导致信任机制的虚化，是个体被害风险发生的基础所在。

### （一）以安全为基础的网络“信任机制”被忽略

近几年来，随着人们对互联网的依赖程度增加，互联网已成为现代社会的重要组成部分。据报道，互联网最为发达的城市之一——杭州市，早在2016年9月G20峰会前就已经实现了无币化生活模式。所有的交易和支出均可用手机完成，是目前我国率先实现网络平台世俗化进程的城市。而这一潮流仍在继续。即便如此，我们也应清醒地看到：网络平台本身就具有的安全机制缺乏自然监控力的单一性结构特征隐患并未消除，需要强大的正式监控力发挥效率

① 曹立群、周素娴著：《犯罪学理论与实证》，群众出版社2007年版，第74页。

才能确保网络平台的安全运行。因此，网络平台亟须系统性正式监控网络设计，以此弥补网络社会自然监控力的先天缺位。一旦正式监视出现疏漏，就会生成不法分子可利用的大量机会，也就意味着活跃在该空间的群体更容易受到犯罪的攻击。由此我们面临的紧迫问题就在眼前：在即将到来的电子化的生活前，社会准备好了吗？网络平台的安全设计是否就可构造人们交易和活动的信任机制？

相比较传统社会空间，无论是经济秩序还是生活秩序，历经百年的现代社会已构建了较为系统且具有安全保障的信任机制。自然监控力和正式监控力相结合的二元结构也为人们的生活提供了较为完备的社会活动安全性，在此基础上形成的信任机制为人们进行各项社会活动提供了安全保障。比如，人们去银行存取款，门口配备保安，货币转运的安保押运、银行一整套面对面运行程序等等，社会活动均建立在可视的安保监控措施下的信任机制中。又如人们公共场合的安全，夜间行走、危机时的报警救助以及警方快速现场处置及处罚等正式监控保障的体系化，加之自然监视的辅助，构造了现代社会二元结构的社会活动信任机制的监控力。这是人类在社会实践中不断积累经验和教训得以建构的行之有效的安全保障。但在当今追捧的电子化社会面前，互联网空间的安全机制是否能为信任机制提供保障？答案是不尽如人意的。现代社会的技术进步，不再将物理社会和互联网构建的虚拟社会割裂，先进发达的网络技术使网络平台功能世俗化。人们习惯于穿梭在物理空间和互联网构建的虚拟空间的二元社会形态中，与此同时，也将传统社会的信任机制惯性地代入网络空间中，从而盲目地信任网络平台的安全性，将传统社会所托付的信任机制等同于网络社会，无视缺失二元结构安全机制的网络社会并无强大的监控力保障。所以，一旦漏洞被不法分子利用，就造成个体被害性风险剧增的结果。

### （二）追求效率极致而忽略风险意识

在快餐式的网络社会发展中，人们追求效率的动机被不断驱使，网络平台则因具有快捷的技术支持功能而备受追捧。例如应用者只需缴纳费用，便可在网络平台向社会发布各类招聘和经营活动信息等。但面对互联网安全机制的审视不难发现，自然监控和正式监控二元结构的安全机制是缺损的，由此也导致网络社会信任机制的监控力薄弱，主要表现在：其一，自然监控主体和功能缺位。传统社会的自然监控表现在现场目击者、自然障碍等阻碍和发现犯罪活动实施的自然防范功能。而这一传统意义上的自然监控则无法在网络平台实现。在一个虚拟空间中，是不可能有现场目击者的。目前而言，网络监管实则完全依靠正式监控提供安全保障。但无论在设计还是在运行中，正式监控的监管存在诸多漏洞。例如没有网络安全的事先追责、网络安全义务主体的模糊、义务主体的单一行政化、网络安全建设的投入空置等。如导致李文星陷入传销陷阱的某直聘网站，在事发后，也仅是以该公司一个“该担责担责，保证加强监管”的自我声明来撇清义务主责。而该事件发生后，该平台甚至还拿到了“互联网诚信示范单位”证书！人们不禁诘问：仅仅以用“程序疏漏”就可以解脱义务责任吗？更何况，网络平台运营公司本身也会从成本角度忽略或规避运营监控力的建设，以此产生的安全漏洞极易被犯罪所利用。比如平台被不法分子利用发布诈骗信息诱骗受害者等，从而在客观上为犯罪的实施提供了便利条件。这些现象表明：当前在网络社会中的网络安全与信任机制未能完全有效衔接。

### （三）普遍存在的忽视风险的从众心理

现实中网络群体普遍具有的心理是，习惯于传统社会信任机制，惯性地信赖公开化的网络信息而忽略信息的法律验证：信赖经营方主动担责等心理普遍存在；忽略了网络空间与传统社会是两个截然不同的社会空间应有的运行规则，未能预见和警惕缺乏运行规则的网络安全性保障。实际上，网络平台虽逐渐取代传统社会的功能而世俗化，但仍然需要完全不同的两类机制的设计和运行规则。因此，当人们毫无顾忌的活跃在网络平台时，已一厢情愿地将信任机制转移给了传统社会建构的安全机制的从众心理中。现实则是，这两者之间迄今为止并未实现无缝链接，本应构建的二元结构的安全保障机制则出现结构性缺损。正因为如此，在网络平台的助推下，能够将网络平台机会最大犯罪工具化的传销诈骗、电信诈骗以及金融诈骗这三类当前最为泛滥的犯罪才能得以用最具有欺骗性的理由（无需法律验证）、最便捷的途径（过程缺乏监视）以及最低成本（法律成本低廉）达到目的——使涉众面广的被害群体成为其犯罪目标。该原理揭示的是产生涉众被害群体的生成链条为：网络安全保障的疏漏→信任机制的虚无→个体被害风险聚集。现实中最为典型的则是，当每年大批毕业生毕业时寻找工作的井喷期间，在互联网监控力缺位的情况下，必将成为潜在犯罪分子窥视为有价值的犯罪目标群。

## 四、现代性要素：二元结构的监控力与信任机制

随着网络的世俗化，个体被害风险的聚集时代已来临：“未来，当我们的隐私数据被互联网公司接管，当我们连同疾病、性取向和收入水平在内的数据都被互联网公司掌握的情况下，一着不慎，就可能又是一出悲剧。”因此，建构二元结构的监控力是现代社会迫切的任务和责任。那么，现代社会监控力为保障的信任机制的二元结构，该如何解读和建设？

### （一）应厘清网络社会监控力的要素内涵

笔者认为，网络社会中自然监视能否存在并发挥作用这一疑问一直存在，这也是网络社会责任主体界定的问题之一。该问题也直接关系到现代社会二元结构下的监控力功能。传统社会中的自然监控力具备的面对面阻碍犯罪实施的功能显然并不适用于网络社会。因为网络这一虚拟空间不可能有面对面的监视者，犹如在街面设置障碍等更不现实。既然如此，是否意味着网络社会的监控就只能是正式监控的单一性而无法发挥自然监控功能呢？答案是否定的。笔者认为，网络社会的自然监控可以生成。所不同的是，自然监控目标和内涵发生了变化。即首先是目击者和为犯罪实施行动设障的传统监控将发生主体的转变。在网络社会中，自然监控功能的主体理应由运营企业承担。职责在其监控目标上，承担发现并修复运营的网络平台漏洞是主要目标内容。企业对安全运营的投入、自身漏洞检视和修复的监控力则是自热监控的内涵。因此，自然监控主要应来自于运营企业的自律建设。即只要网络平台投入及运营，公司即自动产生承担自我安全的义务而非被动地等待行政管理部门不确定指派的事后担责。由此，企业从事该业务之始便自动进入自我监控的义务主体角色。一旦企业懈怠导致运营漏洞出现，则承担不作为的法律后果。同时，社会监视也应列责任主体。对于社会监视的加入，则是强化目击者的功能，以二次监视的功能对运营企业展开监视，以此强化自然检视的监控力。当然，目前而言，社会监视如何与企业自我监视在功能上衔接，仍然没有清晰的定位。长此以往，社会监视的监控力将大打折扣。因此笔者认为，来自于社会群体的介入，对应的衔接关系的链接应尽快由有关行政管理部门给予确定。

### （二）改变无审核和事后担责的管理模式

笔者认为，工商部门和运营企业应是社会监视的主要对接方，是正式监视的关系主体。如此要求，或许会对网络平台的风险预警起到辅助作用。网络社会的正式监控内涵，则与传统社会具备的监控力结构基本相同。如在李文星案报道后，人社部办公厅就印发了《关于进一步加强招聘管理的通知》。该通知明确提出五项整改措施：一是完善招聘信息管理制度；二是强化招聘各方责任；三是严厉打击信息发布违法违规行为；四是加强对求职者的教育引导；五是鼓励社会参与监督。这些规定虽然并没有完全解决网络平台的安全性问题，但对企业的自律建设提出了明确要求。在通知中，也对有关管理方面在正式监控方面提出了具体要求。但是，就目前互联网的管理现状来说，仍然存在着一些亟待解决的问题。首先在管理主体上的主体应清晰。在运营程序上，应建构严格的准入制度，对网络平台各类信息的发布者，应向有关部门备案以便及时管理。其次规训正式监控的内容。既要包括行政法规和管理手段，也要包括公司法等企业管理法的特别条款，以约束企业出现不良后果。第三则是改变事先无审核、事后担责的管理模式。为此，笔者认为，行政管理部门应尽快建构多层级的事先审核机制，从企业运营的安全要求出发，审核内容应吸纳注册和年检内容；对在网络平台发布的信息，建立事先报备、发布方资格审核、发布内容合法性检验以及不作为的担责规定等多层次的事先审核制度。以此强化行政力，建构网络平台的安全机制基础保障。

### （三）加强刑法对诈骗犯罪的治理功能

刑事处罚是法律设定的最后保障。在法律体系中，刑事法律被定为于“事后法”“第二次法”，后置法也即惩罚法。适用的前提是违法事实发生后，当如行政法、管理法等前置法尚不足以处罚时，刑法再给予启动。但目前刑法对诈骗类的处罚并未随着高发的网络诈骗犯罪及风险剧增而变化。正因此，诈骗犯罪的低法律成本也是诈骗高发的重要因素之一。尤其是在面临当前网络诈骗型犯罪的高发态势下，刑事法的后置功能显然已受到挑战。如何充分发挥对受害者众的网络诈骗犯罪遏制功能，需要刑法在罪名和刑罚适用上进行调整。例如细化诈骗犯罪罪名，增加网络犯罪的罪名体系化，严打组织化的诈骗行为。在犯罪组织形态上打早打小，启动数罪并罚，遏制和打击向精细化、智能化及高度组织化的诈骗组织的涉黑犯罪。此外，有必要考虑将运营企业行为因重大虚假信息造成严重后果的失当责任并入危险行为的处罚，以此加强刑法对诈骗犯罪的治理功能。同时，充分运用刑法对受害者的救助功能，在经济上最大化支持和保障附带民事赔偿和处罚，以此提高犯罪成本，遏制涉众型犯罪的泛滥和高发，并尽力救助被害者损失。

# 论网络黑产的防控对策[*]

任彦君[**]

在巨大经济利益驱动下，网络中的大小黑客①已经从技术炫耀型发展成为分工明确、组织严密的产业链。网络黑色产业链（也称网络黑产）是指黑客们运用技术手段入侵服务器获取站点权限以及各类账户信息并从中谋取非法经济利益的一条产业链②。它的形成与发展不仅危害人民群众的信息、财产等安全，甚至危害国家安全，由此，遏制网络黑色产业的发展、惩治网络犯罪是维护网络安全和社会安全的当务之急。

## 一、网络黑产的形成与发展趋势

### （一）网络黑产的形成

随着网络的普及应用，一些黑客利用技术优势实施盗窃、破坏、攻击、敲诈等违法行为，并以此获取巨额经济利益。自上世纪末第一款黑客软件从西方国家传到中国开始，黑客群体就开始成长并迅速发展，随后的各种破坏行为就陆续出现并增多。1998 年，上海某信息网遭不速之客的袭击；2003 年，出现多次网络病毒事件；2006 年，熊猫烧香病毒事件致使中国和周边国家用户受到大面积感染；2007 年，黑客成功侵入一些大型门户服务器，如 CCTV、163

---

* 本文系河南省哲学社会科学规划项目《互联网金融犯罪风险与刑法应对研究》(2017CFX024)、河南省教育厅人文社科研究项目《网络黑产的刑法分析》（2017－ZZJH－021）以及河南省高等学校哲学社会科学研究优秀学者资助项目《网络犯罪的规制研究》（2016－YXXZ－18）的阶段性成果。

** 任彦君，河南财经政法大学刑事司法学院教授。

① 广义的“黑客”包括“黑帽子”和“白帽子”，那些利用黑客技术从事网络攻击等违法犯罪活动的被认为是“黑帽子”，而利用网络技术进行防御的黑客是“白帽子”。本文所说的黑客专指网络安全的破坏者。

② 姜红德：《揭密：黑客产业链是如何运作的?》，载《中国信息化》2014 年第 20 期。

等；2010 年，“百度”遭到黑客攻击，长时间无法正常访问；2013 年，一批宾馆的旅客信息在网上泄露，包括开房时间、旅客姓名、身份证号等个人隐私信息。① 2015 年，中国最大的网上票务营销平台大麦网再次被发现存在安全漏洞，600 余万用户账户密码遭到泄露②……如今，人们的工作和生活对互联网的依赖程度越来越深。截止 2017 年 6 月，我国网民规模达到 7.51 亿，互联网普及率达到54.3%。手机网民规模达 7.24 亿，手机网购、移动支付也为传统产业的发展插上了翅膀。如此大规模的用户群与海量的信息隐藏着巨大的商机和财富，黑客们看到了个人隐私信息、网站漏洞、商业机密等的价值以及通过自己掌握的网络技术将之转化为巨额经济利益的可能性。另外，随着信息网络的大量应用以及物联网的发展，新问题不断出现，网络安全技术和相关法律法规来不及跟上，使得一些网络黑客抓住了这个空子，在非法利益的驱动下，逐渐形成了以信息窃取、流量攻击、网络钓鱼等为代表的网络黑客地下产业链。而且，黑客们不再单枪匹马作战，他们组织起了具有明确角色分工并拥有多重环节的地下产业链，通过各种非法盈利链条攫取利益、危害互联网用户的财产安全。③ “地下黑产规模庞大，产业链环环相扣非常成熟，粗略估计规模在百亿元左右。”IDF 实验室负责人万涛如是说。④

### （二）网络黑产的发展趋势

手机愈来愈成为黑客的攻击目标。随着智能手机的普及，很多传统业务都挪到了手机端，随之，黑客们也开始瞄准了移动端，手机就成为网络犯罪的聚焦点。2014 年全国有接近两亿的手机用户感染病毒，比 2013 年几乎翻了一番。2015 年手机病毒较 2014 年又暴涨了近 16 倍。此外，虚假钓鱼 WiFi、移动支付也成为病毒重灾区。腾讯发布的《2016 年移动支付网络黑色产业链研究报告》显示，人们“一到公共场所就马上搜索免费 WiFi，一看到二维码就想扫一扫”，每天大约有 60 万人次连接了不安全的 WiFi。《研究报告》显示，2015 年被支付类病毒感染的移动终端高达 2505 万，平均每天有 8 万多人受到

---

① 侯林：《互联网数据泄露背后的黑色产业链及发展趋势分析》，载《无线互联科技》2015 年第 20 期。

② 侯林：《互联网数据泄露背后的黑色产业链及发展趋势分析》，载《无线互联科技》2015 年第 20 期。

③ 冯雪竹：《工信部防范整治黑客地下产业链五大举措》，载《中国信息安全》2014 年第 2 期。

④ 程士华、南婷：《谁来管管闷声发大财的网络地下黑产?》，载《法制与经济》2014 年第 6 期。

病毒的侵害。

"传统犯罪+互联网"趋势加大，破坏力扩大化。网络时代，传统犯罪也借助于这一新的平台焕发出新的生命并发生较大的变异，包括犯罪行为方式的异化、犯罪对象的异化，社会危害性扩大等，不仅让公众应接不暇，即使司法机关也面临诸多应对难题。如网络盗窃、网络诈骗、网络洗钱、网络赌博等。以网络诈骗为例，有人总结了40种诈骗手法，实际的诈骗手法肯定比总结出来的数目要多，而且手法还在不断增加。网络诈骗造成的损失比传统诈骗罪要大得多，因为网络诈骗一般被害人数多、范围广，尤其是以P2P为平台的诈骗，会造成几百亿元的损失，涉及人数成千上万，影响极大。

黑客也迈入大数据时代。大数据的研究和应用会对所有行业产生颠覆性的影响。利用大数据的核心目的在于预测，比如google、百度可以通过用户的搜索进行数据分析挖掘而预测一些社会现象；或者amazon或淘宝通过对大量的数据进行分析去判断用户的习惯，进而推荐相关的产品，等等。事实上，不仅全球互联网巨头意识到了大数据的重要意义，并纷纷通过收购大数据相关厂商来实现技术整合，黑客也同样认识到大数据的价值，他们也开始利用大数据作案或将其作为犯罪对象。安全专家表示，大数据让人变得透明起来，也让黑客们的攻击变得更加简单，甚至可以让普通人成为网络攻击的高手。未来的黑客可能不需要高超的技术，只要会进行信息发掘和数据整合，就成为黑客高手。①

集团化、国际化趋势继续发展。在网络黑产的环节越来越多、获利渠道越来越丰富的背景下，其不断朝着集团化、国际化趋势发展。黑客犯罪团伙人员数量庞大，分工明确，互相配合，有病毒木马编写者，有漏洞发现者、有盗号者，有挂马者，有网络攻击者等，产业链分工精细化、从业人员年轻化成为新特点。另外，网络黑产的国际化趋势也愈加明显。网络犯罪具有跨地域、跨时空性，不受时间地点的限制，随时随地点点鼠标就可以实施犯罪，因此，网络黑产犯罪的国际化是在所难免的。如2014年越南警方发现有中国籍犯罪嫌疑人在越南运营一个专门针对中国人的赌博网站；2014年辽宁公安机关也打掉了一起中国黑客入侵韩国网站盗窃银行存款案。

## 二、网络黑产的运作模式

网络黑产中存在着大大小小的各种环节，每一个环节都有无限的利润空

① 《大数据：为黑客攻击打开方便之门》，http://www.d1net.com/bigdata/news/289452.html，访问日期：2016年7月29日。

间。从大的环节看，可以分为上中下游，其中的每一个环节互相衔接、互相协作，上下游之间为供需关系。位于产业链上游的主要是技术开发产业部门，其中的“科研”人员，进行一些技术性研究工作，如研究开发恶意软件、编写病毒木马、发现网络漏洞等，这部分人一般拥有较高的技术水平。产业链的中游主要是执行产业部门，其中的“生产”人员实施诸如病毒传播、信息窃取、网络攻击等行为；下游是销赃产业部门，其中的“销售”人员，进行诸如贩卖木马、病毒，贩卖肉鸡、贩卖个人信息资料、洗钱等行为。还有一些辅助性组织，实施诸如取钱、收卡、买卖身份证等行为，以帮助网络犯罪顺利实施。还有专门实施黑客培训的部门及人员（名义上也许是计算机安全技术培训）。在各个环节，如病毒木马编写或侵入、漏洞发现与售卖、流量劫持、盗取或买卖信息、网站攻击、发布垃圾邮件、敲诈勒索等，都有非法利益可图。网络黑色产业链的运作模式大体上是：黑客培训→编写病毒、漏洞发掘等工具开发→实施入侵、控制、窃密等行为→利用获得的信息资源进一步犯罪（如攻击、敲诈、买卖信息等）→销赃变现→洗钱等。这是一个环环相扣的产业链，黑客们利用这条产业链，获取巨大的非法经济利益。而且，网络犯罪服务业也在加速发展，作为形式之一的暗网就非常令人恐惧。美国“丝绸之路”中的非法商品就是应有尽有，包括黑客工具、毒品、枪支等。网络犯罪服务市场主要包括：以数据作为犯罪服务的行业；以提供恶意软件安装为犯罪服务的行业；以黑客行为作为犯罪服务的行业；以洗钱作为犯罪服务的行业，等等。网络黑色产业链的上下游之间是一种依靠经济利益维持的联系。如技术开发部门的主要目的是通过出售软件获利，不管出售对象是谁，并不是考虑下游的需求或者整个黑客产业链的发展而做，上下游之间并没有正式的合作协议，也不一定互相知晓对方的真实身份。①“地下商业”获取非法利益的模式包括：窃财（网银资产、有价信息、虚拟财产等）吸费模式、黑客培训（“教书育人”收学费）模式、倒卖枪支（病毒、木马、攻击探测器等黑客工具）模式、提供服务（黑客受雇网络攻击等服务）模式、广告群发（推送垃圾广告）模式、网络诈骗模式，等等。②

---

① 王萌、周言、朱建明：《黑客产业链形成与演化的分析》，载《保密科学技术》2011 年第 6 期。

② 朱文、李刚：《“黑客”们的生财之道》，载《中国信息安全》2014 年第 2 期。

## 三、网络黑产形成的原因

### （一）巨大的经济利益驱动

经济利益是犯罪发生的重要驱动力。目前我国网络黑色产业链的从业者数百万，年产值过千亿。一个普通黑客也可以月入几十万元，这无疑会吸引那些道德观念差、崇拜金钱的人。黑色产业链中的每一个链条都有着无限的利润空间，以其中一个环节为例：黑客为窃取用户信息，会在一些网站上放置木马，让用户在浏览网站时被病毒侵入，据此可窃取用户信息如网游账号密码、信用卡资料等。每成功在一台网络终端上安装一个这样的软件，就可得到0.3元，我国众多的网络终端给黑客带来了无限想象的利润空间。① 这就是黑客们冒险从事网络黑产的驱动力。

### （二）犯罪成本低

网络犯罪性价比高，犯罪成本低、收益大。对于抑制犯罪来说，犯罪获得的收益小于刑罚造成的痛苦，人们才不去实施犯罪。随着网络黑产服务业的发展，网络犯罪不再是高智能犯罪，不会编写恶意软件，可以在黑市上买到；没有僵尸网络，可以租用僵尸网络；黑客技术也可以在网上学习。总之，黑市上应有尽有，这使网络黑产中的所有犯罪链条都变得相对容易实施。一个简单的手机木马程序网上交易价格大概在几十到几百元之间。由于存在旺盛需求，恶意软件制作者月入过万元甚至十万元都属正常。② 另外，网络黑产迅速发展的另一个原因在于，犯罪黑数大。正是犯罪黑数的大量存在，让一些曾经得手而没有被发现的网络犯罪分子心存侥幸，屡屡以身试法。

### （三）网民安全意识匮乏

很多网民没有足够的网络安全意识。即使有的网民采取安全措施，也不一定清楚自己采取的安全措施是否奏效。如他们都会设置各种密码，但为了便于记忆，有些人会在不同网站使用相同的密码。这样，一旦这个密码泄露，遇到“撞库”的情形，密码就成了皇帝的新装。根据2015年发布的《我国公众网络安全意识调查报告》，我国网民安全意识存在以下问题：免费WiFi随便连；大多数网民不会定期更换密码；八成青少年多账号同密码；“经常扫二维码，不考虑是否安全”的比例高达40.3%；网民整体维权意识薄弱（“金额不大，

① 《黑客产业链到底有多黑》，载《科技与产业》2009年第4期。

② 郭瑞：《网络黑色产业链：犯罪组织的“互联网+”》，载《信息安全与技术》2015年第6期。

懒得处理”“不知道如何处理”等）。①

（四）网络监管难度大、打击网络犯罪的力量薄弱

网络的虚拟性、匿名性等特点使其与现实空间中的犯罪有很大的不同。在网络中进行的行为隐蔽性强，网络监管存在不少难题。由于网络技术的不断进步以及人类思维的复杂性，网络犯罪的手法也在不断翻新、防不胜防。网络是一个浩瀚的空间，犯罪行为难以被发现，即使发现，追踪起来也由于电子证据的特性等原因而存在很大难度。就目前我国司法机关对于网络犯罪的打击力量来说，不管是技术还是警力，都不能与网络犯罪泛滥的形势匹配。因此，尽管国际国内的网络黑产都非常猖獗，但对于其防范和打击的难度却不小。另外，黑客们也不断研发新的网络犯罪工具，寻找更多的技术路径来突破安全防御，尤其是巨大的非法利益驱使一些顶尖网络技术高手加入，这给网络犯罪的防御以及监管增加了难度。②

## 四、网络黑产的种类

网络黑色产业链大体上包括技术类和社工类两大类型。技术类是指利用计算机网络存在的安全漏洞和缺陷，以及网络犯罪相关工具，实施窃取数据和信息、对计算机网络发起攻击等违法犯罪行为的一系列方法。社工类是指利用受害者的一些心理弱点实施犯罪，如利用信任、好奇心和贪婪等心理弱点而实施社会工程学方式的犯罪行为。

技术类网络黑产又可以分为好多种类，具体如下：（1）挂马产业链。其特点是让用户电脑或移动终端植入病毒或木马等恶意程序，从而盗取电脑或智能手机中的各类信息，如各种账户密码、网银资料、游戏中的虚拟财产等。（2）暗链产业链。“暗链”是一种搜索引擎优化手段，用于提高它所指向的网站的搜索排名。“暗链”是一种在网页页面上不可见或极易被忽视的超链接，暗链对于用户是不可见的，其甚至能够与网站“长期共存，共同发展”，搜索引擎是能够识别的，从而进行搜索引擎欺骗，将暗链网站排名提升。只要暗链存在于网站上，布置暗链的黑客就可以获得收入。（3）流量劫持产业链。互联网世界里流量就等于钱。流量劫持，主要是通过某种技术手段，控制网络用户的上网行为，让用户打开并没有准备打开的网页，即本欲打开 A 网站，实际打

① 李雪昆：《〈我国公众网络安全意识调查报告（2015）〉发布》，http：//www.cssn.cn/ts/ts_ scfj/201506/t20150604_ 2021686.shtml，访问日期：2016 年 8 月 8 日。

② 李东楼：《买个票都能损失 10 万，你所不知道的网络黑产》，http：//www.admin5.com/article/20160801/677720.shtml，访问日期：2016 年 8 月 2 日。

开的是B网站，而这会让劫持者获得非法收入。由此还衍生出一些提供劫持技术的团队，以分取一定的流量利润获利。（4）垃圾信息产业链。主要特点是强塞给用户各种垃圾信息以获利。根据百度站长平台发布的报告看，互联网上优质内容仅占1/4，各种垃圾信息充斥在互联网的各个角落等。（5）钓鱼产业链。主要特点是通过网页、短信、电话等方式欺骗用户上钩，并盗取用户的个人信息、财产等。一些不法分子设立钓鱼网站，或一些人利用钓鱼网站，向受害者发送大量钓鱼链接。这些链接主要伪装成银行、各大网站安全中心、邮箱安全验证中心、服务平台等，以窃取用户各种信息或存款。（6）网络色情产业链。一般是通过网络手段，进行各类线上或线上线下结合的情色交易。网络色情蕴含着巨大的非法利益。与传统网络淫秽色情网站相比，现在的网络色情网站主要利用广告牟利而不是依靠会员制收费获利方式。淫秽色情网站主要通过流量联盟推广获利。流量联盟是一个广告服务的注册平台，在平台注册成功后，可以在平台后台拿到该平台的链接并挂在自己的网站上，该链接被点击一次，平台就会按照一定的比例成倍的返还点击率。（7）拒绝服务攻击产业链。攻击者通过DDOS等技术手法，将目标网站打瘫，无法进行正常的服务，从而造成目标网站的损失，以此来要挟或敲诈被攻击者，从而获取非法利益。通俗地说，如果把每个网络应用比作高速公路的话，DDOS攻击运用大量的电脑终端访问某一网站就类似于大量汽车在同一高速公路行驶一样，造成的结果就是堵车，即网站拥堵、无法访问，从而使目标网站瘫痪，以此向目标网站实施敲诈或者作为不正当手段打击竞争对手。（8）游戏私服产业链。私服的本质属于网络游戏盗版，直接结果就是分流运营商的利润而获利。游戏私服存在的主要目的同官方服务器是一样的，都是向游戏玩家收费以获利。如今，手游私服也形成产、供、销一条龙的产业链，而开设一款私服的成本更是低到令人难以想象，此前报道中所说的月流水可破百万的私服，成本可能仅仅只需要几千块钱。① 技术类的网络黑产类型很多，随着网络技术的发展，犯罪手段会越来越多。②

黑客社会工程学攻击是一种针对受害者心理弱点，如本能反应、轻信、粗心、贪婪等心理，采用诸如欺骗等危害手段，来操纵其执行预期的动作或泄漏

① 《手游私服已成产业链5000元就可开一个私服》，http://mt.sohu.com/20160330/n442823913.shtml，访问日期：2016年8月11日。

② 方言：《一位"白帽子"眼中的黑客地下产业链》，载《中国信息安全》2014年第2期。

机密信息的一门艺术与学问。① 目前，黑客社会工程学作为一种攻击手段技术越来越成熟，这种攻击手段不仅能利用系统的弱点进行入侵，还能够通过人性的弱点进行攻击。现实中，社会工程学攻击方法经常和其他黑客技术性攻击手段结合起来，以致于人的因素成为安全系统的短板。相对于技术上的黑客手段非法获取信息资料来说，社会工程学方法是一种更为简单和容易的手段。即使是那些网络技术很高的人，也愿意只拿起电话或通过即时聊天工具得知别人的账户密码等重要信息，这要比通过其他技术手段进入系统窃取资料容易得多，因此，社会工程学方法成为黑客经常惯用的手法。目前网络环境中常见的黑客社会工程学攻击方式主要包括以下几种方式：伪造邮件攻击方式、网络钓鱼攻击方式、社交网站利用方式、搜索引擎利用方式等，这些都是黑客惯用的手法。社会工程学入侵的形式也是多种多样的，具有复杂性和隐蔽性等特点。

## 五、网络黑产的防控对策建议

### （一）采用多种手段综合治理网络黑产

综合治理是我国治理犯罪的方针。对于网络黑产犯罪的治理，应该是国家和社会合作共治，发动群众、激发社会力量在网络黑产治理中的积极作用。具体来说，在提高网络安全意识的前提下，不断引导企业、社会和公众参与或协助网络犯罪的预防和打击工作。从治理手段来说，在注重预防和打击并举的策略下，加强对网络安全威胁的监测工作，及时发现苗头、消除网络安全隐患；及时惩治已发现的网络黑产犯罪等多项措施并举。

### （二）加大网络安全技术研发，有效应对网络犯罪行为

如何采取技术性的保护措施，提高网络应用中的防御能力，不仅是犯罪学家、社会学家们关注的问题，也是网络技术发展本身的重要课题之一。要想做到“魔高一尺，道高一丈”，就必须加大网络科技研究，提升安全技术，防范网络风险。在网络犯罪的预防方面，除了对计算机操作系统、软件漏洞的发现、收集、分析、应对等方面的核心技术研究，还要推进国家级漏洞库建设，以便为网络用户及时提供安全漏洞信息，建立起科学规范的补丁管理流程，制定相应的应急预案等。在网络犯罪的追查和惩治方面，要不断提升反网络犯罪的技术水平，及时发现和查处网络犯罪。

① 任利宁：《浅析社会工程深入侵网络的机制与防范措施》，载《兰州工业高等专科学校学报》2009 年第 4 期。

（三）提高互联网用户的自我防范意识

网络用户要提高防范意识，注重信息保护。据 2015 年相关报告显示，不少企业信息泄露严重，如知名连锁酒店以及高端酒店等网站存在高危漏洞——房客开房信息大量泄露，黑客能够轻松获得千万级的酒店顾客的订单信息；甚至有些公安机关所使用的监控设备也存在严重的安全隐患等。所以，不仅互联网个人用户要加强网络安全知识的学习和应用，互联网应用企业更要注重网络安全防护，防止信息泄露。在互联网应用中，要及时安装与更新相关防御或杀毒软件，及时修补漏洞；谨慎应用软件的下载；注意恶意软件的插入；要注意使用综合全面的防御系统；等等。

（四）建立跨部门联动机制和国际合作机制

由于网络犯罪的跨时空性、跨地域性，其预防或惩治都需要多部门（通讯、银行、工商、司法机关等）的协调或跨地区的配合，包括国内各部门协作，也包括国家间的合作，即建立跨部门联动机制和国际合作机制。具体工作主要包括犯罪线索的发现、情报交换、犯罪分子的追踪、犯罪证据的侦查和保存、犯罪的起诉等方面的配合。尤其在司法协助方面，推动多边或双边合作机制，共同防治网络犯罪。

（五）提高追踪网络犯罪的能力，及时惩治网络犯罪

网络犯罪分子计算机运用能力较强、反侦查能力也强，既不易收集证据，也不易抓捕。从技术力量和经费方面，公安机关在网络犯罪的侦破方面显得底气不足，有些公安机关除了办案经费紧张外，在网络技术人才方面也有些欠缺。因此，除了加强网络安全人才的引进，还要加大办案经费和网络监管设备等方面的经费投入，提高网络监控和案件侦破能力。对于已经发现的网络犯罪分子，要及时实施刑事制裁，给网络黑产的犯罪分子以震慑，遏止侥幸心理，发挥预防作用。

# 合理地组织对人工智能犯罪的反应

叶良芳　马路瑶*

当前，人工智能正以其强劲的技术力量，推动社会形态和社会结构发生重大变革。2017年7月，国务院制定了《新一代人工智能发展规划》，对我国人工智能的发展进行全方位的谋篇布局。2017年10月，党的十九大明确提出把建设智慧社会作为加快建设创新型国家的重要内容。新型社会形态需要与其相匹配的法律制度，智慧社会已初具雏形，但与其相对应的法律制度却尚未建立，由此导致社会治理的罅漏和迟滞。特别是，对于对人类社会安全存在潜在威胁的人工智能的失控行为，更需要制定现实性和前瞻性兼具的刑事治理对策。事实上，人工智能的出现和发展，正是社会学家乌尔里希·贝克所描绘的风险社会的一个缩影。因此，本文拟从风险社会理论的视角出发，剖析对人工智能犯罪追究刑事责任的困境，探究刑法应对人工智能挑战人类生存安全问题的应然路径。

## 一、人工智能风险刑法应对的合理性

人工智能，是通过计算机语言编写的方式对特定对象的需求信息、数据结构、运行指令等进行处理，进而实现目标对象模仿人类做出类人反应的一种技术方法。人工智能的本质特征，在于能够在深度学习的前提下自主地进行分析、判断和决策。与前人工智能时代的产品相比，人工智能虽然亦以为人类的生产生活提供便捷帮助为出发点，但却因其深度学习和以之为基础的自主决策的存在，导致其设计和制造者以及使用者对其最终将作出何种行为难以做到充分的认知和绝对的控制。就此而言，人工智能与前人工智能时代的产品有着本质区别。根据乌尔里希·贝克、安东尼·吉登斯等社会学家提出的风险社会理论，不难发现，人工智能所隐含的风险其实是风险社会中新型风险的一个重要

* 叶良芳，浙江大学光华法学院教授、博士生导师；马路瑶，浙江大学光华法学院博士研究生。

表现形式，因而可以适用刑法对风险社会风险的应对策略。

一方面，人工智能作为一种新技术，其研究和开发均建立在人类决策基础之上，符合风险社会之“风险”的人为性特征。关于风险与决策之间的关系问题，贝克曾指出：“风险总是依赖决策——就是说，它们以决策为前提。它们产生于从不确定性和危险向决策的转变之中（并推动着决策的制定，这反过来又制造了风险）。”① 对于人工智能特别是强人工智能（这种人工智能具有在深度学习后独立而不受原始算法编写者控制地作出判断和决策的能力）而言，尽管直接作用于客观世界的行为并非人类直接作出，也非直接按照人类特定的指令作出，但这却不能否定人类决策对人工智能的行为具有根本性和决定性的影响。人工智能据以深度学习的原始算法由人类输入，作为其深度学习内容的数据库由人类提供，因此，尽管人工智能后续中可能习得新的算法，数据库也会动态地发生变化，但是人类却可以在源头上控制其风险的发生。传统刑法以人的行为为规制对象，这同样适用于对人工智能行为的控制。因为人工智能的风险是否发生，可以通过人的行为进行控制。换言之，由人工智能潜在风险导致的实害结果能否发生，人的行为具有压倒性、绝对性的影响。所以从调整对象的角度来看，刑法对人工智能的犯罪风险进行防控具有合理性。

另一方面，人工智能经过深度学习后的潜在风险具有不确定性，是否具有导致实害结果的高度可能性、实害结果有何种程度的严重性等均难以为人类所准确认知。人工智能所潜隐的风险一旦引发实害结果，人类将面临不可估量的灾难。虽然人工智能开展深度学习最初的算法和数据库由其设计和制造者决定，但是随着其深度学习的进行，人工智能完全有可能学习和掌握了新的算法，并且可以自主决定学习其他数据库的内容，因此，人工智能最终影响和改变客观世界的状态，并不为人类所完全规划和掌控。这种不确定性，正是现代风险社会的又一典型特征。吉登斯将这种现代性譬喻为一头猛兽，并以生动的笔触作了如下描述：“一个马力巨大又失控的引擎，作为人类集体我们能够在某种程度上驾驭它，虽然它咆哮着试图摆脱我们的控制，而且能够把自己也撕得粉碎。这头猛兽压碎那些敢于抵抗它的人，而且，虽然它有时似乎也有固定的路径，但当它突然掉转头来时，我们就不能预测它飘忽不定的方向。驾驭它绝不是完全令人扫兴和毫无益处的，这个过程经常令人兴奋异常，而且还充满了希望。但是，只要现代性的制度持续下去，我们就永远不可能完全控制驾驭

① ［德］乌尔里希·贝克：《世界风险社会》，吴英姿、孙淑敏译，南京大学出版社2004年版，第100页。

的路径或速度。”① 毫无疑问，人工智能强大的深度学习能力、独立的自主判断和决策能力，必将成为风险社会的又一头猛兽。这头猛兽，如果脱逸人类的控制，将对人类社会造成怎样的危害，是难以预测的。“预防犯罪比惩罚犯罪更高明，这乃是一切优秀立法的主要目的。”② 安全是人工智能时代的核心价值，人类如果等到人工智能风险引发实害结果后才考虑建立风险防范的法律制度，很可能导致风险失控的灾难性后果。刑法作为人类社会安全的最后保障法，在防控人工智能犯罪风险的法律体系中，绝不能缺位。

## 二、人工智能犯罪主体的定位

### （一）人工智能犯罪主体的定位之争

在未来的刑事立法中，人工智能能否被拟制为一种独立于自然人和单位的新型犯罪主体的问题，是讨论人工智能刑事治理的逻辑起点。只有明确谁应当对人工智能“失控”行为所造成的危害结果承担刑事责任，才能够以此为基准建立起对于人工智能犯罪治理的法律体系。然而，对这一基础性问题，理论界却存在着针锋相对的两种立场。

一种立场可以归纳为“强人工智能犯罪主体肯定说”，即以人工智能产品是否具有辨认能力和控制能力以及是否能在人类设计和编制的程序范围外独立作出判断和决策为依据，将人工智能产品分为强人工智能产品和弱人工智能产品。其中具有脱离程序的独立意志的强人工智能产品，应当具有独立的犯罪主体地位和刑事责任能力。③ 另一种立场则可以归纳为“人工智能犯罪主体否定说”，即全面否定人工智能被拟制为犯罪主体的理论自恰性，认为应当由人工智能产品的设计和制造者以及使用者承担刑事责任，而不应将人工智能产品作为独立的犯罪主体追究刑事责任。④

上述第一种观点在一定程度上可以防止技术发展的萎缩，同时填补了无法追究自然人或单位主体刑事责任情形下的法律漏洞，有其合理之处，但却不当

---

① ［英］安东尼·吉登斯：《现代性的后果》，田禾译，黄平校，译林出版社 2011 年版，第 121—122 页。

② ［意］贝卡里亚：《论犯罪与刑罚》，黄风译，中国法制出版社 2005 年版，第 126 页。

③ 参见刘宪权：《人工智能时代刑事责任与刑罚体系的重构》，载《政治与法律》2018 年第 3 期。

④ 参见储陈城：《人工智能时代刑法归责的走向——以过失的归责间隙为中心的讨论》，载《东方法学》2018 年第 3 期。

地降低了人工智能产品设计和制造者和使用者的注意义务。第二种立足于人工智能的意志产生与设计和制造者、使用者为其提供算法和数据库背后的意志之间的因果关系，抓住了人工智能与人类在善恶观和伦理观上所具有的本质差异，并敏锐地指出强人工智能犯罪主体肯定说为人工智能设计的新型刑罚的不可行性，但在论证方面尚需要进一步阐释。

### （二）应然定位：人工智能不应被拟制为犯罪主体

尽管具有自主决定能力的人工智能，在某种程度上具有与人类相似的辨认和控制自身引发的客观状态的能力，但是这并不是刑法将人工智能拟制为犯罪主体的充分条件。笔者认为，即使具有严重社会危害性的状态是人工智能在自主决定的情况下引发的，刑事责任的承担主体也应是相关自然人或者单位，而不应将人工智能拟制为新的犯罪主体。

首先，人类设计人工智能的目的，在于利用其在生产、生活、国防等领域代替人类从事一定的活动。人工智能并没有独立于人类的权利和价值，而只有利益附属性。对此，即便极力主张法律应当赋予人工智能以权利主体的地位的学者，也不得不承认机器人的工具性价值决定其具有天然利他特性，在人为编程和算法的影响下，其本身亦难以产生利己主义的指令和行为。① 法律对于权利主体的基本定位是理性人，利己性是对法律主体最基本的人性假设。尽管见义勇为等利他性行为为主流道德所提倡，但这些不需要对待给付的利他性行为通常不会被法律设定为义务。法人作为一种法律拟制的主体，其本身亦有独立于其发起设立者、股东和高级管理人员等自然人的特殊利益，因此，将法人拟制为法律主体符合法律主体利己性的前提假设。从这一角度出发，人工智能并不具有可类比性。如果智能机器人不存在被赋予法律权利的前提却需要承担相应的法律义务，进而具有成为犯罪主体的可能性，这便导致法律权利与法律义务相对应的理论陷入自相矛盾。② 基于权利与义务的对等性原则，如果将人工智能拟制为可以被追究刑事责任的独立主体，则势必要赋予其一定的独立权利，而这显然与人类研发人工智能的初衷背道而驰。

其次，人工智能尽管在一定程度上具备辨认和控制能力，但是并不具备与人类完全相同的善恶观、伦理观，对其施以刑罚处罚也难以发挥刑罚预防犯罪的功能。认知以心智作为定义依据，人类的认知从低级到高级可以根据人类心

---

① 参见张玉洁：《论人工智能时代的机器人权利及其风险规制》，载《东方法学》2017 年第 6 期。

② 参见王勇：《人工智能时代的法律主体理论构造——以智能机器人为切入点》，载《理论导刊》2018 年第 2 期。

智进化历程，分为神经层级的认知、心理层级的认知、语言层级的认知、思维层级的认知和文化层级的认知等五个层级，而在这五个层级的认知活动中，当前人工智能的认知水平均与人类存在着不同程度的差异。① 对幸福、痛苦和各种情绪的感受属于最低阶的神经层级认知，人工智能的认知水平与一些低级动物相比尚存在差距，与人类更不具有可比性。功利主义哲学创始人边沁曾经提出“刑罚之苦必须超过犯罪之利”的罪刑相称规则，认为只有抑制犯罪动机的力量超过诱惑动机，才能预防一个犯罪，也即刑罚作为一个恐惧物，必须超过作为诱惑物的罪行。② 如果人工智能无法产生对触犯刑法后将要接受刑罚处罚的恐惧感，那么刑法就无法实现特殊预防和一般预防的功能，只能以报应刑的方式一定程度上抚慰被害人，这显然与现代刑法观格格不入。有学者基于人工智能与自然人和单位的差异，提出对人工智能适用的刑罚种类之构想。③ 然而，无论是删除数据，还是修改程序，抑或最严厉的永久销毁，如果受罚主体缺乏对其意义的伦理感知，则与将其作为供犯罪使用的财物进行处置并无本质区别。

最后，如果将人工智能视为独立的犯罪主体并对其进行刑罚处罚，将会加剧风险社会下“有组织的不负责任”的状态。风险社会下，工业社会中建构的明确责任和分摊费用的制度已经失灵，人们可以向一个又一个主管机构求助并要求其对此负责，但是这些机构却能够找到充分的理由为自己开脱，以表明自己与此毫无关系，或者自己只是个次要参与者。④ 如果将人工智能作为独立于其设计和制造者、销售者和使用者的犯罪主体追究刑事责任，而不对上述相关自然人或单位的注意义务进行严格要求，从而不对其追究刑事责任，必将陷入没有适格的法律主体对事实上由自己创设的风险负责的怪圈，“有组织的不负责任”现象将进一步加剧，人类社会的安全将面临无人负责的严峻挑战。正如美国学者 Kowert Weston 所言：“如果制造商不承担责任，那么他们就失去了改进产品的动机。”⑤ 如果轻易豁免以人工智能设计和制造者为代表的主体

① 参见蔡曙山、薛小迪：《人工智能与人类智能——从认知科学五个层级的理论看人机大战》，载《北京大学学报（哲学社会科学版）》2016 年第 4 期。

② 转引自陈兴良：《刑法的启蒙》，北京大学出版社 2018 年版，第 124 页。

③ 参见刘宪权：《人工智能时代刑事责任与刑罚体系的重构》，载《政治与法律》2018 年第 3 期。

④ 参见［德］乌尔里希·贝克、约翰内斯·威尔姆斯：《自由与资本主义——与著名社会学家乌尔里希·贝克对话》，路国林译，浙江人民出版社 2001 年版，第 143 页。

⑤ Kowert, W. (2017), The foreseeability of Human - Artificial intelligence interactions. Texas Law Review, 96 (1), 181 - 204.

的法律责任，那么在逐利性市场的引导下，人工智能所隐藏的风险将永远不可能减少和消除，这显然不利于对人类生存安全的保护。例如，当人工智能应用于军事战争时，“军事斗争就变成了一群冰冷的却又高度机械的废铁在人的支配下进行残酷的杀掠”①，如果仅对军事智能武器施加所谓的“刑罚”（事实上相当于处置犯罪工具），而不对其设计者、操纵者、控制者或命令下达者等自然人或单位追究刑事责任，那么军事智能武器便成为战争发动者规避法律责任的盾牌，这显然是保障功能的失灵。

## 三、风险社会下人工智能犯罪刑事责任的分配

### （一）人工智能犯罪刑事责任的分配之争

基于对人工智能犯罪主体定位的差异，以及对保障创新和保障安全价值平衡结果的差异，对于人工智能犯罪的刑事责任分配问题，亦存在诸多争议。

对于完全按照人类设计的程序运行而缺乏独立的分析和决策能力的弱人工智能而言，将其视为犯罪工具而对其设计和制造者、使用者追究刑事责任，这一点基本没有异议。但是，对于在人类设计的算法基础上进行深度学习而具有独立于其设计和制造者、使用者的意志和分析决策能力的强人工智能，其能否承担刑事责任、相关自然人或单位是否需要承担刑事责任、相关自然人或单位能否与人工智能构成共同犯罪等问题，则学界分歧较大，难以达成共识。仅就人工智能的设计和制造者、使用者而言，其应当负有何种程度的注意义务，或曰在何种范围内成立过失犯罪，以及是由设计和制造者、使用者等多个主体分担责任还是由某个单一主体单独承担责任，则因论者的价值取向不同而存在观点对立。然而，人工智能犯罪刑事责任分配问题，直接决定着人工智能失控行为所造成的危害后果的责任承担主体，这将对风险社会下人工智能技术的发展方向起着至关重要的指引作用。

### （二）应然定位：以风险防控为出发点分配责任

风险社会中，面对伴随新技术或新制度而产生的可能导致难以估量和控制其实害结果的风险，强化刑法的安全保障机能具有合理性和必要性。人工智能作为风险社会中重要的风险源，在对人工智能犯罪的刑事责任分配时，应当以防控风险为出发点，同时兼顾对科技创新的保障，准确厘定人工智能产品设计和制造者的刑事责任以及人工智能产品使用者的刑事责任。

---

① 夏天：《基于人工智能的军事智能武器犯罪问题初探》，载《犯罪研究》2017年第6期。

1. 人工智能产品设计和制造者的刑事责任

在对人工智能产品的设计和制造者进行刑事责任分配时，应当坚持法益原则，并区分故意犯罪和过失犯罪。人工智能产品的设计和制造者的行为，并非实害结果发生最直接的原因，而是更加前端的原因，这是导致实害结果的风险的最初来源。对风险源的制造者即人工智能产品的设计和制造者追究刑事责任，是一种风险防控早期化的表现，体现了对风险防控的强化。

以输入的算法和用以深度学习的数据库为分类依据，可以将人工智能产品分为用以实施犯罪活动的人工智能产品和非用以实施犯罪活动的人工智能产品。对于这两种人工智能产品的设计和制造者的刑事责任承担方式，应当有所区分。如果一个人工智能产品被设计和制造的用途就是实施恐怖主义犯罪，其设计和制造者为其输入用以模仿实施恐怖活动的程序，并提供集合有组织地实施杀人、伤害、投毒、绑架等恐怖活动实例的数据库供其学习，那么该人工智能产品的设计和制造者是明知自己的行为将导致社会公共安全受到侵害并引起民众恐慌的结果，却仍然实施设计和制造人工智能产品，显然具有犯罪的故意，应当构成故意犯罪，且可以预备行为正犯化等立法模式达到法益保护前置化的目的，以更好地防控犯罪风险。

但对于非用以实施犯罪活动的人工智能产品的设计和制造者而言，人工智能产品造成了严重危害社会的结果的发生，并非其在主观上积极追求的，而是与其意志相违背的，只是由于人工智能产品被其他自然人或单位用于实施犯罪活动，或者人工智能产品存在设计缺陷，抑或人工智能产品经过深度学习掌握了新的算法进而在其设计和制造者设想之外引发实害结果，因而不能归入故意犯罪的范畴。至于能否构成过失犯罪，则需要进一步探讨。

任何无瑕疵的技术本身原则上不应产生刑事责任，但是如果其主要用途是用以实施犯罪行为，那么技术中立原则不再适用，替代责任成为较为适宜的选择。① 如果非用以实施犯罪活动的人工智能产品被其他自然人或单位用于实施犯罪活动，追究相关主体刑事责任时应遵循替代责任的原则，其设计和制造者不应对没有技术缺陷的人工智能产品承担刑事责任。有论者在探讨军事智能武器相关主体的刑事责任时，提出应当对侵害人的生命健康权或者公共安全的军事智能武器的设计者、操纵者、控制者、命令下达者等相关人员，以严格的无

① 参见吴汉东：《人工智能时代的制度安排与法律规制》，载《法律科学》2017 年第 5 期。

过错主义原则追究刑事责任。① 这一归责模式，将对人工智能的设计和制造者科以过重的义务，极大地压制技术创新活动，殊不可取。军事智能武器可以用于发动侵略战争，也可以在对侵略者进行正当防卫和对潜在的侵略者进行震慑等方面发挥正面作用。如果因为军事智能武器被其使用者实际用于侵略战争，就对其设计和制造者追究刑事责任，那么军事智能武器在保障国防安全方面的价值就会被抹杀，军工单位及其技术人员的创新积极性将会严重受挫。

对于本身存在技术缺陷的弱人工智能产品以及经过深度学习后实施了偏离最初算法体现的设想的强人工智能产品而言，如果其导致了严重危害社会的实害结果发生，那么其设计和制造者则存在构成过失犯罪的可能性。对人工智能产品的设计和制造者设置刑法上的注意义务，是解决设计和制造者成立过失犯罪的范围的关键。但对注意义务的来源问题，刑法学界却存在着极大争议。有学者以自动驾驶车辆犯罪为例，归纳出注意义务的来源：一是一般交通运输管理法规，二是有关自动驾驶车辆的特别交通运输管理法规，三是责任主体对产品的承诺与规范。② 另有学者将注意义务范围定位为符合依据人类现有科学技术水平所能够企及的国家标准或行业标准，如果人工智能产品符合该标准，那么其导致的危险便不能归入“不合理的危险”。③ 还有学者认为，包括 ISO 标准、DIN 标准等在内的行业标准，属于非国家组织制定的民间标准，既不一定与刑法上的注意义务相一致，也缺乏民主主义的正当性，不应作为注意义务的判断标准。④ 对于人工智能产品的设计和制造者注意义务的确定标准，第一种观点采取了“一般法 + 特别法 + 责任主体承诺”的模式，一方面强调了外在规范的民主性基础，即应该上升到法律法规层面而非不具有官方性质的组织制定的标准，另一方面也强调了设计和制造者自己作出的高于国家标准的承诺所体现的对风险的实际预见能力所具有的法律意义，并且对伦理道德和职业道德予以考量。该观点所确定的注意义务来源最为广泛，考虑的因素也最为全面。但是，对于外在标准的范围仅限于法律法规，而未提及由专家系统主导的更具有专业性、科学性的行业标准，也存在范围过窄之嫌。第二种观点将注意义务

① 参见夏天：《基于人工智能的军事智能武器犯罪问题初探》，载《犯罪研究》2017 年第 6 期。

② 参见彭文华：《自动驾驶车辆犯罪的注意义务》，载《政治与法律》2018 年第 5 期。

③ 参见刘宪权：《人工智能时代的刑事风险与刑法应对》，载《法商研究》2018 年第 1 期。

④ 参见储陈城：《人工智能时代刑法归责的走向——以过失的归责间隙为中心的讨论》，载《东方法学》2018 年第 3 期。

来源限定于国家标准或行业标准，而未将人工智能产品的设计和制造者自己实际能够认识到的风险考虑在内，过分降低了注意义务的标准，忽略了已经预见而轻信能够避免而构成过失犯罪的情形，不具有周延性。第三种观点对以当前通行的行业标准作为刑法中注意义务来源的思路进行了批判，强调了两者之间的差异性和后者应具有的民主性基础。但这一观点存在明显的缺陷：行为人的预见义务应当包括法律、法令、职业与业务方面的规章制度所确定的义务以及日常生活准则所提出的义务，[①] 而不仅限于由代议制机构制定的充分体现民主性的法律，以行业标准不具有民主性基础否定其成为预见义务的来源的理由，不具有说服力。

人工智能作为风险社会中一种重要的风险来源，刑事立法应当在防控风险时强调安全保障机能的发挥。人工智能产品的设计和制造者是风险的最初源头，其以输入算法和提供数据库的方式作出的决策，对于人工智能后续深度学习和以为使用者提供服务的方式对客观世界产生的影响所起的作用是决定性的，在对非用以实施犯罪活动的人工智能产品的设计和制造者设置注意义务方面，应当适度拓宽范围，而不应过度限缩。只有当法律法规、国家标准和行业标准、责任人自我承诺、一般社会伦理、职业伦理等设定的注意义务均未违反，而是由人类认知水平确实无法达到的原因导致产品存在缺陷，进而导致严重危害社会的实害结果发生时，才可以阻却设计和制造者的责任。另外，刑法不应仅立足于防控人工智能的风险，也应当以更好地推动人类社会进步为出发点适度地保障科技创新。为了避免刑法过度遏制人工智能技术创新，在对于存在过失的设计和制造者追究刑事责任时，应当以发生实害结果为前提，而不应该对一切在人类认知空白领域，或者虽不符合相关标准但是也未被证明其产品确会导致严重损害结果的设计和制造行为绝对禁止。

2. 人工智能产品使用者的刑事责任

当人工智能产品在运行过程中导致了具有严重社会危害性的结果发生时，依据人工智能产品的使用者所扮演的角色，在对其分配刑事责任时应当有不同的方式。

当人工智能产品的使用者是人工智能犯罪的被害人时，由于其使用行为并未对自身法益之外的其他法益造成破坏，不需承担刑事责任。另外，对于使用者作为被害人存在过错而减轻设计和制造者刑事责任情形的认定，不应过于宽泛，而应该将被害人未采取预防措施的情形予以排除。如果将未采取有效的防范措施作为被害人过错，则意味着设计和制造者所研发的人工智能产品缺陷越

---

① 参见叶良芳：《刑法总论》，法律出版社 2016 年版，第 139 页。

大，被害人未采取与之匹配的有效防范措施的可能性越大，那么被害人存在过错的可能性则越大，设计和制造者刑事责任降低的可能性越大，这显然是一种悖论。

当人工智能产品的使用者将用于实施犯罪活动的人工智能产品按照其设定的用途来使用，或者将非用于实施犯罪活动的人工智能产品事实上用于实施犯罪活动时，使用者明知其使用人工智能产品的行为具有法益侵害性仍然希望或者放任这一结果的发生，明显违背了国家鼓励人工智能发展的初衷，应当对其故意犯罪追究刑事责任。

当人工智能产品因存在当前人类认知水平下难以发现的技术缺陷而导致实害结果发生时，其使用者是否因存在过失而被追究刑事责任，应当依据使用者与人工智能之间的互动关系进行判断。当使用者基于对人工智能技术的信赖，按照人工智能产品的使用规则，让人工智能产品独立完成某一任务而非与之一同完成时，不应认为使用者存在过失进而追究其刑事责任。风险社会下，“以怀疑或保留的态度为基础，对技术知识的尊重通常与对抽象体系所持有的实用态度并存”①，但是不得不承认，非专业人士对专家系统这一抽象体系建立起普遍信赖是风险社会的基本特征之一。因此，如果对作为非专业人士的人工智能产品使用者设立过高的注意义务，无疑是与风险社会下专业化发展趋势所不符合的，违背了“法律不强人所难”的基本原则。但是，如果按照人工智能产品的使用规则，使用者与人工智能产品的共同完成某项任务时引发了具有严重社会危害性的实害结果，那么使用者便应当在自身注意义务的范围内承担刑事责任。例如，自动驾驶汽车有不同的实现阶段，当加速、控制方向盘、刹车等中有一个、数个或全部由系统掌控，但驾驶员仍应当承担不同程度的驾驶任务时，此时的自动驾车系统分别可称为“安全驾驶支援系统”和“准自动驾驶系统”。② 在上述尚未实现驾驶任务完全不需要驾驶员承担的情况下，将注意义务完全分配给自动驾驶汽车的设计和制造者并不合理。驾驶员如果有违反法律法规、职业伦理以及合同承诺等为其提出的注意义务，单独或者与自动驾驶汽车的故障、缺陷等共同作用导致交通事故的发生，那么驾驶员作为人工智能产品的使用者也应在其注意义务范围内承担相应的刑事责任。

---

① ［英］安东尼·吉登斯：《现代性的后果》，田禾译，黄平校，译林出版社 2011 年版，第 78 页。

② 参见储陈城：《自动汽车程序设计中解决“电车难题”的刑法正当性》，载《环球法律评论》2018 年第 3 期。

## 四、结语

智慧社会的建设以人工智能的发展为核心，而人工智能的发展如果缺少法律的规制，将可能误入严重威胁人类生存安全的歧途。刑法作为人类安全的最后保障法，在对人工智能的发展进行法律规制时绝不能缺位。事实上，人工智能的出现和发展正是人类进入风险社会的一个重要表现，面对人工智能所隐藏的犯罪风险，刑法应当以应对风险社会新型风险的思路，以安全保障为首要价值选择，同时兼顾创新保障，积极进行合理而有效的应对。包括刑法学界在内的整个法学界，对于人工智能的法律规制问题研究尚处于起步阶段，在现在已有的研究成果中，将人工智能拟制为法律主体甚至犯罪主体的观点不在少数。但是，这一立场的支持者并未认清人工智能并不存在独立于人类的权利和价值，亦未准确把握人工智能在善恶观、伦理观层面的认知水平与人类存在的本质差异，盲目地将人工智能拟制为犯罪主体将进一步加剧风险社会中“有组织的不负责任”现象，不利于从源头上控制不合理的风险。以防控风险为出发点，同时避免过度遏制人工智能技术创新，在排除了人工智能本身本拟制为犯罪主体的前提下，在对相关主体进行刑事责任分配时，应当注意区分不同的情形，以更加符合风险社会下社会发展的现状和需求。在对人工智能产品的设计和制造者分配刑事责任时，应当以其研发的人工智能产品是否以用于实施犯罪活动为基本功能作为区分标准，判断设计和制造者的罪过形式以及在何种情形下负有注意义务。在对人工智能产品的使用者分配刑事责任时，则应从其在人工智能产品引发具有社会危害性结果过程中所扮演的角色，对其罪过形式、何种情形下负有注意义务以及其行为对设计和制造者刑事责任的影响等进行判断。

# 犯罪心理测量全过程监视研究

孙多金*

犯罪心理测量过程监视的目的是通过监视来考核测试过程是否能实现测试的结果，能否达到规定要求的能力，其最终目的是确保心理测量科学规范。防止犯罪心理测试各要素对测试目的不良干扰。事实上，监视过程本身又是另外一个过程，通过过程监视的策划，确定过程监视的需求、哪些过程需要监视，以及有何要求；得出过程监视的结果、及其结果存在的问题所采取纠正措施的有效性；其过程的活动是过程监视的策划，确定监视手段或监视装置进行监视；取得监视的结果或数据，进行过程能力评价；提出存在的问题，制定和实施纠正预防措施；实施跟踪和验证，进行统计分析；评价过程监视的有效性，做好记录，以便实施改进。

## 一、犯罪心理测量过程监视的概念

由曾经发生的马航 MH17 坠毁案件调查进展可知，对犯罪调查过程监视是国际犯罪调查领域的主要一环，而且，监视活动在特殊案件调查前就要介入，确保调查过程自始至终规范科学。犯罪心理测量往往被用于辅助疑难案件侦破，非常有必要进行监视。

### （一）犯罪心理测量过程监视概念的界定

在研究犯罪心理测量监视过程的概念之前，有必要理解过程的广义性，从现代人类活动组织管理理念出发，测量过程一般是指从输入转化为输出的活动，因此，可以对计量确认、测量过程的活动及过程的结果进行监视。随着测量科学的不断发展，监视的概念内涵实质上已经在不断扩大，它包括定量和定性监视，监视可以用测量装置，也可用监视装置（如图视监控器），还可以用

* 孙多金，甘肃政法学院公安分院教授。

相应的管理手段。例如，在ISO10012：2003标准[①]的所有过程中，都应研究每一过程有哪些监视要求，采用什么方法和手段，如何实施控制；并把这一环节作为实施PDCA循环[②]中检查、处置的重要内容，以加强对过程的控制，确保过程实施的有效性。因此，犯罪心理测量过程监视就是专业人员对犯罪心理测量从输入到输出的所有活动监视督导。

（二）犯罪心理测量过程监视的输出

应该说，过程监视的输出是监视其测量结果、测量设备和测量数据，所以过程监视的结果最终是过程的符合性，可见，过程监视的输出要落实到过程的有效性和纠正措施的有效性上去，要注重效果，注重后续工作，以过程输出是否达到目标要求进行衡量。

（三）犯罪心理测量监视的重点是计量确认和测量过程

主要注重对计量确认过程和测量过程的监视。计量确认过程的监视与测量过程监视方式不一样。测量过程的监视是监视其过程的能力，测量设备的监视是监视测量设备特性（例如，中外所产测试仪器各有特点），两者具有明显的区别。过程的监视中包括了测量设备的监视。监视本身也是一个过程，其输入主要是计量确认和测量过程策划所确定的计量要求和计量特性，当然还包括各种资源；其输出是在实现计量确认和测量过程中进行有效控制的监视结果；其活动是进行监视的策划，确定监视点，确定计量特性和计量要求，确定监视方法，制定接收准则和验收规范。配备相应的监视和测量装置，确定经授权的验证人员，实施监视，获得监视结果，保持符合接收准则的证据记录，控制测量过程，满足社会要求，对不合格过程、仪器设备进行控制和数据分析，对监视和测量装置实施管理和控制，确保量值的准确一致及评价的有效性，实施持续改进。

## 二、犯罪心理测量监视责任

监视是一项十分重要的过程，对于一个犯罪心理测量机构而言，监视过程主要的责任部门是测量职能部门。测量职能部门负责监视的管理、监视和测量装置的管理和控制，以及负责提交测量过程的监视数据，并提出放行及放行的

---

① 即2003年ISO/TC176技术委员会正式发布的《测量管理体系测量过程和测量设备的要求》国际标准。

② 又称全面质量管理所应遵循的科学程序。PDCA是英语单词Plan（计划）、Do（执行）、Check（检查）和Action（处理）的第一个字母，PDCA循环就是按照这样的顺序进行质量管理，并且循环不止地进行下去的科学程序。

需求报告。测量技术部门负责编制测量要求和测量特性要求及其监视规范、验收准则，确定监视点、监视项目和方法。测量保障部门负责监视装置的购置和提供。人力资源部门负责监视人员的培训。各部门之间应该是相互配合、相互制约，组成一个有机统一的整体。

## 三、犯罪心理测量过程监视中核查标准的应用

### （一）核查标准的概念

作为一个完整的概念，核查标准是与通过受控测量过程进行测量的被测人相似的正常成人心理常模。人们通过对预期稳定的核查标准进行定期的测量，并绘制数据控制图来获得一个或多个测量不确定度的 A 类估算。当某个核查标准的测量平均值与先前确认的标准值不同时，人们应该怀疑这个测量过程已经存在明显的偏移，并应通过检验来强调这个偏移十分严重。对这种检验已有统计检验方法。必要时，应消除或补偿任何偏移。此外，核查标准也不一定是单个人，例如两个标准之间的差值，在被限定的特殊情况下，可作为核查标准使用。因此，核查标准的定义应建立在尽可能广的范围内。应用核查标准控制和监视测量过程的原理与管理过程的统计控制原理类似。在过程控制中必须建立一个反馈控制系统。用核查标准不断地监视受控的测量过程，将核查的数据建成数据库，并采用控制图来分析和检验测量过程是否受控。如果发现超出了规定的控制范围，则应对测量过程采取相应的纠正措施，直至测量过程返回到控制范围之内，从而达到监控测量过程的目的。

### （二）用核查标准实施控制和监视的优缺点

1. 用核查标准实施控制和监视的缺点

在一般的情况下，即对测量准确度要求不高的场合，测量确认已足以满足保证测量结果准确、可靠的要求。但是，在对准确度要求比较高、过程比较复杂、结果比较重要的测量过程的管理中，仅仅采取测量确认的方法是不能完全满足质量保证的要求的。只有联合采用计量确认和测量过程的控制方法，才能确保测量过程的测量不确定度持续地控制在规定的允许范围之内。计量确认还存在一些缺点，主要表现在以下几个方面：

（1）在两次校准的间隔期间不能完全保证测量仪器设备的误差不变。虽然多数测量设备是能够保证其质量的，但不可避免地会发生偶然故障或由于预想不到的因素使测量设备准确度下降，有时，这种变化并不明显且不易被察觉。如果继续使用这样的设备进行测量，将使测量结果的质量失去保证。

（2）实施计量确认通常是把测量设备从使用单位送到计量检定校准实验

室校准，在正常情况下，返回的测量设备是正常的，但是不可避免地会因为运输过程中的振动等原因，设备返回后计量性能发生了变化，引起了失准。使用该设备进行测量就会产生错误的结果。

（3）虽然在设计测量过程时，对测量过程的各项要素进行了研究和考核，例如测量设备必须有机构确认证书，人员必须培训考核合格，有形成文件的测量程序，对环境条件中的重要影响量实施控制和记录等。但是，在实际测量过程中由于测量系统的连接不当、人员操作失误、环境条件失控等原因，将使测量结果的误差产生较大变化。即使使用准确度很高的测量设备也可能得出不准确的测量结果。

2. 用核查标准实施控制和监视的优点

（1）通过经常性的核查考验及时发现测量过程的变化，无论这种变化是由于随机误差的增加还是系统误差的增加所引起的，也无论是突然变化还是逐渐出现的缓慢变化。一旦发现问题可随时采取纠正措施，从而实时地控制测量过程，使之保持在规定的要求之内，使测量过程处于长期连续的质量控制之中。

（2）应用核查保证能定量估计测量过程的测量不确定度，从而可以报告测量结果的总体不确定度，以满足需要确切了解测量结果不确定度的人员的要求。

总而言之，测量过程控制的优越性是以多次、连续的核查为代价的。这就意味着不仅仅是比较高的技术要求，而且还增加了工作量，提高了测量成本。因此，要根据实际情况决定是否采取测量过程控制和监视的方法，以及测量过程控制和监视的程度。选择的原则取决于适宜性、经济性、风险与成本的比较等因素。

（三）核查标准的应用方法

将核查标准应用于测量过程的控制一般包括下列步骤：选择核查标准；选择核查方案；选择控制图；确定过程参数；实施过程控制；采取纠正措施等。

1. 选择核查标准

首先，核查标准是与通过受控测量过程进行测量的被测人相似的正常成人心理常模。因此，核查标准必须根据受控测量过程中需要控制的量的计量要求来选取。核查标准所体现的量与测量过程所测的量相一致。

其次，为了准确监测测量过程的变化，核查标准必须具有良好的稳定性。如果稳定性不好，虽然监测到了测量过程的变化量，但很难判断是测量过程引起的还是核查标准引起的，因而达不到监视测量过程变化的目的。

第三，核查标准应通过独立于受控测量过程的另一个过程来测量或校准，这个过程比所要控制的过程更严格。

2. 核查方案的要求

第一，根据测量过程的特点建立数学模型，明确数据处理和统计分析方法，建立核查数据库。

第二，核查方案应形成程序文件，内容应包括测量原理方框图、测量的数学模型、测量不确定度评定、核查方法、核查间隔以及相关的技术规范或标准等。

## 四、控制图的绘制方法及分类

### （一）控制图的概念

控制图是对测量过程质量加以测定、记录并进行极值管理的一种用统计方法设计的图。图上有中心线（CL）、上控制限（UCL）和下控制限（LCL），并有按时间顺序抽取的样本统计量数值的描点序列。UCL、CL、LCL统称为控制限。若控制图中的描点落在UCL和LCL之外，或描点在UCL和LCL之间的排列不随机，则表示过程出现了异常。在统计过程控制中，控制图是核心工具。

### （二）控制图的分类

常规控制图主要有两种类型：计量控制图和计数控制图。计量数据是指对考察组中每一个单位对象的特性值的数值大小进行测量与记录所得到的观察值。计量控制图代表了控制图对过程控制的典型应用。在计量控制图中常用的类型包括均值控制图、极差控制图和标准偏差控制图。试析如下：

第一，均值控制图。主要用于观察测量结果的平均值的变化情况。为了最有效地控制测量过程，核查结果的数据应该是几次观察值的平均值，大多数情况下用3～5次观察值进行平均。核查时将每组核查n次，以n次的平均值画在控制图上。例如，测量观察的平均值在t时发生了突变，说明测量观察失去控制，引入了新的系统误差。

第二，极差控制图。主要用于观察测量结果的分散情况，即测量结果的波动情况。每组测量值的最大值和最小值之差称为极值，用R表示。这种控制图又称为R控制图。当每次核查所观察的次数比较少时，用极差控制图比较有效和方便。

第三，标准偏差控制图。主要用于观察测量过程随机误差的分散情况，由每次核查的有限次过程的数据列，可计算得到组内标准偏差，通常用S表示，并画在控制图上。该控制图又称为S控制图。它适用于过程次数比较多的情况，当过程次数超过 12 次以上，标准偏差控制图是一种非常有效的方法。

第四，均值 - 极差控制图。主要用于观察测量结果平均值的变化情况，极差控制图主要用于观察测量结果的分散情况，将二者联合运用，可以观察测量结果的变化。

第五，均值 - 标准偏差控制图。只是用标准偏差控制图代替极差控制图。因为子组极差 R 的计算比子组标准偏差的计算简单，所以 R 图得到了广泛应用。但是，当子组测量次数大于 10 次时，极差对数据的利用率大为下降，需要应用标准偏差图代替极差图。由于计算机应用的普及，现在标准偏差的计算已不困难，故控制图的应用越来越广泛。

（三）控制图的应用方法

第一，确定控制极限。控制极限是判断测量过程是否存在异常情况的准则。在测量过程控制中，上、下控制限与中心线相距 3 倍标准差，在大多数情况下是适宜的。如果有充分资料证明其他控制限更适合，也可以使用其他控制限。

第二，绘制控制图。以纵坐标为核查值，以横坐标为时间，用虚线表示控制极限，以实线表示测量观察的基线。

第三，确定每一个子组核查时对核查标准的测量次数（n）。通常 n 取 3 ~ 5。用受控的测量过程对核查标准进行 n 次测量，将测量结果按选定的控制图的要求进行平均值、极差或标准偏差的计算，并将计算结果绘制在相应的控制图上。如果核查数据落在预先规定的控制限之内，表明测量过程处于统计控制状态，否则，就是测量过程失控。通过对测量过程的“组内核查”可以考核测量过程的短期稳定性。

第四，确定核查标准的测量频次。核查标准的测量频次取决于：控制的量值；保证的程度和测量不确定度的严格程度，目的是充分暴露测量过程中各种影响量的变化。由核查标准测量频次，可以确定两次校准间隔（例如 1 年）的核查组（次）数 m，通常 m 为 6 ~ 24（半个月到 2 个月测量 1 次）。通过对测量过程按一定频次的“组间核查”，可以考核测量过程的长期稳定性和可靠性。

# 大数据时代下电信诈骗犯罪之分析与防控

## ——以欧某等人“你猜我是谁”电信诈骗案为切入点

黄基伟　高　柳　杨　萌[*]

2016年8月19日，18岁的临沂罗庄女孩徐玉玉在即将迈入大学的前夕心脏骤停，经医院抢救无效不幸离世。而这起看似普通的案件背后却有一个令人扼腕的原因——电信诈骗。近年来，随着我国现代科技的进步，金融、通讯业的快速发展，非接触式的诈骗犯罪——电信诈骗逐渐跃入人们的视线，并以持续高发的势头愈演愈烈。大数据时代下，电信诈骗犯罪在原有作案手法的基础上手段翻新，已然成为现在社会最大的危害之一。一组来自公安部的数据显示：2011年全国电信诈骗案立案侦查10万余起，到2012起增至17万，2013年30万起，年增长率70%以上，而到了2014年全国电信诈骗案达到40万余起。[①] 2015年，公安机关对网络电信诈骗案件立案近59万起，因电信诈骗仅2015一年就造成经济损失222亿元，相比往年上升32.5%。

不难看出，电信诈骗犯罪依托于高科技手段，潜伏于大数据时代背景下，在给我们带来便利的同时，已经打破了现有的经济平衡，进一步激化了社会矛盾，让我们不得不引起重视。

### 一、定义

#### （一）大数据的定义

“大数据”概念于上个世纪九十年代提出，最初只是对一些在一定时间内无法用传统方法进行抓取、管理和处理数据的统称。[②] 演变到现在，维基百科给出了这样的定义：大数据是需要新处理模式才能具有更强的决策力、洞察发

---

* 黄基伟，四川省彭州市人民法院副院长；高柳，四川省彭州市人民法院刑庭法官助理；杨萌，四川省彭州市人民法院法官助理。

① 肖清华：《电信诈骗机制及防控措施分析》，载《移动通信》2016年10月15日。

② 蔡苑俊：《迎接大数据时代的来临》，载《广东科技》2013年5月25日。

现力和流程优化能力的海量、高增长率和多样化的信息资产。①

大数据虽然是一个非常专业的名词，由其产生的庞大的数据信息看似难以掌握，但是我们运用大数据技术不在于掌握庞大的数据信息，而在于如何将这些含有意义的数据进行合理利用，让其发挥应该发挥的作用。

### （二）电信诈骗的定义

在我国的刑事立法中并没有对电信诈骗进行专门的规定，它是办案机关对借助于电信、网络等渠道进行非接触式诈骗犯罪的一种通称，主要是指犯罪分子通过运用现代化手段并利用当今现代科技发展的弊端，以采取虚构或隐瞒事实真相的方式来骗取财物的一种行为。对照刑法中关于诈骗罪的定义，我们可以这样定义电信诈骗：以非法占有为目的，充分运用电话、网络、短信等现代科技手法，并通过冒用名义、虚构事实等方式，与作案对象进行非接触式、隐蔽性的交流，并一步一步诱使作案对象打款或者转账，再利用银行账户截取赃款的犯罪形式。

最高人民法院刑三庭副庭长李睿懿在对"两高一部"《关于②办理电信网络诈骗等刑事案件适用法律若干问题的意见》的解读中提到，电信诈骗是一个特定的概念，是点对面的诈骗，不是传统点对点的诈骗。传统诈骗包括利用网络通讯技术手段，但针对特定的人。电信诈骗包括了"精准诈骗"，即利用非法获取个人信息点对点诈骗，实践中需个案分析。③

### （三）大数据与电信诈骗的关系

狄更斯曾言："这是一个最好的时代，这也是一个最坏的时代"。我们现在正处于的大数据时代，一方面促进了电信诈骗的滋生，犯罪分子充分运用大数据技术，实行高科技诈骗，给当今社会造成了不小的冲击。但另一方面，利用大数据技术，对电信诈骗进行特征分析，并在技术上制定相应的防控措施，如智能识别骚扰诈骗电话、智能连接警方侦查监控等这些有效并合理利用的方式，大数据能够成为电信诈骗的"终结者"。正如前面提到的大数据的战略意义在于对这些含有意义的数据进行专业化处理。那么我们现在需要做的就是，怎么来专业化地处理大数据，并加以利用，以更为超前的手段防范电信诈骗的进一步蔓延。

---

① 见维基百科网，http://www.wikipedia.org/.

② 李睿懿：《（最新）〈电信、网络诈骗适用意见〉重点问题解析》，http://www.sohu.com/a/125047566_480606.

③ 李睿懿：《（最新）〈电信、网络诈骗适用意见〉重点问题解析》，http://www.sohu.com/a/125047566_480606.

## 二、电信诈骗的现状

### （一）从个案“欧某等人‘你猜我是谁’电信诈骗案”剖析电信诈骗

1. 基本案情

2015 年 4 月左右，被告人欧某、邱某商议，决定采取“你猜我是谁”的电信诈骗方式针对四川人实施诈骗。由被告人欧某提供诈骗手机、被诈骗人的个人资料，被告人邱某负责租住房屋，对诈骗的钱减去拨打电话人的提成、房租、生活费和买手机的成本后，由被告人欧某、邱某平分。嗣后被告人邱某联系到被告人侯某并要其联系四川人到其租住地打电话实施诈骗。2015 年 5、6 月份，被告人欧某甲、谢某、王某、侯某乙先后加入该诈骗团伙。该团伙由欧某 1 负责安排每个人的任务，他们通过获取大量的电话机主材料，交给专门负责打电话的人，每天下午三点多拨打电话，打通电话先让对方猜我是谁，当对方说出一个人的名字后打电话的人就说是，从而开始进一步的诈骗。2015 年 6 月至 7 月，该团伙通过拨打被害人吴某某、曾某某、陈某某、何某某、周某某、廖某某、何某甲、何某乙、文某某、张某某、曾某某的电话，冒充被害人的朋友、领导等人以要给领导送礼等名义要求被害人打款，共诈骗人民币 18 万余元。在诈骗成功后，再由专人负责取钱，取到后将钱送到指定的地方。

纵观本案犯罪分子的诈骗流程，我们可以发现，犯罪分子正是利用了现代科技发展的弊端，以现代化手段对被害人实施了高科技诈骗，整个诈骗流程分工明确，过程严谨。

2. 电信诈骗的原因

欧某这群人虽然只是个案，但却具有所有电信诈骗的典型特征。通过对欧某等人电信诈骗案的分析，可以得出这样一个结论：电信诈骗犯罪的高发多发，不在于世界上有多少个像欧某一样的人，整天想着怎样利用现代科技发展的漏洞获利，而在于现代科技发展的漏洞究竟在哪里，大数据时代下高科技手段在为我们生活提供便捷服务时，又给我们带来了怎样的隐患。其实，无论是这起个案，还是存在于全国各地的所有电信诈骗案，被诈骗人身份数据的泄漏，始终是造成电信诈骗高发频发的罪魁祸首。犯罪分子利用大数据挖掘可以获取大量受害对象信息，从而使得诈骗范围较大。而准确的对象信息，可以进一步精准定位诈骗，导致越来越多的人相信并上当。

3. 电信诈骗犯罪的特点及存在的问题

第一，犯罪分子反侦查意识强、流动性强——抓捕难。大数据时代背景下，懂得利用大数据的犯罪分子往往具有十分敏捷的反侦察意识，他们懂得怎样逃避侦查、怎么消灭犯罪痕迹。同时，犯罪分子流动性强，犯罪行为的实施地、案件发生地、结果地很有可能不在一个地方，跨区作案的占电信诈骗的多数，导致抓捕困难。正如本案中，该团伙的首要分子，主要参与人均系外省人，在四川无固定住所，往往在一阶段的诈骗完成后就流窜到下一个地方继续实施诈骗，这对警方的抓捕无疑是一大难题。

第二，犯罪手段隐蔽化、技术科技化——取证难。电信诈骗组织者往往会将其诈骗团伙安定在承租房内，而这些承租房往往是居民住宅房，将其作为行骗地点，隐蔽性较强，不易被外界发现。并且，由于电信诈骗往往是远程的、非接触式的犯罪行为，既没有犯罪现场，也没有痕迹物证，导致警方取证面临困境。另外，电信诈骗往往是团伙作案，团伙内部分工明确细致，所有的诈骗行为都由组织者掌控，统筹规划。同时电信诈骗往往成本低、回报高、内部组织关系长期趋于稳定。

第三，犯罪表现形式呈多样化——定性难。通过对多起电信诈骗犯罪案例的分析，可以发现在电信诈骗中普遍存在着冒充普通人员犯罪与冒充国家工作人员犯罪这两种情形，根据冒充身份的不同，对犯罪的定性也会不同。根据我国刑法规定，冒充普通人员犯罪，以诈骗罪论处，而冒充国家机关工作人员犯罪又同时触犯招摇撞骗罪。

另外，电信诈骗犯罪往往伴随着被害人身份信息的侵犯，那么又如何界定犯罪分子是属于侵犯公民个人信息罪的正犯还是属于诈骗犯罪的帮助犯。如同时构成，又应如何定罪量刑。

### （二）电信诈骗犯罪的由来及相关法律、司法解释

#### 1. 电信诈骗犯罪的由来

我国的电信诈骗犯罪最早是在我国台湾地区出现的，早期的形式是虚构彩票中奖，后慢慢传入我国沿海地区，以电话短信为手段的传统电信诈骗逐步扩大为利用社交网络、网络交易平台、改号软件、木马病毒为主要手段的现代电信网络诈骗。在大数据时代背景下，其犯罪手段多种多样，并不断进化，让我们防不胜防。

#### 2. 国内外关于电信诈骗犯罪的相关法律规定及实践

##### （1）我国关于电信诈骗的法律规定、司法解释

我国现有电信诈骗犯罪一般是比照诈骗罪进行定罪量刑，2009 年，我国进入电信诈骗高发期，2011 年 4 月，“两高”《关于办理诈骗刑事案件具体应用法律若干问题的解释》中，首次将电信诈骗犯罪归入了诈骗犯罪，并对电信诈骗犯罪的定罪量刑进行了初步的规定。同时该解释还将电信诈骗犯罪纳入刑法关于诈骗罪的规定酌情从严惩处的一种情形。

另外，视具体侵害法益的不同，常见的对于电信诈骗的罪名适用还有招摇

撞骗罪、合同诈骗罪、妨害信用卡管理罪、侵犯公民个人信息罪等。

2016年“两高一部”联合发布的《关于办理电信网络诈骗等刑事案件适用法律若干问题的意见》对办理电信网络诈骗犯罪案件如何适用法律作出了具体规定，进一步明确了法律标准，统一执法司法尺度，同时该意见还首次提出了全面惩处关联犯罪的基本要求，并就如何依法全面惩处关联犯罪提出了具体意见，在一定程度上缓解了长期存在的对于电信犯罪定性难的矛盾。

2016年9月23日，“两高一部”联合工业和信息化部、中国人民银行、中国银行业监督管理委员会发布了《关于防范和打击电信网络诈骗犯罪的通告》，表明六部门对电信网络诈骗犯罪严惩不贷的坚定立场，明确“坚决拔掉一批地域性职业电信网络诈骗犯罪‘钉子’”的决心，进一步凸显了电信网络诈骗犯罪治理的重要性。

（2）国外对电信诈骗犯罪的立法与实践

在美国，建立以网络诈骗投诉中心为基础的包括网络执法、网络金融等全面覆盖的网络系统。立法上，美国分别于1987年和1989年，颁布《联邦量刑指南》与《金融机构恢复和执行法案》，以此来夯实法律基础。后又相继在1991年和2003年通过《电话消费者保护法》和《控制非自愿色情和推销侵扰法》，不断配套更新相关立法。实践中，美国充分发挥其境内的电信运营商的作用，将其联合起来，建立了一个名为“拒绝来电名单”的注册网站，让民众在该网站上免费注册自己的家庭电话或手机。注册成功后，除一些正规的结构能打电话进来外，任何电话推销都会被视为非法行为。

在日本，立法上存在专门的“使用电子计算机诈骗罪”的相关规定。实践中，为了打击电信诈骗，日本充分利用现代化手段，让其成为打击电信诈骗的利器，比如日本一些银行推出的防诈骗ATM机，一旦ATM机识别到取款者是在一边打电话一边进行转账操作，系统会发出警报，并强制停止转账，以此提醒取款者可能存在诈骗风险。

在韩国，早在2001年，就已经实现一户一网与机号一体的手机入网登记制度，严格把控手机机号注册大关。

## 三、电信诈骗犯罪防控措施

### （一）立法上的犯罪防控措施

1. 定罪

电信诈骗相对于普通的诈骗犯罪无论是在犯罪客体还是犯罪主体方面都具有一定的特殊性，尤其是在大数据时代背景下，催生了一系列全新的特殊信息法益，而我国关于诈骗罪的规定更倾向于保护财产法益，无论是在保护手段还是保护力度上，对于电信诈骗侵害的信息法益，都是有所欠缺的。因此，在当今的时代背景下，对电信诈骗给予包括刑事手段在内的特殊、独立的法律保护是刻不容缓的。笔者建议对电信诈骗单独成罪，并详细规定电信诈骗的手段、方式以及犯罪情节，以此加大打击力度，遏制电信诈骗的快速蔓延。

2. 量刑

电信诈骗犯罪侵害的是信息法益和财产法益，在情节上相较于普通的诈骗侵害的财产法益来说更为严重，故根据罪责刑相适应原则，笔者认为有必要适度提高电信诈骗的法定刑，并且平衡自由刑、罚金刑，电信诈骗的目的在于侵害财产法益，较高的罚金刑才能对犯罪分子起到警戒作用。同时，电信诈骗以侵害被害人信息为前提，犯罪主体或者是非法侵害公民个人信息的主体往往还具有一定的身份，若仅仅对于这类犯罪主体给予自由刑、罚金刑，并不能阻止其再犯罪的危险，故对于有身份的犯罪主体，比如一些有资格证的专业技术人员，他们的操作权限往往限制较小，对他们附加资格刑，取消其资格，从而从根源上遏制犯罪。

3. 程序

加强联合执法，明确管辖。有效遏制电信诈骗需要法院、公安、检察、司法行政等各机关通力合作，各部门之间明确责任分工，加强沟通交流，并根据立法中明确的行政违法与刑事违法的界限，来确定管辖部门。同时，建立通报制度，任何部门发现疑似电信诈骗案件，立即向公检法部门进行通报，让三部门提前介入案件的侦查，电信诈骗本就是高科技犯罪，对其侦查需要快、准、狠，三部门的提前介入能够为办案机关赢得更多的时间取证、固定证据，准确把握侦查的方向。另外，电信诈骗往往是跨区域犯罪，经常会出现多地具有管辖权的情况，这种情况的发生要么造成各地争夺管辖权，要么就是各地均推脱不管，不利于及时有效地打击电信诈骗。故在立法中严格明确管辖地是十分有必要的。

（二）大数据犯罪防控措施

1. 有效利用大数据技术反击电信犯罪

大数据时代背景下，既然犯罪分子能够利用大数据技术犯罪，我们当然也能够利用大数据技术进行反击、侦破。因此，加大科技强警力度，利用大数据技术充分分析电信诈骗的特点、手段等，同时注重研究、采用、开发与计算机网络相关的各类行业产品及电话定位、追踪等技术，以便在发现疑似电信诈骗时，能迅速锁定作案人员，有效采集与固定证据。

在这方面，我们可参考日本的做法，日本富士通公司和名古屋大学合作开发出的“手机会话分析软件”，正是利用大数据技术将迄今为止所有电信诈骗汇款内容中包含的高发关键词进行汇总分析，并将其设定为敏感词语（如交通事故、汇款等），在收到此类敏感词语时，系统会发出警示，提醒收件人谨防上当受骗。软件一旦发现作案对象可能处于被欺骗状态时，手机会马上发出警报声，并提示：“这可能是诈骗电话，请注意！”许多受害人上当受骗是因为在受骗的当时根本没有任何防范诈骗的意识，若能在可能被骗的当时收到提醒，可在很大程度上提高其警惕性，减少上当受骗的可能。

2. 加强部门协作，联合电信、金融等多部门监管

充分发挥电信、金融等部门的优势，联合多部门多措施并管其下，形成电信诈骗犯罪打击密网。电信部门从手机号码使用平台着手，建立专门的诈骗预警和监控平台，建立号码库，严格清除一批非法甚至仅是可疑的电话号码。同时完善现有的号码识别功能，对标注为诈骗电话的号码进行一定的管控措施，并继续大力度推进号码实名认证，确保“一号一人”。对于虚拟号码的使用进行限制甚至是取消，即使没有取消的也需要进行实名认证，完善使用者资料。一方面可以抑制一部分诈骗者的滋生，另一方面也可以为侦查机关侦破案件锁定范围。

另外，银行部门从银行账户使用平台着手，建立实名的银行账户联网系统，对数额较大的以及频率较高的转账行为进行重点监控，建立款项跟踪系统，严格监视转款的去向，以此在一定程度上减少受骗者的损失。

而公检法机构则需要将所有的电信诈骗案件建立数据库，并相应地建立全国联网的电信诈骗研判平台，在电信诈骗的初期研判其案发态势，及时向民众宣传提示可能存在的电信诈骗手段，给予民众第一时间的提示，并针对不同的诈骗手段提出相应的防范措施，以迅速并有效地将各种新类型的电信诈骗扼杀在摇篮中。ATM 机可增加智能识别系统，自动抓取取款人一边打电话一边操作转账汇款行为，并进行语音警示。

3. 开启线上线下宣传模式，提高群众防范意识

电信诈骗犯罪以其成本低、范围广、回报高的优势迅速蔓延，群众普遍缺乏对于电信诈骗的防范意识是电信诈骗愈演愈烈的一大诱因，要想在短时间内打消其发展势头，首先需要提高民众对于电信网络诈骗犯罪的防范意识，在日常生活中，利用电视、网络等线上新媒体手段不断传播防犯电信诈骗犯罪的基本知识，让民众在遇到电信诈骗时能具有一定的识别能力。线下，在银行、网络账号注册处、ATM 机等特定场所设置提醒标志。同时，政府各部门加强宣传职能，做好民众的普法教育工作。

对于公检法机构来说，可以利用官方的微博、微信、手机报等新媒体对电

信诈骗犯罪类案件进行普法宣传，并对犯罪分子作案手段、惩处效果予以及时公布，进一步提升群众防范意识。同时法院还可以以“走进法庭听审判”为载体，邀请行政执法部门及广大人民群众走进法庭听审判，加强以案说法力度，增强普法吸引力和实效性。

# 基于城市建设的犯罪预防与居民安全感研究

## ——以厦门市新阳街道为例

陈清霞*

随着我国城镇化水平的不断提高，城市规模不断扩张，越来越多的人口持续往城市积聚，伴随而来的是各种复杂、多样的威胁居民生命和财产的治安违法活动及犯罪事件。作为案件发生的基本载体，加大对城市的建设与治理，不仅可以在一定程度上增加犯罪成本、减少犯罪机会，起到预防犯罪的功效，而且明显降低被害风险有助于提升居民的安全感，构建和谐有序的城市。自习近平主席宣布金砖国家领导人第九次会晤于2017年9月在福建厦门召开后，厦门全市各区、各部门便紧紧围绕中央、省委作出的重大决策部署和市委、市政府筹备关于“打造最具安全感城市”、迎接重大国际性活动的工作。本文以厦门金砖会议为契机，试以厦门市海沧区新阳街道为例，探索与建构基于城市建设的犯罪预防机制，提升居民的安全感。

## 一、厦门新阳街道的基本情况

厦门新阳街道位于海沧区北部、马銮湾南岸，辖区面积约36.6平方公里，现下辖五个居委会（包括兴旺社区、霞阳社区、祥露社区、一农社区与兴祥社区）、一个村委会（新垵村）和一个工业区。据2018年官方统计资料，辖区现有常住人口181584人，其中户籍人口25161人，登记办证的暂住人口156423人，共有公司企业1571家，属于典型的“城中村”“工业区”。近几年，随着当地经济社会的快速发展和资金技术密集型的中小型工业企业的蓬勃兴起，外来人口的总量逐年上升，大量的外来人口涌入新阳工业区，外来流动人口占到了辖区人口的86%左右。新阳街道所在的海沧区在岛外，相较于相对成熟、稳定的岛内城市而言，还属新区，很多基础设施并不完备，也未形成相对成熟的社区，加之人口混杂，外来流动人口居多，违法犯罪活动频发。据

* 陈清霞，福建警察学院刑罚执行系讲师。

了解，2015年新阳街道仅刑事案件就高达2000多起，主要类型有诈骗与盗窃，其中诈骗又以新型电信网络诈骗为主，盗窃以“两车”（摩托车与电动车）和入室盗窃为主，是厦门市海沧区治理的重点难点之一。正是由于新阳街道的上述基本情况，在人口、基础设施、社区等各具特点，治理前后是一个明显的动态变化过程，有着一定的研究空间与研究价值，为此，将其作为一个视角点进行分析。

## 二、厦门金砖会晤下新阳街道的主要治理措施及直接影响

### （一）主要治理措施

1. 基础信息大排查

此次基础大排查工作是由公安部门派出民警、学员警、辅警、社区网格员以及街道干部等力量，以入户排查为基本手段，围绕着实有人口，包括境外人员，以及房屋、单位、物品等，逐人逐户进行信息采集，做到“一标、四实、三清”①。新阳派出所民警连同学员警、辅警以及网格员不断走访实地，登记人员、物品、房屋等信息，重点访查外来人员的信息，清晰的了解社区每个角落可能存在的安全隐患问题，并由专门人员进行考察与整改，直至符合要求。民警在入户排查的同时接受了大量民众的业务咨询并进行答疑，不仅加深了与民众之间的联系，而且能够提高民众参与意识，共同构建和谐有序的社区。从社会治理的角度说，通过基础信息大排查，全面采集实有人口、房屋、单位等信息，能及时发现风险隐患，提升社会治理基础管控水平，让群众生活的安全更有保障。

2. 突出对重点人员、重点场所的管控

重点人口，是指有危害安全或危害社会治安嫌疑，需要纳入工作范围由公安机关实施重点管理的人员。根据公安部有关规定，当前重点人口列管范围具体包括五类20种②。重点场所则主要是指：（1）歌舞娱乐、电子游戏等娱乐场所；（2）洗浴、按摩、美容美发等服务场所；（3）其他需要纳入治安管理的重点场所。对重点人员、重点场所的管理是公安机关预防、发现、打击现实

① “一标、四实、三清”中的“一标”是统一地址信息和房屋编码，“四实”是全面掌握实有人口、实有房屋、实有单位、实有物品等基础信息底数，“三清”是实现情况清底、问题清理、治安清平，核心是“四实”。

② “五类20种”具体详见《公安部重点人口管理规定》。在基层管理活动中，重点人口基本被划分为重大刑事前科人员、涉恐人员、涉稳人员、涉毒人员、在逃人员、社区矫正对象、严重精神障碍患者、重点上访人员、有重大违法犯罪嫌疑人员、取保候审、监视居住对象等。

犯罪的一项基础性工作，也是公安派出所基层基础工作的重要组成部分。新阳派出所强化对辖区内的816个重点人员的管控，打击防范流动人口违法犯罪空间，定期或不定期开展清理整治行动，将日常治安检查与专项整治行动结合起来，采取滚动式、拉网式、地毯式举措，不间断地对歌舞娱乐场所、洗浴按摩服务场所以及出租房屋、建筑工地、城乡结合部等流动人口聚集的场所和部位进行治安检查，及时消除各种治安隐患。

3. 加大对基础设施的投入与建设

新阳街道在土地利用上主要是工业区与住宅区，早期规划并不完善，加之投入不足，工业区与住宅区界限并不清晰，时常出现混乱现象，导致管理上的困难和案件的多发。但由于这些区位条件、建筑构成、大型设施配套等发展至今已相对比较稳定，为此这里主要是对生活行为场所质量、社区服务、小型配套设施等进行调整和整治。自2016年底以来，新阳街道相关部门考虑社会治安的要求，对通过基础大排查发现的隐患地段整改，如在街区和住宅设计中，利用灯光照明设备等消除环境“死角”，加强通道监控；在居民楼房设计中，保留居民公共活动中心，以便实行社会监督；充分利用绿化带的作用，在增加绿化面积的同时明确工业区与住宅区的界限；在城市街区以及一些公共娱乐场所安装电子监控，减少空间监控盲区。另外，在公共交通、供电、排水等城区市政建设上也投入了大量人力物力，排洪、排污等基础配套设施逐步完善；社区、公园等公共场所中配套的多种便民设施在方便市民物质生活的同时也带来了更好的精神享受。

4. 发动民众力量，增配巡逻力量

群防群治队伍是安全社区建设中的一支主力军，在维护社区治安方面发挥着不可缺失的作用。此次基础大排查中的网格员便是这支队伍的代表，从群众挑选，到群众中服务，充分发挥了群众的力量。通过此次地毯式的摸底排查工作，新阳街道相关部门乃至民众自身都在一定程度上了解与掌握辖区内可能存在的危险人员、危险物品以及隐患场所增加被发现的可能，增强自身保护意识。同时，增配辅警力量，加大巡逻力度。新阳派出所全所民警30人，实际在岗27人，3名长期借调，辅警196人。民警开展工作很大程度上需要辅警力量的辅助，但由于新阳外来人口较多、复杂，案件频发，为保障治安，此次加配了辅警力量参与巡逻，特别是在偷盗摩托车、电动车的多发地段增设显性警力，为此震慑那些可能的违法犯罪人员，减少犯罪机会。

（二）直接影响

1. 刑事案件逐年减少

据官网资料统计①，新阳派出所于2015年受理的刑事案件有2167起，至2016年为1647起，同比下降了24%。经过各种整顿措施后，2017年刑事案件量再直降至1006起，同比下降了38.9%。2018年上半年（截止6月30日），共接到刑事警情334起，同比去年上半年的616起又下降了45.8%。目前，新阳派出所刑事警情平均每天仅1.845起，相比2015年平均每天5.936起，下降了68.92%。由此可见，这些措施卓有成效。

2. 社区环境的改善与居民社区情感联系的增强

经过一系列的整治措施，新阳辖区内各社区环境得到很大改善。扩大了社区内的绿化面积，街道干净整洁、井然有序；增设公共健身、娱乐等配套设施；改善了供电、排洪、排污等基础设施；开展了一系列文化活动，如普法教育、科技普及及防灾救灾的宣传教育活动，不仅提高了居民的法律意识、文化素质，而且也加强了居民间的联系与交流。居民的社区意识和情感源于地点理论中的“地点感”。社区层面的地点感主要指居民头脑中的身份认同和情感上的归属感，地点感的强弱通常可以通过居民行为间接观察到。② 一般认为社区

① 官网内部资料。

② 刘晓霞：《基于地点的城市社区居民安全感影响因素及作用机制分析——以成都市经华南路社区为例》，西安外国语大学2017年硕士学位论文，第37页。

认同和归属感较强的居民更关心社区公共事务，集体活动参与度更高，解决社区问题的意愿更强，如基础大排查中的网格员、志愿者，通常是社区内的一员，不仅热心参与社区工作，而且带有较强的解决社区问题、贡献社区的意愿。通过一系列正式的（如警察、居民委员会等）、非正式的（如邻居、家人等）的控制，辖区内各小区居民的私人愿望与公共目标基本能够达成一致，有着共同的利益联结点。

3. 犯罪被害风险的降低与居民安全感的提升

社会生活中，任何人都可能是潜在的犯罪嫌疑人，这就意味着任何人同样都有可能成为犯罪行为的对象，即都存在一定的犯罪被害风险。犯罪被害风险是必然的，但同样也是可以预测与可预防的。此次新阳街道通过基础大排查，对辖区内的安全隐患进行摸底排查，加强对重点人员的管控，加大对重点场所的监督检查，对社区环境进行整顿治理，增配街面巡逻力量，社会控制力越大，诱发或增强潜在犯罪人犯罪的机会就越少，从而降低犯罪被害风险。

这里的居民安全感不仅包括犯罪恐惧感，更多的是对当下社会治安状况的一种综合心理感受。① 对其进行测量则有一系列的指标②，包含诸多要素。不考虑个体差异的主体要素和自卫能力外，对居民普遍安全感可以通过客体因素与管理控制因素中予以测量得知，其中子要素如警民关系、违法犯罪、环境秩序等。良好的社区物质环境是依赖地缘关系凝聚为一体的居民安全感的首要来源，加之有上文所述的刑事案件的减少、犯罪被害风险的降低、环境秩序的好转、基础设施的完善、警民关系的和谐等，这些足以使居民的安全感得到一定提升。

## 三、基于安全感城市建设的犯罪预防机制的合理性及必要性分析

### （一）基于安全感城市建设的犯罪预防机制的合理性

基于最具安全感城市建设的犯罪预防机制具有一定的合理性在于其拥有一套相对科学的理论基础——环境犯罪学理论。由于犯罪行为的发生具有一定的

① 对于安全感的释义，学界有诸多争议。在此论者比较赞同林荫茂学者在其《公众安全感及指标体系的建构》（载于《社会科学》2007 年第 7 期）一文中给安全感下的定义，认为安全感是公众（包括法人）通过客观行为（包括语言的评价）表现出来的对一定时期和空间下的社会治安破坏力和制控力状况的综合主观心理感受。

② 林荫茂学者在其《公众安全感及指标体系的建构》一文中建构的测量安全感的指标包括生理因素、主体因素、自卫能力、管理控制、客体因素、环境秩序等，并在每个因素下设两个及以上次级子因素。

生态分布规律，犯罪的类型和发案率的高低总是与具体的时空条件相联系[①]，为此可以通过环境设计来消除作为犯罪诱因或强化物的时空条件。一般认为，这套理论主要由防卫空间论、防范环境设计论、情境犯罪预防论[②]、日常活动论和荒废（破窗）理论等理论组成，其实践目标是增加犯罪的难度和危险性、降低犯罪后果危害性。也有学者认为，环境犯罪学所依据的理论虽多，但其基础则在于理性（合理）选择理论。[③] 对于是否存在“犯罪机会”，行为人作为一个理性之人首先基于理性选择理论必然会事先做出判断与选择。

防卫空间论由美国建筑师奥斯卡·纽曼创立，由领域、监视、环境印象、周围环境这四个方面的内容组成。他认为尽管建筑物本身不是犯罪的诱因，但通过一定的建筑、环境设计可以预防犯罪的发生，如增加监控、减少犯罪人的逃跑路线等，以创造防卫空间，从而减少犯罪发生的可能性。

防范环境设计论，又称犯罪预防性环境设计 CPTED（Crime Prevention Through Environmental Design），是在可防卫空间理论的基础上，与城市、景观规划理论相结合，拓展出更加细化的规划设计方法。CPTED 认为恰当的环境设计和对环境的有效使用可以减少犯罪并降低人们对犯罪的恐惧感，从而改进生活质量。与防卫空间论相比，CPTED 更加注重环境中的社会因素，如文化背景、大众的责任感等。[④]

犯罪的日常活动理论认为，犯罪行为的发生与日常生活中的某些因素密切相关。美国学者将其归纳成：（1）能够发现适宜的目标；（2）缺乏有能力的保卫者；（3）存在着有动机的犯罪人这三个要素。[⑤] 日常活动理论把遭受犯罪侵害看成是受生活方式因素影响的一种日常生活事件。如果人们的生活方式向他们提供了足够的、与潜在被害人接触的机会，他们就更有可能实施犯罪。

破窗理论源于美国斯坦福大学的一项试验，这里的破窗仅是一种比喻，是指低层次违法犯罪、扰乱公共秩序的行为有如一扇未被修理的破窗，是无人关

---

① 许章润主编：《犯罪学》，法律出版社 2007 年版，第 341 页。

② 此次情境犯罪预防论仅为狭义而言，类似日本所说的状况性犯罪预防，指当时犯罪发生的情境、状况，为环境犯罪学的一部分，此处不再赘述。对于环境犯罪学与情景犯罪学之间的辨析详见周东平的《环境犯罪学与情景犯罪预防理论关系辨析》一文。

③ 周东平：《西方环境犯罪学：理论、实践及借鉴意义》，载《厦门大学学报（哲学社会科学版）》2014 年第 3 期。

④ 宋初阳：《犯罪预防性环境设计研究——以上海高校校园自行车偷窃环境调研及改造研究为例》，上海交通大学 2007 年硕士学位论文，第 25 页。

⑤ 吴宗宪：《西方犯罪学史》（第三卷），中国人民公安大学出版社 2010 年版，第 915 页。

心的表象，将导致更多更严重的野蛮和犯罪行为。该理论是认为，无序与犯罪之间存在相关性，集体效应的弱化在一定程度上会通过无序的环境反映出来。从社区治理的角度来看，对犯罪问题强调的不是打击而是预防。

当然除了环境犯罪学理论外，还涉及城市犯罪学、犯罪地理学、犯罪机会结构等相关理论。此外，前文提及的厦门新阳街道的成功实践也为构建最具安全感城市建设的犯罪犯罪预防机制提供了可靠的实践依据，在一定程度上辅证了这些理论。

（二）基于安全感城市建设的犯罪预防机制的必要性

1. 社会发展大环境的要求

社会在不断进步，对城市的发展与建设也提出了越来越高的要求。城市是现代产业和人口聚集的地区，是人类文明和社会进步事业的标志。随着全球一体化进程的加快，城市化水平的提高，打造最具安全感的城市成为当下城市发展的主旋律。早在20世纪末，国外就已有大量城市推行了“社区性”模式的“创建更安全城市计划”，如英格兰、威尔士。合理的城市规模、完善的城市设施、良好的城市环境不仅对满足居民日益增长的物质与精神文化需求，而且对促进城市经济和社会文明程度的提高具有十分重要的意义。同时，建设最具安全感城市进行犯罪预防也是当下我国社会发展中首选社会预防措施的应有之义。

2. 提升居民安全感的需要

自1992年道格拉斯提出“多安全才是够安全”，这一启发式提问促成了安全问题研究从描述一种客观社会状况向调查主观安全感的新发展。[①] 习近平主席就曾明确指出，要继续加强和创新社会治理，完善中国特色社会主义社会治理体系，努力建设更高水平的平安中国，进一步增强人民群众安全感。对于安全感的释义，理论界也有诸多争议，有学者将其等同于犯罪恐惧感。但显然当下居民的安全感已不只是犯罪恐惧感抑或犯罪被害风险这一最低限度的安全感知，而是囊括更多的安全需求，包括对治安状况、环境秩序等，并且对这些需求的保障是事后的刑罚预防所不能提供和保障的。为此，这就对他们生活的空间提出更高的要求——打造最具安全感城市。而这一要求是可以实现的，如美国学者简·雅各布斯认为可以通过在沿街处增加具自然监视作用的“街道之眼”来增加安全性。纽曼的“防卫空间论”亦是利用环境设计改变物理环

① 刘晓霞：《基于地点的城市社 ㄢ民安全感影响因素及作用机制分析——以成都市经华南路社区为例》，西安外国语大学2017年硕士学位论文，第14页。

境的空间样式和功能，以此改变居民的行动方式和增加相互间的社会联系，达到犯罪控制的目的。① 以安全为导向的环境规划设计可以通过基础设施增强社区中的防控因素，使居民感受到来自环境的保护，从而获得安全感。如街道照明设施能加强行人对一定距离范围内的潜在危险的观察和判断能力进行提前防范而产生安全感。

3. “弱化”的刑罚控制

广义上的犯罪预防除了事先的犯罪预防外，还包括事后对犯罪的刑罚处置，即国家刑事司法系统通过侦查、起诉、审批、执行等刑事诉讼活动对犯罪实行控制。最近几年，刑罚控制这一预防措施受到诸多批判：一是认为我国自1979年以来的刑事立法存在过度的刑法功能化取向，“刑法被看作是一件廉价的、几乎随时可以投入使用的全能武器，而其投入的目的仅仅是防止不希望的行为方式，其目标指向只是行为控制”“同时也导致了刑法的快速膨胀与贬值”②；二是认为刑法控制带来新的风险源，“惩罚主义的立法在控制犯罪的同时又在不经意间制造犯罪，并且增多了未来可能发生犯罪的风险源”③；三是甚至认为作为惩罚的监禁在一般预防与特殊预防上都是站不住脚的④。对此，论者认为刑罚表面在扩张，实则在不断的“弱化”，不管是监禁的惩罚，还是在社区执行的惩罚，特别是后者，刑罚的威慑力被以“看得见”的方式在降低。至于刑罚控制所带来的一增一减的效果，论者承认其存在风险但这一风险并不必然导致惩罚主义的零和控制。而当下监禁的刑罚惩罚虽仍有存在的必要，但“受审判的监狱”也在侧面反映了其存在的缺陷与不足。如此，“弱化”的刑罚控制使得事先的犯罪预防措施尤为重要。

## 四、基于安全感城市建设的犯罪预防机制的可行性设计

### （一）基于安全感城市建设的犯罪预防机制的可行性设计理念

结合上述环境犯罪学等理论以及厦门新阳街道的实践措施，建设最具安全感城市的犯罪预防机制将遵循以下设计理念：（1）增加犯罪成本。主要通过提高犯罪难度和加重犯罪惩罚后果来实现，其中加重犯罪的惩罚后果即为刑罚

---

① 刘广三：《犯罪控制宏论》，载《法学评论（双月刊）》2008年第5期。转引自［日］伊藤滋编：《城市与犯罪》，夏金池、郑光林译，群众出版社1998年版，第187页。

② 樊文：《犯罪控制的惩罚注意及其效果》，载《法学研究》2011年第3期。

③ 师索：《犯罪控制的结构性风险解析》，载《广东行政学院学报》2013年第2期。

④ ［挪威］托马斯·马蒂森：《受审判的监狱》，胡宛如译，北京大学出版社2014年版，第127页。

控制手段，于此暂且不提。既然我们不能抑制人们的犯罪动机，我们何不从犯罪的目标和条件上去限制犯罪。如通过制造作案障碍，对易丢失车辆配锁进行目标加固，在街道拐角处或事故多发地带安装“电子眼”、报警系统等增加犯罪难度。（2）减少犯罪机会。环境犯罪学认为，犯罪之所以发生，不是因为存在试图犯罪的人，而是因为存在着易于实施犯罪的环境或机会，容易引诱人的恶性的外化。为此犯罪预防工作可以通过增加犯罪被发现的风险而减少犯罪机会，如新阳街道加大对重点场所的监督检查，增加路面巡逻力量，设置流动警务亭、警示牌等“震慑景观”。再如及时清理容易“藏污纳垢”地段，减少“破窗”等隐患。（3）降低被害风险。环境犯罪学的诸多理论都存在这样一个前提基础性假设——理性犯罪人，而在现实生活中，我们时常会遇到非理性犯罪人，如激情犯罪，甚至可能是精神障碍者，那又该如何预防？这如同当下大学的教育，不断推陈出新，创新各种在线教育、翻转课堂等，其成立的前提性假设——学生都是积极主动、爱学习的，显然对于部分懒散的学生并无成效。对此，论者认为此时犯罪预防机制的设计则应该从三要素中的潜在被害人入手，增强防卫意识和防卫技能，降低被害风险。如尽量避免在危险时间段出入危险地段，减少与潜在犯罪人接触的机会，保持距离。

### （二）基于安全感城市建设的犯罪预防机制的具体设计

#### 1. 合理规划城市，综合治理空间盲区

城市建设以规划为依据，通过建设工程对城市人居环境进行改造，对城市系统内各物质设施进行建设，包括城市精神文明建设和建筑实物建设。构建具有防卫犯罪机制的安全感城市首先在于对城市有个科学、合理的规划布局。通过规划设计城市的主要物质要素——建筑与各种设施，如房屋建筑、道路交通设施和商业服务设施的布局形态，增加“上帝之眼”，加强对城市犯罪的空间防控。例如科学划分功能分区，合理分配和布局建设用地和住宅区，对于住宅区应适当控制人口规模，防止人口过于稠密而形成诸多社会问题，诱发犯罪。在非住宅区应避免常住人口过于稀疏，导致非工作时段形成无人管理、监控的空间盲区。厦门新阳街道早期工业区与住宅区交叉混杂，人口分布不均，在过于人口密集地段案件多发，后期经过功能区域的明确划分和整治，这一现象得以避免。城市规划作为一种创造城市安全、可防控空间的综合性手段，在城市建置之初就应着手准备，但即便城市布局已定型，仍然可以根据实际对部分城区进行小范围的规划整改，比如对旧城区改造、局部城区的修整等。

无论何种城市规划设计都会存在一定空间治理盲区，为此在对城市进行科学规划的同时有必要综合治理随之而生的空间盲区。有学者将城市犯罪的空间盲区分为公共空间盲区、非公共空间盲区、边际空间盲区、移动空间盲区和虚

拟空间盲区①，分别采取不同的治理措施。这是可取的，根据每种空间盲区的特点有针对性地采取对策进行整顿、治理，不仅可以营造良好的空间环境，清除可能作为诱因的各种隐患，而且可以强化地域单元的科学管理，最大限度地消除犯罪基础、减少犯罪机会，预防犯罪的发生，提升居民的安全感。

2. 高效运用互联网，创新社区警务

合理的城市规划设计更多是对城市建筑实物的建设，而高效运用互联网，创新社区警务则是侧重对城市的精神文明建设，在既定物质形态下，运用高新技术侦破案件、加大犯罪难度，创造一个和谐、文明、高质量的城市。厦门金砖会晤已圆满结束，厦门警方在各项安保措施取得巨大成效的同时积累了丰富的安保实战经验，呈现出多项值得借鉴和学习的创新举措和管理模式，特别是对互联网、新技术的运用。

一是特有的网格型管理模式，确立了本地化的管理理念。厦门各地派出所根据每个居民委员会、村民委员会的具体情况，依据地形、位置等因素划分了各个网格，除原有各村居的负责民警之外，在每个网格都增派一至两名辅警与各个网格的网格员相互协作，对网格内的常住人口与外来人口进行登记、管理与服务等。同时在管理上不排斥、不歧视，与本地人一视同仁，并提出融管理、教育、服务为一体的管理理念，调动社区民众乃至外来人员参与社区建设的积极性、主动性和创造性。

二是建立了信息化的管理体系，创建“大数据情报实战平台”。当下利用“互联网+”平台进行治安基础排查工作成了网络时代的发展大潮，出现了诸如智慧公安模式、四实管理平台、安保实战平台、厦门百姓 APP 等智能化管理。厦门警方通过“厦门百姓”这一软件，由以派出所辅警为主、居委会网格员与各村居房东为辅专门对当地人员相关居住信息进行登记，对出租房屋的情况经常进行清理排查。当基础信息大排查的数据进入数据库后，公安机关利用平台的研判，建立多种类型的数据库，对重点人员的动向和重点场所进行分析，打击犯罪。通过基础信息大排查的数据，厦门警方已建立了涵盖全国多个地区人员、数量达 10 多万条的数据库，对诈骗犯罪嫌疑人在厦门的活动积极开展主动研判，发现违法犯罪行为的在第一时间予以打击，有效预防和减少诈骗犯罪案件的发生。

3. 加强警民合作，创建安全社区

群众工作是全部公安工作的基础。警民关系则是人民警察在提供治安服务

① 王发曾：《城市犯罪空间盲区的综合治理研究》，载《地理研究》2010 年第 29 卷第 1 期。

过程中与人民群众间形成的特殊互动关系。良好的治安必须有良好的社会机制和更多民众的参与，群防群治队伍是安全社区建设中不可或缺的主要力量。日本非常重视警民关系的建设，警民关系十分融洽，相互信任度很高，警察工作因此得到了民众的有力支持，公众的报案率高达69%。① 此次厦门金砖安保取得成功的关键因素在于其十分重视警民合作，建立和谐的警民关系，创新各种举措充分调动民众力量参与社会治理、安全社区的建设。如各街道广泛吸纳民众人员成为网格员参与社区治理，再如厦门市公安局联合市综治办运用"互联网+群防群治"思维开发的"厦门百姓"APP，参与便捷，互动性强，鼓励志愿者以"碎片化"巡逻方式参与群防群治工作，成为公众参与公共安全治理的新途径。目前，"厦门百姓"APP聚合了21万余名平安志愿者，他们活跃在城市的每一个角落，形成了网络群防群治矩阵。②

社区是社会的细胞，社区安全是社会稳定、和谐的基础，安全社区则是全面建设小康社会、构建和谐社会和平安社会的重要组成部分。安全社区即以社区为基础，实现社区群众安全、健康为目标，全面改进社区的安全水平，促进社区生活、工作环境和质量的提高，加强安全预防，减少事故和人员伤害。时至今日，中国已有103家国际安全社区、575个全国安全社区。这些安全社区表明能让居民感到安全，除了注重优化社区的物理环境品质外，更要积极维护良好的居民关系，维持人与人之间的有效沟通渠道，避免人际疏远，形成守望相助的交往状态。创建安全社区，重在调动民众力量，强调居民治安意识，激励社区居民成为社区守卫者，居民以主人翁的姿态增强对环境的控制能力的同时，自然也提升了社区生活安全感。

① 董士昙:《犯罪预防模式研究》，载《山东警察学院学报》2014年第1期。

② 《厦门警方打造最具安全感城市》，载《法制日报》2017年8月31日，http://legal.people.com.cn/n1/2017/0831/c42510-29507504.html.

# 困境与路向：网络文化视域下知识产权的刑法保护*

程　莹　孟文玲**

随着云计算、大数据、移动互联网等信息网络技术的迅猛发展，文化进入网络时代。网络的虚拟性和共享性促使文化传播变得简单与便捷的同时，也大大降低了知识产权侵权成本，增强了犯罪的可能性与危害性。新型知识产权犯罪不断出现且日趋严重。网络文化的发展不仅加大了文化传播的范围和速度，也为知识产权刑法保护带来了前所未有的冲击和挑战。面对网络文化的迅猛发展，如何运用刑法对我国知识产权犯罪进行有效规制变得愈加重要。

## 一、网络文化与知识产权犯罪概述

### （一）网络文化的概念与缘起

网络文化，是建立在网络信息技术基础上的数字化精神创造活动及其成果，① 反映了对外开放与信息革命背景下的社会变革，体现了现代化与全球化进程中的社会发展。网络文化是综合的社会现象，是网络中各种主体互动过程与结果的总和。② 网络文化是社会现实的折射，深受社会文化、经济现状的影响。网络语言、网络现象、网络活动、网络产业等，都具有文化的意义。网络文学、网络游戏、网络符号、有声读物、短视频，甚至表情包等都是网络文化

* 本文系国家知识产权局软科学项目“设立‘一带一路’地区跨境知识产权纠纷调解中心的探索与实践”（项目批准号：SS16－C－24）的阶段性研究成果。

** 程莹，河南理工大学文法学院副教授、硕士生导师，东吴大学访问学者；孟文玲，河南理工大学文法学院硕士研究生。

① 徐世甫：《网络文化：技术与文化的后现代联姻》，载《上海大学学报（社会科学版）》2010年第4期。

② 彭兰：《网络文化的构成及其与现实社会的互动》，载《社会科学战线》2011年第7期。

的具体表现。

2000年我国网络文化以新浪论坛、中青论坛、天涯等为重要发端，网络游戏开始进入公众视野。2005年博客、网络红人成为引领网络文化发展的重要标志，玄幻、穿越类网络小说大量出现并快速发展。2009年网络用户大幅增长，微博、网游、网络视频、网络热词等兴起，粉丝经济开始兴盛，网络文化实现全面发展，进入社交媒体时代，呈现大众化和商业化趋势。① 2012年移动互联网开始占据重要地位，网络文化进入自媒体时代。人们可以随时随地沉浸于“微”文化中，评论时事，表达自我。② 2017年我国文化部发布的《“十三五”时期文化产业发展规划》指出：鼓励文化内容与网络技术结合，进一步增强网络文化的核心竞争力，发展积极向上的网络文化。至此，网络文化发展成为我国文化战略领域的重要内容。

### （二）知识产权犯罪的内涵与治理

知识产权犯罪主要是指违反国家知识产权管理制度，未经所有人许可擅自利用，侵犯其权益且应受刑罚处罚的行为。除侵犯著作权罪、假冒注册商标罪等传统罪名外，《刑法修正案（九）》还增设了拒不履行信息网络安全管理义务罪和帮助信息网络犯罪活动罪，通过“共犯行为正犯化”的方式进一步规制知识产权犯罪。我国《著作权法》《商标法》《专利法》以及全国人大常委会颁布的一些规定和决定中也有关于知识产权犯罪的规定。近年来，我国还出台了一系列重要政策，如《关于新形势下加快知识产权强国建设的若干意见》等，提出要加强互联网、电子商务、大数据、工业制造等领域的知识产权保护，加大侦办力度，依法严厉打击侵犯知识产权犯罪行为，推动相关法律法规的完善。从以上举措，我们不难发现：加强知识产权犯罪刑法规制已成为目前我国建设知识产权强国战略的重要组成部分。

### （三）网络文化对知识产权犯罪的影响

网络文化的多样性和复杂化突破了知识产权在时间和空间方面的束缚，使之不再局限于传统物质载体，为其发展增添动力和活力。网络文化为知识产权发展带来巨大契机的同时，也给知识产权犯罪滋生提供了空间和条件。网络文化使得知识产权犯罪数量不断增加，并且呈现链条化、治理难度大等特性。

---

① 蒋建国：《技术与文化的变奏：中国网络文化发展的历史考察》，载《社会科学战线》2017年第11期。

② 任思奇、胡娅：《网络技术发展引致的网络文化新趋势及其对策》，载《重庆邮电大学学报（社会科学版）》2015年第4期。

1. 网络文化促使知识产权犯罪数量增加

网络文化凭借网络信息技术迅速发展，其受众群体与经济效益每年都有大幅提升。《中国互联网络发展状况统计报告》指出：截至 2017 年 12 月我国网民增至 7.72 亿。互联网的普及使网络文化的影响范围不断扩大。据《中国网络版权保护年度报告》显示：截至 2016 年 12 月，我国网络游戏用户 4.17 亿，网络文学用户 3.33 亿，网络直播用户 3.44 亿，网络视频和网络音乐用户均超过 5 亿。网络文化受众群体的增加，也带来了较好的经济效益。据《中国游戏行业发展报告》显示，2017 年我国游戏行业营业收入 2189.6 亿元，同比增长 23.1%。

网络文化在传统文化基础上创新发展，不断丰富内涵和社会影响，激发和扩展知识产权的经济潜力和保护范围。由于网络文化的多样性在客观上推动了架设私服、游戏直播等新型知识产权犯罪的出现。而网络文化的高经济值在某种程度上满足了知识产权犯罪的贪利性。因而，随着网络文化的广泛传播，借助其传播方式或觊觎其经济红利而引发的知识产权侵权犯罪日益增多。例如：深圳快播科技有限公司由于盗版侵权被罚 2.6 亿元，创下了国内网络版权侵权最大的罚单；上海射手网，由于侵犯影视和字幕作品著作权被关闭；百度涉嫌盗取链接侵权等。据《中国知识产权保护状况》显示：2007 年至 2016 年我国知识产权犯罪一审案件数和犯罪人数不断上升，且形势严峻。知识产权犯罪案件数从 2007 年的 2684 件增加到 2016 年的 8352 件，犯罪人数从 4328 人增加到 10431 人。2007 年至 2012 年间增幅迅速（见图 1）。虽然近年来知识产权犯罪案件数量和犯罪人数总体较为平稳，但相比之前每年 3000 件的犯罪规模，现在每年 10000 件的犯罪量仍然不容乐观。

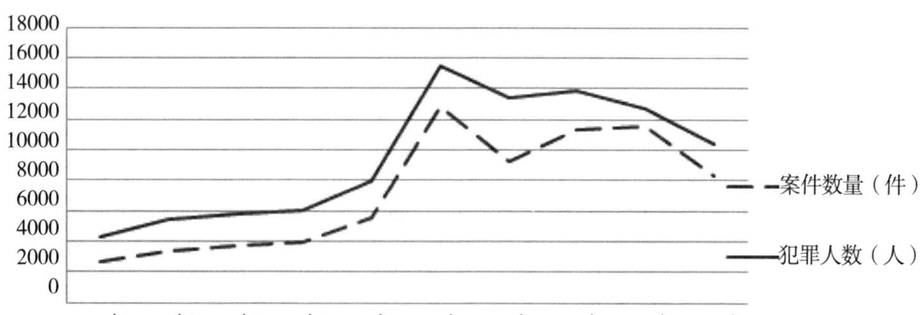


**图 1：2007—2016 年法院一审知识产权犯罪案件和犯罪人数量**

2. 网络文化导致知识产权犯罪呈现链条化

随着互联网技术的成熟和移动 4G 的推广，文化元素和网络数字技术的连接融合不断加强，尤其在“大众创业，万众创新”的政策推动下，网络文化的内容和形式不断丰富。网络文化所产生的巨大经济红利，吸引了各行各业的资本流入网络文化市场，多层次开发知识产权，推动网络文化产业的发展。这不仅使电影、电视剧等传统娱乐行业焕发生机，也形成了网剧、手游、动漫、有声读物、cosplay 等多种网络文化形态。网络文化所展现的巨大商机，吸引和融合了多种经营模式参与其中。以 IP 产业为例，该产业主要以知识产权为核心，形成跨领域、跨平台共生的文化汇聚发展模式，通过不断扩大粉丝数量和影响力，实现经济和文化价值的最大化。而网络文学就是 IP 产业的重要源头，主要通过网络文化传播便捷、高效等特性广泛吸引读者，然后改编成影视、游戏等以获取高额的商业利益。① 2015 年我国 30 部 IP 类电影总计获得约 80 亿票房收入。

网络文化的多样态、跨平台生产传播方式，使知识产权犯罪突破了传统模式。与之前单一的复制、仿冒犯罪模式相区别，网络文化发展所带来的广泛的受众群体和巨大的经济效益使得知识产权犯罪呈现一定的链条化趋势。以网络文学为例，盗版小说网站主要通过手打、截图、网络爬虫等方式获取正版网络文学，在其更新后短时间上线，在搜索引擎或浏览器主页进行推广获取人气与点击量。与此同时，广告联盟会在网站页面嵌入大量广告，并与搜索引擎和盗版网站依据约定共享广告收入。由此形成一条完整的知识产权犯罪产业链。2016 年查处的“顶点小说网”“269 小说网”等多个侵犯著作权案都属于链条化模式下的知识产权犯罪。据《中国网络文学版权保护白皮书》显示：2014 年我国网络文学盗版规模巨大，以正版计价 PC 端和移动端共计损失阅读收入 79.8 亿元。类似链条化的知识产权犯罪模式在网络视频和网络游戏等领域均有存在。

3. 网络文化加剧了知识产权犯罪治理难度

随着数字网络技术的不断成熟，我国网民数量日益增多，网络文化得到了前所未有的发展。从最初的论坛、博客，到如今的公众号、听书、短视频等，都彰显了网络文化的发展与繁荣。网络文化传播媒介广泛，可以存在于文字、图形、音乐、声音、视频、实体产品中。越来越多的产品以网络文化为载体，借助短视频、网络段子、明星推荐等形式迅速占领市场，获取经济利益和文化效益。网络文化的创新发展促使知识产权摆脱传统物质载体的束缚，出现很多新的类型，例如：域名、数据库、计算机软件、多媒体、数字化作品、电子版

① 马季：《IP 的实质：网络文学知识产权漫议》，载《文艺争鸣》2016 年第 11 期。

权、商业方法专利、声音或气味商标①等。

网络文化迅速发展为知识产权犯罪提供空间和方法的同时，也为刑法治理增加了难度。实践中，网络文化良莠不齐，非常容易滋生相关知识产权犯罪。行为人将一些侵犯知识产权的非法信息通过掺杂于网络文学作品或者网络游戏中进行传播，然后借助网络文化受众群体广泛和经济效益巨大的特点在网络文化中营造“存在即合法”的假象，致使很多网民陷入“知法犯法”“法不责众”的状态。例如：抖音 APP 中曾教授制作假冒高档化妆品，一时间自制假冒伪劣产品成为“风尚”，众多网友竞相模仿学习。此类行为主要是借助网络文化传播的力量对知识产权实施侵害。由于难以找到制假源头，因而该侵害行为在刑法中存在定性困难。加之行为人可以随时随地隐藏、篡改、销毁证据，无法保障证据的真实性和合法性，这在一定程度上加大了司法机关的取证难度，阻碍了司法治理。此外，由于网络文化的具体形态难以在全球化的背景下得到全面保护，因而相关知识产权走出国门后处于“裸奔”的状态。这也给知识产权犯罪带来了可乘之机。网络文化的产生和发展所具有的开放性和国际性使得相关知识产权犯罪借助网络文化传播变得更加便捷、隐秘，获取的不法利益也更多。受网络文化经济性和全球性的影响，跨区域的知识产权犯罪日渐增多且形势严峻。② 知识产权犯罪涉案范围广也因此成为近年来摆在司法机关面前的一道难题。相关知识产权犯罪的影响范围、受害人损失等往往难以确定，从而导致司法机关的查扣销毁取证、对被害人的补偿和赔偿等都非常困难。

## 二、网络文化背景下知识产权刑法保护的困境

我国知识产权刑法保护制度主要是依托传统知识产权产业建立起来的。面对网络文化发展所带来的新问题，我国刑法对于目前知识产权犯罪的规制并不尽如人意，存在一定的困境。

### （一）知识产权犯罪规制边界不明

据《中国知识产权保护状况》显示：2015 年全国法院共审结知识产权刑事案件 10809 件，民事案件 101324 件。相比 2014 年，刑事案件数基本持平，民事案件数上升了 7.22%。2016 年全国地方法院共审结知识产权刑事案件

① 王广震：《大数据的法律性质探析——以知识产权法为研究进路》，载《重庆邮电大学学报（社会科学版）》2017 年第 4 期。

② 梁莉、王华：《网络知识产权犯罪的司法认定与法律规制》，载《湖北民族学院学报（社会科学版）》2017 年第 5 期。

8601 件，同比下降 23.9%，民事案件 131813 件，同比上升 24.82%。另据《中国知识产权保护状况》统计：2012—2016 年所有涉及知识产权的案件中 80% 以上是以民事案件进行审理判决的（见图 2）。

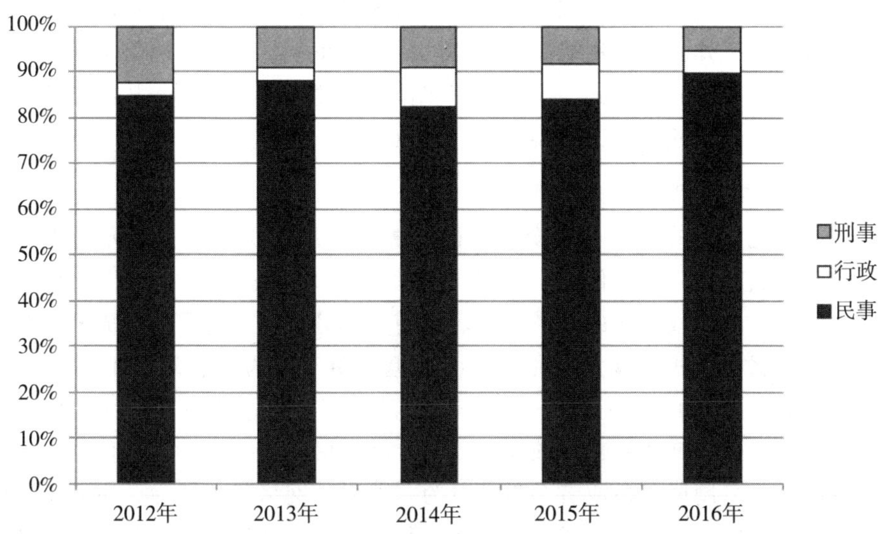


**图 2：2012—2016 年知识产权民事、行政、刑事案件数量百分比**

面对以上数据，我们不禁要问：司法实践中知识产权刑事案件是真的减少了，还是没有得到有效规制？从刑事立法发展来看，1997 年我国《刑法》规定了侵犯著作权罪和销售侵权复制品罪，初步建立了知识产权刑法保护体系。随着 2000 年以话题为中心的 BBS 时代的到来，我国网络文化开始迅速发展，知识产权犯罪逐渐以网络文化为载体实施侵害。2002 年《计算机软件保护条例》和 2006 年《信息网络传播权保护条例》出台，以及“两高”相继颁布了一系列司法解释，进一步明确了知识产权刑事司法的适用界限与标准。在此期间，我国网络文化蓬勃发展，受众群体大幅提升，知识产权犯罪数量不断攀升。2015 年《刑法修正案（九）》新增了两个与网络文化相关的知识产权罪名，网络文化发展中的知识产权犯罪问题开始得到重视。从刑法保护范围来看，我国《刑法》第 217 条规定的保护作品类型，主要是一些常见类型，并没有将网络游戏、数据库等纳为保护对象。当以上案件发生时，往往会出现同类案件不同判的情况，例如：斗鱼直播侵权案运用《反不正当竞争法》进行规制，“热血传奇”案的网络游戏私服侵权则被《刑法》处罚。而这些类型已在有关国际条约中予以保护，如《与贸易有关的知识产权协定》（TRIPS）就明确指出数据库应受到著作权的保护。

综上所述，可以发现：是刑事立法和司法的不完善造成了诸多严重侵犯知识产权的行为被作为民事或行政侵权案件处理，导致大量严重危害社会的应当由刑法规制的案件都以民事或行政案件的形式“消化”了。这也正是近年来网络文化蓬勃发展，而知识产权犯罪却出现“入罪数量少、案件比例低”的原因所在。由于我国知识产权刑事立法相对滞后，且存在一定的立法不足，使得执法人员对于知识产权犯罪缺乏足够的认识和重视，再加上网络文化的快速发展使得知识产权犯罪方式、类型呈现多样化、复杂化的特点，从而导致我国刑法对新型知识产权犯罪案件难以进行有效规制。

（二）知识产权犯罪入罪困难

网络文化发展的复杂与多变，使得刑法在规制知识产权犯罪方面出现不适，甚至有点脱离实际。例如：我国《刑法》第217条规定“以营利为目的”作为构成侵犯著作权犯罪的必备要件。这使得部分侵害行为虽然造成网络著作权人损失，属于刑法所规定的犯罪行为，但是由于行为人主观上不具有“以营利为目的”，例如有些行为人仅仅是为了满足好奇心，或者是单纯的分享资源，从而得以逃脱刑法制裁。该条规定的“复制行为”是指将有形的作品通过一定的方式复制成一份或者多份的行为。然而，网络复制行为已明显超出原有的范围，其方式更多样，成本更低廉，且存在不易被发觉、犯罪证据不易被掌握的特性。而我国刑法并不包含这类以无形复制为主的危害极大的新型犯罪行为。2007年“两高”司法解释规定，“复制品数量”合计在500张（份）以上的，属于侵犯知识产权罪规定的“有其他严重情节”的情况。但是，这里的复制品数量只是将网络著作权的永久复制视为传统著作权意义上的复制，并没有把一些临时复制包含进来，因而该条并不能真正反映著作权人的损失，对于规制网络著作权犯罪的实际意义不大。

为引导网络文化健康发展，自2010年起我国每年开展“剑网行动”针对网络知识产权侵权行为进行专项打击，并且取得了一定的效果，但治理依然任重道远。法条表述的概括性使得知识产权犯罪认定困难，行政处罚和刑事处罚的界限区分不明，“以罚代刑”情况大量存在。近90%的行政法规都规定了“构成犯罪的，依法追究刑事责任”这一条款。① 只有当知识产权侵权行为具有严重社会危害性的时候才会被纳入刑法规制范畴，其他危害轻微的侵权行为一般仅会受到行政处罚。划分刑事和行政处罚的关键在于法条中关于“社会危害性”程度的认定，如“情节严重”“数额较大”等。而司法实践

① 于冲、郁舜：《知识产权案件“行刑衔接”机制的构建思路——以〈中国知识产权保护状况白皮书〉的统计数据为分析样本》，载《知识产权》2016年第1期。

中对“情节严重”存在鉴定标准不一、自由裁量权过大等问题，虽然高检院先后出台多个司法解释用于解决该认定问题，但并没有从实质上予以解决。

此外，我国刑法对于知识产权犯罪帮助行为在入罪方面缺乏准确定性。网络文化的多样态与经济性促使我国知识产权犯罪具有链条化、层层相扣的特性。在“技术即为王道”的虚拟空间里，任何犯罪行为都需要一定的网络技术支持。实践中，除了网络服务提供者和直接侵害行为的帮助者外，如果行为人明知他人通过网络文化侵害知识产权而提供技术支持的很少予以入罪。传统刑法要求共同犯罪具有犯意联络，共同故意实施某一犯罪行为。在网络文化环境下，行为人可以从多种帮助中选择最适合自己的方法实施犯罪，而帮助行为多出于炫耀、营利甚至单纯娱乐的目的。两者无需建立紧密的主观意思联系。由于该帮助模式与我国刑法共同犯罪基本原理相违背，所以我国刑法在一定程度上并不能对之进行有效规制。

（三）知识产权犯罪罪名适用不当

网络文化带动了知识产权的发展。知识产权所有人利用网络文化的推动力，实现了经济和社会的双重收益。而知识产权是网络文化长久发展的保障。只有健全罪名体系才能有效遏制日益严重的知识产权犯罪。目前我国知识产权犯罪的相关罪名主要包括两个部分：一部分是常见罪名，如侵犯商业秘密罪、销售侵权复制品罪；另一部分则是非常见罪名，即刑法一般罪名，诸如生产、销售伪劣商品罪和非法经营罪等。据《中国知识产权保护状况》统计：我国知识产权犯罪数量2007年505件，此后逐年递增，2012年7684件，为近年来最高值。之后有所下降，且呈现比较平稳的态势。生产、销售伪劣商品罪2007年477件，然后逐年递增至2016年2855件，增长了近5倍。非法经营罪的数量除2012年2535件外，整体处在1500至2000件之间，相对较为均衡。虽然涉及知识产权犯罪的其他罪名数量较少，但呈逐步增长的态势且涨幅较大，2016年的数量是2007年的40倍多（见图3）。

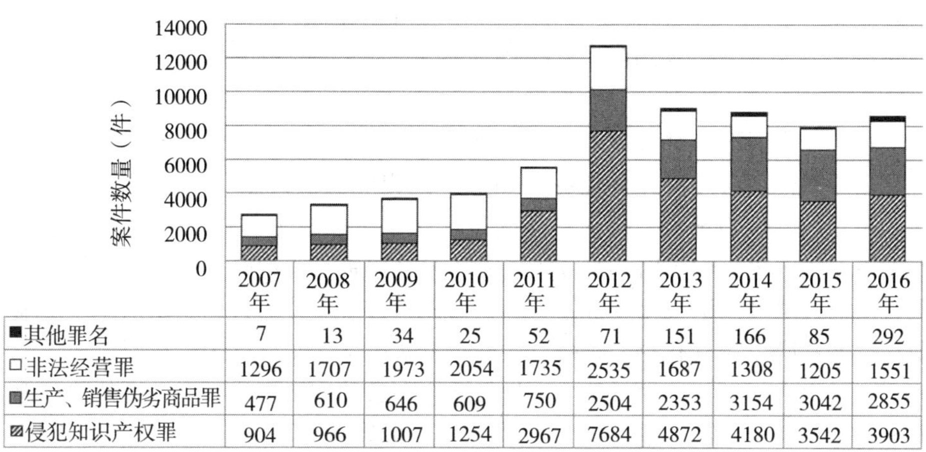


| | 2007年 | 2008年 | 2009年 | 2010年 | 2011年 | 2012年 | 2013年 | 2014年 | 2015年 | 2016年 |
|---|---|---|---|---|---|---|---|---|---|---|
| ■其他罪名 | 7 | 13 | 34 | 25 | 52 | 71 | 151 | 166 | 85 | 292 |
| □非法经营罪 | 1296 | 1707 | 1973 | 2054 | 1735 | 2535 | 1687 | 1308 | 1205 | 1551 |
| ■生产、销售伪劣商品罪 | 477 | 610 | 646 | 609 | 750 | 2504 | 2353 | 3154 | 3042 | 2855 |
| ▨侵犯知识产权罪 | 904 | 966 | 1007 | 1254 | 2967 | 7684 | 4872 | 4180 | 3542 | 3903 |

**图 3：2007—2016 年法院一审知识产权犯罪罪名分布及数量**

另据《中国知识产权保护状况》显示：2007 年至 2016 年间，我国知识产权犯罪的罪名分布变化显著。例如：非法经营罪 2012 年之前在每年知识产权犯罪总数中所占比例最大，基本保持在 50% 左右，2012 年之后下降至 20%。生产、销售伪劣商品罪 2012 年之前处于比较平和的状态，在知识产权犯罪总数中所占比例为 15%—20%，2012 年之后有所上升，2016 年达到 40%。侵犯知识产权罪 2012 年所占比例最大，达到知识产权犯罪总数的 60%，近年来保持在 45% 左右且状态平稳。虽然其他罪名所占比例不高，但适用逐年递增，有明显扩大的趋势（见图 4）。

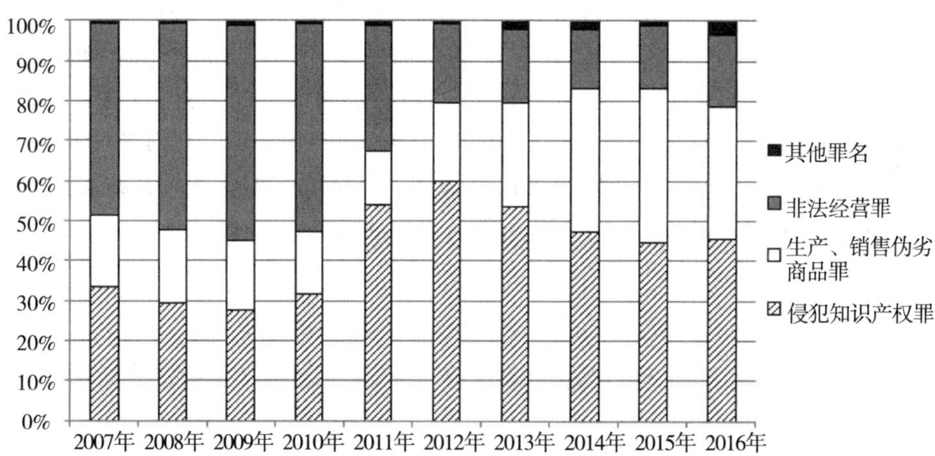


**图 4：2007—2016 年法院一审知识产权犯罪罪名分布比例**

从以上数据可以发现：知识产权犯罪案件中很大比例是以生产、销售伪劣商品罪和非法经营罪认定的，而不是侵犯知识产权罪。即我国50%以上的知识产权犯罪案件依靠刑法一般罪名进行规制，而非侵犯知识产权罪的常见罪名。整体而言，我国知识产权犯罪的罪名适用存在一定的主次失衡，侵犯知识产权罪并未处于主导地位，反而是起补充兜底作用的刑法一般罪名在司法实践中被大量适用，难以准确反映我国网络文化发展中的知识产权刑法保护状况。虽然2012年之后有所改观，但是侵犯知识产权罪依然未被普遍适用，未占据主导地位。此外，纵观历年的《中国知识产权保护状况》，我国网络文化犯罪的相关罪名在知识产权犯罪中适用极少，并未在网络文化发展中起到积极的推动作用。[①] 这一方面反映了我国刑法对网络文化背景下的知识产权犯罪治理力度不足，罪名适用不当；另一方面也说明现行刑法罪名体系滞后于复杂多变的知识产权犯罪，无法适应当前我国网络文化的发展。

（四）知识产权犯罪刑罚局限

网络文化发展带动了相关产业的快速崛起，而崛起的背后潜藏着抄袭、换皮、山寨等乱象，侵害了原创者的经济利益。例如：文化产业界流行的IP运营、IP孵化主要是通过盗版提升人气和影响力，借助相关衍生产品获取经济利益。[②] 据2016年北京海淀区法院发布的《网络游戏侵犯知识产权案件的调研报告》显示：盗版游戏上市快、回本快、效益高，成本只有正版的1/4。实践中，部分盗版游戏厂直接借助知名游戏、网剧、电视剧作为游戏名称，抢占用户，甚至擅自改变他人IP，使知识产权所有者遭受巨大的经济损失。网络文学也未逃过“搭便车”式侵权。侵权者将网络文学中的人物、作品名称套用在毫无关系的产品上进行推广，借助优质的IP人气获取大量利润，而判赔金额远不足以弥补权利人的经济损失，无法威慑犯罪。

贪利性是知识产权犯罪的一种常见心理。行为动机往往是追求更高的经济利益，而刑罚最重要的功能是为了使犯罪人感到痛苦，从而起到警示与惩戒的作用。虽然我国刑法相关条文规定知识产权犯罪“可以单处罚金”，但司法机关并没有把罚金刑置于十分重要的地位，更多的是倾向于适用自由刑。即使处以罚金，也只是象征性的，数额较低，判罚力度远不能弥补受害人所遭受的经济损失。目前我国知识产权犯罪采用的是无限额罚金制模式。因适用标准缺失使得罚金刑在司法实践中无法被具体操作运用，主要依靠法官自由裁量，公平

① 于志强：《我国网络知识产权犯罪制裁体系检视与未来建构》，载《中国法学》2014年第3期。

② 孙玉荣：《互联网文化产业发展与知识产权保护》，载《北京联合大学学报（社会科学版）》2016年第2期。

正义不能得到应有体现。据统计 2006—2015 年我国网络著作权刑事案件共有 1891 件。其中仅有 243 件单处罚金，占总案件数的 12.8%。有 1382 件主要适用有期徒刑并处罚金或者拘役并处罚金。① 这在一定程度上反映了我国司法机关对于知识产权犯罪案件单处罚金刑适用比例较低，更注重自由刑的适用。事实上，知识产权犯罪这种以经济利益为主要目的的犯罪，应当更多地严格适用罚金刑，而非自由刑。这对于更好地矫正犯罪、避免犯罪分子交叉感染至关重要。

## 三、网络文化背景下知识产权刑法保护的路向

加强对知识产权刑法保护不是一味地强化刑法对知识产权犯罪的适用，摒弃民法、行政法的有效保护，而是在当前网络文化环境下充分考虑知识产权犯罪特性，加强刑法对知识产权犯罪的有效规制。

### （一）明确知识产权犯罪治理范畴

由于知识产权犯罪相关法律条文界定不明晰，实践中“以罚代刑”现象普遍存在，因而知识产权犯罪刑法治理效果被大打折扣。面对网络文化的快速发展，我国有必要对知识产权侵权与犯罪进行明确区分，平衡犯罪风险防控与网络文化创新关系，对不同法律法规间的治理范畴予以合理衔接。

在立法层面，明确各个治理主体的权责。相关法律法规中的刑事责任条款并不能准确地与刑法中知识产权犯罪相对应。这就使得行政机关对于严重的侵犯知识产权行为具有一定的判断评价的权力。这其实是将部分审判权变相赋予了行政机关。只有在他们认定为犯罪后才能移送，将案件交至司法机关。事实上，行政机关在执法过程中并不具有刑事审判权，否则似有包庇犯罪之嫌。对此，有学者指出，《著作权法》《商标法》等知识产权法律法规中关于案件移送的规定，并不能发生刑法规制的效果，不过是提示或者告知而已，效用不大。② 因此，我国立法上应尽量避免类似刑事责任条款的出现，明晰执法权与审判权的边界，顺应网络文化发展多样化、复杂化的特性，加大刑法对知识产权犯罪的规制能力，合理划分刑法、民法与行政法的治理范畴，避免同案不同判现象的发生。

在司法层面，提升责任意识和业务能力。相关立法的滞后使得行政机关对

---

① 张先昌、鲁宽：《近十年网络著作权犯罪案件的实证研究》，载《知识产权》2016 年第 9 期。

② 胡启忠：《〈证券法〉中附属刑事条款适用研究》，载《西南民族学院学报（社会科学版）》2000 年第 7 期。

于网络文化发展中的知识产权犯罪缺乏充分重视，对于知识产权相关案件如何移送、移送给谁等观点不一。审判机关对于知识产权案件缺乏主动干预，不能直接介入。虽然检察机关能够起到一定的监督作用，但也只是杯水车薪，效果并不显著。因此，我国在强化知识产权犯罪相关立法的同时，应不断提升行政机关、审判机关和检察机关对于网络文化发展中知识产权犯罪的认知及业务水平和能力，明确各方权限和职责。例如：我国可以建立提前介入机制，对于检察机关和公安机关能够直接介入的案件范围、介入时间和标准等进行明确规范，提升合作力度；建立信息共享平台，将行政执法过程中的案件情况、文书资料、处罚结果等予以公示。在此基础上，积极建构符合我国网络文化领域行为特征的量化标准，明确网络文化背景下知识产权犯罪行为的量刑标准，便于行政、司法等部门适用，消除各主体认定不一致的情况。① 这样既可以打通行政、检察、审判、公安等主体间的信息交流，也可以实现互相监督，完善案件处理机制，进一步推动网络文化的丰富和发展。

### （二）降低知识产权犯罪入罪门槛

随着网络文化的蓬勃发展，我国相关知识产权法规不断得到修正，而刑法针对知识产权犯罪的修订或解释却显得有些滞后，不能完全适应快速发展的网络文化。针对知识产权犯罪入罪困难这一现状，我国刑法可以适度放宽入罪条件，包括目的、数额及情节的限定。2011 年《关于办理侵犯知识产权刑事案件适用法律若干问题的意见》中将出租他人享有著作权的作品解释为发行的一种。该解释体现了我国知识产权刑法保护范围在逐步扩大。在侵犯著作权罪中，入罪条件包括要求行为人“以营利为目的”以及“违法所得数额较大或者有其他严重情节”。在网络文化背景下，“以营利为目的”体现了犯罪分子的主观恶性更强，更需要刑法规制，但该条款限制过大，不利于刑法对知识产权犯罪的适用。而“违法所得数额较大”这一定罪情节并不能很好地适应网络文化环境下刑法对知识产权的保护。网络知识产权犯罪成本较低，有的销售单价甚至不及原售价的 1/10，若以“违法所得”对犯罪行为进行评价，对权利人显然不公。“数额较大”表明对获利少的知识产权侵权行为不能追究刑事责任。事实上，很多国家对知识产权犯罪的规制都非常严格，入罪门槛普遍较低，有的仅通过行为犯进行认定，排除情节和结果等限制条件。只要危害行为对权利人客观存在，犯罪即成立，无需进一步分析特定的目的、情节或结果等

① 宗艳霞：《网络知识产权行政法保护制度面临的冲击与应对》，载《河南财经政法大学学报》2017 年第 1 期。

犯罪构成要件。[①] 为此，我国可以借鉴其他国家的成功经验，在保证刑法谦抑性的同时，适当降低入罪门槛，扩大知识产权的刑法保护范围，适应我国网络文化的发展。

### （三）完善知识产权犯罪罪名体系

网络文化发展中，新型知识产权犯罪不断涌现，由最初的复制、仿冒发展为架设私服、抓取信息、盗取数据等，甚至在网络文化中还充斥着搜集发布制假信息、分享盗版购买渠道等信息技术帮助行为。目前我国刑法针对知识产权犯罪的罪名只有7个，保护范围较窄，对于新型知识产权犯罪并没有明确规定。这使得实践中某些严重的新型知识产权犯罪无法得到有效规制。无论是适用其他罪名进行定性，还是适用其他法律进行评价，都不能很好地对新型知识产权犯罪行为进行认定。相较之，很多国家对网络文化中知识产权犯罪都有着严密的罪名体系。例如：美国保护知识产权的刑事法律对假冒商标、伪造专利、侵犯商业秘密等行为都规定了详细的罪名和刑事制裁方式。关于侵犯著作权犯罪，美国将其分为以营利为目的侵犯著作权犯罪、非以营利为目的侵犯著作权犯罪、欺骗性进行著作权标记的犯罪、欺骗性地取消著作权标记和伪造说明的犯罪四种类型，其保护内容丰富、罪种多样。

为此，我国刑法应适当扩大知识产权犯罪的罪名种类，积极增设罪名，完善知识产权罪名体系，[②] 以更好地解决网络文化发展中知识产权犯罪行为多样化问题，保障刑法适用的准确性与及时性。具体而言，相关罪名的设置应涉及对电子版权、专属声音、网络域名等新型知识产权的保护，将网络文化中知识产权犯罪的帮助行为纳入刑法规制范畴等。通过增加刑法规制的行为类型，实现对知识产权的保护以及网络文化发展创新的推动作用。

### （四）加大知识产权犯罪刑罚力度

网络文化是文化内容与网络技术的结合，是我国文化软实力的重要组成部分。在经济社会中，网络文化所衍生的文化产业具有明显的社会效益和经济潜力。发展网络文化，要将社会效用与经济效益进行有机统一。知识产权犯罪凭借网络文化迅速发展，呈现犯罪成本低、影响范围广、社会危害性大等特点。知识产权犯罪治理难度不断增大，对司法人员在调取证据、保存证据、司法鉴

---

① 韩轶、王鑫：《我国知识产权刑法保护的分析与立法完善》，载《政法论丛》2007年第5期。

② 曾粤兴、魏思婧：《我国知识产权刑法保护现存问题分析与完善》，载《知识产权》2017年第10期。

定等方面提出了更高的要求。目前，我国刑罚对知识产权犯罪处罚过于轻微和简单，无法适应复杂多变的犯罪手段和形式，不利于保障网络文化的发展。我国刑法对知识产权犯罪的自由刑设置了两档：3 年以下有期徒刑和 3 年以上 7 年以下有期徒刑。而其他国家的自由刑设置比我国普遍要重。例如美国对侵犯他人版权管理信息的犯罪行为最高可处以 10 年监禁。[①] 英国《商标法》规定对假冒商标严重的行为可以判处终身监禁。加大刑罚处罚力度在一定程度上可以对犯罪起到威慑作用，促使公众形成尊重和保护知识产权的意识。

此外，很多国家对知识产权犯罪都非常重视罚金刑的适用，并且处罚金额较高。例如：美国侵犯著作权犯罪可能被判处 50 万美元的罚金，如果行为人人身危险性较大，再次犯罪的，会被加倍处罚，判处 100 万美元的罚金[②]。产权犯罪归入分则第 3 章，属于经济犯罪，因而逐步提升罚金刑的适用范围和金额，不仅是对行为人非法逐利行为的有效惩治，还可以预防自由刑带来的不利后果。具体而言，我国刑法可以采用限额罚金制的立法模式，给此类犯罪设定罚金刑的底线而不设上限，从而达到明确标准、方便适用的效果。我国刑法还可以针对知识产权犯罪探索增设资格刑，通过限制或者剥夺行为人的从业资格，达到预防和惩治犯罪的作用。这样一方面可以使犯罪人失去再次犯罪的机会与条件，达到特殊预防的作用，另一方面，也可以对同行业其他从业人员产生威慑，起到一般预防的效果。这对于净化网络环境、推动网络文化发展非常必要。

## 四、结语

在网络的推动和影响下，文化的生产、传播与消费都发生了巨大的变化。网络文化影响着社会公众认识文化的态度，成为我国文化建设中的重要组成部分。随着我国网络文化的发展，新型知识产权犯罪不断出现，并且呈现复杂多变、跨区域等特性。有效治理知识产权犯罪已然成为推动我国网络文化良好发展的重要举措。刑法作为捍卫权利的最后一道防线，对于遏制网络文化发展中的知识产权犯罪存在一定局限。通过加大刑法对知识产权犯罪的规制，进一步保护知识产权所有人的利益，健全知识产权刑法保护体系，不仅有利于智力成果的保护，更有助于保障我国网络文化的可持续发展。

---

① 李平：《美国的知识产权保护制度对我国的启示》，载《世界经济与政治论坛》2003 年第 2 期。

② 田宏杰、王然：《中外知识产权刑法保护趋向比较研究》，载《国家行政学院学报》2012 年第 6 期。

# “互联网 +”时代网络犯罪的惩治和预防

## ——以中国裁判文书网发布的95个网络犯罪案件为样本

梁　康　杨　英*

因地制宜地确保自然关系与法律在每一点上的协调一致是国家体制长期巩固的根本保障。

［法国］卢梭

移动通信与互联网的合二为一，造就了前所未有的移动互联网时代，① “互联网 +”时代是一个基于传统互联网，叠加新兴移动互联网、云计算、大数据、物联网等信息技术的新时代。② 随着“互联网 +”时代的到来，信息技术在促进人类社会发展的同时也带来一系列社会问题，这其中也包括犯罪。“互联网 +”时代，各类犯罪迅速突破物理空间限制，大肆侵袭互联网空间，开辟了犯罪的第二场域，产生了一种全新的犯罪形式——网络犯罪③，也为预防和惩治犯罪带来新的课题。现有的法律和司法体制模式，产生于农业社会，成熟于工业社会，处在社会不断转型、互联网迭代发展的大背景之下，面对信息时代和信息社会，如何实现法律和司法体制的代际发展与革命提升，是一个必须面对和思考的重大问题。④ 尤其是在“互联网 +”时代，伴随着互联网信

---

* 梁康，四川省成都市新都区人民法院研究室审判员；杨英，四川省乐山市沙湾区人民法院民事审判庭法官助理。

① 汪嘉佩：《移动互联网时代下网络诈骗犯罪态势、特征与防控》，载《犯罪研究》，2017 年第 6 期。

② 刘定朋、梁坤：《“互联网 +”时代公安大数据犯罪防控对策初探》，载《北京警察学院学报》2016 年第 2 期。

③ 根据网络犯罪所处的不同发展阶段，学术界将网络犯罪概括为“对象型”“工具型”“空间型”，本文所称“网络犯罪”不严格区分具体类型。

④ 于志刚、吴尚聪：《我国网络犯罪发展及立法、司法、理论应对的历史梳理》，载《政治与法律》2018 年第 1 期。

息技术在犯罪领域的广泛运用，传统犯罪逐渐变异，新类型犯罪不断产生，给整个社会带来严重挑战，也对传统司法产生巨大冲击。如何引导互联网信息技术在法治的轨道上健康发展，避免因技术滥用导致网络犯罪产生，是当前社会亟待解决的发展问题，更是司法机关回避不了的现实问题，惩治和预防网络犯罪将是必由之路。

## 一、样本检视：以95个网络犯罪案件为样本

为了深入了解“互联网+”时代网络犯罪的新情况，研究网络犯罪的新特点，揭示网络犯罪的一般规律，为预防和惩治网络犯罪提供实践样本，笔者选取了中国裁判文书网公布的95个网络犯罪案件①作为本文研究对象。

### （一）网络犯罪的基本情况

#### 1. 案件数量不断增加

从审理网络犯罪案件的数量来看，2013年仅有1件，2014年6件，2015年11，2016年22件，2017年49件，2018年6件。除2018年外，其余各年份审理案件数量呈逐年递增的态势，且增幅不断加大（图1），说明网络犯罪正在成为一类快速增长的犯罪类型，也将是法院受理案件的一个增长点。

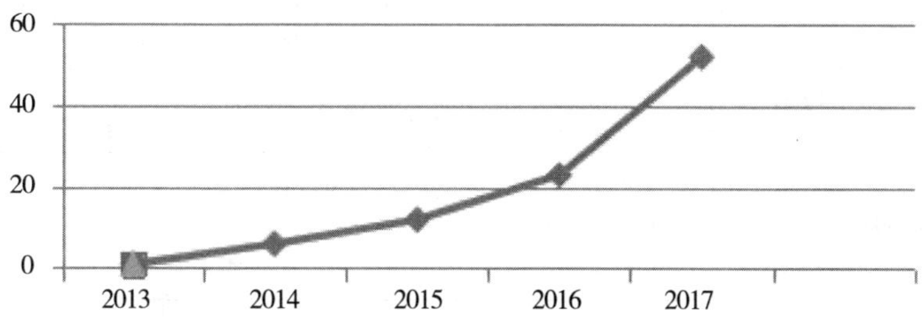


**图1：网络犯罪案件数量增长图②**

① 笔者于2018年5月29日登陆中国裁判文书网，在检索框中全文检索关键词“网络犯罪”，列表显示有115条相关信息，在案由栏中选择“刑事案由”后，一级案由为“刑事案由”的结果有103条。剔除3件抢劫罪和5件受贿罪案件与网络犯罪无关，剩余95件即为本文研究的对象。

② 需要说明的是，由于网络犯罪案件的黑数比较大，很多网络犯罪行为未被发现或者虽被发现但未被起诉到法院，或者法院审理后没有及时将案件发布在中国裁判文书网上。因此，图表中显示的网络犯罪案件数量并不能准确反映全国法院实际审理的案件数量，更不能反映实际发生的案件数量。

2. 涉及罪名种类多，但分布不均

随着“互联网+”模式在各行业的广泛运用，利用“互联网+”犯罪的现象在各行业普遍产生，导致网络犯罪侵犯的法益种类越来越多，涉及的具体罪名也更广泛（表1）。这些犯罪主要集中在侵犯财产类犯罪，其他犯罪则较少，甚至部分大类犯罪没有涉及。全部案件中，财产类犯罪共70例，占到样本总数的73.6%，犯罪的逐利特征明显。

**表1：涉网络犯罪具体罪名分布**

| 犯罪侵犯的法益 | 总数 | 侵犯的具体罪名 | 数量 |
|---|---|---|---|
| 破坏社会主义市场经济秩序 | 11 | 妨害信用卡管理 | 1 |
| | | 窃取、收买非法提供信用卡信息 | 1 |
| | | 侵犯著作权 | 1 |
| | | 信用卡诈骗 | 2 |
| | | 非法经营 | 3 |
| | | 组织、领导传销活动 | 3 |
| 侵犯公民人身权利、民主权利 | 2 | 诽谤 | 1 |
| | | 非法获取公民个人信息 | 1 |
| 侵犯财产 | 70 | 盗窃 | 23 |
| | | 诈骗 | 47 |
| 妨害社会管理秩序 | 15 | 破坏计算机信息系统罪 | 3 |
| | | 妨害司法 | 4 |
| | | 协助组织卖淫 | 1 |
| | | 制作、复制、出版、贩卖、传播淫秽物品牟利 | 1 |
| | | 开设赌场 | 6 |

3. 犯罪手段更加多样

“互联网+”时代，随着互联网信息技术被应用到犯罪领域并快速传播，行为人很容易选择低成本的网络技术手段来完成复杂的犯罪过程，有些犯罪甚至突破了刑法关于犯罪行为方式的罪状描述，呈现出犯罪手段多样化的现象。直接通过网络技术实施犯罪行为也使得整个犯罪过程更加隐蔽而难以被发现，给后续的侦查和审理工作带来一定困难。

4. 社会危害更为严重

“互联网+”时代，部分传统行业迎来了快速发展的契机，新兴行业随之产生并迅速抢占发展的新机遇。与此同时，一些不法分子借助网络平台的时空差异，利用网络平台的合法性进行伪装，骗取被害人的信任进而实施犯罪行为，往往带来更为严重的后果，引发社会舆论广泛关注。①

（二）网络犯罪的特点

1. 犯罪异化严重

在互联网信息技术快速发展与普及的过程中不仅催生了大量新型的网络犯罪，而且导致大量传统犯罪逐渐网络化并出现变异。② 网络犯罪进入“互联网+”时期以后，笔者将犯罪异化的现象归纳为两种主要类型，一种是以“‘互联网+’犯罪”为代表的传统网络犯罪，另一种是以“犯罪+互联网”为代表的新型网络犯罪。

犯罪异化是指犯罪出现的与基本构造形态不一致的情况，“互联网+”时期犯罪异化主要表现在犯罪手段和犯罪结果的差异性。犯罪行为异化（表2）在网络犯罪中表现为犯罪行为的非现场性，虚拟空间中行为依赖的是信息数据的传输，这虚化了行为人与受害人之间的实际距离，③ 行为人实施网络犯罪时，无需接触犯罪对象，只需利用网络信息技术，在网络空间中就能实施主要的犯罪行为，行为人利用网络信息技术异化犯罪行为的同时大大降低了犯罪成本。犯罪结果异化在网络犯罪中体现为危害结果的复制性。基于异化的信息技术在网络犯罪的普及和传播，行为人能够轻易地重复实施相同的网络犯罪，这导致网络犯罪的危害结果具有可复制性和广泛的传播性。

---

① 2018年5月5日晚上，空姐李明珠在郑州航空港区通过滴滴叫了一辆车赶往市里，结果惨遭司机杀害。根据蜜蜂舆情云平台监测显示，从5月10日00：00至5月10日14：00，全网相关信息量达25516条。相关信息参考 https：//www.sohu.com/a/231187486_450308，2018年6月26日访问。

② 陈力朋、徐建斌、魏娟：《互联网普及对中国刑事犯罪率的影响——基于省级面板数据的实证分析》，载《中国刑事法杂志》2014年第6期。

③ 张阳：《空间失序与犯罪异化：论虚拟空间的犯罪应对》，载《河南社会科学》2018年第5期。

**表 2：网络犯罪手段异化表现**

| 网络犯罪类型 | 样本案件信息 | 涉及罪名 | 犯罪行为罪状描述 | 犯罪手段异化表现 |
|---|---|---|---|---|
| 传统网络犯罪 | （2015）佛城法刑初字第 326 号 | 开设赌场罪 | 以营利为目的，开设赌场的。 | 行为人通过境外赌博网站“皇冠网”等网站进行网上赌博活动，发展多人参赌并接受他人投注，从中获利。 |
| | （2015）六金刑初字 00240 号 | 信用卡诈骗罪 | 利用信用卡进行诈骗活动，骗取财物数额较大的行为。 | 行为人从网上购买包括银行卡账号、密码、银行卡绑定手机号等。从中筛选作案对象，用虚假的头像制作含有被害人身份信息的假身份证，到相关的通讯营业厅挂失补办被害人的手机卡，由此获取他人手机验证码。其后，通过互联网将该手机绑定的被害人信用卡内资金盗刷至行为人控制的银行卡内。 |
| 新型网络犯罪 | （2015）桑刑初字第 159 号 | 组织、领导传销活动罪 | 组织、领导引诱、胁迫他人参加，骗取财物，扰乱经济社会秩序的传销活动。 | 行为人推出“BT 波特币财富增值计划”，在波特币网站发行 750 万“波特币”，以购买“波特币”为名广泛发展会员。发展形式是由老会员介绍新会员，并由新会员缴纳 100 美元（700 元人民币）到 30000 美元（210000 元人民币）不等的入会费后，即可成为“波特币”会员。 |
| | （2013）龙刑初字第 493 号 | 协助组织卖淫罪 | 为组织卖淫的人招募、运送人员或者有其他协助组织他人卖淫的行为 | 行为人通过网络论坛和 QQ 群等介绍嫖客到该会所嫖娼。 |

网络犯罪异化最典型的代表莫过于由诈骗罪演变而来的电信诈骗。2016 年山东曾发生一起因骗取高考录取新生学费，导致其因心脏衰竭死亡的案件，该案最终由最高人民检察院和公安部联合挂牌督办，震惊全国。与传统诈骗犯罪相比，电信网络诈骗的行为人利用电信网络的便利性向不特定被害人发布虚假信息，诱使被害人上当，从而骗取财物获利。从行为方式来看，电信诈骗无须像诈骗一样面对面地实施虚构事实或隐瞒真相的行为，而是利用电信网络手

段向被害人传递某种虚假信息诱使被害人上当受骗，其行为方式更加多样化且更具隐蔽性。从犯罪结果来看，电信诈骗可以同时对不同被害人实施相同的诈骗行为，实施一对多的犯罪，导致犯罪影响范围扩大，产生更为严重的后果。

2. 犯罪组织化明显

从规范意义来说，犯罪的组织化首先是个体的组织化，其次才是犯罪结构的组织化。[①] 网络犯罪具有明显的组织化运行特征。首先，体现在犯罪主体的组织化。网络犯罪中，只有少数犯罪由行为人单独实施，大多数情况下由多人共同实施犯罪，个别情况下甚至以公司化、集团化等犯罪组织形态出现。[②] 其次，网络犯罪结构呈现组织化。以杜某组织、领导传销活动案为例[③]，杜某在中国香港创办达康智能科技有限公司，创建虚假的虚拟货币“暗黑币”投资，借助真正暗黑币的名声及价值进行宣传，以此方式引诱并不断发展会员。在公司化运作的犯罪组织内部主要由三部分组成，一部分是由杜某等少数人组成的“核心中枢”，负责对整个犯罪团伙的运行控制和管理；一部分是由部分成员组成的“管理者”，听命于“核心中枢”，负责制定犯罪实施方案，对内传授犯罪方法；最后由若干“实行者”负责执行犯罪计划，组织内部分工明确，各司其责，共同实施网络犯罪行为（图 2）。

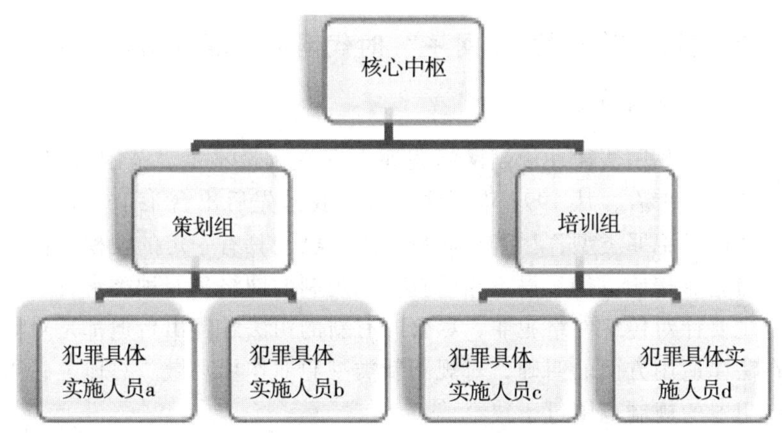


**图 2：网络犯罪组织化结构图**

① 张洪波、冯彦：《犯罪组织化、信息化及侦查应对》，载《安徽警官职业学院学报》2011 年第 5 期。

② 全部样本案件中，单个主体实施的网络犯罪数量为 33 件，其余 62 件为多个主体实施的共同犯罪，共同犯罪中有 6 件呈现为公司化、集团化的组织化犯罪案件。

③ 详见江苏省徐州市泉山区人民法院（2016）苏 0311 刑初 16 号刑事判决书。

3. 犯罪智能化显现

2017 年 9 月 22 日，全国首例利用人工智能技术实施的“特大侵犯公民个人信息案”被公安机关破获，① 标志着利用网络信息技术实施的网络犯罪进入到智能化阶段。网络犯罪智能化主要体现在犯罪手段的智能化和犯罪实施过程的智能化。以该案来看，杨某搭建提供图片验证码识别服务的“快啊”打码平台，通过运用人工智能机器深度学习技术训练机器，可以让机器如 ALPHA-GO 一样自主操作识别，有效识别图片验证码，轻松绕过互联网公司设置的账户登录安全策略，从而将用户的关联账户、密码“清洗”出来。这一过程中，行为人利用人工智能技术教会机器自主学习，“快啊”打码平台获得主动识别验证码的能力，行为人无需识别验证码，交由机器去完成识别工作，体现了犯罪手段的智能化。“快啊”打码平台成功识别验证码后，绕过网络公司的登录验证，直接获得用户的登录账号和密码，整个过程由机器轻松完成，犯罪过程高度智能化。笔者相信，“互联网 +”时代，随着人工智能技术的快速发展和广泛应用，人工智能技术通过模拟人类的神经网络，让计算机系统对数据进行深度学习，使得计算机系统能够进行分析、判断以及决策，② 诸如“快啊”打码平台这类高度智能化的犯罪将会更多地出现在人们面前。

## 二、挑战和困难：“互联网 +”时代网络犯罪的司法困境

### （一）法律规制阙如

整体上看，我国法律在规制网络犯罪上存在数量不足、范围过窄的问题。从法律规范数量来看，从 1997 年刑法至今，我国先后出台了 16 部法律规范，涉及数十种网络犯罪类型，尽管从数量上来看已经具有一定的规模，但与日渐增多的网络犯罪相比，仍显得不相适宜。从规制的网络犯罪种类来看，目前的法律规范主要针对传统网络犯罪，尽管时有新的司法解释出台但都是对传统网络犯罪在法律适用方面的明确，对规制新类型犯罪作用甚微。总体上，当前刑法对网络犯罪的规制范围过于狭窄。③

当前，我国法律应对网络犯罪主要面临有效性不足和时效性不够两种困境。首先，应对传统网络犯罪的有效性不足。囿于时代的局限性和认知的有限

---

① 参见：《破获全国首例利用 AI 人工智能犯罪大案》，http：//www. legaldaily. com. cn/locality/content/2017 –09/22/content_ 7327574. htm？ node =32012，2018 年 7 月 2 日访问。

② 刘宪权：《人工智能时代的刑事风险与刑法应对》，载《法商研究》2018 年第 1 期。

③ 杜磊：《网络犯罪的特征与刑法规制路径》，载《河北法学》2017 年第 7 期。

性以及信息技术发展的阶段性，最初的立法仅仅对常发、多发网络犯罪进行立法规制，未能形成完备的网络犯罪法律体系，应对网络犯罪的有效性不足。其次，应对新型网络犯罪的时效性不够。随着新型网络犯罪不断增加，现有法律规定已经难以满足惩治犯罪的需要，关于网络犯罪的刑法修正案和司法解释开始走向打击网络犯罪的历史舞台，但是修正案、司法解释不常有而犯罪却在每时每刻发生。修正案、司法解释的出台大多需要经历漫长的草拟、修改、发布过程，远远跟不上新型网络犯罪产生的速度。

（二）侦查技术落后

在网络犯罪搭上“互联网＋”的快车并迅速增长之际，我国的侦查技术和方法却没有及时更新，仍然沿用“老一套”办法，其对网络犯罪的惩治效果可想而知。网络犯罪已经演变成一场犯罪分子与公安部门在“互联网＋”技术、数据信息技术、大数据技术策略、措施、方法领域的竞赛与对抗。① 传统侦查技术和犯罪预防手段在应对新型网络犯罪的冲击上已显得力不从心，主要表现在网络犯罪证据获取和证据固定上。

1. 证据获取难

相较于传统犯罪采用的物理犯罪手段，网络犯罪手段表现为高度虚拟化，隐蔽性更强，难以被侦查机关发现。实践中，即使一些网络犯罪线索被侦查机关发现，但基于技术发展带来的犯罪手段的更新换代，一些网络犯罪行为很难被侦查机关认识和掌握，最终不得不放弃以犯罪处理。同时，在实施网络犯罪中形成的相关信息数据很容易被行为人转移，或者通过技术手段将相关数据进行永久性删除或者粉碎而难以恢复。

2. 证据固定难

形成于网络空间的电子证据基于数据的可变性特点，电子证据易变性较强，如何保存和固定电子证据成为侦查机关在办案过程中必须解决的难题。电子证据的固定包括证据物理形态的固定和证据内容的固定。在犯罪过程中形成的记录犯罪行为的数据需要经过技术部门提取后保存在一定的物理介质中，这一过程看似简单却是决定该份数据能否获得证据资格的关键环节。从证据内容固定来看，侦查环节中须保证提取的电子数据不被替换、修改，但随着远程技术的发展和木马程序的进化，即使相关电子数据被侦查机关提取获得仍然存在被修改的风险。从证据形态固定来看，首先，电子数据固定需要依存一定的物

① 刘定朋、梁坤：《“互联网＋”时代公安大数据犯罪防控对策初探》，载《北京警察学院学报》2016年第2期。

理介质，存储介质的安全性决定了保存数据的安全性。其次，有的电子数据还需要经过形态转化成容易被识别的视听材料，而数据转化的有效性需要依靠技术和存储介质的双重保障。

### （三）法律解释功能错位

如前所述，受制于立法滞后带来的法律规制阙如和侦查技术落后造成的证据失范，面对不得拒绝裁判的现实要求，司法机关不得不在立法之外寻求解决问题的办法，一种可能的路径就是运用法律解释方法来适用法律。然而，不恰当的法律解释方法非但不能有效解决司法难题，反而将司法引往错误的方向，一旦法律解释功能错位，司法结果的公正性将难以获得保障。

司法实践中，法律解释功能错位主要有两种错误倾向。一种是扩张化解释。我国刑法理论和实践积极盘活传统刑法规范，尽量把传统刑法规范适用于新型网络犯罪，因而出现了刑法解释的扩张化趋势。① 扩张化解释带来的突出问题就是“入罪”思维泛化，导致部分网络犯罪的帮助犯正犯化，加重行为人的刑事责任，尤其是对部分中立帮助行为进行扩张解释之后，可能产生妨碍网络技术创新与互联网产业的发展的不利后果。② 另一种错误倾向是类推解释。“互联网 +”时代，随着新型网络犯罪的不断产生，必然会带来法律适用上的难题，运用法律解释方法来适用法律将是必然选择，如果解释方法运用不当将会侵蚀刑法罪刑法定原则。例如，用非法经营罪来处罚网络“外挂”行为，用破坏生产经营罪来处罚妨害网络经营的行为，用寻衅滋事罪来处罚破坏网络公共秩序的行为。③ 类推解释严重违反罪刑法定原则，应该尽力避免，不能为了规制犯罪行为而突破罪刑法定原则。

## 三、应对和破局：“互联网 +”时代网络犯罪的预防和惩治

### （一）网络犯罪的预防

#### 1. 法律规制

“互联网 +”时代，针对网络犯罪的立法规制问题，存在一元模式和二元模式的争论，笔者认为，无论一元立法模式还是二元立法模式最终都要回归到预防和惩治网络犯罪的目的上来，不考虑法律规制效果单纯讨论哪一种立法模式更好是没有实际价值的。笔者认为，应当针对“互联网 +”时代网络犯罪

---

① 欧阳本祺：《论网络时代刑法解释的限度》，载《中国法学》2017 年第 3 期。

② 陈洪兵：《帮助信息网络犯罪活动罪的限缩解释适用》，载《辽宁大学学报（哲学社会科学版）》2018 年第 1 期。

③ 欧阳本祺：《论网络时代刑法解释的限度》，载《中国法学》2017 年第 3 期。

的不同类型建立有区别的“二元制法律规制格局”，即在刑法典之外制定专门的网络犯罪单行刑法，形成“刑法典＋单行刑法”的二元制法律规制格局。

首先，对于“‘互联网＋’犯罪”模式的传统网络犯罪，应在现行刑法规定之下，通过逐步完善司法解释的方式对法律适用过程中出现的新情况和新问题进行规制，待时机成熟时再通过刑法修正案的形式对相关法律问题进行明确和规定。进而言之，应对传统网络犯罪的新情况，通过司法解释先行，修正案予以确认的方式来弥补法律空白和漏洞，无需制定新的罪名进行规制。其次，对于愈来愈多的“犯罪＋互联网”模式的新型网络犯罪，在现有刑事法律难以有效规制的情形下，应当适时启动制定单行刑事法律，增设新的网络犯罪罪名，增加司法应对的针对性。制定专门的单行刑法具有明显的技术优势，更容易创设出较为特别的犯罪治理机制，也更能彰显出刑事一体化的理论价值。①

2. 技术反制

网络犯罪以信息技术为依托，预防网络犯罪最根本的要从技术入手。可以借鉴知识产权领域的逆向技术概念，在互联网领域加大对网络犯罪行为的技术反制，使之在网络技术层面难以完成犯罪行为。一方面，行业监管部门要加大关键信息筛选，避免不良信息在网络上传播、扩散，对敏感信息预警，一旦发现高危信息踪迹及时报告相关部门进行甄别。另一方面，针对犯罪分子常用的犯罪技术手段，相关部门可以联合研发一套反制软件，逆向阻止犯罪行为顺利实施，以此来预防犯罪行为发生。

3. 协同共治

网络空间的治理不是简单依靠任何一个部门就能轻易完成的，需要全社会协同共治。并不是所有的网络行为都会演化成为犯罪行为，网络犯罪是网络行为突破法律规则底线的最终形态。因此，在预防网络犯罪的过程中，网络的经营者、管理者以及犯罪侦查机关应当建立协作机制，尤其针对犯罪苗头性行为，相关主体应密切配合、及时研判，将风险行为消除在萌芽状态，共同做好网络犯罪的防控工作。

### （二）网络犯罪的惩治

1. 建立“互联网＋”侦查模式

在“互联网＋”时代，信息技术既然可以为犯罪所利用，当然也可以为发现犯罪的侦查活动所运用，即形成“‘互联网＋’侦查”的新型侦查模式。

---

① 卢建平、姜瀛：《犯罪“网络化”与刑法应对模式》，载《人民检察》2014年第3期。

在“互联网+”时代背景下，立足点就是数据，并以“用数据说话、用数据决策、用数据管理、用数据创新、用数据引领警务”①。侦查机关充分运用大数据分析技术建立案件数据库，对特定地区常发、多发网络犯罪案件进行解析，形成数据到案件的侦查模式，实现对网络犯罪的动态监测。从犯罪主体、犯罪对象、行为方式、危害结果等方面入手，解读出行为人的共性特征，包括性别、年龄、所学专业知识、学历、行业背景等与网络犯罪有关的数据信息形成备查数据库，对未来的犯罪趋势进行准确预测，提前做好网络犯罪的防控对策。

2. 加大电子证据的审查和认证

如前所述，网络犯罪过程中形成的电子证据具有易变性特征，难以固定和保存，因此，在司法实务中应特别重视电子证据的审查和认证。电子证据的审查和认证主要围绕证据的“三性”展开。

首先，应审查电子证据的真实性。审查电子证据的真实性应着重从电子证据的形成过程以及证据保存两方面入手。审查判断电子证据在形成过程中是否遭到删除、篡改，电子证据形成后的保存介质是否遭受破坏或者毁损。被篡改内容的电子证据以及存储介质毁损的电子证据将直接影响到证据的完整性和真实性。

其次，应审查电子证据的合法性。由于电子证据形成于网络空间，而网络空间包含众多的数据信息，既有合法的信息也有非法的信息甚至包括犯罪信息，侦查机关在搜集犯罪证据过程中可能会触及到用户的合法信息，如果处理不当可能会对用户信息安全造成威胁，严重的甚至会侵犯到公民个人隐私或者公司的商业秘密。因此，应加大对电子证据合法性的审查，包括证据来源、获取时间和过程、获取视听资料的条件、技术、目的、动机，内容是否连贯、有无剪辑等方面进行判断。②

最后，应审查证据的关联性。电子证据具有不同于实物证据的证据本质，电子证据具有数据通用性，而实物证据具有排他的唯一性。易言之，电子证据容易发生改变和混同，同一电子证据在不同案件中可以通用，而实物证据具有生物物理属性，具有唯一性。例如，入室盗窃案件中，行为人在抽屉上留下的指纹；故意伤害案件中，行为人在被害人衣服上留下的血迹等一旦形成，难以改变。因此，应当重视对电子证据关联性的审查，将现实世界与虚拟空间联系

① 刘芳：《“互联网+时代”大数据引导侦查工作探析》，载《云南警官学院学报》2018年第1期。

② 周晓燕：《电子证据检察实务研究》，载《中国刑事法杂志》2011年第1期。

起来，构成一个现实世界与虚拟空间的证据相结合的证据锁链，① 着重审查电子证据与待证案件事实相互印证情况，进而判断电子证据与案件之间的相关联程度。

3. 合理运用法律解释方法

针对不同类型网络犯罪中出现的法律适用扩张化解释和类推解释倾向，笔者主张通过“法条用语的可能含义”进行合理解释来限缩扩张化解释倾向，通过“一般人的预测可能性”来限制类推解释倾向。

首先，应对传统网络犯罪应在“法条用语的可能含义”下进行限缩解释，防止扩张化解释。获得法条用语的可能含义，就要通过文义解释的方法，来确定用语的法律意思。进而言之，对于网络犯罪中出现的新情况在认定时存在争议，且对争议的问题难以达成一致的结论时，可以运用文义解释方法，根据日常用语习惯获取用语的一般含义。在用语的一般含义难以解释某种行为时，就需在用语的可能含义内寻找合理的解释结论，使“文本上的刑法”成为“现实中的刑法”②。需要注意的是，如果用语包含多个含义且出现多个解释结论时，应当选择最接近刑法用语的核心含义且具有处罚的必要性的含义和解释结果，避免扩张化解释。

其次，应对新型网络犯罪应在“一般人的预测可能性”下进行解释，防止类推解释。面对日渐增多的新型网络犯罪，法官在依据法律条文的字面含义进行缩限解释的同时，更多地在进行广泛的类推解释。③ 然而，类推解释却受到理论界的严厉批评。从法理的层面讲，类推解释违反了罪刑法定原则，不利于刑法的规范实施。从实践层面讲，类推解释扩大了犯罪的打击面，不利于互联网行业的发展。类推解释突破了“一般人的预测可能性”，造成行为人对自己行为后果的认知错误，让“不可能构成犯罪”的行为最终成为“犯罪行为”。例如，将网络“公共空间”类推解释为社会“公共场所”，将在网络空间实施的散布虚假信息、起哄闹事等行为造成网络秩序混乱认定为寻衅滋事罪，就超出了一般人对于公共场所的认知。不利于公众对自己行为的预判，是典型的类推解释。

---

① 程权、孟传香：《论新刑事诉讼法视野下电子证据的审查》，载《重庆邮电大学学报（社会科学版）》2013 年第 6 期。

② 李永升、袁汉兴：《网络云端服务提供者侵犯著作权罪的刑法应对》，载《吉首大学学报（社会科学版）》2017 年第 2 期。

③ 王玉薇：《网络犯罪司法解释的功能扩张及其限定》，载《南京邮电大学学报（社会科学版）》2018 年第 1 期。

## 四、结语

“互联网+”时代，维护网络安全是全社会共同责任，需要政府、企业、社会组织、广大网民共同参与，共筑网络安全防线。[①] 预防和惩治网络犯罪是维护网络安全的重要方面。预防网络犯罪，需要从法律规制、技术反制和协同共治等方面入手，形成防控网络犯罪的网络体系；惩治网络犯罪，需要构建相适应的“互联网+”侦查模式，加大审查和认证电子证据的证据能力和证明力，合理运用刑法解释方法限制扩张化解释和类推解释倾向。随着“互联网+”模式的深度广泛应用，网络犯罪智能化将是未来司法面临的严肃课题，需要有关方面高度重视，提前加以研究。

① 习近平：《树立正确的网络安全观》，http://www.chinanews.com/gn/2016/04-20/7841217.shtml，2018年6月25日访问。

# 涉众型金融犯罪视野下的“民间标会”行为责任认定

## ——以福建省J市“民间标会”运行情况为蓝本

王加贺　吴潮阳[*]

福建省J市地处该省东南沿海地带，中小民营经济极其发达，县域经济基本竞争力连续6年位居全国第5位。J市中小微经济实体，不论在过去抑或当下融资市场环境下，均因缺乏传统银行业认可的风险缓释抵质物，故很难从银行金融机构取得资金杠杆。上述客观情况，直接导致了民间融资在福建省J市的旺盛需求，而在这种融资中“民间借贷”以及“民间标会”又是该地区最为常见的两种渠道。近两年来，在全国经济下行趋势明显的大背景下，福建省J市得以支撑的传统行业受到一定的冲击，实体经济的疲软直接映射到民间融资领域，其中因“民间标会”不能顺利回笼而产生的诸如借贷纠纷、非法吸收公众存款以及集资诈骗等涉众型民刑交叉案件又尤为突出。

### 一、民间标会的内涵及特征

“标会”是我国民间较为活跃的一种传统融资模式，尤其盛行于我国南方的浙闽粤等民营经济较为发达的省份，其学术名称为轮转储蓄与信贷协会(Rotating Savings and Credit Associations，ROSCA)，是以互助金融为目的、在参会组织成员之间（通常以血缘、人缘、地缘等群体为主）开展联合储蓄和轮番信贷活动的自发非正式金融组织。[①] 民间标会，由发起人（俗称“会头”）邀请若干人（俗称“会脚”）参与，约定时间按期举行，每次各缴一定数量的会款，轮流交由一个人使用。“会头”优先无息使用第一期会款，以后

---

* 王加贺，福建省晋江市人民检察院副检察长；吴潮阳，福建省晋江市人民检察院金融检察科检察官。

① 詹泽雄、吴宗法、彭俊：《民间标会融资模式研究》，载《南方金融》2014年第11期。

依不同方式确定次序，轮流交由“会脚”使用，每个“会脚”都中标后完成一个周期。① 上述概念体系以及学术研究从参与主体、运营流程两大方面界定了民间标会的实体内涵，参照文献分析结合个人办案实际，笔者将民间标会的固有特征归结为以下三点：

（一）参与主体具有相对不确定性

民间标会的参与主体虽然能够严格分为“会头”和“会脚”这两类人员，但在每一阵标会中固定只能有一个发起人，参会“会脚”的人数依据每一阵标会规模的不同而有所差异。传统民间标会，大多带有明显的地缘性与乡土气息，这一点决定着参会主体具有鲜明的相对不确定性。所谓的不确定性，即指每阵标会的参会“会脚”会因标会组织规模的不同而不同，而之所以冠之以“相对不确定性”是因为每阵标会只能有一个“会头”，参与“会脚”虽然具有人数的不特定性，但大多数源于地缘、血缘抑或人缘关系的“熟人社会”。在民间标会操作中，“会头”负责整个标会的运营组织并可以无息取得第一期“会款”的使用权，“会脚”则依据事先约定的标会规则每期缴纳“份子钱”、参与竞标以及按竞标规则取得会款等。

（二）运营过程具有明显的周期性

民间标会的运营具有明显的周期性，即每阵标会在每一个参会会员取得相应的会款后，该阵标会即宣告结束。比如，某一阵标会的参与会员（包括“会头”和“会脚”）有24人，设定每月缴纳一期会款，则该阵标会的实际运营周期为两年24个月，每个月份固定有一个参会会员取得会款。另外，笔者在办理郑某清、林某交涉嫌非法吸收公众存款案中，发现某参会“会脚”每期缴纳两份以上“份子钱”，即在这类民间标会中会出现标会次数与参会会员人数不一的情形，但上述情形亦同样带有鲜明的周期性，不同之处仅在于同一“会脚”在每一期标会缴纳多份“份子钱”时，其在该阵标会运营中同样可以取得多份“会款”。因此，标会的固有周期性具有一定的刚性规则，这一刚性规则会因“会头”设定的标会规则不同呈现出不同的表现形式，但本质均为脱离具有周期性这一显著特征。

（三）参会目的带有资金的互通性

在民间标会中，“会头”负责召集“会脚”、确定标会规模以及公示每期“会款”的缴纳金额、取得次序等具体事项，其取得的相应回报就是“会头”可以无偿使用第一期会款；每一个参会“会脚”则依据标会确定的参会规则

① 访问百度百科。

缴纳每期金额、取得会款，先行取得会款的“会脚”必须以缴纳一定利息为对价，后期取得会款的“会脚”则会因为让渡资金使用权取得一定的回报。概而言之，急需资金的参会者可以通过标会短时间内筹集到资金并支付一定的报酬，有闲散资金的参会者可以通过让渡一定周期的资金使用权获取一定的回报，这就是民间标会最为显著的融资功能。

上述融资功能，在带有浓厚地缘、乡土文化的农村地区更具有得天独厚的优势，比如参会者因子女婚嫁、构筑自住房等事项短期内需要大量的资金，就可以通过标会迅速达到融资目的，而似乎与生俱来自带储蓄意识的广大乡民更愿意把闲散的资金通过每期汇拢以“零存整取”的方式，巧妙赚钱利息差。

## 二、民间标会的运行流程

标会的模式大致可以分为两种：内标和外标。所谓内标就是已标会员每期缴纳固定金额的会金，未标会员每月缴纳的金额为会金减去当期的标息，也称之为贴现标（Discount Bid），即利息在所收会款中扣除；外标即未标会员每期缴纳固定金额的会金，已标会员每月所支付的金额为会金加上其中标之时的标息，也称之为贴水标（Premium Bid），即利息以贴水方式在未来期限内支付。①

通过实地调研结合案例数据分析，不管是内标还是外标民间标会的运行流程均可以细化为以下三个关键环节：第一个环节是“会头”对标会的发起；第二个环节是“会头”口头明确标会规则并汇拢首笔“会款”；第三个环节是“会脚”参与竞标并领取“会款”。因民间标会一般基于地缘、血缘抑或人缘关系在熟人社会创设，故“会头”在发起时一般通过口口相传的方式在亲戚朋友、同乡邻里传播拟设立民间标会的信息，在传播这些信息时一般包括“发起人主体、拟招募‘会脚’人数、每期需要缴纳的‘份子钱’、每期竞标日期、标会周期”等五大要素。第二个环节是在“会头”已经基本确定了拟参会人数的基础上，向拟参会人员口头告知标会规则且经参会人员同意后，向实际到位的各参会“会脚”收取首期“份子钱”并无息归本人使用。第三个环节是“会脚”按事先约定的竞标规则进行“标会”并在竞得该期标会后领取“会款”，每个“会脚”都领到“会款”后该阵标会结束。调研中，我们发现竞得标会的“会脚”领取“会款”的方式，是通过“会头”直接向各参会人员汇拢当期每个“会脚”缴纳的“份子钱”，后将汇拢后的整期“会款”

① 詹泽雄、吴宗法、彭俊：《民间标会融资模式研究》，载《南方金融》2014 年第 11 期。

转交给该“会脚”，甚至有出现“会头”主动出资垫付其他未按标会规则及时缴纳每期“份子钱”的参会会员。

典型民间标会的运行流程均具有上述三个环节，不同阵次的标会在人员结构、资金汇拢以及竞标方式上会出现不同的表现形式。比如，有些标会一人可以同时参与两份以上份额，即每期应缴纳两份以上“份子钱”，但其在该阵标会中，相应的有权利拿到两次以上的“会款”；有些标会是竞标者无须支付竞标利息，但非竞标者可以在竞标者竞得会款后少缴相应的“份子钱”，即前文提到的“贴现标”；有些标会“会头”明确声明不垫付未按约定缴纳“份子钱”的差额，各参会人员应自行承担其参与该标会资金未能足额汇拢的风险。以上不同的表现形式只是标会运行中的一种具体操作方法，民间标会的运行流程始终离不开前文所述的三大环节。有学者则明确提出，民间标会运行流程可以概括为一个固有机制，即会首筹集资金，邀请若干与其有一定关联的人加入标会，会员（包括会首）按约定的时间、地点定期开会并缴纳会约中规定的会款。①

## 三、民间标会的行为责任认定

就目前而言，民间标会“倒会”后进入刑事司法视野的案件类型主要集中在三大罪名，分别是诈骗罪、集资诈骗罪以及非法吸收公众存款罪。应该来讲，“会头”以组织标会为幌子行诈骗之实，最终非法占有“会脚”的财物，符合诈骗抑或集资诈骗的犯罪构成要件，认定行为人构成诈骗罪抑或集资诈骗罪在实务、理论界基本达成共识。比如，我们办理的黄某研、林某丽涉嫌非法吸收公众存款罪，行为人即以组织标会为幌子，行“借贷型诈骗”之实。但是，实务中我们遇到较为常见的类型就是“会头”以民间标会的形式向社会筹集资金并无息取得第一期“会款”以满足自我融资性需求，但在后续标会过程中因部分“会脚”在标到“会款”后未按约定缴纳每期“份子钱”，最终导致后面竞标得到“会款”的参会“会脚”未能得到全额款项。

针对上述情况，是否能够因此认定“会头”涉嫌非法吸收公众存款罪进而对其苛之以刑罚，存在以下两种不同的观点。第一种观点认为，“会头”以标会的形式面向不特定的社会公众募集资金，并无息获取第一期“会款”用于满足个人的融资需求，而参会“会脚”则出于能够取得利息收入之动机将个人资金交付“会头”统一管理，在上述运营模式上，“会头”客观上有以利

① 林丽琼、吴冰彬：《基于合作博弈模型的民间标会风险生成机理研究》，载《福建农林大学学报》2015年第18期。

息为诱饵向社会公众募集资金，且因未取得金融特许经营许可势必对金融管理秩序造成一定影响，故应认定“会头”构成非法吸收公众存款罪。同时，持有上述观点的学者，又进一步指出2010年12月13日最高法颁布的《关于审理非法集资刑事案件具体应用法律若干问题的解释》（以下简称《解释》）第2条第（十）项已明确规定“利用民间‘会’、‘社’等组织非法吸收资金的”应认定为非法吸收公众存款罪的法律依据。第二种观点认为，非法吸收公众存款刑事立法规定的本意是针对那种未经政府部门批准私设金融存款机构以较高利息向不特定社会公众吸纳存款的行为，互助会是参会人员完全相互帮助的行为，它与刑法第176条规定非法吸收公众存款罪之行为特征完全不符，根本无法正确适用刑法的这一条规定来追诉会案相关人员①。

笔者认为，民间标会的组织者——“会头”，虽然客观上有主导募集、管理参会“会脚”交付的“份子钱”，但其在吸收资金、募集对象以及参会人员利息获取来源三大方面与非法吸收公众存款罪具有天壤之别，民间标会本质上是民间自发设立的一种自发资金融通模式，在法无明文规定的情况下，对其苛之于刑法有悖罪刑法定的基本原则，在标会“倒会”后应视每阵标会的不同运营规则，认定“会头”是否基于履行担保义务而与未足额取得“会款”的参会者形成普通债务债权关系，不予认定“会头”构成非法吸收公众存款罪，具体分析如下：

### （一）民间标会的资金汇拢不同于非法吸收公众存款的“吸存”行为

持肯定说观点的学者，有特别提到《解释》第一条、第2条第（十）项已明确规定“利用民间‘会’、‘社’等组织非法吸收资金的”，应认定为非法吸收公众存款罪的法律依据。笔者认为，虽然上述司法解释有提到行为人未经有关部门依法批准利用民间“会”、“社”等组织非法吸收资金的，应认定为非法吸收公众存款罪。但是，我们应该注意到《解释》相关条文的完整表述除了指出行为人不能利用“会”、“社”等组织形式外，还特别强调行为人是利用上述组织进行非法吸收资金，也就是说非法吸收公众存款罪打击的重点是行为人的“吸存”行为。民间标会中“会头”负责召集“会脚”、确定标会规模以及公示每期“会款”的缴纳金额、取得次序等具体事项，其取得的相应回报就是“会头”可以无息使用第一期会款，其在取得该笔款项后仍应在后续的标会中缴纳先前约定的“份子钱”。因此，“会头”通过提供管理标

① 姚珍贵：《侦办民间互助会案件的理性思考》，载《浙江警察学院学报》2015年第5期。

会之服务无息取得第一期“会款”本质上跟其他“会脚”通过竞标取得某期“会款”具有同质性，所不同的则是“会头”支付的对价是“提供管理服务”，而其他“会脚”若以追求回报为诉求则应让渡一定期限的资金使用权，若以追求融资为诉求则应支付一定比例的利息。综上，笔者认为民间标会表面上形成的资金汇拢与非法吸收公众存款的“吸存”行为不可同日而语，非法吸收公众存款的“吸存”行为具有公众资金完全流向行为人的特征，而民间标会的“会头”在提供服务能够获取的对价仅仅是该标会第一期汇拢“会款”的使用权，其在后续仍应按标会规则缴纳“份子钱”，后续每期汇拢的“会款”均应分配给其他参会“会脚”，“会头”对第一期以外的“会款”并没有实际的控制权，其并不具备通过组织民间标会的形式进行有效“吸存”的行为特征。

### （二）资金募集对象上不同于非法吸收公众存款的不特定公众

标会建立在亲情、友情、乡情基础之上，具有零存整取、理财获取利息收益、信用融资备不时之需等功能，在一定程度上缓解民间信贷资金供需矛盾，弥补金融市场化不足的缺陷，在客观上促成我国金融市场的发育，是一种古老的民间智慧。① 因此，民间标会的渊源带有明显的地缘、乡土文化，传统的民间标会大都基于同村、同乡的熟人社会而发起设立的资金互助团体。虽然，在我们近两年接触到的部分案例中，也有发现“会头”对于主动来参会的陌生“会脚”未进行严格审查，而是采用原则上接纳的态度。但是，上述情况一般是基于已经参会“会脚”的介绍，民间标会在招募参会人员方面并未出现“以通过媒体、推介会、传单、手机短信等途径向社会公开宣传”的情形。出现该现象的原因，一是基于民间标会本身具有浓厚的乡土抑或人缘互助特质，二是基于“会头”对于参会“会脚”是否能够在竞标后继续缴纳“份子钱”的一种风险管控。非法吸收公众存款罪，侵犯的客体是国家金融管理制度，若行为人吸收的存款仅局限在特定对象的熟人社会，而非指向不特定的社会公众，那么这种吸存行为因具有明显的地域性和局限性，故不会扰乱金融秩序，侵害国家金融秩序更无从谈起。

### （三）“会脚”利息获取方式不同于非法吸收公众存款的主动给付

在民间标会中，事先取得“会款”的“会脚”需要支付的一定利息作为后面取得“会款”之参会者出借“份子钱”的回报，各参会“会脚”能够通

---

① 颜冰冰、林丽完：《石狮市民间标会现状研究》，载《湖北科技学院学报》2014 年第 10 期。

过标会获取多少报酬抑或需要支付多少利息源自整个标会参与者的资金需求度和竞标规则，作为标会组织者的“会头”无法直接决定上述关键要素。比如，在某标会的某期竞标节点时，刚好存在多个“会脚”有强烈的融资需求，那么该期竞标者为了保证能够顺利取得本期“会款”势必提高个人竞标价，未参与竞标的“会脚”在后续取得“会款”时会因为前手的高竞标价获利。进一步来讲，即有学者提出标息相当于得会会员对于其他参会成员所支付的利息，并获得该期募集所得会款的使用权，越早得会意味着要支付更多的利息，越晚得会则可以收取相应的利息。[①] 但是，在非法吸收公众存款中，吸存行为人为了迅速吸取他人资金，往往以支付一定比例的利息或者以某种分红的形式为诱饵，驱使不特定公众积极向行为人缴纳款项，而上述利息比例、分红额度均由吸存行为人单方面向资金提供方承诺并予以兑现，参与人根本无法左右其本人的获利情况。

综上所述，笔者认为“民间标会”本质上属于熟人社会个体间自发设立并带有浓重乡土气息的民间融资互助团体，不能因“民间标会”运行中对公众财产造成损失而草率地对组织者认定为非法吸收公众存款罪，但应明确厘清组织者表面上以“民间标会”为名，实际上行“非法吸收公众存款”“集资诈骗”抑或“诈骗”之实的不同类别，严格区分民刑交叉界线，慎防“以刑代民”或者“以民代刑”。

① 詹泽雄、吴宗法、彭俊：《民间标会融资模式研究》，载《南方金融》2014 年第 11 期。

# 挑战与应对

## ——论大数据背景下我国网络犯罪治理模式的选择

傅跃建　朱剑冰*

“互联网+”时代的到来促使各行业开始寻找新的发展生态，网络虚拟空间也成为民众日常生活不可或缺的活动空间，与此相伴，互联网犯罪也开始频发，同时衍生出作案方式智能化、危害结果更具破坏性的高科技犯罪类型，导致传统的犯罪治理模式无法适应严峻的犯罪形势。在当前情境下选择恰当有力的网络犯罪治理模式、完善网络治理体系，确是当务之急。

### 一、问题：大数据背景下网络犯罪风险

#### （一）大数据背景下网络犯罪的缘起及类型

网络的兴盛催生了大数据时代，利用大数据技术可在数据量庞大、结构繁杂的各类信息中找出规律做出合逻辑的判断。① 这一问题处理模式与现代快节奏的生活相契合，但民众在享用现代网络科技带来的便利时，传统犯罪也插上了“互联网+”的翅膀，对个人利益、社会秩序乃至国家安全形成新的威胁与现实危害，成为涵盖“利益性侵害”“秩序性侵害”和“安全性侵害”的三位一体的犯罪新范畴，即网络犯罪。② 其是传统犯罪在信息时代的必然发展，传统犯罪由“现实空间”延展为“现实空间+网络空间”，犯罪行为跨越网络空间和现实社会两个平台。

---

* 傅跃建，金华市警察学校教授，中国犯罪学会副秘书长，中国刑法学研究会理事；朱剑冰，金华市人大常委会法工委主任科员。

① 黄晓亮：《从虚拟回归真实：大数据时代刑法的挑战与应对》，载《中国政法大学学报》2015 年第 4 期。

② 余定猛：《网络犯罪的立体化治理模式构想》，载《公安学刊（浙江警察学院学报）》2017 年第 1 期。

当前网络犯罪有两种类型：一是网络化的传统犯罪。[①] 随着全球化、数据化的发展，传统犯罪特别是逐利型犯罪，开始由传统的线下形式转换为线上形式。原因在于，传统犯罪在网络化后，犯罪收益相同甚至更高，犯罪风险却大大降低。这类犯罪在网络化后，所侵犯的法益是不变的。据某市政法部门统计，与其他传统刑事发案情况相比，2018 年上半年，电信网络诈骗占全部刑事案件的 26.05%，同比增长 59.44%，但其破案率仅有 14.47%，远远低于传统犯罪的破案率。二是新型互联网犯罪。大数据背景下的网络犯罪属于终端网络犯罪，即犯罪开始瞄准计算机和网络信息系统本身。作案对象是计算机程序或数据，属于信息攻击或破坏行为，例如非法访问、非法监听、数据干扰、系统干涉、设备滥用等，刑法涉及的罪名主要是破坏计算机系统类犯罪。

### （二）大数据背景下网络犯罪发展新态势

当前，网络信息安全成为热点，社交平台沦为犯罪重灾区；企业端信息泄露问题突出；网络金融犯罪日趋严重，P2P 网贷犯罪爆发式增长；物联网面临安全危机；网络犯罪威胁线下传统领域安全。与传统犯罪形式相比，网络犯罪呈现出社会危害广、高科技化、时代性强、共同犯罪较多、隐蔽性较强等诸多特点。[②] 近年来，随着网络环境的变迁及大数据对网络空间的加持，网络犯罪呈现出新态势：一是犯罪手段随着网络技术的进步而不断更新、升级，方式更加隐蔽。例如，犯罪分子开始从注重与被害人互动获取被害人信息实施网络诈骗，转向依靠种植木马、病毒等窃取受害人的相关财富信息进而实施诈骗。不断翻新的网络诈骗犯罪手段，增加了民众识别骗局的困难，也在一定程度上增加了官方的打击难度。二是犯罪危害随着网络价值的提升而不断加大、趋重。从已发案件来看，网络诈骗犯罪呈现出分工明确、配合密切的组织化程度。随着虚拟货币的升值，犯罪金额也呈上升趋势。三是往往与其他犯罪交织发生。在大数据时代，信息作为源资产，在网络犯罪中常常作为首要侵犯对象；此外，对计算机系统的破坏也成为网络犯罪的伴生状况。

---

① 周维民：《国外网络犯罪治理的最新趋势》，载《人民法院报》2018 年 3 月 23 日第 8 版。

② 张煌远：《犯罪学》，人民大学出版社 2007 年版，第 123—127 页。

## 二、挑战：我国网络犯罪现有治理模式的剖析

### （一）网络犯罪治理模式剖析

1. 国外网络犯罪治理模式比较

犯罪治理是指针对于犯罪这一种反社会的行为做出的反应，基于犯罪现象的分析，确定科学的方法，建立合理的目标，从而统筹各种力量对犯罪现象进行治理。近年来，网络犯罪引发的网络安全治理问题已成为各国重要议题，其治理模式可归纳为以下三类：政府绝对管理型治理模式、政府主导治理型治理模式以及政府引导网络自治型治理模式。第一种强调政府在网络秩序维护中的绝对作用，特点是事无巨细，政府都占绝对主导地位。第二种是通过政府立法以及网络过滤技术进行网络管理，此模式的特点是行政手段依赖性大、立法较为全面、司法干预较多，选择此种模式的政府往往利用行政手段强制推行网络实名制或强制预装监视软件等手段控制网络空间秩序，优势在于可有力直接打击犯罪、降低犯罪率；缺点在于政府过度操控限制了网络发展，可能遭遇网民抵触。践行此类学说的国家有德国、韩国等。第三种是政府引导网络运营商进行的自治管理模式。这种模式的优势在于利用网络运营商管理，宽松自由的环境有利于网络发展进步，自治形式也贴切网络空间实际需求；缺点在于网络运营者因为缺乏权威性，秩序维护能力会打折扣，对网络犯罪的限制能力较弱。践行此类学说的国家有美国、加拿大等。

2. 我国现行网络犯罪治理模式

在不同时代、不同国家和同一国家的不同发展阶段，网络犯罪治理机制自然是不同的。我国目前的网络犯罪治理采取的是政治化层级治理模式。此种模式的运作机理主要是将各治理子系统依照行政等级的高低进行序列化安排，首先，在上的子系统负责网络犯罪治理的顶层设计和策略安排工作；其次，由在下层子系统映射式完成上层系统所传达的任务。该治理模式的有效性来源于党委的“高位推动”和政治系统优势地位所具有的权威性和强制性。① 例如在2014年2月，国家成立了专门的、中央级别的网络安全和信息化领导小组，具体负责监督及管理全国互联网信息内容。此后，各地方政府在所属党委的推动下，比照中央模式建立网络安全管制体系。同时在立法上推动了《网络安全法》的出台和《刑法修正案（九）》的推出。此外，在刑事司法上，也推动了网络犯罪风险的公共政策的司法执行，使网络犯罪的刑事司法活动由传统的

① 王玉薇：《网络犯罪治理：从层级模式到功能分化》，载《河北法学》2018年第4期。

法益损害模式转向司法预防模式。

（二）我国现有网络治理模式与当前法律框架的张力

政治层级治理模式是在我国单一制国家体制基础上形成的犯罪治理模式，在面对肆虐的网络犯罪行为时起到了一定的治理效果，但随着网络的普及、自媒体的诞生、多元化社会治理理论的发展，在如今大数据背景下，该治理模式的权威性和中心性受到异质化和边缘化的巨大冲击。

1. 网络犯罪治理“政治化”策略的有效性功能不足

如前所述，现阶段我国网络犯罪管控理论是在国家强制压力下形成的，其治理秩序的形成是在政治系统的压力下产生的，更多表征为多治理子系统间利益博弈的结果而非规范性秩序的自我生成。这种自上而下的政策实施很大程度上由于执行结果的可接受性较低而被规避。例如要求网络公众为传播谣言、传播恐怖信息等承担风险责任的规定便很难得到执行。

2. 网络犯罪立法可操作性不强，司法标准不一

相比我国网络迅猛发展，网络犯罪立法内容过于简单抽象，条款可操作性差，不利于法律的有效实施。例如，我国关于互联网信息内容的管理多为原则性规定，缺乏具体明确的判断和执行标准。例如，对于不断污染网络空间的网络淫秽色情信息传播问题，由于对其缺乏明确、可操作的判断标准，管理部门往往依靠个人理解判断，导致了执法的不确定性，增加了网络企业的运营成本，也降低了网民的法律预期和社会安全体验。

## 三、立场：网络犯罪治理模式的基本理念与价值选择

自党的十八大以来，“治理”之道已成为治国理政的基本走向。与“统治”相比，“治理”不仅强调治理多方主体共治、多元手段并举，还强调现代民主、法治理念。新形势下，针对当前网络诈骗犯罪的严峻形势，也应该秉持治理理念，多方合作、多元并举、多管齐下。

（一）理念选择：自治与管理互动配合

1. 以网络自治保障人权

互联网信息科技的进步为尊重人权者打造了更宽广的平台，使言论自由等人权保障问题在网络环境下迎来了史无前例的发展时机。然而网络犯罪的出现带来了对网络秩序的严峻考验，网络空间人权保障机制必须改善，以期达成自由表达途径以及民主自治的互联网新秩序。首先，依靠网络服务商构建健康干净的网络环境。美国学者莱斯格认为“代码即法律”，也即互联网为表达自由提供了史无前例的宽广平台，但网络空间的打造由“代码”完成，这代表着

与现实世界相比，网络空间的治理靠代码操作会更加有效，更有规制性。因此依靠网络服务商通过技术措施对代码实行控制可以更有效地对网络空间进行规制。其次，自治模式孕育出人权新秩序。自由理念使公民希望通过一种自下而上的形式参与网络治理。过分地抑制该理念可能会打破网络自由原则，但在自治秩序发展的同时，为规范网络秩序，与之相伴的必须是网络服务商的事后审查职责。

2. 以政府管理维护秩序

网络自治的引入利于保障网络人权，但网络空间的虚拟性与不可接触性作为犯罪行为的天然培养皿，其秩序的维护仍然不能脱离政府的管控。例如许多国家在网络监管时要求网民进行网络实名制注册，从而打通虚拟空间与现实世界的壁垒，一方面对网络犯罪行为进行源头治理，另一方面也减少了网络犯罪侦查工作的难度。将网络自治与政府监管结合起来，共同构建网络犯罪治理模式，这是政府进行社会治理的职责，也是“管制型政府”向“服务型政府”转变的要求。

（二）价值要求：自由与秩序兼而顾之

与现实社会类似，网络社会也必须倡导在秩序约束之下的自由。既要尊重民众基本言论自由等权利，也要考虑到公共利益的需求，健全法律法规，利用建立在大数据基础上的侦查等技术对案件进行破解。

一方面，网络犯罪轨迹的客观存在决定了大数据时代网络犯罪侦查常常需要数据搜集整合技术支持，通过网络犯罪轨迹对网络社会关系、社会规律及犯罪心理等信息进行挖掘分析，以揭示犯罪嫌疑人的犯罪行为。

但另一方面，在被正式确定为有罪之前，根据疑罪从无原则，犯罪嫌疑人的个人信息等仍然受到法律保护，这是人权中自由的体现。因此在网络犯罪治理模式选择上应坚持自由与秩序兼顾的价值取向，在侦查、司法过程中尊重保障人权。

（三）观念转变：运动式治理模式向常态式治理模式观念的转换

政治层级治理模式同样意味着网络犯罪治理互动的开展大多以运动治理模式为主。运动过后网络犯罪分子容易卷土重来，这势必会造成社会资源浪费，且无法达到提前防范、完全治愈的目的。只有改善立法，健全法律规定，形成网络违法行为防控的司法系统，提升网民对网络法律的相关认识，才可以从根源上防范、降低网络侵犯权益的行为，从而遏制网络犯罪。①

---

① 徐才淇：《论网络暴力行为的刑法规制》，载《法律适用》2016年第3期。

## 四、应对：我国网络犯罪治理模式的完善对策

### （一）网络犯罪治理模式的适时变革

网络犯罪随网络技术发展而动态变化，构建多元一体化治理模式，不仅可以有效预防和抵御网络安全威胁，也是网络犯罪治理的根基。①

1. 政府等公权力机关在网络犯罪治理中的主导作用

政府在网络诈骗犯罪治理中，应着力解决以下问题：首先，创新制度建设，完善网络犯罪监管体系。② 例如改革网络犯罪证据制度。网络犯罪整个犯罪活动的实施往往颇为周密，反侦查能力较强。若追究其刑事责任，取证难度非常之大。因此，有必要规定特殊的证据制度：一是允许更多地使用特殊技术手段。例如，允许云监控或总服务器大数据的调取等。二是举证责任的灵活规定。面对司法取证难而当事方相对容易的司法实践，可规定网络运营商的举证责任。其次，及时公布权威信息，引导群众加强自我保护。

2. 社会在网络犯罪治理中的参与配合

目前我国犯罪治理主要呈现“犯罪控制模式”，犯罪治理由国家力量垄断，社会力量极度贫弱。③ 将庞大的民间力量加以整合与吸纳，弥补官方监管不足是网络犯罪治理可采取的措施。首先，引导民众及时对网络犯罪行为进行举报，例如网络诈骗、网络暴力等行为背后可能牵扯整个犯罪链条，群众举报常常是犯罪侦查的突破口。其次，强化网络服务商的责任。新兴的各种“互联网 + ”产业对于互联网运行规律有着较为深刻的认识，他们最清楚漏洞与风险之源，因此社会力量必不可少。如目前腾讯、360、阿里巴巴等公司都有这方面的研发，并且不定期向社会发布有关网络诈骗等方面的报告，为决策机构提供参考，为民众生活提供引领。

### （二）网络犯罪治理技术的开发应用

1. 推进计算机网络技术信息化能力的提升

首先，增强对网络技术发展的投入，完成一个基本的网络安全防护系统的构建，即在法律的基础上建立一个拥有完整安全体系的网络操作系统。例如可以使用先进的病毒库、充分使用防火墙，以及完成基本系统的防护体系、构造网络安全系统并同时监控系统等方式，加大网络安全治理的力度，能够最大限

① 操宏均：《网络诈骗犯罪治理体系构建》，载《河南警察学院学报》2018 年第 27 卷。

② 徐才淇：《网络犯罪治理模式研究》，大连海事大学 2017 年博士论文。

③ 焦俊锋：《犯罪控制模式研究》，中国人民公安大学出版社 2012 年版，第 89 页。

度地给公民带来安全的上网环境。其次，搭建地域性线索集成平台和大数据扫黑除恶模式。如与大数据产业机构合作，以技术外包方式，构建犯罪系统云计算中心，在案情发生时，可根据数据整合，对犯罪嫌疑人进行追踪锁定。

2. 建立网络犯罪治理人才库

首先，培育网络技术专业人员队伍。“用技术治理网络”外表是利用技术，其身后却凭借的是人才。国家对互联网安全保障行业应开展积极政策援助和指导，拟定相关的行业规定，推进行业的健康持续发展。以此吸引更多人才步入该行业，利于网络犯罪治理工作的开展。其次，提高网络执法队伍的综合素质。网络警察队伍不仅法律水准要高，其网络技能要过硬，因此需要定期进行相关培训和学习。同时，网警要加强与消息行业、通讯、金融等有关机构的相互协作，提升自己的侦查能力。

### （三）网络犯罪预防及跟踪回访机制的完善

网络犯罪较为隐蔽，相关部门侦破案件较难。通过各种调研措施分析网络犯罪发展趋势预防网络犯罪的发生能对打击网络犯罪起到事半功倍的效果，是最基本也是最重要的一个环节。

1. 网络犯罪预防机制的完善

我国传统的犯罪治理方法种类不少，但大多刚性有余而柔性不足。以“严打”为例，经过实践检验，其虽然一定程度上打击迅猛发展的严重犯罪，但因运动式执法特点，其效用短暂，同时简单粗暴的打击方法对我国刑事法治也具有破坏性。例如，“严打”的范围被任意扩大造成“轻罪重判”现象；“严打”的要求下导致较多的冤案出现等。反观网络犯罪，其隐秘性强、共同犯罪居多等特征使过于刚性的治理手段实效不强，因此可考虑完善网络犯罪预防机制。

第一，加强技术安全。网络本身的漏缺是一些网络犯罪行为的“温床”，网络治理技术的提升是安全水平提升的重要手段。如研发智能工具，形成网络犯罪行为数据库。通过智能工具，对海量数据进行整合分析，利用分析模型，挖掘各类数据背后可能的因果联系，构建网络犯罪大数据预防体系。第二，加强道德约束。虚拟世界往往会降低民众的行为底线，同时网民低龄化趋势导致网民可能并不了解自己的行为性质，需要在普法教育宣传的同时进行必要的思想道德教育宣传。第三，加强监管力度。仅从技术与道德两方面对网络犯罪行为进行预防显然是不够的。可加大对网络空间的立法规定，保护网民的基本信息资料，切断网络侵害的信息之源，同时注重依法监管网络信息的传播，系统筛选网络信息内容，防止不良网络信息对虚拟空间的环境恶化。

2. 网络犯罪治理跟踪回访机制的完善

除了犯罪预防，还可以建立网络犯罪的跟踪回访制度。首先，确定跟踪回访的主体和要求。及时掌握行为人的生活状态和心理状况，及有无继续实行同类犯罪行为等情况，获得数据支持，为立法和司法作参考。其次，应由办案人员和执法部门共同负责，执法部门指导回访情况，具体办案人员了解基本状况。相关执法部门可以通过定期回访了解刑罚作用和社会反映，从而更好地开展后期犯罪治理工作。最后，回访应让行为人了解其行为性质、行为后果以及相关法律法规。必要时，还可听取其他相关人员如行为人亲属及基层人员的想法和意见，了解与犯罪人罪刑相对应的处罚是否执行到位。

# 微商合法多层经营与传销辨析

吴仁义　韦新红[*]

近几年来，微商行业借着微信应用普及的东风得到蓬勃发展。根据《2017 中国微商行业发展报告》[①] 的统计，2016 年微商行业总体市场规模为 3607.3 亿元，预计 2017 年市场规模依然会接近翻倍式增长，增长速度领先于传统电子商务等其他商业领域。但微商这一新生事物在快速成长的同时，由于其自身不成熟的发展模式及法律监管的缺失，也暴露出诸多问题，最典型的当属多层经营模式涉嫌传销。在电子商务迅猛发展的今天，借助互联网及移动智能终端进行变相传销的案例日益增多，极大损害了众多网络用户的切身利益，也严重扰乱了互联网和经济社会秩序。因此，如何界定合法的微商营销与传销，如何区分、认定微商中的变相传销行为就显得尤为必要。

## 一、溯本追源：微商营销的理论探究

### （一）微商的概念及主要类型

微商并不是一个固有名词，而是依托微信、微博、腾讯 QQ 等移动社交平台而开展的商品或服务的销售行为的统称，包括但不限于微店销售、在微信朋友圈进行商品代理销售、实体商铺通过微信公众号推送实现线上销售、网络达人通过微博推荐、直播试用推荐的方式进行销售等行为，但微商发源于微信也最依赖于微信，而且以微信朋友圈中的代理销售最为典型，且因与传销模式相似从而受到的争议也最大，故本文仅针对微信营销行为进行分析，本文中的微商均指依托微信开展营销的电商。

根据交易双方的主体不同，微商营销可以大致分为以下三类：一是消费者

---

* 吴仁义，福建省晋江市人民检察院检察委员会委员、员额检察官、法律政策研究室主任；韦新红，福建省晋江市人民检察院法律政策研究室助理检察员。

① 中国互联网协会微商工作组秘书长于立娟：《2017 中国微商行业市场研究报告》，发布于 2017 年 7 月 11 日至 13 日召开的中国互联网大会上。

对消费者的 C2C 模式，常见的如朋友圈中的代购，由于低门槛、小成本，属于较早发展起来的营销模式。二是企业对消费者的 B2C 模式，例如微信商城等，由企业开设公众号建立一个销售平台，实现线下商城的网络化。但是有些 B2C 模式也会在商城准入机制、消费返利模式等方面进行人为操作从而使合法的网络商城异化为传销犯罪。例如云在指尖案①、太平洋案②以及权健案③，上述商城均因具备入门费、团队计酬和拉人头这三种传统传销特征中的一种或多种，被认定为传销行为。微商营销的第三种 B/C2C2C 模式，即企业或个人将商品交由代理商进行代理销售，代理商再发展次级代理商并从次级代理商的拿货价中赚取差额，甚至从次级代理商的销售额中抽取提成。该种多层代理模式与传销的关系最为微妙，无论是在学术界还是在实践操作过程中，是否认定其为传销均有较大争议。本文也主要选取微商营销中的多层代理经营为视角，对微商合法多层经营与传销行为进行辨析。

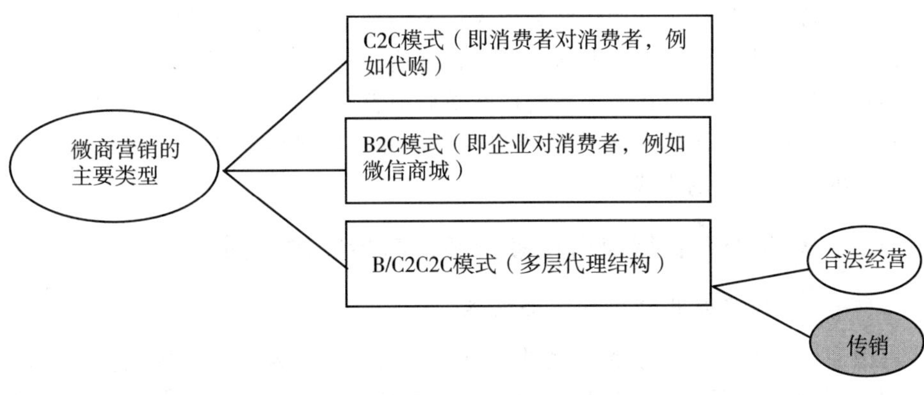


**图 1：微商营销的主要类型**

---

① 消费者在云在指尖商城累计购物达 128 元可成为会员并获得会员收入，通过发送该公众号的链接吸引他人关注并成为会员可获得推广收入。会员分为五级，会员升级途径包括增加累计消费金额和增加发展会员数量，上级会员可从其发展的下级会员的推广收入中抽成。

② 江西精彩公司利用互联网创办太平洋直购商城并设计会员积分返利制度。消费者在该商城注册即可成为会员，通过购买商品、或交纳消费保证金、或发展下级会员来获得相应积分，从而享有一定比例的消费返利及推广返利。会员累计积分达到一定额度时，商城将返还其保证金。会员以积分为依据共分为 16 个级别，级别越高可获返利越多。

③ 天津市权健自然医学公司于 2013 年获得由商务部颁发的直销牌照，其通过互联网售卖保健品，消费者购买一定金额商品并在官网注册即可成为公司会员，从而获得销售商品和介绍他人成为会员的资格。该公司设立多样化的计酬制度，会员既能以其销售业绩为依据获得一定比例的奖金，也能通过介绍他人成为下级会员获得推广奖励，并可从该下级会员销售业绩中提成。

### （二）微商营销的主要特征

1. 互联网的超地域性。微信以现代化的网络信息技术为支撑，为移动智能终端提供即时通讯服务，而网络本身具有的虚拟性打破了传统时间、空间对交易的限制，让所有微信用户能随时随地进行交流、交易。

2. 人群的相对封闭性。与淘宝、京东等网络营销相比，人群的相对封闭性是微商营销的独特特征，但这与互联网的超地域性又不矛盾，超地域性是所有用户体验的宏观镜像特征，而相对封闭性是单个用户体验的直观感受。因为每一个人的微信朋友圈的“朋友”数量是有限的，即使达到腾讯公司规定的朋友圈人数上限5000人，与开放式的淘宝、京东等平台的用户数量相比的确捉襟见肘。

3. 以社交为主的关系营销。利用朋友圈的熟人关系，消除信任障碍，从而快速达成交易，是微商营销能够迅猛发展的关键所在，也正是基于人际关系链的本质特征，使得微商领域容易成为传销的滋生地。与其他网络营销逐渐去人情化并以物为中心开展商业活动不同，微信首先是一个社交平台，社交是其主要功能与服务目的所在。关系营销在微商中表现为将微信朋友圈、公众号及服务号中的社交资源转化为营销中的客户资源，最终形成“多层销售＋信任代理＋熟人经济”的模式。①

## 二、貌合神离：微商合法多层经营与传销的区别

### （一）微商多层代理经营的必然性

微商销售的产品几乎无一例外均有代理团队创始人、各级区域代理、总代理、下级分代理等多层代理，而厂家通过在产品生产成本价与最终零售价之间设置级差，预留利润空间，代理商凭借进货产品的多少确定代理级别及进货价格，并加价向下一级代理商或消费者出售以赚取产品差价。可以说，微商多层代理经营具有其必然性：一是扩大客源的需求。微信朋友圈的主要功能是熟人之间进行分享和评论，信息环境相对封闭，这就导致客源相对有限，因此微商营销中最迫切的需求就是扩大客源，而发动朋友圈中有限的人员进行一传十、十传百的宣传能够迅速打开市场、增加流量。微商经营模式的存在基础在于市场倍增学理论，市场倍增机制以社交营销为核心，运用几何

---

① 罗昆、高郦梅：《电子商务立法视野下的微商传销界定问题研究》，载《时代法学》2017年第4期。

基数整合传统批发零售模式，以此实现企业产品销售领域的最大化。① 二是低成本宣传的需求。借助微信社交平台的转发、分享等便捷功能，微商只需将产品广告转发给好友或分享至朋友圈，由好友进行复次转发、分享，实现产品的有效推广，就能够在几乎零成本的情况下达到宣传效果的最大化。三是便于微商团队的管理。与线下销售代理商可以实时会面管理不同，微商团队成员虚拟化、分散在各地，各层级代理商几乎只与其上一层代理商联系，但因为各自手中的存货，均会卖力地进行销售或者招募新的代理商接货，分层利润分配模式的存在使得微商团队有粘度、有弹性，从而以较低的管理成本支撑起庞大的销售体系。

（二）微商合法多层经营与传销的区别

国务院 2005 年 8 月 10 日通过的《禁止传销条例》第 7 条②规定了拉人头、入门费和团队计酬三种传统传销行为，微商多层代理模式容易与传销相混淆的原因在于，该模式与传统传销行为具有相似性：一是微商多层代理模式中，微商团队根据代理拿货数量的多少确定代理的级别和权限，许多微商产品代理层级超过 3 级，有的甚至高达 6、7 级，不断发展下级代理商的模式与传统传销中的上线拉下线即“拉人头”的方式类似；二是有关入门费的问题，现有的微商集团，成为其代理的方式无一例外均需认购相应数量的商品或交纳一定金额的保证金，该行为与传销中的“入门费”相似；三是团队计酬的特征在部分微商集团的运作中仍然存在，例如，上级代理商赚取的利润除了其销售货物给下级代理商的差价外，还从下级代理商的销售业绩中抽取一定比例的分红。

① 罗昆、高郦梅：《电子商务立法视野下的微商传销界定问题研究》，载《时代法学》2017 年第 4 期。

② 《禁止传销条例》第 7 条规定：“下列行为，属于传销行为：（一）组织者或者经营者通过发展人员，要求被发展人员发展其他人员加入，对发展的人员以其直接或者间接滚动发展的人员数量为依据计算和给付报酬（包括物质奖励和其他经济利益，下同），牟取非法利益的；（二）组织者或者经营者通过发展人员，要求被发展人员交纳费用或者以认购商品等方式变相交纳费用，取得加入或者发展其他人员加入的资格，牟取非法利益的；（三）组织者或者经营者通过发展人员，要求被发展人员发展其他人员加入，形成上下线关系，并以下线的销售业绩为依据计算和给付上线报酬，牟取非法利益的。”

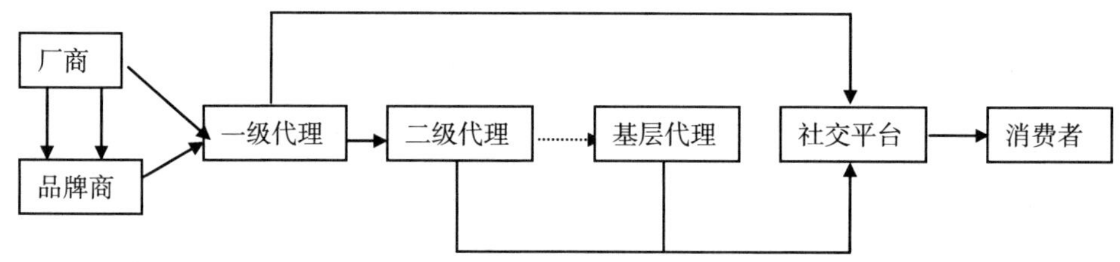


**图 2：微商多层代理模式图**

若仅凭借这外在的三个特征来看，几乎所有的微商均涉嫌传销无疑，但微商合法多层经营与传销有两个本质区别：

其一，从团队建立目的来看，合法的微商营销，从事实质性经营行为，以产品的销售获利为目的，产品具有流通性且最终流向消费者。具体而言：（1）微商产品定价符合市场规律，并未脱离实际使用价值，即使存在生产成本与最终零售价格之间的利润差，但这符合市场经济的发展规律，也是各级代理商卖力销售的动力来源。（2）微商产品虽然经过代理商的层层流转，但产品最终流向消费者，能够实现其产品价值。（3）微商合法多层经营依靠的是口口相传的口碑营销，因此尊重消费者的正当权益，通过相关售后服务保障来提升消费者的购物体验。

传销本质上是一种以销售形式掩盖不法目的的骗局，即以销售产品或提供服务为幌子，以高额回报引诱他人加入，获利主要来源于“下线”所缴付的费用，而不是来自产品销售或服务的提供 。① 具体而言：（1）传销并不以最终销售货物为目的，甚至根本无货物存在。例如全国首例微信传销案，号称“亚洲催眠大师”的陈某华在微信平台传授零成本的网络致富课程，打着“日收过千”的口号招收到众多代理骗取代理入会费，其团队建立目的就是为了实施诈骗。再如“返利网”传销案中，加盟代理商为了获得高额的佣金返利，几乎不实际购买商品而仅按规定数额上缴佣金以获取返利，大部分商品并未真正流向消费者。（2）产品定价方面，传销利用的产品根本无使用价值或者定价远远高于实际使用价值，质次价高，虚高的产品定价，只是为了拉开各级会员之间的层级以收取不同费用。（3）传销只关注如何发展更多的“下线”，如何从“下线”手中抽取更多的利润，而不关心消费者的购物体验，缺乏产品售后服务。例如笔者所在院办理的“沃客”网络传销案，会员涉及全国 31 个省份及菲律宾、新加坡等国家共计 35 万人，涉案总金额高达 50 亿元，共有层

① 潘星丞：《传销犯罪的法律适用——兼论组织、领导传销罪与非法经营罪、诈骗罪的界限》，载《中国刑事法杂志》2010 年第 5 期。

级关系 309 层，其设置各类高额的“拉人头”奖金，就是为了引诱人员加入并不断发展“下线”。

其二，从团队成员收入来源来看，微商合法多层经营模式中，即使存在多层级的代理商，但各级代理商的主要收入来源是将产品销售给下级代理商或消费者所获得的差价，该部分收入来源于产品生产价与销售价之间正当的利润空间，即使有一部分收入来自于下级代理商销售业绩的抽成，但不会成为代理商的主要收入来源。而传销成员的收入主要依据其发展“下线”的数量来计算，且收入来源是其直接或间接发展的“下线”交纳的各种名目的入门费或者购买产品、服务的费用，属于金字塔式的非法盈利模式，大部分的资金流向金字塔的顶端，而底层的代理取得收入的唯一方式就是继续发展“下线”，以“下线”所交纳的费用填补自己被“上线”抽取的空洞。“这种金字塔式的层层代理结构涉嫌剥离权利与义务、利润与风险，即权利和利润向金字塔尖集中，而义务和风险转移至底端。”① 例如“沃客”组织者宣称的所谓“投入 3.5 万元，一年秒变 47 万元”高收益，其实就是利用人们的贪婪，玩的是击鼓传花的把戏，利用新投资人的钱向老投资者支付利息、奖励和短期回报，制造赚钱假象。

**表 1：微商合法多层经营与传销的区别点**

| 比较对象<br>比较项目 | | 微商合法多层经营 | 传销活动 |
|---|---|---|---|
| 团队建立目的 | 产品定价 | 符合市场规律 | 价格虚高 |
| | 产品流向 | 最终流向消费者 | 未流向真正的消费者或实际无产品 |
| | 产品售后 | 有售后保障 | 无售后保障 |
| 团队成员收入来源 | 收入计算依据 | 产品销售业绩 | 发展“下线”的数量 |
| | 收入真实来源 | 产品生产价与销售价之间正当的利润空间 | “下线”交纳的各种名目的入门费或者购买产品、服务的费用 |

① 董彪、李仁玉：《“互联网 +”时代微商规制的逻辑基点与制度设计》，载《法学杂志》2016 年第 6 期。

## 三、抽丝剥茧：我国现行传销的法律规范及缺陷

### （一）我国现行传销的法律规范

我国现行禁止和惩处传销的法律规范主要有《禁止传销条例》《刑法》《关于办理组织领导传销活动刑事案件适用法律若干问题的意见》（2013 年 11 月 14 日由最高法、最高检、公安部制定通过，以下简称《意见》）《最高人民检察院、公安部关于公安机关管辖的刑事案件立案追诉标准的规定（二）》。其中《禁止传销条例》第 7 条列举了三种传销行为，即以发展的人员数量计酬牟利式、以发展的人员交纳费用牟利式、通过发展人员形成上下线关系并以下线的销售业绩为依据给付上线报酬牟利式，被概括为拉人头、入门费、团队计酬三种类型。《刑法修正案（七）》于 2009 年 2 月 28 日通过，其在第 4 条增设了组织、领导传销活动罪，让传销犯罪首次入刑，即现行《刑法》第 224 条之一①。该规定有三个导向值得注意：一是点明传销犯罪是以推销商品或提供服务等经营活动为名，骗取财物为实的诈骗行为；二是传销犯罪不仅侵害了公民、法人的合法财产权益，还扰乱了经济社会秩序，也正是因为传销有此严重危害性，才会受到法律的严厉打击；三是该条文中仅规定了拉人头和入门费两种传销行为，团队计酬的行为未在规定之列。

《意见》规定，层级在 3 级以上，参与人员为 30 人以上的传销组织应追究刑事责任。《刑法》第 224 条之一中规定的“骗取财物”如何理解，《意见》也做了规定：采取编造、歪曲国家政策，虚构、夸大经营、投资、服务项目及盈利前景，掩饰计酬、返利真实来源等欺诈手段，从参与传销活动人员交纳的费用中非法获利的。该司法解释第 5 条对团队计酬行为的处理进行了规定，其对团队计酬式传销活动进行了定义，即指通过发展人员并要求被发展人员发展其他人员加入，形成上下线关系，并以下线的销售业绩为依据计算和给付上线报酬的行为，并对两种与团队计酬形式紧密相关的行为进行了区别：一是以销售商品为目的，以销售业绩为计酬依据的，属于单纯的团队计酬式传销活动，但不作为犯罪处理，例如部分微商营销行为，其存在实质经营行为，其以销售商品为目的组成有上下线特征的团队，并按实际销售业绩分配利润，该行为应

① 《刑法》第 224 条之一规定：“组织、领导以推销商品、提供服务等经营活动为名，要求参加者以缴纳费用或者购买商品、服务等方式获得加入资格，并按照一定顺序组成层级，直接或者间接以发展人员的数量作为计酬或者返利依据，引诱、胁迫参加者继续发展他人参加，骗取财物，扰乱经济社会秩序的传销活动的，处五年以下有期徒刑或者拘役，并处罚金；情节严重的，处五年以上有期徒刑，并处罚金。”

不作为犯罪处理；二是形式上采取团队计酬的方式，实质上却以发展人员的数量作为计酬或返利依据的属于传销犯罪，该行为以团队计酬的形式掩盖其“拉人头”的本质，故应追究刑事责任。通过下表，可以更好地理解现行法律对传销的认定。

**表 2：现行法律对传销的认定**

| 入门费 + 拉人头 = 传销犯罪（《刑法》第 224 条之一） |
| --- |
| 团队计酬形式 + 拉人头实质 = 传销犯罪（《意见》第 5 条） |
| 销售目的 + 团队计酬 = 单纯团队计酬式传销活动，不作为犯罪处理 |

（二）现行传销法律规范之缺陷

我国目前尚无专门针对微商传销或网络传销的法律规定，现有的行政法规、法律及司法解释均停留在对传统传销的规制上，且仅涉及传销的形式特征，而仅凭形式性特征难以区分微商合法多层经营与传销。《禁止传销条例》对传销活动的界定采取的是定义加类型的模式，但该定义也仅是将传销的类型予以叠加描述从而形成，仅涉及传销活动拉人头、以发展人员数量或销售业绩计酬、入门费这三个形式特征，未探及传销活动的本质特征，且其使用的“牟取非法利益”中的“非法”一词不够明确，在实践认定过程中容易产生争议。《刑法》增设的组织、领导传销活动罪中对传销犯罪的界定比《禁止传销条例》的定义更清晰，其认定传销的本质属于诈骗，但《刑法》条文却没有界定“团队计酬”式的传销犯罪，而“团队计酬”式传销与微商合法多层经营之间的界限最为模糊，这一内容的缺失给微商合法多层经营的合法性认定带来了一定困难。虽然在后来出台的相关司法解释中对涉及“团队计酬”的行为进行了界定，但实难掩盖传销定义中的不完整问题。且《意见》中有关“团队计酬”行为的处理值得深思，其原文如下：以销售商品为目的、以销售业绩为计酬依据的单纯的“团队计酬”式传销活动，不作为犯罪处理。该条文传递的信息有两点：一是该行为属于传销活动；二是该行为不作为犯罪处理。这就存在矛盾了，如果该种行为属于传销活动，那是否应参照《禁止传销条例》的规定由工商行政管理部门、公安机关予以查处？既然属于传销活动，在没有达到刑法规定的追诉标准（参与 30 人以上且层级在 3 级以上）时，不作为犯罪处理实属应当，但如果该种行为达到追诉标准甚至情节严重时，是否仍然不作为犯罪处理？该问题如果得不到解答，很大一部分“以销售商品为目的、以销售业绩为计酬依据的团队计酬”模式的微商营销都会被认定为传销活动。

## 四、另辟蹊径：传销犯罪的法律规范之完善

### （一）实质内涵+形式特征完整剖析

在互联网高速发展的今天，购物、交际等平台持续更新，功能愈发强大，新的人际交往和消费方式带来了新的商机，网络直销、多层代理、社会化分销等许多商业运营新方式进入我们的视野，他们有的是合法经营，有的却是披着合法经营外衣的传销活动。与传统线下传销不同，借助互联网发展起来的网络传销隐蔽性和欺骗性更强，传播和发展速度更快，因而涉众面更广、危害性更大。如何从实质内涵出发，揭露网络传销的真实面目，正确区分微商合法多层经营与网络传销，就成为我们的一道必答题。

传销的本质是一种诈骗行为，无论其披着怎样创新、致富的外衣，组织、领导传销活动者的最终目的就是为了骗取钱财。传销活动从被工商行政管理部门负责查处到入罪判刑，是传销活动愈发猖獗，个人、社会、国家深受其害的必然发展，表明了我国法律对传销坚决予以打击的态度。传销被法律严厉禁止的根本原因在于其不仅不创造价值，还严重损害了公民、法人的合法权益，扰乱了正常的社会经济秩序。而微商合法多层经营尽管在形式上与传销有相似之处，但其从事正当的商品销售活动，便利了我们的生活，也解决了很大一部分人群的就业问题，为社会创造了相应的价值。如果不加区分地将符合传销形式特征的微商多层经营模式认定为传销，不仅违背罪责刑相适应的原则，也打击了大众创业的积极性。正如张明楷教授所说，语言是不准确的，常常包含一些可能被误解的因素，许多定义的外延总是会宽于被定义的事项，刑法只处罚值得科处刑罚的违法与有责行为，只有对构成要件进行实质的考虑，才能将刑罚处罚控制在合理性与必要性的范围之内。① 故微商合法多层经营与传销界定的关键点在于：（1）是否存在欺诈行为；（2）是否存在实质性经营行为；（3）是否侵害了公民、法人的合法权益，扰乱了社会经济秩序。其中，是否存在欺诈行为，可以结合《意见》对“骗取财物”行为的认定进行判别，是否存在实质性经营行为可以从是否存在实质产品或产品是否以流通为中心、产品价格是否脱离实际价值、团队成员实际利润来源、是否对消费者合法权益进行保障这几个方面进行判断。

罗列传销活动的形式特征能够将当前的一些典型传销行为加以认定，同时

① 张明楷：《实质解释论的再提倡》，载《中国法学》2010 年第 4 期。

开放性的类举式能够将不断出现的新的传销方式及时纳入范畴。拉人头、入门费、团队计酬三种方式，的确是当前传销采用的最为典型的手法，但随着传销团伙花样翻新，新的传销方式可能出现，但无论是现有典型方式还是新形式，仅仅是表现方式的不同，均无法掩盖其诈骗的本质。

（二）完善传销犯罪的法律规范

目前《刑法》对传销犯罪的本质特征揭示已较为完整，但在列举典型方式时，仅规定了拉人头和入门费两种方式，未涉及团队计酬的问题，使得界线最为模糊的团队计酬式传销犯罪更加难以认定。应在《刑法》该条文中增加有关团队计酬的规定，结合传销犯罪的诈骗本质，结合传销与微商合法多层经营等最易混淆行为的区别，可以将《刑法》第 224 条之一修改为：组织、领导以推销商品、提供服务等经营活动为名，要求参加者以缴纳费用或者购买商品、服务等方式获得加入资格，并按照一定顺序组成层级，直接或者间接以发展人员的数量作为计酬或者返利依据，引诱、胁迫参加者继续发展他人参加，骗取财物，或团队计酬已经脱离实际的销售物品，销售的物品价格严重脱离实际价值，扰乱经济社会秩序、影响社会稳定的欺诈行为，处 5 年以下有期徒刑或者拘役，并处罚金；情节严重的，处 5 年以上有期徒刑，并处罚金。

同时《意见》中“以销售商品为目的、以销售业绩为计酬依据的单纯的‘团队计酬’式传销活动，不作为犯罪处理”的规定容易产生分歧，立法或司法解释应予以明确，避免司法操作存在不确定性。

（三）加强对微商行为的监管

微商作为一种新生事物，目前仍处于法律规制与平台监管的真空区域，微商从 2013 年兴起，到 2014 年爆发式增长，再到 2015 年因制假售假、卷入传销、售后无保障等乱象导致断崖式下滑的惨痛经历，无疑为所有微商从业者及平台监管者敲响了警钟。正确界定微商合法多层经营与传销的区别，完善对传销犯罪的法律规范，不在打击传销活动过程中搞“一刀切”，仅能从结果上区分对与错，而微商行业的自律和平台监管，才能从根本上营造健康的微商发展环境。我们也欣喜地看到，除了立法机关在组织起草《中华人民共和国电子商务法（草案）》及《无店铺零售业经营管理办法（征求意见稿）》，微商行业组织也正在积极制定《微商行业规范（征求意见稿）》，以期通过行业监管和自律谋得微商产业的长足发展。

## 五、结语

随着国家对电子商务交易监管的加强，微商营销也逐渐从野蛮生长、乱象丛生的初始阶段到重视规范化、品质化的上升期，目前微商发展的机遇与挑战并存，只有厘清微商合法多层经营与传销的区别，才能在保护市场创新的同时规制非法传销行为，为微商健康发展提供有力法治保障。

# 现代社会未成年人网络犯罪原因探析与治理对策

漆泽民　赵海燕　王晓雯*

未成年人犯罪，目前正成为一个全球性的严重社会问题。未成年人犯罪社会治理工作形势严峻、意义深远。现代社会，互联网已经成为未成年人生活的一部分，深刻的影响着未成年人的社会化进程。而互联网这把双刃剑既给未成年人的生活、学习、娱乐带来了全新的方式和渠道，也给他们的身心传输许多不良网络信息，由此引发的未成年人犯罪也日益增多。不仅严重危害社会治安和社会秩序，也给未成年人自身和家庭带来不幸和灾难，这是一个迫切需要解决的重大问题。河南省焦作市解放区检察院所办理的未成人犯罪案件中，有80%的少年犯都是“网吧”的常客，有一半以上的犯罪行为都与网络有关。针对当前未成年人网络犯罪现状，必须把握未成年人网络犯罪的本质及内涵，正确认识其成因，才能有针对性地防范与惩治未成年人网络犯罪行为。本文就大数据时代下未成年人网络犯罪防控对策作粗浅的研究，以期为未成年人的健康成长营造良好的网络环境。

## 一、未成年人网络犯罪实证分析

### （一）网络犯罪概念

网络犯罪，从犯罪学意义上来看，是指利用计算机、网络技术等信息技术或者其特性，危害计算机、网络和数据安全，危害社会信息安全、社会危害性严重的行为；而从刑事立法方面来定义，则是指个人或者单位在互联网上通过网络编程、网络加密与解码等技术实施的对网络信息系统及其存储、传输的数据信息进行攻击或者利用计算机网络系统为犯罪工具实施的传统犯罪的总称。

---

* 漆泽民，河南省焦作市解放区人民检察院党组书记、检察长；赵海燕，河南省焦作市解放区人民检察院法律政策研究室主任；王晓雯，河南省焦作市解放区人民检察院公诉科副科长。

从上述两种网络犯罪的概念中可以看出，网络犯罪具有两个基本特征：一是实施犯罪中使用计算机、网络等信息技术，以计算机网络系统为犯罪工具或犯罪对象；二是严重危害社会信息安全。

（二）未成年人网络犯罪

未成年人网络犯罪主要是指 18 周岁以下公民借助于网络工具在互联网上所实施的网上或网外的严重危害社会秩序的犯罪行为。狭义的观点认为，是指未成年人运用计算机技术（如编程、加密、简码等），以计算机为工具，借助于网络实施的各种严重危害社会的行为。广义的观点认为，未成年人网络犯罪不仅包括行为人通过计算机信息系统或以其为对象而实施的犯罪行为和一般违法行为，而且包括由网络诱发的未成年人犯罪行为和一般违法行为。

（三）未成年人网络犯罪的特点

1. 主体低龄化。据统计，截至 2016 年末，我国网民数量已达 7. 31 亿人，同比 2015 年底 6. 88 亿人增长了 6. 25%。青少年网民 1. 7 亿，青少年网民已经占到中国人口总数的近 13%，未成年人网民（18 岁以下）在青少年网民（25 岁以下）中所占比例也呈逐年上升态势。2014 年中国互联网安全大会上，年仅 12 岁的中国最小黑客汪正扬的现场技术演示震惊了海内外。据 CNNIC 发布的第 27 次互联网调查报告，在网络用户中 10—19 岁和 20—30 岁的分别占到了 27. 3 % 和 29. 8 %，可以看出网民中未成年人群体占据了非常大的比例。不难看出，未成年人网络犯罪问题已在我国成为了一个重大社会问题，并呈现一种低龄化的发展态势。

2. 犯罪呈团伙化、暴力化趋势。与传统犯罪的犯罪主体相比，未成年人网络犯罪的犯罪主体通常为新手，犯罪经验较少。这使得此类犯罪主体很少独立犯案，他们通常需要借助搜索引擎或是“无所不知”的网友的帮助，通常在形式上呈现出团伙化的特征。

3. 犯罪社会危害性大。网络的普及程度越高，网络犯罪的危害就越大，其表现为不仅会造成财产上的损失，而且可能危及公共安全和国家安全。有些未成年人出于炫耀技术的动机，成为少年黑客，非法侵入国家保密的计算机系统，继而实施攻击、恶意篡改网页内容，窃取国家秘密和商业机密，对国家、社会网络安全构成较大危害。

4. 犯罪手段多样化。网络的迅速发展、信息技术的普及推广为未成年人网络犯罪分子提供了日新月异的多样化、高技术的作案手段。如我们非常熟悉的网络色情、侵犯隐私权、网络欺诈、发布网络虚假信息等犯罪活动多种多样，防不胜防。未成年人模仿和推崇网络游戏的部分情节或游戏“精神”实施犯罪。

5. 犯罪方式智能化、专业化。在未成年人网络犯罪案件中，大多数未成年人具有比较高的智力，既熟悉计算机及网络的功能与特性，又洞悉计算机及网络的缺陷与漏洞。他们利用计算机专业技术和熟悉的操作技能进行网络犯罪，如进行网络诈骗等犯罪，作案手段高明，属高智商犯罪行为，成为智能型的高科技犯罪。

6. 犯罪互动性、隐蔽性强。由于网络是一个虚拟化与数字化的空间，是一条跨越国界的信息高速公路，也打破了社会和空间界限。同时，由于网络的开放性、不确定性、超越时空性等特点，使得网络犯罪具有极高的隐蔽性。实施网络犯罪的方法也主要是通过程序和数据信息的操作来实施，其目标无形的电子数据或信息，犯罪不易发现，侦查破案的难度加大。

### （四）未成年人网络犯罪表现形式

1. 利用网络进行的新型电信网络诈骗犯罪。计算机网络的出现为未成年人实施传统型犯罪提供了新的作案工具，一些未成年人利用网络散布虚假信息、实施诈骗。

2. 利用网络侵害公共信息安全犯罪。利用网络的隐蔽性，非法侵入他人计算机系统、破坏计算机网络数据、毁坏计算机信息系统。部分未成年人以黑客身份擅自侵入公共信息系统，甚至侵入国家政治经济军事等部门，窃取商业秘密、国家机密。

3. 利用网络游戏诱惑而犯罪。通过观看网络暴力游戏，未成年人模仿实施暴力行为，犯下故意伤害、寻衅滋事、聚众斗殴的犯罪行为。

4. 利用色情信息诱惑而犯罪。有些未成年人浏览黄色网站，受到色情信息的诱惑，在好奇心的驱使下，实施强奸、猥亵等犯罪行为。一方面是受网络中的色情内容所毒害，同时利用网络制作、复制、传播、出售淫秽物品，既是网络受害者，又演变为网络犯罪者。

5. 利用“网络结社”形式实施共同犯罪。由于未成年人个体力量、智力、胆量等相对比较弱，所以结伙犯罪是未成年人犯罪的显著特点。

6. 利用互联网制造传播网络病毒犯罪。未成年人凭自己掌握的高技术手段，蓄意对他人进行网络攻击，对网络安全问题造成较大影响。

## 二、原因分析

### （一）身心发育不完全

未成年人的身心发展不平衡，在缺乏正确的引导和教育的情况下，极易受到外界不健康因素的影响，进而走向违法犯罪的道路。解放区检察院办理的毛某某等人电信诈骗案件中，就是通过网络上发布的工作招聘广告而找到该犯罪集团进而加入后进行的犯罪，在明知道是诈骗的情况下，仍然受到周边其他人的影响继续进行自己的诈骗犯罪，从而导致数额巨大，对社会造成了严重的影响。

（二）心理发展不成熟

未成年人的心理普遍充满了复杂性与矛盾性，尤其是对家庭的逆反心理会导致其在对事物的认识上存在偏差，心理上的一念之差就可能导致犯罪行为的发生。特别是在网络如此发达的现今社会，未成年人在网络上可能会接触到任何正面、负面的消息，在实践中办理的很多未成年人案件，均是由于对事情的认识出现偏差而导致最后的犯罪结果。例如解放区检察院办理的网络诈骗案件，其实该案中的未成年人都是被犯罪集团的主犯办理的营业执照所迷惑，错误认识了其行为的合法性，而做出诈骗的行为，以开网店为由骗取被害人的信任，致使被害人向其支付相应的费用。

（三）家庭、学校教育的缺失

家庭是未成年人人生经历的第一个社会化场所，父母是他们的第一任老师，在未成年人步入社会的过程中，家庭和父母起到了举足轻重的作用，不良的家庭环境对未成年人不健全人格的形成具有原发性的影响。纵观司法实践中的未成年人犯罪案件，80%以上的未成年犯罪嫌疑人的家庭都有这样那样的问题，单亲、不管教育或家庭条件差占据了较大的比例，这样家庭出来的孩子对于事物的好坏难以分辨，小小年纪就辍学在社会上游荡，有一点小小的好处就可能答应别人去做任何事情，甚至有时候仅仅只是因为对社会的报复或者是心情的恶劣，使他们在本应该在教室学习的年纪却站在了被告席上。

（四）未成年人法制观念缺乏

一些未成年人缺乏法律知识，法律意识淡薄，导致犯罪心理极易形成。特别是对关于网络的法律法规不了解或不理解，加之对网上内容缺乏清晰的判断能力，不能正确认识自身行为的正当性与合法性，对自己的网络违法犯罪行为的危害性认识不够，促使未成年人犯罪心理的形成。同时，网络成瘾的未成年人道德观念也存在偏差，在错误颠倒的道德观念的作用下，往往会缺乏守法习惯，明知故犯。

（五）有害网络环境的影响

网络文化市场管理混乱，致使一些腐朽落后文化和有害信息通过网络传播，腐蚀未成年人的心灵。在我国网络监管体制方面存在严重不足，网络上存在大量不适合未成年人浏览的信息，一些网络文学、网络音像、网络游戏的审核不够严格。大量游戏的内容都是打打杀杀。对未成年人的心理健康极为不利，很多未成年人在接触这些游戏之后，喜欢模仿里面的“功夫招式”，从而会间接诱使未成年人犯罪。

（六）未成年人网络犯罪刑事立法缺陷

刑法关于未成年人网络犯罪的刑罚规定偏轻。轻刑化政策不利于对未成年人网络犯罪的治理。对有些未成年人而言，宽大措施甚至会起到鼓励其犯罪的反向作用。此外，计算机网络犯罪的立法滞后于网络技术的发展，由于网络法制建设的不完善，使得网络违法犯罪行为缺少法律制约。再者，在实践中，司法技术往往落后于网络技术的发展，司法人员缺少计算机专业知识，不能很好地适应侦查、起诉、审判等司法活动的需要。比如在侦破网络犯罪时，使用的技术手段还相对简单落后，发现、确定网络犯罪案件困难，收集、保全网络犯罪证据困难，电子证据法庭采信困难。缺少精通网络技术的司法人员，在一定程度上促使未成年人网络犯罪的增长。

## 三、治理对策

未成年人网络犯罪已经成为日益严重的社会问题，必须通过社会多方面的共同努力，采取综合治理的措施，建立和健全防控体系，既要从教育和德育入手，以人为本，加强网络伦理教育，也要从技术、管理入手，加强社会对网络信息资源的控制，更要健全相关的法律法规，做到有法可依和有章可循。

（一）法律防控

预防和控制未成年人网络犯罪，不仅需要在技术上下功夫，还必须加强未成年人网络犯罪的法律控制，健全网络法制，加强网络司法建设，在大数据时代，通过技术层面结合法律的制定，对网络犯罪分子造成震慑，从而从根源上预防未成年人网络犯罪的出现。建立一部专门针对未成年人网络犯罪的刑事立法，形成未成年人网络犯罪法律防控体系，以适应未成年人网络犯罪的治理需要，具体体现在程序与实体两个层面。在程序上，可以建立专门的未成年人法庭、对未成年人网络犯罪案件不公开审判及在量刑幅度内选择从轻处罚；在实体上，可以对未成年人犯罪做专章或专节规定，或者对未成年人犯罪的刑罚幅度进行调整。针对未成年人网络犯罪低龄化趋势，可适当降低犯罪主体的刑事责任年龄；增设法人网络犯罪，比如一些网站为了提高点击率创收，推出许多具有诱惑性的内容和花样吸引未成年人。既要预防未成年人网络犯罪，又要保护未成年人不受网络犯罪的侵害。

（二）技术防控

未成年人网络犯罪是针对和利用计算机信息网络技术而实施的一种高科技、智能化的犯罪，从未成年人网络犯罪的现实情况和成因来看，网络系统的脆弱性以及网络本身的不完善性是使得犯罪得以顺利实施的主要原因之一，因而从技术角度研究预防和控制青少年网络犯罪是一个至关重要的方面，要有效预防未成年人网络犯罪，首先就必须在技术方面占据制高点，达到“以技制技”的目的。从长远的角度来看，必须加大人力物力的投入，不断研发出更为先进的网络安全技术，提升网络在信息锁定、信息过滤、不良网站屏蔽等方面的功能，减少网络对未成年人的毒害，并对已经发生的网络犯罪行为进行有效侦查和处理，在技术方面震慑犯罪分子。

（三）教育防控

加强未成年人网络道德与法制教育，加强网络安全防范教育工作，帮助未成年人树立正确的道德观、人生观与法制观。学校不能只教育学生如何使用网络，还要把网络安全防范的内容告诉学生，以提高他们自我保护的意识和行为能力。帮助未成年人明辨是非、真假、美丑的正确标准，自觉抵制不良思想、不良信息，自觉遵守网络法律法规制度，使他们懂得，在计算机网络中同样要遵守法律法规，遵守公共道德。

（四）社会防控

社会环境对未成年人的影响极为广泛，要加强网络综合治理，维护好社会环境。规范网络文化，发展建设有利于未成年人身心健康的绿色网站，创造良好的网络社会环境。按照国家规定，对证照不全的网吧一律不允许经营，依法取缔“黑网吧”，网络的安全监控软件也要在网吧里安装，一旦有色情浏览和非法网站，便自动加以阻断。加强行政监管工作，加强文化部门、公安部门等监管部门的监管力度，帮助未成年人提高自律能力和自我防范意识，努力为未成年人营造一个健康、健全、文明、和谐的社会环境。

（五）家庭防控

家庭是预防未成年人网络犯罪的第一道防线，要充分发挥家庭教育的基础作用。首先，家长应提高自身网络能力素质，应掌握必要的网络知识，学会一些安全上网的常识，对孩子的不良网络行为，应采用有效方法加以引导。其次，通过法律机制，促使家长与孩子共同学习成长，作为实施家庭教育的主体——家长，应该主动的、有目的、有意识的帮助孩子了解网络世界，分清网络世界中的善恶、美丑、对错，引导孩子树立科学的世界观、人生观和价值观。

### （六）信息防控

清理网络垃圾，必须建立健全的网络管理体系。一是执法部门应根据网络犯罪的专业性、技术性、智能化等特点，组建、培养一批业务能力强的网络犯罪技侦人员，加强网络警察队伍的建设。二是在一些重点行业建立网络监控站，实施重点部位的网络监控。三是使用计算机网络的部门，个人应提高网络安全意识。利用保护软件、身份鉴别、网络加密等信息技术，如建立防火墙，对重要信息指纹识别、智能卡识别、进行加密等途径保护网络安全。四是各类互联网网站应自觉地为未成年人提供健康向上的网络信息资源，为未成年人营造一个健康、安全、纯净的网络环境。

# 支付方式变革背景下传统财产犯罪防治措施的调整与应对

王志远　齐一村　张笑天*

近年来，支付方式的变革已经根本性地改变了人们的生活方式。以电子支付的龙头“支付宝”为例，早在2013年，支付宝手机支付就已超过27.8亿笔、金额超过9000亿元，成为全球最大的移动支付公司。① 2014年1月16日，全国支持支付宝钱包条码支付的便利店近8000家。② 时至今日，“一部手机走天下”已成为人们贴有时代标签的生活方式。那么，这一变化是否会对传统财产犯罪的产生造成影响，我国在传统财产犯罪的犯罪对策上又需要作出怎样的调整呢？为此，本文以我国东北某市A区（城市）与B县（农村）的司法裁判文书为实证样本进行了分析与考察，试以此为基础为我国传统财产犯罪的预防与打击寻求启迪。

## 一、研究方法简述

### （一）样本的选取方法及原因

1. 以“两抢一盗”、诈骗罪为研究对象

“两抢一盗”（即抢劫罪、抢夺罪与盗窃罪）与诈骗罪是我国乃至世界各国财产犯罪中发案率最高的犯罪类型，亦是人类社会中最古老的财产犯罪类型。因此，这几类犯罪自古至今都是世界各国开展犯罪预防与打击的重点。在刑事科学领域，围绕这几类犯罪类型建立起来的理论体系已十分成熟。可以

---

* 王志远，中国政法大学刑事司法学院教授、博士生导师；齐一村，吉林大学法学院刑法学博士研究生；张笑天，中国政法大学刑事司法学院刑法学硕士研究生。

① 参见http：//www.sohu.com/a/192405722_99900818/，访问时间：2018年8月1日。

② 参见https：//ab.alipay.com/i/dashiji.htm/，访问时间：2018年8月1日。

说，在这几类犯罪类型之上呈现出的犯罪现象足以代表传统犯罪的发展趋势。因此，本文选取上述四种犯罪类型作为研究对象。

2. 以某市 A 区与 B 县 4 年间的裁判文书为实证样本

2014 年 1 月 1 日，《最高人民法院关于人民法院在互联网公布裁判文书的规定》开始实施。裁判文书的上网基本实现了我国司法裁判文书的规范化与公开化，为我们开展犯罪学研究提供了宝贵的研究样本与数据来源。

考虑到近年来支付方式的发展在时间上的迅猛趋势与在空间上呈现出的不对称性，为准确反映支付方式变革对传统财产犯罪的影响，本文选择从时间与空间两个维度出发对这一问题展开探究。在时间维度，将对多年来某地区几类财产犯罪的发展趋势进行比较和分析；在空间维度，将对同时段内城、乡的几类财产犯罪的状况进行比较和分析。

“两抢一盗”与诈骗罪是我国发案率最高的几类犯罪类型，案件数量相当庞大。盗窃案作为我国目前最为高发的刑事案件，我国东北某省法院 2015 年审结的盗窃案件就有 2899 件，经济发达省份的数量可能更为庞大。考虑到研究人员的数量相对较少，研究时间较为紧张，故只能将研究限定在我国中等发达地区的区县一级。

我国幅员辽阔，地区经济发展水平差距较为悬殊。为保证城乡对比的有效性，尽可能控制无关变量对研究的影响，我们在样本选取时将城乡的行政区划限定在了同一地级市。这一做法也能有效控制因地域不同而造成的“同案不同判”现象对研究结果的不当干扰。

2014 年最高法规定的实施使网上裁判文书的质量实现了巨大突破，因此本文以 2014 年 1 月 1 日作为样本搜集的起点。考虑到至该研究正式展开时，网上裁判文书完整登录的年份最终截止到 2017 年，故以 2017 年 12 月 31 日作为样本搜集的终点。

综上，在综合考量该研究科学性与可行性的基础上，该研究选择将我国东北地区某市 A 区（城市）与 B 县（农村）2014 年 1 月 1 日至 2017 年 12 月 31 日 4 年间“两抢一盗”与诈骗罪的司法裁判文书作为实证样本。

3. 以犯罪行为的构成要素为考察对象

行为时间、行为地点、行为对象、行为方式等犯罪行为的构成要素作为犯罪特征的集中体现，是总结犯罪规律、开展犯罪预防与打击的重要依据。因此，该研究以犯罪行为的构成要素为考察对象。具体而言，在对盗窃罪的考察中，将犯罪对象分为现金货币、小件财物、中件财物、大件财物与账户内资金①；将犯罪情节分为：扒窃、多次盗窃、入户盗窃、携带凶器盗窃、数额较大；将空间环境分为：公共场所、封闭空间、住宅、单位、网络空间；在对诈骗罪的考察中，将交付方式分为现实交付、银行转账与电子支付，② 将犯罪形态分为共同犯罪与单独犯罪，将行为方式分为普通诈骗、电信诈骗与网络诈骗，并重点考察了不同类型诈骗行为的犯罪数额。

（二）研究方法的缺陷及其应对

出于严谨的考虑，本文认为有必要在此对上述研究方法的缺陷以及对此的看法予以说明。

1. 样本量较小

如前所述，由于研究对象是我国最为高发的犯罪类型，囿于开展该项研究的资源十分有限，仅能将样本选取的范围限缩在我国中等发达地区的区县一级。这导致选取的样本无法反映出我国几类财产犯罪的全貌，具有较强的地域特征。例如，2016 年 B 县诈骗罪数量激增到 107 件，较比 2015 年的 12 件，增长幅度近十倍。但是在 2016 年 B 县的诈骗罪中，68 件都属于骗取补助这一类型。可以认为，该年份诈骗犯罪数量的激增受到了该地“运动式执法”的影响，这一异常变动显然对于实证研究的有效性造成了一定的负面影响。同时，样本量较小的问题也使一些犯罪类型囿于有限的样本数量难以展开有效分析。

2. 裁判文书的先天缺陷

裁判文书虽然为开展犯罪学研究提供了重要的实证样本，但是其所具有的先天缺陷也十分明显。一方面，尽管最高法已尽巨大努力力图实现裁判文书制作的规范化，但是如今网上的裁判文书仍然存在记载不详的普遍现象，可供搜集的项目十分有限。另一方面，囿于刑事案件较长的审理期限与裁判文书制作完成到登录上网的时间间隔，采集的样本与所待考察的时段不可避免地存在一定的时间空档。考虑到我国当下支付方式的发展日新月异，裁判文书的这一局限性无疑会对该项研究的开展造成巨大障碍。

① 小件财物包括钱包、轻便衣物等；中件财物包括背包、提包、厚重衣物、家禽等可以单人不依靠运载工具便可携带的财物；大件财物包括车辆、家畜等需依靠运载工具或多人协作方可携带的财物。

② 现实交付指直接交付现金或财物，电子支付指通过网上银行、手机银行或第三方支付平台进行的交付。

3. 样本代表性的欠缺

本文选取的裁判文书所具备的刑事司法属性决定了研究的实证样本都是终局意义上被追究刑事责任的犯罪行为，这必然导致对于诸如“小偷小摸”一类的尚未达到应受刑罚处罚程度的行为的忽视。然而，这些难以在裁判文书中反映的行为既是犯罪学关注的对象，也在相关犯罪行为中占据重要的地位。因此，以裁判文书为实证样本注定会使这一研究的代表性存在欠缺。

实际上，数据获取途径的有限性长久以来就是我国开展犯罪学研究的一大障碍。尽管裁判文书存在上述先天缺陷，仍无法妨碍其成为现今开展犯罪学研究最易获取和最具可行性的样本。只能在接受其局限性的基础上尽可能在技术层面努力提升实证研究的有效性。

4. 控制变量的难度较大

虽然近年来电子支付的普及与推广是一个能为人们所感知的现实存在，但是至今仍无法搜集到具体到能够有效反映某个地区电子支付普及程度与过程的数据指标。因此，也难以对我们从裁判文书中搜集到的数据进行回归分析与相关性检验。这使得本次研究难以在更严谨的层面对其他变量实现有效的控制，许多结论的得出还无法脱离经验与直觉的层面。

（三）样本的初步筛选与处理

在上述研究方法的指导下，笔者在“聚法案例网”① 上下载了司法裁判文书 1450 份，其中盗窃罪 926 份、抢劫罪 70 份、抢夺罪 9 份、诈骗罪 445 份。在基本信息录入完成后，在综合考量样本数量与相关程度的基础上，对研究对象进行了进一步限缩，剔除了样本数量极少、相关程度极低的样本。最终，仅选取了盗窃罪的行为对象、盗窃罪的地点、盗窃罪的行为方式、诈骗罪中被害人交付财物的方式与诈骗罪的数额作为分析和考察的对象。

## 二、支付方式变革背景下传统财产犯罪的新样象

（一）主要盗窃对象的城乡横向对比

根据行为对象的不同，对四年间两地法院审结的盗窃案件进行了统计。在对盗窃罪行为对象进行整理的过程中，发现在盗窃罪的行为对象中，手机占据了小件财物的很大比重。遂对以手机盗窃对象的案件进行了单独统计。统计结果如表一与表二所示。

① 参见 https：//www.jufaanli.com/.

表一：A 区盗窃罪行为对象统计结果

| | 2014 | 2015 | 2016 | 2017 | 总计 | 比重 |
|---|---|---|---|---|---|---|
| 现金 | 20 | 34 | 39 | 25 | 118 | 0.1864 |
| 手机 | 33 | 60 | 79 | 68 | 240 | 0.3791 |
| 小件财物 | 53 | 52 | 69 | 81 | 255 | 0.4028 |
| 中件财物 | 17 | 17 | 29 | 18 | 81 | 0.1279 |
| 大件财物 | 13 | 8 | 16 | 19 | 56 | 0.0885 |
| 账户内资金 | 6 | 0 | 7 | 12 | 25 | 0.0395 |
| 其他财物 | 0 | 0 | 2 | 0 | 2 | 0.0032 |
| 未取得财物 | 0 | 1 | 1 | 0 | 2 | 0.0032 |
| 总案件数 | 117 | 143 | 193 | 180 | 633 | 1 |

表二：B 县盗窃罪行为对象统计结果

| | 2014 | 2015 | 2016 | 2017 | 总计 | 比重 |
|---|---|---|---|---|---|---|
| 现金 | 20 | 20 | 43 | 20 | 103 | 0.3515 |
| 手机 | 8 | 17 | 25 | 9 | 59 | 0.2014 |
| 小件财物 | 16 | 24 | 35 | 11 | 86 | 0.2935 |
| 中件财物 | 4 | 8 | 7 | 5 | 24 | 0.0819 |
| 大件财物 | 23 | 20 | 38 | 13 | 94 | 0.3208 |
| 账户内资金 | 2 | 5 | 6 | 3 | 16 | 0.0546 |
| 其他财物 | 3 | 0 | 2 | 1 | 6 | 0.0205 |
| 未取得财物 | 0 | 0 | 0 | 0 | 0 | 0 |
| 总案件数 | 60 | 67 | 118 | 48 | 293 | 1 |

在总案件数上来看，A 区主要的盗窃对象为现金、手机、其他小件财物与中件财物，且以手机及其他小件财物为盗窃对象的案件数远远超过以现金为盗窃对象的案件数。而在 B 县，主要的盗窃对象则为现金、手机、其他小件财物与大件财物，且几类盗窃对象的案件数相对持平，以现金为盗窃对象的案件数略高于以手机为盗窃对象、以其他小件财物为盗窃对象和以大件财物为盗窃对象的案件数。这一现象在如下图一与图二中体现的较为明显。

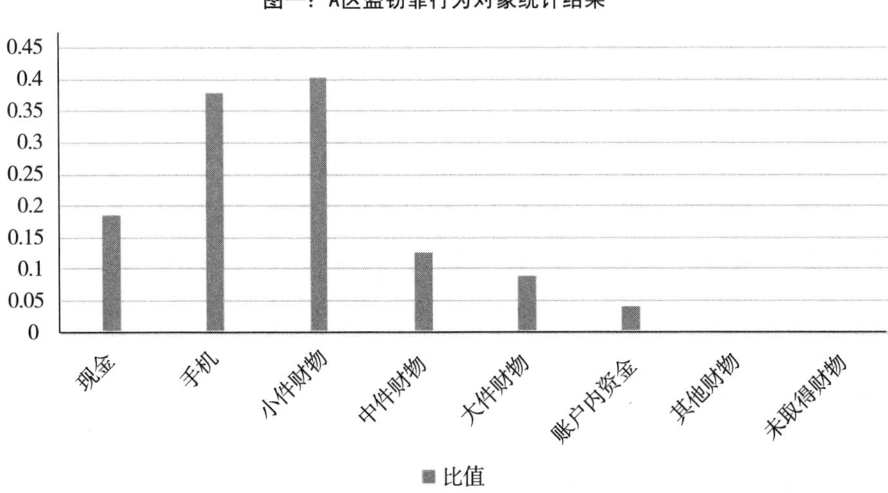


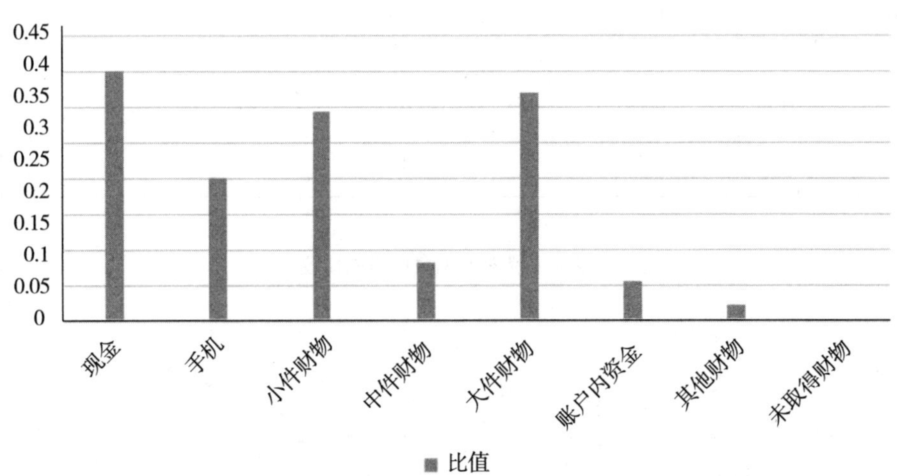


由此，可以得出以下结论：近年来，手机成为了城市地区最主要的盗窃对象，现金则是农村地区最主要的盗窃对象。这与近年来电子支付在城区范围内的推广程度明显高于农村地区的现象恰好十分吻合。随着城市地区人们随身携带现金的情形不断减少，作为支付工具的手机与其他小件财物成为了人们出行携带的主要贴身财物。而农村地区由于电子支付的推广尚处于初级阶段，电子支付对于盗窃犯罪行为对象的影响尚不明显。

### （二）主要盗窃对象的纵向趋势

考虑到电子支付手段的推广是一个过程，仅依靠在绝对数量上进行的城乡横向比较进行说明尚不充分，故又在前述结论的基础上加入了年度间的纵向比较。由于电子支付手段的出现主要实现了对现金支付的替代，为实现对以手机为盗窃对象的样态进行纵向对比，隔绝其他小件财物、中件财物、大件财物等无关信息对比较结果的干扰，笔者将历年以手机为盗窃对象的案件数与以现金为盗窃对象的案件数单独抽离出来进行了纵向比较，如表三所示。

**表三：以手机为盗窃对象的纵向比较**

| | 2014 | 2015 | 2016 | 2017 |
|---|---|---|---|---|
| A 区手 | 33 | 60 | 79 | 68 |
| A 区现 | 20 | 34 | 39 | 25 |
| A 区手现比 | 1.65 | 1.7647 | 2.0256 | 2.72 |
| B 县手 | 8 | 17 | 25 | 9 |
| B 县现 | 20 | 20 | 43 | 20 |
| B 县手现比 | 0.4 | 0.85 | 0.5814 | 0.45 |

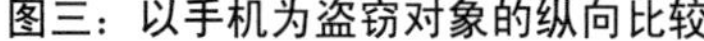

**图三：以手机为盗窃对象的纵向比较**

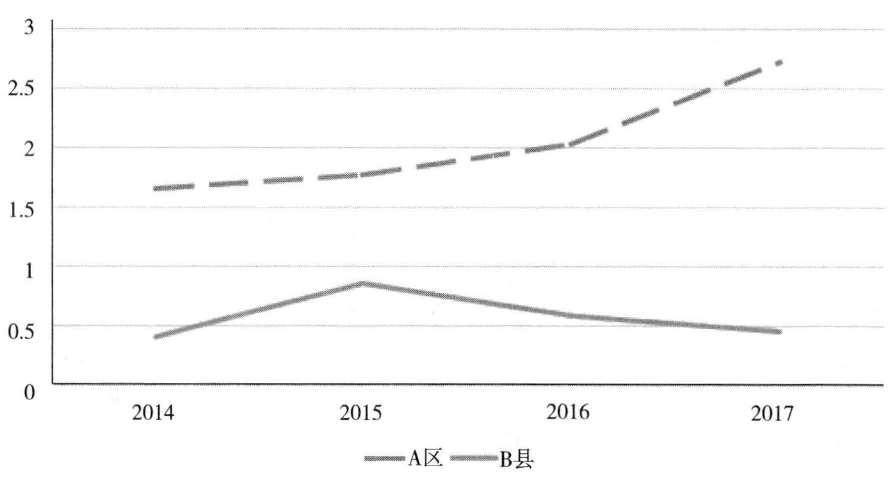


如表三与图三所示，A 区以手机为盗窃对象的案件与以现金为盗窃对象的

案件的比值在四年间呈现逐年上升的趋势，而 B 县则无明显趋势。这从一个侧面反映出，在电子支付普及程度更高的城市地区，手机已逐渐取代了现金的支付功能且这一现象随着时间的推移愈加显著。手机日益成为城市地区盗窃罪的主要行为对象。

### （三）盗窃手机案件的空间环境与手段分析

出于防范以手机为行为对象的盗窃犯罪之需要，对相关案件发生的空间环境与采用的手段进行细化分析十分必要。如前所述，B 县的手机支付普及程度明显滞后于 A 区，手机支付对 B 县的财产类犯罪影响尚不显著，故此处仅就 A 区以手机为盗窃对象的数据样态展开分析。

**表四：A 区盗窃手机的空间环境统计结果**

| | 2014 | 2015 | 2016 | 2017 | 总计 |
|---|---|---|---|---|---|
| 公共场所 | 22 | 35 | 45 | 42 | 144 |
| 非公共场所 | 11 | 25 | 34 | 25 | 95 |
| 手机总案件数 | 33 | 60 | 79 | 67 | 239 |
| 公共场所比重 | 0.6667 | 0.5833 | 0.5696 | 0.6269 | 0.6025 |
| 非公共场所比重 | 0.3333 | 0.4167 | 0.4304 | 0.3731 | 0.3975 |

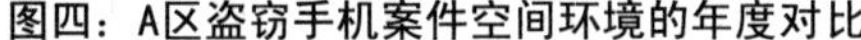
**图四：A区盗窃手机案件空间环境的年度对比**

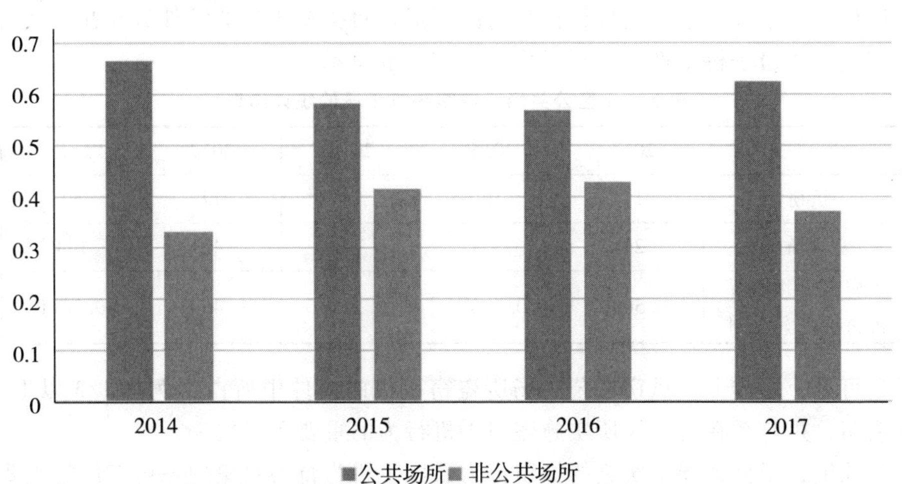

图五：A区手机盗窃案件空间环境的总体对比

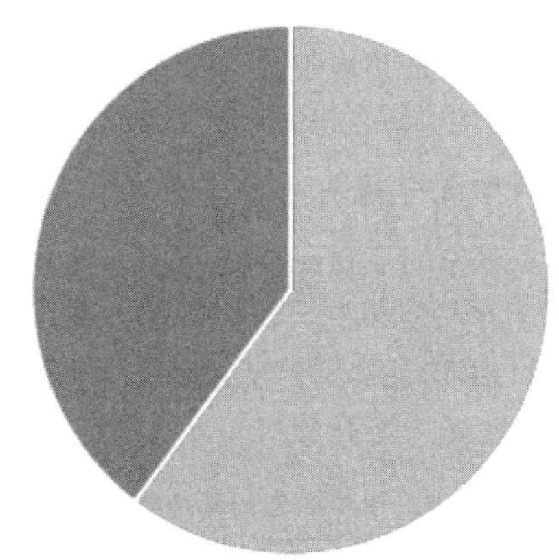


如表四、图四与图五所示，在A区，无论是在总体上还是在各年度，于公共场所实施的盗窃手机案件数量都在盗窃手机的案件中占据多数。

为了解以手机为行为对象的盗窃案件规律，笔者又对占据主要部分的在公共场所实施的盗窃手机案件的行为手段进行了分析。因作为样本的裁判文书对盗窃罪手段、方式的记载主要表现为作为法定入罪情节的：数额较大、多次盗窃、入户盗窃、携带凶器盗窃与扒窃，其中能体现公共场所盗窃手段的只有携带凶器盗窃和扒窃两类情形。又考虑到在搜集到的样本中，四年间携带凶器实施的盗窃案总计仅有2件，样本数量太少，无法体现数据特点，因此在公共场所盗窃手机案件的手段上仅讨论扒窃的情形。将扒窃手机的案件数与在公共场所实施的盗窃手机案件数进行了比较，如表五所示。

表五：A区公共场所盗窃手机手段的统计结果

| | 2014 | 2015 | 2016 | 2017 | 总计 |
|---|---|---|---|---|---|
| 扒窃 | 11 | 10 | 14 | 17 | 52 |
| 公共场所 | 22 | 35 | 45 | 42 | 144 |
| 扒窃占公共场所盗窃手机案比例 | 0.5000 | 0.2857 | 0.3111 | 0.4048 | 0.3611 |

可见，总体上，扒窃在公共场所盗窃手机的案件中所占比例在1/3以上。这表明，扒窃系在公共场所实施盗窃手机行为的重要手段之一。

综上，于公共场所实施的扒窃行为系以手机为行为对象的盗窃案件的主要表现形式，这一结论与手机作为随身携带的贴身小件财物之属性亦十分符合。

### （四）诈骗罪被害人交付方式的样态分析

诈骗罪不同于盗窃罪，诈骗罪的成立要求被害人具有处分财物的行为，是一种被害人与行为人积极互动的犯罪类型。因此可以猜想，支付方式的变革势必会对诈骗罪中被害人采取的不同类型的交付方式所占的比重产生影响。所以对 A 区与 B 县四年间诈骗罪中被害人交付财物的方式进行了统计，如表六所示。

**表六：诈骗罪中不同交付方式案件数量的统计结果**

| | 年度 | 总件数 | 现实交付 | 现比 | 银行转账 | 银比 | 电子支付 | 电比 |
|---|---|---|---|---|---|---|---|---|
| A区 | 2014 | 56 | 30 | 0.5357 | 24 | 0.4286 | 2 | 0.0357 |
| | 2015 | 41 | 14 | 0.3415 | 24 | 0.5854 | 3 | 0.0732 |
| | 2016 | 132 | 65 | 0.4924 | 43 | 0.3258 | 24 | 0.1818 |
| | 2017 | 63 | 26 | 0.4127 | 17 | 0.2698 | 20 | 0.3175 |
| | 总计 | 292 | 135 | 0.4623 | 108 | 0.3699 | 49 | 0.1678 |
| B县 | 2014 | 14 | 14 | 1 | 0 | 0 | 0 | 0 |
| | 2015 | 12 | 10 | 0.8333 | 2 | 0.1667 | 0 | 0 |
| | 2016 | 107 | 33 | 0.3084 | 73 | 0.6822 | 1 | 0.0093 |
| | 2017 | 20 | 13 | 0.65 | 5 | 0.25 | 2 | 0.1 |
| | 总计 | 153 | 70 | 0.4575 | 80 | 0.5229 | 3 | 0.0196 |

根据表六的样态，虽然可以发现 B 县法院审结的诈骗案中，被害人通过电子支付交付财产的案件极为罕见，但考虑到 B 县诈骗罪的样本数量较小，且如前所述，该样本在 2016 年存在异常情况，故此处将重点就 A 区的样态进行分析。

图六：A区三种交付方式的发展趋势

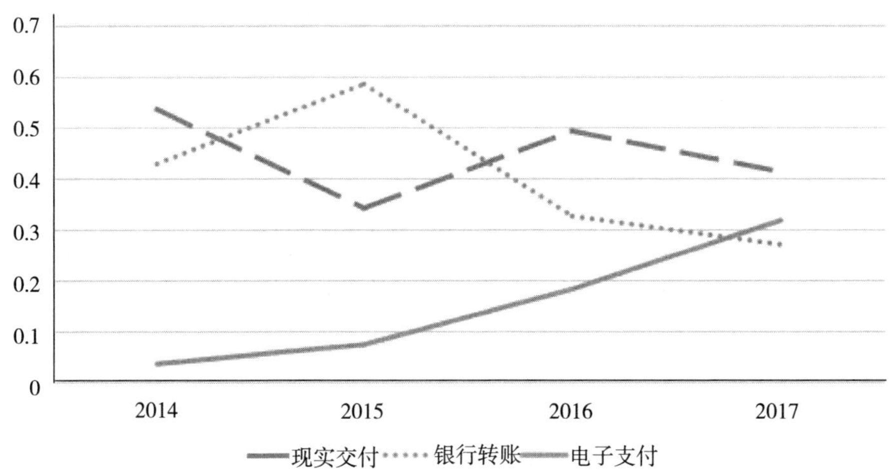


如图六所示，在 A 区四年间三种交付方式所占比重的样态当中，现实交付所占的比重在四年间虽有波动但基本稳定在 0.5 上下，银行转账所占的比重在 2015 年达到峰值后开始呈现下滑趋势，而电子支付所占的比重在四年间则呈现出明显的上升趋势，并在 2017 年超越了银行转账所占的比重。

可以认为，虽然现实交付与电子支付仍然占据着一定比重，但随着电子支付的逐渐推广，电子支付所占比重终将超越现实交付与电子支付，成为城市地区诈骗罪中被害人交付财物的主要方式。

（五）多种交付方式下诈骗罪的危害对比

在得出上一结论的基础上，笔者又对三种交付方式下实施的诈骗罪的危害进行了比较和评估，如表七与图七所示。

表七：A 区三种交付方式下诈骗罪的平均数额（单位：元）

| | 现实交付 | 银行转账 | 电子支付 |
|---|---|---|---|
| 2014 | 75882 | 126933.917 | 117550 |
| 2015 | 124762.6429 | 546128.625 | 79000 |
| 2016 | 116427.7566 | 511668.1128 | 200787.125 |
| 2017 | 73802.76923 | 310038.824 | 63281.35 |

图七：A区三种交付方式下诈骗罪的平均数额

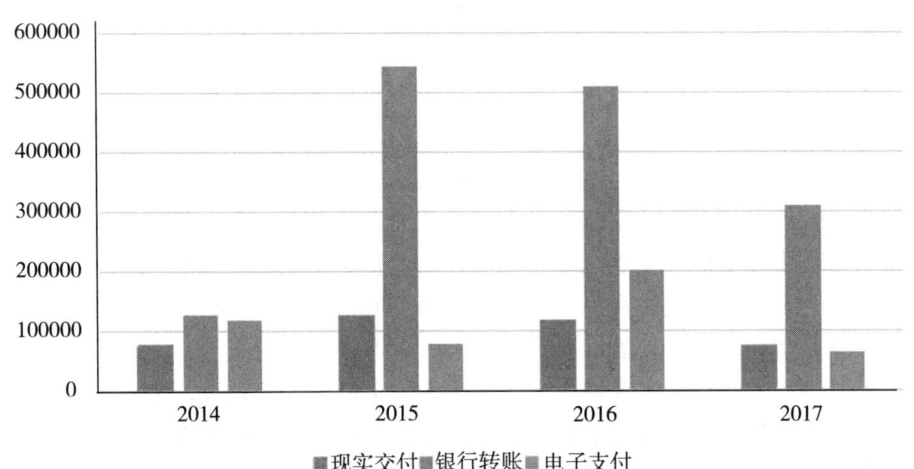


鉴于犯罪数额系我国诈骗罪定罪量刑的重要依据，故此处选取了诈骗罪的犯罪数额作为评估其危害程度的量化标准。在图七中可以清晰地发现，在城市地区，通过现实交付或电子支付完成的诈骗罪危害相对较小且较为稳定，而通过银行转账完成的诈骗罪危害明显更大。

## 三、支付方式变革背景下传统财产犯罪防治措施新倡

### （一）技术层面：手机防盗功能的加强

如前文所述，随着电子支付方式的推广与普及，人们持有和携带现金的数量明显降低，手机日益成为人们最为主要的贴身财物。随之而来的是手机已成为城市地区最为主要的盗窃对象，且以手机为盗窃对象的比率仍具有逐年上升的趋势。

笔者认为，在为以手机为行为对象的盗窃罪确定防治措施时，手机的以下三个特性值得引起大家的重视：其一，手机的智能性。如今的智能手机已显著区别于早期的移动电话。在移动通讯的功能之外，如今的手机更类似于个人电脑，可以由用户选择自行安装第三方服务商提供的程序，实现对手机功能的进一步扩充。如今手机已经成为人们生活中不可缺少的电子移动终端。其二，手机的价值主要体现为使用价值。在智能手机时代，手机的价值主要体现为手机的操作系统、功能性与硬件配置，不同版本的手机在价值上往往差距较大。相比于现金、首饰等贴身小件财物，手机的价值主要通过其使用价值来实现。其三，手机具有一定的个人专属性。与手机的智能性相关，现今手机中往往会存

储有手机所有人的重要资料与信息。为此，手机所有人通常为手机设置密码、指纹解锁等保密措施，非经特殊手段较难破解，手机因此具有了一定的个人专属性。

基于手机的以上三大特性，笔者认为，手机技术层面的革新对于预防以手机为行为对象的盗窃犯罪意义重大。

一方面，在网络技术与电子技术高度发达的今天，手机技术开发商应致力于研发和推广手机的定位系统，以实现手机失窃后及时找回。苹果公司研发的以定位系统为核心的“查找我的 iphone”功能便是一个有益的尝试。[①] 有关的手机技术开发商应当进一步提升手机定位系统的精确性与手机的续航能力，促进相关盗窃案件的及时侦破，降低被害人的财产损失。

另一方面，手机技术开发商应致力于完善手机的保密系统，使手机的个人专属性进一步提升，使盗窃手机的行为人无法因盗窃手机而获得利益。行为人在盗窃手机后通常会对手机进行简单的技术处理，进而通过销赃的方式实现其犯罪利益。如若手机技术开发商通过革新技术使手机密码难以破解，不仅可以有效规制因手机销赃而形成的下游犯罪，也能根本性地遏制行为人实施盗窃犯罪的欲望，预防相关盗窃犯罪的发生。此外，这一技术改进也能实现与制度设计的有效衔接，公安机关可以通过规范二手手机交易市场的交易活动来实现犯罪预防，如禁止收购无法破解密码的二手手机等。

### （二）政策层面：电子支付方式的提倡

实际上，通过银行转账完成的诈骗罪危害性更大这一现象背后蕴含有更为深刻的原因。在现今社会，人们携带与持有的现金数量普遍有限，个人资金更多以银行存款的方式存在。通过第三方平台支付又往往会受到第三方平台关于交易限额的限制，如支付宝的普通用户交易限额为每日 2 万元人民币。因此，如今数额巨大的交易通常需要经由银行转账进行。这也导致了在现有制度设计之下，藉由电子支付与直接交付实现的诈骗犯罪相比银行转账危害性往往更小。

此外，相比现实交付的方式，电子支付有第三方交易平台作为依托，第三方平台的实名制规则与交易安全规则能有效提升交易的安全系数，预防违法犯罪行为的发生，降低犯罪行为的侦破难度，具有明显的优越性。

2018 年 7 月 13 日中国人民银行发布公告（〔2018〕第 10 号），在宣示人民币作为法定货币地位的基础上，同时声明：“在接受现金支付的前提下，鼓

① 参见 https://support.apple.com/zh-cn/HT204233，访问时间：2018 年 8 月 3 日。

励采用安全合法的非现金支付工具，保障人民群众和消费者在支付方式上的选择权。”笔者认为，从交易安全的角度出发，我国应在政策层面对电子支付方式予以进一步的提倡与鼓励。

### （三）制度层面：金融机构与第三方平台运作的规范化

由于金融机构已几近成为巨额诈骗犯罪实施的必经途径，金融机构也应承担起预防诈骗犯罪的任务与使命。中国人民银行于2016年9月30日发布了《关于加强支付结算管理防范电信网络新型违法犯罪有关事项的通知》（银发〔2016〕261号），央行为有效防范电信网络新型违法犯罪，切实保护人民群众财产安全和合法权益，从加强账户实名制管理、加强转账管理、加强银行卡业务管理、健全紧急止付和快速冻结机制、加大对无证机构的打击力度与建立责任追究机制七个方面出发，对我国金融机构的运营规范进行了强调。笔者认为，在预防诈骗犯罪方面，金融机构应进一步加强对客户的风险提示。在诈骗犯罪发生后，金融机构也应依法配合执法机关侦破案件，减少被害人的财产损失。

此外，鉴于电子支付手段的日益普及与推广，对于运营电子支付的第三方平台的经营行为亦需要进一步规范。首先，在准入环节，第三方支付平台的设立应符合法律规定的市场准入标准，对于不符合资质的第三方支付平台，执法机关应加大打击力度，及时予以取缔。其次，在运营过程中，第三方支付平台应严格遵守法律法规为其设定的运营规范，完善账户实名制、风险提示、支付验证、可疑交易监控等交易安全措施。最后，在协助打击违法犯罪的环节，第三方支付平台应依法提供交易对手的交易信息，协助查封和冻结相关账户，防止损害的进一步扩大。

### （四）执法层面：加强公共场所与金融机构的犯罪防控力度

手机系贴身小件财物，以手机为行为对象的盗窃行为常发生在人员密集的公共场所。因此，在手机日益成为盗窃罪主要行为对象这一背景下，公安机关应当加强车站、商场等人员密集场所的防控力度，加设监控设备、增加巡逻岗位，进一步加强公共场所的反扒工作力度与防盗知识宣传力度。

因涉及巨额财产的诈骗犯罪往往通过银行转账的方式实现，为实现诈骗犯罪的提前预防，公安机关应当在银行、ATM机附近加强反诈骗的宣传教育工作，对常见、多发的诈骗手段予以提示，通过宣传教育减少受骗的发生。

# 智慧社会背景下的智慧监狱建设初探

贾洛川*

习近平总书记在党的十九大报告中明确提出建设“智慧社会”① 这一让人耳目一新的概念。建设智慧社会内涵丰富，覆盖面广，是一项复杂的社会系统工程，它也向监狱领域提出了大力推进智慧监狱建设，是监狱工作面临的一项重要而紧迫的战略任务。在新形势下，监狱领域要积极推进智慧监狱建设，创新监狱管理模式，更好地完成惩罚与改造罪犯，预防和减少犯罪，服务社会大局的崇高使命。

## 一、智慧监狱建设提出的社会背景

“智慧”一词，《辞海》中的解释为名词，是指分析判断、发明创造、解决问题的能力，“智慧”用作形容词，较为频繁地出现在我们的视野，主要归功于“智慧社会”概念的问世。“智慧社会”概念是对“智慧城市”概念的中国化和时代化。“智慧城市”是由 IBM 公司于 2008 年底提出的“智慧地球”一词演化而来，近年来，我国在吸收和借鉴国际经验的基础上大胆创新，智慧城市从理念转化为建设实践。特别是 2015 年 12 月中央城市工作会议召开以来，以新型城市建设为引领，我国智慧城市建设在理念、内涵、目标、路径、模式等方面都体现出鲜明的中国特色。我国的新型智慧城市建设为全球城镇化和信息化深度融合、城市化文明创新发展提供了中国方案，得到了国际社会的普遍赞扬。正是在这一基础上，党的十九大报告提出了建设智慧社会的战略部署。这对于深入推进新型智慧城市建设，实现“四化”② 同步发展，实施乡村振兴战略等都具有重要的现实意义，为社会信息化指明了方向，为经济社会发

---

* 贾洛川，上海政法学院警务学院教授，中国犯罪学学会常务理事。

① 习近平：《决胜全面建设小康社会 夺取新时代中国特色社会主义伟大胜利——在中国共产党第十九次全国代表大会上的报告》（2017 年 10 月 18 日），人民出版社 2017 年版，第 31 页。

② 新型工业化、信息化、城镇化、农业现代化。

展提供了新动力。①

智慧社会是继农业社会、工业社会、信息社会之后的一种更为高级的社会形态，数字化、网络化、智能化的新一轮科技与产业革命蓬勃兴起是推动智慧社会产生的根本动力，智能成为企业、行业、地区乃至国家核心竞争力的关键构成因素，这是智慧社会的重要标志。② 建设智慧社会是建设创新型国家的重要一环，是满足人民日益增长的美好生活需要的重要基础，也是推进国家治理体系和治理能力现代化的重要抓手。

在智慧社会背景下，建设智慧监狱已成为监狱工作改革创新的一项重要内容。那么，什么是“智慧监狱”呢？通过参考有关文献，加上笔者的理解，是否可以理解为，智慧监狱是在总体国家安全观的引领下，坚守安全底线，坚持以改造人为宗旨，以物联网、云计算、大数据等新一代信息技术为支撑，实现对监狱各类信息感知、分析、处理和整合，实现更全面的感知、更智能的控制、更广泛的交互、更深度的融合和更紧密的协同，在此基础上，实现对监狱科学化、精细化、智能化管理的一种新型模式。具体可以从以下几个方面来把握：其一，智慧监狱具有智能感知特性。它和传统监狱的最大区别在于智慧监狱更加倚重于现代信息技术，能够通过物联感知技术和智能处理技术，实现对监狱管理各方面的监测和全面感知，对感知数据进行融合、分析和处理，并与业务流程智能化集成，继而主动做出响应，促进监狱管理各环节和谐高效运行。其二，智慧监狱的本质和旨归是监狱，“智慧”是属性，“监狱”是本质，其旨归是通过智慧或智能技术的应用，完善监狱功能，以更好地实现监狱在安全、改造、执法、保障、协同、队伍建设等模式的变革，让监狱各项管理更加高效，更好地围绕监狱工作改造人的中心进一步提高改造质量。其三，“智慧监狱”是信息化监狱建设的进一步升级，它区别于一般意义上的信息化监狱，它更关注“以人为本”，强调人的“智慧”参与，倡导人与机器的良性互动，从而更好地发挥监狱改造罪犯的功能与价值。

在建设智慧社会的背景下，社会生活的各个领域都无不朝着智能化、数字化、智慧化的方向发展，随着信息海量爆炸性的增长，数据在服务经济社会方面发挥着越来越重要的作用。今天不管是哪个领域，谁领先占有了充分的信息和数据，谁就掌握了决策的主动权；谁领先占有了即时的信息和数据，谁就操

① 单志广：《新知新觉：智慧社会为社会信息化指明方向》，载《人民日报》2018 年 1 月 24 日。

② 赵铮艳：《中国智慧社会发展与展望论坛召开：“智慧社会”首次有了明确定义》，载《福州晚报》2018 年 4 月 23 日。

控了制胜的决定权。监狱作为国家的刑罚执行机关和一支重要的刑事司法力量使命崇高。在智慧社会的背景下，社会上刑事犯罪出现许多新情况、新变化，监狱在押罪犯也出现了不少新情况、新特点和新问题。近年来，国家对刑事法律规定和刑事政策进行了较密集的调整，“刑事判决宽缓化，刑罚执行严格化”成为监狱行刑的一个重要趋势，再加上对暴恐、贪污贿赂、贩毒、金融诈骗等犯罪活动的打击力度加大，这些都在客观上促成监狱押犯构成发生重大变化，超短刑犯、病犯、限减犯、重刑犯、涉恐犯、涉毒犯、“三类罪犯”①、“多进宫”犯等不断增多，导致监狱惩罚与反惩罚，改造与反改造的斗争更加尖锐和复杂。近年来，全国部分监狱发生了越狱脱逃和袭警等一系列恶性案件，给传统的监狱工作模式带来了很大挑战。面对新形势、新情况、新挑战，监狱系统只有适应智慧社会背景下对监狱工作的新要求，建设好智慧监狱，提高监狱工作的智能化、精准化水平，才能牢牢掌握工作的主动权和制胜权，更好地完成使命。

放眼国外，近些年来发达国家监狱在信息化建设方面做了不少工作，有效地提高了监狱管理效率，降低了监狱的运营成本。这里仅以英国、美国、日本等国监狱为例②。英国监狱系统对罪犯的监管方式充分利用高科技投入，提高了监狱物防技防水平。英国已经能够利用卫星定位追踪技术，执行全天候的定位追踪，其中误差不超过 2 米的范围，监控诸如恋童癖、家庭暴力倾向等类似罪犯。他们一旦违反保持距离规定，设备就会自动报警。美国监狱安全体系在构建过程中，充分利用应急指挥平台，确保统一有效的指挥。通过支持无线网络、可视通信系统、语音系统等信息化手段，调动有关押犯单位的周边消防、警察等其他相关单位人员和设备，在最短的时间集结，确保能够畅通、高效、有序的协同作战。日本监狱注重信息化技术运用的有效性。罪犯会见时，监控人员可以通过囚衣上的电子标签，在电脑上进行监控，解放了警力。2007 年，日本首家“无围墙”监狱正式投入使用，这家高科技的监狱与警备森严的普通监狱不同，通过电子标签代替监狱警察监控罪犯，这家监狱四周是无线栅栏和红外线传感器，而没有高高的围墙。英国、美国、日本等发达国家推进监狱信息化建设的做法告诉我们，重视信息技术在监狱中的应用，是国际监狱行刑发展的共同趋势。

综上所述，智慧社会的出现已成为当今时代发展的必然趋势，智慧社会推

---

① 是指“职务犯罪、扰乱金融秩序犯罪、黑社会性质犯罪”这三类罪犯。

② 童静：《西方发达国家监狱安全体系建设分析及启示》，载《浙江监狱》（内刊）2015 年第 6 期。

动着经济社会以前所未有的速度发展，并进一步改变人们的生活方式，同时呼唤着智慧监狱的到来，也赋予了智慧监狱建设的崇高使命。智慧监狱建设既是智慧社会建设的一个组成部分，又是监狱信息化建设的进一步纵深发展和未来监狱发展的方向，信息化管理在国外特别是发达国家监狱的推广应用，也表明它是全球监狱发展的必然要求。因此，我们要顺应形势，主动作为，写好智慧监狱建设这篇大文章。

## 二、智慧监狱建设的总体架构

智慧监狱建设是一个庞大复杂的系统工程，涉及到业务、数据、技术、应用等各个层面的诸多要素，要抓好智慧监狱建设，对智慧监狱建设的总体架构进行构想，是“智慧监狱”建设的关键所在。这里参考有关文献①，加上笔者的理解，将业务、数据、应用、技术四大要素集成起来，形成架构，构想智慧监狱建设的总体架构。

### （一）布局智慧监狱的业务架构

布局智慧监狱的业务架构是蓝图，也是方向，只有在有了蓝图和方向的基础上进行建设，智慧监狱建设才能行稳致远，取得成功。根据监狱实际业务情况，监狱业务从工作内容看，主要分为监狱安全、罪犯改造、公正执法、综合保障、业务协同、队伍建设六个板块；从责任层级看，主要分为业务决策、业务管理、业务操作三个层级。这里，我们以工作内容为经，责任层级为纬，将“智慧监狱”的业务架构布局如下：

1. 监狱安全。业务决策层的组件，主要包括监狱安全制度、信息安全设备使用及维护制度、应急预案管理制度、安全保密制度等；业务管理层的组件，主要包括监狱民警执勤管理、罪犯活动内容管理、罪犯活动场所管理、重点监控罪犯管理、应急响应管理等；业务操作层的组件，主要包括狱内侦查、民警值班巡逻及安防监控、应急响应等。要坚守安全底线，完善安全治理体系，创造世界最安全的监狱。②

2. 罪犯改造。决策层的组件，主要包括罪犯改造工作制度规范、罪犯改造质量管理体系、罪犯改造业务统计、罪犯改造态势分析、罪犯改造研究等；

① 参见胡方锐：《浙江探索推进“智慧监狱”建设的理论与实践构想》，来源于司法部政府网，2017 年 7 月 6 日；孙培梁：《智慧监狱》，清华大学出版社、华中科技大学出版社 2014 年版。

② 参见蔡长春：《全国监狱工作会议要求，统筹推进以政治改造为统领的五大改造新格局》，载《法制日报》2018 年 6 月 29 日。

管理层的组件，主要包括罪犯改造层级管理、罪犯改造流程管理、罪犯改造质量管理、罪犯改造绩效管理等；操作层的组件，主要包括政治改造（思想上、情感上认同党的领导、认同伟大祖国、认同中华民族、认同中华文化、认同中国特色社会主义道路等）、监管改造（分类关押、分类分级管理、计分考核、奖励惩罚等）、教育改造（出入监教育、集体教育、分类教育、个别教育、心理矫治、社会帮教等）、文化改造（特别是通过核心价值观改造来促进罪犯改造）、劳动改造（劳动教育、技能培训、定岗定级、定额管理、劳动得分、劳动报酬）等。要践行改造宗旨，坚持以政治改造为统领，统筹推进监管改造、教育改造、文化改造、劳动改造的五大改造新格局。①

3. 公正执法。决策层的组件：主要包括刑罚执行制度（收监离监、减刑假释、暂予监外执行）、狱务公开制度、罪犯权利保障制度、生活卫生制度、法制宣传与便民措施等制度；管理层的组件，主要包括服务渠道管理（自助终端、电话、网络）、服务流程管理、服务对象管理、服务资源管理等；操作层的组件，主要包括狱务公开、申诉控告检举、便民服务、规章制度宣传、政策法规法制宣传、罪犯法律援助、罪犯亲属信访等工作的具体实施。

4. 综合保障。决策层的组件，主要包括监狱整体保障工作规划、资金使用总体规划、基础设施建设总体规划、物质装备配置规划、信息化建设规划、行政工作制度规范等；管理层的组件，主要包括经费保障、舆情管理、物质装备管理、基础设施管理、信息化建设管理等；操作层的组件，主要包括警用装备管理、财物管理、信息化服务、后勤管理、基础设施建设、物质装备配发等。

5. 业务协同。决策层的组件，包括业务协同的规定、要求；管理层的组件，包括业务协同过程管理；操作层的组件，包括外部业务协同，内部上下级业务协同。

6. 队伍建设。决策层的组件，主要包括绩效考核体系、能力素质评估体系、岗位职责规划、人力资源配置和培养计划、廉政风险防控体系等；管理层的组件，主要包括绩效考核管理、能力素质评估管理、人事任免管理、廉政防控管理等；操作层的组件，主要包括人事管理、绩效考核、教育培训、人事奖惩、工会、离退休人员管理等的执行操作。

### （二）搭建智慧监狱的数据架构

推进智慧监狱建设，数据架构是智慧监狱总体架构设计的核心，从智慧监

① 参见蔡长春：《全国监狱工作会议要求，统筹推进以政治改造为统领的五大改造新格局》，载《法制日报》2018 年 6 月 29 日。

狱的数据总体架构的搭建来看，至少应由以下几个方面组成：

1. 信息资源目录。即基于对监狱数据现状的分析，建立智慧监狱的信息资源目录，建立信息资源与服务形式、数据库之间的关系，实现对监狱数据全方位的展现。

2. 数据架构。主要包括数据分类、数据逻辑分布、数据建模和数据交换与共享。要对数据从业务类型和表现形式进行分类，规划数据的逻辑分布及智慧监狱需要建设的信息库，针对监狱数据的共享交换体系进行分析和设计。

3. 数据治理。主要包括数据生命周期管理、元数据管理、数据质量管理、数据安全管理，建立稳定、高效运转的数据管理体系。

4. 数据标准与规范。主要包括对监狱顶层设计涉及的数据以及数据引用、交换、管理过程中的数据项、数据属性、数据交换与共享接口等进行定义，为数据的传输交换、应用服务和管理提供支持。

（三）设置智慧监狱的应用架构

在智慧监狱建设的总体架构中，应用架构起着统一规划、承上启下的作用，向上承接业务模式和发展方向，向下规划和指导各个应用系统的定位与功能。它在实现从“数据→信息→知识→智慧”的转变上发挥着重要的作用。设置智慧监狱的应用架构，根据前面提到的业务层级，可以划分为决策层级、管理层级和操作层级，对应的智慧工作门户也可分设为决策层门户、管理层门户、操作层门户和服务层门户；根据工作内容，应用主题可以相应划分为监狱安全、罪犯改造、公正执法、综合保障、业务协同和队伍建设等类型，其中每个类型又可包含若干内容，如监狱安全类可包含信息安全防范集成联动系统、指挥中心、物联网定位监管系统等。

（四）健全智慧监狱的技术架构

智慧监狱的技术架构是支撑智慧监狱建设总体架构的基石，其关键技术是物联网、云计算、SOA 和大数据。健全智慧监狱的技术架构可采用监狱云管理平台模式，通过信息服务层、服务支撑层、信息资源层和基础资源层 4 个层面，以及规范标准规范体系、安全保障体系、运维保障体系三大体系实现对监狱云管理平台进行支撑。其中，信息服务层是智慧监狱的统一门户，应当包括监狱安全类、罪犯改造类、公正执法类、综合保障类、业务协同类和队伍建设类服务；服务支撑层是监狱信息服务总线，应当包括 BI 分析引擎、检索引擎、传输与交换、ETL、权限管理、安全审计、访问控制、数据加密、鉴别与认证、应用中间件等；信息资源层应当包括数据源区、数据交换区、数据整合区、数据归档区、共享交换区、数据管理区等；基础资源层应当包括网络系统、主机系统、存储系统、安全系统、容灾备份系统、机房环境、物联网设备等。

## 三、当下我国智慧监狱建设的瓶颈与改进思路

通过近些年的努力，我国监狱系统在监狱信息化建设中做了大量工作，取得了不菲的成绩。但与新的形势发展提出的智慧监狱建设的要求相比，还存在一定差距，其中主要有以下一些瓶颈，应认真面对和切实改进。

### （一）队伍素质跟不上，需要加大提升力度

监狱民警队伍素质跟不上，主要反映在两个方面：一是思想观念跟不上。从传统的工作方式转变为信息化、智慧化的工作方式，是一场管理方式的重大变革，必然会在民警队伍中带来思想观念上的不适应。如有的将智慧监狱建设“神秘化”，存在畏难思想；有的将智慧监狱建设“复杂化”，认为智慧监狱建设增添了工作负担，给按部就班的工作带来了不必要的麻烦。与此同时，反映在业务能力上也有个跟不上的问题，民警中懂计算机操作的人不多，懂软件开发、网络维修的更是屈指可数。特别是部分年龄大的民警，基本上没有信息技术方面的知识和技能，难以适应新的工作模式。鉴于此，作为监狱的领导决策层，要以民警素质的提高来促进智慧监狱建设。要通过教育引导，帮助民警转变传统的思想观念，把思想观念统一到智慧监狱建设的认识上来。在此基础上，要大力实施科技强警战略，坚持以智慧监狱建设提升民警队伍素质，推进信息技术在民警队伍中的广泛运用。同时要积极引进和培养信息化技术的专门人才，从而为智慧监狱建设提供坚实的人力资源保证。

### （二）监狱数据库资源使用低效，需要在使用高效上下功夫

如果我们把监狱数据库比作一个个装满丰富宝藏的仓库，只要打开一道道虚掩的门窗，就能看到一幅幅精彩绝伦的图景。但是目前理想和现实还是有较大差距的。根据有关资料，具体表现在以下几个方面：一是重收集，轻加工。一方面信息容量越来越大，不得不投入更多的设备来处理和储存这些信息资源；另一方面，可供使用的优质信息资源又不多，造成信息资源浪费。[①] 二是监狱数据库资源不共享。各类应用终端自带数据，各类数据互不兼容已成为普遍现象。由此形成的“数据烟筒”现象带来的“重复输入”“多头输入”问

① 上海市监狱管理局推进办：《关于构建大教育格局下监狱信息化建设的几点思考》，载《上海警苑》（内刊）2012 年第 1 期。

题，让基层民警不堪重负，与“提高效率”“节约警力”的初衷严重背离。① 三是信息平台联通不畅。由于监狱信息化建设之初缺乏详细的顶层设计，为加快解决“有”和“无”的问题，各监狱普遍采取“自下而上”的推进方式，根据需要自行开发，带来了技术上的“信息壁垒”；出于政绩和相互竞争的需要，也存在人为的“信息封锁”现象，即使在一个省的监狱系统内部，各单位之间也无法查阅和共享数据信息，与社会有关部门的数据信息对接更是无从谈起。② 鉴于这种情况，特别是作为监狱决策层要认真对待，加以整改。其一，对海量信息的处理要形成一个信息生成和处理的长效机制，对相关信息资源去粗取精、去伪存真，以便为科学决策提供依据，为管理风险提供预警，为有效改造提供便利。其二，在建设标准化数据库上下功夫。以一所监狱为例，要通过建立数据资源库目录，以模块化的形式统一采集、制作、存储各类数据信息，作为监狱骨干信息网的基础资源，各类数据终端统一接入骨干信息网，根据需要授权其从中得以模块化形式调取有关数据信息，同时以标准格式进行反馈和保存，彻底解决当前存在的“多头输入”“重复输入”现象。其三，加快信息平台的联通。一是要在监狱系统内部上下级单位之间、各兄弟单位之间实现互联互通，做到信息资源共享；二是要加快与社会平台的对接，逐步向外与地方政府、公安、法院、检察、民政以及社区矫正机构进行数据信息选择性对接，努力实现智慧监狱建设的向前向外延伸③，以真正实现数据资源共享。

### （三）重硬件、轻应用，需要加以有效扭转

“信息的最重要的价值在于应用”，没有得到重视和利用的信息不能称之为资源。但有些监狱在信息化或智慧监狱建设过程中，“重硬件轻软件，重建设轻应用，重投入轻管理”④ 的问题从建设以来就一直存在。有的监狱将智慧监狱建设的思路和重心仍停留在硬件建设上，更多是关心装了多少监控摄像头，周界报警、门禁，买了多少计算机、服务器、交换器和新产品等一些能看得见、摸得着的东西，而忽视了硬件建设是基础，是服务与应用的，离开了应

① 陈飞跃、祝国林：《治本安全观视野下的监狱工作新特征余部新要求》，载《浙江监狱》（内刊）2018 年第 3 期。

② 陈飞跃、祝国林：《治本安全观视野下的监狱工作新特征余部新要求》，载《浙江监狱》（内刊）2018 年第 3 期。

③ 陈飞跃、祝国林：《治本安全观视野下的监狱工作新特征余部新要求》，载《浙江监狱》（内刊）2018 年第 3 期。

④ 陈训秋：《在全国监狱信息化一期工程建设培训班上的讲话》，载《中国监狱》（内刊）2010 年第 4 期。

用，硬件建设就不能真正发挥其应有的作用。因此，作为监狱各级组织及广大干警，要立足于应用，强化智慧监狱的成效和应用。要强化应用，就要有制度做保证，通过制度，在实践中检验智慧监狱的建设成果，突出应用绩效的考核，并辅之以监督和奖惩，促使民警求真务实，在应用上取得实实在在的成果。

（四）工作满足于现状，需要再接再厉，再创佳绩

进入新世纪特别是党的十八大以来，监狱的信息化建设与以往相比，成绩有目共睹，基本解决了从无到有的问题，而且在有些方面达到了先进水平。在这种情况下，有些监狱特别是领导决策层认为，监狱信息化建设做得不错了，智慧监狱建设也没有什么好搞得了。其实，监狱的信息化建设随着时代的发展，永远不会停步，而智慧社会背景下智慧监狱建设的提出，更是在监狱信息化建设基础上的一个新的提升，只会是锦上添花、越来越好。反之停滞则退，而倒退是没有出路的。因此，监狱系统上下，要克服满足现状、松劲松气思想，要在智慧监狱建设中再创佳绩，当下重点要做好以下几点：第一，在监狱刑罚执行权力运行过程中，要进一步发挥“科技＋制度”“科技＋警力”的联动融合效能。这意味着不仅仅是技术、物理层面的接入和关联，更是理念、体制、管理等层面的更新与变革。在智慧监狱建设中，监狱内部要突出预警预防与自我倒逼，以信息化、智能化管人管事，促进安全检查、狱务督查方式的转变，用好安全风险预警系统，实现以机器换人力、以智能增效能。外部要进一步实现主动公开与接受社会监督，促进执法权力在阳光下运行，让人民群众在每一次公开中都能感受到公平正义。① 第二，在系统集成中，实现智能化、信息化对监狱工作的全过程覆盖。要最大限度地汇集、整合、交融监狱和社会信息资源，推动监管安全、罪犯改造、公正执法、综合保障、业务协同、队伍建设等数据的集成应用，形成大数据集成优势，用大数据、人工智能提升监狱工作能级。第三，突出监狱安全的智能化含量。如整合现有的信息资源，打通人防、物防、技防、联防之间的屏障；深化危险犯评估工作，深化运用罪犯危险性评估系统，为罪犯的准确甄别、精确防控和有机转化提供技术支持；拓展狱情“三预”② 智能系统的运用。有机整合罪犯基本情况数据库、罪犯生物识别信息库（DNA、指纹、人脸识别）、日收日解、罪犯改造一卡通、危险性评估、证据保全等子系统，实现科学预测、智能预测很精准预防；加强处置能力

① 参见上海市司法局党委副书记、政治部副主任刘卫萍在市监狱管理局2018年工作会议上的讲话，载《上海警苑》（内刊）2018年第2期。

② “三预”是“预测、预警、预防”的简称。

建设，拓展指挥中心手持终端设备功能，实现特警队利用手持终端完成罪犯识别、信息检索、预案查询、指令接受、报警提示等的处置能力。

总之，一个新的智慧社会正向我们走来，智慧监狱建设是顺应智慧社会发展潮流的思考、实践与探索，是监狱信息化建设走向深层次的必然，也是现代监狱建设内涵的丰富。当然，现阶段全国的智慧监狱建设尚处于起步阶段，发展也不平衡，智慧监狱建设任重而道远。但我们相信，只要依托原有基础和立足新的起点，牢牢把握智慧监狱建设促进监狱事业发展这一新引擎，上下齐心，埋头苦干，就一定能够让智慧监狱的新貌展示在世人面前，为惩罚与改造罪犯，预防和减少犯罪，促进社会安全稳定贡献新的更大力量。

# 智慧社会背景下电子商务诈骗犯罪治理对策初探

苏本茂　李　波*

党的十九大报告中对加快建设智慧社会提出了明确要求。智慧社会是新网络、新数据条件下面向创新2.0的社会新形态。智慧社会强调基于新网络、新数据环境，汇聚大众智慧和群众力量，激发社会活力，将人民生活、工作、交往的社会空间作为开放的众创空间，推动社会创新，通过政府、市场、社会各方参与协同众创，推进以人为本的可持续创新，实现人民生活更加美好的愿景。① 由此可见，智慧社会内涵丰富、覆盖面广，是一项复杂的系统工程，其中电子商务是建设智慧社会的重要一环，这从世界经合组织（OECD）对电子商务的定义可窥一斑：电子商务是发生在开放网络上的包含企业之间、企业和消费者之间的商业交易。实际上，以物联网、大数据、云计算、人工智能为基本技术支撑的智慧社会建设，已使电子商务成为当前商务活动和公共服务的新常态。将电子商务的创新成果融入到智慧社会建设之中，确实大大提升了社会的创新力和生产力。但就像硬币的两面，大智慧社会时代在给我们带来巨大便利的同时，也导致社会中出现了一些新问题，其中电子商务诈骗犯罪高发，就是大智慧社会时代的疥癣之疾，一直难以根治。本文基于近年来G省Z市检察机关受理的电子商务诈骗犯罪案件，对该类犯罪的案发特点、犯罪原因、办案难点等做一探析，并重点探讨治理该类犯罪的对策，以期遏制该类犯罪的高发与蔓延。

## 一、智慧社会建设中电子商务诈骗的主要形式和特点

电子商务作为智慧社会建设中的重要产业，有“朝阳产业、绿色产业”

---

* 苏本茂，广东省中山市人民检察院高级检察官、检协办副主任；李波，广东省中山市第一市区人民检察院二级检察官。

① 宋刚、王连峰：《城域开放众创空间：创新2.0时代智慧城市建设新路径》，载《办公自动化》2017年第21期。

之称，是国家重点支持的新兴产业行业。电商产业发展迅猛，网络消费持续增长，对传统服务业和流通业产生了极大的带动作用。但是，由于电子商务组织在交易空间、交易手段、交易过程等方面与传统商务模式存在着根本性差别，电子商务产业在快速发展过程中，也衍生出不少侵害电子商务和以电子商务为依托危害社会的违法犯罪行为，其中诈骗违法犯罪现象尤为明显，不仅侵害公民财产，危害电子商务企业运营与交易的安全，也不利于电子商务行业的健康成长与发展。2015 年以来的近三年，G 省 Z 市检察机关共办理涉电子商务犯罪案件 45 件 83 人，其中诈骗案件 16 件 41 人，占受理的该领域犯罪案件总数的 35.5% 和 49.3%。结合该 16 件案件，可以发现，其犯罪的主要形式和特征如下：

（一）主要形式

1. 商品退换环节骗取退款或商品

部分犯罪嫌疑人利用网络购物“消费者可在七日内无条件退换货”的规定，及物流公司快递员仅对退换货商品的外包装、品种进行外观简单检查的漏洞，以调包的方式骗取退款或商品。如余某某诈骗一案，余某某先后多次在京东商城、亚马逊商城购买万宝龙牌签字笔、钱夹等商品，又从网上购买相仿的假冒商品以假充真，用调包的方式向购物网站申请退款或换货，非法获利人民币 15 万余元。在陈某某、吕某某诈骗案中，二人先后 28 次从京东商城上购买三星、索尼等名牌电视机 32 台，在签收环节故意不开箱验货，在不影响外包装的前提下，将从他处购得的坏旧电视机与所购新电视机调包并申请退款，累计骗取退款 12 万余元，销赃获利 6 万余元。

2. 以索赔为由骗取保险金

部分犯罪嫌疑人通过购买别人注册且已在保险公司投保的网店，并利用亲属或购买的支付宝账号与自己购买的网店进行虚假交易，后以商家不发货等为由向电商平台进行索赔以骗取保险金。如邱某河等三人保险诈骗案中，三名犯罪嫌疑人在网上购买大量别人注册且已在众安在线财产保险股份有限公司投保“消费者保障服务协议履约保证保险（B 款）”的淘宝网店后，利用保险合同中关于“卖家在规定时间内不对买家提出交易争议进行处理的，由保险公司向买家赔付争议的交易金额”的规定，通过亲属或自己购买的支付宝账号，以买家身份与自己购买的淘宝网店进行虚假的网络虚拟游戏道具交易，然后以购买的网络虚拟游戏道具被收回等理由向淘宝投诉并要求退款，后由众安在线财产保险公司赔偿保险金近 40 万元，犯罪嫌疑人在收到赔偿金后随即将先前购买的网店丢弃，致使保险公司无法追偿。

3. 建立“钓鱼网站”发布虚假信息骗取货款

犯罪嫌疑人往往建立一个临时性的电子商务“钓鱼网站”，在网站上发布的“特价商品”“免税商品”“走私水货”“慈善义卖品”等虚假信息售卖各种产品，或者在网站上销售一些国家明令禁止的违法产品进行诈骗。犯罪嫌疑人首先要求消费者先付部分款，再以各种理由诱骗消费者付余款或者其他各种名目的款项，得到钱款或被识破时，就立即切断与消费者的联系。

4. 利用网络交易平台的漏洞骗取资金

这类犯罪案件的行为人大多是一些专业人员，他们具有较高的学历，有某方面的专长，对电子商务或者某些具体行业非常熟悉，往往能发现交易中的缺陷和漏洞，从而大肆作案。如在黄某华诈骗案中，被告人贾某将其本人的 QQ 号伪装成某知名网络电商旗下合作站某站长的 QQ 号，通过在站长 QQ 群中借口向其他站长借用账号的方法，骗取到该网络电商在某一地区的合作站后台账号，后其在该电商的商城购买可以返抵用券的商品，并使用后台账号在未经货物配送和付款的情况下直接确认交易，从而非法获取大量抵用券，并使用这些抵用券在该商城购买了价值 10 万余元的黄金等物品。

5. 冒充电子商务交易方骗取财物

有些犯罪嫌疑人利用网络具有虚拟性的特点，伪造身份冒充电子商务交易方骗取款项。如犯罪嫌疑人张某民、刘某民诈骗案中，二人在河南租赁犯罪窝点，招募他人利用 QQ 和微信假扮女性，以和被害人建立男女朋友关系为名，诱骗被害人加盟网上店铺，骗取“加盟费”8 万多元。又如，发布虚假商品、服务信息的行为人通常使用同城网站、QQ 空间、微信等方式，以低价推销手机、代办驾驶证、刷 Q 币等手段向被害人收取“风险抵押金”“手续费”等，叫被害人向指定账户汇款后将其拉黑。

（二）主要特征

1. 犯罪分子组织严密、分工明确

电子商务诈骗犯罪的产业化发展、企业化运作、跨区域犯罪等特点明显，团伙犯罪在电子商务诈骗案中尤为突出，犯罪组织形式由“简单结伙式”向“公司集团式”转变，招揽成员公开化，犯罪团伙成员之间层级分明、分工明确、配合默契。如羊某道等 28 人诈骗案中，犯罪团伙分总监、约单员、下单员、专家顾问等。犯罪团伙中各种身份的人员各司其职，通过层层设套，诱骗被害人进行网络交易支付款项。

2. 作案手段隐秘，智能化程度高

互联网冲破了国界和地域的限制，犯罪分子通过电脑程序和电子数据等无形媒介实施犯罪，过程短暂快捷，犯罪行为在几分钟、甚至几秒钟的时间内就能完成，具有很大的迷惑性、隐秘性、跨地域性。同时，通过对该16宗电子商务诈骗案件进行分析，发现该类犯罪还具有较高的智能化和技术性特征。犯罪嫌疑人具备了相当水平的计算机和网络专业技术。例如，在黎某、曹某某诈骗案中，被告人黎某通过植入木马程序，非法入侵某信息技术有限公司所属服务器，非法下载该公司拥有计算机软件著作权并营运的网络游戏程序之源程序。

3. 内外勾结占一定比例，与上游犯罪紧密相连

由于电子商务是多个部门分工协作组成的严密体系，单个主体实施犯罪较为困难，因此在电子商务犯罪案件中，内部人员利用职务便利作案或内外部人员相互勾结共同作案的趋势也比较明显。该16宗案件中，电商或者物流企业员工与外部人员勾结实施诈骗的案件5件，占总数的3%。此外，电子商务诈骗之所以让被害人屡屡"中招"，关键在于背后人的核心信息被犯罪分子掌握。犯罪分子运用大数据手段，通过引诱特定目标群体主动点击短信的链接或诱使特定目标扫描带有木马病毒网站的二维码，进而向特地目标的手机等电子设备植入木马程序，获取事主手机的通讯录、短信、银行卡、支付宝等信息实施诈骗；或者甚至通过购买、非法侵入有关网站盗窃个人信息等手段获得事主的身份证号码、家庭成员情况等核心信息。如徐某标等3人涉嫌侵犯公民个人信息罪案中，徐某标利用公安民警身份，通过公安部人口管理系统获取并转卖了17人的个人信息，该17名被害人均遭遇电子商务网络诈骗。

4. 犯罪主体年轻化、高学历态势明显

该41名犯罪嫌疑人（被告人）中，80后被告人23人，90后被告人11人，分别占被告人总数的56.1%、26.8%，犯罪主体年轻化态势十分明显。同时，分析电子商务诈骗犯罪主体的学历情况，发现高中学历人数18人，大学以上学历人数9人，高中以上学历人数占被告人总人数的65.6%。由此可见，相对于其他犯罪类型，此类犯罪主体具有较高的学历，受教育程度相对较高。

## 二、当前电子商务诈骗犯罪高发的原因剖析

### （一）被害人层面：警惕性不足易被蒙蔽

当前防诈骗犯罪的宣传力度虽然很大，街头巷尾遍及宣传海报，但具体到个人，往往缺乏警惕性。有的群众轻信犯罪分子虚构的身份和情节，轻易向对方泄露自己的账号、密码等；有的群众对假网站、病毒短信缺乏足够警惕，随意登录或者点击；有的群众存在"贪图小便宜"心理，导致上当；有的群众电子商务、金融网络等知识近乎盲点，在不法分子的恶意引导下轻易落入骗

局，造成财产损失。

### （二）犯罪分子层面：犯罪成本低让不法分子铤而走险

马克思指出从资本到利润的高度集中有个规律：资本如果有20%的利润就会活跃起来，有了50%的利润就会铤而走险，有了100%的利润，就可以践踏一切法律，有了300%的利润，就可以冒着杀头的危险。[①] 电子商务诈骗也有类似规律，具体体现在作案的投入成本和被查处的惩罚成本较低，而获得的经济利益却很高，两权相较取其利，导致犯罪分子甘冒风险，趋之如骛。该类犯罪主要采取远程、非接触方式实施诈骗，犯罪分子只需要租一间办公室，准备几台电话和计算机，花数百元窃取或购买来个人资料，雇佣几名业务员即可大肆作案，投入经济成本极低，通过网络、电信等手段，足不出户便可实施诈骗行为，得逞后能较快获取“收益”，犯罪成本低，收益却很高。此外，电子商务诈骗案件本身的特殊性造成取证困难，常会出现涉案金额很大但最终有足够证明的金额却很小的情况，“抓多判少判轻”等问题较为突出。如此低投入、低风险、高收益的行当，往往使得诈骗犯罪分子趋之若骛。

### （三）政府监管层面：金融电子商务监管体系存在漏洞

有关部门的监管和技术防护没有随着电子商务诈骗犯罪的高发和手段不断翻新而升级，如假网站、伪基站禁而不绝，对明显含有诈骗内容的短信没有做到从技术上识别和过滤，非法泄露、倒卖公民个人信息，改号软件的使用，手机“黑卡”仍然存在等，都成了电子商务诈骗犯罪的“帮凶”。此外，互联网企业对连入网络的人员和信息的审核、管理存在漏洞，互联网信息发布的低门槛和互联网信息的海量，以及目前互联网审查技术的单一和低效使得互联网信息的准确性很难核实，个人的网络活动实名化力度不够，这就使得互联网监督信息真假难分，因监管中存在监管空隙，让心存侥幸之徒有机可乘。

## 三、办理电子商务诈骗犯罪案件存在的司法困境

### （一）调查取证难

在互联网这个虚拟世界里，大多数人并不想使用真实身份上网，很多网络服务平台也不要求实名注册和登入，因此在案件侦查过程中，较难锁定犯罪嫌疑人。而且由于移动终端的普及，大家可以随地随时上网，网络接入手段日新月异，这就给如何收集犯罪证据带来困难。此外，电子商务诈骗犯罪成员一般分为核心人员、技术支撑人员、专业拆账人员、取款人员、关联作案人员等五

① 马克思：《资本论》（第一卷），北京人民出版社1995年版，第829页。

类人员。这些人员之间分工明确、互不交叉，很难获取犯罪留下的确凿痕迹，发现、追踪和抓捕有很大难度。

（二）电子证据转化使用难

在传统案件办理过程中，根据“洛卡德物质交换原理”，犯罪行为在作案时必然与被害人、犯罪现场、作案工具等实体产生物质交换并留下痕迹，但部分电子商务诈骗案件发生在网络空间，与被害人没有直接接触，也没有传统意义上的犯罪现场，其犯罪行为损害不到有形的物体，签订合同、资金支付全部都在网上进行，犯罪行为遗留的物证、物证和犯罪痕迹很少，即便能够查扣到电脑、手机、移动硬盘等涉案作品，但这些物证本身并不能直接证实犯罪过程，必须经过技术勘查，将这些物证转化为电子数据才能真正发挥证据的作用。由于电子证据不易被收集和固定，在被篡改后表观上难以察觉，加之电子数据可能分散在多处，数据不全面、数据真实性无法保证等情况多有发生，此外电子数据具有一定时效性，可能无法及时、迅速地对数据进行固定和收集，因此，在部分涉电子商务诈骗案件中，所取得的电子证据转化为在刑事司法实践中被视为客观性、真实性最强的物证、书证和现场勘验检查记录等存在一定难度，从而给指控犯罪造成巨大障碍。

（三）定性处理难

电子商务诈骗案件大部分是共同犯罪案件，认定电子商务诈骗共同犯罪的具体责任人时面临一些困难，比较典型的是“中立”的技术帮助行为和网站的运维人员是否构成帮助犯存在分歧。此外，实践当中由于侦查手段、技术等原因，往往主犯不能到案，仅能抓获一些帮助转移赃款、取赃等参与诈骗犯罪程度较浅的被告人，如何妥善运用证据规则，对全案事实、证据进行综合评判，从而准确认定该类人员与诈骗的关联性，也是办理该类案件的一大难点。

（四）追赃难

电子商务诈骗犯罪多为跨区域、跨境犯罪，犯罪嫌疑人诈骗钱财后通过洗钱渠道将钱款汇至境外，还有的犯罪集团中有专人远程操控账户资金转移，或安排“马仔”从事现金提取工作。短短几分钟内就可以将巨额赃款分散到多张银行卡上，追赃难度极大。

## 四、智慧社会背景下电子商务诈骗犯罪治理路径与对策

智慧社会背景下技术网络将会更加活跃，各种电子商务诈骗活动不会偃旗息鼓，只会手段翻新，层出不穷。治理电子商务诈骗犯罪也是个社会系统工程，必须从推进社会共治强化网络监管、加大司法打击力度等多方面入手。

### （一）强化社会善治思维，推进诈骗犯罪社会共治

善治，是人类社会治理的最佳状态和最有效的方式，也是智慧社会建设的重要目标。改革开放30多年来，从提出“把政府职能切实转变到宏观调控、社会管理和公共服务方面来”到确立以“创新社会治理体制”推进国家治理体系和治理能力现代化的改革部署，形成了以“实现公共利益最大化”为善治方向和目标的社会轨迹。特别是党的十八大以来，以最广大人民利益为根本坐标，创新社会治理体制，改进社会治理方式，构建全民共治共建共享的社会治理格局是社会治理目标、理念、方式的鲜明特色，以人民对美好生活的向往为奋斗目标是走向善治的应有之义。因此，电子商务诈骗犯罪治理必须放在社会善治下去谋划，只有这样，才是犯罪治理的基本方略。

1. 营造社会防骗氛围

运用各类宣传工具和载体，采取法律宣讲、专题讲座等多种形式，广泛宣传电子商务诈骗的常见作案手法和后果，提高人民群众防范意识和个人信息保护意识。同时通过立法、政策、经济等手段引导公众，在全社会营造出依法办网、依法交易、依法治网的良好氛围。及时曝光相关案件的处理结果，大力宣传司法机关打击电子商务诈骗的决心及取得的成果，揭露这些犯罪活动的欺骗性和非法敛财本质，震慑违法犯罪分子，大力营造震慑犯罪、教育群众的浓厚氛围。

2. 发挥全社会监督机能

党委政府要统筹整合社会各方资源，调动社会各界力量，着力推动社会多元主体共同参与、共担责任、共同保障、共建共享。比如各种民间机构、技术社群、互联网企业、公民个人等，建立社会组织和公众共同参与的互联网监管体制，充分发挥电子商务行业协会的管理、监督功能和作用。此外，要大力发动广大群众积极举报诈骗活动线索，设置110热线专人处理电子商务诈骗案件报案线索，将打击和防范电子商务诈骗犯罪纳入市场经济秩序综合治理范畴内来谋划与推进。

### （二）健全政府监管机制，突出犯罪的源头治理

1. 强化公民信息保护

智慧社会建设能给民众带来便利的关键在于对包括个人信息在内的海量数据的有效获取和高效利用。在数据高度共享的智慧社会，一旦个人信息被泄露或不当利用，就会给个人权益乃至社会秩序带来危害。因此，建设智慧社会必须对个人信息予以严格保护，让民众安全地享有智慧社会建设带来的福祉。就公民个人信息保护这方面，美国、欧盟的一些做法值得借鉴。美国强调泄密的

违法成本。据统计，只要泄露信息的事件发生一次，企业就会有15%左右的客户流失，违法成本代价极高，约束企业不敢违法。欧盟是通过严苛的立法来加大个人信息的保护。早在1995年，就制定了世界上最严格的个人数据保护规定，欧盟法院确认公民享有一项新的权利——遗忘权。公民在网络上留下的痕迹，有权要求网站将其删除。[①] 由此可见，监管部门要加强网络信息监管，实时审查及屏蔽出售公民个人信息的广告及商家，并在管理后台进行登记和追查，从源头上杜绝公民个人信息外流。

2. 优化金融和互联网监管机制

金融机构要加强对借记卡的集中管理工作，严格执行异名客户转账24小时后到账制度。互联网监管部门要特别加强对大型门户网站和其他知名网站的管理，提高关键网络节点的安全防范和大数据比对能力，让它们在互联网的发展中起到示范作用。此外，明确监管人员的责任和追责程序，制定适合我国电子商务发展的责任标准，对不履行或者没有正确履行监管职责的人员要进行追责和惩处。

### （三）主动适应智慧社会新时代，强化互联网证据收集固定能力

“魔高一尺，道高一丈”，电子商务诈骗犯罪能在大数据时代兴风作浪，我们更能利用现代科技和大数据来应对科技犯罪，提升打击能力。电子商务诈骗案件侦查取证过程中，证据形式多样化且以电子证据为主，需要以信息为导向，全力追索电子网络痕迹。建立信息情报系统，运用固定技术和恢复技术，全面及时收集、提取储存于网络的诈骗信息。针对该类犯罪的电子证据易删除、难提取、难固定等特点，联合电信管理部门、银行等机构加强对电子信息、数据的监控，发现可疑技术服务器及时进行追踪，可以通过IP地址取证、数据恢复、伪基站取证等技术手段，并结合被害人陈述、被告人供述、证人证言、资金流转记录、电子商务联络记录等资料，形成完整证据链，进而锁定犯罪事实。

### （四）注重协作配合，提高精准打击合力

1. 强化区域间协作配合

实践中，电子商务诈骗犯罪团伙多跨省市县甚至在境外实施跨区域作案。要树立全国“一盘棋”意识，形成跨区域同步联动、整体作战合力，以便形成完整的证据链。此外还要树立国际治理理念，加强国际和区际司法协作，网络犯罪无国界，互联网发展所面临的危险是全球性的，加强互联网犯罪的打击

① 参见《个人信息保护法应如何立法?》，载《21世纪经济报道》2017年第11期。

也是各国都需要的。

2. 强化职能部门间的协作配合

公检法等政法机关要建立信息共享平台，与电信、金融等部门建立长效联系沟通机制，定期向银行、通信部门通报发案相关情况，加强协作，补强侦查取证工作。同时，公检法三家要协同作战，统一法律适用标准，通过司法解释、案例指导等形式，明确电子商务诈骗犯罪的定罪量刑标准，消除法律适用的模糊地带，确保打击效果。具体来讲，针对电子商务诈骗案件中如何认定犯罪、如何认定既遂未遂、如何厘清主从犯、如何认定犯罪金额等关键问题，应根据办案实践需要达成共识，为有效打击电子商务诈骗犯罪与保障群众财产安全提供司法保障。

# 网络参与行为刑事归责的“风险犯”模式及其反思

敬力嘉　王晓晓*

## 一、问题提出：网络参与行为的刑事归责

伴随信息在全球范围内的流动性，互联网环境下每一个行为可能引发的法益侵害风险，在侵害对象的广泛性与后果的严重性方面呈现出高频度与不可预见的特征。① 这一特征可表述为法益侵害的社会化。行为人所为行为的不法，也即其行为造成法益侵害结果或具备法益侵害危险，是刑事责任个别化的基准，是犯罪预防的刑事政策不可逾越的界限。② 但是，法益侵害社会化产生的不确定性对行为不法这一刑事责任个别化基准的确定性提出了挑战。互联网环境下刑事归责面临的核心矛盾，是法益侵害社会化与刑事责任个别化的冲突。这是自由法治国语境下，刑法对个人自由的保障与对实现个人自由之社会条件的保护这两大需求之间的原生矛盾。③

面对这一冲突，刑事立法与司法需要予以回应。《刑法修正案（九）》新增的第287条之二帮助信息网络犯罪活动罪，可以被视作立法的积极回应。国内学界的主流观点将它解读为“帮助行为正犯化”的立法，基本理由是“随

---

* 敬力嘉，武汉大学法学院博士后；王晓晓，武汉大学法学院博士研究生。

① See. Katharina Dimmroth, Wolf J. Schünemann, The Ambiguous Relation Between Privacy and Security in German Cyber Politics, in: (Edited.) Wolf J. Schünemann, Max - Otto Baumann, Privacy, Data Protection and Cybersecurity in Europe, Springer International Publisher, 2017, p. 101.

② Vgl. Julia Maria Erber - Schropp, Schuld und Strafe: Perspektive der Ethik, Mohr Siebeck, 2016, S. 183.

③ See. Henrique Carvalho, The Preventive Turn in Criminal Law, Oxford University Press, 2017, p. 132.

着网络时代的发展，帮助行为已经完成危害性的超越和独立性的突破"①，应当独立作为正犯行为予以评价。对本罪的解释适用，问题的实质不在共犯理论形式框架维持与否，而是如何妥当地完成对网络参与行为②的刑事归责，具体来说，就是如何认定行为人所为网络参与行为的不法与责任。

## 二、"网络帮助行为正犯化"及其困境

### （一）"网络帮助行为正犯化"的理论基础

"网络帮助行为"的危害性，也就是"网络帮助行为"的不法达到甚至超越正犯行为的不法，是"网络帮助行为正犯化"证成的前提。在我国学界对于"网络帮助行为正犯化"探讨的主流语境中，发生在互联网这一新型"犯罪场域"③ 中的犯罪行为，其不法程度会显著提升，因为基于网络空间的流动性，犯罪行为的实施已经跨越了特定对象、时间、空间的限制，危害性可以无限弥散。④ 这可以用本文提出的"法益侵害的社会化"来概括。网络环境下，犯罪行为以流动的信息为载体，侵害对象、法益的数量与程度均可能呈几何倍数提升，行为所具备的风险取代了实害结果，成为认定行为不法的依据。这无疑是遵循了预防刑法⑤的逻辑，以风险预防作为刑罚发动的正当根据。⑥

以法益侵害风险为基点，纳入帮助信息网络犯罪活动罪处罚范围的这些参与行为的类型化取代了法益侵害后果的类型化。行为人的行为模式，确切地说，是帮助行为的模式及其风险等级，就成为行为不法事实上的认定依据。⑦

---

① 于志刚：《网络空间中犯罪帮助行为的制裁体系与完善思路》，载《中国法学》2016 年第 2 期。

② "网络帮助行为"的称谓并不中立，此类行为是正犯行为还是帮助行为，应由是否侵犯独立的法益决定，笔者用"网络参与行为"的中性称谓代替。为了统一论证语境，下文仍会局部用到网络帮助行为的表述，用双引号表示区分。

③ 于志刚：《网络犯罪的发展轨迹与刑法分则的转型路径》，载《法商研究》2014 年第 4 期。

④ Vgl. Matthias Schulze, (Un) Sicherheit hinter dem Bildschirm: Die Versicherheitlichung des Internets, in: Susanne Fischer, Carlo Masala (Hrsg.), Innere Sicherheit nach 9/11: Sicherheitbedrohungen und (immer) neue Sicherheitsmaßnamen? Springer VS, 2016, S. 165.

⑤ 我国第一篇系统研究预防刑法的论著，参见何荣功：《预防刑法的扩张及其限度》，载《法学研究》2017 年第 4 期。

⑥ Vgl. Peter - Alexis Albrecht, Kriminologie: Eine Grundlegung zum Strafrecht, C. H. Beck, 2005, S. 4.

⑦ Vgl. Aldo Legnaro, Prävention als Steuerungsprinzip der späten Moderne, in: Beatrice Brunhöber (Hrsg.), Strafrecht im Präventionsstaat, Franz Steiner Verlag, 2014, S. 35.

按照这样的逻辑，帮助行为在共犯框架内的从属地位，自然成为需要解决的理论障碍。本文不拟着墨于相关学说的梳理，[①] 基于区分制的基本语境，实质正犯的概念，也就是以犯罪行为人对法益侵害的实际作用大小，来区分认定正犯和共犯，成为了相关论者证成“网络帮助行为”独立性的解释路径。认同“网络帮助行为”独立性的观点认为，在网络环境下，各类“网络帮助行为”对犯罪行为的完成起到最关键作用，而犯罪行为人与帮助行为人之间的犯意联络，基于“一对多”的行为特性，又非常难以认定。由于帮助行为的不法程度已然达到甚至超过正犯行为，应当将它作为正犯进行评价，在立法上应当将帮助行为直接作为实行行为进行规定，具体的归责中，应当“以该行为本身的情节严重程度”，[②] 而非依托于正犯行为的不法，对网络帮助行为的不法进行独立评价，借此也可以在罪刑法定的框架内，避免因无正犯行为，无犯意联络而无法处罚具备高度不法内涵之“网络帮助行为”的困境。

### （二）刑事责任个别化的困境

霍布斯认为：“公民向国家让渡自主权，其边界止于使国家足够确保公民作为人的安全。”[③] 换言之，国家的基本任务是保护公民的安全，也就是确保个人自由得以实现的社会条件。[④] 保护安全的应然内涵，是预防法益侵害。但预防不是指防止所有特定的法益侵害结果发生，只能是将法益侵害风险显著降低到可以接受的程度，法律规范要提供“可接受”的判断标准。以风险预防为出发点构建网络空间的法律治理机制，面临的首要问题就是要提供风险衡量的明确标准，对于刑法而言，这一标准还需具备确定性。同时，作为社会治理机制之一，刑法有设置刑罚的排他权，却没有设置犯罪预防措施的排他权。[⑤] 犯罪预防目标的实现程度，受刑法在内多种机制的综合影响。明确刑法的保护范围，也是为了避免刑法与其他犯罪预防机制产生冲突，确保整体社会治理机

---

① 在扩张和限制正犯概念之下，分别形成了区分制和单一制的共犯体系，德日刑法立法采取了区分制体系，主张我国采取区分制体系的观点，在学界居于主流。在此框架内，又有形式与实质正犯的区分。参见钱叶六：《双层区分制下正犯与共犯的区分》，载《法学研究》2012 年第 1 期。

② 于志刚：《共犯行为正犯化的立法探索与理论梳理——以“帮助信息网络犯罪活动罪”立法定位为角度的分析》，载《法律科学》2017 年第 3 期。

③ See. T Hobbes, Leviathan, Oxford University Press, 2008, Ch. XIII.

④ See, Andrew Ashworth, Lucia Zedner, Preventive Justice, Oxford University Press, 2015, p. 8.

⑤ See. M Thorburn, Reinventing the Nightwatchman State, University of Toronto Law Journal 60 (2010), p. 425 - 443.

制的顺利运行。就刑法规范内部而言，可以避免立法冗余导致不同罪名保护范围的冲突。

以行为模式为基础，辅以“情节严重”加以限缩，作为本罪构成要件行为不法的认定标准，并不符合明确性与确定性的要求。法条规定的技术支持、广告推广与支付结算等网络参与行为，仅以在客观上可促进信息网络犯罪分子实施犯罪行为为标准，没有指向确切法益，而可帮助的犯罪类型没有界限，本罪可能侵犯的法益也就没有界限，本罪的保护范围因而模糊不清。司法实践中，已将本罪普遍适用于借助信息网络技术实施犯罪的情形，本罪构成要件行为及其不法认定中巨大的恣意空间显露无疑。这等于通过本罪创设了普遍的风险预防义务，但是在一个自由的法治国，不能认同法律可以创设一般性、强制性的法定义务。① 因为法律需要明确信息网络技术发展和应用中可能的违法风险，以便于公民在技术发展和应用的过程中进行修正。②

那么，“情节严重”能否为帮助行为风险等级的划分提供明确而确定的标准呢？答案恐怕是否定的。刑法规范的明确性与确定性，要求法益内涵的去实质化不能突破定型化的底线要求，具体到教义学范畴，也就是抽象危险。但网络参与行为具备的法益侵害风险规模化而不可预测，也就是无法定型，抽象危险的标准都无法达到。主张独立评价网络参与行为的观点，非但不明确本罪所保护的法益内涵，反而在“帮助行为正犯化”的进路上越走越远，这无疑是南辕北辙。这一进路下的必然选择，是通过司法解释的规定，以行为模式的类型化为基础，明确情节严重的具体标准，以确定不同行为模式的风险等级。③这样一来，司法解释会常态化地越俎代庖，承担实质的立法职能，这是对罪刑法定原则的显著违背，缺乏正当性。从有效性的层面来看，互联网时代，行为的风险规模化而不可预测，也就是无法类型化。

本罪情节犯的规定仍无法给行为的风险衡量提供明确而确定的标准。“网络帮助行为正犯化”的客观前提，也就是行为的不法，没有以帮助信息网络犯罪活动罪本身所侵犯的法益，而是以无法定型的法益侵害风险为判断基准，并以此为核心论据，要求独立评价“网络帮助行为”，来突破实行行为的定型

---

① Vgl. Wessels, Hettinger. Strafrecht Besonderer Teil 1: Straftaten gegen Persönlichkeits und Gemeinschaftswerte, C. F. Müller, 2016, S. 26.

② ［德］埃里克·希尔根多夫：《德国刑法学：从传统到现代》，江溯、黄笑岩等译，北京大学出版社 2015 年版，第 378 页。

③ 王爱鲜：《帮助行为正犯化视野下的帮助信息网络犯罪活动罪研究》，载《海南大学学报（社会科学版）》2017 年第 2 期。

性，实质是创设了“风险犯”的归责模式，不符合刑法规范明确性与确定性的基本要求。

刑事责任的核心价值是为刑罚的发动提供明确而确定的标准。在德国刑罚理论中，目前占据通说地位的所谓预防性综合理论，责任原则作为预防刑的上限而存在。然而，确定这个上限的基准是什么？以积极一般预防作为刑罚的正当依据，基准在于法益侵害风险的计算与分级。这个意义上，责任原则与比例原则没有本质区别，① 只是指导量刑的原则，刑事责任的认定，就是根据法益侵害风险的等级，合比例地确定刑罚。然而，网络参与行为侵害法益的风险无法精确预测与衡量，是否合比例缺乏明确而确定的标准，为权力的恣意专断制造了巨大空间。

“网络帮助行为正犯化”观点的提出是为了解决“网络帮助行为”危害性过大，共同犯罪理论中就行为人对行为危害性认识，以及犯意沟通的要求阻碍将其入罪的问题。如笔者前文所论证，由于行为不法认定没有确定的基准，这样空心化责任内涵，没有正当性与有效性。论及于此，结论应当已经非常清晰，“网络帮助行为正犯化”是既无正当性，也无有效性的解释路径。

## 三、共犯归责模式及其困境

### （一）共犯归责模式的理论基础

目前，学界反对该罪是网络帮助行为正犯化立法的观点，主要有三种。第一种观点认为，认定共同犯罪的“共同”，应坚持行为共同说，仅指不法层面的共同，责任的认定应当分别进行，在我国刑法中要淡化“共同犯罪”的概念，②因此，本罪没有将帮助行为正犯化，而是属于网络帮助行为的量刑规则。③第二种代表性观点则是从形式正犯理论出发，以坚持实行行为的定型性为基本立场，认为我国的犯罪参与体系是共犯—正犯与主犯—从犯的二元区分制结构，前者应当坚持构成要件行为共同的基本立场，对犯罪行为人的分工进行形式认定，而后者通过“情节严重”的标准，帮助犯完全可以认定为主犯，

① 比如，Ellscheid 和 Hassemer 教授就主张用比例原则替代责任原则。在积极一般预防作为刑罚正当根据的语境下，这是顺理成章的选择。Vgl. Günter Ellscheid/Winfried Hassemer, Strafe ohne Vorwurf. Bemerkungen zum Grund strafrechtlicher Haftung, in: Civitas. Jahrbuch für Sozialwissenschaften, Bd. 9, Pesch - Haus, 1970, S. 44 ff.

② 张明楷：《共同犯罪的认定方法》，载《法学研究》2014 年第 3 期。

③ 张明楷：《论帮助信息网络犯罪活动罪》，载《政治与法律》2016 年第 2 期。

在犯罪故意的认定上坚持最小从属性说[①]或限制从属性说,[②] 可以做到罪刑均衡，实现对网络参与行为的妥当归责，具体的归责路径多采用客观归责理论。第三种观点从单一正犯体系出发，认为该罪实现的是“从犯主犯化”。[③]

第一种观点实质是主张独立评价本罪所规制网络参与行为的不法与有责，将本罪理解为根据网络参与行为的预防必要性，确保刑罚与之合比例的量刑规则，笔者无法认同。第三种观点与笔者的基本立场相冲突，不予展开。值得探讨的是第二种观点，那就是主张对网络参与行为的评价应当回归共犯归责模式。笔者赞同第二种观点有关我国共犯体系的基本认知，这一体系的妥当性暂且不论，本文关注的是此种模式下，网络参与行为的刑事责任个别化，是否有确定的基准?

（二）刑事责任个别化的困境

刑法的预防转向给刑法功能带来的核心转变，是它从限制报应，也就是限制国家刑罚权的恣意发动，转向了对预防性社会控制的授权。“风险社会中新型的重大风险，人民日渐升高的安全需求，以及对刑法能够控制社会发展的期待，是推动刑法预防转向的三个主要原因。”面对我国互联网产业迅速发展所催生的规模化而不可预测的法益侵害风险，民众产生了日益高涨，但不一定理性的安全需求，而这种安全需求，则进一步促使控制风险以安抚民众的情绪，成为现代社会压倒性的政治需要。[④] 刑法以其强制力带来的及时、可感性，承担了预防犯罪风险、保障社会稳定发展的强烈期待。在这一背景下，犯罪化成为主旋律，刑事立法层面的体现是处罚早期化，犯罪圈向预备行为、参与行为扩张，司法层面则体现为以入罪为罪名解释适用的核心导向，对罪名处罚范围的明确性，却缺乏应有的关注。

在共犯归责的语境中，二元区分制体系下，即使采取最小从属性说，来“疏通”了共犯和正犯之间的犯意联络，论证处罚网络参与行为的依据，放弃对正犯违法性（程度）的要求，共犯的从属性只剩下形式意义。那么，能否

① 王霖：《网络犯罪参与行为刑事责任模式的教义学塑造——共犯归责模式的回归》，载《政治与法律》2016年第9期。

② 于冲：《帮助行为正犯化的类型研究与入罪化思路》，载《政法论坛》2016年第4期。

③ 张勇、王杰：《网络帮助行为的犯罪化与非犯罪化》，载《苏州大学学报（哲学社会科学版）》2017年第3期。

④ 劳东燕：《风险社会中的刑法：社会转型与刑法理论的变迁》，北京大学出版社2015年版，第33页。

从“情节严重”入手，寻找从客观要素方面构建限制入罪的规范机制？

从客观归责理论的视角，也就是网络参与行为是否制造、升高或实现了法不允许的风险出发，学界有观点认为，可以以是否具备“技术风险”①进行类型化，或者将“中立帮助行为过当的可罚性限定在关联犯罪侵犯国家安全、国防利益、军事职责、公共安全和暴力侵犯公民人身法益的场合”，②继而将网络参与行为作为帮助行为进行归责。这样的选择，就是因为网络参与行为本身具备的风险无法类型化，需要完全通过刑事政策的考量，借由司法解释对“情节严重”标准的明确，为刑法处罚的法益侵害风险划定范围，以“情节不严重”的政策性判断为唯一的出罪路径。这一标准不符合刑法规范明确性和确定性的要求，不能为刑事责任个别化提供确定的基准。对本罪处罚范围可能的不当扩张，二元区分制体系下的共犯归责模式，不能提供明确而确定的出罪规范机制。为了将网络参与行为入罪，对共犯从属性进行松绑，也会导致对共同犯罪的否定成为极其例外的情形，进而致使共犯理论产生整体性的功能失调。因此，不应当采取共犯归责模式。

## 四、正犯归责模式及其价值

### （一）法益的认定困境

根据我国刑法的规定，帮助信息网络犯罪活动罪被规定妨害社会管理秩序罪内，本罪所保护的法益，似乎应当解释为信息秩序。但信息秩序的内涵是什么？其实质是国家对网络空间的行政管理秩序。然而，行政管理秩序并不具有成为刑法法益的当然性。随着大数据、物联网、社交网络、云计算等新兴技术的迅速发展，从管理模式来看，打破了国家对大量信息收集和管理的垄断，逐步形成了尽管只有少数人可以掌握信息源，但大多数人可以自由获取与传播信息的开放型信息社会。③ 从管理结构来看，作为网络空间信息流动的守门人，网络平台服务提供者承担了相当一部分的实质管理功能。随着《网络安全法》的颁布实施，以及《互联网群组信息服务管理规定》《互联网用户公众账号信息服务管理规定》等配套规定的出台，管理职能进一步下沉到网络群组群主等个人主体。刑法再试图保护网络空间集中支配式的管理秩序，已经不具备正

---

① 熊亚文、黄雅珠：《帮助信息网络犯罪活动罪的司法适用》，载《人民司法（应用）》2016 年第 31 期。

② 马荣春：《中立帮助行为及其过当》，载《东方法学》2017 年第 2 期。

③ 敬力嘉：《信息网络安全管理义务的刑法教义学展开》，载《东方法学》2017 年第 5 期。

当性与可行性。另外，如果本罪保护的法益是信息秩序，由于没有清晰的标准认定法益侵害的结果要素，对本罪构成要件行为的归责，应当遵循抽象危险犯的进路。但如前所述，我国司法实践中本罪适用案由的广泛程度已经充分说明此类行为的法益侵害风险自始无法类型化，无法达到抽象危险犯的要求。因此，从正当性和有效性两个层面，帮助信息网络犯罪活动罪所保护的法益，都不宜认定为信息秩序。

### （二）德国法的启示：抽象危险犯的构建

作为互联网环境下人类行为的基本载体，体现为数据形式的信息，它的流动性导致了法益侵害的社会化，给各国带来了严重的网络安全焦虑。然而，犯罪行为人的行为实施高度依赖于互联网，也为犯罪预防提供了最为便捷的进路——通过对网络信息的合理规制，就能够有效阻止互联网环境下法益侵害风险的扩散。理性的刑事政策，是指通过控制犯罪风险，预防危害结果发生。① 但预防机制应当是包括刑法在内的多元干预机制，因此，适用刑法规制数据化的信息流动，需要确立保护的法益，以及明确所规制的类型化行为，并厘清与前置法律法规之间的关系，为法律包括刑法的规制划定明确的范围，以确保法律的干预不会阻碍网络信息的自由流动。而法益内涵的定型化，决定了所规制行为的类型化。但法益又该如何确定？

作为法律包括刑法规制对象的网络信息，就是指数据化的个人信息。信息自决权，是德国联邦宪法法院基于《基本法》第 1 条第 1 款所规定的人格尊严权，以及第 2 条第 1 款规定的人格自由发展权，通过一系列判例确认的新型基本权，② 基本内涵是公民个体对于其个人信息的流动，也就是对个人信息的搜集、使用、处理的决定权，同时应遵循符合显著公共利益、基于法律保留的合目的、透明、必要与合比例这四项基本原则。③ 随着当今社会不断网络化、数据化，信息自决权日渐成为公民享有各项基本权利的前置性保障。刑法对网络信息流动的规制，应当以保护公民的信息自决权为核心。但个人信息流动的载体，也就是网络服务提供者，与搜集、使用和处理的主体，也就是其他公民

① Vgl. Hans - Dieter Schwind. Kriminologie und Kriminalpolitik: Eine praxisorientierte Einführung mit Beispielen, C. F. Müller, 2016, S. 18 ff.

② BVerfGE 65, 1 (Volkszälungsurteil); BVerfGE 27, 1, 7 - Mikrozensus; 35, 202, 220 - Lebach; 54, 148, 155 - Eppler; 63, 131, 142 - Gegendarstellung; BVerfGE 120, 274 (Online - Durchsuchung).

③ 《欧盟数据保护基本条例》立法理由第 1 条，明确“自然人对个人数据的保护权”，属于基本人权，实质继受了信息自决权的精神，并无冲突。

个体、国家行政主体以及网络服务提供者，同它指向的对象，也就是公民个体并不一致。公民个体无法直接享有信息自决权。个人信息自决实现的社会条件，也就是权利人对数据的处分权，被作为刑法法益进行保护。以此种处分权为核心，以确保公民个体对信息流动赋权的有效性，形成基于自主信任的网络信息流动秩序，从而间接实现对公民个人信息自决权的保护。

自1986年5月以来，在德国刑法中陆续增设了计算机诈骗罪（263a）、篡改数据罪（303a）、破坏计算机罪（303b）、探知数据罪（202a）、拦截数据罪（202b）等，以数据处分权利人对数据的处分权作为信息网络犯罪所侵犯的独立新型法益，① 以数据处理作为所规制核心行为类型的一系列罪名，以《联邦数据保护法》② 为前置法基准，以欧盟《数据保护基本条例》为依托，构建起着眼于信息网络犯罪风险预防，而又不违背法治国基本原则的法律规制体系。

其中，2007年8月，通过《第41次刑法修正案》，德国增设了刑法第202c条“预备探知、拦截数据罪”。本罪第1款规定，“任何人制造、为自己或他人获取、出售、转让、传播或者通过其他方式，使他人获取可用于访问本法第202a条第2款规定之数据的密码，或其他安全代码，或者使他人获取用于实施数据探知或拦截的计算机程序，从而预备实施本法第202a条（探知数据罪）或第202b条（拦截数据罪）规定的犯罪的，处两年以下自由刑或者罚金刑。”③ 若以行为的法益侵害风险为出发点，本罪规制的构成要件行为当然是帮助行为。但这两条为刑罚权全面松绑的进路，德国刑法学界与司法实务界都没有选择。基于本罪保护的独立法益，本罪法条对构成要件规制的具体行为类型，以及行为目的的清晰规定，德国刑法理论界对本罪的探讨，一直都在预备行为正犯化的语境下进行。④ 对于本罪规制的预备行为欠缺与法益侵害结果之间的客观危险关联，也就是预备行为欠缺类型化的法益侵害风险，仅凭对主观目的的要求，是否就足以弥补行为本身不法内涵的缺失，这一点仍被理论界广为质疑。虽然2015年判处本罪的案件只有5件，⑤ 但由于本罪将网络时代

---

① Vgl. Thomas Fischer, Strafgesetzbuch mit Nebengesetzen, 61. Aufl., 2014, Vorbemerkung zu § 303a, Rn. 2.

② 随着《欧盟数据保护基本条例》的生效，修改后的德国《联邦数据保护法》于2017年7月正式生效。Vgl. BDSG – neu.

③ §202c StGB.

④ Vgl. Hilgendorf/Valerius, Computer – und Internetstrafrecht, 2 Aufl., Verlag Springer, 2012, S. 171 – 175.

⑤ Vgl. Statistisches Bundesamt, Fachserie 10 Reihe 3, Tabelle 2.4 (2015).

公民的常态化行为纳入了刑法规制，尽可能明确本罪的处罚范围，对证成本罪的正当性至关重要。

因此，联邦宪法法院在一个决定性判决中明确指出，该条第1款第2项意义上的“计算机程序”，必须满足为了实施探知数据罪和拦截数据罪而设计或者改制，这一客观特征，单纯具备实现上述犯罪目的功能的计算机程序，还不能满足第202c条的规定。① 也就是说，通过“专门设计和改制”这一要求，明确了预备行为侵害法益风险的类型化标准。因此，可以认定本罪属于抽象危险犯，在主观上要求行为人对预备行为的类型化危险具备认识，至少应当具备间接故意，也可以适用抽象危险犯允许反证，以及证明履行了规范注意义务的出罪机制。

### （三）我国的应然选择：侵犯信息专有权的抽象危险犯

反观我国的帮助信息网络犯罪活动罪，由于构成要件行为与法益侵害结果，或抽象危险之间不具备类型化的客观关联，将网络参与行为所有可能引发的风险，都作为该类行为“情节严重”的情形纳入刑法评价，又并不可取，因此完全需要借助“情节严重”，通过司法解释设定基于政策考量的规范关联，确定处罚范围，这无异于完全放弃了教义学层面对刑罚权的约束。因此，通过重构本罪所保护的法益内涵，以明晰网络参与行为不法的认定标准，成为应当考量的进路。

《刑法修正案（九）》修订了侵犯公民个人信息罪，增设了拒不履行信息网络安全管理义务罪、非法利用信息网络罪、帮助信息网络犯罪活动罪以及编造、故意传播虚假信息罪这四个“纯正”网络犯罪，结合既有的非法侵入计算机信息系统罪，非法获取计算机信息系统数据、非法控制计算机信息系统罪和提供侵入、非法控制计算机信息系统程序、工具罪，构建了较为完备的信息网络犯罪规范体系。随着《网络安全法》的颁布实施，对于网络空间中信息流动的法律规制，开始有了前置法依托。

明确以上四个新增罪名的适用范围，应当在信息网络犯罪的体系框架内思考。笔者认为，基于互联网环境下法益侵害风险的不可预测性，去中心的基本结构，多主体、多层次的管理架构，不应当再将权力支配型秩序作为刑法保护的法益，而应当以公民享有的独立信息权为刑法保护的法益，使公民对公权力产生自主信赖，从而形成自主型秩序。当然，在我国刑法的信息网络犯罪规范体系中，以公民个人信息为规制对象的侵犯公民个人信息罪，应当是核心罪

---

① Vgl. Olzen D, Schäfe G. Juristische Rundschau, De Gruyter, 2010, S. 82.

名。我国现行宪法第二章“公民的基本权利和义务”在第38条明确规定：“中华人民共和国公民的人格尊严不受侵犯。禁止用任何方法对公民进行侮辱、诽谤和诬告陷害。”根据本条有关保护人格尊严的规定，证成信息自决权是我国宪法所保护的基本权利，应当不存在理论障碍。以此为基础，信息权利人对信息的处分权，笔者归纳为法定主体的信息专有权，[①]应当是我国信息网络犯罪罪名所保护的独立新型法益。

以此为前提，对帮助信息网络犯罪活动罪条文中的“利用信息网络实施犯罪”，就应当限制解释为利用信息网络实施侵犯法定主体信息专有权的犯罪，具体包含笔者上文所列举的罪名。那么，本罪所规制的网络参与行为，应当是侵犯法定主体信息专有权的预备行为。本罪不属于按照我国刑法第22条第2款的规定，原则处罚的形式预备犯，而是原本为预备行为，被刑法分则独立成罪的实质预备犯。从法益视角出发，本罪应当属于抽象危险犯。通过“情节严重”的规定，本罪所规制网络参与行为与法益侵害抽象危险之间的客观关联，能够得到进一步明确，同时也能够通过反证网络参与行为不具备法益侵害的类型化风险，以及行为人已经履行了规范注意义务，合理限缩本罪的处罚范围。

① 敬力嘉：《论拒不履行网络安全管理义务罪》，载《政治与法律》2017年第1期。

# 网络犯罪的特征及层级式治理体系

## ——基于中国裁判文书网444份裁判文书为样本

段　威*

网络犯罪的产生是建立在计算机系统运用的基础之上，我国刑法中并无“网络犯罪”的概念，而是在第285条、第286条中相应规定了破坏计算机信息系统罪、非法侵入计算机信息系统罪、非法获取计算机信息系统数据、非法控制计算机信息系统罪。法条的设置无形中将计算机犯罪与网络犯罪等同对待，但究其实质，两者的本质并不相同。例如，利用或针对非联网的单台电脑实施的犯罪，就不属于网络犯罪。另外，虽然是针对联网电脑实施的犯罪，但只是对电脑的硬件部分进行物理性的窃取或破坏，如盗窃电脑芯片、捣毁计算机设备等，也不应视为网络犯罪，因为此类犯罪行为并未进入网络空间，其同一般的盗窃犯罪或毁坏公私财物的犯罪并无根本性差异。① 因此，网络犯罪必然发生于网络空间，但并不必然以计算机为犯罪工具，利用移动通讯工具等也可进入互联网的情况下，行为人也可能利用其他手段危害网络安全，如通过发射电磁波干扰网络上信息的传输。故而，网络犯罪是以网络系统本身的信息功能和网络系统中存储的信息为侵害对象，且对网络系统造成实害或威胁的犯罪。

### 一、网络犯罪的实质是一种信息犯罪

网络犯罪是计算机犯罪发展到一定阶段的产物，是计算机犯罪的高级形态。网络犯罪同普通计算机犯罪之间的区别，关键在于是否同网络有关，是否侵犯了网络空间内的信息安全。网络系统功能是指网络系统具有的收集、处理、存储、传输、检索信息的功能。对网络信息系统功能的破坏，实际上是对

---

* 段威，天津社会科学院助理研究员。

① 冯卫国、张立宇：《网络空间的犯罪与刑法面临的挑战》，载《网络法律评论》2002年第00期。

网络信息系统所具有的采集、加工、存储、传输和检索功能的破坏。网络犯罪是一种针对信息安全的犯罪，这种侵犯体现于两个方面：一是破坏网络信息的信息功能，二是侵害网络信息。无论是破坏抑或侵害网络信息，网络系统功能都会遭到侵害。

### （一）网络犯罪侵犯了不同等级主体的信息安全

从网络犯罪同传统犯罪是否兼容，可将网络犯罪分为两大类：一类是纯正的网络犯罪，即直接以计算机网络安全为侵害对象的犯罪，俗称“黑客”入侵或攻击行为。如私自穿越防火墙，窥视、偷窃、破坏他人信息；私自解密入侵网络资源（如数据库、信息、资料、信道、运算能力等）；制作或传播计算机病毒等。另一类是不纯正的网络犯罪，即借助于计算机网络而实施的传统犯罪。后者犯罪实际上是传统犯罪在网络空间的延伸，是传统犯罪同现代高科技手段的融合。[①] 因此，本文所分析的网络犯罪仅指以互联网络安全为犯罪对象的犯罪，即纯正的网络犯罪。

根据网络犯罪所指向的“信息”的范围不同，可以将信息拥有的对象划分为三个层级：国家级—社会级—个人级。

首先，国家级信息主要指涉及国家安全类的网络犯罪，如利用网络窃取或泄露国家网络平台中的秘密信息；利用网络发动“信息战”，危害国家主权等等。

其次，社会级信息包括三个方面：公共安全、经济秩序、社会秩序。

第一，网络犯罪侵犯公共安全的行为。如利用网络袭击飞机上的自动导航系统，从而劫持飞机或破坏飞机；通过网络传播病毒，以破坏电力、广播、公用电信设备设施等等。

第二，网络犯罪侵犯经济秩序的行为。如利用银行计算机网络进行“电子洗钱”或伪造电子货币；利用网络进行欺骗性贸易或非法竞争；利用网络攻击银行系统银行，盗取存款；利用网络窃取他人信息，骗取免费服务等等。

第三，网络犯罪侵犯社会秩序的行为。如利用网络传播犯罪方法；设立黄色网站、传播色情信息。

再次，网络犯罪侵犯个人信息的行为。其中个人级信息包括法人（包括类法人组织）、自然人的财产类信息及非财产类的隐私信息。如利用网络篡改公司、个人信息进而谋取非法利益的行为。

① 冯卫国、张立宇：《网络空间的犯罪与刑法面临的挑战》，载《网络法律评论》2002 年第 00 期。

（二）网络犯罪衍生了不同于传统犯罪的新特征

网络犯罪由于兼具犯罪主体的智能性、犯罪手段的隐蔽性、犯罪证据的隐匿性以及犯罪后果的严重性等特质给犯罪侦查带来难度。互联网的出现对生活的方方面面都带来了颠覆性冲击，促使网络犯罪呈现出不同于传统犯罪的新特征。

1. 犯罪性质的变化：自然犯向法定犯的嬗变

互联网是智慧时代的产物，其带来网络文明的同时，也为犯罪的滋生创设了新的平台。无论是基于社会对于网络犯罪的手段、方式的了解，抑或是法律规定对于网络犯罪的框架性规定，都有别于传统对于犯罪的认知。农业社会展示了农业犯罪一些特征，主要是以暴力犯罪和偷盗犯罪为主的犯罪，而工业社会犯罪，主要是以工业特征犯罪为主的犯罪。网络犯罪是由于新的经济成分的诞生、经济结构的调整而产生的一种犯罪，是在传统犯罪的基础上孵化出来的一种新的犯罪类型。

2. 犯罪主体的变化：普通群体向高智能群体的嬗变

同普通犯罪相比，网络犯罪更多的是依靠智力、技术，而非体力去实施犯罪。由于网络系统的安全防范措施日趋严密，要进入网络空间实施犯罪，行为人必须具备相当程度的专业知识和熟练的操作技能，否则难以达到侵入或破坏网络系统的目的。然而，高智商不代表高学历，相反，在网络犯罪中，许多“黑客”都是自学成才，一部分犯罪主体甚至是辍学在家的少年。此外，由于计算机属于新时代的特殊产物，囿于其新颖性以及刺激性，易使得青少年醉心，因此互联网金融犯罪的主体通常呈现低龄化特征。

3. 犯罪空间的变化：三维空间向虚拟空间的嬗变

传统的犯罪发生于三维空间中，而网络犯罪针对的是发生于网络空间内的犯罪行为。网络空间是针对传统的物理空间而言的，也称为电子空间、虚拟空间或赛博空间（cyberspace 一词的音译）。根据联网电脑的规模和范围，网络空间分为三个层次，即局域网、城域网和广域网，发生在这三种网络中的犯罪，都可称为网络犯罪。其中，因特网（国际互联网）是目前世界范围内规模和影响最大、发展最迅速的广域网，因而发生在因特网上的犯罪是网络犯罪的主流。

4. 犯罪结果的变化：局部性影响向广泛性影响的嬗变

网络犯罪的危害领域、危害对象、危害结果如果得不到及时控制，犯罪结果极易泛化。互联网对于时间与空间的界限进行了重新定义，传统执拗于犯罪危害结果发生地的单一性以及可预测性被彻底突破。互联网的传播途径便捷、高效、飞速，其所带来的最直接弊端体现为危害结果的难以控制。政府机关、文教卫生、新闻出版等银行、证券等金融机构，能源、交通运输、商业贸易等等领域都有可能成为互联网金融犯罪的受害者，且若未得到及时、有效的控制，危害事实将会被无限扩大，进而影响社会稳定。

5. 犯罪成本收益的变化：低收益率向高收益率的嬗变

与网络犯罪的低成本、低风险形成鲜明对比，其作案成功率之高，平均获益之多，往往出人意料。据国外专家统计，犯罪分子通过银行信息系统进行盗窃的犯罪，平均每次可得赃款25万美元，而被破获的可能性只有2%。[①] 犯罪人获益高就意味着被害人受损大。据报道，全世界每年在金融网络中的计算机犯罪，就造成高达数百亿美元的损失。美国《未来学家》杂志的一篇文章预言，到21世纪，将有数万亿美元被电脑空间里的罪犯窃为私有，且大部分是在无人察觉的情况下被偷走的。[②] 除经济损失之外，网络犯罪对国家安全、公民权利、社会秩序所造成的侵害，其损失更是难以衡量。

6. 犯罪预防的变化：严厉打击向重点预防的嬗变

作为一种以高技术为支撑的犯罪，网络犯罪具有瞬时性、动态性的特点。许多网络犯罪可在瞬间完成，其作案时间很难判定；而犯罪证据又多存于电磁介质如程序、数据等无形信息中，很容易被更改和删除，有些犯罪甚至不留任何痕迹，行为人大多具备一定的反侦察能力，其对于互联网金融运作中的监管漏洞以及法律责任通常有比较深入的调查与了解，便于在实施犯罪之后，及时销毁证据，制造互联网假象，逃避法律的问责。从而给案件的侦破和审理带来极大的困难。因此，对于网络犯罪的打击应当侧重于预防，提高网络系统的防御能力。

## 二、网络犯罪的特征——基于中国裁判文书网444份裁判文书的分析

纵观我国刑法规定，针对互联网金融犯罪行为，目前的刑法仅仅规定在第

---

① 余谋昌：《高科技挑战道德》，天津科技出版社2000年版，第73页。

② 王道平等：《网络经济》，河北人民出版社2000年版，第239—240页。

285条①、第286条②出现了网络犯罪的规定，且罪名的名称、刑罚的幅度以及构成要件的描述均无法满足日渐猖獗的互联网金融犯罪行为。

## （一）中国网络犯罪呈现高比例、地域集中性增长

自2008年至2017年，笔者在中国裁判文书网的高级搜索中将“案件名称”设置为“计算机”③，案件类型设置为“刑事案件”，进行查找后共得到444份文书结果④，其中415份文书可以准确查找出裁判年份（图一）。自2008年至2017年，我国网络犯罪呈现逐年递增的态势，尤其在近四年，呈现出爆发式增长，2017年计算机犯罪已达187件，是2008年的187倍，网络犯罪的预防与打击较为迫切。

| 2008 | 2009 | 2011 | 2012 | 2013 | 2014 | 2015 | 2016 | 2017 |
|---|---|---|---|---|---|---|---|---|
| 1 | 1 | 4 | 6 | 15 | 67 | 45 | 94 | 182 |
| 1 | 2 | 3 | 4 | 5 | 6 | 7 | 8 | 9 |

**图一：2008—2017年中国网络犯罪趋势图**

在上述444份裁判文书中，可以统计裁判地点的共计425份，共涉及29个省、市、自治区。按照裁判法院所在地区分布，排名前十位的省市分别是江苏省、浙江省、广东省、上海市、四川省、福建省、河南省、安徽省、山东省、湖南省。其中，互联网技术较为发达的江苏省、浙江省占全国计算机案件的39.5%。

① 第285条第1款规定：“违反国家规定，侵入国家事务、国防建设、尖端科学技术领域的计算机信息系统的，处三年以下有期徒刑或者拘役。”

② 第286条第1款规定：“违反国家规定，对计算机信息系统功能进行删除、修改、增加、干扰，造成计算机信息系统不能正常运行，后果严重的，处五年以下有期徒刑或者拘役；后果特别严重的，处五年以上有期徒刑。”第2款规定：“违反国家规定，对计算机信息系统中存储、处理或者传输的数据和应用程序进行删除、修改、增加的操作，后果严重的，依照前款的规定处罚。”第3款规定：“故意制作、传播计算机病毒等破坏性程序，影响计算机系统正常运行，后果严重的，依照第一款的规定处罚。”

③ 前文已述，我国刑法涉及网络犯罪的罪名均以“计算机”为前提设置，但通过对目标法律文书的逐一查看，其犯罪目标均是针对网络安全，属于文章所定义的“网络犯罪”。

④ 因中国裁判文书网中案例存在后期补传，此数据系截止至2018年3月20日前整理所得，特此说明。

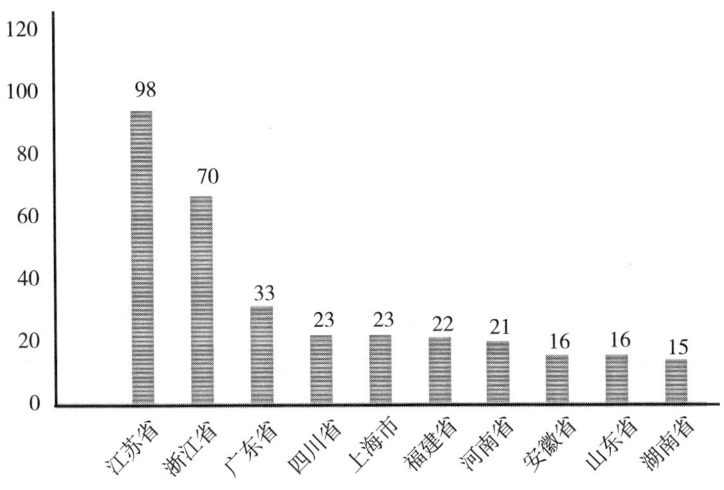


**图二：2008—2017 年中国网络犯罪省市前十名**

2017 年的网络犯罪共计 182 起，除却指定管辖决定书、驳回申诉通知书 13 起，刑罚变更 21 起，案例重复上传等原因，一审案件共计 128 起，二审案件 18 起。以 128 起一审案件为统计样本，其中破坏计算机信息系统罪 113 起，非法侵入计算机信息系统罪 15 起，非法获取计算机信息系统数据、非法控制计算机信息系统罪 0 起。而对上述 128 起涉及网络犯罪案件量刑结果统计，获得以下结果：被判处免于刑事处罚的 2 人，拘役 16 人，1 年以下有期徒刑（包括 1 年）的 58 人，1—3 年有期徒刑（包括 3 年）的 39 人，3 年以上有期徒刑的 13 人，其中最重刑罚为有期徒刑 9 年。而在 3 年以下有期徒刑的 113 人中（除却免于刑事处罚），60 人被判处缓刑，缓刑率达 53.1%。通过上述分析不难看出，目前我国针对网络犯罪普遍呈现轻刑化特征。

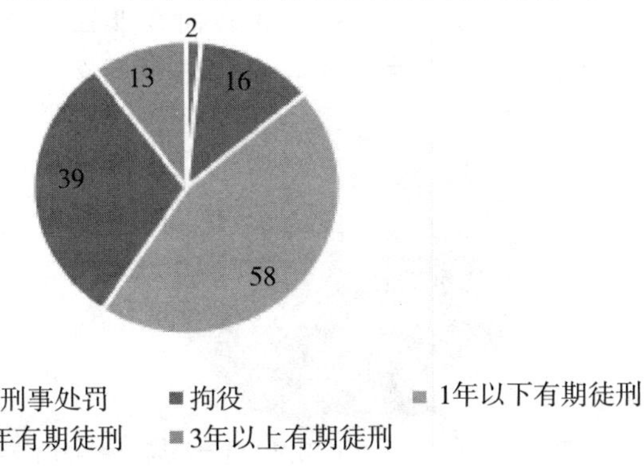


**图三：2017 年网络犯罪一审案件判决分布图**

（二）计算机犯罪中共同犯罪比例较高

在2017年的一审网络犯罪的128起案件中，共同犯罪56起，占比39.1%。网络共同犯罪中主要涵盖组织犯、教唆犯、实行犯以及帮助犯，契合传统共同犯罪的分类标准。囿于互联网的虚拟性、隐蔽性、高科技性，网络共同犯罪滋生出不同于传统共同犯罪的新特征，产生了在组织结构、行为方式以及分工作用上的变异，使得网络犯罪中的三种形态在主客观方面发生了异化。首先，网络犯罪中组织行为的领导控制地位逐渐弱化；其次，网络犯罪中教唆行为与帮助行为的界线趋于模糊；再次，网络犯罪中的帮助行为危害性增大。总体来说，我国采取的极端共犯从属性说已无法很好地解释网络共犯之间主观意思联络不明显、认识因素和意图因素不全面以及客观行为界限逐渐模糊情况下如何将这些行为定罪处罚。

（三）网络犯罪中的犯罪主体轻龄化特征凸显

2017年网络犯罪的128起一审案件中，能够统计犯罪年龄的案例共111起，其中25周岁以下（含25周岁）的案例42起，25—35周岁（含35周岁）的案例共49起，35—45周岁案例共17起，45周岁以上的案例共3起（见图四）。其中年纪最小的犯罪主体为20周岁，年纪最大的犯罪主体为52周岁。破坏计算机信息系统罪113起中，可统计犯罪主体年龄的数据为25周岁以下（含25周岁）的案例40起，25—35周岁（含35周岁）的案例共39起，35—45周岁案例共15起，45周岁以上的案例共2起；可统计的非法侵入计算机系统罪年龄分布为25周岁以下（含25周岁）的案例2起，25-35周岁（含35周岁）的案例共10起，35—45周岁案例共2起，45周岁以上的案例共1起。通过上述数据的分类不难发现，在整个计算机犯罪过程中，35岁以下的中青年占比突出，高达80.5%，而进一步进行剖析，破坏计算机信息系统罪中，以25周岁以下的犯罪主体最多，达40人，占比41.7%；而在非法侵入计算机信息系统罪中，25—35周岁的犯罪主体升至首位，占比达66.7%。

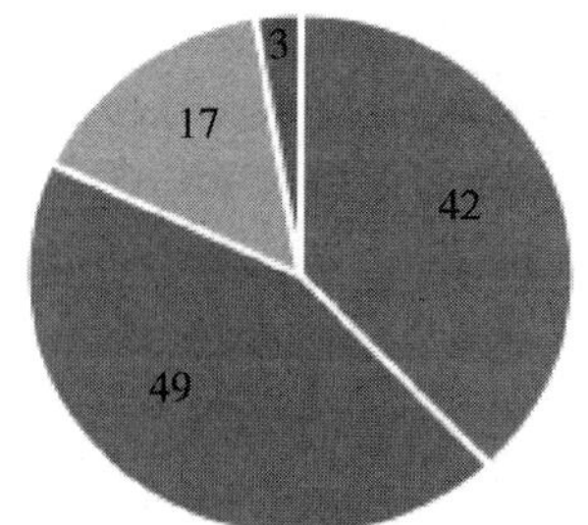


**图四：2017年网络犯罪中犯罪人年龄分布**

## 三、层级流动式治理：网络犯罪治理的社会预防体系

社会犯罪预防试图干预个体成为犯罪人或者将个体卷入犯罪的因素。① 犯罪原因，通常被认为是社会边缘化、贫困的生活条件以及艰难的童年生活。除此之外，还有个体接触负面社会环境、同龄群体、媒体、麻醉品而受到不良影响等因素。② 相应的，对于网络犯罪的预防措施可在社会层面、同类群体层面以及个体层面进行。通常会区分为：针对所有网络人群的初级预防、针对危险群体的中级预防（如关注蛰居、网瘾青年）以及针对实际具有网络危险行为的个体（如参与过网络犯罪团伙）及群体的是高级预防。

### （一）初级预防：建立网络综合治理体系

党的十九大报告明确提出，加强互联网内容建设，建立网络综合治理体系，营造清朗的网络空间。近年来，我国逐步推进更为深入的网络犯罪治理，而这种治理针对网络犯罪中的不同主体应体现不同的侧重点。

现实空间是部门管理和部门划分十分明确细致的金字塔架构，而网络空间则是扁平化的结构，加上超时空全联接特性以及线上线下时空交叠的复杂性，大大增加了现实空间单一部门治理网络空间的难度，必须加强部门协调治理。从国际普遍的经验来看，网络空间治理的机构主要有两大类：一类是传统的政府部门，包括执法、信息、文化、安全、宣传等，主要负责网络行业发展的推动、网络空间环境的维护、网络空间犯罪的打击以及基础设施建设等网络空间公共物品的提供等；另一类管理机构应是针对网络空间设立的专门性机构，如互联网监控中心、网络安全运行中心等。实践中，两类机构治理都应加强部门协调，即政府部门主导协调、电信监管机构广泛参与、公共事业机构辅助配合。

### （二）中级预防：加大技术投入，注重防火墙技术和加密技术等信息措施

高科技犯罪必须用高科技手段来预防。当下，从技术上预防网络犯罪旨在限制恶意进入网络程序系统以及对计算机网络的非法操作。

---

① Andenes, Johs. (1994) . Straffen som problem. Oslo: Exil forlag. Myhrer, T - G. (2011) . "Mulige forebyggende virkninger av straffen - generelt og overfor terrorhandlinger spesielt, del II" . In: T. Bjφrgo (red,) . Forebygging av terrorisme og annen kriminalitet. Oslo: PHS Forskning 2011: 1.

② [挪威] 托尔·布约格：《恐怖主义犯罪预防》，夏菲、李休休译，中国人民公安大学出版社 2016 年版，第 12 页。

首先，访问控制策略。访问控制是网络安全防范和保护的主要策略，它的主要任务是保证网络资源不被非法使用和非常访问，是维护网络系统安全、保护网络资源的重要手段。主要包括入网访问控制、网络的权限控制、目录级安全控制、属性安全控制、网络服务器安全控制、网络监测和锁定控制、网络端口和节点的安全控制等。

其次，防火墙控制。防火墙是近期发展起来的一种保护计算机网络安全的技术性措施，它是一个用以阻止网络中的黑客访问某个机构网络的屏障，也可称之为控制进出两个方向通信的门槛。在网络边界上通过建立起来的相应网络通信监控系统来隔离内部和外部网络，以阻挡外部网络的侵入。

再次，信息加密策略。信息加密的目的是保护网内的数据、文件、口令和控制信息，保护网上传输的数据。网络加密常用的方法有链路加密、端点加密和节点加密三种。链路加密的目的是保护网络节点之间的链路信息安全；端点加密的目的是对源端用户到目的端用户的数据提供保护；节点加密的目的是对源节点到目的节点之间的传输链路提供保护。用户可根据网络情况酌情选择上述加密方式。

### （三）高级预防：完善规范体系，加强信息权的刑法保护

我国传统的犯罪治理模式以部门职责划分为基础，在行动应对上有明显的条块分割特征。在刑事法规方面，应当进一步完善现有网络犯罪领域的实体和程序规定，建立电子数据收集提取和审查判断规则。同时，在刑罚的设置上，可以考虑在原有规定的基础上适当提高计算机网络犯罪的法定刑。网络犯罪对社会的潜在危害巨大，法定刑偏低，对网络犯罪行为人的震慑力不强；在非刑事法方面，建议弥补单部门立法和因事立法的不足，构建以网络安全法、互联网信息服务法、电子商务法、个人信息保护法以及电信法为核心的网络治理规范体系，为依法治网提供科学的法律依据。

网络时代的来临，使信息成为最重要的生产要素，对经济和社会的发展具有决定性意义。然而，对于社会公众而言，信息资源的价值尚未受到普遍关注，人们对于以侵犯信息资源为主要形式的网络犯罪，甚至对黑客持包容态度。还有些媒体、影视作品利用人们的猎奇心理妙作黑客事件，将黑客过分美化，及至塑造成英雄和偶像来推崇，这在社会上产生了一些不良影响。网络犯罪是危害信息安全的犯罪，因而，如何维护信息权和信息安全成为时代赋予的重大使命。在网络空间下，由于网络具有的开放性、交互性特点，在一定程度上削弱了各类主体的信息控制权。为了保障现行立法能有效地规制网络空间的侵犯信息权犯罪，应适时修改和完善刑事立法，加强信息权的法律保障。

网络空间是一个无国界、无主管的开放世界，任何一个地区，甚至国家都

难以对网络空间实施全面、有效的监控。而网络犯罪的超地域性特点，又会制造大量的刑事管辖权冲突问题。因此，预防网络犯罪须有全球化视野。加强各国之间的刑事司法合作，是维护网络社会秩序、保证“信息高速公路”畅通的大势所趋。另外，借鉴发达国家的立法经验，以完善我国的网络犯罪立法，也是全球化视野的题中应有之义。

# 论智慧社会背景下校园欺凌行为的认定与综合治理[*]

陈珊珊[**]

校园欺凌问题是一个世界性的难题。2017年1月17日，联合国教科文组织发布了全球校园欺凌现状最新报告，报告显示，全世界每年有将近2.46亿儿童和青少年因体貌特征、性别与性取向、种族与文化差异等遭受欺凌。① 中国也同样存在这种情况，北京大学公共卫生学院2012年在山东某县的“农村中小学校园欺辱”抽样调查中，30.5%的学生表示遭受欺辱行为。2013年上海虹口区“中小学生遭受校园欺辱”的抽样调查也显示，17.83%的学生表示遭受欺辱行为。2015年中国青少年研究中心针对10个省市的5864名中小学生的调查显示，有32.5%的学生在校时“被欺负”。② 2016年一项针对我国29个县10万余名中小学生的抽样调查发现，经常遭受欺凌的比例为4.7%，偶尔遭受欺凌的比例近29%。③从理论研究的角度来观察，我国第一篇公开文献对校园暴力的研究最早发表于1999年，从2005年到2011年，校园暴力研究论文数量呈逐年上升的趋势，但 在2012年和2014年出现回落现象，2015年又开始回升。④ 2016年校园欺凌问题终于引起国家相关部门的重视，开始在国家层面发布一些文件以期对此类行为进行指导和规制，但是现实中严重校园欺凌的新闻仍不绝于耳。如何从根本上控制校园欺凌事件的发生，应该说是当今

---

* 本文系教育部2017年人文社科项目（17YJC82002）阶段性成果。

** 陈珊珊，苏州大学王健法学院刑法教研室主任，中国犯罪学学会理事。

① http：//news. ifeng. com/a/20171227/54567383_ 0. shtml，2018年8月17日访问。

② 刘洪超、孙振：《住手！校园欺凌（微调查）》，载《人民日报》2015年5月29日01版。

③ http：//baby. sina. com. cn/edu/2018 - 01 - 02/doc - ifyqcwaq6897722. shtml，2018年7月12日访问。

④ 张学政、李东林：《我国校园暴力研究现状述评——基于CSSSCI源期刊论文的统计与分析》，载《教育导刊》2017年第11期。

社会治理的重大问题，本文结合6位老师和3位受欺凌学生的深度访谈及对相关公开网站数据的统计，试图从以下几点对校园欺凌行为的治理问题进行分析，虽然样本数量不够，但从笔者访谈的体会来看还是存在一些问题是当前对校园欺凌行为的治理模式中没有处理到的，所以本文希望对此能够提供一些新的方案和思考角度，供方家批评指正。

## 一、法律规范上文本内容的可操作性不足及效力位阶弱化

我国政府从2016年开始将校园欺凌这个问题提升到国家层面予以重视，仅2016年一年就发布了三个规范性文件。2016年4月28日，国务院教育督导委员会办公室印发了《关于开展校园欺凌专项治理的通知》，要求各地各中小学校针对发生在学生之间，蓄意或恶意通过肢体、语言及网络等手段，实施欺负、侮辱造成伤害的校园欺凌进行专项治理。2016年11月，教育部等九部门又联合印发了《关于防治中小学生欺凌和暴力的指导意见》，提出“中小学校要制定防治学生欺凌和暴力工作制度”“依法落实家长监护责任”等多个要求。2016年12月，国务院教育督导委员会办公室印发《中小学（幼儿园）安全工作专项督导暂行办法》，将学生欺凌和暴力行为预防与应对纳入安全专项督导工作。为完善防治学生欺凌的制度体系，需要进一步制定针对性、操作性强的实施方案。2017年12月，教育部等十一部门印发《加强中小学生欺凌综合治理方案》（以下简称《治理方案》），首次明确了学生欺凌的界定。2018年6月25日国务院教育督导委员会办公室还对全国各省市开展中小学生欺凌防治工作的落实进展情况进行了通报，并称将在教育部官网“中小学生欺凌防治”专栏对未完成相应工作的地市进行点名通报。①

上述四个文件及相关通报的出台完全可以体现出国家对校园欺凌现象的重视，是对民意的适当回应，但这四个文件中的内容大部分仍是标语性、口号性、指导性的措辞。相比而言，《治理方案》在具体措施上有所进步，其中最大的亮点是从国家层面、官方角度第一次明确了“学生欺凌”的定义，从而为实践中欺凌行为的认定提供了规范的依据，并为校园欺凌的研究确定了方向。《治理方案》指出，中小学生欺凌是指发生在校园（包括中小学校和中等职业学校）内外、学生之间，一方（个体或群体）单次或多次蓄意或恶意通过肢体、语言及网络等手段实施欺负、侮辱，造成另一方（个体或群体）身体伤害、财产损失或精神损害等的事件。这个定义通过地点、行为主体、手段

① http：//www.moe.gov.cn/srcsite/A11/moe_1789/201807/t20180705_342120.html，2018年7月14日访问。

方式及相关后果比较科学地界定了校园欺凌的成立条件，但是对于后果的程度仍然不够明确，存在一定的模糊地带，可能不利于实践操作，即身体伤害要达到什么样的级别，财产损失是否需要量的考虑、精神损害程度如何等都不明确，而且强调要“严格区分学生欺凌与学生间打闹嬉戏”，换言之，该定义仍然无法有效帮助实践部门区分学生欺凌与学生间的打闹嬉戏，《治理方案》的执行仍需要各省及地方政府再次制定具体细则加以落实，① 但是从搜集到的地方文本来看，② 都没有处理上述具体认定标准问题。

此外，在法律规范文本的效力上，上述四个文件均为指导性文件，甚至不能勉强算是部门规章，没有强制性效力，在法律效力阶层上位阶不够高，保护性的国家立法是全面应对校园欺凌的关键。法律能够向社会传达明确的信息，是构建尊重儿童权利的文化氛围的基础，缺少保护儿童与青少年免受暴力的立法与可执行的政策，或对已有的法律和政策的执法不力是当前的核心挑战之一。③ 例如韩国在2004年就针对预防和应对校园暴力而设立了反校园暴力与欺凌法，④ 并通过不断的后续修订来确保其持续的适用性。

## 二、教育实践部门对校园欺凌行为应对能力有限

### （一）各省市教育管理部门及学校管理层面的重视程度不够

对于校园欺凌行为，从国家层面而言近几年出台相关政令应该说是比较密集的，但各省市的教育管理部门的重视程度并没有与中央政府的步调完全一致。根据教育部官网上的通报，截止2018年6月，国家针对校园欺凌行为进行专项治理的提出已有2年的时间，仍有7个省级教育管理部门没有落实，⑤ 那么省级以下各级教育管理部门的执行力就更可想而知了。其次，管理模式的守成化影响对校园欺凌行为管理的积极性，比如在校园欺凌的管理上采取或明或暗的指标化评价体系，造成具体落实单位对待校园欺凌行为比较消极，为保证本单位的相关考核成绩，有可能瞒报少报，存在类似“犯罪黑数”的情况。

---

① 具体各省市相关进度详见《国务院教育督导委员会办公室关于开展中小学生欺凌防治落实年行动工作进展情况的通报》，http：//www. moe. gov. cn/srcsite/A11/moe_ 1789/201807/t20180705_ 342120. html，2018年7月14日访问。

② http：//www. shmec. gov. cn/web/xwzx/show_ article. html？ article_ id = 97043，2018年7月14日访问。

③ UNESCO：School Violence and Bullying：Global Status Report；Seoul；2017，S. 31.

④ http：//www. law. gov. kr.

⑤ http：//www. moe. gov. cn/srcsite/A11/moe_ 1789/201807/t20180705_ 342120. html，2018年7月14日访问。

再次，在有落实的地区，也只是简单地公布了一下本区校园欺凌行为联系人的联络方式，具体学校并没有联络人。校园欺凌行为发生在学校范围之内，能在具体学校以最快的方式解决是最佳途径。即使有家长联络区领导进行投诉，对事件的调查和处理难免会存在时间上的拖延，这使打击校园欺凌行为的积极效果大打折扣，对被害人的身心创伤的弥补也会消减。校园欺凌现象行为恶劣，不仅对受害青年学生造成了身体上的伤害，更给青少年留下了严重的心理阴影，甚至是心理创伤。对于受害青年学生来说，影响的可能是他们的一生。而欺凌者由于是未成年人，法院对他们的处罚无法判处太重，学校或双方父母也会考虑这一因素对欺凌者从轻处罚，他们所承受的后果可能远没有受害者那么多。最后，学校层面缺乏足够重视还表现在《道德与法制》课程流于形式，常被其他科目挤占，心理健康教育缺失，难以主动发现问题学生。

（二）教师监管校园欺凌行为面临瓶颈

学生一天大部分时间都是在学校度过，因此教师及学校的责任非常重大，但目前国家对公立教育投入资金仍然不足，师资紧张，师生比过大，教师应付日常教学工作就已是负担较重，同时又有各项指标评价。在深度访谈的6位中小学老师中有5位表示，在目前如此繁重的教学考核工作中，对于校园欺凌行为的重视就显得有些力不从心，而且教师对于校园欺凌的认识普遍缺乏培训，尤其是规范不明的前提下、何为校园欺凌，何为学生打闹很难分辨，很难做到正确认知。从班主任老师的角度来看，第一，本班级内如果有校园欺凌的行为发生，并不是件光荣的事情，极有可能影响个人考评，如果能把事情在班级层面大事化小、小事化了，这是最好的结果。第二，班主任老师对校园欺凌行为的判定和处理也容易受到来自学生和家长的影响，比如实施欺凌行为的学生学习成绩很好的情况下，教师从心理上对其有特别好感，有可能对行为事件的认定有所偏向，再或者也可能受到来自欺凌者家长的压力。第三，教师监管空白时段的不可避免，校园欺凌行为发生的时间段大多在课余时间，比如课间休息及上学放学的时间段，上课时间内比较不多见，上学、放学的时间段不在教师管理的范围内，需要家长陪护。但实际情况是，教师管理班级时间有限，无法在课间时间对班级情况照顾周全，课间活动时间学生活动范围大，只能对学生放任自流，除非有学生主动报告。

（三）小学生欺凌行为认定困难，被欺凌学生的沉默缺少重视

小学生的欺凌行为认定最为困难，多数小学生的霸凌行为会被老师误以为

是玩闹或调皮而不被重视，从而导致欺凌行为的升级。① 很多学生被欺凌后并不懂得如何保护自己，出于脸面、自尊心或害怕等原因最后选择了沉默，最容易受到伤害和最需要帮助的儿童与青少年恰恰也是最不太可能举报事件或寻求帮助的人。他们选择不告诉任何人，不去举报其所遭受的暴力和欺凌，其中的原因包括：对成年人缺乏信任（包括对老师）、害怕产生不良后果或遭报复、有罪恶感、羞耻感、感到困惑、担心不被认真对待或者不知道应该去哪里寻求帮助。② 非但不能杜绝暴力欺凌事件，反而助长了暴力欺凌者的嚣张。③ 从心理学上观察，霸凌者有强烈的自私性，会经常出现支配他人的言行举止，并且将自己的侵犯意向强加于他人，他们善于使用具有逃避性、自我欺骗性和攻击性的心理防御机制，例如否定自我、拒绝面对现实等。④被欺凌学生往往胆小、内向，不会主动寻求老师的帮助。欺凌行为具有长期性、反复性。很多时候，欺凌行为不仅没有得到制止，反而得到部分同学的起哄、怂恿，形成一种“欺凌圈”（如下图所示）。⑤

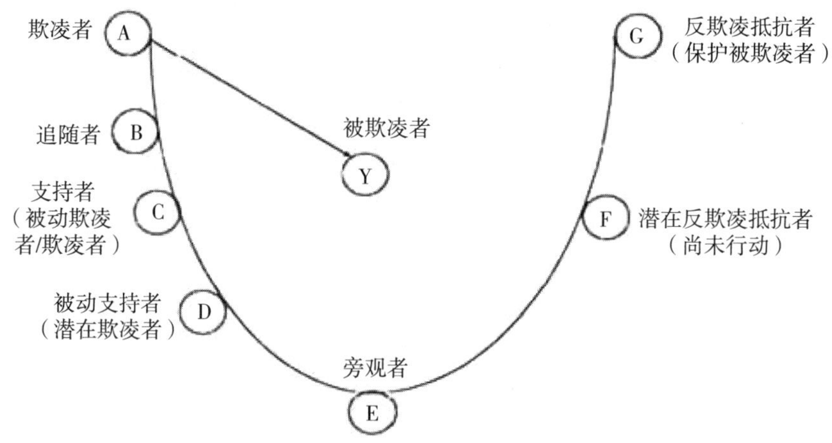


① 马志杰、陈伊唯：《小学校园霸凌的社会心理学探析和解决策略》，载《厦门广播电视大学学报》2017年第3期。

② UNESCO：School Violence and Bullying：Global Status Report；Seoul；2017，S. 20.

③ 杨婕、马焕灵：《挪威校园欺凌防范机制研究》，载《现代教育管理》2017年第12期。

④ 马志杰、陈伊唯：《小学校园霸凌的社会心理学探析和解决策略》，载《厦门广播电视大学学报》2017年第3期。

⑤ Olweus，D. Bullying at School and later criminality：Findings from Three Swedish Community Samples of Males. Criminal Behavior and Mental Health，2011，21（2）：151－156. 杨婕、马焕灵：《挪威校园欺凌防范机制研究》，载《现代教育管理》2017年第12期。

## 三、校园欺凌行为认定标准的界定

校园欺凌客观方面的认定标准包括行为与后果两个方面。行为次数与行为方式构成对行为的内涵界定，由于《治理方案》明确规定单次即可构成，所以在行为次数上是比较明确的。行为方式上主要有肢体、语言及网络等手段，肢体手段一般的理解就是通过实施武力进行的身体接触或者称为身体攻击，不论只是拳脚相加还是有额外的工具，只要四肢或工具对被害人有身体上的接触都可以认定为此处的肢体手段。语言手段是区别于肢体手段的方式，强调的是非身体接触的方式，常见有口头言辞上的羞辱、嘲笑、讽刺、挖苦、恐吓、散布谣言等。2006 年联合国暴力侵犯儿童问题的研究报告指出 20%—65% 的学校儿童遭受言语欺凌，而这是校园内最普遍的暴力形式。① 小学生的欺凌行为常常表现为以上两种，初中阶段以后网络欺凌的情况开始显现。网络霸凌是通过信息通信技术，如短信、社交网络、邮件、即时通信工具、应用软件、游戏网络、聊天室等网络媒体实施的霸凌行为。莫娜·摩尔教授认为，网络霸凌是传统霸凌的一种延伸，辅助科学技术对目标者进行人身攻击。② 2011 年，科特和麦克·科特威教授的一项研究表明，受访的 12—18 岁之间的爱尔兰学生中有 17% 的学生曾经是网络霸凌的受害者。③相较于传统霸凌形式，网络霸凌更具有杀伤力。它通过互联网实施霸凌行为，不需要通过人与人面对面的接触，因此可以发生在任何时间、任何地点，已经超越传统的地理环境的范畴，学生的家也不再是安全的"港湾"。学生运用网络缺乏家长和教师的监督，并且霸凌者的身份很难得到追踪，通常情况下是霸凌者有明确的目标，但是被霸凌者和管理者却很难将其锁定，这就容易导致学生之间互相怀疑和疏远。网络媒体的本质也表明数字信息可以即时分享给大众，并且很难永久地删除。④ 在现实的校园欺凌行为中这三种手段并不是分别进行，往往三种手段同时进行，例如在关系（态度）霸凌中，运用语言或网络手段大面积煽动同学在社交方面孤立某位被欺凌者，对试图接近被欺凌者的同学强行使用肢体手段将其拖离等。

---

① UNESCO：School Violence and Bullying：Global Status Report ；Seoul；2017，S. 12.

② O' MOORE M.. "Cyber – Bullying：the situation in Ireland" Pastoral Care in Education：an international journal of personal，social and emotional development. London – Routledge. 2012，30（3）：209 – 223.

③ COTTER P，MC GILLOWAY S. Living in an "electronic age"：Cyber bullying among Irish adolescents. Irish Journal of Education，2011（39）：44—56.

④ 高雅茹：《爱尔兰"反霸凌行为计划"项目述评》，载《现代中小学教育》2017 年第 4 期。

客观后果上分为身体伤害、财产损失和精神损害，首先对这三个后果的理解不宜过于机械，这三者如果具备单一选项即可构成校园欺凌，但是如果三个选项分别的后果都不是特别明显，同时具备两个选项也应当构成校园欺凌。其次，就单一后果而言，身体伤害的认定原则上比较简单，如果单次或多次伤害达到轻伤以上是触犯刑法的犯罪行为，达到刑事责任年龄直接进入刑事程序，如果是轻微伤也是违反治安管理的行为，达到相应责任年龄的可以走治安处罚的程序。没有达到相关责任年龄，但伤害结果达到轻微伤以上的，可以认定是校园欺凌，进行相应的学校纪律处分。比较困难的是如果伤害程度达不到以上程度时，如何区别校园欺凌与一般学生打闹，这就需要结合主观意图恶意与否及行为次数，并且要搜集更多的相关证据进行补强证明，如周围学生对行为人与被害人平时关系的看法、被害人对行为人主观意图的感受等，尽量还原当时的场景，并结合之前的相关事实对于单次的伤害进行综合认定。校园欺凌行为中财产损失的表现除了欺凌者对被欺凌者敲诈勒索的行为还可以表现为随意破坏、占有别人的财产。但是被害人的财产损失达到多少，才应该做犯罪处理，《治理方案》也没有给出标准。此时应根据体系解释的方法，参照我国刑法财产犯罪的相关立法及司法解释的规定。对于没有达到财产类犯罪金额的行为要视情况认定是校园欺凌，必须考虑到在中小学生当中尤其是小学生中，其在学校中可支配的财产非常有限，因此很有可能财产损失微小，此时不能因为财产损失微小而一律不认定是校园欺凌，而应结合校园欺凌行为主观方面的要素进行综合认定。

精神损害在校园欺凌行为中也是普遍存在的后果，据新闻报道，2017 年 11 月 2 日，北京市西城区人民法院做出了一个历史性的判决——对一起校园欺凌案进行宣判，以寻衅滋事罪对 5 名未成年被告人判处 1 年或 11 月的有期徒刑。2017 年 2 月，5 名被告对 2 名女生无故进行殴打和羞辱，期间还将一名女生的衣服脱光进行视频拍摄，并在被告人自己的微信群内进行小范围传播。经鉴定，2 名受害人均构成轻微伤，其中导致一名女生出现精神抑郁，至今仍无法正常生活、学习。① 这即是一起典型的身体伤害达不到犯罪，但由于精神损害非常严重而构成刑事犯罪的案件。由于精神损害与造成精神损害的原因之间存在较为复杂的关系，因此对精神损害程度的评定就显得比躯体损害的程度评定更为困难，身体伤害和财产损失都有可能附带有精神损害。精神损害的后果因为比较抽象需要专业评估，有器质性的也有功能性的精神损害。器质性精

---

① http：//www.sohu.com/a/202605967_ 498153，2018 年 7 月 17 日访问。但这并不是国内第一例针对校园欺凌行为的刑事判决，2016 年江苏省昆山市法院已有过类似判例。

神损害一般可以通过辅助检查（如 CT、MRI）加以确定，但对功能性精神损害（如精神刺激等）的严重程度认定就比较困难。常见的功能性精神损害可导致精神分裂症、癔症和反应性精神病。精神损害导致精神分裂症的，要分不同情况加以认定，典型的是由于校园欺凌行为发生后半个月内发生精神分裂症状的，应认定为重度精神损害。如果在受精神损害前本身就存有精神疾患，而精神损害导致原精神疾病的复发并使其症状加重和恶化的情形，有观点认为可评定为轻微损伤。[①] 若受精神损害后（半月以上）才发病或“伪病”的，一般可认定行为与疾病之间无相关性。[②] 若精神损害后导致受害人的癔症是第一次发作的，症状又重，并出现有明显意识障碍、幻觉、妄想及行为紊乱、社会功能明显受损的，可考虑评定为轻伤；若患者的人格缺陷又不明显，加害的情节又不恶劣，且受害方也有一定过错的，法医可认定患者的精神损害与疾病之间的关系不大或不相关。[③]一般反应性精神病愈后良好，不具备器质性病变性质，因此评定损伤程度一般不应在重伤范畴考虑，故可评定为轻伤。但由于精神损害的特殊性，法医在对精神损害轻重程度的评定时，更应注重从精神损害的行为与损害结果的关系上去考虑，故法医有时也可对部分严重的反应性精神病的患者评定为重伤。[④] 对于构成轻伤及以上程度的精神损害，达到刑事责任年龄的应做犯罪处理。

根据《治理方案》构成校园欺凌行为主观上应为蓄意或恶意。主观意图存在于人之内心，非外化的行为无从判断，所以在刑事侦查中“以口供为中心”的侦查模式一直盛行。在校园欺凌行为的主观认定中同样存在这样的问题，所以一般是从行为人与被害人的陈述来判断，如果能取得诚实的行为人与被害人的陈述的话是最完美的证据，但基于人性自私的本质，有可能双方的陈述都偏向于有利于己方，这就需要其他证据来补强或者对蓄意和恶意的认定以其他要素加以辅助。例如联合国教科文组织的《校园暴力与欺凌全球报告》中认为，欺凌是“在学龄儿童中发生的违背他人意愿的攻击行为，这种行为往往伴随着实际或认知到的权力不平衡，会在一段时间内反复发生或有反复发

① 徐长苗：《精神损害的类型严重程度的界定及赔偿原则》，载《川北医学院学报》2004 年第 4 期。

② 刘耀等：《中国法医学最新科研与实践》，中国人民公安大学出版社 2000 年版，第 155 页。

③ 郑瞻培、吴军：《关于损伤性精神障碍的损伤程度评定》，载《上海精神医学》1991 年第 4 期。

④ 徐长苗：《精神损害的类型严重程度的界定及赔偿原则》，载《川北医学院学报》2004 年第 4 期。

生的可能性。"[1] 因此，蓄意或恶意的判断性要素之一可以是"违背他人意愿"，如果行为人明知（含确知）自己的行为是违背他人意愿，但仍然实施的即可认定是蓄意或恶意。此外，另一方当事人是否感受到痛苦，对于对方的行为是否与自己的意愿相反，亦是对行为人主观内容认定的辅助性要素。当然也可能发生例外情况，如行为人发生认识错误的情形下，如何界定行为性质是比较复杂的。第一种是误认为对方对自己的行为是可以接受的，而实际上违背了对方的意愿，在这种情形下，不宜认定是校园欺凌行为，应该属于一般同学打闹。第二种是行为人蓄意或恶意地实施欺凌行为，但被害人并没有感受到痛苦，但"欺凌圈"的围观者或一般人都认为此种行为是一种欺凌的情形下，应该认定为是校园欺凌行为，因为欺凌行为是一种有规律的行为而非单一的独立事件，对受害者、旁观者、施暴者都会造成负面影响，应该予以制止和矫正。

## 四、对校园欺凌行为的治理应态度上"零容忍"与处罚上"缓起诉"并行

校园欺凌行为是"顽疾"。校园欺凌行为在实践部门中的重视不够、治理不彰的原因之一有可能是实践部门思想观念的认识不足，一方面是前述分析的国家规范层面的不明确导致执行时无从下手，以及绩效考评等行政方面的忧虑。法律规范不明固然是天然缺陷，但实践部门不可以此为借口对校园欺凌行为不作为。常被当作标杆的美国，从 1999 年的佐治亚州诞生第一部反欺凌法案，到 2015 年 3 月美国蒙大拿州通过立法，至此美国 50 个州全部有了反欺凌法律。[2] 在 1999—2010 年间，美国共通过了 121 个法案，用以定义并禁止欺凌行为。尽管从认识、发现，到协调、处罚，美国在反欺凌方面已经有了较成熟的系统，但是依然面临挑战。据 2014 年"奥维斯预防欺凌项目（Olwsus Bullying Prevention Program）"公布的调研数据显示，依然有 17% 的学生被卷入欺凌事件之中。[3] 因此，法律与政策规范是否健全本身不可以成为对校园欺凌行为不作为的借口。

另一方面也可能认为未成年欺凌者心智上不成熟，担心过于严厉也可能对

---

① UNESCO：School Violence and Bullying：Global Status Report ；Seoul；2017，S. 8.

② 金泽刚：《处理校园欺凌案的思路该换换了》，载《南方都市报》2016 年 5 月 23 日第 AA5 版。

③ UNICEF（2014）引用。Hidden in plain sight：A statistical analysis of violence against children.

其身心成长造成不良后果。这种担忧也存在商榷之处。在刑事不法的意义上，校园欺凌行为其实与犯罪有“同质”的考量，同样具备行为不法、主观恶意，差别只是结果上还没达到刑事程度或者行为人在罪责上不具备承担能力，而且从目前的情况来看，现有的处理方式对欺凌者群体并没有真正起到震慑和约束作用。未成年人的保护也是一把双刃剑，对欺凌者的轻纵就是对被欺凌者的再次伤害。

教育实践部门应当认识到，在某种意义上而言，所有儿童和青少年都面临学校暴力和欺凌的风险，虽然从权力结构的角度看，欺凌者与被欺凌者是不平等的，欺凌主要针对弱势人群，例如贫穷或因种族、语言或文化差异、移民或流离失所而处于弱势地位的学生，残疾或外貌异常的儿童，例如超重或过于瘦弱，也是欺凌的主要目标，性取向、性别认同不符合传统规范的青少年更加容易遭受学校暴力和欺凌，① 但在我们访问的 3 名被欺凌小学生中有 2 名并不具备以上这些特征。而且如果公力救济不彰很有可能会造成受害者寻求私力救济方式，滋生以暴制暴行为或者将情绪发泄到更弱者的身上，由受欺凌者转化为欺凌者。此外暴力和欺凌还会影响校园的整体氛围，不安全的学习环境会造成充满恐惧和不安的氛围，让学生们觉得老师控制不了局面或是不关心他们的福祉，这会进而降低所有学生的教育质量。因此，对于校园欺凌行为应当采取“零容忍”的态度。

《治理方案》的落实还需要很多工作，要加大教育资金的投入，建设智慧校园，形成人防和技防的双重保护。人防方面首先通过资金的投入形成合理科学化的师生比，比如在小学低年级，由于学生年龄小，对是非分辨能力、对自身感受的口头表达能力等各项能力都非常有限，因此需要在校园欺凌行为可能高发的热点时间段，比如课间时间或室外活动时间配备更多的老师密切关注，这方面可以模仿“泳池管理模式”，为班主任老师配置 1—2 名专职辅助教师帮助进行监管防范。进入小学高年级或初中及以上年级时，学生相应上述能力都有所增强，可以减少专职辅助教师的数量。其次引进国外成熟的校园欺凌防治方法，例如挪威的“奥斯维欺凌防范项目”，该项目目前被全世界十几个国家引进，均取得很好的效果。② 在校内，欺凌常常发生在那些相对不容易被学校老师或其他工作人员看到或监督的地方，比如厕所、更衣室、走廊和操场，这就需要技防手段来补充，杜绝监控死角。

---

① UNESCO：School Violence and Bullying：Global Status Report ；Seoul；2017，S. 8.

② 杨婕、马焕灵：《挪威校园欺凌防范机制研究》，载《现代教育管理》2017 年第 12 期。

最后，在对校园欺凌行为的处罚上，目前整体情况是偏轻的，达到刑事责任年龄作刑事犯罪处理的方式比较少见，一定程度上是对未成年人的过度保护。这种顾虑是可以理解的，毕竟传统上认为未成年人的可塑性比较大，从犯罪学的“标签理论”出发，“犯罪化”的标签易导致二次越轨行为的发生，但这在一定程度上就放纵了欺凌者，导致被欺凌者的二次伤害，也是对公平正义的偏失，其实这种情形可以从刑事程序法的角度进行解决，对达到刑事责任年龄、主观与客观方面都达到刑事不法的行为要严格纳入到刑事诉讼程序中进行处分，但可以在诉讼程序上采取“缓起诉”的方式避免“标签化”的不良影响，这样一方面用刑事手段对校园欺凌行为形成足够的威慑，另一方面也保留了欺凌者改过自新的机会，恩威并施才能终结欺凌者的行为偏差。

# 浅析政法系统信息共享协同机制

蔡均钧*

2008年初，中央政法委下发政法〔2008〕1号文，文中提出推进政法机关网络设施共建和信息资源共享，至今为止政法信息化建设日益健全，通路问题逐步完善，核心问题逐步解决，注重业务的深度应用将成为未来政法机关信息化建设的主旋律，尤其是跨政法机关的信息共享、业务协同，将会是未来深化建设的重点内容。

## 一、立题以贯

美国联邦政府首任首席信息官维伟克·昆德拉曾说过，我们正在把信息的力量放在美国人民的手中。维伟克曾推出“城际数据仓库”项目，将华盛顿特区政府的各类公共数据推上互联网，允许全球任何人访问和下载，并将这种改变称为“数据民主化”。无独有偶，我们国家政法系统这几年也正在经历着类似“数据民主化”的改革。

各政法机关，诸如公安、检察机关、法院、司法行政之间均存在权威信息交互、业务流程衔接的需求。在传统的政法系统业务协作模式下，发起部门（如公安机关）在完成本单位业务办理后，按照相应规则将工作文书、证据材料、法律文书等，装订成卷，人工传输至接收部门（如检察院），协作频率常受制于人力物力成本等限制，一般只能达到2次/天，部分偏远地区甚至1—2次/周（本数据特指基层及有案件需要交互情况），而接收部门收到卷宗后，先根据业务流程进入下一个环节协作，再进行内部处理，又要经历一个循环。而在交换文件、信息录入过程中，存在大量的手工操作，出现卷宗保管和录入差错现象的几率是比较高的。这些都制约着司法公信力的提升。

在这背景下，打通政法系统信息壁垒，推动建立行之有效的共享协作机

---

* 蔡均钧，福建省石狮市人民检察院未成年人检察部主任。

制，各政法机关可以共享其他机关执法司法过程中产生的权威数据，实现信息资源最大化利用，成为政法信息化工作的当务之急，这也是本文的立意所在。本文所称的政法系统信息共享协同机制，是指以“网络统建、信息共享、业务协同”为总体目标，以政法系统信息专项传输网络为依托，以共享协同为核心，建设面向政法各机关实际工作需求，涵盖信息、语音、视频会议三介质的信息共享协同机制。

## 二、亮题开义

### （一）建立政法系统信息共享协同机制的现实意义

政法工作与科技信息化深度融合，是客观形势所趋。当前，各政法机关基本建立了较为完善的垂直平台，然而各专网间各自独立、互不联通，司法过程中产生的信息各自存贮、不相共享，系统重复建设、信息重复采集，有限的财政经费不能发挥最大的效益。部分法律文书发生错漏也难以进行人工识别，极大制约着群众对司法认知度的提升。建立政法系统信息共享协同机制对于激发办案机制迸发新的活力有促进意义。

促进案多人少现状下的办案效率提升。人民群众日益增长的司法需求与发展不平衡不充分的司法工作的矛盾仍在加剧，按照司法改革的导向及员额限制，“案多人少”将成为影响办案效率的主要因素。如何解决案多人少的矛盾，仅靠增加人力编制解决不了实际问题，要善用现代科技改变以往办案机制，解决传统人工手段做不了、做不好的事情。信息共享协同机制为司法信息化、司法智能化打开了大门，以信息共享协同机制为主导的系统以自我学习和智能决策的能力，除了初级的语音人脸识别、智能引擎、法条联想外，还可以实现更多智能化的操作。例如，在有了海量的判例数据后，系统可以自动筛选在办案卷的核心要素、关键信息，自动比对以往判例，智能汇总形成可供参考的裁判方案、量刑建议等。同时，通过共享协同机制，还能智能提取卷宗信息，自动关联录入案卡、生成文书，在发现证据存在瑕疵时还能预警，延伸检察监督战场。信息化的广泛和深入运用不仅会大大提高司法裁判的效率，将司法工作人员从大量简单的程序性事项和行政事务中解放出来，驱动传统司法工作模式的变革，还将在司法领域辅助工作人员，为司法现代化的转型提供了无尽可能。加大全民考官背景下的司法公开力度。用信息技术推动公正司法，用科技提高司法透明度，已经成为政法系统的普适观念。2013 年 7 月 1 日，中国裁判文书网正式开通，这是一件载入司法史的大事件，紧接着司法公开的脚步逐渐加快，继审判流程、裁判文书、执行信息公开之后，人民检察院案件信息公开网、中国庭审公开网相继上线。署着政法干警名称的裁判文书被晒到了网上，像是举办了一场关于司法公正的考试，全国人民都是考官。大数据不仅将极大地提高社会治理的可预见性、精准性、高效性，推动由事后追溯向事前预测预警预防转变，群众对于司法公正的需求也在提升，政法系统面临着前所未有的挑战，裁判文书、终结性法律文书制作中“差不多先生”现象必须杜绝，凡事马马虎虎、不求精确已经成为过去式。推进“万联网”时代的网络办案实现。“未来，人类社会将进入所有人、物都互联互通的‘万联网’时代，更多超乎想象的奇迹将会发生”。各政法机关间业务联系频密，如公安机关与检察机关在打击刑事犯罪、侦查监督、执行监督、刑事执行检察等方面的协作；检察机关与法院在刑事公诉案件、支持公诉、审判监督、抗诉等方面的协作；公安机关与监狱等部门在罪犯服刑移送、刑满释放、安置帮教、监外执行等方面的协作。在上述协作中，需要法律文书交换、材料审批、案件卷宗、印章互认等大量的业务信息。但是在现行的政法业务协作模式下，往往通过文件打印、人工交换等方式实现，部门间业务协作时间长、效率低。最高人民法院提出了智慧法院理念、全流程审判执行要素依法公开、全方位智能服务，这被认为是破解办案难题、赢得民心的利器。现今，网络法院的同步提取证据材料、越来越强大的搜索引擎，这些无不激发着司法改革必须在科技创新上抢先一步，司法机关两耳不闻窗外事、一心只办自家案已经不能适应时代发展了。只有适应“万联网”事物之间普遍联系的规律，主动拥抱大数据，打破政法系统专网信息壁垒，才能赢得主动。

### （二）建立政法系统信息共享协同机制的实践价值

各政法机关相互之间都存在对其他机关案件信息数据的需求，且双向需求大于单向需求，这是建立信息共享协同工作机制的基础，也是实现信息共享的优势。以检察机关为例，检察机关需要公安机关网上交换提请批准逮捕、起诉等数据，提高办案效能。而公安机关则需要检察机关网络传输（不）批准逮捕决定、补充侦查意见书以快速执行。至于法院，如果没有检察机关提供起诉数据而自己录入建立案件亦是重复劳动，同理，法院亦可提供判决结果、交付执行等信息以完善检察机关的公诉案件数据库。再则，检察机关如果没有看守所的动态数据，就不能开展网上监督刑罚执行活动。故从刑事案件办理流程来看，一个案件从公安到检察再到法院最后到刑罚执行机关，基础信息要录入四次，四个机关重复作业效率自然不高。各政法机关“孤军作战”的结果，导致了信息搜集不全面、信息资源得不到充分利用、业务流与信息流分离等，极大地制约了司法工作的发展，司法智能化无从突破。建立信息共享协同机制，将当事人基本情况、身份信息、事实证据等具有可共享性，流转过程、期限控制、文书送达等具有可衔接性的资源交互起来，促使政法机关信息孤岛通过专属平台链接起来，一家数据四家共享，有助于完善办案数据库，提高信息利用率；通过网上交互办案再造工作流程，减少机关间案件移送时间，能促进办案效能整体提升。如贵州“政法平安云”，整合各政法机关信息于一体化工程中，将大数据手段运用到打防管控、执法司法、社会治理等领域，全省犯罪大幅降低。贵阳市首开先河的政法大数据共享应用平台，将公、检、法三家需要的数据、电子卷宗等按照相应规格标准传送到共享数据池，相关数据可互相推送、读取、应用，促“条数据”为“块数据”。苏州市检察院承办的政法信息综合管理平台，打破机关间数据壁垒，为跨部门协同业务提供数据基础。还有广东省检察院建设的检察监督平台，广西壮族自治区欲开展的政法大数据共享平台，内蒙古等地区的电子卷宗共管机制，以及各地区积极实践的远程庭审、提审等机制建设，无疑都是信息共享协同的有益实践。信息的共享协同，将现有的政法系统串联起来，形成了可以根据需要随时调用的信息系统群，这对推动规范化、智能化具有极高的实践价值。

（三）建立政法系统信息共享协同机制的发展内涵

建立信息共享协同机制，共享各机关采集的大量的、权威的、完善的案件信息，为各政法机关分析研究司法规律提供了基础数据，也为侦办具体案件筛选价值信息打下了前提。以刑事案件为例，政法系统的任何一个机关都可以完整准确地掌握一个罪犯从被立案侦查开始经过侦查、强制措施、起诉、审判、交付执行、刑满释放全诉讼过程，形成一条以犯罪嫌疑人为主线的信息链。信息共享不仅仅实现了信息数据在各系统、各主体之间的跨界流动，各政法机关还能够通过网络及时全面查询、掌握信息，推动了信息化向智能化进阶，而且还能促进在集成大量执法司法活动中产生的海量数据基础上，开展信息的深入运用，推进其他大数据系统的开发，还发现和掌握执法司法运行规律，促进了政法系统自我学习和决策分析，完成在特定条件下根据一定的标准规格自动反应和决策。建立政法机关信息共享机制，将现有的信息系统进行有效的链接整合，形成智能化所必需的数据汇流，并产生智能集合各系统协同办案、互相监督的基础，对推动各政法机关工作协调管理的科学化发展与自身管理科学化发展具有直接作用，而以犯罪嫌疑人为主线的“块信息”对加强我国社会综合治理更具有积极意义。

## 三、析题释文

这几年，政法系统信息共享协同机制已经慢慢成为政法工作智能化建设的重要旋律之一，但其搭建仍然未引起重视，关键争议在于应当在多大程度上实现共享协作及如何建设。

### （一）政法机关交互的信息内容

无论从实务界还是理论界，均认为各政法机关交互的信息仍应以其需求为导向。则包含在信息需求中的信息交互内容，应作如下解释，即各政法机关为获取解决问题所需要的完整可靠的，并能以便捷形式表达出来的信息，包括信息内容、形式、来源、载体及获取方式。以双向需求角度出发，通过政法机关为单元分析各机关应当提供的信息资源，反之这也是其他机关需求的信息资源。所涉的信息如下表所示。

**表1：各政法机关交互的信息内容**

| 序号 | 信息源 | 信息资源 |
| --- | --- | --- |
| 1 | 公安机关 | 侦查卷宗材料（包括全部证据材料、刑事立案信息、犯罪事实信息、相关法律文书等）、公民身份信息、前科资料、车辆管理信息、看押犯罪嫌疑人的动态信息数据等 |
| 2 | 人民检察院 | 诉讼卷宗材料（包括立案监督意见书、批准逮捕书、起诉书、补充侦查意见书等法律文书） |
| 3 | 人民法院 | 相关判决信息、上诉信息及刑罚交付执行情况信息及在可能的情况下逐渐开放其民事、行政卷宗材料等 |
| 4 | 司法行政部门 | 社区矫正情况、律师信息等 |
| 5 | 其他 | 司法救助情况、涉法涉诉等信息 |

通过对全诉讼流程的交互性进行解构，将业务内容进行分块管理，政法机关间共有刑事侦查、诉讼、刑罚执行等九大业务类别共计56项具体业务需要政法机关间共同协作完成。所涉业务包括下表所示。

**表 2：政法机关间交互的业务内容**

| 序号 | 业务类别 | 具体业务 |
|---|---|---|
| 1 | 刑事侦查 | 审查逮捕、不捕复议/复核、提请批准延长及重新计算羁押期限、变更强制措施及执行、边控业务、通缉业务、移送审查起诉、不起诉复议/复核 |
| 2 | 刑事诉讼 | 移送刑事案件赃证物、刑事公诉业务、行政诉讼上诉案件审查、对（未）已生效抗诉、再审案件、发回重审案件、又犯罪加刑业务等 |
| 3 | 刑罚执行 | 刑事执行、罪犯留所执行刑罚、罪犯减刑、假释、保外就医、减刑业务、释放业务、提解业务、交付社区矫正业务等 |
| 4 | 法律援助 | 公证证明查询、指定律师业务、案件进度查询、司法救助等 |
| 5 | 审批通报 | 审前调查业务、行政复议、定期通报 |
| 6 | 监督协调 | 立案监督、适时介入侦查、刑罚执行监督、律师执业情况调查、政法委协调办案 |
| 7 | 申诉控告 | / |
| 8 | 人民调解 | / |
| 9 | 其他 | 其他根据业务调整需要进行共享协同的业务 |

（二）交互信息的共享性及协同性

作为构建政法系统信息共享协同机制的数据基础，解构上述信息内容并进行“信息共享类”与“业务协同类”的区分，有助于快速推进政法系统信息的分流管理及业务实现。

一方面，信息共享类是指在不同的政法机关信息系统间，信息可以未经处理或者进行一定标准过滤后实现交流与共用，纯粹为了提高政法信息资源利用率，避免在信息采集、存储和管理上的重复浪费，这也是促进政法工作更加公开、更加透明高效的有力抓手。信息共享类的信息具有内容的可复制、可共享性。例如，公安机关存储的公民身份信息、前科资料，其他政法机关在审核案件时有需求需要一并审查相关信息并记录；又如，司法行政机关会对律师信息进行统一管理并及时更新，其他政法机关在办理律师提交申请事项时需要识别其证件材料。上述信息是单一数据，共享时不涉及数据的传递衔接，仅需将上述信息以系统能识别的结构进行传送，通过专网向有此数据需求的单位实现共享。即使源系统中的信息发生了变更，重新共享一次即可。

另一方面，业务协同类则是指不同政法机关在办理某项业务时，必须对局部信息进行合理排列、组合，以期促成某项业务按照既定的业务流程向下一业务顺利流转。例如：刑事案件中“审查逮捕”节点由公安机关向检察机关发起，检察机关案件管理部门对上述数据进行审核后，作出是否接收案件的决定，同时移交侦查监督部门根据卷宗材料等进行判断并作出“批准逮捕”或者“不（予）批准逮捕”的决定，公安机关在收到检察机关的反馈后开展执行。由于这项业务涉及的信息需要有效解析和即时传递，那么仅通过“数据共享”方式无法满足需求，故需要进行适当的标准转化，并通过定义流程及交换节点实现业务办理。

### （三）信息共享协同的实现方式

在研究政法系统信息共享协同的背景下，我们也应当看到制约政法机关间信息整合的原因主要有以下几个方面：一是根据上级部门要求，各政法机关间的网络为独立业务专网，与其他网络物理隔离，阻断了信息共享与业务衔接。二是出于政法信息的特殊性及业务独立性等要求，各政法机关的业务系统接入和改造的限制比较多，系统整合难度大。三是从安全保密角度看，各政法机关的网络保密级别不同，缺乏一个通用的接入标准，标准的推行需要有较强的协调力度。尽管如此，建立政法系统信息共享协同机制，加强跨部门的信息共享与业务协作，仍旧是利大于弊，且势在必行。事实上，促使各政法机关之间实现信息共享的障碍已经很小，特别是在各机关都建设了垂直的内部局域网后，现在仅需要借助一网一平台，再配以必要的技术人才就可以铺开信息共享协同建设。那么，实现方式中第一步就是要提供一个标准的、以共享协同为核心的信息传输交互网络，以实现安全高效的数据传递和管理体系，进而充分整合各类政法资源，为跨部门协同办案做好准备。第二步，搭建一个符合各单位信息交互需求的平台，该平台还应实现“数据、语音、视频”的三合一，推动该三类数据传输的畅通，以应对远程视频、提审、庭审、会审、证据侦查、开会等需求。第三步，建立起符合各政法机关要求的信息共享与业务协同规范，通过一套数据标准、一套业务规范对政法信息进行统一、有效的集中管控。当然，所有的网络接入、系统平台建设都必须在安全、合理密级的情况下开展。

## 四、破题解难

### （一）破除理念桎梏，吹响政法系统信息共享协同的冲锋号

司法改革，理念先行。当前正处在大数据时代，要以更加开放的心态推进政法数据资源共享共用，曹建明检察长曾指出要积极参与政法机关跨部门大数据共享平台建设，构建跨类别、跨层级、跨单位的检察大数据交换共享体系。

诸多的实践也证实，跨部门的信息共享协同有助于提高各政法机关协作办公、快速反应能力，提升政法系统整体的综合战斗力。远观美国，美国的刑事司法领域一直重视实证研究，强调数据共享、数据说话、数据公开，其所涉范围包括警务、司法、矫正、法官收入、犯罪数据等等，这些数据除了部分会员共享外其余数据所有人都可以从中获益。而美国的数据共享也为犯罪与司法的研究提供了非常有力的实证分析，反哺了美国的司法实践。反观我国，《刑事诉讼法》规定，公安机关、检察机关、法院之间应该分工负责、互相配合、互相制约。这是三机关信息共享协同机制的法律依据，鉴于在当前司法智能化时代，信息共享协同机制有利于将强大的文件流汇总为信息流，推动流程再造、业务协作，实现执法程序全透明，才能进一步规范执法行为，确保分工、配合、制约。最高人民法院和最高人民检察院也曾发布过指导性的文件，要求在各级法院和检察院之间实现司法数据的共享。第一，必须从思想上认识政法系统信息共享协同是当前政法系统智能化发展的必然要求。现今，基于互联网协议，例如万维网、云计算等数字化技术正在改变生活中的一切，也带来了无限可能。政法系统已无法置身事外，主动拥抱大数据，将信息技术转化为技术支撑才是明智选择，而汇总政法系统的信息资源，并加以挖掘和分析，实现司法办案的分析、判断和预测功能，是第一步，也是决定性的一步。积极推行政法系统信息共享协同机制，必将为我国在社会主义市场经济体制下建设法治国家发挥重要作用。第二，要消除对政法系统信息共享协同机制的误解，不要将互联互通与信息完全公开、泄密划上等号，更不能错误地认为信息共享协同后就能完全消除人力作业。任何事物的发展都不可能一蹴而就，但也不能因噎废食。信息数据的价值在于利用，信息的共享交互亦有别于信息公开。检察院、法院在信息公开上都做了大胆尝试，将隐去相关人隐私信息的法律文书上传至网上，成为重要的公共资源，也为赢得司法公信力、加强自身监督打下了基础。部分人员认为如果信息共享协同不能完全杜绝人工传输，那么机制推行价值就不大。事实上，基于各政法机关网络建设情况及信息特性、存贮环境，完全消除人力作业是不可能的，现在的一些唯机器人办案将代替人工办案的说法至少在目前的技术下仍不可行。司法是一种判断权，是完整的法治逻辑、经验、司法判断与案件要素、法律知识中碰撞形成的。机器人不能代替司法判断，当然在未来人工智能发展下能不能实现，让我们以更为开放的视角迎接。第三，在把握好机制推行外，还要注意转变观念，坚持三个面向，即面向政法系统各机关，实现互联互通；面向数据应用，构筑政法信息应用机制；面向群众，提供更为精准权威的司法服务。

### （二）打破介质独立，架起政法系统信息共享协同的高速路

前述提及了一网一平台即可实现信息共享协同机制建设。但目前，各省的公安机关、法院网络平台各自实现了以省为单位的垂直统一信息化管理，检察机关则实现了全国四级检察机关所有业务的垂直化监督管理。并且，由于各政法机关应用系统存在差异性，网络安全保密级别不一，在开发初期没有考虑信息共享协同的需求，没有预留数据导入、导出的接口，跨部门应用平台整合是个难点，制约了业务系统的推进步伐。除了受制于开发公司的技术保护外，如果对各政法机关信息系统直接进行接口开发，信息交互系统将形成一个网状结构，不利于信息安全保护，且接口环境趋于复杂，进一步维护扩展的可能性更是不大。从网络情况建设看，现在各省比较普遍的情况是，检察内网的保密级别（机密增强）高于政法专网及其他政法机关专网，所以一般不允许检察内网与其他业务专网进行互联（包括使用网闸方式的互联），更遑论现在仍有许多地区尚未建立起政法专网。但也存在部分省份政法网与检察专网的保密等级一致，例如贵州省，所以贵州的政法平安云在实现上也比其他省份更有优势。需要注意的是，如果出现因网络保密等级原因导致无法实现互联互通（仅限于信息共享），事实上仍可以通过人工参与，实现非实时的人工导出/导入，这点大胆假设对于省级以下的政法系统实现互联互通意义颇大。

基于如上论证，对各政法机关的业务系统进行直接的改造困难重重，但通过建设政法系统专网，将政法协作平台搭建其上，实现各部门系统的统一接入和管理更为高效便捷可行。从全国范围看，有三种方式可资借鉴：一是利用党政网开展政法信息共享协同，这种方法投资少、见效快，有效回避了政法专网重新构建所需的资金、技术、人才等问题，但由于政法信息密级要求，该网络仍必须建设配套分级保护系统，包括网络隔离、网络安全、审计等重要安全保密措施并经过认证。二是利用党政网的传输光纤搭建一个小型政法局域网，将可以共享的信息存入中间数据库，系统的登录及发送均需经过身份认证、授权控制等安全许可。三是新建一个政法专网，严格按照国家保密标准《涉密信息系统分级保护技术要求》及《涉密信息系统分级保护管理规范》的规格进行建设，项目建设从论证、设计、施工均按照具体要求进行，并经过最终的认证建设。

牵住信息共享协同机制建设的牛鼻子，最为核心的是推出一个集中处理的机构对网络平台建设进行统一规划和部署。作为链接各政法机关的网络、平台，应在各机关提出自己的网络现状和信息需求后由牵头部门进行规划建设，并设置周密完善的安全体系、统一的数据标准、可拓展的架构，全程管理、监督、留痕的安全审计工作。鉴于各省的差异性，部分省份政法专网由政法委建

设，部分由政府法制办牵头，本文不对牵头部门提出具体建议。关于平台，囿于笔者有限的能力，在此不予赘述。

（三）重塑标准体系，畅通政法系统信息共享协同的同心桥

交互即面临着标准的互认。为了便于对共享协同的信息及流程进行维护管理，通过对交互的信息流程解析，提高管理科学化、流程可视化，业务标准的制定应围绕四个类别进行，分别是：第一类业务交互标准，包括业务类型、交互流程、权限文书；第二类是信息交互共享的内容及流程；第三类是印章使用及互认情况，第四类为接口数据及编码标准。

第一类中应详细分析各政法机关的业务协作及流转材料，尽可能地全面涵盖包括业务描述、机关职能、流程描述、流程步骤及流转文书等信息。下面以移送审查起诉为例：（1）业务描述。为侦查机关对侦查终结的案件认为需要追究刑事责任的，向人民检察院移送案件情况等材料，交由人民检察院审查决定。（2）参与的机关职责。侦查机关负责向检察院移送审查起诉案件及材料，对退回补充侦查的案件，按照检察院补充侦查提纲的要求进行补充侦查，并可对检察院不起诉的决定提请复议；检察院对侦查机关移送审查起诉案件进行审查，作出是否起诉的决定。（3）流程描述。一是依法应当追究刑事责任的案件，侦查机关制作《起诉意见书》，连同案卷材料、证据，一并移送同级人民检察院审查决定。二是属于本检察院管辖，案件管理部门确认接收后，移送内部有权部门指定专人对案件进行审查，作出是否起诉的决定。如不属于本检察院管辖，由案件管理部门移送有管辖权的检察院审查，并发《案件交办通知书》给公安机关。三是检察院审查过程中，可要求侦查机关提供法庭审判所需证据材料，或自行补充侦查。四是认为犯罪事实不清、证据不足或者遗漏罪行、遗漏同案犯罪嫌疑人等情形，需要退回补充侦查的，制作《补充侦查提纲》连同案卷材料一并退回侦查机关补充侦查。四是侦查机关根据《补充侦查提纲》在一个月时间内补充完毕后，制作《补充侦查报告书》和补充侦查材料，连同案卷材料一并向检察院移送。五是公安机关认为人民检察院作出的不起诉决定有错误的时候，制作《要求复议意见书》，经县级以上公安机关负责人批准后，移送同级人民检察院复议（该流程见不起诉复议、不起诉复核）。（4）处理结果。检察院作出起诉、不起诉或者补充侦查决定并移送下一接收方。（5）流程步骤及文书情况如下图所示：

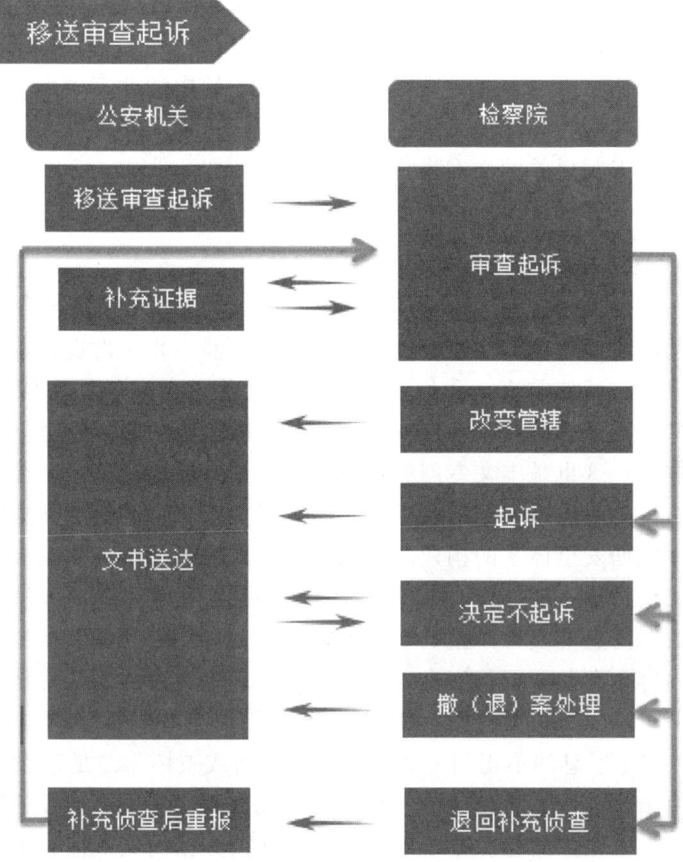


第二类中关于信息交互标准，首先应确定信息共享的内容，这点在前述第三部分已经论证过了。在实际工作中，不同机关的信息交换机制还由其信息需求的价值、产生的特点及价值决定，就交换的数据集规模而言，存在两种机制（全量交换及增量交换）。其次，应确定信息共享流程是全量共享、依职权共享或依申请共享。全量共享是指各机关对于上传到共享数据库的信息都有权查看并随时调用，这点受制于各机关愿意让渡的信息资源量，故建议在建立信息共享协同机制时应先行确定信息资源内容；依职权共享是指各单位在制定信息交互标准时即提出自己的需求，并依需求而开放其职权查询权限；依申请共享则是各单位不明确各自职权所涉信息需求，而根据其实际工作进行申请。笔者认为在当前司法数据公开背景下，共享的步伐应逐步开放，故建议采取依职权共享为主、依申请为辅的共享模式。

第三类中关于印章情况，由于跨部门协同办案的重要标志是电子印章的相互认证，而目前各机关使用的电子印章大多来自不同公司，格式也不尽相同。以检察系统为例，目前检察系统采用的是北京书生公司，如果协同办案平台使用的印章不是北京书生公司，则需将统一软件系统中的北京书生公司印章系统用印后的文书转换为印章能识别的文书，同理对进入或交互进入各自办案系统的侦查文书、审判机关的文书进行相应的转换。

关于接口数据及编码标准，建议由专业机构进行集中研发，本文不予赘述。

（四）关注信息安全，开出政法系统信息共享协同的定心丸

在推动政法系统信息共享协同的进程中，已经不止一次提及司法数据的涉密性及敏感性。诚如前言，我们论证过了信息共享交互的层次深度及实现方式，并且从实践中看政法系统在实现信息共享的进程中对于安全保密的考量从来是第一位的。这也是本文专门就信息安全单列一项进行论证的缘故。

各政法机关对数据安全的要求比较高，建立政法系统信息共享协作平台时应着重关注数据安全体系的构建。笔者建议可从以下几个方面提供保障：一是制订数据安全管理制度。作为集中管控各机关独立业务系统的政法系统数据共享池，对数据信息应实行严格的安全保密管理，应建立涵盖数据情况、身份认证、权限内容、存贮配置、安全审计、流程管理等内容的安全管理制度，并以“概括＋列举”确立职责权限，确立管理员专人专岗职责管理，定期进行备份、核对，防止信息的不正当生成、变更、泄漏或破坏。二是建设信息交换安全机制。由于目前计算机环境的复杂，系统及其网络结构更加开放庞大，给数据交换安全带来很大隐患。基于维护保证被交换数据的完整性和机密性，以及在异构的信息系统间实现访问控制等安全问题，应从访问监控、数据机密性、数据完整性、非否认性等方面进行安全机制的建设。三是建立完善的数据保护体系。加强信息备份，根据数据运作和使用情况，制定备份策略，确定数据的最长有效期、备份时间、备份种类等。通过可靠安全的传输机制，设置基于用户身份认证的接口，基于域管理的统一身份认证体系，确保数据传输的一致性、精确性、完整性。对于涉密数据，还应采取安全加密传输机制，根据密钥对需要数据进行加密后传送。四是提供多层次的平台角色设计及用户访问控制功能。以用户身份认证和授权区分，将平台的用户分为系统管理类用户、监督类用户、分析类用户三类用户。设立访问控制管理，在实现数据再利用及协同数据流转事项上实行严格的用户访问控制，不同的用户根据其业务标准设置不同的访问控制，并提供数据稽核机制，满足不同安全权限的需求。五是实行严格的安全审计制度。执行流程日志和审计功能，记录用户进入和退出的时间，全程监管留痕，对各类操作痕迹实行审计跟踪。

## 五、承题展望

通过政法系统信息共享协同机制，聚合不同系统的海量数据，对执法司法工作作出客观准确的描述，以辅助法律活动的进行，提高政法系统管理活动的效率，既是一项基础性、现实性的工作，也是一项具有长远性、战略性的举措。

### （一）电子卷宗智能辅助办案系统

电子卷宗中蕴含着丰富的办案信息及流程情况，是打通公检法三家在刑事诉讼办理过程至为关键的一步。在构建政法系统信息共享协同机制基础上，建设电子卷宗智能辅助办案系统应有重大涵义，具体如下图所示：

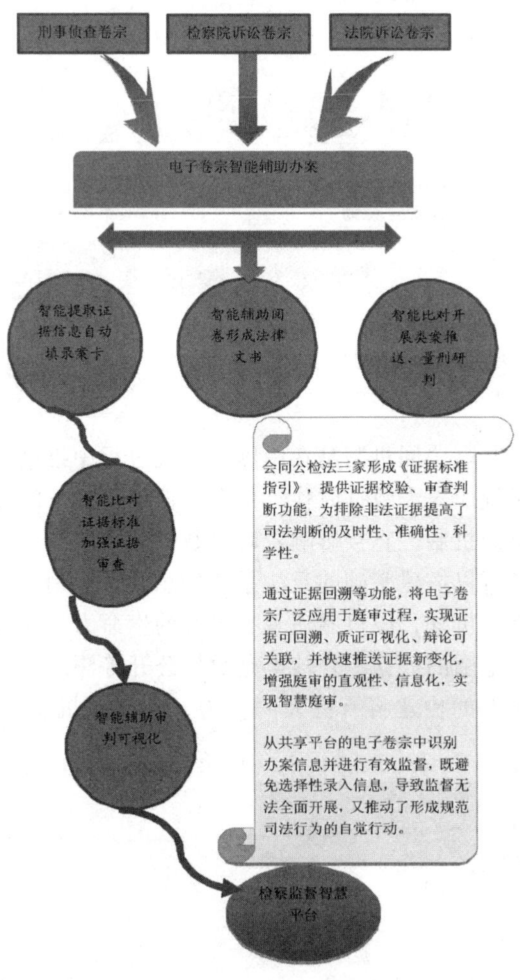

### （二）智慧政法系统

随着“互联网+”时代的到来，开启了司法数据的大融合、综合利用与服务，而伴随着云计算、大数据的技术日趋成熟，也为应用司法数据打下了坚实的应用基础。政法协同共享能够实现业务融合、风险防控、司法统计、诚信体系建设等方面的应用，通过对大量司法数据状态的采集、处理，对司法过程、社会治理中带有普遍性、趋势性的问题提出意见建议。南方周末在采访某个民警时，该民警生动地指出“现在破案有个二八定律，80%的案子靠视频破案”，那么大数据如何辅助社会治理的智能会审呢？

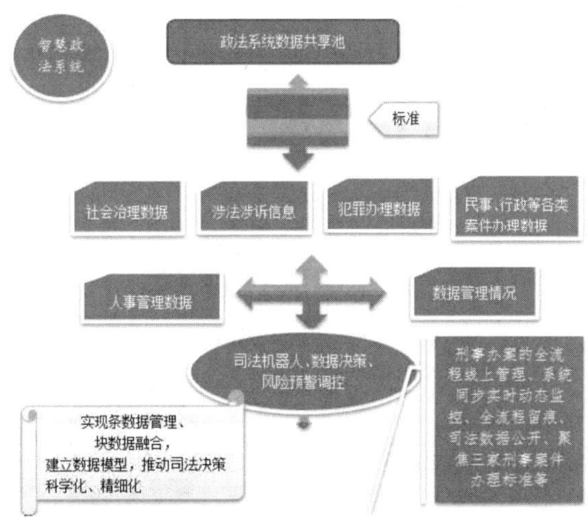


政法系统信息共享协同机制是在中国梦实现过程中推进依法治国的重要组成部分，是政法系统应对大数据时代、信息化浪潮挑战下的积极探索。推行政法系统信息共享协同机制，直接影响着政法数据应用的精细化、系统化、全局化、科学化，除了可以搭建基础的政法系统信息共享机制，进阶版的电子卷宗辅助办案、大数据分析外，该机制还具有极大的生命力，在未来推行机器人辅助办案，实现更大范围的数据综合甚至是数据公开等深度应用，促进国家治理能力提升和治理体系的构建将有更大的作为，期待该机制为我们带来更大的惊喜。

# 智慧社会背景下我国公民个人信息安全之保障

荣　月*

2017年10月18日，习总书记在党的十九大报告中对加快建设创新型国家，建设科技强国、网络强国、数字中国、智慧社会提出了明确要求，并强调要坚持以人民为中心，把党的群众路线贯彻到治国理政全部活动之中。这也是“智慧社会”在中央及国家的正式政策报告中首次出现。智慧社会就是数字化、网络化、智能化深度融合的社会。可以对智慧社会进行如下解读：首先，从数字化、网络化、智能化融合的基本逻辑看，数字化是前提，网络化是路径，智能化是手段，智慧化是目标。自1990年之后互联网技术的迅速普及与发展以及云计算、人工智能、大数据、移动互联网、物联网等新科学技术的迅猛发展，对于加速智慧社会的到来具有巨大的推动作用。其次，智慧社会有三个基本特征：数字化基础上实现万物感知；网络化基础上实现万物互联；智能化基础上使社会更加智慧。所以，感知、融合、共享、协同、智能是智慧社会最基本的特征。① 在智慧社会背景下应当对犯罪治理的模式进行思考，本文主要就我国公民个人信息安全的有效保障对策进行基本探讨。

## 一、公民个人信息安全概述

2009年以前，“公民个人信息”在我国基本上是被作为“隐私权”来加以保护的。作为一个法律概念，“公民个人信息”源于《刑法修正案（七）》，其中第7条明确规定了“出售、非法提供公民个人信息罪”与“非法获取公民个人信息罪”两项罪名。实践中“公民个人信息”被部分人称为“公民个人资料”或者“公民个人隐私”，对“公民个人信息”概念的界定在理论界主

* 荣月，吉林师范大学政法学院讲师。

① 汪玉凯：《智慧社会与国家治理现代化》，载《中共天津市委党校学报》2018年第2期。

要包括隐私权型、关联型和识别型三种方式。在这三种界定中，隐私权型的公民个人信息排除了例如公民的个人地理位置信息等部分客观存在需要保护的公民个人信息，因而其过于强调公民的主观性而显得不够严密；关联型的公民个人信息则包括了如性别等不需要法律保护的个人信息；识别型的公民个人信息由于能够清晰地表达公民个人信息的内涵和外延，因此其比较符合现实的需要。然而，在大数据视域之下，某些公民个人信息虽然不具有识别性，但是通过超强的大数据智慧分析能够使其具有“识别性”，因此，上述三种对于“公民个人信息”的定义方式均不能完整地囊括大数据视域之下的“公民个人信息”。目前多数学者倾向于“识别型”的“公民个人信息”的概念界定，即认为“公民个人信息”是指所有能够识别公民个人的信息资料之总称。然而在此需要说明的是，随着未来智能可穿戴设备之普及以及云服务的不断发展和升级，“公民个人信息”的概念界定必然会随之发生相应的变化。① “两高”《关于办理侵犯公民个人信息刑事案件适用法律若干问题的解释》中明确对“公民个人信息”的范围进行了界定，即除了公民的姓名、身份证号码、通信通讯联系方式、住址、账号密码、财产状况之外，行踪轨迹等也明确被纳入其中。上述司法解释中明确规定了无论是向特定人提供公民个人信息的情形还是通过信息网络或者其他途径发布公民个人信息的情形，均应被认定为刑法规定的“提供公民个人信息”。同时，上述司法解释中还规定了不仅买卖公民个人信息的行为违法，而且房产中介之间交换公民个人信息的行为也同样构成侵犯公民个人信息的行为。②

## 二、我国公民个人信息安全保障之缺欠

尽管我国也很重视公民个人信息的安全，但是近年来出现的一些源于公民个人信息泄露而引发的典型的电信诈骗案件引人关注，其中最典型的案件是准大学生徐玉玉因个人信息被泄露使得犯罪分子有了可乘之机，徐玉玉最终因为被骗走了全部学费郁结于心而死。当然，除了这起典型个案之外，还有许多涉及到因公民个人信息泄露而引发的案件，在此不一一列举。

以上典型个案在警示着我们，我国的公民个人信息安全保障问题的确是迫

① 莫小春：《刍议大数据时代中国公民个人信息的保护》，载《创新》2015 年第 3 期。

② 参见新浪科技互联网：《网络安全法：买卖个人信息属侵权 贩卖 50 条可入罪》，http://tech.sina.com.cn/i/2017-05-30/doc-ifyfqvmh9531537.shtml，最后访问日期：2017 年 7 月 6 日。

在眉睫、不容回避。我国目前主要存在四个方面的问题：第一，软技术层面法律尚不够完备。此处所说的软技术层面是就立法层面而言的，我国目前关于公民个人信息安全方面的立法也在不断加强与完善，但是相关法律较为分散、不够严密，尤其缺乏一部完备的《公民个人信息保护法》，在刑事立法层面表现为仅有单一的个别法律条文规定，与之相匹配的刑事司法解释也有待进一步完善。第二，硬技术层面有待改进。大数据时代的信息安全除了依靠前述的法律保障之外，最重要、最核心的仍然是技术层面的保障。也就是说，在大数据视域下建立科学、完善的信息安全体系是保证公民个人信息安全的关键，信息安全体系最为基本的应当包括计算机安全操作系统以及各种协议，也包括消息认证、数字签名、数据加密等安全机制，还包括计算机安全系统等，在这个信息安全体系中，如果任何一个部分出现了安全漏洞，都可能威胁到全局的信息安全。第三，专业技术人才相对紧缺以及缺乏数据治理。再精良的信息技术都需要有专业技术人才去驾驭并对其进行管理与维护，而这方面恰恰是我国的薄弱环节，我国缺少在公民个人信息安全进行管理与维护的专业技术人才，并且在数据治理方面也存在不足，这些都是应当高度重视并尽快加以完善的。第四，大数据时代我国的社会治安防控体系尚不够完备。第五，我国公民个人在信息安全的防护意识方面均存在明显不足。与发达国家相比，我国公民个人信息安全防护意识明显薄弱，有待于提高我国公民关于个人信息安全的防护意识。

## 三、公民个人信息安全保障之对策

基于我国目前的现实情况，智慧社会下我国公民的个人信息安全之有效保障迫在眉睫，我国公民个人信息安全的保障对策尚需要进一步完善。针对上述存在的主要问题，提出如下三个方面的完善对策：

### （一）加强法律的完善尤其是刑法的完善

智慧社会背景下公民个人信息安全是一项庞大的系统工程，首先需要在软技术层面即立法层面织牢法网、织密法网，让犯罪分子无可乘之隙。狭义上的信息安全法仅指保障信息安全、预防和惩治信息犯罪之刑事法律规范之总称；而广义上的信息安全法其调整对象较之狭义上的信息安全法范围更加广泛，其涉及信息安全的各个方面，其优点在于能够对信息安全进行全方位的观察和阐述，其缺点是在法律领域内表现为不能形成部门法，即“诸法的混合”。与广义的信息安全法相比，狭义的信息安全法其法律结构更加简单凝练、目的性更加明确，便于立法。从目前世界各国的信息安全立法来看，信息安全法主要是指一种刑事法律。尽管我国自今年6月1日起正式实施了《网络安全法》，但是如果仅仅依靠这一部法律仍然不足以保障国家安全与公民个人信息的安全，我国仍然需要加强相关的立法尤其是刑法方面的完善。就《刑法》中的相关规定而言，我国《刑法》第253条之一明确规定了“侵犯公民个人信息罪”，这一罪名是在《刑法修正案（七）》中增设的，后来又在《刑法修正案（九）》中进行了修改完善。事实上，我国目前在国家安全与公民个人信息安全的立法层面存在的问题在于：虽然也有前面提到的《网络安全法》以及《刑法》中的“侵犯公民个人信息罪”这一法条规定，但是法网不够严密，使得犯罪分子仍有可乘之机。这就要求我们必须尽快思考如何完善我国的相关法律尤其是刑法。我们不妨借鉴一下世界上在公民个人信息安全方面做的比较好的国家。发达国家在公民个人信息保护方面均具备了完备的法律与技术规范，例如，德国属于非常注重从立法层面加强公民个人信息保护的国家，该国在此方面的立法是1970年的《数据保护法》；再如，在保护公民个人信息安全方面最重要且最基本的一部法律是于1974年通过的《隐私权法》。与上述发达国家相比，我国在如今大数据时代下对于国家安全与公民个人信息安全保护均不够细密、完备，最明显的是我国目前尚没有建立一部专门的《公民个人信息保护法》，在此强烈呼吁我国尽快出台一部相对完备、合理、规范的《公民个人信息保护法》，与上述已经实施的《网络安全法》相互配合，以利于更好地预防与惩治此类犯罪。此外，还应当完善我国的刑法解释，增强司法实践中对于侵犯国家安全与公民个人信息安全案件的可操作性，也有利于最大程度上织密法网，进而有效保障我国的国家安全以及公民个人信息之安全。

### （二）构建新型的社会治安防控体系

犯罪预防是一项系统工程，是由社会预防、心理预防、治安预防及刑罚预防四道防线共同构成，离开了上述任何一道防线，都不可能有效地实现犯罪的预防。因此，除了上述提到智慧社会背景下公民个人信息安全相关犯罪的刑罚预防之外，有必要加强治安预防，而治安预防主要是新型社会治安防控体系的构建。

伴随着互联网技术的快速发展，特别是“互联网+”理念的提出，使得我国当前的社会治安防控将面临新的挑战与机遇。挑战是：社会治安防控除了要面对过去的互联网环境下的已经存在的三个主要问题，即网络犯罪活动涉及面广泛、社会危害性大、犯罪活动日趋隐蔽、网络犯罪活动侦破较为困难之外，还必须面对许多违法犯罪活动逐步呈现出线上与线下相互联动的发展趋势；机遇是：可以运用大数据实现对于社会治安防控的智慧治理。大数据治理强调的是政府决策不能基于经验驱动而是要基于数据驱动，其强调的是事先的预警而非事后的处理，并且高度重视以政府为主导的多元力量之间的相互协作。然而，目前的现实情况是：我国的社会治安主体部门之间的协同效应相对较差，对于已有的数据资源利用不够充分，数据采集的量级不足而且多样性欠缺，尤其是缺少对于先进的数据进行分析和处理的技术，因而无法为政府决策提供充分指导作用。① 在大数据运用的同时，我们也应当积极完善社会环境建设，激励公众的参与意识，重视社会组织群体力量的参与并且关注多元化的社会管理力量。在犯罪治理的视域下，我们应当更加注重非官方的民间组织力量在犯罪防控中的重要作用，以辅助官方组织更好地实现社会治安综合治理的理想效果。“治理”（governance）这个词源自于古希腊语和拉丁文，其原意是“控制、引导和操纵”。长期以来，“治理”与“统治”（government）这两个词二者相互交叉使用，并且主要是在与国家的公共事务相关的政治及管理活动中被使用。西方的政治学家与经济学家们自20世纪90年代以来才为其赋予了新的含义，使得其所涵盖的范围远远超过了传统的经典意义，同时其含义也与“统治”一词的含义相去甚远，它不仅局限在政治学领域之内，也被广泛地应用在社会学领域。正如有学者所言：从目前阶段的公司、大学甚至基层的社区，如果想高效、有序运行，可以没有政府的统治，但是却不能没有治理。②在关于“治理”的诸多概念中，相对较具权威性与代表性的是联合国全球治理委员会的概念界定。该委员会于1995年发表了一份题为《我们的全球伙伴关系》的研究报告，该报告中对“治理”进行的概念界定是：治理是个人、公共或者私人机构对其公共事务进行管理的诸多方式之总和。换句话说，治理是使不同的或者相互冲突的利益之间得到调和并采取联合行动的持续过程，既包括有权迫使人们服从的规则与正式制度，同时也包括人民和机构同意的或以为符合其利益的各种非正式的制度安排。

犯罪的预防对策是建立在国家的刑事政策基础之上的，且不能违背国家的刑事政策。刑事政策是“国家与社会据以组织反犯罪斗争的原则的总称。”③由此可见，刑事政策的主体不是仅限于国家，也应当包括一些非国家的力量。伴随着我国社会的快速发展与进步，特别是随着我国民主政治步伐之加快，民

① 陈里：《大数据与社会治安防控体系建设》，2016年3月31日，载中国共产党新闻网，http：//theory. people. com. cn/nl/2016/0331/c240149 - 28241481. html。

② 《我们的全球伙伴关系》，牛津大学出版社1995年版，第2—3页。

③ ［法］米海依尔·戴尔玛斯 - 马蒂：《刑事政策的主要体系》，卢建平译，法律出版社2000年版，第1页。

间社会[①]这一非国家的力量正在逐渐加入国家治理的进程之中；而民间社会已成为了在刑事政策体系之中抗制犯罪的独立主体。因此，在当下我们对刑事政策体系进行考察时，不能再把官方（国家）或者民间社会作为孤立化或者单向度的认识；应当努力探讨二者在刑事政策体系中的相互联系，进而探寻出一种既能够更积极地利用民间社会的犯罪抗制资源，同时又能够进一步提升官方（国家）的犯罪抗制效能的反犯罪的科学体系，并且更加深刻地凸显出刑事政策是“社会整体据以组织对犯罪现象的反应的方法的总和”[②] 这一基本品格。

“治理”理论促使我们对当前现有的社会治安防控对策进行反思，并对政府在社会治安防控中应当承担的角色进行有效的重新定位。首先，“治理”理论非常重视社会组织群体势力的参与并且关注多元化的社会管理力量；从这一点而言，对于从家庭、学校、社会及司法部门等多方的广泛积极主动参与、从而有效防控犯罪是有积极作用的；其次，“治理”理论不仅注重社会管理力量的多元化，同时对于政府的角色进行了重新的定位，并提出了“元治理（meta governance）”这一概念，指出充当“元治理”的角色的即是政府，而且在社会管理网络中政府被视为“同辈中的长者”，其意思是指：虽然政府不具有最高的绝对权威，但它却承担着其他角色所不可替代的重任，即确立有利于稳定主要行为主体的行为准则和方向，以及建立指导社会组织行为者行动的共同准则；最后，对于治理的管理体系，“治理”理论做出了重要阐释：社会公共管理领域内的治理体系是由政府与其他社会组织群体共同构成并且彼此之间相互依存。构建这种相互依存的治理体系其价值在于：一方面，它排除了主要依靠单一等级制自上而下进行协调的可能性；另外一方面，它摆脱了“看不见

① 在西语中，“民间社会”与“市民社会”都译作 civil society，且都是指与国家相对应而存在的社会系统，故在台湾地区的用法中，二者完全可以替换（关于民间社会与市民社会的联系与区别，限于本文篇幅，无法详尽展开）。但事实上，由于文化观念、历史传统、发展道路的迥异，在中国始终未出现与国家相对立的市民社会，相反，自古以来倒存在着与官方（国家）形成合作关系的民间社会（如在历史上，作为民间社会主要组成元素的家族和宗族，作为社会的基层组织单位，与国家保持着一种有机的协调；在今天，农村的村民委员会、城市的居民委员会等民众自治性组织都是辅助国家治理的重要手段），而且，是否与国家存在合作性，也是中国民间社会与西方市民社会最为本质的区别。因此，本文是以民间社会一词来指称与国家相对应的主体。同时，考虑到中国语言语境中，“民间社会”常常与“官方”相对应，因此，在本文论述国家时，经常会使用“官方（国家）”这种复合表达方式。

② 魏海苓、孙远雷：《论治理视野下的教育行政管理体制改革》，载《辽宁教育研究》2006 年第 6 期。

的手”的操纵，主张以参与和谈判为基础，强调各行为主体之间的协商与对话。① 治理理论为思考新时期如何实现在政府正确的角色定位下，民间社会组织体系与司法部门这一官方即国家体系之间如何有效地展开“对话”与“协商”，从而有效防控犯罪展开了一个新的理论研究视角。社会治安防控是全世界各国都要面对的社会问题，而犯罪产生的原因是多方面的，需要全社会的共同积极参与，它是一项涉及到全社会的系统工程，需要运用政治、经济、法律、教育、文化等多种手段，实行齐抓共管、综合治理，才能够标本兼治。“治理”理论在社会治安防控中的运用主要体现在：充分发挥民间社会力量，与司法部门这一官方即国家力量相互配合，进而共同完成有效预防和减少犯罪的最终目的。

（三）增强公民信息安全的防护意识

就公民个人层面来讲，主要是加强对于公民个人信息安全意识的培养与宣传力度。在这方面，我们不妨借鉴日本的先进经验。日本关于保护公民个人信息安全的根本法律是于 2005 年 4 月生效的《个人信息保护法》。此外，为确保能够及时有效地解决日本公民个人信息保护中所遇到的各种具体问题并且能够提供明确的法律依据，日本包括国家行政机关还有独立行政法人以及地方公共团体等在内的各个部门均制定了多项法律与条例。最值得一提的是，在健全、完善公民个人信息保护相关法律、法规的同时，日本政府同样非常重视提高其公民个人信息保护意识，这方面尤其值得我国借鉴和学习。通过若干年的普及教育与宣传，公民的个人信息安全意识已经渗透到了日本人的日常生活中。例如，过去的日本公民平时在邀请客人参加某项活动时，习惯于让受邀请人使用明信片的方式来回复其是否应邀出席该项活动，主办方会在邀请信中夹上一张其事先印好了回信地址的明信片，受邀请人在收到邀请信后需要在明信片的背面选择其是否应邀出席，然后再填上其姓名、单位以及住址等公民的个人信息。现在的做法是主办方会随着邀请信附上一张与明信片的尺寸一样的单面并且带有不干胶的纸板，会提醒受邀请的收信人在明信片上面填写完个人信息之后用纸板进行覆盖。再如，日本顾客对其手机进行维修时，在顾客的监督下，维修部门的工作人员会删除顾客送修手机内的全部电话号码以及邮件等公民的个人信息；当顾客把其淘汰的手机送到零售店回收时，为确保顾客的公民个人信息安全，零售店的工作人员会在顾客面前使用专用的工具在顾客淘汰的手机上面打 4 个孔以便消除公民的个人信息。这些日常的行为均体现出日本公

① 刘玄：《谈中学生心理健康现状》，载《教育教学论坛》2014 年第 3 期。

民良好的个人信息安全防护意识，我国也应当加强普及教育与宣传，以便全面、快速地提高我国公民的个人信息安全意识，从犯罪被害预防的层面而言，这也非常有利于预防和减少此类犯罪的发生。

## 四、结论

新世纪的竞争表现为信息化之竞争以及经济全球化的竞争。放眼世界，目前绝大多数的国家均已将信息化的发展提升到各国的国家发展战略之高度，我国也不例外。习近平总书记指出："国家关键信息基础设施面临较大风险隐患，网络安全防控能力薄弱，难以有效应对国家级、有组织的高强度网络攻击。这对世界各国都是一个难题，我们当然也不例外。"① 由此可见，以习总书记为核心的党中央高度重视我国的信息安全建设。然而，由于信息具有其独特的属性，其特殊属性中最显著的一个特点即是其不受国界之限制，但是正是因其这一属性的存在，使得世界各国均要面临着信息安全的严峻考验，尤其是随着智慧社会时代的到来，从以上三个基本方面（刑法的完善、新型社会治安防控体系的构建、增强公民个人信息安全的防护意识）入手，有助于保障我国的公民个人信息安全。

① 习近平：《在网络安全和信息化工作座谈会上的讲话》，载《人民日报》2016年4月26日。转引自杨莘：《透析国家安全视野中的大数据发展问题》，载《国家治理》2016年第37期。

# 司法判决实证分析下的网络诈骗犯罪特点与治理

赵学军[*]

网络诈骗是信息时代条件下由传统诈骗犯罪异化而形成的一种新型犯罪，其发案率之高、影响力之深、蔓延速度之快已远远超乎人们的想象，成为当前严重影响社会稳定的重要因素。为全面了解我国网络诈骗犯罪的案发情况，本文将网络诈骗犯罪刑事判决书作为实证研究样本，在中国裁判文书网以案件类型为“刑事案件”、文书类型为“判决书”、审判程序为“一审”作为检索条件，并以“网络诈骗”作为关键词进行全文检索，截至2017年12月31日共搜集到全国法院发布的1073份网络诈骗犯罪有效判决书，涉案犯罪人2528名。其中，审判年度属于2012年有8件19人，2013年有10件22人，2014年有122件315人，2015年有50件120人，2016年有162件442人，2017年有721件1610人；审判地域共涵盖了28个省、自治区和直辖市。

## 一、网络诈骗犯罪现状分析

通过浏览判决书，提取有效变量建立数据库，并运用SPSS社会学统计软件进行数据分析，发现当前网络诈骗犯罪呈现以下特点：

### （一）犯罪主体方面

1. 以男性为主，带有明显的类型相关性

经过对网络诈骗犯罪人的性别统计，发现男性占总人数的86.0%，女性占14.0%，即在性别比例上仍然保持男性为主的犯罪格局。而且这种性别比例与普通诈骗犯罪人的性别比例也大致相当，如有关诈骗犯罪实证研究表明，男性诈骗犯罪人的比例为87.8%，女性诈骗犯罪人的比例为12.2%。[①] 经进

* 赵学军，汕头大学法学院讲师。

① 姚兵：《诈骗犯罪对策研究——以100个案例的实证分析为视角》，载《山东警察学院学报》2008年第3期。

一步分析发现，性别因素与犯罪类型①存在密切联系，如假冒型诈骗中的性别比例是男性占 93.4%、女性占 6.6%，交友型诈骗中的性别比例是男性占 75.4%、女性占 25.6%。由此不难发现，犯罪主体的性别在网络诈骗中形成明显的类型相关性。

2. 来源地广泛，具有相对集中趋势

经统计发现，网络诈骗犯罪人的户籍地涵盖全国 27 个省、自治区、直辖市，分布范围较广。但这些地域在频率上并不均衡，形成了明显的集中化趋势。具体来说，来源地为福建的频率最高，达到了 17.2%，其次是广西，占到 13.3%，再次是湖北占到 11.5%，海南占到 10.9%，河南占到 7.9%，广东占到 7.1%，湖南占到 5.2%，江西占到 4.2%，黑龙江占到 4.1%，上述 9 个合计为 81.4%；而其余 18 个来源地各自比例不足 2.0%，累积仅为 18.6%。下面用饼状图直观展示具体比例情况：

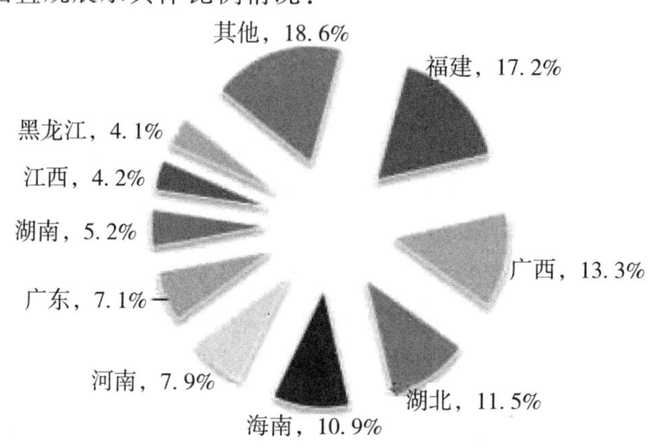


**图 1：犯罪人来源地分布情况**

3. 文化程度不高，与犯罪数额存在同步变化趋势

在对文化程度的统计中发现，网络诈骗犯罪人的文化水平整体不高，高学历的比例相对较低。具体来说，属于文盲的占 0.3%，小学文化的占 15.9%，初中文化的占 58.2%，高中文化（包含中专）的占 18.9%，大学文化的占 5.6%，具有研究生文化的占 1.1%。也即绝大多数的犯罪人文化程度在初中以下，占到总数的 74.4%。网络诈骗犯罪是利用网络手段实施的智能型犯罪，与犯罪人的文化程度存在关联性。对此，经对文化程度与犯罪数额进行相关性比较，发现两者存在统计学意义上的相关性（$r = 0.057$，$p < 0.05$），即文化程

① 后文将网络诈骗犯罪分为 8 个类型，分别是：交友型、中奖型、假冒型、求职型、购物型、金融型、违法型和回报型。

度越高，诈骗数额也就越多。

4. 职业以无业和农民为主，契合了网络诈骗犯罪的贪利性

统计样本中的无业人员比例最高，达到61.6%，其次是农民，占24.5%，公司雇员占10.2%，个体经营者占2.6%，学生占1.1%。如果将无业人员和农民的比例相加，则达到了86.1%，占到了绝大多数。不管是无业人员还是农民，实际上都是生活相对贫困的阶层，追逐物质利益是他们参与犯罪的主要动机，这也正契合了网络诈骗犯罪的贪利性特点。与此同时，该职业阶层整体文化水平不高的现状，也恰好成为网络诈骗犯罪人文化程度相对偏低的合理解释。

（二）具体犯罪方面

1. 犯罪手段丰富多样

统计分析显示，犯罪手段表现为以下形式：（1）假冒型，即冒充他人诈骗，占28.3%；（2）购物型，即诱使购物实施诈骗，占23.9%；（3）回报型，即以回报为诱饵进行诈骗，占11.7%；（4）中奖型，即以虚假中奖信息进行诈骗，占9.4%；（5）交友型，即以交友恋爱为名进行诈骗，占7.7%；（6）金融型，即以金融服务为名实施诈骗，占7.7%；（7）求职型，即以提供就业机会为名实施诈骗，占5.8%；（8）违法型，即以满足不正当需求为名进行诈骗，占5.4%，如通过提供考试答案、办理证件、处理违章信息等具有违法性质的形式骗取钱款。但上述类型并非均衡分布，而是存在明显的比例差异（如下图所示），其中，假冒型、购物型和回报型比例最高，三者相加超过了70.0%。

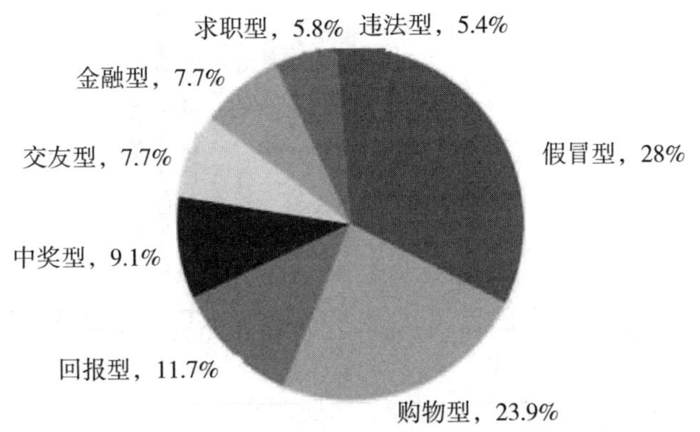


**图2：网络诈骗类型分布图**

2. 犯罪数额相对集中

经过对网络诈骗犯罪案件的犯罪数额统计分析，发现最高数额为2318万元，均值为36.6万元。但进一步分析发现，虽然有的犯罪数额高达上千万元，但大额的案件数量并不多，多数案件的犯罪数额在10万元以下，所占比例达到了

59.6%。具体来说，犯罪数额在1万元以下的比例是14.4%，10万元以下的比例是59.6%，50万元以下的比例是89.1%，100万元以上的比例是7.4%。

3. 具有明显地域性特征

首先，从各地犯罪数量情况看，根据统计发现，犯罪地位于福建省的最多，占13.7%，其次是广东省，占12.6%，广西自治区占11.9%，海南省占10.3%；除此以外，位于河南省、湖北省和境外的比例分别为7.6%、7.5%和5.4%，以上7个地区的比例总计占到了55.3%。而位于浙江省、湖南省、江苏省、山东省等20个地区的比例仅为44.7%。因而，网络诈骗犯罪形成了以福建、广东、广西、海南等东南沿海地区为主要犯罪地，并逐渐向湖北、河南等内陆地区蔓延的态势，表现出了明显的地域性特点（如下图所示）。

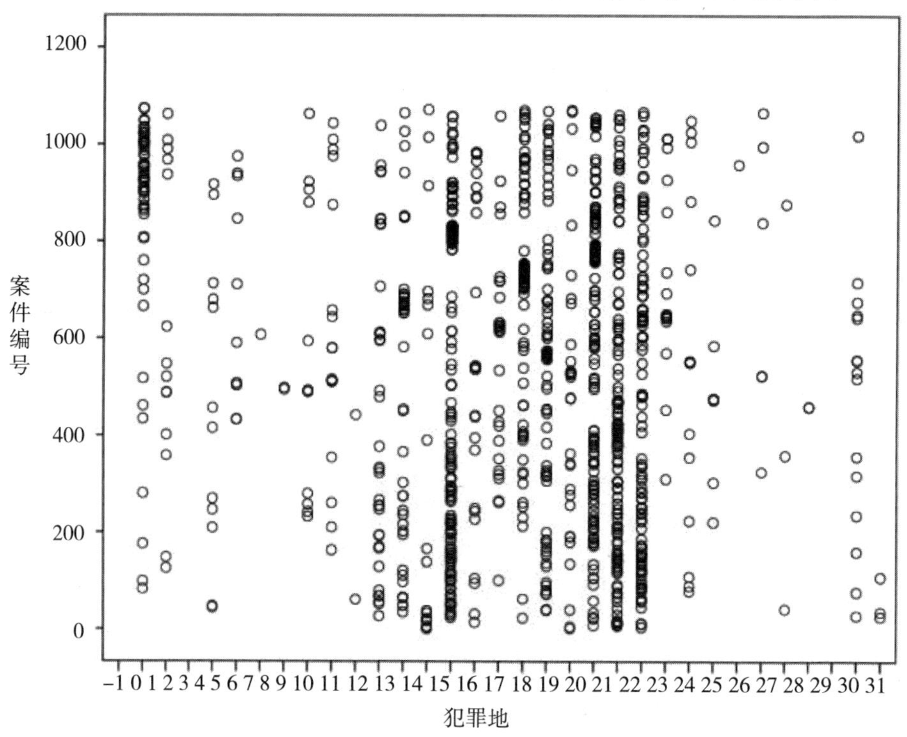


**图3：犯罪案件的地域分布情况①**

① 图中编号0=境外，1=北京，2=天津，3=河北，4=山西，5=内蒙古，6=辽宁，7=吉林，8=黑龙江，9=上海，10=江苏，11=浙江，12=安徽，13=福建，14=江西，15=山东，16=河南，17=湖北，18=湖南，19=广东，20=广西，21=海南，22=重庆，23=四川，24=贵州，25=西藏，26=陕西，27=甘肃，28=青海，29=新疆，30=云南。

其次，从各地犯罪类型结构看，居于前三位的类型结构表现不一。如福建省的回报型、求职型和购物型分别占22.4%、18.5%和15.7%，广东的购物型、假冒型和回报型分别占28.0%、23.5%和12.3%，广西的假冒型、回报型和中奖型分别占77.7%、6.8%和5.3%，海南的中奖型、假冒型和购物型分别占40.6%、23.2%和16.1%，河南的购物型、假冒型和回报型分别占41.9%、19.4%和16.9%，湖北的金融型、回报型和购物型分别占28.8%、22.0%和19.1%。这说明，网络诈骗在不同地区具有不同犯罪方式，形成鲜明的地域性色彩。

4. 犯罪组织化程度较高

经统计发现，网络诈骗较普通诈骗具有更多环节，不但犯罪前需要准备犯罪工具和赃款到账后进行取款，而且在犯罪过程中需要分工合作，甚至还要扮演不同角色来欺骗被害人。统计发现网络诈骗犯罪属于共同犯罪的比例达到了78.8%，仅有21.2%的犯罪由单个人完成。而且，在共同犯罪案件中，犯罪人3人以上的数量达到了3/4。为了进一步说明犯罪人数在网络诈骗中的实际作用，将犯罪人数与犯罪数额和受害人数进行相关性分析，发现犯罪人数对犯罪数额（$r = 0.144$，$p < 0.05$）和受害人数（$r = 0.229$，$p < 0.05$）均存在显著影响，即随着犯罪人数的增多，犯罪数额和受害人数也相应增加。

## 二、网络诈骗犯罪成因分析

网络诈骗犯罪形成的原因是多方面的，但从以上实证统计分析的角度看，其与以下原因存在密切联系：

### （一）侥幸心理和物质贪欲是主观原因

网络诈骗与一般诈骗的主要区别在于利用网络手段实现对事实的虚构和真相的隐瞒。由于网络空间的虚拟性和非接触性特点，决定了这类诈骗更具有隐蔽性。而且，基于网络诈骗多重环节的特点，犯罪分子能够利用多种反侦查手段对抗公安机关。例如，为了防止公安机关根据赃款去向追查到自己，往往使用陌生人的银行卡接收赃款；完成犯罪后，有的利用软件技术将系统记录的犯罪路径目录或文件删除或更改，并且将本身的IP地址加以隐藏，有的直接将电脑销毁，还有的干脆利用网吧的电脑实施诈骗；赃款到账后，犯罪人为防止取款时被抓获，大多雇佣专门的取款人提取现金，而且取款人也通常戴着假发、帽子、口罩进行伪装，防止被ATM机拍到正面相貌。这就使得犯罪分子逃避法律惩罚的可能性更大。据有关资料显示，目前世界上网络犯罪的破案率还不到5%，[①]也足以说明这一点。

与此同时，从上文关于犯罪主体职业情况的统计结果来看，无业人员和农民成为网络诈骗犯罪毋庸置疑的主力军。他们最显著的特点就是处于经济贫困状态，因而摆脱经济困境的愿望尤其迫切。而网络诈骗犯罪为他们实现愿望提供了机会，“这里的犯罪方式既廉价又无处不在……所需的只是一台连上因特网的计算机。”[②]只要敲敲键盘就会有数以万计的钱款入账。这些无疑都对处于贫困状态的无业者和农民形成了极强的利益诱惑，于是一些物质贪欲无法抑制的人员便会选择走上网络诈骗犯罪之路。

### （二）缺乏警惕和不当企图是被害原因

犯罪学研究表明，犯罪与被害是一种二元互动关系，两者彼此作用共同促成了犯罪的形成。实证分析的结果表明，网络诈骗犯罪被害人的致害因素主要表现为缺乏警惕和不当企图。当犯罪分子假冒被害人的亲属、同学、同事或者固定客户实施诈骗时，即使其用网络技术手段进行了伪装、迷惑，只要被害人保持警惕状态是能够辨别真伪的。如被害人接到熟人发来的要求转账或借钱信息后，其通过电话或其他共同相识的人进行核实，完全能够查明真相。除此以外，其他类型的网络诈骗犯罪也往往与被害人缺乏警惕不无关系。如购物型诈骗中，被害人轻易相信网络中发布的货物销售信息，或者中奖型诈骗中被害人不经核实信息真伪便冒然听从犯罪分子蛊惑，都是属于警惕性不高的表现。

另外，一些被害人的不当企图也为犯罪分子实施诈骗创造了机会。如有的犯罪分子直接利用了被害人希望通过违法手段实现某种目的的意图，于是犯罪分子就散布能够提供考试答案、办理文凭证件、取消车辆违章记录等信息来诱使被害人上当；还有的犯罪分子假装提供性服务来骗取钱财。显然，不论是违法获取信息、证件还是接受性服务，均属于典型的不当企图。除此以外，在中奖型诈骗、购物型诈骗和投资型诈骗中，绝大多数的被害人上当受骗与“一夜暴富”“贪图便宜”和“不劳而获”等不当企图密不可分，这种企图的不当性虽然并非典型，但也与诚实正直的社会期望相背离，同样具有不当性。可以说，被害人正是在不当企图的支配下积极地参与到犯罪分子的诈骗过程中，并因急于实现该种意图而放松了警惕和理性判断，从而促成了犯罪的实现。

### （三）消极氛围和防控不足是外在原因

统计结果表明，不但犯罪地点相对集中，而且犯罪人来源地也与犯罪地相

① 季境、张志超：《新型网络犯罪问题研究》，中国检察出版社2012年版，第5页。

② ［美］格拉德·佛里拉等：《网络法：课文和案例》，张楚等译，社会科学文献出版社2004年版，第298页。

一致。如下图所示：

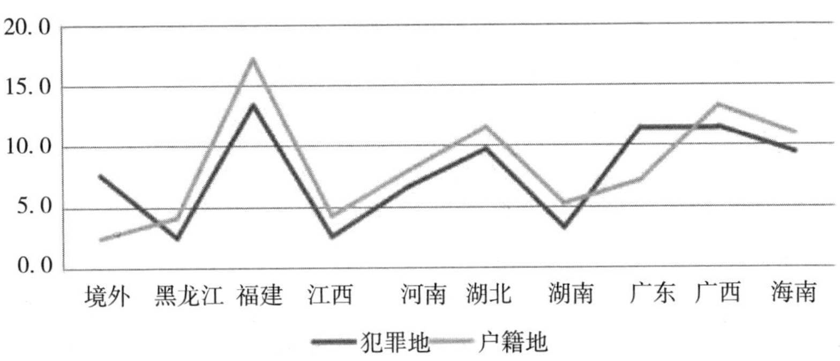


**图 4：犯罪地与户籍地对应情况示意图**

根据上图显示，除了境外，其他犯罪地与犯罪人来源地存在较高一致性，即均相对集中。这其实可以从其犯罪特点和不同交往理论来解释。从犯罪特点看，该罪以犯罪人掌握一定计算机技术为必要，而且更重要的是必须将该技术与行骗方法结合起来，形成有效的诈骗技能。这种诈骗技能往往最初只有少数人掌握，然后在周围的人群中逐渐传播，使越来越多的人掌握。这也正是为什么特定地域具有其独特诈骗类型的原因。另外，不同交往理论认为，犯罪行为是通过与违反社会规范者建立起来的交往而习得获得的，这种文化习得过程不仅涉及犯罪的实用技术，而且也涉及赞同实施犯罪的动机、内驱力、态度和合理化。① 也就是说，"人们之所以变成了犯罪人，既是因为他们接触犯罪行为榜样的结果，也是因为他们与反犯罪行为榜样相隔离的结果。"② 这其实意味着只有在消极氛围主导下，反犯罪行为榜样难以介入，人们已对犯罪现象习以为常，从而才会逐渐将其内化为自身的行为方式。

当然，这种消极氛围的形成原因是多方面的，但就犯罪形势角度来看，犯罪形势是社会控制因素与诱发犯罪的因素相互作用、相互斗争的结果。③ 一定地区的犯罪持续增长表明其防控因素落后于诱发犯罪因素，致使诱发犯罪因素得不到及时有效抑制，甚至不断蔓延、扩大，而反犯罪因素则被逐渐冲淡，形

① ［英］韦恩·莫里森：《理论犯罪学》，刘仁文等译，法律出版社 2004 年版，第 140 页。

② ［美］埃德温·萨瑟兰、唐纳德·克雷西、戴维·卢肯比尔：《犯罪学原理》，吴宗宪等译，中国人民公安大学出版社 2009 年版。

③ 魏平雄、赵宝成、王顺安：《犯罪学教科书》，中国政法大学出版社 2008 年版，第 93 页。

成与社会成员的隔离状态，从而使得该地成为了犯罪的“温床”。

（四）监管乏力和利益冲突是管理原因

网络诈骗犯罪的实施通常离不开网络、银行卡和手机卡等犯罪工具。首先，犯罪分子通常会制作虚假网页、假冒网页或者在网络平台发布虚假信息，以此来设下诈骗陷阱。如 2016 年 5 月以来，在全国公安机关网安部门集中开展涉网络诈骗等多发性犯罪网络服务平台专项整治活动中，清理相关违法信息 12.2 万余条，关停违法账号 2.3 万个，查处违法违规网站 4207 家。① 这其实反映了网络运营单位和监管部门日常管理上的重大缺失。其次，犯罪分子使用的银行卡和手机卡大多登记在陌生人名下，甚至还有大量的手机卡属于无名卡。数据显示，仅广东电信用户，就有 60 多万张电话卡未实名使用。广东电信相关负责人表示，根据公安部门反馈，涉电信诈骗案件中，涉及未实名的电信用户有 2%。② 这种人卡分离甚至没有实名登记的现象无疑为犯罪分子实施犯罪创造了便利，也同时凸显了银行、电信部门管理上的漏洞。

对于行业管理中存在的问题，国家早已提出相关管理要求，如同一个用户不能在一家银行开卡超过 4 张、电话卡实行实名制等等。但在执行过程中，相关行业并没有完全遵照执行，如电信部门没有按期对补办实名登记的用户暂停或停止服务，网络运营商对于其网站上的弹出窗口、插页等违规现象视若无睹。究其原因，这实际上与其各自部门利益不无关系，因为严格执行有关制度不但会减少其业务量，而且会付出大量的管理成本，这无疑是他们不愿看到的结果，从而形成了部门利益与社会利益的激烈冲突。

## 三、网络诈骗犯罪治理对策

在我国信息化建设不断加快的背景下，网络诈骗作为有别于传统犯罪的新型犯罪现象，也正以前所未有的速度在全社会蔓延，必须采取有效措施进行防范治理。鉴于网络诈骗犯罪是多种原因综合作用的结果，也意味着防范措施应当具有多重性。

（一）加大宣传力度，增强被害预防

网络诈骗是信息化条件下利用网络这一新型传播媒介实施的犯罪，而初入

---

① 张洋：《公安机关部署行动专项整治网络诈骗等涉网违法犯罪活动》，载《人民日报》2016 年 9 月 13 日第 10 版。

② 张璐瑶、黄丽娜：《60 多万电话“黑卡”未按期关停》，载《羊城晚报》2016 年 8 月 31 日第 A06 版。

信息社会门槛的广大网民并没有对虚拟网络工具形成真正了解，他们还以原有的认知观念对待网络交往，这便使其极易成为犯罪分子的诈骗目标而沦落为被害人。为此，防范网络诈骗犯罪的当务之急就是要大力加强网络知识宣传，让社会公众认识到网络具有众多优点的同时，也存在着各种难以避免的缺陷，如网络空间的虚拟性使看似现实的事物存在异化的可能，如果不加辨别极易被骗。所以，强化被害预防的关键在于着力提高普通公众的辨识能力。国家和社会应当强化宣传教育，经常性地公布网络诈骗犯罪的手段和方法，戳穿犯罪分子的犯罪伎俩，让群众在遭遇网络电信诈骗信息时做到“不听、不信、不配合”。

另外，还应当重视和加强道德和法律宣传教育。在网络空间中，人际交往的模式被人机互动的模式所取代，原有的社会道德约束机制受到一定程度弱化，现实中难以启齿的欲望会因面对的是机器而不是“人”而难以自制，从而降低了不当企图的羞耻感，并继而被犯罪分子利用而成为受害者。所以，一方面要在全社会大力开展道德法制教育的同时，还要结合网际交往特点有针对性地进行网络道德教育，消除网民的不当企图心理。另一方面还要发挥道德法律规范的约束机制，使网民意识到网络行为并非绝对“私密”，同样处于社会公众的视野中，从而增强其自律意识。

### （二）强化重点管理，抑制犯罪蔓延

根据有关研究，一种新的犯罪、一个地区的严重犯罪具有“辐射律”，即会通过各种信息载体传播出去并迅速蔓延扩大。① 在目前网络诈骗犯罪尚集中于部分特定地区的情况下，应当强化重点管理，根据犯罪评估情况加大防控力量投入，使控制犯罪的因素超过犯罪增长的因素，从源头上抑制并逐渐消除特定地域内的网络诈骗犯罪，防止其向其他地区快速蔓延。由于网络诈骗受害人遍布全国各地，危害性在犯罪地表现的不明显，因而在一定程度上影响了当地政府防控网络诈骗的积极性。所以在这种情况下，对于特定地区的犯罪防控就不能单纯依靠当地政府，需要上级政府乃至中央相关部门主动参与和配合，通过统一协调和监督考核的方式加大特定地区的犯罪防控力度，从而切实提高治理效果。

### （三）落实行业责任，堵塞制度漏洞

网络诈骗离不开网络、手机卡、银行卡等工具，因而加强上述行业管理必

① 魏平雄、赵宝成、王顺安：《犯罪学教科书》，中国政法大学出版社2008年版，第93页。

将对防范网络诈骗起到重要作用。为此，电信部门应当全面落实手机卡实名登记制度，并加强对电信服务器租用和群拨群发信号服务的监督管理，通过技术手段对有害信息进行过滤和屏蔽，提前发现并及时抑制依托电信手段实施的网络诈骗活动；金融机构应当加强银行卡办理和使用管理，制定和加强网银、ATM机业务的使用和管理制度，对个人账户大额汇款和转账业务加强审查和管理，特别是在网上银行、电话银行操作中增加防范措施；有关网站应加强对信息发布、网络链接等方面的管理，及时清除有害信息和虚假网页、窗口。另外，加强行业管理离不开落实行业责任。一是行政责任，即对于经营单位违反行业管理规定的行为，严格追究行政法律责任。如根据《电话用户真实身份信息登记规定》，电信业务经营者违反规定的，电信管理机构有权给予行政处罚。二是民事责任，即根据《消费者权益保护法》等有关民事法律规定，行业运营单位因提供的服务存在安全问题致使使用者被诈骗的，运营单位应根据责任程度承担民事赔偿责任。三是刑事责任，即如果运营单位或者业务人员明知业务中存在安全隐患而不及时消除，导致发生网络诈骗犯罪的，以为网络犯罪提供帮助罪、诈骗罪等罪名追究刑事责任。

（四）提高侦破数量，消除侥幸心理

提高网络诈骗犯罪案件侦破数量，及时建立犯罪与刑罚的直接现实联系，既是防止现行犯继续犯罪的必要手段，也是打消潜在犯侥幸心理和避免效仿的有效方法。为此，必须结合网络诈骗特点，在增强公安机关自身侦查能力的同时，加强部门协作配合，实现案件侦破水平大幅提升。首先，必须利用现代科技条件进行查证和抓捕。要加强公安信息化建设，建立网络诈骗违法犯罪人员数据库，实现全国联网、区域联动；要研究、开发、运用与计算机网络有关的行业产品以及电话定位、追踪等技术，综合应用数据挖掘、视频资料、网络监控等现代侦查手段。其次，必须加强部门协作与配合。既要加强公安与电信、金融部门之间的横向联系，互通信息、紧密协作；还要加强不同地域公安机关的内部配合，利用当地公安机关的属地优势减少办案难度。同时，要及时将重大网络诈骗案件上报上级机关，以便统一指挥，协同作战。

# “一带一路”与跨国犯罪治理

# “一带一路”建设下的企业职务犯罪及检察作为

高扬捷*

2013年注定是不平凡的一年，习近平主席审时度势，高瞻远瞩，先后提出共建“丝绸之路经济带”及“21世纪海上丝绸之路”的倡议，得到沿线国家高度肯定，经过五年的实践及提升，日益深入人心。

浸透了海洋文化的福建泉州被赋予“21世纪海上丝绸之路建设支点和先行区”之城市定位，也让这座城市迎来了千载难逢的发展机遇，通过分析泉州市检察机关办理企业职务犯罪的案例，检视司法保障的利弊得失，对于创建跨区域法治合作机制，加强检察机关服务“一带一路”具有良性影响。

## 一、“一带一路”建设下企业职务犯罪现状分析

“一带一路”建设为我国构建全球性国际制度建设提供了重要的理论支撑，“通路通航”带动沿线国交通基础设施建设，尤其是海运、空运的发展，“基建互通”加快了我国企业“走出去”的历史进程，“能源互通”为我国相关企业，如石化、电力企业带来深刻变革，“文化互通”对我国新闻、出版、影视行业影响巨大，“产业信息互通”为我国通信企业带来巨大的商机，“融资互通”为我国银行、保险、证券业的全球视野打下良好基础。当然，硬币具有两面性，在肯定“一带一路”建设巨大潜力的同时，更要注意防范企业的法律风险，尤其要重视“一带一路”建设很有可能使本来就比较难以查处的企业职务犯罪，因地域的扩大及证据的越发隐蔽而更难以预防、侦查、惩处。

### （一）企业职务犯罪案件的内涵与外延

企业是“从事生产、流通或服务活动的独立核算单位”①，职务通常是指

* 高扬捷，福建省泉州市人民检察院检察长、党组书记。

① 参见《辞海》，上海辞书出版社1989年版，第884页。

“工作中所规定担任的事情”①，即依据法律法规及公司章程，经委任或者聘任等形式而在一定社会组织或者经济组织中居于特定职位，承担一定职权，履行一定职责。企业职务犯罪是指在企业工作人员所实施的与职务行为具有较大关联性的，牟取非法利益或者严重渎职而依法应受处罚的犯罪行为的统称。在我国又因企业性质的不同，广义上应从国有企业与私营企业两个层面略作解读。

国有企业职务犯罪往往涉案金额巨大，社会危害性较大。传统意义上，“腐败”一词往往与国家工作人员滥用公权力相关联，是公权力场域内贪污贿赂、滥用职权等现象的统称，由此也在社会公众的认知中形成了腐败与公权力相伴相生的思维定势②，导致非公企业职务犯罪成为了“被司法遗忘的角落”。不过，从我国近年来司法实践来看，非公企业职务犯罪情况愈发严重，不仅单纯的非国家工作人员行贿、受贿犯罪案件多发，而且在落马官员的背后往往也曝出官商勾结、权钱交易等惊人内幕③，因此，从反腐倡廉的时代主题出发，对于非公企业职务犯罪问题应该有所重视。

根据我国刑法分则第八章的规定，国有企业极易触犯的罪名主要包括：贪污、受贿、行贿、挪用公款、单位受贿、对单位行贿、介绍贿赂、单位行贿、巨额财产来源不明、隐瞒境外存款、私分国有资产、私分罚没财物等。非公企业极易触犯的罪名则主要包括：职务侵占、挪用资金、非国家工作人员受贿、行贿、对非国家工作人员行贿、对单位行贿、介绍贿赂等。同时，因为刑法规定的复杂性以及法条竞合犯、想象竞合犯等特殊犯罪形态，研究企业职务犯罪还应考察非法经营同类营业、签订、履行合同失职被骗等关联犯罪，以及与企业职务密切相关，如破坏金融管理秩序、侵犯知识产权等相关罪名。

### （二）“一带一路”背景下企业职务犯罪案件特征

十九大报告明确指出，要以“一带一路”建设为重点，坚持“引进来”和“走出去”并重。“一带一路”沿线66个国家和地区，“广阔天地大有可为”，对内增强企业竞争力、对外保护海外利益④是上述目标实现的重要路径，

① 参见《现代汉语词典》，商务印书馆1983年版，第1483页。

② ［加］里克·斯塔彭赫斯特、［美］萨尔·J. 庞德主编：《反腐败：国家廉政建设的模式》，杨之刚译，经济科学出版社2000年版，第1页。

③ “艺术来源于生活，高于生活”的铁律在我国腐败案件屡屡曝光中得到完败，有些案件的复杂曲折程度挑战绝大多数文艺创作者的智慧与经验。

④ 汪段泳、苏长和主编：《中国海外利益研究年度报告》，上海人民出版社2011年版，第1—13页。

故当前必须将防范企业出现系统性腐败作为工作的重中之重。2017 年，在积极打击办理涉企职务犯罪的同时，泉州市检察机关共依法从宽处理 64 名非公企业人员，从快办理 33 件恶意逃废债案件的同时，积极促成 187 家企业及个人主动还本付息或与银行达成和解，涉及贷款 2.67 亿元，帮助企业继续生产自救。通过对办理案件分析发现，企业职务犯罪具有职务本位性、利益关联性、罪职契约性等表征，在“一带一路”背景下，更应正视企业职务犯罪案件的新趋势。

1. 职务行为关联性明显，对企业负面影响严重

通过案例及媒体报道分析，企业职务犯罪主体以企业高管及重点岗位人员居多，这些人位高权重，一旦缺少监督很容易滋生腐败，尤其是在企业改革、重组改制、工程投标、供销采购等重点环节，相关领域的负责人员或者经手人员均是职务犯罪的高发人群。司法实务中，一些国有企业负责人和高级管理人员经受不住利益诱惑，利用职务便利，违法犯罪，甚至企业“一把手”也踉铛入狱。① 近年来，企业职务犯罪窝串案较多，里应外合，相互勾结，抱团作案，侵蚀资产现象较为突出。“上梁不正下梁歪”，团伙腐败触目惊心。在传统的虚报、篡改报表数据、伪造购销凭证、截留代收款项等违法犯罪手段仍大行其道时，利用汇率差侵占企业财物、利用企业在境外经营推出的优惠政策牟利、互联网犯罪、多人共同受贿、虚开发票、侵犯商业秘密等新型或不常见的犯罪方式开始显现。现代社会是“个媒体”高度发展的社会，“好事不出门恶事行千里”，一旦企业职务犯罪被曝光，对企业的伤害是致命的，尤其“一带一路”沿线各国往往信息互通，职务犯罪问题，轻者造成企业利益受损，重者造成股价大跌，甚至一些企业尤其是一些“家族企业”分崩瓦解，沦入破产的边缘。

2. 对合型犯罪增多，官商勾结对营商环境破坏突显

近年来，发生在企业领域的贪污、贿赂、私分、挪用等职务犯罪，具有面广、人多、关系网复杂等特点，对合型犯罪有所增多，“对合犯是指以存在两人以上相互对向的行为要件的犯罪”②，通过办案事例及媒体报道分析，行贿与受贿、非国家工作人员行贿与非国家工作人员受贿、对单位行贿与单位受贿等都是对合型犯罪的常见罪名，且往往表现出官商勾结等特点。尤其在十九大

---

① 如中国核工业集团公司、中国石油天然气集团公司、中国石油化工集团公司、国家电网公司、中国电信集团公司、东风汽车公司、宝钢集团有限公司等先后出现严重职务犯罪问题。

② 张明楷：《刑法学》（第四版），法律出版社 2011 年版，第 350 页。

前后国家重拳反腐的高压态势下，几乎每个落马官员的背后都或多或少牵出企业或者个人行贿的犯罪事实。在长远上看，为了“一带一路”建设的顺利实施，为了激发企业的活力，现代企业的建立与市场的有序规范是不二法则，而要维护良好的市场秩序，投资者的利益必须得到充分的保护，公开、透明的规则必须加以确立，否则不但破坏营商环境，更会危及“一带一路”建设。无数历史教训告诉我们，这样的预判绝非危言耸听。

3. 反侦查意识逐渐增强，查处难度加大对法治环境冲击明显

近年来，企业职务犯罪手段不断翻新，呈现出复杂性、隐蔽性等特点，或虚报冒领、重复报账，或私设“小金库”、中饱私囊，或使用假印章、假合同、假发票套现，或在关键环节、以入干股等方式实现“权力寻租”，或大肆行贿受贿等等。为了逃避打击，事前预谋或者通谋的现象比较普遍，“狡兔三窟”，准备后路，甚至处心积虑地通过地下钱庄等方式将赃款转移境外，并千方百计为自己、配偶、子女取得相关资格，随时准备潜逃。在“一带一路”背景下，境内企业与境外贸易的不断增多、跨境和跨区域的联动明显增强，由此带来的企业职务犯罪案件中涉外因素不断增加，如在与境外企业合作中实施犯罪、被害人是境外企业、涉及对外项目投资经营、利用优惠税收、利好汇率政策实施犯罪等，犯罪的主体复杂性增加、跨区域性突出。因为企业资产往往在境外，人员活动频繁，收缴、暂时保管护照、出行证等传统意义上预防职务犯罪的做法收效甚微，加之企业雇员有可能是外国国籍，面临刑事法适用冲突、司法引渡等实务难题，也考验着办案人员的业务水平和能力。

## 二、“一带一路”建设区域法治背景下检察机关办理职务犯罪面临两种风险

### （一）内部风险：企业内控机制不完善与案发风险处置难

“一带一路”倡议影响下，犯罪手段随着经济发展而呈现出新型化、隐蔽化特点，特别是互联网犯罪的流行和多样化的金融渠道，使得犯罪出现海量化数据。涉企职务犯罪与其他犯罪一样，也存在监管滞后、发现不易、查处困难的问题。利用互联网、金融工具、企业政策等实施的犯罪对于侦查专业性、行业规律掌握度又提出了更高要求。

首先，内控机制不完善是导致企业职务犯罪频发的重要原因。泉州市依法

办理的张某、王某、黄某等5人职务侵占案①，本案充分暴露了因为企业管理存在漏洞，企业员工法律意识淡薄，多人勾结、多环节配合、链条化、有组织犯罪，铤而走险侵犯企业财产。企业缺乏法治的思维、规范化的意识经营企业，将企业管理规制在轨道内；企业员工缺乏法律的思维，漠视违法犯罪成本，给企业带来损失，这是许多企业发展过程中难以回避的阵痛。

其次，取证困难是司法机关异地特别是境外办理案件不可避免的问题。"一带一路"沿线各国虽然建立了广泛的多边合作关系，但这种合作更多的还是停留在经济贸易层面，共享的情报信息和侦查资源有限，对境外犯罪直接进行取证带来较大困难，无论是取证时效、取证配合度、涉众型犯罪取证、语言文字障碍、风俗习惯差异都可能为证据获取、证据审查带来困难。

最后，跨域性风险问题处置存在多重障碍。各国的经济水平、所属法系和具体的法律环境的不同，使得对于同一案件的认定和标准存在很大差异。虽然国际法确定了属地管辖、属人管辖等原则，但当中国企业按照国内的行业规则、工程检测标准、环境指标等具体检验标准到境外投资、办厂、经营极有可能面临违法犯罪风险，而在案件办理中此类标准的选择、适用无疑是司法机关应该重点关注的问题。同时，多地区、多人、多种类犯罪的案件也存在如何确定管辖地以节约司法成本、提升司法效果的问题，一旦不同国家的司法机关出现推诿案件而又缺少协调解决机制，无疑不利于营造良好的区域经济秩序。

（二）外部风险：监管机制缺失与跨域协作不畅

1. 区域经济、法治环境发展不同步、不协调滋生犯罪空间

我国"一带一路"倡议的提出，调动对外贸易再增长的同时，也推动了

① 例如：2017年5月，被告人张某利用担任J水暖公司销售经理的职务之便，串通仓储负责人王某、安保人员黄某、丁某等4人，利用购买的笔迹可淡化签字笔，篡改提货凭证，利用相同凭证反复提货，在黄某等人的配合下将高额价值的水暖设备运出厂区，造成J公司直接经济损失达100余万元。J公司是当地实力雄厚的民营企业，在全国范围内拥有多个厂区，同时运营着销量长期保持同类企业前列的电商平台。近年来，面对经济下行压力，J企业通过产业转型升级、着眼品牌倡议提升、开发自主知识产权等方式，产销逆势上扬，但在企业做大做强的过程中，规范化、科学化管理模式的缺失或滞后也为企业带来不期而遇的伤害。

区域乃至世界经济的繁荣和发展。① 这样的大环境下，涉及企业的违法犯罪风险、发生概率也相应提高了。我国与各个国家刚刚建立合作伙伴关系，相关的法律机制仍未达成一致，司法合作仍需要进一步加强，这便如上文所述增加了司法机关查办案件的难度。但出于利益、司法权和外交政策等相关问题的考虑，各国之间并未形成犯罪打击合力。

2. 发达的信息化网络和金融通道对跨区域监管提出更高要求

互联网的大规模②普及凸显了网络监管渠道尚未全方位构建、相关法律文件存在缺位的弊端。通过分析涉企职务犯罪案件不难发现，跨区域作案的犯罪嫌疑人往往利用互联网实现信息互通，侵害企业财产类犯罪中，伪造的票据证明、字迹伪造修正工具等均来源于互联网，通过 U 盘、手机移动终端获取企业商业秘密的犯罪形式也屡见不鲜。发达的资金融通渠道，则为犯罪分子获取利益后实现快速转移提供了便利。

3. 区域内部风俗习惯各不相同

2015 年 3 月，中国政府发布的《推动共建丝绸之路经济带和 21 世纪海上丝绸之路的愿景与行动》指出，共建“一带一路”是顺应世界多极化、经济全球化、文化多样化、社会信息化潮流，可以推动沿线各国实现经济政策协调，开展更大范围、更高水平的区域合作。③ 各国不仅法律环境不一，而且文化受到历史、宗教、地理等因素影响各不相同，部分国家的腐败、法律规制不完善、行业潜规则盛行、市场自由度低，极易对企业人员带来不良影响。

4. 多语制的障碍

“一带一路”沿线国家众多，国家和地区间使用不同的语言通常是沟通中需要面临的最直接问题，而这种多语制的环境投射到司法领域，带来的障碍也

---

① 商务部发布的数据显示，仅 2017 年一季度，中国与“一带一路”沿线国家的双边货物贸易总额便同比增长了 26.2% 。“一带一路”倡议增加了我国的贸易国的数量，与此同时也大大增加了我国进出口的贸易总量。2016 年，我国与沿线国家的贸易总额已经达到 9535 亿元，与沿线 52 个国家实现了贸易顺差，与 12 个国家实现了贸易逆差，而随着区域经济驱动力的增强，这个趋势还在不断增长。

② 根据中国互联网信息中心（CNNIC）发布的《中国互联网络发展状况统计报告》，截止 2017 年 12 月，中国网民规模已达 7.72 亿，网络普及率为 55.8%，移动智能终端用户规模达 7.53 亿。

③ 根据统计，“一带一路”66 个国家，发达经济体有 14 国、发展中经济体有 35 国、转型经济体有 17 国 。这些国家涉及大陆法系、伊斯兰法系、英美法系、印度教法传统、佛教法传统（如不丹、蒙古、缅甸、柬埔寨、老挝等）、苏联法传统、东盟法圈、阿盟法圈、欧盟法圈、WTO 法圈。

是最直接的。"一带一路"倡议源起于政府间的合作，而基础设施建设、贸易繁荣、违法犯罪显现又使得这种合作或协同向包括司法在内的其他领域延伸，这对于司法部门的外语能力提出了较高的要求。司法部门之间难以开展直接、即时、长期的对话，导致打击犯罪行动的迟缓和不力。

## 三、检察机关办理企业职务犯罪与区域法治合作机制构建

为了提升检察机关服务保障海丝先行区建设工作水平，检察机关必须以新的发展理念，较强的战略思维，勾勒出新的路径，履行监督职能，服务保障"一带一路"顺利推动。

### （一）"一带一路"建设下企业职务犯罪的考量因素

"一带一路"建设传承古代丝绸之路互利共赢精神，强调共建、共商与共享原则，打造利益、命运与责任共同体。检察机关在办理企业职务犯罪案件中，须考虑权衡企业经营、营商环境、法治氛围三个因素。

1. 企业经营——徘徊于法律效果与社会效果之间

现代企业经营风险较多，比较严重的是内部刑事风险，其风险点往往源于内部人员的背信行为，即内部工作人员基于牟利等动机，存在侥幸心理，利用职权或者便利，实施违法犯罪。早期成立的一些非公企业往往以血缘、亲情、乡党等为纽带，快速扩张到一定程度后，一旦被企业内部人员侵吞、盗取、骗取财物，则因为上述血缘、亲情、乡党等特定关系，纠结于是否移送司法机关处理，常常采取大事化小、小事化了的绥靖政策，为企业发展留下巨大隐患。

2. 营商环境——纠结于长期效果与短期效应之间

目前我国营商环境虽有改善与提升，但仍有两大难题亟须解决：一是在反腐浪潮下，国家公职人员受贿行为虽然大大收敛，但不作为、渎职行为也有所抬头；二是国内一些企业，习惯于"找关系""找门路"，导致海外投资办厂、投融资时也可能采用惯常做法。对当地官员的行贿、公关等行为，短期内虽然可能有助于企业发展，但从长远上看，则有可能为经营埋下了"定时炸弹"①，稍有不慎就会爆发。

3. 法治氛围——从被动执法到主动作为

"一带一路"建设的主体是企业，无论是国有企业还是非公企业，极易脱离本国法律法规监管，而"一带一路"沿线国家与地区信息交换匮乏，法律

① 2018上半年中美贸易摩擦不断，中兴事件引起的内外原因很多，但企业漠视规则的做法值得国内企业引以为戒。

壁垒颇多，不能对企业职务犯罪予以有力回应与遏制，故被动执法已经不合时宜。检察机关是“一带一路”建设法治化不可或缺的重要力量，因此绝不能再恪守传统意义上被动司法的姿态，必须及时更新司法理念，主动沟通交流，不断夯实“一带一路”的国际法治基础，共同打击与防范企业职务犯罪。

（二）“一带一路”办案协作机制的处理防范作用

全球化和区域一体化进程中，许多国家、地区、国际组织在法律规范制定方面的探索和实践，形成了许多操作性强、行之有效的模式，值得“一带一路”国家学习借鉴。

1. 欧盟模式

欧盟法律对于其成员国公民具有直接约束力，其内部法律的制定也是建立在成员国让渡部分国家职能前提下的高度一体化。就区域协作的目标来看，也和欧盟设立的目标并不一致，“一带一路”法律协作平台构建过程中对其的借鉴不大。

2. 东盟模式

相较于欧盟法需要成员国让渡部分国家职能，东盟框架的组织机构基本是成员国平等合作模式，没有超越国家因素的法律制度，是一种不干涉内政为前提的软法机制。其内部法律机制以基本文件为基础构成。此种模式在效率、规制效果上或许逊于欧盟模式，但在诉求平衡方面，对于国情、文化等各方面差异较大的“一带一路”沿线各国无疑具有更强的实践借鉴意义。

3. 北美自由贸易区模式

该模式与东盟模式的相似之处在于突出成员国的主权原则，但同时签订了以《北美自由贸易协定》为代表的大量双边和多边协议，提供了一整套的规则和制度框架来管理、规制协议国行为。这种模式在强调成员国主权原则的前提下，又通过发达的争端解决机制、具有监督职能的专家委员会来促进合作协议的执行。

与欧盟、东盟模式相比，北美自由贸易区模式更注重于在国家主权和问题解决效率之间寻求平衡，此种模式可值得借鉴。

（三）完善检察机关服务保障“一带一路”建设法律制度

当下，因各国的体制、宗教、社会环境的差异，“一带一路”沿线各国法律规范和制度也存在极大差异，加之国际法和国内法在调整范围、犯罪认定等方面无法达成统一；最高院与最高检出台的服务“一带一路”建设的规范性文件，主要是为今后打击以及预防职务犯罪提供指导性意见，尚无形成“一带一路”战略实施打击腐败犯罪的具体举措。由此可见，推动建立“一带一路"统一的法律规范非一朝一夕的功夫，须层次化阶段性推进。

1. 适时推动国际法的转化

《联合国反腐败公约》对反腐败犯罪虽然做出了明确系统的规定，但针对涉企职务犯罪中国内法转化适用及具体时间上却并未与其紧密对接，在政策的制定上与现行法律未严密接轨。且《联合国打击跨国有组织犯罪公约》等公约及《推动共建丝绸之路经济带和21世纪海上丝绸之路的愿景与行动》合作机制均只对打击职务犯罪提供参考。截止目前，我国只是在刑法层面上对于一些具体犯罪行为给予了规定。因此推动国际公约与相应合作机制的转化，既使国际公约得到遵守，也使打击涉企职务犯罪有法可依。

2. 构建一套统一的认定标准和惩处规范

打击涉企职务犯罪，推动"一带一路"建设，构建一套统一的认定标准和惩处规范是不容置疑的。从可行性考虑，可从实体法和程序法两方面推动统一认定标准和惩处规范的认定。首先，在《联合国反腐败公约》《联合国打击跨国有组织犯罪公约》等国际公约、《推动共建丝绸之路经济带和21世纪海上丝绸之路的愿景与行动》合作框架机制的前提下，求同存异，探索整合"一带一路"沿线各国法律规范内容，合理把握国际法的原则，制定沿线各国在达成共识的系统性规范。为更好地利用司法资源，该规范可包括但不限于涉企职务犯罪。其次，可以学习团、法律巡讲团、法律文化交流展览等形式提高区域司法协作规范的认同度。待时机成熟，可通过备忘录、合作框架机制等建构统一的认定标准和惩处规范。

（四）推动协同合作，搭建检察机关服务保障"一带一路"建设桥梁机制

1. 完善健全检察机关内部协同机制

只有检察机关内部机构的协同合作，才能为涉企犯罪编织一个无法逃离的牢笼。首先，严把涉企犯罪入口。承办涉企犯罪案件的业务职能部门可联合窗口服务部门，梳理涉企犯罪的基本特征，防范涉企犯罪的办案风险，不漏过一起涉企犯罪。[①] 其次，加强各内设部门的协同配合。要通过民事行政检察监督，尤其是加强涉及"一带一路"建设等行政机关行政执法和行政许可等方面的监督，不断拓宽案件线索来源。侦查监督、公诉、职务犯罪检察、案件管理等部门在查办"一带一路"职务犯罪各环节中，要形成信息共享、线索移

---

① 如泉州市检察院原金融处联合原控申处印发《涉众型金融犯罪案件联合信访工作意见（试行）》，有效保障相关人员控告申诉权利，强有力的打击涉众型企业金融职务犯罪。

送、案件协查等协调机制，提升内部合力。同时，可以将“一带一路”职务犯罪作为捕诉合一的试点案件类型，提升办案实效。第三，强化涉企职业犯罪的成果转换。在办理企业职务犯罪的过程中，检察机关内部务必发现企业职务犯罪的规律特征，调查研究该行为产生的原因，联合内部多个部门制定可行性研究方案，通过多种措施防范杜绝类似行为的发生。①

2. 完善健全检察机关与职能部门的外部合作机制

首先，在“一带一路”建设纵深推进过程中，针对各种新的犯罪类型和模式，检察机关要加强与公安、法院的协调配合，在犯罪事实认定和证据标准上进一步形成统一的认定标准。同时，加强各行政机关之间的案件线索移送、信息共享、办案协同等协作机制，形成内外合力。其次，检察机关可联合人民银行、国税、地税、海关缉私局、边防、银监等共建单位深入研究分析相关涉法问题，尤其是要围绕“走出去”企业可能面临的法律风险和法治需求，深化普法教育提升法制观念水平工作，开展法治咨询、送法进企业、专题讲座等，保障企业境外资金安全。再次，检察机关可积极与“一带一路”建设的行政执法和行政管理部门开展共建活动，通过在临空临港物流园区、跨境贸易电子商务园区、出口加工区等设立派驻检察室、检察工作室、检察联系点平台，延伸服务触角。借助全国检察机关12309检察服务平台升级契机，探索深化检察监督管理信息平台建设，为参与“一带一路”建设的企业和公民提供涉外法律法规解读、法律风险防控等专业性法律咨询和服务。

3. 完善健全检察机关与国际机构的对外合作机制

首先，强化司法区域协作，可通过探索建立国际间的检察长会议、专题性或主题性犯罪研讨会、区域检察协作讨论会等进行沟通交流推动涉企职务犯罪案件在移送、管辖、讯问、询问、控诉、协助等在内的平台搭建。其次，优化检察机关对外协作机构设置。当下，最高检有国际局机构，省级及以下检察机关仅有涉台办这个机构可参与到涉外案件办理中，渠道相对狭窄，而省级及以下检察院参与国际合作交流学习交流的机会更是微乎其微。因此，建议可在省级检察院内设对接国际机构的机构，深化与香港、澳门、台湾地区和“一带一路”沿线国家检察机关、执法司法部门的交流与沟通，协助做好外籍涉案人员探视、调查取证、会见证人、文书送达等细节工作，妥善办理刑事司法协

① 如泉州市两级院办理恶意逃废债案件，坚持“一案双查”，深挖恶意逃废债案件背后的金融职务犯罪。同时，泉州市检察机关运用官微、地方报纸、电视节目访谈等多种宣传恶意套废债行为，在保持刑事打击高压震慑的同时，为营造良好的企业金融环境发挥了不遗余力的作用。

助案件，依法惩治跨国（境）犯罪，促进“一带一路”建设纵深发展。组织学习交流团、建立学习交流平台，畅通司法协作渠道。

## 四、“一带一路”区域法治合作机制创建与检察职能延伸

泉州市作为中国“民营经济大市”和“品牌之都”，在“一带一路”建设过程中，全市检察机关开展“双联双促”（联系企业、联系项目，促进发展、促进廉洁）活动，为企业创业创新和“走出去”保驾护航。以打击和预防企业职务犯罪，做到亲商、安商、护商，不仅是服务“一带一路”战略实施的应有之义，也是检察机关实现自身职能延伸转变的良好契机。作为大范围、深层次、高水平区域合作的“一带一路”建设，司法需求也涉及到多方面。

### （一）检察机关服务“一带一路”的职能延伸

最高检有关部门根据《推动共建丝绸之路经济带和21世纪海上丝绸之路的愿景与行动》，出台了《关于做好检察机关预防职务犯罪工作服务和保障“一带一路”战略的十条意见》，为检察机关服务“一带一路”建设涉企职务犯罪方面提供了具体的指导，着重体现为以下几个方面：工程建设中的重点环节和岗位，多元化的国际贸易流通、电子商务活动，金融机构的监管和金融工作人员的从业活动，企业“走出去”涉及的境内外各项投资合作和工程建设，知识产权保护、重点科研项目经费管理等方面都将为涉企职务犯罪留下广阔的空间。针对以上方面的犯罪隐患，检察机关综合运用提前介入调查、预防咨询、预防调查、检察建议、设立企业（行业）派驻检察工作室等形式加强涉企职务犯罪的预防和打击，势在必行。

### （二）加强与主管单位、行业协会等主体的合作

主管部门作用主要表现在，企业在“走出去”需要符合的资质标准和完备的审批手续，主要是向发改委、工商部门、商务部、外管局等相关主管部门申请境外投资的行政审批，在通过审批后进入东道国，东道国政府则根据本国的法律和制度对外来投资行使行政管理职权，主要包括项目审批、投资范围、出资比例、期限限制、当地物资利用、外汇、环境保护、土地买卖政策等。①行业协会的作用主要表现在，行业协会受政府委托，对企业进行资格审查、签发证照，市场准入资格认证，发放产地证、质量检验证、生产许可证和进出口

① 周晓歆：《检察机关服务“一带一路”战略实施预防职务犯罪对策建议》，载《政法论坛》2017年第10期。

许可证等等，对本行业产品和服务质量、竞争手段、经营作风进行严格监督，维护行业信誉，鼓励公平竞争，打击违法、违规行为。主管部门、行业协会与企业之间存在潜在的管理与被管理的行政关系，这就为检察机关加强与企业主管部门和行业协会的合作提供了内在的基础。如依托企业主管部门和行业协会，重点梳理企业职务犯罪高发、高风险的行业和系统，并进行研判，进而有针对性地开展行业联合预防，建立联席会议制度，搭建信息通报、案件线索移送、警示教育资源共享平台，为企业积极走出去提供各类司法保障。如泉州市检察院携手法院、公安局、工商局、工商联等六方共建“知识产权快速维权机制”，开创“公权主导、私权参与、平台协力”的知识产权社会治理泉州模式，解决知识产权“维权难、维权慢、维权成本高”的社会关切。

（三）检察建议的综合运用

检察建议是检察机关为促进法律正确实施、促进社会和谐稳定，在履行法律监督职能过程中，结合执法办案，建议有关单位完善制度，加强内部制约、监督，正确实施法律法规，完善社会管理、服务，预防和减少违法犯罪的一种重要方式。其适用范围十分广泛，在推动倒逼企业规范管理等方面起到良好的督促效果，其中，泉州市检察机关向某企业发出一份检察建议，帮助企业挽回3500万元损失。① 在服务“一带一路”建设中，对于企业、行业系统运行规则，发现管理制度漏洞；对于主管部门、行业协会在管理企业、资格认定、项目审批等过程中的漏洞和问题，通过及时制发检察建议，帮助被建议单位、行业系统整改落实，提升科学化管理水平，切断企业职务犯罪的源头，为企业“走出去”营造廉洁高效的政务环境、公平公正的市场环境。

① 例如：2015年12月，福建省泉州市鲤城区某大型企业的董事长吴某接到员工举报，南京分公司的几名员工相互勾结，利用自己负责市场扩展的职务之便，把公司看中的店铺事先租下来，再高价转租给公司，借此赚取高额差价，累计达上百万元。案件办结后，根据办案中了解到，这种内部员工事先租好店铺再转租给公司的行为是行业内部的潜规则。针对该情况，泉州市检察机关向该公司发出检察建议，建议该公司针对分公司租赁店铺的问题进行系统排查，并列出具体问题和建议，该公司根据《检察建议书》，对全国3000家店铺的租赁合同进行全面排查，对于价格明显高于市场价的合同，要求分公司及时整改，仅仅租金支出的部分，公司一年就节省了3500多万元的开支。

# 区域合作组织与恐怖主义犯罪防控*

## ——以上海合作组织为例的分析

胡　江**

2001 年 6 月，上海合作组织在上海宣告成立，这是第一个以中国城市命名的区域性国际组织，也是由中国发挥主导作用的区域性国际组织。作为全球最大的区域性国际组织，上海合作组织在国际政治格局中居于重要地位，对维护世界政治秩序和安全稳定发挥了独特作用。其中，维护地区安全稳定是其成立的宗旨，在其成立宣言中即明确指出其宗旨之一即为“共同致力于维护和保障地区的和平、安全与稳定”。在这一宗旨的指引下，对恐怖主义犯罪的打击和防范是该组织的重要任务之一。当前，我国防控恐怖主义犯罪的任务较为艰巨，特别是由于上海合作组织成员国覆盖了恐怖主义犯罪滋生蔓延的多发地带——中亚地区，在这样的背景下，积极开展上海合作组织框架内的反恐合作，不仅对促进我国恐怖主义犯罪的防控具有积极价值，对促进整个地区乃至全球的安全稳定也具有重要意义。

### 一、区域合作对我国反恐工作的重要意义

我国是恐怖主义犯罪的受害国，近年来，受国际国内等多方面因素的影响，我国的恐怖主义犯罪呈现出新的态势，已经成为我国安全稳定的极大威胁。① 由于恐怖主义犯罪的特殊性，其防控任务也非常复杂，因此，在上海合

---

* 本文系 2017 年度国家社科基金重点项目“预防性反恐刑法问题研究”（编号：17AFX017）、司法部 2017 年度国家法治与法学理论研究项目“非传统安全视野下的毒品犯罪治理研究”（编号：17SFB2022）和重庆市教育委员会人文社会科学研究项目“中国毒品犯罪刑事政策的省思与建构”（编号：16SKJD02）的阶段性成果之一。

** 胡江，西南政法大学法学院副教授、硕士生导师，法学博士。

① 梅传强、张永强：《我国恐怖活动犯罪的现状、特征及防控对策》，载《北京师范大学学报（社会科学版）》2015 年第 6 期。

作组织框架内加强与有关国家的反恐合作，对我国反恐工作具有十分重要的现实意义。

（一）营造安全稳定的周边环境

随着我国改革发展任务的进一步推进，我们不仅需要一个稳定的国内环境，也需要一个稳定的周边环境。而环顾我国周边地区，无论是中亚，还是南亚，都面临着较为严峻的安全形势。虽然近年来这两个地区的政治环境总体上趋稳，但由于民族、宗教、文化等方面的原因，中亚、南亚地区的经济发展水平总的来讲并不高，而民族、宗教矛盾较为激烈，南亚地区的印度、巴基斯坦的领土纠纷多年来争执不休、至今悬而未决，两个地区的社会管控能力均较低。特别是中亚地区，由于特殊的地理环境和民族、宗教方面的原因，极易成为恐怖主义犯罪滋生蔓延的土壤。中亚地区的毒品犯罪与恐怖势力、三股势力、疆独分子经常连于一体，对我国的边疆稳定和社会和谐造成极大威胁，甚至对国家领土和主权的完整性构成严重威胁，是我国所面临的新的非传统安全威胁。[①] 曾经在全球范围内产生广泛影响的基地组织就主要是在中亚地区成长壮大和指挥实施恐怖活动，甚至在一定意义上可以说，中亚地区是世界恐怖主义犯罪的主要策源地之一。

从我国恐怖犯罪的现实情况来看，不少恐怖主义分子正是通过中亚、南亚的边境地区出境接受恐怖训练，或者入境实施恐怖主义犯罪。由于我国西部边境地区直接与中亚、南亚等地区毗连，这些地区的安全稳定直接关系到我国的社会安全、国家安全和恐怖主义犯罪的防控。上海合作组织成立的初衷之一就是要合作打击中亚地区的恐怖主义、极端势力和民族分裂势力，其成员国主要聚集于中亚地区，2017 年又吸收了印度、巴基斯坦为新的成员国，因此，该组织基本上覆盖了我国周边安全态势较为复杂的中亚、南亚地区。作为上海合作组织的主要倡导者之一，我国在这一组织框架内，积极开展与有关国家的反恐合作，是合作打击中亚、南亚恐怖主义犯罪的现实需要，能够积极消除中亚、南亚地区的不稳定因素，确保我国周边环境的安全稳定，能够为我国反恐工作的开展营造良好的外部环境，同时也有助于维护本地区的安全，为我国社会稳定和经济发展提供良好的社会环境。[②]

---

① 胡江：《合作打击中亚地区毒品犯罪的若干问题分析——基于上海合作组织框架内的考察》，载《江西警察学院学报》2010 年第 1 期。

② 莫洪宪：《上海合作组织存在的问题及我国的对策》，载《武汉大学学报（哲学社会科学版）》2005 年第 6 期。

（二）提升在全球反恐中的地位

全球反恐不仅是一个法律问题，更是一个政治问题，背后关涉到大国的博弈。虽然各国均认识到基于反恐问题的特殊性，任何一个国家都不可能凭借一己之力来应对恐怖主义犯罪，所以几乎无一例外地都强调在反恐领域的合作。但是，在全球反恐合作的进行中，有的国家却基于自身利益的考虑，以政治、宗教、民族等方面的原因人为地制造反恐合作的障碍。

从全球范围来看，美国基于其强大的经济、军事实力，不仅在其国内大力推进反恐，也积极介入各地区的反恐行动，甚至直接动用军事力量在其本土之外对恐怖主义发动战争打击，这样的举动固然有助于摧毁或削弱全球恐怖主义的力量，但不可否认的是，美国在其中往往也掺杂了政治、价值观念等方面的考虑，比如借反恐推行其价值观念、以开展反恐行动为由影响部分国家的政局等等。因此，美国在全球反恐行动中的地位具有两面性，一方面其试图充当全球反恐的领导者，也确实为反恐行动作出了积极努力，但另一方面也伴随着其在政治、文化等方面的霸权思维，试图通过主导或参与全球反恐而维系其在全球的霸主地位，乃至直接向其他地区或国家输送其价值观念、政治制度等。就上海合作组织覆盖的地区而言，在“9·11”事件以前，美国在该地区的影响相对较小，但在“9·11”事件之后，美国以反恐为名，在阿富汗直接发动对塔利班的战争，直接介入了本地区的安全事务。

所以，虽然上海合作组织已经成为本地区反恐领域不可或缺的重要组织，但是美国在该地区的影响力不可小觑。在这样的背景下，如何在反恐领域与美国既开展合作、又不至于仅仅成为美国反恐行动的追随者，是中国在大国崛起的路上不得不面对的问题。在反恐问题上，我国与美国担负着共同的任务，但是，唯有不断提升我国自身在全球反恐中的地位，方能不受美国在政治、宗教等方面的牵制。为此，发挥上海合作组织在本地区反恐的积极作用，在上海合作组织框架内积极开展与有关国家的反恐合作，无疑成为提升我国在全球反恐中地位的不二选择。从长远来看，积极开展上海合作组织框架内的反恐合作，有助于改变美国在反恐问题上一国独大的现状，增强我国在区域反恐和全球反恐中的影响力，必将进一步提升中国在区域事务乃至全球事务中的话语权。

（三）增强打击恐怖主义的实效

打击恐怖主义犯罪，既涉及到对犯罪分子的发现、抓捕、侦查、起诉、审判等，也涉及到对涉恐财产的查封、冻结等。长期以来，一些恐怖分子利用我国西部连绵千里的漫长国境线和边境地区复杂的地理环境特征，对我国公民实施放火、爆炸、投毒、杀人等恐怖犯罪行为，严重侵害了人民群众的生命财产安全。这些恐怖分子往往隐藏于边境地区的隐蔽场所，伺机实施恐怖犯罪行为。在实施犯罪后，往往又利用边境地区复杂的地形地貌轻易地进入到其他国家领域内，为我国司法机关发现和查获增加了极大的困难。特别是由于我国西部紧邻中亚地区，一些恐怖分子穿梭于这一地区的不同国家，更是让任何一个国家单独都难以应对。因此，在上海合作组织框架内加强反恐合作，有助于提升对恐怖犯罪的打击力度。目前，上海合作组织已经通过制定区域合作条约等形式，就恐怖主义犯罪的引渡、协作等做了约定，此外还积极开展联合军事演习等活动，这对本地区的恐怖主义犯罪将形成极大的震慑力。同时，上海合作组织还通过加大对涉恐金融资产的监管等，从而消除恐怖主义犯罪的经济基础。总之，通过开展反恐合作，为我国的恐怖主义犯罪防控争取到了良好的外部合作机会，能够切实解决在打击恐怖主义犯罪中所面临的一些现实困难，从而增强我国打击恐怖主义犯罪的实际效果。

### （四）阻断境外恐怖主义的输入

长期以来，新疆等西部地区是我国恐怖主义犯罪的多发地区，虽然近年来在内地也发生了多起恐怖主义犯罪案件，但新疆作为我国反恐前沿阵地的态势并未改变。而新疆的恐怖主义犯罪态势之所以较为严峻，除了国内方面的因素之外，也与毗邻中亚地区，受境外宗教、民族等多方面因素的影响有着千丝万缕的关联。从新疆发生的恐怖主义犯罪现实情况来看，绝大多数都有境外因素的影响，以 2009 年发生在乌鲁木齐的“七五事件”为例，就是受到了潜逃于境外的民族分裂势力的直接指使。因此，在上海合作组织框架内积极开展与有关国家的反恐合作，有助于阻断境外恐怖主义的输入，其中最为重要的意义体现在两个方面：

一是阻断境外恐怖分子的进入。一些恐怖分子利用边境地区独特的地形地貌和边境管控薄弱的机会，非法出境进入中亚等地区接受恐怖主义的培训，之后又非法入境在国内实施恐怖犯罪活动。还有一些境外恐怖分子出于民族、宗教、政治等方面的原因，也伺机进入我国境内实施恐怖活动。因此，上海合作组织成员国之间加强反恐合作，特别是加强对边境地区的安全管控，有助于切断恐怖分子往返境内、境外的通道，从而阻断恐怖分子进入我国境内。

二是阻断境外恐怖诱因的影响。恐怖主义犯罪的发生深受民族、宗教等因素的影响，长期以来新疆等地的恐怖主义犯罪之所以较为严峻，其中一个很重要的原因就是由于恐怖分子受宗教极端势力、民族分裂势力的影响，试图将我国的新疆地区分裂出去，试图在这一地区建立起政教合一的国家。犯罪作为破坏社会秩序的极端行为，不仅仅是对法律规范的违反，同时也是对社会主流价值观念的违反，“是社会文化的一个侧面，是一定文化的产物。”① 在恐怖主义犯罪背后发挥至关重要作用的是宗教、文化等因素，对于这些因素，不仅仅是单纯的打击犯罪就能解决的，还需要通过长期的文化宣传和影响才能逐步消除。因此，在上海合作组织内加强与相关国家的反恐合作，也能够逐步消除恐怖主义犯罪生发的诱因，阻断境外恐怖主义思想的传入，从而在思想文化层面阻断恐怖主义犯罪的发生。

## 二、上海合作组织在反恐方面的主要举措

上海合作组织成立的主要任务之一就是打击恐怖主义犯罪，经过近 20 年的发展，其不断探索反恐措施、积极加强反恐合作，取得了明显成就，已经成为国际反恐领域不可或缺的重要力量，“治理恐怖主义业已成为上海合作组织的标签”②。这些进展的取得，一方面得益于上海合作组织坚持以“互信、互利、平等、协商、尊重多样文明、谋求共同发展”为基本内容的“上海精神”，开展反恐合作是各成员国的共同意愿，另一方面则是因为其在反恐领域提出了诸多富有成效的举措，从而保证了反恐合作的顺利开展。

### （一）制定区域反恐条约或文件

关于反恐怖主义的条约既有国际层面的，也有区域层面的，前者如《防止和惩治恐怖主义公约》（1937 年）等，后者如《欧洲制止恐怖主义公约》（1976 年）、《美洲国家反恐怖主义公约》（2002 年）等，这些反恐条约为国际、区际反恐合作提供了法律遵循。作为重要的区域性组织，上海合作组织也十分注重反恐领域的规范完善工作，制定了相应的反恐条约或文件。上海合作组织每年召开一次元首会议，通过发布元首会议宣言等文件和缔结区域性反恐条约等形式，逐步形成了较为完善的区域反恐合作规范体系，为开展区域反恐合作奠定了法律基础。其中，除了每年所发布的元首会议宣言之外，在反恐领域的重要条约或文件主要有以下几个：

1. 《上海合作组织成立宣言》（2001 年）

2001 年 6 月 15 日，上海合作组织在上海成立，在其成立宣言中，明确宣布其宗旨之一即为“共同致力于维护和保障地区的和平、安全与稳定”。并在其第 8 条明确指出，上海合作组织尤其重视并尽一切必要努力保障地区安全。各成员国将为落实《打击恐怖主义、分裂主义和极端主义上海公约》而紧密

① 张远煌：《犯罪学原理》（第二版），法律出版社 2008 年版，第 265 页。

② 曾向红：《恐怖主义的全球治理：机制及其评估》，载《中国社会科学》2017 年第 12 期。

协作，包括在比什凯克建立“上海合作组织反恐怖中心”等。

2.《上海合作组织宪章》（2002 年）

2002 年 6 月通过的《上海合作组织宪章》是上海合作组织运作的最基本规范和准则，该宪章共 26 条，明确了上海合作组织的宗旨和任务、合作方向、机构等内容。宪章在其第 1 条对上海合作组织的宗旨和任务做了规定，明确提出“共同打击一切形式的恐怖主义、分裂主义和极端主义，打击非法贩卖毒品、武器和其他跨国犯罪活动，以及非法移民”。宪章第 3 条所规定的“合作方向”也将反恐合作作为最主要的内容，明确提出“研究并采取措施，共同打击恐怖主义、分裂主义和极端主义，打击非法贩卖毒品、武器和其他跨国犯罪活动，以及非法移民”。宪章第 4 条规定了该组织的机构，并在第 10 条就地区反恐怖机构作了专门规定。

3.《打击恐怖主义、分裂主义和极端主义上海公约》（2001 年）

2001 年 6 月 15 日，上海合作组织成立伊始，即缔结了《打击恐怖主义、分裂主义和极端主义上海公约》。该公约共 21 条，主要包括以下几个方面的内容：

（1）“恐怖主义”的含义。根据该公约第 1 条的规定，“恐怖主义”是指以下两类行为：第一，为该公约附件所列条约①之一所认定并经其定义为犯罪的任何行为；第二，致使平民或武装冲突情况下未积极参与军事行动的任何其他人员死亡或对其造成重大人身伤害、对物质目标造成重大损失的任何其他行为，以及组织、策划、共谋、教唆上述活动的行为，而此类行为因其性质或背景可认定为恐吓居民、破坏公共安全或强制政权机关或国际组织以实施或不实施某种行为，并且是依各方国内法应追究刑事责任的任何行为。

（2）进行反恐合作并相互提供协助。根据该公约第 6 条的规定，各方中央主管机关根据本公约在 10 个方面进行合作并相互提供协助，具体包括交流信息、执行关于进行快速侦查行动的请求等。

（3）情报交换。根据该公约第 7 条的规定，各方中央主管机关交换共同关心的情报，其内容包括 6 个方面，涉及准备实施及已经实施恐怖主义、分裂主义、极端主义所指行为的情报，已经查明及破获的企图实施上述行为的情

① 附件所列条约共 10 项，包括《关于制止非法劫持航空器的公约》（1970 年）、《关于制止危害民用航空安全的非法行为的公约》（1971 年）、《关于防止和惩处侵害应受国际保护人员包括外交代表的罪行的公约》（1973 年）、《反对劫持人质国际公约》（1979 年）、《制止恐怖主义爆炸事件的国际公约》（1997 年）、《制止向恐怖主义提供资助的国际公约》（1999 年）等。

报等。

（4）建立反恐机构。该公约第10条明确规定，在比什凯克市建立各方的地区性反恐怖机构并保障其运行。

4.《上海合作组织反恐怖主义公约》（2009）

《上海合作组织反恐怖主义公约》于2009年6月16日在叶卡捷琳堡签署，我国全国人大常委会于2014年12月批准。该公约是上海合作组织在反恐领域最基本的专门性规范，其目的在于提高反恐怖主义合作的效率，共37条，主要包括以下几个方面的内容：

（1）恐怖主义相关概念的含义。该公约在第1条进一步明确了"恐怖主义""恐怖主义行为""恐怖主义组织"等概念的含义。按照该公约的规定，"恐怖主义"指通过实施或威胁实施暴力和（或）其他犯罪活动，危害国家、社会与个人利益，影响政权机关或国际组织决策，使人们产生恐惧的暴力意识形态和实践；"恐怖主义行为"指为影响政权机关或国际组织决策，实现政治、宗教、意识形态及其他目的而实施的恐吓居民、危害人员生命和健康，造成巨大财产损失或生态灾难及其他严重后果等行为，以及为上述目的而威胁实施上述活动的行为；"恐怖主义组织"指："1. 为实施本公约所涵盖的犯罪而成立的和（或）实施本公约所涵盖的犯罪的犯罪团伙、非法武装、匪帮和黑社会组织；2. 以其名义、按其指示或为其利益策划、组织、准备和实施本公约所涵盖的犯罪的法人。"恐怖主义的含义应当如何确定，目前存在非常大的争议，可以说是一个在现有的国际公约、世界各国的刑事立法、刑法学理论或其他社会科学理论中都无法找到统一答案的问题。①《打击恐怖主义、分裂主义和极端主义上海公约》（2001年）和《上海合作组织反恐怖主义公约》（2009）地区性公约关于恐怖主义含义的规定，无论是对进一步厘清恐怖主义的含义，还是促进各国反恐法律的完善，均具有重要的指导意义。

（2）恐怖主义犯罪的司法管辖权。该公约第5条规定了成员国对恐怖主义犯罪的司法管辖权，其第1款规定，有关方应采取必要的措施，确定对本公约所涵盖的犯罪的司法管辖权，具体包括三种情形，一是犯罪发生在该方境内；二是犯罪发生在悬挂该方国旗的船舶上，或是发生在根据该方法律注册的航空器上；三是犯罪由该方公民实施。其第2款规定，各方可在下列情况下对本公约所涵盖的犯罪确定各自的司法管辖权：一是旨在或导致在该方境内或针对该方公民实施恐怖主义行为的犯罪；二是针对该方境外目标，包括外交和领事机构馆舍而发生的旨在或导致实施恐怖主义行为的犯罪；三是企图强迫该方

① 陈忠林：《刑法散得集》，法律出版社2003年版，第87页。

实施或不实施某种行为而发生的旨在或导致实施恐怖主义行为的犯罪；四是在该方境内常住的无国籍人士实施的犯罪；五是犯罪行为发生在该方经营的船舶上。其第 3 款规定，如果犯罪嫌疑人在一方境内且该方不将其引渡给其他方，该方应采取必要措施确定其对本公约所涵盖犯罪的司法管辖权。其第 5 款规定，如果至少两方提出对本公约所涵盖的犯罪拥有司法管辖权，必要时，有关方可协商解决。

(3) 反对恐怖主义的国内措施。该公约第 7 条第 2 款规定，各方按照本国法律体系的基本原则，制定和实施反对恐怖主义的国内措施，具体包括 13 个方面的内容，如定期评估反对恐怖主义的法律文件及实际措施的有效性；设立机构，协调各方有关机关反对恐怖主义的行动；通过立法规定，实行防范恐怖主义行为的限制措施；对受害者、证人等刑事诉讼参与人以及必要情况下的其他涉及反恐的人员进行保护等。同时，该公约明确规定，各方可采取比本公约更严厉的反对恐怖主义的措施。

(4) 恐怖主义犯罪的立法确认。该公约第 9 条规定，各方应采取必要的立法措施，将相应的行为确定为刑事犯罪。这些行为包括恐怖主义行为等 10 项以及窝藏、转移、收购、代为销售恐怖主义犯罪财产的行为。此外，公约第 9 条第 3 款、第 4 款还规定，无论恐怖主义行为是否已实际发生，或被招募和(或)被训练的个人是否意识到本人行为的恐怖主义性质，都不影响犯罪的成立，且同谋、预备犯罪及犯罪未遂均认定为应受刑事处罚的行为，体现了对恐怖主义犯罪从严打击的精神。

(5) 惩治法人参与恐怖主义犯罪。该公约第 10 条规定，禁止本国境内的法人参与本公约所涵盖的任何犯罪。为此，公约要求各国规定法人参与犯罪的法律责任，包括刑事责任、民事责任、行政责任等，具体包括警告、罚款、没收法人财产、暂时中止法人的活动、禁止法人的某些活动、取缔法人等。

(6) 防范和打击恐怖主义融资活动。该公约第 8 条规定，为了打击恐怖主义融资活动，各国应当通过必要的立法及其他措施，登记客户情况资料、金融交易数据并予以保存，向其各自授权的机关提供可疑的、经济上缺乏合理性的交易信息，根据执法机关或各方确定的其他机关的指令，暂时中止非法的、可疑的或经济上缺乏合理性的金融交易等。

(7) 恐怖主义犯罪的刑事司法合作。该公约第 11 条规定，各方将本公约所涵盖的犯罪视为可适用引渡、移管和司法协助的犯罪。为此，该公约对这些犯罪的引渡以及提供司法协助等具体事宜作了较为详细的规定，主要涉及到第 13 条至第 22 条等。

（二）设立区域性反恐怖机构

早在上海合作组织成立之时，即在其成立宣言和《打击恐怖主义、分裂主义和极端主义上海公约》（2001 年）就明确提出要在比什凯克建立该组织的地区性反恐怖常设机构“上海合作组织反恐怖中心”。2002 年 6 月，各成员国签署了《上海合作组织成员国关于地区反恐怖机构的协定》（2002 年），该协定第 2 条明确规定，各方建立上海合作组织地区反恐怖机构，地区反恐怖机构总部设在吉尔吉斯共和国比什凯克市。第 3 条规定，地区反恐怖机构是本组织的常设机构，其目的是促进各方主管机关在打击公约确定的恐怖主义、分裂主义和极端主义行为中进行协调与相互协作。该协定第 6 条规定了地区反恐怖机构的任务和职能。此外，还就地区反恐怖机构的人员、经费等问题做了规定。2003 年，上海合作组织决定将地区反恐怖机构的地点从比什凯克改到塔什干。2004 年 1 月，上海合作组织地区反恐怖机构正式启动。区域性反恐怖机构的设立，对于加强各成员国的反恐合作、提升上海合作组织应对恐怖主义犯罪的能力具有重要作用。

（三）与有关国际（区域）组织和国家进行反恐合作

1. 与有关国际（区域）组织的反恐合作

恐怖主义犯罪是全球共同面临的问题，在应对恐怖主义犯罪方面，上海合作组织积极开展与联合国、独联体、东盟、集安条约组织、经合组织、亚信等国际（区域）组织的合作，取得了明显成效。例如：（1）在与联合国的合作方面，2010 年和 2012 年，《联合国与上海合作组织之间的合作》被列为联大会议议题下的分议题，根据联合国要求，上合组织秘书处会同成员国及地区反恐怖机构执委会，定期准备关于落实联大决议的情况报告。（2）在与独联体的合作方面，双方于 2005 年 4 月签署了《上海合作组织秘书处与独联体执行委员会谅解备忘录》，其中确定的优先合作领域就包括安全领域，如保障地区和国际安全；打击恐怖主义、极端主义、分裂主义、非法贩卖毒品和武器、跨国有组织犯罪等。（3）在与东盟的合作方面，双方于 2005 年 4 月签署了《上合组织秘书处与东盟秘书处谅解备忘录》，确定的优先合作领域包括反恐、打击毒品和武器走私、反洗钱和打击非法移民等。（4）在与集安条约组织的合作方面，双方于 2007 年 10 月签署了《上海合作组织秘书处与集体安全条约组织秘书处谅解备忘录》，明确将保障地区和国际安全与稳定；打击恐怖主义；打击非法贩卖毒品；杜绝非法贩运武器；打击跨国有组织犯罪等问题作为建立并发展平等和建设性合作的“切入点”。（5）在与经合组织的合作方面，双方于 2007 年 12 月签署了《上海合作组织秘书处与经济合作组织秘书处谅解备忘录》，双方将通过在经贸、交通、能源、生态、旅游及其他共同关心的领域，交流信息和成功经验来开展相互合作。（6）在与亚信的合作方面，双方于2014年5月签署了《上海合作组织秘书处与亚洲相互协作与信任措施会议秘书处谅解备忘录》，双方在解决地区冲突、巩固不扩散的基本制度、寻找应对重大威胁——恐怖主义、分裂主义、极端主义、毒品贸易、跨国犯罪、非法武器交易等方面的立场一致。

2. 与有关国家的反恐合作

截止2018年，上海合作组织共有8个成员国①，4个观察员国②，6个对话伙伴③。为了更好地应对恐怖主义犯罪，上海合作组织不仅各成员国之间积极开展合作，而且与观察员国、对话伙伴也进行了积极的反恐合作。在与有关国家开展反恐合作方面，同阿富汗的合作最为瞩目。一方面，阿富汗特殊的地缘位置决定了其安全稳定直接关系到中亚地区的安全，另一方面，由于受宗教、政治、经济等多方面因素的影响，阿富汗的恐怖主义犯罪、毒品犯罪等一直较为严峻。作为本地区具有重要影响的组织，上海合作组织开展与阿富汗的合作，可谓是顺理成章。早在2009年，上海合作组织成员国与阿富汗就打击恐怖主义、毒品走私和有组织犯罪发布了共同声明，并通过了《上海合作组织成员国和阿富汗伊斯兰共和国打击恐怖主义、毒品走私和有组织犯罪行动计划》（2009年）。共同声明中指出，“上海合组织成员国将在阿富汗政府的协助下，合作应对恐怖主义威胁，维护在阿本国公民和外交机构的安全”。而行动计划则较为详细地列出了双方在禁毒领域、反恐领域和打击跨国有组织犯罪方面的合作事项。在反恐领域，行动计划提出“要加强反恐合作，运用综合措施共同应对恐怖主义威胁”，重点合作方向包括边防监管、对涉嫌恐怖活动人员进行检查、采取联合行动以应对恐怖威胁、逐步吸收阿富汗参与上合组织框架内的地区反恐合作等。阿富汗在2012年被上海合作组织接受为观察员国，使双方的合作提升到了一个新层次。

（四）积极开展反恐演习

上海合作组织从其成立之初，就将打击恐怖主义犯罪作为其重要任务。在组织的框架内开展反恐演习，有助于提升成员国之间在反恐领域的协调能力，是共同应对恐怖主义犯罪的重要方式。早在2002年，中国与吉尔吉斯斯坦就

---

① 分别为中国、俄罗斯、哈萨克斯坦、吉尔吉斯斯坦、塔吉克斯坦、乌兹别克斯坦、印度、巴基斯坦。

② 分别为阿富汗、白俄罗斯、伊朗、蒙古。

③ 分别为阿塞拜疆、亚美尼亚、柬埔寨、尼泊尔、土耳其、斯里兰卡。

在两国边境地区成功举行了联合反恐军事演习，是上海合作组织框架内中吉两国首次举行的双边联合军事演习，也是中国军队第一次与外国军队联合举行实兵演习。此后，反恐演习的规模、人数、影响都逐步得到提升，先后举行了以"天山""和平使命"等为代号的联合反恐演习。通过多次开展反恐演习，使成员国之间的反恐合作得到了进一步加强，也进一步提高了反恐训练水平和反恐作战能力。

## 三、进一步加强反恐领域区域合作的建议

在2018年举行的上海合作组织成员国元首青岛峰会上，正式批准了《上海合作组织成员国打击恐怖主义、分裂主义和极端主义2019年至2021年合作纲要》，预示着上海合作组织的反恐合作将继续成为该组织未来合作的重要方向。为了更加有效地打击恐怖主义犯罪活动，维护我国的周边稳定和国内安全，应当结合本地区恐怖主义犯罪发展的新态势，进一步发挥上海合作组织在反恐领域的优势，深化上海合作组织在反恐领域的合作，使其成为维护本地区安全稳定的中坚力量。

### （一）细化合作的法律规范和行动机制

在近20年的时间里，上海合作组织在反恐合作领域已经取得了诸多进展，成为全球反恐行动中不可或缺的重要力量。但是，也要理性地认识到，目前的反恐合作更多地还停留在宏观层面，更大程度上还是在展示反恐合作的意向和决心，其宣示的意义远大于实际的效果。正如有学者所说，目前上海合作组织"安全合作的形式化色彩浓厚，实质性合作较少"①。这就意味着，在未来的发展进程中，上海合作组织应当在深化合作、增强实效这方面下功夫。

一是进一步细化合作的法律规范。如前所述，在反恐合作领域，上海合作组织通过发布文件、制定条约等形式已经初步建立了各方合作的规范基础，下一步需要进一步细化这些合作的法律规范或文件。例如，对于同一犯罪行为或者同一犯罪嫌疑人，各方均享有司法管辖权时，《上海合作组织反恐怖主义公约》第5条只是笼统地规定"有关方可协商解决"，但至于如何进行协商等操作层面的具体问题则尚未明确，这就有待各方在未来制定进一步细化的合作文件。又如，各成员国国内法关于恐怖主义犯罪规定的差异如何解决，是通过修改国内法解决，还是在条约的架构之内解决，也需要进一步明确。此外，关于

① 曾向红、李孝天：《上海合作组织的安全合作及发展前景——以反恐合作为中心的考察》，载《外交评论》2018年第1期。

反洗钱、打击涉恐资产等领域，目前的规定也都还比较宏观，尚需制定出更加细化的规定。

二是建立起高效务实的行动机制。目前，上海合作组织虽然通过设立区域反恐机构等方式，为各方开展反恐合作行动提供了便利，但总得来看，目前在反恐合作的行动机制方面主要还是偏重于临时性的合作，缺乏较为稳固的常态化机制，影响了反恐合作的实际效果。例如，在反恐联合演习方面，基本上还是靠各方临时商议后所实施，对此，有学者提出，为了克服联合军事行动的临时性所带来的缺陷，建立“经常性联合反恐军事机制”不但是可能的而且是必要的①。此外，在反恐情报合作、犯罪抓捕等方面，虽然有了一定的规定，但往往需要针对具体事项进行临时磋商，这些也都需要在整个组织的架构之内，建立起由组织统一协调而又高效务实的行动机制。

（二）加强反恐人员和技术领域的合作

恐怖主义犯罪的防控，人员是基础，技术和财物是保障。为此，加强上海合作组织的反恐合作，也应当积极加强在反恐人员与技术领域的合作，实现人防与物防、技防的统一。首先，就反恐人员合作而言，主要目标是建立起高素质的反恐力量，就人员范围而言，涵盖了各国军事力量、司法机关、海关、边防等各部门的人员。上海合作组织应当积极发挥组织优势，大力开展各方反恐人员的培训、交流和研讨，从而让各方反恐人员在相互交流中了解反恐态势、分享反恐经验、研判反恐任务，起到增进交流、解决问题的目的。其次，就技术合作而言，由于本地区恐怖主义犯罪的特殊性，因而在打击和防控过程中，离不开现代技术的运用。为此，上海合作组织应当积极开展反恐领域的技术合作，加强武器装备和先进技术的更新，同时还可以就重大技术问题进行合作攻关、共同研发，从而提升反恐力量的技术水平。

（三）积极开展互联网领域的反恐合作

当前，随着信息技术的迅猛发展，互联网已经融入到社会生活的方方面面，成了一个名副其实的网络时代。受互联网信息技术的影响，恐怖活动犯罪手段的智能化和隐蔽性特征更加凸显。② 得益于互联网的便捷，恐怖分子利用互联网进行恐怖主义、极端主义的思想宣传，在互联网进行恐怖犯罪的沟通联

① 简基松：《完善上海合作组织反恐法律机制之建言》，载《法律科学》2008 年第 4 期。

② 梅传强、张永强：《我国恐怖活动犯罪的现状、特征及防控对策》，载《北京师范大学学报（社会科学版）》2015 年第 6 期。

络，形成了“线上交流，线下实施”的新模式，恐怖主义犯罪从无网时代进入到了有网时代。① 和传统的恐怖犯罪需要靠线下人与人的面对面交流不同，网络恐怖主义不仅通过互联网空间即可将恐怖宣传、培训、沟通、联络等活动予以实施，而且其影响的范围较传统模式更广。正如国外有学者所说，“传媒起着开放的犯罪大学的作用，传播犯罪技术知识”②，一些恐怖分子正是由于受到互联网不良信息的影响而接受恐怖主义思想并实施恐怖主义犯罪行为，特别是由于不少恐怖分子往往打着宗教、民主等旗号，对不明真相的民众具有极大的蛊惑性。因此，上海合作组织在反恐领域的合作，应当充分注意到当前网络恐怖主义发展的新态势，结合网络恐怖主义的新特征，积极探索在互联网领域的反恐合作。具体而言，上海合作组织各方应当积极开展互联网空间治理的合作交流，一方面完善有关各方的国内法律，另一方面尽快启动组织层面打击网络恐怖主义的条约或文件。特别是对于境外恐怖分子利用互联网进行的鼓动宣传、散布传播暴恐音像视频等行为，亟须有关国家通力合作方能有效防范。

### （四）及时跟进在经贸文化领域的合作

目前，上海合作组织成员国各方的合作主要是基于对自身安全和地区安全需要而进行的合作，其中以防务合作、政治合作、安全合作为主，反恐合作也属于其中的内容。但是，经贸、文化等领域的合作却远远不及安全领域的合作，总体上呈现出“安全合作热、经贸文化合作冷”的现状，这对反恐合作的长远发展是极为不利的。

首先，仅重视安全合作而忽视经贸、文化合作会影响组织的生命力。上海合作组织成员国横跨欧亚，各成员国的政治制度、文化传统、民族宗教等均存在较大的差异，其中部分成员国如印度、巴基斯坦还存在着领土争议，如果仅仅强调安全合作，则可能会因为各方对安全的需求发生变化而影响整个组织的凝聚力。从历史的视角考察也不难发现，“以政治军事安全为主导内容的双边或多边合作基础的不牢稳，极易受突变因素的影响，欲使国与国之间或者国际组织内部成员国之间的合作基础稳定坚实，必须构建以经济合作为基础的多层次合作”③。

---

① 唐志超：《当前国际恐怖主义演变趋势及中国应对策略》，载《中国人民公安大学学报（社会科学版）》2018 年第 1 期。

② ［英］麦克·马圭尔等：《牛津犯罪学指南》（第四版），刘仁文等译，中国人民公安大学出版社 2012 年版，第 242 页。

③ 莫洪宪：《上海合作组织存在的问题及我国的对策》，载《武汉大学学报（哲学社会科学版）》2005 年第 6 期。

其次，仅重视安全合作而忽视经贸、文化合作不利于从源头上遏制恐怖主义犯罪的滋生蔓延。从防控恐怖主义犯罪的角度考察，中亚等地区之所以成为恐怖主义犯罪的策源地，其中很重要的原因就是由于该地区经济发展落后，而又受宗教等文化观念的影响，各方面因素的聚合使得恐怖主义犯罪极易在这些地区滋生。因此，加强上海合作组织的反恐合作，除了加强对恐怖主义犯罪的打击之外，还必须通过积极开展经贸、文化合作，促进本地区的经济发展，切实改善各成员国的民生，同时积极促进文化交流，消除恐怖主义犯罪生发的思想根源，真正从源头上防控恐怖主义犯罪。

因此，在未来的发展中，上海合作组织一方面应当将反恐合作本身进一步深化，提升反恐合作的实效和水平，另一方面则应当积极开展经贸、文化领域的合作，在安全合作之外寻求各方新的更多的利益交汇点，确保上海合作组织的长远发展，同时也从源头上消除恐怖主义犯罪发生的经济基础和思想文化土壤。

### （五）推进组织对外合作的实质性发展

积极开展与其他国家和国际（区域）组织合作是上海合作组织的反恐举措之一，但是，除了与阿富汗已经建立起了机制化、常态化的合作之外，目前与其他国家和国际（区域）组织的合作还不够深入，合作水平还有待提高，特别是与有些组织的合作还仅仅停留在意向或磋商阶段，而与有些国家或组织的合作还未开始，这不利于在反恐问题上与国际社会一道形成合力。对此，早已有学者提出，“上海合作组织必须将其打击三股势力的合作机制，特别是打击恐怖主义势力的合作机制扩展到成员国以外的周边国家”①。恐怖主义犯罪是一个全球性问题，即便是本地区的恐怖主义犯罪，也往往与其他地区存在着千丝万缕的联系。因此，应当积极推进上海合作组织的对外合作，深入开展与有关国家或组织的合作，如深化与东盟国家的合作，启动与阿拉伯地区有关国家的合作等等，从而与国际社会一道，形成打击恐怖主义犯罪的合力。

## 四、结语

上海合作组织在反恐领域的合作已经取得显著的成效，由于其成立的宗旨和任务主要着眼于打击恐怖主义犯罪活动，成员国有限且多地域毗邻，因此合

① 简基松：《完善上海合作组织反恐法律机制之建言》，载《法律科学》2008 年第 4 期。

作阻力相对较小、效率较高①，目前已经成为全球反恐行动中的一枝独秀。特别是作为一个由中国主导的重要区域组织，上海合作组织积极推进的反恐合作更是一个展示中国形象、发出中国声音的良好契机，积极推进上海合作组织的反恐合作，契合了中国的发展之路。当今世界，恐怖主义犯罪等非传统安全威胁日益成为事关全人类命运的安全问题，打击和防范恐怖主义犯罪是全球面临的共同任务，任何一个国家和地区都不可能置身事外，除了合作、别无他途。上海合作组织的反恐合作实践，不仅为维护本地区安全稳定作出了有益的探索，也为全球反恐行动提供了合作的样本。从这个意义上而言，上海合作组织的反恐问题不仅仅是个地区性问题，更是一个全球性问题。着眼于未来反恐任务的现实需求，应当通过深化上海合作组织本身的反恐合作，推动其他国家或地区反恐合作的深入发展，使区域合作成为凝聚全球反恐力量的重要途径。相信随着对恐怖主义犯罪认识的更加深入，越来越多的国家或地区会积极开展或参与到区域合作中来，从而形成全球反恐行动的合力。

① 曾向红：《恐怖主义的全球治理：机制及其评估》，载《中国社会科学》2017年第12期。

# 云南民族边境地区“三非”人员犯罪问题及对策研究[*]

钟　华[**]

云南地处我国西南边陲，4060公里的国境线，共有8个州（市）25个边境县与缅甸、老挝、越南的6个省（邦）32个县（市、镇）接壤相连。双方村寨相望，阡陌相通，云南25个少数民族中有16个是跨境民族。特殊的地理、历史、人文等原因形成了云南民族边境地区与相邻三国山水相依、一衣带水的地缘、亲缘关系。近年来，我国社会发展迅速，经济向好，与周边国家的交往越来越频繁。随之而来的边境管控问题也越来越凸显。其中，“三非”人员的剧增及其违法犯罪问题都给我国家主权和边境地区社会治安带来了重大影响。

## 一、“三非”人员犯罪的主要类型

### （一）毒品犯罪

毒品犯罪一直都是云南民族边境地区的高发犯罪。受到国内消费市场和巨大经济利益的驱使，边境地区“三非”人员的走私、贩毒情况十分猖獗。2012年上半年，A地破获缅籍“三非”人员毒品案件17起，抓获犯罪嫌疑人21人，缴获毒品海洛因48779.3克，冰毒1073克，鸦片355.7克。① 2015年，云南省公安边防总队共破获毒品案件2334起，打掉境外毒品加工厂2个，抓获毒贩2469人，收缴毒品近8.7吨、易制毒化学品135.69吨，缴毒量占全国

* 本文系国家社科基金项目《民族边境地区“三非”问题及其犯罪防控体系研究——以云南为例》（项目编号：12CFX103）的阶段性研究成果。

** 钟华，云南警官学院法学院讲师。

① 张洁：《边境地区“三非”人员跨境违法犯罪问题研究——以云南省德宏傣族景颇族自治州为例》，载《云南警官学院学报》2014年第2期。

公安边防部队59%。[①] 有的毒贩为了规避我国法律，甚至利用未满16周岁的未成年人、怀孕或者哺乳期的妇女、患有传染性疾病的“三非”外国人走私、贩运毒品。此外，从个别边境州（市）收戒外籍吸毒人员和看守所收押外籍犯罪嫌疑人的情况来看，其中不乏“三非”人员“以贩养吸”的情况。

### （二）拐卖妇女儿童犯罪

拐卖外籍妇女儿童案件多发是“三非”外国人流入我国的主要原因之一。据公安机关对边境地区跨国拐卖妇女儿童案件数据的统计：2007年至2012年，涉及中越边境地区案件56起，涉及中缅边境地区案件334起，涉及中老边境地区案件5起。[②] 云南省已成为跨国拐卖人口的主要拐入地和中转地。被拐卖者多数是越南、缅甸落后地区、偏远山区的年轻妇女及贫穷家庭的儿童。为牟取暴利，境内外不法分子互相勾结，利用周边国家贫困妇女向往中国富裕生活的心理，以介绍工作、跨国婚姻为诱饵，拐骗邻国妇女非法进入中国，继而转卖他人。有的越南边民甚至将自己的孩子出卖到我国境内，并以此牟利。

### （三）妨害国（边）境管理犯罪

近年来，由于我国一些发达地区出现“用工荒”，缅籍人员和少数中方不法分子相互勾结利用云南边境一线无天然屏障的通道，非法组织境外人员偷越国境，入境我国后到内地省份和沿海地区非法就业的情况屡见不鲜。偷越国境和组织他人偷越国境是边境地区最为突出的案件类型。2017年，云南省公安机关成功侦办4起组织他人偷越国（边）境案件，打掉跨境犯罪团伙4个，抓获中、越、缅籍犯罪嫌疑人23人，遣返涉案“三非”人员195人。[③]

### （四）侵财犯罪

云南边境县的“两抢一盗”[④] 侵财犯罪案件经常发生，且多为“三非”人员实施。有的“三非”人员入境后由于文化水平较低、技术技能有限，不能找到合适的工作，无法维系生计，于是铤而走险，实施一些低端暴力犯罪。持刀抢劫，强拿硬要，不给就抢的案件时有发生。盗窃在三类案件中发案率最高，占95%以上，多以摩托车、电动车、牲畜、烟酒等为主要犯罪对象。这些物品价值高、易得手、易销赃。从各边境县发生的盗窃案件来看，多为

---

① 《云南边防严打边境违法犯罪 一年遣返“三非人员”近6600人》，昆明信息港 http://xw.kunming.cn/a/2016-02/23/content_4181696.htm。

② 数据来源于公安机关内部统计。

③ 数据来源于公安机关内部统计。

④ 即抢劫、抢夺和盗窃。

“三非”人员在夜间实施。边境地区安防措施相对落后，嫌疑人作案后利用其熟悉边境环境、容易越境等优势，从便道潜逃出境，并回国销赃。这给警方的侦查破案和赃物追回带来了困难。

（五）走私犯罪

过去走私物品主要以边境两侧的边民为销售对象，但近年查获的走私案件中，发现有走私物品被销往内地州（市）和涉案金额剧增的趋势。2015 年，云南省公安边防总队共查破走私案件 1477 起，抓获涉案人员 2073 人，总案值达 5.2 亿元。① 从缉私部门和边防部门查获的案件来看，除了毒品走私案件以外，近年来的走私物品五花八门。走私入境的多为电子产品、电脑软件、淫秽物品、香烟等，走私出境的多为生活日用品、电脑废件、药材、文物、珍稀动植物及其制品等。为了绕开海关检疫检查，不法分子往往选择绕关走私，同时，也带来了外国人非法出入我国国境的问题。

除上述犯罪外，云南民族边境地区的涉枪犯罪也令人堪忧。周边邻国由于过去战争原因导致大量枪支弹药流散于民间，或者国内政局不稳，常有武装冲突发生，从而造成犯罪分子乘虚而入，将各类枪弹走私到我国。在云南省边境地区查获的多起走私贩毒案件和涉恐案件中，存在犯罪嫌疑人随身携带枪支、弹药等武器装备，或用于武装押运的情况。

公安机关在查处过程中发现，“三非”外国人犯罪问题日益突出，然而，更多的是一些尚未构成犯罪的一般违法行为。“三非”行为本身就是违反我国关于外国人入境、居留、就业相关法律法规的行为。此外，从云南边境州（市）办理的涉外治安案件来看，外国人（包括“三非”外国人）吸毒或非法持有零星毒品的情况最为突出。查获缅籍、越籍“三非”妇女从事卖淫活动的治安案件有增无减。“三非”人员偷渡进入我国后长期生活在民族边境地区，无照驾驶摩托车、酒后驾驶、逆向行驶等交通违法行为也时有发生。近期，在云南多地还出现了数起非法入境的外国人冒用、盗用中国公民身份证件住宿、务工的案件。

## 二、“三非”人员犯罪的特点

（一）刑事案件数量和犯罪人数呈上升趋势

据公安机关统计，2015 年全省共查获毗邻国家“三非”人员 1.7 万余人，

① 《云南边防严打边境违法犯罪 一年遣返“三非人员”近 6600 人》，昆明信息港 http://xw.kunming.cn/a/2016-02/23/content_4181696.htm。

2016年全省共查获毗邻国家"三非"人员1.1万余人，2017年全省共查获毗邻国家"三非"人员2.2万余人。① 云南省清查的"三非"外国人，逐年呈上升趋势，这一现象除了带来云南省边境管控难度的增加以外，更带来了"三非"人员违法犯罪率的上升。2018年1月至4月，云南省公安边防总队查获毗邻国家"三非"人员数、破获偷渡案件数、刑事打击组织运送者人数，同比增加26.58%、21.33%、30.19%。②

（二）案件类型多元化，毒品犯罪仍居首位，暴力犯罪时有发生

"三非"人员在云南民族边境地区实施的刑事案件数量低于治安案件，但案件类型呈现多元化的特点。各类刑事案件中，仍以毒品案件为主，盗窃、抢劫、故意杀人、组织偷越国境等案件逐年增多，跨国拐卖人口和偷越国境案件也时有发生。

边境一线的走私贩毒案件不断。2014年至2017年，毗邻国家人员在B地违法犯罪案件共66起82人，其中涉毒案件49起63人，占该类案件总数的74.24%。③ 近几年，"三非"外国人贩毒人数和毒品数量都在激增，其表现为：一是每年云南省公安机关侦破的涉外毒品犯罪案件涉及"三非"人员的案件占绝大多数，我方因此照会邻国领馆核查身份的数量也是历史以来最多的；二是据云南省监狱部门统计，目前在押的外籍囚犯也创历史新高，其中绝大部分是缅甸人。

另据公安机关统计，缅籍人员在A地作案约占当地全部刑事案件的1/3左右。其中，绝大部分是"三非"人员，且多为抢劫、故意伤害、故意杀人等暴力性、突发性案件。2010年至2012年期间，A地某县共有3起命案、57起"两抢一盗"案件犯罪嫌疑人均为缅籍"三非"人员。④

（三）偷渡犯罪案件呈现一定的时间性和地域性

从"三非"人员非法入境的时间性来看，偷渡违法犯罪行为一般在元旦、春节、国庆等黄金周期间活动非常猖獗。尤其是春节后，随着用工企业恢复生产，用工需求增加，境内外不法分子组织境外边民合法/非法入境后，成批次、有组织地运送到内地和沿海地区用工企业非法就业，并从中赚取利润。仅2018年春节后的一个月，云南省公安边防支队共查获"三非"案件28起188

① 数据来源于公安机关内部统计。

② 数据来源于公安机关内部统计。

③ 数据来源于公安机关内部统计。

④ 数据来源于公安机关内部统计。

人，占2017年以来查获总数的45.3%。① 另外，由于境外边民工钱低又吃苦耐劳，一些境内农民会在农忙时雇佣缅籍和越籍边民帮忙收割甘蔗、玉米、水稻等农作物。茶叶、橡胶采割季节，“三非”人员集中入境现象也较为突出。

从“三非”人员非法入境的地域性来看，组织偷越和偷越国境违法犯罪行为一般都发生在边境管理较为薄弱的地段，例如：小道便道、渡口码头。有的偷渡违法犯罪嫌疑人利用边境线长、难于管理的特点，从深山密林中的羊肠小道非法越境，这是“三非”人员进入我国的主要方式。近三年来，C地查获的922名“三非”人员中就有654人采用这种方式入境，占全部人员的71%。②

（四）有组织犯罪多发，且分工明确

从拐卖人口案件来看，为牟取暴利，境内外犯罪分子利用我国边境地区特殊的地理环境，相互勾结并形成错综复杂的跨国犯罪团伙。经过多年经营，许多中外人贩子已经建立了地下贩卖通道，形成拐骗—接运—窝藏—贩卖“一条龙”的运作方式。在公安机关查获的跨国拐卖案件中，犯罪团伙分工明确，组织严密。有人负责从境外以打工或结婚为名拐骗妇女，有人负责组织她们合法或非法入境，有人负责在境内外不同地点接应，有人负责安排她们入境后的食宿和去向，有人负责与用工企业或者结婚对象接洽。

从偷渡犯罪案件来看，由于越来越多的邻国边民想到我国来谋生，但又不懂我国语言，偷越国境违法犯罪也从一般的个人零星偷渡，转为有组织、有分工的组织、运送他人偷渡。在经济利益的驱使下，境内外不法分子联合起来、分工合作。组织者负责在幕后进行操作安排，境内涉案人员负责望风，采取租用黑车或客车的方式运送“三非”人员，并租用廉价出租屋或私人旅店，作为沿途接应的中转站。偷渡的口岸、便道也由最初的一两个，变成了现在的几十个，过去摩托车运送的方式也转变为用车辆运送偷渡者，而且经常改变偷越路线，规避我方查处。这些做法提高了偷渡的运送效率，组织者、运送者可以此获得更高额的回报。但同时，也给公安机关的查处工作带来了更大的困难。

（五）境内外勾结，跨境犯罪案件频发

中缅边境一线，两国不法分子互相勾结、合伙进行犯罪活动的案件时有发生。盗抢、绑架、走私贩卖毒品及枪支弹药、拐卖缅籍妇女儿童、组织缅籍人员偷越国境都是这一线常见的跨境犯罪案件。中老边境一线，跨境走私、贩毒

① 数据来源于公安机关内部统计。

② 数据来源于公安机关内部统计。

等犯罪大有抬头之势。老挝籍“三非”人员占云南省统计总数不到5%，且在边境地区的违法犯罪多为非法入境和非法居留。然而，由于缅甸国内局势紧张，中缅双方边控严管的形势，部分缅籍毒贩已从缅甸北部地区迁移到老挝北部地区或者绕道越南进入云南省境内。中越边境一线，跨境犯罪问题从上世纪90年代双方边民非法越境盗窃对方耕牛进行过境贩卖，发展到2000年以来过境抢劫、走私毒品和跨境拐卖人口等严重刑事犯罪案件。

## 三、“三非”人员犯罪的成因分析

### （一）特殊的地理和区位特点，造成边境管控难度大

中国与缅老越的国境线两侧多为密林高山，便道交错，四通八达，且无任何天然屏障。一山相隔、一江相连、一寨两国、一家两国的特殊地理状况随处可见。边境两侧的少数民族多系同源、跨境而居、语言同汇、宗教同宗、民风同俗，历史以来就有相互通婚、探亲访友、互市贸易的习惯。一直以来，非法出入境现象难以得到有效遏制。许多路径未设关卡，即便有关卡的地方，边民也可绕道而行，客观上存在随意非法入出境的问题。加之，法律宣传不到位，边民国界意识淡薄，使非法入境的边民得到我方边民的接纳和庇护，有了非法居留的藏匿之地。不法分子也时常鱼目混杂出入边境，识别管控困难，偷越国境的情况屡禁不绝。有的“蛇头”破坏边境围栏设施后，组织外国人偷越国境进入我国；也有的毒贩为了谋取暴利，不惜铤而走险，自己或者雇佣他人携带毒品偷渡进入我国。这些都是造成妨害国（边）境管理犯罪、走私犯罪、毒品犯罪、拐卖人口犯罪频发的地理原因。

### （二）边境两侧经济差异较大，我国对外方边民有着较大吸引力

随着国家“一带一路”“西部大开发”“桥头堡”等重大发展战略和一系列重大政策的实施，云南已逐步从内陆边缘地区成为我国面向南亚东南亚的辐射中心。边境线我方一侧，社会经济整体向好，城市建设发展迅速，出现了用工短缺的现象。边界线外方一侧，毗邻三国自然条件恶劣，经济欠发达，交通、水电、通信等相当落后，大部分民众生活贫困，生活水平低下，许多生产、生活用品都来自中国。相比之下，我方边民的生活水平不断提高，经济环境较好，都对外方边民产生了巨大的吸引力。许多境外边民认为到中国后会生活得更好，从心理上滋生了到中国的欲望和想法，只要一有机会就不择手段潜入我国境内。这是滋生妨害国（边）境管理犯罪和拐卖人口犯罪的经济原因。

### （三）暴利驱使不法分子铤而走险

暴利的驱使，是多年来绕关走私、贩运毒品、拐卖人口、组织运送偷越国

境等跨境犯罪行为屡屡发生的重要原因。我国法律和公安机关一直都对这些犯罪保持高压态势。因为这些犯罪中潜藏的不仅仅是侵害人身权利、扰乱社会秩序、妨害国家管理的恶劣因素，更伴随着跨境犯罪对国家主权的危害。从近几年查获的毒品案件和贩毒数量来看，大多数毒贩都是非法入境，98%为缅甸籍人员。

暴利的驱使，也是境内“三非”外国人犯罪的利益动因。“三非”人员大多文化水平较低，知识技能较差，语言沟通困难，无法找到合适的工作，又想迅速发财致富，过上好日子。偷渡到我国后，一段时间内不能改善生活，个别人生活窘迫，有的充当“马仔”，为毒贩运送毒品，帮“老板”走私带货；有的强拿硬要，不给就抢；有的自己被拐骗了，又去拐骗同胞妇女；有的偷盗成性，在境内盗窃耕牛、摩托车后送到境外销赃；有的甚至专门来我境内从事违法犯罪活动，严重影响了我国边境地区的社会治安秩序。

### （四）国家之间文化和法律存在差异

国家之间的文化差异、法律规定不同，也易导致犯罪。在平时交往与打处中警方发现，大多数“三非”外国人文化程度较低、法律意识淡薄，对我国法律法规缺乏了解，对我国打处偷越国境违法犯罪行为认识不足，往往凭借着在其国内形成的不良习惯和依照其本国法律行事。他们中有的人根本不知道签证的概念，认为自己长期生活在边境上，入出国境是常事，偷越国境也不是什么大案和重罪，更有甚者认为，偷越行为是两国边境上双方正常的友谊往来，谈不上违法犯罪。有的“三非”外国人到我国后，即使偶有顺手牵羊、小偷小摸、打架斗殴、敲诈勒索、饮酒驾车等行为，他们也认为这不算违法，更不是犯罪，就算被中国警方发现或者抓到，也只是批评教育，大不了关几天或者罚点款，处理完就没事了。这些都是不良“三非”人员自我放任，轻视我国法律，从而滋生出更为严重的违法犯罪行为的原因之一。

### （五）境外沿边一侧赌场容易滋生违法犯罪

随着我国经济的繁荣发展，境内外不法分子为了牟取暴利，吸引我方人员出境参赌，中缅边境、中越边境等地区的邻国一侧开设了许多赌场。2005年以来，我警方通过各种行动和持续不断的打压，现在境外赌场大部分已经关闭，但仍有少数境外“赌源”存在。赌博问题诱发了大量的边境地区社会问题和安全问题，如人民币外流、打架、绑架勒索、杀人、抢劫、非法出入境等治安案件、刑事案件时有发生。

## 四、"三非"人员犯罪的防控对策

### （一）严格执法，保持对犯罪的打击力度

根据我国刑法、刑事诉讼法的管辖原则，外国人在我国领域内犯罪的，除享有外交特权和豁免权的以外，适用我国法律，由我国公安司法机关管辖追诉。公安机关在办理涉外案件时，应严格遵守法律关于立案标准、证据收集、诉讼程序等规定，违法必究，执法必严；还应协调与检察院、法院的分工配合，不枉不纵，实现公安司法机关打击犯罪的重要职责，充分发挥法律的威慑、惩戒和教育作用。

### （二）加强边境地区人员出入境管控

依托公安机关出入境管理部门的职能优势，首先，做好出入境管理及相关法律法规的宣传工作。通过各种媒体形式促使双方边民了解我国法律规定，衡量违法成本，增强守法意识。其次，加强外国人入出境管理。借助目前较为先进的人脸识别、指纹采集等高科技手段，建立并完善合法入境外国人和非法越境外国人的个人信息管理系统，将每一个入境外国人纳入公安机关的管理范围，及时掌握境内外国人动向，从源头上减少非法入境。再者，主动与社区、民政、工商、劳动、商务等部门联系，及时了解境内外国人居留、就业的情况。同时，加大查处力度，既要处罚"三非"外国人，又要处罚具有过错的本国人。从而，逐步建立对入境外国人的动态管理和预警机制，防范和控制"三非"人员实施违法犯罪的潜在可能性。

### （三）情报共享，构建多警种协同作战机制

随着"三非"外国人违法犯罪案件频发，此类涉外案件性质从过去单纯的行政违法转向更为复杂的刑事犯罪，公安机关办案部门也从过去单一的出入境管理部门转向刑侦、禁毒、治安、交警等多警种的协作配合。公安机关各职能部门在各司其职的基础上，应进一步加强联系，协同作战，形成合力。首先，在出入境管理部门与其他警种之间建立有效的情报共享机制，将各职能部门在日常管理工作掌握的有关"三非"人员的信息、情报，利用公安网络信息平台及时互通、串并，以节约办案成本，提高办案效率。其次，出入境管理部门与其他警种应结合各自职责特点和职能优势，不定期开展联合行动和专项行动，建立多警种协同作战机制，充分发挥公安机关打击犯罪的整体作战效能。

### （四）完善"三非"人员犯罪追诉的配套措施

"羁押难、遣返难"是公安基层工作中碰到的问题，甚至制约了公安机关

办理“三非”人员治安案件和刑事案件的效率。解决该问题，一要针对涉嫌违法犯罪的外国人，专门建立健全追诉的辅助配套措施。建议在边境地区建立外国人遣返场所作为配套设施，同时具备执行拘留审查、遣返、限制活动范围、取保候审或监视居住等行政、刑事强制措施的综合功能。[①] 二要在边境县公安机关增加办理外国人犯罪案件的警力，并配备适量的懂邻国语言和少数民族语言的民警，从而减少和消除案件侦办中影响顺利追诉的不利因素。

（五）畅通交流，密切国际警务合作

“三非”人员犯罪案件办理中还存在两大困境：一是外国人身份核实困难，二是跨境取证和抓捕困难。借鉴“禁毒联络官办公室”的做法，在我国与缅甸、老挝、越南三国边境地区设立“警务执法合作联络官办公室”，建立健全规章制度，加强双方在边境地区的管理，并将双方在禁毒、反拐方面的执法合作拓展至日常警务、边境管理、司法协助等方面，以严厉打击偷渡及其他跨境违法犯罪行为，共同维护边境地区的和谐、稳定与发展。

综上所述，“管好国境线，首先要管好人”。外国人的入境管理，是公安机关出入境管理的重要职能，也是遏制“三非”人员增长势头的根本途径，更是有效防控“三非”外国人违法犯罪的关键所在。

① 张洁：《边境地区“三非”人员跨境违法犯罪问题研究——以云南省德宏傣族景颇族自治州为例》，载《云南警官学院学报》2014 年第 2 期。

# 打击恐怖人员偷越国（边）境犯罪跨境警务合作与治理

赵桂民*

## 一、与恐怖、偷越国（边）境相关的犯罪案例

恐怖、偷越国（边）境相关的犯罪案例相对较多，如2014年云南昆明火车站“3·01”暴恐案，就是其中的典型代表。还有2014年8月广西“8·30”3名极端宗教人员准备偷渡到越南案、2015年云南红河中院依法公开开庭审理的被告人阿布都热依木·阿布都许库尔等人涉嫌参加恐怖组织罪、组织、运送他人偷越（国）边境案、2015年新疆喀什中级人民法院依法判决的阿卜杜瓦斯提·居麦等5名被告人越境参加恐怖组织案、2015年新疆和田地区中级人民法院判决的被告人买托胡提·艾拜等3人密谋出境参加境外恐怖组织案。2015年8月，新疆伊犁、克拉玛依、阿克苏、喀什、和田等地法院对10起涉非法出境犯罪案件作出判决，查清了上述人员均受到宗教极端思想蛊惑，在“蛇头”挑动和操纵下，为参加“圣战”策划、实施非法出境的事实，对涉案人员判处了相应的惩罚，维护了国（边）境的正常秩序。

## 二、恐怖人员偷越国（边）境犯罪的现状和问题

近年来，随着恐怖主义、民族分裂主义和宗教极端主义的日益猖狂，偷越国（边）境犯罪与恐怖主义犯罪的联系也越来越突出，非法越境频发，对国（边）境管控带来一些新的情况和问题。在我国一些地区，出境参加恐怖活动组织、接受恐怖活动培训、实施恐怖活动的人数不断增多，甚至出现国外或者境外恐怖活动组织向我国境内招募恐怖活动人员、进行恐怖主义宣传煽动、进行培训等情形。很多人在无合法出入境的情况下，就采用偷越国（边）境的方式，给国界和边境管控造成很大的压力。例如，在我国边境管理工作中，新

* 赵桂民，中国人民武装警察部队学院副教授。

疆边境地区偷越（边）境现象较为常见，而近年来，涉恐人员在广东、广西、云南、四川、贵州、西藏、吉林等边境省份偷越国（边）境行为日趋活跃，成为偷渡出入境中转地和偷渡地，国内暴恐分子出境参加恐怖组织的偷渡路线开始发生改变，并且偷越国（边）境案件的数量增多，另外，在组织偷渡过程中，境内外“蛇头”相互勾结，接送偷渡者并在边界线附近进行交接，形成特大跨境组织偷渡网络。

恐怖分子在国外的活动也比较活跃，也受到了查缉、打击和惩治。2014年印度尼西亚反恐部队逮捕4名意图参加“东印尼圣战组织”营地训练的维吾尔族恐怖人员。2014年3月，泰国警方拘捕了220名我国新疆籍偷渡人员。2014年与2015年国内外媒体公布的加入“伊斯兰国”恐怖组织的200名中国人也是从我国西南边境偷渡出去的。① 2014年4月18日，中越边境的越南北风生口岸联检大楼内发生暴恐事件，最终造成8名中国籍偷渡人员死亡，2名越南军警人员死亡；事发前，越南军警刚刚确认当日夜里截获的16名偷渡者是中国人，正准备将他们遣返回国。2014年10月，印尼警方发现155名持有土耳其护照的中国偷渡人员，加入印尼桑托索恐怖组织的4名维吾尔族人使用了伪造的土耳其护照。泰国北部很少发生恐怖袭击，但2015年7月9日2名中国籍恐怖人员制造了四面佛爆炸案，恐怖袭击极大地震动了泰国社会。2015年7月9日，中国警方从泰国遣返回国109名偷渡人员和组织偷渡团伙成员，经警方初步侦查，这些偷渡者主要来自新疆，他们准备前往土耳其，有的欲借道土耳其赴叙利亚、伊拉克参加所谓“圣战”。2015年印尼警方逮捕的2名恐怖主义嫌犯，至少其中一人是中国籍。2015年7月，印尼判处4名中国籍极端分子6年监禁。2016年3月印尼警方击毙了2名中国籍极端分子，共4人被击毙。2016年8月30日，“东伊运”成员袭击了中国驻吉尔吉斯斯坦大使馆，最后回国发动恐怖袭击。2017年1月1日土耳其伊斯坦布尔爆发的恐怖袭击事件造成39人死亡、69人受伤，肇事嫌疑人被曝为中国籍人士。

这些人员偷越国（边）境的目的与一般的偷越国（边）境有很大的不同，他们偷渡出去的目的不是为了定居或者务工，而是为了实施参加恐怖活动组织或者进行恐怖活动等严重的犯罪行为，其中有的人是为了通过参加“圣战”、接受培训等提高自己实施恐怖活动的技术和能力，以便回国实施恐怖活动犯罪，造成更大的社会影响和危害后果。从法理上分析，圣战目的下的偷渡行为之罪责与一般的偷渡行为有所不同。带有极端思想的、以出境圣战为目的而非

① 古丽阿扎提·吐尔逊：《新疆地区恐怖主义新常态及其对策》，载《云南师范大学学报（哲学社会科学版）》2016年第1期。

法偷越国（边）境的行为，不仅使得一些违法性质的偷渡演变成犯罪行为，且其犯罪性变得更加复杂，也给国家的法律应对提出了新的挑战。这一趋势说明，境外恐怖势力和恐怖组织渗透形势严峻，思想被渗透的群体赴境外谋求活动可能会为他们的境外回流和内外勾连活动提供发展的可能，并且，源自境外危害国家完整和安全的因素在客观上形成，那些偷渡成功的极端主义分子在境外逐步发展并向国家领土不断地渗透他们的暴恐活动。① 因此，从某种意义上来说，这些行为已经带有恐怖活动的性质，比一般的偷越国（边）境行为具有更大的社会危害性，给边境地区甚至全国的安全稳定带来极大的威胁和挑战。

## 三、恐怖人员偷越国（边）境犯罪的跨境警务对策和合作

### （一）加强反恐怖偷越国（边）境国际和区域合作，建立国际和地区间协作机制

打击防范恐怖人员偷越国（边）境犯罪必须加强国际和区域合作，建立国际和地区间协作机制。第一，积极参加与打击恐怖人员偷越国（边）境犯罪有关的国际组织，并在其中发挥更大作用，密切与成员国配合打击恐怖人员偷越国（边）境犯罪行为。第二，应当将与东南亚国家的反恐合作宣言提升到反恐合作条约的层面，通过国际法律文件来规范与东南亚国家的反恐合作。并且，不断完善我国与东南亚国家之间的引渡条约，在引渡条约中写进涉爆人员的引渡机制和引渡方法，有效畅通涉爆涉恐人员的引渡途径。第三，积极探索与有关国家和地区建立或者落实双边和多边合作机制，建立政府和地区间的合作，打击恐怖人员偷越国（边）境犯罪活动，加强出入境、移民交流的机制，特别是加强与我周边国家的合作。除中亚国家已与中国在上海合作组织的框架下建立了反恐合作机制之外，大多数东南亚、南亚国家与中国都尚未建立或正在建立反恐合作机制，有的已经建立但未具体落实。虽然中国与越南、老挝、缅甸、柬埔寨、泰国与马来西亚等东南亚、南亚国家正不断完善刑事合作机制，对现有查获的新疆偷渡分子大都会采取相应的措施，将其遣返回中国。然而，大多数东南亚、南亚国家的边检尚未和国际刑警组织实现联网，使“东突”分裂势力仍然有机可乘，选择从这些国家偷渡。因此，要进一步加强与东南亚国家之间在国境管理、移民和护照管理领域的国际合作，彻底挫败

① 张杰、牛家玮：《论防止恐怖主义渗透活动的法律对策》，载《云南警官学院学报》2015 年第 5 期。

“东突”势力以东南亚国家作为出境参加恐怖主义活动的跳板的图谋。① 在与东南亚国家合作中，要重点开展与西南边境交界的越南、老挝、缅甸三国的警务交流合作，认真落实中越三级边防合作机制、中越海上警务合作机制、中缅边境地区三级代表等制度，举办会谈会晤，就涉恐偷渡活动加强执法合作，维护西南边境地区的安全稳定。

### （二）深化反恐怖偷越国（边）境涉外警务联合行动和执法合作，建立反恐怖偷越的跨境警务合作机制，提高联合打击能力

1. 建立健全与邻国的高层次交涉机制，对涉恐人员偷越国（边）境问题的危害性达成共识，制定相应政策，建立情报信息分享、联合行动、协助抓捕犯罪嫌疑人、遣返移交相关人员等工作机制。在此基础上，加强与邻国边防部门的执法合作，适时开展联合反恐执法合作或联合反恐演习，完善合作方案预案，提升合作效能，打消对方在合作中的顾虑。②

2. 在公安部的指导和支持下开展对外警务反恐合作，同包括国际刑警组织，美国、英国反恐部门和周边邻国巴基斯坦、阿富汗和中亚地区国家的反恐协作，切实筑起一道打击“东突”恐怖势力的国际战线，防止“东突”势力内外合流，防止境外恐怖势力的人、财、物流入新疆。另外，反恐绝不是单靠警方之力就能够完成的，在警务反恐工作中还应当积极邀请政府机构、部门，甚至是私人企业与警方展开合作，实现借力反恐的效果。③

3. 通过建立完善合作机制，畅通合作渠道，使相邻国家积极协助配合我国抓捕和遣返偷越国（边）境的涉恐人员，便于我国运用各种侦查谋略搜集掌握证据，做到有效打击处理。涉外执法合作确保在涉恐人员偷越国（边）境行为能够被对方及时抓获并被遣返，防止出现我国对其不能管辖和惩处的情况，彻底挫败涉恐人员通过借道邻国转往目标国家的企图，打击其在边境地区违法犯罪的嚣张气焰，维护边境地区安全稳定。④

---

① 古丽阿扎提·吐尔逊：《新疆地区恐怖主义新常态及其对策》，载《云南师范大学学报（哲学社会科学版）》2016 年第 1 期。

② 陈在上：《打击跨境犯罪警务合作机制之构建》，载《河北公安警察职业学院学报》2014 年第 2 期。

③ 曹雪飞：《对近期“东突”势力频繁活动的警务视角分析与应对策略》，载《中国刑警学院学报》2014 年第 4 期。

④ 张嘉川：《防范打击涉恐人员偷越国（边）境行为存在问题及对策》，载《云南警官学院学报》2016 年第 2 期。

（三）积极参与国际联合反恐怖偷越国（边）境行动，确立反恐情报交流与共享

防治恐怖主义偷越国（边）境活动，要形成全球化的网络，核心就在于情报交流机制的完善。开展反恐怖偷越国（边）境情报合作，必须确立反恐怖偷越国（边）境情报交流机制，加强跨境恐怖人员信息的收集、研判，共享情报信息。第一，建立互联互通、高度共享、管理严密的情报信息网络，确保情报信息的交换和保密。建立情报信息数据库，这个数据库应具有汇总、分类、搜索的功能，方便合作成员国对跨国情报信息资料的查询、对比和分析。第二，灵活运用各种侦察手段，广辟情报信息来源，建立灵敏高效的情报信息搜集网络，积极获取深层次、内幕性、预警性的反恐情报。第三，进一步加强反恐情报的分析、研判与传递，及时、准确、有针对性地为信息中心和各国或地区提供情报信息，为各国反恐怖行动提供服务，加强各国之间有关部门和各国警察之间的反恐情报交流与共享，最大限度地发挥国际反恐情报的效能和作用。第四，建立情报预警机制，及时向合作成员国发出恐怖主义犯罪预警，预防和控制恐怖案件在成员国中的发生。① 我国积极参与国际联合反恐行动，并与有关国家和国际组织就反恐情报交流达成了广泛的、多方式的情报交流与合作。我国要充分利用公安边防工作渠道，进一步加强与周边国家执法安全部门的合作与情报交流，发挥公安反恐情报的作用及优势。

（四）加强反恐怖偷越国（边）境域外侦查交流和协作机制

1. 完善刑事合作，加强反恐侦查交流机制，加强证据的收集、交换、互证和采纳，开展跨境追击、联合侦查、域外调查取证、控制和剥夺恐怖偷渡组织活动经费。

2. 加强侦查协作。对于跨境追击，在有关国家警察机构协助下，对潜逃到国外的恐怖分子继续越境追捕。在联合侦查方面，同相关国家警察机构围绕跨国的恐怖主义犯罪联合开展调查取证、逮捕罪犯行动，双方分工协调开展侦查，也可以互派人员进入对方境内联合开展侦查。加强域外调查取证，基于双边合作协议或征得对方国家的同意，派驻我国警员前往他国进行调查取证，直接行使搜查权、审讯权和执行逮捕权。在控制和剥夺恐怖组织活动经费方面，利用金融渠道切断恐怖组织资金来源、冻结恐怖组织资产，从而削弱其犯罪能

① 李淑华：《中外反恐警务合作的障碍分析及策略应对》，载《中国人民公安大学学报（社会科学版）》2009年第3期。

力，增大其犯罪成本，从经济基础的层面遏制恐怖主义犯罪的发生和发展。①

3. 除了加强与国外或区域警察、边防等部门的合作义务，在与国外出入境、移民机构的合作上，也要加强交流，建立合作机制。

（五）开展多国机构之间的反恐怖偷越国（边）境行动的联合演习

我国与周边西亚、南亚、东南亚等不同国家警察和边防等武装力量开展联合反恐演习，重点放在反偷越、反偷袭、反劫持等处置突发事件、暴力事件的演习上，共同探索联合反恐的新机制，积累联合指挥、联合行动等方面的经验，提高反恐怖偷越协同作战的能力，显示我国警方在打击恐怖越国（边）境问题上的坚定立场和决心。

（六）建立和完善反恐怖偷越国（边）境国际警务合作人才培养和培训

在反恐国际警务合作行动中要做到主动进攻、动之于先、克敌制胜，需要一支高素质的反恐专业化队伍。这就要求加强反恐怖偷越国（边）境国际警务人才培养和培训。

1. 创办国际反恐警察学院，建立反恐怖偷越的国际警务合作人才培养课程体系，开展与各国的反恐怖偷越国（边）境警察国际化培训，科学选拔和培养反恐警务人才。

2. 保障反恐警察学院师资力量雄厚，设备设施齐全，生活环境和设施人性化；培训制度严格，强调终身学习。

3. 树立全新的训练理念，合理制定训练目标，目标明确，精心策划训练课程。世界各国培养反恐专业人才的目的非常明确，就是要为自己国家输送打击恐怖犯罪的专业人才，为反恐事件处置和决策服务，为一线反恐实战服务。反恐国际警务合作的主要课程应当包含：《外语》《世界民族与宗教》《世界警务导论》《国家间反恐情报搜集与研判》《跨国反恐专案侦查学》《信息技术与反恐应用》《反恐擒敌技术与战术》《反恐国际警务执法合作》《国际恐怖主义概论》《国际恐怖主义热点问题研究》《极端化和去极端化》《航空安全、海上安全与恐怖主义》《全球恐怖组织与极端组织概论》《反恐侦查》《国际反恐战略与打防策略》《劫持人质案件谈判技巧》《反恐地缘政治》《国际反恐法律法规精选》相关理论课程，实施实践课程，开展野外生存拉练、擒拿格斗、人质救援、跳伞、爆破、射击及其模拟恐怖事件处置、跨国恐怖突发事

① 李淑华：《中外反恐警务合作的障碍分析及策略应对》，载《中国人民公安大学学报（社会科学版）》2009 年第 3 期。

件演习，外派学习考察、国家间反恐部门交流与合作等。①

4. 教学形式多样化，训练和培训内容应求精求实。训练模式多样，训练方法与手段灵活；课程设置紧贴实战，训练贴近实战，注重业务技能；分类组织施教，培训务实有效；突出团队训练重点，实施训练、实战和执法三位一体的教学训练方式，在体能训练中培养团队意识，术科训练具有浓厚的本土特色。警务学员要对网络信息意识强，注重培训讨论的效果；注重反恐偷越的心理疏导，调整学员学习和培训心态。②

对于中国和东盟而言，建议开展中国与东盟各国的警察国际化培训。考虑在中国或东盟某国创办国际警察培训学院，专门培训中国和东盟各国的刑事侦查人员。该学院集中研究本区域有组织犯罪集团的活动特点，设置侦捕擒拿刑事犯罪分子的技术课，交流各自国家查缉恐怖分子的经验，研讨本区域的恐怖偷越国（边）境犯罪等。所有中国、东盟国家的执法警察都可以在该学院轮训，并以此促进中国与东盟打击恐怖偷越国（边）境犯罪协作网络的形成。

① 李恒：《反恐国际警务合作专业人才培养新探究》，载《河北公安警察职业学院学报》2014 年第 4 期。

② 邓海清、陈汇：《国外反恐警务人才培养路径分析及其启示》，载《甘肃警察职业学院学报》2014 年第 4 期。

# “一带一路”倡议下毒品犯罪合作治理机制研究

王　天*

2013 年，中国国家主席习近平在访问中亚和东南亚期间，分别提出建设“新丝绸之路经济带”和“21 世纪海上丝绸之路”的合作倡议，简称“一带一路”（The Belt and Road，缩写 B&R）。“一带一路”可以加强中国与沿线国家的各项合作，共同创造出巨大的经济利益和政治效能。在经济水平高速发展的同时，也要充分探讨该倡议所面临的安全合作现状与挑战，这其中毒品犯罪高发的刑事风险是亟须解决的重要问题，不仅影响着沿线国家人民的安全，也会对经济的增长产生消极作用。

## 一、“一带一路”背景下我国毒品犯罪的特点

### （一）“一带一路”沿线国家毒品犯罪严重影响我国境内安全

在“一带一路”沿线的各国中，世界三大毒源地的“金三角”和“金新月”皆在其中。根据国家禁毒委发布的《2018 中国禁毒报告》中显示，“金三角”毒品渗透加剧。云南、广西 2018 年内共缴获海洛因 6.8 吨、冰毒片剂 10 吨，分别占全国缴获总量的 71.1% 和 89.2%。该地区毒品在继续通过云南边境传统路线直接走私入境的同时，东进取道老挝北部、越南西部陆路通道进入中国明显增多。可以说，“金三角”地区对我国走私毒品的数量一直居高不下，同时也在开辟新的走私线路，令毒品犯罪防不胜防。

“金新月”地区海洛因走私入境也在持续增多。全年破获涉“金新月”海洛因入境案件 25 起，缴获“金新月”海洛因 101.8 公斤，同比增长 3.2 倍。“金新月”海洛因通过新疆边境地区渗透，或迂回中东、非洲国家通过航空渠道“点对点”从广东入境。另据国家毒品实验室分析显示，云南、广西边境

* 王天，中国政法大学刑事司法学院博士研究生。

缴获"金新月"海洛因也呈上升趋势，出现与"金三角"毒品合流并进的动向。[①]"金三角"和"金新月"地区制造、走私、贩运毒品问题更加突出，严重威胁着我国人民的健康安全和国家经济的和平发展。

（二）复杂的犯罪主体与跨区域的犯罪空间

1. 犯罪主体更为复杂化与多元化

在"一带一路"倡议下，中国与沿线国家联系进一步加强，对外开放进一步扩大。但是随着经济深化合作的加深，海陆空交通、互联网信息交流合作的密切，也给了犯罪分子可乘之机，犯罪分子通过线上线下多种方式走私、运输毒品。而且，毒品犯罪的高额利润，使犯罪主体扩展为各个年龄层，具有复杂化与多元化的趋势。外国籍毒品犯罪成员在中国境内实行毒品犯罪活动不断上升，主要就是"金三角"和"金新月"区域的国家。中国西南部也有少数民族人员与境外毒品犯罪人员勾结，向中国境内走私毒品。并且，毒品犯罪成员呈现家族化、同村化的特点，甚至妇女、儿童也加入了毒品犯罪的行列。[②]境内外贩毒集团组织、雇佣、操控怀孕和哺乳期妇女、急性传染病病人、失去生活自理能力的重病伤残人士、艾滋病携带者等特殊人群从事贩毒活动，由于流动性特点明显、反复性强，打击处理难度大。

2. 跨区域犯罪空间持续增大

"一带一路"横亘亚欧非三大洲，其距离之长、沿线国家之多、合作种类之广泛都在创造着记录。该倡议在给我国带来经济和政治利益的同时，也给毒品犯罪提供了便利。贩毒分子在进行对外贸易的掩护下，躲避海关等部门检查进行毒品的走私运输，使得境外走私毒品更为猖獗，东南亚的"金三角"毒品犯罪严重影响我国云南、广西、贵州等地；南美的"银三角"通过海运把可卡因等毒品贩运至我国广州、深圳、上海等口岸，并向我国内地扩散；西亚的"金新月"对我国新疆等边境地区造成显著影响。"一带一路"战略在发展的同时，也意味着外来毒品渗入的渠道将更加宽泛，毒品交易的流动性加快，跨区性趋势进一步加强。[③] 这一特征实际上也为我国打击毒品犯罪提出了挑战，需要各部门，甚至各个国家之间有效联动、合作，加强不同地域之间的信息沟通与共享。

---

① 中国国家禁毒委员会办公室：《2018中国禁毒报告》，第57页。

② 齐凯、王晓静：《中国和塔吉克斯坦联合打击跨境毒品犯罪研究》，载《广西警官高等专科学校学报》2016年第1期。

③ 彭俊磊：《"一带一路"战略背景下毒品相关犯罪案件侦察对策研究》，载《贵州警官职业学院学报》2016年第4期。

### （三）“毒恐结合”问题日益严重

“一带一路”沿线国家中，中亚、中东地区的恐怖组织势力庞大，恐怖活动猖獗。该区域的恐怖组织为了使自身可以持续发展，会从事毒品犯罪活动以此来赚取高额利润保障组织的运行。例如在阿富汗境内的塔利班组织，就有确凿的证明其参与毒品交易活动。该组织对阿富汗参与非法阿片剂生产、制造和贩运的实体征税。此外，《联合国安全理事会综合制裁名单》列明有塔利班领导人被指控直接参与贩毒活动。“以毒养恐，恐怖势力与贩毒集团合流是国际犯罪的新趋势。中国强力执法机构的禁毒是为全球的查禁毒品和反恐怖作双重贡献，同时要百倍警惕极可能在中国也发生的‘毒恐合流’趋势，尤其是在与阿富汗、巴基斯坦接壤的中国西北地区。”① 因此，毒品犯罪所得已经成为极端宗教组织从事恐怖犯罪活动的重要资金来源，位于中亚的“金新月”的贩毒不是单一的刑事犯罪，毒品犯罪与恐怖活动交织，该地区又与中国西北接壤，会威胁到我国安全，尤其值得我国关注与应对。②

## 二、“一带一路”倡议下毒品犯罪合作治理的必要性与现实困境

### （一）毒品犯罪合作治理的必要性

毒品犯罪问题具有跨国性和扩散性的特征，通过单一国家或单个国际组织是很难解决的，需要通过各国家政府、各国际组织、非政府组织等多方通力合作开展行动打击毒品犯罪。在“一带一路”的倡议下，我国在近些年积极参与国际和区域禁毒合作，引领大湄公河次区域、“东盟＋中国”等多边机制，完善上合组织禁毒合作机制，参与国际刑警组织打击跨国贩毒“蓑鲉”行动等，都取得了显著的成绩，有力地打击了毒品犯罪活动。

打击毒品犯罪是当代各国普遍关注的重大政治、经济、社会问题，也是国际社会共同面临的严峻课题。毒品问题的滋生，将会严重破坏一国经济的健康有序发展，对公民和社会安全造成损害，也会对国家的稳定构成威胁。以我国为例，“金三角”“金新月”等地区现已形成黄赌毒相结合的社会，大量不法分子积聚于此，会导致我国边境的不稳定。国际贩毒集团利用边境金融机构进行洗钱活动，造成大量货币外流，对边境经济发展产生不利后果。另外，恐怖组织和贩毒组织相勾结，还有境外反华势力以打击犯罪为由，采取军事或非军

---

① 邱永峥：《警惕新疆分裂贩毒合流 嫌犯携砍刀美元出逃被抓》，http：//news.sina.com.cn/c/2014－12－01/075331227124.shtml. 访问时间：2018 年 8 月 19 日。

② 张杰：《“一带一路”之中亚地区跨国犯罪形势及其社会因素分析》，载《四川警察学院学报》2018 年第 1 期。

事手段，都会严重威胁我国国家安全和社会安全。

我国作为“一带一路”倡议的发起国，在深化各国经济合作的同时，也要重视毒品犯罪治理问题，通过多国合作的毒品犯罪治理模式，有效打击毒品犯罪，绝不能让毒品犯罪问题影响沿线各国人民的安全，保障国家有序建设发展。所以毒品犯罪合作模式任重而道远，要仔细研究，精准打击，确保推动“一带一路”的实施。

### （二）毒品犯罪合作治理机制的现实困境

#### 1. 中国与沿线国家毒品犯罪法律规制体系不一致

“一带一路”沿线到目前为止共计65个国家，而这些国家分属社会主义法系、英美法系、大陆法系等，在法律体系、法律内容、政策形式等方面存在较大的差异，再加上各国的政治、经济、文化发展程度的不同，对毒品的界定、打击毒品犯罪的力度、控制毒品的能力都不尽相同，因此，各国相关毒品犯罪法律规制的内容，国际禁毒合作规约也会不一致。各国合作治理时就要充分考虑各国法律对与毒品相关违法行为的定罪量刑、管辖权、证据交换、司法协助等方面的差异。例如，在中国吸食毒品的行为是不纳入刑法管辖的范围，不属于犯罪行为，仅对吸食毒品者处以治安处罚。而在越南，吸食毒品行为就规定在越南刑事法律中，并定为非法使用毒品罪，最高处以5年有期徒刑。所以，各国毒品犯罪法律规定的不一致，会使得在跨国打击毒品犯罪时出现合作不畅的问题，影响毒品犯罪的侦查与审判，使部分行为逃脱法律追究，成为漏网之鱼。

#### 2. “一带一路”国家毒品犯罪合作规程不明确

中国与“一带一路”沿线国家在世界禁毒合作的背景下签署了诸多合作协议。我国政府在第20届禁毒特别联大上提出“广泛参与、责任共担，全面实施综合、均衡的禁毒战略，重视替代发展”的原则，我国完善了《东亚次区域禁毒谅解备忘录》《东盟和中国禁毒行动计划》等国际禁毒合作机制，与缅甸、泰国、老挝等20多个国家签署了禁毒合作谅解备忘录。[1] 目前，我国和沿线国家签订政府间双边多边禁毒协议20余个、部门间双边多边禁毒协议10余个，既有与东盟在“10+1”“10+3”框架下各国政府、相关部门对非传统安全领域包括禁毒方面的合作，也有上合组织成员国所签订和商定的关于预防和打击麻醉药品和精神药品滥用的协议，还有联合国毒品和犯罪问题办公

① 《深化禁毒斗争——公安部谈我国禁毒国家合作》，http://www.gov.cn/jrzg/2012-06/05/content_2153916.htm. 访问时间：2018年8月20日。

室和亚洲开发银行在“一带一路”沿线国家的许多进度项目。中国与沿线国家在毒品犯罪合作上具有多领域交叉、多层级结合的特质。我们从中不难发现，大多数双边或多边禁毒合作协议规定都较为单一分散，而且协议都是本着各国自愿原则签署，缺乏强制性，也没有普遍性和完整性，内容也欠缺具体的合作细则，一旦出现跨国毒品犯罪要适用合作协议时，可能会出现主次不明、无法有针对性使用的问题。

3. “一带一路”国家毒品犯罪合作治理机制不健全

英国学者苏珊·斯特兰奇所言：“国际机制对国家行为的影响极微”①。尽管中国与“一带一路”沿线国家无论双边还是多边的禁毒合作机制已经建立多年，但机制时至今日依旧不够完善，目前主要存在的问题是重宏观重形式而轻微观轻内容，机制本身多为规范缺乏实证，导致空设多实操少。此外，禁毒合作组织机构缺乏权威，使订立的法规、协议和条约等约束力不足，实用性不强，没有充分发挥其应有的作用，其结果势必给中国与沿线国家的合作造成阻力。以中国与东南亚国家为例，中国与东南亚区域国家在东盟“10 + 1”框架、东盟“10 +3”框架（东盟和中国、日本、韩国）、中缅泰老四国《东亚次区域禁毒谅解备忘录》框架下，已经签署了很多条约、章程、协定和文件，开展了程度不一的多边、双边禁毒合作，努力打造“东盟 + 中国”多边机制。② 但是基于不同国家不同的政治、经济、文化、法律制度等原因，在先进的装备和训练有素的人员上都无法得到满足，在某些方面“甚至还落后于毒品集团的智能化和国际化的制贩毒机制”，③ 不能很好地完成禁毒合作要求。再加上部分国家之间对于共同打击毒品犯罪缺乏共识和消极的合作状态也无法使机制得到有效实施。

## 三、“一带一路”倡议下毒品犯罪合作治理机制的完善

为遏制毒品蔓延的势头，许多国家都制定颁布了严厉的禁毒法律，建立专门禁毒机构，扩大缉毒力量，加强国际进度合作，在过去的多年里已取得一定成效。但是我们要清楚地认识到根除毒品犯罪绝非一朝一夕之事，毒品犯罪具有复杂性、长期性和艰巨性的特征，在“一带一路”倡议下，中国与沿线国

---

① Stephen Krasner ( ed. ) , International Regimes. Cornell University Press, 1983. P. 6.

② 杨焰婵:《中国禁毒国际合作面临的困难和应对》，载《云南警官学院学报》2014 年第 3 期。

③ 尹赛群:《中国参与东南亚地区禁毒国际合作——从全球治理的视角进行的分析》，复旦大学 2009 年硕士学位论文。

家应当努力构建一个相互融合的毒品犯罪合作治理机制，从理论到实证，从共识到合作，开辟跨国、跨地区的共研、共建、共享、共赢之路。

### （一）健全“一带一路”沿线国家间禁毒合作法律规制体系

由于中国和沿线国家属于不同类型的法律体系，对于制定禁毒法律的程序、内容等也不尽相同。因此，在今后需要进一步强化国际禁毒方面的法理研究，不同法系国家间进行比较研究和阐释性研究，求同存异，从中找到合作的共同点。中国与部分沿线国家在禁毒司法中仅依靠国际刑法相关原则来处理犯罪活动，并无具体司法协助机制，所以需要研究在刑事司法领域各国对涉外毒品案件判决的有条件承认、贩毒分子的移管和引渡等，在此基础上尽快签署针对毒品犯罪的区域性多边刑事司法合作条约，其中包括外国刑事判决执行制度、刑事诉讼移送管辖制度、多边刑事司法协助制度以及多边引渡制度等规定。充分的法理研究与配套的法律规制体系，既能对接现有合作的基础，又能解决不同国家、不同条约和协议出现冲突的问题，为“一带一路”国家间合作打击毒品跨国犯罪提供法律基础和制度支持。

### （二）开展对沿线国家毒品犯罪治理有益经验的考察

在“一带一路”倡议下，系统开展沿线国家对毒品犯罪治理的实证考察，尤其是对治理工作卓有成效的国家，全面梳理治理的有益经验并探索可予以借鉴的毒源毒流控制机制，禁毒合作要从立法、司法、执法等方面加强保障，通过经验的学习与吸取，为国家制定相适应的国际区域毒品犯罪治理政策提供理论支持和细致客观的决策依据。中国和位于“金三角”地区许多东盟国家，以及“金新月”地区的中亚国家，还有上合组织成员国，与其合作治理已经步入常态化，尤其是云南、广西等地与周边国家的合作治理已近30年，经验较为成熟，但仍需根据世界不断变化的毒情形势去当地进行实证考察。同时，“一带一路”国家对于毒品犯罪的治理也可借鉴其他国际禁毒合作机制的经验，例如美墨禁毒合作、欧盟禁毒合作等，在已成立的跨境执法机构的基础上，组建相关区域的执法机构，从而充分发挥其应有的作用。①

### （三）增强跨区域毒品犯罪治理联合行动力度

“一带一路”沿线国家在毒品犯罪合作治理的实操方面，应建立禁毒合作信息技术平台、数据共享资源库、专家智库等多个机构，可以在司法与执法合作、情报共享和警务合作等方面大大加强，也可以有效打击毒品犯罪各个环

① 姜祖祯、宋秋英：《从共识到联动：中国—东盟禁毒合作规制问题与进路》，载《2017亚洲药物滥用研究学会第五次年会论文集》。

节。各国间资源共享，优势互补，降低毒品犯罪治理成本，推动跨国禁毒政策和制度改革的进程。具体表现在：（1）继续派遣警务联络官，与所在国司法、执法等部门进行信息交流，加强联合治理工作，并对所在国毒品犯罪问题开展调研，给国内决策做参考。（2）建立常设性禁毒合作机构，中国可以借鉴北欧国家的经验①，与沿线国家共同设立常设性犯罪合作治理机构，当然由于沿线国家众多，可以先从数个国家开始建立，再逐步扩大范围。常设机构在协调区域内制定长期合作计划，监督区域内跨国犯罪活动，建立情报交流共享平台，针对具体犯罪活动做出决策，可以长期有效地控制与打击该区域的毒品犯罪。

## 四、结语

“一带一路”的倡议势必会加强中国沿线国家在政治、经济、安全领域的合作。目前国际司法实践中逐渐增多的跨境毒品犯罪是不容忽视的问题，它会影响到“一带一路”的顺利实行。随着经济的不断发展，国力的提高，我国也正从“规则接收者”向“规则制定者”转变，在尊重各国法律制度等的基础上，倡导建立新机构，制定新议程，引领各国合作有效打击毒品犯罪活动，齐力保障沿线各国安全，推动沿线各国经济发展，使人民共享和谐、富裕的生活。

① 1982年北欧五国司法部长会议决定加强警察和海关在打击毒品犯罪方面的合作，并于两年后成立了北欧警察与海关合作组织（PCN）。根据合作协议：五国实行刑事政策统一标准，只要某行为在五国内任一国家被认定为犯罪，其他四国也应当视其为犯罪；北欧五国任何一个国家的警察在执行任务时，都可以携带武器进入其他四国领土进行执法活动；犯罪情报资源在北欧五国内实行共享；五国在引渡和遣返罪犯方面实行最简化的引渡程序。本世纪初，考虑到北欧跨境犯罪形势严峻，北欧五国决定将PCN的合作领域扩展到所有跨境犯罪。实践证明，北欧五国的警务合作成效是显著的，使北欧成为世界范围内犯罪率最低的地区之一。陈华、李芳：《论中国—东盟区域警务合作机制的建构——以欧洲经验为启示》，载《广西社会科学》2014年第1期。

# "一带一路"视域下基层检察机关的困境与出路

## ——以N市检察院为视角

叶银河*

## 一、"一带一路"与N市概况

2013年以来，以习近平同志为核心的党中央提出共建"丝绸之路经济带"及"21世纪海上丝绸之路"的倡议，向国际社会发出了支持贸易与投资自由化的强烈信号。"一带一路"连接亚太和欧洲两大经济圈，沿线涉及60余个国家、44亿人口和21万亿美元的经济总量，是跨度最大、最具发展潜力的经济合作带。[①] 五年来，"一带一路"建设各方面工作取得了显著成效[②]。但无论是全球治理模式改革要求，还是中国发展的历史经验均表明，只有构建一套法治化体系，选择一条法治化的发展路径，实现国内法治与国际法治的良性互动，"一带一路"才能确保长期稳定、健康发展。[③]

服务和保障"一带一路"建设，是检察机关义不容辞的重大政治责任。[④] 检察机关作为法律监督机关，秉承法治建设的使命，更肩负"一带一路"建设法治化的重任。2017年12月，最高人民检察院出台《关于进一步履行检察职能为推进"一带一路"建设提供司法服务和保障的意见》，要求各级检察机关结合检察工作实际，主动服务和融入"一带一路"建设进程，为推进"一

---

* 叶银河，福建省南安市人民检察院检察官。

① 高虎城：《深化经贸合作共创新的辉煌》，载《人民日报》2014年7月2日。

② 国家发改委：《"一带一路"五年来取得六方面成效》，载一带一路网2018年8月9日，https://www.yidaiyilu.gov.cn/xwzx/gnxw/62327.htm.

③ 刘志云：《国际关系与国际法学刊》，厦门大学出版社2016年版。

④ 王治国、范跃红、屠春技：《以更高站位更广视野充分发挥检察职能，为"一带一路"建设提供有力司法保障》，载《检察日报》2017年7月26日。

带一路”建设迈向更高水平提供优质高效的司法服务和保障。

泉州市作为中国“民营经济大市”和“品牌之都”，被赋予“21世纪海上丝绸之路战略支点和先行区”的城市定位，辖区内的N市，自公元260年置县至今，已有1758年历史，是古代“海上丝绸之路”的起点之一，历史上曾经是福建省东南地区政治、经济和文化中心。N市面积2036平方公里，南北最长距离82千米，东西最长距离45千米。下辖23个乡镇、3个街道、2个省级经济开发区，共有32个社区、384个行政村。现有人口160多万，繁衍遍布40多个国家和地区的350多万海外侨胞。拥有石材陶瓷、水暖厨卫、机械装备、鞋服轻纺、光电信息等五大特色产业集群，是全球规模最大、种类最齐全的石材生产出口基地。可见，在“一带一路”战略布局当中，N市具有天然优势。

随着基础设施建设、产业投资、能源合作、交通运输等方面的互联互通，涉外涉企案件的连接点将呈现出前所未有的多样化和跨多国性特点，利用跨国法律规定不同产生的法律真空区而实施的涉“一带一路”刑事案件的出现无法避免。

## 二、N市检察院存在问题

N市检察院现有政法干警97人，年均受理审查逮捕案件980余件1300余人，受理审查起诉案件2100余件2600余人，人年均办案180余件，受理案件数及人年均办案数均位居全省前列。“一带一路”是一项长期、艰巨而复杂的系统工程，在这个过程当中，检察机关的保驾护航作用不可或缺。当前，N市检察院面对“一带一路”的司法服务需求，还存在着以下问题。

### （一）案多人少问题依然存在

任何改革只有在让一部分人获益而不致另一部分人受损的情况下，才会阻力最小，才能顺利进行。这就是所谓的“增量改革”策略。① 而检察官员额制则是一种“减量改革”，是按照既定员额，留任部分具有独立办案能力的检察人员担任检察官，同时将不具有独立办案能力的检察官淘汰，裁并到检察辅助人员的序列，所以面临的阻力不小。

案多人少，一直以来都是我国司法系统普遍存在的问题。司改后，大部分案件检察官可以直接签批，极大解决了之前的逐级审批、手续繁琐的问题，一

① 谢鹏程：《检察官办案责任制改革的三个问题》，载《国家检察官学院学报》2014年第11期。

定程度上提升了办案效率。但效率提高，不代表案多人少的问题得到彻底解决。以公诉部门为例，司改后，N市检察院公诉部门检察官由12人下降为9人，由于案件数量相对稳定，人均办案数随之上涨，虽然已经按照1:1配备检察辅助人员，但检察辅助人员中除了少部分法学本科青年干警，其他人要么是比检察官资历更深的未入额人员，对没有入额耿耿于怀，要么是聘用制书记员，基本没有法学专业背景，检察辅助人员承担的更多是机械性的工作，比如拟定文书、配合检察官提讯制作笔录、制作审查报告、配合检察官开庭，具备专业性法律思维与法学知识的辅助人员较少。检察辅助人员的素质参差不齐，对职业前景并未明了，不能全身心投入检察工作当中，无法在短时间内快速提升，导致检察官仍需投入大量精力，对全部案件证据进行重新审查、摘录。总体工作量并没有太大程度的下降，人均办案数量反而上升，加班加点消化案件仍是常态。

2015年至2017年底，N市检察院共受理移送审查起诉涉外案件25件35人，其中2017年共受理涉外案件13件19人，案件数量同比增长62.5%。从犯罪类型来看，毒品犯罪和暴力犯罪较为突出，合计10件14人。“2015.12.22”跨国电信网络诈骗案，是我国迄今为止破获最大的跨国电信诈骗案，案发老挝，涉案金额达2亿余元，被害人逾千名，300名涉案人员交由福建省Q市处理。其中陈某某等39人（均为中国人）涉嫌开设赌场一案交由N市检察院办理，时间紧、任务重、涉案人员多，在审查逮捕、审查起诉阶段只能抽调其他业务骨干共同办理，由于案件涉及中外法律的差异，不仅涉外取证难，在告知、提讯、开庭等方面均需投入更多精力，案经两次退回补充侦查、三次延长审查起诉期限、多次多日开庭才最终判决，而且，检察官在办理该起案件时，无法同时处理其他案件，按照系统所轮案件只能指定由他人办理。

（二）办案精细化程度不高

司改后，检察官的工资水平有所提高，但相应的政治待遇、免责范围等尚未从制度上明确，导致当前情况下，检察官收入不高、工作量大、晋升空间有限，却要面对办案责任终身追究，且基层检察机关的检察官往往面临着不少无理信访、上访压力以及案件处理非基于法律效果（如社会效果）的责任倒追，工作压力的增大往往使检察官失去探索、研究新类型犯罪的敏感性，疏于对案件背后的社会深层次的原因进行分析，导致检察官对公诉案件的要求仅限于法院判罚有罪，对刑事诉讼其他方面（如量刑方面）缺乏更深入的监督，造成检察官的监督能力和综合调研能力无法得到相应提高，基层检察机关的检察官往往局限于就案办案，工作“粗糙”，量大而不优。

（三）人员不够专业化

1. 从学历结构来看。N市现有检察官41人，均为本科以上学历，其中全日制本科学历22人，全日制法学本科以上仅有20人，硕士学位9人，但全日制研究生学历仅有2人，人员学历结构、学识水平与该市作为案件大县的实际情况不能适应。

2. 从年龄分布来看。1960年（含）—1969年出生的检察官5人，1970年（含）—1979年出生的检察官17人，1980年（含）以后出生的19人，平均年龄41.2岁，平均从检年限19年，结构相对合理，但对工作经验要求更高的侦查监督、公诉部门的检察官平均年龄为37岁，平均从检年限为15年，均低于平均线，从社会阅历和办案经验上都较为欠缺，也影响了办案质量。

3. 从培训方式来看。2017以来，N市检察院仅有20名员额检察官参加了上级院组织的业务培训班，其他的业务培训更多的是通过“中检法网”的网络视频培训，在没有刚性约束的情况下，培训效果不够明显，甚至背离培训初衷，增加基层检察机关的工作量。

## 三、思考与出路

检察机关如何在服务大局中展现工作亲和力，体现司法公信力，提升司法服务水平，为“一带一路”建设主体带来实实在在的获得感，是一个值得思考的问题，笔者认为，可以从以下几点入手。

（一）完善制度设计

1. 优化员额的调配

实践中，案件数量与该检察院的级别是呈反比的，即基层检察院的案件最多，级别越高案件越少。相反，级别越高的检察院在制度设计、法律研究上应当承担更大的责任，也就是说，级别越高的检察院，在检察官的比例设置上应当是较低的，并且应当将该部分检察官的员额比例分配给地市级、基层检察院，而在非业务部门应当适当倾斜。有鉴于此，四级检察机关从上往下，检察官的员额可以在一定范围内逐层递增，检察辅助人员的员额逐级递减，司法行政人员的员额相应随之调整。

员额比例应该注重顶层设计，笔者建议在中央明确的39%的员额比例红线下，由省级检察院来确定下属不同级别检察院的员额比例，对同一省份的不同地区员额检察官比例实行动态管理，充分考虑该地区的面积和人口数量（本地人口及流动人口）等，对员额数量的确定可以参考欧足联对欧战席位的确定方法①，以前五年的案件均数为导向，确保各地区有足够的员额检察官办理案件。

员额检察官是在省一级遴选委员会的遴选下，理论上可以匹配“通行”省内的办案能力，是故，建议建立省内检察官的流动办案制度，好处有三点：第一，可以保证办案力量的统一调配，保证全省范围内的案件消化；第二，可以保证案件处理的公正，从另一方面加强回避的适用；第三，可以加强不同地区的交流，提高不同地区的办案水平。

2. 优化大部制的设置

当前我国处于社会转型阶段，专业分工不断细化，对法律监督的水平要求也越来越高。为了更好地满足新时代下人民群众的更高期望，大部制已是大势所趋。司改前，原有的检察官在各自的领域能够更加深入的研究，而一旦进入“大部制”，首先，对检察官的要求从“专”向“全”转变，需经过一段时间的学习与积累；其次，必须保证有足够的员额检察官，才能行检察监督之实；第三，检察院上下领导一体化体制，要求要有对口的部门进行协调；最后，一个部门功能过于复杂、肩负职能过多，会导致精力无法均分，甚至反而会出现内部互相竞争资源、各业务无法协同发展的局面。是故，“大部制”的改革倒逼检察院必须进一步厘清自己的权责范围，完全定义检察职能。“大部制”的改革仍需建立在检察职能的有机划分之下，通过对检察职能的细分，并逐一分块归纳，才能真正落实。

最高人民检察院检察长张军在深圳市检察机关调研时强调，检察机关要以办案为中心，在办案中监督、监督中办案。② 检察机关唯有抓住发展机遇，聚焦主责主业，“咬住办案不放松”，才能确保社会大局稳定、维护司法公正、满足人民群众新的更高需求。2018 年 7 月 6 日，习近平主持召开中央全面深化改革委员会第三次会议。会议强调，设立最高人民检察院公益诉讼检察

① 欧足联制定了一个欧战积分系统，该系统与欧洲俱乐部赛事紧密相关，各国联赛积分决定了欧战席位的分配，各俱乐部积分则用于欧洲赛事的分档。欧足联治下的各协会欧战积分，是由每赛季各协会参加欧战的球队所得积分之和除以参赛球队数，将协会所属所有参加欧战球队的得分加和再除以欧战球队数，就是协会实际得到的欧战积分。各国联赛的欧战积分排行榜是计算最近五年的总和，各国联赛的欧战积分是过去五个赛季所获得的总分的排名，它将决定下个赛季的欧战席位分配。

② 姜洪：《敢为人先奋发有为深入推进检察改革》，载《检察日报》2018 年 7 月 24 日。

厅①，随后，陕西②、山东、湖南等地开展“捕诉合一”模式试点工作的消息也见诸报端，我们欣喜地看到，最高人民检察院关于全面强化法律监督的思路清晰，机构大部制的蓝图已经趋于明了。

N市检察院聚焦大局工作，搭建特色载体，精细服务区域经济，切实保障“一带一路”建设资本市场秩序和安全运行，为“一带一路”建设营造良好的市场环境。在内设机构整合（大部制改革）时，专门成立金融与知识产权犯罪检察部，实行捕诉合一，在依法打击涉企犯罪的同时，注重保护企业合法权益。2015年来N市检察院受理审查批捕金融犯罪案件80余件、知识产权犯罪案件20余件，审查起诉金融犯罪案件200余件、知识产权犯罪案件30余件。同时深化服务非公有制经济工作，提供针对性的法律服务，构建知识产权保护多元化体系，在市工商联、石材行业协会、重点水暖企业设立检察官工作室，聘任知识产权刑事案件专家咨询委员会委员，设立“检察、税务、企业”示范联络点，印发全省首本金融犯罪画册，发放到各类宣传活动中，联合召开护企座谈会7场次，联合开展金融法治进校园等活动8场次，引导企业完善管理制度，开展内部自查，发现涉企犯罪线索移送公安机关立案3件12人。

（二）提升综合素能

随着社会信息爆炸式发展，法律知识快速更新，律师群体通过各类进修、研讨、实战，取得极大进步，在社会关注热点极高的案件中出尽风采。而法、检两家，培训模式仍方式单一，日常工作中参加高层次培训时名额少，综合素能无法满足新时代要求。

作为法律监督机关的一员，检察官只有具备更全面的知识储备与专业涵养，才能在新时代的履职中取得更深的实效。一要紧贴大局，关注热点。要通过办案、练赛、文体活动，摸清队伍现状，及时分析，对比先进地区析不足、找短板，做到心中有数。二要对症下药，未雨绸缪，将具备涉外专业知识人才请进来上课，同时鼓励本院人才走出去学习，营造良好学习氛围。2018年，N市检察院联合L区检察院在福建省检察官学院举办检察官、检察辅助人员素能培训班，邀请高校教授、资深法官、检察官进行授课，有案例、有理论、有互动，取得显著效果。三要搭建方式多样、形式新颖的平台，树立“有为才有位”的用人导向，加强练赛，促进人才脱颖而出，做到位上有人，人尽其

① 《最高检将新设公益诉讼检察厅》，载最高人民检察院网2018年7月6日，http：//www.spp.gov.cn/spp/zdgz/201807/t20180706_384067.shtml.

② 倪建军、陈丽琼：《全面启动“捕诉合一”改革试点》，载《检察日报》2018年8月2日第1版。

责。四要加强跨地区、跨部门的信息互通。与涉外犯罪办理方面走在前列的地区检察院加强协作，收集、归纳、分析常见涉外涉企犯罪的犯罪手段，加强针对性的制度建设。积极与政府相关职能部门对接，主动融入“一带一路”建设规划和重点项目实施过程，开展常见涉外涉企犯罪预防工作。

（三）提升立体监督维度

“一带一路”对检察机关的全方面监督提出更高标准的要求，要求基层检察院在“一带一路”建设中要有新作为。N市检察院通过上下联动、横向协作，拓宽监督范围与渠道，形成服务“一带一路”建设工作合力。

纵向方面，N市检察院加强与上级院业务部门的沟通、协调，充分发挥上级院的业务指导作用，把好法律适用的船舵，同时充分发挥检察委员会、检察官联席会议的统筹协调，在案件处理上做到上下级检察院、全院上下一盘棋，保证法律适用上的统一，提升执法公信力。横向方面，N市检察院加强与相关行政执法部门的联动，通过“两法衔接”平台与共建活动，加强网上巡查与案件抽查，互通办案信息，引导行政执法机关合法合规、及时查办案件，增强立案监督力度；率先在全省铺开对公安派出所的监督，在全市35个派出所、刑侦中队设立检察官工作室，建设庭审评议平台，开展日常走访、系统排查，通过审查逮捕、审查起诉、庭审活动，加强刑事诉讼活动监督广度；加强“互联网+”应用，建设线上线下一体化的检察监督指导中心，对接城乡网格化管理平台，吸收、发展覆盖至村（居）委会的网格员，网格员结合检察重点工作对潜在犯罪隐患与监督线索开展排查，一旦发现相关信息，即可直接手机录入，点对点对应检察官，实现实时回应，及时反馈，通过搭建“网格化+检察”平台，延伸检察监督深度。

# “一带一路”战略背景下恐怖主义犯罪治理对策探究

## ——以中巴经济走廊为例

陈美荣*

2013 年 9 月、10 月，习近平主席出访中亚哈萨克斯坦和东南亚印度尼西亚并分别作主旨演讲，提出建设“丝绸之路经济带”和“21 世纪海上丝绸之路”的“一带一路”倡议。2015 年 3 月 28 日，国家发改委、外交部和商务部联合发布了《推动共建丝绸之路经济带和 21 世纪海上丝绸之路的愿景与行动》，“一带一路”战略进入全面推进建设阶段。

“一带一路”倡议强调开放、包容、互利、共赢，突出政策沟通、设施联通、贸易畅通、资金融通、民心相通，着力推动沿线各国形成利益共同体、责任共同体、命运共同体。“一带一路”倡议是全球化发展进入新阶段中国提供的全球治理方案，得到了相关国家的高度关注和积极响应；2016 年 11 月 17 日，第 71 届联合国大会首次将“一带一路”倡议写入决议，成为全球议程重要部分。

近五年来，“一带一路”倡议从宏图愿景到付诸实践再到向前推进，取得了比较丰硕的阶段性成果，但同时也面临着一些困难和挑战，恐怖主义犯罪是其中一个突出的问题，需要相关国家认真面对、积极应对、相向而行、协同治理。本文试图以“一带一路”的旗舰项目——中巴经济走廊为例，对“一带一路”背景下的恐怖主义犯罪治理对策作一探讨分析。

### 一、中巴经济走廊

#### （一）概述

中国和巴基斯坦是全天候、全方位的战略合作伙伴，两国一直有着深厚的

* 陈美荣，杭州市警察协会副秘书长。

友谊和密切的合作。2013 年 5 月，李克强总理在访问巴基斯坦期间，正式提出建设中巴经济走廊，加强中巴之间交通、能源、海洋等领域的交流合作。2013 年 7 月，巴基斯坦总理谢里夫访华，中巴联合发布了《关于新时期深化中巴战略合作伙伴关系的共同愿景》，其中写到，"双方同意，尽快启动中巴经济走廊远景规划相关工作"，并决定成立中巴经济走廊远景规划联合合作委员会。2015 年 4 月，习近平主席访问巴基斯坦，提出以中巴经济走廊为中心，以瓜达尔港、加强交通基础设施、能源、产业合作为重点，形成"1 + 4"合作布局，实现合作共赢和共同发展；中巴双方还签署了 51 项总值高达 460 亿美元的协议，其中超过 30 项协议和中巴经济走廊有关。同月，中巴经济走廊委员会在伊斯兰堡成立。

中巴经济走廊是"一带一路"的交汇点与枢纽，是一条包括公路、铁路、油气和光缆通道在内的贸易走廊，计划于 2030 年完工。关于走廊路线规划，2015 年 5 月巴基斯坦通过东、西、中三线计划①，并保证西线优先投入建设。

中巴经济走廊是一个综合性概念，从某种意义上讲，它是超越陆地通道意义的区域经济一体化的代名词，而不应简单地将其仅理解为是一个狭长的地理区域空间。

（二）意义

中巴经济走廊，是"一带一路"建设的"先行者"和"旗舰项目"，具有非常重要的意义。

1. 于中方而言

一是拓展战略空间。在美国推行"亚太再平衡""印太战略"、持续对中国围堵遏制和特朗普政府强行对华发动贸易战的情况下，推进中巴经济走廊建设，能进一步深化中国同南亚、中亚、西亚、北非等地区的经济联系合作，拓展我国发展的战略空间。二是有利于西部大开发和区域协调发展。中巴经济走廊西线从中国的新疆喀什通达巴基斯坦的俾路支省瓜达尔港，长约 3000 公里，走廊为中国西部特别是新疆提供了一条进入印度洋的便捷通道，新疆由边陲省份一跃而为中国向西开放的桥头堡与核心地带，将极大地促进新疆尤其是南疆

① 西线：北起喀什，过红旗拉甫山口入巴境内，沿喀喇昆仑公路入巴控克什米吉尔吉特—伯尔蒂斯坦境内，过阿伯塔巴德入开普省，经米扬瓦利、巴奴等地到达德拉伊斯梅尔汗、出德拉伊斯梅尔汗入俾路支省境内，经佐布、奎塔、胡兹达尔和本杰古尔等，最后到达瓜达尔港；东线：出喀喇昆仑公路的曼瑟拉，经伊斯兰堡进旁遮普省，过拉合尔直至木尔坦，然后沿木尔坦—海德拉巴和海德拉巴—卡拉奇 M－9 高速公路前进，最后沿卡拉奇至瓜达尔的沿海高速 N－10 到达瓜达尔港；中线：白沙瓦至拉合尔和瓜达尔港至苏库尔。

地区经济社会跨越式发展，新疆将成为中国西部经济发展新的增长极。三是保障能源安全。中国目前60%的能源补给来自中东，80%的石油进口经过马六甲海峡，传统的从波斯湾经马六甲海峡到中国上海，海路运输10000多公里，而从瓜达尔港到中国喀什直线距离不超过2700公里，提供了从波斯湾到中国最短、最有效的油气运输通道。这一管道“能有效增加中国能源的进口路径——可以绕过传统咽喉马六甲海峡和存在主权纠纷的南中国海，把中东石油直接运抵中国西南腹地，同时也能降低对正在建设中的中缅油气管道的依赖。”中巴经济走廊中的油气管道项目将有效破解“马六甲困局”，大大提高中国的能源安全。“未来，中国从波斯湾每进口100万桶原油，将有17万桶经过瓜达尔港运抵中国”。

2. 于巴方而言

一是缓解电荒，推动经济发展。巴基斯坦是十分缺电的国家，电力短缺已成为其经济发展的严重障碍，据巴国家电力局估计，电力短缺使巴2013年度GDP减少了2%—3%。中巴经济走廊的卡西姆燃煤电厂、卡拉奇核电站、喀拉特水电站、真纳太阳能区等大批能源项目的落地建设，能进一步改善能源结构，大幅增加电力供应，有效缓解电荒。二是提升巴经济发展质量。长期以来，相较发展得比较成熟的政治、军事合作，中巴经济发展空间有待拓展，特别是双边贸易规模仍偏低，2014年中巴贸易额只有160亿美元，远低于同期中印贸易额的600亿美元，其中中国出口130亿美元、进口30亿美元，且巴出口到中国的大多数产品是农产品、皮革制品和原料等低附加值的初级产品，中巴经济走廊建设，通过开展产业合作，适当转移国内相关产业，能为巴提供更多的就业机会，提振巴低迷的经济表现，提升巴经济质量。“中巴经济走廊下的工程，将为巴基斯坦创造200多万个新工作岗位”。三是改善巴西部省区的落后面貌。走廊西线的开普省和俾路支省，经济落后，民生凋敝，社会公共福利严重缺乏，如俾路支省面积占全国43.6%，经济总量只占全国的3.5%，是巴最贫困的地区，加之受民族分离主义和部落制等影响甚深，国家认同感缺失，社会事件层出不穷，暴恐盛行。加强对落后地区经济建设，努力改变当地贫困落后面貌，改善人民生活，可有效改变当地社会治理失序状态，压缩恐怖分子活动空间。

此外，中巴经济走廊建成后，将成为中巴之间、中国与中东地区及非洲、中国与其他地区国家的贸易门户，不仅有利于中巴经济社会发展，整个南亚、中亚和西亚都将从中受益，造福域内中国、南亚、中亚和中东近30亿人，形成联系更加紧密的利益共同体和命运共同体，为地区的和平、稳定和经济发展做出巨大贡献。

## 二、中巴经济走廊面临的恐怖主义威胁

中巴经济走廊建设得到了巴基斯坦朝野的高度评价和认可，但也同样面临着一系列的困难和挑战，而恐怖主义是其中最重要和直接的威胁，需要高度重视并妥善应对。

（一）总体状况

1. 2016 年全球受恐怖主义威胁的国家排名

巴基斯坦是世界上受恐怖主义犯罪影响比较严重的国家之一，非政府组织研究机构“经济与和平研究所”的《全球恐怖主义指数报告（2017）》显示，巴基斯坦在全球受恐怖主义威胁的国家排名中一直比较靠前，下图是 2016 年全球受恐怖主义威胁的国家排名：

| 排名 | 国家 | 得分 |
|---|---|---|
| 1 | 伊拉克 | 10 |
| 2 | 阿富汗 | 9.441 |
| 3 | 尼日利亚 | 9.009 |
| 4 | 叙利亚 | 8.621 |
| 5 | 巴基斯坦 | 8.4 |
| 6 | 也门 | 7.877 |
| 7 | 索马里 | 7.654 |
| 8 | 印度 | 7.534 |
| 9 | 土耳其 | 7.519 |
| 10 | 利比亚 | 7.256 |

2. 2007—2016 年巴基斯坦恐怖主义事件造成人员伤亡情况

| 年份 | 平民 | 安全部队 | 恐怖分子 | 小计 |
|---|---|---|---|---|
| 2007 | 1522 | 597 | 1479 | 3598 |
| 2008 | 2155 | 654 | 3906 | 6715 |
| 2009 | 2324 | 991 | 8389 | 11704 |
| 2010 | 1796 | 469 | 5170 | 7435 |
| 2011 | 2738 | 765 | 2800 | 6303 |

续表

| 年份 | 平民 | 安全部队 | 恐怖分子 | 小计 |
|---|---|---|---|---|
| 2012 | 3007 | 732 | 2472 | 6211 |
| 2013 | 3001 | 676 | 1702 | 5379 |
| 2014 | 1781 | 533 | 3182 | 5496 |
| 2015 | 940 | 339 | 2403 | 3682 |
| 2016 | 608 | 290 | 872 | 1770 |
| 合计 | 19872 | 6046 | 32375 | 58293 |

### （二）巴基斯坦主要的恐怖组织

#### 1. 巴基斯坦塔利班（巴塔）

成立于2007年，是巴基斯坦国内实力最强的恐怖组织，其恐怖袭击活动主要集中在联邦直辖部落地区、开普省等地。2011年以来，巴塔成为巴基斯坦国内发动恐怖袭击的“主力军”，是影响巴国内安全局势的最主要因素。据《巴基斯坦安全报告（2017）》显示，2017年，全国发生恐怖事件370起，死亡815人，受伤1736人，其中巴塔制造了213起。

#### 2. 基地组织

尽管在美国及北约部队的强势围剿下，基地组织遭受了重大挫折、元气大伤，但仍阴魂不散，其核心层仍有能力与当地盟友保住自身地位和影响。巴境内有支持基地组织的极端组织，基地组织在巴的势力不断发展、影响不断增强，已经在巴基斯坦的无数武装之间充当调解人和统一者。基地组织特别注意针对巴发动袭击，以此作为增强与其盟友关系的一种方式。

#### 3. 伊斯兰国

2017年11月，在伊拉克、叙利亚及国际社会的打击之下，伊斯兰国作为组织实体已经基本被剿灭、整体实力被打散，但通过化整为零等手段，大批伊斯兰国恐怖分子回流、潜入世界各地，并通过网络勾连煽动等手段，继续兴风作浪。事实上，自2015年以来，伊斯兰国就渗透到了巴基斯坦的叛乱活动当中，其潜伏组织在旁遮普省、信德省及伊斯兰堡出现。2018年7月13日，俾路支省默斯东地区一竞选活动集会上发生了一起严重的自杀式恐怖袭击事件，造成149人死亡、186人受伤，伊斯兰国宣称制造了这起袭击。

#### 4. 俾路支解放军

1974年组建，是一个民族分离主义组织，致力于通过武装斗争建立一个俾路支斯坦国家。近年来已经逐渐演变为一个跨国团体，和国外的恐怖主义组织保持着密切的联系，俾路支解放军在俾路支省恐怖主义体系中扮演着"领头羊"的角色，该省发生的大部分恐怖事件都与其相关。

5. 东突组织

"近年来，(巴基斯坦) 源源不断地吸引包括中国新疆地区在内的一些国家和地区的恐怖分子前往。"一些东突恐怖分子利用中国、巴基斯坦和阿富汗复杂的边境形势条件，潜逃藏匿于巴基斯坦西北部的边境地区，并和当地的恐怖组织保持密切联系。该组织人员尽管不多，据估计大概有300—500人左右，但基于其对中国的天然敌视态度，东突恐怖组织是中巴经济走廊面临的极大潜在威胁，其对中方利益和人员造成损害的意志和能量不容小觑。

此外，巴基斯坦比较著名的恐怖组织还有"巴基斯坦先知之友""巴基斯坦圣贤军""强格维军""虔诚军""俾路支自由阵线"等。

(三) 巴基斯坦受恐怖主义影响严重的省份

1. 开普省

全称为开伯尔－普赫图赫瓦省，位于巴基斯坦西北部，西北与阿富汗接壤，面积74521平方公里，人口3052多万人，主体居民是普什图族人。2007—2016年该省发生的恐怖事件如下表：

| 年份 | 恐怖袭击案发数 |
| --- | --- |
| 2007 | 118 |
| 2008 | 254 |
| 2009 | 269 |
| 2010 | 204 |
| 2011 | 302 |
| 2012 | 593 |
| 2013 | 779 |
| 2014 | 646 |
| 2015 | 269 |
| 2016 | 127 |
| 合计 | 3561 |

2. 俾路支省

位于巴基斯坦西南部，和伊朗、阿富汗交界，面积347190平方公里，人口716.7万人，当地居民以俾路支人为主，2007—2016年该省发生的恐怖事件如下表：

| 年份 | 恐怖袭击案发数 |
| --- | --- |
| 2007 | 35 |
| 2008 | 114 |
| 2009 | 172 |
| 2010 | 147 |
| 2011 | 233 |
| 2012 | 383 |
| 2013 | 487 |
| 2014 | 621 |
| 2015 | 500左右 |
| 2016 | 151 |
| 合计 | 2843左右 |

（四）中方人员受恐怖袭击伤亡情况

**2000年以来中国公民在巴因恐袭伤亡事件表**

| 时间 | 事件说明 |
| --- | --- |
| 2004年5月3日 | 一辆载有12个中国工程师的中巴车驶过瓜达尔港的一条街道时，遭汽车炸弹袭击，3名工程师死亡，其他9人重伤。 |
| 2004年10月9日 | 2名中国工程师在瓦济里斯坦部落地区的金多拉镇附近被绑架，后1人被解救，1人被害。 |
| 2006年2月15日 | 3名中国工程技术人员在俾路支省的哈勃镇遭恐怖分子枪击身亡，俾路支解放军宣称对此负责。 |
| 2007年7月8日 | 4名中国公民在开普省首府白沙瓦的宿舍内遭不明身份的人员袭击，3人死亡，1人重伤。 |
| 2012年2月28日 | 1名中国女性在开普省白沙瓦市遭不明身份枪手枪击身亡。 |
| 2013年6月22日 | 10名登山者（其中2名中国人）在吉尔吉特省的一处营地遭武装分子袭击身亡，巴基斯坦塔利班和真主旅都宣称对此负责。 |
| 2016年9月27日 | 2名中国工程师在俾路支省Dudher工地遭不明身份的极端分子杀害，多人受伤。 |

据相关统计，中国人在巴基斯坦死亡人数，还少于在马尔代夫死亡人数，这是令许多人始料未及的。但因为在巴基斯坦死亡的大多是死于暴恐袭击，而

非死于交通事故、溺水等，因此其负面影响更大，新闻轰动效应很强，象征意义非常深远，给人以巴基斯坦是恐怖分子的天堂、恐怖分子到处肆虐横行的糟糕印象，令人对巴基斯坦望而却步。事实上，如果考虑到中国人遭恐袭杀害的类似事件也曾经在苏丹（2008）、菲律宾（2010）、泰国（2015）、马里（2015）发生过，或许能使我们改变对巴基斯坦“暴恐天堂”“失败国家”的偏见。

一个显而易见的事实是，巴基斯坦人民对中国最热情，正因如此，中国人亲切地称巴基斯坦人为“巴铁”；中国公民在巴基斯坦受到极大的尊重和热爱甚至超乎常人想象，巴基斯坦政府对保护在巴的中方企业和人员也一直不遗余力。为了保障中巴经济走廊中方公司和人员的安全，2017 年 1 月 23 日，巴基斯坦内政部发布公告，宣布成立由 1.2 万人组成的中巴经济走廊特殊安全部队，专门负责中巴经济走廊 200 多个项目和近 1.4 万名中方人员的安全。此外，尚有准军事人员、警察和私人保镖等。但鉴于恐怖主义犯罪的无差别、无底线、无人道的残暴本质，在推进中巴经济走廊建设的过程中，要充分考量恐怖主义犯罪可能造成的危害后果和产生的消极影响，牢固树立底线思维，深化中巴双方在反恐情报、行动等各领域的紧密合作，全力防范、打击恐怖势力对中巴经济走廊的破坏活动，最大限度地降低恐怖势力对中巴经济走廊中方企业和人员造成的现实危害。

## 三、加强中巴经济走廊恐怖主义犯罪治理的思路对策

面对恐怖主义犯罪威胁，中巴双方应紧密携起手来，精诚合作，强力打击恐怖主义犯罪，确保顺利推进中巴经济走廊建设，全力维护保障在巴中资企业、机构、人员的安全和利益。

### （一）实现反恐情报交流共享

“反恐情报具有高度的时效性、超强的综合性和隐蔽性、微弱的关联性、孤立的分散性。”情报灵敏，方能耳聪目明，制敌于先机。鉴于恐怖主义犯罪的隐秘性、突发性和不可预测性，加强中巴双方的反恐情报合作，显得尤为迫切和重要。中巴双方应在既有基础上，进一步加强反恐情报合作。一是加强情报共商，建立常态化情报磋商机制，加强双方反恐情报组织机构和工作人员的日常沟通磋商工作；二是加强情报共享，根据对方反恐工作需要和提出请求，在确保国家利益和保密需要的前提下，分层分类、最大化交流分享己方反恐情报；三是建立情报平台，在条件成熟的情况下，双方反恐部门可尝试建立统一的情报平台，建立动态情报数据库，统一情报收集建设标准，强化情报分析研判，加快情报产品生成，及时情报预警，提高情报响应速度，提升反恐一体化

作战效能。

### （二）加强反恐实战联合演练

为提高反恐协同作战能力，有效震慑潜在的恐怖分子，中巴双方可适时组织军警力量开展不同时间、地点、季节、气候、地形条件下的反恐联合演练，以此检验双方反恐应急协同能力和参练人员单兵实战素养，分析存在漏洞不足，不断改进提升。在巴基斯坦已经加入上海合作组织的有利情况下，更应注重发挥上海合作组织在区域反恐方面的平台作用，将中巴两国的反恐合作置于上海合作组织的区域反恐合作的框架下，利用上海合作组织成熟的多边反恐合作运行机制和组织资源优势，增强反恐斗争的系统性、协同性、针对性、前瞻性和实效性。

### （三）实施境外反恐作战

中巴双方拥有近600公里的陆上边界，尽管双方边防人员开展友好巡边、强化边境管控，但百密难免有一疏，难以完全杜绝“东突”分子利用边境地理条件潜入潜出；同时，中亚诸国国内政治形势复杂，阿富汗安全形势更是堪忧，“东突”分子借道中亚和阿富汗潜往巴基斯坦特别是联邦直辖部落区和开普省的可能性也大概率存在，“东突”分子对在巴中方企业、人员有很大的安全威胁，这为中方跨境反恐作战、实行境外清源提供了现实前提。《中华人民共和国反恐怖主义法》第71条规定：“经与有关国家达成协议，并报国务院批准，国务院公安部门、国家安全部门可以派员出境执行反恐怖主义任务。中国人民解放军、中国人民武装警察部队派员出境执行反恐怖主义任务，由中央军事委员会批准。”这为跨境反恐作战提供了法律依据。中方派员入巴执行反恐任务，应注意以下几点：一是要充分尊重巴基斯坦主权和尊严，事先征得对方同意或请求；二是反恐作战对象主要以在巴境内的“东突”恐怖分子为限；三是尊重执行任务所在地人民的宗教信仰和生活习俗。

### （四）建立反恐警务联络制度

针对当前恐怖活动多发频发的严峻形势及恐怖分子跨国境流窜活动的实际情势，中巴双方有必要建立常态化的反恐警务联络制度，具体设想是：除在双方首都外，可在双方恐怖活动比较猖獗的地区的重要城市，如中国新疆的乌鲁木齐市或喀什市，巴基斯坦开普省的白沙瓦市或俾路支省的奎达市，建立警务联络室，派驻警务联络官，开展常态化的警务交流合作。警务联络官的主要职责是：了解派驻地社会治安情况特别是反恐形势特征；接受驻在国己方机构、组织、企业、人员的安全求助和警务咨询服务；接受驻在地警方的警务合作事项请求；向驻在地警方提出警务合作需求和其他相关建议，等等。

（五）开展反恐业务交流互训

为提高中巴双方警务人员反恐实战能力，加强反恐业务协同，建议可在中巴双方最高警察机关的直接领导和具体协调下，在各自国内指定若干具有相应国际化教学经验的警察院校，每年定期选派本国一定数量的警察，到对方警察院校开展涉外警务教育培训工作，培训内容主要为官方语言、宗教礼仪、基本国情等基础知识以及互涉警务特别是去极端化等反恐业务知识技能。此外，双方警察系统还可通过举办会议、学术研究、专题研讨等形式，开展反恐警务交流。通过警务培训交流，不仅提高涉外警务执法知识技能，加强双方警务人员的沟通磨合，更为今后进一步深化警务合作提供人才支撑、打下深厚的感情基础。

（六）严密企业境外安保体系

首先，政府要做好境外企业安保的顶层设计，“充分发挥政府的规划、协调、指导和服务作用，发挥政府在信息资源整合、安保力量协调、应急处置组织等方面的优势”，指导和帮助境外企业做好安全风险应对工作。在巴开展业务的中资企业是恐怖分子袭击的主要目标，理所当然地是反恐斗争的重要力量，企业除了要主动畅通并加强同中国驻巴使领馆的联系、接受巴方军警的严密保护外，自身也要严格落实《境外中资企业和人员安全管理规定》，增强安保意识，配备安保力量，健全安保制度，落实安保装备，细化安保措施，提高安保能力。企业应本着系统化、常态化、专业化的工作思路，坚持底线思维，加强事先谋划，“以确保境外工作人员和财产安全为目标，以安全风险评估预警体系为基础，健全境外项目全过程安保风险管理机制，注重境外安全环境建设，坚持经营与安保防控并重，构建起全方位的境外安全风险防控体系”，着力应对可能发生的恐怖威胁和其他安全威胁。借鉴发达国家私人安保机构成功经验，积极创造条件，建设发展国际化安保产业，加强境外安保体系人才建设，为境外中资企业提供专业化安保服务。

（七）积极履行境外社会责任

反恐工作要拓宽思路，开阔视野，跳出反恐看反恐，跳出反恐抓反恐。国之交在于民相亲。欲“民相亲”，不仅在巴中方企业要进一步提高社会责任感，认真遵守项目所在地法律法规，切实履行企业社会责任，不仅要更关注巴方员工的工资福利、职业培训、健康休息等权益维护保障，并将其拓展至员工的家属和所在社区，此外，可适当开展慈善捐助、扶贫减贫、环境保护等公益活动，密切增进和所在地群众与社区的关系。在履行境外社会责任方面，国内的社会组织更具有专业优势和组织优势，要不断提高自身内部治理能力和国际化水平，认真落实《中国社会组织推动“一带一路”民心相通运行计划（2017—2020）》，积极大胆地“走出去”，到巴方尤其是经济贫穷落后、人民生活水平低下的地区，扎下根子，融入当地，开展一些减贫、教育、医疗、环保、绿化等方面的社会公益活动，努力增进当地人民福祉，培养同当地人民的友谊，获得他们的认可、支持和拥护，最大限度地压缩恐怖分子的生存活动空间。

**图书在版编目（CIP）数据**

现代社会与犯罪治理：中国犯罪学学会年会论文集．2018 年/黄河，高扬捷主编．—北京：中国检察出版社，2018. 10
ISBN 978 -7 -5102 -2194 -1

Ⅰ．①现… Ⅱ．①黄… ②高… Ⅲ．①犯罪学 - 学术会议 - 中国 - 2018 - 文集 Ⅳ．①D917 -53

中国版本图书馆 CIP 数据核字（2018）第 226046 号

**现代社会与犯罪治理**

——中国犯罪学学会年会论文集（2018 年）

主　编：黄　河　高扬捷

副主编：徐　然　陈凤华

**出版发行**：中国检察出版社
**社　　址**：北京市石景山区香山南路 109 号（100144）
**网　　址**：中国检察出版社（www. zgjccbs. com）
**编辑电话**：（010）86423703
**发行电话**：（010）86423726　86423727　86423728
**经　　销**：新华书店
**印　　刷**：北京玺诚印务有限公司
**开　　本**：710 mm × 960 mm　16 开
**印　　张**：47. 25
**字　　数**：868 千字
**版　　次**：2018 年 10 月第一版　2018 年 10 月第一次印刷
**书　　号**：ISBN 978 -7 -5102 -2194 -1
**定　　价**：140. 00 元

**检察版图书，版权所有，侵权必究**
**如遇图书印装质量问题本社负责调换**